# COLETÂNEA DE LEGISLAÇÃO DE TRÂNSITO

## CÓDIGO DE TRÂNSITO BRASILEIRO
### Lei nº 9.503, de 23 de setembro de 1997

Atualizado até a Lei nº 12.760, de 20 de dezembro de 2012
e a Resolução CONTRAN nº 432, de 23 de janeiro de 2013

**NOVA LEI SECA**

*A UFIR foi extinta, sendo congelada no valor de R$ 1,0641 pelo § 3º do art. 29 da Medida Provisória nº 1.973-69, de 21.12.2000, tendo sido a nº 2.176-79, de 23.8.2001, sua última reedição e, posteriormente, convertida na Lei nº 10.522, de 19.7.2002.*

*O livro é a porta que se abre para a realização do homem.*
Jair Lot Vieira

Organizadores
**ERON VERÍSSIMO GIMENES**
**DANIELA NUNES VERÍSSIMO GIMENES**

# COLETÂNEA DE LEGISLAÇÃO DE TRÂNSITO

**CÓDIGO DE TRÂNSITO BRASILEIRO**
**Lei nº 9.503, de 23 de setembro de 1997**

Atualizado até a Lei nº 12.760, de 20 de dezembro de 2012
e a Resolução CONTRAN nº 432, de 23 de janeiro de 2013

**NOVA LEI SECA**

LEGISLAÇÃO COMPLEMENTAR E CORRELATA

RESOLUÇÕES CONTRAN

PORTARIAS DENATRAN
(principais)

RESOLUÇÕES ANTT

COMPLETO ÍNDICE ALFABÉTICO-REMISSIVO
DO CÓDIGO E DAS RESOLUÇÕES

edipro

# COLETÂNEA DE LEGISLAÇÃO DE TRÂNSITO
## CÓDIGO DE TRÂNSITO BRASILEIRO
Lei nº 9.503, de 23 de setembro de 1997
Atualizado até a Lei nº 12.760, de 20 de dezembro de 2012
e a Resolução CONTRAN nº 432, de 23 de janeiro de 2013
Legislação Complementar e Correlata
Resoluções CONTRAN
Portarias DENATRAN (principais) – Resoluções ANTT

ERON VERÍSSIMO GIMENES
DANIELA NUNES VERÍSSIMO GIMENES
Organizadores

1ª edição 2013

© desta edição: Edipro Edições Profissionais Ltda. – CNPJ nº 47.640.982/0001-40

Editores: Jair Lot Vieira e Maíra Lot Vieira Micales
Coordenação editorial: Fernanda Godoy Tarcinalli
Edição: Alexandre Rudyard Benevides
Revisão: Sandra Cristina Lopes
Arte: Karine Moreto Massoca

Dados de Catalogação na Fonte (CIP) Internacional
(Câmara Brasileira do Livro, SP, Brasil)

Coletânea de legislação de trânsito / organizadores Eron Veríssimo Gimenes e Daniela Nunes Veríssimo Gimenes – 1. ed. – São Paulo: EDIPRO, 2013.

ISBN 978-85-7283-860-3

1. Trânsito  2. Trânsito – Leis e legislação – Brasil –  I. Gimenes, Eron Veríssimo  II. Gimenes, Daniela Nunes Veríssimo.

13-01462                            CDU-351.81 (81) (094)

Índices para catálogo sistemático:
1. Brasil : Leis : Trânsito : Direito: 351.81 (81) (094)
2. Leis : Brasil : Trânsito : Direito : 351.81 (81) (094)

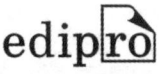

**edições profissionais ltda.**
São Paulo: Fone (11) 3107-4788 – Fax (11) 3107-0061
Bauru: Fone (14) 3234-4121 – Fax (14) 3234-4122
*www.edipro.com.br*

# SUMÁRIO

**LEI Nº 9.503, DE 23 DE SETEMBRO DE 1997** – *Institui o Código de Trânsito Brasileiro* (atualizada até a Lei nº 12.760, de 20.12.2012)......... 29

Capítulo I – Disposições Preliminares (arts. 1º a 4º)......... 29

Capítulo II – Do Sistema Nacional de Trânsito (arts. 5º a 25) ......... 30

    Seção I – Disposições Gerais (arts. 5º e 6º) ......... 30

    Seção II – Da Composição e da Competência do Sistema Nacional de Trânsito (arts. 7º a 25) ......... 30

Capítulo III – Das Normas Gerais de Circulação e Conduta (arts. 26 a 67) ......... 40

Capítulo III-A – Da Condução de Veículos por Motoristas Profissionais (arts. 67-A a 67-D) ......... 47

Capítulo IV – Dos Pedestres e Condutores de Veículos Não Motorizados (arts. 68 a 71) ......... 49

Capítulo V – Do Cidadão (arts. 72 e 73) ......... 50

Capítulo VI – Da Educação para o Trânsito (arts. 74 a 79) ......... 50

Capítulo VII – Da Sinalização de Trânsito (arts. 80 a 90) ......... 53

Capítulo VIII – Da Engenharia de Tráfego, da Operação, da Fiscalização e do Policiamento Ostensivo de Trânsito (arts. 91 a 95) ......... 54

Capítulo IX – Dos Veículos (arts. 96 a 117) ......... 55

    Seção I – Disposições Gerais (arts. 96 a 102) ......... 55

    Seção II – Da Segurança dos Veículos (arts. 103 a 113) ......... 57

    Seção III – Da Identificação do Veículo (arts. 114 a 117) ......... 59

Capítulo X – Dos Veículos em Circulação Internacional (arts. 118 e 119) ......... 61

Capítulo XI – Do Registro de Veículos (arts. 120 a 129) ......... 61

Capítulo XII – Do Licenciamento (arts. 130 a 135) ......... 63

Capítulo XIII – Da Condução de Escolares (arts. 136 a 139) ......... 64

Capítulo XIII-A – Da Condução de Motofrete (arts. 139-A e 139-B) ......... 65

Capítulo XIV – Da Habilitação (arts. 140 a 160) ......... 65

Capítulo XV – Das Infrações (arts. 161 a 255) ......... 70

Capítulo XVI – Das Penalidades (arts. 256 a 268) ......... 90

Capítulo XVII – Das Medidas Administrativas (arts. 269 a 279) ......... 94

Capítulo XVIII – Do Processo Administrativo (arts. 280 a 290) ......... 97

    Seção I – Da Autuação (art. 280) ......... 97

    Seção II – Do Julgamento das Autuações e Penalidades (arts. 281 a 290) ......... 97

Capítulo XIX – Dos Crimes de Trânsito (arts. 291 a 312) ......... 99

    Seção I – Disposições Gerais (arts. 291 a 301) ......... 99

Seção II – Dos Crimes em Espécie (arts. 302 a 312) ............ 101
Capítulo XX – Disposições Finais e Transitórias (arts. 313 a 341) 103
ANEXOS ............ 107
Anexo I – Dos Conceitos e Definições ............ 107
Anexo II – Sinalização ............ 113

## LEGISLAÇÃO COMPLEMENTAR ............ 149

**Lei nº 5.970, de 11.12.1973** – Exclui da aplicação do disposto nos arts. 6º, inciso I, 64 e 169, do Código de Processo Penal, os casos de acidente de trânsito, e, dá outras providências ............ 149

**Lei nº 6.194, de 19.12.1974** – Dispõe sobre Seguro Obrigatório de Danos Pessoais causados por veículos automotores de via terrestre, ou por sua carga, a pessoas transportadas ou não ............ 149

**Lei nº 6.575, de 30.9.1978** – Dispõe sobre o depósito e venda de veículos removidos, apreendidos e retirados, em todo o território nacional ........ 153

**Decreto-Lei nº 2.063, de 6.10.1983** – Dispõe sobre multas a serem aplicadas por infrações à regulamentação para a execução do serviço de transporte rodoviário de cargas ou produtos perigosos e dá outras providências ............ 154

**Lei nº 7.408, de 25.11.1985** – Permite a tolerância de 5% (cinco por cento) na pesagem de carga em veículos de transporte ............ 155

**Decreto nº 96.044, de 18.5.1988** – Aprova o Regulamento para o Transporte Rodoviário de Produtos Perigosos e dá outras providências ...... 155

**Lei nº 8.722, de 27.10.1993** – Torna obrigatória a baixa de veículos vendidos como sucata e dá outras providências ............ 164

**Lei nº 8.723, de 28.10.1993** – Dispõe sobre a redução de emissão de poluentes por veículos automotores e dá outras providências ........... 164

**Decreto nº 1.305, de 9.11.1994** – Regulamenta a Lei nº 8.722, de 27.10.1993, que torna obrigatória a baixa de veículos vendidos como sucata e dá outras providências ............ 167

**Lei nº 9.602, de 21.1.1998** – Dispõe sobre legislação de trânsito e dá outras providências ............ 168

**Lei nº 9.611, de 19.2.1998** – Dispõe sobre o Transporte Multimodal de Cargas e dá outras providências ............ 169

**Lei nº 9.792, de 14.4.1999** – Revoga o art. 112 da Lei nº 9.503, de 23 de setembro de 1997 – Código de Trânsito Brasileiro ............ 173

**Decreto nº 3.411, de 12.4.2000** – Regulamenta a Lei nº 9.611, de 19 de fevereiro de 1998, que dispõe sobre o Transporte Multimodal de Cargas, altera os Decretos nºs 91.030, de 5 de março de 1985, e 1.910, de 21 de maio de 1996 e dá outras providências ............ 174

**Lei nº 10.350, de 21.12.2001** – Altera a Lei nº 9.503, de 23 de setembro de 1997 – Código de Trânsito Brasileiro, de forma a obrigar a realização de exame psicológico periódico para os motoristas profissionais .. 176

**Lei nº 10.517, de 11.7.2002** – Acrescenta dispositivos à Lei nº 9.503, de 23 de setembro de 1997, que institui o Código de Trânsito Brasileiro, para permitir o uso de semirreboque acoplado a motocicleta ou motoneta, nas condições que estabelece ............ 177

**Lei nº 10.830, de 23.12.2003** – Altera os arts. 61, 105 e 338 da Lei nº 9.503, de 23 de setembro de 1997, que institui o Código de Trânsito Brasileiro, para dispor sobre especificidades dos veículos de duas e de três rodas ............ 177

**Lei nº 11.275, de 7.2.2006** – Altera a redação dos arts. 165, 277 e 302 da Lei nº 9.503, de 23 de setembro de 1997, que institui o Código de Trânsito Brasileiro ............ 177

**Lei Complementar nº 121, de 9.2.2006** – Cria o Sistema Nacional de Prevenção, Fiscalização e Repressão ao Furto e Roubo de Veículos e Cargas e dá outras providências ............................................................ 178

**Lei nº 11.705, de 19.6.2008** – Altera a Lei nº 9.503, de 23.9.1997, que "institui o Código de Trânsito Brasileiro", e a Lei nº 9.294, de 15.7.1996, que dispõe sobre as restrições ao uso e à propaganda de produtos fumígeros, bebidas alcoólicas, medicamentos, terapias e defensivos agrícolas, nos termos do § 4º do art. 220 da Constituição Federal, para inibir o consumo de bebida alcoólica por condutor de veículo automotor e dá outras providências ................................................ 179

**Decreto nº 6.488, de 19.6.2008** – Regulamenta os arts. 276 e 306 da Lei nº 9.503, de 23.9.1997 – Código de Trânsito Brasileiro, disciplinando a margem de tolerância de álcool no sangue e a equivalência entre os distintos testes de alcoolemia para efeitos de crime de trânsito ............ 180

**Decreto nº 6.489, de 19.6.2008** – Regulamenta a Lei nº 11.705, de 19.6.2008, no ponto em que restringe a comercialização de bebidas alcoólicas em rodovias federais ............................................................... 181

**Lei nº 11.910, de 18.3.2009** – Altera o art. 105 da Lei nº 9.503, de 23.9.1997, que institui o Código de Trânsito Brasileiro, para estabelecer a obrigatoriedade de uso do equipamento suplementar de retenção – air bag .................................................................................................. 183

**Lei nº 12.006, de 29.7.2009** – Acrescenta artigos à Lei nº 9.503, de 23 de setembro de 1997, que institui o Código de Trânsito Brasileiro, para estabelecer mecanismos para a veiculação de mensagens educativas de trânsito, nas modalidades de propaganda que especifica, em caráter suplementar às campanhas previstas nos arts. 75 e 77 ............ 183

**Lei nº 12.009, de 29.7.2009** – Regulamenta o exercício das atividades dos profissionais em transporte de passageiros, "mototaxista", em entrega de mercadorias e em serviço comunitário de rua, e "motoboy", com o uso de motocicleta, altera a Lei nº 9.503, de 23.9.1997, para dispor sobre regras de segurança dos serviços de transporte remunerado de mercadorias em motocicletas e motonetas – motofrete –, estabelece regras gerais para a regulação deste serviço e dá outras providências ........................................................................................... 183

**Lei nº 12.058, de 13.10.2009** – (Excertos) – (...) altera as Leis nºs 9.503, de 23.9.1997 (...); e dá outras providências ................................. 185

**Lei nº 12.217, de 17.3.2010** – Acrescenta dispositivo ao art. 158 da Lei nº 9.503, de 23.9.1997 – Código de Trânsito Brasileiro, para tornar obrigatória aprendizagem noturna ............................................................ 185

**Lei nº 12.249, de 11.6.2010** – (Excertos) – (...) Revoga dispositivos das Leis nºs 8.003, de 14.3.1990; 8.981, de 20.1.1995; 5.025, de 10.6.1966; 6.704, de 26.10.1979; 9.503, de 23.9.1997; e dá outras providências ................................................................................................ 185

**Lei nº 12.452, de 21.7.2011** – *Altera o art. 143 da Lei nº 9.503, de 23.9.1997, que "institui o Código de Trânsito Brasileiro", de modo a disciplinar a habilitação de condutores de combinações de veículos* ... 185

**Lei nº 12.547, de 14.12.2011** – Altera o art. 261 da Lei nº 9.503, de 23.9.1997, que institui o Código de Trânsito Brasileiro ............................ 186

**Lei nº 12.619, de 30.4.2012** – Dispõe sobre o exercício da profissão de motorista; altera a Consolidação das Leis do Trabalho – CLT, aprovada pelo Decreto-Lei nº 5.452, de 1º.5.1943, e as Leis nºs 9.503, de 23.9.1997, 10.233, de 5.6.2001, 11.079, de 30.12.2004, e 12.023, de 27.8.2009, para regular e disciplinar a jornada de trabalho e o tempo de direção do motorista profissional; e dá outras providências ............ 186

**Lei nº 12.694, de 24.7.2012** – (Excertos) – Dispõe sobre o processo e o julgamento colegiado em primeiro grau de jurisdição de crimes praticados por organizações criminosas; altera o Decreto-Lei nº 2.848, de

7.12.1940 – Código Penal, o Decreto-Lei nº 3.689, de 3.10.1941 – Código de Processo Penal, e as Leis nºs 9.503, de 23.9.1997 – Código de Trânsito Brasileiro, e 10.826, de 22.12.2003; e dá outras providências ............................................................................. 189

Lei nº 12.760, de 20.12.2012 – Altera a Lei nº 9.503, de 23 de setembro de 1997, que institui o Código de Trânsito Brasileiro ..................... 190

## PUBLICAÇÕES DENATRAN ....................... 190

## PORTARIAS DENATRAN ....................... 190

**Portaria DENATRAN nº 59, de 25.10.2007** – Estabelece os campos de informações que deverão constar do Auto de Infração, os campos facultativos e o preenchimento, para fins de uniformização em todo o território nacional (atualizada pela Portaria DENATRAN nº 276, de 24.5.2012) ............................................................................. 190

Anexo I – Campos do Auto de Infração ............................................. 191

Anexo II – Preenchimento dos campos do Auto de Infração ............ 193

Anexo III – Informações para fins de Processamento de Dados ....... 194

Anexo IV – Tabela de Codificação de Multas ..................................... 195

Anexo V – Tabela de Codificação dos Órgãos Autuadores ............... 216

Anexo VI – Tabela de Codificação de Países .................................... 216

**Portaria DENATRAN nº 276, de 24.5.2012** – Dá nova redação à Portaria DENATRAN nº 59 de 25 de outubro de 2007 ................................. 216

## RESOLUÇÃO ANTT ....................... 218

**Resolução ANTT nº 420, de 12.2.2004** – Aprova as instruções complementares ao Regulamento de Transporte Terrestre de Produtos Perigosos ............................................................................................. 218

## RESOLUÇÕES ANTERIORES A 1998 [EM VIGOR] ........ 219

**Resolução CONTRAN nº 379, de 20.9.1967** – Dispõe sobre a criação de circunscrições regionais de trânsito nos Estados e dá outras providências ............................................................................................. 219

**Resolução CONTRAN nº 463, de 17.7.1973** – Estabelece requisitos de segurança para veículos automotores de fabricação nacional ........... 219

**Resolução CONTRAN nº 533, de 14.6.1978** – Dispõe sobre a substituição de rodas de veículos automotores e dá outras providências ........ 220

**Resolução CONTRAN nº 538, de 6.10.1978** – Disciplina o licenciamento do veículo tipo "motor casa" e define a categoria dos seus condutores 221

**Resolução CONTRAN nº 561, de 22.5.1980** – Sinalização complementar de obras nas vias públicas e consolidação das Resoluções nºs 402/1968 e 482/1974 ........................................................................................... 221

**Resolução CONTRAN nº 599, de 28.7.1982** – Dispõe sobre a interpretação, o uso e a colocação da sinalização vertical de trânsito, nas vias públicas ............................................................................................. 223

**Resolução CONTRAN nº 664, de 14.1.1986** – Dispõe sobre os modelos dos documentos de Registro e Licenciamento de Veículos e dá outras providências ...................................................................................... 223

**Resolução CONTRAN nº 666, de 28.1.1986** – Dispõe sobre a edição de normas complementares de interpretação, colocação e uso de marcas viárias e dispositivos auxiliares à sinalização de trânsito ............ 225

**Resolução CONTRAN nº 671, de 6.6.1986** – Dispõe sobre a autuação e o recolhimento de multas aplicadas a veículos licenciados em outros países ......................................................................................... 226

SUMÁRIO • 9

**Resolução CONTRAN nº 700, de 4.10.1988** – Dispõe sobre a classificação dos veículos, que especifica e dá outras providências ............... 227

**Resolução CONTRAN nº 714, de 23.8.1988** – Dispõe sobre o registro e a alienação de veículos e automotores, fabricação nacional, desinternados da Amazônia Ocidental ............................................................. 227

**Resolução CONTRAN nº 724, de 20.12.1988** – Define veículo inacabado ou incompleto, para efeito de trânsito nas vias públicas ..................... 228

**Resolução CONTRAN nº 732, de 14.6.1989** – Dispõe sobre o transporte de cargas de sólidos à granel nas vias abertas à circulação pública em todo o território nacional .................................................................. 228

**Resolução CONTRAN nº 738, de 19.9.1989** – Estabelece procedimento a ser adotado pelas Circunscrições Regionais de Trânsito ................. 229

**Resolução CONTRAN nº 793, de 13.12.1994** – Dispõe sobre o uso de placa de "fabricante" ........................................................................... 229

**Resolução CONTRAN nº 797, de 16.5.1995** – Define a abrangência do termo "viatura militar", para o Sistema Nacional de Trânsito ............... 231

**Resolução CONTRAN nº 822, de 22.10.1996** – Dispõe sobre a classificação do veículo que menciona ........................................................... 231

**Resolução CONTRAN nº 827, de 18.12.1996** – Regulamenta o dispositivo de sinalização refletora de emergência de que trata o regulamento do Código Nacional de Trânsito ........................................................ 231

**Resolução CONTRAN nº 836, de 26.6.1997** – Dispõe sobre a gravação, em caráter opcional, dos caracteres alfanuméricos da placa de identificação, nos vidros do veículo ............................................................. 233

## RESOLUÇÕES POSTERIORES A 1998 [EM VIGOR] ....... 234

**Resolução CONTRAN nº 003, de 23.1.1998** – Revoga a Resolução CONTRAN nº 825/1996 ..................................................................... 234

**Resolução CONTRAN nº 004, de 23.1.1998** – Dispõe sobre o trânsito de veículos novos nacionais ou importados, antes do registro e licenciamento ................................................................................................ 234

**Resolução CONTRAN nº 005, de 23.1.1998** – Dispõe sobre a vistoria de veículos e dá outras providências ....................................................... 235

**Resolução CONTRAN nº 006, de 23.1.1998** – Revoga as Resoluções nº 809 e 821 do CONTRAN ..................................................................... 235

**Resolução CONTRAN nº 011, de 23.1.1998** – Estabelece critérios para a baixa de registro de veículos a que se refere bem como os prazos para efetivação ....................................................................................... 236

**Resolução CONTRAN nº 14, de 6.2.1998** – Estabelece os equipamentos obrigatórios para a frota de veículos em circulação e dá outras providências ................................................................................................. 237

**Resolução CONTRAN nº 016, de 6.2.1998** – Altera os modelos e especificações dos Certificados de Registro– CRV e de Licenciamento de Veículos – CRVL ................................................................................ 241

**Resolução CONTRAN nº 018, de 17.2.1998** – Recomenda o uso, nas rodovias, de farol baixo aceso durante o dia, e dá outras providências 241

**Resolução CONTRAN nº 019, de 17.2.1998** – Estabelece as competências para nomeação e homologação dos coordenadores do RENAVAM – Registro Nacional de Veículos Automotores e do RENACH – Registro Nacional de Carteiras de Habilitação ..................................... 242

**Resolução CONTRAN nº 021, de 17.2.1998** – Dispõe sobre o controle, guarda e fiscalização dos formulários destinados à documentação de condutores e de veículos ...................................................................... 242

**Resolução CONTRAN nº 022, de 17.2.1998** – Estabelece, para efeito da fiscalização, forma para comprovação do exame de inspeção veicular a qual se refere o art. 124, c.c. art. 230, inciso I, do Código de Trânsito Brasileiro ............................................................................................. 242

**Resolução CONTRAN nº 024, de 21.5.1998** – Estabelece o critério de identificação de veículos, a que se refere o art. 114 do Código de Trânsito Brasileiro ............ 243

**Resolução CONTRAN nº 026, de 21.5.1998** – Disciplina o transporte de carga em veículos destinados ao transporte de passageiros a que se refere o art. 109 do Código de Trânsito Brasileiro ............ 244

**Resolução CONTRAN nº 028, de 21.5.1998** – Dispõe sobre a circulação de veículos nas rodovias nos trajetos entre o fabricante de chassi/plataforma, montadora, encarroçadora ou implementador final até o município de destino, a que se refere a Resolução nº 14/1998 ............ 244

**Resolução CONTRAN nº 030, de 21.5.1998** – Dispõe sobre campanhas permanentes de segurança no trânsito a que se refere o art. 75 do Código de Trânsito Brasileiro ............ 245

**Resolução CONTRAN nº 031, de 21.5.1998** – Dispõe sobre a sinalização de identificação para hidrantes, registros de água, tampas de poços de visita de galerias subterrâneas, conforme estabelece o art. 181, VI, do Código de Trânsito Brasileiro ............ 245

**Resolução CONTRAN nº 032, de 21.5.1998** – Estabelece modelos de placas para veículos de representação, de acordo com o art. 115, § 3º, do Código de Trânsito Brasileiro ............ 245

**Resolução CONTRAN nº 34, de 21.5.1998** – Complementa a Resolução nº 14/1998 do CONTRAN, que dispõe sobre equipamentos obrigatórios para os veículos automotores ............ 246

**Resolução CONTRAN nº 035, de 21.5.1998** – Estabelece método de ensaio para medição de pressão sonora por buzina ou equipamento similar a que se referem os arts. 103 e 227, V, do Código de Trânsito Brasileiro e o art. 1º da Resolução nº 14/1998 do CONTRAN ............ 246

**Resolução CONTRAN nº 036, de 21.5.1998** – Estabelece a forma de sinalização de advertência para os veículos que, em situação de emergência, estiverem imobilizados no leito viário, conforme o art. 46 do Código de Trânsito Brasileiro ............ 248

**Resolução CONTRAN nº 037, de 21.5.1998** – Fixa normas de utilização de alarmes sonoros e outros acessórios de segurança contra furto ou roubo para os veículos automotores, na forma do art. 229 do Código de Trânsito Brasileiro ............ 248

**Resolução CONTRAN nº 038, de 21.5.1998** – Regulamenta o art. 86 do Código de Trânsito Brasileiro, que dispõe sobre a identificação das entradas e saídas de postos de gasolina e de abastecimento de combustíveis, oficinas, estacionamentos e/ou garagens de uso coletivo .... 249

**Resolução CONTRAN nº 043, de 21.5.1998** – Complementa a Resolução nº 14/1998, que dispõe sobre equipamentos de uso obrigatório nos veículos automotores ............ 249

**Resolução CONTRAN nº 044, de 21.5.1998** – Dispõe sobre os requisitos técnicos para o encosto de cabeça, de acordo com art. 105, III, do Código de Trânsito Brasileiro ............ 249

**Resolução CONTRAN nº 046, de 21.5.1998** – Estabelece os equipamentos de segurança obrigatórios para as bicicletas conforme disciplina o art. 105, VI, do Código de Trânsito Brasileiro e art. 5º da Resolução nº 14/1998 ............ 250

**Resolução CONTRAN nº 048, de 21.5.1998** – Estabelece requisitos de instalação e procedimentos para ensaios de cintos de segurança de acordo com o inciso I do art. 105 do Código de Trânsito Brasileiro ............ 251

**Resolução CONTRAN nº 053, de 21.5.1998** – Estabelece critérios em caso de apreensão de veículos e recolhimento aos depósitos, conforme art. 262 do Código de Trânsito Brasileiro ............ 252

**Resolução CONTRAN nº 056, de 21.5.1998** – Disciplina a identificação e emplacamento dos veículos de coleção, conforme dispõe o art. 97 do Código de Trânsito Brasileiro ............ 253

SUMÁRIO • 11

**Resolução CONTRAN nº 060, de 21.5.1998** – Dispõe sobre a permissão de utilização de controle eletrônico para o registro do movimento de entrada e saída e de uso de placas de experiência pelos estabelecimentos constantes do art. 330 do Código de Trânsito Brasileiro ......... 254

**Resolução CONTRAN nº 061, de 21.5.1998** – Esclarece os arts. 131 e 133 do Código de Trânsito Brasileiro que trata do Certificado de Licenciamento Anual ............................ 254

**Resolução CONTRAN nº 062, de 21.5.1998** – Estabelece o uso de pneus extra-largos e define seus limites de peso de acordo com o parágrafo único do art. 100 do Código de Trânsito Brasileiro ............................ 254

**Resolução CONTRAN nº 063, de 21.5.1998** – Disciplina o registro e licenciamento de veículos de fabricação artesanal, conforme o art. 106 do Código de Trânsito Brasileiro ............................ 255

**Resolução CONTRAN nº 069, de 23.9.1998** – Revoga a Resolução nº 47, de 21 de maio de 1998, que define as características e estabelece critérios para o reboque de carretas por motocicletas ............... 256

**Resolução CONTRAN nº 078, de 19.11.1998** – Trata das normas e requisitos de segurança para a fabricação, montagem e transformação de veículos .. 256

**Resolução CONTRAN nº 082, de 19.11.1998** – Dispõe sobre a autorização, a título precário, para o transporte de passageiros em veículos de carga ............................ 256

**Resolução CONTRAN nº 087, de 4.5.1999** – Dá nova redação à alínea "a", e cria a alínea "c" inciso III do art. 2º, prorroga o prazo referente ao inciso II do art. 6º da Resolução nº 14/1998 – CONTRAN, que estabelece os equipamentos obrigatórios para a frota de veículos em circulação e dá outras providências ............................ 258

**Resolução CONTRAN nº 088, de 4.5.1999** – Estabelece modelo de placa para veículos de representação e dá outras providências ............... 258

**Resolução CONTRAN nº 092, de 4.5.1999** – Dispõe sobre requisitos técnicos mínimos do registrador instantâneo e inalterável de velocidade e tempo, conforme o Código de Trânsito Brasileiro ............... 258

**Resolução CONTRAN nº 107, de 21.12.1999** – Suspende a vigência da Resolução nº 84/1998 ............................ 260

**Resolução CONTRAN nº 108, de 21.12.1999** – Dispõe sobre a responsabilidade pelo pagamento de multas ............................ 260

**Resolução CONTRAN nº 110, de 24.2.2000** – Fixa o calendário para renovação do Licenciamento Anual de Veículos e revoga a Resolução CONTRAN nº 95/1999 ............................ 261

**Resolução CONTRAN nº 113, de 5.5.2000** – Acrescentar § 4º ao art. 1º da Resolução nº 11/1998 – CONTRAN ............................ 261

**Resolução CONTRAN nº 115, de 5.5.2000** – Proíbe a utilização de chassi de ônibus para transformação em veículos de carga ............... 262

**Resolução CONTRAN nº 116, de 5.5.2000** – Revoga a Resolução CONTRAN nº 506/1976 ............................ 262

**Resolução CONTRAN nº 127, de 6.8.2001** – Altera o inciso I do art. 1º da Resolução nº 56, de 21 de maio de 1998 – CONTRAN, e substitui o seu anexo ............................ 262

**Resolução CONTRAN nº 128, de 6.8.2001** – Estabelece a obrigatoriedade de utilização de dispositivo de segurança para prover melhores condições de visibilidade diurna e noturna em veículos de transporte de carga ............................ 263

**Resolução CONTRAN nº 129, de 6.8.2001** – Estabelece os requisitos de segurança e dispensa a obrigatoriedade do uso de capacete para o condutor e passageiros do triciclo automotor com cabine fechada, quando em circulação somente em vias urbanas ............................ 263

**Resolução CONTRAN nº 130, de 2.4.2002** – Revoga a Resolução CONTRAN nº 126, que estabelecia as cores do Certificado de Registro de Veículo – CRV e do Registro e Licenciamento do Veículo – CRLV ..... 264

**Resolução CONTRAN nº 132, de 2.4.2002** – Estabelecer a obrigatoriedade de utilização de película refletiva para prover melhores condições de visibilidade diurna e noturna em veículos de transporte de carga em circulação ..... 265

**Resolução CONTRAN nº 133, de 2.4.2002** – Revoga a Resolução CONTRAN nº 122, que acrescenta parágrafo ao art. 3º da Resolução nº 765/1993 – CONTRAN, estabelecendo faixa dourada na Carteira Nacional de Habilitação ..... 266

**Resolução CONTRAN nº 134, de 2.4.2002** – Revoga a Resolução CONTRAN nº 782/1994 ..... 266

**Resolução CONTRAN nº 136, de 2.4.2002** – Dispõe sobre os valores das multas de infração de trânsito ..... 266

**Resolução CONTRAN nº 140, de 19.9.2002** – Declara a nulidade da Resolução nº 131, de 2 de abril de 2002, e da Deliberação nº 34, de 9 de maio de 2002, publicadas, respectivamente, no *Diário Oficial da União* de 9 e 10 de maio do corrente ..... 267

**Resolução CONTRAN nº 142, de 26.3.2003** – Dispõe sobre o funcionamento do Sistema Nacional de Trânsito – SNT, a participação dos órgãos e entidades de trânsito nas reuniões do sistema e as suas modalidades ..... 267

**Resolução CONTRAN nº 143, de 26.3.2003** – Dispõe sobre a utilização dos recursos do Seguro Obrigatório de Danos Pessoais Causados por Veículos Automotores de Vias Terrestres – DPVAT, destinados ao órgão Coordenador do Sistema Nacional de Trânsito e dá outras providências ..... 269

**Resolução CONTRAN nº 145, de 21.8.2003** – Dispõe sobre o intercâmbio de informações, entre órgãos e entidades executivos de trânsito dos Estados e do Distrito Federal e os demais órgãos e entidades executivos de trânsito e executivos rodoviários da União, dos Estados, Distrito Federal e dos Municípios que compõem o Sistema Nacional de Trânsito e dá outras providências ..... 270

**Resolução CONTRAN nº 148, de 19.9.2003** – Declara revogadas as Resoluções nº 472/1974, 568/1980, 812/1996 e 829/1997 ..... 271

**Resolução CONTRAN nº 151, de 8.10.2003** – Dispõe sobre a unificação de procedimentos para imposição de penalidade de multa a pessoa jurídica proprietária de veículos por não identificação de condutor infrator ..... 272

**Resolução CONTRAN nº 152, de 29.10.2003** – Estabelece os requisitos técnicos de fabricação e instalação de para-choque traseiro para veículos de carga ..... 273

**Resolução CONTRAN nº 154, de 17.12.2003** – Dispõe sobre a alteração do prazo estabelecido no art. 6º da Resolução do CONTRAN nº 145, de 21 de agosto de 2003 ..... 274

**Resolução CONTRAN nº 155, de 28.1.2004** – Estabelece as bases para a organização e o funcionamento do Registro Nacional de Infrações de Trânsito – RENAINF e determina outras providências ..... 274

**Resolução CONTRAN nº 157, de 22.4.2004** – Fixa especificações para os extintores de incêndio, equipamento de uso obrigatório nos veículos automotores, elétricos, reboque e semirreboque, de acordo com o art. 105 do Código de Trânsito Brasileiro ..... 275

**Resolução CONTRAN nº 158, de 22.4.2004** – Proíbe o uso de pneus reformados em ciclomotores, motonetas, motocicletas e triciclos, bem como rodas que apresentem quebras, trincas e deformações ..... 277

**Resolução CONTRAN nº 160, de 22.4.2004** – Aprova o Anexo II do Código de Trânsito Brasileiro ..... 278

SUMÁRIO • 13

Resolução CONTRAN nº 165, de 10.9.2004 – Regulamenta a utilização de sistemas automáticos não metrológicos de fiscalização, nos termos do § 2º do art. 280 do Código de Trânsito Brasileiro .................. 278

Resolução CONTRAN nº 166, de 15.9.2004 – Aprova as diretrizes da Política Nacional de Trânsito ........................................................ 279

Resolução CONTRAN nº 168, de 14.12.2004 – Estabelece Normas e Procedimentos para a formação de condutores de veículos automotores e elétricos, a realização dos exames, a expedição de documentos de habilitação, os cursos de formação, especializados, de reciclagem e dá outras providências .................................................................. 288

Resolução CONTRAN nº 169, de 17.3.2005 – Altera a Resolução nº 168/2004, de 14 de dezembro de 2004, publicada no Diário Oficial da União nº 245, Secção I, Página 73, de 22 de dezembro de 2004 ... 319

Resolução CONTRAN nº 174, de 23.6.2005 – Altera e esclarece dispositivos da Resolução CONTRAN nº 165/2004, que trata da regulamentação da utilização de sistemas automáticos não metrológicos de fiscalização, nos termos do § 2º do art. 280 do Código de Trânsito Brasileiro ................... 320

Resolução CONTRAN nº 179, de 7.7.2005 – Estabelece a revisão de procedimentos para a baixa de registro de veículos conforme o disposto no art. 126 do Código de Trânsito Brasileiro – CTB e na Resolução CONTRAN nº 11/1998 ................................................................ 320

Resolução CONTRAN nº 180, de 26.8.2005 – Aprova o Volume I – Sinalização Vertical de Regulamentação, do Manual Brasileiro de Sinalização de Trânsito ................................................................... 321

Resolução CONTRAN nº 181, de 1º.9.2005 – Disciplina a instalação de múltiplos tanques, tanque suplementar e a alteração da capacidade do tanque original de combustível líquido em veículos, dedicados à sua propulsão ou operação de seus equipamentos especializados e dá outras providências ................................................................... 321

Resolução CONTRAN nº 182, de 9.9.2005 – Dispõe sobre uniformização do procedimento administrativo para imposição das penalidades de suspensão do direito de dirigir e de cassação da Carteira Nacional de Habilitação ................................................................................ 322

Resolução CONTRAN nº 187, de 25.1.2006 – Altera os Anexos I e III da Resolução nº 16, de 6 de fevereiro de 1998, que especifica o modelo dos Certificados de Registro de Veículos – CRV e Certificados de Registro e Licenciamento de Veículos – CRLV ..................................... 326

Resolução CONTRAN nº 191, de 16.2.2006 – Dispõe sobre aplicação da receita arrecadada com a cobrança das multas de trânsito, conforme art. 320 do Código de Trânsito Brasileiro ............................................ 326

Resolução CONTRAN nº 192, de 30.3.2006 – Regulamenta a expedição do documento único da Carteira Nacional de Habilitação, com novo leiaute e requisitos de segurança ............................................. 327

Resolução CONTRAN nº 194, de 26.5.2006 – Dá nova redação ao art. 6º da Resolução nº 181/2005, do Conselho Nacional do Trânsito, de 1º de setembro de 2005 ................................................................. 329

Resolução CONTRAN nº 196, de 25.7.2006 – Fixa requisitos técnicos de segurança para o transporte de toras e de madeira bruta por veículo rodoviário de carga ................................................................ 330

Resolução CONTRAN nº 197, de 25.7.2006 – Regulamenta o dispositivo de acoplamento mecânico para reboque (engate) utilizado em veículos com PBT de até 3.500 kg e dá outras providências ............................. 332

Resolução CONTRAN nº 202, de 25.8.2006 – Regulamenta a Lei nº 11.334, de 25 de julho de 2006, que alterou o art. 218 da Lei nº 9.503/1997, que instituiu o Código de Trânsito Brasileiro ............. 333

Resolução CONTRAN nº 203, de 29.9.2006 – Disciplina o uso de capacete para condutor e passageiro de motocicleta, motoneta, ciclomotor, triciclo motorizados e quadriciclo motorizado, e dá outras providências .............. 334

**Resolução CONTRAN nº 204, de 20.10.2006** – Regulamenta o volume e a frequência dos sons produzidos por equipamentos utilizados em veículos e estabelece metodologia para medição a ser adotada pelas autoridades de trânsito ou seus agentes, a que se refere o art. 228 do Código de Trânsito Brasileiro – CTB ..................... 335

**Resolução CONTRAN nº 205, de 20.10.2006** – Dispõe sobre os documentos de porte obrigatório e dá outras providências .................. 336

**Resolução CONTRAN nº 207, de 20.10.2006** – Estabelece critérios de padronização para funcionamento das Escolas Públicas de Trânsito .. 337

**Resolução CONTRAN nº 208, de 26.10.2006** – Estabelece as bases para a organização e o funcionamento do Registro Nacional de Acidentes e Estatísticas de Trânsito – RENAEST e dá outras providências ........ 338

**Resolução CONTRAN nº 209, de 26.10.2006** – Cria o código numérico de segurança para o Certificado de Registro de Veículo – CRV, e estabelece a sua configuração e utilização ................................. 339

**Resolução CONTRAN nº 210, de 13.11.2006** – Estabelece os limites de peso e dimensões para veículos que transitem por vias terrestres e dá outras providências ................................................ 339

**Resolução CONTRAN nº 211, de 13.11.2006** – Requisitos necessários à circulação de Combinações de Veículos de Carga – CVC, a que se referem os arts. 97, 99 e 314 do Código de Trânsito Brasileiro – CTB ......... 342

**Resolução CONTRAN nº 213, de 13.11.2006** – Fixa requisitos para a circulação de veículos transportadores de contêineres ............... 344

**Resolução CONTRAN nº 215, de 14.12.2006** – Regulamenta a fabricação, instalação e uso de dispositivo denominado "quebra-mato" em veículos automotores com peso bruto total de até 3.500 kg ............. 345

**Resolução CONTRAN nº 216, de 14.12.2006** – Fixa exigências sobre condições de segurança e visibilidade dos condutores em para-brisas em veículos automotores, para fins de circulação nas vias públicas .... 346

**Resolução CONTRAN nº 217, de 14.12.2006** – Delega competência ao órgão máximo executivo de trânsito da União para estabelecer os campos de preenchimento das informações que devem constar do Auto de Infração .................................................. 347

**Resolução CONTRAN nº 218, de 20.12.2006** – Aprova o Regimento Interno das Câmaras Temáticas do CONTRAN ...................... 347

**Resolução CONTRAN nº 220, de 11.1.2007** – Estabelece requisitos para ensaios de resistência e ancoragem dos bancos e apoios de cabeça nos veículos .......................................................... 351

**Resolução CONTRAN nº 221, de 11.1.2007** – Estabelece requisitos de proteção aos ocupantes e integridade do sistema de combustível decorrente de impacto nos veículos ................................... 351

**Resolução CONTRAN nº 222, de 11.1.2007** – Acrescenta § 5º ao art. 33 da Resolução nº 168, de 14 de dezembro de 2004, do CONTRAN ..... 352

**Resolução CONTRAN nº 223, de 9.2.2007** – Altera a Resolução nº 157, de 22 de abril de 2004, do CONTRAN, que fixa as especificações para os extintores de incêndio ........................................... 352

**Resolução CONTRAN nº 224, de 9.2.2007** – Estabelece requisitos de desempenho dos sistemas limpador e lavador do para-brisa para fins de homologação de veículos automotores .......................... 353

**Resolução CONTRAN nº 225, de 9.2.2007** – Estabelece requisitos de localização, identificação e iluminação dos controles, indicadores e lâmpadas piloto ......................................................... 353

**Resolução CONTRAN nº 226, de 9.2.2007** – Estabelece requisitos para o desempenho e a fixação de espelhos retrovisores .................. 353

**Resolução CONTRAN nº 227, de 9.2.2007** – Estabelece requisitos referentes aos sistemas de iluminação e sinalização de veículos ............ 354

Sumário • 15

**Resolução CONTRAN nº 228, de 2.3.2007** – Dar nova redação ao item "10" do inciso IV do art. 1º da Resolução nº 14/1998 do CONTRAN .... 356

**Resolução CONTRAN nº 231, de 15.3.2007** – Estabelece o Sistema de Placas de Identificação de Veículos ................................................. 356

**Resolução CONTRAN nº 232, de 30.3.2007** – Estabelece procedimentos para a prestação de serviços por Instituição Técnica Licenciada – ITL e Entidade Técnica Pública ou Paraestatal – ETP, para emissão do Certificado de Segurança Veicular – CSV, de que trata o art. 106 do Código de Trânsito Brasileiro ................................................. 358

**Resolução CONTRAN nº 234, de 11.5.2007** – Dá nova redação ao art. 6º da Resolução 197, de 25 de julho de 2006 ................................................. 362

**Resolução CONTRAN nº 235, de 11.5.2007** – Altera o art. 3º da Resolução nº 205, de 20 de outubro de 2006, do CONTRAN, que dispõe sobre os documentos de porte obrigatório ................................................. 363

**Resolução CONTRAN nº 236, de 11.5.2007** – Aprova o Volume IV – Sinalização Horizontal, do Manual Brasileiro de Sinalização de Trânsito ......... 363

**Resolução CONTRAN nº 237, de 11.5.2007** – Acresce parágrafo único ao art. 16 da Resolução nº 232/2007 – CONTRAN ................................. 364

**Resolução CONTRAN nº 238, de 25.5.2007** – Dispõe sobre o porte obrigatório do Certificado de Apólice Única do Seguro de Responsabilidade Civil do proprietário e/ou condutor de automóvel particular ou de aluguel, não registrado no país de ingresso, em viagem internacional ................................................................................................ 364

**Resolução CONTRAN nº 241, de 22.6.2007** – Dá nova redação aos incisos I e II do art. 6º, ao art. 11 e ao Anexo da Resolução nº 231/2007 – CONTRAN ................................................................................................ 364

**Resolução CONTRAN nº 242, de 22.6.2007** – Dispõe sobre a instalação e utilização de equipamentos geradores de imagens nos veículos automotores ................................................................................................ 365

**Resolução CONTRAN nº 243, de 22.6.2007** – Aprova o Volume II – Sinalização Vertical de Advertência, do Manual Brasileiro de Sinalização de Trânsito ................................................................................................ 365

**Resolução CONTRAN nº 244, de 22.6.2007** – Estabelece diretrizes para a elaboração do Regimento Interno dos Conselhos Estaduais de Trânsito – CETRAN e do Conselho de Trânsito do Distrito Federal – CONTRANDIFE ........................................................................................ 366

**Resolução CONTRAN nº 245, de 27.7.2007** – Dispõe sobre a instalação de equipamento obrigatório, denominado antifurto, nos veículos novos saídos de fábrica, nacionais e estrangeiros ................................. 366

**Resolução CONTRAN nº 246, de 27.7.2007** – Altera a Resolução nº 196, de 25 de julho de 2006, do CONTRAN, que fixa requisitos técnicos de segurança para o transporte de toras de madeira bruta por veículo rodoviário de carga ........................................................................... 367

**Resolução CONTRAN nº 247, de 27.7.2007** – Dispõe sobre a extensão do prazo de vigência do Certificado de Inspeção Técnica Veicular quando expirado no país de trânsito ou de destino ................................. 368

**Resolução CONTRAN nº 251, de 24.9.2007** – Dá nova redação ao § 3º do art. 3º, art. 14, item "c" do Anexo II e Anexo III, da Resolução nº 219, de 11 de janeiro de 2007, do CONTRAN ................................................. 368

**Resolução CONTRAN nº 253, de 26.10.2007** – Dispõe sobre o uso de medidores de transmitância luminosa ................................................. 368

**Resolução CONTRAN nº 254, de 26.10.2007** – Estabelece requisitos para os vidros de segurança e critérios para aplicação de inscrições, pictogramas e películas nas áreas envidraçadas dos veículos automotores, de acordo com o inciso III do art. 111 do Código de Trânsito Brasileiro – CTB ................................................................................. 369

**Resolução CONTRAN nº 255, de 26.10.2007** – Altera o *caput* do art. 1º da Resolução nº 221/2007, do CONTRAN ................................................. 371

**Resolução CONTRAN nº 256, de 30.11.2007** – Altera o § 2º do art. 2º da
Resolução nº 211, de 13 de novembro de 2006, do CONTRAN .......... 371

**Resolução CONTRAN nº 257, de 30.11.2007** – Altera os arts. 4º e 5º da
Resolução nº 203/2006, que disciplina o uso de capacete para condutor e passageiro de motocicleta, motoneta, ciclomotor, triciclo e quadriciclo motorizados, e dá outras providências .......... 371

**Resolução CONTRAN nº 258, de 30.11.2007** – Regulamenta os arts. 231, X, e 323 do Código Trânsito Brasileiro, fixa metodologia de aferição de peso de veículos, estabelece percentuais de tolerância e dá outras providências .......... 372

**Resolução CONTRAN nº 259, de 30.11.2007** – Altera a Resolução nº 14, de 6 de fevereiro de 1998 e dá outras providências .......... 374

**Resolução CONTRAN nº 265, de 14.12.2007** – Dispõe sobre a formação teórica-técnica do processo de habilitação de condutores de veículos automotores elétricos como atividade extracurricular no ensino médio e define os procedimentos para implementação nas escolas interessadas .......... 374

**Resolução CONTRAN nº 266, de 19.12.2007** – Dá nova redação ao inciso IV do art. 15 da Resolução nº 232/2007 – CONTRAN .......... 375

**Resolução CONTRAN nº 268, de 15.2.2008** – Dispõe sobre o uso de luzes intermitentes ou rotativas em veículos, e dá outras providências .......... 375

**Resolução CONTRAN nº 269, de 15.2.2008** – Dá nova redação ao inciso I do art. 4º da Resolução nº 4/1998, do CONTRAN, que dispõe sobre o trânsito de veículos novos, nacionais ou importados, antes do registro e licenciamento .......... 377

**Resolução CONTRAN nº 270, de 15.2.2008** – Dá nova redação ao art. 2º da Resolução nº 203/2006, do CONTRAN .......... 377

**Resolução CONTRAN nº 272, de 14.3.2008** – Altera a redação do art. 9º da Resolução nº 157, de 22 de abril de 2004, do CONTRAN, que fixa especificações para os extintores de incêndio, como equipamento obrigatório .......... 377

**Resolução CONTRAN nº 273, de 4.4.2008** – Regulamenta a utilização de semirreboques por motocicletas e motonetas, define características, estabelece critérios e dá outras providências .......... 378

**Resolução CONTRAN nº 275, de 25.4.2008** – Estabelece modelo de placa para veículos de representação de acordo com o art. 115, § 3º, do Código de Trânsito Brasileiro .......... 378

**Resolução CONTRAN nº 277, de 28.5.2008** – Dispõe sobre o transporte de menores de 10 anos e a utilização do dispositivo de retenção para o transporte de crianças em veículos .......... 379

**Resolução CONTRAN nº 278, de 28.5.2008** – Proíbe a utilização de dispositivos que travem, afrouxem ou modifiquem o funcionamento dos cintos de segurança .......... 380

**Resolução CONTRAN nº 279, de 28.5.2008** – Altera o inciso IV do art. 2º da Resolução nº 14, de 6 de fevereiro de 1998 – CONTRAN, que trata dos equipamentos obrigatórios, para dispensar de cinto de segurança os veículos de uso bélico .......... 381

**Resolução CONTRAN nº 280, de 30.5.2008** – Dispõe sobre a inspeção periódica do Sistema de Gás Natural instalado originalmente de fábrica, em veículo automotor .......... 381

**Resolução CONTRAN nº 282, de 26.6.2008** – Estabelece critérios para a regularização da numeração de motores dos veículos registrados ou a serem registrados no País .......... 382

**Resolução CONTRAN nº 284, de 1º.7.2008** – Acresce § 3º ao art. 9º da Resolução nº 210/2006, do CONTRAN, para liberar da exigência de eixo autodirecional os semirreboques com apenas dois eixos distanciados .......... 385

**Resolução CONTRAN nº 285, de 29.7.2008** – Alterar e complementar o Anexo II da Resolução nº 168, de 14 de dezembro de 2004 do CONTRAN, que trata dos cursos para habilitação de condutores de veículos automotores e dá outras providências .......... 386

**Resolução CONTRAN nº 286, de 29.7.2008** – Estabelece placa de identificação e define procedimentos para o registro, emplacamento e licenciamento, pelos órgãos de trânsito em conformidade com o Registro Nacional de Veículos Automotores – RENAVAM, de veículos automotores pertencentes às Missões Diplomáticas e às Delegações Especiais, aos agentes diplomáticos, às Repartições Consulares de Carreira, aos agentes consulares de carreira, aos Organismos Internacionais e seus funcionários, aos Funcionários Estrangeiros Administrativos e Técnicos das Missões Diplomáticas, de Delegações Especiais e de Repartições Consulares de Carreira e aos Peritos Estrangeiros de Cooperação Internacional ........... 386

**Resolução CONTRAN nº 287, de 29.7.2008** – Regulamenta o procedimento de coleta e armazenamento de impressão digital nos processos de habilitação, mudança ou adição de categoria e renovação da Carteira Nacional de Habilitação – CNH ........... 388

**Resolução CONTRAN nº 289, de 29.8.2008** – Dispõe sobre normas de atuação a serem adotadas pelo Departamento Nacional de Infraestrutura de Transportes – DNIT e o Departamento de Polícia Rodoviária Federal – DPRF na fiscalização do trânsito nas rodovias federais ........... 390

**Resolução CONTRAN nº 290, de 29.8.2008** – Disciplina a inscrição de pesos e capacidades em veículos de tração, de carga e de transporte coletivo de passageiros, de acordo com os arts. 117; 230, XXI; 231, V e X, do Código de Trânsito Brasileiro ........... 390

**Resolução CONTRAN nº 291, de 29.8.2008** – Dispõe sobre a concessão de código de marca/modelo/versão para veículos e dá outras providências ........... 391

**Resolução CONTRAN nº 292, de 29.8.2008** – Dispõe sobre modificações de veículos previstas nos arts. 98 e 106 da Lei nº 9.503, de 23 de setembro de 1997, que instituiu o Código de Trânsito Brasileiro e dá outras providências ........... 393

**Resolução CONTRAN nº 293, de 29.9.2008** – Fixa requisitos de segurança para circulação de veículos que transportem produtos siderúrgicos e dá outras providências ........... 395

**Resolução CONTRAN nº 294, de 17.10.2008** – Altera a Resolução nº 227/2007, de 9 de fevereiro, do CONTRAN, que estabelece requisitos referentes aos sistemas de iluminação e sinalização de veículos ........... 400

**Resolução CONTRAN nº 296, de 28.10.2008** – Dispõe sobre a integração dos órgãos e entidades executivos de trânsito e rodoviários municipais ao Sistema Nacional de Trânsito ........... 401

**Resolução CONTRAN nº 298, de 21.11.2008** – Revoga as Resoluções que declaram derrogadas, ou insubsistentes, ou sem eficácia em face de dispositivo legal ou regulamentar posterior, que dispôs de forma contrária ..... 402

**Resolução CONTRAN nº 299, de 4.12.2008** – Dispõe sobre a padronização dos procedimentos para apresentação de defesa de autuação e recurso, em 1ª e 2ª instâncias, contra a imposição de penalidade de multa de trânsito ........... 402

**Resolução CONTRAN nº 300, de 4.12.2008** – Estabelece procedimento administrativo para submissão do condutor a novos exames para que possa voltar a dirigir quando condenado por crime de trânsito, ou quando envolvido em acidente grave, regulamentando o art. 160 do Código de Trânsito Brasileiro ........... 404

**Resolução CONTRAN nº 302, de 18.12.2008** – Define e regulamenta as áreas de segurança e de estacionamentos específicos de veículos .... 406

**Resolução CONTRAN nº 303, de 18.12.2008** – Dispõe sobre as vagas de estacionamento de veículos destinadas exclusivamente às pessoas idosas ........... 407

**Resolução CONTRAN nº 304, de 18.12.2008** – Dispõe sobre as vagas de estacionamento destinadas exclusivamente a veículos que transportem pessoas portadoras de deficiência e com dificuldade de locomoção ........ 408

**Resolução CONTRAN nº 305, de 6.3.2009** – Estabelece requisitos de segurança necessários à circulação de Combinações para Transporte de Veículos – CTV e Combinações de Transporte de Veículos e Cargas Paletizadas – CTVP ..................... 409

**Resolução CONTRAN nº 306, de 6.3.2009** – Cria o código numérico de segurança para o Certificado de Registro e Licenciamento de Veículo – CRLV e estabelece a sua configuração e utilização ..................... 412

**Resolução CONTRAN nº 307, de 6.3.2009** – Altera a Resolução nº 285, de 29.7.2008, do Conselho Nacional de Trânsito – CONTRAN em seu art. 2º e parágrafo único, assegurando aos alunos matriculados em cursos regulamentados pela Resolução nº 168/2004, na vigência do seu Anexo II, as condições nele estabelecidas, e dá outras providências ...... 413

**Resolução CONTRAN nº 309, de 6.3.2009** – Dá nova redação ao item 1 do anexo a Resolução CONTRAN nº 231, de 15 de março de 2007, que estabelece o sistema de placas de identificação de veículos ....... 413

**Resolução CONTRAN nº 310, de 6.3.2009** – Altera os modelos e especificações dos Certificados de Registro de Veículos – CRV e de Licenciamento de Veículos – CRLV ..................... 413

**Resolução CONTRAN nº 311, de 3.4.2009** – Dispõe sobre a obrigatoriedade do uso do equipamento suplementar de segurança passiva – *air bag*, na parte frontal dos veículos novos saídos de fábrica, nacionais e importados ..................... 414

**Resolução CONTRAN nº 313, de 8.5.2009** – Altera o Regimento Interno das Câmaras Temáticas do CONTRAN ..................... 415

**Resolução CONTRAN nº 314, de 8.5.2009** – Estabelece procedimentos para a execução das campanhas educativas de trânsito a serem promovidas pelos órgãos e entidades do Sistema Nacional de Trânsito ....... 415

**Resolução CONTRAN nº 315, de 8.5.2009** – Estabelece a equiparação dos veículos ciclo-elétricos, aos ciclomotores e os equipamentos obrigatórios para condução nas vias públicas abertas à circulação ...... 416

**Resolução CONTRAN nº 316, de 8.5.2009** – Estabelece os requisitos de segurança para veículos de transporte coletivo de passageiros M2 e M3 (tipos micro-ônibus e ônibus) de fabricação nacional e estrangeira ........ 417

**Resolução CONTRAN nº 317, de 5.6.2009** – Estabelece o uso de dispositivos retrorrefletivos de segurança nos veículos de transporte de cargas e de transporte coletivo de passageiros em trânsito internacional no território nacional ..................... 420

**Resolução CONTRAN nº 318, de 5.6.2009** – Estabelece limites de pesos e dimensões para circulação de veículos de transporte de carga e de transporte coletivo de passageiros em viagem internacional pelo território nacional ..................... 420

**Resolução CONTRAN nº 319, de 5.6.2009** – Altera os arts. 8º, 9º e o anexo da Resolução CONTRAN nº 292/2008, que dispõe sobre modificações de veículos previstas nos arts. 98 e 106 da Lei nº 9.503, de 23 de setembro de 1997 ..................... 421

**Resolução CONTRAN nº 320, de 5.6.2009** – Estabelece procedimentos para o registro de contratos de financiamento de veículos com cláusula de alienação fiduciária, arrendamento mercantil, reserva de domínio ou penhor, nos órgãos ou entidades executivos de trânsito dos Estados e do Distrito Federal e para lançamento do gravame correspondente no Certificado de Registro de Veículos – CRV, e dá outras providências ..... 422

**Resolução CONTRAN nº 321, de 17.7.2009** – Institui exame obrigatório para avaliação de instrutores e examinadores de trânsito no exercício da função em todo o território nacional ..................... 424

**Resolução CONTRAN nº 322, de 17.7.2009** – Altera a redação do art. 12 da Resolução nº 297/2008, que estabeleceu o relatório de avarias para a classificação dos danos decorrentes de acidentes e os procedimentos para a regularização ou baixa de veículos ..................... 425

SUMÁRIO • 19

**Resolução CONTRAN nº 323, de 17.7.2009** – Estabelece os requisitos técnicos de fabricação e instalação de protetor lateral para veículos de carga .................................................................................................. 425

**Resolução CONTRAN nº 324, de 17.7.2009** – Dispõe sobre a expedição de Certificado Provisório de Registro e Licenciamento de Veículos ..... 426

**Resolução CONTRAN nº 325, de 17.7.2009** – Altera o prazo previsto no § 7º do art. 1º da Resolução CONTRAN nº 282/2008, que estabelece critérios para a regularização de numeração de motores dos veículos registrados ou a serem registrados no país ............................................ 427

**Resolução CONTRAN nº 329, de 14.8.2009** – Altera dispositivo da Resolução nº 245, de 27 de julho de 2007, do CONTRAN, que dispõe sobre a instalação de equipamento obrigatório, denominado antifurto, nos veículos novos saídos de fábrica, nacionais e estrangeiros ......... 427

**Resolução CONTRAN nº 330, de 14.8.2009** – Estabelece o cronograma para a instalação do equipamento obrigatório definido na Resolução nº 245/2007, denominado antifurto, nos veículos novos, nacionais e importados ........................................................................................... 428

**Resolução CONTRAN nº 331, de 14.8.2009** – Dispõe sobre uniformização do procedimento para realização de hasta pública dos veículos retidos, removidos e apreendidos, a qualquer título, por Órgãos e Entidades componentes do Sistema Nacional de Trânsito, conforme o disposto no art. 328 do Código de Trânsito Brasileiro (CTB) ................ 429

**Resolução CONTRAN nº 332, de 28.9.2009** – Dispõe sobre identificações de veículos importados por detentores de privilégios e imunidades em todo o território nacional ......................................................... 431

**Resolução CONTRAN nº 333, de 6.11.2009** – Restabelece a vigência da Resolução nº 157, de 22 de abril de 2004, dando nova redação ao art. 8º, que fixa especificações para os extintores de incêndio sendo equipamentos de uso obrigatório nos veículos automotores, elétricos, reboque e semirreboque, de acordo com o art. 105 do Código de Trânsito Brasileiro e dá outras providências ............................................ 432

**Resolução CONTRAN nº 334, de 6.11.2009** – Isenta os veículos blindados do cumprimento do disposto no art. 1º da Resolução CONTRAN nº 254/2007, que estabelece requisitos para os veículos de segurança e critérios para aplicação de inscrição, pictogramas e películas nas áreas envidraçadas dos veículos automotores, de acordo com inciso III do Código de Trânsito Brasileiro – CTB ............................................ 433

**Resolução CONTRAN nº 335, de 24.11.2009** – Estabelece os requisitos necessários à coordenação do sistema de arrecadação de multas de trânsito e a implantação do sistema informatizado de controle da arrecadação dos recursos do Fundo Nacional de Segurança e Educação de Trânsito – FUNSET ................................................................... 433

**Resolução CONTRAN nº 336, de 24.11.2009** – Altera a Resolução nº 39, de 21 de maio de 1998, do Conselho Nacional de Trânsito – CONTRAN, para proibir a utilização de tachas e tachões, aplicados transversalmente à via pública, como sonorizadores ou dispositivos redutores de velocidade ................................................................................ 434

**Resolução CONTRAN nº 339, de 25.2.2010** – Permite a anotação dos contratos de comodato e de aluguel ou arrendamento não vinculado ao financiamento do veículo, junto ao Registro Nacional de Veículos Automotores ....................................................................................... 435

**Resolução CONTRAN nº 341, de 25.2.2010** – Cria Autorização Específica (AE) para os veículos e/ou combinações de veículos equipados com tanques que apresentem excesso de até 5% (cinco por cento) nos limites de peso bruto total ou peso bruto total combinado, devido à incorporação da tolerância, com base em Resolução do CONTRAN .. 435

**Resolução CONTRAN nº 342, de 5.3.2010** – Altera o prazo previsto no art. 6º da Resolução nº 286 do Conselho Nacional de Trânsito – CONTRAN ................................................................................................ 436

**Resolução CONTRAN nº 343, de 5.3.2010** – Altera a Resolução nº 330, de 14 de agosto de 2009, que estabelece o cronograma para a instalação do equipamento obrigatório definido na Resolução nº 245/2007, denominado antifurto, nos veículos novos, nacionais e importados ..... 437

**Resolução CONTRAN nº 346, de 19.3.2010** – Regulamenta o tipo de carroçaria intercambiável (Camper) ......................................................... 437

**Resolução CONTRAN nº 347, de 29.4.2010** – Altera a Resolução nº 168, de 14 de dezembro de 2004, do Conselho Nacional de Trânsito – CONTRAN, que estabelece Normas e Procedimentos para a formação de condutores de veículos automotores e elétricos, a realização dos exames, a expedição de documentos de habilitação, os cursos de formação, especializados, de reciclagem e dá outras providências ..... 438

**Resolução CONTRAN nº 348, de 17.5.2010** – Estabelece o procedimento e os requisitos para apreciação dos equipamentos de trânsito e de sinalização não previstos no Código de Trânsito Brasileiro – CTB ..... 438

**Resolução CONTRAN nº 349, de 17.5.2010** – Dispõe sobre o transporte eventual de cargas ou de bicicletas nos veículos classificados nas espécies automóvel, caminhonete, camioneta e utilitário .................. 439

**Resolução CONTRAN nº 351, de 14.6.2010** – Estabelece procedimentos para veiculação de mensagens educativas de trânsito em toda peça publicitária destinada à divulgação ou promoção, nos meios de comunicação social, de produtos oriundos da indústria automobilística ou afins ................................................................................................ 441

**Resolução CONTRAN nº 352, de 14.6.2010** – Dá nova redação ao inciso III do art. 7º da Resolução nº 277, de 28 de maio de 2008, do CONTRAN ........................................................................................... 443

**Resolução CONTRAN nº 354, de 24.6.2010** – Estabelece requisitos de segurança para o transporte de blocos e chapas serradas de rochas ornamentais ...................................................................................... 443

**Resolução CONTRAN nº 356, de 2.8.2010** – Estabelece requisitos mínimos de segurança para o transporte remunerado de passageiros (mototáxi) e de cargas (motofrete) em motocicleta e motoneta, e dá outras providências ............................................................................ 446

**Resolução CONTRAN nº 357, de 2.8.2010** – Estabelece diretrizes para a elaboração do Regimento Interno das Juntas Administrativas de Recursos de Infrações – JARI ............................................................... 448

**Resolução CONTRAN nº 358, de 13.8.2010** – Regulamenta o credenciamento de instituições ou entidades públicas ou privadas para o processo de capacitação, qualificação e atualização de profissionais, e de formação, qualificação, atualização e reciclagem de candidatos e condutores e dá outras providências ..................................................... 449

**Resolução CONTRAN nº 359, de 29.9.2010** – Dispõe sobre a atribuição de competência para a realização da inspeção técnica nos veículos utilizados no transporte rodoviário internacional de cargas e passageiros e dá outras providências .................................................................. 463

**Resolução CONTRAN nº 360, de 29.9.2010** – Dispõe sobre a habilitação do candidato ou condutor estrangeiro para direção de veículos em território nacional ................................................................................ 464

**Resolução CONTRAN nº 361, de 29.9.2010** – Altera a Resolução nº 287/2008 – CONTRAN, que dispõe sobre a regulamentação do procedimento de coleta e armazenamento de impressão digital nos processos de habilitação, mudança ou adição de categoria e renovação da Carteira Nacional de Habilitação – CNH .............................................. 465

**Resolução CONTRAN nº 362, de 15.10.2010** – Estabelece a classificação de danos em veículos decorrentes de acidentes e os procedimentos para a regularização ou baixa dos veículos envolvidos e dá outras providências ................................................................................ 466

**Resolução CONTRAN nº 364, de 24.11.2010** – Altera a Resolução nº 245, de 27 de julho 2007, que dispõe sobre a instalação de equipamento obrigatório, denominado antifurto, nos veículos novos saídos de fábrica, nacionais e estrangeiros e a Resolução nº 330, de 14 de agosto de 2009, que estabelece o cronograma para a instalação do equipamento obrigatório definido na Resolução nº 245, de 27 de julho de 2007 ......... 469

**Resolução CONTRAN nº 365, de 24.11.2010** – Altera o prazo previsto no art. 17 da Resolução CONTRAN nº 258/2007, que regulamenta os arts. 231, X, e 323 do Código de Trânsito Brasileiro, fixa metodologia de aferição de peso de veículos, estabelece percentuais de tolerância e dá outras providências ......... 469

**Resolução CONTRAN nº 366, de 24.11.2010** – Altera dispositivo do Anexo das Resoluções nºs 128/2001 e 132/2002, do Conselho Nacional de Trânsito CONTRAN, que tratam do uso obrigatório de película refletiva ......... 470

**Resolução CONTRAN nº 368, de 24.11.2010** – Altera o anexo IV da Resolução nº 305, de 6 de março de 2009, do CONTRAN que estabelece requisitos de segurança necessários à circulação de Combinações para Transporte de Veículos – CTV e Combinações de Transporte de Veículos e Cargas Paletizadas – CTVP ......... 470

**Resolução CONTRAN nº 369, de 24.11.2010** – Altera a Resolução CONTRAN nº 291, de 29 de agosto de 2008, que dispõe sobre a concessão de código de marca/modelo/versão para veículos e dá outras providências ......... 471

**Resolução CONTRAN nº 371, de 10.12.2010** – Aprova o Manual Brasileiro de Fiscalização de Trânsito, Volume I – Infrações de competência municipal, incluindo as concorrentes dos órgãos e entidades estaduais de trânsito, e rodoviários ......... 471

**Resolução CONTRAN nº 372, de 18.3.2011** – Altera a Resolução CONTRAN nº 231/2007, que estabelece o sistema de placas de identificação de veículos ......... 471

**Resolução CONTRAN nº 373, de 18.3.2011** – Referenda a Deliberação nº 105, de 21 de dezembro de 2010, do Presidente do Conselho Nacional de Trânsito – CONTRAN, que altera o art. 11 da Resolução nº 210, de 13 de novembro de 2006, do CONTRAN, alterado pela Resolução nº 326, de 17 de julho de 2009 ......... 472

**Resolução CONTRAN nº 374, de 18.3.2011** – Referendar a Deliberação nº 102, de 21 de dezembro de 2010, que alterou o art. 2º da Resolução CONTRAN nº 341, de 25 de fevereiro de 2010, para fixar o termo final para a solicitação de Autorização Específica (AE) em 30 de junho de 2011 ... 472

**Resolução CONTRAN nº 375, de 18.3.2011** – Acrescenta os §§ 2º e 3º ao art. 1º da Resolução CONTRAN nº 315/2009, que estabelece a equiparação dos veículos ciclo-elétricos aos ciclomotores e os equipamentos obrigatórios para a condução nas vias públicas abertas à circulação ...... 473

**Resolução CONTRAN nº 376, de 6.4.2011** – Revoga a Deliberação nº 63, de 24 de abril de 2008, do CONTRAN que suspendeu a vigência da Resolução nº 158, de 22 de abril de 2004, do CONTRAN, que proíbe o uso de pneus reformados em ciclomotores, motonetas, motocicletas e triciclos, bem como rodas que apresentem quebras, trincas e deformações ......... 473

**Resolução CONTRAN nº 377, de 6.4.2011** – Referenda a Deliberação nº 106, de 27 de dezembro de 2010 que dá nova redação ao art. 1º da Resolução nº 323, de 17 de julho de 2009, do CONTRAN, que estabelece os requisitos técnicos de fabricação e instalação de protetor lateral para veículos de carga ......... 473

**Resolução CONTRAN nº 378, de 6.4.2011** – Dá nova redação ao § 2º do art. 3º da Resolução CONTRAN nº 356/2010, que estabelece requisitos mínimos de segurança para o transporte remunerado de passageiros (mototáxi) e de cargas (motofrete) em motocicleta e motoneta ......... 474

**Resolução CONTRAN nº 379, de 6.4.2011** – Referendar a Deliberação nº 107, de 28 de janeiro 2011, que alterou o art. 3º da Resolução CONTRAN nº 359/2010, que dispõe sobre a atribuição de competência para a realização da inspeção técnica nos veículos utilizados no transporte rodoviário internacional de cargas e passageiros e da outras providências ............................................................................................ 474

**Resolução CONTRAN nº 380, de 28.4.2011** – Dispõe sobre a obrigatoriedade do uso do sistema antitravamento das rodas – ABS .................. 474

**Resolução CONTRAN nº 381, de 28.4.2011** – Referendar a Deliberação nº 108, de 23 de março de 2011, que altera o art. 7º da Resolução CONTRAN nº 211, de 13 de novembro de 2011, que tratam dos requisitos necessários à circulação de Combinações de Veículos de Carga – CVC, a que se referem os arts. 97, 99 e 314 do Código de Trânsito Brasileiro – CTB ............................................................................ 476

**Resolução CONTRAN nº 382, de 2.6.2011** – Dispõe sobre notificação e cobrança de multa por infração de trânsito praticada com veículo licenciado no exterior em trânsito no território nacional .............................. 476

**Resolução CONTRAN nº 383, de 2.6.2011** – Altera a Resolução nº 227, de 9 de fevereiro de 2007, do CONTRAN, que estabelece requisitos referentes aos sistemas de iluminação e sinalização de veículos ........ 478

**Resolução CONTRAN nº 384, de 2.6.2011** – Altera a Resolução nº 292, de 29 de agosto de 2008, do CONTRAN, que dispõe sobre modificações de veículos previstas nos arts. 98 e 106 da Lei nº 9503, de 23 de setembro de 1997, que instituiu o Código de Trânsito Brasileiro e dá outras providências ............................................................................... 479

**Resolução CONTRAN nº 385, de 2.6.2011** – Referenda a Deliberação nº 109, de 11 de abril de 2011, que revoga o art. 3º e altera o art. 4º, ambos da Resolução CONTRAN nº 253, de 26 de outubro de 2007, que dispõe sobre o uso de medidores de transmitância luminosa ....... 479

**Resolução CONTRAN nº 386, de 2.6.2011** – Dá nova redação aos arts. 4º e 5º da Resolução CONTRAN nº 254/2007, que estabelece requisitos para os vidros de segurança e critérios para aplicação de inscrições, pictogramas e películas nas áreas envidraçadas dos veículos automotores, de acordo com o inciso III do art. 111 do Código de Trânsito Brasileiro – CTB .................................................................................... 480

**Resolução CONTRAN nº 388, de 14.7.2011** – Dá nova redação aos arts. 1º e 2º da Resolução CONTRAN nº 341, de 25 de fevereiro de 2010, que cria Autorização Específica (AE) para os veículos e/ou combinações de veículos equipados com tanques que apresentem excesso de até 5% (cinco por cento) nos limites de peso bruto total ou peso bruto total combinado ............................................................................ 480

**Resolução CONTRAN nº 389, de 14.7.2011** – Referenda a Deliberação nº 112 de 28 de junho de 2011, do Presidente do Conselho Nacional de Trânsito – CONTRAN, publicada no *Diário Oficial da União* de 29 de Junho de 2011, que altera o prazo estipulado no art. 3º da Resolução nº 371, de 10 de dezembro de 2010, que aprova o Manual Brasileiro de Fiscalização de Trânsito – Volume I – Infrações de competência municipal, incluindo as concorrentes dos órgãos e entidades estaduais de trânsito e rodoviários .................................................................................. 480

**Resolução CONTRAN nº 390, de 11.8.2011** – Dispõe sobre a padronização dos procedimentos administrativos na lavratura de auto de infração, na expedição de notificação de autuação e de notificação de penalidades por infrações de responsabilidade de pessoas físicas ou jurídicas, sem a utilização de veículos, expressamente mencionadas no Código de Trânsito Brasileiro – CTB, e dá outras providências .......... 481

**Resolução CONTRAN nº 391, de 30.8.2011** – Referendar a Deliberação nº 100, de 2 de setembro de 2010 que dispõe sobre o transporte de menores de 10 anos e a utilização do dispositivo de retenção para o transporte de crianças em veículos ............................................................ 483

Resolução CONTRAN nº 392, de 4.10.2011 – Referendar a Deliberação nº 114, de 28 de setembro de 2011, que prorroga o mandato 2009/2011 dos membros das Câmaras Temáticas do CONTRAN até que sejam nomeados os integrantes para o mandato 2011/2013 ............ 484

Resolução CONTRAN nº 393, de 25.10.2011 – Altera a Resolução nº 151, de 8 de outubro de 2003, do Conselho Nacional de Trânsito – CONTRAN, que dispõe sobre a unificação de procedimentos para imposição de penalidade de multa a pessoa jurídica proprietária de veículos por não identificação de condutor infrator ............................................................. 484

Resolução CONTRAN nº 394, de 13.12.2011 – Altera a Resolução nº 311, de 3 de abril de 2009, que dispõe sobre a obrigatoriedade do uso de equipamento suplementar de segurança passiva – *air bag*, na parte frontal dos veículos novos saídos de fábrica, nacionais e importados ............... 484

Resolução CONTRAN nº 395, de 13.12.2011 – Altera a Resolução nº 380, de 28 de abril de 2011, que dispõe sobre a obrigatoriedade do uso do sistema antitravamento das rodas – ABS ............................................. 485

Resolução CONTRAN nº 396, de 13.12.2011 – Dispõe sobre requisitos técnicos mínimos para a fiscalização da velocidade de veículos automotores, reboques e semirreboques, conforme o Código de Trânsito Brasileiro 485

Resolução CONTRAN nº 397, de 13.12.2011 – Altera a Resolução nº 292, de 29 de agosto de 2008, do CONTRAN, que dispõe sobre modificações de veículos previstas nos arts. 98 e 106 da Lei nº 9.503, de 23 de setembro de 1997, que instituiu o Código de Trânsito Brasileiro e dá outras providências .................................................................... 491

Resolução CONTRAN nº 398, de 13.12.2011 – Estabelece orientações e procedimentos a serem adotados para a comunicação de venda de veículos, no intuito de organizar e manter o Registro Nacional de Veículos Automotores – RENAVAM, garantindo a atualização e o fluxo permanente de informações entre os órgãos e entidades do Sistema Nacional de Trânsito .................................................................... 491

Resolução CONTRAN nº 399, de 8.2.2012 – Acrescenta parágrafo único ao art. 1º da Resolução nº 341, de 25 de fevereiro de 2010, do Conselho Nacional de Trânsito, para prorrogar, até o sucateamento dos respectivos veículos, o prazo de validade das Autorizações Especificas (AE) emitidas antes da Vigência da Resolução nº 388/2011 ........ 492

Resolução CONTRAN nº 400, de 15.3.2012 – Referenda a Deliberação nº 119, de 19 de dezembro de 2011, que define a cor predominante dos caminhões, caminhões tratores, reboques e semirreboques ........ 492

Resolução CONTRAN nº 401, de 15.3.2012 – Altera o prazo estipulado no art. 3º da Resolução 371, de 10 de dezembro de 2010, com alteração dada pela Resolução nº 389/2011, que aprova o Manual Brasileiro de Fiscalização de Trânsito – Volume I – Infrações de competência municipal, incluindo as concorrentes dos órgãos e entidades estaduais de trânsito e rodoviários ............................................................... 493

Resolução CONTRAN nº 402, de 26.4.2012 – Estabelece requisitos técnicos e procedimentos para a indicação no CRV/CRLV das características de acessibilidade para os veículos de transporte coletivos de passageiros e dá outras providências ...................................... 493

Resolução CONTRAN nº 403, de 26.4.2012 – Altera o prazo previsto no art. 17 da Resolução CONTRAN nº 258/2007, com redação dada pela Resolução nº 365/2010, que regulamenta os arts. 231, X, e 323 do Código de Trânsito Brasileiro, fixa metodologia de aferição de peso de veículos, estabelece percentuais de tolerância e dá outras providências ... 496

Resolução CONTRAN nº 404, de 12.6.2012 – Dispõe sobre padronização dos procedimentos administrativos na lavratura de Auto de Infração, na expedição de notificação de autuação e de notificação de penalidade de multa e de advertência, por infração de responsabilidade de proprietário e de condutor de veículo e da identificação de condutor infrator, e dá outras providências ...................................... 496

**Resolução CONTRAN nº 405, de 12.6.2012** – Dispõe sobre a fiscalização do tempo de direção do motorista profissional de que trata o art. 67-A, incluído no Código de Trânsito Brasileiro – CTB, pela Lei nº 12.619, de 30 de abril de 2012, e dá outras providências ............................... 502

**Resolução CONTRAN nº 406, de 12.6.2012** – Altera a Resolução nº 92, de 4 de maio de 1999, que dispõe sobre requisitos técnicos mínimos do registrador instantâneo e inalterável de velocidade e tempo, conforme o Código de Trânsito Brasileiro .................................................. 504

**Resolução CONTRAN nº 407, de 12.6.2012** – Autoriza a utilização temporária de sinalização de orientação de destino específica para a "Copa do Mundo da FIFA Brasil 2014" e para a "Copa das Confederações da FIFA Brasil 2013", de acordo com os padrões estabelecidos nesta Resolução ........................................................................ 505

**Resolução CONTRAN nº 408, de 2.8.2012** – Altera o art. 8º da Resolução nº 405, de 12 de junho de 2012, que dispõe sobre a fiscalização do tempo de direção do motorista profissional de que trata o art. 67-A, incluído no Código de Trânsito Brasileiro – CTB, pela Lei nº 12.619, de 30 de abril de 2012, e dá outras providências ............................... 506

**Resolução CONTRAN nº 409, de 2.8.2012** – Altera dispositivos da Resolução nº 168, de 14 de dezembro de 2004, que estabelece normas e procedimentos para a formação de condutores de veículos automotores e elétricos, a realização dos exames, a expedição de documentos de habilitação, os cursos de formação, especializados, de reciclagem e dá outras providências ............................................ 506

**Resolução CONTRAN nº 410, de 2.8.2012** – Regulamenta os cursos especializados obrigatórios destinados a profissionais em transporte de passageiros (mototaxista) e em entrega de mercadorias (motofretista) que exerçam atividades remuneradas na condução de motocicletas e motonetas ................................................................. 507

**Resolução CONTRAN nº 411, de 2.8.2012** – Altera dispositivos da Resolução nº 358, de 13 de agosto de 2010, que Regulamenta o credenciamento de instituições ou entidades públicas ou privadas para o processo de capacitação, qualificação e atualização de profissionais, e de formação, qualificação, atualização e reciclagem de candidatos e condutores e dá outras providências .............................................. 507

**Resolução CONTRAN nº 412, de 9.8.2012** – Dispõe sobre a implantação do Sistema Nacional de Identificação Automática de Veículos – SINIAV em todo o território nacional ..................................................... 508

**Resolução CONTRAN nº 413, de 9.8.2012** – Altera a Resolução nº 168, de 14 de dezembro de 2004 – CONTRAN, que estabelece normas e procedimentos para a formação de condutores de veículos automotores e elétricos, a realização dos exames, a expedição de documentos de habilitação, os cursos de formação, especializados, de reciclagem e dá outras providências .............................................................. 509

**Resolução CONTRAN nº 414, de 9.8.2012** – Altera a Resolução nº 410, de 2 de agosto de 2012, que regulamenta os cursos especializados obrigatórios destinados a profissionais em transporte de passageiros (mototaxista) e em entrega de mercadorias (motofretista) que exerçam atividades remuneradas na condução de motocicletas e motonetas ............ 510

**Resolução CONTRAN nº 415, de 9.8.2012** – Altera a Resolução CONTRAN nº 358, de 13 de agosto de 2012 (com as alterações dadas pela Resolução nº 411/2012), que regulamenta o credenciamento de instituições ou entidades públicas ou privadas para o processo de capacitação, qualificação e atualização de profissionais, e de formação, qualificação, atualização e reciclagem de candidatos e condutores e dá outras providências .................................................................... 510

**Resolução CONTRAN nº 416, de 9.8.2012** – Estabelece os requisitos de segurança para veículos de transporte de passageiros tipo microônibus, categoria M2 de fabricação nacional e importado .................. 510

Resolução CONTRAN n° 419, de 17.10.2012 – Acrescenta inciso VI ao art. 8° da Resolução CONTRAN n° 292/2008, de forma a proibir a inclusão de terceiro eixo em semirreboque com comprimento igual ou inferior a 10,50 metros ................................................................... 513

Resolução CONTRAN n° 422, de 27.11.2012 – Altera dispositivos da Resolução CONTRAN n° 168, de 14 de dezembro de 2004, que trata das normas e procedimentos para a formação de condutores de veículos automotores e elétricos .................................................. 513

Resolução CONTRAN n° 423, de 27.11.2012 – Altera dispositivos da Resolução CONTRAN n°358, de 13 de agosto de 2010, que trata de procedimentos de credenciamento de instituições ou entidades públicas ou privadas voltadas ao aprendizado de candidatos e condutores, e dá outras providências .................................................. 514

Resolução CONTRAN n° 424, de 27.11.2012 – Altera o prazo previsto no art. 27 Resolução CONTRAN n° 404/2012 que dispõe sobre padronização dos procedimentos administrativos na lavratura de Auto de Infração, na expedição de notificação de autuação e de notificação de penalidade de multa e de advertência, por infração de responsabilidade de proprietário e de condutor de veículo e da identificação de condutor infrator, e dá outras providências .................................................. 514

Resolução CONTRAN n° 425, de 27.11.2012 – Dispõe sobre o exame de aptidão física e mental, a avaliação psicológica e o credenciamento das entidades públicas e privadas de que tratam o art. 147, I e §§ 1° a 4°, e o art. 148 do Código de Trânsito Brasileiro .................................................. 515

Resolução CONTRAN n° 426, de 5.12.2012 – Dispõe sobre o sistema de travamento do capuz e rodas dos veículos automotores, e seus elementos de fixação e enfeites .................................................. 520

Resolução CONTRAN n° 427, de 5.12.2012 – Estabelece condições para fiscalização pelas autoridades de trânsito, em vias públicas, das emissões de gases de escapamento de veículos automotores de que trata o art. 231, inciso III, do CTB .................................................. 520

Resolução CONTRAN n° 428, de 5.12.2012 – Altera o prazo estipulado no art. 3° da Resolução n° 371, de 10 de dezembro de 2010 – CONTRAN, com alteração dada pela Resolução n° 401, de 15 de março de 2012, que aprova o Manual Brasileiro de Fiscalização de Trânsito – Volume I – Infrações de competência municipal, incluindo as concorrentes dos órgãos e entidades estaduais de trânsito e rodoviários .................................................. 521

Resolução CONTRAN n° 429, de 5.12.2012 – Estabelece critérios para o registro de tratores destinados a puxar ou arrastar maquinaria de qualquer natureza ou a executar trabalhos agrícolas e de construção, de pavimentação ou guindastes (máquinas de elevação) .................................................. 522

Resolução CONTRAN n° 430, de 23.1.2013 – Altera o prazo previsto no art. 17 da Resolução CONTRAN n° 258/2007, com redação dada pelas Resoluções n° 365/2010 e 403/2012, que regulamenta os arts. 231, X, e 323 do Código de Trânsito Brasileiro, fixa metodologia de aferição de peso de veículos, estabelece percentuais de tolerância e dá outras providências .................................................. 523

Resolução CONTRAN n° 431, de 23.1.2013 – Referenda a Deliberação CONTRAN n° 134, de 16 de janeiro de 2012, que suspende os efeitos da Resolução n° 417/2012, do Conselho Nacional de Trânsito – CONTRAN, que altera o art. 6° da Resolução n° 405, de 12 de junho de 2012, que dispõe sobre a fiscalização do tempo de direção do motorista profissional de que trata o art. 67-A, incluído no Código de Trânsito Brasileiro – CTB, pela Lei n° 12.619, de 30 de abril de 2012, e dá outras providências .................................................. 523

Resolução CONTRAN n° 432, de 23.1.2013 – Dispõe sobre os procedimentos a serem adotados pelas autoridades de trânsito e seus agentes na fiscalização do consumo de álcool ou de outra substância psicoativa que determine dependência, para aplicação do disposto nos

arts. 165, 276, 277 e 306 da Lei nº 9.503, de 23 de setembro de 1997
– Código de Trânsito Brasileiro (CTB) .................................................. 524
Anexo I – Tabela de valores referenciais para Etilômetro ................... 526
Anexo II – Sinais de alteração da capacidade psicomotora ............... 528

**Resolução CONTRAN nº 433, de 23.1.2013** – Referenda a Deliberação nº 131 de 19 de dezembro de 2012 do Presidente do Conselho Nacional de Trânsito que altera a Resolução nº 412, de 9 de agosto de 2012, que dispõe sobre a implantação do Sistema Nacional de Identificação Automática de Veículos – SINIAV ............................................. 529

**Resolução CONTRAN nº 434, de 23.1.2013** – Altera redação do § 2º do art. 1º e do art. 8º da Resolução CONTRAN nº 429, de 5 de dezembro de 2012, que estabelece critérios para o registro de tratores destinados a puxar ou arrastar maquinaria de qualquer natureza ou a executar trabalhos agrícolas e de construção, de pavimentação ou guindastes (máquinas de elevação) ................................................................................ 529

**ÍNDICE ALFABÉTICO-REMISSIVO – CTB E RESOLUÇÕES** ..... 531

*I thank whatever gods may be*
*For my unconquerable soul.*
*[...]*
*It matters not how strait the gate,*
*How charged with punishments the scroll,*
*I am the master of my fate;*
*I am the captain of my soul.*

[Eu agradeço aos deuses que existem
Por minha alma indomável.
[...]
Não importa o quão estreito é o portão,
Não importa o tamanho do castigo,
Eu sou o dono do meu destino;
Eu sou o capitão da minha alma.]

(William E. Henley, *Invictus*)

Nilza, Maycon, Alan, Franciele e Lourdes, nós os amamos.

*Eron e Daniela*

Os Organizadores agradecem aos Editores Jair Lot Vieira e Maria Lot Vieira Micales, pela confiança e respeito ao trabalho proposto e editado. Agradecimentos estendidos a Alexandre Rudyard Benevides (Editoração, profissional de competência e alta capacitação técnica), Fernanda Godoy Tarcinalli (Coordenação editorial) e Karine Moreto Massoca (Designer gráfico), além daqueles profissionais que se mantiveram no anonimato, pessoas indispensáveis, sem as quais este trabalho não seria possível.

# LEI Nº 9.503,
# DE 23 DE SETEMBRO DE 1997

*Atualizada até a Lei nº 12.760, de 20.12.2012 – Nova Lei Seca.*

### INSTITUI O CÓDIGO DE TRÂNSITO BRASILEIRO

O Presidente da República
Faço saber que o Congresso Nacional decreta e eu sanciono a seguinte Lei:

## CAPÍTULO I – DISPOSIÇÕES PRELIMINARES

**Art. 1º.** O trânsito de qualquer natureza, nas vias terrestres do Território Nacional, abertas à circulação, rege-se por este Código.

- *V. art. 22, inciso XI, da CF/1988 que dispõe sobre a competência privativa da União para legislar sobre trânsito e transporte.*

§ 1º. Considera-se trânsito a utilização das vias por pessoas, veículos e animais, isolados ou em grupos, conduzidos ou não, para fins de circulação, parada, estacionamento e operação de carga ou descarga.

§ 2º. O trânsito, em condições seguras, é um direito de todos e dever dos órgãos e entidades competentes do Sistema Nacional de Trânsito, a estes cabendo, no âmbito das respectivas competências, adotar as medidas destinadas a assegurar esse direito.

§ 3º. Os órgãos e entidades componentes do Sistema Nacional de Trânsito respondem, no âmbito das respectivas competências, objetivamente, por danos causados aos cidadãos em virtude de ação, omissão ou erro na execução e manutenção de programas, projetos e serviços que garantam o exercício do direito do trânsito seguro.

§ 4º. (Vetado).

§ 5º. Os órgãos e entidades de trânsito pertencentes ao Sistema Nacional de Trânsito darão prioridade em suas ações à defesa da vida, nela incluída a preservação da saúde e do meio ambiente.

**Art. 2º.** São vias terrestres urbanas e rurais as ruas, as avenidas, os logradouros, os caminhos, as passagens, as estradas e as rodovias, que terão seu uso regulamentado pelo órgão ou entidade com circunscrição sobre elas, de acordo com as peculiaridades locais e as circunstâncias especiais.

Parágrafo único. Para os efeitos deste Código, são consideradas vias terrestres as praias abertas à circulação pública e as vias internas pertencentes aos condomínios constituídos por unidades autônomas.

**Art. 3º.** As disposições deste Código são aplicáveis a qualquer veículo, bem como aos proprietários, condutores dos veículos nacionais ou estrangeiros e às pessoas nele expressamente mencionadas.

**Art. 4º.** Os conceitos e definições estabelecidos para os efeitos deste Código são os constantes do Anexos I.

## CAPÍTULO II – DO SISTEMA NACIONAL DE TRÂNSITO

### Seção I – Disposições Gerais

**Art. 5º.** O Sistema Nacional de Trânsito é o conjunto de órgãos e entidades da União, dos Estados, do Distrito Federal e dos Municípios, que tem por finalidade o exercício das atividades de planejamento, administração, normatização, pesquisa, registro e licenciamento de veículos, formação, habilitação e reciclagem de condutores, educação, engenharia, operação do sistema viário, policiamento, fiscalização, julgamento de infrações e de recursos e aplicação de penalidades.

**Art. 6º.** São objetivos básicos do Sistema Nacional de Trânsito:

I – estabelecer diretrizes da Política Nacional de Trânsito, com vistas à segurança, à fluidez, ao conforto, à defesa ambiental e à educação para o trânsito, e fiscalizar seu cumprimento;

II – fixar, mediante normas e procedimentos, a padronização de critérios técnicos, financeiros e administrativos para a execução das atividades de trânsito;

III – estabelecer a sistemática de fluxos permanentes de informações entre os seus diversos órgãos e entidades, a fim de facilitar o processo decisório e a integração do Sistema.

### Seção II – Da Composição e da Competência do Sistema Nacional de Trânsito

**Art. 7º.** Compõem o Sistema Nacional de Trânsito os seguintes órgãos e entidades:

I – o Conselho Nacional de Trânsito – CONTRAN, coordenador do Sistema e órgão máximo normativo e consultivo;

II – os Conselhos Estaduais de Trânsito – CETRAN e o Conselho de Trânsito do Distrito Federal – CONTRANDIFE, órgãos normativos, consultivos e coordenadores;

III – os órgãos e entidades executivos de trânsito da União, dos Estados, do Distrito Federal e dos Municípios;

IV – os órgãos e entidades executivos rodoviários da União, dos Estados, do Distrito Federal e dos Municípios;

V – a Polícia Rodoviária Federal;

VI – as Polícias Militares dos Estados e do Distrito Federal; e

VII – as Juntas Administrativas de Recursos de Infrações – JARI.

**Art. 7º-A.** A autoridade portuária ou a entidade concessionária de porto organizado poderá celebrar convênios com os órgãos previstos no art. 7º, com a interveniência dos Municípios e Estados, juridicamente interessados, para o fim específico de facilitar a autuação por descumprimento da legislação de trânsito.

• *Art. 7º-A, caput, acrescido pela Lei nº 12.058, de 13.10.2009.*

§ 1º. O convênio valerá para toda a área física do porto organizado, inclusive, nas áreas dos terminais alfandegados, nas estações de transbordo, nas instalações portuárias públicas de pequeno porte e nos respectivos estacionamentos ou vias de trânsito internas.

• *§ 1º acrescido pela Lei nº 12.058, de 13.10.2009.*

§ 2º. (Vetado).
* *§ 2º acrescido pela Lei nº 12.058, de 13.10.2009.*

§ 3º. (Vetado).
* *§ 3º acrescido pela Lei nº 12.058, de 13.10.2009.*

Art. 8º. Os Estados, o Distrito Federal e os Municípios organizarão os respectivos órgãos e entidades executivos de trânsito e executivos rodoviários, estabelecendo os limites circunscricionais de suas atuações.

Art. 9º. O Presidente da República designará o ministério ou órgão da Presidência responsável pela coordenação máxima do Sistema Nacional de Trânsito, ao qual estará vinculado o CONTRAN e subordinado o órgão máximo executivo de trânsito da União.

Art. 10. O Conselho Nacional de Trânsito – CONTRAN, com sede no Distrito Federal e presidido pelo dirigente do órgão máximo executivo de trânsito da União, tem a seguinte composição:

I – (vetado);

II – (vetado);

III – um representante do Ministério da Ciência e Tecnologia;

IV – um representante do Ministério da Educação e do Desporto;

V – um representante do Ministério do Exército;

VI – um representante do Meio Ambiente e da Amazônia Legal;

VII – um representante do Ministério dos Transportes;

VIII – (vetado);

IX – (vetado);

X – (vetado);

XI – (vetado);

XII – (vetado);

XIII – (vetado);

XIV – (vetado);

XV – (vetado);

XVI – (vetado);

XVII – (vetado);

XVIII – (vetado);

XIX – (vetado);

XX – um representante do ministério ou órgão coordenador máximo do Sistema Nacional de Trânsito.

XXI – (vetado);

XXII – um representante do Ministério da Saúde;
* *Inciso XXII acrescido pela Lei nº 9.602, de 21.1.1998.*

XXIII – 1 (um) representante do Ministério da Justiça.
* *Inciso XXIII acrescido pela Lei nº 11.705, de 19.6.2008.*

§ 1º. (Vetado).

§ 2º. (Vetado).

§ 3º. (Vetado).

Art. 11. (Vetado).

Art. 12. Compete ao CONTRAN:

I – estabelecer as normas regulamentares referidas neste Código e as diretrizes da Política Nacional de Trânsito;

II – coordenar os órgãos do Sistema Nacional de Trânsito, objetivando a integração de suas atividades;

III – (vetado);

IV – criar Câmaras Temáticas;

V – estabelecer seu regimento interno e as diretrizes para o funcionamento dos CETRAN e CONTRANDIFE;

VI – estabelecer as diretrizes do regimento das JARI;

VII – zelar pela uniformidade e cumprimento das normas contidas neste Código e nas resoluções complementares;

VIII – estabelecer e normatizar os procedimentos para a imposição, a arrecadação e a compensação das multas por infrações cometidas em unidade da Federação diferente da do licenciamento do veículo;

IX – responder às consultas que lhe forem formuladas, relativas à aplicação da legislação de trânsito;

X – normatizar os procedimentos sobre a aprendizagem, habilitação, expedição de documentos de condutores, e registro e licenciamento de veículos;

XI – aprovar, complementar ou alterar os dispositivos de sinalização e os dispositivos e equipamentos de trânsito;

XII – apreciar os recursos interpostos contra as decisões das instâncias inferiores, na forma deste Código;

XIII – avocar, para análise e soluções, processos sobre conflitos de competência ou circunscrição, ou, quando necessário, unificar as decisões administrativas; e

XIV – dirimir conflitos sobre circunscrição e competência de trânsito no âmbito da União, dos Estados e do Distrito Federal.

**Art. 13.** As Câmaras Temáticas, órgãos técnicos vinculados ao CONTRAN, são integradas por especialistas e têm como objetivo estudar e oferecer sugestões e embasamento técnico sobre assuntos específicos para decisões daquele colegiado.

§ 1º. Cada Câmara é constituída por especialistas representantes de órgãos e entidades executivos da União, dos Estados, ou do Distrito Federal e dos Municípios, em igual número, pertencentes ao Sistema Nacional de Trânsito, além de especialistas representantes dos diversos segmentos da sociedade relacionados com o trânsito, todos indicados segundo regimento específico definido pelo CONTRAN e designados pelo Ministro ou dirigente coordenador máximo do Sistema Nacional de Trânsito.

§ 2º. Os segmentos da sociedade, relacionados no parágrafo anterior, serão representados por pessoa jurídica e devem atender aos requisitos estabelecidos pelo CONTRAN.

§ 3º. Os coordenadores das Câmaras Temáticas serão eleitos pelos seus respectivos membros.

§ 4º. (Vetado).

I – (vetado);

II – (vetado);

III – (vetado);

IV – (vetado).

**Art. 14.** Compete aos Conselhos Estaduais de Trânsito – CETRAN e ao Conselho de Trânsito do Distrito Federal – CONTRANDIFE:

I – cumprir e fazer cumprir a legislação e as normas de trânsito, no âmbito das respectivas atribuições;

II – elaborar normas no âmbito de suas respectivas competências;

III – responder a consultas relativas à aplicação da legislação e dos procedimentos normativos de trânsito;

IV – estimular e orientar a execução de campanhas educativas de trânsito;

V – julgar os recursos interpostos contra decisões:

a) das JARI;

b) dos órgãos e entidades executivos estaduais, nos casos de inaptidão permanente constatados nos exames de aptidão física, mental ou psicológica;

VI – indicar um representante para compor a comissão examinadora de candidatos portadores de deficiência física à habilitação para conduzir veículos automotores;

VII – (vetado);

VIII – acompanhar e coordenar as atividades de administração, educação, engenharia, fiscalização, policiamento ostensivo de trânsito, formação de condutores, registro e licenciamento de veículos, articulando os órgãos do Sistema no Estado, reportando-se ao CONTRAN;

IX – dirimir conflitos sobre circunscrição e competência de trânsito no âmbito dos Municípios;

X – informar o CONTRAN sobre o cumprimento das exigências definidas nos §§ 1º e 2º do art. 333; e

XI – designar, em caso de recursos deferidos e na hipótese de reavaliação dos exames, junta especial de saúde para examinar os candidatos à habilitação para conduzir veículos automotores.

• *Inciso XI acrescido pela Lei nº 9.602, de 21.1.1998.*

Parágrafo único. Dos casos previstos no inciso V, julgados pelo órgão, não caberá recurso na esfera administrativa.

**Art. 15.** Os presidentes do CETRAN e do CONTRANDIFE são nomeados pelos Governadores dos Estados e do Distrito Federal, respectivamente, e deverão ter reconhecida experiência em matéria de trânsito.

§ 1º. Os membros do CETRAN e do CONTRANDIFE são nomeados pelos Governadores dos Estados e do Distrito Federal, respectivamente.

§ 2º. Os membros do CETRAN e do CONTRANDIFE deverão ser pessoas de reconhecida experiência em trânsito.

§ 3º. O mandato dos membros do CETRAN e do CONTRANDIFE é de dois anos, admitida a recondução.

**Art. 16.** Junto a cada órgão ou entidade executivos de trânsito ou rodoviário funcionarão Juntas Administrativas de Recursos de Infrações – JARI, órgãos colegiados responsáveis pelo julgamento dos recursos interpostos contra penalidades por eles impostas.

Parágrafo único. As JARI têm regimento próprio, observado o disposto no inciso VI do art. 12, e apoio administrativo e financeiro do órgão ou entidade junto ao qual funcionem.

**Art. 17.** Compete às JARI:

I – julgar os recursos interpostos pelos infratores;

II – solicitar aos órgãos e entidades executivos de trânsito e executivos rodoviários informações complementares relativas aos recursos, objetivando uma melhor análise da situação recorrida;

III – encaminhar aos órgãos e entidades executivos de trânsito e executivos rodoviários informações sobre problemas observados nas autuações e apontados em recursos, e que se repitam sistematicamente.

**Art. 18.** (Vetado).

**Art. 19.** Compete ao órgão máximo executivo de trânsito da União:

I – cumprir e fazer cumprir a legislação de trânsito e a execução das normas e diretrizes estabelecidas pelo CONTRAN, no âmbito de suas atribuições;

II – proceder à supervisão, à coordenação, à correição dos órgãos delegados, ao controle e à fiscalização da execução da Política Nacional de Trânsito e do Programa Nacional de Trânsito;

III – articular-se com os órgãos dos Sistemas Nacionais de Trânsito, de Transporte e de Segurança Pública, objetivando o combate à violência do trânsito, promovendo, coordenando e executando o controle de ações para a preservação do ordenamento e da segurança do trânsito;

IV – apurar, prevenir e reprimir a prática de atos de improbidade contra a fé pública, o patrimônio ou a administração pública ou privada, referentes à segurança do trânsito;

V – supervisionar a implantação de projetos e programas relacionados com a engenharia, educação, administração, policiamento e fiscalização do trânsito e outros, visando à uniformidade de procedimento;

VI – estabelecer procedimentos sobre a aprendizagem e habilitação de condutores de veículos, a expedição de documentos de condutores, de registro e licenciamento de veículos;

VII – expedir a Permissão para Dirigir, a Carteira Nacional de Habilitação, os Certificados de Registro e o de Licenciamento Anual mediante delegação aos órgãos executivos dos Estados e do Distrito Federal;

VIII – organizar e manter o Registro Nacional de Carteiras de Habilitação – RENACH;

IX – organizar e manter o Registro Nacional de Veículos Automotores – RENAVAM;

X – organizar a estatística geral de trânsito no território nacional, definindo os dados a serem fornecidos pelos demais órgãos e promover sua divulgação;

XI – estabelecer modelo padrão de coleta de informações sobre as ocorrências de acidentes de trânsito e as estatísticas do trânsito;

XII – administrar fundo de âmbito nacional destinado à segurança e à educação de trânsito;

XIII – coordenar a administração da arrecadação de multas por infrações ocorridas em localidade diferente daquela da habilitação do condutor infrator e em unidade da Federação diferente daquela do licenciamento do veículo;

XIV – fornecer aos órgãos e entidades do Sistema Nacional de Trânsito informações sobre registros de veículos e de condutores, mantendo o fluxo permanente de informações com os demais órgãos do Sistema;

XV – promover, em conjunto com os órgãos competentes do Ministério da Educação e do Desporto, de acordo com as diretrizes do CONTRAN, a elaboração e a implementação de programas de educação de trânsito nos estabelecimentos de ensino;

XVI – elaborar e distribuir conteúdos programáticos para a educação de trânsito;

XVII – promover a divulgação de trabalhos técnicos sobre o trânsito;

XVIII – elaborar, juntamente com os demais órgãos e entidades do Sistema Nacional de Trânsito, e submeter à aprovação do CONTRAN, a complementação ou alteração da sinalização e dos dispositivos e equipamentos de trânsito;

XIX – organizar, elaborar, complementar e alterar os manuais e normas de projetos de implementação da sinalização, dos dispositivos e equipamentos de trânsito aprovados pelo CONTRAN;

XX – expedir a permissão internacional para conduzir veículo e o certificado de passagem nas alfândegas, mediante delegação aos órgãos executivos dos Estados e do Distrito Federal;

XXI – promover a realização periódica de reuniões regionais e congressos nacionais de trânsito, bem como propor a representação do Brasil em congressos ou reuniões internacionais;

XXII – propor acordos de cooperação com organismos internacionais, com vistas ao aperfeiçoamento das ações inerentes à segurança e educação de trânsito;

XXIII – elaborar projetos e programas de formação, treinamento e especialização do pessoal encarregado da execução das atividades de engenharia, educação, policiamento ostensivo, fiscalização, operação e administração de trânsito, propondo medidas que estimulem a pesquisa científica e o ensino técnico-profissional de interesse do trânsito, e promovendo a sua realização;

XXIV – opinar sobre assuntos relacionados ao trânsito interestadual e internacional;

XXV – elaborar e submeter à aprovação do CONTRAN as normas e requisitos de segurança veicular para fabricação e montagem de veículos, consoante sua destinação;

XXVI – estabelecer procedimentos para a concessão do código marca-modelo dos veículos para efeito de registro, emplacamento e licenciamento;

XXVII – instruir os recursos interpostos das decisões do CONTRAN, ao Ministro ou dirigente coordenador máximo do Sistema Nacional de Trânsito;

XXVIII – estudar os casos omissos na legislação de trânsito e submetê-los, com proposta de solução, ao Ministério ou órgão coordenador máximo do Sistema Nacional de Trânsito;

XXIX – prestar suporte técnico, jurídico, administrativo e financeiro ao CONTRAN.

§ 1º. Comprovada, por meio de sindicância, a deficiência técnica ou administrativa ou a prática constante de atos de improbidade contra a fé pública, contra o patrimônio ou contra a administração pública, o órgão executivo de trânsito da União, mediante aprovação do CONTRAN, assumirá diretamente ou por delegação, a execução total ou parcial das atividades do órgão executivo de trânsito estadual que tenha motivado a investigação, até que as irregularidades sejam sanadas.

§ 2º. O regimento interno do órgão executivo de trânsito da União disporá sobre sua estrutura organizacional e seu funcionamento.

§ 3º. Os órgãos e entidades executivos de trânsito e executivos rodoviários da União, dos Estados, do Distrito Federal e dos Municípios fornecerão, obrigatoriamente, mês a mês, os dados estatísticos para os fins previstos no inciso X.

**Art. 20.** Compete à Polícia Rodoviária Federal, no âmbito das rodovias e estradas federais:

I – cumprir e fazer cumprir a legislação e as normas de trânsito, no âmbito de suas atribuições;

II – realizar o patrulhamento ostensivo, executando operações relacionadas com a segurança pública, com o objetivo de preservar a ordem, incolumidade das pessoas, o patrimônio da União e o de terceiros;

III – aplicar e arrecadar as multas impostas por infrações de trânsito, as medidas administrativas decorrentes e os valores provenientes de estada e remoção de veículos, objetos, animais e escolta de veículos de cargas superdimensionadas ou perigosas;

IV – efetuar levantamento dos locais de acidentes de trânsito e dos serviços de atendimento, socorro e salvamento de vítimas;

V – credenciar os serviços de escolta, fiscalizar e adotar medidas de segurança relativas aos serviços de renovação de veículos, escolta e transporte de carga indivisível;

VI – assegurar a livre circulação nas rodovias federais, podendo solicitar ao órgão rodoviário a adoção de medidas emergenciais, e zelar pelo cumprimento das normas legais relativas ao direito de vizinhança, promovendo a interdição de construções e instalações não autorizadas;

VII – coletar dados estatísticos e elaborar estudos sobre acidentes de trânsito e suas causas, adotando ou indicando medidas operacionais preventivas e encaminhado-os ao órgão rodoviário federal;

VIII – implementar as medidas da Política Nacional de Segurança e Educação de Trânsito;

IX – promover e participar de projetos e programas de educação e segurança, de acordo com as diretrizes estabelecidas pelo CONTRAN;

X – integrar-se a outros órgãos e entidades ao Sistema Nacional de Trânsito para fins de arrecadação e compensação de multas impostas na área de sua competência, com vistas à unificação do licenciamento, à simplificação e à celeridade das transferências de veículos e de prontuários de condutores de uma para outra unidade da Federação;

XI – fiscalizar o nível de emissão de poluentes e ruído produzidos pelos veículos automotores ou pela sua carga, de acordo com o estabelecido no art. 66, além de dar apoio, quando solicitado, às ações específicas dos órgãos ambientais.

**Art. 21.** Compete aos órgãos e entidades executivos rodoviários da União, dos Estados, do Distrito Federal e dos Municípios, no âmbito de sua circunscrição:

I – cumprir e fazer cumprir a legislação e as normas de trânsito no âmbito de suas respectivas atribuições;

II – planejar, projetar, regulamentar e operar o trânsito de veículos, de pedestres e de animais, e promover o desenvolvimento da circulação e da segurança de ciclistas;

III – implantar, manter e operar o sistema de sinalização, os dispositivos e os equipamentos de controle viário;

IV – coletar dados e elaborar estudos sobre os acidentes de trânsito e suas causas;

V – estabelecer, em conjunto com os órgãos de policiamento ostensivo de trânsito, as respectivas diretrizes para o policiamento ostensivo de trânsito;

VI – executar a fiscalização de trânsito, autuar e aplicar as penalidades de advertência, por escrito, e ainda as multas e medidas administrativas cabíveis, notificando os infratores e arrecadando as multas que aplicar;

VII – arrecadar valores provenientes de estada e remoção de veículos e objetos, e escolta de veículos de cargas superdimensionadas ou perigosas;

VIII – fiscalizar, autuar, aplicar as penalidades e medidas administrativas cabíveis, relativas a infrações por excesso de peso, dimensões e lotação dos veículos, bem como notificar e arrecadar as multas que aplicar;

IX – fiscalizar o cumprimento da norma contida no art. 95, aplicando as penalidades e arrecadando as multas nele previstas;

X – implementar as medidas da Política Nacional de Trânsito e do Programa Nacional de Trânsito;

XI – promover e participar de projetos e programas de educação e segurança, de acordo com as diretrizes estabelecidas pelo CONTRAN;

XII – integrar-se a outros órgãos e entidades do Sistema Nacional de Trânsito para fins de arrecadação e compensação de multas impostas na área de sua competência, com vistas à unificação do licenciamento, à simplificação e à celeridade das transferências de veículos e de prontuários de condutores de uma para outra unidade da Federação;

XIII – fiscalizar o nível de emissão de poluentes e ruído produzidos pelos veículos automotores ou pela sua carga, de acordo com o estabelecido no art. 66, além de dar apoio às ações específicas dos órgãos ambientais locais, quando solicitado;

XIV – vistoriar veículos que necessitem de autorização especial para transitar e estabelecer os requisitos técnicos a serem observados para a circulação desses veículos.

Parágrafo único. (Vetado).

**Art. 22.** Compete aos órgãos ou entidades executivos de trânsito dos Estados e do Distrito Federal, no âmbito de sua circunscrição:

I – cumprir e fazer cumprir a legislação e as normas de trânsito, no âmbito das respectivas atribuições;

II – realizar, fiscalizar e controlar o processo de formação, aperfeiçoamento, reciclagem e suspensão de condutores, expedir e cassar Licença de Aprendizagem, Permissão para Dirigir e Carteira Nacional de Habilitação, mediante delegação do órgão federal competente;

III – vistoriar, inspecionar quanto às condições de segurança veicular, registrar, emplacar, selar a placa e licenciar veículos, expedindo o Certificado de Registro e o Licenciamento Anual, mediante delegação do órgão federal competente;

IV – estabelecer, em conjunto com as Polícias Militares, as diretrizes para o policiamento ostensivo de trânsito;

V – executar a fiscalização de trânsito, autuar e aplicar as medidas administrativas cabíveis pelas infrações previstas neste Código, excetuadas aquelas relacionadas nos incisos VI e VIII do art. 24, no exercício regular do Poder de Polícia de Trânsito;

VI – aplicar as penalidades por infrações previstas neste Código, com exceção daquelas relacionadas nos incisos VII e VIII do art. 24, notificando os infratores e arrecadando as multas que aplicar;

VII – arrecadar valores provenientes de estada e remoção de veículos e objetos;

VIII – comunicar ao órgão executivo de trânsito da União a suspensão e a cassação do direito de dirigir e o recolhimento da Carteira Nacional de Habilitação;

IX – coletar dados estatísticos e elaborar estudos sobre acidentes de trânsito e suas causas;

X – credenciar órgãos ou entidades para a execução de atividades previstas na legislação de trânsito, na forma estabelecida em norma do CONTRAN;

XI – implementar as medidas da Política Nacional de Trânsito e do Programa Nacional de Trânsito;

XII – promover e participar de projetos e programas de educação e segurança de trânsito de acordo com as diretrizes estabelecidas pelo CONTRAN;

XIII – integrar-se a outros órgãos e entidades do Sistema Nacional de Trânsito para fins de arrecadação e compensação de multas impostas na área de sua competência, com vistas à unificação do licenciamento, à simplificação e à celeridade das transferências de veículos e de prontuários de condutores de uma para outra unidade da Federação;

XIV – fornecer, aos órgãos e entidades executivos de trânsito e executivos rodoviários municipais, os dados cadastrais dos veículos registrados e dos condutores habilitados, para fins de imposição e notificação de penalidades e de arrecadação de multas nas áreas de suas competências;

XV – fiscalizar o nível de emissão de poluentes e ruído produzidos pelos veículos automotores ou pela sua carga, de acordo com o estabelecido no art. 66, além de dar apoio, quando solicitado, às ações específicas dos órgãos ambientais locais;

XVI – articular-se com os demais órgãos do Sistema Nacional de Trânsito, no Estado sob coordenação do respectivo CETRAN.

**Art. 23.** Compete às Polícias Militares dos Estados e do Distrito Federal:

I – (vetado);

II – (vetado);

III – executar a fiscalização de trânsito, quando e conforme convênio firmado, como agente do órgão ou entidade executivos de trânsito ou executivos rodoviários, concomitantemente com os demais agentes credenciados;

IV – (vetado);

V – (vetado);

VI – (vetado);

VII – (vetado).

Parágrafo único. (Vetado).

**Art. 24.** Compete aos órgãos e entidades executivos de trânsito dos Municípios, no âmbito de sua circunscrição:

I – cumprir e fazer cumprir a legislação e as normas de trânsito, no âmbito de suas atribuições;

II – planejar, projetar, regulamentar e operar o trânsito de veículos, de pedestres e de animais, e promover o desenvolvimento da circulação e da segurança de ciclistas;

III – implantar, manter e operar o sistema de sinalização, os dispositivos e os equipamentos de controle viário;

IV – coletar dados estatísticos e elaborar estudos sobre os acidentes de trânsito e suas causas;

V – estabelecer, em conjunto com os órgãos de polícia ostensiva de trânsito, as diretrizes para o policiamento ostensivo de trânsito;

VI – executar a fiscalização de trânsito, autuar e aplicar as medidas administrativas cabíveis, por infrações de circulação, estacionamento e parada previstas neste Código, no exercício regular do Poder de Polícia de Trânsito;

VII – aplicar as penalidades de advertência por escrito e multa, por infrações de circulação, estacionamento e parada previstas neste Código, notificando os infratores e arrecadando as multas que aplicar;

VIII – fiscalizar, autuar e aplicar as penalidades e medidas administrativas cabíveis relativas a infrações por excesso de peso, dimensões e lotação dos veículos, bem como notificar e arrecadar as multas que aplicar;

IX – fiscalizar o cumprimento da norma contida no art. 95, aplicando as penalidades e arrecadando as multas nele previstas;

X – implantar, manter e operar sistema de estacionamento rotativo pago nas vias;

XI – arrecadar valores provenientes de estada e remoção de veículos e objetos, e escolta de veículos de cargas superdimensionadas ou perigosas;

XII – credenciar os serviços de escolta, fiscalizar e adotar medidas de segurança relativas aos serviços de remoção de veículos, escolta e transporte de carga indivisível;

XIII – integrar-se a outros órgãos e entidades do Sistema Nacional de Trânsito para fins de arrecadação e compensação de multas impostas na área de sua competência, com vistas à unificação do licenciamento, à simplificação e à celeridade das transferências de veículos e de prontuários dos condutores de uma para outra unidade da Federação;

XIV – implantar as medidas da Política Nacional de Trânsito e do Programa Nacional de Trânsito;

XV – promover e participar de projetos e programas de educação e segurança de trânsito de acordo com as diretrizes estabelecidas pelo CONTRAN;

XVI – planejar e implantar medidas para redução da circulação de veículos e reorientação do tráfego, com o objetivo de diminuir a emissão global de poluentes;

XVII – registrar e licenciar, na forma da legislação, ciclomotores, veículos de tração e propulsão humana e de tração animal, fiscalizando, autuando, aplicando penalidades e arrecadando multas decorrentes de infrações;

XVIII – conceder autorização para conduzir veículos de propulsão humana e de tração animal;

XIX – articular-se com os demais órgãos do Sistema Nacional de Trânsito no Estado, sob coordenação do respectivo CETRAN;

XX – fiscalizar o nível de emissão de poluentes e ruído produzidos pelos veículos automotores ou pela sua carga, de acordo com o estabelecido no art. 66, além de dar apoio às ações específicas de órgão ambiental local, quando solicitado;

XXI – vistoriar veículos que necessitem de autorização especial para transitar e estabelecer os requisitos técnicos a serem observados para a circulação desses veículos.

§ 1º. As competências relativas a órgão ou entidade municipal serão exercidas no Distrito Federal por seu órgão ou entidade executivos de trânsito.

§ 2º. Para exercer as competências estabelecidas neste artigo, os Municípios deverão integrar-se ao Sistema Nacional de Trânsito, conforme previsto no art. 333 deste Código.

Art. 25. Os órgãos e entidades executivos do Sistema Nacional de Trânsito poderão celebrar convênio delegando as atividades previstas neste Código, com vistas à maior eficiência e à segurança para os usuários da via.

Parágrafo único. Os órgãos e entidades de trânsito poderão prestar serviços de capacitação técnica, assessoria e monitoramento das atividades relativas ao trânsito durante prazo a ser estabelecido entre as partes, com ressarcimento dos custos apropriados.

## CAPÍTULO III
## DAS NORMAS GERAIS DE CIRCULAÇÃO E CONDUTA

Art. 26. Os usuários das vias terrestres devem:

I – abster-se de todo ato que possa constituir perigo ou obstáculo para o trânsito de veículos, de pessoas ou de animais, ou ainda causar danos a propriedades públicas ou privadas;

II – abster-se de obstruir o trânsito ou torná-lo perigoso, atirando, depositando ou abandonando na via objetos ou substâncias, ou nela criando qualquer outro obstáculo.

Art. 27. Antes de colocar o veículo em circulação nas vias públicas, o condutor deverá verificar a existência e as boas condições de funcionamento dos equipamentos de uso obrigatório, bem como assegurar-se da existência de combustível suficiente para chegar ao local de destino.

Art. 28. O condutor deverá, a todo momento, ter domínio de seu veículo, dirigindo-o com atenção e cuidados indispensáveis à segurança do trânsito.

Art. 29. O trânsito de veículos nas vias terrestres abertas à circulação obedecerá às seguintes normas:

I – a circulação far-se-á pelo lado direito da via, admitindo-se as exceções devidamente sinalizadas;

II – o condutor deverá guardar distância de segurança lateral e frontal entre o seu e os demais veículos, bem como em relação ao bordo da pista, considerando-se, no momento, a velocidade e as condições do local, da circulação, do veículo e das condições climáticas;

III – quando veículos, transitando por fluxos que se cruzem, se aproximarem de local não sinalizado, terá preferência de passagem:

a) no caso de apenas um fluxo ser proveniente de rodovia, aquele que estiver circulando por ela;

b) no caso de rotatória, aquele que estiver circulando por ela;

c) nos demais casos, o que vier pela direita do condutor;

IV – quando uma pista de rolamento comportar várias faixas de circulação no mesmo sentido, são as da direita destinadas ao deslocamento dos veículos mais lentos e de maior porte, quando não houver faixa especial a eles destinada, e as da esquerda, destinadas à ultrapassagem e ao deslocamento dos veículos de maior velocidade;

V – o trânsito de veículos sobre passeios, calçadas e nos acostamentos, só poderá ocorrer para que se adentre ou se saia dos imóveis ou áreas especiais de estacionamento;

VI – os veículos precedidos de batedores terão prioridade de passagem, respeitadas as demais normas de circulação;

VII – os veículos destinados a socorro de incêndio e salvamento, os de polícia, os de fiscalização e operação de trânsito e as ambulâncias, além de prioridade de trânsito, gozam de livre circulação, estacionamento e parada, quando em serviço de urgência e devidamente identificados por dispositivos regulamentares de alarme sonoro e iluminação vermelha intermitente, observadas as seguintes disposições:

a) quando os dispositivos estiverem acionados, indicando a proximidade dos veículos, todos os condutores deverão deixar livre a passagem pela faixa da esquerda, indo para a direita da via e parando, se necessário;

b) os pedestres, ao ouvir o alarme sonoro, deverão aguardar no passeio, só atravessando a via quando o veículo já tiver passado pelo local;

c) o uso de dispositivos de alarme sonoro e de iluminação vermelha intermitente só poderá ocorrer quando da efetiva prestação de serviço de urgência;

d) a prioridade de passagem na via e no cruzamento deverá se dar com velocidade reduzida e com os devidos cuidados de segurança, obedecidas as demais normas deste Código;

VIII – os veículos prestadores de serviços de utilidade pública, quando em atendimento na via, gozam de livre parada e estacionamento no local da prestação de serviço, desde que devidamente sinalizados, devendo estar identificados na forma estabelecida pelo CONTRAN;

IX – a ultrapassagem de outro veículo em movimento deverá ser feita pela esquerda, obedecida a sinalização regulamentar e as demais normas estabelecidas deste Código, exceto quando o veículo a ser ultrapassado estiver sinalizando o propósito de entrar à esquerda;

X – todo condutor deverá, antes de efetuar uma ultrapassagem, certificar-se de que:

a) nenhum condutor que venha atrás haja começado uma manobra para ultrapassá-lo;

b) quem o precede na mesma faixa de trânsito não haja indicado o propósito de ultrapassar um terceiro;

c) a faixa de trânsito que vai tomar esteja livre numa extensão suficiente para que sua manobra não ponha em perigo ou obstrua o trânsito que venha em sentido contrário;

XI – todo condutor ao efetuar a ultrapassagem deverá:

a) indicar com antecedência a manobra pretendida, acionando a luz indicadora de direção do veículo ou através de gesto convencional de braço;

b) afastar-se do usuário ou usuários aos quais ultrapassa, de tal forma que deixe livre uma distância lateral de segurança;

c) retomar, após a efetivação da manobra, a faixa de trânsito de origem, acionando a luz indicadora de direção do veículo ou fazendo o gesto convencional de braço, adotando os cuidados necessários para não pôr em perigo ou obstruir o trânsito dos veículos que ultrapassou;

XII – os veículos que se deslocam sobre trilhos terão preferência de passagem sobre os demais, respeitadas as normas de circulação.

§ 1º. As normas de ultrapassagem previstas nos alíneas "a" e "b" do inciso X e "a" e "b" do inciso XI aplicam-se à transposição de faixas, que pode ser realizada tanto pela faixa da esquerda como pela da direita.

§ 2º. Respeitadas as normas de circulação e conduta estabelecidas neste artigo, em ordem decrescente, os veículos de maior porte são sempre responsáveis pela segurança dos menores, os motorizados pelos não motorizados e, juntos, pela incolumidade dos pedestres.

Art. 30. Todo condutor, ao perceber que outro que o segue tem o propósito de ultrapassá-lo, deverá:

I – se estiver circulando pela faixa da esquerda, deslocar-se para a faixa da direita, sem acelerar a marcha;

II – se estiver circulando pelas demais faixas, manter-se naquela na qual está circulando, sem acelerar a marcha.

Parágrafo único. Os veículos mais lentos, quando em fila, deverão manter distância suficiente entre si para permitir que veículos que os ultrapassem possam se intercalar na fila com segurança.

Art. 31. O condutor que tenha o propósito de ultrapassar um veículo de transporte coletivo que esteja parado, efetuando embarque ou desembarque de passageiros, deverá reduzir a velocidade, dirigindo com atenção redobrada ou parar o veículo com vistas à segurança dos pedestres.

Art. 32. O condutor não poderá ultrapassar veículos em vias com duplo sentido de direção e pista única, nos trechos em curvas e em aclives sem visibilidade suficiente, nas passagens de nível, nas pontes e viadutos e nas travessias de pedestres, exceto quando houver sinalização permitindo a ultrapassagem.

Art. 33. Nas interseções e suas proximidades, o condutor não poderá efetuar ultrapassagem.

**Art. 34.** O condutor que queira executar uma manobra deverá certificar-se de que pode executá-la sem perigo para os demais usuários da via que o seguem, precedem ou vão cruzar com ele, considerando sua posição, sua direção e sua velocidade.

**Art. 35.** Antes de iniciar qualquer manobra que implique um deslocamento lateral, o condutor deverá indicar seu propósito de forma clara e com a devida antecedência, por meio da luz indicadora de direção de seu veículo, ou fazendo gesto convencional de braço.

Parágrafo único. Entende-se por deslocamento lateral a transposição de faixas, movimentos de conversão à direita, à esquerda e retornos.

**Art. 36.** O condutor que for ingressar numa via, procedente de um lote lindeiro a essa via, deverá dar preferência aos veículos e pedestres que por ela estejam transitando.

**Art. 37.** Nas vias providas de acostamento, a conversão à esquerda e a operação de retorno deverão ser feitas nos locais apropriados e, onde estes não existirem, o condutor deverá aguardar no acostamento, à direita, para cruzar a pista com segurança.

**Art. 38.** Antes de entrar à direita ou à esquerda, em outra via ou em lotes lindeiros, o condutor deverá:

I – ao sair da via pelo lado direito, aproximar-se o máximo possível do bordo direito da pista e executar sua manobra no menor espaço possível;

II – ao sair da via pelo lado esquerdo, aproximar-se o máximo possível de seu eixo ou da linha divisória da pista, quando houver, caso se trate de uma pista com circulação nos dois sentidos, ou do bordo esquerdo, tratando-se de uma pista de um só sentido.

Parágrafo único. Durante a manobra de mudança de direção, o condutor deverá ceder passagem aos pedestres e ciclistas, aos veículos que transitem em sentido contrário pela pista da via da qual vai sair, respeitadas as normas de preferência de passagem.

**Art. 39.** Nas vias urbanas, a operação de retorno deverá ser feita nos locais para isto determinados, quer por meio de sinalização, quer pela existência de locais apropriados, ou, ainda, em outros locais que ofereçam condições de segurança e fluidez, observadas as características da via, do veículo, das condições meteorológicas e da movimentação de pedestres e ciclistas.

**Art. 40.** O uso de luzes em veículo obedecerá às seguintes determinações:

I – o condutor manterá acesos os faróis do veículo, utilizando luz baixa, durante a noite e durante o dia nos túneis providos de iluminação pública;

II – nas vias não iluminadas o condutor deverá usar luz alta, exceto ao cruzar com outro veículo ou ao segui-lo;

III – a troca de luz baixa e alta, de forma intermitente e por curto período de tempo, com o objetivo de advertir outros motoristas, só poderá ser utilizada para indicar a intenção de ultrapassar o veículo que segue à frente ou para indicar a existência de risco à segurança para os veículos que circulam no sentido contrário;

IV – o condutor manterá acesas as luzes de posição do veículo quando sob chuva forte, neblina ou cerração;

V – o condutor utilizará o pisca-alerta, nas seguintes situações:

a) em imobilizações ou situações de emergência;

b) quando a regulamentação da via assim o determinar;

VI – durante a noite, em circulação, o condutor manterá acesa a luz de placa;

VII – o condutor manterá acesas, à noite, as luzes de posição quando o veículo estiver parado para fins de embarque ou desembarque de passageiros e carga ou descarga de mercadorias.

Parágrafo único. Os veículos de transporte coletivo regular de passageiros, quando circularem em faixas próprias a eles destinadas, e os ciclos motorizados deverão utilizar-se de farol de luz baixa durante o dia e a noite.

Art. 41. O condutor de veículo só poderá fazer uso de buzina, desde que em toque breve, nas seguintes situações:

I – para fazer as advertências necessárias a fim de evitar acidentes;

II – fora das áreas urbanas, quando for conveniente advertir a um condutor que se tem o propósito de ultrapassá-lo.

Art. 42. Nenhum condutor deverá frear bruscamente seu veículo, salvo por razões de segurança.

Art. 43. Ao regular a velocidade, o condutor deverá observar constantemente as condições físicas da via, do veículo e da carga, as condições meteorológicas e a intensidade do trânsito, obedecendo aos limites máximos de velocidade estabelecidos para a via, além de:

I – não obstruir a marcha normal dos demais veículos em circulação sem causa justificada, transitando a uma velocidade anormalmente reduzida;

II – sempre que quiser diminuir a velocidade de seu veículo deverá antes certificar-se de que pode fazê-lo sem risco nem inconvenientes para os outros condutores, a não ser que haja perigo iminente;

III – indicar, de forma clara, com antecedência necessária e a sinalização devida, a manobra de redução de velocidade.

Art. 44. Ao aproximar-se de qualquer tipo de cruzamento, o condutor do veículo deve demonstrar prudência especial, transitando em velocidade moderada, de forma que possa deter seu veículo com segurança para dar passagem a pedestre e a veículos que tenham o direito de preferência.

Art. 45. Mesmo que a indicação luminosa do semáforo lhe seja favorável, nenhum condutor pode entrar em uma interseção se houver possibilidade de ser obrigado a imobilizar o veículo na área do cruzamento, obstruindo ou impedindo a passagem do trânsito transversal.

Art. 46. Sempre quer for necessária a imobilização temporária de um veículo no leito viário, em situação de emergência, deverá ser providenciada a imediata sinalização de advertência, na forma estabelecida pelo CONTRAN.

Art. 47. Quando proibido o estacionamento na via, a parada deverá restringir-se ao tempo indispensável para embarque ou desembarque de passageiros, desde que não interrompa ou perturbe o fluxo de veículos ou a locomoção de pedestres.

Parágrafo único. A operação de carga ou descarga será regulamentada pela órgão ou entidade com circunscrição sobre a via e é considerada estacionamento.

**Art. 48.** Nas paradas, operações de carga ou descarga e nos estacionamentos, o veículo deverá ser posicionado no sentido do fluxo, paralelo ao bordo da pista de rolamento e junto à guia da calçada (meio-fio), admitidas as exceções devidamente sinalizadas.

§ 1º. Nas vias providas de acostamento, os veículos parados, estacionados ou em operação de carga ou descarga deverão estar situados fora da pista de rolamento.

§ 2º. O estacionamento dos veículos motorizados de duas rodas será feito em posição perpendicular à guia da calçada (meio-fio) e junto a ela, salvo quando houver sinalização que determine outra condição.

§ 3º. O estacionamento dos veículos sem abandono do condutor poderá ser feito somente nos locais previstos neste Código ou naqueles regulamentados por sinalização específica.

**Art. 49.** O condutor e os passageiros não deverão abrir a porta do veículo, deixá-la aberta ou descer do veículo sem antes se certificarem de que isso não constitui perigo para eles e para outros usuários da via.

Parágrafo único. O embarque e o desembarque devem ocorrer sempre do lado da calçada, exceto para o condutor.

**Art. 50.** O uso de faixais laterais de domínio e das áreas adjacentes às estradas e rodovias obedecerá às condições de segurança do trânsito estabelecidas pelo órgão ou entidade com circunscrição sobre a via.

**Art. 51.** Nas vias internas pertencentes a condomínios constituídos por unidades autônomas, a sinalização de regulamentação da via será implantada e mantida às expensas do condomínio, após aprovação dos projetos pelo órgão ou entidade com circunscrição sobre a via.

**Art. 52.** Os veículos de tração animal serão conduzidos pela direita da pista, junto à guia da calçada (meio-fio) ou acostamento, sempre que não houver faixa especial a eles destinada, devendo seus condutores obedecer, no que couber, às normas de circulação previstas neste Código e às que vierem a ser fixadas pelo órgão ou entidade com circunscrição sobre a via.

**Art. 53.** Os animais isolados ou em grupos só podem circular nas vias quando conduzidos por um guia, observado o seguinte:

I – para facilitar os deslocamentos, os rebanhos deverão ser divididos em grupos de tamanho moderado e separados uns dos outros por espaço suficientes para não obstruir o trânsito;

II – os animais que circularem pela pista de rolamento deverão ser mantidos junto ao bordo da pista.

**Art. 54.** Os condutores de motocicletas, motonetas e ciclomotores só poderão circular nas vias:

I – utilizando capacete de segurança, com viseira ou óculos protetores;

II – segurando o guidom com as duas mãos;

III – usando vestuário de proteção, de acordo com as especificações do CONTRAN.

**Art. 55.** Os passageiros de motocicletas, motonetas e ciclomotores só poderão ser transportados:

I – utilizando capacete de segurança;

II – em carro lateral acoplado aos veículos ou em assento suplementar atrás do condutor;

III – usando vestuário de proteção, de acordo com as especificações do CONTRAN.

**Art. 56.** (Vetado).

**Art. 57.** Os ciclomotores devem ser conduzidos pela direita da pista de rolamento, preferencialmente no centro da faixa mais a direita ou no bordo direito da pista sempre que não houver acostamento ou faixa própria a eles destinada, proibida a sua circulação nas vias de trânsito rápido e sobre as calçadas das vias urbanas.

Parágrafo único. Quando uma via comportar duas ou mais faixas de trânsito e a da direita for destinada ao uso exclusivo de outro tipo de veículo, os ciclomotores deverão circular pela faixa adjacente à da direita.

**Art. 58.** Nas vias urbanas e nas rurais de pista dupla, a circulação de bicicletas deverá ocorrer, quando não houver ciclovia, ciclofaixa, ou acostamento, ou quando não for possível a utilização destes, nos bordos da pista de rolamento, no mesmo sentido de circulação regulamentado para a via, com preferência sobre os veículos automotores.

Parágrafo único. A autoridade de trânsito com circunscrição sobre a via poderá autorizar a circulação de bicicletas no sentido contrário ao fluxo dos veículos automotores, desde que dotado o trecho com ciclofaixa.

**Art. 59.** Desde que autorizado e devidamente sinalizado pelo órgão ou entidade com circunscrição sobre a via, será permitida a circulação de bicicletas nos passeios.

**Art. 60.** As vias abertas à circulação, de acordo com sua utilização, classificam-se em:

I – vias urbanas:

a) via de trânsito rápido;

b) via arterial;

c) via coletora;

d) via local;

II – vias rurais:

a) rodovias;

b) estradas.

**Art. 61.** A velocidade máxima permitida para a via será indicada por meio de sinalização, obedecidas suas características técnicas e as condições de trânsito.

§ 1º. Onde não existir sinalização regulamentadora, a velocidade máxima será de:

I – nas vias urbanas:

a) 80 km/h (oitenta quilômetros por hora), nas vias de trânsito rápido;

b) 60 km/h (sessenta quilômetros por hora), nas vias arteriais;

c) 40 km/h (quarenta quilômetros por hora), nas vias coletoras;

d) 30 km/h (trinta quilômetros por hora), nas vias locais;

II – nas vias rurais:

a) nas rodovias:

1. 110 (cento e dez) quilômetros por hora para automóveis, camionetas e motocicletas;

• *Item 1 com redação dada pela Lei nº 10.830, de 23.12.2003.*

2. 90 km/h (noventa quilômetros por hora) para ônibus e microônibus;

3. 80 km/h (oitenta quilômetros por hora) para os demais veículos;

b) nas estradas, 60 km/h (sessenta quilômetros por hora).

§ 2º. O órgão ou entidade de trânsito ou rodoviário com circunscrição sobre a via poderá regulamentar, por meio de sinalização, velocidades superiores ou inferiores àquelas estabelecidas no parágrafo anterior.

Art. 62. A velocidade mínima não poderá ser inferior à metade da velocidade máxima estabelecida, respeitadas as condições operacionais de trânsito e da via.

Art. 63. (Vetado).

Art. 64. As crianças com idade inferior a dez anos devem ser transportadas nos bancos traseiros, salvo exceções regulamentadas pelo CONTRAN.

Art. 65. É obrigatório o uso do cinto de segurança para condutor e passageiros em todas as vias do território nacional, salvo em situações regulamentadas pelo CONTRAN.

Art. 66. (Vetado).

Art. 67. As provas ou competições desportivas, inclusive seus ensaios, em via aberta à circulação, só poderão ser realizadas mediante prévia permissão da autoridade de trânsito com circunscrição sobre a via e dependerão de:

I – autorização expressa da respectiva confederação desportiva ou de entidades estaduais a ela filiadas;

II – caução ou fiança para cobrir possíveis danos materiais à via;

III – contrato de seguro contra riscos e acidentes em favor de terceiros;

IV – prévio recolhimento do valor correspondente aos custos operacionais em que o órgão ou entidade permissionária incorrerá.

Parágrafo único. A autoridade com circunscrição sobre a via arbitrará os valores mínimos da caução ou fiança e do contrato de seguro.

## CAPÍTULO III-A
## DA CONDUÇÃO DE VEÍCULOS
## POR MOTORISTAS PROFISSIONAIS

• *Capítulo III-A, arts. 67-A a 67-D, acrescido pela Lei nº 12.619, de 30.4.2012.*

Art. 67-A. É vedado ao motorista profissional, no exercício de sua profissão e na condução de veículo mencionado no inciso II do art. 105 deste Código, dirigir por mais de 4 (quatro) horas ininterruptas.

• *Art. 67-A,* caput, *acrescido pela Lei nº 12.619, de 30.4.2012.*

§ 1º. Será observado intervalo mínimo de 30 (trinta) minutos para descanso a cada 4 (quatro) horas ininterruptas na condução de veículo referido no caput, sendo facultado o fracionamento do tempo de direção e do intervalo de descanso, desde que não completadas 4 (quatro) horas contínuas no exercício da condução.

• *§ 1º acrescido pela Lei nº 12.619, de 30.4.2012.*

§ 2º. Em situações excepcionais de inobservância justificada do tempo de direção estabelecido no caput e desde que não comprometa a segurança rodoviária, o tempo de direção poderá ser prorrogado por até 1 (uma) hora, de modo a permitir que o condutor, o veículo e sua carga cheguem a lugar que ofereça a segurança e o atendimento demandados.

• *§ 2º acrescido pela Lei nº 12.619, de 30.4.2012.*

§ 3º. O condutor é obrigado a, dentro do período de 24 (vinte e quatro) horas, observar um intervalo de, no mínimo, 11 (onze) horas de descanso, podendo ser fracionado em 9 (nove) horas mais 2 (duas), no mesmo dia.

• *§ 3º acrescido pela Lei nº 12.619, de 30.4.2012.*

§ 4º. Entende-se como tempo de direção ou de condução de veículo apenas o período em que o condutor estiver efetivamente ao volante de um veículo em curso entre a origem e o seu destino, respeitado o disposto no § 1º, sendo-lhe facultado descansar no interior do próprio veículo, desde que este seja dotado de locais apropriados para a natureza e a duração do descanso exigido.

• *§ 4º acrescido pela Lei nº 12.619, de 30.4.2012.*

§ 5º. O condutor somente iniciará viagem com duração maior que 1 (um) dia, isto é, 24 (vinte e quatro) horas após o cumprimento integral do intervalo de descanso previsto no § 3º.

• *§ 5º acrescido pela Lei nº 12.619, de 30.4.2012.*

§ 6º. Entende-se como início de viagem, para os fins do disposto no § 5º, a partida do condutor logo após o carregamento do veículo, considerando-se como continuação da viagem as partidas nos dias subsequentes até o destino.

• *§ 6º acrescido pela Lei nº 12.619, de 30.4.2012.*

§ 7º. Nenhum transportador de cargas ou de passageiros, embarcador, consignatário de cargas, operador de terminais de carga, operador de transporte multimodal de cargas ou agente de cargas permitirá ou ordenará a qualquer motorista a seu serviço, ainda que subcontratado, que conduza veículo referido no caput sem a observância do disposto no § 5º.

• *§ 7º acrescido pela Lei nº 12.619, de 30.4.2012.*

§ 8º. (Vetado).

• *§ 8º acrescido pela Lei nº 12.619, de 30.4.2012.*

Art 67-B. (Vetado).

• *Art. 67-B acrescido pela Lei nº 12.619, de 30.4.2012.*

Art. 67-C. O motorista profissional na condição de condutor é responsável por controlar o tempo de condução estipulado no art. 67-A, com vistas na sua estrita observância.

• *Art. 67-C, caput, acrescido pela Lei nº 12.619, de 30.4.2012.*

Parágrafo único. O condutor do veículo responderá pela não observância dos períodos de descanso estabelecidos no art. 67-A, ficando sujeito às penalidades daí decorrentes, previstas neste Código.

• *Parágrafo único acrescido pela Lei nº 12.619, de 30.4.2012.*

Art. 67-D. (Vetado).

• *Art. 67-D acrescido pela Lei nº 12.619, de 30.4.2012.*

## CAPÍTULO IV – DOS PEDESTRES E CONDUTORES DE VEÍCULOS NÃO MOTORIZADOS

Art. 68. É assegurada ao pedestre a utilização dos passeios ou passagens apropriadas das vias urbanas e dos acostamentos das vias rurais para circulação, podendo a autoridade competente permitir a utilização de parte da calçada para outros fins, desde que não seja prejudicial ao fluxo de pedestres.

§ 1º. O ciclista desmontado empurrando a bicicleta se equipara ao pedestre em direitos e deveres.

§ 2º. Nas áreas urbanas, quando não houver passeios ou quando não for possível a utilização destes, a circulação de pedestres na pista de rolamento será feita com prioridade sobre os veículos, pelos bordos da pista, em fila única, exceto em locais proibidos pela sinalização e nas situações em que a segurança ficar comprometida.

§ 3º. Nas vias rurais, quando não houver acostamento ou quando não for possível a utilização do mesmo, a circulação de pedestres, na pista de rolamento, será feita com prioridade sobre os veículos, pelos bordos da pista, em fila única, em sentido contrário ao deslocamento de veículos, exceto em locais proibidos pela sinalização e nas situações em que a segurança ficar comprometida.

§ 4º. (Vetado).

§ 5º. Nos trechos urbanos de vias rurais e nas obras de arte a serem construídas, deverá ser previsto passeio destinado à circulação de pedestres, que não deverão, nessas condições, usar o acostamento.

§ 6º. Onde houver obstrução da calçada ou da passagem para pedestres, o órgão ou entidade com circunscrição sobre a via deverá assegurar a devida sinalização e proteção para circulação de pedestres.

Art. 69. Para cruzar a pista de rolamento o pedestre tomará precauções de segurança, levando em conta, principalmente, a visibilidade, a distância e a velocidade dos veículos, utilizando sempre as faixas ou passagens a ele destinadas sempre que estas existirem numa distância de até 50m (cinquenta metros) dele, observadas as seguintes disposições:

I – onde não houver faixa ou passagem, o cruzamento da via deverá ser feito em sentido perpendicular ao de seu eixo;

II – para atravessar uma passagem sinalizada para pedestres ou delimitada por marcas sobre a pista:

a) onde houver foco de pedestres, obedecer às indicações das luzes;

b) onde não houver foco de pedestres, aguardar que o semáforo ou o agente de trânsito interrompa o fluxo de veículos;

III – nas interseções e em suas proximidades, onde não existam faixas de travessia, os pedestres devem atravessar a via na continuação da calçada, observadas as seguintes normas:

a) não deverão adentrar na pista sem antes se certificar de que podem fazê-lo sem obstruir o trânsito de veículos;

b) uma vez iniciada a travessia de uma pista, os pedestres não deverão aumentar o seu percurso, demorar-se ou parar sobre ela sem necessidade.

Art. 70. Os pedestres que estiverem atravessando a via sobre as faixas delimitadas para este fim terão prioridade de passagem, exceto nos locais com sinalização semafórica, onde deverão ser respeitadas as disposições deste Código.

Parágrafo único. Nos locais em que houver sinalização semafórica de controle de passagem será dada preferência aos pedestres que não tenham concluído a travessia, mesmo em caso de mudança do semáforo liberando a passagem dos veículos.

Art. 71. O órgão ou entidade com circunscrição sobre a via manterá, obrigatoriamente, as faixas e passagens de pedestres em boas condições de visibilidade, higiene, segurança e sinalização.

## CAPÍTULO V – DO CIDADÃO

Art. 72. Todo cidadão ou entidade civil tem o direito de solicitar, por escrito, aos órgãos ou entidades do Sistema Nacional de Trânsito, sinalização, fiscalização e implantação de equipamentos de segurança, bem como sugerir alterações em normas, legislação e outros assuntos pertinentes a este Código.

Art. 73. Os órgãos ou entidades pertencentes ao Sistema Nacional de Trânsito têm o dever de analisar as solicitações e responder, por escrito, dentro de prazos mínimos, sobre a possibilidade ou não de atendimento, esclarecendo ou justificando a análise efetuada, e, se pertinente, informando ao solicitante quando tal evento ocorrerá.

Parágrafo único. As campanhas de trânsito devem esclarecer quais as atribuições dos órgãos e entidades pertencentes ao Sistema Nacional de Trânsito e como proceder tais solicitações.

## CAPÍTULO VI – DA EDUCAÇÃO PARA O TRÂNSITO

Art. 74. A educação para o trânsito é direito de todos e constitui dever prioritário para os componentes do Sistema Nacional de Trânsito.

§ 1º. É obrigatória a existência de coordenação educacional em cada órgão ou entidade componente do Sistema Nacional de Trânsito.

§ 2º. Os órgãos ou entidades executivos de trânsito deverão promover, dentro de sua estrutura organizacional ou através de convênio, o funcionamento de Escolas Públicas de Trânsito, nos moldes e padrões estabelecidos pelo CONTRAN.

Art. 75. O CONTRAN estabelecerá, anualmente, os temas e os cronogramas das campanhas de âmbito nacional que deverão ser promovidas por todos os órgãos ou entidades do Sistema Nacional de Trânsito, em especial nos períodos referentes às férias escolares, feriados prolongados e à Semana Nacional de Trânsito.

§ 1º. Os órgãos ou entidades do Sistema Nacional de Trânsito deverão promover outras campanhas no âmbito de sua circunscrição e de acordo com as peculiaridades locais.

§ 2º. As campanhas de que trata este artigo são de caráter permanente, e os serviços de rádio e difusão sonora de sons e de imagens explorados pelo Poder Público, são obrigados a difundi-las gratuitamente, com a frequência recomendada pelos órgãos competentes do Sistema Nacional de Trânsito.

Art. 76. A educação para o trânsito será promovida na pré-escola e nas escolas de 1°, 2° e 3° graus, por meio de planejamento e ações coordenadas entre os órgãos e entidades do Sistema Nacional de Trânsito e de Educação, da União, dos Estados, do Distrito Federal e dos Municípios, nas respectivas áreas de atuação.

Parágrafo único. Para a finalidade prevista neste artigo, o Ministério da Educação e do Desporto, mediante proposta do CONTRAN e do Conselho de Reitores das Universidades brasileiras, diretamente ou mediante convênio, promoverá:

I – a adoção, em todos os níveis de ensino, de um currículo interdisciplinar com conteúdo programático sobre segurança de trânsito;

II – a adoção de conteúdos relativos à educação para o trânsito nas escolas de formação para o magistério e o treinamento de professores e multiplicadores;

III – a criação de corpos técnicos interprofissionais para levantamento e análise de dados estatísticos relativos ao trânsito;

IV – a elaboração de planos de redução de acidentes de trânsito junto aos núcleos interdisciplinares universitários de trânsito, com vistas à integração universidades-sociedade na área de trânsito.

Art. 77. No âmbito da educação para o trânsito caberá ao Ministério da Saúde, mediante proposta do CONTRAN, estabelecer campanha nacional esclarecendo condutas a serem seguidas nos primeiros socorros em caso de acidente de trânsito.

Parágrafo único. As campanhas terão caráter permanente através do Sistema Único de Saúde – SUS, sendo intensificadas nos períodos e na forma estabelecidos no art. 76.

Art. 77-A. São assegurados aos órgãos ou entidades componentes do Sistema Nacional de Trânsito os mecanismos instituídos nos arts. 77-B a 77-E para a veiculação de mensagens educativas de trânsito em todo o território nacional, em caráter suplementar às campanhas previstas nos arts. 75 e 77.

• *Art. 77-A acrescido pela Lei n° 12.006, de 29.7.2009.*

Art. 77-B. Toda peça publicitária destinada à divulgação ou promoção, nos meios de comunicação social, de produto oriundo da indústria automobilística ou afim, incluirá, obrigatoriamente, mensagem educativa de trânsito a ser conjuntamente veiculada.

• *Art. 77-B, caput, acrescido pela Lei n° 12.006, de 29.7.2009.*

§ 1°. Para os efeitos dos arts. 77-A a 77-E, consideram-se produtos oriundos da indústria automobilística ou afins:

I – os veículos rodoviários automotores de qualquer espécie, incluídos os de passageiros e os de carga;

II – os componentes, as peças e os acessórios utilizados nos veículos mencionados no inciso I.

• *§ 1° acrescido pela Lei n° 12.006, de 29.7.2009.*

§ 2°. O disposto no *caput* deste artigo aplica-se à propaganda de natureza comercial, veiculada por iniciativa do fabricante do produto, em qualquer das seguintes modalidades:

I – rádio;

II – televisão;

III – jornal;

IV – revista;
V – outdoor.

• § 2º acrescido pela Lei nº 12.006, de 29.7.2009.

§ 3º. Para efeito do disposto no § 2º, equiparam-se ao fabricante o montador, o encarroçador, o importador e o revendedor autorizado dos veículos e demais produtos discriminados no § 1º deste artigo.

• § 3º acrescido pela Lei nº 12.006, de 29.7.2009.

Art. 77-C. Quando se tratar de publicidade veiculada em outdoor instalado à margem de rodovia, dentro ou fora da respectiva faixa de domínio, a obrigação prevista no art. 77-B estende-se à propaganda de qualquer tipo de produto e anunciante, inclusive àquela de caráter institucional ou eleitoral.

• Art. 77-C acrescido pela Lei nº 12.006, de 29.7.2009.

Art. 77-D. O Conselho Nacional de Trânsito (CONTRAN) especificará o conteúdo e o padrão de apresentação das mensagens, bem como os procedimentos envolvidos na respectiva veiculação, em conformidade com as diretrizes fixadas para as campanhas educativas de trânsito a que se refere o art. 75.

• Art. 77-D acrescido pela Lei nº 12.006, de 29.7.2009.

Art. 77-E. A veiculação de publicidade feita em desacordo com as condições fixadas nos arts. 77-A a 77-D constitui infração punível com as seguintes sanções:

I – advertência por escrito;

II – suspensão, nos veículos de divulgação da publicidade, de qualquer outra propaganda do produto, pelo prazo de até 60 (sessenta) dias;

III – multa de 1.000 (um mil) a 5.000 (cinco mil) vezes o valor da Unidade Fiscal de Referência (Ufir), ou unidade que a substituir, cobrada do dobro até o quíntuplo, em caso de reincidência.

• Art. 77-E, caput, acrescido pela Lei nº 12.006, de 29.7.2009.

§ 1º. As sanções serão aplicadas isolada ou cumulativamente, conforme dispuser o regulamento.

• § 1º acrescido pela Lei nº 12.006, de 29.7.2009.

§ 2º. Sem prejuízo do disposto no caput deste artigo, qualquer infração acarretará a imediata suspensão da veiculação da peça publicitária até que sejam cumpridas as exigências fixadas nos arts. 77-A a 77-D.

• § 2º acrescido pela Lei nº 12.006, de 29.7.2009.

Art. 78. Os Ministérios da Saúde, da Educação e do Desporto, do Trabalho, dos Transportes e da Justiça, através do CONTRAN, desenvolverão e implementarão programas destinados à prevenção de acidentes.

Parágrafo único. O percentual de 10% (dez por cento) do total dos valores arrecadados destinados à Previdência Social, do Prêmio do Seguro Obrigatório de Danos Pessoais Causados por Veículos Automotores de Via Terrestre – DPVAT, de que trata a Lei nº 6.194, de 19 de dezembro de 1974, serão repassados mensalmente ao Coordenador do Sistema Nacional de Trânsito para aplicação exclusiva em programas de que trata este artigo.

Art. 79. Os órgãos e entidades executivos de trânsito poderão firmar convênio com os órgãos de educação da União, Estados, do Distrito Federal e dos Municípios, objetivando o cumprimento das obrigações estabelecidas neste capítulo.

## CAPÍTULO VII – DA SINALIZAÇÃO DE TRÂNSITO

**Art. 80.** Sempre que necessário, será colocada, ao longo da via, sinalização prevista neste Código e em Legislação Complementar, destinada a condutores e pedestres, vedada a utilização de qualquer outra.

§ 1º. A sinalização será colocada em posição e condições que a tornem perfeitamente visível e legível durante o dia e a noite, em distância compatível com a segurança do trânsito, conforme normas e especificações do CONTRAN.

§ 2º. O CONTRAN poderá autorizar, em caráter experimental e por período prefixado, a utilização de sinalização não prevista neste Código.

**Art. 81.** Nas vias públicas e nos imóveis é proibido colocar luzes, publicidade, inscrições, vegetação e mobiliário que possam gerar confusão, interferir na visibilidade da sinalização e comprometer a segurança do trânsito.

**Art. 82.** É proibido afixar sobre a sinalização de trânsito e respectivos suportes ou junto a ambos, qualquer tipo de publicidade, inscrições, legendas e símbolos que não se relacionem com a mensagem da sinalização.

**Art. 83.** A afixação de publicidade ou de quaisquer legendas ou símbolos ao longo das vias condiciona-se à prévia aprovação do órgão ou entidade com circunscrição sobre a via.

**Art. 84.** O órgão ou entidade de trânsito com circunscrição sobre a via poderá retirar ou determinar a imediata retirada de qualquer elemento que prejudique a visibilidade da sinalização viária e a segurança do trânsito, com ônus para quem o tenha colocado.

**Art. 85.** Os locais destinados pelo órgão ou entidade de trânsito com circunscrição sobre a via à travessia de pedestres deverão ser sinalizados com faixas ou demarcadas no leito da via.

**Art. 86.** Os locais destinados a postos de gasolina, oficinas, estacionamentos ou garagens de uso coletivo deverão ter suas entradas e saídas devidamente identificadas, na forma regulamentada pelo CONTRAN.

**Art. 87.** Os sinais de trânsito classificam-se em:

I – verticais;

II – horizontais;

III – dispositivos de sinalização auxiliar;

IV – luminosos;

V – sonoros;

VI – gestos do agente de trânsito e do condutor.

**Art. 88.** Nenhuma via pavimentada poderá ser entregue após sua construção, ou reaberta ao trânsito após a realização de obras ou de manutenção, enquanto não estiver devidamente sinalizada, vertical e horizontalmente, de forma a garantir as condições adequadas de segurança na circulação.

Parágrafo único. Nas vias ou trechos de vias em obras, deverá ser afixada sinalização específica e adequada.

**Art. 89.** A sinalização terá a seguinte ordem de prevalência:

I – as ordens do agente de trânsito sobre as normas de circulação e outros sinais;

II – as indicações do semáforo sobre os demais sinais;

III – as indicações dos sinais sobre as demais normas de trânsito.

Art. 90. Não serão aplicadas as sanções previstas neste Código por inobservância à sinalização quando esta for insuficiente ou incorreta.

§ 1º. O órgão ou entidade de trânsito com circunscrição sobre a via é responsável pela implantação da sinalização, respondendo pela sua falta, insuficiência ou incorreta colocação.

§ 2º. O CONTRAN editará normas complementares no que se refere à interpretação, colocação e uso da sinalização.

## CAPÍTULO VIII
## DA ENGENHARIA DE TRÁFEGO, DA OPERAÇÃO, DA FISCALIZAÇÃO E DO POLICIAMENTO OSTENSIVO DE TRÂNSITO

Art. 91. O CONTRAN estabelecerá as normas e regulamentos a serem adotados em todo o território nacional quando da implementação das soluções adotadas pela Engenharia de Tráfego, assim como padrões a serem praticados por todos os órgãos e entidades do Sistema Nacional de Trânsito.

Art. 92. (Vetado).

Art. 93. Nenhum projeto de edificação que possa transformar-se em polo atrativo de trânsito poderá ser aprovado sem prévia anuência do órgão ou entidade com circunscrição sobre a via e sem que do projeto conste área para estacionamento e indicação das vias de acesso adequadas.

Art. 94. Qualquer obstáculo à livre circulação e à segurança de veículos e pedestres, tanto na via quanto na calçada, caso não possa ser retirado, deve ser devida e imediatamente sinalizado.

Parágrafo único. É proibida a utilização das ondulações transversais e de sonorizadores como redutores de velocidade, salvo em casos especiais definidos pelo órgão ou entidade competente, nos padrões e critérios estabelecidos pelo CONTRAN.

Art. 95. Nenhuma obra ou evento que possa perturbar ou interromper a livre circulação de veículos e pedestres, ou colocar em risco sua segurança, será iniciada sem permissão prévia do órgão ou entidade de trânsito com circunscrição sobre a via.

§ 1º. A obrigação de sinalizar é do responsável pela execução ou manutenção da obra ou do evento.

§ 2º. Salvo em casos de emergência, a autoridade de trânsito com circunscrição sobre a via avisará à comunidade, por intermédio dos meios de comunicação social, com 48 (quarenta e oito) horas de antecedência, de qualquer interdição da via, indicando-se os caminhos alternativos a serem utilizados.

§ 3º. A inobservância do disposto neste artigo será punida com multa que varia entre 50 (cinquenta) e 300 (trezentas) UFIR, independentemente das cominações cíveis e penais cabíveis.

§ 4º. Ao servidor público responsável pela inobservância de qualquer das normas previstas neste e nos arts. 93 e 94, a autoridade de trânsito aplicará multa diária na base de 50% (cinquenta por cento) do dia de vencimento ou remuneração devida enquanto permanecer a irregularidade.

## CAPÍTULO IX – DOS VEÍCULOS

### Seção I – Disposições Gerais

**Art. 96.** Os veículos classificam-se em:
I – quanto à tração:
a) automotor;
b) elétrico;
c) de propulsão humana;
d) de tração animal;
e) reboque ou semirreboque;
II – quanto à espécie:
a) de passageiros:
1 – bicicleta;
2 – ciclomotor;
3 – motoneta;
4 – motocicleta;
5 – triciclo;
6 – quadriciclo;
7 – automóvel;
8 – micro-ônibus;
9 – ônibus;
10 – bonde;
11 – reboque ou semirreboque;
12 – charrete;
b) de carga:
1 – motoneta;
2 – motocicleta;
3 – triciclo;
4 – quadriciclo;
5 – caminhonete;
6 – caminhão;
7 – reboque ou semirreboque;
8 – carroça;
9 – carro-de-mão;
c) misto:
1 – camioneta;
2 – utilitário;
3 – outros;
d) de competição;
e) de tração:
1 – caminhão-trator;
2 – trator de rodas;
3 – trator de esteiras;
4 – trator misto;

f) especial;

g) de coleção;

III – quanto à categoria:

a) oficial;

b) de representação diplomática, de repartições consulares de carreira ou organismos internacionais acreditados junto ao Governo brasileiro;

c) particular;

d) de aluguel;

e) de aprendizagem.

Art. 97. As características dos veículos, suas especificações básicas, configuração e condições essenciais para registro, licenciamento e circulação serão estabelecidas pelo CONTRAN, em função de suas aplicações.

Art. 98. Nenhum proprietário ou responsável poderá, sem prévia autorização da autoridade competente, fazer ou ordenar que sejam feitas no veículo modificações de suas características de fábrica.

Parágrafo único. Os veículos e motores novos ou usados que sofrerem alterações ou conversões são obrigados a atender aos mesmos limites e exigências de emissão de poluentes e ruído previstos pelos órgãos ambientais competentes e pelo CONTRAN, cabendo à entidade executora das modificações e ao proprietário do veículo a responsabilidade pelo cumprimento dos exigências.

Art. 99. Somente poderá transitar pelas vias terrestres o veículo cujo peso e dimensões atenderem aos limites estabelecidos pelo CONTRAN.

§ 1º. O excesso de peso será aferido por equipamento de pesagem ou pela verificação de documento fiscal, na forma estabelecida pelo CONTRAN.

§ 2º. Será tolerado um percentual sobre os limites de peso bruto total e peso bruto transmitido por eixo de veículos à superfície das vias, quando aferido por equipamento, na forma estabelecida pelo CONTRAN.

§ 3º. Os equipamentos fixos ou móveis utilizados na pesagem de veículos serão aferidos de acordo com a metodologia e na periodicidade estabelecidas pelo CONTRAN, ouvido o órgão ou entidade de metrologia legal.

• *Vide art. 231, incisos IV e seguintes deste Código.*

Art. 100. Nenhum veículo ou combinação de veículos poderá transitar com lotação de passageiros, com peso bruto total, ou com peso bruto total combinado com peso por eixo, superior ao fixado pelo fabricante, nem ultrapassar a capacidade máxima de tração da unidade tratora.

Parágrafo único. O CONTRAN regulamentará o uso de pneus extralargos, definindo seus limites de peso.

Art. 101. Ao veículo ou combinação de veículos utilizado no transporte de carga indivisível, que não se enquadre nos limites de peso e dimensões estabelecidos pelo CONTRAN, poderá ser concedida, pela autoridade com circunscrição sobre a via, autorização especial de trânsito, com prazo certo, válida para cada viagem, atendidas as medidas de segurança consideradas necessárias.

§ 1º. A autorização será concedida mediante requerimento que especificará as características do veículo ou combinação de veículos e de carga, o percurso, a data e o horário do deslocamento inicial.

§ 2º. A autorização não exime o beneficiário da responsabilidade por eventuais danos que o veículo ou a combinação de veículos causar à via ou a terceiros.

§ 3º. Aos guindastes autopropelidos ou sobre caminhões poderá ser concedida, pela autoridade com circunscrição sobre a via, autorização especial de trânsito, com prazo de 6 (seis) meses, atendidas as medidas de segurança consideradas necessárias.

Art. 102. O veículo de carga deverá estar devidamente equipado quando transitar, de modo a evitar o derramamento da carga sobre a via.

Parágrafo único. O CONTRAN fixará os requisitos mínimos e a forma de proteção das cargas de que trata este artigo, de acordo com a sua natureza.

### Seção II – Da Segurança dos Veículos

Art. 103. O veículo só poderá transitar pela via quando atendidos os requisitos e condições de segurança estabelecidos neste Código e em normas do CONTRAN.

§ 1º. Os fabricantes, os importadores, os montadores e os encarroçadores de veículos deverão emitir certificado de segurança, indispensável ao cadastramento no RENAVAM, nas condições estabelecidas pelo CONTRAN.

§ 2º. O CONTRAN deverá especificar os procedimentos e a periodicidade para que os fabricantes, os importadores, os montadores e os encarroçadores comprovem o atendimento aos requisitos de segurança veicular, devendo, para isso, manter disponíveis a qualquer tempo os resultados dos testes e ensaios dos sistemas e componentes abrangidos pela legislação de segurança veicular.

Art. 104. Os veículos em circulação terão suas condições de segurança, de controle de emissão de gases poluentes e de ruído avaliadas mediante inspeção, que será obrigatória, na forma e periodicidade estabelecidas pelo CONTRAN para os itens de segurança e pelo CONAMA para emissão de gases poluentes e ruído.

§ 1º. (Vetado).

§ 2º. (Vetado).

§ 3º. (Vetado).

§ 4º. (Vetado).

§ 5º. Será aplicada a medida administrativa de retenção aos veículos reprovados na inspeção de segurança e na de emissão de gases poluentes e ruído.

Art. 105. São equipamentos obrigatórios dos veículos, entre outros a serem estabelecidos pelo CONTRAN:

I – cinto de segurança, conforme regulamentação específica do CONTRAN, com exceção dos veículos destinados ao transporte de passageiros em percursos em que seja permitido viajar em pé;

II – para os veículos de transporte e de condução escolar, os de transporte de passageiros com mais de dez lugares e os de carga com peso bruto total superior a 4.536 kg (quatro mil, quinhentos e trinta e seis quilogramas), equipamento registrador instantâneo inalterável de velocidade e tempo;

III – encosto de cabeça para todos os tipos de veículos automotores, segundo normas estabelecidas pelo CONTRAN;

IV – (vetado);

V – dispositivo destinado ao controle de emissão de gases poluentes e de ruído, segundo normas estabelecidas pelo CONTRAN;

VI – para as bicicletas, a campainha, sinalização noturna dianteira, traseira, lateral e nos pedais, e espelho retrovisor do lado esquerdo;

VII – equipamento suplementar de retenção – *air bag* frontal para o condutor e o passageiro do banco dianteiro.

• *Inciso VII acrescido pela Lei nº 11.910, de 18.3.2009.*

§ 1º. O CONTRAN disciplinará o uso dos equipamentos obrigatórios dos veículos e determinará suas especificações técnicas.

§ 2º. Nenhum veículo poderá transitar com equipamento ou acessório proibido, sendo o infrator sujeito às penalidades e medidas administrativas previstas neste Código.

§ 3º. Os fabricantes, os importadores, os montadores, os encarroçadores de veículos e os revendedores devem comercializar os seus veículos com os equipamentos obrigatórios definidos neste artigo, e com os demais estabelecidos pelo CONTRAN.

§ 4º. O CONTRAN estabelecerá o prazo para o atendimento do disposto neste artigo.

§ 5º. A exigência estabelecida no inciso VII do *caput* deste artigo será progressivamente incorporada aos novos projetos de automóveis e dos veículos deles derivados, fabricados, importados, montados ou encarroçados, a partir do 1º (primeiro) ano após a definição pelo CONTRAN das especificações técnicas pertinentes e do respectivo cronograma de implantação e a partir do 5º (quinto) ano, após esta definição, para os demais automóveis zero quilômetro de modelos ou projetos já existentes e veículos deles derivados.

• *§ 5º acrescido pela Lei nº 11.910, de 18.3.2009.*

§ 6º. A exigência estabelecida no inciso VII do *caput* deste artigo não se aplica aos veículos destinados à exportação.

• *§ 6º acrescido pela Lei nº 11.910, de 18.3.2009.*

**Art. 106.** No caso de fabricação artesanal ou de modificação de veículo ou, ainda, quando ocorrer substituição de equipamento de segurança especificado pelo fabricante, será exigido, para licenciamento e registro, certificado de segurança expedido por instituição técnica credenciada por órgão ou entidade de metrologia legal, conforme norma elaborada pelo CONTRAN.

**Art. 107.** Os veículos de aluguel, destinados ao transporte individual ou coletivo de passageiros, deverão satisfazer, além das exigências previstas neste Código, às condições técnicas e aos requisitos de segurança, higiene e conforto estabelecidos pelo poder competente para autorizar, permitir ou conceder a exploração dessa atividade.

**Art. 108.** Onde não houver linha regular de ônibus, a autoridade com circunscrição sobre a via poderá autorizar, a título precário, o transporte de passageiros em veículo de carga ou misto, desde que obedecidas as condições de segurança estabelecidas neste Código e pelo CONTRAN.

Parágrafo único. A autorização citada no *caput* não poderá exceder a doze meses, prazo a partir do qual a autoridade pública responsável deverá implantar o serviço regular de transporte coletivo de passageiros, em conformidade com a legislação pertinente e com os dispositivos deste Código.

• *Parágrafo único acrescido pela Lei nº 9.602, de 21.1.1998.*

Art. 109. O transporte de carga em veículos destinados ao transporte de passageiros só pode ser realizado de acordo com as normas estabelecidas pelo CONTRAN.

Art. 110. O veículo que tiver alterada qualquer de suas características para competição ou finalidade análoga só poderá circular nas vias públicas com licença especial da autoridade de trânsito, em itinerário e horário fixados.

Art. 111. É vedado, nas áreas envidraçadas do veículo:

I – (vetado);

II – o uso de cortinas, persianas fechadas ou similares nos veículos em movimento, salvo nos que possuam espelhos retrovisores em ambos os lados;

III – aposição de inscrições, películas refletivas ou não, painéis decorativos ou pinturas, quando comprometer a segurança do veículo, na forma de regulamentação do CONTRAN.

• *Inciso III acrescido pela Lei nº 9.602, de 21.1.1998.*

Parágrafo único. É proibido o uso de inscrição de caráter publicitário ou qualquer outra que possa desviar a atenção dos condutores em toda a extensão do para-brisa e da traseira dos veículos, salvo se não colocar em risco a segurança do trânsito.

Art. 112. (Revogado).

• *Art. 112 revogado pela Lei nº 9.792, de 14.4.1999 (DOU de 15.4.1999) – E, em consequência, a Resolução nº 42, de 21.5.1998, que dispunha sobre os equipamentos e materiais de primeiros socorros de porte obrigatório nos veículos, em vigor desde 1º.1.1999.*

Art. 113. Os importadores, as montadoras, as encarroçadoras e fabricantes de veículos e autopeças são responsáveis civil e criminalmente por danos causados aos usuários, a terceiros, e ao meio ambiente, decorrentes de falhas oriundas de projetos e da qualidade dos materiais e equipamentos utilizados na sua fabricação.

### Seção III – Da Identificação do Veículo

Art. 114. O veículo será identificado obrigatoriamente por caracteres gravados no chassi ou no monobloco, reproduzidos em outras partes, conforme dispuser o CONTRAN.

§ 1º. A gravação será realizada pelo fabricante ou montador, de modo a identificar o veículo, seu fabricante e as suas características, além do ano de fabricação, que não poderá ser alterado.

§ 2º. As regravações, quando necessárias, dependerão de prévia autorização da autoridade executiva de trânsito e somente serão processadas por estabelecimento por ela credenciado, mediante a comprovação de propriedade do veículo, mantida a mesma identificação anterior, inclusive o ano de fabricação.

§ 3º. Nenhum proprietário poderá, sem prévia permissão da autoridade executiva de trânsito, fazer, ou ordenar que se faça, modificações da identificação de seu veículo.

Art. 115. O veículo será identificado externamente por meio de placas dianteira e traseira, sendo esta lacrada em sua estrutura, obedecidas as especificações e modelos estabelecidos pelo CONTRAN.

§ 1º. Os caracteres das placas serão individualizados para cada veículo e o acompanharão até a baixa do registro, sendo vedado seu reaproveitamento.

§ 2º. As placas com as cores verde e amarela da Bandeira Nacional serão usadas somente pelos veículos de representação pessoal do Presidente e do Vice-Presidente da República, dos Presidentes do Senado Federal e da Câmara dos Deputados, do Presidente e dos Ministros do Supremo Tribunal Federal, dos Ministros de Estado, do Advogado-Geral da União e do Procurador-Geral da República.

§ 3º. Os veículos de representação dos Presidentes dos Tribunais Federais, dos Governadores, Prefeitos, Secretários Estaduais e Municipais, dos Presidentes das Assembleias Legislativas, das Câmaras Municipais, dos Presidentes dos Tribunais Estaduais e do Distrito Federal, e do respectivo Chefe do Ministério Público e ainda dos Oficiais Generais das Forças Armadas terão placas especiais, de acordo com os modelos estabelecidos pelo CONTRAN.

§ 4º. Os aparelhos automotores destinados a puxar ou arrastar maquinaria de qualquer natureza ou a executar trabalhos agrícolas e de construção ou de pavimentação são sujeitos, desde que lhes seja facultado transitar nas vias, ao registro e licenciamento da repartição competente, devendo receber numeração especial.

§ 5º. O disposto neste artigo não se aplica aos veículos de uso bélico.

§ 6º. Os veículos de duas ou três rodas são dispensados da placa dianteira.

§ 7º. Excepcionalmente, mediante autorização específica e fundamentada das respectivas corregedorias e com a devida comunicação aos órgãos de trânsito competentes, os veículos utilizados por membros do Poder Judiciário e do Ministério Público que exerçam competência ou atribuição criminal poderão temporariamente ter placas especiais, de forma a impedir a identificação de seus usuários específicos, na forma de regulamento a ser emitido, conjuntamente, pelo Conselho Nacional de Justiça – CNJ, pelo Conselho Nacional do Ministério Público – CNMP e pelo Conselho Nacional de Trânsito – CONTRAN.

• *§ 7º acrescido pela Lei nº 12.694, de 24.7.2012.*

Art. 116. Os veículos de propriedade da União, dos Estados e do Distrito Federal, devidamente registrados e licenciados, somente quando estritamente usados em serviço reservado de caráter policial, poderão usar placas particulares, obedecidos os critérios e limites estabelecidos pela legislação que regulamenta o uso de veículo oficial.

Art. 117. Os veículos de transporte de carga e os coletivos de passageiros deverão conter, em local facilmente visível, a inscrição indicativa de sua tara, do peso bruto total (PBT), do peso bruto total combinado (PBTC) ou capacidade máxima de tração (CMT) e de sua lotação, vedado o uso em desacordo com sua classificação.

## CAPÍTULO X
## DOS VEÍCULOS EM CIRCULAÇÃO INTERNACIONAL

**Art. 118.** A circulação de veículo no território nacional, independentemente de sua origem, em trânsito entre o Brasil e os países com os quais exista acordo ou tratado internacional, reger-se-á pelas disposições deste Código, pelas convenções e acordos internacionais ratificados.

**Art. 119.** As repartições aduaneiras e os órgãos de controle de fronteira comunicarão diretamente ao RENAVAM a entrada e saída temporária ou definitiva de veículos.

Parágrafo único. Os veículos licenciados no exterior não poderão sair do território nacional sem a prévia quitação de débitos de multa por infrações de trânsito e o ressarcimento de danos que tiverem causado a bens do patrimônio público, respeitado o princípio da reciprocidade.

## CAPÍTULO XI – DO REGISTRO DE VEÍCULOS

**Art. 120.** Todo veículo automotor, elétrico, articulado, reboque ou semirreboque, deve ser registrado perante o órgão executivo de trânsito do Estado ou do Distrito Federal, no Município de domicílio ou residência de seu proprietário, na forma da lei.

§ 1º. Os órgãos executivos de trânsito dos Estados e do Distrito Federal somente registrarão veículos oficiais de propriedade da administração direta, da União, dos Estados, do Distrito Federal e dos Municípios, de qualquer um dos poderes, com a indicação expressa, por pintura nas portas, do nome, sigla ou logotipo do órgão ou entidade em cujo nome o veículo será registrado, excetuando-se os veículos de representação e os previstos no art. 116.

§ 2º. O disposto neste artigo não se aplica ao veículo de uso bélico.

**Art. 121.** Registrado o veículo, expedir-se-á o Certificado de Registro de Veículo – CRV de acordo com os modelos e especificações estabelecidos pelo CONTRAN, contendo as características e condições de invulnerabilidade à falsificação e à adulteração.

**Art. 122.** Para expedição do Certificado de Registro de Veículo o órgão executivo de trânsito consultará o cadastro do RENAVAM e exigirá do proprietário os seguintes documentos:

I – nota fiscal fornecida pelo fabricante ou revendedor, ou documento equivalente expedido por autoridade competente;

II – documento fornecido pelo Ministério das Relações Exteriores, quando se tratar de veículo importado por membro de missões diplomáticas, de repartições consulares de carreira, de representações de organismos internacionais e de seus integrantes;

**Art. 123.** Será obrigatória a expedição de novo Certificado de Registro de Veículo quando:

I – for transferida a propriedade;

II – o proprietário mudar o Município de domicílio ou residência;

III – for alterada qualquer característica do veículo;

IV – houver mudança de categoria.

§ 1º. No caso de transferência de propriedade, o prazo para o proprietário adotar as providências necessárias à efetivação da expedição do novo Certificado de Registro de Veículo é de trinta dias, sendo que nos demais casos as providências deverão ser imediatas.

§ 2º. No caso de transferência de domicílio ou residência no mesmo Município, o proprietário comunicará o novo endereço num prazo de trinta dias e aguardará o novo licenciamento para alterar o Certificado de Licenciamento Anual.

§ 3º. A expedição de novo certificado será comunicada ao órgão executivo de trânsito que expediu o anterior e ao RENAVAM.

**Art. 124.** Para a expedição do novo Certificado de Registro de Veículo serão exigidos os seguintes documentos:

I – Certificado de Registro de Veículo anterior;

II – Certificado de Licenciamento Anual;

III – comprovante de transferência de propriedade, quando for o caso, conforme modelo e normas estabelecidas pelo CONTRAN;

IV – Certificado de Segurança Veicular e de emissão de poluentes e ruído, quando houver adaptação ou alteração de características do veículo;

V – comprovante de procedência e justificativa da propriedade dos componentes e agregados adaptados ou montados no veículo, quando houver alteração das características originais de fábrica;

VI – autorização do Ministério das Relações Exteriores, no caso de veículo da categoria de missões diplomáticas, de repartições consulares de carreira, de representações de organismos internacionais e de seus integrantes;

VII – certidão negativa de roubo ou furto de veículo, expedida no Município do registro anterior, que poderá ser substituída por informação do RENAVAM;

VIII – comprovante de quitação de débitos relativos a tributos, encargos e multas de trânsito vinculados ao veículo, independentemente da responsabilidade pelas infrações cometidas;

IX – (revogado);

• *Inciso IX revogado pela Lei nº 9.602, de 21.1.1998.*

X – comprovante relativo ao cumprimento do disposto no art. 98, quando houver alteração nas características originais do veículo que afetem a emissão de poluentes e ruído;

XI – comprovante de aprovação de inspeção veicular e de poluentes e ruído, quando for o caso, conforme regulamentações do CONTRAN e do CONAMA.

**Art. 125.** As informações sobre o chassi, o monobloco, os agregados e as características originais do veículo deverão ser prestadas ao RENAVAM:

I – pelo fabricante ou montadora, antes da comercialização, no caso de veículo nacional;

II – pelo órgão alfandegário, no caso de veículo importado por pessoa física;

III – pelo importador, no caso de veículo importado por pessoa jurídica.

Parágrafo único. As informações recebidas pelo RENAVAM serão repassadas ao órgão executivo de trânsito responsável pelo registro, devendo este comunicar ao RENAVAM, tão logo seja o veículo registrado.

Art. 126. O proprietário de veículo irrecuperável, ou definitivamente desmontado, deverá requerer a baixa do registro, no prazo e forma estabelecidos pelo CONTRAN, sendo vedada a remontagem do veículo sobre o mesmo chassi, de forma a manter o registro anterior.

Parágrafo único. A obrigação de que trata esse artigo é da companhia seguradora ou do adquirente do veículo destinado à desmontagem, quando estes sucederem ao proprietário.

Art. 127. O órgão executivo de trânsito competente só efetuará a baixa do registro após prévia consulta ao cadastro do RENAVAM.

Parágrafo único. Efetuada a baixa do registro, deverá esta ser comunicada, de imediato, ao RENAVAM.

Art. 128. Não será expedido novo Certificado de Registro de Veículo enquanto houver débitos fiscais e de multas de trânsito e ambientais, vinculadas ao veículo, independentemente da responsabilidade pelas infrações cometidas.

Art. 129. O registro e o licenciamento dos veículos de propulsão humana, dos ciclomotores e dos veículos de tração animal obedecerão à regulamentação estabelecida em legislação municipal do domicílio ou residência de seus proprietários.

## CAPÍTULO XII – DO LICENCIAMENTO

Art. 130. Todo veículo automotor, elétrico, articulado, reboque ou semirreboque, para transitar na via, deverá ser licenciado anualmente pela órgão executivo de trânsito do Estado, ou do Distrito Federal, onde estiver registrado o veículo.

§ 1º. O disposto neste artigo não se aplica a veículo de uso bélico.

§ 2º. No caso de transferência de residência ou domicílio, é válido, durante o exercício, o licenciamento de origem.

Art. 131. O Certificado de Licenciamento Anual será expedido ao veículo licenciado, vinculado ao Certificado de Registro, no modelo e especificações estabelecidos pelo CONTRAN.

§ 1º. O primeiro licenciamento será feito simultaneamente ao registro.

§ 2º. O veículo somente será considerado licenciado estando quitados os débitos relativos a tributos, encargos e multas de trânsito e ambientais, vinculados ao veículo, independentemente da responsabilidade pelas infrações cometidas.

§ 3º. Ao licenciar o veículo, o proprietário deverá comprovar sua aprovação nas inspeções de segurança veicular e de controle de emissões de gases poluentes e de ruído, conforme disposto no art. 104.

Art. 132. Os veículos novos não estão sujeitos ao licenciamento e terão sua circulação regulada pelo CONTRAN durante o trajeto entre a fábrica e o Município de destino.

Parágrafo único. O disposto neste artigo aplica-se, igualmente, aos veículos importados, durante o trajeto entre a alfândega ou entreposto alfandegário e o Município de destino.

Art. 133. É obrigatório o porte de Certificado de Licenciamento Anual.

Art. 134. No caso de transferência de propriedade, o proprietário antigo deverá encaminhar ao órgão executivo de trânsito do Estado dentro de um prazo de trinta dias, cópia autenticada do comprovante de transferência de propriedade, devidamente assinado e datado, sob pena de ter que se responsabilizar solidariamente pelas penalidades impostas e suas reincidências até a data da comunicação.

Art. 135. Os veículos de aluguel, destinados ao transporte individual ou coletivo de passageiros de linhas regulares ou empregados em qualquer serviço remunerado, para registro, licenciamento e respectivo emplacamento de característica comercial, deverão estar devidamente autorizados pelo poder público concedente.

## CAPÍTULO XIII – DA CONDUÇÃO DE ESCOLARES

Art. 136. Os veículos especialmente destinados à condução coletiva de escolares somente poderão circular nas vias com autorização emitida pelo órgão ou entidade executivos de trânsito dos Estados e do Distrito Federal, exigindo-se, para tanto:

I – registro como veículo de passageiros;

II – inspeção semestral para verificação dos equipamentos obrigatórios e de segurança;

III – pintura de faixa horizontal na cor amarela, com 40 cm (quarenta centímetros) de largura, à meia altura, em toda a extensão das partes laterais e traseira da carroçaria, com o dístico ESCOLAR, em preto, sendo que, em caso de veículo de carroçaria pintada na cor amarela, as cores aqui indicadas devem ser invertidas;

IV – equipamento registrador instantâneo inalterável de velocidade e tempo;

V – lanternas de luz branca, fosca ou amarela dispostas nas extremidades da parte superior dianteira e lanternas de luz vermelha dispostas na extremidade superior da parte traseira;

VI – cintos de segurança em número igual à lotação;

VII – outros requisitos e equipamentos obrigatórios estabelecidos pelo CONTRAN.

Art. 137. A autorização, a que se refere o artigo anterior deverá ser afixada na parte interna do veículo, em local visível, com inscrição da lotação permitida, sendo vedada a condução de escolares em número superior à capacidade estabelecida pelo fabricante.

Art. 138. O condutor de veículo destinado à condução de escolares deve satisfazer os seguintes requisitos:

I – ter idade superior a 21 (vinte e um) anos;

II – ser habilitado na categoria D;

III – (vetado);

IV – não ter cometido nenhuma infração grave ou gravíssima, ou ser reincidente em infrações médias durante os doze últimos meses;

V – ser aprovado em curso especializado, nos termos da regulamentação do CONTRAN.

Art. 139. O disposto neste Capítulo não exclui a competência municipal de aplicar as exigências previstas em seus regulamentos, para o transporte de escolares.

## CAPÍTULO XIII-A – DA CONDUÇÃO DE MOTOFRETE
• *Capítulo XXX-A acrescido pela Lei n° 12.009, de 29.7.2009.*

Art. 139-A. As motocicletas e motonetas destinadas ao transporte remunerado de mercadorias – motofrete – somente poderão circular nas vias com autorização emitida pelo órgão ou entidade executivo de trânsito dos Estados e do Distrito Federal, exigindo-se, para tanto:

I – registro como veículo da categoria de aluguel;

II – instalação de protetor de motor mata-cachorro, fixado no chassi do veículo, destinado a proteger o motor e a perna do condutor em caso de tombamento, nos termos de regulamentação do Conselho Nacional de Trânsito – CONTRAN;

III – instalação de aparador de linha antena corta-pipas, nos termos de regulamentação do CONTRAN;

IV – inspeção semestral para verificação dos equipamentos obrigatórios e de segurança.

• *Art. 139-A, caput, acrescido pela Lei n° 12.009, de 29.7.2009.*

§ 1º. A instalação ou incorporação de dispositivos para transporte de cargas deve estar de acordo com a regulamentação do CONTRAN.

• *§ 1º acrescido pela Lei n° 12.009, de 29.7.2009.*

§ 2º. É proibido o transporte de combustíveis, produtos inflamáveis ou tóxicos e de galões nos veículos de que trata este artigo, com exceção do gás de cozinha e de galões contendo água mineral, desde que com o auxílio de *side-car*, nos termos de regulamentação do CONTRAN.

• *§ 2º acrescido pela Lei n° 12.009, de 29.7.2009.*

Art. 139-B. O disposto neste Capítulo não exclui a competência municipal ou estadual de aplicar as exigências previstas em seus regulamentos para as atividades de motofrete no âmbito de suas circunscrições.

• *Art. 139-B acrescido pela Lei n° 12.009, de 29.7.2009.*

## CAPÍTULO XIV – DA HABILITAÇÃO

Art. 140. A habilitação para conduzir veículo automotor e elétrico será apurada por meio de exames que deverão ser realizados junto ao órgão ou entidade executivos do Estado ou do Distrito Federal, do domicílio ou residência do candidato, ou na sede estadual ou distrital do próprio órgão, devendo o condutor preencher os seguintes requisitos:

I – ser penalmente imputável;

II – saber ler e escrever;

III – possuir Carteira de Identidade ou equivalente.

Parágrafo único. As informações do candidato à habilitação serão cadastradas no RENACH.

Art. 141. O processo de habilitação, as normas relativas à aprendizagem para conduzir veículos automotores e elétricos e à autorização para conduzir ciclomotores serão regulamentados pelo CONTRAN.

§ 1º. A autorização para conduzir veículos de propulsão humana e de tração animal ficará à cargo dos Municípios.

§ 2º. (Vetado).

**Art. 142.** O reconhecimento de habilitação obtida em outro país está subordinado às condições estabelecidas em convenções e acordos internacionais e à normas do CONTRAN.

**Art. 143.** Os candidatos poderão habilitar-se nas categorias de A a E, obedecida a seguinte gradação:

I – Categoria A – condutor de veículo motorizado de duas ou três rodas, com ou sem carro lateral;

II – Categoria B – condutor de veículo motorizado, não abrangido pela categoria A, cujo peso bruto total não exceda a 3.500 kg (três mil e quinhentos quilogramas) e cuja lotação não exceda a oito lugares, excluído o do motorista;

III – Categoria C – condutor de veículo motorizado utilizado em transporte de carga, cujo peso bruto total exceda a 3.500 kg (três mil e quinhentos quilogramas);

IV – Categoria D – condutor de veículo motorizado utilizado no transporte de passageiros, cuja lotação exceda a oito lugares, excluído o do motorista;

V – Categoria E – condutor de combinação de veículos em que a unidade tratora se enquadre nas categorias B, C ou D e cuja unidade acoplada, reboque, semirreboque, *trailer* ou articulada tenha 6.000 kg (seis mil quilogramas) ou mais de peso bruto total, ou cuja lotação exceda a 8 (oito) lugares.

• *Inciso V com redação dada pela Lei nº 12.452, de 21.7.2011.*

§ 1º. Para habilitar-se na categoria C, o condutor deverá estar habilitado no mínimo há um ano na categoria B e não ter cometido nenhuma infração grave ou gravíssima, ou ser reincidente em infrações médias, durante os últimos doze meses.

§ 2º. São os condutores da categoria B autorizados a conduzir veículo automotor da espécie motor-casa, definida nos termos do Anexo I deste Código, cujo peso não exceda a 6.000 kg (seis mil quilogramas), ou cuja lotação não exceda a 8 (oito) lugares, excluído o do motorista.

• *§ 2º acrescido pela Lei nº 12.452, de 21.7.2011.*

§ 3º. Aplica-se o disposto no inciso V ao condutor da combinação de veículos com mais de uma unidade tracionada, independentemente da capacidade de tração ou do peso bruto total.

• *§ 3º, primitivo § 2º, renumerado pela Lei nº 12.452, de 21.7.2011.*

**Art. 144.** O trator de roda, o trator de esteira, o trator misto ou o equipamento automotor destinado à movimentação de cargas ou execução de trabalho agrícola, de terraplenagem, de construção ou de pavimentação só podem ser conduzidos na via pública por condutor habilitado nas categorias C, D ou E.

**Art. 145.** Para habilitar-se nas categorias D e E ou para conduzir veículo de transporte coletivo de passageiros, de escolares, de emergência ou de produto perigoso, o candidato deverá preencher os seguintes requisitos:

I – ser maior de vinte e um anos;

II – estar habilitado:

a) no mínimo há dois anos na categoria B, ou no mínimo há um ano na categoria C, quando pretender se habilitar na categoria D; e

b) no mínimo há um ano na categoria C quando pretender habilitar-se na categoria E;

III – não ter cometido nenhuma infração grave ou gravíssima ou ser reincidente em infrações médias durante os últimos doze meses;

IV – ser aprovado em curso especializado e em curso de treinamento de prática veicular em situação de risco, nos termos da normatização do CONTRAN.

Parágrafo único. A participação em curso especializado previsto no inciso IV independe da observância do disposto no inciso III.

• *Parágrafo único acrescido pela Lei nº 12.619, de 30.4.2012.*

**Art. 146.** Para conduzir veículos de outra categoria o condutor deverá realizar exames complementares exigidos para habilitação na categoria pretendida.

**Art. 147.** O candidato à habilitação deverá submeter-se a exames realizados pelo órgão executivo de trânsito na seguinte ordem:

I – de aptidão física e mental;

II – (vetado);

III – escrito, sobre legislação de trânsito;

IV – de noções de primeiros socorros, conforme regulamentação do CONTRAN;

V – de direção veicular, realizado na via pública, em veículo da categoria para a qual estiver habilitando-se.

§ 1º. Os resultados dos exames e a identificação dos respectivos examinadores serão registrados no RENACH.

• *§ 1º, primitivo parágrafo único, renumerado pela Lei nº 9.602, de 21.1.1998.*

§ 2º. O exame de aptidão física e mental será preliminar e renovável a cada cinco anos, ou a cada três anos para os condutores com mais de sessenta e cinco anos de idade, no local de residência ou domicílio do examinado.

• *§ 2º acrescido pela Lei nº 9.602, de 21.1.1998.*

§ 3º. O exame previsto no § 2º incluirá avaliação psicológica preliminar e complementar sempre que a ele se submeter o condutor que exerce atividade remunerada ao veículo, incluindo-se esta avaliação para os demais candidatos apenas no exame referente à primeira habilitação.

• *§ 3º acrescido pela Lei nº 9.602, de 21.1.1998, e com redação dada pela Lei nº 10.350, de 21.12.2001.*

§ 4º. Quando houver indícios de deficiência física, mental ou de progressividade de doença que possa diminuir a capacidade para conduzir o veículo, o prazo previsto no § 2º poderá ser diminuído por proposta do perito examinador.

• *§ 4º acrescido pela Lei nº 9.602, de 21.1.1998.*

§ 5º. O condutor que exerce atividade remunerada ao veículo terá essa informação incluída na sua Carteira Nacional de Habilitação, conforme especificações do Conselho Nacional de Trânsito – Contran.

• *§ 5º acrescido pela Lei nº 10.350, de 21.12.2001.*

**Art. 148.** Os exames de habilitação, exceto os de direção veicular, poderão ser aplicados por entidades públicas ou privadas credenciadas pelo órgão executivo de trânsito dos Estados e do Distrito Federal, de acordo com as normas estabelecidas pelo CONTRAN.

§ 1º. A formação de condutores deverá incluir, obrigatoriamente, curso de direção defensiva e de conceitos básicos de proteção ao meio ambiente relacionados com o trânsito.

§ 2º. Ao candidato aprovado será conferida Permissão para Dirigir, com validade de um ano.

§ 3º. A Carteira Nacional de Habilitação será conferida ao condutor no término de um ano, desde que o mesmo não tenha cometido nenhuma infração de natureza grave ou gravíssima ou seja reincidente em infração média.

§ 4º. A não obtenção da Carteira Nacional de Habilitação, tendo em vista a incapacidade de atendimento do disposto no parágrafo anterior, obriga o candidato a reiniciar todo o processo de habilitação.

§ 5º. O Conselho Nacional de Trânsito – CONTRAN poderá dispensar os tripulantes de aeronaves que apresentarem o cartão de saúde expedido pelas Forças Armadas ou pelo Departamento de Aeronáutica Civil, respectivamente, da prestação do exame de aptidão física e mental.

• *§ 5º acrescido pela Lei nº 9.602, de 21.1.1998.*

Art. 149. (Vetado).

Art. 150. Ao renovar os exames previstos no artigo anterior, o condutor que não tenha curso de direção defensiva e primeiros socorros deverá a eles ser submetido, conforme normatização do CONTRAN.

Parágrafo único. A empresa que utiliza condutores contratados para operar a sua frota de veículos é obrigada a fornecer curso de direção defensiva, primeiros socorros e outros conforme normatização do CONTRAN.

Art. 151. No caso de reprovação no exame escrito sobre legislação de trânsito ou de direção veicular, o candidato só poderá repetir o exame depois de decorridos quinze dias da divulgação do resultado.

Art. 152. O exame de direção veicular será realizado perante uma comissão integrada por três membros designados pelo dirigente do órgão executivo local de trânsito, para o período de um ano, permitida a recondução por mais um período de igual duração.

§ 1º. Na comissão de exame de direção veicular, pelo menos um membro deverá ser habilitado na categoria igual ou superior à pretendida pela candidato.

§ 2º. Os militares das Forças Armadas e Auxiliares que possuírem curso de formação de condutor, ministrado em suas corporações, serão dispensados, para a concessão da Carteira Nacional de Habilitação, dos exames a que se houverem submetidos com aprovação naquele curso, desde que neles sejam observadas as normas estabelecidas pelo CONTRAN.

§ 3º. O militar interessado instruirá seu requerimento com ofício do Comandante, Chefe ou Diretor da organização militar em que servir, do qual constarão: o número do registro de identificação, naturalidade, nome, filiação, idade e categoria em que se habilitou a conduzir, acompanhado de cópias das atas dos exames prestados.

§ 4º. (Vetado).

Art. 153. O candidato habilitado terá em seu prontuário a identificação de seus instrutores e examinadores, que serão passíveis de punição conforme regulamentação a ser estabelecida pelo CONTRAN.

Parágrafo único. As penalidades aplicadas aos instrutores e examinadores serão de advertência, suspensão e cancelamento da autorização para o exercício da atividade, conforme a falta cometida.

Art. 154. Os veículos destinados à formação de condutores serão identificados por uma faixa amarela, de vinte centímetros de largura, pintada ao longo da carroçaria, à meia altura, com inscrição AUTOESCOLA na cor preta.

Parágrafo único. No veículo eventualmente utilizado para aprendizagem, quando autorizado para servir a esse fim, deverá ser afixada ao longo de sua carroçaria, à meia altura, faixa branca removível, de vinte centímetros de largura, com a inscrição AUTOESCOLA na cor preta.

Art. 155. A formação de condutor de veículo automotor e elétrico será realizada por instrutor autorizado pelo órgão executivo de trânsito dos Estados ou do Distrito Federal, pertencente ou não à entidade credenciada.

Parágrafo único. Ao aprendiz será expedida autorização para aprendizagem, de acordo com a regulamentação do CONTRAN, após aprovação nos exames de aptidão física, mental, de primeiros socorros e sobre legislação de trânsito.

• *Parágrafo único acrescido pela Lei nº 9.602, de 21.1.1998.*

Art. 156. O CONTRAN regulamentará o credenciamento para prestação de serviço pelas autoescolas e outras entidades destinadas à formação de condutores e às exigências necessárias para o exercício das atividades de instrutor e examinador.

Art. 157. (Vetado).

Art. 158. A aprendizagem só poderá realizar-se:

I – nos termos, horários e locais estabelecidos pelo órgão executivo de trânsito;

II – acompanhado o aprendiz por instrutor autorizado.

§ 1º. Além do aprendiz e do instrutor, o veículo utilizado na aprendizagem poderá conduzir apenas mais um acompanhante.

• *§ 1º, primitivo parágrafo único, renumerado pela Lei nº 12.217, de 17.3.2010.*

§ 2º. Parte da aprendizagem será obrigatoriamente realizada durante a noite, cabendo ao CONTRAN fixar-lhe a carga horária mínima correspondente.

• *§ 2º acrescido pela Lei nº 12.217, de 17.3.2010.*

Art. 159. A Carteira Nacional de Habilitação, expedida em modelo único e de acordo com as especificações do CONTRAN, atendidos os pré-requisitos estabelecidos neste Código, conterá fotografia, identificação e CPF do condutor, terá fé pública e equivalerá a documento de identidade em todo o território nacional.

§ 1º. É obrigatório o porte da Permissão para Dirigir ou da Carteira Nacional de Habilitação quando o condutor estiver à direção do veículo.

§ 2º. (Vetado).

§ 3º. A emissão de nova via da Carteira de Nacional de Habilitação será regulamentada pelo CONTRAN.

§ 4º. (Vetado).

§ 5º. A Carteira Nacional de Habilitação e a Permissão para Dirigir somente terão validade para a condução de veículo quando apresentada em original.

§ 6º. A identificação da Carteira Nacional de Habilitação expedida e a da autoridade expedidora serão registradas no RENACH.

§ 7º. A cada condutor corresponderá um único registro no RENACH, agregando-se neste todas as informações.

§ 8º. A renovação da validade da Carteira Nacional de Habilitação ou a emissão de uma nova via somente será realizada após quitação de débitos constantes do prontuário do condutor.

§ 9º. (Vetado).

§ 10. A validade da Carteira Nacional de Habilitação está condicionada ao prazo de vigência do exame de aptidão física e mental.

• *§ 10 acrescido pela Lei nº 9.602, de 21.1.1998.*

§ 11. A Carteira Nacional de Habilitação, expedida na vigência do Código anterior, será substituída por ocasião do vencimento do prazo para revalidação do exame de aptidão física e mental, ressalvados os casos especiais previstos nesta Lei.

• *§ 11 acrescido pela Lei nº 9.602, de 21.1.1998.*

Art. 160. O condutor condenado por delito de trânsito deverá ser submetido a novos exames para que possa voltar a dirigir, de acordo com as normas estabelecidas pelo CONTRAN, independentemente do reconhecimento da prescrição, em face da pena concretizada na sentença.

§ 1º. Em caso de acidente grave, o condutor nele envolvido poderá ser submetido aos exames exigidos neste artigo, a juízo da autoridade executiva estadual de trânsito, assegurada ampla defesa ao condutor.

§ 2º. No caso do parágrafo anterior, a autoridade executiva estadual de trânsito poderá apreender o documento de habilitação do condutor até a sua aprovação nos exames realizados.

## CAPÍTULO XV – DAS INFRAÇÕES

• *V. Resolução CONTRAN nº 136, de 2.4.2002.*

Art. 161. Constitui infração de trânsito a inobservância de qualquer preceito deste Código, da Legislação Complementar ou das Resoluções do CONTRAN, sendo o infrator sujeito às penalidades e medidas administrativas indicadas em cada artigo, além das punições previstas no Capítulo XIX.

Parágrafo único. As infrações cometidas em relação às Resoluções do CONTRAN terão suas penalidades e medidas administrativas definidas nas próprias Resoluções.

Art. 162. Dirigir veículo:

I – sem possuir Carteira Nacional de Habilitação ou Permissão para Dirigir:

Infração – gravíssima;

Penalidade – multa (três vezes) [R$ 574,62] e apreensão do veículo;

II – com Carteira Nacional de Habilitação ou Permissão para Dirigir cassada ou com suspensão do direito de dirigir:

Infração – gravíssima;

Penalidade – multa (cinco vezes) [R$ 957,70] e apreensão do veículo;

III – com Carteira Nacional de Habilitação ou Permissão para Dirigir de categoria diferente da do veículo que esteja conduzindo:

Infração – gravíssima;

Penalidade – multa (três vezes) [R$ 574,62] e apreensão do veículo;

Medida administrativa – recolhimento do documento de habilitação;

IV – (vetado);

V – com validade da Carteira Nacional de Habilitação vencida há mais de trinta dias:

Infração – gravíssima;

Penalidade – multa [R$ 191,54];

Medida administrativa – recolhimento da Carteira Nacional de Habilitação e retenção do veículo até a apresentação de condutor habilitado;

VI – sem usar lentes corretoras de visão, aparelho auxiliar de audição, de prótese física ou as adaptações do veículo impostas por ocasião da concessão ou da renovação da licença para conduzir:

Infração – gravíssima;

Penalidade – multa [R$ 191,54];

Medida administrativa – retenção do veículo até o saneamento da irregularidade ou apresentação de condutor habilitado.

Art. 163. Entrega a direção do veículo a pessoa nas condições previstas no artigo anterior:

Infração – as mesmas previstas no artigo anterior;

Penalidade – as mesmas previstas no artigo anterior;

Medida administrativa – a mesma prevista no inciso III do artigo anterior.

Art. 164. Permitir que pessoa nas condições referidas nos incisos do art. 162 tome posse do veículo automotor e passe a conduzi-lo na via:

Infração – as mesmas previstas nos incisos do art. 162;

Penalidade – as mesmas previstas no art. 162;

Medida administrativa – a mesma prevista no inciso III do art. 162.

Art. 165. Dirigir sob a influência de álcool ou de qualquer outra substância psicoativa que determine dependência:

• *Art. 165, caput, com redação dada pela Lei nº 11.705, de 19.6.2008.*

Infração – gravíssima;

• *Infração com redação dada pela Lei nº 11.705, de 19.6.2008.*

Penalidade – multa (dez vezes) [R$ 1.915,40] e suspensão do direito de dirigir por 12 (doze) meses.

• *Penalidade com redação dada pela Lei nº 12.760, de 20.12.2012.*

Medida administrativa – recolhimento do documento de habilitação e retenção do veículo, observado o disposto no § 4º do art. 270 da Lei nº 9.503, de 23 de setembro de 1997 – do Código de Trânsito Brasileiro.

• *Medida Administrativa com redação dada pela Lei nº 12.760, de 20.12.2012.*

Parágrafo único. Aplica-se em dobro a multa prevista no *caput* em caso de reincidência no período de até 12 (doze) meses.

• *Parágrafo único com redação dada pela Lei nº 12.760, de 20.12.2012.*

Art. 166. Confiar ou entregar a direção de veículo a pessoa que, mesmo habilitada, por seu estado físico ou psíquico, não estiver em condições de dirigi-lo com segurança:

Infração – gravíssima;

Penalidade – multa [R$ 191,54].

**Art. 167.** Deixar o condutor ou passageiro de usar o cinto de segurança, conforme previsto no art. 65:

Infração – grave;

Penalidade – multa [R$ 127,69];

Medida administrativa – retenção do veículo até colocação do cinto pelo infrator.

**Art. 168.** Transportar crianças em veículo automotor sem observância das normas de segurança especiais estabelecidas neste Código:

Infração – gravíssima;

Penalidade – multa [R$ 191,54];

Medida administrativa – retenção do veículo até que a irregularidade seja sanada.

**Art. 169.** Dirigir sem atenção ou sem os cuidados indispensáveis à segurança:

Infração – leve;

Penalidade – multa [R$ 53,20].

**Art. 170.** Dirigir ameaçando os pedestres que estejam atravessando a via pública, ou os demais veículos:

Infração – gravíssima;

Penalidade – multa [R$ 191,54] e suspensão do direito de dirigir;

Medida administrativa – retenção do veículo e recolhimento do documento de habilitação.

**Art. 171.** Usar o veículo para arremessar, sobre os pedestres ou veículos, água ou detritos:

Infração – média;

Penalidade – multa [R$ 85,13].

**Art. 172.** Atirar do veículo ou abandonar na via objetos ou substâncias:

Infração – média;

Penalidade – multa [R$ 85,13].

**Art. 173.** Disputar corrida por espírito de emulação:

Infração – gravíssima;

Penalidade – multa (três vezes) [R$ 574,62], suspensão do direito de dirigir e apreensão do veículo;

Medida administrativa – recolhimento do documento de habilitação e remoção do veículo.

**Art. 174.** Promover, na via, competição esportiva, eventos organizados, exibição e demonstração de perícia em manobra de veículo, ou deles participar, como condutor, sem permissão da autoridade de trânsito com circunscrição sobre a via:

Infração – gravíssima;

Penalidade – multa (cinco vezes) [R$ 957,70], suspensão do direito de dirigir e apreensão do veículo;

Medida administrativa – recolhimento do documento de habilitação e remoção do veículo.

Parágrafo único. As penalidades são aplicáveis aos promotores e aos condutores participantes.

**Art. 175.** Utilizar-se de veículo para, em via pública, demonstrar ou exibir manobra perigosa, arrancada brusca, derrapagem ou frenagem com deslizamento ou arrastamento de pneus:

Infração – gravíssima;

Penalidade – multa [R$ 191,54], suspensão do direito de dirigir e apreensão do veículo;

Medida administrativa – recolhimento do documento de habilitação e remoção do veículo.

**Art. 176.** Deixar o condutor envolvido em acidente com vítima:

I – de prestar ou providenciar socorro à vítima, podendo fazê-lo;

II – de adotar providências, podendo fazê-lo, no sentido de evitar perigo para o trânsito local;

III – de preservar o local, de forma a facilitar os trabalhos da polícia e da perícia;

IV – de adotar providências para remover o veículo do local, quando determinadas por policial ou agente da autoridade de trânsito;

V – de identificar-se ao policial e de lhe prestar informações necessárias à confecção do boletim de ocorrência:

Infração – gravíssima;

Penalidade – multa (cinco vezes) [R$ 957,70] e suspensão do direito de dirigir;

Medida administrativa – recolhimento do documento de habilitação.

**Art. 177.** Deixar o condutor de prestar socorro à vítima de acidente de trânsito quando solicitado pela autoridade e seus agentes:

Infração – grave;

Penalidade – multa [R$ 127,69].

**Art. 178.** Deixar o condutor, envolvido em acidente sem vítima, de adotar providências para remover o veículo do local, quando necessária tal medida para assegurar a segurança e a fluidez do trânsito:

Infração – média;

Penalidade – multa [R$ 85,13].

**Art. 179.** Fazer ou deixar que se faça reparo em veículo na via pública, salvo nos casos de impedimento absoluto de sua remoção e em que o veículo esteja devidamente sinalizado:

I – em pista de rolamento de rodovias e vias de trânsito rápido:

Infração – grave;

Penalidade – multa [R$ 127,69];

Medida administrativa – remoção do veículo;

II – nas demais vias:

Infração – leve;

Penalidade – multa [R$ 53,20].

**Art. 180.** Ter seu veículo imobilizado na via por falta de combustível:

Infração – média;

Penalidade – multa [R$ 85,13];

Medida administrativa – remoção do veículo.

**Art. 181.** Estacionar o veículo:

I – nas esquinas e a menos de cinco metros do bordo do alinhamento da via transversal:
Infração – média;
Penalidade – multa [R$ 85,13];
Medida administrativa – remoção do veículo;

II – afastado da guia da calçada (meio-fio) de cinquenta centímetros a um metro:
Infração – leve;
Penalidade – multa [R$ 53,20];
Medida administrativa – remoção do veículo;

III – afastado da guia da calçada (meio-fio) a mais de um metro:
Infração – grave;
Penalidade – multa [R$ 127,69];
Medida administrativa – remoção do veículo;

IV – em desacordo com as posições estabelecidas neste Código:
Infração – média;
Penalidade – multa [R$ 85,13];
Medida administrativa – remoção do veículo;

V – na pista de rolamento das estradas, das rodovias, das vias de trânsito rápido e das vias dotadas de acostamento:
Infração – gravíssima;
Penalidade – multa [R$ 191,54];
Medida administrativa – remoção do veículo;

VI – junto ou sobre hidrantes de incêndio, registro de água ou tampas de poços de visita de galerias subterrâneas, desde que devidamente identificados, conforme especificações do CONTRAN:
Infração – média;
Penalidade – multa [R$ 85,13];
Medida administrativa – remoção do veículo;

VII – nos acostamentos, salvo motivo de força maior:
Infração – leve;
Penalidade – multa [R$ 53,20];
Medida administrativa – remoção do veículo;

VIII – no passeio ou sobre faixa destinada a pedestre, sobre ciclovia ou ciclofaixa, bem como nas ilhas, refúgios, ao lado ou sobre canteiros centrais, divisões de pista de rolamento, marcas de canalização, gramados ou jardim público:
Infração – grave;
Penalidade – multa [R$ 127,69];
Medida administrativa – remoção do veículo;

IX – onde houver guia de calçada rebaixada (meio-fio) destinada à entrada ou saída de veículos:
Infração – média;
Penalidade – multa [R$ 85,13];
Medida administrativa – remoção do veículo;

X – impedindo a movimentação de outro veículo:
Infração – média;
Penalidade – multa [R$ 85,13];
Medida administrativa – remoção do veículo;
XI – ao lado de outro veículo em fila dupla:
Infração – grave;
Penalidade – multa [R$ 127,69];
Medida administrativa – remoção do veículo;
XII – na área de cruzamentos de vias, prejudicando a circulação de veículos e pedestres:
Infração – grave;
Penalidade – multa [R$ 127,69];
Medida administrativa – remoção do veículo;
XIII – onde houver sinalização horizontal delimitadora de ponto de embarque ou desembarque de passageiros de transporte coletivo ou, na inexistência desta sinalização, no intervalo compreendido entre dez metros antes e depois do marco do ponto:
Infração – média;
Penalidade – multa [R$ 85,13];
Medida administrativa – remoção do veículo;
XIV – nos viadutos, pontes e túneis:
Infração – grave;
Penalidade – multa [R$ 127,69];
Medida administrativa – remoção do veículo;
XV – na contramão de direção:
Infração – média;
Penalidade – multa [R$ 85,13];
XVI – em aclive ou declive, não estando devidamente freado e sem calço de segurança, quando se tratar de veículo com peso bruto total superior a 3.500 Kg (três mil e quinhentos quilogramas):
Infração – grave;
Penalidade – multa [R$ 127,69];
Medida administrativa – remoção do veículo;
XVII – em desacordo com as condições regulamentadas especificamente pela sinalização (placa – Estacionamento Regulamentado):
Infração – leve;
Penalidade – multa [R$ 53,20];
Medida administrativa – remoção do veículo;
XVIII – em locais e horários proibidos especificamente pela sinalização (placa – Proibido Estacionar):
Infração – média;
Penalidade – multa [R$ 85,13];
Medida administrativa – remoção do veículo;
XIX – em locais e horários de estacionamento e parada proibidos pela sinalização (placa – Proibido Parar e Estacionar):
Infração – grave;

Penalidade – multa [R$ 127,69];
Medida administrativa – remoção do veículo.

§ 1º. Nos casos previstos neste artigo, a autoridade de trânsito aplicará a penalidade preferencialmente após a remoção do veículo.

§ 2º. No caso previsto no inciso XVI é proibido abandonar o calço de segurança na via.

**Art. 182.** Parar o veículo:

I – nas esquinas e a menos de cinco metros do bordo do alinhamento da via transversal:
Infração – média;
Penalidade – multa [R$ 85,13];

II – afastado da guia da calçada (meio-fio) de cinquenta centímetros a um metro;
Infração – leve;
Penalidade – multa [R$ 53,20];

III – afastado da guia da calçada (meio-fio) a mais de um metro;
Infração – média;
Penalidade – multa [R$ 85,13];

IV – em desacordo com as posições estabelecidas neste Código:
Infração – leve;
Penalidade – multa [R$ 53,20];

V – na pista de rolamento das estradas, das rodovias, das vias de trânsito rápido e das vias dotadas de acostamento:
Infração – grave;
Penalidade – multa [R$ 127,69];

VI – no passeio ou sobre faixa destinada a pedestres, nas ilhas, refúgios, canteiros centrais e divisores de pista de rolamento e marcas de canalização:
Infração – leve;
Penalidade – multa [R$ 53,20];

VII – na área de cruzamento de vias, prejudicando a circulação de veículos e pedestres:
Infração – média;
Penalidade – multa [R$ 85,13];

VIII – nos viadutos, pontes e túneis:
Infração – média;
Penalidade – multa [R$ 85,13];

IX – na contramão de direção:
Infração – média;
Penalidade – multa [R$ 85,13];

X – em local e horário proibidos especificamente pela sinalização (placa – Proibido Parar):
Infração – média;
Penalidade – multa [R$ 85,13].

**Art. 183.** Parar o veículo sobre a faixa de pedestres na mudança de sinal luminoso:

Infração – média;
Penalidade – multa [R$ 85,13].

**Art. 184.** Transitar com o veículo:

I – na faixa ou pista da direita, regulamentada como de circulação exclusiva para determinado tipo de veículo, exceto para acesso a imóveis lindeiros ou conversões à direita:
Infração – leve;
Penalidade – multa [R$ 53,20];

II – na faixa ou pista da esquerda regulamentada como de circulação exclusiva para determinado tipo de veículo:
Infração – grave;
Penalidade – multa [R$ 127,69].

**Art. 185.** Quando o veículo estiver em movimento, deixar de conservá-lo:

I – na faixa a ele destinada pela sinalização de regulamentação, exceto em situações de emergência;

II – nas faixas da direita, dos veículos lentos e de maior porte:
Infração – média;
Penalidade – multa [R$ 85,13].

**Art. 186.** Transitar pela contramão de direção em:

I – vias com duplo sentido de circulação, exceto para ultrapassar outro veículo e apenas pelo tempo necessário, respeitada a preferência do veículo que transita em sentido contrário:
Infração – grave;
Penalidade – multa [R$ 127,69];

II – vias com sinalização de regulamentação de sentido único de circulação:
Infração – gravíssima;
Penalidade – multa [R$ 191,54].

**Art. 187.** Transitar em locais e horários não permitidos pela regulamentação estabelecida pela autoridade competente:

I – para todos os tipos de veículos:
Infração – média;
Penalidade – multa [R$ 85,13];

II – (revogado).

• *Inciso II revogado pela Lei nº 9.602, de 21.1.1998.*

**Art. 188.** Transitar ao lado de outro veículo, interrompendo ou perturbando o trânsito:
Infração – média;
Penalidade – multa [R$ 85,13].

**Art. 189.** Deixar de dar passagem aos veículos precedidos de batedores, de socorro de incêndio e salvamento, de polícia, de operação e fiscalização de trânsito e às ambulâncias, quando em serviço de urgência e devidamente identificados por dispositivos regulamentados de alarme sonoro e iluminação vermelha intermitentes:
Infração – gravíssima;
Penalidade – multa [R$ 191,54].

**Art. 190.** Seguir veículo em serviço de urgência, estando este com prioridade de passagem devidamente identificada por dispositivos regulamentares de alarme sonoro e iluminação vermelha intermitentes:
Infração – grave;
Penalidade – multa [R$ 127,69].

**Art. 191.** Forçar passagem entre veículos que, transitando em sentidos opostos, estejam na iminência de passar um pelo outro ao realizar operação de ultrapassagem:
Infração – gravíssima;
Penalidade – multa [R$ 191,54].

**Art. 192.** Deixar de guardar distância de segurança lateral e frontal entre o seu veículo e os demais, bem como em relação ao bordo da pista, considerando-se, no momento, a velocidade, as condições climáticas do local da circulação e do veículo:
Infração – grave;
Penalidade – multa [R$ 127,69].

**Art. 193.** Transitar com o veículo em calçadas, passeios, passarelas, ciclovias, ciclofaixas, ilhas, refúgios, ajardinamentos, canteiros centrais e divisores de pista de rolamento, acostamentos, marcas de canalização, gramados e jardins públicos:
Infração – gravíssima;
Penalidade – multa (três vezes) [R$ 574,62].

**Art. 194.** Transitar em marcha à ré, salvo na distância necessária a pequenas manobras e de forma a não causar riscos à segurança:
Infração – grave;
Penalidade – multa [R$ 127,69].

**Art. 195.** Desobedecer às ordens emanadas da autoridade competente de trânsito ou de seus agentes:
Infração – grave;
Penalidade – multa [R$ 127,69].

**Art. 196.** Deixar de indicar com antecedência, mediante gesto regulamentar de braço ou luz indicadora de direção do veículo, o início da marcha, a realização da manobra de parar o veículo, a mudança de direção ou de faixa de circulação:
Infração – grave;
Penalidade – multa [R$ 127,69].

**Art. 197.** Deixar de deslocar, com antecedência, o veículo para a faixa mais à esquerda ou mais à direita, dentro da respectiva mão de direção, quando for manobrar para um desses lados:
Infração – média;
Penalidade – multa [R$ 85,13].

**Art. 198.** Deixar de dar passagem pela esquerda, quando solicitado:
Infração – média;
Penalidade – multa [R$ 85,13].

**Art. 199.** Ultrapassar pela direita, salvo quando o veículo da frente estiver colocado na faixa apropriada e der sinal de que vai entrar à esquerda:
Infração – média;

Penalidade – multa [R$ 85,13].

**Art. 200.** Ultrapassar pela direita veículo de transporte coletivo ou de escolares, parado para embarque ou desembarque de passageiros, salvo quando houver refúgio de segurança para o pedestre:

Infração – gravíssima;

Penalidade – multa [R$ 191,54].

**Art. 201.** Deixar de guardar a distância lateral de um metro e cinquenta centímetros ao passar ou ultrapassar bicicleta:

Infração – média;

Penalidade – multa [R$ 85,13].

**Art. 202.** Ultrapassar outro veículo:

I – pelo acostamento;

II – em interseções e passagens de nível:

Infração – grave;

Penalidade – multa [R$ 127,69].

**Art. 203.** Ultrapassar pela contramão outro veículo:

I – nas curvas, aclives e declives, sem visibilidade suficiente;

II – nas faixas de pedestres;

III – nas pontes, viadutos ou túneis;

IV – parado em fila junto a sinais luminosos, porteiras, cancelas, cruzamentos ou qualquer outro impedimento à livre circulação;

V – onde houver marcação viária longitudinal de divisão de fluxos opostos do tipo linha dupla contínua ou simples contínua amarela:

Infração – gravíssima;

Penalidade – multa [R$ 191,54].

**Art. 204.** Deixar de parar o veículo no acostamento à direita, para aguardar a oportunidade de cruzar a pista ou entrar à esquerda, onde não houver local apropriado para operação de retorno:

Infração – grave;

Penalidade – multa [R$ 127,69].

**Art. 205.** Ultrapassar veículos em movimento que integrem cortejo, préstito, desfile e formações militares, salvo com autorização da autoridade de trânsito ou de seus agentes:

Infração – leve;

Penalidade – multa [R$ 53,20].

**Art. 206.** Executar operação de retorno:

I – em locais proibidos pela sinalização;

II – nas curvas, aclives, declives, pontes, viadutos e túneis;

III – passando por cima de calçada, passeio, ilhas, ajardinamento ou canteiros de divisões de pista de rolamento, refúgios e faixas de pedestres e nas de veículos não motorizados;

IV – nas interseções, entrando na contramão de direção da via transversal;

V – com prejuízo da livre circulação ou da segurança, ainda que em locais permitidos:

Infração – gravíssima;

Penalidade – multa [R$ 191,54].

Art. 207. Executar operação de conversão à direita ou à esquerda em locais proibidos pela sinalização:
Infração – grave;
Penalidade – multa [R$ 127,69].

Art. 208. Avançar o sinal vermelho do semáforo ou o de parada obrigatória:
Infração – gravíssima;
Penalidade – multa [R$ 191,54].

Art. 209. Transpor, sem autorização, bloqueio viário com ou sem sinalização ou dispositivos auxiliares, deixar de adentrar às áreas destinadas à pesagem de veículos ou evadir-se para não efetuar o pagamento do pedágio:
Infração – grave;
Penalidade – multa [R$ 127,69].

Art. 210. Transpor, sem autorização, bloqueio viário policial:
Infração – gravíssima;
Penalidade – multa [R$ 191,54], apreensão do veículo e suspensão do direito de dirigir;
Medida administrativa – remoção do veículo e recolhimento do documento de habilitação.

Art. 211. Ultrapassar veículos em fila, parados em razão de sinal luminoso, cancela, bloqueio viário parcial ou qualquer outro obstáculo, com exceção dos veículos não motorizados:
Infração – grave;
Penalidade – multa [R$ 127,69].

Art. 212. Deixar de parar o veículo antes de transpor linha férrea:
Infração – gravíssima;
Penalidade – multa [R$ 191,54].

Art. 213. Deixar de parar o veículo sempre que a respectiva marcha for interceptada:
I – por agrupamento de pessoas, como préstitos, passeatas, desfiles e outros;
Infração – gravíssima;
Penalidade – multa [R$ 191,54];
II – por agrupamento de veículos, como cortejos, formações militares e outros:
Infração – grave;
Penalidade – multa [R$ 127,69].

Art. 214. Deixar de dar preferência de passagem a pedestre e a veículo não motorizado:
I – que se encontre na faixa a ele destinada;
II – que não haja concluído a travessia mesmo que ocorra sinal verde para o veículo;
III – portadores de deficiência física, crianças, idosos e gestantes:
Infração – gravíssima;
Penalidade – multa [R$ 191,54];
IV – quando houver iniciado a travessia mesmo que não haja sinalização a ele destinada;

V – que esteja atravessando a via transversal para onde se dirige o veículo:
Infração – grave;
Penalidade – multa [R$ 127,69].

**Art. 215.** Deixar de dar preferência de passagem:
I – em interseção não sinalizada:
a) a veículo que estiver circulando por rodovia ou rotatória;
b) a veículo que vier da direita;
II – nas interseções com sinalização de regulamentação de *Dê a Preferência*:
Infração – grave;
Penalidade – multa [R$ 127,69].

**Art. 216.** Entrar ou sair de áreas lindeiras sem estar adequadamente posicionado para ingresso na via e sem as precauções com a segurança de pedestres e de outros veículos:
Infração – média;
Penalidade – multa [R$ 85,13].

**Art. 217.** Entrar ou sair de fila de veículos estacionados sem dar preferência de passagem a pedestres e a outros veículos:
Infração – média;
Penalidade – multa [R$ 85,13].

**Art. 218.** Transitar em velocidade superior à máxima permitida para o local, medida por instrumento ou equipamento hábil, em rodovias, vias de trânsito rápido, vias arteriais e demais vias:

• *Art. 218*, **caput**, *com redação dada pela Lei nº 11.334, de 25.7.2006.*

I – quando a velocidade for superior à máxima em até 20% (vinte por cento):
Infração – média;
Penalidade – multa; [R$ 85,13]

• *Inciso I com redação dada pela Lei nº 11.334, de 25.7.2006.*

II – quando a velocidade for superior à máxima em mais de 20% (vinte por cento) até 50% (cinquenta por cento):
Infração – grave;
Penalidade – multa; [R$ 127,69]

• *Inciso II com redação dada pela Lei nº 11.334, de 25.7.2006.*

III – quando a velocidade for superior à máxima em mais de 50% (cinquenta por cento):
Infração – gravíssima;
Penalidade – multa [3 (três) vezes] [R$ 574,62], suspensão imediata do direito de dirigir e apreensão do documento de habilitação.

• *Inciso III acrescido pela Lei nº 11.334, de 25.7.2006.*

**Art. 219.** Transitar com o veículo em velocidade inferior à metade da velocidade máxima estabelecida para a via, retardando ou obstruindo o trânsito, a menos que as condições de tráfego e meteorológicas não o permitam, salvo se estiver na faixa da direita:
Infração – média;
Penalidade – multa [R$ 85,13].

**Art. 220.** Deixar de reduzir a velocidade do veículo de forma compatível com a segurança do trânsito:

I – quando se aproximar de passeatas, aglomerações, cortejos, préstitos e desfiles:

Infração – gravíssima;

Penalidade – multa [R$ 191,54];

II – nos locais onde o trânsito esteja sendo controlado pelo agente da autoridade de trânsito, mediante sinais sonoros ou gestos;

III – ao aproximar-se da guia da calçada (meio-fio) ou acostamento;

IV – ao aproximar-se de ou passar por interseção não sinalizada;

V – nas vias rurais cuja faixa de domínio não esteja cercada;

VI – nos trechos em curva de pequeno raio;

VII – ao aproximar-se de locais sinalizados com advertência de obras ou trabalhadores na pista;

VIII – sob chuva, neblina, cerração ou ventos fortes;

IX – quando houver má visibilidade;

X – quando o pavimento se apresentar escorregadio, defeituoso ou avariado;

XI – à aproximação de animais na pista;

XII – em declive;

XIII – ao ultrapassar ciclistas:

Infração – grave;

Penalidade – multa [R$ 127,69];

XIV – nas proximidades de escolas, hospitais, estações de embarque e desembarque de passageiros ou onde haja intensa movimentação de pedestres:

Infração – gravíssima;

Penalidade – multa [R$ 191,54].

**Art. 221.** Portar no veículo placas de identificação em desacordo com as especificações e modelos estabelecidos pelo CONTRAN:

Infração – média;

Penalidade – multa [R$ 85,13];

Medida administrativa – retenção do veículo para regularização e apreensão das placas irregulares.

Parágrafo único. Incide na mesma penalidade aquele que confecciona, distribui ou coloca, em veículo próprio ou de terceiros, placas de identificação não autorizadas pela regulamentação.

**Art. 222.** Deixar de manter ligado, nas situações de atendimento de emergência, o sistema de iluminação vermelha intermitente dos veículos de polícia, de socorro de incêndio e salvamento, de fiscalização de trânsito e das ambulâncias, ainda que paradas:

Infração – média;

Penalidade – multa [R$ 85,13].

**Art. 223.** Transitar com o farol desregulado ou com o facho de luz alta de forma a perturbar a visão de outro condutor:

Infração – grave;

Penalidade – multa [R$ 127,69];

Medida administrativa – retenção do veículo para regularização.

**Art. 224.** Fazer uso do facho de luz alta dos faróis em vias providas de iluminação pública:
Infração – leve;
Penalidade – multa [R$ 53,20].

**Art. 225.** Deixar de sinalizar a via, de forma a prevenir os demais condutores e, à noite, não manter acesas as luzes externas ou omitir-se quanto a providências necessárias para tornar visível o local, quando:
I – tiver de remover o veículo da pista de rolamento ou permanecer no acostamento;
II – a carga for derramada sobre a via e não puder ser retirada imediatamente:
Infração – grave;
Penalidade – multa [R$ 127,69].

**Art. 226.** Deixar de retirar todo e qualquer objeto que tenha sido utilizado para sinalização temporária da via:
Infração – média;
Penalidade – multa [R$ 85,13].

**Art. 227.** Usar buzina:
I – em situação que não a de simples toque breve como advertência ao pedestre ou a condutores de outros veículos;
II – prolongada e sucessivamente a qualquer pretexto;
III – entre as vinte e duas e as seis horas;
IV – em locais e horários proibidos pela sinalização;
V – em desacordo com os padrões e frequências estabelecidas pelo CONTRAN:
Infração – leve;
Penalidade – multa [R$ 53,20].

**Art. 228.** Usar no veículo equipamento com som em volume ou frequência que não sejam autorizados pelo CONTRAN:
Infração – grave;
Penalidade – multa [R$ 127,69].
Medida administrativa – retenção do veículo para regularização.

**Art. 229.** Usar indevidamente no veículo aparelho de alarme ou que produza sons e ruído que perturbem o sossego público, em desacordo com normas fixadas pelo CONTRAN:
Infração – média;
Penalidade – multa [R$ 85,13] e apreensão do veículo;
Medida administrativa – remoção do veículo.

**Art. 230.** Conduzir o veículo:
I – com o lacre, a inscrição do chassi, o selo, a placa ou qualquer outro elemento de identificação do veículo violado ou falsificado;
II – transportando passageiros em compartimento de carga, salvo por motivo de força maior, com permissão da autoridade competente e na forma estabelecida pelo CONTRAN;
III – com dispositivo antirradar;
IV – sem qualquer uma das placas de identificação;
V – que não esteja registrado e devidamente licenciado;

VI – com qualquer uma das placas de identificação sem condições de legibilidade e visibilidade:

Infração – gravíssima;

Penalidade – multa [R$ 191,54] e apreensão do veículo;

Medida administrativa – remoção do veículo;

VII – com a cor ou característica alterada;

VIII – sem ter sido submetido à inspeção de segurança veicular, quando obrigatória;

IX – sem equipamento obrigatório ou estando este ineficiente ou inoperante;

X – com equipamento obrigatório em desacordo com o estabelecido pelo CONTRAN;

XI – com descarga livre ou silenciador de motor de explosão defeituoso, deficiente ou inoperante;

XII – com equipamento ou acessório proibido;

XIII – com o equipamento do sistema de iluminação e de sinalização alterados;

XIV – com registrador instantâneo inalterável de velocidade e tempo viciado ou defeituoso, quando houver exigência desse aparelho;

XV – com inscrições, adesivos, legendas e símbolos de caráter publicitário afixados ou pintados no para-brisa e em toda a extensão da parte traseira do veículo, excetuadas as hipóteses previstas neste Código;

XVI – com vidros total ou parcialmente cobertos por películas refletivas ou não, painéis decorativos ou pinturas;

XVII – com cortinas ou persianas fechadas, não autorizadas pela legislação;

XVIII – em mau estado de conservação, comprometendo a segurança, ou reprovado na avaliação de inspeção de segurança e de emissão de poluentes e ruído, prevista no art. 104;

XIX – sem acionar o limpador de para-brisa sob chuva:

Infração – grave;

Penalidade – multa [R$ 127,69];

Medida administrativa – retenção do veículo para regularização;

XX – sem portar a autorização para condução de escolares, na forma estabelecida no art. 136:

Infração – grave;

Penalidade – multa [R$ 127,69] e apreensão do veículo;

XXI – de carga, com falta de inscrição da tara e demais inscrições previstas neste Código;

XXII – com defeito no sistema de iluminação, de sinalização ou com lâmpadas queimadas:

Infração – média;

Penalidade – multa [R$ 85,13];

XXIII – em desacordo com as condições estabelecidas no art. 67-A, relativamente ao tempo de permanência do condutor ao volante e aos intervalos para descanso, quando se tratar de veículo de transporte de carga ou de passageiros:

Infração – grave;

Penalidade – multa [R$ 127,69];

Medida administrativa – retenção do veículo para cumprimento do tempo de descanso aplicável.

• *Inciso XXIII acrescido pela Lei n° 12.619, de 30.4.2012.*

**Art. 231.** Transitar com o veículo:

I – danificando a via, suas instalações e equipamentos;

II – derramando, lançando ou arrastando sobre a via:

a) carga que esteja transportando;

b) combustível ou lubrificante que esteja utilizando;

c) qualquer objeto que possa acarretar risco de acidente:

Infração – gravíssima;

Penalidade – multa [R$ 191,54];

Medida administrativa – retenção do veículo para regularização;

III – produzindo fumaça, gases ou partículas em níveis superiores aos fixados pelo CONTRAN;

IV – com suas dimensões ou de sua carga superiores aos limites estabelecidos legalmente ou pela sinalização, sem autorização:

Infração – grave;

Penalidade – multa [R$ 127,69];

Medida administrativa – retenção do veículo para regularização;

V – com excesso de peso, admitido percentual de tolerância quando aferido por equipamento, na forma a ser estabelecida pelo CONTRAN:

Infração – média;

Penalidade – multa [R$ 85,13] acrescida a cada duzentos quilogramas ou fração de excesso de peso apurado, constante na seguinte tabela:

a) até seiscentos quilogramas: 5 (cinco) UFIR [R$ 5,23];

b) de seiscentos e um a oitocentos quilogramas: 10 (dez) UFIR [R$ 10,46];

c) de oitocentos e um a um mil quilogramas: 20 (vinte) UFIR [R$ 20,92];

d) de mil e um a três mil quilogramas: 30 (trinta) UFIR [R$ 31,38];

e) de três mil e um a cinco mil quilogramas: 40 (quarenta) UFIR [R$ 41,84];

f) acima de cinco mil e um quilogramas: 50 (cinquenta) UFIR [R$ 52,30];

Medida administrativa – retenção do veículo e transbordo da carga excedente;

VI – em desacordo com a autorização especial, expedida pela autoridade competente para transitar com dimensões excedentes, ou quando a mesma estiver vencida:

Infração – grave;

Penalidade – multa [R$ 127,69] e apreensão do veículo;

Medida administrativa – remoção do veículo;

VII – com lotação excedente;

VIII – efetuando transporte remunerado de pessoas ou bens, quando não for licenciado para esse fim, salvo casos de força maior ou com permissão da autoridade competente:

Infração – média;

Penalidade – multa [R$ 85,13];

Medida administrativa – retenção do veículo;

IX – desligado ou desengrenado, em declive:

Infração – média;

Penalidade – multa [R$ 85,13];

Medida administrativa – retenção do veículo;

X – excedendo a capacidade máxima de tração:

Infração – de média a gravíssima, a depender da relação entre o excesso de peso apurado e a capacidade máxima de tração, a ser regulamentada pelo CONTRAN;

Penalidade – multa [de R$ 85,13 a R$ 191,54];

Medida administrativa – retenção do veículo e transbordo de carga excedente.

Parágrafo único. Sem prejuízo das multas previstas nos incisos V e X, o veículo que transitar com excesso de peso ou excedendo à capacidade máxima de tração, não computado o percentual tolerado na forma do disposto na legislação, somente poderá continuar viagem após descarregar o que exceder, segundo critérios estabelecidos na referida Legislação Complementar.

Art. 232. Conduzir veículo sem os documentos de porte obrigatório referidos neste Código:

Infração – leve;

Penalidade – multa [R$ 53,20];

Medida administrativa – retenção do veículo até a apresentação do documento.

Art. 233. Deixar de efetuar o registro de veículo no prazo de trinta dias, junto ao órgão executivo de trânsito, ocorridas as hipóteses previstas no art. 123:

Infração – grave;

Penalidade – multa [R$ 127,69];

Medida administrativa – retenção do veículo para regularização.

Art. 234. Falsificar ou adulterar documento de habilitação e de identificação do veículo:

Infração – gravíssima;

Penalidade – multa [R$ 191,54] e apreensão do veículo;

Medida administrativa – remoção do veículo.

• *Uso de documento falso: art. 304 do CP.*

Art. 235. Conduzir pessoas, animais ou carga nas partes externas do veículo, salvo nos casos devidamente autorizados:

Infração – grave;

Penalidade – multa [R$ 127,69];

Medida administrativa – retenção do veículo para transbordo.

Art. 236. Rebocar outro veículo com cabo flexível ou corda, salvo em casos de emergência:

Infração – média;
Penalidade – multa [R$ 85,13].

Art. 237. Transitar com o veículo em desacordo com as especificações, e com falta de inscrição e simbologia necessárias à sua identificação, quando exigidas pela legislação:
Infração – grave;
Penalidade – multa [R$ 127,69];
Medida administrativa – retenção do veículo para regularização.

Art. 238. Recusar-se a entregar à autoridade de trânsito ou a seus agentes, mediante recibo, os documentos de habilitação, de registro, de licenciamento de veículo e outros exigidos por lei, para averiguação de sua autenticidade:
Infração – gravíssima;
Penalidade – multa [R$ 191,54] e apreensão do veículo;
Medida administrativa – remoção do veículo.

Art. 239. Retirar do local veículo legalmente retido para regularização, sem permissão da autoridade competente ou de seus agentes:
Infração – gravíssima;
Penalidade – multa [R$ 191,54] e apreensão do veículo;
Medida administrativa – remoção do veículo.

Art. 240. Deixar o responsável de promover a baixa do registro de veículo irrecuperável ou definitivamente desmontado:
Infração – grave;
Penalidade – multa [R$ 127,69];
Medida administrativa – recolhimento do Certificado de Registro e do Certificado de Licenciamento Anual.

Art. 241. Deixar de atualizar o cadastro de registro do veículo ou de habilitação do condutor:
Infração – leve;
Penalidade – multa [R$ 53,20].

Art. 242. Fazer falsa declaração de domicílio para fins de registro, licenciamento ou habilitação:
Infração – gravíssima;
Penalidade – multa [R$ 191,54].

Art. 243. Deixar a empresa seguradora de comunicar ao órgão executivo de trânsito competente a ocorrência de perda total do veículo e de lhe devolver as respectivas placas e documentos:
Infração – grave;
Penalidade – multa [R$ 127,69];
Medida administrativa – recolhimento das placas e dos documentos.

Art. 244. Conduzir motocicleta, motoneta e ciclomotor:
I – sem usar capacete de segurança com viseira ou óculos de proteção e vestuário de acordo com as normas e especificações aprovadas pelo CONTRAN;
II – transportando passageiro sem o capacete de segurança, na forma estabelecida no inciso anterior, ou fora do assento suplementar colocado atrás do condutor ou em carro lateral;

III – fazendo malabarismo ou equilibrando-se apenas em uma roda;

IV – com os faróis apagados;

V – transportando criança menor de sete anos ou que não tenha, nas circunstâncias, condições de cuidar da própria segurança;

Infração – gravíssima;

Penalidade – multa [R$ 191,54] e suspensão do direito de dirigir;

Medida administrativa – recolhimento do documento de habilitação;

VI – rebocando outro veículo;

VII – sem segurar o guidom com ambas as mãos, salvo eventualmente para indicação de manobras;

VIII – transportando carga incompatível com suas especificações ou em desacordo com o previsto no § 2º do art. 139-A desta Lei;

• *Inciso VIII com redação dada pela Lei nº 12.009, de 29.7.2009.*

Infração – média;

Penalidade – multa [R$ 85,13].

IX – efetuando transporte remunerado de mercadorias em desacordo com o previsto no art. 139-A desta Lei ou com as normas que regem a atividade profissional dos mototaxistas:

Infração – grave;

Penalidade – multa [R$ 127,69];

Medida administrativa – apreensão do veículo para regularização.

• *Inciso IX acrescido pela Lei nº 12.009, de 29.7.2009.*

§ 1º. Para ciclos aplica-se o disposto nos incisos III, VII e VIII, além de:

a) conduzir passageiro fora da garupa ou assento especial a ele destinado;

b) transitar em vias de trânsito rápido ou rodovias, salvo onde houver acostamento ou faixas de rolamento próprias;

c) transportar crianças que não tenham, nas circunstâncias, condições de cuidar da própria segurança.

§ 2º. Aplica-se aos ciclomotores o disposto na alínea "b" do parágrafo anterior:

Infração – média;

Penalidade – multa [R$ 85,13].

§ 3º. A restrição imposta pelo inciso VI do *caput* deste artigo não se aplica às motocicletas e motonetas que tracionem semirreboques especialmente projetados para esse fim e devidamente homologados pelo órgão competente.

• *§ 3º acrescido pela Lei nº 10.517, de 11.7.2002.*

Art. 245. Utilizar a via para depósito de mercadorias, materiais ou equipamentos, sem autorização do órgão ou entidade de trânsito com circunscrição sobre a via:

Infração – grave;

Penalidade – multa [R$ 127,69];

Medida administrativa – remoção da mercadoria ou do material.

Parágrafo único. A penalidade e a medida administrativa incidirão sobre a pessoa física ou jurídica responsável.

Art. 246. Deixar de sinalizar qualquer obstáculo à livre circulação, à segurança de veículo e pedestres, tanto no leito da via terrestre como na calçada, ou obstacular a via indevidamente:

Infração – gravíssima;

Penalidade – multa [R$ 191,54], agravada em até cinco vezes, a critério da autoridade de trânsito, conforme o risco à segurança.

Parágrafo único. A penalidade será aplicada à pessoa física ou jurídica responsável pela obstrução, devendo a autoridade com circunscrição sobre a via providenciar a sinalização de emergência, às expensas do responsável, ou, se possível, promover a desobstrução.

**Art. 247.** Deixar de conduzir pelo bordo da pista de rolamento, em fila única, os veículos de tração ou propulsão humana e os de tração animal, sempre que não houver acostamento ou faixa a eles destinados;

Infração – média;

Penalidade – multa [R$ 85,13].

**Art. 248.** Transportar em veículo destinado ao transporte de passageiros, carga excedente em desacordo com o estabelecido no art. 109:

Infração – grave;

Penalidade – multa [R$ 127,69];

Medida administrativa – retenção para o transbordo.

**Art. 249.** Deixar de manter acesas, à noite, as luzes de posição, quando o veículo estiver parado, para fins de embarque ou desembarque de passageiros e carga ou descarga de mercadorias:

Infração – média;

Penalidade – multa [R$ 85,13].

**Art. 250.** Quando o veículo estiver em movimento:

I – deixar de manter acesa a luz baixa:

a) durante a noite;

b) de dia, nos túneis providos de iluminação pública;

c) de dia e de noite, tratando-se de veículo de transporte coletivo de passageiros, circulando em faixas ou pistas a eles destinadas;

d) de dia e de noite, tratando-se de ciclomotores;

II – deixar de manter acesas pelo menos as luzes de posição sob chuva forte, neblina ou cerração;

III – deixar de manter a placa traseira iluminada, à noite:

Infração – média;

Penalidade – multa [R$ 85,13].

**Art. 251.** Utilizar as luzes do veículo:

I – o pisca-alerta, exceto em imobilizações ou situações de emergência;

II – baixa e alta de forma intermitente, exceto nas seguintes situações:

a) a curtos intervalos, quando for conveniente advertir a outro condutor que se tem o propósito de ultrapassá-lo;

b) em imobilizações ou situação de emergência, como advertência, utilizando pisca-alerta;

c) quando a sinalização de regulamentação da via determinar o uso do pisca-alerta:

Infração – média;

Penalidade – multa [R$ 85,13].

**Art. 252.** Dirigir o veículo:

I – com o braço do lado de fora;

II – transportando pessoas, animais ou volume à sua esquerda ou entre os braços e pernas;

III – com incapacidade física ou mental temporária que comprometa a segurança do trânsito;

IV – usando calçado que não se firme nos pés ou que comprometa a utilização de pedais;

V – com apenas uma das mãos, exceto quando deva fazer sinais regulamentares de braço, mudança de marcha do veículo, ou acionar equipamentos e acessórios do veículo;

VI – utilizando-se de fones nos ouvidos conectados a aparelhagem sonora ou de telefone celular:

Infração – média;

Penalidade – multa [R$ 85,13].

**Art. 253.** Bloquear a via com veículo:

Infração – gravíssima;

Penalidade – multa [R$ 191,54] e apreensão do veículo;

Medida administrativa – remoção do veículo.

**Art. 254.** É proibido ao pedestre:

I – permanecer ou andar nas pistas de rolamento, exceto para cruzá-las onde for permitido;

II – cruzar pistas de rolamento nos viadutos, pontes, ou túneis, salvo onde exista permissão;

III – atravessar a via dentro das áreas de cruzamento, salvo quando houver sinalização para esse fim;

IV – utilizar-se da via em agrupamentos capazes de perturbar o trânsito, ou para a prática de qualquer folguedo, esporte, desfiles e similares, salvo em casos especiais e com a devida licença da autoridade competente;

V – andar fora da faixa própria, passarela, passagem aérea e subterrânea;

VI – desobedecer à sinalização de trânsito específica:

Infração – – leve;

Penalidade – multa em 50% (cinquenta por cento) do valor da infração de natureza leve [R$ 26,60].

**Art. 255.** Conduzir bicicleta em passeios onde não seja permitida a circulação desta, ou de forma agressiva, em desacordo com o disposto no parágrafo único do art. 59:

Infração – média;

Penalidade – multa [R$ 85,13];

Medida administrativa – remoção da bicicleta, mediante recibo para o pagamento da multa.

## CAPÍTULO XVI – DAS PENALIDADES

**Art. 256.** A autoridade de trânsito, na esfera das competências estabelecidas neste Código e dentro de sua circunscrição, deverá aplicar, às infrações nele previstas, as seguintes penalidades:

I – advertência por escrito;

II – multa;

III – suspensão do direito de dirigir;

IV – apreensão do veículo;

V – cassação da Carteira Nacional de Habilitação;

VI – cassação da Permissão para Dirigir;

VII – frequência obrigatória em curso de reciclagem.

§ 1º. A aplicação das penalidades previstas neste Código não elide as punições originárias de ilícitos penais decorrentes de crimes de trânsito, conforme disposições de lei.

§ 2º. (Vetado).

§ 3º. A imposição da penalidade será comunicada aos órgãos ou entidades executivos de trânsito responsáveis pelo licenciamento do veículo e habilitação do condutor.

Art. 257. As penalidades serão impostas ao condutor, ao proprietário do veículo, ao embarcador e ao transportador, salvo os casos de descumprimento de obrigações e deveres impostos a pessoas físicas ou jurídicas expressamente mencionados neste Código.

§ 1º. Aos proprietários e condutores de veículos serão impostas concomitantemente as penalidades de que trata este Código toda vez que houver responsabilidade solidária em infração dos preceitos que lhes couber observar, respondendo cada um de *per si* pela falta em comum que lhes for atribuída.

§ 2º. Ao proprietário caberá sempre a responsabilidade pela infração referente à prévia regularização e preenchimento das formalidades e condições exigidas para o trânsito de veículo na via terrestre, conservação e inalterabilidade de suas características, componentes, agregados, habilitação legal e compatível de seus condutores, quando esta for exigida, e outras disposições que deva observar.

§ 3º. Ao condutor caberá a responsabilidade pelas infrações decorrentes de atos praticados na direção do veículo.

§ 4º. O embarcador é responsável pela infração relativa ao transporte de carga com excesso de peso nos eixos ou no peso bruto total, quando simultaneamente for o único remetente da carga e o peso declarado na nota fiscal, fatura ou manifesto for inferior àquele aferido.

§ 5º. O transportador é o responsável pela infração relativa ao transporte de carga com excesso de peso nos eixos ou quando a carga proveniente de mais de um embarcador ultrapassar o peso bruto total.

§ 6º. O transportador e o embarcador são solidariamente responsáveis pela infração relativa ao excesso de peso bruto total, se o peso declarado na nota fiscal, fatura ou manifesto for superior ao limite legal.

§ 7º. Não sendo imediata a identificação do infrator, o proprietário do veículo terá quinze dias de prazo, após a notificação da autuação, para apresentá-lo, na forma que dispuser o CONTRAN, ao fim do qual, não o fazendo, será considerado responsável pela infração.

§ 8º. Após o prazo previsto no parágrafo anterior, não havendo identificação do infrator e sendo o veículo de propriedade de pessoa jurídica, será lavrada nova multa ao proprietário do veículo, mantida a originada pela infração, cujo valor é o da multa multiplicada pelo número de infrações iguais cometidas no período de doze meses.

§ 9°. O fato de o infrator ser pessoa jurídica não o exime do disposto no § 3° do art. 258 e no art. 259.

Art. 258. As infrações punidas com multa classificam-se, de acordo com sua gravidade, em quatro categorias:

• V. Resolução CONTRAN n° 136, de 2.4.2002.

I – infração de natureza gravíssima, punida com multa de valor correspondente a 180 (cento e oitenta) UFIR;

• Equivalente a R$ 191,54.

II – infração de natureza grave, punida com multa de valor correspondente a 120 (cento e vinte) UFIR;

• Equivalente a R$ 127,69.

III – infração de natureza média, punida com multa de valor correspondente a 80 (oitenta) UFIR;

• Equivalente a R$ 85,13.

IV – infração de natureza leve, punida com multa de valor correspondente a 50 (cinquenta) UFIR.

• Equivalente a R$ 53,20.

§ 1°. Os valores das multas serão corrigidos no primeiro dia útil de cada mês pela variação da UFIR ou outro índice legal de correção dos débitos fiscais.

§ 2°. Quando se tratar de multa agravada, o fator multiplicador ou índice adicional específico é o previsto neste Código.

§ 3°. (Vetado).

§ 4°. (Vetado).

Art. 259. A cada infração cometida são computados os seguintes números de pontos:

I – gravíssima: sete pontos;

II – grave: cinco pontos;

III – média: quatro pontos;

IV – leve: três pontos.

§ 1°. (Vetado).

§ 2°. (Vetado).

§ 3°. (Vetado).

• § 3° acrescido pela Lei n° 12.619, de 30.4.2012 e vetado.

Art. 260. As multas serão impostas e arrecadadas pelo órgão ou entidade de trânsito com circunscrição sobre a via onde haja ocorrido a infração, de acordo com a competência estabelecida neste Código.

§ 1°. As multas decorrentes de infração cometida em unidade da Federação diversa da do licenciamento do veículo serão arrecadadas e compensadas na forma estabelecida pelo CONTRAN.

§ 2°. As multas decorrentes de infração cometida em unidade da Federação diversa daquela do licenciamento do veículo poderão ser comunicadas ao órgão ou entidade responsável pelo seu licenciamento, que providenciará a notificação.

§ 3°. (Revogado).

• § 3° revogado pela Lei n° 9.602, de 21.1.1998.

§ 4°. Quando a infração for cometida com veículo licenciado no exterior, em trânsito no território nacional, a multa respectiva deverá ser paga antes de sua saída do País, respeitado o princípio de reciprocidade.

**Art. 261.** A penalidade de suspensão do direito de dirigir será aplicada, nos casos previstos neste Código, pelo prazo mínimo de um mês até o máximo de um ano e, no caso de reincidência no período de doze meses, pelo prazo mínimo de seis meses até o máximo de dois anos, segundo critérios estabelecidos pelo CONTRAN.

§ 1º. Além dos casos previstos em outros artigos deste Código e excetuados aqueles especificados no art. 263, a suspensão do direito de dirigir será aplicada quando o infrator atingir, no período de 12 (doze) meses, a contagem de 20 (vinte) pontos, conforme pontuação indicada no art. 259.

• *§ 1º com redação dada pela Lei nº 12.547, de 14.12.2011.*

§ 2º. Quando ocorrer suspensão do direito de dirigir, a Carteira Nacional de Habilitação será devolvida a seu titular imediatamente após cumprida a penalidade e o curso de reciclagem.

§ 3º. A imposição da penalidade de suspensão do direito de dirigir elimina os 20 (vinte) pontos computados para fins de contagem subsequente.

• *§ 3º acrescido pela Lei nº 12.547, de 14.12.2011.*

§ 4º. (Vetado).

• *§ 4º acrescido pela Lei nº 12.619, de 30.4.2012 e vetado.*

**Art. 262.** O veículo apreendido em decorrência de penalidade aplicada será recolhido ao depósito e nele permanecerá sob custódia e responsabilidade do órgão ou entidade apreendedora, com ônus para o seu proprietário, pelo prazo de até 30 (trinta) dias, conforme critério a ser estabelecido pelo CONTRAN.

§ 1º. No caso de infração em que seja aplicável a penalidade de apreensão do veículo, o agente de trânsito deverá, desde logo, adotar a medida administrativa de recolhimento do Certificado de Licenciamento Anual.

§ 2º. A restituição dos veículos apreendidos só ocorrerá mediante o prévio pagamento das multas impostas, taxas e despesas com remoção e estada, além de outros encargos previstos na legislação específica.

§ 3º. A retirada dos veículos apreendidos é condicionada, ainda, ao reparo de qualquer componente ou equipamento obrigatório que não esteja em perfeito estado de funcionamento.

§ 4º. Se o reparo referido no parágrafo anterior demandar providência que não possa ser tomada no depósito, a autoridade responsável pela apreensão liberará o veículo para reparo, mediante autorização, assinando prazo para sua reapresentação e vistoria.

§ 5º. O recolhimento ao depósito, bem como a sua manutenção, ocorrerá por serviço público executado diretamente ou contratado por licitação pública pelo critério de menor preço.

• *§ 5º acrescido pela Lei nº 12.760, de 20.12.2012.*

**Art. 263.** A cassação do documento de habilitação dar-se-á:

I – quando, suspenso o direito de dirigir, o infrator conduzir qualquer veículo;

II – no caso de reincidência, no prazo de 12 (doze) meses, das infrações previstas no inciso III do art. 162 e nos arts. 163, 164, 165, 173, 174 e 175;

III – quando condenado judicialmente por delito de trânsito, observado o disposto no art. 160.

§ 1º. Constatada, em processo administrativo, a irregularidade na expedição do documento de habilitação, a autoridade expedidora promoverá o seu cancelamento.

§ 2º. Decorridos dois anos da cassação da Carteira Nacional de Habilitação, o infrator poderá requerer sua reabilitação, submetendo-se a todos os exames necessários à habilitação, na forma estabelecida pelo CONTRAN.

Art. 264. (Vetado).

Art. 265. As penalidades de suspensão do direito de dirigir e de cassação do documento de habilitação serão aplicadas por decisão fundamentada da autoridade de trânsito competente, em processo administrativo, assegurado ao infrator amplo direito de defesa.

Art. 266. Quando o infrator cometer, simultaneamente, duas ou mais infrações, ser-lhe-ão aplicadas, cumulativamente, as respectivas penalidades.

Art. 267. Poderá ser imposta a penalidade de advertência por escrito à infração de natureza leve ou média, passível de ser punida com multa, não sendo reincidente o infrator, na mesma infração, nos últimos doze meses, quando a autoridade, considerando o prontuário do infrator, entender esta providência como mais educativa.

§ 1º. A aplicação da advertência por escrito não elide o acréscimo do valor da multa prevista no § 3º do art. 258, imposta por infração posteriormente cometida.

§ 2º. O disposto neste artigo aplica-se igualmente aos pedestres, podendo a multa ser transformada na participação do infrator em cursos de segurança viária, a critério da autoridade de trânsito.

Art. 268. O infrator será submetido a curso de reciclagem, na forma estabelecida pelo CONTRAN:

I – quando, sendo contumaz, for necessário à sua reeducação;

II – quando suspenso do direito de dirigir;

III – quando se envolver em acidente grave para o qual haja contribuído, independentemente de processo judicial;

IV – quando condenado judicialmente por delito de trânsito;

V – a qualquer tempo, se for constatado que o condutor está colocando em risco a segurança do trânsito;

VI – em outras situações a serem definidas pelo CONTRAN.

## CAPÍTULO XVII – DAS MEDIDAS ADMINISTRATIVAS

Art. 269. A autoridade de trânsito ou seus agentes, na esfera das competências estabelecidas neste Código e dentro de sua circunscrição, deverá adotar as seguintes medidas administrativas:

I – retenção do veículo;

II – remoção do veículo;

III – recolhimento da Carteira Nacional de Habilitação;

IV – recolhimento da Permissão para Dirigir;

V – recolhimento do Certificado de Registro;

VI – recolhimento do Certificado de Licenciamento Anual;

VII – (vetado);

VIII – transbordo do excesso de carga;

IX – realização de teste de dosagem de alcoolemia ou perícia de substância entorpecente ou que determine dependência física ou psíquica;

X – recolhimento de animais que se encontrem soltos nas vias e na faixa de domínio das vias de circulação, restituindo-os aos seus proprietários, após o pagamento de multas e encargos devidos.

XI – realização de exames de aptidão física, mental, de legislação, de prática de primeiros socorros e de direção veicular.

• *Inciso XI acrescido pela Lei nº 9.602, de 21.1.1998.*

§ 1º. A ordem, o consentimento, a fiscalização, as medidas administrativas e coercitivas adotadas pelas autoridades de trânsito e seus agentes terão por objetivo prioritário a proteção à vida e à incolumidade física da pessoa.

§ 2º. As medidas administrativas previstas neste artigo não elidem a aplicação das penalidades impostas por infrações estabelecidas neste Código, possuindo caráter complementar a estas.

§ 3º. São documentos de habilitação a Carteira Nacional de Habilitação e a Permissão para Dirigir.

§ 4º. Aplica-se aos animais recolhidos na forma do inciso X o disposto nos arts. 271 e 328, no que couber.

**Art. 270.** O veículo poderá ser retido nos casos expressos neste Código.

§ 1º. Quando a irregularidade puder ser sanada no local da infração, o veículo será liberado tão logo seja regularizada a situação.

§ 2º. Não sendo possível sanar a falha no local da infração, o veículo poderá ser retirado por condutor regularmente habilitado, mediante recolhimento do Certificado de Licenciamento Anual, contra recibo, assinalando-se ao condutor prazo para sua regularização, para o que se considerará, desde logo, notificado.

§ 3º. O Certificado de Licenciamento Anual será devolvido ao condutor no órgão ou entidade aplicadores das medidas administrativas, tão logo o veículo seja apresentado à autoridade devidamente regularizado.

§ 4º. Não se apresentando condutor habilitado no local da infração, o veículo será recolhido ao depósito, aplicando-se neste caso o disposto nos parágrafos do art. 262.

§ 5º. A critério do agente, não se dará a retenção imediata, quando se tratar de veículo de transporte coletivo transportando passageiros ou veículo transportando produto perigoso ou perecível, desde que ofereça condições de segurança para circulação em via pública.

**Art. 271.** O veículo será removido, nos casos previstos neste Código, para o depósito fixado pelo órgão ou entidade competente, com circunscrição sobre a via.

Parágrafo único. A restituição dos veículos removidos só ocorrerá mediante o pagamento das multas, taxas e despesas com remoção e estada, além de outros encargos previstos na legislação específica.

**Art. 272.** O recolhimento da Carteira Nacional de Habilitação e da Permissão para Dirigir dar-se-á mediante recibo, além dos casos previstos neste Código, quando houver suspeita de sua inautenticidade ou adulteração.

**Art. 273.** O recolhimento do Certificado de Registro dar-se-á mediante recibo, além dos casos previstos neste Código, quando:

I – houver suspeita de inautenticidade ou adulteração;

II – se, alienado o veículo, não for transferida sua propriedade no prazo de trinta dias.

**Art. 274.** O recolhimento do Certificado de Licenciamento Anual dar-se-á mediante recibo, além dos casos previstos neste Código quando:

I – houver suspeita de inautenticidade ou adulteração;

II – se o prazo de licenciamento estiver vencido;

III – no caso de retenção do veículo, se a irregularidade não puder ser sanada no local.

**Art. 275.** O transbordo da carga com peso excedente é condição para que o veículo possa prosseguir viagem e será efetuado às expensas do proprietário do veículo, sem prejuízo da multa aplicável.

Parágrafo único. Não sendo possível desde logo atender ao disposto neste artigo, o veículo será recolhido ao depósito, sendo liberado após sanada a irregularidade e pagas as despesas de remoção e estada.

**Art. 276.** Qualquer concentração de álcool por litro de sangue ou por litro de ar alveolar sujeita o condutor às penalidades previstas no art. 165.

• *Art. 276,* **caput,** *com redação dada pela Lei nº 12.760, de 20.12.2012.*

Parágrafo único. O CONTRAN disciplinará as margens de tolerância quando a infração for apurada por meio de aparelho de medição, observada a legislação metrológica.

• *Parágrafo único com redação dada pela Lei nº 12.760, de 20.12.2012.*

• *V. Deliberação CONTRAN nº 133, de 21.12.2012.*

**Art. 277.** O condutor de veículo automotor envolvido em acidente de trânsito ou que for alvo de fiscalização de trânsito poderá ser submetido a teste, exame clínico, perícia ou outro procedimento que, por meios técnicos ou científicos, na forma disciplinada pelo CONTRAN, permita certificar influência de álcool ou outra substância psicoativa que determine dependência.

• *Art. 277,* **caput,** *com redação dada pela Lei nº 12.760, de 20.12.2012.*

§ 1º. (Revogado).

• *§ 1º revogado pela Lei nº 12.760, de 20.12.2012.*

§ 2º. A infração prevista no art. 165 também poderá ser caracterizada mediante imagem, vídeo, constatação de sinais que indiquem, na forma disciplinada pelo CONTRAN, alteração da capacidade psicomotora ou produção de quaisquer outras provas em direito admitidas.

• *§ 2º com redação dada pela Lei nº 12.760, de 20.12.2012.*

§ 3º. Serão aplicadas as penalidades e medidas administrativas estabelecidas no art. 165 deste Código ao condutor que se recusar a se submeter a quaisquer dos procedimentos previstos no *caput* deste artigo.

• *§ 3º acrescido pela Lei nº 11.705, de 19.6.2008.*

**Art. 278.** Ao condutor que se evadir da fiscalização, não submetendo o veículo à pesagem obrigatória nos pontos de pesagem, fixos ou móveis, será aplicada a penalidade prevista no art. 209, além da obrigação de retornar ao ponto de evasão para fim de pesagem obrigatória.

Parágrafo único. No caso de fuga do condutor à ação policial, a apreensão do veículo dar-se-á tão logo seja localizado, aplicando-se, além das penalidades em que incorre, as estabelecidas no art. 210.

Art. 279. Em caso de acidente com vítima, envolvendo veículo equipado com registrador instantâneo de velocidade e tempo, somente o perito oficial encarregado do levantamento pericial poderá retirar o disco ou unidade armazenadora do registro.

## CAPÍTULO XVIII – DO PROCESSO ADMINISTRATIVO

### Seção I – Da Autuação

Art. 280. Ocorrendo infração prevista na legislação de trânsito, lavrar-se-á auto de infração, do qual constará:

I – tipificação da infração;

II – local, data e hora do cometimento da infração;

III – caracteres da placa de identificação do veículo, sua marca e espécie, e outros elementos julgados necessários à sua identificação;

IV – o prontuário do condutor, sempre que possível;

V – identificação do órgão ou entidade e da autoridade ou agente autuador ou equipamento que comprovar a infração;

VI – assinatura do infrator, sempre que possível, valendo esta como notificação do cometimento da infração.

§ 1º. (Vetado).

§ 2º. A infração deverá ser comprovada por declaração da autoridade ou do agente da autoridade de trânsito, por aparelho eletrônico ou por equipamento audiovisual, reações químicas ou qualquer outro meio tecnologicamente disponível, previamente regulamentado pelo CONTRAN.

§ 3º. Não sendo possível a autuação em flagrante, o agente de trânsito relatará o fato à autoridade no próprio auto de infração, informando os dados a respeito do veículo, além dos constantes nos incisos I, II e III, para o procedimento previsto no artigo seguinte.

§ 4º. O agente da autoridade de trânsito competente para lavrar o auto de infração poderá ser servidor civil, estatutário ou celetista ou, ainda, policial militar designado pela autoridade de trânsito com jurisdição sobre a via no âmbito de sua competência.

### Seção II – Do Julgamento das Autuações e Penalidades

Art. 281. A autoridade de trânsito, na esfera da competência estabelecida neste Código e dentro de sua circunscrição, julgará a consistência do auto de infração e aplicará a penalidade cabível.

Parágrafo único. O auto de infração será arquivado e seu registro julgado insubsistente:

I – se considerado inconsistente ou irregular;

II – se, no prazo máximo de trinta dias, não for expedida a notificação da autuação.

• *Inciso II com redação dada pela Lei nº 9.602, de 21.1.1998.*

Art. 282. Aplicada a penalidade, será expedida notificação ao proprietário do veículo ou ao infrator, por remessa postal ou por qualquer outro meio tecnológico hábil, que assegure a ciência da imposição da penalidade.

§ 1º. A notificação devolvida por desatualização do endereço do proprietário do veículo será considerada válida para todos os efeitos.

§ 2º. A notificação a pessoal de missões diplomáticas, de repartições consulares de carreira e de representações de organismos internacionais e de seus integrantes será remetida ao Ministério das Relações Exteriores para as providências cabíveis e cobrança dos valores, no caso de multa.

§ 3º. Sempre que a penalidade de multa for imposta a condutor, à exceção daquela que trata o § 1º do art. 259, a notificação será encaminhada ao proprietário do veículo, responsável pelo seu pagamento.

§ 4º. Da notificação deverá constar a data do término do prazo para apresentação de recurso pelo responsável pela infração, que não será inferior a trinta dias contados da data da notificação da penalidade.

• *§ 4º acrescido pela Lei nº 9.602, de 21.1.1998.*

§ 5º. No caso de penalidade de multa, a data estabelecida no parágrafo anterior será a data para o recolhimento de seu valor.

• *§ 5º acrescido pela Lei nº 9.602, de 21.1.1998.*

Art. 283. (Vetado).

Art. 284. O pagamento da multa poderá ser efetuado até a data do vencimento expressa na notificação, por 80% (oitenta por cento) do seu valor.

Parágrafo único. Não ocorrendo o pagamento da multa no prazo estabelecido, seu valor será atualizado à data do pagamento, pelo mesmo número de UFIR fixado no art. 258.

Art. 285. O recurso previsto no art. 283 será interposto perante a autoridade que impôs a penalidade, à qual remetê-lo-á à JARI, que deverá julgá-lo em até trinta dias.

§ 1º. O recurso não terá efeito suspensivo.

§ 2º. A autoridade que impôs a penalidade remeterá o recurso ao órgão julgador, dentro dos dez dias úteis subsequentes à sua apresentação, e, se o entender intempestivo, assinalará o fato no despacho de encaminhamento.

§ 3º. Se, por motivo de força maior, o recurso não for julgado dentro do prazo previsto neste artigo, a autoridade que impôs a penalidade, de ofício, ou por solicitação do recorrente, poderá conceder-lhe efeito suspensivo.

Art. 286. O recurso contra a imposição de multa poderá ser interposto no prazo legal, sem o recolhimento do seu valor.

§ 1º. No caso de não provimento do recurso, aplicar-se-á o estabelecido no parágrafo único do art. 284.

§ 2º. Se o infrator recolher o valor da multa e apresentar recurso, se julgada improcedente a penalidade, ser-lhe-á devolvida a importância paga, atualizada em UFIR ou por índice legal de correção dos débitos fiscais.

Art. 287. Se a infração for cometida em localidade diversa daquela do licenciamento do veículo, o recurso poderá ser apresentado junto ao órgão ou entidade de trânsito da residência ou domicílio do infrator.

Parágrafo único. A autoridade de trânsito que receber o recurso deverá remetê-lo, de pronto, à autoridade que impôs a penalidade acompanhado das cópias dos prontuários necessários ao julgamento.

**Art. 288.** Das decisões da JARI cabe recurso a ser interposto, na forma do artigo seguinte, no prazo de trinta dias contado da publicação ou da notificação da decisão.

§ 1º. O recurso será interposto, da decisão do não provimento, pelo responsável pela infração, e da decisão de provimento, pela autoridade que impôs a penalidade.

§ 2º. (Revogado).

- *§ 2º revogado pela Lei nº 12.249, de 11.6.2010.*

**Art. 289.** O recurso de que trata o artigo anterior será apreciado no prazo de trinta dias:

I – tratando-se de penalidade imposta pelo órgão ou entidade de trânsito da União:

a) em caso de suspensão do direito de dirigir por mais de seis meses, cassação do documento de habilitação ou penalidade por infrações gravíssimas, pelo CONTRAN;

b) nos demais casos, por colegiado especial integrado pelo Coordenador-Geral da JARI, pelo Presidente da Junta que apreciou o recurso e por mais um Presidente de Junta;

II – tratando-se de penalidade imposta por órgão ou entidade de trânsito estadual, municipal ou do Distrito Federal, pelos CETRAN e CONTRANDIFE, respectivamente.

Parágrafo único. No caso da alínea "b" do inciso I, quando houver apenas uma JARI, o recurso será julgado por seus próprios membros.

**Art. 290.** A apreciação do recurso previsto no art. 288 encerra a instância administrativa de julgamento de infrações e penalidades.

Parágrafo único. Esgotados os recursos, as penalidades aplicadas nos termos deste Código serão cadastradas no RENACH.

## CAPÍTULO XIX – DOS CRIMES DE TRÂNSITO

### Seção I – Disposições Gerais

**Art. 291.** Aos crimes cometidos na direção de veículos automotores, previstos neste Código, aplicam-se as normas gerais do Código Penal e do Código de Processo Penal, se este Capítulo não dispuser de modo diverso, bem como a Lei nº 9.099, de 26 de setembro de 1995, no que couber.

§ 1º. Aplica-se aos crimes de trânsito de lesão corporal culposa o disposto nos arts. 74, 76 e 88 da Lei nº 9.099, de 26 de setembro de 1995, exceto se o agente estiver:

I – sob a influência de álcool ou qualquer outra substância psicoativa que determine dependência;

II – participando, em via pública, de corrida, disputa ou competição automobilística, de exibição ou demonstração de perícia em manobra de veículo automotor, não autorizada pela autoridade competente;

III – transitando em velocidade superior à máxima permitida para a via em 50 km/h (cinquenta quilômetros por hora).

- *§ 1º acrescido pela Lei nº 11.705, de 19.6.2008.*

§ 2º. Nas hipóteses previstas no § 1º deste artigo, deverá ser instaurado inquérito policial para a investigação da infração penal.
* § 2º acrescido pela Lei nº 11.705, de 19.6.2008.

Art. 292. A suspensão ou a proibição de se obter a permissão ou a habilitação para dirigir veículo automotor pode ser imposta como penalidade principal, isolada ou cumulativamente com outras penalidades.

Art. 293. A penalidade de suspensão ou de proibição de se obter a permissão ou a habilitação, para dirigir veículo automotor, tem a duração de dois meses a cinco anos.

§ 1º. Transitada em julgado a sentença condenatória, o réu será intimado a entregar à autoridade judiciária, em quarenta e oito horas, a Permissão para Dirigir ou a Carteira de Habilitação.

§ 2º. A penalidade de suspensão ou de proibição de se obter a permissão ou a habilitação para dirigir veículo automotor não se inicia enquanto o sentenciado, por efeito de condenação penal, estiver recolhido a estabelecimento prisional.

Art. 294. Em qualquer fase da investigação ou da ação penal, havendo necessidade para a garantia da ordem pública, poderá o juiz, como medida cautelar, de ofício, ou a requerimento do Ministério Público ou ainda mediante representação da autoridade policial, decretar, em decisão motivada, a suspensão da permissão ou da habilitação para dirigir veículo automotor, ou a proibição de sua obtenção.

Parágrafo único. Da decisão que decretar a suspensão ou a medida cautelar, ou da que indeferir o requerimento do Ministério Público, caberá recurso em sentido estrito, sem efeito suspensivo.

Art. 295. A suspensão para dirigir veículo automotor ou a proibição de se obter a permissão ou a habilitação será sempre comunicada pela autoridade judiciária ao Conselho Nacional de Trânsito – CONTRAN, e ao órgão de trânsito do Estado em que o indiciado ou réu for domiciliado ou residente.

Art. 296. Se o réu for reincidente na prática de crime previsto neste Código, o juiz aplicará a penalidade de suspensão da permissão ou habilitação para dirigir veículo automotor, sem prejuízo das demais sanções penais cabíveis.
* Art. 296 com redação dada pela Lei nº 11.705, de 19.6.2008.

Art. 297. A penalidade de multa reparatória consiste no pagamento, mediante depósito judicial em favor da vítima, ou seus sucessores, de quantia calculada com base do disposto no § 1º do art. 49 do Código Penal, sempre que houver prejuízo material resultante do crime.

§ 1º. A multa reparatória não poderá ser superior ao valor do prejuízo demonstrado no processo.

§ 2º. Aplica-se à multa reparatória o disposto nos arts. 50 a 52 do Código Penal.

§ 3º. Na indenização civil do dano, o valor da multa reparatória será descontado.

Art. 298. São circunstâncias que sempre agravam as penalidades dos crimes de trânsito ter o condutor do veículo cometido a infração:

I – com dano potencial para duas ou mais pessoas ou com grande risco de grave dano patrimonial a terceiros;

II – utilizando o veículo sem placas, com placas falsas ou adulteradas;

III – sem possuir Permissão para Dirigir ou Carteira de Habilitação;

IV – com Permissão para Dirigir ou Carteira de Habilitação de categoria diferente da do veículo;

V – quando a sua profissão ou atividade exigir cuidados especiais com o transporte de passageiros ou de carga;

VI – utilizando veículo em que tenham sido adulterados equipamentos ou características que afetem a sua segurança ou o seu funcionamento de acordo com os limites de velocidade prescrito nas especificações do fabricante;

VII – sobre faixa de trânsito temporária ou permanentemente destinada a pedestres.

Art. 299. (Vetado).

Art. 300. (Vetado).

Art. 301. Ao condutor do veículo, nos casos de acidentes de trânsito de que resulte vítima, não se imporá a prisão em flagrante, nem se exigirá fiança se prestar pronto e integral socorro àquela.

### Seção II – Dos Crimes em Espécie

Art. 302. Praticar homicídio culposo na direção de veículo automotor:

Penas – detenção, de dois a quatro anos, e suspensão ou proibição de se obter a permissão ou a habilitação para dirigir veículo automotor.

Parágrafo único. No homicídio culposo cometido na direção de veículo automotor, a pena é aumentada de um terço à metade, se o agente:

I – não possuir Permissão para Dirigir ou Carteira de Habilitação;

II – praticá-lo em faixa de pedestres ou na calçada;

III – deixar de prestar socorro, quando possível fazê-lo sem risco pessoal, à vítima do acidente;

IV – no exercício de sua profissão ou atividade, estiver conduzindo veículo de transporte de passageiros;

V – (revogado).

• *Inciso V revogado pela Lei nº 11.705, de 19.6.2008.*

Art. 303. Praticar lesão corporal culposa na direção de veículo automotor:

Penas – detenção, de seis meses a dois anos e suspensão ou proibição de se obter a permissão ou habilitação para dirigir veículo automotor.

Parágrafo único. Aumenta-se a pena de um terço à metade, se ocorrer qualquer das hipóteses do parágrafo único do artigo anterior.

Art. 304. Deixar o condutor do veículo, na ocasião do acidente, de prestar imediato socorro à vítima, ou, não podendo fazê-lo diretamente, por justa causa, deixar de solicitar auxílio da autoridade pública:

Penas – detenção, de seis meses a um ano, ou multa, se o fato não constituir elemento de crime mais grave.

Parágrafo único. Incide nas penas deste artigo o condutor do veículo, ainda que a sua omissão seja suprida por terceiros ou que se trate de vítima com morte instantânea ou com ferimentos leves.

Art. 305. Afastar-se o condutor do veículo do local do acidente, para fugir à responsabilidade penal ou civil que lhe possa ser atribuída:
Penas – detenção, de seis meses a um ano, ou multa.

Art. 306. Conduzir veículo automotor com capacidade psicomotora alterada em razão da influência de álcool ou de outra substância psicoativa que determine dependência:

* *Art. 306, caput, com redação dada pela Lei nº 12.760, de 20.12.2012.*

Penas – detenção, de seis meses a três anos, multa e suspensão ou proibição de se obter a permissão ou a habilitação para dirigir veículo automotor.

§ 1º. As condutas previstas no caput serão constatadas por:

I – concentração igual ou superior a 6 decigramas de álcool por litro de sangue ou igual ou superior a 0,3 miligrama de álcool por litro de ar alveolar; ou

II – sinais que indiquem, na forma disciplinada pelo CONTRAN, alteração da capacidade psicomotora.

* *§ 1º acrescido pela Lei nº 12.760, de 20.12.2012.*

§ 2º. A verificação do disposto neste artigo poderá ser obtida mediante teste de alcoolemia, exame clínico, perícia, vídeo, prova testemunhal ou outros meios de prova em direito admitidos, observado o direito à contraprova.

* *§ 2º acrescido pela Lei nº 12.760, de 20.12.2012.*

§ 3º. O CONTRAN disporá sobre a equivalência entre os distintos testes de alcoolemia para efeito de caracterização do crime tipificado neste artigo.

* *§ 3º acrescido pela Lei nº 12.760, de 20.12.2012.*

Art. 307. Violar a suspensão ou a proibição de se obter a permissão ou a habilitação para dirigir veículo automotor imposta com fundamento neste Código:

Penas – detenção, de seis meses a um ano e multa, com nova imposição adicional de idêntico prazo de suspensão ou de proibição.

Parágrafo único. Nas mesmas penas incorre o condenado que deixa de entregar, no prazo estabelecido no § 1º do art. 293, a Permissão para Dirigir ou a Carteira de Habilitação.

Art. 308. Participar, na direção de veículo automotor, em via pública, de corrida, disputa ou competição automobilística não autorizada pela autoridade competente, desde que resulte dano potencial à incolumidade pública ou privada:

Penas – detenção, de seis meses a dois anos, multa e suspensão ou proibição de se obter a permissão ou a habilitação para dirigir veículo automotor.

Art. 309. Dirigir veículo automotor, em via pública, sem a devida Permissão para Dirigir ou Habilitação ou, ainda, se cassado o direito de dirigir, gerando perigo de dano:

Penas – detenção, de seis meses a um ano, ou multa.

Art. 310. Permitir, confiar ou entregar a direção de veículo automotor a pessoa não habilitada, com habilitação cassada ou com o direito de dirigir suspenso, ou, ainda, a quem, por seu estado de saúde, física ou mental, ou por embriaguez, não esteja em condições de conduzi-lo com segurança:

Penas – detenção, de seis meses a um ano, ou multa.

**Art. 310-A.** (Vetado).

• *Art. 310-A acrescido pela Lei nº 12.619, de 30.4.2012.*

**Art. 311.** Trafegar em velocidade incompatível com a segurança nas proximidades de escolas, hospitais, estações de embarque e desembarque de passageiros, logradouros estreitos, ou onde haja grande movimentação ou concentração de pessoas, gerando perigo de dano:

Penas – detenção, de seis meses a um ano, ou multa.

**Art. 312.** Inovar artificiosamente, em caso de acidente automobilístico com vítima, na pendência do respectivo procedimento policial preparatório, inquérito policial ou processo penal, o estado do lugar, de coisa ou de pessoa, a fim de induzir a erro o agente policial, o perito, ou juiz:

Penas – detenção, de seis meses a um ano, ou multa.

Parágrafo único. Aplica-se o disposto neste artigo, ainda que não iniciados, quando da inovação, o procedimento preparatório, o inquérito ou o processo aos quais se refere.

## CAPÍTULO XX
## DISPOSIÇÕES FINAIS E TRANSITÓRIAS

**Art. 313.** O Poder Executivo promoverá a nomeação dos membros do CONTRAN no prazo de 60 (sessenta dias) da publicação deste Código.

**Art. 314.** O CONTRAN tem o prazo de 240 (duzentos e quarenta) dias, a partir da publicação deste Código para expedir as resoluções necessárias à sua melhor execução, bem como revisar todas as resoluções anteriores à sua publicação, dando prioridade àquelas que visam a diminuir o número de acidentes e assegurar a proteção de pedestres.

Parágrafo único. As Resoluções do CONTRAN existentes até a data de publicação deste Código, continuam em vigor naquilo em que não conflitem com ele.

**Art. 315.** O Ministério da Educação e do Desporto, mediante proposta do CONTRAN deverá, no prazo de 240 (duzentos e quarenta) dias contados da publicação, estabelecer o currículo com conteúdo programático relativo à segurança e educação de trânsito, a fim de atender o disposto neste Código.

**Art. 316.** O prazo de notificação previsto no inciso II do parágrafo único do art. 281 só entrará em vigor após 240 (duzentos e quarenta) dias contados da publicação desta Lei.

**Art. 317.** Os órgão e entidades de trânsito concederão prazo de até um ano para a adaptação dos veículos de condução de escolares e de aprendizagem às normas do inciso III do art. 136 e art. 154, respectivamente.

**Art. 318.** (Vetado).

**Art. 319.** Enquanto não forem baixadas novas normas pelo CONTRAN, continua em vigor o disposto no art. 92 do Regulamento do Código Nacional de Trânsito – Decreto nº 62.127, de 16 de janeiro de 1968.

**Art. 320.** A receita arrecadada com a cobrança das multas de trânsito será aplicada, exclusivamente, em sinalização, engenharia de tráfego, de campo, policiamento, fiscalização e educação de trânsito.

Parágrafo único. O percentual de 5% (cinco por cento) do valor das multas de trânsito arrecadadas será depositado, mensalmente, na conta de fundo de âmbito nacional destinado à segurança e educação de trânsito.

Art. 321. (Vetado).

Art. 322. (Vetado).

Art. 323. O CONTRAN, em 180 (cento e oitenta) dias, fixará a metodologia de aferição de peso de veículos, estabelecendo percentuais de tolerância, sendo durante este período suspensa a vigência das penalidades previstas no inciso V do art. 231, aplicando-se a penalidade de 20 (vinte) UFIR [R$ 21,28] por duzentos quilogramas ou fração de excesso.

Parágrafo único. Os limites de tolerância a que se refere este artigo, até a sua fixação pelo CONTRAN, são aqueles estabelecidos pela Lei nº 7.408, de 25 de novembro de 1985.

Art. 324. (Vetado).

Art. 325. As repartições de trânsito conservarão por cinco anos os documentos relativos à habilitação de condutores e ao registro e licenciamento de veículos, podendo ser microfilmados ou armazenados em meio magnético ou óptico para todos os efeitos legais.

Art. 326. A Semana Nacional de Trânsito será comemorada anualmente no período compreendido entre 18 e 25 de setembro.

Art. 327. A partir da publicação deste Código, somente poderão ser fabricados e licenciados veículos que obedeçam aos limites de peso e dimensões fixados na forma desta Lei, ressalvados os que vierem a ser regulamentados pelo CONTRAN.

Parágrafo único. (Vetado).

Art. 328. Os veículos apreendidos ou removidos a qualquer título e os animais não reclamados por seus proprietários, dentro do prazo de 90 (noventa) dias, serão levados à hasta pública, deduzindo-se, do valor arrecadado, o montante da dívida relativa a multas, tributos e encargos legais, e o restante, se houver, depositado à conta do ex-proprietário, na forma da lei.

Art. 329. Os condutores dos veículos de que tratam os arts. 135 e 136, para exercerem suas atividades, deverão apresentar, previamente, certidão negativa do registro de distribuição criminal relativamente aos crimes de homicídio, roubo, estupro e corrupção de menores, renovável a cada cinco anos, junto ao órgão responsável pela respectiva concessão ou autorização.

Art. 330. Os estabelecimentos onde se executem reformas ou recuperação de veículos e os que comprem, vendam ou desmontem veículos, usados ou não, são obrigados a possuir livros de registro de seu movimento de entrada e saída e de uso de placas de experiência, conforme modelos aprovados e rubricados pelos órgãos de trânsito.

§ 1º. Os livros indicarão:

I – data de entrada do veículo no estabelecimento;

II – nome, endereço e identidade do proprietário ou vendedor;

III – data de saída ou baixa, nos casos de desmontagem;

IV – nome, endereço e identidade do comprador;

V – características do veículo constantes do seu certificado de registro;

VI – número da placa de experiência.

§ 2º. Os livros terão suas páginas numeradas tipograficamente e serão encadernados ou em folhas soltas, sendo que, no primeiro caso, conterão termo de abertura e encerramento lavrados pelo proprietário e rubricados pela repartição de trânsito, enquanto, no segundo, todas as folhas serão autenticadas pela repartição de trânsito.

§ 3º. A entrada e a saída de veículos nos estabelecimentos referidos neste artigo, registrar-se-ão no mesmo dia em que se verificarem assinaladas, inclusive, as horas a elas correspondentes, podendo os veículos irregulares lá encontrados ou suas sucatas serem apreendidos ou retidos para sua completa regularização.

§ 4º. As autoridades de trânsito e as autoridades policiais terão acesso aos livros sempre que o solicitarem, não podendo, entretanto, retirá-los do estabelecimento.

§ 5º. A falta de escrituração dos livros, o atraso, a fraude ao realizá-lo e a recusa de sua exibição serão punidas com a multa prevista para as infrações gravíssimas, independente das demais cominações legais cabíveis.

**Art. 331.** Até a nomeação e posse dos membros que passarão a integrar os colegiados destinados ao julgamento dos recursos administrativos previstos na Seção II do Capítulo XVIII deste Código, o julgamento dos recursos ficará a cargo dos órgãos ora existentes.

**Art. 332.** Os órgãos e entidades integrantes do Sistema Nacional de Trânsito proporcionarão aos membros do CONTRAN, CETRAN e CONTRANDIFE, em serviço, todas as facilidades para o cumprimento de sua missão, fornecendo-lhes as informações que solicitarem, permitindo-lhes inspecionar a execução de quaisquer serviços e deverão atender prontamente suas requisições.

**Art. 333.** O CONTRAN estabelecerá, em até 120 (cento e vinte) dias após a nomeação de seus membros, as disposições previstas nos arts. 91 e 92, que terão de ser atendidas pelos órgãos e entidades executivos de trânsito e executivos rodoviários de trânsito para exercerem suas competências.

§ 1º. Os órgãos e entidades de trânsito já existentes terão prazo de um ano, após a edição das normas, para se adequarem às novas disposições estabelecidas pelo CONTRAN, conforme disposto neste artigo.

§ 2º. Os órgãos e entidades de trânsito a serem criados exercerão as competências previstas neste Código em cumprimento às exigências estabelecidas pelo CONTRAN, conforme disposto neste artigo, acompanhados pelo respectivo CETRAN, se órgão ou entidade municipal, ou CONTRAN, se órgão ou entidade estadual, do Distrito Federal ou da União, passando a integrar o Sistema Nacional de Trânsito.

**Art. 334.** As ondulações transversais existentes deverão ser homologadas pelo órgão ou entidade competente no prazo de um ano, a partir da publicação deste Código, devendo ser retiradas em caso contrário.

**Art. 335.** (Vetado).

**Art. 336.** Aplicam-se os sinais de trânsito previstos no Anexo II até a aprovação pelo CONTRAN, no prazo de trezentos e sessenta dias da publicação desta Lei, após a manifestação da Câmara Temática de Engenharia, de Vias e Veículos e obedecidos os padrões internacionais.

**Art. 337.** Os CETRAN terão suporte técnico e financeiro dos Estados e Municípios que os compõem e, o CONTRANDIFE, do Distrito Federal.

**Art. 338.** As montadoras, encarroçadoras, os importadores e fabricantes, ao comerciarem veículos automotores de qualquer categoria e ciclos, são obrigados a fornecer, no ato da comercialização do respectivo veículo, manual contendo normas de circulação, infrações, penalidades, direção defensiva, primeiros socorros e Anexos do Código de Trânsito Brasileiro.

**Art. 339.** Fica o Poder Executivo autorizado a abrir crédito especial no valor de R$ 264.954,00 (duzentos e sessenta e quatro mil, novecentos e cinquenta e quatro reais), em favor do ministério ou órgão a que couber a coordenação máxima do Sistema Nacional de Trânsito, para atender as despesas decorrentes da implantação deste Código.

**Art. 340.** Este Código entra em vigor 120 (cento e vinte) dias após a data de sua publicação.

**Art. 341.** Ficam revogadas as Leis nº 5.108, de 21 de setembro de 1966, nº 5.693, de 16 de agosto de 1971, nº 5.820, de 10 de novembro de 1972, nº 6.124, de 25 de outubro de 1974, nº 6.308, de 15 de dezembro de 1975, nº 6.369, de 27 de outubro de 1976, nº 6.731, de 4 de dezembro de 1979, nº 7.031, de 20 de setembro de 1982, nº 7.052, de 2 de dezembro de 1982, nº 8.102, de 10 de dezembro de 1990, os arts. 1º a 6º e 11 do Decreto-Lei nº 237, de 28 de fevereiro de 1967, e os Decretos-Leis nºs 584, de 16 de maio de 1969, 912 de 2 de outubro de 1969, e 2.448, de 21 de junho de 1988.

Brasília, 23 de setembro de 1997; 176º da Independência e 109º da República.

*Fernando Henrique Cardoso*

*DOU de 24.9.1997 – Retificação DOU de 25.9.1997*

# ANEXOS

## Anexo I
## DOS CONCEITOS E DEFINIÇÕES

Para efeito deste Código, adotam-se as seguintes definições:

ACOSTAMENTO – parte da via diferenciada da pista de rolamento destinada à parada ou estacionamento de veículos, em caso de emergência, e à circulação de pedestres e bicicletas, quando não houver local apropriado para esse fim.

AGENTE DA AUTORIDADE DE TRÂNSITO – pessoa, civil ou policial militar, credenciado pela autoridade de trânsito para o exercício das atividades de fiscalização, operação, policiamento ostensivo de trânsito ou patrulhamento.

AR ALVEOLAR – ar expirado pela boca de um indivíduo, originário dos alvéolos pulmonares.

• *Item acrescido pela Lei nº 12.760, de 20.12.2012.*

AUTOMÓVEL – veículo automotor destinado ao transporte de passageiros, com capacidade para até oito pessoas, exclusive o condutor.

AUTORIDADE DE TRÂNSITO – dirigente máximo de órgão ou entidade executivo integrante do Sistema Nacional de Trânsito ou pessoa por ele expressamente credenciada.

BALANÇO TRASEIRO – distância entre o plano vertical passando pelos centros das rodas traseiras externas e o ponto mais recuado do veículo, considerando-se todos os elementos rigidamente fixados ao mesmo.

BICICLETA – veículo de propulsão humana, dotado de duas rodas, não sendo, para efeito deste Código, similar à motocicleta, motoneta e ciclomotor.

BICICLETÁRIO – local, na via ou fora dela, destinado ao estacionamento de bicicletas.

BONDE – veículo de propulsão elétrica que se move sobre trilhos.

BORDO DA PISTA – margem da pista, podendo ser demarcada por linhas longitudinais de bordo que delineiam a parte da via destinada à circulação de veículos.

CALÇADA – parte da via, normalmente segregada e em nível diferente, não destinada à circulação de veículos, reservada ao trânsito de pedestres e, quando possível, à implantação de mobiliário urbano, sinalização, vegetação e outros fins.

CAMINHÃO-TRATOR – veículo automotor destinado a tracionar ou arrastar outro.

CAMINHONETE – veículo destinado ao transporte de carga com peso bruto total de até três mil e quinhentos quilogramas.

CAMIONETA – veículo misto destinado ao transporte de passageiros e carga no mesmo compartimento.

CANTEIRO CENTRAL – obstáculo físico construído como separador de duas pistas de rolamento, eventualmente substituído por marcas viárias (canteiro fictício).

CAPACIDADE MÁXIMA DE TRAÇÃO – máximo peso que a unidade de tração é capaz de tracionar, indicado pelo fabricante, baseado em condições sobre suas limitações de geração e multiplicação de momento de força e resistência dos elementos que compõem a transmissão.

CARREATA – deslocamento em fila na via de veículos automotores em sinal de regozijo, de reivindicação, de protesto cívico ou de uma classe.

CARRO DE MÃO – veículo de propulsão humana utilizado no transporte de pequenas cargas.

CARROÇA – veículo de tração animal destinado ao transporte de carga.

CATADIÓPTRICO – dispositivo de reflexão e refração da luz utilizado na sinalização de vias e veículos (olho-de-gato).

CHARRETE – veículo de tração animal destinado ao transporte de pessoas.

CICLO – veículo de pelo menos duas rodas a propulsão humana.

CICLOFAIXA – parte da pista de rolamento destinada à circulação exclusiva de ciclos, delimitada por sinalização específica.

CICLOMOTOR – veículo de duas ou três rodas, provido de um motor de combustão interna, cuja cilindrada não exceda a cinquenta centímetros cúbicos (3,05 polegadas cúbicas) e cuja velocidade máxima de fabricação não exceda a cinquenta quilômetros por hora.

CICLOVIA – pista própria destinada à circulação de ciclos, separada fisicamente do tráfego comum.

CONVERSÃO – movimento em ângulo, à esquerda ou à direita, de mudança da direção original do veículo.

CRUZAMENTO – interseção de duas vias em nível.

DISPOSITIVO DE SEGURANÇA – qualquer elemento que tenha a função específica de proporcionar maior segurança ao usuário da via, alertando-o sobre situações de perigo que possam colocar em risco sua integridade física e dos demais usuários da via, ou danificar seriamente o veículo.

ESTACIONAMENTO – imobilização de veículos por tempo superior ao necessário para embarque ou desembarque de passageiros.

ESTRADA – via rural não pavimentada.

ETILÔMETRO – aparelho destinado à medição do teor alcoólico no ar alveolar.

• *Item acrescido pela Lei nº 12.760, de 20.12.2012.*

FAIXAS DE DOMÍNIO – superfície lindeira às vias rurais, delimitada por lei específica e sob responsabilidade do órgão ou entidade de trânsito competente com circunscrição sobre a via.

FAIXAS DE TRÂNSITO – qualquer uma das áreas longitudinais em que a pista pode ser subdividida, sinalizada ou não por marcas viárias longitudinais, que tenham uma largura suficiente para permitir a circulação de veículos automotores.

FISCALIZAÇÃO – ato de controlar o cumprimento das normas estabelecidas na legislação de trânsito, através do poder de polícia administrativa de trânsito, no âmbito de circunscrição dos órgãos e entidades executivos de trânsito e de acordo com as competências definidas neste Código.

FOCO DE PEDESTRES – indicação luminosa de permissão ou impedimento de locomoção na faixa apropriada.

FREIO DE ESTACIONAMENTO – dispositivo destinado a manter o veículo imóvel na ausência do condutor ou, no caso de um reboque, se este se encontra desengatado.

FREIO DE SEGURANÇA ou MOTOR – dispositivo destinado a diminuir a marcha do veículo no caso de falha do freio de serviço.

FREIO DE SERVIÇO – dispositivo destinado a provocar a diminuição da marcha do veículo ou pará-lo.

GESTOS DE AGENTES – movimentos convencionais de braço, adotados exclusivamente pelos agentes de autoridades de trânsito nas vias, para orientar, indicar o direito de passagem dos veículos ou pedestres ou emitir ordens, sobrepondo-se ou completando outra sinalização ou norma constante deste Código.

GESTOS DE CONDUTORES – movimentos convencionais de braço, adotados exclusivamente pelos condutores, para orientar ou indicar que vão efetuar uma manobra de mudança de direção, redução brusca de velocidade ou parada.

ILHA – obstáculo físico, colocado na pista de rolamento, destinado à ordenação dos fluxos de trânsito em uma interseção.

INFRAÇÃO – inobservância a qualquer preceito da legislação de trânsito, às normas emanadas do Código de Trânsito, do Conselho Nacional de Trânsito e a regulamentação estabelecida pelo órgão ou entidade executiva do trânsito.

INTERSEÇÃO – todo cruzamento em nível, entroncamento ou bifurcação, incluindo as áreas formadas por tais cruzamentos, entroncamentos ou bifurcações.

INTERRUPÇÃO DE MARCHA – imobilização do veículo para atender circunstâncias momentâneas do trânsito.

LICENCIAMENTO – procedimento anual, relativo a obrigações do proprietário de veículo, comprovado por meio de documento específico (Certificado de Licenciamento Anual).

LOGRADOURO PÚBLICO – espaço livre destinado pela municipalidade à circulação, parada ou estacionamento de veículos, ou à circulação de pedestres, tais como calçada, parques, áreas de lazer, calçadões.

LOTAÇÃO – carga útil máxima, incluindo condutor e passageiros, que o veículo transporta, expressa em quilogramas para os veículos de carga, ou número de pessoas para os veículos de passageiros.

LOTE LINDEIRO – aquele situado ao longo das vias urbanas ou rurais e que com elas se limita.

LUZ ALTA – facho de luz do veículo destinado a iluminar a via até uma grande distância do veículo.

LUZ BAIXA – facho de luz do veículo destinada a iluminar a via diante do veículo, sem ocasionar ofuscamento ou incômodos injustificáveis aos condutores e outros usuários da via que venham em sentido contrário.

LUZ DE FREIO – luz do veículo destinada a indicar aos demais usuários da via, que se encontram atrás do veículo, que o condutor está aplicando o freio de serviço.

LUZ INDICADORA DE DIREÇÃO (pisca-pisca) – luz do veículo destinada a indicar aos demais usuários da via que o condutor tem o propósito de mudar de direção para a direita ou para a esquerda.

LUZ DE MARCHA À RÉ – luz do veículo destinada a iluminar atrás do veículo e advertir aos demais usuários da via que o veículo está efetuando ou a ponto de efetuar uma manobra de marcha à ré.

LUZ DE NEBLINA – luz do veículo destinada a aumentar a iluminação da via em caso de neblina, chuva forte ou nuvens de pó.

LUZ DE POSIÇÃO (lanterna) – luz do veículo destinada a indicar a presença e a largura do veículo.

MANOBRA – movimento executado pelo condutor para alterar a posição em que o veículo está no momento em relação à via.

MARCAS VIÁRIAS – conjunto de sinais constituído de linhas, marcações, símbolos ou legendas, em tipos e cores diversas, apostos ao pavimento da via.

MICRO-ÔNIBUS – veículo automotor de transporte coletivo com capacidade para até vinte passageiros.

MOTOCICLETA – veículo automotor de duas rodas, com ou sem *sidecar*, dirigido por condutor em posição montada.

MOTONETA – veículo automotor de duas rodas, dirigido por condutor em posição sentada.

MOTOR-CASA (*MOTOR-HOME*) – veículo automotor cuja carroçaria seja fechada e destinada a alojamento, escritório, comércio ou finalidades análogas.

NOITE – período do dia compreendido entre o pôr do sol e o nascer do sol.

ÔNIBUS – veículo automotor de transporte coletivo com capacidade para mais de vinte passageiros, ainda que, em virtude de adaptações com vista à maior comodidade deste, transporte número menor.

OPERAÇÃO DE CARGA E DESCARGA – imobilização do veículo, pelo tempo estritamente necessário ao carregamento ou descarregamento de animais ou carga, na forma disciplinada pelo órgão ou entidade executivo de trânsito competente com circunscrição sobre a via.

OPERAÇÃO DE TRÂNSITO – monitoramento técnico baseado nos conceitos de Engenharia de Tráfego, das condições de fluidez, de estacionamento e parada na via, de forma a reduzir as interferências tais como veículos quebrados, acidentados, estacionados irregularmente atrapalhando o trânsito, prestando socorros imediatos e informações aos pedestres e condutores.

PARADA – imobilização do veículo com a finalidade e pelo tempo estritamente necessário para efetuar embarque ou desembarque de passageiros.

PASSAGEM DE NÍVEL – todo cruzamento de nível entre uma via e uma linha férrea ou trilho de bonde com pista própria.

PASSAGEM POR OUTRO VEÍCULO – movimento de passagem à frente de outro veículo que se desloca no mesmo sentido, em menor velocidade, mas em faixas distintas da via.

PASSAGEM SUBTERRÂNEA – obra de arte destinada à transposição de vias, em desnível subterrâneo, e ao uso de pedestres ou veículos.

PASSARELA – obra de arte destinada à transposição de vias, em desnível aéreo, e ao uso de pedestres.

PASSEIO – parte da calçada ou da pista de rolamento, neste último caso, separada por pintura ou elemento físico separador, livre de interferências, destinada à circulação exclusiva de pedestres e, excepcionalmente, de ciclistas.

PATRULHAMENTO – função exercida pela Polícia Rodoviária Federal com o objetivo de garantir obediência às normas de trânsito, assegurando a livre circulação e evitando acidentes.

PERÍMETRO URBANO – limite entre área urbana e área rural.

PESO BRUTO TOTAL – peso máximo que o veículo transmite ao pavimento, constituído da soma da tara mais a lotação.

PESO BRUTO TOTAL COMBINADO – peso máximo transmitido ao pavimento pela combinação de um caminhão-trator mais seu semirreboque ou do caminhão mais o seu reboque ou reboques.

PISCA-ALERTA – luz intermitente do veículo utilizada em caráter de advertência, destinada a indicar aos demais usuários da via que o veículo está imobilizado ou em situação de emergência.

PISTA – parte da via normalmente utilizada para circulação de veículos, identificada por elementos separadores ou por diferença de nível em relação às calçadas, ilhas ou aos canteiros centrais.

PLACAS – elementos colocados na posição vertical, fixados ao lado ou suspensos sobre a pista, transmitindo mensagens de caráter permanente e, eventualmente, variáveis, mediante símbolo ou legendas pré-reconhecidas e legalmente instituídas como sinais de trânsito.

POLICIAMENTO OSTENSIVO DE TRÂNSITO – função exercida pelas Polícias Militares com o objetivo de prevenir e reprimir atos relacionados com a segurança pública e de garantir obediência às normas relativas à segurança de trânsito, assegurando a livre circulação e evitando acidentes.

PONTE – obra de construção civil destinada a ligar margens opostas de uma superfície líquida qualquer.

REBOQUE – veículo destinado a ser engatado atrás de um veículo automotor.

REGULAMENTAÇÃO DA VIA – implantação de sinalização de regulamentação pelo órgão ou entidade competente com circunscrição sobre a via, definindo, entre outros, sentido de direção, tipo de estacionamento, horários e dias.

REFÚGIO – parte da via, devidamente sinalizada e protegida, destinada ao uso de pedestres durante a travessia da mesma.

RENACH – Registro Nacional de Condutores Habilitados.

RENAVAN – Registro Nacional de Veículos Automotores.

RETORNO – movimento de inversão total do sentido da direção original do veículo.

RODOVIA – via rural pavimentada.

SEMIRREBOQUE – veículo de um ou mais eixos que se apoia na sua unidade tratora ou é a ela ligado por meio de articulação.

SINAIS DE TRÂNSITO – elementos de sinalização viária que se utilizam de placas, marcas viárias, equipamentos de controle luminosos, dispositivos auxiliares, apitos e gestos, destinados exclusivamente a ordenar ou dirigir o trânsito dos veículos e pedestres.

SINALIZAÇÃO – conjunto de sinais de trânsito e dispositivos de segurança colocados na via pública com o objetivo de garantir sua utilização adequada, possibilitando melhor fluidez no trânsito e maior segurança dos veículos e pedestres que nela circulam.

SONS POR APITO – sinais sonoros, emitidos exclusivamente pelos agentes da autoridade de trânsito nas vias, para orientar ou indicar o direito de passagem dos veículos ou pedestres, sobrepondo-se ou completando sinalização existente no local ou norma estabelecida neste Código.

TARA – peso próprio do veículo, acrescido dos pesos da carroçaria e equipamento, do combustível, das ferramentas e acessórios, da roda sobressalente, do extintor de incêndio e do fluído de arrefecimento, expresso em quilogramas.

*TRAILER* – reboque ou semirreboque tipo casa, com duas, quatro, ou seis rodas, acoplado ou adaptado à traseira de automóvel ou camionete, utilizado em geral em atividades turísticas como alojamento, ou para atividades comerciais.

TRÂNSITO – movimentação e imobilização de veículos, pessoas e animais nas vias terrestres.

TRANSPOSIÇÃO DE FAIXAS – passagem de um veículo de uma faixa demarcada para outra.

TRATOR – veículo automotor construído para realizar trabalho agrícola, de construção e pavimentação e tracionar outros veículos e equipamentos.

ULTRAPASSAGEM – movimento de passar à frente de outro veículo que se desloca no mesmo sentido, em menor velocidade e na mesma faixa de tráfego, necessitando sair e retornar à faixa de origem.

UTILITÁRIO – veículo misto caracterizado pela versatilidade do seu uso, inclusive fora da estrada.

VEÍCULO ARTICULADO – combinação de veículos acoplados, sendo um deles automotor.

VEÍCULO AUTOMOTOR – todo veículo a motor de propulsão que circule por seus próprios meios, e que serve normalmente para o transporte viário de pessoas e coisas, ou para a tração viária de veículos utilizados para o transporte de pessoas e coisas. O termo compreende os veículos conectados a uma linha elétrica e que não circulam sobre trilhos (ônibus elétrico).

VEÍCULO DE CARGA – veículo destinado ao transporte de carga, podendo transportar dois passageiros, exclusive o condutor.

VEÍCULO DE COLEÇÃO – aquele que, mesmo tendo sido fabricado há mais de trinta anos, conserva suas características originais de fabricação e possui valor histórico próprio.

VEÍCULO CONJUGADO – combinação de veículos, sendo o primeiro um veículo automotor e os demais reboques ou equipamentos de trabalho agrícola, construção, terraplanagem ou pavimentação.

VEÍCULO DE GRANDE PORTE – veículo automotor destinado ao transporte de carga com peso bruto total máximo superior a dez mil quilogramas e de passageiros, superior a vinte passageiros.

VEÍCULO DE PASSAGEIROS – veículo destinado ao transporte de pessoas e suas bagagens.

VEÍCULO MISTO – veículo automotor destinado ao transporte simultâneo de carga e passageiro.

VIA – superfície por onde transitam veículos, pessoas e animais, compreendendo a pista, a calçada, o acostamento, ilha e canteiro central.

VIA ARTERIAL – aquela caracterizada por interseções em nível, geralmente controlada por semáforo, com acessibilidade aos lotes lindeiros e as vias secundárias e locais, possibilitando o trânsito entre as regiões da cidade.

VIA COLETORA – aquela destinada a coletar e distribuir o trânsito que tenha necessidade de entrar ou sair das vias de trânsito rápido ou arteriais, possibilitando o trânsito dentro das regiões da cidade.

VIA DE TRÂNSITO RÁPIDO – aquela caracterizada por acessos especiais com trânsito livre, sem interseções em nível, sem acessibilidade direta aos lotes lindeiros e sem travessia de pedestres em nível.

VIA LOCAL – aquela caracterizada por interseções em nível não semaforizadas, destinada apenas ao acesso local ou a áreas restritas.

VIA RURAL – estradas e rodovias.

VIA URBANA – ruas, avenidas, vielas, ou caminhos e similares abertos à circulação pública, situados na área urbana, caracterizados principalmente por possuírem imóveis edificados ao longo de sua extensão.

VIADUTO – obra de construção civil destinada a transpor uma depressão de terreno ou servir de passagem superior.

VIAS E ÁREAS DE PEDESTRES – vias ou conjunto de vias destinadas à circulação prioritária de pedestres.

## Anexo II
### SINALIZAÇÃO

- *Com redação aprovada pela Resolução CONTRAN nº 160, de 22.4.2004.*
- *V. Resolução CONTRAN nº 236, de 11.5.2007* – *Aprova o Volume IV – Sinalização Horizontal, do Manual Brasileiro de Sinalização de Trânsito.*
- *V. Resolução CONTRAN nº 243, de 22.6.2007* – *Aprova o Volume II – Sinalização Vertical de Advertência, do Manual Brasileiro de Sinalização de Trânsito.*

## 1. SINALIZAÇÃO VERTICAL

É um subsistema de sinalização viária cujo meio de comunicação está na posição vertical, normalmente em placa, fixado ao lado ou suspenso sobre a pista, transmitindo mensagens de caráter permanente e, eventualmente, variáveis, através de legendas e/ou símbolos pré-reconhecidos e legalmente instituídos.

A sinalização vertical é classificada de acordo com sua função, compreendendo os seguintes tipos:
— Sinalização de Regulamentação;
— Sinalização de Advertência;
— Sinalização de Indicação.

### 1.1. SINALIZAÇÃO DE REGULAMENTAÇÃO

Tem por finalidade informar aos usuários as condições, proibições, obrigações ou restrições no uso das vias. Suas mensagens são imperativas e o desrespeito a elas constitui infração.

#### 1.1.1. Formas e Cores

A forma padrão do sinal de regulamentação é a circular, e as cores são vermelha, preta e branca.

Características dos sinais de Regulamentação:

| Forma | Cor |
|---|---|
| | Fundo - Branca |
| | Símbolo - Preta |
| | Tarja - Vermelha |
| | Orla - Vermelha |
| | Letras - Preta |

OBRIGAÇÃO RESTRIÇÃO    PROIBIÇÃO

Constituem exceção quanto à forma, os sinais R-1 - "Parada Obrigatória" e R-2 - "Dê a Preferência", com as características:

| Sinal | | Cor | |
|---|---|---|---|
| Forma | Código | | |
| 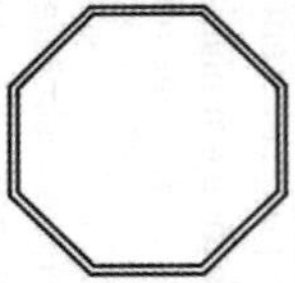 (octógono) | R-1 | Fundo | Vermelha |
| | | Orla interna | Branca |
| | | Orla externa | Vermelha |
| | | Letras | Branca |
| 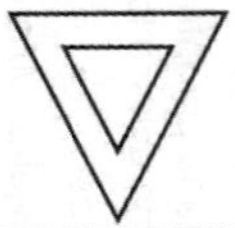 (triângulo) | R-2 | Fundo | Branca |
| | | Orla | Vermelha |

#### 1.1.2. Dimensões Mínimas

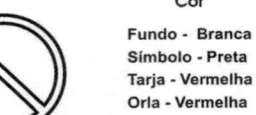

Devem ser observadas as dimensões mínimas dos sinais, conforme o ambiente em que são implantados, considerando-se que o aumento no tamanho dos sinais implica em aumento nas dimensões de orlas, tarjas e símbolos.

a) sinais de forma circular

| Via | Diâmetro mínimo (m) | Tarja mínima (m) | Orla mínima (m) |
|---|---|---|---|
| Urbana | 0,40 | 0,040 | 0,040 |
| Rural (estrada) | 0,50 | 0,050 | 0,050 |
| Rural (rodovia) | 0,75 | 0,075 | 0,075 |
| Áreas protegidas por legislação especial (*) | 0,30 | 0,030 | 0,030 |

(*) relativa a patrimônio histórico, artístico, cultural, arquitetônico, arqueológico e natural

**b) sinal de forma octogonal - R-1**

| Via | Lado mínimo (m) | Orla interna branca mínima (m) | Orla externa vermelha mínima (m) |
|---|---|---|---|
| Urbana | 0,25 | 0,020 | 0,010 |
| Rural (estrada) | 0,35 | 0,028 | 0,014 |
| Rural (rodovia) | 0,40 | 0,032 | 0,016 |
| Áreas protegidas por legislação especial (*) | 0,18 | 0,015 | 0,008 |

(*) relativa a patrimônio histórico, artístico, cultural, arquitetônico, arqueológico e natural

**c) sinal de forma triangular - R-2**

| Via | Lado mínimo (m) | Orla mínima (m) |
|---|---|---|
| Urbana | 0,75 | 0,10 |
| Rural (estrada) | 0,75 | 0,10 |
| Rural (rodovia) | 0,90 | 0,15 |
| Áreas protegidas por legislação especial (*) | 0,40 | 0,06 |

(*) relativa a patrimônio histórico, artístico, cultural, arquitetônico, arqueológico e natural

As informações complementares, cujas características são descritas no item 1.1.5., possuem a forma retangular.

### 1.1.3. Dimensões Recomendadas

**a) sinal de forma circular**

| Via | Diâmetro (m) | Tarja (m) | Orla (m) |
|---|---|---|---|
| Urbana (de trânsito rápido) | 0,75 | 0,075 | 0,075 |
| Urbana (demais vias) | 0,50 | 0,050 | 0,050 |
| Rural (estrada) | 0,75 | 0,075 | 0,075 |
| Rural (rodovia) | 1,00 | 0,100 | 0,100 |

**b) sinal de forma octogonal - R-1**

| Via | Lado (m) | Orla interna branca (m) | Orla externa vermelha (m) |
|---|---|---|---|
| Urbana | 0,35 | 0,028 | 0,014 |
| Rural (estrada) | 0,35 | 0,028 | 0,014 |
| Rural (rodovia) | 0,50 | 0,040 | 0,020 |

**c) sinal de forma triangular - R-2**

| Via | Lado (m) | Tarja (m) |
|---|---|---|
| Urbana | 0,90 | 0,15 |
| Rural (estrada) | 0,90 | 0,15 |
| Rural (rodovia) | 1,00 | 0,20 |

### 1.1.4. Conjunto de Sinais de Regulamentação

R-1 Parada obrigatória
R-2 Dê a preferência
R-3 Sentido proibido
R-4a Proibido virar à esquerda
R-4b Proibido virar à direita
R-5a Proibido retornar à esquerda
R-5b Proibido retornar à direita
R-6a Proibido estacionar
R-6b Estacionamento regulamentado

# COLETÂNEA DE LEGISLAÇÃO DE TRÂNSITO

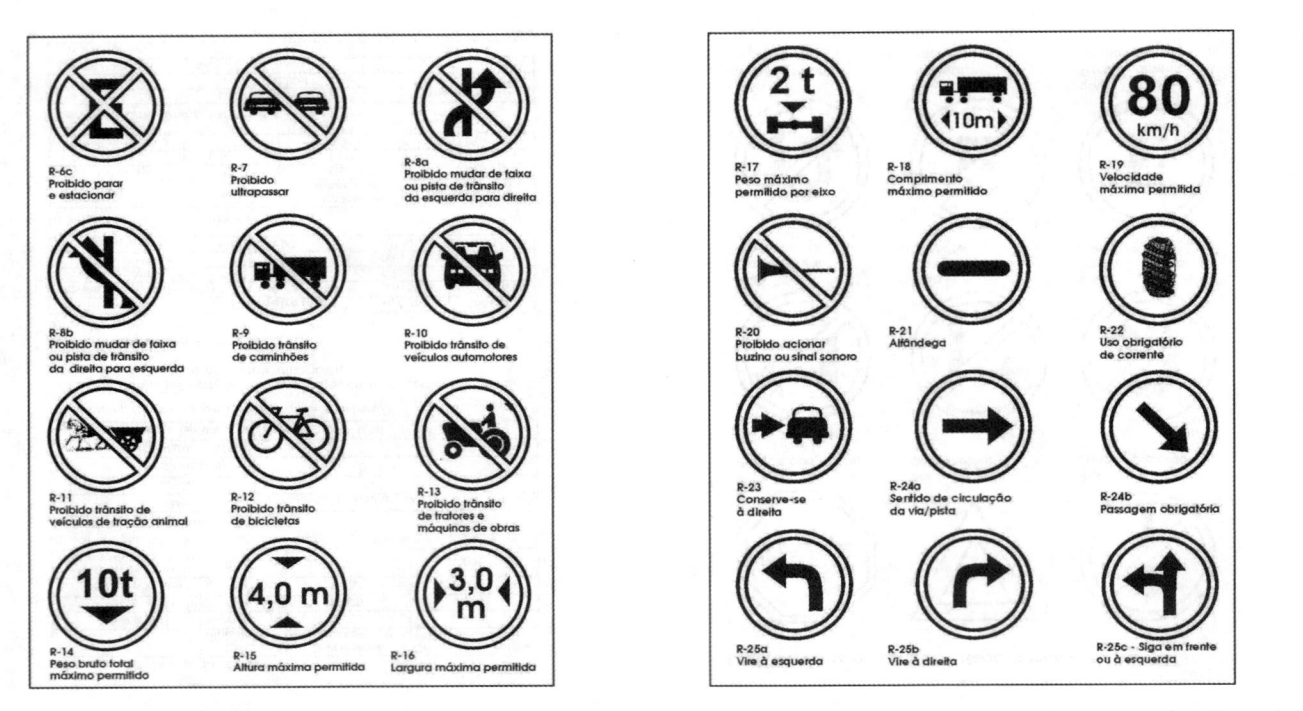

**R-19** Velocidade máxima permitida
**R-22** Uso obrigatório de corrente
**R-24b** Passagem obrigatória
**R-25c** - Siga em frente ou à esquerda

**R-18** Comprimento máximo permitido
**R-21** Alfândega
**R-24a** Sentido de circulação da via/pista
**R-25b** Vire à direita

**R-17** Peso máximo permitido por eixo
**R-20** Proibido acionar buzina ou sinal sonoro
**R-23** Conserve-se à direita
**R-25a** Vire à esquerda

**R-6c** Proibido parar e estacionar
**R-8b** Proibido mudar de faixa ou pista de trânsito da direita para esquerda
**R-11** Proibido trânsito de veículos de tração animal
**R-14** Peso bruto total máximo permitido

**R-7** Proibido ultrapassar
**R-9** Proibido trânsito de caminhões
**R-12** Proibido trânsito de bicicletas
**R-15** Altura máxima permitida

**R-8a** Proibido mudar de faixa ou pista de trânsito da esquerda para direita
**R-10** Proibido trânsito de veículos automotores
**R-13** Proibido trânsito de tratores e máquinas de obras
**R-16** Largura máxima permitida

CÓDIGO DE TRÂNSITO BRASILEIRO • 117

R-25d Siga em frente ou à direita
R-26 Siga em frente
R-27 - Ônibus, caminhões e veículos de grande porte mantenham-se à direita
R-28 Duplo sentido de circulação
R-29 Proibido trânsito de pedestres
R-30 Pedestre ande pela esquerda
R-31 Pedestre ande pela direita
R-32 Circulação exclusiva de ônibus
R-33 Sentido de circulação na rotatória
R-34 - Circulação exclusiva de bicicletas
R-35a - Ciclista, transite à esquerda
R-35b - Ciclista, transite à direita

R-36a Ciclistas à esquerda pedestres à direita
R-36b Pedestres à esquerda ciclistas à direita
R-37 - Proibido trânsito de motocicletas, motonetas e ciclomotores
R-38 Proibido trânsito de ônibus
R-39 Circulação exclusiva de caminhão
R-40 Trânsito proibido a carros de mão

### 1.1.5. Informações Complementares

Sendo necessário acrescentar informações para complementar os sinais de regulamentação, como período de validade, características e uso do veículo, condições de estacionamento, além de outras, deve ser utilizada uma placa adicional ou incorporada à placa principal, formando um só conjunto, na forma retangular, com as mesmas cores do sinal de regulamentação.

### Características das Informações Complementares

| Cor | |
|---|---|
| Fundo | Branca |
| Orla interna (opcional) | Vermelha |
| Orla externa | Branca |
| Tarja | Vermelha |
| Legenda | Preta |

Exemplos:

INÍCIO ←    TÉRMINO →    E    TAXI

Não se admite acrescentar informação complementar para os sinais R-1 - parada Obrigatória e R-2 - Dê a Preferência.

Nos casos em que houver símbolos, estes devem ter a forma e cores definidas em legislação específica.

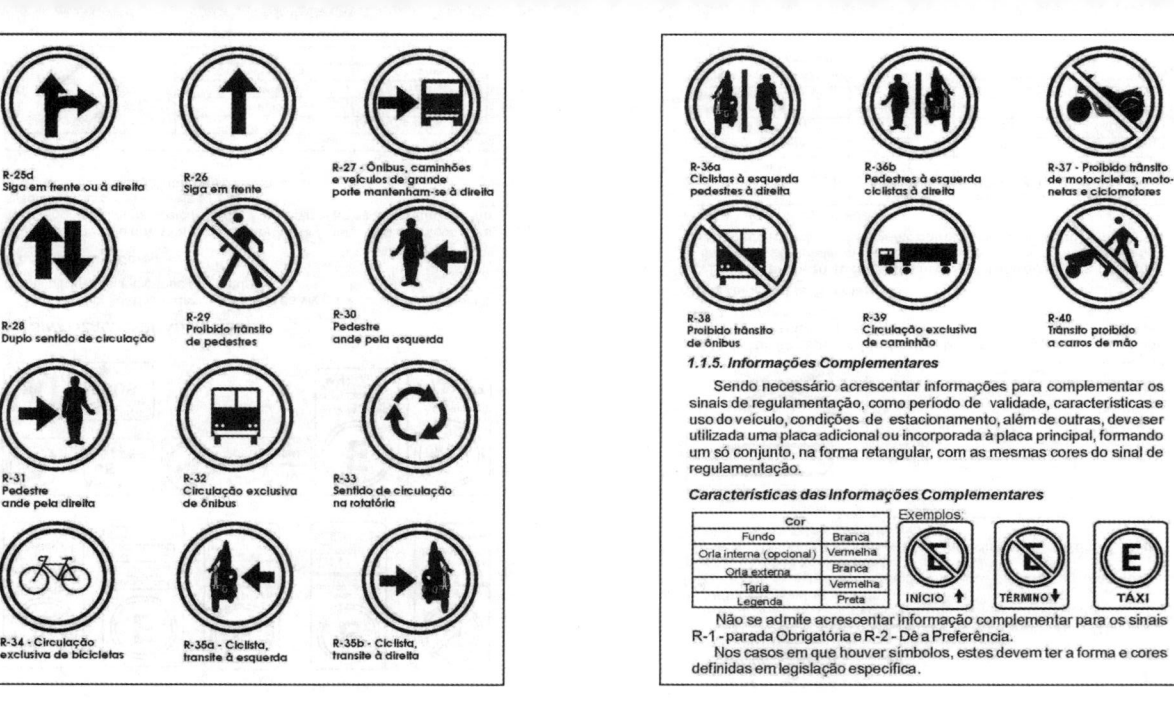

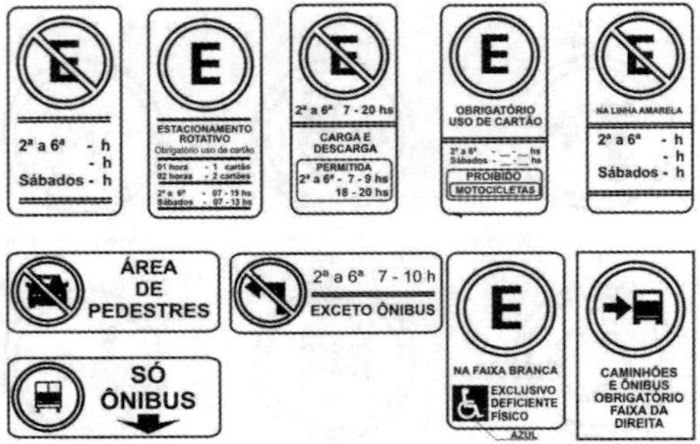

Constituem exceções:
* quanto à cor:
— o sinal A-24 - Obras, que possui fundo e orla externa na cor laranja;
— o sinal A-14 - Semáforo à frente, que possui símbolo nas cores preta, vermelha, amarela e verde;
— todos os sinais que, quando utilizados na sinalização de obras, possuem fundo na cor laranja;
* quanto à forma, os sinais A-26a - "Sentido Único", A-26b - "Sentido Duplo" e A-41 - "Cruz de Santo André".

| Sinal | | Cor | |
|---|---|---|---|
| Forma | Código | | |
| [retângulo] | A-26a<br>A-26b | Fundo<br>Orla interna<br>Orla externa<br>Seta | Amarela<br>Preta<br>Amarela<br>Preta |
| [cruz de Santo André] | A-41 | Fundo<br>Orla interna<br>Orla externa | Amarela<br>Preta<br>Amarela |

A sinalização Especial de Advertência e as Informações Complementares, cujas características são descritas nos itens 1.2.4. e 1.2.5, possuem a forma retangular.

### 1.2.2. Dimensões Mínimas

Devem ser observadas as dimensões mínimas dos sinais, conforme a via em que são implantados, considerando-se que o aumento no tamanho dos sinais implica em aumento nas dimensões de orlas e símbolos.

a) sinais de forma quadrada

| Via | Lado mínimo (m) | Orla externa mínima (m) | Orla interna mínima (m) |
|---|---|---|---|
| Urbana | 0,45 | 0,010 | 0,020 |
| Rural (estrada) | 0,50 | 0,010 | 0,020 |
| Rural (rodovia) | 0,60 | 0,010 | 0,020 |
| Áreas protegidas por legislação especial (*) | 0,30 | 0,006 | 0,012 |

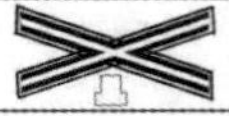

(*) relativa a patrimônio histórico, artístico, cultural, arquitetônico, arqueológico e natural
Obs.: Nos casos de placas de advertência desenhadas numa placa adicional, o lado mínimo pode ser de 0,300 m.

## 1.2. SINALIZAÇÃO DE ADVERTÊNCIA

Tem por finalidade alertar os usuários da via para condições potencialmente perigosas, indicando sua natureza.

### 1.2.1. Formas e Cores

A forma padrão dos sinais de advertência é quadrada, devendo uma das diagonais ficar na posição vertical. À sinalização de advertência estão associadas as cores amarela e preta.
Características dos Sinais de Advertência

| Forma | | Cor |
|---|---|---|
| [losango] | Fundo | Amarela |
| | Símbolo | Preta |
| | Orla interna | Preta |
| | Orla externa | Amarela |
| | Legenda | Preta |

### b) sinais de forma retangular

| Via | Lado maior mínimo (m) | Lado menor mínimo (m) | Orla externa mínima (m) | Orla interna mínima (m) |
|---|---|---|---|---|
| Urbana | 0,50 | 0,25 | 0,010 | 0,020 |
| Rural (estrada) | 0,80 | 0,40 | 0,010 | 0,020 |
| Rural (rodovia) | 1,00 | 0,50 | 0,010 | 0,020 |
| Áreas protegidas por legislação especial (*) | 0,40 | 0,20 | 0,006 | 0,012 |

(*) relativa a patrimônio histórico, artístico, cultural, arquitetônico, arqueológico e natural

### c) Cruz de Santo André

| Parâmetro | Variação |
|---|---|
| Relação entre dimensões de largura e comprimento dos braços | de 1:6 a 1:10 |
| Ângulos menores formados entre os dois braços | entre 45° e 55° |

## 1.2.3. Conjunto de Sinais de Advertência

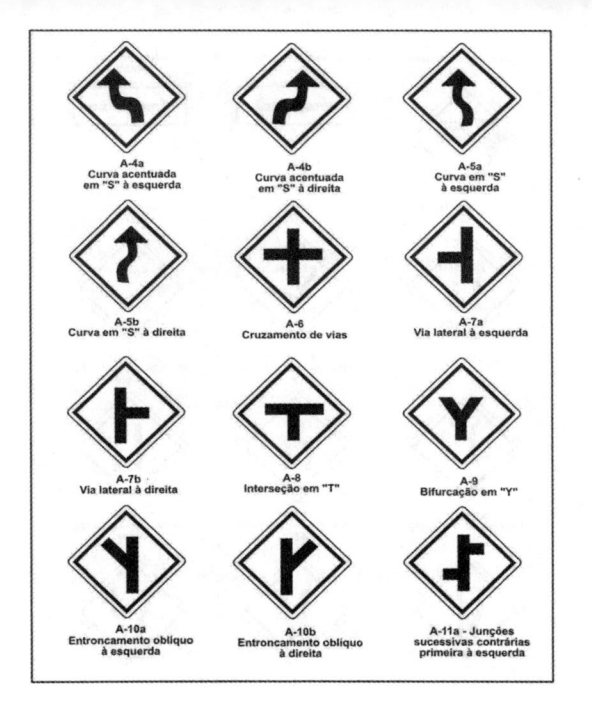

A-1a Curva acentuada à esquerda
A-1b Curva acentuada à direita 
A-2a Curva à esquerda 
A-2b Curva à direita 
A-3a Pista sinuosa à esquerda 
A-3b Pista sinuosa à direita 
A-4a Curva acentuada em "S" à esquerda
A-4b Curva acentuada em "S" à direita
A-5a Curva em "S" à esquerda
A-5b Curva em "S" à direita
A-6 Cruzamento de vias
A-7a Via lateral à esquerda
A-7b Via lateral à direita
A-8 Intersecção em "T"
A-9 Bifurcação em "Y"
A-10a Entroncamento oblíquo à esquerda
A-10b Entroncamento oblíquo à direita
A-11a - Junções sucessivas contrárias primeira à esquerda

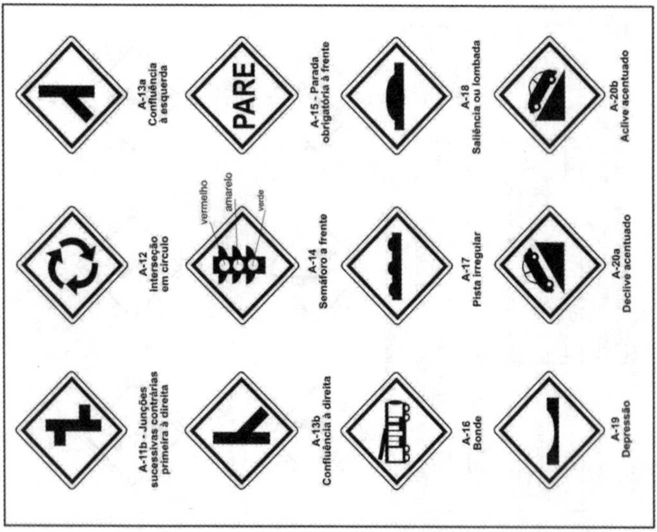


A-11b - Junções sucessivas contrárias primeira à direita

A-12 Interseção em círculo

A-13a Confluência à esquerda

A-13b Confluência à direita

A-14 Semáforo à frente

A-15 - Parada obrigatória à frente

A-16 Bonde

A-17 Pista irregular

A-18 Saliência ou lombada

A-19 Depressão

A-20a Declive acentuado

A-20b Aclive acentuado

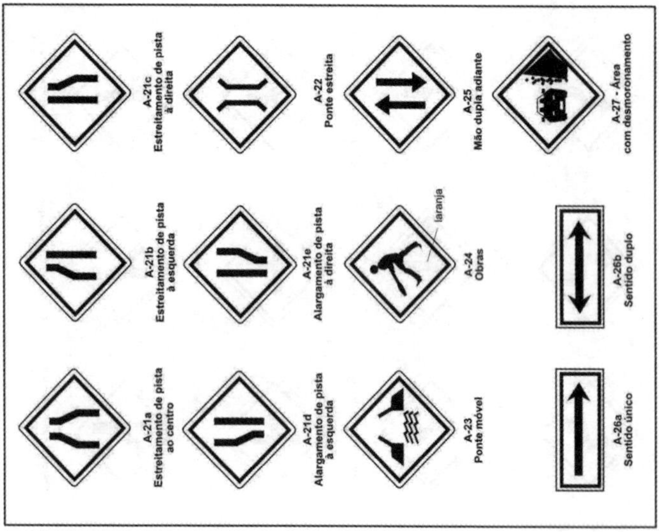


A-21a Estreitamento de pista ao centro

A-21b Estreitamento de pista à esquerda

A-21c Estreitamento de pista à direita

A-21d Alargamento de pista à esquerda

A-21e Alargamento de pista à direita

A-22 Ponte estreita

A-23 Ponte móvel

A-24 Obras

A-25 Mão dupla adiante

A-26a Sentido único

A-26b Sentido duplo

A-27 - Área com desmoronamento

CÓDIGO DE TRÂNSITO BRASILEIRO • 121

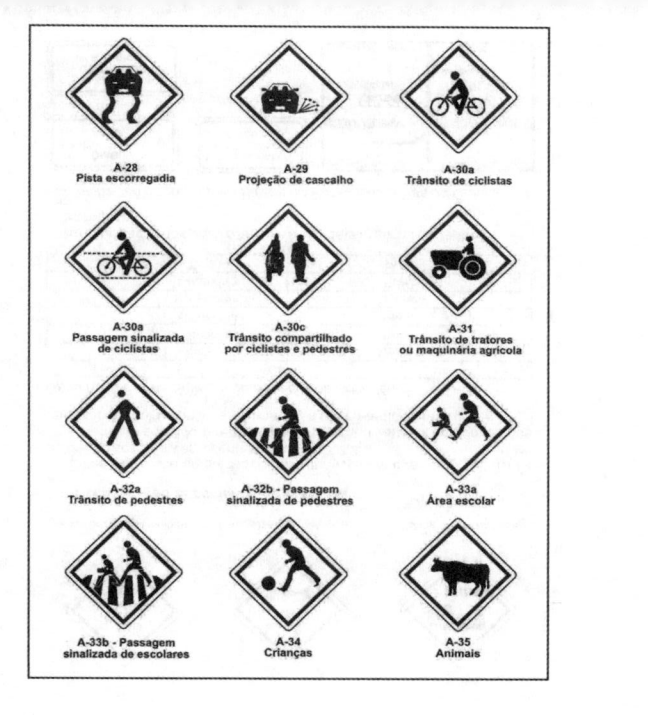

| | | |
|---|---|---|
| A-28 Pista escorregadia | A-29 Projeção de cascalho | A-30a Trânsito de ciclistas |
| A-30c Passagem sinalizada de ciclistas | A-30b Trânsito compartilhado por ciclistas e pedestres | A-31 Trânsito de tratores ou maquinária agrícola |
| A-32a Trânsito de pedestres | A-32b - Passagem sinalizada de pedestres | A-33a Área escolar |
| A-33b - Passagem sinalizada de escolares | A-34 Crianças | A-35 Animais |

| | | |
|---|---|---|
| A-36 Animais selvagens | A-37 Altura limitada | A-38 Largura limitada |
| A-39 Passagem de nível sem barreira | A-40 Passagem de nível com barreira | A-41 Cruz de Santo André |
| A-42a Início de pista dupla | A-42b Fim de pista dupla | A-42c Pista dividida |
| A-43 Aeroporto | A-44 Vento lateral | A-45 Rua sem saída |

A-46
Peso bruto total limitado

A-47
Peso limitado por eixo

A-48
Comprimento limitado

### 1.2.4. Sinalização Especial de Advertência

Estes sinais são empregados nas situações em que não é possível a utilização dos sinais apresentados no item 1.2.3.

O formato adotado é retangular, de tamanho variável em função das informações nelas contidas, e suas cores são amarela e preta.

*Características da Sinalização Especial de Advertência*

| | Cor |
|---|---|
| Fundo | Amarela |
| Símbolo | Preta |
| Orla interna | Preta |
| Orla externa | Amarela |
| Legenda | Preta |
| Tarja | Preta |

Na sinalização de obras, o fundo e a orla devem ser na cor laranja.
Exemplos:

*a) Sinalização Especial para Faixas ou Pistas Exclusivas de Ônibus*

ÔNIBUS
NO CONTRA FLUXO
A 100 m

FIM DA FAIXA
EXCLUSIVA
A 100 m

PISTA EXCLUSIVA
DE ÔNIBUS
A 150 m

*b) Sinalização Especial para Pedestres*

Pedestre:
veículos
nos dois sentidos

Pedestre:
bicicleta
nos dois sentidos

*c) Sinalização Especial de Advertência somente para rodovias, estradas e vias de trânsito rápido*

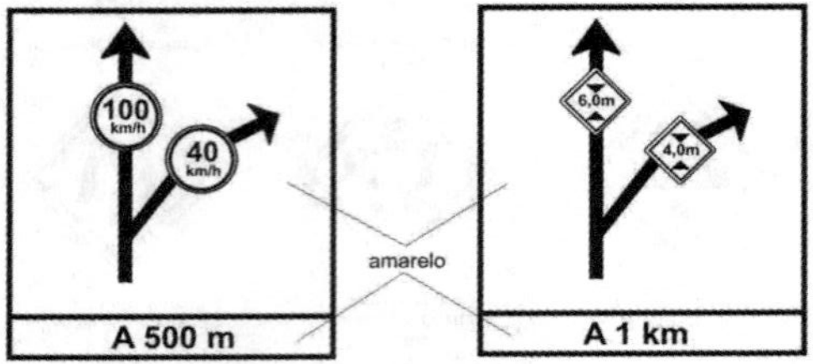

### 1.2.5. Informações Complementares

Havendo necessidade de fornecer informações complementares aos sinais de advertência, estas devem ser inscritas em placa adicional ou incorporada à placa principal formando um só conjunto, na forma retangular, admitida à exceção para a placa adicional contendo o número de linhas férreas que cruzam a pista. As cores da placa adicional devem ser as mesmas dos sinais de advertência.

*Características das Informações Complementares*

| | Cor |
|---|---|
| Fundo | Amarela |
| Orla interna | Preta |
| Orla externa | Amarela |
| Legenda | Preta |
| Tarja | Preta |

*Exemplos:*

| A 300 m | PRÓXIMOS 300 m | ÚLTIMA SAÍDA | PRÓXIMA QUADRA |

| ÚLTIMA SAÍDA A 50 m | ÚLTIMA SAÍDA A 200 m | ÚLTIMA SAÍDA |

número de linhas férreas

fundo amarelo

3,4m — Utilize desvio
fundo amarelo

FAIXA ADICIONAL A 500 m
fundo amarelo

fundo amarelo

LOMBADA
fundo amarelo

Na sinalização de obras, o fundo e a orla externa devem ser na cor laranja.

## 1.3. SINALIZAÇÃO DE INDICAÇÃO

Tem por finalidade identificar as vias e os locais de interesse, bem como orientar condutores de veículos quanto aos percursos, os destinos, as distâncias e os serviços auxiliares, podendo também ter como função a educação do usuário. Suas mensagens possuem caráter informativo ou educativo.

As placas de indicação estão divididas nos seguintes grupos:

### 1.3.1. Placas de Identificação

Posicionam o condutor ao longo do seu deslocamento, ou com relação a distâncias ou ainda aos locais de destino.

#### a) Placas de Identificação de Rodovias e Estradas

Características das Placas de Identificação de Rodovias e Estradas Pan-Americanas.

| Forma | Cor | | Dimensões mínimas (m) | |
|---|---|---|---|---|
| | Fundo | Branca | Altura | 0,45 |
| | Orla interna | Preta | Chanfro inclinado | 0,14 |
| | Orla externa | Branca | Largura superior | 0,44 |
| | Legenda | Preta | Largura inferior | 0,41 |
| | | | Orla interna | 0,02 |
| | | | Orla externa | 0,01 |

Características das Placas de Identificação de Rodovias e Estradas Federais

| Forma | Cor | | Dimensões mínimas (m) | |
|---|---|---|---|---|
| | Fundo | Branca | Largura | 0,40 |
| | Orla interna | Preta | Altura | 0,45 |
| | Orla externa | Branca | Orla interna | 0,02 |
| | Tarja | Preta | Orla externa | 0,01 |
| | Legendas | Preta | Tarja | 0,02 |

Exemplos:

| SP |
| BR 153 |

| MG |
| BR-116 |

Características das Placas de Identificação de Rodovias e Estradas Estaduais

| Forma | Cor | | Dimensões mínimas (m) | |
|---|---|---|---|---|
| | Fundo | Branca | Largura | 0,51 |
| | Orla interna | Preta | Altura | 0,45 |
| | Orla externa | Branca | Orla interna | 0,02 |
| | Legendas | Preta | Orla externa | 0,01 |

Exemplos:

**PR 410**   **SP 65**

b) *Placas de Identificação de Municípios*

Características das Placas de Identificação de Municípios

| Forma | Cor | | Dimensões mínimas (m) | |
|---|---|---|---|---|
| Retangular, com lado maior na horizontal | Fundo | Azul | Altura das letras | 0,20 (*) |
| | Orla interna | Branca | Orla interna | 0,02 |
| | Orla externa | Azul | Orla externa | 0,01 |
| | Legendas | Branca | | |

(*) áreas protegidas por legislação especial (patrimônio histórico, arquitetônico etc.), podem apresentar altura da letra inferior, desde que atenda os critérios de legibilidade.

Exemplos:

**FLORIANÓPOLIS**   **GOIÂNIA**

c) *Placas de Identificação de Regiões de Interesse de Tráfego e Logradouros*

A parte de cima da placa deve indicar o bairro ou avenida/rua da cidade. A parte de baixo a região ou zona em que o bairro ou avenida/rua estiver situado. Esta parte da placa é opcional.

Características das Placas de Identificação de Regiões de Interesse de Tráfego e Logradouros

| Forma | Cor | | Dimensões mínimas (m) | |
|---|---|---|---|---|
| Retangular | Fundo | Azul | Altura das letras | 0,10 |
| | Orla interna | Branca | Orla interna | 0,02 |
| | Orla externa | Azul | Orla externa | 0,01 |
| | Tarja | Branca | Tarja | 0,01 |
| | Legendas | Branca | | |

Exemplos:

**Lapa**   **Boqueirão**   **Moema**
**Getúlio Vargas**   **Zona Sul**
**Av. Navegantes**   **B. Ouro Preto**
**Regional Pampulha**

d) *Placas de Identificação Nominal de Pontes, Viadutos, Túneis e Passarelas*

Características das Placas de Identificação Nominal de Pontes, Viadutos, Túneis e Passarelas

| Forma | Cor | | Dimensões mínimas (m) | |
|---|---|---|---|---|
| Retangular, com lado maior na horizontal | Fundo | Azul | Altura das letras | 0,10 |
| | Orla interna | Branca | Orla interna | 0,02 |
| | Orla externa | Azul | Orla externa | 0,01 |
| | Tarja | Branca | Tarja | 0,01 |
| | Legendas | Branca | | |

Exemplos:

```
     Ponte
  Cidade Jardim
    Zona Sul
```

```
   Ponte sobre
 Rio São Francisco
  Extensão 450 m
```

### e) Placas de Identificação Quilométrica

Características das Placas de Identificação Quilométrica

| Forma | Cor | | Dimensões mínimas (m) | |
|---|---|---|---|---|
| Retangular, com lado maior na vertical | Fundo | Azul | Altura da letra | 0,150 |
| | Orla interna | Branca | Altura da letra (ponto cardeal) | 0,125 |
| | Orla externa | Azul | Altura do algarismo | 0,150 |
| | Tarja | Branca | Orla interna | 0,020 |
| | Legendas | Branca | Orla externa | 0,010 |
| | | | Tarja (*) | 0,010 |

(*) quando separar a informação adicional do ponto cardeal

Na utilização em vias urbanas as dimensões devem ser determinadas em função do local e do objetivo da sinalização.

Exemplos:

```
  NORTE
   km
   153
```

```
   km
   380
```

### f) Placas de Identificação de Limite de Municípios / Divisa de Estados / Fronteira / Perímetro Urbano

Características das Placas de Identificação de Limite de Municípios / Divisa de Estados / Fronteira / Perímetro Urbano

| Forma | Cor | | Dimensões mínimas (m) | |
|---|---|---|---|---|
| Retangular, com lado maior na horizontal | Fundo | Azul | Altura das letras | 0,12 |
| | Orla interna | Branca | Orla interna | 0,02 |
| | Orla externa | Azul | Orla externa | 0,01 |
| | Tarja | Branca | Tarja | 0,01 |
| | Legendas | Branca | | |

Exemplos:

```
 LIMITE DE MUNICÍPIOS
       Recife
      Jaboatão
```

```
  PERÍMETRO URBANO
   Pindamonhangaba
```

```
  DIVISA DE ESTADOS
     Minas Gerais
    Espírito Santo
```

```
      FRONTEIRA
        Brasil
       Argentina
```

### g) Placas de Pedágio

Características das Placas de Pedágio

| Forma | Cor | | Dimensões mínimas (m) | |
|---|---|---|---|---|
| Retangular, com lado maior na horizontal | Fundo | Azul | Altura das letras | 0,20 |
| | Orla interna | Branca | Orla interna | 0,02 |
| | Orla externa | Azul | Orla externa | 0,01 |
| | Tarja | Branca | Tarja | 0,01 |
| | Legendas | Branca | | |
| | Setas | Branca | | |

Exemplos:

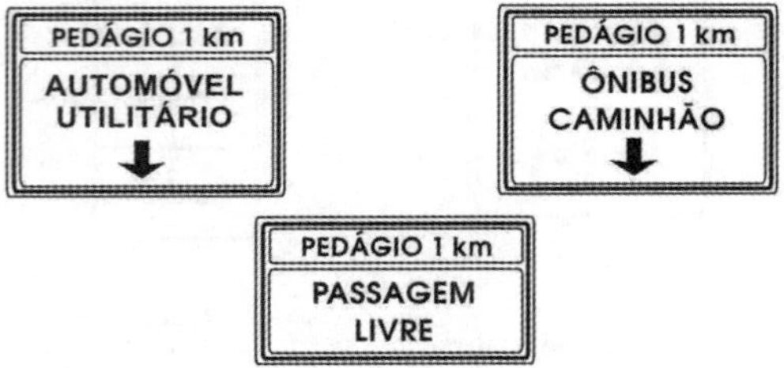

**PEDÁGIO 1 km**
AUTOMÓVEL
UTILITÁRIO →

**PEDÁGIO 1 km**
ÔNIBUS
CAMINHÃO →

**PEDÁGIO 1 km**
PASSAGEM
LIVRE

### 1.3.2. Placas de Orientação de Destino

Indicam ao condutor a direção que o mesmo deve seguir para atingir determinados lugares, orientando seu percurso e/ou distâncias.

a) *Placas Indicativas de Sentido (Direção)*

Características das Placas Indicativas de Sentido

| Forma | Mensagens de Localidades | | Mensagens de nomes de Rodovias / Estradas ou Associadas aos seus Símbolos | |
|---|---|---|---|---|
| | Cor | | Cor | |
| | Fundo | Verde | Fundo | Azul |
| Retangular, com lado maior na horizontal | Orla interna | Branca | Orla interna | Branca |
| | Orla externa | Verde | Orla externa | Azul |
| | Tarja | Branca | Tarja | Branca |
| | Legendas | Branca | Legendas | Branca |
| | Setas | Branca | Setas | Branca |
| | Símbolos | ---- | De acordo com a rodovia/estrada | |

| Dimensões mínimas (m) | | |
|---|---|---|
| Altura das letras | VIA URBANA | 0,125 (*) |
| | VIA RURAL | 0,150 (*) |
| Orla interna | | 0,020 |
| Orla externa | | 0,010 |
| Tarja | | 0,010 |

(*) *áreas protegidas por legislação especial (patrimônio histórico, arquitetônico etc.), podem apresentar altura de letra inferior, desde que atenda os critérios de legibilidade.*

Exemplos:

CEAGESP ↗ — fundo verde
← Inst. Butantã

← São Luiz — fundo verde
Teresina →

Zona Norte → — fundo verde

Barra ↑ — fundo verde
↑ R. Vermelho

Zona Leste ↗ — fundo verde
↗ Dutra — fundo azul

RETORNO ↗ — fundo verde

↖ Dutra — fundo azul
Fernão Dias

↖ Zona Oeste — fundo verde
↓ Centro
Zona Norte

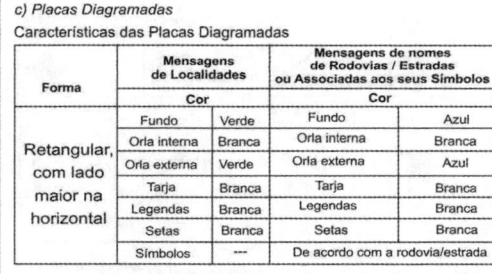

## b) Placas Indicativas de Distância

Características das Placas Indicativas de Distância

| Forma | Mensagens de Localidades | | Mensagens de nomes de Rodovias / Estradas ou Associadas aos seus Símbolos | |
|---|---|---|---|---|
| | Cor | | Cor | |
| Retangular, com lado maior na horizontal | Fundo | Verde | Fundo | Azul |
| | Orla interna | Branca | Orla interna | Branca |
| | Orla externa | Verde | Orla externa | Azul |
| | Tarja | Branca | Tarja | Branca |
| | Legendas | Branca | Legendas | Branca |
| | Símbolos | --- | De acordo com a rodovia/estrada | |

| Dimensões mínimas (m) | | |
|---|---|---|
| Altura das letras | VIA URBANA | 0,125 (*) |
| | VIA RURAL | 0,150 (*) |
| Orla interna | | 0,020 |
| Orla externa | | 0,010 |
| Tarja | | 0,010 |

(*) áreas protegidas por legislação especial (patrimônio histórico, arquitetônico etc.), podem apresentar altura de letra inferior, desde que atenda os critérios de legibilidade.

Exemplos:

Dutra 10 km — fundo azul

Brasília 79 km — fundo verde

Vitória 80 km / Guarapari 125 km

S. J. dos Campos 16 km / Caraguatuba 85 km / Campos do Jordão 95 km — fundo verde

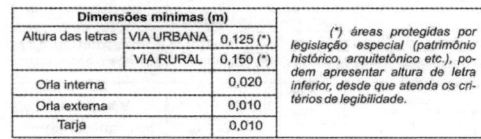

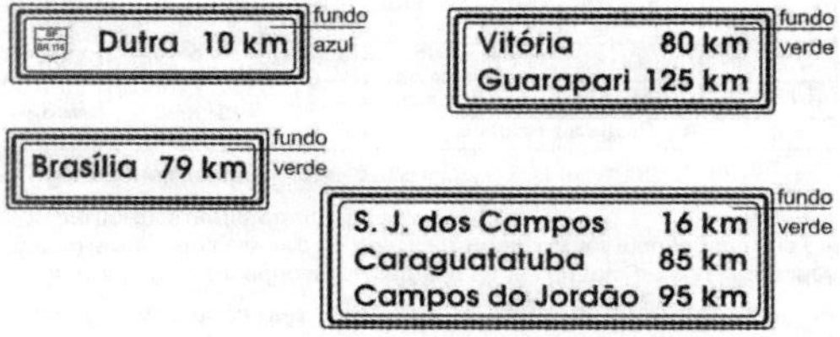

## c) Placas Diagramadas

Características das Placas Diagramadas

| Forma | Mensagens de Localidades | | Mensagens de nomes de Rodovias / Estradas ou Associadas aos seus Símbolos | |
|---|---|---|---|---|
| | Cor | | Cor | |
| Retangular, com lado maior na horizontal | Fundo | Verde | Fundo | Azul |
| | Orla interna | Branca | Orla interna | Branca |
| | Orla externa | Verde | Orla externa | Azul |
| | Tarja | Branca | Tarja | Branca |
| | Legendas | Branca | Legendas | Branca |
| | Setas | Branca | Setas | Branca |
| | Símbolos | --- | De acordo com a rodovia/estrada | |

| Dimensões mínimas (m) | | |
|---|---|---|
| Altura das letras | VIA URBANA | 0,125 (*) |
| | VIA RURAL | 0,150 (*) |
| Orla interna | | 0,020 |
| Orla externa | | 0,010 |
| Tarja | | 0,010 |

(*) áreas protegidas por legislação especial (patrimônio histórico, arquitetônico etc.), podem apresentar altura de letra inferior, desde que atenda os critérios de legibilidade.

Exemplos:

Rio de Janeiro / Jacareí / Sta. Branca / Salesópolis — A 500 m — fundo verde

Jd. Flamboyant / Sousas / Av. Anchieta / Prefeitura — fundo verde

Dutra / Zona Norte / Centro — fundo azul

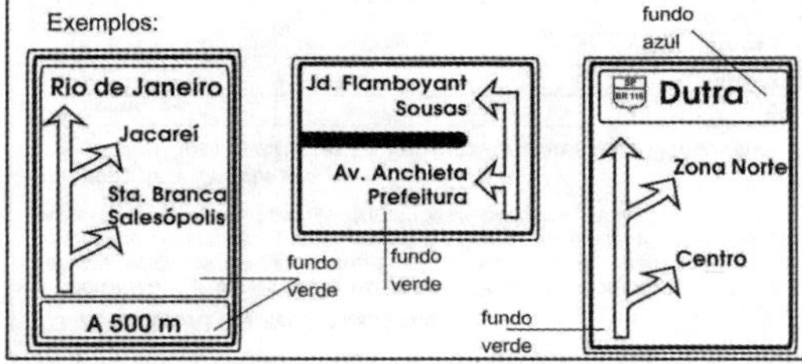

## 1.3.3. Placas Educativas

Tem a função de educar os usuários da via quanto ao seu comportamento adequado e seguro no trânsito. Podem conter mensagens que reforçam normas gerais de circulação e conduta.

Características das Placas Educativas

| Forma | Cor | | Dimensões mínimas (m) | | |
|---|---|---|---|---|---|
| | Fundo | Branca | Altura da letra (placas para condutores) | VIA URBANA | VIA RURAL |
| Re- | Orla interna | Preta | | 0,125 (*) | 0,150 (*) |
| tan- | Orla externa | Branca | Altura das letras (placas para pedestres) | 0,050 | |
| gular | Tarja | Preta | Orla interna | 0,020 | |
| | Legendas | Preta | Orla externa | 0,010 | |
| | Pictograma | Preta | Tarja | 0,010 | |
| | | | Pictograma | 0,200 x 0,200 | |

(*) áreas protegidas por legislação especial (patrimônio histórico, arquitetônico etc.), podem apresentar altura de letra inferior, desde que atenda os critérios de legibilidade.

Exemplos:

| MOTOCICLISTA USE SEMPRE O CAPACETE | MOTOCICLISTA TRAFEGUE SOMENTE COM O FAROL ACESO | USE O CINTO DE SEGURANÇA |
|---|---|---|
| NÃO FECHE O CRUZAMENTO | Utilize a Passagem Protegida | Pedestre Use a Passarela |
| Pedestre Atravesse na Faixa | | Utilize a Passagem Subterrânea |

## 1.3.4. Placas de Serviços Auxiliares

Indicam aos usuários da via os locais onde os mesmos podem dispor dos serviços indicados, orientando sua direção ou identificando estes serviços.

Quando num mesmo local encontra-se mais de um tipo de serviço, os respectivos símbolos podem ser agrupados numa única placa.

### a) Placas para Condutores

Características das Placas de Serviços Auxiliares para Condutores

| Forma | | Cor |
|---|---|---|
| Placa: retangular, | Fundo | Azul |
| | Quadro interno | Branca |
| | Seta | Branca |
| | Legenda | Branca |
| Quadro interno: quadrada | Pictograma | Fundo Branca |
| | | Figura Preta |

Constitui exceção a placa indicativa de "Pronto Socorro" onde o Símbolo deve ser vermelho.

| | Dimensões mínimas (m) | |
|---|---|---|
| | VIA URBANA | 0,20 x 0,20 |
| Quadro interno | VIA RURAL | 0,40 x 0,40 |

Exemplos de Pictogramas:

| S-1 Área de estacionamento | S-2 Serviço telefônico | S-3 Serviço mecânico | S-4 Abastecimento |
|---|---|---|---|
| S-5 vermelho Pronto Socorro | S-6 Terminal rodoviário | S-7 Restaurante | S-8 Borracheiro |

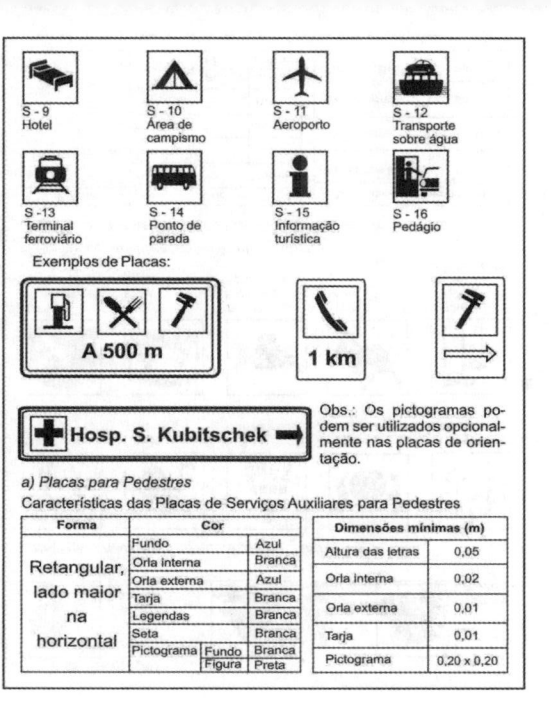

S - 9 Hotel
S - 10 Área de campismo
S - 11 Aeroporto
S - 12 Transporte sobre água
S - 13 Terminal ferroviário
S - 14 Ponto de parada
S - 15 Informação turística
S - 16 Pedágio

Exemplos de Placas:

A 500 m

Hosp. S. Kubitschek

1 km

Obs.: Os pictogramas podem ser utilizados opcionalmente nas placas de orientação.

a) Placas para Pedestres
Características das Placas de Serviços Auxiliares para Pedestres

| Forma | Cor | | Dimensões mínimas (m) | |
|---|---|---|---|---|
| Retangular, lado maior na horizontal | Fundo | Azul | Altura das letras | 0,05 |
| | Orla interna | Branca | Orla interna | 0,02 |
| | Orla externa | Azul | Orla externa | 0,01 |
| | Tarja | Branca | Tarja | 0,01 |
| | Legendas | Branca | Pictograma | 0,20 x 0,20 |
| | Seta | Branca | | |
| | Pictograma | Fundo | Branca | |
| | | Figura | Preta | |

Exemplos:

Travessia de Pedestres
Travessia de Pedestres
Travessia de Pedestres
Travessia de Pedestres

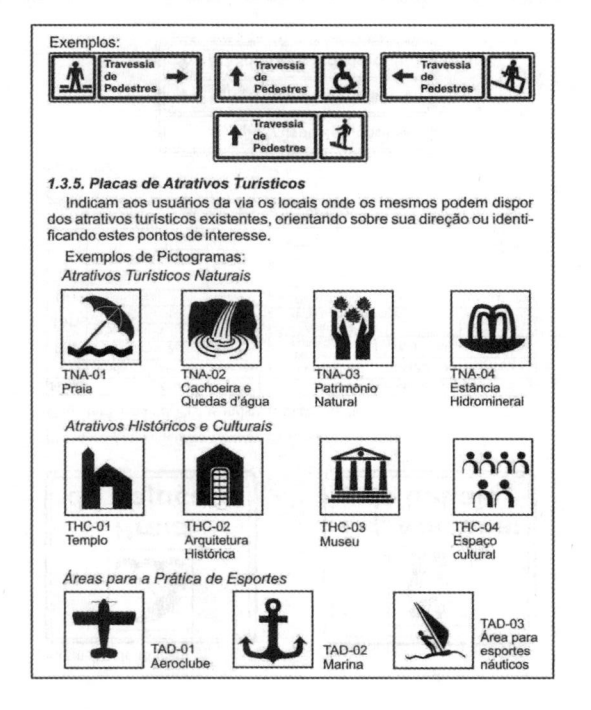

### 1.3.5. Placas de Atrativos Turísticos

Indicam aos usuários da via os locais onde os mesmos podem dispor dos atrativos turísticos existentes, orientando sobre sua direção ou identificando estes pontos de interesse.

Exemplos de Pictogramas:
*Atrativos Turísticos Naturais*

TNA-01 Praia
TNA-02 Cachoeira e Quedas d'água
TNA-03 Patrimônio Natural
TNA-04 Estância Hidromineral

*Atrativos Históricos e Culturais*

THC-01 Templo
THC-02 Arquitetura Histórica
THC-03 Museu
THC-04 Espaço cultural

*Áreas para a Prática de Esportes*

TAD-01 Aeroclube
TAD-02 Marina
TAD-03 Área para esportes náuticos

*Áreas de Recreação*

TAR-01 Área de Descanso
TAR-02 Barco de Passeio
TAR-03 Parque

*Locais para Atividades de Interesse Turístico*

TIT-01 Festas Populares
TIT-02 Teatro
TIT-03 Convenções
TIT-04 Artesanato
TIT-05 Zoológico
TIT-06 Planetário
TIT-07 Feira Típica
TIT-08 Exposição Agropecuária
TIT-09 Rodeio
TIT-10 Pavilhão de Feiras e Exposições

a) *Placas de Identificação de Atrativo Turístico*

Características das Placas de Identificação de Atrativo Turístico

| Forma | Cor | | Dimensões mínimas (m) | |
|---|---|---|---|---|
| Retangular | Fundo | Marrom | Altura das letras | 0,10 |
| | Orla interna | Branca | Pictograma | 0,40 x 0,40 |
| | Orla externa | Marrom | Orla interna | 0,02 |
| | Legendas | Branca | Orla externa | 0,01 |
| | Pictograma | Fundo | Branca | |
| | | Figura | Preta | |

Exemplos de Placas:

[Praia de Pajuçara]  [Pq. Nacional de Itatiaia]

b) *Placas Indicativas de Sentido de Atrativo Turístico*

Características de Placas Indicativas de Sentido

| Forma | Cor | | Dimensões mínimas (m) | |
|---|---|---|---|---|
| Retangular | Fundo | Marrom | Altura da letra (placas para condutores) VIA URBANA | 0,125 (*) |
| | Orla interna | Branca | Altura da letra (placas para condutores) VIA RURAL | 0,150 (*) |
| | Orla externa | Marrom | Altura da letra (placas para pedestres) | 0,050 |
| | Tarja | Branca | Pictograma | 0,200 x 0,200 |
| | Legendas | Branca | Orla interna | 0,020 |
| | Setas | Branca | Orla externa | 0,010 |
| | Pictograma | Fundo | Branca | Tarja | 0,010 |
| | | Figura | Preta | | |

(*) áreas protegidas por legislação especial (patrimônio histórico, arquitetônico etc.), podem apresentar altura da letra inferior, desde que atenda os critérios de legibilidade.

Exemplos:

→ 🏛 Museu Regional ↑
↓ ⛪ Igr. Bom Jesus do Bonfim
← 🏠 Sobrados Mouriscos

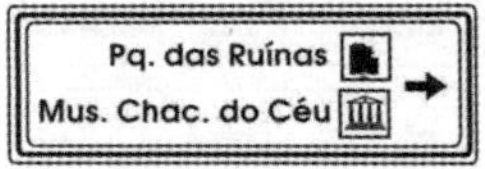

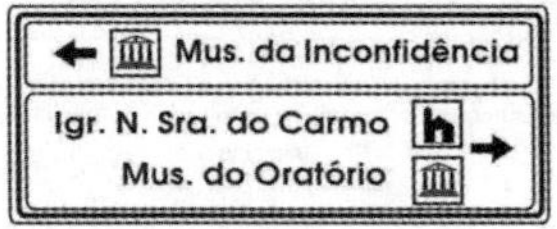

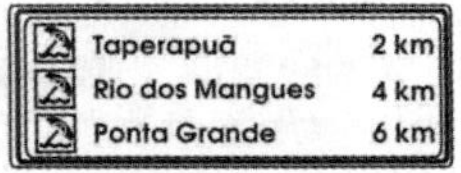

## 2. SINALIZAÇÃO HORIZONTAL

É um subsistema da sinalização viária que se utiliza de linhas, marcações, símbolos e legendas, pintados ou apostos sobre o pavimento das vias.

Têm como função organizar o fluxo de veículos e pedestres; controlar e orientar os deslocamentos em situações com problemas de geometria, topografia ou frente a obstáculos; complementar os sinais verticais de regulamentação, advertência ou indicação. Em casos específicos, tem poder de regulamentação.

### 2.1. CARACTERÍSTICAS

A sinalização horizontal mantém alguns padrões cuja mescla e a forma de coloração na via definem os diversos tipos de sinais.

#### 2.1.1. Padrão de Traçado

Seu padrão de traçado pode ser:
— CONTÍNUO: são as linhas sem interrupção pelo trecho da via onde estão demarcando; podem estar longitudinalmente ou transversalmente apostadas à via.
— TRACEJADO ou SECCIONADO: são linhas interrompidas, com espaçamentos respectivamente de extensão igual ou maior que o traço.
— SÍMBOLOS e LEGENDAS: são informações escritas ou desenhadas no pavimento, indicando uma situação ou complementando sinalização vertical existente.

#### 2.1.2. Cores

A sinalização horizontal se apresenta em cinco cores:
— AMARELA: utilizada na regulação de fluxos de sentidos opostos; na delimitação de espaços proibidos para estacionamento e/ou parada e na marcação de obstáculos.
— VERMELHA: utilizada para propiciar contraste, quando necessário, entre a marca viária e o pavimento das ciclofaixas e/ou ciclovias, na parte interna destas, associada à linha de bordo branca ou de linha de divisão de fluxo de mesmo sentido e nos símbolos de hospitais e farmaciais (cruz).
— BRANCA: utilizada na regulação de fluxos de mesmo sentido; na delimitação de trechos de vias, destinados ao estacionamento regulamentado de veículos em condições especiais; na marcação de faixas de travessias de pedestres; símbolos e legendas.
— AZUL: utilizada nas pinturas de símbolos de pessoas portadores de deficiências física, em áreas especiais de estacionamento ou de parada para embarque e desembarque.
— PRETA: utilizada para propiciar contraste entre o pavimento e a pintura.

---

c) *Placas Indicativas de Distância de Atrativos Turísticos*

Características das Placas Indicativas de Distância de Atrativos Turísticos

| Forma | Cor | | Dimensões mínimas (m) | |
|---|---|---|---|---|
| | Fundo | Marrom | Altura da letra (placas para condutores) | VIA URBANA 0,125 (*) |
| Re- | Orla interna | Branca | | VIA RURAL 0,150 (*) |
| tan- | Orla externa | Marrom | Altura da letra (placas para pedestres) | 0,050 |
| gu- | Legendas | Branca | Pictograma | 0,200 x 0,200 |
| lar | Pictograma Fundo | Branca | Orla interna | 0,020 |
| | Figura | Preta | Orla externa | 0,010 |

(*) áreas protegidas por legislação especial (patrimônio histórico, arquitetônico etc.), podem apresentar altura da letra inferior, desde que atenda os critérios de legibilidade.

Exemplos:

Para identificação da cor, neste documento, é adotada a seguinte convenção:

■ cor amarela
☐ cor branca

↕↑ sentido de circulação

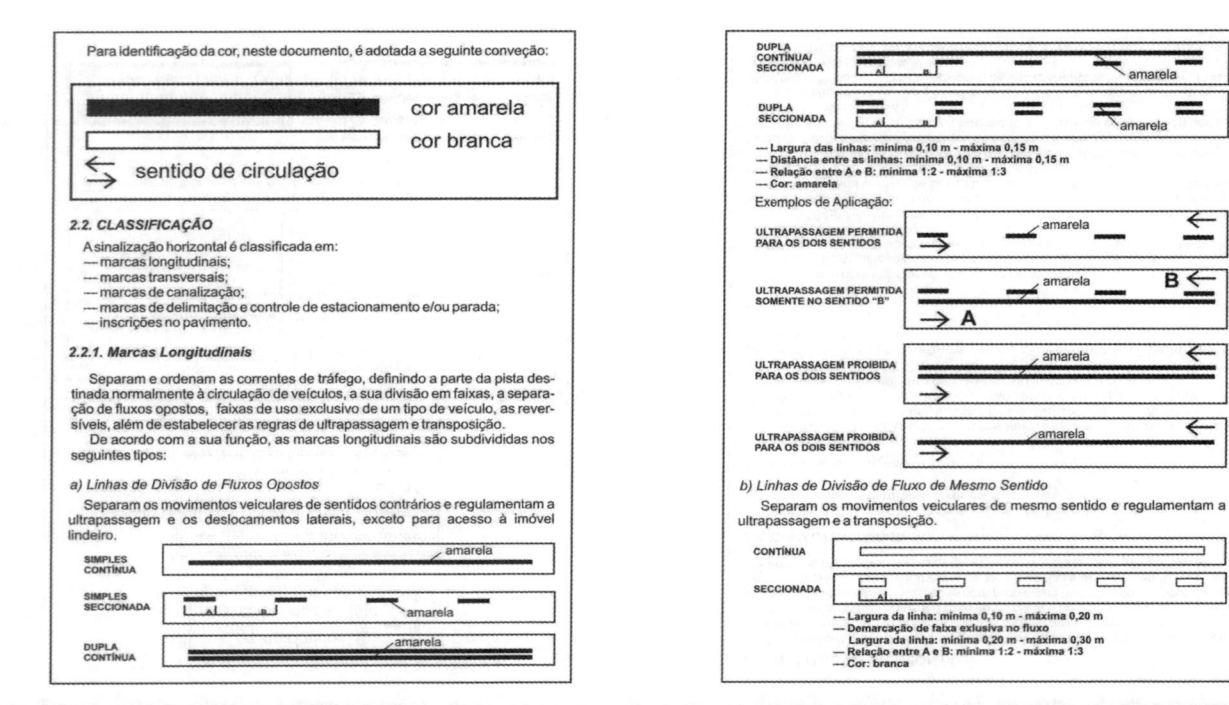

## 2.2. CLASSIFICAÇÃO

A sinalização horizontal é classificada em:
— marcas longitudinais;
— marcas transversais;
— marcas de canalização;
— marcas de delimitação e controle de estacionamento e/ou parada;
— inscrições no pavimento.

### 2.2.1. Marcas Longitudinais

Separam e ordenam as correntes de tráfego, definindo a parte da pista destinada normalmente à circulação de veículos, a sua divisão em faixas, a separação de fluxos opostos, faixas de uso exclusivo de um tipo de veículo, as reversíveis, além de estabelecer as regras de ultrapassagem e transposição.

De acordo com a sua função, as marcas longitudinais são subdivididas nos seguintes tipos:

#### a) Linhas de Divisão de Fluxos Opostos

Separam os movimentos veiculares de sentidos contrários e regulamentam a ultrapassagem e os deslocamentos laterais, exceto para acesso à imóvel lindeiro.

SIMPLES CONTÍNUA

SIMPLES SECCIONADA — amarela

DUPLA CONTÍNUA — amarela

DUPLA CONTÍNUA/SECCIONADA — amarela

DUPLA SECCIONADA — amarela

— Largura das linhas: mínima 0,10 m - máxima 0,15 m
— Distância entre as linhas: mínima 0,10 m - máxima 0,15 m
— Relação entre A e B: mínima 1:2 - máxima 1:3
— Cor: amarela

Exemplos de Aplicação:

ULTRAPASSAGEM PERMITIDA PARA OS DOIS SENTIDOS

ULTRAPASSAGEM PERMITIDA SOMENTE NO SENTIDO "B"

ULTRAPASSAGEM PROIBIDA PARA OS DOIS SENTIDOS

ULTRAPASSAGEM PROIBIDA PARA OS DOIS SENTIDOS

#### b) Linhas de Divisão de Fluxo de Mesmo Sentido

Separam os movimentos veiculares de mesmo sentido e regulamentam a ultrapassagem e a transposição.

CONTÍNUA

SECCIONADA

— Largura da linha: mínima 0,10 m - máxima 0,20 m
— Demarcação de faixa exclusiva no fluxo
— Largura da linha: mínima 0,20 m - máxima 0,30 m
— Relação entre A e B: mínima 1:2 - máxima 1:3
— Cor: branca

Exemplo de aplicação:

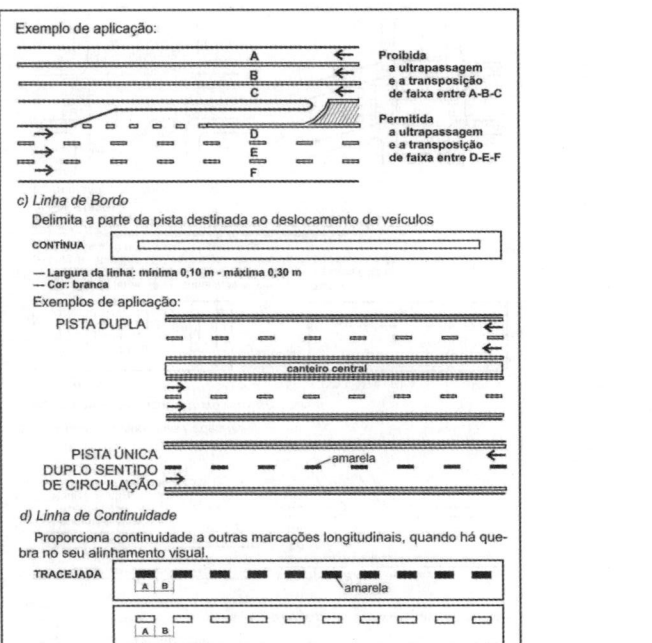

| | |
|---|---|
| A | Proibida |
| B | a ultrapassagem |
| C | e a transposição de faixa entre A-B-C |
| D | Permitida |
| E | a ultrapassagem |
| F | e a transposição de faixa entre D-E-F |

c) *Linha de Bordo*

Delimita a parte da pista destinada ao deslocamento de veículos

CONTÍNUA

— Largura da linha: mínima 0,10 m - máxima 0,30 m
— Cor: branca

Exemplos de aplicação:

PISTA DUPLA

PISTA ÚNICA
DUPLO SENTIDO
DE CIRCULAÇÃO

d) *Linha de Continuidade*

Proporciona continuidade a outras marcações longitudinais, quando há quebra no seu alinhamento visual.

TRACEJADA

— Largura da linha: a mesma da linha à qual dá continuidade
— Relação entre A e B = 1:1
— Cor branca quando dá continuidade a linhas brancas;
 cor amarela, quando dá continuidade a linhas amarelas.

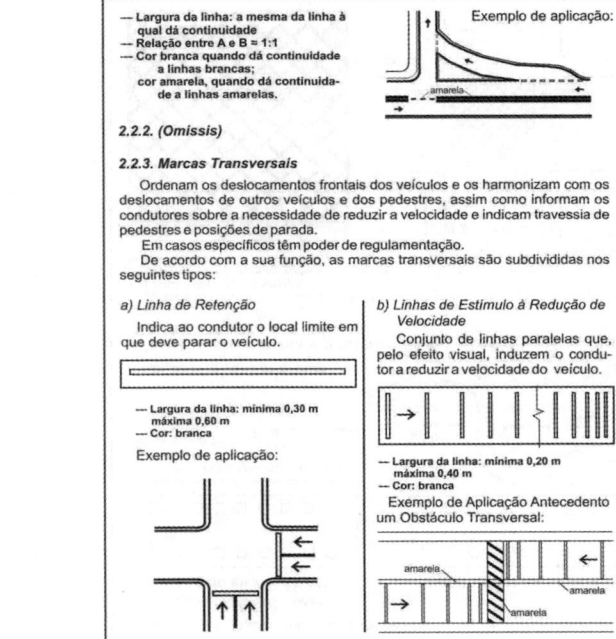

### 2.2.2. *(Omissis)*

### 2.2.3. *Marcas Transversais*

Ordenam os deslocamentos frontais dos veículos e os harmonizam com os deslocamentos de outros veículos e dos pedestres, assim como informam os condutores sobre a necessidade de reduzir a velocidade e indicam travessia de pedestres e posições de parada.

Em casos específicos têm poder de regulamentação.

De acordo com a sua função, as marcas transversais são subdivididas nos seguintes tipos:

a) *Linha de Retenção*

Indica ao condutor o local limite em que deve parar o veículo.

— Largura da linha: mínima 0,30 m
 máxima 0,60 m
— Cor: branca

Exemplo de aplicação:

b) *Linhas de Estímulo à Redução de Velocidade*

Conjunto de linhas paralelas que, pelo efeito visual, induzem o condutor a reduzir a velocidade do veículo.

— Largura da linha: mínima 0,20 m
 máxima 0,40 m
— Cor: branca

Exemplo de Aplicação Antecedento um Obstáculo Transversal:

Exemplo de aplicação:

## c) Linha de "Dê a Preferência"

Indica ao condutor o local limite em que deve parar o veículo, quando necessário, em locais sinalizados com a placa R-2.

- Largura da Linha:
  minima 0,20 m
  máxima 0,40 m
- Relação entre A e B = 1:1
- Dimensões recomendadas:
  A = 0,50 m - B = 0,50 m
- Cor: branca

Exemplo de Aplicação:

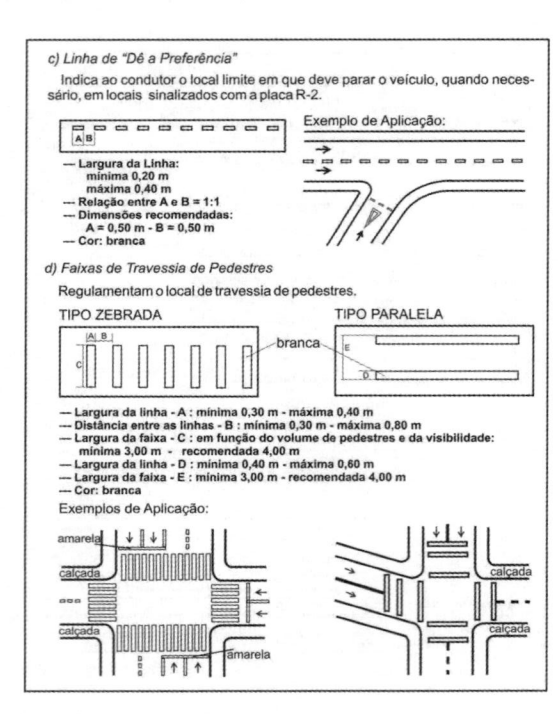

## d) Faixas de Travessia de Pedestres

Regulamentam o local de travessia de pedestres.

TIPO ZEBRADA

TIPO PARALELA

- Largura da linha - A : mínimo 0,30 m - máxima 0,40 m
- Distância entre as linhas - B : mínima 0,30 m - máxima 0,80 m
- Largura da faixa - C : em função do volume de pedestres e da visibilidade:
  mínima 3,00 m - recomendada 4,00 m
- Largura da linha - D : mínima 0,40 m - máxima 0,60 m
- Largura da faixa - E : mínima 3,00 m - recomendada 4,00 m
- Cor: branca

Exemplos de Aplicação:

## e) Marcação de Cruzamentos Rodocicloviários

Regulamenta o local de travessia de ciclistas.

CRUZAMENTO EM ÂNGULO RETO

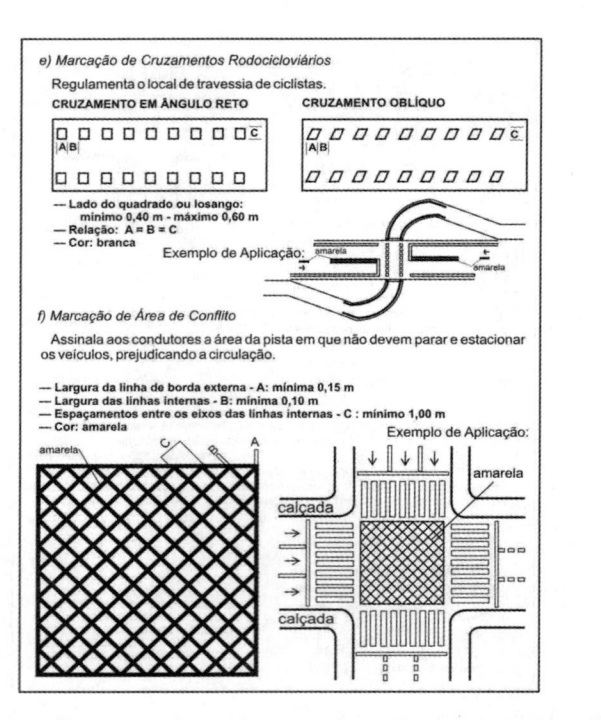

CRUZAMENTO OBLÍQUO

- Lado do quadrado ou losango:
  mínimo 0,40 m - máximo 0,60 m
- Relação: A = B = C
- Cor: branca

Exemplo de Aplicação:

## f) Marcação de Área de Conflito

Assinala aos condutores a área da pista em que não devem parar ou estacionar os veículos, prejudicando a circulação.

- Largura da linha de borda externa - A: mínima 0,15 m
- Largura das linhas internas - B: mínima 0,10 m
- Espaçamentos entre os eixos das linhas internas - C : mínimo 1,00 m
- Cor: amarela

Exemplo de Aplicação:

g) Marcação de Área de Cruzamento com Faixa Exclusiva

Indica ao condutor a existência de faixa(s) exclusiva(s).

– Lado do quadrado: mínimo 1,00 m
– Cor:
  amarela - para faixas exclusivas no contrafluxo
  branca - para faixas exclusivas no fluxo

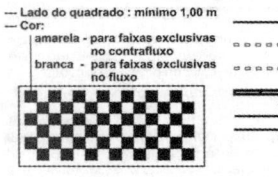

Exemplo de Aplicação:

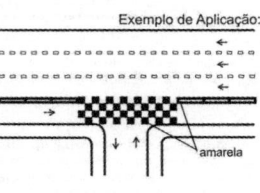

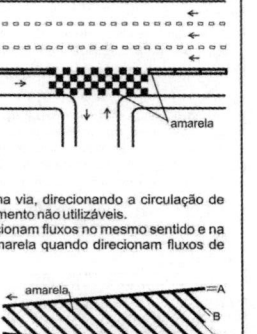

### 2.2.4. Marcas de Canalização

Orientam os fluxos de tráfego em uma via, direcionando a circulação de veículos. Regulamentam as áreas de pavimento não utilizáveis.

Devem ser na cor branca quando direcionam fluxos no mesmo sentido e na cor amarela quando direcionam fluxos de sentidos opostos.

SEPARAÇÃO DE FLUXO DE TRÁFEGO DE SENTIDOS OPOSTOS

SEPARAÇÃO DE FLUXO DE TRÁFEGO DO MESMO SENTIDO

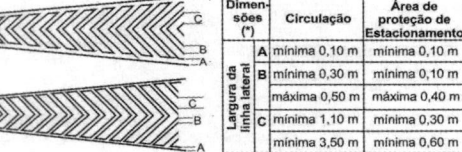

| Dimensões (*) | | Circulação | Área de proteção de Estacionamento |
|---|---|---|---|
| Largura da linha lateral | A | mínima 0,10 m | mínima 0,10 m |
| | B | mínima 0,30 m<br>máxima 0,50 m | mínima 0,10 m<br>máxima 0,40 m |
| | C | mínima 1,10 m<br>mínima 3,50 m | mínima 0,30 m<br>mínima 0,60 m |

Exemplos de Aplicação:

ORDENAÇÃO DE MOVIMENTOS EM TREVOS COM ALÇAS E FAIXAS DE ACELERAÇÃO/DESACELERAÇÃO

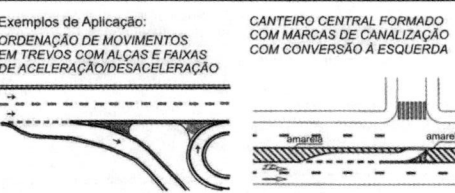

ORDENAÇÃO DE MOVIMENTO EM RETORNOS COM FAIXA ADICIONAL PARA O MOVIMENTO

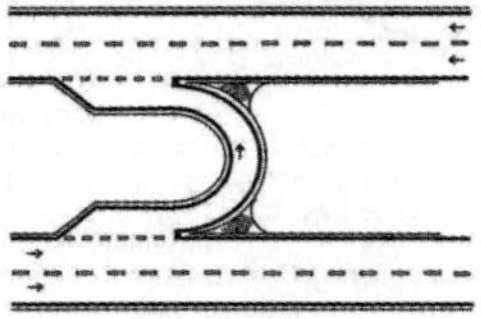

ILHAS DE CANALIZAÇÃO E REFÚGIO PARA PEDESTRES

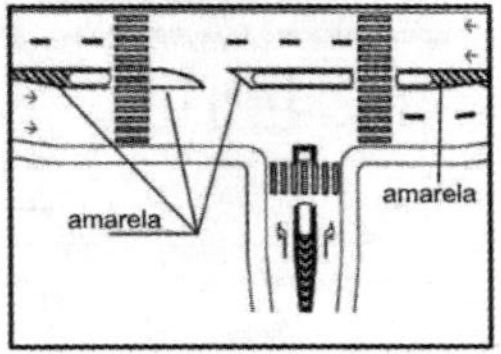

CANTEIRO CENTRAL FORMADO COM MARCAS DE CANALIZAÇÃO COM CONVERSÃO À ESQUERDA

MARCA DE ALTERNÂNCIA DO MOVIMENTO DE FAIXAS POR SENTIDO

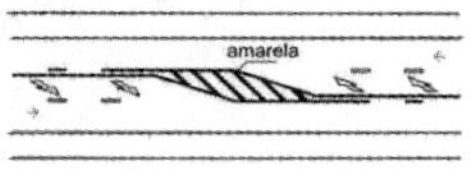

ILHAS DE CANALIZAÇÃO ENVOLVENDO OBSTÁCULOS NA PISTA

SENTIDO ÚNICO

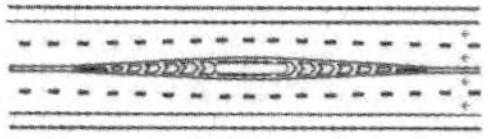

SENTIDO DUPLO

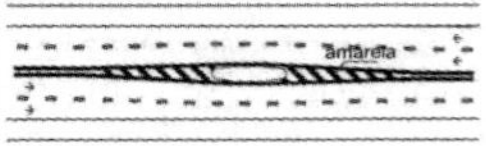

ACOMODAÇÃO PARA INÍCIO DE CANTEIRO CENTRAL
SENTIDO DUPLO / SENTIDO ÚNICO

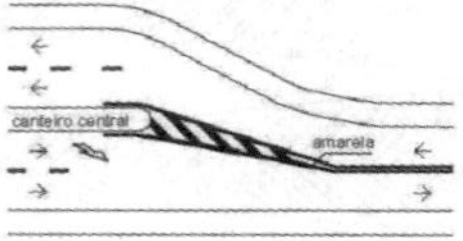

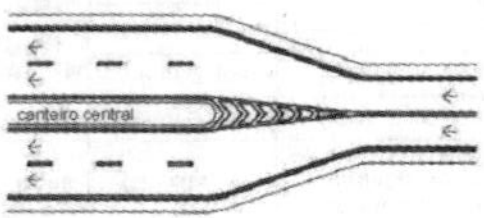

PROTEÇÃO DE ÁREAS DE ESTACIONAMENTO

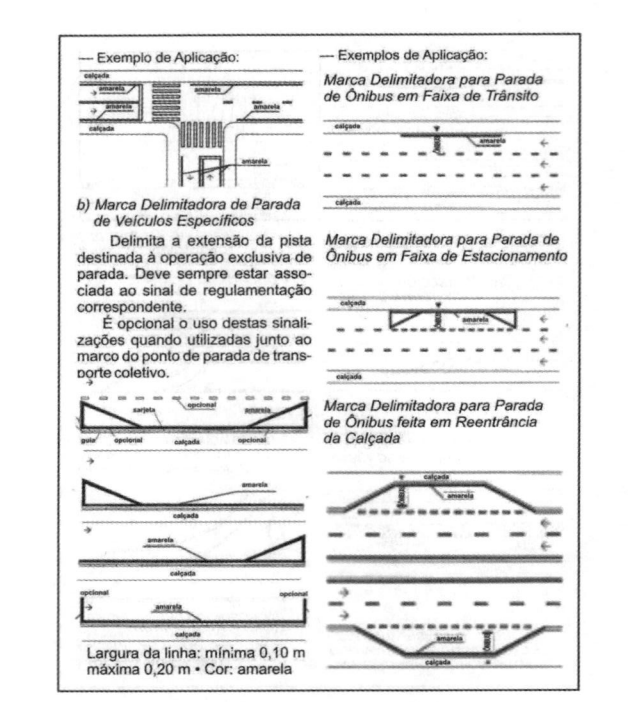

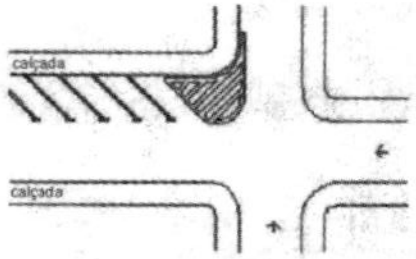

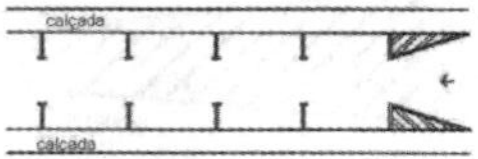

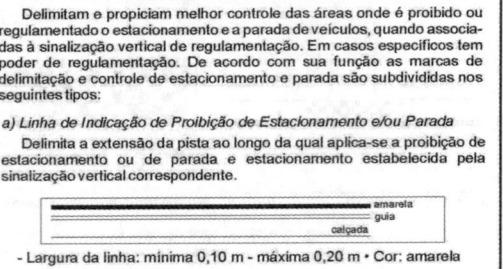

## 2.2.5. Marcas de Delimitação e Controle de Estacionamento e/ou Parada

Delimitam e propiciam melhor controle das áreas onde é proibido ou regulamentado o estacionamento e a parada de veículos, quando associadas à sinalização vertical de regulamentação. Em casos específicos têm poder de regulamentação. De acordo com sua função as marcas de delimitação e controle de estacionamento e parada são subdivididas nos seguintes tipos:

### a) Linha de Indicação de Proibição de Estacionamento e/ou Parada

Delimita a extensão da pista ao longo da qual aplica-se a proibição de estacionamento ou de parada e estacionamento estabelecida pela sinalização vertical correspondente.

- Largura da linha: mínima 0,10 m - máxima 0,20 m • Cor: amarela

— Exemplo de Aplicação:

### b) Marca Delimitadora de Parada de Veículos Específicos

Delimita a extensão da pista destinada à operação exclusiva de parada. Deve sempre estar associada ao sinal de regulamentação correspondente.

É opcional o uso destas sinalizações quando utilizadas junto ao marco do ponto de parada de transporte coletivo.

— Exemplos de Aplicação:

*Marca Delimitadora para Parada de Ônibus em Faixa de Trânsito*

*Marca Delimitadora para Parada de Ônibus em Faixa de Estacionamento*

*Marca Delimitadora para Parada de Ônibus feita em Reentrância da Calçada*

Largura da linha: mínima 0,10 m máxima 0,20 m • Cor: amarela

*Marca Delimitadora para Parada de Ônibus em Faixa de Trânsito com Avanço de Calçada na Faixa de Estacionamento*

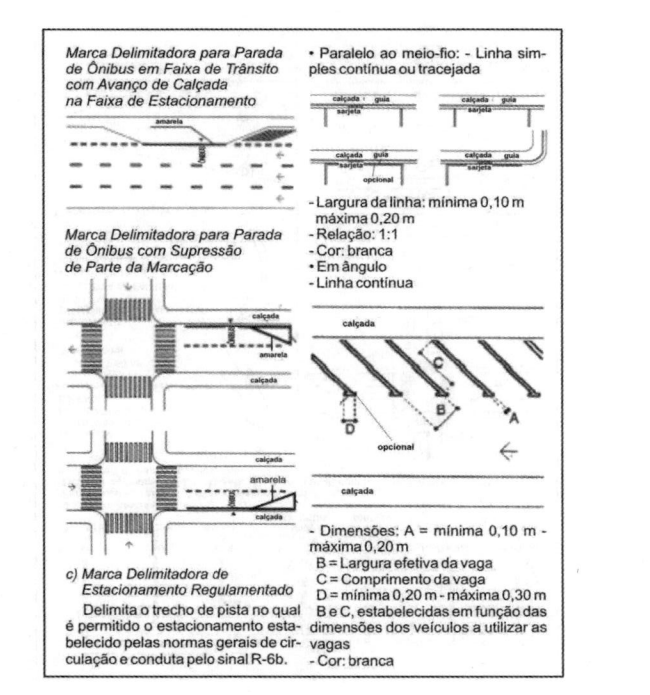

*Marca Delimitadora para Parada de Ônibus com Supressão de Parte da Marcação*

c) *Marca Delimitadora de Estacionamento Regulamentado*

Delimita o trecho de pista no qual é permitido o estacionamento estabelecido pelas normas gerais de circulação e conduta pelo sinal R-6b.

- Paralelo ao meio-fio: - Linha simples contínua ou tracejada

- Largura da linha: mínima 0,10 m máxima 0,20 m
- Relação: 1:1
- Cor: branca
- Em ângulo
- Linha contínua

- Dimensões: A = mínima 0,10 m - máxima 0,20 m
 B = Largura efetiva da vaga
 C = Comprimento da vaga
 D = mínima 0,20 m - máxima 0,30 m
 B e C, estabelecidas em função das dimensões dos veículos a utilizar as vagas
- Cor: branca

Exemplos de Aplicação:

ESTACIONAMENTO PARALELO AO MEIO-FIO

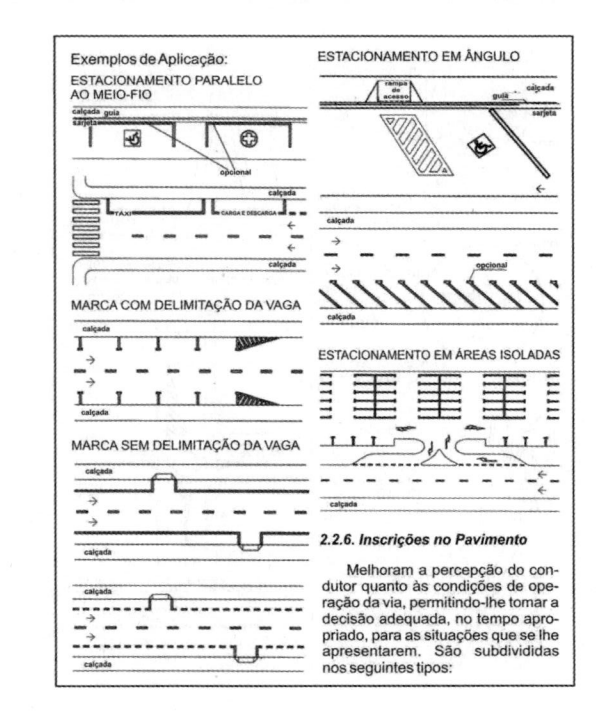

MARCA COM DELIMITAÇÃO DA VAGA

MARCA SEM DELIMITAÇÃO DA VAGA

ESTACIONAMENTO EM ÂNGULO

ESTACIONAMENTO EM ÁREAS ISOLADAS

### 2.2.6. *Inscrições no Pavimento*

Melhoram a percepção do condutor quanto às condições de operação da via, permitindo-lhe tomar a decisão adequada, no tempo apropriado, para as situações que se lhe apresentarem. São subdivididas nos seguintes tipos:

## a) Setas Direcionais

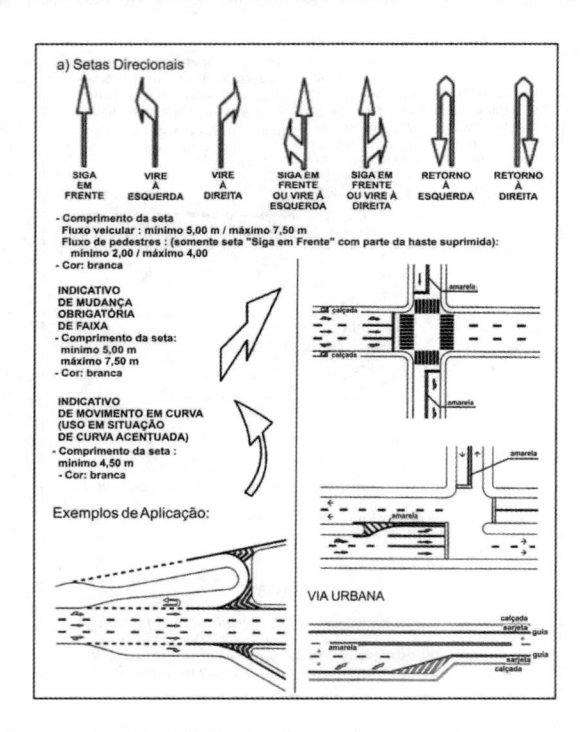

SIGA EM FRENTE | VIRE À ESQUERDA | VIRE À DIREITA | SIGA EM FRENTE OU VIRE À ESQUERDA | SIGA EM FRENTE OU VIRE À DIREITA | RETORNO À ESQUERDA | RETORNO À DIREITA

- Comprimento da seta
  Fluxo veicular: mínimo 5,00 m / máximo 7,50 m
  Fluxo de pedestres: (somente seta "Siga em Frente" com parte da haste suprimida):
  mínimo 2,00 / máximo 4,00
- Cor: branca

**INDICATIVO DE MUDANÇA OBRIGATÓRIA DE FAIXA**
- Comprimento da seta:
  mínimo 5,00 m
  máximo 7,50 m
- Cor: branca

**INDICATIVO DE MOVIMENTO EM CURVA (USO EM SITUAÇÃO DE CURVA ACENTUADA)**
- Comprimento da seta:
  mínimo 4,50 m
- Cor: branca

Exemplos de Aplicação:

VIA URBANA

---

RODOVIA

## b) Símbolos

Indicam e alertam o condutor sobre situações específicas da via

**"DÊ A PREFERÊNCIA"**
INDICATIVO DE INTERSEÇÃO COM VIA QUE TEM PREFERÊNCIA

- Dimensões:
  comprimento
  mínimo 3,60 m
  máximo 6,00 m
- Cor: branca

**"CRUZ DE SANTO ANDRÉ"**
INDICATIVO DE CRUZAMENTO RODOFERROVIÁRIO

- Comprimento 6,00 m
- Cor: branca

**"BICICLETA"**
INDICATIVO DE VIA, PISTA OU FAIXA DE TRÂNSITO DE USO DE CICLISTAS

- Cor: branca

**"SERVIÇO DE SAÚDE"**
INDICATIVO DE ÁREA OU LOCAL DE SERVIÇOS DE SAÚDE

- Dimensão: diâmetro mínimo 1,20 m
- Cor: conforme indicado

VERMELHO / BRANCO

**"DEFICIENTE FÍSICO"**
INDICATIVO DE LOCAL DE ESTACIONAMENTO DE VEÍCULOS QUE TRANSPORTAM OU QUE SEJAM CONDUZIDOS POR PESSOAS PORTADORAS DE DEFICIÊNCIAS FÍSICAS

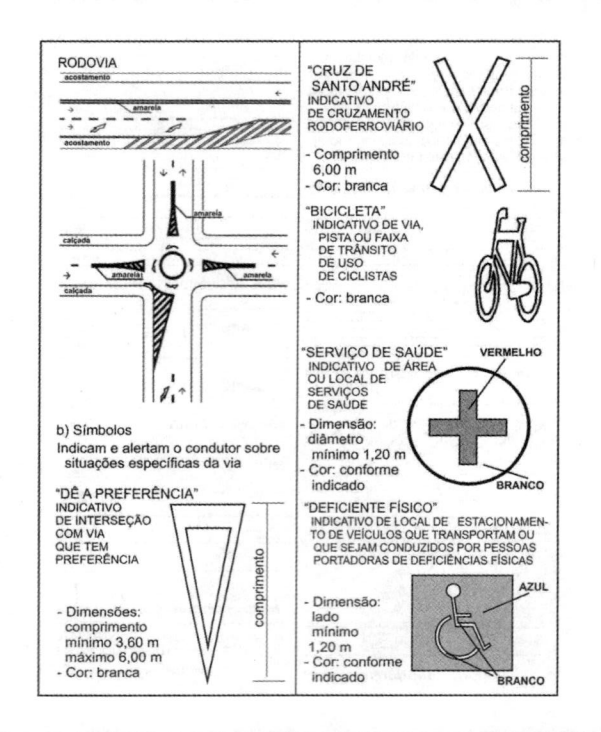

- Dimensão: lado mínimo 1,20 m
- Cor: conforme indicado

AZUL / BRANCO

Exemplos de Aplicação:

CRUZAMENTO RODOFERROVIÁRIO

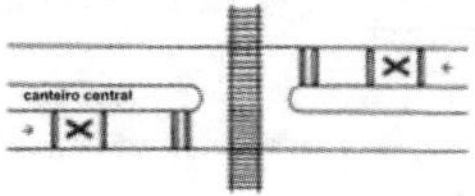

- Comprimento mínimo:
  Para legenda transversal ao fluxo veicular: 1,60 m
  Para legenda longitudinal ao fluxo veicular: 0,25 m
- Cor: branca

— Exemplos de Legendas:

PARE   DEVAGAR
ÔNIBUS   ESCOLA ⇧
⇩ OLHE
CARGA E DESCARGA
80 km/h   ou   80 km/h

CRUZAMENTO COM VIA PREFERENCIAL

c) Legendas

Advertem acerca de condições particulares de operação da via e complementam os sinais de regulamentação e advertência.

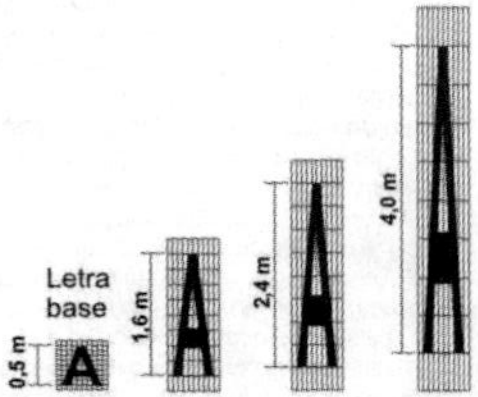

Letra base

Obs. Para legendas curtas a largura das letras e algarismos podem ser maiores.

### 3. DISPOSITIVOS AUXILIARES

Dispositivos Auxiliares são elementos aplicados ao pavimento da via, junto a ela, ou nos obstáculos próximos, de forma a tornar mais eficiente e segura a operação da via. São constituídos de materiais, formas e cores diversos, dotados ou não de refletividade, podem ser utilizadas as funções de:

— incrementar a percepção da sinalização, do alinhamento da via ou de obstáculos à circulação;

— reduzir a velocidade praticada;
— oferecer proteção aos usuários;
— alertar os condutores quanto a situações de perigo potencial ou que requeiram maior atenção.

Os Dispositivos Auxiliares são agrupados, de acordo com as suas funções, em:

— Dispositivos Delimitadores;
— Dispositivos de Canalização;
— Dispositivos e Sinalização de Alerta;
— Alterações nas Características do Pavimento;
— Dispositivos de Proteção Contínua;
— Dispositivos Luminosos;
— Dispositivos de Proteção a Áreas de Pedestres e/ou Ciclistas;
— Dispositivos de Uso Temporário.

### 3.1. DISPOSITIVOS DELIMITADORES

São elementos utilizados para melhorar a percepção do condutor quanto aos limites do espaço destinado ao rolamento e a sua separação em faixas de circulação. São apostos em série no pavimento ou em suportes, reforçando marcas viárias, ou ao longo das áreas adjacentes a elas.

Podem ser mono ou bidirecionais em função de possuírem uma ou duas unidades refletivas. O tipo e a(s) cor(es) das faces refletivas são definidos em função dos sentidos de circulação na via, considerando como referencial um dos sentidos de circulação, ou seja, a face voltada para este sentido.

• Tipos de Dispositivos Delimitadoers:

— Balizadores - unidades refletivas mono ou bidirecionais, afixadas em suporte.

• Cor do elemento refletivo:

— branca - para ordenar fluxos no mesmo sentido;
— amarela - para ordenar fluxos em sentidos opostos;
— vermelha - em vias rurais, de pista simples, duplo sentido de circulação, podem ser utilizadas unidades refletivas na cor vermelha junto ao bordo da pista ou acostamento do sentido oposto.

Exemplo:
balizador — elemento refletivo — suporte

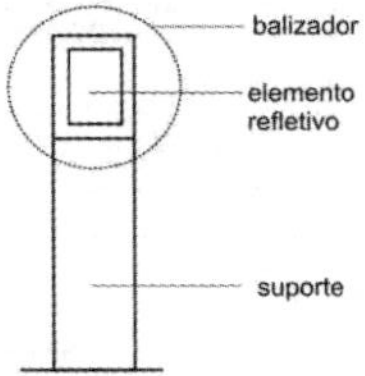

— Balizadores de Pontes, Viadutos, Túneis, Barreiras e Defensas - unidades refletivas afixadas ao longo do guarda-corpo e/ou mureta de obras de arte, de barreiras e defensas.
• Cor do elemento refletivo:
— branca - para ordenar fluxos no mesmo sentido;
— amarela - para ordenar fluxos em sentidos opostos;
— vermelha - em vias rurais, de pista simples, duplo sentido de circulação, podem ser utilizadas unidades refletivas na cor vermelha, afixados no guarda-corpo ou mureta de obras de arte, barreiras e defensas do sentido oposto.

Exemplo:

Exemplo de aplicação:

— Tachas - elementos contendo unidades refletivas, aplicados diretamente no pavimento.
• Cor do corpo: branca ou amarela, de acordo com a marca viária que complementa.
• Cor do elemento refletivo:
— branca - para ordenar fluxos no mesmo sentido;
— amarela - para ordenar fluxos em sentidos opostos;
— vermelha - em rodovias de pista simples, duplo sentido de circulação, podem ser utilizadas unidades refletivas na cor vermelha, junto a linha de bordo do sentido oposto.
Especificação mínima: Norma ABNT.

Exemplos:

— Tachões - elementos contendo unidades refletivas, aplicados diretamente no pavimento.
• Cor do corpo: amarela.
• Cor do elemento refletivo:
— branca - para ordenar fluxos no mesmo sentido;
— amarela - para ordenar fluxos em sentidos opostos;
— vermelha - em rodovias de pista simples, duplo sentido de circulação, podem ser utilizadas unidades refletivas na cor vermelha, junto a linha de bordo do sentido oposto.
Especificação mínima: Norma ABNT.

Exemplos:

— Cilindros Delimitadores
• Cor do corpo: preta.
• Cor do material refletivo: amarela

Exemplo:

### 3.2. DISPOSITIVOS DE CANALIZAÇÃO

Os dispositivos de canalização são apostos em série sobre a superfície pavimentada.
• Tipos de Dispositivos de Canalização:
— Prismas - têm a função de substituir a guia da calçada (meio-fio) quando não for posssível sua construção imediata.
• Cor: branca ou amarela, de acordo com a marca viária que complementa.

Exemplo:

— Segregadores - têm a função de segregar pistas para uso exclusivo de determinado tipo de veículo ou pedestres.
• Cor: amarela.

Exemplo:

## 3.3. DISPOSITIVOS DE SINALIZAÇÃO DE ALERTA

São elementos que têm a função de melhorar a percepção do condutor quanto aos obstáculos e situações geradoras de perigo potencial à sua circulação, que estejam na via ou adjacentes à mesma, ou quanto a mudanças bruscas no alinhamento horizontal da via.

Possuem as cores amarela e preta quando sinalizam situações permanentes e adquirem cores laranja e branca quando sinalizam situações temporárias, como obras.

• Tipos de Dispositivos de Sinalização de Alerta:

— Marcadores de Obstáculos - unidades refletivas apostas no próprio obstáculo, destinadas a alertar o condutor quanto à existência de obstáculo disposto na via ou adjacente a ela.

Exemplo de Aplicação:

— Marcadores de Perigo - unidades refletivas fixadas em suporte destinadas a alertar o condutor do veículo quanto à situação potencial de perigo.

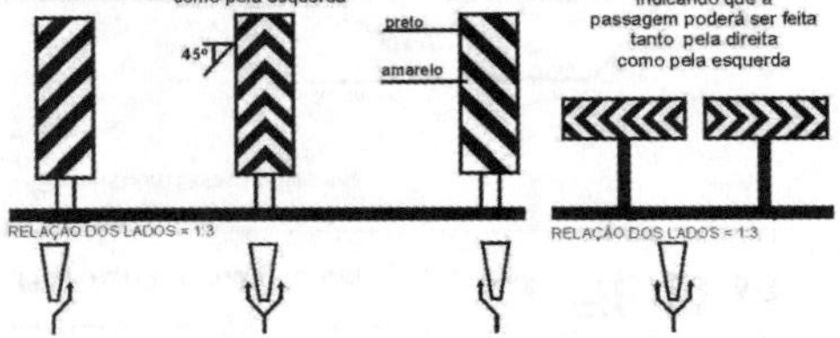

— Marcadores de Alinhamento - unidades refletivas fixadas em suporte, destinadas a alertar o condutor do veículo quanto houver alteração do alinhamento horizontal da via.

## 3.4. ALTERAÇÕES NAS CARACTERÍSTICAS DO PAVIMENTO

São recursos que alteram as condições normais da pista de rolamento, quer pela elevação como com a utilização de dispositivos físicos colocados sobre a mesma, quer pela mudança nítida de características do próprio pavimento. São utilizados para:

— estimular a redução de velocidade;
— aumentar a aderência ou atrito do pavimento;
— alterar a percepção do usuário quanto a alterações de ambiente e uso da via, induzindo-o a adotar comportamento cauteloso;
— incrementar a segurança e/ou criar facilidades para a circulação de pedestres e/ou ciclistas.

## 3.5. DISPOSITIVOS DE PROTEÇÃO CONTÍNUA

São elementos colocados de forma contínua e permanente ao longo da via, confeccionados de material flexível, maleável ou rígido, que têm como objetivo:
— evitar que veículos e/ou pedestres transponham determinado local;
— evitar ou dificultar a interferência de um fluxo de veículos sobre o fluxo oposto.

• Tipos de Dispositivos para Fluxo de Pedestres e Ciclistas:
— Gradis de Canalização e Retenção
Devem ter a altura máxima de 1,20 m e permitir intervisibilidade entre veículos e pedestres.
Exemplo:

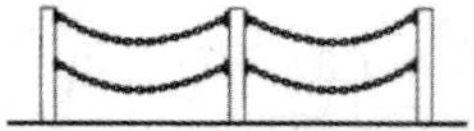

gradil maleável 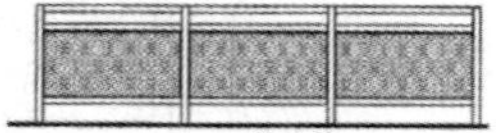    gradil rígido

— Dispositivos de Contenção e Bloqueio
Exemplo:

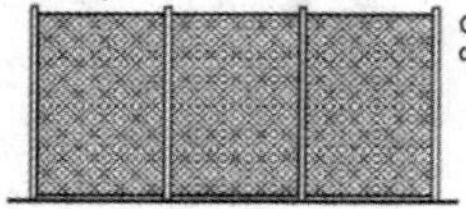

Grade de contenção

• Tipos de Dispositivos para Fluxo Veicular:
Especificação mínima: Norma ABTN
Exemplos:

Defensas Metálicas    Barreiras de Concreto    Dispositivos Anti-ofuscamento

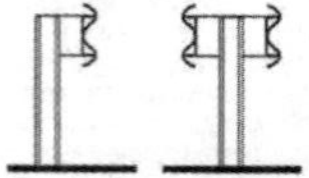

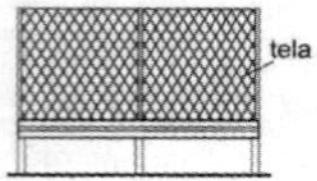

tipo simples   tipo duplo      simples   dupla       tela

## 3.6. DISPOSITIVOS LUMINOSOS

São dispositivos que se utilizam de recursos luminoso para proporcionar melhores condições de visualização da sinalização, ou que, conjugados a elementos eletrônicos, permitem a variação da sinalização ou de mensagens, como por exemplo:
— advertência de situação inesperada à frente;
— mensagens educativas visando o comportamento adequado dos usuários da via;
— orientação de praças de pedagio e pátios públicos de estacionamento;
— informação sobre condições operacionais das vias;
— orientação do trânsito para a utilização de vias alternativas;
— regulamentação de uso da via.

• Tipos de Dispositivos Luminosos:
— Painéis Eletrônicos
Exemplos:

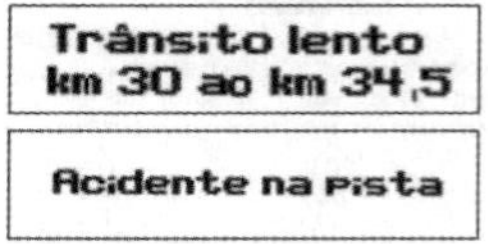

Trânsito lento
km 30 ao km 34,5

Acidente na pista

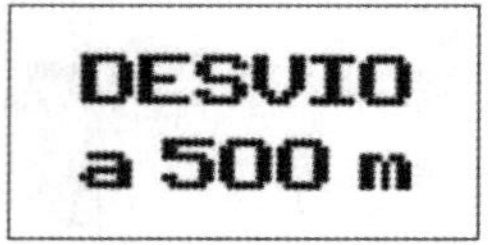

— Painéis com Setas Luminosas

Exemplos:

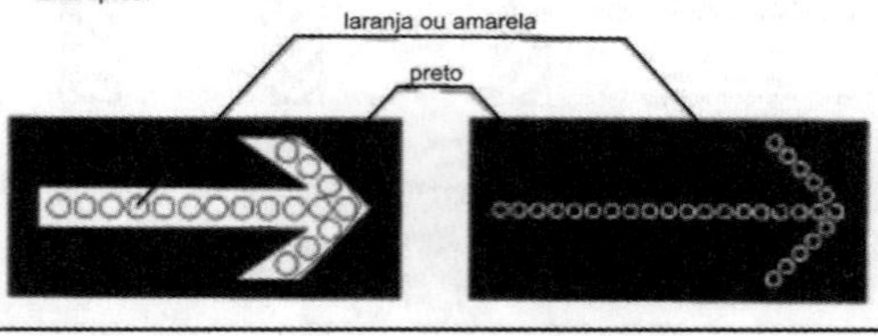

laranja ou amarela
preto

DESVIO
a 500 m

## 3.7. DISPOSITIVOS DE USO TEMPORÁRIO

São elementos fixos ou móveis diversos, utilizados em situações especiais e temporárias, como operações de trânsito, obras e situações de emergência ou perigo, com o objetivo de alertar os condutores, bloquear e/ou canalizar o trânsito, proteger pedestres, trabalhadores, equipamentos, etc.

Aos dispositivos de usos temporário estão associadas as cores laranja e branca.

• Tipos de Dispositivos de Uso temporário:

— Cones
Especificação mínima: Norma ABNT
Exemplo:

— Cilindro
Especificação mínima: Norma ABNT
Exemplo:

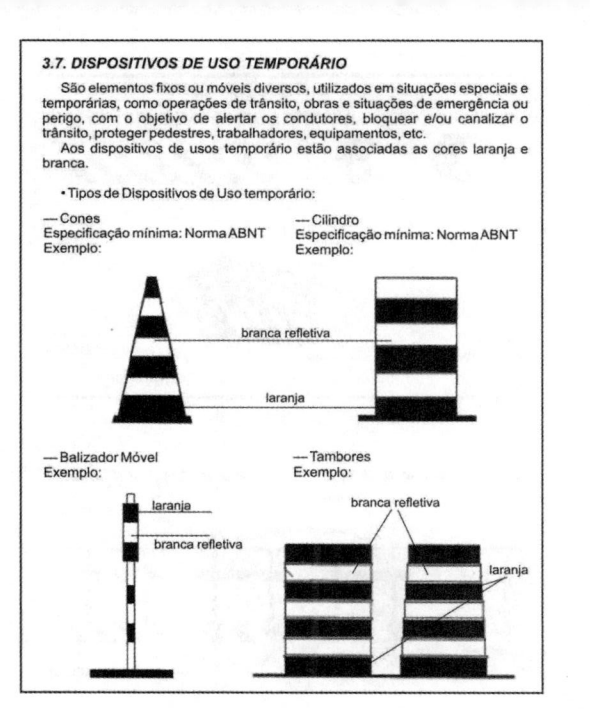

— Balizador Móvel
Exemplo:

— Tambores
Exemplo:

— Fita Zebrada
Exemplo:

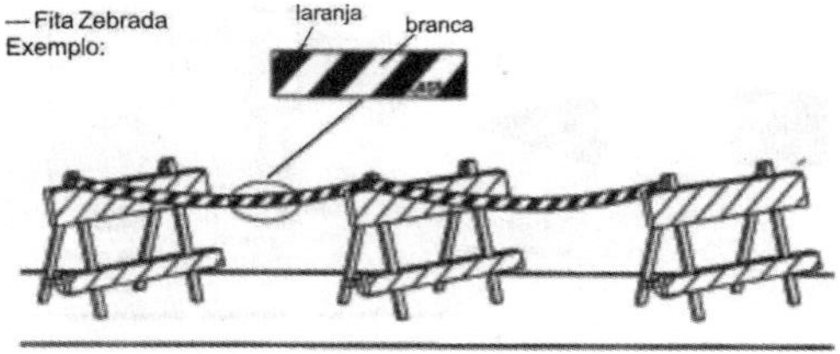

— Cavaletes
Exemplo: ARTICULADOS 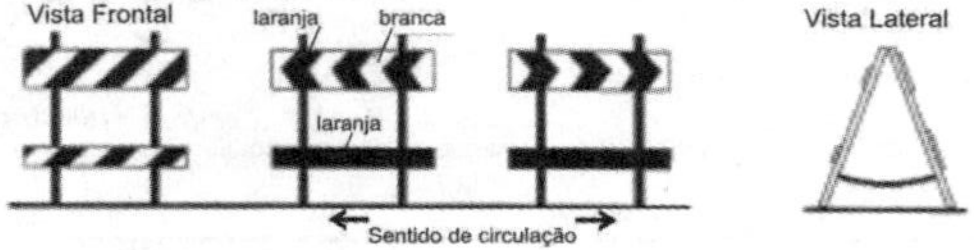
DESMONTÁVEIS

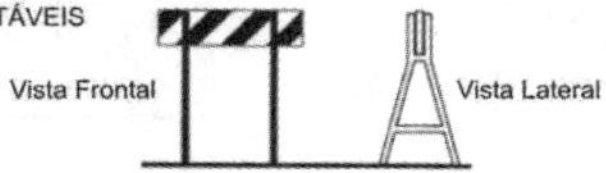

— Barreiras
Exemplo: FIXAS

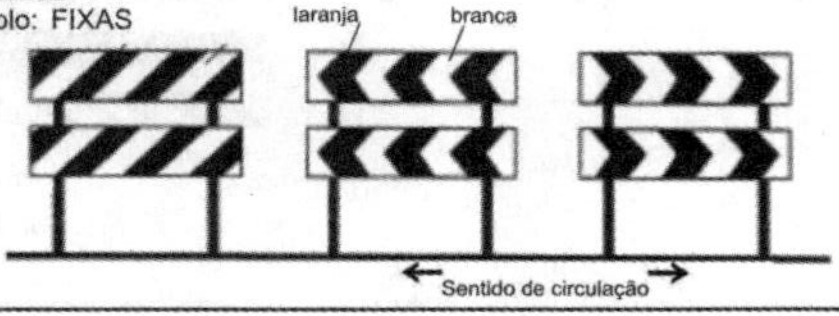

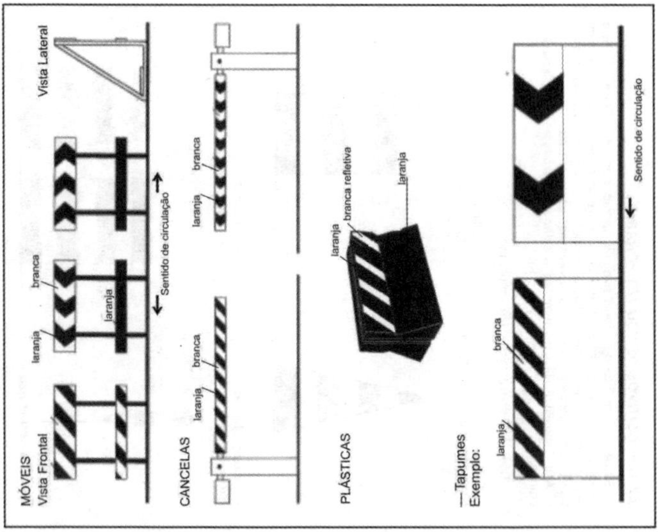
MÓVEIS
Vista Frontal
laranja
branca
laranja
Sentido de circulação
Vista Lateral
CANCELAS
laranja
branca
laranja
branca
PLÁSTICAS
laranja
branca refletiva
laranja
— Tapumes
Exemplo:
laranja
branca
Sentido de circulação

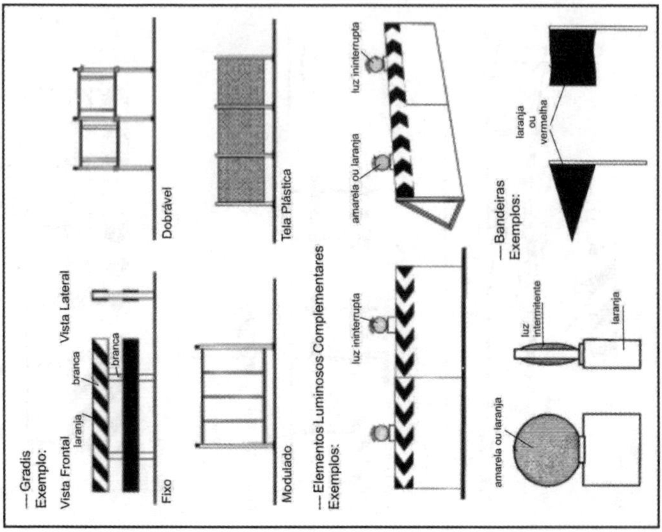
— Gradis
Exemplo:
Vista Frontal
laranja
branca
branca
Vista Lateral
Fixo
Dobrável
Modulado
Tela Plástica
— Elementos Luminosos Complementares
Exemplos:
luz ininterrupta
amarela ou laranja
luz ininterrupta
amarela ou laranja
luz intermitente
laranja
— Bandeiras
Exemplos:
laranja
ou
vermelha

— Faixas
Exemplo:

///  **OBRAS NA PISTA**  laranja
///  **REDUZA A VELOCIDADE**  branca

///  **Nova circulação na Rua das Rosas**  laranja / branca

///  **DESVIO →**  laranja / branca

///  **USE O CINTO DE SEGURANÇA**  laranja
///  **TAMBÉM NO BANCO TRASEIRO**  branca

## 4. SINALIZAÇÃO SEMAFÓRICA

A sinalização semafórica é um subsistema da sinalização viária que se compõe de indicações luminosas acionadas alternada ou intermitentemente através de sistema elétrico/eletrônico, cuja função é controlar os deslocamentos.
Existem dois (2) grupos:
— a sinalização semafórica de regulamentação;
— a sinalização semafórica de advertência.
Formas e Dimensões:

| SEMÁFORO DESTINADO A | FORMA DO FOCO | DIMENSÕES DA LENTE |
|---|---|---|
| Movimento Veicular | Circular | Diâmetro: 200 mm ou 300 mm |
| Movimento de Pedestre e Ciclistas | Quadrada | Lado mínimo: 200 mm |

### 4.1. SINALIZAÇÃO SEMAFÓRICA DE REGULAMENTAÇÃO

A sinalização semafórica de regulamentação tem a função de efetuar o controle do trânsito num cruzamento ou seção de via, através de indicações luminosas, alternando o direito de passagem dos vários fluxos de veículos e/ou pedestres.

#### 4.1.1. Características

Compõe-se de indicações luminosas de cores preestabelecidas, agrupadas num único conjunto, dispostas verticalmente ao lado da via ou suspensas sobre ela, podendo nestes casos serem fixadas horizontalmente.

#### 4.1.2. Cores das Indicações Luminosas

As cores utilizadas são:
a) Para controle de fluxo de pedestres:
— Vermelha: indica que os pedestres não podem atravessar.
— Vermelha intermitente: assinala que a fase durante a qual os pedestres podem atravessar está a ponto de terminar. Isto indica que os pedestres não podem começar a cruzar a via e os que tenham iniciado a travessia na fase verde se desloquem o mais breve possível para o local seguro mais próximo.
— Verde: assinala que os pedestres podem atravessar.
b) Para controle de fluxo de veículos:
— Vermelha: indica a obrigatoriedade de parar.
— Amarela: indica "atenção", devendo o condutor parar o veículo, salvo se isto resultar em situação de perigo.
— Verde: indica permissão de prosseguir na marcha, podendo o condutor efetuar as operações indicadas pelo sinal luminoso, respeitadas as normas gerais de circulação e conduta.

#### 4.1.3. Tipos

a) Para Veículos
— Compostos de três indicações luminosas, dispostas na sequência preestabelecida abaixo:

vermelho
amarelo
verde

vermelho
amarelo
verde

O acendimento das indicações luminosas deve ser na sequência verde, amarelo, vermelho, retornando ao verde.

Para efeito de segurança recomenda-se o uso de, no mínimo, dois conjuntos de grupos focais por aproximação, ou a utilização de um conjunto de grupo focal composto de dois focos vermelho, um amarelo e um verde.

— Compostos de duas indicações luminosas, dispostas na sequência pré-estabelecida abaixo. Para uso exclusivo em controles de acesso específico, tais como praças de pedágio e balsa.

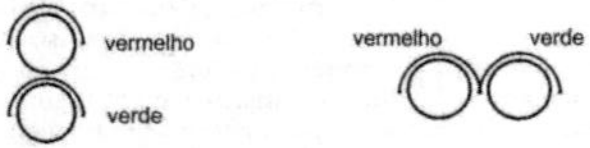

— Com símbolos, que podem estar isolados ou integrando um semáforo de três ou duas indicações luminosas.

Exemplos: DIREÇÃO CONTROLADA

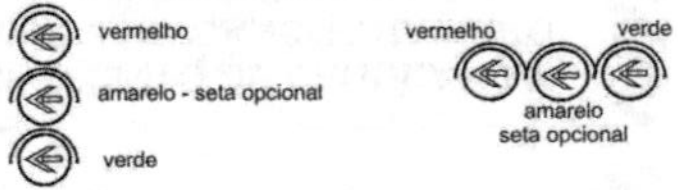

DIREÇÃO LIVRE

CONTROLE OU FAIXA REVERSÍVEL

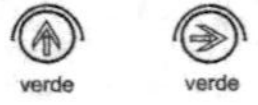

b) Para Pedestres

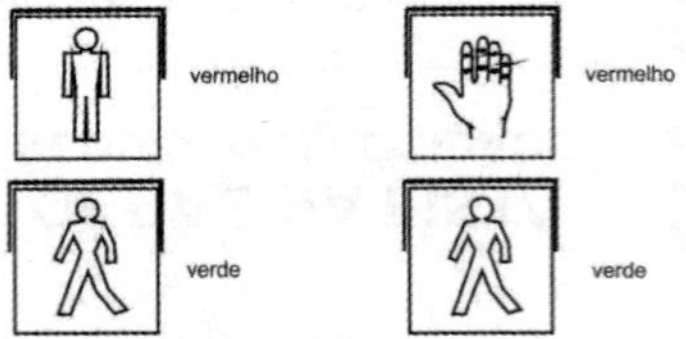

## 4.2. SINALIZAÇÃO SEMAFÓRICA DE ADVERTÊNCIA

A sinalização semafórica de advertência tem a função de advertir da existência de obstáculo ou situação perigosa, devendo o condutor reduzir a velocidade e adotar as medidas de precaução compatíveis com a segurança para seguir adiante.

### 4.2.1. Características

Compõe-se de uma ou duas luzes de cor amarela, cujo funcionamento é intermitente ou piscante alternado, no caso de duas indicações luminosas.

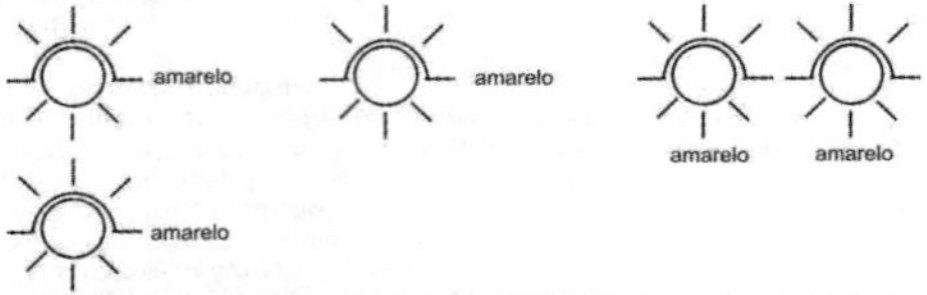

No caso de grupo focal de regulamentação, admite-se o uso isolado da indicação em amarelo intermitente, em determinados horários e situações específicas. Fica o condutor do veículo obrigado a reduzir a velocidade e respeitar o disposto no art. 29, inciso III, alínea "c".

## 5. SINALIZAÇÃO DE OBRAS

A Sinalização de Obras tem como característica a utilização dos sinais e elementos de Sinalização Vertical, Horizontal, Semafórica e de Dispositivos e Sinalização Auxiliares combinado de forma que:

— os usuários da via sejam advertidos sobre a intervenção realizada e possam identificar seu caráter temporário;

— sejam preservadas as condições de segurança e fluidez do trânsito e de acessibilidade;

— os usuários sejam orientados sobre caminhos alternativos;

— sejam isoladas as áreas de trabalho, de forma a evitar a deposição e/ou lançamento de materiais sobre a via.

Na sinalização de obras, os elementos que compõem a sinalização vertical de regulamentação, a sinalização horizontal e a sinalização semafórica têm suas características preservadas.

A sinalização vertical de advertência e as placas de orientação de destino adquirem características próprias de cor, sendo adotadas as combinações das cores laranja e preta. Entretanto, mantém as características de forma, dimensões, símbolos e padrões alfanuméricos:

| Sinalização vertical de advertência ou de Indicação | Cor utilizada para Sinalização de Obras |
|---|---|
| Fundo | Laranja |
| Símbolo | Preta |
| Orla | Preta |
| Tarjas | Preta |
| Setas | Preta |
| Letras | Preta |

Os dispositivos auxiliares obedecem as cores estabelecidas no capítulo 3 deste Anexo, mantendo as características de forma, dimensões, símbolos e padrões alfanuméricos.

São exemplos de sinalização de obras:

### 6. GESTOS

**a) Gestos de Agentes da Autoridade de Trânsito**

As ordens emanadas por gestos de Agentes da Autoridade de Trânsito prevalecem sobre as regras de circulação e as normas definidas por outros sinais de trânsito. Os gestos podem ser:

| SIGNIFICADO | SINAL |
|---|---|
| Braço levantado verticalmente, com a palma da mão para a frente. Ordem de parada obrigatória para todos os veículos. Quando executada em interseções, os veículos que já se encontrem nela não são obrigados a parar. | |
| Braços estendidos horizontalmente, com a palma da mão para a frente. Ordem de parada para todos os veículos que venham de direções que cortem ortogonalmente a direção indicada pelos braços estendidos, qualquer que seja o sentido de seu deslocamento. | |
| Braço estendido horizontalmente, com a palma da mão para a frente, ao lado do trânsito a que se destina. Ordem de parada para todos os veículos que venham de direções que cortem ortogonalmente a direção indicada pelos braços estendido, qualquer que seja o sentido de seu deslocamento. | |
| Braços estendido horizontalmente, com a palma da mão para baixo, fazendo movimentos verticais. Ordem de diminuição de velocidade. | |

| | |
|---|---|
| *Braço estendido horizontalmente, agitando uma luz vermelha para um determinado veículo.* | |
| Ordem de parada para os veículos aos quais a luz é dirigida. | |
| *Braço levantado, com movimento de antebraço da frente para a retaguarda e a palma da mão voltada para trás.* | |
| Ordem de seguir. | |

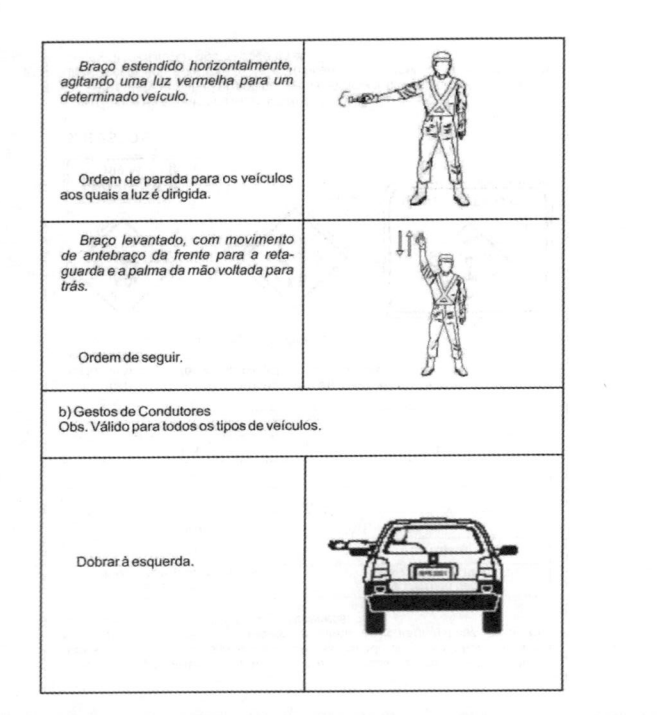

b) Gestos de Condutores
Obs. Válido para todos os tipos de veículos.

| | |
|---|---|
| Dobrar à esquerda. | |
| Dobrar à direita. |  |
| Diminuir a marcha ou parar. |  |

## 7. SINAIS SONOROS

Os sinais sonoros somente devem ser utilizados em conjunto com os gestos dos agentes.

| SINAIS DE APITO | SIGNIFICADO | EMPREGO |
|---|---|---|
| Um silvo breve | Siga | Liberar o trânsito em direção/sentido indicado pelo agente. |
| Dois silvos breves | Pare | Indicar parada obrigatória. |
| Um silvo longo | Diminuir a marcha | Quando for necessário fazer diminuir a marcha dos veículos |

# LEGISLAÇÃO COMPLEMENTAR

## LEI Nº 5.970, DE 11 DE DEZEMBRO DE 1973

*Exclui da aplicação do disposto nos art. 6º, inciso I, 64 e 169, do Código de Processo Penal, os casos de acidente de trânsito, e, dá outras providências.*

O Presidente da República,

Faço saber que o Congresso Nacional decreta e eu sanciono a seguinte Lei:

**Art. 1º.** Em caso de acidente de trânsito, a autoridade ou agente policial que primeiro tomar conhecimento do fato poderá autorizar, independentemente de exame do local, a imediata remoção das pessoas que tenham sofrido lesão, bem como dos veículos nele envolvidos, se estiverem no leito da via pública e prejudicarem o tráfego.

Parágrafo único. Para autorizar a remoção, a autoridade ou agente policial lavrará boletim da ocorrência, nele consignado o fato, as testemunhas que o presenciaram e todas as demais circunstâncias necessárias ao esclarecimento da verdade.

**Art. 2º.** Esta Lei entra em vigor na data de sua publicação, revogadas as disposições em contrário.

Brasília, 11 de dezembro de 1973; 152º da Independência e 85º da República.

*Emílio G. Médici*

DOE de 12.12.1973

## LEI Nº 6.194, DE 19 DE DEZEMBRO DE 1974

*Dispõe sobre Seguro Obrigatório de Danos Pessoais causados por veículos automotores de via terrestre, ou por sua carga, a pessoas transportadas ou não.*

O Presidente da República,

Faço saber que o Congresso Nacional decreta e eu sanciono a seguinte Lei:

**Art. 1º.** A alínea "b" do art. 20, do Decreto-Lei nº 73, de 21 de novembro de 1966, passa a ter a seguinte redação:

"Art. 20. (...)

b) Responsabilidade civil dos proprietários de veículos automotores de vias fluvial, lacustre, marítima, de aeronaves e dos transportadores em geral."

**Art. 2º.** Fica acrescida ao art. 20, do Decreto-Lei nº 73, de 21 de novembro de 1966, a alínea I nestes termos:

"Art. 20. (...)

l) Danos pessoais causados por veículos automotores de via terrestre, ou por sua carga, a pessoas transportadas ou não."

**Art. 3º.** Os danos pessoais cobertos pelo seguro estabelecido no art. 2º desta Lei compreendem as indenizações por morte, por invalidez permanente, total ou parcial, e por despesas de assistência médica e suplementares, nos valores e conforme as regras que se seguem, por pessoa vitimada:

• *Art. 3º, caput, com redação dada pela Lei nº 11.945/2009, produzindo efeitos a partir de 16.12.2008.*

a) (revogada);

• *Alínea "a" revogada pela Lei nº 11.482/2007.*

b) (revogada);

• *Alínea "b" revogada pela Lei nº 11.482/2007.*

c) (revogada);
- *Alínea "c" revogada pela Lei nº 11.482/2007.*

I – R$ 13.500,00 (treze mil e quinhentos reais) – no caso de morte;
- *Inciso I acrescido pela Lei nº 11.482/2007.*

II – até R$ 13.500,00 (treze mil e quinhentos reais) – no caso de invalidez permanente; e
- *Inciso II acrescido pela Lei nº 11.482/2007.*

III – até R$ 2.700,00 (dois mil e setecentos reais) – como reembolso à vítima – no caso de despesas de assistência médica e suplementares devidamente comprovadas.
- *Inciso III acrescido pela Lei nº 11.482/2007.*

§ 1º. No caso da cobertura de que trata o inciso II do caput deste artigo, deverão ser enquadradas na tabela anexa a esta Lei as lesões diretamente decorrentes de acidente e que não sejam suscetíveis de amenização proporcionada por qualquer medida terapêutica, classificando-se a invalidez permanente como total ou parcial, subdividindo-se a invalidez permanente parcial em completa e incompleta, conforme a extensão das perdas anatômicas ou funcionais, observado o disposto abaixo:
- *§ 1º acrescido pela Lei nº 11.945/2009, produzindo efeitos a partir de 16.12.2008.*

I – quando se tratar de invalidez permanente parcial completa, a perda anatômica ou funcional será diretamente enquadrada em um dos segmentos orgânicos ou corporais previstos na tabela anexa, correspondendo a indenização ao valor resultante da aplicação do percentual ali estabelecido ao valor máximo da cobertura; e
- *Inciso I acrescido pela Lei nº 11.945/2009, produzindo efeitos a partir de 16.12.2008.*

II – quando se tratar de invalidez permanente parcial incompleta, será efetuado o enquadramento da perda anatômica ou funcional na forma prevista no inciso I deste parágrafo, procedendo-se, em seguida, à redução proporcional da indenização que corresponderá a 75% (setenta e cinco por cento) para as perdas de repercussão intensa, 50% (cinquenta por cento) para as de média repercussão, 25% (vinte e cinco por cento) para as de leve repercussão, adotando-se ainda o percentual de 10% (dez por cento), nos casos de sequelas residuais.
- *Inciso II acrescido pela Lei nº 11.945/2009, produzindo efeitos a partir de 16.12.2008.*

§ 2º. Assegura-se à vítima o reembolso, no valor de até R$ 2.700,00 (dois mil e setecentos reais), previsto no inciso III do caput deste artigo, de despesas médico-hospitalares, desde que devidamente comprovadas, efetuadas pela rede credenciada junto ao Sistema Único de Saúde, quando em caráter privado, vedada a cessão de direitos.
- *§ 2º acrescido pela Lei nº 11.945/2009, produzindo efeitos a partir de 16.12.2008.*

§ 3º. As despesas de que trata o § 2º. deste artigo em nenhuma hipótese poderão ser reembolsadas quando o atendimento for realizado pelo SUS, sob pena de descredenciamento do estabelecimento de saúde do SUS, sem prejuízo das demais penalidades previstas em lei.
- *§ 3º acrescido pela Lei nº 11.945/2009, produzindo efeitos a partir de 16.12.2008.*

**Art. 4º.** A indenização no caso de morte será paga de acordo com o disposto no art. 792 da Lei nº 10.406, de 10 de janeiro de 2002 – Código Civil.
- *Art. 4º, caput, com redação dada pela Lei nº 11.482/2007.*

Parágrafo único. (Revogado).
- *Parágrafo único revogado pela Lei nº 8.441/1992.*

§ 1º. (Revogado).
- *§ 1º renumerado pela Lei nº 8.441/1992 e revogado pela Lei nº 11.482/2007.*

§ 2º. (Revogado).
- *§ 2º acrescido pela Lei nº 8.441/1992 e revogado pela Lei nº 11.482/2007.*

§ 3º. Nos demais casos, o pagamento será feito diretamente à vítima na forma que dispuser o Conselho Nacional de Seguros Privados – CNSP.
- *§ 3º acrescido pela Lei nº 11.482/2007.*

**Art. 5º.** O pagamento da indenização será efetuado mediante simples prova do acidente e do dano decorrente, independentemente da existência de culpa, haja ou não resseguro, abolida qualquer franquia de responsabilidade do segurado.

§ 1º. A indenização referida neste artigo será paga com base no valor vigente na época da ocorrência do sinistro, em cheque nominal aos beneficiários, descontável no dia e na praça da sucursal que fizer a liquidação, no prazo de 30 (trinta) dias da entrega dos seguintes documentos:

- § *1º com redação dada pela Lei nº 11.482/2007.*

a) certidão de óbito, registro da ocorrência no órgão policial competente e a prova de qualidade de beneficários no caso de morte;

- *Alínea "a" com redação dada pela Lei nº 8.441/1992.*

b) Prova das despesas efetuadas pela vítima com o seu atendimento por hospital, ambulatório ou médico assistente e registro da ocorrência no órgão policial competente – no caso de danos pessoais.

§ 2º. Os documentos referidos no § 1º serão entregues à Sociedade Seguradora, mediante recibo, que os especificará.

§ 3º. Não se concluindo na certidão de óbito o nexo de causa e efeito entre a morte e o acidente, será acrescentada a certidão de auto de necrópsia, fornecida diretamente pelo instituto médico legal, independentemente de requisição ou autorização da autoridade policial ou da jurisdição do acidente.

§ 4º. Havendo dúvida quanto ao nexo de causa e efeito entre o acidente e as lesões, em caso de despesas médicas suplementares e invalidez permanente, poderá ser acrescentado ao boletim de atendimento hospitalar relatório de internamento ou tratamento, se houver, fornecido pela rede hospitalar e previdenciária, mediante pedido verbal ou escrito, pelos interessados, em formulário próprio da entidade fornecedora.

- § *4º acrescido pela Lei nº 8.441/1992.*

§ 5º. O Instituto Médico Legal da jurisdição do acidente ou da residência da vítima deverá fornecer, no prazo de até 90 (noventa) dias, laudo à vítima com a verificação da existência e quantificação das lesões permanentes, totais ou parciais.

- § *5º acrescido pela Lei nº 8.441/1992 e com redação dada pela Lei nº 11.945/2009, produzindo efeitos a partir de 16.12.2008.*

§ 6º. O pagamento da indenização também poderá ser realizado por intermédio de depósito ou Transferência Eletrônica de Dados – TED para a conta corrente ou conta de poupança do beneficiário, observada a legislação do Sistema de Pagamentos Brasileiro.

- § *6º acrescido pela Lei nº 11.482/2007.*

§ 7º. Os valores correspondentes às indenizações, na hipótese de não cumprimento do prazo para o pagamento da respectiva obrigação pecuniária, sujeitam-se à correção monetária segundo índice oficial regularmente estabelecido e juros moratórios com base em critérios fixados na regulamentação específica de seguro privado.

- § *7º acrescido pela Lei nº 11.482/2007.*

**Art. 6º.** No caso de ocorrência do sinistro do qual participem dois ou mais veículos, a indenização será paga pela Sociedade Seguradora do respectivo veículo em que cada pessoa vitimada era transportada.

§ 1º. Resultando do acidente vítimas não transportadas, as indenizações a elas correspondentes serão pagas, em partes iguais, pelas Sociedades Seguradoras dos veículos envolvidos.

§ 2º. Havendo veículos não identificados e identificados, a indenização será paga pelas Sociedades Seguradoras destes últimos.

**Art. 7º.** A indenização por pessoa vitimada por veículo não identificado, com seguradora não identificada, seguro não realizado ou vencido, será paga nos mesmos valores, condições e prazos dos demais casos por um consórcio constituído, obrigatoriamente, por todas as sociedades seguradoras que operem no seguro objeto desta lei.

- *Art. 7º,* **caput,** *com redação dada pela Lei nº 8.441/1992.*

§ 1º. O consórcio de que trata este artigo poderá haver regressivamente do proprietário do veículo os valores que desembolsar, ficando o veículo, desde logo, como garantia da obrigação, ainda que vinculada a contrato de alienação fiduciária, reserva de domínio, *leasing* ou qualquer outro.

- § *1º com redação dada pela Lei nº 8.441/1992.*

§ 2º. O Conselho Nacional de Seguros Privados (CNSP) estabelecerá normas para atender ao pagamento das indenizações previstas neste artigo, bem como a forma de sua distribuição pelas Seguradoras participantes do Consórcio.

**Art. 8º.** Comprovado o pagamento, a Sociedade Seguradora que houver pago a indenização poderá, mediante ação própria, haver do responsável a importância efetivamente indenizada.

**Art. 9º.** Nos seguros facultativos de responsabilidade civil dos proprietários de veículos automotores de via terrestre, as indenizações por danos materiais causados a terceiros serão pagas independentemente da responsabilidade que for apurada em ação judicial contra o causador do dano, cabendo à Seguradora o direito de regresso contra o responsável.

**Art. 10.** Observar-se-á o procedimento sumaríssimo do Código de Processo Civil nas causas relativas aos danos pessoais mencionados na presente lei.

**Art. 11.** A sociedade seguradora que infringir as disposições desta Lei estará sujeita às penalidades previstas no art. 108 do Decreto-Lei nº 73, de 21 de novembro de 1966, de acordo com a gravidade da irregularidade, observado o disposto no art. 118 do referido Decreto-Lei.

- *Art. 11 com redação dada pela Lei nº 11.482/2007.*

**Art. 12.** O Conselho Nacional de Seguros Privados expedirá normas disciplinadoras e tarifas que atendam ao disposto nesta lei.

§ 1º. O Conselho Nacional de Trânsito implantará e fiscalizará as medidas de sua competência, garantidoras do não licenciamento e não licenciamento e não circulação de veículos automotores de vias terrestres, em via pública ou fora dela, a descoberto do seguro previsto nesta lei.

- *§ 1º acrescido pela Lei nº 8.441/1992.*

§ 2º. Para efeito do parágrafo anterior, o Conselho Nacional de Trânsito expedirá normas para o vencimento do seguro coincidir com o do IPVA, arquivando-se cópia do bilhete ou apólice no prontuário respectivo, bem como fazer constar no registro de ocorrências nome, qualificação, endereço residencial e profissional completos do proprietário do veículo, além do nome da seguradora, número e vencimento do bilhete ou apólice de seguro.

- *§ 2º acrescido pela Lei nº 8.441/1992.*

§ 3º. O CNSP estabelecerá anualmente o valor correspondente ao custo da emissão e da cobrança da apólice ou do bilhete do Seguro Obrigatório de Danos Pessoais causados por veículos automotores de vias terrestres.

- *§ 3º acrescido pela Lei nº 11.945/2009, produzindo efeitos a partir de 16.12.2008.*

§ 4º. O disposto no parágrafo único do art. 27 da Lei nº 8.212, de 24 de julho de 1991, não se aplica ao produto da arrecadação do ressarcimento do custo descrito no § 3º deste artigo.

- *§ 4º acrescido pela Lei nº 11.945/2009, produzindo efeitos a partir de 16.12.2008.*

**Art. 13.** Esta Lei entrará em vigor na data de sua publicação, revogados o Decreto-Lei nº 814, de 4 de setembro de 1969, e demais disposições em contrário.

Brasília, 19 de dezembro de 1974; 153º da Independência e 86º da República.

*Ernesto Geisel*

DOU de 20.12.1974 – Retificação DOU de 31.12.1974

## ANEXO

(art. 3º da Lei nº 6.194, de 19 de dezembro de 1974)

- *Anexo acrescido pela Lei nº 11.945/2009, produzindo efeitos a partir de 16.12.2008.*

| Danos Corporais Totais | Percentual da Perda |
|---|---|
| Repercussão na Íntegra do Patrimônio Físico | |
| Perda anatômica e/ou funcional completa de ambos os membros superiores ou inferiores | 100 |
| Perda anatômica e/ou funcional completa de ambas as mãos ou de ambos os pés | |
| Perda anatômica e/ou funcional completa de um membro superior e de um membro inferior | |
| Perda completa da visão em ambos os olhos (cegueira bilateral) ou cegueira legal bilateral | |
| Lesões neurológicas que cursem com: | |
| (a) dano cognitivo-comportamental alienante; | |
| (b) impedimento do senso de orientação espacial e/ou do livre deslocamento corporal; | |
| (c) perda completa do controle esfincteriano; | |
| (d) comprometimento de função vital ou autonômica | |

| | |
|---|---|
| Lesões de órgãos e estruturas crânio-faciais, cervicais, torácicos, abdominais, pélvicos ou retroperitoneais cursando com prejuízos funcionais não compensáveis de ordem autônomica, respiratória, cardiovascular, digestiva, excretora ou de qualquer outra espécie, desde que haja comprometimento de função vital | |
| **Danos Corporais Segmentares (Parciais)** | |
| **Repercussões em Partes de Membros Superiores e Inferiores** | |
| Perda anatômica e/ou funcional completa de um dos membros superiores e/ou de uma das mãos | 70 |
| Perda anatômica e/ou funcional completa de um dos membros inferiores | 50 |
| Perda anatômica e/ou funcional completa de um dos pés | |
| Perda completa da mobilidade de um dos ombros, cotovelos, punhos ou dedo polegar | 25 |
| Perda completa da mobilidade de um quadril, joelho ou tornozelo | 10 |
| Perda anatômica e/ou funcional completa de qualquer um dentre os outros dedos da mão | |
| Perda anatômica e/ou funcional completa de qualquer um dos dedos do pé | |
| **Danos Corporais Segmentares (Parciais)** | |
| **Outras Repercussões em Órgãos e Estruturas Corporais** | |
| Perda auditiva total bilateral (surdez completa) ou da fonação (mudez completa) ou da visão de um olho | 50 |
| Perda completa da mobilidade de um segmento da coluna vertebral exceto o sacral | 25 |
| Perda integral (retirada cirúrgica) do baço | 10 |

## LEI Nº 6.575, DE 30 DE SETEMBRO DE 1978

*Dispõe sobre o depósito e venda de veículos removidos, apreendidos e retidos, em todo o território nacional.*

O Presidente da República,

Faço saber que o Congresso Nacional decreta e eu sanciono a seguinte Lei:

**Art. 1º.** Os veículos removidos, retidos ou apreendidos, com base nas alíneas "e", "f", e "g", do art. 95, da Lei nº 5.108, de 21 de setembro de 1976, serão depositados em locais designados pelo Departamento de Trânsito dos Estados ou repartições congêneres dos Municípios.

**Art. 2º.** A restituição dos veículos depositados far-se-á mediante o pagamento:

I – das multas e taxas devidas;

II – das despesas com a remoção, apreensão ou retenção, e das referentes a notificações e editais, mencionadas nos artigos subsequentes.

**Art. 3º.** Os órgãos referidos no art. 1º, no prazo de dez dias, notificarão por via postal a pessoa que figurar na licença como proprietária do veículo, para que, dentro de vinte dias, a contar da notificação, efetue o pagamento do débito e promova a retirada do veículo.

**Art. 4º.** Não atendida a notificação por via postal, serão os interessados notificados por edital, afixado nas dependências do órgão apreensor e publicado uma vez na imprensa oficial, se houver, e duas vezes em jornal de maior circulação do local, para o fim previsto no artigo anterior e com o prazo de trinta dias, a contar da primeira publicação.

§ 1º. Do edital constarão:

a) o nome ou designação da pessoa que figurar licença como proprietário do veículo;

b) os números da placa e do chassis, bem como a indicação da marca e ano de fabricação do veículo.

§ 2º. Nos casos de penhor, alienação fiduciária em garantia e venda com reserva de domínio, quando os instrumentos dos respectivos atos jurídicos estiverem arquivados no órgão fiscalizador competente, do edital constarão os nomes do proprietário e do possuidor do veículo.

**Art. 5º.** Não atendendo os interessados ao disposto no artigo anterior, e decorridos noventa dias da remoção apreensão ou retenção, o veículo será vendido em leilão público, mediante avaliação.

§ 1º. Se não houver lance igual ou superior ao valor estimado, proceder-se-á à venda pelo maior lance.

§ 2º. Do produto apurado na venda serão deduzidas as despesas previstas no art. 2º da Lei e as demais decorrentes do leilão, recolhendo-se o saldo ao Banco do Brasil S.A., à disposição da pessoa que figurar na licença como proprietário do veículo, ou de seu representante legal.

**Art. 6º.** O disposto nesta Lei não se aplica aos veículos recolhidos a depósito por ordem judicial ou aos que estejam à disposição de autoridade policial.

**Art. 7º.** Esta Lei entrará em vigor na data de sua publicação.

**Art. 8º.** Revogam-se as disposições em contrário.

Brasília, em 30 de setembro de 1978; 157º da Independência e 90º da República.

*Ernesto Geisel*

DOU de 3.10.1978

## DECRETO-LEI Nº 2.063, DE 6 DE OUTUBRO DE 1983

*Dispõe sobre multas a serem aplicadas por infrações à regulamentação para a execução do serviço de transporte rodoviário de cargas ou produtos perigosos e dá outras providências.*

O Presidente da República, usando das atribuições que lhe confere o art. 55, item II, da Constituição,

Decreta:

**Art. 1º.** O produto da arrecadação das multas por infrações à regulamentação para a execução do serviço de transporte rodoviário de cargas ou produtos perigosos, quando aplicadas por autoridade federal, será recolhido ao Banco do Brasil S.A., à conta do Departamento Nacional de Estradas de Rodagem.

§ 1º. Nos casos não incluídos no *caput* deste artigo, as multas serão aplicadas e arrecadadas pela autoridade com jurisdição sobre a via pública ou rodovia na qual a infração seja cometida.

§ 2º. Para efeito de aplicação das multas, o Poder Executivo tipificará as infrações e graduará o valor de cada multa, segundo a natureza da infração e o seu grau de risco, respeitado o limite máximo fixado por este Decreto-lei.

§ 3º. A multa será aplicada em dobro, na reincidência especificada.

**Art. 2º.** O limite máximo da multa de que trata o artigo anterior é equivalente a 250 (duzentas e cinquenta) obrigações Reajustáveis do Tesouro Nacional.

**Art. 3º.** Poderão ser aplicadas também aos que infringirem a regulamentação referida no art. 1º as penalidades de:

I – suspensão temporária do exercício da atividade de transporte de cargas ou produtos perigosos, por prazo não superior a 180 (cento e oitenta) dias; e

II – cancelamento do registro de que trata a Lei nº 7.092, de 19 de abril de 1983.

**Art. 4º.** A aplicação das penalidades previstas neste Decreto-Lei far-se-á cumulativamente com aquelas estabelecidas sobre o trânsito.

**Art. 5º.** A imposição das penalidades previstas neste Decreto-Lei não exonera o infrator das cominações civis e penais cabíveis.

**Art. 6º.** O Poder Executivo na regulamentação deste Decreto-lei, estabelecerá normas para a execução do serviço de transporte de carga ou produtos perigosos.

Parágrafo único. As normas a que se refere este artigo disporão sobre as proibições de transporte de cargas ou produtos considerados tão perigosos que não devam transitar por vias públicas ou rodovias e as modalidades de transporte mais adequadas.

**Art. 7º.** Este Decreto-Lei entra em vigor na data de sua publicação, revogadas as disposições em contrário.

Brasília, em 6 de outubro de 1983; 162º da Independência e 95º da República.

*João Figueiredo*

DOU de 7.10.1983

## LEI Nº 7.408, DE 25 DE NOVEMBRO DE 1985

*Permite a tolerância de 5% (cinco por cento) na pesagem de carga em veículos de transporte.*

O Presidente da República,

Faço saber que o Congresso Nacional decreta e eu sanciono a seguinte Lei:

**Art. 1º.** Fica permitida a tolerância máxima de 5% (cinco por cento) sobre os limites de peso bruto total e peso bruto transmitido por eixo de veículos à superfície das vias públicas.

**Art. 2º.** Somente poderá haver autuação, por ocasião da pesagem do veículo nas balanças rodoviárias, quando o veículo ultrapassar os limites fixados nesta Lei.

**Art. 3º.** Esta Lei entra em vigor na data de sua publicação.

**Art. 4º.** Revogam-se as disposições em contrário.

Brasília, em 25 de novembro de 1985; 164º da Independência e 97º da República.

*José Sarney*
*DOU de 26.11.1985*

## DECRETO Nº 96.044, DE 18 DE MAIO DE 1988

*Aprova o Regulamento para o Transporte Rodoviário de Produtos Perigosos e dá outras providências.*

O Presidente da República, no uso das atribuições que lhe confere o art. 81, item III, da Constituição, e considerando o disposto na Lei nº 7.092, de 19 de abril de 1983, e no Decreto-Lei nº 2.063, de 6 de outubro de 1983,

Decreta:

**Art. 1º.** Fica aprovado o Regulamento para o Transporte Rodoviário de Produtos Perigosos que com este baixa, assinado pelo Ministro de Estado dos Transportes.

**Art. 2º.** O transporte rodoviário de produtos perigosos realizado pelas Forças Armadas obedecerá à legislação específica.

**Art. 3º.** O Ministro de Estado dos Transportes expedirá, mediante portaria, os atos complementares e as modificações de caráter técnico que se façam necessários para a permanente atualização do regulamento e obtenção de níveis adequados de segurança nesse tipo de transporte de carga.

**Art. 4º.** O art. 103, e seu § 1º, do regulamento baixado com o Decreto nº 62.127, de 16 de janeiro de 1968, continua a vigorar com a redação dada pelo Decreto nº 88.821, de 6 de outubro de 1983.

**Art. 5º.** Este Decreto entra em vigor na data de sua publicação.

**Art. 6º.** Revogam-se as disposições em contrário.

Brasília, 18 de maio de 1988; 167º da Independência e 100º da República.

*José Sarney*
*DOU 19 5.1988*

### REGULAMENTO
### PARA O TRANSPORTE RODOVIÁRIO DE PRODUTOS PERIGOSOS

#### Capítulo I – Das Disposições Preliminares

**Art. 1º.** O transporte, por via pública, de produto que seja perigoso ou represente risco para a saúde de pessoas, para a segurança pública ou para o meio ambiente, fica submetido às regras e procedimentos estabelecidos neste Regulamento, sem prejuízo do disposto em legislação e disciplina peculiar a cada produto.

§ 1º. Para os efeitos deste Regulamento é produto perigoso o relacionado em Portaria do Ministro dos Transportes.

§ 2º. No transporte de produto explosivo e de substância radioativa serão observadas, também, as normas específicas do Ministério do Exército e da Comissão Nacional de Energia Nuclear, respectivamente.

## Capítulo II – Das Condições do Transporte

### Seção I – Dos Veículos e dos Equipamentos

**Art. 2º.** Durante as operações de carga, transporte, descarga, transbordo, limpeza e descontaminação os veículos e equipamentos utilizados no transporte de produto perigoso deverão portar rótulos de risco e painéis de segurança específicos, de acordo com as NBR-7500 e NBR- 8286.

Parágrafo único. Após as operações de limpeza e completa descontaminação dos veículos e equipamentos, os rótulos de risco e painéis de segurança serão retirados.

**Art. 3º.** Os veículos utilizados no transporte de produto perigoso deverão portar o conjunto de equipamentos para situações de emergência indicado por Norma Brasileira ou, na inexistência desta, o recomendado pelo fabricante do produto.

**Art. 4º.** Os veículos e equipamentos (como tanques e contêineres) destinados ao transporte de produto perigoso a granel deverão ser fabricados de acordo com as Normas Brasileiras ou, na inexistência destas, com norma internacional aceita.

§ 1º. O Instituto Nacional de Metrologia, Normalização e Qualidade Industrial – INMETRO, ou entidade, por ele credenciada, atestará a adequação dos veículos e equipamentos ao transporte de produto perigoso, nos termos dos seus regulamentos técnicos.

§ 2º. Sem prejuízo das vistorias periódicas previstas na legislação de trânsito, os veículos e equipamentos de que trata este artigo serão vistoriados, em periodicidade não superior a três anos, pelo INMETRO ou entidade por ele credenciada, de acordo com instruções e cronologia estabelecidos pelo próprio INMETRO, observados os prazos e rotinas recomendadas pelas normas de fabricação ou inspeção, fazendo-se as devidas anotações no "Certificado de Capacitação para o Transporte de Produtos Perigosos a Granel" de que trata o item I do art. 22.

§ 3º. Os veículos e equipamentos referidos no parágrafo anterior, quando acidentados ou avariados, deverão ser vistoriados e testados pelo INMETRO ou entidade pelo mesmo credenciada, antes de retornarem à atividade.

**Art. 5º.** Para o transporte de produto perigoso a granel os veículos deverão estar equipados com tacógrafo, ficando os discos utilizados à disposição do expedidor, do contratante, do destinatário e das autoridades com jurisdição sobre as vias, durante três meses, salvo no caso de acidente, hipótese em que serão conservados por um ano.

### Seção II – Da Carga e Seu Acondicionamento

**Art. 6º.** O produto perigoso fracionado deverá ser acondicionado de forma a suportar os riscos de carregamento, transporte, descarregamento e transbordo, sendo o expedidor responsável pela adequação do acondicionamento segundo especificações do fabricante.

§ 1º. No caso de produto importado, o importador será o responsável pela observância ao que preceitua este artigo, cabendo-lhe adotar as providências necessárias junto ao fornecedor estrangeiro.

§ 2º. No transporte de produto perigoso fracionado, também as embalagens externas deverão estar rotuladas, etiquetadas e marcadas de acordo com a correspondente classificação e o tipo de risco.

**Art. 7º.** É proibido o transporte, no mesmo veículo ou contêiner, de produto perigoso com outro tipo de mercadoria, ou com outro produto perigoso, salvo se houver compatibilidade entre os diferentes produtos transportados.

• *Art. 7º, caput, com redação dada pelo Decreto nº 4.087/2002.*

§ 1º. Consideram-se incompatíveis, para fins de transporte conjunto, produtos que, postos em contato entre si, apresentem alterações das características físicas ou químicas originais de qualquer deles, gerando risco de provocar explosão, desprendimento de chama ou calor, formação de compostos, misturas, vapores ou gases perigosos.

• *§ 1º acrescido pelo Decreto nº 4.087/2002.*

§ 2º. É proibido o transporte de produtos perigosos, com risco de contaminação, juntamente com alimentos, medicamentos ou objetos destinados a uso humano ou animal ou, ainda, com embalagens de mercadorias destinadas ao mesmo fim.

• *§ 2º acrescido pelo Decreto nº 4.087/2002.*

§ 3°. É proibido o transporte de animais juntamente com qualquer produto perigoso.

• *§ 3° acrescido pelo Decreto n° 4.087/2002.*

§ 4°. Para aplicação das proibições de carregamento comum, previstas neste artigo, não serão considerados os produtos colocados em pequenos cofres de carga distintos, desde que estes assegurem a impossibilidade de danos a pessoas, mercadorias ou ao meio ambiente.

• *§ 4° acrescido pelo Decreto n° 4.087/2002.*

**Art. 8°.** É vedado transportar produtos para uso humano ou animal em tanques de carga destinados ao transporte de produtos perigosos a granel.

### Seção III – Do Itinerário

**Art. 9°.** O veículo que transportar produto perigoso deverá evitar o uso de vias em áreas densamente povoadas ou de proteção de mananciais, reservatórios de água ou reservas florestais e ecológicas, ou em que delas sejam próximas.

**Art. 10.** O expedidor informará anualmente ao Departamento Nacional de Estradas e Rodagem – DNER os fluxos de transporte de produtos perigosos que embarcar com regularidade, especificando:

I – classe do produto e quantidade transportadas;

II – pontos de origem e destino.

§ 1°. As informações ficarão à disposição dos órgãos e entidades do meio ambiente, da defesa civil e das autoridades com jurisdição sobre as vias.

§ 2°. Com base nas informações de que trata este artigo, o Ministério dos Transportes, com a colaboração do DNER e de órgãos e entidades públicas e privadas, determinará os critérios técnicos de seleção dos produtos para os quais solicitará informações adicionais, como frequência de embarques, formas de acondicionamento e itinerário, incluindo as principais vias percorridas.

**Art. 11.** As autoridades com jurisdição sobre as vias poderão determinar restrições ao seu uso, ao longo de toda a sua extensão ou parte dela, sinalizando os trechos restritos e assegurando percurso alternativo, assim como estabelecer locais e períodos com restrição para estacionamento, parada, carga e descarga.

**Art. 12.** Caso a origem ou o destino de produto perigoso exigir o uso de via restrita, tal fato deverá ser comprovado pelo transportador perante a autoridade com jurisdição sobre a mesma, sempre que solicitado.

**Art. 13.** O itinerário deverá ser programado de forma a evitar a presença de veículo transportando produto perigoso em vias de grande fluxo de trânsito, nos horários de maior intensidade de tráfego.

### Seção IV – Do Estacionamento

**Art. 14.** O veículo transportando produto perigoso só poderá estacionar para descanso ou pernoite em áreas previamente determinadas pelas autoridades competentes e, na inexistência de tais áreas, deverá evitar o estacionamento em zonas residenciais, logradouros públicos ou locais de fácil acesso ao público, áreas densamente povoadas ou de grande concentração de pessoas ou veículos.

§ 1°. Quando, por motivo de emergência, parada técnica, falha mecânica ou acidente, o veículo parar em local não autorizado, deverá permanecer sinalizado e sob a vigilância de seu condutor ou de autoridade local, salvo se a sua ausência for imprescindível para a comunicação do fato, pedido de socorro ou atendimento médico.

§ 2°. Somente em caso de emergência o veículo poderá estacionar ou parar nos acostamento das rodovias.

### Seção V – Do Pessoal Envolvido na Operação do Transporte

**Art. 15.** O condutor de veículo utilizado no transporte de produto perigoso, além das qualificações e habilitações previstas na legislação de trânsito, deverá receber treinamento específico, segundo programa a ser aprovado pelo Conselho Nacional de Trânsito (CONTRAN), por proposta do Ministério dos Transportes.

**Art. 16.** O transportador, antes de mobilizar o veículo, deverá inspecioná-lo, assegurando-se suas perfeitas condições para o transporte para o qual é destinado e com especial atenção para o tanque, carroceria e demais dispositivos que possam afetar a segunda da carga transportada.

**Art. 17.** O condutor, durante a viagem, é o responsável pela guarda, conservação e bom uso dos equipamentos e acessórios do veículo inclusive os exigidos em função da natureza específica dos produtos transportados.

Parágrafo único. O condutor deverá examinar, regularmente e em local adequado, as condições gerais do veículo, verificando, inclusive, a existência de vazamento, o grau de aquecimento e as demais condições dos pneus do conjunto transportador.

**Art. 18.** O condutor interromperá a viagem e entrará em contato com a transportadora, autoridades ou a entidade cujo telefone esteja listado no Envelope para o Transporte, quando ocorrerem alterações nas condições de partida, capazes de colocar em risco a segurança de vidas, de bens ou do meio ambiente.

**Art. 19.** O condutor não participará das operações de carregamento, descarregamento e transbordo da carga, salvo se devidamente orientado e autorizado pelo expedidor ou pelo destinatário, e com a anuência do transportador.

**Art. 20.** Todo o pessoal envolvido nas operações de carregamento, descarregamento e transbordo de produto perigoso usará traje e equipamento de proteção individual, conforme normas e instruções baixadas pelo Ministério do Trabalho.

Parágrafo único. Durante o transporte o condutor do veículo usará o traje mínimo obrigatório, ficando desobrigado do uso de equipamentos de proteção individual.

**Art. 21.** Todo o pessoal envolvido na operação de transbordo de produto perigoso a granel receberá treinamento específico.

### Seção VI – Da Documentação

**Art. 22.** Sem prejuízo do disposto na legislação fiscal, de transporte, de trânsito e relativa ao produto transportado, os veículos que estejam transportando produto perigoso ou os equipamentos relacionados com essa finalidade, só poderão circular pelas vias públicas portando os seguintes documentos:

I – Certificado de Capacitação para o Transporte de Produtos Perigosos a Granel do veículo e dos equipamentos, expedido pelo INMETRO ou entidade por ele credenciada;

II – Documento Fiscal do produto transportado, contendo as seguintes informações:

a) número e nome apropriado para embarque;

b) classe e, quando for o caso, subclasse à qual o produto pertence;

c) declaração assinada pelo expedidor de que o produto está adequadamente acondicionado para suportar os riscos normais de carregamento, descarregamento e transporte, conforme a regulamentação em vigor;

III – Ficha de Emergência e Envelope para o Transporte, emitidos pelo expedidor, de acordo com as NBR-7503, NBR-7504 E NBR-8285, preenchidos conforme instruções fornecidos pelo fabricante ou importador do produto transportado, contendo:

a) orientação do fabricante do produto quanto ao que deve ser feito e como fazer em caso de emergência, acidente ou avaria; e

b) telefone de emergência da corporação de bombeiros e dos órgãos de policiamento do trânsito, da defesa civil e do meio ambiente ao longo do itinerário.

§ 1º. É admitido o Certificado Internacional de Capacidade dos Equipamentos para o Transporte de Produtos Perigosos a Granel.

§ 2º. O Certificado de Capacitação para o Transporte de Produtos Perigosos a Granel perderá a validade quando o veículo ou o equipamento:

a) tiver suas características alteradas;

b) não obtiver aprovação em vistoria ou inspeção;

c) não for submetido a vistoria ou inspeção nas épocas estipuladas; e

d) acidentado, não for submetido a nova vistoria após sua recuperação.

§ 3º. As vistorias e inspeções serão objeto de laudo técnico e registradas no Certificado de Capacitação previsto no item I deste artigo.

§ 4º. O Certificado de Capacitação para o Transporte de Produtos Perigosos a Granel não exime o transportador da responsabilidade por danos causados pelo veículo, equipamento ou produto perigoso, assim como a declaração de que trata a alínea "c" do item II deste artigo não isenta o expedidor da responsabilidade pelos danos causados exclusivamente pelo produto perigoso, quando agirem com imprudência, imperícia ou negligência.

## Seção VII – Do Serviço De Acompanhamento Técnico Especializado

**Art. 23.** O transporte rodoviário de produto perigoso que, em função das características do caso, seja considerado como oferecendo riscos por demais elevado, será tratado como caso especial, devendo seu itinerário e sua execução serem planejados e programados previamente, com participação do expedidor, do contratante do transporte, do transportador, do destinatário, do fabricante ou importador do produto, das autoridades com jurisdição sobre as vias a serem utilizadas e do competente órgão do meio ambiente, podendo ser exigido acompanhamento técnico especializado (art. 50, I).

§ 1º. O acompanhamento técnico especializado disporá de viaturas próprias, tripuladas por elementos devidamente treinados e equipados para ações de controle de emergência e será promovido, preferencialmente, pelo fabricante ou o importador do produto, o qual, em qualquer hipótese, fornecerá orientação e consultoria técnica para o serviço.

§ 2º. As viaturas de que trata o parágrafo precedente deverão portar, durante o acompanhamento, os documentos mencionados no item III do art. 22 e os equipamentos para situações de emergência a que se refere o art. 3º.

### Capítulo III – Dos Procedimentos em Caso de Emergência, Acidente ou Avaria

**Art. 24.** Em caso de acidente, avaria ou outro fato que obrigue a imobilização de veículo transportando produto perigoso, o condutor adotará as medidas indicadas na Ficha de Emergência e no Envelope para o Transporte correspondentes a cada produto transportado, dando ciência à autoridade de trânsito mais próxima, pelo meio disponível mais rápido, detalhando a ocorrência, o local, as classes e quantidades dos materiais transportados.

**Art. 25.** Em razão da natureza, extensão e características da emergência, a autoridade que atender ao caso determinará ao expedidor ou ao fabricante do produto a presença de técnicos ou pessoal especializado.

**Art. 26.** O contrato de transporte deverá designar quem suportará as despesas decorrentes da assistência de que trata o artigo anterior.

Parágrafo único. No silêncio do contrato o ônus será suportado pelo transportador.

**Art. 27.** Em caso de emergência, acidente ou avaria, o fabricante, o transportador, o expedidor e o destinatário do produto perigoso darão o apoio e prestarão esclarecimentos que lhes forem solicitados pelas autoridades públicas.

**Art. 28.** As operações de transbordo em condições de emergência deverão ser executadas em conformidade com a orientação do expedidor ou fabricante do produto, e se possível, com a presença de autoridade pública.

§ 1º. Quando o transbordo for executado em via pública deverão ser adotadas as medidas de resguardo ao trânsito.

§ 2º. Quem atuar nessas operações deverá utilizar os equipamentos de manuseio e de proteção individual recomendados pelo expedidor ou fabricante do produto.

§ 3º. No caso de transbordo de produtos a granel o responsável pela operação deverá ter recebido treinamento específico.

### Capítulo IV – Dos Deveres, Obrigações e Responsabilidades

#### Seção I – Do Fabricante e do Importador

**Art. 29.** O fabricante de equipamento destinado ao transporte de produto perigoso responde penal e civilmente por sua qualidade e adequação ao fim a que se destina.

Parágrafo único. Para os fins do disposto no art. 22, item I, cumpre ao fabricante fornecer ao INMETRO as informações relativas ao início da fabricação e destinação específica dos equipamentos.

**Art. 30.** O fabricante de produto perigoso fornecerá ao expedidor:

I – informações relativas aos cuidados a serem tomados no transporte e manuseio do produto, assim como as necessárias ao preenchimento da Ficha de Emergência; e

II – especificações para o acondicionamento do produto e, quando for o caso, a relação do conjunto de equipamentos a que se refere o art. 3º.

**Art. 31.** No caso de importação, o importador do produto perigoso assume, em território brasileiro, os deveres, obrigações e responsabilidade do fabricante.

## Seção II – Do Contratante, do Expedidor e do Destinatário

**Art. 32.** O Contratante do transporte deverá exigir do transportador o uso de veículo e equipamento em boas condições operacionais e adequados para a carga a ser transportada, cabendo ao expedidor, antes de cada viagem, avaliar as condições de segurança.

**Art. 33.** Quando o transportador não os possuir, deverá o contratante fornecer os equipamentos necessários ás situações de emergência, acidente ou avaria, com as devidas instruções do expedidor para sua utilização.

**Art. 34.** O expedidor é responsável pelo acondicionamento do produto a ser transportado, de acordo com as especificações do fabricante.

**Art. 35.** No carregamento de produtos perigosos o expedidor adotará todas as precauções relativas à preservação dos mesmos, especialmente quanto à compatibilidade entre si (art. 7º).

**Art. 36.** O expedidor exigirá do transportador o emprego dos rótulos de risco e painéis de segurança correspondentes aos produtos a serem transportados, conforme disposto no art. 2º.

Parágrafo único. O expedidor entregará ao transportador os produtos perigosos fracionados devidamente rotulados, etiquetados e marcados, bem assim os rótulos de risco e os painéis de segurança para uso nos veículos, informando ao condutor as características dos produtos a serem transportados.

**Art. 37.** São de responsabilidade:

I – do expedidor, as operações de carga;

II – do destinatário, as operações de descarga;

§ 1º. Ao expedidor e ao destinatário cumpre orientar e treinar o pessoal empregado nas atividades referidas neste artigo.

§ 2º. Nas operações de carga e descarga, cuidados especiais serão adotados, especialmente quanto à amarração da carga, a fim de evitar danos, avarias ou acidentes.

## Seção III – Do Transportador

**Art. 38.** Constituem deveres e obrigações do transportador:

I – dar adequada manutenção e utilização aos veículos e equipamentos;

II – fazer vistoriar as condições de funcionamento e segurança do veículo e equipamento, de acordo com a natureza da carga a ser transportada, na periodicidade regulamentar;

III – fazer acompanhar, para ressalva das responsabilidades pelo transporte, as operações executadas pelo expedidor ou destinatário de carga, descarga e transbordo, adotando as cautelas necessárias para prevenir riscos à saúde e integridade física de seus prepostos e ao meio ambiente;

IV – transportar produtos a granel de acordo com o especificado no "Certificado de Capacitação para o Transporte de Produtos Perigosos a Granel" (art. 22, I);

V – requerer o Certificado de Capacitação para o Transporte de Produtos Perigosos a Granel", quando for o caso, e exigir do expedidor os documentos de que tratam os itens II e III do art. 22;

VI – providenciar para que o veículo porte o conjunto de equipamentos necessários às situações de emergência, acidente ou avaria (art. 35), assegurando-se do seu bom funcionamento;

VII – instruir o pessoal envolvido na operação de transporte quanto à correta utilização dos equipamentos necessários às situações de emergência, acidente ou avaria, conforme as instruções do expedidor;

VIII – zelar pela adequada qualificação profissional do pessoal envolvido na operação de transporte, proporcionando-lhe treinamento específico, exames de saúde periódicos e condições de trabalho conforme preceitos de higiene, medicina e segurança do trabalho;

IX – fornecer a seus prepostos os trajes e equipamentos de segurança no trabalho, de acordo com as normas expedidas pelo Ministério do Trabalho, zelando para que sejam utilizados nas operações de transporte, carga, descarga e transbordo;

X – providenciar a correta utilização, nos veículos e equipamentos, dos rótulos de risco e painéis de segurança adequados aos produtos transportados;

XI – realizar as operações de transbordo observando os procedimentos e utilizando os equipamentos recomendados pelo expedidor ou fabricante do produto;

XII – assegurar-se de que o serviço de acompanhamento técnico especializado preenche os requisitos deste Regulamento e das instruções específicas existentes (art. 23);

XIII – dar orientação quanto à correta estivagem da carga do veículo, sempre que, por acordo com o expedidor, seja corresponsável pelas operações de carregamento e descarregamento.

Parágrafo único. Se o transportador receber a carga largada ou for impedido, pelo expedidor ou destinatário, de acompanhar carga e descarga, ficará desonerado da responsabilidade por acidente ou avaria decorrentes do mau acondicionamento da carga.

**Art. 39.** Quando o transporte for realizado por transportador comercial autônomo, os deveres e obrigações a que se referem os itens VI a IX do artigo anterior constituem responsabilidade de quem o tiver contratado.

**Art. 40.** O transportador é solidariamente responsável com o expedidor na hipótese de receber, para transporte, produtos cuja embalagem apresente sinais de violação, deterioração, mau estado de conservação ou de qualquer forma infrinja o preceituado neste Regulamento e demais normas ou instruções aplicáveis.

### Capítulo V – Da Fiscalização

**Art. 41.** A fiscalização para a observância deste Regulamento e de suas instruções complementares incumbe ao Ministério dos Transportes, sem prejuízo da competência das autoridades com jurisdição sobre a via por onde transite o veículo transportador.

Parágrafo único. A fiscalização compreenderá:

a) exame dos documentos de porte obrigatório (art. 22);

b) adequação dos rótulos de risco e painéis de segurança (art. 2º), bem assim dos rótulos e etiquetas das embalagens (art. 6º, § 2º), ao produto especificado no Documento Fiscal; e

c) verificação da existência de vazamento no equipamento de transporte de carga a granel e, em se tratando de carga fracionada, sua arrumação e estado de conservação das embalagens.

**Art. 42.** Ao ter conhecimento de veículo trafegando em desacordo com o que preceitua este Regulamento, a autoridade com jurisdição sobre a via deverá retê-lo imediatamente, liberando-o só após sanada a infração, podendo, se necessário, determinar:

I – a remoção do veículo para local seguro, podendo autorizar o seu deslocamento para local onde possa ser corrigida a irregularidade;

II – o descarregamento e a transferência dos produtos pra outro veículo ou para local seguro;

III – a eliminação da periculosidade da carga ou a sua destruição, sob a orientação do fabricante ou do importador do produto e, quando possível, com a presença do representante da seguradora.

§ 1º. As providências de que trata este artigo serão adotadas em função do grau e natureza do risco, mediante avaliação técnica e, sempre que possível, acompanhamento do fabricante ou importador do produto, contratante, expedidor, transportador, representante da Defesa Civil e de órgão do meio ambiente.

§ 2º. Enquanto retido, o veículo permanecerá sob a guarda da autoridade, sem prejuízo da responsabilidade do transportador pelos fatos que deram origem à retenção.

### Capítulo VI – Das Infrações e Penalidades

**Art. 43.** A inobservância das disposições deste Regulamento e instruções complementares referentes ao transporte de produto perigoso sujeita o infrator a:

I – multa até o valor máximo de cem Obrigações do Tesouro Nacional – OTN;

II – cancelamento do registro de que trata a Lei nº 7.092, de 19 de abril de 1983.

§ 1º. A aplicação da multa compete à autoridade com jurisdição sobre a via onde a infração foi cometida.

§ 2º. Ao infrator passível de multa é assegurada defesa, previamente ao recolhimento desta, perante a autoridade com jurisdição sobre a via, no prazo de trinta dias, contados da data da autuação.

§ 3º. Da decisão que aplicar a penalidade de multa, cabe recurso com efeito suspensivo, a ser interposto na instância superior do órgão autuante, no prazo de trinta dias, contados da data em que o infrator for notificado, observados os procedimentos peculiares a cada órgão.

§ 4º. A aplicação da penalidade de cancelamento no Registro Nacional dos Transportadores Rodoviários – RTB compete ao Ministro dos Transportes, mediante proposta justificada do DNER ou da autoridade com jurisdição sobre a via.

§ 5º. O infrator será notificado do envio da proposta de que trata o páragrafo anterior, bem assim dos seus fundamentos, podendo apresentar defesa perante o Ministério dos Transportes no prazo de trinta dias.

§ 6º. Da decisão que aplicar a penalidade de cancelamento de registro no RTB cabe pedido de reconsideração a ser interposto no prazo de trinta dias, contados da data da notificação do infrator.

§ 7º Para o efeito da averbação no registro do infrator, as autoridades com jurisdição sobre as vias comunicarão ao DNER as penalidades aplicadas em suas respectivas jurisdições.

**Art. 44.** As infrações punidas com multa classificam-se, de acordo com a sua gravidade, em três grupos:

I – Primeiro Grupo – as que serão punidas com multa de valor equivalente a 100 OTN;

II – Segundo Grupo – as que serão punidas com multa de valor equivalente a 50 OTN; e

III – Terceiro Grupo – as que serão punidas com multa de valor equivalente a 20 OTN;

§ 1º. Na reincidência específica, a multa será aplicada em dobro.

§ 2º. Cometidas, simultaneamente, duas ou mais infrações de natureza diversa, aplicar-se-ão, cumulativamente, as penalidades correspondentes a cada uma.

**Art. 45.** Ao transportador serão aplicadas as seguintes multas:

I – Primeiro Grupo, quando:

a) transportar produto cujo deslocamento rodoviário seja proibido pelo Ministério dos Transportes;

b) transportar produto perigoso a granel que não conste do Certificado de Capacitação;

c) transportar produto perigoso a granel em veículo desprovido de Certificado de Capacitação válido;

d) transportar, juntamente com produto perigoso, pessoas, animais, alimentos ou medicamentos destinados ao consumo humano ou animal, ou, ainda, embalagens destinadas a estes bens; e

e) transportar produtos incompatíveis entre si, apesar de advertido pelo expedidor:

II – Segundo Grupo, quando:

a) não der manutenção ao veículo ou ao seu equipamento;

b) estacionar ou parar com inobservância ao preceituado no art. 14;

c) transportar produtos cujas embalagens se encontrem em más condições;

d) não adotar, em caso de acidente ou avaria, as providências constantes da Ficha de Emergência e do Envelope para o Transporte; e

e) transportar produto a granel sem utilizar o tacógrafo ou não apresentar o disco à autoridade competente, quando solicitado;

III – Terceiro Grupo, quando:

a) transportar carga mal estivada;

b) transportar produto perigoso em veículo desprovido de equipamento para situação de emergência e proteção individual;

c) transportar produto perigoso desacompanhado de Certificado de Capacitação para o Transporte de Produtos Perigosos a Granel (art. 22, I);

d) transportar produto perigoso desacompanhado de declaração de responsabilidade do expedidor (art. 22, II, "c"), aposta no Documento Fiscal;

e) transportar produto perigoso desacompanhado de Ficha de Emergência e Envelope para o Transporte (art. 22, III);

f) transportar produto perigoso sem utilizar, nas embalagens e no veículo, rótulos de risco e painéis de segurança em bom estado e correspondentes ao produto transportado;

g) circular em vias públicas nas quais não seja permitido o trânsito de veículos transportando produto perigoso; e

h) não dar imediata ciência da imobilização do veículo em caso de emergência, acidente ou avaria.

Parágrafo único. Será cancelado o registro do transportador que, no período e doze meses for punido com seis multas do Primeiro Grupo.

**Art. 46.** Ao expedidor serão aplicadas as seguintes multas:

I – Primeiro Grupo, quando:

a) embarcar no veículo produtos incompatíveis entre si;

b) embarcar produto perigoso não constante do Certificado de Capacitação do veículo ou equipamento ou estando esse Certificado vencido;

c) não lançar no Documento Fiscal as informações de que trata o item II do art. 22;

d) expedir produto perigoso mal acondicionado ou com embalagens em más condições; e

e) não comparecer ao local do acidente quando expressamente convocado pela autoridade competente (art. 25);

II – Segundo Grupo, quando:

a) embarcar produto perigoso em veículo que não disponha de conjunto de equipamentos para a situação de emergência e proteção individual;

b) não fornecer ao transportador a Ficha de Emergência e o Envelope para o Transporte;

c) embarcar produto perigoso em veículo que não esteja utilizando rótulos de risco e painéis de segurança, afixados nos locais adequados;

d) expedir carga fracionada com embalagem externa desprovia dos rótulos de risco específicos;

e) embarcar produto perigoso em veículo ou equipamento que não apresente adequadas condições de manutenção; e

f) não prestar os necessários esclarecimentos técnicos em situações de emergência ou acidentes, quando solicitado pelas autoridades.

**Art. 47.** A aplicação das penalidades estabelecidas neste Regulamento não exclui outras previstas em legislação específica, nem exonera o infrator das cominações civis e penais cabíveis.

## Capítulo VII – Das Disposições Gerais

**Art. 48.** Para a uniforme e generalizada aplicação deste Regulamento e dos preceitos nele estabelecidos, o Ministério dos Transportes estimulará a cooperação com órgãos e entidades públicas ou privadas mediante troca de experiências, consultas e execução de pesquisas, com finalidade, inclusive, de complementação ou alteração deste Regulamento.

**Art. 49.** Integram o presente Regulamento, como Anexos, as NBR-7500, NBR-7503, NBR-7504, NBR-8285 e NBR-8286.

**Art. 50.** É da exclusiva competência do Ministro dos Transportes:

I – estabelecer, quando as circunstâncias técnicas o exijam, medidas especiais de segurança no transporte rodoviário, inclusive determinar acompanhamento técnico especializado;

II – proibir o transporte rodoviário de cargas ou produtos considerados tão perigosos que não devam transitar por vias públicas, determinando, em cada caso, a modalidade de transporte mais adequada;

III – dispensar, no todo ou em parte, a observância deste Regulamento quando, dada a quantidade de produtos perigosos a serem transportados, a operação não ofereça riscos significativos.

**Art. 51.** Compete ao transportador a contratação do seguro decorrente da execução do contrato de transporte de produto perigoso.

**Art. 52.** Aplica-se o presente Regulamento ao transporte internacional de produto perigoso em território brasileiro, observadas, no que couber, as disposições constantes de acordos, convênios ou tratados ratificados pelo Brasil.

Brasília, 18 de maio de 1988.

*DOU de 19.5.1988*

## LEI Nº 8.722, DE 27 DE OUTUBRO DE 1993

*Torna obrigatória a baixa de veículos vendidos como sucata e dá outras providências.*

O Presidente da República,

Faço saber que o Congresso Nacional decreta e eu sanciono a seguinte Lei:

**Art. 1º.** É obrigatória a baixa de veículos, vendidos ou leiloados como sucata, nos Departamentos de Trânsito, Circunscrições Regionais de Trânsito e nos demais órgãos competentes.

Parágrafo único. Os documentos dos veículos a que se refere este artigo, bem como a parte do chassis que contém o seu número, serão obrigatoriamente recolhidos, antes da venda, aos órgãos responsáveis pela sua baixa.

**Art. 2º.** O Poder Executivo, ouvido o Conselho Nacional de Trânsito (CONTRAN), regulamentará esta Lei no prazo de sessenta dias, contado da data de sua publicação.

**Art. 3º.** Esta Lei entra em vigor na data de sua publicação.

**Art. 4º.** Revogam-se as disposições em contrário.

Brasília, 27 de outubro de 1993; 172º da Independência e 105º da República.

*Itamar Franco*
DOU de 28.10.1993

## LEI Nº 8.723, DE 28 DE OUTUBRO DE 1993

*Dispõe sobre a redução de emissão de poluentes por veículos automotores e dá outras providências.*

O Presidente da República,

Faço saber que o Congresso Nacional decreta e eu sanciono a seguinte lei:

**Art. 1º.** Como parte integrante da Política Nacional de Meio Ambiente, os fabricantes de motores e veículos automotores e os fabricantes de combustíveis ficam obrigados a tomar as providências necessárias para reduzir os níveis de emissão de monóxido de carbono, óxido de nitrogênio, hidrocarbonetos, álcoois, aldeídos, fuligem, material particulado e outros compostos poluentes nos veículos comercializados no País, enquadrando-se aos limites fixados nesta lei e respeitando, ainda, os prazos nela estabelecidos.

**Art. 2º.** São os seguintes os limites e prazos a que se refere o artigo anterior:

I – (vetado);

II – para os veículos leves fabricados a partir de 1º de janeiro de 1997, os limites para níveis de emissão de gases de escapamento são:

a) 2,0 g/km de monóxido de carbono (CO);

b) 0,3 g/km de hidrocarbonetos (HC);

c) 0,6 g/km de óxidos de nitrogênio (NOx);

d) 0,03 g/km de aldeídos (CHO);

e) 0,05 g/km de partículas, nos casos de veículos do ciclo Diesel;

f) meio por cento de monóxido de carbono (CO) em marcha lenta;

III – (vetado);

IV – 08 veículos pesados do ciclo Otto atenderão aos níveis de emissão de gases de escapamento de acordo com limites e cronogramas a serem definidos pelo Conselho Nacional do Meio Ambiente (CONAMA).

§ 1º. (Vetado).

§ 2º. Ressalvados critérios técnicos do Instituto Brasileiro do Meio Ambiente e dos Recursos Naturais Renováveis (IBAMA), é obrigatória a utilização de lacres nos dispositivos reguláveis do sistema de alimentação de combustível.

§ 3º. Todos os veículos pesados não turbinados são obrigados a apresentar emissão nula dos gases dos cárter, devendo os demais veículos pesados atender às disposições em vigor do Conselho Nacional do Meio Ambiente (CONAMA), que regulam esta matéria.

§ 4º. Oitenta por cento da totalidade de veículos pesados do ciclo Diesel comercializados pelos fabricantes nacionais terão os níveis máximos de emissão de gases de escapamento reduzido, em duas etapas, conforme 09 limites e cronogramas especificados abaixo:

I – a partir de 1º de janeiro de 1996:

a) 4,9 g/kWh de monóxido de carbono (CO);

b) 1,23 g/kWh de hidrocarbonetos (HC);

c) 9,0 de g/kWh de óxidos de nitrogênio (NOx);

d) 0,7 g/kWh de partículas para motores com até 85 kW de potência;

e) 0,4 g/kWh de partículas para motores com mais de 85 kW de potência;

II – a partir de 1º de janeiro de 2000:

a) 4,0 g/kWh de monóxido de carbono (CO);

b) 1,1 g/kWh de hidrocarbonetos (HC);

c) 7,0 g/kWh de óxido de nitrogênio (NOx);

d) 0,15 g/kWh de partículas, a critério do Conselho Nacional do Meio Ambiente (CONAMA), até o final de 1994, em função de sua viabilidade técnica.

§ 5º. Para os ônibus urbanos, as etapas estabelecidas no parágrafo anterior são antecipadas em dois anos, não se aplicando, entretanto, os limites estabelecidos no inciso I, d e e, do parágrafo anterior deste artigo.

§ 6º. A partir de 1º de janeiro de 2002, a totalidade de veículos pesados do ciclo Diesel comercializados no Brasil atenderá aos mesmos limites de emissão de gases de escapamento definidos no § 4º, II, deste artigo.

§ 7º. Para os veículos leves do ciclo Otto fabricados a partir de 1º de janeiro de 1992, quando não derivados de automóveis e classificados como utilitários, camionetes de uso misto ou veículos de carga, são os seguintes os limites de emissão de gases de escapamento, a vigorar a partir de 31 de dezembro de 1996:

a) 24,0 g/km de monóxido de carbono (CO);

b) 2,1 g/km de hidrocarbonetos (HC);

c) 2,0 g/km de óxidos de nitrogênio (NOx);

d) 0,15 g/km de aldeídos (CHO);

e) três por cento de monóxido de carbono (CO) em marcha lenta.

§ 8º. Os veículos leves do ciclo Diesel fabricados a partir de 1º de janeiro de 1992, quando não derivados de automóveis e classificados como utilitários, camionetes de uso misto ou veículos de carga, poderão, dependendo das características técnicas do motor, definidos pelo Instituto Brasileiro do Meio Ambiente e dos Recursos Naturais Renováveis (IBAMA), atender aos limites e exigências estabelecidos para os veículos pesados.

§ 9º. As complementações e alterações deste artigo serão estabelecidas pelo Conselho Nacional do Meio Ambiente (CONAMA).

**Art. 3º.** Os órgãos competentes para estabelecer procedimentos de ensaio, medição, certificação, licenciamento e avaliação dos níveis de emissão dos veículos, bem como todas as medidas complementares relativas ao controle de poluentes por veículos automotores, são o Conselho Nacional do Meio Ambiente (CONAMA) e o Instituto Brasileiro do Meio Ambiente e dos Recursos Naturais Renováveis (IBAMA), em consonância com o Programa Nacional de Controle de Poluição por Veículos Automotores (PROCONVE), respeitado o sistema metrológico em vigor no País.

**Art. 4º.** Os veículos importados ficam obrigados a atender aos mesmos limites de emissão e demais exigências estabelecidas na totalidade de suas vendas no mercado nacional.

**Art. 5º.** Somente podem ser comercializados os modelos de veículos automotores que possuam a LCVM – Licença para uso da Configuração de Veículos ou Motor, emitida pelo Instituto Brasileiro do Meio Ambiente e dos Recursos Naturais Renováveis (IBAMA).

**Art. 6º.** Os veículos e motores novos ou usados que sofrerem alterações ou conversão ficam obrigados a atender aos mesmos limites e exigências previstos nesta lei, cabendo à entidade executora das modificações e ao proprietário do veículo a responsabilidade pelo atendimento às exigências ambientais em vigor.

**Art. 7º.** Os órgãos responsáveis pela política energética, especificação, produção, distribuição e controle de qualidade de combustíveis, são obrigados a fornecer combustíveis comerciais, a partir da data de implantação dos limites fixados por esta lei, e de referência para testes de homologação, certificação e desenvolvimento, com antecedência mínima de trinta e seis meses do início de sua comercialização.

Parágrafo único. Para cumprimento desta lei, os órgãos responsáveis pela importação de combustíveis deverão permitir aos fabricantes de veículos e motores a importação de até cinquenta mil litros/ano de óleo Diesel de referência, para ensaios de emissão adequada para cada etapa, conforme as especificações constantes no anexo desta lei.

**Art. 8º.** (Vetado).

**Art. 9º.** É fixado em vinte e dois por cento o percentual obrigatório de adição de álcool etílico anidro combustível à gasolina em todo o território nacional.

• *Art. 9º,* caput, *com redação dada pela Lei nº 10.203/2001.*

§ 1º. O Poder Executivo poderá elevar o referido percentual até o limite de 25% (vinte e cinco por cento) ou reduzi-lo a 18% (dezoito por cento).

• *§ 1º acrescido pela Lei nº 10.203/2001 e com redação dada pela Lei nº 12.490/2011.*

§ 2º. Será admitida a variação de um ponto por cento, para mais ou para menos, na aferição dos percentuais de que trata este artigo.

• *§ 2º acrescido pela Lei nº 10.203/2001.*

**Art. 10.** (Vetado).

**Art. 11.** O uso de combustíveis automotivos classificados pelo Instituto Brasileiro do Meio Ambiente e dos Recursos Naturais Renováveis (IBAMA) como de baixo potencial poluidor será incentivado e priorizado, especialmente nas regiões metropolitanas.

**Art. 12.** Os governos estaduais e municipais ficam autorizados a estabelecer através de planos específicos, normas e medidas adicionais de controle da poluição do ar para veículos automotores em circulação, em consonância com as exigências do PROCONVE e suas medidas complementares.

• *Art. 12,* caput, *com redação dada pela Lei nº 10.203/2001.*

§ 1º. Os planos mencionados no *caput* deste artigo serão fundamentados em ações gradativamente mais restritivas, fixando orientação ao usuário quanto às normas e procedimentos para manutenção dos veículos e estabelecendo processos e procedimentos de inspeção periódica e de fiscalização das emissões dos veículos em circulação.

• *§ 1º, primitivo parágrafo único, renumerado pela Lei nº 10.203/2001.*

§ 2º. Os Municípios com frota total igual ou superior a três milhões de veículos poderão implantar programas próprios de inspeção periódica de emissões de veículos em circulação, competindo ao Poder Público Municipal, no desenvolvimento de seus respectivos programas, estabelecer processos e procedimentos diferenciados, bem como limites e periodicidades mais restritivos, em função do nível local de comprometimento do ar.

• *§ 2º acrescido pela Lei nº 10.203/2001.*

§ 3º. Os programas estaduais e municipais de inspeção periódica de emissões de veículos em circulação, deverão ser harmonizados, nos termos das resoluções do CONAMA, com o programa de inspeção de segurança veicular, a ser implementado pelo Governo Federal, através do CONTRAN e DENATRAN, ressalvadas as situações jurídicas consolidadas.

• *§ 3º acrescido pela Lei nº 10.203/2001.*

**Art. 13.** As redes de assistência técnica vinculadas aos fabricantes de motores, veículos automotores e sistemas de alimentação, ignição e controle de emissões para veículos são obrigadas, dentro do prazo de dezoito meses a partir da publicação desta lei, a dispor, em caráter permanente, de equipamentos e pessoal habilitado, conforme as recomendações dos órgãos ambientais responsáveis, para a realização de serviços de diagnóstico, regulagem de motores e sistemas de controle das emissões, em consonância com os objetivos do PROCONVE e suas medidas complementares.

§ 1º. Os fabricantes de veículos automotores ficam obrigados a divulgar aos concessionários e distribuidores as especificações e informações técnicas necessárias ao diagnóstico e regulagem do motor, seus componentes principais e sistemas de controle de emissão de poluentes.

§ 2º. Os fabricantes de veículos automotores ficam obrigados a divulgar aos consumidores as especificações de uso, segurança e manutenção dos veículos em circulação.

**Art. 14.** Em função das características locais de tráfego e poluição do ar, os órgãos ambientais, de trânsito e de transporte planejarão e implantarão medidas para redução da circulação de veículos reorientação do tráfego e revisão do sistema de transportes com o objetivo de reduzir a emissão global dos poluentes.

Parágrafo único. Os planos e medidas a que se refere o *caput* deste artigo incentivarão o uso do transporte coletivo, especialmente as modalidades de baixo potencial poluidor.

Art. 15. Os órgãos ambientais governamentais, em nível federal, estadual e municipal, a partir da publicação desta lei, monitorarão a qualidade do ar atmosférico e fixarão diretrizes e programas para o seu controle, especialmente em centros urbanos com população acima de quinhentos mil habitantes e nas áreas periféricas sob influência direta dessas regiões.

Parágrafo único. As medições periódicas serão efetuadas em pontos determinados e estrategicamente situados, de modo a possibilitar a correta caracterização das condições de poluição atmosférica presentes.

Art. 16. (Vetado).

Art. 17. Esta lei entra em vigor na data de sua publicação.

Art. 18. Revogam-se as disposições em contrário.

Brasília, 28 de outubro de 1993; 172º da Independência e 105º da República.

*Itamar Franco*

DOU de 29.10.1993 – Republicação DOU de 1º.11.1993

## DECRETO Nº 1.305, DE 9 DE NOVEMBRO DE 1994

*Regulamenta a Lei nº 8.722, de 27 de outubro de 1993, que torna obrigatória a baixa de veículos vendidos como sucata e dá outras providências.*

O Presidente da República, no uso da atribuição que lhe confere o art. 84, inciso IV, da Constituição, e tendo em vista o disposto no art. 2º da Lei nº 8.722, de 27 de outubro de 1993,

Decreta:

Art. 1º. Para efeito de aplicação deste Decreto, considera-se irrecuperável todo veículo que em razão de sinistro, intempéries ou desuso, haja sofrido danos ou avarias em sua estrutura, capazes de inviabilizar recuperação que atenda aos requisitos de segurança veicular, necessária para a circulação nas vias públicas.

§ 1º. O veículo irrecuperável é considerado sucata.

§ 2º. A baixa do veículo irrecuperável é obrigatória junto à repartição de trânsito, e deverá ser solicitada dentro do prazo de noventa dias, a contar da verificação do fato, satisfeitas as exigências estabelecidas no presente Decreto.

§ 3º. A baixa de que trata o parágrafo anterior será requerida:

a) pelo proprietário;

b) pela autoridade policial, no caso de veículo abandonado;

c) pela autoridade aduaneira, quando o veículo sair do território brasileiro;

d) pelo leiloeiro, quando o veículo for alienado por seu intermédio;

e) pela seguradora que haja efetuado a indenização do veículo segurado.

§ 4º. O requerente, junto com a solicitação da baixa, deverá apresentar os seguintes documentos:

a) Certidão de Registro de Veículo, se houver;

b) declaração esclarecendo o motivo da baixa;

c) no caso de veículo com gravame, documento comprobatório da liberação do ônus ou autorização do detentor do mesmo;

d) Boletim de Ocorrência do acidente, se for o caso;

e) certidão de registro do furto ou roubo, quando se tratar de veículo registrado em outro município.

§ 5º. Havendo débitos de tributos ou multas, a cobrança far-se-á independentemente da baixa do veículo, não se exigindo, para este ato, a respectiva quitação.

Art. 2º. As placas, documentação de registro e licenciamento do veículo a ser alienado como sucata, bem como as partes que contêm o número de identificação do veículo, serão recolhido à repartição de trânsito, antes da entrega da sucata ao alienatário.

Parágrafo único. A repartição de trânsito que efetuar a baixa do veículo, deverá providenciar a imediata inutilização da documentação, destruição das placas e do número de identificação, lavrando-se termo declaratório, devidamente assinado pelo servidor responsável.

Art. 3º. Compete ao órgão de trânsito, no âmbito de sua circunscrição, fiscalizar os estabelecimentos que executem leilões, reformas, recuperação, compra, venda ou desmanche de veículo, usados ou não, a fim de assegurar o fiel cumprimento do disposto neste decreto, sem prejuízo das ações policiais de repressão às atividades delituosas.

**Art. 4º.** A baixa de veículo, realizada nos termos deste Decreto, é irreversível, irrevogável e definitiva, de cujo ato será lavrada Certidão de Baixa de Veículo, conforme o modelo do anexo deste Decreto.

**Art. 5º.** A repartição de trânsito onde for registrada a baixa do veículo dará ciência ao órgão do registro originário.

**Art. 6º.** Este Decreto entra em vigor na data de sua publicação.

Brasília, 9 de novembro de 1994; 173º da Independência e 106º da República.

*Itamar Franco – DOU de 10.11.1994*

**ANEXO**
(Art. 4º)

DETRAN: _____

**CERTIDÃO DE BAIXA DE VEÍCULO**

Nº: _____

CERTIFICO, para os fins que se fizerem necessário, que, tendo em vista o constante do Processo nº (___) datado de __/__/____, foi dada BAIXA neste Departamento, do veículo a seguir identificado, em face do mesmo não mais ter condições de circulação, por motivo de (___).

PROPRIETÁRIO ATUAL: ....................................................................................
CPF/CNPJ: ........................................................................................................
ENDEREÇO: ......................................................................................................
PROPRIETÁRIO ANTERIOR: .............................................................................
PLACA ANTERIOR: ...........................................................................................
PLACA ATUAL: ..................................................................................................
CERTIFICADO DE REGISTRO DE VEÍCULO: ....................................................
DATA DE EXPEDIÇÃO: ......................................................................................
MARCA/MODELO: ..............................................................................................
TIPO/ESPÉCIE: ..................................................................................................
ANO DE FABRICAÇÃO: .......................... ANO MODELO: ................................
CATEGORIA:......................................................................................................
NÚMERO DE IDENTIFICAÇÃO DO CHASSI: ....................................................

_____, ___ DE _____ DE _____

_____
*Assinatura*

## LEI Nº 9.602, DE 21 DE JANEIRO DE 1998

*Dispõe sobre legislação de trânsito e dá outras providências.*

O Presidente da República,

Faço saber que o Congresso Nacional decreta eu sanciono a seguinte Lei:

**Art. 1º.** Os arts. 10, 14, 108, 111, 148, 155, 159, 269 e 282, da Lei nº 9.503, de 23 de setembro de 1997, passam a vigorar acrescidos dos seguintes dispositivos:

• *Alterações já efetuadas no corpo da Lei.*

**Art. 2º.** O art. 147 da Lei nº 9.503, de 23 de setembro de 1997, passa a vigorar acrescido dos seguintes §§ 2º, 3º e 4º, renumerando-se o atual parágrafo único para § 1º:

• *Alterações já efetuadas no corpo da Lei.*

**Art. 3º.** O inciso II do art. 281 da Lei nº 9.503, de 23 de setembro de 1997, passa a vigorar com a seguinte redação:

• *Alterações já efetuadas no corpo da Lei.*

**Art. 4º.** O Fundo Nacional de Segurança e Educação de Trânsito – FUNSET, a que se refere o parágrafo único do art. 320 da Lei nº 9.503, 23 de setembro de 1997, passa a custear as despesas do Departamento Nacional de Trânsito – DENATRAN relativas à operacionalização da segurança e educação de Trânsito.

**Art. 5º.** A gestão do FUNSET caberá ao Departamento Nacional de Trânsito – DENATRAN, conforme o disposto no inciso XII do art. 19 da Lei nº 9.503, de 23 de setembro de 1997.

**Art. 6º.** Constituem recursos do FUNSET:

I – o percentual de cinco por cento do valor das multas de trânsito arrecadadas, a que se refere o parágrafo único do art. 320 da Lei nº 9.503, de 23 de setembro de 1997;

II – as dotações específicas consignadas na Lei de Orçamento ou em créditos adicionais;

III – as doações ou patrocínios de organismos ou entidades nacionais, internacionais ou estrangeiras, de pessoas físicas ou jurídicas nacionais ou estrangeiras;

IV – o produto da arrecadação de juros de mora e atualização monetária incidentes sobre o valor das multas no percentual previsto no inciso I deste artigo;

V – o resultado das aplicações financeiras dos recursos;

VI – a reversão de saldos não aplicados;

VII – outras receitas que lhe forem atribuídas por lei.

**Art. 7º.** Ficam revogados o inciso IX do art. 124; o inciso II do art. 187; e o § 3º do art. 260 da Lei nº 9.503, de 23 de setembro de 1997.

• *Alterações já efetuadas no corpo da Lei.*

**Art. 8º.** Esta Lei entra vigor na data de sua publicação.

Brasília, 21 de janeiro de 1998; 177º da Independência e 110º da República.

*Fernando Henrique Cardoso*
DOU de 22.1.1998

## LEI Nº 9.611, DE 19 DE FEVEREIRO DE 1998

*Dispõe sobre o Transporte Multimodal de Cargas e dá outras providências.*

O Presidente da República,

Faço saber que o Congresso Nacional decreta e eu sanciono a seguinte Lei:

### Capítulo I – Do Transporte Multimodal de Cargas

**Art. 1º.** O Transporte Multimodal de Cargas reger-se-á pelo disposto nesta Lei.

**Art. 2º.** Transporte Multimodal de Cargas é aquele que, regido por um único contrato, utiliza duas ou mais modalidades de transporte, desde a origem até o destino, e é executado sob a responsabilidade única de um Operador de Transporte Multimodal.

Parágrafo único. O Transporte Multimodal de Cargas é:

I – nacional, quando os pontos de embarque e de destino estiverem situados no território nacional;

II – internacional, quando o ponto de embarque ou de destino estiver situado fora do território nacional.

**Art. 3º.** O Transporte Multimodal de Cargas compreende, além do transporte em si, os serviços de coleta, unitização desunitização, movimentação, armazenagem e entrega de carga ao destinatário, bem como a realização dos serviços correlatos que forem contratados entre a origem e o destino, inclusive os de consolidação e desconsolidação documental de cargas.

**Art. 4º.** O Ministério dos Transportes é o órgão responsável pela política de Transporte Multimodal de Cargas nos segmentos nacional e internacional, ressalvada a legislação vigente e os acordos, tratados e convenções internacionais.

### Capítulo II – Do Operador de Transporte Multimodal

**Art. 5º.** O Operador de Transporte Multimodal é a pessoa jurídica contratada como principal para a realização do Transporte Multimodal de Cargas da origem até o destino, por meios próprios ou por intermédio de terceiros.

Parágrafo único. O Operador de Transporte Multimodal poderá ser transportador ou não transportador.

**Art. 6º.** O exercício da atividade de Operador de Transporte Multimodal depende de prévia habilitação e registro no órgão federal designado na regulamentação desta Lei, que também exercerá funções de controle.

Parágrafo único. Quando por tratado, acordo ou convenção internacional firmado pelo Brasil, o Operador de Transporte Multimodal puder, nessa qualidade, habilitar-se para operar em outros países, deverá atender aos requisitos que forem exigidos em tais tratados, acordos ou convenções.

Art. 7º Cabe ao Operador de Transporte Multimodal emitir o Conhecimento de Transporte Multimodal de Carga.

### Capítulo III – Do Contrato de Transporte

**Art. 8º.** O Conhecimento de Transporte Multimodal de Cargas evidencia o contrato de transporte multimodal e rege toda a operação de transporte desde o recebimento da carga até a sua entrega no destino, podendo ser negociável ou não negociável, a critério do expedidor.

**Art. 9º.** A emissão do Conhecimento de Transporte Multimodal de Cargas e o recebimento da carga pelo Operador de Transporte Multimodal dão eficácia ao contrato de transporte multimodal.

§ 1º. O Operador de Transporte Multimodal, no ato do recebimento da carga, deverá lançar ressalvas no Conhecimento se:

I – julgar inexata a descrição da carga feita pelo expedidor;

II – a carga ou sua embalagem não estiverem em perfeitas condições físicas, de acordo com as necessidades peculiares ao transporte a ser realizado.

§ 2º. Qualquer subcontratado, no ato do recebimento da carga do Operador de Transporte Multimodal ou de outro subcontratado deste, deverá lançar ressalva no Conhecimento de Transporte Multimodal se verificada qualquer das condições descritas no parágrafo anterior, ainda que respaldada por outro documento.

§ 3º. Os documentos emitidos pelos subcontratados do Operador de Transporte Multimodal serão sempre em favor deste.

**Art. 10.** O Conhecimento de Transporte Multimodal de Cargas apresentará as características e dados próprios deste documento, devendo explicitar o valor dos serviços prestados no Brasil e no exterior, e conter:

I – a indicação "negociável" ou "não negociável" na via original, podendo ser emitidas outras vias, não negociáveis;

II – o nome, a razão ou denominação social e o endereço do emitente, do expedidor, bem como do destinatário da carga ou daquele que deva ser notificado, quando não nominal;

III – a data e o local da emissão;

IV – os locais de origem e destino;

V – a descrição da natureza da carga, seu acondicionamento, marcas particulares e números de identificação da embalagem ou da própria carga, quando não embalada;

VI – a quantidade de volumes ou de peças e o seu peso bruto;

VII – o valor do frete, com a indicação "pago na origem" ou "a pagar no destino";

VIII – outras cláusulas que as partes acordarem.

### Capítulo IV – Da Responsabilidade

**Art. 11.** Com a emissão do Conhecimento, o Operador de Transporte Multimodal assume perante o contratante a responsabilidade:

I – pela execução dos serviços de transporte multimodal de cargas, por conta própria ou de terceiros, do local em que as receber até a sua entrega no destino;

II – pelos prejuízos resultantes de perda, danos ou avaria às cargas sob sua custódia, assim como pelos decorrentes de atraso em sua entrega, quando houver prazo acordado.

Parágrafo único. No caso de dano ou avaria, será lavrado o "Termo de Avaria", assegurando-se às partes interessadas o direito de vistoria, de acordo com a legislação aplicável, sem prejuízo da observância das cláusulas do contrato de seguro, quando houver.

**Art. 12.** O Operador de Transporte Multimodal é responsável pelas ações ou omissões de seus empregados, agentes, prepostos ou terceiros contratados ou subcontratados para a execução dos serviços de transporte multimodal, como se essas ações ou omissões fossem próprias.

Parágrafo único. O Operador de Transporte Multimodal tem direito a ação regressiva contra os terceiros contratados ou subcontratados, para se ressarcir do valor da indenização que houver pago.

**Art. 13.** A responsabilidade do Operador de Transporte Multimodal cobre o período compreendido entre o instante do recebimento da carga e a ocasião da sua entrega ao destinatário.

Parágrafo único. A responsabilidade do Operador de Transporte Multimodal cessa quando do recebimento da carga pelo destinatário, sem protestos ou ressalvas.

**Art. 14.** O atraso na entrega ocorre quando as mercadorias não forem entregues dentro do prazo expressamente acordado entre as partes ou, na ausência de tal acordo, dentro de um prazo que possa, razoavelmente, ser exigido do operador de transporte multimodal, tomando em consideração as circunstâncias do caso.

Parágrafo único. Se as mercadorias não forem entregues dentro de noventa dias corridos depois da data da entrega estabelecida, de conformidade com o disposto no *caput*, o consignatário ou qualquer outra pessoa com direito de reclamar as mercadorias poderá considerá-las perdidas.

**Art. 15.** O Operador de Transporte Multimodal informará ao expedidor, quando solicitado, o prazo previsto para a entrega da mercadoria ao destinatário e comunicará, em tempo hábil, sua chegada ao destino.

§ 1º. A carga ficará à disposição do interessado, após a conferência de descarga, pelo prazo de noventa dias, se outra condição não for pactuada.

§ 2º. Findo o prazo previsto no parágrafo anterior, a carga poderá ser considerada abandonada.

§ 3º. No caso de bem perecível ou produto perigoso, o prazo de que trata o § 1º deste artigo poderá ser reduzido, conforme a natureza da mercadoria, devendo o Operador de Transporte Multimodal informar o fato ao expedidor e ao destinatário.

§ 4º. No caso de a carga estar sujeita a controle aduaneiro, aplicam-se os procedimentos previstos na legislação específica.

**Art. 16.** O Operador de Transporte Multimodal e seus subcontratados somente serão liberados de sua responsabilidade em razão de:

I – ato ou fato imputável ao expedidor ou ao destinatário da carga;

II – inadequação da embalagem, quando imputável ao expedidor da carga;

III – vício próprio ou oculto da carga;

IV – manuseio, embarque, estiva ou descarga executados diretamente pelo expedidor, destinatário ou consignatário da carga, ou, ainda, pelos seus agentes ou propostos;

V – força maior ou caso fortuito.

Parágrafo único. Inobstante as excludentes de responsabilidade previstas neste artigo, o Operador de Transporte Multimodal e seus subcontratados serão responsáveis pela agravação das perdas ou danos a que derem causa.

**Art. 17.** A responsabilidade do Operador de Transporte Multimodal por prejuízos resultantes de perdas ou danos causados às mercadorias é limitada ao valor declarado pelo expedidor e consignado no Conhecimento de Transporte Multimodal, acrescido dos valores do frete e do seguro correspondentes.

§ 1º. O valor das mercadorias será o indicado na documentação fiscal oferecida.

§ 2º. A responsabilidade por prejuízos resultantes de atraso na entrega ou de qualquer perda ou dano indireto, distinto da perda ou dano das mercadorias, é limitada a um valor que não excederá o equivalente ao frete que se deva pagar pelo transporte multimodal.

§ 3º. Na hipótese de o expedidor não declarar o valor das mercadorias, a responsabilidade do Operador de Transporte Multimodal ficará limitada ao valor que for estabelecido pelo Poder Executivo.

§ 4º. Quando a perda ou dano à carga for produzida em fase determinada o transporte multimodal para a qual exista lei imperativa ou convenção internacional aplicável que fixe limite de responsabilidade específico, a responsabilidade do Operador de Transporte Multimodal por perdas ou danos será determinada de acordo com o que dispuser a referida lei ou convenção.

§ 5º. Quando a perda, dano ou atraso na entrega da mercadoria ocorrer em um segmento de transporte claramente identificado, o operador do referido segmento será solidariamente responsável com o Operador de Transporte Multimodal, sem prejuízo do direito de regresso deste último pelo valor que haja pago em razão da responsabilidade solidária.

**Art. 18.** Os operadores de terminais, armazéns e quaisquer outros que realizem operações de transbordo são responsáveis, perante o Operador de Transporte Multimodal de Cargas que emitiu o Conhecimento de Transporte Multimodal, pela perda e danos provocados às mercadorias quando da realização das referidas operações, inclusive de depósito.

**Art. 19.** A responsabilidade acumulada do Operador de Transporte Multimodal não excederá os limites de responsabilidade pela perda total das mercadorias.

**Art. 20.** O Operador de Transporte Multimodal não poderá valer-se de qualquer limitação de responsabilidade se for provado que a perda, dano ou atraso na entrega decorreram de ação ou omissão dolosa ou culposa a ele imputável.

**Art. 21.** O expedidor, sem prejuízo de outras sanções previstas em lei, indenizará o Operador de Transporte Multimodal pelas perdas, danos ou avarias resultantes de inveracidade na declaração da carga ou de inadequação dos elementos que lhe compete fornecer para a emissão do Conhecimento, sem que tal dever de indenizar exima ou atenue a responsabilidade do Operador, nos termos previstos nesta Lei.

**Art. 22.** As ações judiciais oriundas do não cumprimento das responsabilidades decorrentes do transporte multimodal deverão ser intentadas no prazo máximo de um ano, contado da data da entrega da mercadoria no ponto de destino ou, caso isso não ocorra, do nonagésimo dia após o prazo previsto para a referida entrega, sob pena de prescrição.

**Art. 23.** É facultado ao proprietário da mercadoria e ao Operador de Transporte Multimodal dirimir seus conflitos recorrendo à arbitragem.

### Capítulo V – Da Unidade de Carga

**Art. 24.** Para os efeitos desta Lei, considera-se unidade de carga qualquer equipamento adequado à unitização de mercadorias a serem transportadas, sujeitas a movimentação de forma indivisível em todas as modalidades de transporte utilizadas no percurso.

Parágrafo único. A unidade de carga, seus acessórios e equipamentos não constituem embalagem e são partes integrantes do todo.

**Art. 25.** A unidade de carga deve satisfazer aos requisitos técnicos e de segurança exigidos pelas convenções internacionais reconhecidas pelo Brasil e pelas normas legais e regulamentares nacionais.

**Art. 26.** É livre a entrada e saída, no País, de unidade de carga e seus acessórios e equipamentos, de qualquer nacionalidade, bem como a sua utilização no transporte doméstico.

### Capítulo VI – Do Controle Aduaneiro e da Responsabilidade Tributária

**Art. 27.** No caso de transporte multimodal de carga internacional, na importação ou na exportação, quando o desembaraço não for realizado nos pontos de entrada ou saída do País, a concessão do regime especial de trânsito aduaneiro será considerada válida para todos os percursos no território nacional, independentemente de novas concessões.

§ 1º. O beneficiário do regime será o Operador de Transporte Multimodal.

§ 2º. O regime especial de trânsito aduaneiro será concedido:

I – na importação, pela unidade aduaneira com jurisdição sobre o ponto de entrada das mercadorias no território nacional;

II – na exportação, pela unidade aduaneira em cuja jurisdição se proceder o desembaraço para exportação.

**Art. 28.** O expedidor, o operador de transporte multimodal a qualquer subcontratado para a realização do transporte multimodal são responsáveis solidários, perante a Fazenda Nacional, pelo crédito tributário exigível.

Parágrafo único. O Operador de Transporte Multimodal será responsável solidário preferencial, cabendo-lhe direito de regresso.

**Art. 29.** Nos casos de dano ao erário, se ficar provada a responsabilidade do Operador de Transporte Multimodal, sem prejuízo da responsabilidade que possa ser imputável ao transportador, as penas de perdimento, previstas no Decreto-Lei nº 37, de 18 de novembro de 1966, e no Decreto-Lei nº 1.455, de 7 de abril de 1976, serão convertidas em multas, aplicáveis ao Operador de Transporte Multimodal, de valor equivalente ao do bem passível de aplicação da pena de perdimento.

Parágrafo único. No caso de pena de perdimento de veículo, a conversão em multa não poderá ultrapassar três vezes o valor da mercadoria transportada, à qual se vincule a infração.

**Art. 30.** Para efeitos fiscais, no contrato de transporte multimodal, é nula a inclusão de cláusula excedente ou restritiva de responsabilidade tributária.

### Capítulo VII – Disposições Gerais e Transitórias

**Art. 31.** A documentação fiscal e os procedimentos atualmente exigidos dos transportadores deverão adequar-se ao Conhecimento de Transporte Multimodal de Cargas instituído por esta Lei.

Parágrafo único. Para atender ao disposto neste a artigo, a União, os Estados e o Distrito Federal celebrarão convênio, no prazo de cento e oitenta dias da data de publicação desta Lei.

**Art. 32.** O Poder Executivo regulamentará a cobertura securitária do transporte multimodal e expedirá os atos necessários a execução desta Lei nº prazo de cento e oitenta dias, contados da data de sua publicação.

§ 1º. Enquanto não for regulamentado o disposto no § 3º do art. 17, será observado o limite de 666,67 DES (seiscentos e sessenta e seis Direitos Especiais de Saque e sessenta e sete centésimos) por volume ou unidade, ou de 2,00 DES (dois Direitos Especiais de Saque) por quilograma de peso bruto das mercadorias danificadas, avariadas ou extraviadas, prevalecendo a quantia que for maior.

§ 2º. Para fins de aplicação dos limites estabelecidos no parágrafo anterior, levar-se-á em conta cada volume ou unidade de mercadoria declarada como conteúdo da unidade de carga.

§ 3º. Se no Conhecimento de Transporte Multimodal for declarado que a unidade de carga foi carregada com mais de um volume ou unidade de mercadoria, os limites estabelecidos no parágrafo anterior serão aplicados a cada volume ou unidade declarada.

§ 4º. Se for omitida essa menção, todas as mercadorias contidas na unidade de carga serão consideradas como uma só unidade de carga transportada.

**Art. 33.** A designação do representante do importador e exportador pode recair no Operador de Transporte Multimodal, relativamente ao despacho aduaneiro de mercadorias importadas e exportadas, em qualquer operação de comércio exterior, inclusive no despacho de bagagem de viajantes, no tocante às cargas sob sua responsabilidade.

**Art. 34.** Esta Lei entra em vigor na data de sua publicação.

**Art. 35.** São revogadas as Leis nºs. 6.288, de 11 de dezembro de 1975; 7.092, de 19 de abril de 1983; e demais disposições em contrário.

Brasília, 19 de fevereiro de 1998; 177º da Independência e 110º da República.

*Fernando Henrique Cardoso*
*DOU de 20.2.1998*

## LEI Nº 9.792, DE 14 DE ABRIL DE 1999

*Revoga o art. 112 da Lei nº 9.503, de 23 de setembro de 1997 – Código de Trânsito Brasileiro.*

O Vice-Presidente da República no exercício do cargo de Presidente da República,

Faço saber que o Congresso Nacional decreta e eu sanciono a seguinte Lei:

**Art. 1º.** Fica revogado o art. 112 da Lei nº 9.503, de 23 de setembro de 1997.

• *Alteração já efetuada no corpo da Lei.*

**Art. 2º.** Esta Lei entra em vigor na data de sua publicação.

Brasília, 14 de abril de 1999; 178º da Independência e 111º da República.

*Fernando Henrique Cardoso*
DOU de 15.4.1999

## DECRETO Nº 3.411, DE 12 DE ABRIL DE 2000

*Regulamenta a Lei nº 9.611, de 19 de fevereiro de 1998, que dispõe sobre o Transporte Multimodal de Cargas, altera os Decretos nºs 91.030, de 5 de março de 1985, e 1.910, de 21 de maio de 1996 e dá outras providências.*

O Presidente da República, no uso da atribuição que lhe confere o art. 84, inciso IV, da Constituição, e tendo em vista o disposto na Lei nº 9.611, de 19 de fevereiro de 1998,

Decreta:

### Capítulo I – Disposições Preliminares

**Art. 1º.** O registro do Operador de Transporte Multimodal, suas responsabilidades e o controle aduaneiro das operações obedecerão ao disposto na Lei nº 9.611, de 19 de fevereiro de 1998, e neste Decreto.

### Capítulo II – Do Registro do Operador de Transporte Multimodal

**Art. 2º.** Para exercer a atividade de Operador de Transporte Multimodal, serão necessários a habilitação prévia e o registro junto a Agência Nacional de Transportes Terrestres – ANTT.

• *Art. 2º, caput, com redação dada pelo Decreto nº 5.276/2004.*

§ 1º. A ANTT manterá sistema único de registro para o Operador de Transporte Multimodal, que inclua as disposições nacionais e as estabelecidas nos acordos internacionais de que o Brasil seja signatário.

• *§ 1º com redação dada pelo Decreto nº 5.276/2004.*

§ 2º. A ANTT comunicará ao Ministério da Defesa e ao Ministério da Fazenda os registros efetuados, suas alterações e seus cancelamentos.

• *§ 2º com redação dada pelo Decreto nº 5.276/2004.*

§ 3º. Para a habilitação prévia do Operador de Transporte Multimodal, serão consultadas as demais agências reguladoras de transportes, que se manifestarão no prazo de vinte dias, sob pena de se entender como presente a sua anuência à habilitação.

• *§ 3º acrescido pelo Decreto nº 5.276/2004.*

**Art. 3º.** Para inscrever-se no registro de Operador de Transporte Multimodal, o interessado deverá apresentar à ANTT:

• *Art. 3º, caput, com redação dada pelo Decreto nº 5.276/2004.*

I – ato constitutivo, estatuto ou contrato social em vigor, devidamente registrados, em se tratando de sociedade comercial e, no caso de sociedade por ações, também documentos de eleição e termos de posse de seus administradores;

• *Inciso I com redação dada pelo Decreto nº 5.276/2004.*

II – registro comercial, no caso de firma individual; e

• *Inciso II com redação dada pelo Decreto nº 5.276/2004.*

III – inscrição no Cadastro Nacional da Pessoa Jurídica – CNPJ, do Ministério da Fazenda, ou no extinto Cadastro Geral de Contribuintes – CGC, para o caso de cartões ainda com validade ou, no caso de empresa estrangeira, a inscrição de seu representante legal.

• *Inciso III com redação dada pelo Decreto nº 5.276/2004.*

§ 1º. Qualquer alteração nos termos dos requisitos estabelecidos neste artigo deverá ser comunicada à ANTT, no prazo de trinta dias, sob pena de cancelamento da inscrição.

• *§ 1º com redação dada pelo Decreto nº 5.276/2004.*

§ 2º. O registro será concedido por um prazo de dez anos, prorrogável por igual período, ou enquanto forem mantidos os requisitos mínimos estabelecidos neste Decreto.

§ 3º. O Operador de Transporte Multimodal deverá atender, também, às condições estabelecidas em acordos internacionais de que o Brasil seja signatário, quando em atividade de transporte multimodal internacional.

**Art. 4º.** O transporte multimodal internacional de cargas poderá ser realizado sob a responsabilidade de empresa estrangeira, desde que mantenha como representante legal pessoa jurídica domiciliada no País, e que esta:

I – atenda às disposições deste Decreto; e

II – observe as disposições da legislação nacional e dos acordos internacionais firmados pelo Brasil, que regulam o transporte de cargas no território nacional.

Parágrafo único. Quando em virtude de tratado, acordo ou convenção internacional, firmados pelo Brasil, o Operador de Transporte Multimodal for representado por pessoa física domiciliada no País, esta deverá comprovar, por ocasião do registro de que trata o art. 2º, a inscrição no Cadastro de Pessoa Física do Ministério da Fazenda.

**Art. 5º.** O exercício da atividade de Operador de Transporte Multimodal, no transporte multimodal internacional de cargas, depende de habilitação pela Secretaria da Receita Federal, para fins de controle aduaneiro.

§ 1º. Para a habilitação, que será concedida pelo prazo de dez anos, prorrogável por igual período, será exigido do interessado o cumprimento dos seguintes requisitos, sem prejuízo de outros que vierem a ser estabelecidos pela Secretaria da Receita Federal:

I – comprovação de inscrição no registro de que trata o art. 2º;

II – compromisso da prestação de garantia em valor equivalente ao do crédito tributário suspenso, conforme determinação da Secretaria da Receita Federal, mediante depósito em moeda, caução ou títulos da dívida pública federal, fiança idônea, inclusive bancária, ou seguro aduaneiro em favor da União, a ser efetivada quando da solicitação de operação de trânsito aduaneiro;

III – interligação ao Sistema Integrado do Comércio Exterior – SISCOMEX e a outros sistemas informatizados de controle de carga ou de despacho aduaneiro.

§ 2º. Está dispensada de apresentar a garantia a que se refere o inciso II a empresa cujo patrimônio líquido, comprovado anualmente, por ocasião do balanço, exceder R$ 2.000.000,00 (dois milhões de reais).

§ 3º. Na hipótese de representação legal de empresa estrangeira, o patrimônio líquido do representante, para efeito do disposto no parágrafo anterior, poderá ser substituído por carta de crédito de valor equivalente.

## Capítulo III
### Do Controle Aduaneiro e da Responsabilidade Tributária no Transporte Multimodal Internacional de Cargas

**Art. 6º.** A desunitização, armazenagem, consolidação e desconsolidação de cargas na importação, bem como a conclusão da operação de transporte no regime especial de trânsito aduaneiro deverão ser realizadas em recinto alfandegado.

**Art. 7º.** Nos casos em que ocorrer manipulação da carga ou rompimento de dispositivo de segurança fiscal, o transbordo de mercadorias, objeto de transporte multimodal internacional, no percurso em que estiverem sob controle aduaneiro, deverá ser realizado em recinto alfandegado.

**Art. 8º.** Ao Operador de Transporte Multimodal é facultada a descarga direta de mercadoria importada, desde que esta permaneça em recinto alfandegado, no aguardo de despacho aduaneiro.

**Art. 9º.** O Operador de Transporte Multimodal pode, no tocante às cargas sob sua responsabilidade, atuar como representante do importador ou exportador no despacho aduaneiro de mercadorias, em qualquer operação de comércio exterior, inclusive no despacho de bagagem de viajantes.

Parágrafo único. A representação a que se refere este artigo poderá ser exercida por administradores de empresas operadoras de transporte multimodal e de seus empregados, previamente credenciados junto à Secretaria da Receita Federal, na forma por ela estabelecida.

**Art. 10.** A inclusão de cláusulas contratuais ou de ressalvas em Conhecimento de Transporte Multimodal de Cargas não exclui a responsabilidade pelo crédito tributário do expedidor, do Operador de Transporte Multimodal, ou do subcontratado, conforme o estabelecido nos arts. 28 e 30 da Lei nº 9.611, de 1998.

**Art. 11.** A responsabilidade tributária do Operador de Transporte Multimodal permanece desde a concessão do regime de trânsito aduaneiro até o momento da entrega da mercadoria ou carga em recinto alfandegado de destino.

Parágrafo único. No caso de dano ou avaria de mercadoria importada deverá ser lavrado o "Termo de Avaria" pelo depositário no destino.

**Art. 12.** Para apuração do crédito tributário, referido no art. 10 deste Decreto, será realizada a vistoria aduaneira prevista no Livro IV, Título II, Capítulo III, Seção II, do Regulamento Aduaneiro, aprovado pelo Decreto nº 91.030, de 5 de março de 1985.

Parágrafo único. No interesse do Operador de Transporte Multimodal, a vistoria aduaneira poderá ser efetuada após a conclusão da operação de trânsito aduaneiro, no recinto alfandegado de destino.

**Art. 13.** Na determinação do crédito tributário será considerado o valor aduaneiro, apurado segundo o disposto no Acordo sobre a Implementação do Artigo VII do Acordo Geral sobre Tarifas e Comércio – GATT 1994, e, tratando-se de mercadoria nacional, o valor constante da nota fiscal, conforme disposto na regulamentação do Imposto sobre Produtos Industrializados.

**Art. 14.** Para efeito de aplicação da legislação aduaneira, será considerada abandonada a mercadoria objeto de transporte multimodal internacional que permanecer em recinto alfandegado sem que o seu despacho comece no decurso dos prazos previstos no art. 461 do Regulamento Aduaneiro.

**Art. 15.** Nas operações a que se refere o art. 27 da Lei nº 9.611, de 1998, deverá ser utilizada uma única Declaração de Trânsito Aduaneiro, com a indicação em destaque – Multimodal.

### Capítulo IV – Das Disposições Finais

**Art. 16.** A responsabilidade do Operador de Transporte Multimodal por prejuízos resultantes de perdas ou danos causados às mercadorias, cujo valor não tenha sido declarado pelo expedidor, observará o limite de 666,67 DES (seiscentos e sessenta e seis Direitos Especiais de Saque e sessenta e sete centésimos) por volume ou unidade, ou de 2,00 DES (dois Direitos Especiais de Saque) por quilograma de peso bruto das mercadorias danificadas, avariadas ou extraviadas, prevalecendo a quantia que for maior.

§ 1º. Para fins de aplicação dos limites estabelecidos no *caput* deste artigo, levar-se-á em conta cada volume ou unidade de mercadoria declarada como conteúdo da unidade de carga.

§ 2º. Se no Conhecimento de Transporte Multimodal for declarado que a unidade de carga foi carregada com mais de um volume ou unidade de mercadoria, os limites estabelecidos no *caput* deste artigo serão aplicados a cada volume ou unidade declarada.

§ 3º. Se for omitida essa menção, todas as mercadorias contidas na unidade de carga serão consideradas como uma só unidade de carga transportada.

**Art. 17.** (Revogado).

• *Art. 17 revogado pelo Decreto nº 4.543/2002.*

**Art. 18.** (Revogado).

• *Art. 18 revogado pelo Decreto nº 4.543/2002.*

**Art. 19.** Este Decreto entra em vigor na data de sua publicação.

**Art. 20.** Fica revogado o § 1º do art. 23 do Decreto nº 91.030, de 5 de março de 1985.

Brasília, 12 de abril de 2000; 179º da Independência e 112º da República.

*Fernando Henrique Cardoso*

DOU de 13.4.2000

## LEI Nº 10.350, DE 21 DE DEZEMBRO DE 2001

*Altera a Lei nº 9.503, de 23 de setembro de 1997 – Código de Trânsito Brasileiro, de forma a obrigar a realização de exame psicológico periódico para os motoristas profissionais.*

O Presidente da República,

Faço saber que o Congresso Nacional decreta e eu sanciono a seguinte Lei:

**Art. 1º.** O art. 147 da Lei nº 9.503, de 23 de setembro de 1997 – Código de Trânsito Brasileiro, passa a vigorar com a seguinte redação:

• *Alterações já efetuadas no corpo da Lei.*

**Art. 2º.** Esta Lei entra em vigor após decorridos 60 (sessenta) dias de sua publicação oficial.

Brasília, 21 de dezembro de 2001; 180º da Independência e 113º da República.

*Fernando Henrique Cardoso*

*DOU de 22.12.2001 (Edição extra)*

## LEI Nº 10.517, DE 11 DE JULHO DE 2002

*Acrescenta dispositivos à Lei nº 9.503, de 23 de setembro de 1997, que institui o Código de Trânsito Brasileiro, para permitir o uso de semirreboque acoplado a motocicleta ou motoneta, nas condições que estabelece.*

O Presidente da República,

Faço saber que o Congresso Nacional decreta e eu sanciono a seguinte Lei:

**Art. 1º.** O art. 244 da Lei nº 9.503, de 23 de setembro de 1997, que institui o Código de Trânsito Brasileiro, passa a vigorar acrescido do seguinte § 3º:

• *Alteração já efetuada no corpo da Lei.*

**Art. 2º.** Esta Lei entra em vigor na data de sua publicação.

Brasília, 11 de julho de 2002; 181º da Independência e 114º da República.

*Fernando Henrique Cardoso*

*DOU de 12.7.2002*

## LEI Nº 10.830, DE 23 DE DEZEMBRO DE 2003

*Altera os arts. 61, 105 e 338 da Lei nº 9.503, de 23 de setembro de 1997, que institui o Código de Trânsito Brasileiro, para dispor sobre especificidades dos veículos de duas e de três rodas.*

O Presidente da República,

Faço saber que o Congresso Nacional decreta e eu sanciono a seguinte Lei:

**Art. 1º.** O art. 61 da Lei nº 9.503, de 23 de setembro de 1997, passa a vigorar com a seguinte redação:

• *Alterações já efetuadas no corpo da Lei.*

**Art. 2º.** (Vetado).

**Art. 3º.** (Vetado).

**Art. 4º.** Esta Lei entra em vigor na data de sua publicação.

Brasília, 23 de dezembro de 2003; 182º da Independência e 115º da República.

*Luiz Inácio Lula da Silva*

*DOU de 24.12.2003*

## LEI Nº 11.275, DE 7 DE FEVEREIRO DE 2006

*Altera a redação dos arts. 165, 277 e 302 da Lei nº 9.503, de 23 de setembro de 1997, que institui o Código de Trânsito Brasileiro.*

O Presidente da República

Faço saber que o Congresso Nacional decreta e eu sanciono a seguinte Lei:

**Art. 1º.** Esta Lei altera os arts. 165, 277 e 302 da Lei nº 9.503, de 23 de setembro de 1997, que passam a vigorar com a seguinte redação:

• *Alterações já efetuadas no corpo da Lei.*

**Art. 2º.** Esta Lei entra em vigor na data de sua publicação.

Brasília, 7 de fevereiro de 2006; 185º da Independência e 118º da República.

*Luiz Inácio Lula da Silva*

*DOU de 8.2.2006*

## LEI COMPLEMENTAR Nº 121, DE 9 DE FEVEREIRO DE 2006

*Cria o Sistema Nacional de Prevenção, Fiscalização e Repressão ao Furto e Roubo de Veículos e Cargas e dá outras providências.*

O Vice-Presidente da República, no exercício do cargo de Presidente da República, Faço saber que o Congresso Nacional decreta e eu sanciono a seguinte Lei:

**Art. 1º.** Esta Lei Complementar cria o Sistema Nacional de Prevenção, Fiscalização e Repressão ao Furto e Roubo de Veículos e Cargas.

**Art. 2º.** Fica instituído, no âmbito do Poder Executivo, o Sistema Nacional de Prevenção, Fiscalização e Repressão ao Furto e Roubo de Veículos e Cargas, com os seguintes objetivos:

I – planejar e implantar a política nacional de combate ao furto e roubo de veículos e cargas;

II – gerar e implementar mecanismos de cooperação entre a União, os Estados e o Distrito Federal, para o desenvolvimento de ações conjuntas de combate ao furto e roubo de veículos e cargas, com a participação dos respectivos órgãos de segurança e fazendários;

III – promover a capacitação e a articulação dos órgãos federais, estaduais e do Distrito Federal com atribuições pertinentes ao objeto desta Lei Complementar;

IV – incentivar a formação e o aperfeiçoamento do pessoal civil e militar empregado na área de trânsito e segurança pública, no âmbito federal, estadual e do Distrito Federal;

V – propor alterações na legislação nacional de trânsito e penal com vistas na redução dos índices de furto e roubo de veículos e cargas;

VI – empreender a modernização e a adequação tecnológica dos equipamentos e procedimentos empregados nas atividades de prevenção, fiscalização e repressão ao furto e roubo de veículos e cargas;

VII – desenvolver campanhas de esclarecimento e orientação aos transportadores e proprietários de veículos e cargas;

VIII – organizar, operar e manter sistema de informações para o conjunto dos órgãos integrantes do Sistema, nos seus diferentes níveis de atuação;

IX – promover e implantar o uso, pelos fabricantes, de códigos que identifiquem na nota fiscal o lote e a unidade do produto que está sendo transportado.

§ 1º. O Sistema compreende o conjunto dos órgãos, programas, atividades, normas, instrumentos, procedimentos, instalações, equipamentos e recursos materiais, financeiros e humanos destinados à execução da política nacional de prevenção, fiscalização e repressão ao roubo e furto de veículos e cargas.

§ 2º. (Vetado).

§ 3º. Todos os órgãos integrantes do Sistema ficam obrigados a fornecer informações relativas a roubo e furto de veículos e cargas, com vistas em constituir banco de dados do sistema de informações previsto no inciso VIII do *caput* deste artigo.

**Art. 3º.** A União, os Estados e o Distrito Federal, mediante celebração de convênios, poderão estabelecer, conjuntamente, planos, programas e estratégias de ação voltados para o combate ao furto e roubo de veículos e cargas em todo o território nacional.

**Art. 4º.** (Vetado).

**Art. 5º.** (Vetado).

**Art. 6º.** (Vetado).

**Art. 7º.** O Conselho Nacional de Trânsito – CONTRAN estabelecerá:

I – os dispositivos antifurto obrigatórios nos veículos novos, saídos de fábrica, produzidos no País ou no exterior;

II – os sinais obrigatórios de identificação dos veículos, suas características técnicas e o local exato em que devem ser colocados nos veículos;

III – os requisitos técnicos e atributos de segurança obrigatórios nos documentos de propriedade e transferência de propriedade de veículo.

§ 1º. As alterações necessárias nos veículos ou em sua documentação em virtude do disposto pela Resolução do CONTRAN, mencionada no *caput* deste artigo, deverão ser providenciadas no prazo de 24 (vinte e quatro) meses a contar da publicação dessa Resolução.

§ 2º. Findo o prazo determinado no § 1º deste artigo, nenhum veículo poderá ser mantido ou entrar em circulação se não forem atendidas as condições fixadas pelo CONTRAN, conforme estabelecido neste artigo.

**Art. 8º.** Todo condutor de veículo comercial de carga deverá portar, quando este não for de sua propriedade, autorização para conduzi-lo fornecida pelo seu proprietário ou arrendatário.

§ 1º. A autorização para conduzir o veículo, de que trata este artigo, é de porte obrigatório e será exigida pela fiscalização de trânsito, podendo relacionar um ou mais condutores para vários veículos, de acordo com as necessidades do serviço e de operação da frota.

§ 2º. A infração pelo descumprimento do que dispõe este artigo será punida com as penalidades previstas no art. 232 da Lei nº 9.503, de 23 de setembro de 1997, que institui o Código de Trânsito Brasileiro.

**Art. 9º.** Para veículos dotados de dispositivo opcional de prevenção contra furto e roubo, as companhias seguradoras reduzirão o valor do prêmio do seguro contratado.

Parágrafo único. O CONTRAN regulamentará a utilização dos dispositivos mencionados no *caput* deste artigo de forma a resguardar as normas de segurança do veículo e das pessoas envolvidas no transporte de terceiros.

**Art. 10.** Ficam as autoridades fazendárias obrigadas a fornecer à autoridade policial competente cópia dos autos de infração referentes a veículos e mercadorias desacompanhados de documento regular de aquisição, encontrados durante qualquer ação fiscal.

**Art. 11.** (Vetado).

**Art. 12.** Esta Lei Complementar entra em vigor na data de sua publicação.

Brasília, 9 de fevereiro de 2006; 185º da Independência e 118º da República.

*José Alencar Gomes da Silva*
DOU de 10.2.2006

## LEI Nº 11.705, DE 19 DE JUNHO DE 2008

*Altera a Lei nº 9.503, de 23 de setembro de 1997, que 'institui o Código de Trânsito Brasileiro', e a Lei nº 9.294, de 15 de julho de 1996, que dispõe sobre as restrições ao uso e à propaganda de produtos fumígeros, bebidas alcoólicas, medicamentos, terapias e defensivos agrícolas, nos termos do § 4º do art. 220 da Constituição Federal, para inibir o consumo de bebida alcoólica por condutor de veículo automotor e dá outras providências.*

O Presidente da República,

Faço saber que o Congresso Nacional decreta e eu sanciono a seguinte Lei:

**Art. 1º.** Esta Lei altera dispositivos da Lei nº 9.503, de 23 de setembro de 1997, que institui o Código de Trânsito Brasileiro, com a finalidade de estabelecer alcoolemia 0 (zero) e de impor penalidades mais severas para o condutor que dirigir sob a influência do álcool, e da Lei nº 9.294, de 15 de julho de 1996, que dispõe sobre as restrições ao uso e à propaganda de produtos fumígeros, bebidas alcoólicas, medicamentos, terapias e defensivos agrícolas, nos termos do § 4º do art. 220 da Constituição Federal, para obrigar os estabelecimentos comerciais em que se vendem ou oferecem bebidas alcoólicas a estampar, no recinto, aviso de que constitui crime dirigir sob a influência de álcool.

**Art. 2º.** São vedados, na faixa de domínio de rodovia federal ou em terrenos contíguos à faixa de domínio com acesso direto à rodovia, a venda varejista ou o oferecimento de bebidas alcoólicas para consumo no local.

§ 1º. A violação do disposto no *caput* deste artigo implica multa de R$ 1.500,00 (um mil e quinhentos reais).

§ 2º. Em caso de reincidência, dentro do prazo de 12 (doze) meses, a multa será aplicada em dobro, e suspensa a autorização de acesso à rodovia, pelo prazo de até 1 (um) ano.

§ 3º. Não se aplica o disposto neste artigo em área urbana, de acordo com a delimitação dada pela legislação de cada município ou do Distrito Federal.

**Art. 3º.** Ressalvado o disposto no § 3º do art. 2º desta Lei, o estabelecimento comercial situado na faixa de domínio de rodovia federal ou em terreno contíguo à faixa de domínio com acesso direto à rodovia, que inclua entre suas atividades a venda varejista ou o fornecimento de bebidas ou alimentos, deverá afixar, em local de ampla visibilidade, aviso da vedação de que trata o art. 2º desta Lei.

Parágrafo único. O descumprimento do disposto no *caput* deste artigo implica multa de R$ 300,00 (trezentos reais).

**Art. 4º.** Competem à Polícia Rodoviária Federal a fiscalização e a aplicação das multas previstas nos arts. 2º e 3º desta Lei.

§ 1º. A União poderá firmar convênios com Estados, Municípios e com o Distrito Federal a fim de que estes também possam exercer a fiscalização e aplicar as multas de que tratam os arts. 2º e 3º desta Lei.

§ 2º. Configurada a reincidência, a Polícia Rodoviária Federal ou ente conveniado comunicará o fato ao Departamento Nacional de Infraestrutura de Transportes – DNIT ou, quando se tratar de rodovia concedida, à Agência Nacional de Transportes Terrestres – ANTT, para a aplicação da penalidade de suspensão da autorização de acesso à rodovia.

**Art. 5º.** A Lei nº 9.503, de 23 de setembro de 1997, passa a vigorar com as seguintes modificações:

I – o art. 10 passa a vigorar acrescido do seguinte inciso XXIII:

II – o *caput* do art. 165 passa a vigorar com a seguinte redação:

III – o art. 276 passa a vigorar com a seguinte redação:

IV – o art. 277 passa a vigorar com as seguintes alterações:

V – o art. 291 passa a vigorar com as seguintes alterações:

VI – o art. 296 passa a vigorar com a seguinte redação:

VII – (vetado);

VIII – o art. 306 passa a vigorar com a seguinte alteração:

• *Alterações já efetuadas no corpo da Lei.*

**Art. 6º.** Consideram-se bebidas alcoólicas, para efeitos desta Lei, as bebidas potáveis que contenham álcool em sua composição, com grau de concentração igual ou superior a meio grau Gay-Lussac.

**Art. 7º.** A Lei nº 9.294, de 15 de julho de 1996, passa a vigorar acrescida do seguinte art. 4º-A:

*"Art. 4º-A. Na parte interna dos locais em que se vende bebida alcoólica, deverá ser afixada advertência escrita de forma legível e ostensiva de que é crime dirigir sob a influência de álcool, punível com detenção."*

**Art. 8º.** Esta Lei entra em vigor na data de sua publicação.

**Art. 9º.** Fica revogado o inciso V do parágrafo único do art. 302 da Lei nº 9.503, de 23 de setembro de 1997.

• *Alterações já efetuadas no corpo da Lei.*

Brasília, 16 de junho de 2008; 187º da Independência e 120º da República.

*Luiz Inácio Lula da Silva*
DOU de 20.6.2008

## DECRETO Nº 6.488, DE 19 DE JUNHO DE 2008

*Regulamenta os arts. 276 e 306 da Lei nº 9.503, de 23 de setembro de 1997 – Código de Trânsito Brasileiro, disciplinando a margem de tolerância de álcool no sangue e a equivalência entre os distintos testes de alcoolemia para efeitos de crime de trânsito.*

O Presidente da República, no uso da atribuição que lhe confere o art. 84, inciso IV, da Constituição, e tendo em vista o disposto nos arts. 276 e 306 da Lei nº 9.503, de 23 de setembro de 1997 – Código de Trânsito Brasileiro,

Decreta:

**Art. 1º.** Qualquer concentração de álcool por litro de sangue sujeita o condutor às penalidades administrativas do art. 165 da Lei nº 9.503, de 23 de setembro de 1997 – Código de Trânsito Brasileiro, por dirigir sob a influência de álcool.

§ 1º. As margens de tolerância de álcool no sangue para casos específicos serão definidas em resolução do Conselho Nacional de Trânsito – CONTRAN, nos termos de proposta formulada pelo Ministro de Estado da Saúde.

§ 2º. Enquanto não editado o ato de que trata o § 1º, a margem de tolerância será de duas decigramas por litro de sangue para todos os casos.

§ 3º. Na hipótese do § 2º, caso a aferição da quantidade de álcool no sangue seja feito por meio de teste em aparelho de ar alveolar pulmonar (etilômetro), a margem de tolerância será de um décimo de miligrama por litro de ar expelido dos pulmões.

**Art. 2º.** Para os fins criminais de que trata o art. 306 da Lei nº 9.503, de 1997 – Código de Trânsito Brasileiro, a equivalência entre os distintos testes de alcoolemia é a seguinte:

I – exame de sangue: concentração igual ou superior a seis decigramas de álcool por litro de sangue; ou

II – teste em aparelho de ar alveolar pulmonar (etilômetro): concentração de álcool igual ou superior a três décimos de miligrama por litro de ar expelido dos pulmões.

**Art. 3º.** Este Decreto entra em vigor na data de sua publicação.

Brasília, 19 de junho de 2008; 187º da Independência e 120º da República.

*Luiz Inácio Lula da Silva*

DOU de 20.6.2008

## DECRETO Nº 6.489, DE 19 DE JUNHO DE 2008

*Regulamenta a Lei nº 11.705, de 19 de junho de 2008, no ponto em que restringe a comercialização de bebidas alcoólicas em rodovias federais.*

O Presidente da República, no uso da atribuição que lhe confere o art. 84, inciso IV, da Constituição, e tendo em vista o disposto na Lei nº 11.705, de 19 de junho de 2008,

Decreta:

**Art. 1º.** São vedados, na faixa de domínio de rodovia federal ou em terrenos contíguos à faixa de domínio com acesso direto à rodovia, a venda varejista ou o oferecimento para consumo de bebidas alcoólicas no local.

§ 1º. A violação do disposto no *caput* implica multa de R$ 1.500,00 (mil e quinhentos reais).

§ 2º. Em caso de reincidência, dentro do prazo de doze meses, a multa será aplicada em dobro e suspensa a autorização para acesso à rodovia.

§ 3º. Considera-se como para consumo no local a disponibilização de ambiente e condições para consumo na área interna ou externa do estabelecimento comercial.

**Art. 2º.** Não se aplica o disposto neste Decreto em área urbana.

**Art. 3º.** Para os efeitos deste Decreto, adotam-se as seguintes definições:

I – faixa de domínio: superfície lindeira às vias rurais, incluindo suas vias arteriais, locais e coletoras, delimitada por lei específica e sob responsabilidade do órgão ou entidade de trânsito competente com circunscrição sobre a via;

II – local contíguo à faixa de domínio com acesso direto à rodovia: área lindeira à faixa de domínio, na qual o acesso ou um dos acessos seja diretamente por meio da rodovia ou da faixa de domínio;

III – bebidas alcoólicas: bebidas potáveis que contenham álcool em sua composição, com grau de concentração igual ou acima de meio grau Gay-Lussac; e

IV – área urbana de rodovia: trecho da rodovia limítrofe com áreas definidas pela legislação do Município ou do Distrito Federal como área urbana.

Parágrafo único. Caso o Município não possua legislação definindo sua área urbana, a proibição ocorrerá em toda a extensão da rodovia no Município respectivo.

**Art. 4º.** Ressalvado o disposto no art. 2º, o estabelecimento comercial situado na faixa de domínio de rodovia federal ou em local contíguo à faixa de domínio com acesso direto à rodovia que inclua entre sua atividade a venda ou o fornecimento de bebidas ou alimentos deverá fixar, em local de ampla visibilidade, aviso da vedação de que trata o art. 1º.

§ 1º. Para os fins do *caput*, considera-se de ampla visibilidade o aviso com dimensão mínima de duzentos e dez por duzentos e noventa e sete milímetros, fixado no ponto de maior circulação de pessoas e com letras de altura mínima de um centímetro.

§ 2º. Do aviso deverá constar, no mínimo, o texto "É proibida a venda varejista ou o oferecimento de bebidas alcoólicas para consumo neste local. Pena: Multa de R$ 1.500,00. Denúncias: Disque 191 – Polícia Rodoviária Federal".

§ 3º. O descumprimento do disposto neste artigo implica multa de R$ 300,00 (trezentos reais).

**Art. 5º.** Compete à Polícia Rodoviária Federal fiscalizar, aplicar e arrecadar as multas previstas neste Decreto.

§ 1º. A União poderá firmar convênios com os Estados ou o Distrito Federal para que exerçam a fiscalização e apliquem as multas de que tratam os arts. 1º e 4º deste Decreto em rodovias federais nas quais o patrulhamento ostensivo não esteja sendo realizado pela Polícia Rodoviária Federal.

§ 2º. Para exercer a fiscalização, a Polícia Rodoviária Federal, ou o ente conveniado, deverá observar a legislação municipal que delimita as áreas urbanas.

§ 3º. Esgotado o prazo para o recolhimento da penalidade imposta sem que o infrator tenha providenciado o pagamento devido, a Polícia Rodoviária Federal encaminhará os processos que culminaram nas sanções constituídas à Procuradoria da Fazenda Nacional do respectivo Estado, para efeitos de inscrição em dívida ativa.

**Art. 6º.** Configurada a reincidência, a Polícia Rodoviária Federal, ou o ente conveniado, comunicará ao Departamento Nacional de Infraestrutura de Transportes – DNIT ou, quando se tratar de rodovia concedida, à Agência Nacional de Transportes Terrestres – ANTT, para aplicação da penalidade de suspensão da autorização para acesso à rodovia.

§ 1º. A suspensão da autorização para acesso à rodovia dar-se-á pelo prazo de:

I – noventa dias, caso não tenha ocorrido suspensão anterior; ou

II – um ano, caso tenha ocorrido outra suspensão nos últimos dois anos.

§ 2º. Compete ao DNIT ou, quando se tratar de rodovia concedida, à ANTT providenciar o bloqueio físico do acesso, com apoio da Polícia Rodoviária Federal.

**Art. 7º.** Quando a Polícia Rodoviária Federal constatar o descumprimento do disposto neste Decreto, será determinada a imediata retirada dos produtos expostos à venda ou ofertados para o consumo, e a cessação de qualquer ato de venda ou oferecimento para consumo deles, lavrando-se auto de infração.

§ 1º. No caso de desobediência da determinação de que trata o *caput*, o policial rodoviário federal responsável pela fiscalização adotará as providências penais cabíveis.

§ 2º. O auto de infração de que trata este artigo serve de notificação, ainda que recebido por preposto ou empregado, marcando o início do prazo de trinta dias para oferecimento de defesa mediante petição dirigida ao Superintendente ou Chefe de Distrito da Unidade Regional do Departamento de Polícia Rodoviária Federal com circunscrição sobre a via.

§ 3º. Julgado procedente o auto de infração, o Superintendente ou Chefe de Distrito da Unidade Regional do Departamento de Polícia Rodoviária Federal com circunscrição sobre a via aplicará a penalidade cabível, expedindo a respectiva notificação ao infrator, mediante ciência no processo, por via postal com aviso de recebimento, por telegrama ou outro meio que assegure a certeza da ciência do interessado.

§ 4º. Da notificação de que trata o § 3º, deverá constar o prazo mínimo de trinta dias para interposição de recurso, que será contado a partir da ciência da decisão que impôs a penalidade.

§ 5º. A notificação deverá ser acompanhada da respectiva Guia para Recolhimento da União – GRU, com prazo mínimo de trinta dias para pagamento da multa.

§ 6º. O recurso será dirigido à autoridade que proferiu a decisão, a qual, se não a reconsiderar no prazo de cinco dias, o encaminhará ao Diretor-Geral do Departamento de Polícia Rodoviária Federal, responsável pelo seu julgamento.

§ 7º. O Diretor-Geral do Departamento de Polícia Rodoviária Federal poderá delegar a competência prevista no § 6º.

§ 8º. O julgamento do recurso de que trata o § 6º encerra a esfera administrativa de julgamento.

§ 9º. A impugnação e o recurso de que trata este artigo têm efeito suspensivo sobre a penalidade de multa.

§ 10. No tocante à penalidade de suspensão da autorização para acesso à rodovia, presente dúvida razoável sobre a correção da autuação e havendo justo receio de prejuízo de difícil ou incerta reparação decorrente da execução da medida, a autoridade recorrida ou a imediatamente superior poderá, de ofício ou a pedido, dar efeito suspensivo à impugnação e ao recurso.

§ 11. O procedimento administrativo relativo às autuações por infração ao disposto na Lei nº 11.705, de 19 de junho de 2008, obedecerá, no que couber, às disposições da Lei nº 9.784, de 29 de janeiro de 1999.

**Art. 8º.** Do auto de infração deverão constar as seguintes informações:

I – data, hora e local do cometimento da infração;

II – descrição da infração praticada e dispositivo legal violado;

III – identificação da pessoa jurídica, com razão social e CNPJ, ou da pessoa física, com CPF e documento de identidade, sempre que possível;

IV – identificação do Policial Rodoviário Federal responsável pela autuação, por meio de assinatura e matrícula, bem como da Delegacia e da respectiva Unidade Regional com circunscrição no local da infração; e

V – assinatura, sempre que possível, do responsável ou preposto que esteja trabalhando no local em que foi constatada a infração.

**Art. 9º.** Este Decreto entra em vigor na data de sua publicação.

**Art. 10.** Fica revogado o Decreto nº 6.366, de 30 de janeiro de 2008.

Brasília, 19 de junho de 2008; 187º da Independência e 120º da República.

*Luiz Inácio Lula da Silva*

DOU de 20.6.2008

## LEI Nº 11.910, DE 18 DE MARÇO DE 2009

*Altera o art. 105 da Lei nº 9.503, de 23 de setembro de 1997, que institui o Código de Trânsito Brasileiro, para estabelecer a obrigatoriedade de uso do equipamento suplementar de retenção – air bag.*

O Presidente da República,

Faço saber que o Congresso Nacional decreta e eu sanciono a seguinte Lei:

**Art. 1º.** O art. 105 da Lei nº 9.503, de 23 de setembro de 1997, passa a vigorar com a seguinte redação:

• *Alterações já efetuadas no corpo da Lei.*

**Art. 2º.** Esta Lei entra em vigor na data de sua publicação.

Brasília, 18 de março de 2009; 188º da Independência e 121º da República.

*Luiz Inácio Lula da Silva*

DOU de 19.3.2009

## LEI Nº 12.006, DE 29 DE JULHO DE 2009

*Acrescenta artigos à Lei nº 9.503, de 23 de setembro de 1997, que institui o Código de Trânsito Brasileiro, para estabelecer mecanismos para a veiculação de mensagens educativas de trânsito, nas modalidades de propaganda que especifica, em caráter suplementar às campanhas previstas nos arts. 75 e 77.*

O Presidente da República,

Faço saber que o Congresso Nacional decreta e eu sanciono a seguinte Lei:

**Art. 1º.** A Lei nº 9.503, de 23 de setembro de 1997, passa a vigorar acrescida dos seguintes artigos:

• *Alterações já efetuadas no corpo da Lei.*

**Art. 2º.** Esta Lei entra em vigor na data de sua publicação.

Brasília, 29 de julho de 2009; 188º da Independência e 121º da República.

*Luiz Inácio Lula da Silva*

DOU de 30.7.2009

## LEI Nº 12.009, DE 29 DE JULHO DE 2009

*Regulamenta o exercício das atividades dos profissionais em transporte de passageiros, "mototaxista", em entrega de mercadorias e em serviço comunitário de rua, e "motoboy", com o uso de motocicleta, altera a Lei nº 9.503, de 23 de setembro de 1997, para dispor sobre regras de segurança dos serviços de transporte remunerado de mercadorias em motocicletas e motonetas – motofrete –, estabelece regras gerais para a regulação deste serviço e dá outras providências.*

O Presidente da República,

Faço saber que o Congresso Nacional decreta e eu sanciono a seguinte Lei:

**Art. 1º.** Esta Lei regulamenta o exercício das atividades dos profissionais em transportes de passageiros, "mototaxista", em entrega de mercadorias e em serviço comunitário de rua, e "motoboy", com o uso de motocicleta, dispõe sobre regras de segurança dos serviços de transporte remunerado de mercadorias em motocicletas e motonetas – motofrete –, estabelece regras gerais para a regulação deste serviço e dá outras providências.

**Art. 2º.** Para o exercício das atividades previstas no art. 1º, é necessário:

I – ter completado 21 (vinte e um) anos;

II – possuir habilitação, por pelo menos 2 (dois) anos, na categoria;

III – ser aprovado em curso especializado, nos termos da regulamentação do CONTRAN;

IV – estar vestido com colete de segurança dotado de dispositivos retrorrefletivos, nos termos da regulamentação do CONTRAN.

Parágrafo único. Do profissional de serviço comunitário de rua serão exigidos ainda os seguintes documentos:

I – carteira de identidade;

II – título de eleitor;

III – cédula de identificação do contribuinte – CIC;

IV – atestado de residência;

V – certidões negativas das varas criminais;

VI – identificação da motocicleta utilizada em serviço.

**Art. 3º.** São atividades específicas dos profissionais de que trata o art. 1º:

I – transporte de mercadorias de volume compatível com a capacidade do veículo;

II – transporte de passageiros.

Parágrafo único. (Vetado).

**Art. 4º.** A Lei nº 9.503, de 23 de setembro de 1997, passa a vigorar acrescida do seguinte Capítulo XIII-A:

- *Alterações já efetuadas no corpo da Lei.*

**Art. 5º.** O art. 244 da Lei nº 9.503, de 23 de setembro de 1997, passa a vigorar com a seguinte redação:

- *Alterações já efetuadas no corpo da Lei.*

**Art. 6º.** A pessoa natural ou jurídica que empregar ou firmar contrato de prestação continuada de serviço com condutor de motofrete é responsável solidária por danos cíveis advindos do descumprimento das normas relativas ao exercício da atividade, previstas no art. 139-A da Lei nº 9.503, de 23 de setembro de 1997, e ao exercício da profissão, previstas no art. 2º desta Lei.

**Art. 7º.** Constitui infração a esta Lei:

I – empregar ou manter contrato de prestação continuada de serviço com condutor de motofrete não habilitado legalmente;

II – fornecer ou admitir o uso de motocicleta ou motoneta para o transporte remunerado de mercadorias, que esteja em desconformidade com as exigências legais.

Parágrafo único. Responde pelas infrações previstas neste artigo o empregador ou aquele que contrata serviço continuado de motofrete, sujeitando-se à sanção relativa à segurança do trabalho prevista no art. 201 da Consolidação das Leis do Trabalho – CLT, aprovada pelo Decreto-Lei nº 5.452, de 1º de maio de 1943.

**Art. 8º.** Os condutores que atuam na prestação do serviço de motofrete, assim como os veículos empregados nessa atividade, deverão estar adequados às exigências previstas nesta Lei no prazo de até 365 (trezentos e sessenta e cinco) dias, contado da regulamentação pelo CONTRAN dos dispositivos previstos no art. 139-A da Lei nº 9.503, de 23 de setembro de 1997, e no art. 2º desta Lei.

**Art. 9º.** Esta Lei entra em vigor na data de sua publicação.

Brasília, 29 de julho de 2009; 188º da Independência e 121º da República.

*Luiz Inácio Lula da Silva*

DOU de 30.7.2009

LEGISLAÇÃO COMPLEMENTAR • 185

## LEI Nº 12.058, DE 13 DE OUTUBRO DE 2009 (Excertos)

*(...) altera as Leis nºs 9.503, de 23 de setembro de 1997 (...); e dá outras providências.*

O Presidente da República,
Faço saber que o Congresso Nacional decreta e eu sanciono a seguinte Lei:

..........................................................................................................................

**Art. 4º.** A Lei nº 9.503, de 23 de setembro de 1997, passa a vigorar acrescida do seguinte art. 7º-A:

• *Alterações já efetuadas no corpo da Lei.*

..........................................................................................................................

Brasília, 13 de outubro de 2009; 188º da Independência e 121º da República.
*Luiz Inácio Lula da Silva*
DOU de 14.10.2009

## LEI Nº 12.217, DE 17 DE MARÇO DE 2010

*Acrescenta dispositivo ao art. 158 da Lei nº 9.503, de 23 de setembro de 1997 – Código de Trânsito Brasileiro, para tornar obrigatória aprendizagem noturna.*

O Vice-Presidente da República, no exercício do cargo de Presidente da República,
Faço saber que o Congresso Nacional decreta e eu sanciono a seguinte Lei:

**Art. 1º.** O art. 158 da Lei nº 9.503, de 23 de setembro de 1997 – Código de Trânsito Brasileiro, passa a vigorar acrescido do seguinte § 2º, renumerando-se o atual parágrafo único para § 1º:

• *Alterações já efetuadas no corpo da Lei.*

**Art. 2º.** Esta Lei entra em vigor 60 (sessenta) dias após a data de sua publicação oficial.

Brasília, 17 de março de 2010; 189º da Independência e 122º da República.
*José Alencar Gomes da Silva*
DOU de 19.3.2010

## LEI Nº 12.249, DE 11 DE JUNHO DE 2010 (Excertos)

*(...) Revoga dispositivos das Leis nºs 8.003, de 14 de março de 1990; 8.981, de 20 de janeiro de 1995; 5.025, de 10 de junho de 1966; 6.704, de 26 de outubro de 1979; 9.503, de 23 de setembro de 1997; e dá outras providências.*

O Presidente da República,
Faço saber que o Congresso Nacional decreta e eu sanciono a seguinte Lei:

..........................................................................................................................

**Art. 140.** Ficam revogados:

• *Alterações já efetuadas no corpo da Lei.*

Brasília, 11 de junho de 2010; 189º da Independência e 122º da República.
*Luiz Inácio Lula da Silva*
DOU de 14.6.2010

## LEI Nº 12.452, DE 21 DE JULHO DE 2011

*Altera o art. 143 da Lei nº 9.503, de 23 de setembro de 1997, que "institui o Código de Trânsito Brasileiro", de modo a disciplinar a habilitação de condutores de combinações de veículos.*

A Presidenta da República,
Faço saber que o Congresso Nacional decreta e eu sanciono a seguinte Lei:

**Art. 1º.** O inciso V do art. 143 da Lei nº 9.503, de 23 de setembro de 1997, passa a vigorar com a seguinte redação:

• *Alterações já efetuadas no corpo da Lei.*

**Art. 2º.** O art. 143 da Lei nº 9.503, de 23 de setembro de 1997, passa a vigorar acrescido do seguinte § 2º, renumerando-se o atual § 2º como § 3º:

• *Alterações já efetuadas no corpo da Lei.*

**Art. 3º.** Esta Lei entra em vigor na data de sua publicação.

Brasília, 21 de julho de 2011; 190º da Independência e 123º da República.

*Dilma Rousseff*
DOU de 22.7.2011

## LEI Nº 12.547, DE 14 DE DEZEMBRO DE 2011

*Altera o art. 261 da Lei nº 9.503, de 23 de setembro de 1997, que institui o Código de Trânsito Brasileiro.*

A Presidenta da República,

Faço saber que o Congresso Nacional decreta e eu sanciono a seguinte Lei:

**Art. 1º.** O art. 261 da Lei nº 9.503, de 23 de setembro de 1997, passa a vigorar com a seguinte redação:

• *Alterações já efetuadas no corpo da Lei.*

**Art. 2º.** Esta Lei entra em vigor na data de sua publicação.

Brasília, 14 de dezembro de 2011; 190º da Independência e 123º da República.

*Dilma Rousseff*
DOU de 15.12.2011

## LEI Nº 12.619, DE 30 DE ABRIL DE 2012

*Dispõe sobre o exercício da profissão de motorista; altera a Consolidação das Leis do Trabalho – CLT, aprovada pelo Decreto-Lei nº 5.452, de 1º de maio de 1943, e as Leis nºs 9.503, de 23 de setembro de 1997, 10.233, de 5 de junho de 2001, 11.079, de 30 de dezembro de 2004, e 12.023, de 27 de agosto de 2009, para regular e disciplinar a jornada de trabalho e o tempo de direção do motorista profissional; e dá outras providências.*

A Presidenta da República,

Faço saber que o Congresso Nacional decreta e eu sanciono a seguinte Lei:

**Art. 1º.** É livre o exercício da profissão de motorista profissional, atendidas as condições e qualificações profissionais estabelecidas nesta Lei.

Parágrafo único. Integram a categoria profissional de que trata esta Lei os motoristas profissionais de veículos automotores cuja condução exija formação profissional e que exerçam a atividade mediante vínculo empregatício, nas seguintes atividades ou categorias econômicas:

I – transporte rodoviário de passageiros;

II – transporte rodoviário de cargas;

III – (vetado);

IV – (vetado).

**Art. 2º.** São direitos dos motoristas profissionais, além daqueles previstos no Capítulo II do Título II e no Capítulo II do Título VIII da Constituição Federal:

I – ter acesso gratuito a programas de formação e aperfeiçoamento profissional, em cooperação com o poder público;

II – contar, por intermédio do Sistema Único de Saúde – SUS, com atendimento profilático, terapêutico e reabilitador, especialmente em relação às enfermidades que mais os acometam, consoante levantamento oficial, respeitado o disposto no art. 162 da Consolidação das Leis do Trabalho – CLT, aprovada pelo Decreto-Lei nº 5.452, de 1º de maio de 1943;

III – não responder perante o empregador por prejuízo patrimonial decorrente da ação de terceiro, ressalvado o dolo ou a desídia do motorista, nesses casos mediante comprovação, no cumprimento de suas funções;

IV – receber proteção do Estado contra ações criminosas que lhes sejam dirigidas no efetivo exercício da profissão;

V – jornada de trabalho e tempo de direção controlados de maneira fidedigna pelo empregador, que poderá valer-se de anotação em diário de bordo, papeleta ou ficha de trabalho externo, nos termos do § 3º do art. 74 da Consolidação das Leis do Trabalho – CLT, aprovada pelo Decreto-Lei nº 5.452, de 1º de maio de 1943, ou de meios eletrônicos idôneos instalados nos veículos, a critério do empregador.

Parágrafo único. Aos profissionais motoristas empregados referidos nesta Lei é assegurado o benefício de seguro obrigatório, custeado pelo empregador, destinado à cobertura dos riscos pessoais inerentes às suas atividades, no valor mínimo correspondente a 10 (dez) vezes o piso salarial de sua categoria ou em valor superior fixado em convenção ou acordo coletivo de trabalho.

**Art. 3º.** O Capítulo I do Título III da Consolidação das Leis do Trabalho – CLT, aprovada pelo Decreto-Lei nº 5.452, de 1º de maio de 1943, passa a vigorar acrescido da seguinte Seção IV-A:

*"TÍTULO III (...)*

*Capítulo I (...)*

*Seção IV-A – Do Serviço do Motorista Profissional*

*Art. 235-A. Ao serviço executado por motorista profissional aplicam-se os preceitos especiais desta Seção.*

*Art. 235-B. São deveres do motorista profissional:*

*I – estar atento às condições de segurança do veículo;*

*II – conduzir o veículo com perícia, prudência, zelo e com observância aos princípios de direção defensiva;*

*III – respeitar a legislação de trânsito e, em especial, as normas relativas ao tempo de direção e de descanso;*

*IV – zelar pela carga transportada e pelo veículo;*

*V – colocar-se à disposição dos órgãos públicos de fiscalização na via pública;*

*VI – (vetado);*

*VII – submeter-se a teste e a programa de controle de uso de droga e de bebida alcoólica, instituído pelo empregador, com ampla ciência do empregado.*

*Parágrafo único. A inobservância do disposto no inciso VI e a recusa do empregado em submeter-se ao teste e ao programa de controle de uso de droga e de bebida alcoólica previstos no inciso VII serão consideradas infração disciplinar, passível de penalização nos termos da lei.*

*Art. 235-C. A jornada diária de trabalho do motorista profissional será a estabelecida na Constituição Federal ou mediante instrumentos de acordos ou convenção coletiva de trabalho.*

*§ 1º. Admite-se a prorrogação da jornada de trabalho por até 2 (duas) horas extraordinárias.*

*§ 2º. Será considerado como trabalho efetivo o tempo que o motorista estiver à disposição do empregador, excluídos os intervalos para refeição, repouso, espera e descanso.*

*§ 3º. Será assegurado ao motorista profissional intervalo mínimo de 1 (uma) hora para refeição, além de intervalo de repouso diário de 11 (onze) horas a cada 24 (vinte e quatro) horas e descanso semanal de 35 (trinta e cinco) horas.*

*§ 4º. As horas consideradas extraordinárias serão pagas com acréscimo estabelecido na Constituição Federal ou mediante instrumentos de acordos ou convenção coletiva de trabalho.*

*§ 5º. À hora de trabalho noturno aplica-se o disposto no art. 73 desta Consolidação.*

*§ 6º. O excesso de horas de trabalho realizado em um dia poderá ser compensado, pela correspondente diminuição em outro dia, se houver previsão em instrumentos de natureza coletiva, observadas as disposições previstas nesta Consolidação.*

*§ 7º. (Vetado).*

*§ 8º. São consideradas tempo de espera as horas que excederem à jornada normal de trabalho do motorista de transporte rodoviário de cargas que ficar aguardando para carga ou descarga do veículo no embarcador ou destinatário ou para fiscalização da mercadoria transportada em barreiras fiscais ou alfandegárias, não sendo computadas como horas extraordinárias.*

§ 9º. As horas relativas ao período do tempo de espera serão indenizadas com base no salário-hora normal acrescido de 30% (trinta por cento).

**Art. 235-D.** Nas viagens de longa distância, assim consideradas aquelas em que o motorista profissional permanece fora da base da empresa, matriz ou filial e de sua residência por mais de 24 (vinte e quatro) horas, serão observados:

I – intervalo mínimo de 30 (trinta) minutos para descanso a cada 4 (quatro) horas de tempo ininterrupto de direção, podendo ser fracionados o tempo de direção e o de intervalo de descanso, desde que não completadas as 4 (quatro) horas ininterruptas de direção;

II – intervalo mínimo de 1 (uma) hora para refeição, podendo coincidir ou não com o intervalo de descanso do inciso I;

III – repouso diário do motorista obrigatoriamente com o veículo estacionado, podendo ser feito em cabine leito do veículo ou em alojamento do empregador, do contratante do transporte, do embarcador ou do destinatário ou em hotel, ressalvada a hipótese da direção em dupla de motoristas prevista no § 6º do art. 235-E.

**Art. 235-E.** Ao transporte rodoviário de cargas em longa distância, além do previsto no art. 235-D, serão aplicadas regras conforme a especificidade da operação de transporte realizada.

§ 1º. Nas viagens com duração superior a 1 (uma) semana, o descanso semanal será de 36 (trinta e seis) horas por semana trabalhada ou fração semanal trabalhada, e seu gozo ocorrerá no retorno do motorista à base (matriz ou filial) ou em seu domicílio, salvo se a empresa oferecer condições adequadas para o efetivo gozo do referido descanso.

§ 2º. (Vetado).

§ 3º. É permitido o fracionamento do descanso semanal em 30 (trinta) horas mais 6 (seis) horas a serem cumpridas na mesma semana e em continuidade de um período de repouso diário.

§ 4º. O motorista fora da base da empresa que ficar com o veículo parado por tempo superior à jornada normal de trabalho fica dispensado do serviço, exceto se for exigida permanência junto ao veículo, hipótese em que o tempo excedente à jornada será considerado de espera.

§ 5º. Nas viagens de longa distância e duração, nas operações de carga ou descarga e nas fiscalizações em barreiras fiscais ou aduaneira de fronteira, o tempo parado que exceder a jornada normal será computado como tempo de espera e será indenizado na forma do § 9º do art. 235-C.

§ 6º. Nos casos em que o empregador adotar revezamento de motoristas trabalhando em dupla no mesmo veículo, o tempo que exceder a jornada normal de trabalho em que o motorista estiver em repouso no veículo em movimento será considerado tempo de reserva e será remunerado na razão de 30% (trinta por cento) da hora normal.

§ 7º. É garantido ao motorista que trabalha em regime de revezamento repouso diário mínimo de 6 (seis) horas consecutivas fora do veículo em alojamento externo ou, se na cabine leito, com o veículo estacionado.

§ 8º. (Vetado).

§ 9º. Em caso de força maior, devidamente comprovado, a duração da jornada de trabalho do motorista profissional poderá ser elevada pelo tempo necessário para sair da situação extraordinária e chegar a um local seguro ou ao seu destino.

§ 10. Não será considerado como jornada de trabalho nem ensejará o pagamento de qualquer remuneração o período em que o motorista ou o ajudante ficarem espontaneamente no veículo usufruindo do intervalo de repouso diário ou durante o gozo de seus intervalos intrajornadas.

§ 11. Nos casos em que o motorista tenha que acompanhar o veículo transportado por qualquer meio onde ele siga embarcado, e que a embarcação disponha de alojamento para gozo do intervalo de repouso diário previsto no § 3º do art. 235-C, esse tempo não será considerado como jornada de trabalho, a não ser o tempo restante, que será considerado de espera.

§ 12. Aplica-se o disposto no § 6º deste artigo ao transporte de passageiros de longa distância em regime de revezamento.

**Art. 235-F.** Convenção e acordo coletivo poderão prever jornada especial de 12 (doze) horas de trabalho por 36 (trinta e seis) horas de descanso para o trabalho do motorista, em razão da especificidade do transporte, de sazonalidade ou de característica que o justifique.

**Art. 235-G.** É proibida a remuneração do motorista em função da distância percorrida, do tempo de viagem e/ou da natureza e quantidade dos produtos transportados, inclusive mediante oferta de comissão ou qualquer outro tipo de vantagem, se essa remuneração ou comissionamento comprometer a segurança rodoviária ou da coletividade ou possibilitar violação das normas da presente legislação.

*Art. 235-H. Outras condições específicas de trabalho do motorista profissional, desde que não prejudiciais à saúde e à segurança do trabalhador, incluindo jornadas especiais, remuneração, benefícios, atividades acessórias e demais elementos integrantes da relação de emprego, poderão ser previstas em convenções e acordos coletivos de trabalho, observadas as demais disposições desta Consolidação."*

**Art. 4º.** O art. 71 da Consolidação das Leis do Trabalho – CLT, aprovada pelo Decreto-Lei nº 5.452, de 1º de maio de 1943, passa a vigorar acrescido do seguinte § 5º:

*"Art. 71. (...)*

*§ 5º. Os intervalos expressos no caput e no § 1º poderão ser fracionados quando compreendidos entre o término da primeira hora trabalhada e o início da última hora trabalhada, desde que previsto em convenção ou acordo coletivo de trabalho, ante a natureza do serviço e em virtude das condições especiais do trabalho a que são submetidos estritamente os motoristas, cobradores, fiscalização de campo e afins nos serviços de operação de veículos rodoviários, empregados no setor de transporte coletivo de passageiros, mantida a mesma remuneração e concedidos intervalos para descanso menores e fracionados ao final de cada viagem, não descontados da jornada." (NR)*

**Art. 5º.** A Lei nº 9.503, de 23 de setembro de 1997 – Código de Trânsito Brasileiro, passa a vigorar acrescida do seguinte Capítulo III-A:

- *Alterações já efetuadas no corpo da Lei.*

**Art. 6º.** A Lei nº 9.503, de 23 de setembro de 1997 – Código de Trânsito Brasileiro, passa a vigorar com as seguintes alterações:

- *Alterações já efetuadas no corpo da Lei.*

**Art. 7º.** (Vetado).

**Art. 8º.** (Vetado).

**Art. 9º.** As condições sanitárias e de conforto nos locais de espera dos motoristas de transporte de cargas em pátios do transportador de carga, embarcador, consignatário de cargas, operador de terminais de carga, operador intermodal de cargas ou agente de cargas, aduanas, portos marítimos, fluviais e secos e locais para repouso e descanso, para os motoristas de transporte de passageiros em rodoviárias, pontos de parada, de apoio, alojamentos, refeitórios das empresas ou de terceiros terão que obedecer ao disposto nas Normas Regulamentadoras do Ministério do Trabalho e Emprego, dentre outras.

**Art. 10.** (Vetado).

**Art. 11.** (Vetado).

**Art. 12.** (Vetado).

Brasília, 30 de abril de 2012; 191º da Independência e 124º da República.

*Dilma Rousseff*

DOU de 2.5.2012

## LEI Nº 12.694, DE 24 DE JULHO DE 2012 *(Excertos)*

*Dispõe sobre o processo e o julgamento colegiado em primeiro grau de jurisdição de crimes praticados por organizações criminosas; altera o Decreto-Lei nº 2.848, de 7 de dezembro de 1940 – Código Penal, o Decreto- Lei nº 3.689, de 3 de outubro de 1941 – Código de Processo Penal, e as Leis nºs 9.503, de 23 de setembro de 1997 – Código de Trânsito Brasileiro, e 10.826, de 22 de dezembro de 2003; e dá outras providências.*

A Presidenta da República,

Faço saber que o Congresso Nacional decreta e eu sanciono a seguinte Lei:

.................................................................................................................

**Art. 6º.** O art. 115 da Lei nº 9.503, de 23 de setembro de 1997 – Código de Trânsito Brasileiro, passa a vigorar acrescido do seguinte § 7º:

- *Alterações já efetuadas no corpo da Lei.*

.................................................................................................................

**Art. 10.** Esta Lei entra em vigor após decorridos 90 (noventa) dias de sua publicação oficial.

Brasília, 24 de julho de 2012; 191º da Independência e 124º da República.

*Dilma Rousseff*

DOU de 25.7.2012

## LEI Nº 12.760, DE 20 DE DEZEMBRO DE 2012

*Altera a Lei nº 9.503, de 23 de setembro de 1997, que institui o Código de Trânsito Brasileiro.*

A Presidenta da República,

Faço saber que o Congresso Nacional decreta e eu sanciono a seguinte Lei:

**Art. 1º.** Os arts. 165, 262, 276, 277 e 306 da Lei nº 9.503, de 23 de setembro de 1997, passam a vigorar com as seguintes alterações:

• *Alterações já efetuadas no corpo do Código.*

**Art. 2º.** O Anexo I da Lei nº 9.503, de 23 de setembro de 1997, fica acrescido das seguintes definições:

• *Alterações já efetuadas no corpo do Código.*

**Art. 3º.** Fica revogado o § 1º do art . 277 da Lei nº 9.503, de 23 de setembro de 1997.

• *Alteração já efetuada no corpo do Código.*

**Art. 4º.** Esta Lei entra em vigor na data de sua publicação.

Brasília, 20 de dezembro de 2012; 191º da Independência e 124º da República.

*Dilma Rousseff*

DOU de 21.12.2012

# PUBLICAÇÕES DENATRAN

Abaixo a lista das publicações do DENATRAN que podem se encontradas no site: *http://www.denatran.gov.br/publicacoes/publicacao.asp*

- 100 Anos de Legislação de Trânsito no Brasil
- Código de Trânsito Brasileiro e Legislação Complementar em Vigor
- Denatran Responde – Motociclistas
- Diretrizes Nacionais da Educação para o Trânsito na Pré-Escola
- Diretrizes Nacionais da Educação para o Trânsito no Ensino fundamental
- Manual Brasileiro de Fiscalização de Trânsito – Volume I
- Manual Brasileiro de Sinalização de Trânsito, Volume I – Sinalização Vertical de Regulamentação
- Manual Brasileiro de Sinalização de Trânsito, Volume II – Sinalização Vertical de Advertência
- Manual Brasileiro de Sinalização de Trânsito, Volume IV – Sinalização Horizontal
- Manual de Procedimentos para o Tratamento de Polos Geradores de Tráfego
- Pesquisa "Impactos sociais e econômicos dos acidentes de trânsito nas rodovias brasileiras"

# PORTARIAS DENATRAN

## PORTARIA DENATRAN Nº 59, DE 25 DE OUTUBRO DE 2007

• *Com redação dada pela Portaria DENATRAN nº 276, de 24.5.2012.*

Estabelece os campos de informações que deverão constar do Auto de Infração, os campos facultativos e o preenchimento, para fins de uniformização em todo o território nacional.

O Diretor do Departamento Nacional de Trânsito – DENATRAN, no uso da atribuição que lhe foi conferida pela Resolução nº 217, de 14 de dezembro de 2006, do Conselho Nacional de Trânsito – CONTRAN; resolve:

**Art. 1º.** Estabelecer os campos de informações que deverão constar do Auto de Infração, os campos facultativos e o preenchimento, para fins de uniformização em todo o território nacional, conforme estabelecido nos anexos I, II, IV, V e VI desta Portaria.

**Art. 2º.** Os órgãos e entidades de trânsito poderão confeccionar e utilizar modelos de Autos de Infração que atendam suas peculiaridades organizacionais e as características específicas das infrações que fiscalizam, criando, inclusive, campos e espaços para informações adicionais.

§ 1º. O Auto de Infração poderá ter dimensão, programação visual, diagramação, organização gráfica e a sequência de blocos e campos estabelecidas pelo órgão ou entidade de trânsito.

§ 2º. Poderão ser inseridas nos Autos de Infração quadrículas sintetizando ou reproduzindo informações para que o agente assinale as opções de preenchimento do campo.

**Art. 3º.** As informações contidas no anexo III desta portaria deverão ser consideradas somente para fins de processamento de dados em sistema informatizado.

**Art. 4º.** Os órgãos e entidades de trânsito terão até o dia 30 de junho de 2008 para se adequarem às disposições desta Portaria.

• *Art. 4º com redação dada pela Portaria DENATRAN nº 18, de 11.3.2008.*

**Art. 5º.** Ficam revogadas as Portarias nº 68/2006 e 28/2007 do DENATRAN.

**Art. 6º.** Esta Portaria entra em vigor na data de sua publicação.

*Alfredo Peres da Silva – DOU de 26.10.2007*

## ANEXO I – CAMPOS DO AUTO DE INFRAÇÃO

*BLOCO 1 – IDENTIFICAÇÃO DA AUTUAÇÃO*

CAMPO 1 – 'CÓDIGO DO ÓRGÃO AUTUADOR'

Campo obrigatório.

CAMPO 2 – 'IDENTIFICAÇÃO DO AUTO DE INFRAÇÃO' – campo que será utilizado para identificação exclusiva de cada autuação.

Campo obrigatório.

*BLOCO 2 – IDENTIFICAÇÃO DO VEÍCULO*

CAMPO 1 – 'PLACA'

Campo obrigatório.

CAMPO 2 – 'MARCA'

Campo obrigatório.

CAMPO 3 – 'ESPÉCIE'

Campo obrigatório.

CAMPO 4 – 'PAÍS'

Campo facultativo.

*BLOCO 3 – IDENTIFICAÇÃO DO CONDUTOR*

CAMPO 1 – 'NOME' – campo para registrar o nome do condutor do veículo.

Campo facultativo para infrações registradas por sistemas automáticos metrológicos e não metrológicos.

CAMPO 2 – 'Nº DO DOCUMENTO DE HABILITAÇÃO DO CONDUTOR' – campo para registrar o nº do documento do condutor do veículo.

• *Item com redação dada pela Portaria DENATRAN nº 276, de 24.5.2012.*

Campo facultativo para infrações registradas por sistemas automáticos metrológicos e não metrológicos.

CAMPO 3 – 'UF' – campo para registrar a sigla da UF onde o condutor está registrado.

Campo facultativo para infrações registradas por sistemas automáticos metrológicos e não metrológicos.

CAMPO 4 – 'CPF' – campo para registrar o nº do CPF do condutor do veículo.

Campo facultativo para infrações registradas por sistemas automáticos metrológicos e não metrológicos.

*BLOCO 4 – IDENTIFICAÇÃO DO LOCAL, DATA E HORA DO COMETIMENTO DA INFRAÇÃO*

CAMPO 1 – 'LOCAL DA INFRAÇÃO' – campo para registrar o local onde foi constatada a infração (nome do logradouro ou da via, número ou marco quilométrico ou, ainda, anotações que indiquem pontos de referência).

Campo obrigatório.

CAMPO 2 – 'DATA' – campo para registrar o dia, mês e ano da ocorrência.

Campo obrigatório.

CAMPO 3 – 'HORA' – campo para registrar as horas e os minutos da ocorrência.

Campo obrigatório.

CAMPO 4 – 'CÓDIGO DO MUNICÍPIO' – campo para registrar o código de identificação do município onde o veículo foi autuado. Utilizar a tabela de órgãos e municípios (TOM), administrada pela Receita Federal – MF.

Campo obrigatório, exceto para o Distrito Federal.

CAMPO 5 – 'NOME DO MUNICÍPIO' – campo para registrar o nome do Município onde foi constatada a infração.

Campo obrigatório, exceto para o Distrito Federal.

CAMPO 6 – 'UF' – campo para registrar a sigla da UF onde foi constatada a infração.

Campo obrigatório.

*BLOCO 5 – TIPIFICAÇÃO DA INFRAÇÃO*

CAMPO 1 – 'CÓDIGO DA INFRAÇÃO' – campo para registrar o código da infração cometida.

Campo obrigatório.

CAMPO 2 – 'DESDOBRAMENTO DO CÓDIGO DE INFRAÇÃO' – campo para registrar os desdobramentos da infração.

Campo obrigatório.

CAMPO 3 – 'DESCRIÇÃO DA INFRAÇÃO' – campo para descrever de forma clara a infração cometida.

Campo obrigatório.

CAMPO 4 – 'EQUIPAMENTO/INSTRUMENTO DE AFERIÇÃO UTILIZADO' – campo para registrar o equipamento ou instrumento de medição utilizado, indicando o número, o modelo e a marca.

Campo obrigatório para infrações verificadas por equipamentos de fiscalização.

CAMPO 5 – 'MEDIÇÃO REALIZADA' – campo para registrar a medição realizada (velocidade, carga, alcoolemia, emissão de poluentes, etc.).

Campo obrigatório para infrações verificadas por equipamentos de fiscalização.

CAMPO 6 – 'LIMITE REGULAMENTADO' – campo para registrar o limite permitido.

Campo obrigatório para infrações verificadas por equipamentos de fiscalização.

CAMPO 7 – 'VALOR CONSIDERADO' – campo para registrar o valor considerado para autuação.

Campo obrigatório para infrações verificadas por equipamentos de fiscalização.

CAMPO 8 – 'OBSERVAÇÕES' – campo destinado ao registro de informações complementares relacionadas à infração.

Campo obrigatório.

*BLOCO 6 – IDENTIFICAÇÃO DA AUTORIDADE OU AGENTE AUTUADOR*

CAMPO 1 – 'NÚMERO DE IDENTIFICAÇÃO' – campo para identificar a autoridade ou agente autuador (registro, matrícula, outros).

Campo obrigatório.

CAMPO 2 – 'ASSINATURA DA AUTORIDADE OU AGENTE AUTUADOR'

Campo facultativo para infrações registradas por sistemas automáticos metrológicos e não metrológicos.

*BLOCO 7 – IDENTIFICAÇÃO DO EMBARCADOR OU EXPEDIDOR*

CAMPO 1 – 'NOME' – campo para registrar o nome do embarcador ou expedidor infrator.

Campo facultativo.

CAMPO 2 – 'CPF' ou 'CNPJ'

Campo facultativo.

*BLOCO 8 – IDENTIFICAÇÃO DO TRANSPORTADOR*

CAMPO 1 – 'NOME' – campo para registrar o nome do transportador infrator.

Campo facultativo.

CAMPO 2 – 'CPF' ou 'CNPJ'

Campo facultativo.

*BLOCO 9 – ASSINATURA DO INFRATOR OU CONDUTOR*

CAMPO 1 – 'ASSINATURA' – campo para assinatura do infrator ou condutor.

Campo facultativo para infrações registradas por sistemas automáticos metrológicos e não metrológicos.

## ANEXO II – PREENCHIMENTO DOS CAMPOS DO AUTO DE INFRAÇÃO

*BLOCO 1 – IDENTIFICAÇÃO DA AUTUAÇÃO*

CAMPO 1 – 'CÓDIGO DO ÓRGÃO AUTUADOR'

Preenchimento obrigatório ou pré-impresso – conforme tabela do ANEXO V administrada pelo DENATRAN.

CAMPO 2 – 'IDENTIFICAÇÃO DO AUTO DE INFRAÇÃO'

Obrigatoriamente pré-impresso.

*BLOCO 2 – IDENTIFICAÇÃO DO VEÍCULO*

CAMPO 1 – 'PLACA'

Preenchimento obrigatório.

CAMPO 2 – 'MARCA'

Preenchimento obrigatório.

CAMPO 3 – 'ESPÉCIE'

Preenchimento obrigatório.

CAMPO 4 – 'PAÍS'

Preenchimento obrigatório para veículos estrangeiros – conforme tabela do ANEXO VI administrada pelo DENATRAN.

*BLOCO 3 – IDENTIFICAÇÃO DO CONDUTOR*

CAMPO 1 – 'NOME'

Preenchimento obrigatório quando houver a identificação do condutor do veículo.

CAMPO 2 – 'Nº DO DOCUMENTO DE HABILITAÇÃO DO CONDUTOR'

- *Item com redação dada pela Portaria DENATRAN nº 276, de 24.5.2012.*

Preenchimento obrigatório quando houver a identificação do condutor habilitado.

CAMPO 3 – 'UF'

Preenchimento obrigatório quando houver a identificação do condutor habilitado.

No caso de condutor estrangeiro, este campo deverá ser preenchido com 2 caracteres, conforme tabela de países do ANEXO VI.

CAMPO 4 – 'CPF'

Preenchimento não obrigatório.

*BLOCO 4 – IDENTIFICAÇÃO DO LOCAL, DATA E HORA DO COMETIMENTO DA INFRAÇÃO*

CAMPO 1 – 'LOCAL DA INFRAÇÃO'

Preenchimento obrigatório.

CAMPO 2 – 'DATA'

Preenchimento obrigatório.

CAMPO 3 – 'HORA'

Preenchimento obrigatório.

CAMPO 4 – 'CÓDIGO DO MUNICÍPIO'

Preenchimento não obrigatório.

CAMPO 5 – 'NOME DO MUNICÍPIO'

Preenchimento não obrigatório para infrações constatadas em estradas e rodovias.

CAMPO 6 – 'UF'

Preenchimento obrigatório.

*BLOCO 5 – TIPIFICAÇÃO DA INFRAÇÃO*

CAMPO 1 – 'CÓDIGO DA INFRAÇÃO'

Preenchimento obrigatório. Utilizar a tabela de códigos apresentada no ANEXO IV.

CAMPO 2 – 'DESDOBRAMENTO DO CÓDIGO DE INFRAÇÃO'

Preenchimento obrigatório. Utilizar a coluna de desdobramentos dos códigos de infrações apresentada no ANEXO IV.

CAMPO 3 – 'DESCRIÇÃO DA INFRAÇÃO'

Preenchimento obrigatório, devendo a conduta infracional estar descrita de forma clara, não necessariamente usando os mesmos termos da tabela de códigos apresentada no ANEXO IV.

CAMPO 4 – 'EQUIPAMENTO/INSTRUMENTO DE AFERIÇÃO UTILIZADO'

Preenchimento obrigatório para infrações verificadas por equipamentos de fiscalização.

CAMPO 5 – 'MEDIÇÃO REALIZADA'

Preenchimento obrigatório para infrações verificadas por equipamentos de fiscalização ou nota fiscal.

CAMPO 6 – 'LIMITE REGULAMENTADO'

Preenchimento obrigatório para infrações verificadas por equipamentos de fiscalização ou nota fiscal.

CAMPO 7 – 'VALOR CONSIDERADO'

Preenchimento obrigatório para infrações verificadas por equipamentos de fiscalização ou nota fiscal.

CAMPO 8 – 'OBSERVAÇÕES'

Preenchimento não obrigatório.

*BLOCO 6 – IDENTIFICAÇÃO DA AUTORIDADE OU AGENTE AUTUADOR*

CAMPO 1 – 'NÚMERO DE IDENTIFICAÇÃO'

Preenchimento obrigatório.

CAMPO 2 – 'ASSINATURA DA AUTORIDADE OU AGENTE AUTUADOR'

Preenchimento obrigatório exceto para infrações registradas por sistemas automáticos metrológicos e não metrológicos.

*BLOCO 7 – IDENTIFICAÇÃO DO EMBARCADOR OU EXPEDIDOR*

CAMPO 1 – 'NOME'

Preenchimento obrigatório para infrações de excesso de peso nos casos previstos no art. 257 do CTB ou infrações relacionadas ao transporte de produtos perigosos.

CAMPO 2 – 'CPF' ou 'CNPJ'

Preenchimento obrigatório para infrações de excesso de peso nos casos previstos no art. 257 do CTB ou infrações relacionadas ao transporte de produtos perigosos.

*BLOCO 8 – IDENTIFICAÇÃO DO TRANSPORTADOR*

CAMPO 1 – 'NOME'

Preenchimento obrigatório para infrações de excesso de peso nos casos previstos no art. 257 do CTB ou infrações relacionadas ao transporte de produtos perigosos.

CAMPO 2 – 'CPF' ou 'CNPJ'

Preenchimento obrigatório para infrações de excesso de peso nos casos previstos no art. 257 do CTB ou infrações relacionadas ao transporte de produtos perigosos.

*BLOCO 9 – 'ASSINATURA DO INFRATOR OU CONDUTOR'*

Preenchimento sempre que possível.

## ANEXO III
### INFORMAÇÕES PARA FINS DE PROCESSAMENTO DE DADOS

*BLOCO 1 – IDENTIFICAÇÃO DA AUTUAÇÃO*

CAMPO 1 – 'CÓDIGO DO ÓRGÃO AUTUADOR' – campo numérico conforme tabela no ANEXO V administrada pelo DENATRAN.

CAMPO 2 – 'IDENTIFICAÇÃO DO AUTO DE INFRAÇÃO' – campo alfanumérico com 10 caracteres.

*BLOCO 2 – IDENTIFICAÇÃO DO VEÍCULO*

CAMPO 1 – 'PLACA' – campo alfanumérico com 10 caracteres.

CAMPO 2 – 'MARCA' – campo alfanumérico com 25 caracteres.

CAMPO 3 – 'ESPÉCIE' – campo alfanumérico com 13 caracteres.

CAMPO 4 – 'PAÍS' – campo numérico com 2 caracteres.

*BLOCO 3 – IDENTIFICAÇÃO DO CONDUTOR*

CAMPO 1 – 'NOME' – campo alfanumérico com 60 caracteres.

CAMPO 2 – 'Nº DO DOCUMENTO DE HABILITAÇÃO DO CONDUTOR'

• *Item com redação dada pela Portaria DENATRAN nº 276, de 24.5.2012.*

CAMPO 3 – 'UF' – campo alfanumérico com 2 caracteres. No caso de condutor estrangeiro, este campo deverá possuir 2 caracteres, conforme tabela de países do ANEXO VI.

CAMPO 4 – 'CPF' – campo numérico com 11 caracteres.

*BLOCO 4 – IDENTIFICAÇÃO DO LOCAL, DATA E HORA DO COMETIMENTO DA INFRAÇÃO*

CAMPO 1 – 'LOCAL DA INFRAÇÃO' – campo alfanumérico com 80 caracteres.

CAMPO 2 – 'DATA' – campo numérico com 8 caracteres.

CAMPO 3 – 'HORA' – campo numérico com 4 caracteres (hhmm).

CAMPO 4 – 'CÓDIGO DO MUNICÍPIO' – campo numérico com 5 caracteres.

CAMPO 5 – 'NOME DO MUNICÍPIO' – campo alfanumérico com 50 caracteres.

CAMPO 6 – 'UF' – campo alfa com 2 caracteres.

*BLOCO 5 – IDENTIFICAÇÃO DA INFRAÇÃO*

CAMPO 1 – 'CÓDIGO DA INFRAÇÃO' – campo numérico com 4 caracteres.

CAMPO 2 – 'DESDOBRAMENTO DO CÓDIGO DE INFRAÇÃO' – campo numérico com 1 caracter.

CAMPO 3 – 'TIPIFICAÇÃO DA INFRAÇÃO' – campo alfanumérico com 80 caracteres.

CAMPO 4 – 'EQUIPAMENTO/INSTRUMENTO DE AFERIÇÃO UTILIZADO' – campo alfanumérico com 30 caracteres.

CAMPO 5 – 'MEDIÇÃO REALIZADA' – campo numérico com 9 caracteres, sendo dois decimais.

CAMPO 6 – 'LIMITE REGULAMENTADO' – campo numérico com 9 caracteres, sendo dois decimais.

CAMPO 7 – 'VALOR CONSIDERADO' – campo numérico com 9 caracteres, sendo dois decimais.

*BLOCO 6 – IDENTIFICAÇÃO DA AUTORIDADE OU AGENTE AUTUADOR*

CAMPO 1 – 'NÚMERO DE IDENTIFICAÇÃO' – campo alfanumérico com 15 caracteres.

*BLOCO 7 – IDENTIFICAÇÃO DO EMBARCADOR OU EXPEDIDOR*

CAMPO 1 – 'NOME' – campo alfanumérico com 60 caracteres.

CAMPO 2 – 'CPF' ou 'CNPJ' – campo numérico com 14 caracteres.

*BLOCO 8 – IDENTIFICAÇÃO DO TRANSPORTADOR*

CAMPO 1 – 'NOME' – campo alfanumérico com 60 caracteres.

CAMPO 2 – 'CPF' ou 'CNPJ' – campo numérico com 14 caracteres.

## ANEXO IV
## TABELA DE CODIFICAÇÃO DE MULTAS

• *Tabela com redação dada pela Portaria DENATRAN nº 276, de 24.5.2012 e atualizada com a Portaria DENATRAN nº 375, de 27.7.2012.*

| CODIFICAÇÃO UTILIZADA | |
|---|---|
| CI = Código da Infração | GRD = Gravidade |
| DE = Desdobramento | GR = Gravíssima |
| AL = Amparo Legal | GE = Grave |
| INF = Infrator | MD = Média |
| CDT = Condutor | LV = Leve |
| EXPED = Expedidor | OC = Órgão Competente |
| P JUR = Pessoa Jurídica | E = Estadual |
| PDE = Pedestre | M = Municipal |
| PF ou JUR = Pessoa Física ou Jurídica | R = Rodoviária |
| PPT = Proprietário | |
| SERV PUBL = Servidor Público | |
| TRANSP = Transportador | |

| CI | DE | DESCRIÇÃO DA INFRAÇÃO | AL CTB | INF | GRD | OC |
|---|---|---|---|---|---|---|
| 500-2 | 0 | Multa, por não identificação do condutor infrator, imposta à pessoa jurídica | 257 § 8º | PPT | | E/M/R |
| 501-0 | 0 | Dirigir veículo sem possuir CNH ou Permissão para Dirigir | 162, I | CDT | 7 – GR 3X | E/R |
| 502-9 | 1 | Dirigir veículo com CNH ou PPD cassada | 162, II | CDT | 7 – GR 5X | E/R |
| 502-9 | 2 | Dirigir veículo com CNH ou PPD com suspensão do direito de dirigir | 162, II | CDT | 7 – GR 5X | E/R |
| 503-7 | 1 | Dirigir veículo com CNH de categoria diferente da do veículo | 162, III | CDT | 7 – GR 3X | E/R |
| 503-7 | 2 | Dirigir veículo com PPD de categoria diferente da do veículo | 162, III | CDT | 7 – GR 3X | E/R |

| | | | | | | |
|---|---|---|---|---|---|---|
| 504-5 | 0 | Dirigir veículo com validade da CNH vencida há mais de 30 dias | 162, V | CDT | 7 – GR | E/R |
| 505-3 | 1 | Dirigir veículo sem usar lentes corretoras de visão | 162, VI | CDT | 7 – GR | E/R |
| 505-3 | 2 | Dirigir veículo sem usar aparelho auxiliar de audição | 162, VI | CDT | 7 – GR | E/R |
| 505-3 | 3 | Dirigir veículo sem usar aparelho auxiliar de prótese física | 162, VI | CDT | 7 – GR | E/R |
| 505-3 | 4 | Dirigir veículo s/ adaptações impostas na concessão/renovação licença conduzir | 162, VI | CDT | 7 – GR | E/R |
| 506-1 | 0 | Entregar veículo a pessoa sem CNH ou Permissão para Dirigir | 163 c/c 162, I | PPT | 7 – GR 3X | E/R |
| 507-0 | 1 | Entregar veículo a pessoa com CNH ou PPD cassada | 163 c/c 162, II | PPT | 7 – GR 5X | E/R |
| 507-0 | 2 | Entregar veículo a pessoa com CNH ou PPD com suspensão do direito de dirigir | 163 c/c 162, II | PPT | 7 – GR 5X | E/R |
| 508-8 | 1 | Entregar veículo a pessoa com CNH de categoria diferente da do veículo | 163 c/c 162, III | PPT | 7 – GR 3X | E/R |
| 508-8 | 2 | Entregar veículo a pessoa com PPD de categoria diferente da do veículo | 163 c/c 162, III | PPT | 7 – GR 3X | E/R |
| 509-6 | 0 | Entregar veículo a pessoa com CNH vencida há mais de 30 dias | 163 c/c 162, V | PPT | 7 – GR | E/R |
| 510-0 | 1 | Entregar o veículo a pessoa sem usar lentes corretoras de visão | 163 c/c 162, VI | PPT | 7 – GR | E/R |
| 510-0 | 2 | Entregar o veículo a pessoa sem usar aparelho auxiliar de audição | 163 c/c 162, VI | PPT | 7 – GR | E/R |
| 510-0 | 3 | Entregar o veículo a pessoa sem aparelho de prótese física | 163 c/c 162, VI | PPT | 7 – GR | E/R |
| 510-0 | 4 | Entregar veíc pessoa s/ adaptações impostas concessão/renovação licença conduzir | 163 c/c 162, VI | PPT | 7 – GR | E/R |
| 511-8 | 0 | Permitir posse/condução do veículo a pessoa sem CNH ou PPD | 164 c/c 162, I | PPT | 7 – GR 3X | E/R |
| 512-6 | 1 | Permitir posse/condução do veículo a pessoa com CNH ou PPD cassada | 164 c/c 162, II | PPT | 7 – GR 5X | E/R |
| 512-6 | 2 | Permitir posse/condução veíc pessoa com CNH/PPD c/ suspensão direito de dirigir | 164 c/c 162, II | PPT | 7 – GR 5X | E/R |
| 513-4 | 1 | Permitir posse/condução veíc a pessoa com CNH categoria diferente da do veículo | 164 c/c 162, III | PPT | 7 – GR 3X | E/R |
| 513-4 | 2 | Permitir posse/condução veíc a pessoa com PPD categoria diferente da do veículo | 164 c/c 162, III | PPT | 7 – GR 3X | E/R |
| 514-2 | 0 | Permitir posse/condução do veículo a pessoa com CNH vencida há mais de 30 dias | 164 c/c 162, V | PPT | 7 – GR | E/R |
| 515-0 | 1 | Permitir posse/condução do veículo a pessoa sem usar lentes corretoras de visão | 164 c/c 162, VI | PPT | 7 – GR | E/R |

| | | | | | | |
|---|---|---|---|---|---|---|
| 515-0 | 2 | Permitir posse/condução do veículo a pessoa s/ usar aparelho auxiliar de audição | 164 c/c 162, VI | PPT | 7 – GR | E/R |
| 515-0 | 3 | Permitir posse/condução do veículo a pessoa sem usar aparelho de prótese física | 164 c/c 162, VI | PPT | 7 – GR | E/R |
| 515-0 | 4 | Permitir posse/cond veíc s/ adaptações impostas concessão/renovação licença cond | 164 c/c 162, VI | PPT | 7 – GR | E/R |
| 516-9 | 1 | Dirigir sob a influência de álcool | 165 | CDT | 7 – GR 5X | E/R |
| 516-9 | 2 | Dirigir sob influência de qualquer outra substância que determine dependência | 165 | CDT | 7 – GR 5X | E/R |
| 517-7 | 0 | Confiar/entregar veíc pess c/ estado físico/psíquico s/ condições dirigir segur | 166 | PPT | 7 – GR | E/R |
| 518-5 | 1 | Deixar o condutor de usar o cinto segurança | 167 | CDT | 5 – GE | E/M/R |
| 518-5 | 2 | Deixar o passageiro de usar o cinto segurança | 167 | CDT | 5 – GE | E/M/R |
| 519-3 | 0 | Transportar criança sem observância das normas de segurança estabelecidas p/ CTB | 168 | CDT | 7 – GR | E/M/R |
| 520-7 | 0 | Dirigir sem atenção ou sem os cuidados indispensáveis à segurança | 169 | CDT | 3 – LV | E/M/R |
| 521-5 | 1 | Dirigir ameaçando os pedestres que estejam atravessando a via pública | 170 | CDT | 7 – GR | E/M/R |
| 521-5 | 2 | Dirigir ameaçando os demais veículos | 170 | CDT | 7 – GR | E/M/R |
| 522-3 | 1 | Usar veículo para arremessar sobre os pedestres água ou detritos | 171 | CDT | 4 – MD | M/R |
| 522-3 | 2 | Usar veículo para arremessar sobre os veículos água ou detritos | 171 | CDT | 4 – MD | M/R |
| 523-1 | 1 | Atirar do veículo objetos ou substâncias | 172 | CDT | 4 – MD | M/R |
| 523-1 | 2 | Abandonar na via objetos ou substâncias | 172 | CDT | 4 – MD | M/R |
| 524-0 | 0 | Disputar corrida por espírito de emulação | 173 | CDT | 7 – GR 3X | E/M/R |
| 525-8 | 1 | Promover na via competição esportiva sem permissão | 174 | PF ou JUR | 7 – GR 5X | M/R |
| 525-8 | 2 | Promover na via eventos organizados sem permissão | 174 | PF ou JUR | 7 – GR 5X | M/R |
| 525-8 | 3 | Promover na via exibição e demonstração de perícia em manobra de veículo s/perm | 174 | PF ou JUR | 7 – GR 5X | M/R |
| 526-6 | 1 | Participar na via como condutor em competição esportiva, sem permissão | 174 | CDT | 7 – GR 5X | M/R |
| 526-6 | 2 | Participar na via como condutor em evento organizado, sem permissão | 174 | CDT | 7 – GR 5X | M/R |
| 526-6 | 3 | Participar como condutor exib/ demonst perícia em manobra de veic, s/ permissão | 174 | CDT | 7 – GR 5X | M/R |
| 527-4 | 1 | Utiliz veíc demonst/exibir manobra perig/arrancada brusca/derrapagem ou frenagem | 175 | CDT | 7 – GR | E/R |

| | | | | | | |
|---|---|---|---|---|---|---|
| 528-2 | 0 | Deixar o cond envolvido em acidente, de prestar ou providenciar socorro a vítima | 176, I | CDT | 7 – GR 5X | E/R |
| 529-0 | 0 | Deixar o cond envolvido em acid, de adotar provid p/ evitar perigo p/o trânsito | 176, II | CDT | 7 – GR 5X | E/R |
| 530-4 | 0 | Deixar o cond envolvido em acidente, de preservar local p/ trab policia/ pericia | 176, III | CDT | 7 – GR 5X | E/R |
| 531-2 | 0 | Deixar o cond envolvido em acid, de remover o veíc local qdo determ polic/agente | 176, IV | CDT | 7 – GR 5X | E/R |
| 532-0 | 0 | Deixar o cond envolvido em acid, de identificar-se policial e prestar inf p/o BO | 176, V | CDT | 7 – GR 5X | E/R |
| 533-9 | 0 | Deixar o cond de prestar socorro vítima acid de trânsito, qdo solicit p/ agente | 177 | CDT | 5 – GE | E/M/R |
| 534-7 | 0 | Deixar o condutor envolvido em acidente s/ vítima, de remover o veículo do local | 178 | CDT | 4 – MD | M/R |
| 535-5 | 0 | Fazer ou deixar que se faça reparo em veíc, em rodovia e via de trânsito rápido | 179, I | CDT | 5 – GE | M/R |
| 536-3 | 0 | Fazer/deixar que se faça reparo em veíc nas vias (q não rodovia/trânsito rápido) | 179, II | CDT | 3 – LV | M/R |
| 537-1 | 0 | Ter seu veículo imobilizado na via por falta de combustível | 180 | CDT | 4 – MD | M/R |
| 538-0 | 0 | Estacionar nas esquinas e a menos de 5m do alinhamento da via transversal | 181, I | CDT | 4 – MD | M/R |
| 539-8 | 0 | Estacionar afastado da guia da calçada (meio-fio) de 50cm a 1m | 181, II | CDT | 3 – LV | M/R |
| 540-1 | 0 | Estacionar afastado da guia da calçada (meio-fio) a mais de 1m | 181, III | CDT | 5 – GE | M/R |
| 541-0 | 0 | Estacionar em desacordo com as posições estabelecidas no CTB | 181, IV | CDT | 4 – MD | M/R |
| 542-8 | 1 | Estacionar na pista de rolamento das estradas | 181, V | CDT | 7 – GR | M/R |
| 542-8 | 2 | Estacionar na pista de rolamento das rodovias | 181, V | CDT | 7 – GR | M/R |
| 542-8 | 3 | Estacionar na pista de rolamento das vias de trânsito rápido | 181, V | CDT | 7 – GR | M/R |
| 542-8 | 4 | Estacionar na pista de rolamento das vias dotadas de acostamento | 181, V | CDT | 7 – GR | M/R |
| 543-6 | 0 | Estacionar junto/sobre hidr de incêndio, reg de água/tampa de poço visit gal sub | 181, VI | CDT | 4 – MD | M/R |
| 544-4 | 0 | Estacionar nos acostamentos | 181, VII | CDT | 3 – LV | M/R |
| 545-2 | 1 | Estacionar no passeio | 181, VIII | CDT | 5 – GE | M/R |
| 545-2 | 2 | Estacionar sobre faixa destinada a pedestre | 181, VIII | CDT | 5 – GE | M/R |
| 545-2 | 3 | Estacionar sobre ciclovia ou ciclofaixa | 181, VIII | CDT | 5 – GE | M/R |
| 545-2 | 4 | Estacionar nas ilhas ou refúgios | 181, VIII | CDT | 5 – GE | M/R |

| | | | | | | |
|---|---|---|---|---|---|---|
| 545-2 | 5 | Estacionar ao lado ou sobre canteiro central/ divisores de pista de rolamento | 181, VIII | CDT | 5 – GE | M/R |
| 545-2 | 6 | Estacionar ao lado ou sobre marcas de canalização | 181, VIII | CDT | 5 – GE | M/R |
| 545-2 | 7 | Estacionar ao lado ou sobre gramado ou jardim público | 181, VIII | CDT | 5 – GE | M/R |
| 546-0 | 0 | Estacionar em guia de calçada rebaixada destinada à entrada/ saída de veículos | 181, IX | | 4 – MD | M/R |
| 547-9 | 0 | Estacionar impedindo a movimentação de outro veículo | 181, X | CDT | 4 – MD | M/R |
| 548-7 | 0 | Estacionar ao lado de outro veículo em fila dupla | 181, XI | CDT | 5 – GE | M/R |
| 549-5 | 0 | Estacionar na área de cruzamento de vias | 181, XII | CDT | 5 – GE | M/R |
| 550-9 | 0 | Estacionar no ponto de embarque/desembar-que de passageiros transporte coletivo | 181, XIII | CDT | 4 – MD | M/R |
| 551-7 | 1 | Estacionar nos viadutos | 181, XIV | CDT | 5 – GE | M/R |
| 551-7 | 2 | Estacionar nas pontes | 181, XIV | CDT | 5 – GE | M/R |
| 551-7 | 3 | Estacionar nos túneis | 181, XIV | CDT | 5 – GE | M/R |
| 552-5 | 0 | Estacionar na contramão de direção | 181, XV | CDT | 4 – MD | M/R |
| 553-3 | 0 | Estacionar aclive/declive ñ freado e sem calço segurança, PBT supe-rior a 3.500kg | 181, XVI | CDT | 5 – GE | M/R |
| 554-1 | 1 | Estacionar em desacordo com a regulamentação especificada pela sinalização | 181, XVII | CDT | 3 – LV | M/R |
| 554-1 | 2 | Estacionar em desacordo com a regulamentação - estacionamento rotativo | 181, XVII | CDT | 3 – LV | M/R |
| 554-1 | 3 | Estacionar em desacordo com a regulamentação -ponto ou vaga de táxi | 181, XVII | CDT | 3 – LV | M/R |
| 554-1 | 4 | Estacionar em desacordo com a regulamentação -vaga de carga/descarga | 181, XVII | CDT | 3 – LV | M/R |
| 554-1 | 5 | Estacionar em desacordo com a regulamentação – vaga portador necessid especiais | 181, XVII | CDT | 3 – LV | M/R |
| 554-1 | 6 | Estacionar em desacordo com a regulamentação – vaga idoso | 181, XVII | CDT | 3 – LV | M/R |
| 554-1 | 7 | Estacionar em desacordo com a regulamentação – vaga de curta duração | 181, XVII | CDT | 3 – LV | M/R |
| 555-0 | 0 | Estacionar em local/horário proibido especificamente pela sinalização | 181, XVIII | CDT | 4 – MD | M/R |
| 556-8 | 0 | Estacionar local/horário de estacionamento e parada proibidos pela sinalização | 181, XIX | CDT | 5 – GE | M/R |
| 557-6 | 0 | Parar nas esquinas e a menos 5m do bordo do alinhamento da via transversal | 182, I | CDT | 4 – MD | M/R |
| 558-4 | 0 | Parar afastado da guia da calçada (meio-fio) de 50cm a 1m | 182, II | CDT | 3 – LV | M/R |

| 559-2 | 0 | Parar afastado da guia da calçada (meio-fio) a mais de 1m | 182, III | CDT | 4 – MD | M/R |
|---|---|---|---|---|---|---|
| 560-6 | 0 | Parar em desacordo com as posições estabelecidas no CTB | 182, IV | CDT | 3 – LV | M/R |
| 561-4 | 1 | Parar na pista de rolamento das estradas | 182, V | CDT | 5 – GE | M/R |
| 561-4 | 2 | Parar na pista de rolamento das rodovias | 182, V | CDT | 5 – GE | M/R |
| 561-4 | 3 | Parar na pista de rolamento das vias de trânsito rápido | 182, V | CDT | 5 – GE | M/R |
| 561-4 | 4 | Parar na pista de rolamento das demais vias dotadas de acostamento | 182, V | CDT | 5 – GE | M/R |
| 562-2 | 1 | Parar no passeio | 182, VI | CDT | 3 – LV | M/R |
| 562-2 | 2 | Parar sobre faixa destinada a pedestres | 182, VI | CDT | 3 – LV | M/R |
| 562-2 | 3 | Parar nas ilhas ou refúgios | 182, VI | CDT | 3 – LV | M/R |
| 562-2 | 4 | Parar nos canteiros centrais/divisores de pista de rolamento | 182, VI | CDT | 3 – LV | M/R |
| 562-2 | 5 | Parar nas marcas de canalização | 182, VI | CDT | 3 – LV | M/R |
| 563-0 | 0 | Parar na área de cruzamento de vias | 182, VII | CDT | 4 – MD | M/R |
| 564-9 | 1 | Parar nos viadutos | 182, VIII | CDT | 4 – MD | M/R |
| 564-9 | 2 | Parar nas pontes | 182, VIII | CDT | 4 – MD | M/R |
| 564-9 | 3 | Parar nos túneis | 182, VIII | CDT | 4 – MD | M/R |
| 565-7 | 0 | Parar na contramão de direção | 182, IX | CDT | 4 – MD | M/R |
| 566-5 | 0 | Parar em local/horário proibidos especificamente pela sinalização | 182, X | CDT | 4 – MD | M/R |
| 567-3 | 1 | Parar sobre faixa de pedestres na mudança de sinal luminoso | 183 | CDT | 4 – MD | M/R |
| 567-3 | 2 | Parar sobre faixa de pedestres na mudança de sinal luminoso (fisc eletrônica) | 183 | CDT | 4 – MD | M/R |
| 568-1 | 0 | Transitar na faixa/pista da direita regul circulação exclusiva determ veículo | 184, I | CDT | 3 – LV | M/R |
| 569-0 | 0 | Transitar na faixa/pista da esquerda regul circulação exclusiva determ veículo | 184, II | CDT | 5 – GE | M/R |
| 570-3 | 0 | Deixar de conservar o veículo na faixa a ele destinada pela sinalização de regul | 185, I | CDT | 4 – MD | M/R |
| 571-1 | 0 | Deixar de conservar nas faixas da direita o veículo lento e de maior porte | 185, II | CDT | 4 – MD | M/R |
| 572-0 | 0 | Transitar pela contramão de direção em via com duplo sentido de circulação | 186, I | CDT | 5 – GE | M/R |
| 573-8 | 0 | Transitar pela contramão de direção em via c/ sinalização de regul sentido único | 186, II | CDT | 7 – GR | M/R |
| 574-6 | 1 | Transitar em local/horário não permitido pela regul estabelecida p/ autoridade | 187, I | CDT | 4 – MD | M/R |

| | | | | | | |
|---|---|---|---|---|---|---|
| 574-6 | 2 | Transitar em local/horário não permitido pela regulamentação – rodízio | 187, I | CDT | 4 – MD | M/R |
| 574-6 | 3 | Transitar em local/horário não permitido pela regulamentação – caminhão | 187, I | CDT | 4 – MD | M/R |
| 576-2 | 0 | Transitar ao lado de outro veículo, interrompendo ou perturbando o trânsito | 188 | CDT | 4 – MD | M/R |
| 577-0 | 1 | Deixar de dar passagem a veíc precedido de batedores devidamente identificados | 189 | CDT | 7 – GR | E/M/R |
| 577-0 | 2 | Deixar de dar passagem a veíc socorro incêndio/ salv serv urgência devid identif | 189 | CDT | 7 – GR | E/M/R |
| 577-0 | 3 | Deixar de dar passagem a veíc de polícia em serviço de urgência devid identif | 189 | CDT | 7 – GR | E/M/R |
| 577-0 | 4 | Deixar de dar passagem a veíc de operação e fiscalização de trânsito devid ident | 189 | CDT | 7 – GR | E/M/R |
| 577-0 | 5 | Deixar de dar passagem a ambulância em serviço de urgência devid identificada | 189 | CDT | 7 – GR | E/M/R |
| 578-9 | 0 | Seguir veículo em serv urgência devid identific p/ alarme sonoro/ilum vermelha | 190 | CDT | 5 – GE | M/R |
| 579-7 | 0 | Forçar passagem entre veícs trans sent opostos na iminência realiz ultrapassagem | 191 | CDT | 7 – GR | M/R |
| 580-0 | 0 | Deixar guardar dist segurança lat/front entre seu veíc e demais e ao bordo pista | 192 | CDT | 5 – GE | M/R |
| 581-9 | 1 | Transitar com o veículo em calçadas, passeios | 193 | CDT | 7 – GR 3X | M/R |
| 581-9 | 2 | Transitar com o veículo em ciclovias, ciclofaixas | 193 | CDT | 7 – GR 3X | M/R |
| 581-9 | 3 | Transitar com o veículo em ajardinamentos, gramados, jardins públicos | 193 | CDT | 7 – GR 3X | M/R |
| 581-9 | 4 | Transitar com o veículo em canteiros centrais/divisores de pista de rolamento | 193 | CDT | 7 – GR 3X | M/R |
| 581-9 | 5 | Transitar com o veículo em ilhas, refúgios | 193 | CDT | 7 – GR 3X | M/R |
| 581-9 | 6 | Transitar com o veículo em marcas de canalização | 193 | CDT | 7 – GR 3X | M/R |
| 581-9 | 7 | Transitar com o veículo em acostamentos | 193 | CDT | 7 – GR 3X | M/R |
| 581-9 | 8 | Transitar com o veículo em passarelas | 193 | CDT | 7 – GR 3X | M/R |
| 582-7 | 0 | Transitar em marcha ré, salvo na distância necessária a pequenas manobras | 194 | CDT | 5 – GE | M/R |
| 583-5 | 0 | Desobedecer às ordens emanadas da autorid compet de trânsito ou de seus agentes | 195 | CDT | 5 – GE | E/M/R |
| 584-3 | 1 | Deixar de indicar c/ antec, med gesto de braço/luz indicadora, início da marcha | 196 | CDT | 5 – GE | E/M/R |
| 584-3 | 2 | Deixar de indicar c/ antec, med gesto de braço/luz indicadora, manobra de parar | 196 | CDT | 5 – GE | E/M/R |

| | | | | | | |
|---|---|---|---|---|---|---|
| 584-3 | 3 | Deixar de indicar c/ antec. med gesto de braço/luz indicadora, mudança direção | 196 | CDT | 5 – GE | E/M/R |
| 584-3 | 4 | Deixar de indicar c/ antec. med gesto de braço/luz indicadora, mudança de faixa | 196 | CDT | 5 – GE | E/M/R |
| 585-1 | 1 | Deixar de deslocar c/antecedência veíc p/ faixa mais à esquerda qdo for manobrar | 197 | CDT | 4 – MD | M/R |
| 585-1 | 2 | Deixar de deslocar c/antecedência veíc p/ faixa mais à direita qdo for manobrar | 197 | CDT | 4 – MD | M/R |
| 586-0 | 0 | Deixar de dar passagem pela esquerda quando solicitado | 198 | CDT | 4 – MD | M/R |
| 587-8 | 0 | Ultrapassar pela direita, salvo qdo veíc da frente der sinal p/ entrar esquerda | 199 | CDT | 4 – MD | M/R |
| 588-6 | 0 | Ultrap pela direita veíc transp colet/escolar parado para emb/ desemb passageiros | 200 | CDT | 7 – GR | M/R |
| 589-4 | 0 | Deixar de guardar a distância lateral de 1,50m ao passar/ ultrapassar bicicleta | 201 | CDT | 4 – MD | M/R |
| 590-8 | 0 | Ultrapassar pelo acostamento | 202, I | CDT | 5 – GE | M/R |
| 591-6 | 1 | Ultrapassar em interseções | 202, II | CDT | 5 – GE | M/R |
| 591-6 | 2 | Ultrapassar em passagem de nível | 202, II | CDT | 5 – GE | M/R |
| 592-4 | 1 | Ultrapassar pela contramão nas curvas sem visibilidade suficiente | 203, I | CDT | 7 – GR | M/R |
| 592-4 | 2 | Ultrapassar pela contramão nos aclives ou declives, sem visibilidade suficiente | 203, I | CDT | 7 – GR | M/R |
| 593-2 | 0 | Ultrapassar pela contramão nas faixas de pedestre | 203, II | CDT | 7 – GR | M/R |
| 594-0 | 1 | Ultrapassar pela contramão nas pontes | 203, III | CDT | 7 – GR | M/R |
| 594-0 | 2 | Ultrapassar pela contramão nos viadutos | 203, III | CDT | 7 – GR | M/R |
| 594-0 | 3 | Ultrapassar pela contramão nos túneis | 203, III | CDT | 7 – GR | M/R |
| 595-9 | 1 | Ultrapassar pela contramão veículo parado em fila junto sinal luminoso | 203, IV | CDT | 7 – GR | M/R |
| 595-9 | 2 | Ultrapassar pela contramão veículo parado em fila junto a cancela/porteira | 203, IV | CDT | 7 – GR | M/R |
| 595-9 | 3 | Ultrapassar pela contramão veículo parado em fila junto a cruzamento | 203, IV | CDT | 7 – GR | M/R |
| 595-9 | 4 | Ultrapassar pela contramão veíc parado em fila junto qq impedimento à circulação | 203, IV | CDT | 7 – GR | M/R |
| 596-7 | 0 | Ultrapassar pela contramão linha de divisão de fluxos opostos, contínua amarela | 203, V | CDT | 7 – GR | M/R |
| 597-5 | 0 | Deixar de parar no acostamento à direita, p/ cruzar pista ou entrar à esquerda | 204 | CDT | 5 – GE | M/R |

| | | | | | | |
|---|---|---|---|---|---|---|
| 598-3 | 0 | Ultrapassar veículo em movimento que integre cortejo/desfile/formação militar | 205 | CDT | 3 – LV | M/R |
| 599-1 | 0 | Executar operação de retorno em locais proibidos pela sinalização | 206, I | CDT | 7 – GR | M/R |
| 600-9 | 1 | Executar operação de retorno nas curvas | 206, II | CDT | 7 – GR | M/R |
| 600-9 | 2 | Executar operação de retorno nos aclives ou declives | 206, II | CDT | 7 – GR | M/R |
| 600-9 | 3 | Executar operação de retorno nas pontes | 206, II | CDT | 7 – GR | M/R |
| 600-9 | 4 | Executar operação de retorno nos viadutos | 206, II | CDT | 7 – GR | M/R |
| 600-9 | 5 | Executar operação de retorno nos túneis | 206, II | CDT | 7 – GR | M/R |
| 601-7 | 1 | Executar operação de retorno passando por cima de calçada, passeio | 206, III | CDT | 7 – GR | M/R |
| 601-7 | 2 | Executar operação de retorno passando por cima de ilha, refúgio | 206, III | CDT | 7 – GR | M/R |
| 601-7 | 3 | Executar operação de retorno passando por cima de ajardinamento | 206, III | CDT | 7 – GR | M/R |
| 601-7 | 4 | Executar operação de retorno passando por cima de canteiro de divisor de pista | 206, III | CDT | 7 – GR | M/R |
| 601-7 | 5 | Executar operação de re-torno passando por cima de faixa de pedestres | 206, III | CDT | 7 – GR | M/R |
| 601-7 | 6 | Executar operação de retorno passando por cima de faixa de veíc não motorizados | 206, III | CDT | 7 – GR | M/R |
| 602-5 | 0 | Executar retorno nas interseções, entrando na contramão da via transversal | 206, IV | CDT | 7 – GR | M/R |
| 603-3 | 0 | Executar retorno c/prejuízo da circulação/segurança ainda que em local permitido | 206, V | CDT | 7 – GR | M/R |
| 604-1 | 1 | Executar operação de conversão à direita em local proibido pela sinalização | 207 | CDT | 5 – GE | M/R |
| 604-1 | 2 | Executar operação de conversão à esquerda em local proibido pela sinalização | 207 | CDT | 5 – GE | M/R |
| 605-0 | 1 | Avançar o sinal vermelho do semáforo | 208 | CDT | 7 – GR | M/R |
| 605-0 | 2 | Avançar o sinal de parada obrigatória | 208 | CDT | 7 – GR | M/R |
| 605-0 | 3 | Avançar o sinal vermelho do semáforo – fiscalização eletrônica | 208 | CDT | 7 – GR | M/R |
| 606-8 | 1 | Transpor bloqueio viário com ou sem sinalização ou dispositivos auxiliares | 209 | CDT | 5 – GE | E/M/R |
| 606-8 | 2 | Deixar de adentrar às áreas destinadas à pesagem de veículos | 209 | CDT | 5 – GE | E/M/R |
| 606-8 | 3 | Evadir-se para não efetuar o pagamento do pedágio | 209 | CDT | 5 – GE | E/M/R |
| 607-6 | 0 | Transpor bloqueio viário policial | 210 | CDT | 7 – GR | E/M/R |

| Código | | Descrição | Artigo | | Pontos | Competência |
|---|---|---|---|---|---|---|
| 608-4 | 1 | Ultrapassar veículos motorizados em fila, parados em razão de sinal luminoso | 211 | CDT | 5 – GE | E/M/R |
| 608-4 | 2 | Ultrapassar veículos motorizados em fila, parados em razão de cancela | 211 | CDT | 5 – GE | E/M/R |
| 608-4 | 3 | Ultrapassar veíc motorizados em fila parados em razão de bloqueio viário parcial | 211 | CDT | 5 – GE | E/M/R |
| 608-4 | 4 | Ultrapassar veículos motorizados em fila, parados em razão de qualquer obstáculo | 211 | CDT | 5 – GE | E/M/R |
| 609-2 | 0 | Deixar de parar o veículo antes de transpor linha férrea | 212 | CDT | 7 – GR | M/R |
| 610-6 | 0 | Deixar de parar sempre que a marcha for interceptada por agrupamento de pessoas | 213, I | CDT | 7 – GR | M/R |
| 611-4 | 0 | Deixar de parar sempre que a marcha for interceptada por agrupamento de veículos | 213, II | CDT | 5 – GE | M/R |
| 612-2 | 0 | Deixar de dar preferência a pedestre/veic ñ motorizado na faixa a ele destinada | 214, I | CDT | 7 – GR | M/R |
| 613-0 | 0 | Deixar de dar preferência a pedestre/veic ñ mot que ñ haja concluído a travessia | 214, II | CDT | 7 – GR | M/R |
| 614-9 | 0 | Deixar de dar preferência a pedestre port deficiência fís/criança/idoso/gestante | 214, III | CDT | 7 – GR | M/R |
| 615-7 | 0 | Deixar de dar preferência a pedestre/veic ñ mot qdo iniciada travessia s/sinaliz | 214, IV | CDT | 5 – GE | M/R |
| 616-5 | 0 | Deixar de dar preferência a pedestre/veic não mot atravessando a via transversal | 214, V | CDT | 5 – GE | M/R |
| 617-3 | 1 | Deixar de dar preferência em interseção ñ sinaliz, a veíc circulando por rodovia | 215, I, a | CDT | 5 – GE | M/R |
| 617-3 | 2 | Deixar de dar preferência em interseção ñ sinaliz, veíc circulando por rotatória | 215, I, a | CDT | 5 – GE | M/R |
| 617-3 | 3 | Deixar de dar prefer em interseção não sinalizada, a veículo que vier da direita | 215, I, b | CDT | 5 – GE | M/R |
| 618-1 | 0 | Deixar de dar preferência nas interseções com sinalização de Dê a Preferência | 215, II | CDT | 5 – GE | M/R |
| 619-0 | 0 | Entrar/sair área lindeira sem precaução com a segurança de pedestres e veículos | 216 | CDT | 4 – MD | M/R |
| 620-3 | 0 | Entrar/sair de fila de veículos estacionados sem dar pref a pedestres/veículos | 217 | CDT | 4 – MD | M/R |
| *621-1 | 0 | Transitar em velocidade super máx permitida em até 20% – infrações até 25.7.2006 | 218, I, a | CDT | 5 – GE | M/R |
| *622-0 | 0 | Transitar em veloc super à máx permitida em mais de 20% – infrações até 25.07.06 | 218, I, b | CDT | 7 – GR 3X | M/R |
| *623-8 | 0 | Transitar em veloc super à máx permitida em até de 50% -infrações até 25.7.2006 | 218, II, a | CDT | 5 – GE | M/R |

| | | | | | | |
|---|---|---|---|---|---|---|
| *624-6 | 0 | Transitar em veloc super à máx permitida em mais de 50% – infrações até 25.7.2006 | 218, II, b | CDT | 7 – GR 3X | M/R |
| 625-4 | 0 | Transitar em velocidade inferior à metade da máxima da via, salvo faixa direita | 219 | CDT | 4 – MD | M/R |
| 626-2 | 0 | Deixar de reduzir a veloc qdo se aproximar de passeata/ aglomeração/desfile/etc | 220, I | CDT | 7 – GR | M/R |
| 627-0 | 0 | Deixar de reduzir a veloc onde o trânsito esteja sendo controlado pelo agente | 220, II | CDT | 5 – GE | M/R |
| 628-9 | 1 | Deixar de reduzir a velocidade do veículo ao aproximar-se da guia da calçada | 220, III | CDT | 5 – GE | M/R |
| 628-9 | 2 | Deixar de reduzir a velocidade do veículo ao aproximar-se do acostamento | 220, III | CDT | 5 – GE | M/R |
| 629-7 | 0 | Deixar de reduzir velocidade do veículo ao aproximar-se interseção ñ sinalizada | 220, IV | CDT | 5 – GE | M/R |
| 630-0 | 0 | Deixar reduzir velocidade nas vias rurais cuja faixa domínio não esteja cercada | 220, V | CDT | 5 – GE | M/R |
| 631-9 | 0 | Deixar de reduzir a velocidade nos trechos em curva de pequeno raio | 220, VI | CDT | 5 – GE | M/R |
| 632-7 | 0 | Deixar de reduzir veloc ao aproximar local sinaliz advert de obras/traba-lhadores | 220, VII | CDT | 5 – GE | M/R |
| 633-5 | 0 | Deixar de reduzir a velocidade sob chuva/ neblina/cerração/ventos fortes | 220, VIII | CDT | 5 – GE | M/R |
| 634-3 | 0 | Deixar de reduzir a velocidade quando houver má visibilidade | 220, IX | CDT | 5 – GE | M/R |
| 635-1 | 0 | Deixar de reduzir veloc qdo pavimento se apresentar escorreg/ defeituoso/avariado | 220, X | CDT | 5 – GE | M/R |
| 636-0 | 0 | Deixar de reduzir a velocidade à aproximação de animais na pista | 220, XI | CDT | 5 – GE | M/R |
| 637-8 | 0 | Deixar de reduzir a velocidade de forma compatível com a segurança, em declive | 220, XII | CDT | 5 – GE | M/R |
| 638-6 | 0 | Deixar de reduzir veloc de forma compatível c/ segurança ao ultrapassar ciclista | 220, XIII | CDT | 5 – GE | M/R |
| 639-4 | 1 | Deixar de reduzir a velocidade nas proximidades de escolas | 220, XIV | CDT | 7 – GR | M/R |
| 639-4 | 2 | Deixar de reduzir a velocidade nas proximidades de hospitais | 220, XIV | CDT | 7 – GR | M/R |
| 639-4 | 3 | Deixar de reduzir veloc na proxim estação embarque/desembarque passageiros | 220, XIV | CDT | 7 – GR | M/R |
| 639-4 | 4 | Deixar de reduzir veloc onde haja intensa movimentação de pedestres | 220, XIV | CDT | 7 – GR | M/R |
| 640-8 | 0 | Portar no veículo placas de identificação em desacordo c/ especif/modelo Contran | 221 | PPT | 4 – MD | E/R |

| | | | | | |
|---|---|---|---|---|---|
| 641-6 | 0 | Confec/distribuir/colocar veíc próprio/terceiro placa identif desacordo Contran | 221 § Único | PF ou JUR | Média | E/R |
| 642-4 | 0 | Deixar de manter ligado em emerg sist ilum vermelha intermitente ainda q parado | 222 | CDT | 4 – MD | M/R |
| 643-2 | 1 | Transitar com farol desregulado perturbando visão outro condutor | 223 | CDT | 5 – GE | E/R |
| 643-2 | 2 | Transitar com o facho de luz alta perturbando visão outro condutor | 223 | CDT | 5 – GE | E/R |
| 644-0 | 0 | Fazer uso do facho de luz alta dos faróis em vias providas de iluminação pública | 224 | CDT | 3 – LV | M/R |
| 645-9 | 1 | Deixar de sinalizar via p/ tornar visível local qdo tiver remover veíc da pista | 225, I | CDT | 5 – GE | M/R |
| 645-9 | 2 | Deixar de sinalizar a via p/ tornar visível o local qdo permanecer acostamento | 225, I | CDT | 5 – GE | M/R |
| 646-7 | 0 | Deixar de sinalizar a via p/ tornar visível o local qdo a carga for derramada | 225, II | CDT | 5 – GE | M/R |
| 647-5 | 0 | Deixar de retirar qualquer objeto utilizado para sinalização temporária da via | 226 | CDT | 4 – MD | M/R |
| 648-3 | 0 | Usar buzina que não a de toque breve como advertência a pedestre ou condutores | 227, I | CDT | 3 – LV | M/R |
| 649-1 | 0 | Usar buzina prolongada e sucessivamente a qualquer pretexto | 227, II | CDT | 3 – LV | M/R |
| 650-5 | 0 | Usar buzina entre as vinte e duas e as seis horas | 227, III | CDT | 3 – LV | M/R |
| 651-3 | 0 | Usar buzina em locais e horários proibidos pela sinalização | 227, IV | CDT | 3 – LV | M/R |
| 652-1 | 0 | Usar buzina em desacordo c/ os padrões e freqüências estabelecidas pelo Contran | 227, V | PPT | 3 – LV | M/R |
| 653-0 | 0 | Usar no veículo equip c/ som em volume/freqüência não autorizados pelo Contran | 228 | CDT | 5 – GE | M/R |
| 654-8 | 0 | Usar no veíc alarme/ aparelho produz som perturbe sossego púb desac norma Contran | 229 | CDT | 4 – MD | E/R |
| 655-6 | 1 | Conduzir o veículo com o lacre de identificação violado/falsificado | 230, I | PPT | 7 – GR | E/R |
| 655-6 | 2 | Conduzir o veículo com a inscrição do chassi violada/falsificada | 230, I | PPT | 7 – GR | E/R |
| 655-6 | 3 | Conduzir o veículo com o selo violado/falsificado | 230, I | PPT | 7 – GR | E/R |
| 655-6 | 4 | Conduzir o veículo com a placa violada/falsificada | 230, I | PPT | 7 – GR | E/R |
| 655-6 | 5 | Conduzir o veículo com qualquer outro elem de identificação violado/ falsificado | 230, I | PPT | 7 – GR | E/R |
| 656-4 | 0 | Conduzir o veículo transportando passageiros em compartimento de carga | 230, II | CDT | 7 – GR | M/R |

| | | | | | | |
|---|---|---|---|---|---|---|
| 657-2 | 0 | Conduzir o veículo com dispositivo anti-radar | 230, III | PPT | 7 – GR | E/R |
| 658-0 | 0 | Conduzir o veículo sem qualquer uma das placas de identificação | 230, IV | PPT | 7 – GR | E/R |
| 659-9 | 1 | Conduzir o veículo que não esteja registrado | 230, V | PPT | 7 – GR | E/R |
| 659-9 | 2 | Conduzir o veículo registrado que não esteja devidamente licenciado | 230, V | PPT | 7 – GR | E/R |
| 660-2 | 0 | Conduzir o veículo com qualquer uma das placas sem legibilidade e visibilidade | 230, VI | PPT | 7 – GR | E/R |
| 661-0 | 1 | Conduzir o veículo com a cor alterada | 230, VII | PPT | 5 – GE | E/R |
| 661-0 | 2 | Conduzir o veículo com característica alterada | 230, VII | PPT | 5 – GE | E/R |
| 662-9 | 0 | Conduzir veículo s/ ter sido submetido à inspeção seg veicular, qdo obrigatória | 230, VIII | PPT | 5 – GE | E/R |
| 663-7 | 1 | Conduzir o veículo sem equipamento obrigatório | 230, IX | PPT | 5 – GE | E/R |
| 663-7 | 2 | Conduzir o veículo com equipamento obrigatório ineficiente/inoperante | 230, IX | PPT | 5 – GE | E/R |
| 664-5 | 0 | Conduzir o veículo com equip obrigatório em desacordo com o estab pelo Contran | 230, X | PPT | 5 – GE | E/R |
| 665-3 | 1 | Conduzir o veículo com descarga livre | 230, XI | PPT | 5 – GE | E/R |
| 665-3 | 2 | Conduzir o veículo com silenciador de motor defeituoso/deficiente/ inoperante | 230, XI | PPT | 5 – GE | E/R |
| 666-1 | 0 | Conduzir o veículo com equipamento ou acessório proibido | 230, XII | PPT | 5 – GE | E/R |
| 667-0 | 0 | Conduzir o veículo c/ equip do sistema de iluminação e de sinalização alterados | 230, XIII | PPT | 5 – GE | E/R |
| 668-8 | 0 | Conduzir veíc c/ registrador instan inalt de velocidade/tempo viciado/ defeituoso | 230, XIV | PPT | 5 – GE | E/R |
| 669-6 | 1 | Conduzir c/ inscr/adesivo/ legenda/símbolo afixado pára-brisa e extensão traseira | 230, XV | PPT | 5 – GE | E/R |
| 669-6 | 2 | Conduzir c/ inscr/adesivo/ legenda/símbolo pintado pára-brisa e extensão traseira | 230, XV | PPT | 5 – GE | E/R |
| 670-0 | 0 | Conduzir veic com vidro total/parcialmente coberto por película, painéis/ pintura | 230, XVI | PPT | 5 – GE | E/R |
| 671-8 | 0 | Conduzir o veículo com cortinas ou persianas fechadas | 230, XVII | PPT | 5 – GE | E/R |
| 672-6 | 1 | Conduzir o veículo em mau estado de conservação, comprometendo a segurança | 230, XVIII | PPT | 5 – GE | E/R |
| 672-6 | 2 | Conduzir o veículo reprovado na avaliação de inspeção de segurança | 230, XVIII | PPT | 5 – GE | E/R |
| 672-6 | 3 | Conduzir o veículo reprovado na avaliação de emissão de poluentes e ruído | 230, XVIII | PPT | 5 – GE | E/R |

| | | | | | |
|---|---|---|---|---|---|
| 673-4 | 0 | Conduzir o veículo sem acionar o limpador de pára-brisa sob chuva | 230, XIX | CDT | 5 – GE | E/R |
| 674-2 | 0 | Conduzir o veículo sem portar a autorização para condução de escolares | 230, XX | PPT | 5 – GE | E/R |
| 675-0 | 0 | Conduzir o veíc de carga c/ falta inscrição da tara e demais previstas no CTB | 230, XXI | PPT | 4 – MD | E/R |
| 676-9 | 1 | Conduzir o veículo com defeito no sistema de iluminação/lâmpada queimada | 230, XXII | PPT | 4 – MD | E/R |
| 676-9 | 2 | Conduzir o veículo com defeito no sistema de sinalização/lâmpada queimada | 230, XXII | PPT | 4 – MD | E/R |
| 677-7 | 0 | Transitar com o veículo danificando a via, suas instalações e equipamentos | 231, I | CDT | 7 – GR | M/R |
| 678-5 | 1 | Transitar com veículo derramando a carga que esteja transportando | 231, II, a | CDT | 7 – GR | M/R |
| 678-5 | 2 | Transitar com veículo lançando a carga que esteja transportando | 231, II, a | CDT | 7 – GR | M/R |
| 678-5 | 3 | Transitar com veículo arrastando a carga que esteja transportando | 231, II, a | CDT | 7 – GR | M/R |
| 679-3 | 0 | Transitar com veíc derramando/lançando combustível/lubrif que esteja utilizando | 231, II, b | CDT | 7 – GR | M/R |
| 680-7 | 0 | Transitar c/veíc derramando/lançando/arrastando objeto possa acarretar risco acid | 231, II, c | CDT | 7 – GR | M/R |
| 681-5 | 0 | Transitar com veículo produzindo fumaça, gases ou partículas em desac c/ Contran | 231, III | PPT | 5 – GE | M/R |
| 682-3 | 1 | Transitar c/ veíc e/ou carga c/ dimensões superiores limite legal s/ autorização | 231, IV | PPT | 5 – GE | M/R |
| 682-3 | 2 | Transitar c/ veíc e/ou carga c/ dimensões superiores est p/sinalização s/autoriz | 231, IV | CDT | 5 – GE | M/R |
| 683-1 | 1 | Transitar com o veículo com excesso de peso PBT/PBTC | 231, V | EMP/TRANSP | Média | M/R |
| 683-1 | 2 | Transitar com o veículo com excesso de peso – Por Eixo | 231, V | EMP/TRANSP | Média | M/R |
| 683-1 | 3 | Transitar com o veículo com excesso de peso – PBT/PBTC e Por Eixo | 231, V | EMP/TRANSP | Média | M/R |
| 684-0 | 1 | Transitar em desacordo c/ autorização expedida p/veículo c/ dimensões excedentes | 231, VI | PPT | 5 – GE | M/R |
| 684-0 | 2 | Transitar com autorização vencida, expedida p/ veículo c/ dimensões excedentes | 231, VI | PPT | 5 – GE | M/R |
| 685-8 | 0 | Transitar com o veículo com lotação excedente | 231, VII | CDT | 4 – MD | E/M/R |
| 686-6 | 1 | Transitar efetuando transporte remunerado de pessoas qdo ñ licenciado p/esse fim | 231, VIII | PPT | 4 – MD | E/M/R |
| 686-6 | 2 | Transitar efetuando transporte remunerado de bens qdo não licenciado p/ esse fim | 231, VIII | PPT | 4 – MD | E/M/R |

| | | | | | | |
|---|---|---|---|---|---|---|
| 687-4 | 1 | Transitar com o veículo desligado em declive | 231, IX | CDT | 4 – MD | M/R |
| 687-4 | 2 | Transitar com o veículo desengrenado em declive | 231, IX | CDT | 4 – MD | M/R |
| 688-2 | 0 | Transitar com o veículo excedendo a CMT em até 600 kg | 231, X | PPT | 4 – MD | M/R |
| 689-0 | 0 | Transitar com o veículo excedendo a CMT entre 601 e 1.000 kg | 231, X | PPT | 5 – GE | M/R |
| 690-4 | 0 | Transitar com o veículo excedendo a CMT acima de 1.000 kg | 231, X | PPT | 7 – GR | M/R |
| 691-2 | 0 | Conduzir veículo sem os documentos de porte obrigatório referidos no CTB | 232 | CDT | 3 – LV | E/R |
| 692-0 | 0 | Deixar de efetuar registro de veículo no prazo de trinta dias | 233 | PPT | 5 – GE | E |
| 693-9 | 1 | Falsificar documento de habilitação | 234 | CDT | 7 – GR | E/R |
| 693-9 | 2 | Adulterar documento de habilitação | 234 | CDT | 7 – GR | E/R |
| 693-9 | 3 | Falsificar documento de identificação do veículo | 234 | PPT | 7 – GR | E/R |
| 693-9 | 4 | Adulterar documento de identificação do veículo | 234 | PPT | 7 – GR | E/R |
| 694-7 | 1 | Conduzir pessoas nas partes externas do veículo | 235 | CDT | 5 – GE | M/R |
| 694-7 | 2 | Conduzir animais nas partes externas do veículo | 235 | CDT | 5 – GE | M/R |
| 694-7 | 3 | Conduzir carga nas partes externas do veículo | 235 | CDT | 5 – GE | M/R |
| 695-5 | 0 | Rebocar outro veículo com cabo flexível ou corda | 236 | CDT | 4 – MD | M/R |
| 696-3 | 0 | Trans c/veíc desac c/especificação/falta de inscr/simbologia necessária identif | 237 | PPT | 5 – GE | E/R |
| 697-1 | 0 | Recusar-se a entregar CNH/CRV/CRLV/outros documentos | 238 | CDT | 7 – GR | E/R |
| 698-0 | 0 | Retirar do local veículo legalmente retido para regularização, sem permissão | 239 | CDT | 7 – GR | E/M/R |
| 699-8 | 0 | Deixar responsável de promover baixa registro de veíc irrecuperável/ desmontado | 240 | PPT | 5 – GE | E |
| 700-5 | 1 | Deixar de atualizar o cadastro de registro do veículo | 241 | CDT | 3 – LV | E |
| 700-5 | 2 | Deixar de atualizar o cadastro de habilitação do condutor | 241 | PF | 3 – LV | E |
| 701-3 | 1 | Fazer falsa declaração de domicílio para fins de registro/licenciamento | 242 | CDT | 7 – GR | E |
| 701-3 | 2 | Fazer falsa declaração de domicílio para fins de habilitação | 242 | PF | 7 – GR | E |
| 702-1 | 0 | Deixar seguradora de comunicar ocorrência perda total veíc e devolver placas/doc | 243 | PJ | GE | E |
| 703-0 | 1 | Conduzir motocicleta, motoneta e ciclomotor sem capacete de segurança | 244, I | CDT | 7 – GR | E/M/R |

| 703-0 | 2 | Conduzir motocicleta/motoneta/ciclomotor c/ capacete s/ viseira/ óculos proteção | 244, I | CDT | 7 – GR | E/M/R |
|---|---|---|---|---|---|---|
| 703-0 | 3 | Conduzir motocicleta, motoneta e ciclomotor sem vestuário aprovado pelo Contran | 244, I | CDT | 7 – GR | E/M/R |
| 703-0 | 4 | Conduzir motocicleta/motoneta/ciclomotor c/capacete desac normas/ espec Contran | 244, I | CDT | 7 – GR | E/M/R |
| 704-8 | 1 | Conduzir motocicleta, motoneta e ciclomotor transportando passageiro s/ capacete | 244, II | CDT | 7 – GR | M/R |
| 704-8 | 2 | Conduzir motocicleta/motoneta/ciclomotor transp.passag s/viseira/óculos proteção | 244, II | CDT | 7 – GR | M/R |
| 704-8 | 3 | Conduzir motocicleta/motoneta/ciclomotor transportando pas. fora do assento | 244, II | CDT | 7 – GR | M/R |
| 704-8 | 4 | Conduzir motoc/moton/ ciclom transp pass c/capacete desac normas/ espec Contran | 244, II | CDT | 7 – GR | M/R |
| 705-6 | 1 | Conduzir motoc/moton/ ciclomotor fazendo malabarismo/ equilibrando-se em uma roda | 244, III | CDT | 7 – GR | M/R |
| 705-6 | 2 | Conduzir ciclo fazendo malabarismo ou equilibrando-se em uma roda | 244, III c/c § 1º | CDT | 4 – MD | M/R |
| 706-4 | 0 | Conduzir motocicleta, motoneta e ciclomotor com os faróis apagados | 244, IV | CDT | 7 – GR | M/R |
| 707-2 | 1 | Conduzir motocicleta/motoneta/ciclomotor transportando criança menor de 7 anos | 244, V | CDT | 7 – GR | M/R |
| 707-2 | 2 | Conduzir motoc/moton/ ciclom transp criança s/ condição cuidar própria segurança | 244, V | CDT | 7 – GR | M/R |
| 708-0 | 0 | Conduzir motocicleta, motoneta e ciclomotor rebocando outro veículo | 244, VI | CDT | 5 – GE | M/R |
| 709-9 | 1 | Conduzir motocicleta/motoneta/ciclomotor sem segurar o guidom com ambas as mãos | 244, VII | CDT | 5 – GE | M/R |
| 709-9 | 2 | Conduzir ciclo sem segurar o guidom com ambas as mãos | 244, VII c/c § 1º | CDT | 4 – MD | M/R |
| 710-2 | 1 | Conduzir motocicleta, motoneta e ciclomotor transportando carga incompatível | 244, VIII | CDT | 5 – GE | M/R |
| 710-2 | 2 | Conduzir ciclo transportando carga incompatível | 244, VIII c/c § 1º | CDT | 4 – MD | M/R |
| 710-2 | 3 | Conduzir motoc/moton/ transportando carga em desacordo c/ § 2º do art. 139-A CTB | 244, VIII | CDT | 5 – GE | M/R |
| 711-0 | 0 | Conduzir ciclo transportando passageiro fora da garupa/assento a ele destinado | 244, § 1º, a | CDT | 4 – MD | M/R |
| 712-9 | 1 | Conduzir ciclo via de trâns rápido ou rodovia salvo se houver acostam/fx própria | 244, § 1º, b | CDT | 4 – MD | M/R |

| | | | | | | |
|---|---|---|---|---|---|---|
| 712-9 | 2 | Conduzir ciclomotor em via de trânsito rápido | 244, § 2º | CDT | 4 – MD | M/R |
| 712-9 | 3 | Conduzir ciclomotor em rodovia salvo se houver acostamento ou faixa própria | 244, § 2º | CDT | 4 – MD | M/R |
| 713-7 | 0 | Conduzir ciclo transportando criança s/ condição de cuidar própria segurança | 244, § 1º, c | CDT | 4 – MD | M/R |
| 714-5 | 0 | Utilizar a via para depósito de mercadorias, materiais ou equipamentos | 245 | PF ou JUR | 7 – GR | M/R |
| 715-3 | 1 | Deixar de sinalizar obstáculo à circulação/ segurança calçada/pista – s/agravamento | 246 | PF ou JUR | 7 – GR | M/R |
| 715-3 | 2 | Obstaculizar a via indevidamente-s/agravamento | 246 | PF ou JUR | 7 – GR | M/R |
| 716-1 | 1 | Deixar de sinalizar obstáculo circulação/ segurança calçada/pista – agravamento 2X | 246 | PF ou JUR | 7 – GR 2X | M/R |
| 716-1 | 2 | Obstaculizar a via indevidamente – agravamento 2X | 246 | PF ou JUR | 7 – GR 2X | M/R |
| 717-0 | 1 | Deixar de sinalizar obstáculo circulação/ segurança calçada/pista – agravamento 3X | 246 | PF ou JUR | 7 – GR 3X | M/R |
| 717-0 | 2 | Obstaculizar a via indevidamente – agravamento 3X | 246 | PF ou JUR | 7 – GR 3X | M/R |
| 718-8 | 1 | Deixar de sinalizar obstáculo circulação/ segurança calçada/pista – agravamento 4X | 246 | PF ou JUR | 7 – GR 4X | M/R |
| 718-8 | 2 | Obstaculizar a via indevidamente – agravamento 4X | 246 | PF ou JUR | 7 – GR 4X | M/R |
| 719-6 | 1 | Deixar de sinalizar obstáculo circulação/ segurança calçada/pista – agravamento 5X | 246 | PF ou JUR | 7 – GR 5X | M/R |
| 719-6 | 2 | Obstaculizar a via indevidamente – agravamento 5X | 246 | PF ou JUR | 7 – GR 5X | M/R |
| 720-0 | 1 | Deixar de conduzir pelo bordo pista em fila única veíc tração/propulsão humana | 247 | CDT | 4 – MD | M/R |
| 720-0 | 2 | Deixar de conduzir pelo bordo da pista em fila única veículo de tração animal | 247 | CDT | 4 – MD | M/R |
| 721-8 | 0 | Transportar em veíc destinado transp passageiros carga excedente desac art.109 | 248 | CDT | 5 – GE | E/R |
| 722-6 | 1 | Deixar de manter acesas à noite as luzes posição qdo o veículo estiver parado | 249 | CDT | 4 – MD | M/R |
| 722-6 | 2 | Deixar de manter acesas à noite as luzes de posição veic fazendo carga/descarga | 249 | CDT | 4 – MD | M/R |
| 723-4 | 0 | Em movimento, deixar de manter acesa a luz baixa durante à noite | 250, I, a | CDT | 4 – MD | M/R |
| 724-2 | 0 | Em movimento de dia, deixar de manter acesa luz baixa túnel com iluminação públ | 250, I, b | CDT | 4 – MD | M/R |
| 725-0 | 0 | Em mov, deixar de manter acesa luz baixa veíc transp coletivo faixa/ pista excl | 250, I, c | CDT | 4 – MD | M/R |

| | | | | | | |
|---|---|---|---|---|---|---|
| 726-9 | 0 | Em movimento, deixar de manter acesa luz baixa do ciclomotor | 250, I, d | CDT | 4 – MD | M/R |
| 727-7 | 0 | Em mov deixar de manter acesas luzes de posição sob chuva forte/neblina/cerração | 250, II | CDT | 4 – MD | M/R |
| 728-5 | 0 | Em movimento, deixar de manter a placa traseira iluminada à noite | 250, III | CDT | 4 – MD | E/R |
| 729-3 | 0 | Utilizar o pisca-alerta, exceto em imobilizações ou situações de emergência | 251, I | CDT | 4 – MD | M/R |
| 730-7 | 0 | Utilizar luz alta e baixa intermitente, exceto quando permitido pelo CTB | 251, II | CDT | 4 – MD | M/R |
| 731-5 | 0 | Dirigir o veículo com o braço do lado de fora | 252, I | CDT | 4 – MD | M/R |
| 732-3 | 1 | Dirigir o veículo transport pessoas à sua esquerda ou entre os braços e pernas | 252, II | CDT | 4 – MD | E/R |
| 732-3 | 2 | Dirigir o veículo transport animais à sua esquerda ou entre os braços e pernas | 252, II | CDT | 4 – MD | E/R |
| 732-3 | 3 | Dirigir o veículo transport volume à sua esquerda ou entre os braços e pernas | 252, II | CDT | 4 – MD | E/R |
| 733-1 | 0 | Dirigir o veículo com incapacidade física ou mental temporária | 252, III | CDT | 4 – MD | E/R |
| 734-0 | 0 | Dirigir o veíc usando calçado que ñ se firme nos pés/comprometa utiliz pedais | 252, IV | CDT | 4 – MD | E/R |
| 735-8 | 0 | Dirigir o veículo com apenas uma das mãos, exceto quando permitido pelo CTB | 252, V | CDT | 4 – MD | E/R |
| 736-6 | 1 | Dirigir o veículo utilizando-se de fones nos ouvidos conec a aparelhagem sonora | 252, VI | CDT | 4 – MD | E/M/R |
| 736-6 | 2 | Dirigir veículo utilizando-se de telefone celular | 252, VI | CDT | 4 – MD | E/M/R |
| 737-4 | 0 | Bloquear a via com veículo | 253 | CDT | 7 – GR | M/R |
| 738-2 | 0 | É proib ao pedestre permanecer/andar pista, exceto p/ cruzá-las onde permitido | 254, I | PDE | 3 – LV 50% | M/R |
| 739-0 | 1 | É proibido ao pedestre cruzar pista de rolamento de viaduto a exc onde permitido | 254, II | PDE | 3 – LV 50% | M/R |
| 739-0 | 2 | É proibido ao pedestre cruzar pista de rolamento de ponte exceto onde permitido | 254, II | PDE | 3 – LV 50% | M/R |
| 739-0 | 3 | É proibido ao pedestre cruzar pista de rolamento de túneis exceto onde permitido | 254, II | PDE | 3 – LV 50% | M/R |
| 740-4 | 0 | É proib ao pedestre atravessar via área cruzamento exc onde permitido p/ sinaliz | 254, III | PDE | 3 – LV 50% | M/R |
| 741-2 | 0 | É proib pedestre utilizar via em agrupam que perturbe trâns/prát esporte/ desfile | 254, IV | PDE | 3 – LV 50% | M/R |
| 742-0 | 1 | É proibido ao pedestre andar fora da faixa própria | 254, V | PDE | 3 – LV 50% | M/R |
| 742-0 | 2 | É proibido ao pedestre andar fora da passarela | 254, V | PDE | 3 – LV 50% | M/R |

| Código | | Infração | Artigo | Competência | Pontos | Natureza |
|---|---|---|---|---|---|---|
| 742-0 | 3 | É proibido ao pedestre andar fora da passagem aérea | 254, V | PDE | 3 – LV 50% | M/R |
| 742-0 | 4 | É proibido ao pedestre andar fora da passagem subterrânea | 254, V | PDE | 3 – LV 50% | M/R |
| 743-9 | 0 | É proibido ao pedestre desobedecer a sinalização de trânsito específica | 254, VI | PDE | 3 – LV 50% | M/R |
| 744-7 | 1 | Conduzir bicicleta em passeios onde não seja permitida a circulação desta | 255 | CDT | 4 – MD | M/R |
| 744-7 | 2 | Conduzir bicicleta de forma agressiva | 255 | CDT | 4 – MD | M/R |
| 745-5 | 0 | Transitar em velocidade superior à máxima permitida em até 20% | 218, I | CDT | 4 – MD | M/R |
| 746-3 | 0 | Transitar em velocidade superior à máxima permitida em mais de 20% até 50% | 218, II | CDT | 5 – GE | M/R |
| 747-1 | 0 | Transitar em velocidade superior à máxima permitida em mais de 50% | 218, III | CDT | 7 – GR 3X | M/R |
| 748-0 | 1 | Aprovar proj edificação polo atrativo trânsito s/ anuência órgão/entid trânsito | 93 c/c 95, § 4º | SERV PUBL | -- | M/R |
| 748-0 | 2 | Aprovar proj edificação polo atrativo trâns s/ estacion/indicação vias de acesso | 93 c/c 95, § 4º | SERV PUBL | -- | M/R |
| 749-8 | 0 | Não sinalizar devida/imed obstáculo à circul/segurança veíc/pedestre pista/calçada | 94 | SERV PUBL | -- | M/R |
| 750-1 | 0 | Utilizar ondulação transversal/sonorizador fora padrão/critério estab p/ Contran | 94, § único | SERV PUBL | -- | M/R |
| 751-0 | 1 | Iniciar obra perturbe/ interrompa circulação/segurança veíc/ pedestres s/permissão | 95 | PF ou JUR | -- | M/R |
| 751-0 | 2 | Iniciar evento perturbe/interrompa circulação segurança veíc/ pedestres s/permissão | 95 | PF ou JUR | -- | M/R |
| 752-8 | 1 | Não sinalizar a execução ou manutenção da obra | 95, § 1º | PF ou JUR | -- | M/R |
| 752-8 | 2 | Não sinalizar a execução ou manutenção do evento | 95, § 1º | PF ou JUR | -- | M/R |
| 753-6 | 0 | Não avisar comunidade c/ 48h antec interdição via indicando caminho alternativo | 95, § 2º | SERV PUBL | -- | M/R |
| 754-4 | 1 | Falta de escrituração livro registro entrada/saída e de uso placa de experiência | 330, § 5º | PF ou JUR | GR | E |
| 754-4 | 2 | Atraso escrituração livro registro entrada/ saída e de uso placa de experiência | 330, § 5º | PF ou JUR | GR | E |
| 754-4 | 3 | Fraude escrituração livro registro entrada/saída e de uso placa de experiência | 330, § 5º | PF ou JUR | GR | E |
| 754-4 | 4 | Recusa da exibição do livro registro entrada/saída e de uso placa de experiência | 330, § 5º | PF ou JUR | GR | E |
| 755-2 | 1 | Conduzir motoc/moton/ efetuando transp remun mercadoria desac c/ art 139-A CTB | 244, IX | CDT | 5 – GE | M/E/R |

| | | | | | | |
|---|---|---|---|---|---|---|
| 755-2 | 2 | Conduzir motoc/moton/ efet transp remun desac normas ativid profic mototaxistas | 244, IX | CDT | 5 – GE | M/E/R |
| 756-0 | 0 | Conduzir veíc de transp passag ou carga em desacordo c/ as cond do art. 67-A CTB | 230, XXIII | CDT | 5 – GE | M/R |
| 901-6 | 0 | Transportar produto cujo desloc. rodov. seja proibido pelo Ministério do Transp. | 45, I, a | Transp | -- | M/R |
| 902-4 | 0 | Transportar produto perigoso a granel que não conste do certific. de capacitação | 45, I, b | Transp | -- | M/R |
| 903-2 | 0 | Transportar produto perigoso a granel desprov. de certificado de capacit. válido | 45, I, c | Transp | -- | M/R |
| 904-0 | 1 | Transportar junto c/ produto perigoso, pessoas/embalagens destin. a estes bens | 45, I, d | Transp | -- | M/R |
| 904-0 | 2 | Transportar junto c/ produto perigoso, animais/embalagens destin. a estes bens | 45, I, d | Transp | -- | M/R |
| 904-0 | 3 | Transportar junto c/ produto perigoso, alimentos dest. ao consumo humano/animal | 45, I, d | Transp | -- | M/R |
| 904-0 | 4 | Transportar junto c/ produto perigoso, medicam. dest. ao consumo humano/animal | 45 I d | Transp | -- | M/R |
| 905-9 | 0 | Transportar produtos incompatíveis entre si, apesar de advertido pelo expedidor | 45, I, e | Transp | -- | M/R |
| 906-7 | 1 | Não dar manutenção ao veículo | 45, II, a | Transp | -- | M/R |
| 906-7 | 2 | Não dar manutenção ao equipamento | 45, II, a | Transp | -- | M/R |
| 907-5 | 1 | Estacionar com inobservância ao artigo 14 | 45, II, b | Transp | -- | M/R |
| 907-5 | 2 | Parar com inobservância ao artigo 14 | 45, II, b | Transp | -- | M/R |
| 908-3 | 0 | Transportar produtos cujas as embalagens se encontrem em más condições | 45, II, c | Transp | -- | M/R |
| 909-1 | 1 | Não adotar em acidente providências constantes da ficha de emergência/envelope | 45, II, d | Transp | -- | M/R |
| 909-1 | 2 | Não adotar em avaria as providências constantes da ficha de emergência/envelope | 45, II, d | Transp | -- | M/R |
| 910-5 | 1 | Transportar produto a granel sem utilizar o tacógrafo | 45, II, e | Transp | -- | M/R |
| 910-5 | 2 | Transportar produto a granel e não apresentar disco a autoridade competente | 45, II, e | Transp | -- | M/R |
| 911-3 | 0 | Transportar carga mal estivada | 45, III, a | Transp | -- | M/R |
| 912-1 | 1 | Transportar produto perigoso em veículo desprovido de equipamento p/ emergência | 45, III, b | Transp | -- | M/R |
| 912-1 | 2 | Transportar produto perigoso em veículo desprovido de equip. de proteção indiv. | 45, III, b | Transp | -- | M/R |
| 913-0 | 0 | Transportar prod. perig. desacomp. de certific. de capac. p/ transporte a granel | 45, III, c | Transp | -- | M/R |

| | | | | | | |
|---|---|---|---|---|---|---|
| 914-8 | 0 | Transportar prod. perig. desacomp. de declaração de responsabilidade do expedid. | 45, III, d | Transp | -- | M/R |
| 915-6 | 1 | Transportar produto perigoso desacompanhado de ficha de emergência | 45, III, e | Transp | -- | M/R |
| 915-6 | 2 | Transportar produto perigoso desacompanhado de envelope para o transporte | 45, III, e | Transp | -- | M/R |
| 916-4 | 1 | Transportar produto perigoso s/ utilizar nas embalagens rótulos e painéis | 45, III, f | Transp | -- | M/R |
| 916-4 | 2 | Transportar produto perigoso s/ utilizar no veículo rótulos e painéis de segur. | 45, III, f | Transp | -- | M/R |
| 917-2 | 0 | Circular s/ permissão em vias públicas transportando produto perigoso | 45, III, g | Transp | -- | M/R |
| 918-0 | 1 | Não dar imediata ciência da imobilização do veículo em caso de emergência | 45, III, h | Transp | -- | M/R |
| 918-0 | 2 | Não dar imediata ciência da imobilização do veículo em caso de acidente | 45, III, h | Transp | -- | M/R |
| 918-0 | 3 | Não dar imediata ciência da imobilização do veículo em caso de avaria | 45, III, h | Transp | -- | M/R |
| 919-9 | 0 | Embarcar no veículo produtos incompatíveis entre si | 46, I, a | EXPED | -- | M/R |
| 920-2 | 1 | Embarcar produto perigoso não cte. do certificado de capacitação do veículo | 46, I, b | EXPED | -- | M/R |
| 920-2 | 2 | Embarcar produto perigoso não cte. do certificado de capacitação do equipamento | 46, I, b | EXPED | -- | M/R |
| 921-0 | 0 | Não lançar no documento fiscal, as informações de que trata o item II do art. 22 | 46, I, c | EXPED | -- | M/R |
| 922-9 | 1 | Expedir produto perigoso mal acondicionado | 46, I, d | EXPED | -- | M/R |
| 922-9 | 2 | Expedir produto perigoso com a embalagem em más condições | 46, I, d | EXPED | -- | M/R |
| 923-7 | 0 | Não comparecer ao local do acidente quando expres. convocado pela autorid. comp. | 46, I, e | EXPED | -- | M/R |
| 924-5 | 1 | Embarcar produto perigoso em veículo que não disponha de equipam. de emergência | 46, II, a | EXPED | -- | M/R |
| 924-5 | 2 | Embarcar produto perigoso em veículo que não disponha de equipam. de prot. ind. | 46, II, a | EXPED | -- | M/R |
| 925-3 | 1 | Não fornecer ao TRANSPa ficha de emergência | 46, II, b | EXPED | -- | M/R |
| 925-3 | 2 | Não fornecer ao TRANSPo envelope para o transporte | 46, II, b | EXPED | -- | M/R |
| 926-1 | 0 | Embarcar produto perigoso em veíc. que não esteja utilizando rótulos e painéis | 46, II, c | EXPED | -- | M/R |
| 927-0 | 0 | Expedir carga fracionada c/ embalagem externa desprovida dos rótulos de risco | 46, II, d | EXPED | -- | M/R |

| 928-8 | 0 | Embarcar produto perigoso em veículo ou equipamento s/ condições de manutenção | 46, II, e | EXPED | -- | M/R |
|---|---|---|---|---|---|---|
| 929-6 | 1 | Não prestar os necessários esclarecimentos técnicos em situação de emergência | 46, II, f | EXPED | -- | M/R |
| 929-6 | 2 | Não prestar os necessários esclarecimentos técnicos em situação de acidente | 46, II, f | EXPED | -- | M/R |

## ANEXO V
### TABELA DE CODIFICAÇÃO DOS ÓRGÃOS AUTUADORES

000100 – DEPARTAMENTO DE POLÍCIA RODOVIÁRIA FEDERAL
000200 – DNER
000300 – DNIT – DEPARTAMENTO NACIONAL DE INFRAESTRUTURA DE TRANSPORTES
000400 – ANTT – AGÊNCIA NACIONAL DE TRANSPORTE TERRESTRE
101100 – DETRAN – AC
101200 – DER – AC
102100 – DETRAN – AL
102200 – DER – AL
103100 – DETRAN – AM
103200 – DER – AM
104100 – DETRAN – AP
104200 – DER – AP
105100 – DETRAN – BA
105200 – DER – BA
106100 – DETRAN – CE
106200 – DER – CE
107100 – DETRAN – DF
107200 – DER – DF
108100 – DETRAN – ES
108200 – DER – ES
109100 – DETRAN – GO
109200 – AGETOP – GO

• *Item com redação dada pela Portaria DENATRAN nº 276, de 24.5.2012.*

110100 – DETRAN – MA
110200 – DER – MA
111100 – DETRAN – MT
111200 – DER – MT
112100 – DETRAN – MS
112200 – DER – MS
113100 – DETRAN – MG
113200 – DER – MG
114100 – DETRAN – PA
114200 – DER – PA
115100 – DETRAN – PB
115200 – DER – PB
116100 – DETRAN – PR
116200 – DER – PR
117100 – DETRAN – PE
117200 – DER – PE
118100 – DETRAN – PI
118200 – DER – PI
119100 – DETRAN – RJ
119200 – DER – RJ
120100 – DETRAN – RN
120200 – DER – RN
121100 – DETRAN – RS
121200 – DER – RS
122100 – DETRAN – RO
122200 – DER – RO
123100 – DETRAN – RR
123200 – DER – RR
125100 – DETRAN – SC
125200 – DER – SC
126100 – DETRAN – SP
126200 – DER – SP
126300 – DERSA – SP
127100 – DETRAN – SE
127200 – DER – SE
128100 – DETRAN – TO
128200 – DER – TO

Códigos dos Municípios – vide site:
www.denatran.gov.br

## ANEXO VI
### TABELA DE CODIFICAÇÃO DE PAÍSES

Argentina – 10
Bolívia – 11
Guiana – 20
Chile – 30

Venezuela – 40
Paraguai – 60
Uruguai – 80
México – 90

Estados Unidos da América – 91
Canadá – 92
Outros – 99

## PORTARIA DENATRAN Nº 276, DE 24 DE MAIO DE 2012

*Dá nova redação à Portaria DENATRAN nº 59 de 25 de outubro de 2007.*

O Diretor do Departamento Nacional de Trânsito – DENATRAN, no uso da atribuição que lhe foi conferida pela Resolução nº 217, de 14 de dezembro de 2006, do Conselho Nacional de Trânsito – CONTRAN.

Considerando a elaboração do Manual Brasileiro de Fiscalização de Trânsito;

Considerando o disposto nos Processos Administrativos n° 80001.026708/ 2008-85 e 80001.024232/2008-48; resolve:

**Art. 1°.** Alterar o Anexo IV – Tabela de Enquadramentos, da Portaria n° 59 de 25 de outubro de 2007, conforme Anexo I da Presente Portaria.

**Art. 2°.** Alterar no Anexo V – Tabela de Codificação dos Órgãos Autuadores, da Portaria n° 59 de 25 de outubro de 2007, o código 109200.

**Art. 3°.** O CAMPO 2, do BLOCO 3, dos Anexos I, da Portaria n° 59 de 25 de outubro de 2007, passa a vigorar com a seguinte redação:

**Art. 4°.** O CAMPO 2, do BLOCO 3, dos Anexos II e III da Portaria n° 59 de 25 de outubro de 2007, passa a vigorar com a seguinte redação:

• *Alterações já efetuadas no corpo da Portaria*

**Art. 5°.** Os órgãos e entidades de trânsito terão até o dia 31 de dezembro de 2012 para se adequarem às disposições desta Portaria.

**Art. 6°.** Esta Portaria entra em vigor na data de sua publicação.

*Júlio Ferraz Arcoverde – DOU de 25.5.2012 – Retificação 4.6.2012*

# RESOLUÇÃO ANTT

## RESOLUÇÃO ANTT Nº 420, DE 12 DE FEVEREIRO DE 2004

*Aprova as Instruções Complementares ao Regulamento do Transporte Terrestre de Produtos Perigosos.*

- Vide texto consolidado (798 páginas) na íntegra em:
http://www.antt.gov.br/index.php/content/view/1420/Resolucao_420.html

A Diretoria da Agência Nacional de Transportes Terrestres – ANTT, no uso de suas atribuições legais, fundamentada nos termos do Relatório DNO – 036/2004, de 11 de fevereiro de 2004 e

Considerando o disposto no art. 3º do Decreto nº 96.044, de 18 de maio de 1988, no art. 2º do Decreto nº 98.973, de 21 de fevereiro de 1990, os quais aprovam, respectivamente, os Regulamentos para o Transporte Rodoviário e Ferroviário de Produtos Perigosos;

Considerando que a Lei nº 10.233, de 5 de junho de 2001, no art. 22, inciso VII, estabelece que constitui esfera de atuação da ANTT o transporte de produtos perigosos em rodovias e ferrovias ;

Considerando que a Lei nº 10.233, de 5 de junho de 2001, no art. 24, inciso XIV, determina que cabe à ANTT, em sua esfera de atuação, como atribuição geral, estabelecer padrões e normas técnicas complementares relativas às operações de transporte terrestre de produtos perigosos ;

Considerando o disposto no PARECER/ANTT/PRG/FAB/nº 151-4.13/2003, de 15 de abril de 2003, que conclui ser atribuição da ANTT expedir atos complementares e as modificações de caráter técnico que se façam necessários para a permanente atualização dos Regulamentos e obtenção de níveis adequados de segurança no transporte desse tipo de carga;

Considerando a necessidade de atualização das instruções complementares ao regulamento do transporte terrestre de produtos perigosos, tendo em vista a evolução técnica das normas e padrões praticados internacionalmente com base nas recomendações emanadas do Comitê de Peritos das Nações Unidas, no qual o Brasil integra como representante oficial;

Considerando a Audiência Pública nº 008/2003, realizada no período de 15 de setembro a 10 de outubro de 2003; e

Considerando a atribuição do Instituto Nacional de Metrologia, Normalização e Qualidade Industrial – Inmetro de regulamentar e acompanhar os programas de avaliação da conformidade e fiscalização de embalagens, embalagens grandes, contentores intermediários para granéis (IBCs) e tanques portáteis, de acordo com o disposto nas Leis nº 5.966, de 11 de dezembro de 1973 e nº 9.933, de 20 de dezembro de 1999,

Resolve:

**Art. 1º.** Aprovar as anexas Instruções Complementares ao Regulamento do Transporte Terrestre de Produtos Perigosos.

**Art. 2º.** Determinar o prazo de 8 (oito) meses, contados a partir da vigência desta Resolução, para exigência do cumprimento das disposições referentes à identificação das unidades de transporte, unidades de carga e dos volumes, alteradas por esta Resolução.

**Art. 3º.** Determinar à Superintendência de Logística e Transporte Multimodal – SULOG que adote as providências para estabelecer Convênios de Cooperação, visando a promover a fiscalização nos termos da presente Resolução.

Parágrafo único. Para fins de fiscalização será observado somente o disposto nesta Resolução.

**Art. 4º.** Estabelecer que esta Resolução entre em vigor em 60 (sessenta) dias, contados a partir da data de sua publicação, substituindo as Portarias do Ministério dos Transportes de nº 261, de 11 de abril de 1989, de nº 204, de 20 de maio de 1997, de nº 409, de 12 de setembro de 1997, de nº 101, de 30 de março de 1998, de nº 402, de 09 de setembro de 1998, de nº 490, de 16 de novembro de 1998, de nº 342, de 11 de outubro de 2000, de nº 170, de 9 de maio de 2001 e de nº 254, de 10 de julho de 2001.

*José Alexandre N. Resende – Diretor-Geral – DOU de 13.5.2004*

# RESOLUÇÕES ANTERIORES A 1998 [EM VIGOR]

## RESOLUÇÃO CONTRAN Nº 379, DE 20 DE SETEMBRO DE 1967

• *Dispõe sobre a criação de circunscrições regionais de trânsito nos Estados e dá outras providências.*

O Conselho Nacional de Trânsito, usando da atribuição que lhe confere o art. 5º, inciso XVII da Lei nº 5.108, de 21 de setembro de 1966 (Código Nacional de Trânsito) modificada pelo Decreto-Lei nº 237, de 28 de fevereiro de 1967 e, de acordo com o que consta no Processo nº 430/67-CONTRAN; resolve:

I – a) A criação das Circunscrições Regionais de Trânsito, é de competência dos Estados e independe de manifestação do Conselho Nacional de Trânsito.

b) A Circunscrição Regional de Trânsito, é subordinada ao Departamento Estadual de Trânsito.

c) Do ato de criação da Circunscrição dever constar o território sob sua jurisdição.

d) As Circunscrições Regionais de Trânsito têm atribuição de habilitar condutores, implantar sinalização e fazer estatística de trânsito.

e) A habilitação de condutores por parte das Circunscrições Regionais de Trânsito depende de autorização do Chefe do Departamento Estadual de Trânsito.

II – a) Os Chefes dos Departamentos Estaduais de Trânsito só poderão conceder a autorização para habilitar condutores às Circunscrições Regionais de Trânsito que satisfizerem as condições mínimas exigidas pela legislação e que disponham dos seguintes serviços:

— engenharia de trânsito;

— médico e psicotécnico;

— de habilitação de condutores;

— de segurança e prevenção de acidentes;

— de supervisão e controle de aprendizagem para condutores;

— de controle de análise de estatística;

— de campanhas educativas de trânsito.

b) Quando a Circunscrição Regional de Trânsito não dispuser de condições para habilitação os Condutores, os Chefes dos Departamentos Estaduais de Trânsito poderão designar comissões volantes para realizarem exames de habilitação dos candidatos inscritos naquelas repartições.

III – a) Todo ato de criação de Circunscrição Regional de Trânsito deverá ser comunicado ao Conselho Nacional de Trânsito, no prazo de trinta (30) dias.

b) O Conselho Nacional de Trânsito, de ofício ou por proposta dos Conselhos Estaduais, poder cassar a delegação que houver sido conferida às Circunscrições Regionais, quando elas infringirem às normas legais para expedição de Carteira Nacional de Habilitação e para o seu funcionamento.

Brasília/DF, 20 de setembro de 1967.

*Sylvio Carlos Diniz Borges – Presidente – DOU de 11.10.1967*

## RESOLUÇÃO CONTRAN Nº 463, DE 17 DE JULHO DE 1973

• *Estabelece requisitos de segurança para veículos automotores de fabricação nacional.*

O Conselho Nacional de Trânsito, usando das atribuições que lhe conferem o art. 5º, inciso V, da Lei nº 5.108, de 21 de setembro de 1966 (Código Nacional de Trânsito) com a nova redação que lhe deu o Decreto-Lei nº 237, de 28 de fevereiro de 1967 e o art. 9º, inciso XVII, do Regulamento do referido Código, aprovado pelo Decreto nº 62.127, de 16 de janeiro de 1968; e

Considerando as deliberações tomadas pelo Conselho Nacional de Trânsito, nas reuniões de 28 a 29 de junho de 1973, conforme consta do Processo nº 124/1973,

Resolve:

**Art. 1º.** Os veículos de fabricação nacional, para circularem nas vias públicas, deverão sair das fábricas atendendo às exigências mínimas estabelecidas no Anexo que integra a presente Resolução.

Parágrafo único. Os prazos máximos para o cumprimento das exigências de que trata esta Resolução serão os seguintes:

1 – Sistema de Limpador do Para-brisas:
   31 de dezembro de 1975
2 – Superfícies Refletivas:
   31 de dezembro de 1974
3 – Ancoragem dos assentos:
   31 de dezembro de 1975
4 – Deslocamento do Sistema de Controle de Direção:
   31 de dezembro de 1976
5 – Freio Hidráulico do Serviço, Freio de Emergência e Freio de estacionamento:
   31 de dezembro de 1976
6 – Luzes Intermitentes de Advertência:
   31 de dezembro de 1974
   • *V. Resolução CONTRAN n° 692/1988.*
7 – Sistema de Controle de Direção Absorvedor de Energia e requisitos de operação:
   31 de dezembro de 1977
8 – Vidros de Segurança Temperados: (*Com redação dada pela Resolução CONTRAN n° 501/1976 e revogado pela Resolução CONTRAN n° 784/1994*)
   31 de dezembro de 1975 (*Vigência incorporada pela Resolução CONTRAN n° 490/1975; V. Resolução n° 710/1988*)
9 – Vidros de Segurança Laminados: (*Com redação dada pela Resolução CONTRAN n° 501/1976 e revogado pela Resolução CONTRAN n° 784/1994*)
   31 de dezembro de 1975 (*Vigência incorporada pela Resolução CONTRAN n° 490/1975; V. Resoluções n° 483/1974 e n° 710/1988*)
10 – Localização, identificação e iluminação dos controles:
   31 de dezembro de 1976 (*Com redação dada pela Resolução CONTRAN n° 486/1975*)
11 – Espelhos retrovisores: (*Com redação dada pela Resolução n° 521/1977*)
   31 de dezembro de 1976 (*Com redação dada pela Resolução CONTRAN n° 486/1975*)
12 – Fechaduras e dobradiças de portas laterais:
   30 de junho de 1977 (*Com redação dada pela Resolução CONTRAN n° 486/1975*)
13 – Reservatório do combustível, gargalo e conexões do reservatório de combustível:
   31 de dezembro de 1977 (*Com redação dada pela Resolução CONTRAN n° 486/1975*)

**Art. 2°.** Os veículos de fabricação estrangeira que, a partir dos prazos estabelecidos nesta Resolução, não se enquadrarem nas exigências aqui contidas, somente poderão circular, devidamente adaptados.

**Art. 3°.** Os fabricantes de veículos e de peças de reposição deverão certificar-se de que seus produtos obedecem à presente Resolução, mantendo-se em condições de comprovar, quando solicitados, pelo CONTRAN.

**Art. 4°.** Ao turista procedente do exterior, cujo veículo não satisfaça às exigências desta Resolução, será concedida licença especial para circular, por prazo determinado, na forma da legislação vigente.

**Art. 5°.** Esta Resolução entrará em vigor na data de sua publicação, observados os prazos estabelecidos no parágrafo único do art. 1°, revogadas as disposições em contrário.

Brasília/DF, 17 de julho de 1973.

*Sylvio Carlos Diniz Borges – Presidente – DOU de 21.8.1973*

• **Anexo:** O Anexo da Resolução n° 463/1973 encontra-se disponível no site: *http://www.denatran.gov.br.*

## RESOLUÇÃO CONTRAN N° 533, DE 14 DE JUNHO DE 1978

• *Dispõe sobre a substituição de rodas de veículos automotores e dá outras providências.*

O Conselho Nacional de Trânsito, usando das atribuições que lhe confere o art. 5° da Lei n° 5.108 de 21.9.1966 que instituiu o Código Nacional de Trânsito; e,

Considerando que nenhum veículo automotor poderá transitar na via terrestre sem que ofereça completa segurança, conforme art. 37 da mesma Lei;

Considerando que nenhum veículo poderá ter modificadas suas características sem prévia autorização da autoridade de trânsito, conforme preceitua o art. 39 do Código Nacional de Trânsito;

Considerando a necessidade de estabelecer parâmetros para efeito de fiscalização;

Considerando que a substituição indiscriminada de componentes dos veículos, coloca em risco os seus usuários e afeta à segurança de trânsito;

Considerando que o uso da roda TALA-LARGA acarreta acréscimo do consumo de combustível;

Considerando a decisão do Colegiado na reunião do dia 12 de maio de 1978 e o que consta do Processo nº 311/1976; resolve:

**Art. 1º.** Proibir a circulação no território nacional de veículo automotor equipado com rodas diferentes das originais, que ultrapassem os limites externos dos para-lamas.

Parágrafo único. É vedada a ampliação da largura original do para-lama do veículo.

**Art. 2º.** O diâmetro externo do sistema de rodagem (conjunto pneu e roda) e a suspensão originais do veículo não podem ser alterados.

• *Texto incorporado da Resolução CONTRAN nº 569/1981.*

**Art. 3º.** Pela inobservância do disposto nesta Resolução aplicar-se-á penalidade prevista na letra m do inciso XXX do art. 181 do Regulamento do Código Nacional de Trânsito.

**Art. 4º.** Excetuam-se da proibição objeto desta Resolução os automóveis especialmente preparados para competições, devendo o condutor portar autorização da autoridade de trânsito para a prova esportiva correspondente.

**Art. 5º.** Esta Resolução entrará em vigor na data de sua publicação, revogadas as disposições em contrário.

Brasília/DF, 14 de junho de 1978.

*Celso Claro Horta Murta – Presidente – DOU de 22.6.1978*

## RESOLUÇÃO CONTRAN Nº 538, DE 6 DE OUTUBRO DE 1978

• *Disciplina o licenciamento do veículo tipo "motor casa" e define a categoria dos seus condutores.*

O Conselho Nacional de Trânsito, usando das atribuições que lhe confere o art. 9º do Decreto nº 62.127, de 16 de janeiro de 1968 que aprovou o Regulamento do Código Nacional de Trânsito; e,

Considerando a necessidade de disciplinar o licenciamento dos veículos tipo "motor casa";

Considerando o deliberado tomado pelo Plenário em sua reunião de 29 de maio, conforme o que consta do Processo nº 060/1978; resolve:

**Art. 1º.** O veículo com carroceria do tipo "motor casa", movido com combustível líquido ou gasoso será classificado como veículo automotor quanto à tração e como veículo especial quanto à espécie.

Parágrafo único. Entende-se por carroceria "motor casa", a carroceria fechada destinada a alojamento, escritório, comércio ou finalidades análogas.

**Art. 2º.** No Certificado de Registro do Veículo mencionado constará a sua marca e o nome do fabricante do chassi sobre o qual está colocada a carroceria, seguido da expressão "motor casa".

**Art. 3º.** O veículo de que trata o art. 1º será licenciado em uma das categorias previstas no inciso III do art. 77 do RCNT.

**Art. 4º.** Revogado face ao Decreto nº 84.513, de 27.2.1980.

**Art. 5º.** Esta Resolução entrará em vigor na data de sua publicação.

Brasília/DF, 6 de outubro de 1978.

*Celso Claro Horta Murta – Presidente – DOU de 18.10.1978*

## RESOLUÇÃO CONTRAN Nº 561, DE 22 DE MAIO DE 1980

• *Sinalização complementar de obras nas vias públicas e consolidação das Resoluções nºs 402/1968 e 482/1974.*

O Conselho Nacional de Trânsito, usando das atribuições que lhe confere o art. 9º, incisos VII e XXIV, do Regulamento do Código Nacional de Trânsito, aprovado pelo Decreto nº 62.127 de 16.1.1968;

Considerando a conveniência de consolidar e unificar as Resoluções nºs 402/1968 e 482/1974;

Considerando a Deliberação tomada pelo Colegiado na Reunião Ordinária do dia 1º.4.1980 e o que consta do Processo nº 154/1968; resolve:

**Art. 1º.** Qualquer obstáculo à livre circulação e à segurança de veículos e pedestres no leito das vias públicas terá, além do previsto no Regulamento do Código, a sinalização complementar, de acordo com as normas, especificações e simbologia constantes desta Resolução e seu Anexos.

**Art. 2º.** São obrigadas à sinalização complementar, nos casos e formas indicados nesta Resolução e seus anexos, todas as obras previstas ou projetadas em vias públicas.

**Art. 3º.** Os bloqueios serão totais ou parciais, centrais ou laterais, conforme a área que impedirem na via e sua posição na mesma – ANEXO 1, ANEXO 2, ANEXO 3, ANEXO 4, ANEXO 5 e ANEXO 6.

**Art. 4º.** O bloqueio será feito por meio de placas de barragem que deverão abranger sempre a maior dimensão da obra, em todas as faces da mesma, em condições que permitem o fluxo de trânsito sem risco de acidentes para veículos e pedestres.

**Art. 5º.** As placas de barragem, em madeira ou metal, terão a largura mínima de 0,30m (trinta centímetros) e serão colocadas nos postes de sustentação a uma altura de 0,70m (setenta centímetros) do leito da via, medidos entre a base da placa e o pavimento, conforme ANEXO 7, figuras 5 e 6.

**Art. 6º.** Nos casos de bloqueio total será empregada a placa pintada em retângulos de 0,60m (sessenta centímetros) de largura, pintados alternadamente nas cores vermelho escarlate e branca, conforme figura 1 do ANEXO 7.

**Art. 7º.** Nos casos de bloqueio as placas terão o fundo pintado em cor branca, com os indicativos de mão de direção pintados em cor vermelho escarlate, os quais terão a largura de 0,30m (trinta centímetros), com espaço de 0,60m (sessenta centímetros) entre seus vértices, com ângulos de 64º (sessenta e quatro graus) conforme ANEXO 7, figuras 2, 3, 4 e 5.

**Art. 8º.** O posteamento de sustentação deverá ser firmado no solo com toda a segurança; os postes terão a altura mínima de 1,30m (um metro e trinta centímetros) desde a base, ao nível do pavimento, até o topo, conforme figuras 5 e 6 do ANEXO 7.

**Art. 9º.** Os bloqueios formados pelas barragens serão sinalizados e iluminados por semáforos constituídos por caixas, em metal ou madeira, colocadas nos ângulos extremos dos mesmos, balanceado ao seu lado externo, 0,30m (trinta centímetros) de largura por igual altura, fixados por suportes com 0,40m (quarenta centímetros) de comprimento, com quatro visores laterais em vidro plástica de cor vermelha, ficando a parte inferior aberta para refletir o feixe de luz para o solo, de forma a iluminar as placas de barragens e dimensionar a obra. A parte superior será fechada, pintada de cor branca, na sua parte interna. A iluminação será feitas por lâmpadas elétricas brancas, de intensidade igual ou superior a 100 watts, fixadas na parte inferior ou superior da caixa do semáforo, em frente aos visores, conforme ANEXO 8, figuras 1, 2 e 3.

**Art. 10.** Onde houver comprovada dificuldade para extensão de fiação elétrica, os semáforos poderão ser substituídos por lanternas de combustão ou alimentados por baterias elétricas.

**Art. 11.** No local do bloqueio deverá haver obrigatoriamente recursos, para iluminação de emergência, por meio de lanternas a combustão usual ou tocha, para os casos de falha ou interrupção da energia elétrica para os semáforos.

**Art. 12.** A sinalização preventiva de advertência (atenção, devagar, obra a [__] metros e desvio de obras) e de indicação de direção deverá ser colocada antes da obra.

**Art. 13.** Em caso de obras ou locais cuja natureza exija bloqueio ou sinalização diversos do previsto nesta Resolução, o órgão de trânsito com jurisdição sobre a via pública, atendidas as normas gerais estabelecidas nesta Resolução, autorizará sistema de bloqueio e sinalização adequados às peculiaridades locais, de forma a garantir perfeita segurança aos veículos e pedestres.

**Art. 14.** Os órgãos de trânsito fiscalizarão o cumprimento das normas constantes desta Resolução, cooperando com os seus recursos próprios, no que lhes couber, e que se tornarem necessários à perfeita execução do plano de circulação aprovado.

**Art. 15.** Os órgãos de trânsito impedirão o bloqueio, total ou parcial, de via pública que não tenha sido previamente aprovado nos termos do Regulamento do Código, determinando a suspensão da colocação ou remoção de obstáculos, que impeçam a livre circulação de veículos e pedestres, promovendo, se necessário, a imediata desobstrução por conta do responsável pela mesma.

**Art. 16.** Para os efeitos do disposto no art. 2º desta Resolução, equiparar-se à obra, toda e qualquer atividade que resulte um bloqueio total ou parcial da via pública, qualquer que seja a duração do impedimento da circulação de veículos ou pedestres.

**Art. 17.** O descumprimento destas normas implicará em multas conforme o previsto no art. 68 do Regulamento do Código Nacional de Trânsito.

**Art. 18.** Esta Resolução entrará em vigor na data de sua publicação, revogadas as Resoluções nºs 402/1968 e 482/1974 – CONTRAN, e disposições em contrário.

Brasília/DF, 22 de maio de 1980.

*Celso Claro Horta Murta – Presidente – DOU de 10.6.1980*

• **Anexos**: *Os Anexos desta Resolução encontram-se disponíveis no site:*
*http://www.denatran.gov.br.*

## RESOLUÇÃO CONTRAN Nº 599, DE 28 DE JULHO DE 1982

• *Dispõe sobre a interpretação, o uso e a colocação da sinalização vertical de trânsito, nas vias públicas.*

O Conselho Nacional de Trânsito, usando da competência que lhe confere o art. 64, § 2º, do Regulamento Código Nacional de Trânsito, aprovado pelo Decreto nº 62.127, de 16 de janeiro de 1968, com as alterações introduzidas pelo Decreto nº 73.696, de 28 de fevereiro de 1974;

Considerando a necessidade de se dar uma interpretação uniforme às placas de sinalização de trânsito, em consonância com as normas internacionais;

Considerando a conveniência de ser padronizada a forma de utilização da sinalização de modo a facilitar o deslocamento seguro de veículos e pedestres;

Considerando as Unidades de Medidas aprovadas pelo Decreto nº 81.621, de 3 de maio de 1978;

Considerando o que ficou deliberado nas reuniões de 28.1.1982 e de 27.7.1982, bem como o que consta do Processo nº 015550/82-A-CONTRAN; resolve:

**Art. 1º.** A interpretação, o uso e a colocação das placas de sinalização, constantes do Anexo II, do Regulamento do Código Nacional de Trânsito, aprovado pelo Decreto 73.696, de 28.2.1974, obedecerão aos critérios e normas fixados no Manual de Sinalização – Parte I, que acompanha a presente Resolução.

**Art. 2º.** Os órgãos responsáveis pela regulamentação do uso da via e implantação da sinalização, deverão providenciar a adequação da sinalização já existentes, às normas constantes do Manual de Sinalização referido no art. 1º.

**Art. 3º.** Esta Resolução entrará em vigor na data de sua publicação, revogadas as disposições em contrário.

Brasília/DF, 28 de julho de 1982.

*Celso Claro Horta Murta – Presidente – DOU de 9.8.1982*

• **Anexo**: *O Anexo desta Resolução encontra-se disponível no site:*
*http://www.denatran.gov.br.*

## RESOLUÇÃO CONTRAN Nº 664, DE 14 DE JANEIRO DE 1986

• *Dispõe sobre os modelos dos documentos de Registro e Licenciamento de Veículos e dá outras providências.*

O Conselho Nacional de Trânsito, usando da competência que lhe confere o art. 5º da Lei nº 5.108, de 21 de setembro de 1966, que instituiu o Código Nacional de Trânsito, com as modificações introduzidas pelo Decreto-Lei nº 237, de 28 de fevereiro de 1967;

Considerando o disposto nos arts. 115, 118 e 236 do Regulamento do Código Nacional de Trânsito, aprovado pelo Decreto nº 62.127, de 16 de janeiro de 1968, com as alterações introduzidas pelo Decreto nº 85.894, de 9 de abril de 1981;

Considerando a necessidade de assegurar maior segurança e confiabilidade na emissão de documentos de registro e licenciamento de veículo e, em consequência, dificultar a fraude nas transferências de propriedade, desenvolvendo mecanismos de prevenção e combate ao furto/roubo de veículos, segundo as diretrizes preconizadas pelo Projeto MUTIRÃO CONTRA A VIOLÊNCIA, a cargo do Ministério da Justiça;

Considerando a conveniência de estabelecer procedimentos uniformes em todo o território nacional, com referência aos documentos dos veículos;

Considerando a concordância de inclusão do Imposto Sobre a Propriedade de Veículo Automotor – IPVA, firmada em protocolo assinado no Ministério da Fazenda, em 17 de dezembro de 1985 pelos Representantes dos Estados e do Distrito Federal na COTEPE, autorizados pelos respectivos Secretários estaduais e do Distrito Federal;

Considerando a conveniência de reduzir o número de documentos de porte obrigatório, pelos condutores de veículos automotores;

Considerando a Resolução CNSP nº 11/1985, do Conselho Nacional de Seguros Privados, de 5 de dezembro de 1985, aprovando a inclusão da cobrança do Seguro Obrigatório de Danos Pessoais Causados por Veículos Automotores de Via Terrestre – DPVAT, junto ao Documento de Registro e Licenciamento instituído pelo CONTRAN;

Considerando a Deliberação do Colegiado em sua reunião realizada em 13 de janeiro de 1986; resolve:

**Art. 1º.** Fica alterado o modelo do Certificado de Registro de Veículo de que trata o Anexo IV, do Regulamento do Código Nacional de Trânsito aprovado pelo Decreto nº 62.127, de 16 de janeiro de 1968, na forma constante do Anexo I da presente Resolução.

**Art. 2º.** O documento de que trata o artigo anterior será expedido nas seguintes situações, observadas as normas previstas nesta Resolução e demais exigências constantes do Regulamento do Código Nacional de Trânsito:

a) quando do registro inicial do veículo;

b) quando houver mudança de propriedade ou de características do veículo;

c) quando houver mudança de domicílio do proprietário do veículo, de uma para outra Unidade da Federação;

d) quando da retirada de cláusula de gravame e/ou de restrição à venda do veículo, de qualquer origem;

e) quando da expedição de segunda (2ª) via.

Parágrafo único. Para a mudança de propriedade do veículo, exigir-se-á, além dos documentos previstos no Regulamento do Código Nacional de Trânsito, o endosso do proprietário, no verso do documento de que trata o Anexo I, desta Resolução, e liquidação dos débitos existentes.

**Art. 3º.** Para a expedição do Certificado de Registro do Veículo, que possua ônus fiduciário ou outra qualquer forma restrita à venda, a repartição de trânsito exigirá o respectivo instrumento comprovador da restrição.

**Art. 4º.** Nos casos previstos no artigo anterior, o Certificado de Registro do Veículo conterá, no campo de "observações", a existência da restrição, indicando a entidade física e/ou jurídica de personalidade de direito público ou privado.

**Art. 5º.** Comprovado o cumprimento, por parte do alienatário, de suas obrigações, a repartição de trânsito emitirá novo Certificado de Registro de Veículo.

**Art. 6º.** A transferência de propriedade do veículo de aluguel (TAXI), adquirido com os benefícios de isenção tributária, prevista em legislação específica, somente será efetuada mediante expressa autorização da autoridade fazendária competente.

**Art. 7º.** O locatário ou arrendatário é equiparado ao proprietário do veículo, para fins do art. 117 e do parágrafo único do art. 209 do Regulamento do Código Nacional de Trânsito, podendo o veículo ter renovado seu licenciamento anual, no município de residência ou domicílio do locatário ou arrendatário.

**Art. 8º.** O registro e licenciamento do veículo, de que tratam os arts. 108 e 117 do Regulamento do Código Nacional de Trânsito, será comprovado mediante apresentação do documento constante do Anexo II, da presente Resolução, que constitui o Certificado de Registro e Licenciamento. (*Anexo II com redação dada pela Resolução CONTRAN nº 16/1998*)

**Art. 9º.** O Certificado de Registro e Licenciamento de Veículo, previsto no artigo anterior, será expedido e renovado anualmente e se constitui no único documento de porte obrigatório relativo ao veículo.

Parágrafo único. Não se renovará o licenciamento do veículo cujo proprietário seja devedor de multa por infração de trânsito, tributos e encargos devidos e do seguro obrigatório de danos pessoais causados por veículos automotores de vias terrestres – DPVAT, relativos ao período de licenciamento anterior. (*Parágrafo único acrescido pela Resolução CONTRAN nº 802/1995*)

**Art. 10.** O Certificado de Registro e Licenciamento de Veículo – CRLV somente terá validade, após o pagamento referente ao exercício a que se refere o CRLV, dos tributos e encargos devidos, quitação dos débitos de multas, pagamento do Seguro Obrigatório de Danos Pessoais Causados por Veículos Automotores de Vias Terrestres – DPVAT e, ainda, o comprovante do Registro de Transportador de Bens – RTB, quando se tratar de veículo de carga. (*Art. 10*, caput, *com redação dada pela Resolução CONTRAN nº 721/1988*)

§ 1º. A comprovação dos requisitos estabelecidos neste art. far-se-á através de autenticação mecânica no verso do CRLV e/ou registro no seu anverso.

§ 2º. Ocorrendo parcelamento de obrigação tributária, previsto em lei, que incida sobre a propriedade do veículo, para o registro e licenciamento, exigir-se-á a quitação da 1ª Cota, ou equivalente, ou pagamento integral.

**Art. 11.** Além dos casos indicados no art. 10, será também considerado "sem estar devidamente licenciado", o veículo encontrado circulando com o Certificado de Registro e Licenciamento de Veículo sem o lançamento da liquidação integral da obrigação tributária de que trata o § 2º do mesmo artigo desta Resolução, quando decorridos 10 (dez) dias do prazo fixado para o vencimento da 3ª cota, ou equivalente, previsto na legislação pertinente, aplicando-se as penalidades da alínea "I", do inciso XXX do art. 89 do Código Nacional de Trânsito. (*Art. 11 com redação dada pela Resolução CONTRAN nº 779/1994*)

**Art. 12.** Os modelos dos documentos dos Anexo I e Anexo II, somente serão confeccionados, por empresas especializadas, com capacidade técnica e experiência devidamente comprovadas, para atender às características de segurança exigidas e previstas no Anexo III desta Resolução, mediante solicitação dos órgãos interessados.

§ 1º. Caberá ao Departamento Nacional de Trânsito (DENATRAN), o controle, a atribuição e a distribuição das numerações a serem adotadas para cada Unidade da federação.

§ 2º. Os DETRAN's solicitarão, previamente, ao DENATRAN, autorização específica para a confecção dos documentos de que trata esta Resolução, indicando a fonte fornecedora e a quantidade pretendida.

**Art. 13.** O calendário para o licenciamento anual de veículo, de que trata esta Resolução, será estabelecido pelo CONTRAN de acordo com exposição de motivos apresentada pelo DENATRAN.

**Art. 14.** Fica proibida a plastificação dos documentos previstos nesta Resolução, os quais poderão ser acondicionados em invólucro não aderente ao documento.

**Art. 15.** O DENATRAN baixará instruções para a confecção, preenchimento, expedição e interpretação dos documentos previstos nos Anexos I o II da presente Resolução. (*Art. 15,* caput *com redação dada pela Resolução CONTRAN nº 729/1989*)

§ 1º. No caso específico de ônibus, quando do seu primeiro emplacamento, deverá constar do campo "OBSERVAÇÕES" do Certificado de Registro de Veículo, para fins de contagem do prazo de vida útil, a data de emissão da Nota Fiscal da carroçaria.

§ 2º. Deverão constar ainda deste campo os seguintes dados relativos à carroceira: Marca/Modelo; ano de fabricação e ano/modelo.

**Art. 16.** Esta Resolução entrará em vigor na data de sua publicação, revogadas as disposições em contrário, em especial as Resoluções nºs 471/1974, 498/1975, 505/1976, 517/1977, 535/1978, 598/1982 e 645/1985.

Brasília/DF, 14 de janeiro de 1986.

*Marcos Luiz da Costa Cabral – Presidente – DOU de 15.1.1986*

• **Anexos:** *Os Anexos encontram-se disponíveis no site: http://www.denatran.gov.br.*

## RESOLUÇÃO CONTRAN Nº 666, DE 28 DE JANEIRO DE 1986

• *Dispõe sobre a edição de normas complementares de interpretação, colocação e uso de marcas viárias e dispositivos auxiliares à sinalização de trânsito.*

O Conselho Nacional de Trânsito, usando da competência que lhe conferem o art. 5º e o parágrafo único do art. 33, da Lei nº 5.108, de 21 de setembro de 1966, que instituiu o Código Nacional de Trânsito, com as modificações introduzidas pelo Decreto-Lei nº 237, de 28 de fevereiro de 1967, e o art. 64, parágrafo 2º, do Regulamento do Código Nacional de Trânsito, aprovado pelo Decreto nº 62.127, de 16 de janeiro de 1968, com as alterações introduzidas pelo Decreto nº 73.696, de 28 de fevereiro de 1974;

Considerando a necessidade de editar normas complementares ao Regulamento do Código Nacional de Trânsito, no que diz respeito à interpretação, colocação e uso da sinalização horizontal, em consonância com as normas e manuais internacionais, padronizando sua forma a nível nacional, assegurando melhor fluidez e segurança aos deslocamentos de veículos e pedestres;

Considerando os posicionamentos técnicos apresentados pela EBTU, DNER, COPPE-UFRJ, IPPUC/PR, CET/SP, METROBEL, Órgãos Rodoviários Estaduais, Departamentos de Trânsito e por entidades técnicas privadas;

Considerando o que consta do Processo nº 002347/86-MJ e a Deliberação do Colegiado em sua Reunião de 23 de janeiro de 1986; resolve:

**Art. 1º.** A interpretação, o uso, a colocação, a classificação e os conceitos referentes às Marcas Viárias e aos Dispositivos Auxiliares à Sinalização de Trânsito, constantes do Anexo II, do Regulamento do Código Nacional de Trânsito, aprovado pelo Decreto nº 73.696, de 28 de fevereiro de 1974, obedecerão aos critérios fixados no Anexo MANUAL DE SINALIZAÇÃO DE TRÂNSITO PARTE II – Marcas Viárias e PARTE III – Dispositivos Auxiliares à Sinalização, que acompanham a presente Resolução, e dispõem sobre as seguintes normas complementares:

a) Marcas longitudinais em pistas de rolamento;

b) Variações e aplicações de marcas longitudinais;

c) Dispositivos de canalização permanente;

d) Marcas transversais em pistas de rolamento;

e) Variações e aplicações de marcas transversais;

f) Marcas de delimitação e controle de estacionamento e parada;

g) Inscrições no pavimento;

h) Dispositivos delimitadores;

i) Alterações nas características do pavimento e obstáculos ao rolamento;

j) Dispositivos de alerta;

l) Dispositivos de referenciamento.

**Art. 2º.** Os órgãos responsáveis pela regulamentação e implantação de sinalização viária, urbana e rodoviária, deverão providenciar a adequação da sinalização já existente às normas constantes do MANUAL DE SINALIZAÇÃO DE TRÂNSITO, previsto no artigo anterior.

**Art. 3º.** Esta Resolução entrará em vigor na data de sua publicação, revogadas as disposições em contrário.

Brasília/DF, 28 de janeiro de 1986.

*Marcos Luiz da Costa Cabral – Presidente – DOU de 30.1.1986*

• **Anexos:** *Os Anexos encontram-se disponíveis no site:*
*http://www.denatran.gov.br.*

## RESOLUÇÃO CONTRAN Nº 671, DE 6 DE JUNHO DE 1986

• *Dispõe sobre a autuação e o recolhimento de multas aplicadas a veículos licenciados em outros países.*

O Conselho Nacional de Trânsito, usando das atribuições que lhe conferem o art. 5º, da Lei nº 5.108, de 21 de setembro de 1966, que instituiu o Código nacional de Trânsito, com a redação do Decreto-Lei nº 237, de 28 de fevereiro de 1966, e o art. 9º, do Regulamento aprovado pelo Decreto nº 62.127, de 16 de janeiro de 1968;

Considerando o disposto no art. 194, §§ 1º e 3º, do Regulamento do Código Nacional de Trânsito;

Considerando a necessidade de disciplinar o sistema de arrecadação de multas impostas a condutores de veículos licenciados em outros países;

Considerando o disposto no Processo nº 20100-013560/85-2, do DNER, e a Deliberação do Colegiado em sua Reunião realizada em 6 de junho de 1986; resolve:

**Art. 1º.** No caso de infração praticada por veículo licenciado em outro País, em rodovias federais, o agente da autoridade de trânsito, ao proceder a autuação, deverá fornecer ao condutor do veículo documento que permita o recolhimento da multa correspondente, junto à rede bancária.

Parágrafo único. O documento a que se refere o *caput* deste artigo, deverá obedecer ao disposto no modelo constante do anexo desta Resolução.

**Art. 2º.** O infrator terá o prazo de 30 (trinta) dias, a contar da data da autuação, ou até sua saída do País, considerando-se a hipótese que ocorrer primeiro, para pagamento da multa e ou interpor recurso.

**Art. 3º.** Os órgãos de trânsito, com jurisdição sobre as vias de acesso às fronteiras internacionais, deverão prestar apoio na fiscalização do pagamento das multas aplicadas a veículos licenciados em outros Países, antes da saída dos mesmos do Território nacional.

**Art. 4º.** Esta Resolução entrará em vigor na data de sua publicação, revogadas as disposições em contrário.

Brasília/DF, 6 de junho de 1986.

*Marcos Luiz da Costa Cabral – Presidente – DOU de 27.6.1987*

• **Anexos**: *Os Anexos encontram-se disponíveis no site: http://www.denatran.gov.br.*

# RESOLUÇÃO CONTRAN Nº 700, DE 4 DE OUTUBRO DE 1988

• *Dispõe sobre a classificação dos veículos, que especifica e dá outras providências.*

O Conselho Nacional de Trânsito, no uso das atribuições que lhe confere o art. 5º, do Código Nacional de Trânsito, aprovado pela Lei nº 5.108, de 21 de setembro de 1966, com as modificações introduzidas pelo Decreto-Lei nº 237, de 28 de fevereiro de 1967,e

Considerando o disposto no inciso XLIII, do art. 9º, do Regulamento do Código Nacional de Trânsito, aprovado pelo Decreto nº 62.127, de 18 de janeiro de 1968;

Considerando o início da produção, no Brasil, de veículos com características de motocicletas, porem dotados de quatro rodas, cuja classificação inexiste no art. 77 do Regulamento do Código Nacional de Trânsito;

Considerando a necessidade de estabelecer-se normas relativas ao registro e licenciamento dos referidos veículos, bem como aos seus condutores;

Considerando o que consta do Processo nº 956/1988 – DENATRAN, e a Deliberação tomada pelo Colegiado, em sua 69ª Reunião Ordinária de 4 de outubro de 1988; resolve:

**Art. 1º.** Os Veículos de estrutura mecânica igual às motocicletas, possuindo eixos dianteiro e traseiro, dotados de quatro rodas, para fins de registro e licenciamento, classificam-se em:

I – Quanto à espécie: de passageiros, quadriciclo.

Parágrafo único. Os veículos referidos no caput deste artigo deverão:

I – Estar equipados com motor de cilindrada igual ou inferior a 200 cm$^3$;

II – Obter certificado de registro, expedido pelo órgão competente do Ministério da Indústria e do Comércio.

**Art. 2º.** Os veículos de que trata a presente Resolução, serão identificados por placas dianteiras e traseiras, idênticas às utilizadas nas motocicletas e similares, devendo preencher os requisitos de segurança e os equipamentos previstos no inciso I, do § 1º, do art. 92 do Regulamento do Código Nacional de Trânsito.

**Art. 3º.** Os condutores dos veículos classificados como quadriciclos, deverão ser habilitados em uma das classes da Categoria A, correspondente às cilindradas do motor de propulsão.

Parágrafo único. Aplicam-se aos condutores e passageiros dos veículos de que trata esta Resolução, as exigências constantes da Resolução nº 602/1982 CONTRAN.

**Art. 4º.** Esta Resolução entra em vigor na data de sua publicação.

Brasília/DF, 4 de outubro de 1988.

*Roberto Salvador Scaringella – Presidente – DOU de 13.10.1988*

# RESOLUÇÃO CONTRAN Nº 714, DE 23 DE AGOSTO DE 1988

• *Dispõe sobre o registro e a alienação de veículos e automotores, fabricação nacional, desinternados da Amazônia Ocidental.*

O Conselho Nacional de Trânsito, usando das atribuições que lhe conferem os arts. 5º da Lei nº 5.108, de 21 de setembro de 1966, que instituiu o Código Nacional de Trânsito, com as modificações introduzidas pelo Decreto-Lei nº 237, de 28 de fevereiro de 1968, e 9º do Regulamento, aprovado pelo Decreto nº 62.127, de 16 de janeiro de 1968 com a alteração estabelecida pelo Decreto nº 92387, de 06 de fevereiro de 1986, e,

Considerando as fraudes ocorridas no registro e licenciamento de veículos automotores destinados à Amazônia Ocidental;

Considerando a grande incidência de transferência de veículos procedentes da Amazônia Ocidental para outras regiões, com a evasão de tributos, e mediante processos fraudulentos;

Considerando a necessidade de maior rigor na fiscalização, quando da transferência de veículos procedentes daquela região;

Considerando os termas do Convênio ICM/21/88, de 12 de julho de 1988, celebrado entre o Ministro da Fazenda e os Secretários de Fazenda ou finanças dos Estados e do Distrito Federal, e;

Considerando a Deliberação do Colegiado, na Reunião de 23 de agosto de 1988, conforme o Processo nº 1032/87 – CONTRAN e anexos; resolve:

**Art. 1º.** Os veículos automotores de fabricação nacional, adquiridos por pessoas físicas ou jurídicas, domiciliadas ou residentes na área da Amazônia ocidental, só poderão ser registrados e licenciados, pelos órgãos de trânsito da região, após vistoria do veículo.

Parágrafo único. Para os efeitos desta Resolução, compreende-se como integrantes da Região da Amazônia Ocidental os Estados do Amazonas, Acre, Rondônia e Território de Roraima.

**Art. 2º.** Aos veículos de que trata o artigo anterior, quando alienados a pessoa física ou jurídica, residente ou domiciliada em outra região, para a expedição de novo Certificado de Registro e Certificado de Registro e Licenciamento, exigir-se-á apresentação do comprovante de liberação, expedido pela Secretaria da Receita Federal, relativamente ao pagamento do IPI e ICM, além dos demais documentos previstos na legislação de trânsito.

**Art. 3º.** Excetuam-se das disposições constantes da presente Resolução, os veículos classificados como "automóvel".

**Art. 4º.** Esta Resolução entrará em vigor na data de sua publicação, revogada a Resolução nº 672/1986 e demais disposições em contrário.

Brasília/DF, 23 de agosto de 1988.

*Roberto Salvador Scaringella – Presidente – DOU de 1º.9.1988*

## RESOLUÇÃO CONTRAN Nº 724, DE 20 DE DEZEMBRO DE 1988

• *Define veículo inacabado ou incompleto, para efeito de trânsito nas vias públicas.*

O Conselho Nacional de Trânsito, usando da competência que lhe confere o art. 5º da Lei nº 5.108, de 21 de setembro de 1966, que instituiu o Código Nacional de Trânsito, com as modificações introduzidas pelo Decreto-Lei nº 237, de 28 de fevereiro de 1967, e o art. 9º do Decreto nº 62.127, de 16 de janeiro de 1968, que aprovou o Regulamento do Código Nacional de Trânsito;

Considerando a necessidade de se definir veículo inacabado ou incompleto, para efeito de trânsito nas vias públicas;

Considerando as diversas situações em que o CONTRAN exige ou dispensa o uso de equipamentos obrigatórios nos veículos automotores;

Considerando o que consta dos Processos de números 365/1988-CONTRAN e 668/1988-CONTRAN, e a Deliberação do Colegiado em sua 93ª Reunião Ordinária, em 20 de dezembro de 1988; resolve:

**Art. 1º.** Entende-se por veículo inacabado ou incompleto, todo o chassi e plataforma para ônibus ou micro-ônibus e os chassis de caminhões, camionetas e utilitários com cabine completa, incompleta ou sem cabine, que circulem nas vias públicas, do pátio do fabricante ao concessionário, revendedor, encarroçador, complementador final, ou ao local de transbordo para o transporte a um dos destinatários mencionados.

**Art. 2º.** A definição contida no art. 1º, aplicar-se-á às Resoluções do CONTRAN que, a partir desta data dispuserem sobre tais veículos, bem como ao disposto nas Resoluções de nºs 562/1980, 572/1981, 583/1981, 612/1983, 636/1984, 660/1985, 690/1986 e 691/1988.

**Art. 3º.** Esta Resolução entrará em vigor na data sua publicação, revogadas, as disposições em contrário.

Brasília/DF, 20 de dezembro de 1988.

*Roberto Salvador Scaringella – Presidente – DOU de 31.12.1988*

## RESOLUÇÃO CONTRAN Nº 732, DE 14 DE JUNHO DE 1989

• *Dispõe sobre o transporte de cargas de sólidos à granel nas vias abertas à circulação pública em todo o território nacional.*

O Conselho Nacional de Trânsito, usando das atribuições que lhe conferem os arts. 5º da Lei nº 5.108, de 21 de setembro de 1966, que instituiu o Código Nacional de

Trânsito, e o art. 9º do seu Regulamento, aprovado pelo Decreto nº 62.127, de 16 de janeiro de 1968.

Considerando a proibição prevista na letra "g" do inciso XXX, do art. 89 do Código Nacional de Trânsito, de derramar na via pública combustíveis ou lubrificantes assim como qualquer material que esteja sendo transportado ou consumido;

Considerando o que dispõem os arts. 78 e 88 do Regulamento do Código Nacional de Trânsito;

Considerando o Programa Nacional de Segurança no Trânsito – PRONAT e

Considerando o que consta do Processo nº 000.332/88 do CONTRAN e a Deliberação do Colegiado em sua 46ª Reunião Ordinária, em 14 de julho de 1989; resolve:

**Art. 1º.** O transporte de qualquer tipo de sólidos a granel em vias abertas à circulação pública, somente será permitido em veículos com carroçarias de guardas laterais fechadas ou dotadas de telas metálicas com malhas de dimensões tais que impeçam o derramamento de fragmentos do material transportado, quando devidamente coberto com lonas ou similar.

**Art. 2º.** O descumprimento ao disposto nesta Resolução implicará na retenção do veículo para regularização da carga, sem prejuízo da aplicação da penalidade prevista no art. 111 do Código Nacional de Trânsito.

**Art. 3º.** Esta Resolução entrará em vigor na data de sua publicação.

Brasília/DF, 14 de junho de 1989.

*Roberto Salvador Scaringella – Presidente*

## RESOLUÇÃO CONTRAN Nº 738, DE 19 DE SETEMBRO DE 1989

• *Estabelece procedimento a ser adotado pelas Circunscrições Regionais de Trânsito.*

O Conselho Nacional de Trânsito, usando das atribuições que lhe conferem o art. 5º, incisos II, III e V, da Lei nº 5.108, de 21 de setembro de 1966 do Código Nacional de Trânsito, com a redação dada pelo Decreto-Lei nº 237, de 28 de fevereiro de 1967 e o disposto no art. 9º, incisos II, III e XLIII do Regulamento do Código Nacional de Trânsito, aprovado pelo Decreto nº 62.127, de 16 de janeiro de 1968 e,

Considerando o disposto no art. 11, letra "a", do Código Nacional de Trânsito;

Considerando o disposto no art. 30, incisos I e XI do Regulamento do Código Nacional de Trânsito;

Considerando o disposto no art. 32, inciso I do Regulamento do Código Nacional de Trânsito;

Considerando o que consta do Processo nº 000.362/89 – CONTRAN e a Deliberação do Colegiado em sua 73ª Reunião Ordinária, do dia 19 de setembro de 1989; resolve:

**Art. 1º.** Os Diretores dos Departamentos de Trânsito – DETRAN's poderão delegar às Circunscrições Regionais de Trânsito CIRETRAN's de suas jurisdições os poderes de sua competência.

**Art. 2º.** (Revogado). (*Art. 2º revogado pela Resolução CONTRAN nº 753/1991*)

Brasília/DF, 19 de setembro de 1989.

*Roberto Salvador Scaringella – Presidente – DOU de 19.10.1989*

## RESOLUÇÃO CONTRAN Nº 793, DE 13 DE DEZEMBRO DE 1994

• *Dispõe sobre o uso de placa de "fabricante".*

O Conselho Nacional de Trânsito, usando das atribuições que lhe confere o art. 5º, inciso V, da Lei nº 5.108, de 21 de setembro de 1966, que instituiu o Código Nacional de Trânsito, com as alterações introduzidas pelo Decreto-Lei nº 237, de 28 de fevereiro de 1967;

Considerando a potencialidade da fabricação brasileira de veículos automotores;

Considerando a necessidade de serem as peças, componentes e os próprios veículos testados em condições normais e, às vezes excepcionais, de funcionamento, durabilidade e rendimento;

Considerando que a boa técnica exige a observação do comportamento dos equipamentos, conjuntos, componentes e do próprio veículo pela verificação do seu funcionamento e desempenho em condições normais de uso;

Considerando que o aperfeiçoamento do produto, melhorias e aprimoramentos de suas qualidades dependem também desses testes;

Considerando, ainda, a conveniência que vários desses testes sejam realizados diretamente por empresas fornecedoras de autopeças ou prestadoras de serviços especializados nos setor automobilístico;

Considerando a necessidade de atualizar a regulamentação do uso da placa de "FABRICANTE", prevista no Anexo III, do Decreto nº 62.127, de 16 de janeiro de 1968, cuja criação visa realmente atender às necessidades acima alinhadas; resolve:

**Art. 1º.** A placa de "FABRICANTE", que é aquela constante do anexo III do Decreto nº 62.127, de 16 de janeiro de 1968, será usada pelos fabricantes ou montadoras de veículos automotores ou de pneumáticos, para a realização de testes destinados ao aprimoramento de seus produtos.

§ 1º. O fabricante poderá, ainda, entregar veículo dotado com placas de "FABRICANTE", as empresas que lhe forneçam peças, acessórios e/ou prestem serviços especializados no ramo automobilístico. A entrega a que se refere este parágrafo será feita mediante celebração de contrato de comodato.

§ 2º. O fabricante ou montadora de veículos automotores poderá apor sua placa de "FABRICANTE" em veículos por ele importados.

§ 3º. Quando, por motivos de ordem técnica ou empresarial, duas ou mais montadoras utilizarem, em veículos, componentes fabricados por qualquer delas, poderão, nos testes de desempenho e aprimoramento do produto, utilizar sua placa de "FABRICANTE" em qualquer dos veículos, independentemente da marca de fábrica exibida pelos mesmos.

§ 4º. O comodante e o comodatário de veículo dotado de placa de "FABRICANTE" respondem solidariamente pelos danos eventualmente causados a terceiros e nas violações da legislação de trânsito.

**Art. 2º.** A utilização da placa de "FABRICANTE", independerá de horário, situação geográfica ou restrições de qualquer natureza, respeitado o disposto art. 4º e seus parágrafos.

**Art. 3º.** As placas serão entregues em avulso aos fabricantes, observado o disposto no § 1º, que se incumbirão de colocá-las nos veículos, sendo uma na sua parte dianteira e outra na sua parte traseira, mantidas sempre em boas condições de visibilidade.

**Art. 4º.** No uso da placa de "FABRICANTE", observar-se-á o seguinte:

a) o veículo que ostentar a placa de "FABRICANTE" somente poderá ser conduzido por técnicos ou engenheiros do fabricante ou das empresas a que se refere o § 1º do art. 1º desta Resolução;

b) o veículo somente poderá conduzir, além do motorista, conforme alínea anterior, técnicos ou engenheiros igualmente autorizados pelo fabricante ou pelas empresas já mencionadas, aos quais também poderá ser exigida identificação pessoal;

c) o fabricante e as empresas já mencionadas, ficam obrigadas a manter em condições hábeis de informação e exibição, registro do uso da placa de "FABRICANTE", no qual deverá constar relação nominal dos condutores, dia e hora de uso da placa;

d) a critério do fabricante, o controle mencionado na alínea anterior poderá ser feito por sistemas computadorizados;

e) o veículo portador da placa de "FABRICANTE" deverá se conter às normas disciplinadoras do trânsito em geral, podendo excepcionalmente ser concedida autorização para testes ou experiências em condições anormais ou excepcionais de uso.

§ 1º. Do condutor deverá ser exigida a apresentação da autorização emitida pelo fabricante, ou quando for o caso, pelas empresas mencionadas no art. 1º, hipótese em que deverá tal autorização fazer menção ao respectivo contrato de comodato. Poderá ser exigida a identificação pessoal dos ocupantes bem como a identificação pessoal e a carteira de habilitação do condutor.

§ 2º. Quando se tratar de testes ou experiências fora das condições normais de uso do veículo ou de trânsito, a sua realização dependerá de prévia autorização da autoridade de trânsito com jurisdição sobre o local em que se deva realizar o teste, e conterá especificamente as condições de sua realização, local e horário.

**Art. 5º.** Esta Resolução entrará em vigor na data de sua publicação, revogadas as disposições em contrário, especialmente as Resoluções nºs 405/1968, 593/1982, 694/1984, 731/1989 e 739/1989.

Brasília/DF, 13 de dezembro de 1994.

*Kasuo Sakamoto – Presidente*

## RESOLUÇÃO CONTRAN N° 797, DE 16 DE MAIO DE 1995

- *Define a abrangência do termo "viatura militar", para o Sistema Nacional de Trânsito.*

O Conselho Nacional de Trânsito – CONTRAN, usando das atribuições que lhe conferem o art. 5° da Lei n° 5.108, de 21 de setembro de 1966, que instituiu o Código Nacional de Trânsito e o art. 9°, do Decreto n° 62.127, de 16 de janeiro de 1968, que aprovou o seu Regulamento; e

Considerando a necessidade de definir a abrangência do termo "Viatura Militar" utilizado no Código Nacional de Trânsito e seu regulamento; e

Considerando o que ficou deliberado na Reunião do CONTRAN de 16 de maio de 1995; resolve,

**Art. 1°.** Viaturas Militares para efeito do Código Nacional de Trânsito e do seu Regulamento são as Viaturas Militares Operacionais das Forças Militares.

Parágrafo único. "VIATURA MILITAR OPERACIONAL DAS FORÇAS ARMADAS", é aquela fabricada com características específicas para ser utilizada em operação de natureza militar, tática ou logística, de propriedade do Governo, para atendimento de suas Organizações Militares.

**Art. 2°.** Esta Resolução entrará em vigor na data de sua publicação, revogadas as disposições em contrário.

Brasília/DF, 16 de maio de 1995.

*Kasuo Sakamoto – Presidente*


## RESOLUÇÃO CONTRAN N° 822, DE 22 DE OUTUBRO DE 1996

- *Dispõe sobre a classificação do veículo que menciona.*

O Conselho Nacional de Trânsito, no uso da atribuição que lhe confere o art. 5° do Código Nacional de Trânsito, aprovado pela Lei n° 5.108, de 21 de setembro de 1966 e,

Considerando o disposto no inciso XLIII, do art. 9° do Regulamento do Código Nacional de Trânsito, aprovado pelo Decreto n° 62.127, de 16 de janeiro de 1968;

Considerando a necessidade de estabelecer normas para atendimento uniforme pelos órgãos de trânsito;

Considerando o que consta do Processo n° 108/96, a Deliberação do Colegiado, em sua Reunião Ordinária de 22 de outubro de 1996; resolve:

**Art. 1°.** Para os efeitos de registro e licenciamento, considera-se camioneta de uso misto, o veículo da espécie misto, não derivado de automóvel, utilizado no transporte simultâneo ou alternativo de carga e passageiro, num mesmo compartimento, sem a alteração das características originais de fabricação, a não ser a retirada ou recebimento dos assentos, prevista pelo fabricante.

**Art. 2°.** O DENATRAN adotará as medidas necessárias ao cumprimento do disposto nesta Resolução.

**Art. 3°.** Esta Resolução entra em vigor na data de sua publicação.

Brasília/DF, de 22 de outubro de 1996.

*Kasuo Sakamoto – Presidente – DOU de 31.10.1996*


## RESOLUÇÃO CONTRAN N° 827, DE 18 DE DEZEMBRO DE 1996

- *Regulamenta o dispositivo de sinalização refletora de emergência de que trata o regulamento do Código Nacional de Trânsito.*

O Conselho Nacional de Trânsito, no uso de suas atribuições que lhe conferem os art. 5°, inciso V, da Lei n° 5.108, de 21 de setembro de 1966, que instituiu o Código Nacional de Trânsito e o art. 92, § 4°, combinado com seu inciso I, alínea "j", do Regulamento do Código Nacional de Trânsito aprovado pelo Decreto n° 62.127, de 16 de janeiro de 1968;

Considerando o disposto no art. 23, § 5°, e o anexo 5, art. 56, alíneas "a" e "b", da Convenção de Viena sobre o Trânsito Viário, promulgado pelo Decreto n° 86.714, de 10 de dezembro de 1981;

Considerando a necessidade de se estabelecer requisitos mínimos de segurança quanto a reflexibilidade, visibilidade e dimensões para o disposto de sinalização refletora de emergência;

Considerando a necessidade de aperfeiçoar a estabilidade do dispositivo de sinalização refletora de emergência ora utilizado;

Considerando que a figura geométrica triangular, por convenção internacional é empregada como sinal de perigo para o trânsito viário;

Considerando o que consta do Processo nº 415/1994 e a Deliberação do Colegiado em suas reuniões dos dias 8 de fevereiro e 18 de dezembro de 1996; resolve:

**Art. 1º.** O dispositivo de sinalização refletora de emergência de que trata a alínea "j", inciso I, do art. 92, do Regulamento do Código Nacional de Trânsito, consistirá num triângulo equilátero vermelho, inscrito em um suporte auto-sustentado, com cores, dimensões, estabilidade, visibilidade, e demais características constantes dos anexos desta Resolução.

**Art. 2º.** O dispositivo de sinalização refletora de emergência de que trata esta Resolução terá alcance, mínimos, de visibilidade noturna de 150 m (cento e cinquenta metros), visibilidade diurna de 120 m (cento e vinte metros) e estabilidade ao vento, admitindo-se um deslocamento máximo de 5 cm (cinco centímetros), com giro de 10º (dez graus) em torno de um eixo horizontal ou um eixo vertical, em relação à sua posição original, quando submetido a uma corrente de ar de 60 Km/h (sessenta quilômetros por hora), no período de 3 min (três minutos).

§ 1º. O dispositivo de sinalização de emergência deverá funcionar independente do circuito elétrico do veículo.

§ 2º. O dispositivo de sinalização refletora de emergência deverá ser acompanhado de invólucro protetor ou ficar abrigado de forma segura quando estiver fora de uso.

**Art. 3º.** O material empregado na fabricação do dispositivo de sinalização refletora de emergência não poderá sofrer deterioração pela ação de intempéries.

**Art. 4º.** O dispositivo de sinalização refletora de emergência deverá ser submetido a ensaio por órgão oficial, que emitirá laudo técnico de sua visibilidade diurna e noturna, de estabilidade ao vento no tocante a deslocamento e giro; e de resistência às intempéries, por solicitação das empresas fabricantes ou importadoras.

§ 1º. O DENATRAN, a qualquer tempo, poderá solicitar às empresas fabricantes ou importadoras desses equipamentos, a apresentação dos laudos técnicos de que trata o caput deste artigo.

§ 2º. A critério do DENATRAN, poderão ser admitidos os resultados de testes e ensaios obtidos por procedimentos similares de mesma eficácia, em substituição ao laudo técnico de trata o *caput* deste artigo.

§ 3º. Serão reconhecidos pelo DENATRAN os resultados de ensaios admitidos por órgãos credenciados pela Comissão Europeia ou pela Comunidade Europeia ou pelos Estados Unidos da América, em conformidade com os procedimentos adotados por aqueles órgãos.

**Art. 5º.** Os produtores nacionais ou os importadores do dispositivo refletor de emergência responderão administrativa, civil e penalmente, pelo fornecimento do produto em desacordo com as exigências desta Resolução.

**Art. 6º.** Será obrigatória a gravação identificadora da empresa fabricante e do ano de fabricação do produto, em superfície refletora do dispositivo.

Parágrafo único. Na superfície não refletora deverá haver indicação de como usar o dispositivo em caso de emergência.

**Art. 7º.** A partir de 1º de janeiro de 1998, os veículos novos, nacionais ou importados, somente poderão ser licenciados se equipados com o dispositivo de sinalização refletora de emergência que atenda as exigências desta Resolução.

§ 1º. Os veículos fabricados até 31 de dezembro de 1997 poderão ser licenciados com o dispositivo de sinalização refletora de emergência previsto nas Resoluções nºs 388/1968 e 604/1982.

§ 2º. Os veículos licenciados até a data de vigência desta Resolução poderão circular com o dispositivo de sinalização refletora de emergência previstos nas Resoluções nº 388/68 e 604/82, até o seu sucateamento.

**Art. 8º.** Pela inobservância das disposições desta Resolução aplicar-se-á a penalidade prevista no art. 181, inciso XXX, alínea "b", do Regulamento do Código Nacional de Trânsito.

**Art. 9º.** Esta Resolução entra em vigor na data de sua publicação, sendo obrigatório o seu cumprimento a partir de 1º de janeiro de 1998.

**Art. 10.** As disposições das Resoluções CONTRAN nºs 388/1968 e 604/1982 perderão eficácia em 31 de dezembro de 1997.

Brasília/DF, 18 de dezembro de 1996.

*Kasuo Sakamoto – Presidente – DOU de 20.1.1997*

• **Anexos**: *Os Anexos encontram-se disponíveis no site: http://www.denatran.gov.br.*

## RESOLUÇÃO CONTRAN Nº 836, DE 26 DE JUNHO DE 1997

• *Dispõe sobre a gravação, em caráter opcional, dos caracteres alfanuméricos da placa de identificação, nos vidros do veículo.*

O Conselho Nacional de Trânsito, usando da competência que lhe confere o art. 5º, inciso V, da Lei nº 5.108, de 21 de setembro de 1966, que instituiu o Código Nacional de Trânsito, e o art. 9º do Decreto nº 62.127, de 16 de janeiro de 1968, que aprovou o seu Regulamento;

Considerando a necessidade de zelar pela unidade do Sistema Nacional de Trânsito;

Considerando a conveniência da adoção de medidas destinadas à prevenção e repressão ao furto e roubo de veículos;

Considerando o constante do Processo nº 143/97 e a Deliberação do Conselho em sua reunião ordinária de 24 de junho de 1997; resolve:

**Art. 1º.** Fica autorizada a gravação dos caracteres alfanuméricos da placa de identificação, nos vidros do veículo, em caráter opcional, por iniciativa do seu proprietário.

Parágrafo único. A falta da gravação de trata o art. 1º não constitui em infração de trânsito.

**Art. 2º.** O Departamento Nacional de Trânsito – DENATRAN deverá regulamentar, dentro de 60 (sessenta) dias, a gravação dos caracteres alfanuméricos da placa de identificação, nos vidros do veículo, respeitando, no que couber, a gravação obrigatória do número de identificação do veículo (VIN).

**Art. 3º.** Esta Resolução entrará em vigor na data de sua publicação.

Brasília/DF, 26 de junho de 1997.

*Kasuo Sakamoto – Presidente do Conselho – DOU de 26.6.1997*

# RESOLUÇÕES POSTERIORES A 1998 [EM VIGOR]

## RESOLUÇÃO CONTRAN Nº 003, DE 23 DE JANEIRO DE 1998

- *Revoga a Resolução CONTRAN nº 825, de 3.12.1996.*

O Conselho Nacional de Trânsito – CONTRAN, usando da competência que lhe confere o art. 12º da Lei nº 9.503 de 23 de setembro de 1997, que instituiu o Código de Trânsito Brasileiro – CTB, e conforme Decreto nº 2.327, de 23 de setembro de 1997, que dispõe sobre a coordenação do Sistema Nacional de Trânsito;

Considerando o que dispõe o art. 314 do Código de Trânsito Brasileiro; resolve:

**Art. 1º.** Fica revogado o selo de Controle de Licenciamento Anual, previsto pela Resolução CONTRAN nº 825/1996.

**Art. 2º.** Esta Resolução entrará em vigor na data da sua publicação, revogadas as disposições em contrário.

Brasília/DF, 23 de janeiro de 1998.

*Iris Rezende – Ministério da Justiça – DOU de 26.1.1998*

## RESOLUÇÃO CONTRAN Nº 004, DE 23 DE JANEIRO DE 1998

- *Dispõe sobre o trânsito de veículos novos nacionais ou importados, antes do registro e licenciamento.*
- *Com as alterações da Resolução CONTRAN nº 269, de 15.2.2008.*

O Conselho Nacional de Trânsito – CONTRAN, usando da competência que lhe confere o art. 12 da Lei nº 9.503 de 23 de setembro de 1997, que instituiu o Código de Trânsito Brasileiro – CTB, e conforme Decreto nº 2.327, de 23 de setembro de 1997, que dispõe sobre a coordenação do Sistema Nacional de Trânsito;

Considerando que o veículo novo terá que ser registrado e licenciado no Município de domicílio ou residência do adquirente;

Considerando que o concessionário ou revendedor autorizado pela indústria fabricante do veículo, poderá ser o primeiro adquirente;

Considerando a conveniência de ordem econômica para o adquirente nos deslocamentos do veículo; resolve:

**Art. 1º.** Permitir o transporte de cargas e pessoas em veículos novos, antes do registro e licenciamento, adquiridos por pessoas físicas e jurídicas, por entidades públicas e privadas e os destinados aos concessionários para comercialização, desde que portem a "autorização especial" segundo o modelo constante do anexo I.

§ 1º. A permissão estende-se aos veículos inacabados (chassis), do pátio do fabricante ou do concessionário até o local da indústria encarroçadora.

§ 2º. A "autorização especial" valida apenas para o deslocamento para o município de destino, será expedida para o veículo que portar os Equipamentos Obrigatórios previstos pelo CONTRAN (adequado ao tipo de veículo), com base na Nota Fiscal de Compra e Venda; com validade de (15) quinze dias transcorridos da data da emissão, prorrogável por igual período por motivo de força maior.

§ 3º. A autorização especial será impressa em (3) três vias, das quais, a primeira e a segunda serão coladas respectivamente, no vidro dianteiro (para-brisa), e no vidro traseiro, e a terceira arquivada na repartição de trânsito expedidora.

**Art. 2º.** Os veículos adquiridos por autônomos e por empresas que prestam transportes de cargas e de passageiros, poderão efetuar serviços remunerados para os quais estão autorizados, atendida a legislação específica, as exigências dos poderes concedentes e das autoridades com jurisdição sobre as vias públicas.

**Art. 3º.** Os veículos consignados aos concessionários, para comercialização, e os veículos adquiridos por pessoas físicas, entidades privadas e públicas, a serem licenciados nas categorias "PARTICULAR e OFICIAL", somente poderão transportar suas cargas e pessoas que tenham vínculo empregatício com os mesmos.

**Art. 4º.** Antes do registro e licenciamento, o veículo novo, nacional ou importado que portar a nota fiscal de compra e venda ou documento alfandegário poderá transitar:

I – do pátio da fábrica, da indústria encarroçadora ou concessionária e do Posto Alfandegário, ao órgão de trânsito do município de destino, nos quinze dias consecutivos à data do carimbo de saída do veículo, constante da nota fiscal ou documento alfandegário correspondente; *(Inciso I com redação dada pela Resolução CONTRAN nº 269/2008)*

II – do pátio da fábrica, da indústria encarroçadora ou concessionária, ao local onde vai ser embarcado como carga, por qualquer meio de transporte;

III – do local de descarga às concessionárias ou indústrias encarroçadora;

IV – de um a outro estabelecimento da mesma montadora, encarroçadora ou concessionária ou pessoa jurídica interligada.

**Art. 5º.** Pela inobservância desta Resolução, fica o condutor sujeito à penalidade constante do art. 230, inciso V, do Código de Trânsito Brasileiro.

**Art. 6º.** Esta Resolução entra em vigor na data de sua publicação, revogada a Resolução CONTRAN nº 612, de 1º.10.1983.

Brasília/DF, 23 de janeiro de 1998.

*Iris Rezende – Ministério da Justiça – DOU de 26.1.1998*

**Anexos**

♦ *Os Anexos encontram-se disponíveis no site: http://www.denatran.gov.br/resolucoes.htm*

## RESOLUÇÃO CONTRAN Nº 005, DE 23 DE JANEIRO DE 1998

• *Dispõe sobre a vistoria de veículos e dá outras providências.*

O Conselho Nacional de Trânsito – CONTRAN, usando da competência que lhe confere o art. 12 da Lei nº 9.503, de 23 de setembro de 1997, que instituiu o Código de Trânsito Brasileiro – CTB, e conforme Decreto nº 2.327, de 23 de setembro de 1997, que dispõe sobre a coordenação do Sistema Nacional de Trânsito;

Considerando o que dispõe o art. 314 do Código de Trânsito Brasileiro;

Considerando ser de conveniência técnica e administrativa que as vistorias dos veículos obedeçam a critérios e procedimentos uniformes em todo o país; resolve:

**Art. 1º.** As vistorias tratadas na presente Resolução serão realizadas por ocasião da transferência de propriedade ou de domicílio intermunicipal ou interestadual do proprietário do veículo, ou qualquer alteração de suas caraterísticas, implicando no assentamento dessa circunstância no registro inicial.

**Art. 2º.** As vistorias mencionadas no artigo anterior executadas pelos Departamentos de Trânsito, suas Circunscrições Regionais, têm como objetivo verificar:

a) a autenticidade da identificação do veículo e da sua documentação;

b) a legitimidade da propriedade;

c) se os veículos dispõem dos equipamentos obrigatórios, e se estes atendem as especificações técnicas e estão em perfeitas condições de funcionamento;

d) se as características originais dos veículos e seus agregados não foram modificados, e se constatada alguma alteração, esta tenha sido autorizada, regularizada, e se consta no prontuário do veículo na repartição de trânsito;

Parágrafo único. Os equipamentos obrigatórios são aqueles previstos pelo Código de Trânsito Brasileiro, e Resoluções do CONTRAN editadas sobre a matéria.

**Art. 3º.** Não se realizará vistoria em veículo sinistrado com laudo pericial de perda total, no caso de ocorrer transferência de domicílio do proprietário.

**Art. 4º.** Esta Resolução entrará em vigor na data da sua publicação, revogada a Resolução CONTRAN nº 809, de 12.12.1995.

Brasília/DF, 23 de janeiro de 1998.

*Iris Rezende – Ministério da Justiça – DOU de 26.1.1998*

## RESOLUÇÃO CONTRAN Nº 006, DE 23 DE JANEIRO DE 1998

• *Revoga as Resoluções CONTRAN nº 809, de 12.12.1995, e nº 821, de 22.10.1996.*

O Conselho Nacional de Trânsito – CONTRAN, usando das atribuições que lhe confere o art. 12 do Código de Trânsito Brasileiro, instituído pela Lei nº 9.503, de 23 de setembro de 1997, e

Considerando o que dispõe o art. 314 do Código de Trânsito Brasileiro; resolve:

**Art. 1º.** Ficam revogadas as Resoluções nºs 809/1995 e 821/1996 do CONTRAN.

**Art. 2º.** Esta Resolução entra em vigor na data da sua publicação.

Brasília/DF, 23 de janeiro de 1998.

*Iris Rezende – Ministério da Justiça – DOU de 26.1.1998*

# RESOLUÇÃO CONTRAN Nº 011, DE 23 DE JANEIRO DE 1998

- *Estabelece critérios para a baixa de registro de veículos a que se refere bem como os prazos para efetivação.*
- *Com as alterações das Resoluções CONTRAN nº 113, de 5.5.2000 e nº 179, de 7.7.2005.*

O Conselho Nacional de Trânsito – CONTRAN, usando da competência que lhe confere o art. 12 da Lei nº 9.503, de 23 de setembro de 1997, que instituiu o Código de Trânsito Brasileiro – CTB, e conforme Decreto nº 2.327, de 23 de setembro de 1997, que dispõe sobre a coordenação do Sistema Nacional de Trânsito;

Considerando o que dispõe o Código de Trânsito Brasileiro nos seus arts. 19, 126, 127 e 128;

Considerando a necessidade de serem estabelecidos requisitos mínimos para a efetivação da baixa do registro de veículos; resolve:

**Art. 1º.** A baixa do registro de veículos é obrigatória sempre que o veículo for retirado de circulação nas seguintes possibilidades:

I – veículo irrecuperável;

II – veículo definitivamente desmontado;

III – sinistrado com laudo de perda total;

IV – vendidos ou leiloados como sucata:

a) por órgão ou entidade componente do Sistema Nacional de Trânsito; *(Alínea "a" acrescida pela Resolução CONTRAN nº 179/2005)*

b) os demais. *(Alínea "b" acrescida pela Resolução CONTRAN nº 179/2005)*

§ 1º. Nos casos dos incisos I a III e IV, alínea 'b': *(§ 1º com redação dada pela Resolução CONTRAN nº 179/2005)*

I – os documentos dos veículos, as partes do chassi que contém o registro VIN e suas placas serão recolhidos ao órgão executivo estadual de trânsito de registro do veículo, que é responsável por sua baixa; *(Inciso I com redação dada pela Resolução CONTRAN nº 179/2005)*

II – os procedimentos previstos neste artigo deverão ser efetivados antes da venda do veículo ou sua destinação final; *(Inciso II com redação dada pela Resolução CONTRAN nº 179/2005)*

III – o órgão executivo estadual de trânsito de registro do veículo, responsável por sua baixa, deverá reter sua documentação, inutilizar as partes do chassi que contêm o registro VIN e suas placas. *(Inciso III com redação dada pela Resolução CONTRAN nº 179/2005)*

§ 2º. *(§ 2º revogado pela Resolução CONTRAN nº 179/2005).*

§ 3º. *(§ 3º revogado pela Resolução CONTRAN nº 179/2005).*

§ 4º. O desmonte legítimo de veículo deverá ser efetuado exclusivamente por empresa credenciada pelos órgãos ou entidades executivos de trânsito dos Estados ou Distrito Federal, que deverão encaminhar semestralmente ao órgão máximo executivo de trânsito da União a relação dos registros dos veículos desmontados para confirmação de baixa no Registro Nacional de Veículos Automotores – RENAVAM. *(§ 4º acrescido pela Resolução CONTRAN nº 113/2000)*

§ 5º. No caso do inciso IV, alínea "a", o órgão ou entidade de trânsito responsável pelo leilão solicitará ao órgão executivo estadual de trânsito de seu registro, a baixa do veículo, tomando as seguintes providências: *(§ 5º, caput, acrescido pela Resolução CONTRAN nº 179/2005)*

I – recolher, sempre que possível, os documentos do veículo; *(Inciso I acrescido pela Resolução CONTRAN nº 179/2005)*

II – inutilizar as partes do chassi que contêm o registro VIN e suas placas; *(Inciso II acrescido pela Resolução CONTRAN nº 179/2005)*

III – comunicar as providências tomadas ao órgão executivo estadual de trânsito de registro do veículo, que providenciará a baixa do registro. *(Inciso III acrescido pela Resolução CONTRAN nº 179/2005)*

**Art. 2º.** A baixa do registro do veículo somente será autorizada mediante quitação de débitos fiscais e de multas de trânsito e ambientais, vinculadas ao veículo, independentemente da responsabilidade pelas infrações cometidas.

Parágrafo único. No caso do inciso IV, alínea "a" do art. 1º, a quitação de débitos fiscais e de multas de trânsito e ambientais, vinculadas ao veículo obedecerá a regulamentação específica. *(Parágrafo único acrescido pela Resolução CONTRAN nº 179/2005)*

**Art. 3º.** O órgão executivo estadual de trânsito de registro do veículo, responsável pela baixa do registro do veículo emitirá uma Certidão de Baixa de Veículo, no modelo estabelecido pelo Anexo I, desta Resolução – datilografado ou impresso, após cumpridas estas disposições e as demais da legislação vigente. *(Art. 3º, caput, com redação dada pela Resolução CONTRAN nº 179/2005)*

§ 1º. O órgão executivo estadual de trânsito de registro do veículo deverá elaborar e encaminhar ao órgão máximo executivo de trânsito da União, relatório mensal contendo a identificação de todos os veículos que tiveram a baixa de seu registro no período. *(§ 1º com redação dada pela Resolução CONTRAN nº 179/2005)*

§ 2º. No caso do inciso IV, alínea a do art. 1º, o órgão executivo estadual de trânsito de registro do veículo comunicará a baixa do registro do veículo ao órgão ou entidade de trânsito responsável pelo leilão. *(§ 2º com redação dada pela Resolução CONTRAN nº 179/2005)*

**Art. 4º.** Uma vez efetuada a baixa, sob nenhuma hipótese o veículo poderá voltar à circulação.

**Art. 5º.** A baixa do registro do veículo será providenciada mediante requisição do responsável e laudo pericial confirmando a sua condição.

Parágrafo único. O disposto neste artigo não se aplica a veículos leiloados como sucata por órgãos ou entidades componentes do Sistema Nacional de Trânsito – SNT. *(Parágrafo único acrescido pela Resolução CONTRAN nº 179/2005)*

**Art. 6º.** Para os casos previstos nos incisos I a III e IV, alínea b do art. 1º, desta Resolução, o responsável de promover a baixa do registro de veículo terá o prazo de 15 (quinze) dias, após a constatação da sua condição através de laudo, para providenciá-la, caso contrário incorrerá nas sanções previstas pelo art. 240, do Código de Trânsito Brasileiro. *(Art. 6º, caput, com redação dada pela Resolução CONTRAN nº 179/2005)*

Parágrafo único. *(Parágrafo único revogado pela Resolução CONTRAN nº 179/2005)*

**Art. 7º.** Esta Resolução entra em vigor na data de sua publicação, revogadas as disposições em contrário. Brasília, 23 de janeiro de 1998.

Brasília/DF, 23 de janeiro de 1998.

*Iris Rezende – Ministério da Justiça – DOU de 26.1.1998*

**Anexo I**

♦ *O Anexo encontra-se disponível no site: http://www.denatran.gov.br/resolucoes.htm*

## RESOLUÇÃO CONTRAN Nº 014, DE 6 DE FEVEREIRO DE 1998

- *Estabelece os equipamentos obrigatórios para a frota de veículos em circulação e dá outras providências.*
- **Com as alterações das Resoluções CONTRAN nº 087, de 4.5.1999, nº 228, de 2.3.2007, nº 259, de 30.11.2007, e nº 279, de 28.4.2008.**

O Conselho Nacional de Trânsito – CONTRAN, usando da competência que lhe confere o inciso I, do art. 12, da Lei nº 9.503, de 23 de setembro de 1997, que instituiu o Código de Trânsito Brasileiro – CTB e conforme o Decreto nº 2.327, de 23 de setembro de 1997, que trata da coordenação do Sistema Nacional de Trânsito;

Considerando o art. 105, do Código de Trânsito Brasileiro;

Considerando a necessidade de proporcionar às autoridades fiscalizadoras, as condições precisas para o exercício do ato de fiscalização;

Considerando que os veículos automotores, em circulação no território nacional, pertencem a diferentes épocas de produção, necessitando, portanto, de prazos para a completa adequação aos requisitos de segurança exigidos pela legislação; resolve:

**Art. 1º.** Para circular em vias públicas, os veículos deverão estar dotados dos equipamentos obrigatórios relacionados abaixo, a serem constatados pela fiscalização e em condições de funcionamento:

I – nos veículos automotores e ônibus elétricos:

1) para-choques, dianteiro e traseiro;

2) protetores das rodas traseiras dos caminhões;

3) espelhos retrovisores, interno e externo;

4) limpador de para-brisa;

5) lavador de para-brisa;

6) pala interna de proteção contra o sol (para-sol) para o condutor;

7) faróis principais dianteiros de cor branca ou amarela;

8) luzes de posição dianteiras (faroletes) de cor branca ou amarela;

9) lanternas de posição traseiras de cor vermelha;

10) lanternas de freio de cor vermelha;

11) lanternas indicadoras de direção: dianteiras de cor âmbar e traseiras de cor âmbar ou vermelha;

12) lanterna de marcha à ré, de cor branca;

13) retrorrefletores (catadióptrico) traseiros, de cor vermelha;

14) lanterna de iluminação da placa traseira, de cor branca;

15) velocímetro;

16) buzina;

17) freios de estacionamento e de serviço, com comandos independentes;

18) pneus que ofereçam condições mínimas de segurança;

19) dispositivo de sinalização luminosa ou refletora de emergência, independente do sistema de iluminação do veículo;

20) extintor de incêndio;

21) registrador instantâneo e inalterável de velocidade e tempo, nos veículos de transporte e condução de escolares, nos de transporte de passageiros com mais de dez lugares e nos de carga com capacidade máxima de tração superior a 19t;

22) cinto de segurança para todos os ocupantes do veículo;

23) dispositivo destinado ao controle de ruído do motor, naqueles dotados de motor a combustão;

24) roda sobressalente, compreendendo o aro e o pneu, com ou sem câmara de ar, conforme o caso;

25) macaco, compatível com o peso e carga do veículo;

26) chave de roda;

27) chave de fenda ou outra ferramenta apropriada para a remoção de calotas;

28) lanternas delimitadoras e lanternas laterais nos veículos de carga, quando suas dimensões assim o exigirem;

29) cinto de segurança para a árvore de transmissão em veículos de transporte coletivo e carga;

II – para os reboques e semirreboques:

1) para-choque traseiro;

2) protetores das rodas traseiras;

3) lanternas de posição traseiras, de cor vermelha;

4) freios de estacionamento e de serviço, com comandos independentes, para veículos com capacidade superior a 750 quilogramas e produzidos a partir de 1997;

5) lanternas de freio, de cor vermelha;

6) iluminação de placa traseira;

7) lanternas indicadoras de direção traseiras, de cor âmbar ou vermelha;

8) pneus que ofereçam condições mínimas de segurança;

9) lanternas delimitadoras e lanternas laterais, quando suas dimensões assim o exigirem.

III – para os ciclomotores:

1) espelhos retrovisores, de ambos os lados;

2) farol dianteiro, de cor branca ou amarela;

3) lanterna, de cor vermelha, na parte traseira;

4) velocímetro;

5) buzina;

6) pneus que ofereçam condições mínimas de segurança;

7) dispositivo destinado ao controle de ruído do motor.

IV – para as motonetas, motocicletas e triciclos:

1) espelhos retrovisores, de ambos os lados;

2) farol dianteiro, de cor branca ou amarela;

3) lanterna, de cor vermelha, na parte traseira;

4) lanterna de freio, de cor vermelha;

5) iluminação da placa traseira;

6) indicadores luminosos de mudança de direção, dianteiro e traseiro;

7) velocímetro;

8) buzina;

9) pneus que ofereçam condições mínimas de segurança;

10) dispositivo destinado ao controle de ruído do motor, dimensionado para manter a temperatura de sua superfície externa em nível térmico adequado ao uso seguro do veículo pelos ocupantes sob condições normais de utilização e com uso de vestimentas e acessórios indicados no manual do usuário fornecido pelo fabricante, devendo ser complementado por redutores de temperatura nos pontos críticos de calor, a critério do fabricante, conforme exemplificado no Anexo desta Resolução. *(Item 10 com redação dada pela Resolução CONTRAN nº 228/2007)*

V – para os quadriciclos:

1) espelhos retrovisores, de ambos os lados;

2) farol dianteiro, de cor branca ou amarela;

3) lanterna, de cor vermelha na parte traseira;

4) lanterna de freio, de cor vermelha;

5) indicadores luminosos de mudança de direção, dianteiros e traseiros;

6) iluminação da placa traseira;

7) velocímetro;

8) buzina;

9) pneus que ofereçam condições mínimas de segurança;

10) dispositivo destinado ao controle de ruído do motor;

11) protetor das rodas traseiras.

VI – nos tratores de rodas e mistos:

1) faróis dianteiros, de luz branca ou amarela;

2) lanternas de posição traseiras, de cor vermelha;

3) lanternas de freio, de cor vermelha;

4) indicadores luminosos de mudança de direção, dianteiros e traseiros;

5) pneus que ofereçam condições mínimas de segurança;

6) dispositivo destinado ao controle de ruído do motor.

VII – nos tratores de esteiras:

1) faróis dianteiros, de luz branca ou amarela;

2) lanternas de posição traseiras, de cor vermelha;

3) lanternas de freio, de cor vermelha;

4) indicadores luminosos de mudança de direção, dianteiros e traseiros;

5) dispositivo destinado ao controle de ruído do motor.

Parágrafo único. Quando a visibilidade interna não permitir, utilizar-se-ão os espelhos retrovisores laterais.

**Art. 2º.** Dos equipamentos relacionados no artigo anterior, não se exigirá:

I – lavador de para-brisa:

a) em automóveis e camionetas derivadas de veículos produzidos antes de 1º de janeiro de 1974;

b) utilitários, veículos de carga, ônibus e micro-ônibus produzidos até 1º de janeiro de 1999;

II – lanterna de marcha à ré e retrorrefletores, nos veículos fabricados antes de 1º de janeiro de 1990;

III – registrador instantâneo e inalterável de velocidade e tempo:

a) para os veículos de carga com capacidade máxima de tração inferior a 19 (dezenove) toneladas, fabricados até 31 de dezembro de 1990; *(Alínea "a" com redação dada pela Resolução CONTRAN nº 87/1999)*

b) nos veículos de transporte de passageiros ou de uso misto, registrados na categoria particular e que não realizem transporte remunerado de pessoas;

c) até 30 de setembro de 1999, para os veículos de carga com capacidade máxima de tração inferior a 19 toneladas, fabricados a partir de 1º de janeiro de 1991; *(Alínea "c" com redação dada pela Resolução CONTRAN nº 87/1999)*

d) até 30 de setembro de 1999, para os veículos de carga com capacidade máxima de tração igual ou superior a 19 (dezenove) toneladas, fabricados até 31 de dezembro de 1990; *(Alínea "d" com redação dada pela Resolução CONTRAN nº 87/1999)*

IV – cinto de segurança:

a) para os passageiros, nos ônibus e micro-ônibus produzidos até 1º de janeiro de 1999;

b) até 1º de janeiro de 1999, para o condutor e tripulantes, nos ônibus e micro-ônibus;

c) para os veículos destinados ao transporte de passageiros, em percurso que seja permitido viajar em pé.

d) para os veículos de uso bélico. *(Alínea "d" acrescida pela Resolução CONTRAN nº 279/2008)*

V – pneu e aro sobressalente, macaco e chave de roda:

a) nos veículos equipados com pneus capazes de trafegar sem ar, ou aqueles equipados com dispositivo automático de enchimento emergencial;

b) nos ônibus e micro-ônibus que integram o sistema de transporte urbano de passageiros, nos municípios, regiões e microrregiões metropolitanas ou conglomerados urbanos;

c) nos caminhões dotados de características específicas para transporte de lixo e de concreto;

d) nos veículos de carroçaria blindada para transporte de valores;

e) para automóveis, camionetas, caminhonetes e utilitários, com peso bruto total – PBT, de até 3,5 toneladas, a dispensa poderá ser reconhecida pelo órgão máximo executivo de trânsito da União, por ocasião do requerimento do código específico de marca/modelo/versão, pelo fabricante ou importador, quando comprovada que tal característica é inerente ao projeto do veículo, e desde que este seja dotado de alternativas para o uso do pneu e aro sobressalentes, macaco e chave de roda. *(Alínea "e" acrescida pela Resolução CONTRAN nº 259/2007)*

VI – velocímetro, naqueles dotados de registrador instantâneo e inalterável de velocidade e tempo, integrado.

Parágrafo único. Para os veículos relacionados nas alíneas "b", "c", e "d", do inciso V, será reconhecida a excepcionalidade, somente quando pertencerem ou estiverem na posse de firmas individuais, empresas ou organizações que possuam equipes próprias, especializadas em troca de pneus ou aros danificados.

**Art. 3º.** Os equipamentos obrigatórios dos veículos destinados ao transporte de produtos perigosos, bem como os equipamentos para situações de emergência serão aqueles indicados na legislação pertinente.

**Art. 4º.** Os veículos destinados à condução de escolares ou outros transportes especializados terão seus equipamentos obrigatórios previstos em legislação específica.

**Art. 5º.** A exigência dos equipamentos obrigatórios para a circulação de bicicletas, prevista no inciso VI, do art. 105, do Código de Trânsito Brasileiro terá um prazo de cento e oitenta dias para sua adequação, contados da data de sua Regulamentação pelo CONTRAN.

**Art. 6º.** Os veículos automotores produzidos a partir de 1º de janeiro de 1999, deverão ser dotados dos seguintes equipamentos obrigatórios:

I – espelhos retrovisores externos, em ambos os lados;

II – registrador instantâneo e inalterável de velocidade e tempo, para os veículos de carga, com peso bruto total superior a 4.536 kg;

III – encosto de cabeça, em todos os assentos dos automóveis, exceto nos assentos centrais;

IV – cinto de segurança graduável e de três pontos em todos os assentos dos automóveis. Nos assentos centrais, o cinto poderá ser do tipo sub-abdominal;

Parágrafo único. Os ônibus e micro-ônibus poderão utilizar cinto sub-abdominal para os passageiros.

**Art. 7º.** Aos veículos registrados e licenciados em outro país, em circulação no território nacional, aplicam-se as regras do art. 118 e seguintes do Código de Trânsito Brasileiro.

**Art. 8º.** Ficam revogadas as Resoluções CONTRAN nº 657/1985, 767/1993, 002/1998 e o art. 65 da Resolução CONTRAN nº 734/1989.

**Art. 9º.** Respeitadas as exceções e situações particulares previstas nesta Resolução, os proprietários ou condutores, cujos veículos circularem nas vias públicas desprovidos dos requisitos estabelecidos, ficam sujeitos às penalidades constantes do art. 230 do Código de Trânsito Brasileiro, no que couber.

**Art. 10.** Esta Resolução entra em vigor na data de sua publicação.

Brasília/DF, 6 de fevereiro de 1998.

*Iris Rezende – Ministério da Justiça – DOU de 12.2.1998*

**Anexo** *(acrescido pela Resolução CONTRAN nº 228/2007)*

♦ *O Anexo encontra-se disponível no site: http://www.denatran.gov.br/resolucoes.htm*

## RESOLUÇÃO CONTRAN Nº 016, DE 6 DE FEVEREIRO DE 1998

- *Altera os modelos e especificações dos Certificados de Registro – CRV e de Licenciamento de Veículos – CRVL.*
- **Com as alterações da Resolução CONTRAN nº 187, de 25.1.2006.**

O Conselho Nacional de Trânsito – CONTRAN, usando da competência que lhe confere o inciso I do art. 12 da Lei nº 9.503, de 23 de setembro de 1997, que instituiu o Código de Trânsito Brasileiro – CTB, e conforme Decreto nº 2.327, de 23 de setembro de 1997, que dispõe sobre a coordenação do Sistema Nacional de Trânsito;

Considerando a necessidade técnica de dar novas características de segurança e controle na confecção dos documentos dos veículos, a fim de torná-los mais eficazes e menos susceptíveis de adulteração e de falsificação; resolve:

**Art. 1º.** Alterar os anexos I, II e III das Resoluções CONTRAN nºs 664/1986 e 766/1993, relativas aos modelos e especificações do Certificado de Registro e Licenciamento de Veículos.

**Art. 2º.** Implantar um dígito verificador no número de série do Certificado de Registro de Veículo – CRV e do Certificado de Registro e Licenciamento de Veículo – CRLV, os quais passarão a ter dez dígitos.

**Art. 3º.** Para o cálculo do dígito verificador a que se refere o artigo anterior, será utilizado o módulo onze, com peso de 2 a 9, voltando ao 2, a partir da mais baixa ordem, ou seja, da direita para a esquerda.

**Art. 4º.** Esta Resolução entra em vigor sessenta dias após a data de sua publicação, revogadas as disposições em contrário.

Brasília/DF, 6 de fevereiro de 1998.

*Iris Rezende – Ministério da Justiça – DOU de 12.2.1998*

**Anexo III** – CERTIFICADO DE REGISTRO DE VEÍCULO (CRV) ESPECIFICAÇÕES TÉCNICAS – *(com posterior redação dada pela Resolução CONTRAN nº 187/2006)*

♦ *O Anexo encontra-se disponível no site: http://www.denatran.gov.br/resolucoes.htm*

## RESOLUÇÃO CONTRAN Nº 018, DE 17 DE FEVEREIRO DE 1998

- *Recomenda o uso, nas rodovias, de farol baixo aceso durante o dia e dá outras providências.*

O Conselho Nacional de Trânsito – CONTRAN, usando da competência que lhe confere o art. 12, inciso I, da Lei nº 9.503, de 23 de setembro de 1997, que instituiu o Código de Trânsito Brasileiro – CTB, e conforme Decreto nº 2.327, de 23 de setembro de 1997, que dispõe sobre a coordenação do Sistema Nacional de Trânsito;

Considerando que o sistema de iluminação é elemento integrante da segurança ativa dos veículos;

Considerando que as cores e as formas dos veículos modernos contribuem para mascará-los no meio ambiente, dificultando a sua visualização a uma distância efetivamente segura para qualquer ação preventiva, mesmo em condições de boa luminosidade; resolve:

**Art. 1º.** Recomendar às autoridades de trânsito com circunscrição sobre as vias terrestres, que por meio de campanhas educativas, motivem seus usuários a manter o farol baixo aceso durante o dia, nas rodovias.

**Art. 2º.** O DENATRAN acompanhará os resultados obtidos pelos órgãos que implementarem esta medida.

**Art. 3º.** Esta Resolução entrará em vigor 60 (sessenta) dias após sua publicação, ficando revogada a Resolução CONTRAN nº 819/1996.

Brasília/DF, 17 de fevereiro de 1998.

*Iris Rezende – Ministério da Justiça – DOU de 18.2.1998*

## RESOLUÇÃO CONTRAN Nº 019, DE 17 DE FEVEREIRO DE 1998

- *Estabelece as competências para nomeação e homologação dos coordenadores do RENAVAM – Registro Nacional de Veículos Automotores e do RENACH – Registro Nacional de Carteiras de Habilitação.*

O Conselho Nacional de Trânsito – CONTRAN, usando da competência que lhe confere o art. 12, inciso I, da Lei nº 9.503, de 23 de setembro de 1997, que instituiu o Código de Trânsito Brasileiro – CTB, e conforme Decreto nº 2.327, de 23 de setembro de 1997, que dispõe sobre a coordenação do Sistema Nacional de Trânsito;

Considerando a necessidade de aperfeiçoar o relacionamento de integração dos sistemas RENAVAM e RENACH;

Considerando os incisos VIII e IX, do art. 19 do Código de Trânsito Brasileiro, que trata da organização e manutenção dos sistemas RENAVAM e RENACH; resolve:

**Art. 1º.** O órgão executivo de trânsito estadual nomeará coordenadores para os sistemas RENAVAM – Registro Nacional de Veículos Automotores e RENACH – Registro Nacional de Carteiras de Habilitação.

Parágrafo único. As coordenadorias dos sistemas de que trata o *caput* deste artigo poderão ser exercidas por um único coordenador.

**Art. 2º.** O órgão executivo estadual de trânsito dará conhecimento das nomeações, por escrito, ao Departamento Nacional de Trânsito – DENATRAN.

**Art. 3º.** Esta Resolução entra em vigor na data de sua publicação, revogadas as disposições em contrário.

Brasília/DF, 17 de fevereiro de 1998.

*Iris Rezende – Ministério da Justiça – DOU de 18.2.1998*

## RESOLUÇÃO CONTRAN Nº 021, DE 17 DE FEVEREIRO DE 1998

- *Dispõe sobre o controle, guarda e fiscalização dos formulários destinados à documentação de condutores e de veículos.*

O Conselho Nacional de Trânsito – CONTRAN, usando da competência que lhe confere o art. 12, inciso I, da Lei nº 9.503, de 23 de setembro de 1997, que instituiu o Código de Trânsito Brasileiro – CTB, e conforme Decreto nº 2.327, de 23 de setembro de 1997, que trata da coordenação do Sistema Nacional de Trânsito;

Considerando a possibilidade de extravio de formulários de Certificado de Registro de Veículos, Certificado de Registro e Licenciamento e da Carteira Nacional de Habilitação, nas diversas repartições de trânsito do território nacional; resolve:

**Art. 1º.** Os Departamentos Estaduais de Trânsito, devem possuir em sua sede e nas suas subdivisões, locais apropriados para a guarda de documentos, com os meios que proporcionem efetivo controle e segurança.

**Art. 2º.** A repartição de trânsito sob cuja jurisdição ocorrer o extravio ficará impossibilitada de receber novos formulários, até que seja regularizada a ocorrência.

**Art. 3º.** Esta Resolução entra em vigor na data de sua publicação, ficando revogada a Resolução CONTRAN nº 688/1988.

Brasília/DF, 17 de fevereiro de 1998.

*Iris Rezende – Ministério da Justiça – DOU de 18.2.1998*

## RESOLUÇÃO CONTRAN Nº 022, DE 17 DE FEVEREIRO DE 1998

- *Estabelece, para efeito da fiscalização, forma para comprovação do exame de inspeção veicular a qual se refere o art. 124, c/c art. 230, inciso I do Código de Trânsito Brasileiro.*

O Conselho Nacional de Trânsito – CONTRAN, usando da competência que lhe confere o art. 12, inciso I, da Lei nº 9.503, de 23 de setembro de 1997, que instituiu o Código de Trânsito Brasileiro – CTB, e conforme Decreto nº 2.327, de 23 de setembro de 1997, que dispõe sobre a coordenação do Sistema Nacional de Trânsito;

Considerando o art. 124, inciso IV e XI, c/c art. 230, inciso I e o art.131, § 3º que tratam da obrigação do proprietário do veículo de comprovar a inspeção de segurança veicular;

Considerando a conveniência e a necessidade de se fazer uma verificação ágil e segura dos documentos de porte obrigatório, quando da inspeção veicular; resolve:

**Art. 1º.** Para efeito da fiscalização, o selo de uso obrigatório, que consta do art. 230, inciso I, comprovará a inspeção veicular, após regulamentação da referida inspeção, a qual estabelecerá, inclusive, a forma desse selo e o local de sua colocação.

**Art. 2º.** Esta Resolução entra em vigor na data da sua publicação.

Brasília/DF, 17 de fevereiro de 1998.

*Iris Rezende – Ministério da Justiça – DOU de 18.2.1998*

## RESOLUÇÃO CONTRAN Nº 024, DE 21 DE MAIO DE 1998

• *Estabelece o critério de identificação de veículos, a que se refere o art. 114 do Código de Trânsito Brasileiro.*

O Conselho Nacional de Trânsito – CONTRAN, usando da competência que lhe confere o art. 12, inciso I, da Lei nº 9.503, de 23 de setembro de 1997, que instituiu o Código de Trânsito Brasileiro e, conforme o Decreto nº 2.327, de 23 de setembro de 1997, que dispõe sobre a coordenação do Sistema Nacional de Trânsito; resolve:

**Art. 1º.** Os veículos produzidos ou importados a partir de 1º de janeiro de 1999, para obterem registro e licenciamento, deverão estar identificados na forma desta Resolução.

Parágrafo único. Excetuam-se do disposto neste artigo os tratores, os veículos protótipos utilizados exclusivamente para competições esportivas e as viaturas militares operacionais das Forças Armadas.

**Art. 2º.** A gravação do número de identificação veicular (VIN) no chassi ou monobloco, deverá ser feita, no mínimo, em um ponto de localização, de acordo com as especificações vigentes e formatos estabelecidos pela NBR 3 nº 6066 da Associação Brasileira de Normas Técnicas – ABNT, em profundidade mínima de 0,2 mm.

§ 1º. Além da gravação no chassi ou monobloco, os veículos serão identificados, no mínimo, com os caracteres VIS (número sequencial de produção) previsto na NBR 3 nº 6066, podendo ser, a critério do fabricante, por gravação, na profundidade mínima de 0,2 mm, quando em chapas ou plaqueta colada, soldada ou rebitada, destruível quando de sua remoção, ou ainda por etiqueta autocolante e também destruível no caso de tentativa de sua remoção, nos seguintes compartimentos e componentes:

I – na coluna da porta dianteira lateral direita;

II – no compartimento do motor;

III – em um dos para-brisas e em um dos vidros traseiros, quando existentes;

IV – em pelo menos dois vidros de cada lado do veículo, quando existentes, excetuados os quebra-ventos.

§ 2º. As identificações previstas nos incisos III e IV do parágrafo anterior, serão gravadas de forma indelével, sem especificação de profundidade e, se adulterados, devem acusar sinais de alteração.

§ 3º. Os veículos inacabados (sem cabina, com cabina incompleta, tais como os chassis para ônibus), terão as identificações previstas no § 1º, implantadas pelo fabricante que complementar o veículo com a respectiva carroçaria.

§ 4º. As identificações, referidas no § 2º, poderão ser feitas na fábrica do veículo ou em outro local, sob a responsabilidade do fabricante, antes de sua venda ao consumidor.

§ 5º. No caso de chassi ou monobloco não metálico, a numeração deverá ser gravada em placa metálica incorporada ou a ser moldada no material do chassi ou monobloco, durante sua fabricação.

§ 6º. Para fins do previsto no *caput* deste artigo, o décimo dígito do VIN, previsto na NBR 3 nº 6066, será obrigatoriamente o da identificação do modelo do veículo.

**Art. 3º.** Será obrigatória a gravação do ano de fabricação do veículo no chassi ou monobloco ou em plaqueta destrutível quando de sua remoção, conforme estabelece o § 1º do art. 114 do Código de Trânsito Brasileiro.

**Art. 4º.** Nos veículos reboques e semirreboques, as gravações serão feitas, no mínimo, em dois pontos do chassi.

**Art. 5º.** Para fins de controle reservado e apoio das vistorias periciais procedidas pelos órgãos integrantes do Sistema Nacional de Trânsito e por órgãos policiais, por ocasião do pedido de código do RENAVAM, os fabricantes depositarão junto ao órgão máximo executivo de trânsito da União as identificações e localização das gravações, segundo os modelos básicos.

Parágrafo único. Todas as vezes que houver alteração dos modelos básicos dos veículos, os fabricantes encaminharão, com antecedência de 30 (trinta) dias, as localizações de identificação veicular.

**Art. 6º.** As regravações e as eventuais substituições ou reposições de etiquetas e plaquetas, quando necessárias, dependerão de prévia autorização da autoridade de trânsito competente, mediante comprovação da propriedade do veículo, e só serão processadas por empresas credenciadas pelo órgão executivo de trânsito dos Estados ou do Distrito Federal.

§ 1º. As etiquetas ou plaquetas referidas no *caput* deste artigo deverão ser fornecidas pelo fabricante do veículo.

§ 2º. O previsto no *caput* deste artigo não se aplica às identificações constantes dos incisos III e IV do § 1º do art. 2º desta Resolução.

**Art. 7º.** Os órgãos executivos de trânsito dos Estados e do Distrito Federal não poderão registrar, emplacar e licenciar veículos que estiverem em desacordo com o estabelecido nesta Resolução.

**Art. 8º.** Fica revogada a Resolução CONTRAN nº 659/1989.

**Art. 9º.** Esta Resolução entra em vigor na data de sua publicação.

Brasília/DF, de 21 de maio de 1998.

*Renan Calheiros – Ministério da Justiça – DOU de 22.5.1998*

## RESOLUÇÃO CONTRAN Nº 026, DE 21 DE MAIO DE 1998

- *Disciplina o transporte de carga em veículos destinados ao transporte de passageiros a que se refere o art. 109 do Código de Trânsito Brasileiro.*

O Conselho Nacional de Trânsito – CONTRAN, usando da competência que lhe confere o art. 12, inciso I, da Lei nº 9.503, de 23 de setembro de 1997, que instituiu o Código de Trânsito Brasileiro – CTB, e conforme o Decreto nº 2.327, de 23 de setembro de 1997, que trata da coordenação do Sistema Nacional de Trânsito; resolve:

**Art. 1º.** O transporte de carga em veículos destinados ao transporte de passageiros, do tipo ônibus, micro-ônibus, ou outras categorias, está autorizado desde que observadas as exigências desta Resolução, bem como os regulamentos dos respectivos poderes concedentes dos serviços.

**Art. 2º.** A carga só poderá ser acomodada em compartimento próprio, separado dos passageiros, que no ônibus é o bagageiro.

**Art. 3º.** Fica proibido o transporte de produtos considerados perigosos conforme legislação específica, bem como daqueles que, por sua forma ou natureza, comprometam a segurança do veículo, de seus ocupantes ou de terceiros.

**Art. 4º.** Os limites máximos de peso e dimensões da carga, serão os fixados pelas legislações existentes na esfera federal, estadual ou municipal.

**Art. 5º.** No caso do transporte rodoviário internacional de passageiros serão obedecidos os Tratados, Convenções ou Acordos internacionais, enquanto vinculados à República Federativa do Brasil.

**Art. 6º.** Esta Resolução entra em vigor na data de sua publicação.

Brasília/DF, de 21 de maio de 1998.

*Renan Calheiros – Ministério da Justiça – DOU de 22.5.1998*

## RESOLUÇÃO CONTRAN Nº 028, DE 21 DE MAIO DE 1998

- *Dispõe sobre a circulação de veículos nas rodovias nos trajetos entre o fabricante de chassi/plataforma, montadora, encarroçadora ou implementador final até o município de destino, a que se refere a Resolução CONTRAN nº 14/1998.*

O Conselho Nacional de Trânsito – CONTRAN, usando da competência que lhe confere o art.12, I, da Lei nº 9.503, de 23 de setembro de 1997, que instituiu o Código de Trânsito Brasileiro – CTB, e conforme o Decreto nº 2.327, de 23 de setembro de 1997, que trata da coordenação do Sistema Nacional de Trânsito; resolve:

**Art. 1º.** Nos trajetos compreendidos entre o fabricante de chassi/plataforma, montadora, encarroçadora ou implementador final até o município de destino, fica facultado o trânsito nas rodovias, sem os equipamentos de pneu e aro sobressalente, macaco e chave de roda:

I – ônibus e micro-ônibus que integram o sistema de transporte urbano de passageiros nos municípios, regiões e microrregiões metropolitanas ou conglomerados urbanos;

II – caminhões dotados de características específicas para o transporte de lixo e de concreto;

III – veículos de carroçaria blindada para transporte de valores; e

IV – veículos equipados com pneus capazes de trafegar sem ar, ou com dispositivo automático de enchimento comercial.

**Art. 2º.** Esta Resolução entra em vigor na data de sua publicação.

Brasília/DF, de 21 de maio de 1998.

*Renan Calheiros – Ministério da Justiça – DOU de 22.5.1998*

## RESOLUÇÃO CONTRAN Nº 030, DE 21 DE MAIO DE 1998

● *Dispõe sobre campanhas permanentes de segurança no trânsito a que se refere o art. 75 do Código de Trânsito Brasileiro.*

O Conselho Nacional de Trânsito – CONTRAN, usando da competência que lhe confere o art.12, inciso I, da Lei nº 9.503 de 23 e setembro de 1997, que instituiu o Código de Trânsito Brasileiro – CTB, e conforme o Decreto nº 2.327, de 23 de setembro de 1997, que trata da coordenação do Sistema Nacional de Trânsito; resolve:

**Art. 1º.** O Departamento Nacional de Trânsito – DENATRAN proporá ao CONTRAN a promoção de campanhas permanentes pela segurança do trânsito, em âmbito nacional, as quais serão desenvolvidas em torno de temas específicos relacionados com os fatores de risco e com a produção dos acidentes de trânsito.

**Art. 2º.** Sem prejuízo de outros, os principais fatores de risco a serem trabalhados serão: acidentes com pedestres, ingestão de álcool, excesso de velocidade, segurança veicular, equipamentos obrigatórios dos veículos e seu uso.

**Art. 3º.** Os temas serão estabelecidos e aprovados anualmente pelo CONTRAN.

**Art. 4º.** O DENATRAN deverá oferecer as condições técnicas para que cada tema trabalhado seja monitorado antes e depois da implementação da campanha, visando a avaliar sua eficácia.

**Art. 5º.** Esta Resolução entra em vigor na data de sua publicação.

Brasília/DF, de 21 de maio de 1998.

*Renan Calheiros – Ministério da Justiça – DOU de 22.5.1998*

## RESOLUÇÃO CONTRAN Nº 031, DE 21 DE MAIO DE 1998

● *Dispõe sobre a sinalização de identificação para hidrantes, registros de água, tampas de poços de visita de galerias subterrâneas, conforme estabelece o art. 181, VI, do Código de Trânsito Brasileiro.*

O Conselho Nacional de Trânsito – CONTRAN, usando da competência que lhe confere o art.12, inciso I da Lei nº 9.503, de 23 de setembro de 1997, que instituiu o Código de Trânsito Brasileiro – CTB, e conforme o Decreto nº 2.327, de 23 de setembro de 1997, que trata da coordenação do Sistema Nacional de Trânsito; resolve:

**Art. 1º.** As áreas destinadas ao acesso prioritário para hidrantes, registros de água ou tampas de poços de visita de galerias subterrâneas deverão ser sinalizadas através de pintura na cor amarela, com linhas de indicação de proibição de estacionamento e/ou parada, conforme Anexo I.

**Art. 2º.** Esta Resolução entra em vigor 180 (cento e oitenta) dias após a data de sua publicação.

Brasília/DF, de 21 de maio de 1998.

*Renan Calheiros – Ministério da Justiça – DOU de 22.5.1998*

**Anexo**

♦ *O Anexo encontra-se disponível no site: http://www.denatran.gov.br/resolucoes.htm*

## RESOLUÇÃO CONTRAN Nº 032, DE 21 DE MAIO DE 1998

● *Estabelece modelos de placas para veículos de representação, de acordo com o art. 115, § 3º, do Código de Trânsito Brasileiro.*

O Conselho Nacional de Trânsito – CONTRAN, usando da competência que lhe confere o art. 12, inciso I, da Lei nº 9.503, de 23 de setembro de 1997, que instituiu o Código de Trânsito Brasileiro, e conforme o Decreto nº 2.327, de 23 de setembro de 1997, que dispõe sobre a coordenação do Sistema Nacional de Trânsito; resolve:

**Art. 1º.** Ficam aprovados os modelos de placa constantes do Anexo à presente Resolução, para veículos de representação dos Presidentes dos Tribunais Federais, dos Governadores, Prefeitos, Secretários Estaduais e Municipais, dos Presidentes das Assembleias Legislativas e das Câmaras Municipais, dos Presidentes dos Tribunais Estaduais e do Distrito Federal, e do respectivo chefe do Ministério Público e ainda dos Oficiais Generais das Forças Armadas.

**Art. 2º.** Poderão ser utilizados os mesmos modelos de placas para os veículos oficiais dos Vice-Governadores e dos Vice-Prefeitos, assim como para os Ministros dos Tribunais Federais, Senadores e Deputados, mediante solicitação dos Presidentes de suas respectivas instituições.

**Art. 3º.** Os veículos de representação deverão estar registrados junto ao RENAVAM.

**Art. 4º.** Esta Resolução entra em vigor 90 (noventa) dias após a data de sua publicação.

Brasília/DF, de 21 de maio de 1998.

*Renan Calheiros – Ministério da Justiça – DOU de 22.5.1998*

**Anexo**

♦ *O Anexo encontra-se disponível no site: http://www.denatran.gov.br/resolucoes.htm*

## RESOLUÇÃO CONTRAN Nº 034, DE 21 DE MAIO DE 1998

• *Complementa a Resolução CONTRAN nº 14/1998, que dispõe sobre equipamentos obrigatórios para os veículos automotores.*

O Conselho Nacional de Trânsito – CONTRAN, usando da competência que lhe confere o art. 12, inciso I, da Lei nº 9.503, de 23 de setembro de 1997, que instituiu o Código de Trânsito Brasileiro – CTB, e conforme o Decreto nº 2.327, de 23 de setembro de 1997, que trata da coordenação do Sistema Nacional de Trânsito; resolve:

**Art. 1º.** Os equipamentos obrigatórios dos tratores de roda, dos reboques de uso agrícola tracionados por trator de roda e dos implementos agrícolas serão exigidos no prazo de 360 dias, contados a partir da publicação desta Resolução.

**Art. 2º.** Esta Resolução entra em vigor na data de sua publicação.

Brasília/DF, de 21 de maio de 1998.

*Renan Calheiros – Ministério da Justiça – DOU de 22.5.1998*

## RESOLUÇÃO CONTRAN Nº 035, DE 21 DE MAIO DE 1998

• *Estabelece método de ensaio para medição de pressão sonora por buzina ou equipamento similar a que se referem os arts. 103 e 227, V, do Código de Trânsito Brasileiro e o art. 1º da Resolução CONTRAN nº 14/1998.*

O Conselho Nacional de Trânsito – CONTRAN, usando da competência que lhe confere o art. 12, inciso I, da Lei nº 9.503, de 23 de setembro de 1997 que instituiu o Código de Trânsito Brasileiro – CTB, e conforme o Decreto nº 2.327, de 23 de setembro de 1997, que trata da coordenação do Sistema Nacional de Trânsito; resolve:

**Art. 1º.** Todos os veículos automotores, nacionais ou importados, produzidos a partir de 1º.1.1999, deverão obedecer, nas vias urbanas, o nível máximo permissível de pressão sonora emitida por buzina ou equipamento similar, de 104 decibéis – dB(A), conforme determinado no Anexo.

**Art. 2º.** Todos os veículos automotores, nacionais ou importados, produzidos a partir de 1º de janeiro de 2002, deverão obedecer o nível mínimo permissível de pressão sonora emitida por buzina ou equipamento similar, de 93 decibéis – dB(A), conforme determinado no Anexo.

**Art. 3º.** Excetuam-se do disposto nos arts. 1º e 2º desta Resolução, os veículos de competição automobilística, reboques, semirreboques, máquinas de tração agrícola, máquinas industriais de trabalho e tratores.

**Art. 4º.** A buzina ou equipamento similar, a que se refere o art. 1º, não poderá produzir sons contínuos ou intermitentes, assemelhado aos utilizados, privativamente, por veículos de socorro de incêndio e salvamento, de polícia, de operação e fiscalização de trânsito e ambulância.

**Art. 5º.** Serão reconhecidos os resultados de ensaios emitidos por órgão credenciado pelo INMETRO – Instituto Nacional de Metrologia, Normalização e Qualificação, pela Comunidade Europeia ou pelos Estados Unidos da América.

**Art. 6º.** Fica revogada a Resolução CONTRAN nº 448/1971.

**Art. 7º.** Esta Resolução entra em vigor na data de sua publicação.

## Anexo

### 1 – OBJETIVO

Estabelecer método de ensaio para medição de pressão sonora emitida por buzina ou equipamento similar.

### 2 – MÉTODO DE ENSAIO

2.1 – O método de medição para buzina ou equipamento similar deverá ser aquele onde equipamento está instalado e não o realizado em bancada.

2.1.1 – A pressão sonora da buzina ou equipamento similar, quando montada no veículo, deve ser medida a uma distância de 7m, à frente do veículo e em local o mais aberto e plano possível e com o motor do veículo desligado.

2.1.2 – A pressão sonora deverá ser determinada com o microfone posicionado a uma altura entre 0,5m e 1,5m acima do nível do solo.

2.1.3 – A pressão sonora ocasionada por ruídos de fundo e devido ao vento deve ser pelo menos 10 db(A) inferior ao nível que se deseja medir.

### 3 – APARELHAGEM DE MEDIÇÃO

O sonômetro utilizado deve ser de alta qualidade.

Deve-se utilizar a rede de ponderação e a constante de tempo do aparelho que sejam mais conforme à curva A e à pronta resposta, respectivamente, conforme as especificações da Recomendação 123 da Comissão Eletrotécnica Internacional relativa aos sonômetros. Uma descrição técnica pormenorizada do aparelho utilizado deverá ser fornecida.

*Notas:*

1 – O nível sonoro medido com um sonômetro, que tenha o microfone próximo à caixa do aparelho, é suscetível de sofrer a influência, tanto da orientação do aparelho em relação à fonte sonora, quanto da disposição do observador que efetue a medição. Deve-se consequentemente, obedecer cuidadosamente às indicações fornecidas pelo fabricante quanto à orientação do sonômetro em relação à fonte sonora e ao observador.

2 – No caso da utilização, para o microfone, de um dispositivo de proteção contra o vento, é preciso levar em conta o fato de que esse dispositivo é suscetível de influenciar a sensibilidade do sonômetro.

3 – A fim de garantir a precisão das medições, é recomendável que antes de cada série de medições, se verifique a amplificação do sonômetro, com o auxílio de uma fonte sonora padrão, e se faça o ajuste, se necessário.

4 – Recomenda-se proceder, periodicamente, à aferição do sonômetro e da fonte sonora padrão, num laboratório, que disponha da aparelhagem necessária para a aferição em campo aberto. Qualquer excesso, que seria, evidentemente, incompatível com o nível geral do som medido, deverá ser desprezado.

### 4 – AMBIENTE ACÚSTICO

4.1 – O local de provas deve ter condições que assegurem a divergência hemisférica de + 1db, aproximadamente.

*Notas:*

1 – Um local de provas adequado, que poderia ser considerado ideal para as medições, seria aquele constituído por uma área impedida, com um raio de aproximadamente 50m e cujos 20m da parte central, por exemplo, fossem de concreto, asfalto ou outro material duro equivalente.

2 – Na prática, o afastamento das condições ditas ideais, resulta de quatro causas principais:

a) absorção do som pela superfície do terreno;

b) reflexo devido a objetos, tais como edifícios e árvores, ou às pessoas;

c) terreno que não é horizontal ou cujo declive não é regular em uma superfície suficientemente extensa;

d) vento.

3 – Não é possível determinar com exatidão o efeito produzido por cada uma dessas influências. Considera-se importante, entretanto, que a superfície do terreno esteja isenta de neve fofa, mato alto, terra solta ou cinzas.

4 – A fim de reduzir o efeito dos reflexos, é igualmente recomendado que, no local onde se encontra o veículo testado, a soma dos ângulos formados pelos edifícios circunvizinhos situados num raio de 50m, não ultrapasse 90°, e que não haja nenhum obstáculo importante num raio de 25m do veículo.

5 – Devem ser evitadas as concentrações sonoras e os terrenos situados entre muros paralelos.

6 – O nível dos ruídos ambientes, (incluindo o ruído do vento e, no caso dos testes com carro estacionado, o ruído do rolamento e dos pneus), deve indicar no registro do aparelho, pelo menos 10 db abaixo daquele produzido pelo veículo experimentado. Caso contrário, o nível dos ruídos existentes deverá ser expresso em função das unidades do aparelho.

7 – É preciso estar atento para que os resultados das medições não sejam falseados pelas rajadas de vento.

8 – Também é preciso levar em conta o fato de que a presença de espectadores pode influir sensivelmente nos registros do aparelho, caso se encontrem nas proximidades do veículo ou do microfone. Portanto, ninguém, a não ser o observador encarregado da leitura do aparelho deverá permanecer nas proximidades do veículo ou do microfone.

Brasília/DF, de 21 de maio de 1998.

*Renan Calheiros – Ministério da Justiça – DOU de 22.5.1998*

## RESOLUÇÃO CONTRAN Nº 036, DE 21 DE MAIO DE 1998

- *Estabelece a forma de sinalização de advertência para os veículos que, em situação de emergência, estiverem imobilizados no leito viário, conforme o art. 46 do Código de Trânsito Brasileiro.*

O Conselho Nacional de Trânsito – CONTRAN, usando da competência que lhe confere o art. 12, inciso I, da Lei nº 9.503, de 23 de setembro de 1997, que instituiu o Código de Trânsito Brasileiro – CTB; e conforme Decreto nº 2.327, de 23 de setembro de 1997, que trata da coordenação do Sistema Nacional de Trânsito; resolve:

**Art. 1º.** O condutor deverá acionar de imediato as luzes de advertência (pisca-alerta) providenciando a colocação do triângulo de sinalização ou equipamento similar à distância mínima de 30 metros da parte traseira do veículo.

Parágrafo único. O equipamento de sinalização de emergência deverá ser instalado perpendicularmente ao eixo da via, e em condição de boa visibilidade.

**Art. 2º.** Esta Resolução entra em vigor na data de sua publicação.

Brasília/DF, de 21 de maio de 1998.

*Renan Calheiros – Ministério da Justiça – DOU de 22.5.1998*

## RESOLUÇÃO CONTRAN Nº 037, DE 21 DE MAIO DE 1998

- *Fixa normas de utilização de alarmes sonoros e outros acessórios de segurança contra furto ou roubo para os veículos automotores, na forma do art. 229 do Código de Trânsito Brasileiro.*

O Conselho Nacional de Trânsito – CONTRAN, usando da competência que lhe confere o art. 12, inciso I, da Lei nº 9.503, de 23 de setembro de 1997, que instituiu o Código de Trânsito Brasileiro – CTB, e conforme o Decreto nº 2.327, de 23 de setembro de 1997, que trata da coordenação do Sistema Nacional de Trânsito; resolve:

**Art. 1º.** Reconhecer como "acessórios" os sistemas de segurança para veículos automotores, pelo uso de bloqueio elétrico ou mecânico, ou através de dispositivo sonoro, que visem dificultar o seu roubo ou furto.

Parágrafo único. O sistema de segurança, não poderá comprometer, no todo ou em parte, o desempenho operacional e a segurança do veículo.

**Art. 2º.** O dispositivo sonoro do sistema, a que se refere o art. 1º desta Resolução, não poderá:

I – produzir sons contínuos ou intermitentes assemelhados aos utilizados, privativamente, pelos veículos de socorro de incêndio e salvamento, de polícia, de operação e fiscalização de trânsito e ambulância;

II – emitir sons contínuos ou intermitentes de advertência por um período superior a 1(um) minuto.

Parágrafo único. Quanto ao nível máximo de ruído, o alarme sonoro deve atender ao disciplinado na Resolução CONTRAN nº 35/1998.

**Art. 3º.** Os veículos nacionais ou importados fabricados a partir de 1º de janeiro de 1999 deverão respeitar o disposto no inciso II do artigo anterior.

**Art. 4º.** Esta Resolução entra em vigor na data de sua publicação.

Brasília/DF, de 21 de maio de 1998.

*Renan Calheiros – Ministério da Justiça – DOU de 22.5.1998*

## RESOLUÇÃO CONTRAN Nº 038, DE 21 DE MAIO DE 1998

* *Regulamenta o art. 86 do Código de Trânsito Brasileiro, que dispõe sobre a identificação das entradas e saídas de postos de gasolina e de abastecimento de combustíveis, oficinas, estacionamentos e/ou garagens de uso coletivo.*

O Conselho Nacional de Trânsito – CONTRAN, usando da competência que lhe confere o art. 12, inciso I, da Lei nº 9.503, de 23 de setembro de 1997, que instituiu o Código de Trânsito Brasileiro – CTB, e conforme o Decreto nº 2.327, de 23 de setembro de 1997, que trata da coordenação do Sistema Nacional de Trânsito; resolve:

**Art. 1º.** A identificação das entradas e saídas de postos de gasolina e abastecimento de combustíveis, oficinas, estacionamentos e/ou garagens de uso coletivo, far-se-á:

I – Em vias urbanas:

a) Postos de gasolina e de abastecimento de combustíveis:

1. as entradas e saídas deverão ter identificação física, com rebaixamento da guia (meio-fio) da calçada, deixando uma rampa com declividade suficiente à livre circulação de pedestres e/ou portadores de deficiência;

2. nas quinas do rebaixamento serão aplicados zebrados nas cores preta e amarela;

3. as entradas e saídas serão obrigatoriamente identificadas por sinalização vertical e horizontal.

b) Oficinas, estacionamentos e/ou garagens de uso coletivo: as entradas e saídas, além do rebaixamento da guia (meio-fio) da calçada, deverão ser identificadas pela instalação, em locais de fácil visibilidade e audição aos pedestres, de dispositivo que possua sinalização com luzes intermitentes na cor amarela, bem como emissão de sinal sonoro.

II – Nas vias rurais: deverá estar em conformidade com as normas de acesso elaboradas pelo órgão executivo rodoviário ou entidade de trânsito com circunscrição sobre a via.

Parágrafo único. Nas vias urbanas, a sinalização mencionada no presente artigo deverá estar em conformidade com o Plano Diretor Urbano (PDU), o Código de Posturas ou outros dispositivos legais relacionados ao assunto.

**Art. 2º.** Para os postos de gasolina e abastecimento de combustíveis, oficinas e/ou garagens de uso coletivo instalados em esquinas de vias urbanas, a calçada será mantida inalterada até uma distância mínima de 5 metros para cada lado, contados a partir do vértice do encontro das vias.

**Art. 3º.** Esta Resolução entra em vigor 90 (noventa) dias após a data de sua publicação.

Brasília/DF, de 21 de maio de 1998.

*Renan Calheiros – Ministério da Justiça – DOU de 22.5.1998*

## RESOLUÇÃO CONTRAN Nº 043, DE 21 DE MAIO DE 1998

* *Complementa a Resolução CONTRAN nº 14/1998, que dispõe sobre equipamentos de uso obrigatório nos veículos automotores.*

O Conselho Nacional de Trânsito – CONTRAN, usando da competência que lhe confere o art. 12, inciso I, da Lei nº 9.503, de 23 de setembro de 1997, que instituiu o Código de Trânsito Brasileiro – CTB; e conforme o Decreto nº 2.327, de 23 de setembro de 1997, que trata de coordenação do Sistema Nacional de Trânsito; resolve:

**Art. 1º.** Tornar facultativo o uso em caminhões, ônibus e em micro-ônibus de espelho retrovisor interno, quando portarem espelhos retrovisores externos esquerdo e direito.

**Art. 2º.** Esta Resolução entra em vigor na data de sua publicação.

Brasília/DF, de 21 de maio de 1998.

*Renan Calheiros – Ministério da Justiça – DOU de 22.5.1998*

## RESOLUÇÃO CONTRAN Nº 044, DE 21 DE MAIO DE 1998

* *Dispõe sobre os requisitos técnicos para o encosto de cabeça, de acordo com o art. 105, III, do Código de Trânsito Brasileiro.*

O Conselho Nacional de Trânsito – CONTRAN, usando da competência que lhe confere o art. 12, inciso I, da Lei nº 9.503, de 23 de setembro de 1997, que instituiu o Código de Trânsito Brasileiro – CTB; e conforme o Decreto nº 2.327, de 23 de setembro de 1997, que trata da coordenação do Sistema Nacional de Trânsito; resolve:

**Art. 1º.** Os automóveis nacionais ou importados, deverão ser dotados, obrigatoriamente, de encosto de cabeça nos assentos dianteiros próximos às portas e nos traseiros laterais, quando voltados para frente do veículo.

§ 1º. A aplicação do encosto de cabeça nos assentos centrais é facultativa.

§ 2º. Nos automóveis esportivos do tipo dois mais dois ou nos modelos conversíveis é facultado o uso do encosto de cabeça nos bancos traseiros.

**Art. 2º.** Os automóveis, nacionais ou importados, produzidos a partir de 1º de janeiro de 1999, com código marca/modelo deferido pelo órgão máximo executivo de trânsito da União até 31 de dezembro de 1998, deverão ser dotados, obrigatoriamente, de encosto de cabeça nos assentos dianteiros próximos às portas, sendo facultada sua instalação nos demais assentos.

**Art. 3º.** O disposto no art. 1º aplica-se ao desenvolvimento de novos projetos, a partir de 1º de janeiro de 1999.

Parágrafo único. Não se considera como projeto novo a derivação de um mesmo modelo básico de veículo.

**Art. 4º.** Para efeito de aplicação do encosto de cabeça, serão aceitos os resultados de ensaios emitidos por órgãos credenciados pela Comunidade Europeia ou Estados Unidos da América, de conformidade com os procedimentos oficiais lá adotados, na falta de padronização nacional, bem como os testes feitos no Brasil por órgãos oficiais competentes ou outros por eles credenciados, de acordo com os procedimentos europeus ou americanos.

**Art. 5º.** Esta Resolução entra em vigor na data de sua publicação.

Brasília/DF, de 21 de maio de 1998.

*Renan Calheiros – Ministério da Justiça – DOU de 22.5.1998*

## RESOLUÇÃO CONTRAN Nº 046, DE 21 DE MAIO DE 1998

- *Estabelece os equipamentos de segurança obrigatórios para as bicicletas conforme disciplina o art. 105, VI, do Código de Trânsito Brasileiro e o art. 5º da Resolução CONTRAN nº 14/1998.*

O Conselho Nacional de Trânsito – CONTRAN, usando da competência que lhe confere o art. 12, inciso I, da Lei nº 9.503, de 23 de setembro de 1997, que instituiu o Código de Trânsito Brasileiro – CTB, e conforme o Decreto nº 2.327, de 23 de setembro de 1997, que trata da coordenação do Sistema Nacional de Trânsito; resolve:

**Art. 1º.** As bicicletas com aro superior a vinte deverão ser dotadas dos seguintes equipamentos obrigatórios:

I – espelho retrovisor do lado esquerdo, acoplado ao guidom e sem haste de sustentação;

II – campainha, entendido como tal o dispositivo sonoro mecânico, eletromecânico, elétrico, ou pneumático, capaz de identificar uma bicicleta em movimento;

III – sinalização noturna, composta de retrorrefletores, com alcance mínimo de visibilidade de trinta metros, com a parte prismática protegida contra a ação das intempéries, nos seguintes locais:

a) na dianteira, nas cores branca ou amarela;

b) na traseira na cor vermelha;

c) nas laterais e nos pedais de qualquer cor.

**Art. 2º.** Estão dispensadas do espelho retrovisor e da campainha as bicicletas destinadas à prática de esportes, quando em competição dos seguintes tipos:

I – *mountain bike* (ciclismo de montanha);

II – *down hill* (descida de montanha);

III – *free style* (competição estilo livre);

IV – competição olímpica e panamericana;

V – competição em avenida, estrada e velódromo;

VI – outros.

**Art. 3º.** Esses equipamentos obrigatórios serão exigidos a partir de 1º de janeiro de 2000.

**Art. 4º.** Esta Resolução entra em vigor na data de sua publicação.

Brasília/DF, de 21 de maio de 1998.

*Renan Calheiros – Ministério da Justiça – DOU de 22.5.1998*

# RESOLUÇÃO CONTRAN Nº 048, DE 21 DE MAIO DE 1998

* *Estabelece requisitos de instalação e procedimentos para ensaios de cintos de segurança de acordo com o inciso I do art. 105 do Código de Trânsito Brasileiro.*

O Conselho Nacional de Trânsito – CONTRAN, usando da competência que lhe confere o art. 12, inciso I, da Lei nº 9.503, de 23 de setembro de 1997, que instituiu o Código de Trânsito Brasileiro – CTB, e conforme o Decreto nº 2.327, de 23 de setembro de 1997, que trata da coordenação do Sistema Nacional de Trânsito; resolve:

**Art. 1º.** Os cintos de segurança afixados nos veículos deverão observar os requisitos mínimos estabelecidos no Anexo único desta Resolução.

**Art. 2º.** Fica revogada a Resolução CONTRAN nº 658/1985.

**Art. 3º.** Esta Resolução entra em vigor na data de sua publicação

**Anexo**

## CINTO DE SEGURANÇA EM VEÍCULOS AUTOMOTORES

1 – OBJETIVO

Fixar os requisitos mínimos para instalação, especificação e procedimentos de ensaios de cintos de segurança.

2 – APLICAÇÃO

Aplica-se aos automóveis, caminhonetes, camionetas, caminhões, veículos de uso misto e aos veículos de transporte de escolares.

3 – REQUISITOS

3.1 – Da instalação nos assentos voltados para frente.

3.1.1 – Automóveis e mistos deles derivados:

3.1.1.1 – Nos assentos dianteiros próximos às portas, o tipo três pontos, com retrator. Os veículos produzidos a partir de 1º de janeiro de 1999 deverão ser dotados nos assentos dianteiros próximos às portas, de cintos do tipo três pontos graduável, com retrator.

3.1.1.1.1 – Será admitida a graduação que permita no mínimo uma posição alternativa de ancoragem na fixação superior do cinto de segurança à coluna.

3.1.1.1.2 – A graduação também poderá ser atendida pela montagem da fixação superior do cinto de segurança junto ao encosto do banco ou pelo ponto de afivelamento do cinto de segurança ancorado na forma da legislação pertinente. Nestes dois casos o cinto movimenta-se simultaneamente ao ajuste do banco no sentido longitudinal.

3.1.1.2 – Nos assentos dianteiros intermediários, o do tipo três pontos, com ou sem retrator, ou do tipo Subabdominal.

3.1.1.3 – Nos assentos traseiros laterais, o do tipo três pontos, com ou sem retrator, ou do tipo Subabdominal.

3.1.1.4 – Os veículos dotados de assentos traseiros laterais ajustáveis no sentido longitudinal produzidos a partir de 1º de janeiro de 1999, deverão ser dotados de cintos do tipo três pontos Graduável, com ou sem retrator.

3.1.1.4.1 – Observar o disposto no item 3.1.1.1.1.

3.1.1.4.2 – Observar o disposto no item 3.1.1.1.2.

3.1.1.5 – Os veículos produzidos a partir de 1º.1.1999 nos assentos traseiros laterais que não se enquadrem no item 3.1.1.4 deverão ser dotados de cintos do tipo três pontos, com ou sem retrator.

3.1.1.6 – Nos assentos traseiros intermediários, o do tipo três pontos, com ou sem retrator, ou do tipo Subabdominal.

3.1.1.7 – Nos assentos dos automóveis conversíveis, o tipo três pontos, com ou sem retrator, ou do tipo Subabdominal.

3.1.1.8 – Nos assentos individuais dianteiros é facultada a instalação de cintos de segurança do tipo Suspensório.

3.1.2 – Caminhonetes e veículos de uso misto:

3.1.2.1 – Nos assentos dianteiros próximos às portas, o tipo três pontos, com ou sem retrator.

3.1.2.2 – Nos assentos dianteiros intermediários, o do tipo três pontos, com ou sem retrator, ou tipo Subabdominal.

3.1.2.3 – Nos assentos traseiros, laterais e intermediários, quando existentes, o do tipo três pontos, com ou sem retrator, ou do tipo Subabdominal.

3.1.3 – Caminhões:

3.1.3.1 – Nos assentos próximos às portas e assentos intermediários, o tipo três pontos, com ou sem retrator, ou do tipo Subabdominal.

3.1.4 – Veículos para o transporte de escolares:

3.1.4.1 – No assento do condutor, o do tipo três pontos, com ou sem retrator.

3.1.4.2 – Nos demais assentos, o do tipo três pontos, com ou sem retrator, ou do tipo Subabdominal.

3.1.5 – Nos veículos fabricados a partir de 1º de janeiro de 1984 até 16 de setembro de 1985, é admitida a instalação de cintos do tipo três pontos sem retrator.

3.1.6 – Para os veículos nacionais ou importados anteriores aos ano/modelo de 1984, fabricados até 31 de dezembro de 1983, serão admitidos os cintos de segurança, cujos modelos estejam de acordo com as normas anteriores em vigor.

3.2 – Da instalação nos assentos que não estejam voltados para a frente do veículo.

3.2.1 – Cintos de segurança do tipo Subabdominal.

3.3 – Da especificação.

3.3.1 – O cinto de segurança deverá atender a norma NBR 7337.

3.4 – Do método de ensaio.

3.4.1 – O método de ensaio do cinto de segurança deverá atender a norma NBR 7338.

3.4.2 – Também serão reconhecidos os resultados de ensaios realizados por órgãos credenciados pela Comunidade Europeia, ou pelos Estados Unidos da América.

Brasília/DF, de 21 de maio de 1998.

*Renan Calheiros – Ministério da Justiça – DOU de 22.5.1998*

## RESOLUÇÃO CONTRAN Nº 053, DE 21 DE MAIO DE 1998

* *Estabelece critérios em caso de apreensão de veículos e recolhimento aos depósitos, conforme art. 262 do Código de Trânsito Brasileiro.*

O Conselho Nacional de Trânsito – CONTRAN, usando da competência que lhe confere o art. 12, inciso I, da Lei nº 9.503, de 23 de setembro de 1997, que instituiu o Código de Trânsito Brasileiro – CTB, e conforme Decreto nº 2.327, de 23 de setembro de 1997, que trata da coordenação do Sistema Nacional de Trânsito; resolve:

**Art. 1º.** O procedimentos e os prazos de custódia dos veículos apreendidos em razão de penalidade aplicada, obedecerão ao disposto nesta Resolução.

**Art. 2º.** Caberá ao agente de trânsito responsável pela apreensão do veículo, emitir Termo de Apreensão de Veículo, que discriminará:

I – os objetos que se encontrem no veículo;

II – os equipamentos obrigatórios ausentes;

III – o estado geral da lataria e da pintura;

IV – os danos causados por acidente, se for o caso;

V – identificação do proprietário e do condutor, quando possível;

VI – dados que permitam a precisa identificação do veículo.

§ 1º. O Termo de Apreensão de Veículo será preenchido em três vias, sendo a primeira destinada ao proprietário ou condutor do veículo apreendido; a segunda ao órgão ou entidade responsável pela custódia do veículo; e a terceira ao agente de trânsito responsável pela apreensão.

§ 2º. Estando presente o proprietário ou o condutor no momento da apreensão, o Termo de Apreensão de Veículo será apresentado para sua assinatura, sendo-lhe entregue a primeira via; havendo recusa na assinatura, o agente fará constar tal circunstância no Termo, antes de sua entrega.

§ 3º. O agente de trânsito recolherá o Certificado de Registro e Licenciamento de Veículo (CRLV), contra entrega de recibo ao proprietário ou condutor, ou informará, no Termo de Apreensão, o motivo pelo qual não foi recolhido.

**Art. 3º.** O órgão ou entidade responsável pela apreensão do veículo fixará o prazo de custódia, tendo em vista as circunstâncias da infração e obedecidos os critérios abaixo:

I – de 1 (um) a 10 (dez) dias, para penalidade aplicada em razão de infração para a qual não seja prevista multa agravada;

II – de 11 (onze) a 20 (vinte) dias, para penalidade aplicada em razão de infração para a qual seja prevista multa agravada com fator multiplicador de três vezes;

III – de 21 (vinte e um) a 30 (trinta) dias, para penalidade aplicada em razão de infração para a qual seja prevista multa agravada com fator multiplicador de cinco vezes.

**Art. 4º.** Em caso de veículo transportando carga perigosa ou perecível e de transporte coletivo de passageiros, aplicar-se-á o disposto no § 5º do art. 270 do Código de Trânsito Brasileiro.

**Art. 5º.** Esta Resolução entra em vigor na data de sua publicação

Brasília/DF, de 21 de maio de 1998.

*Renan Calheiros – Ministério da Justiça – DOU de 22.5.1998*

## RESOLUÇÃO CONTRAN Nº 056, DE 21 DE MAIO DE 1998

- *Disciplina a identificação e emplacamento dos veículos de coleção, conforme dispõe o art. 97 do Código de Trânsito Brasileiro.*
- *Com a alteração da Resolução CONTRAN nº 127, de 6.8.2001.*

O Conselho Nacional de Trânsito – CONTRAN, usando da competência que lhe confere o art. 12, inciso I, da Lei nº 9.503, de 23 de setembro de 1997, que instituiu o Código de Trânsito Brasileiro – CTB, e conforme o Decreto nº 2.327, de 23 de setembro de 1997, que dispõe sobre a coordenação do Sistema Nacional de Trânsito; resolve:

**Art. 1º.** São considerados veículos de coleção aqueles que atenderem, cumulativamente, aos seguintes requisitos:

I – ter sido fabricado há mais de trinta anos; *(Inciso I com redação dada pela Resolução CONTRAN nº 127/2001)*

II – conservar suas características originais de fabricação;

III – integrar uma coleção;

IV – apresentar Certificado de Originalidade, reconhecido pelo Departamento Nacional de Trânsito — DENATRAN.

§ 1º. O Certificado de Originalidade de que trata o inciso IV deste artigo atestará as condições estabelecidas nos seus incisos I a III e será expedido por entidade credenciada e reconhecida pelo DENATRAN de acordo com o modelo Anexo, sendo o documento necessário para o registro.

§ 2º. A entidade de que trata o parágrafo anterior será pessoa jurídica, sem fins lucrativos, e instituída para a promoção da conservação de automóveis antigos e para a divulgação dessa atividade cultural, de comprovada atuação nesse setor, respondendo pela legitimidade do Certificado que expedir.

§ 3º. O Certificado de Originalidade, expedido conforme modelo constante do Anexo desta Resolução, é documento necessário para o registro de veículo de coleção no órgão de trânsito.

**Art. 2º.** O disposto nos arts. 104 e 105 do Código de Trânsito Brasileiro não se aplica aos veículos de coleção.

**Art. 3º.** Os veículos de coleção serão identificados por placas dianteira e traseira, neles afixadas, de acordo com os procedimentos técnicos e operacionais estabelecidos pela Resolução CONTRAN nº 45/1998.

**Art. 4º.** As cores das placas de que trata o artigo anterior serão em fundo preto e caracteres cinza.

**Art. 5º.** Fica revogada a Resolução CONTRAN nº 771/1993.

**Art. 6º.** Esta Resolução entra em vigor na data de sua publicação.

Brasília/DF, de 21 de maio de 1998.

*Renan Calheiros – Ministério da Justiça – DOU de 22.5.1998*

**Anexo** *(Anexo com redação dada pela Resolução CONTRAN nº 127/2001)*

(Identificação da Entidade)

CERTIFICADO DE ORIGINALIDADE

Certifico que o veículo cujas características são abaixo descritas, tendo sido examinado, possui mais de 30 anos de fabricação; é mantido como objeto de coleção; ostenta valor histórico por suas características originais; mantém pleno funcionamento os equipamentos de segurança de sua fabricação, estando apto a ser licenciado como Veículo Antigo, pelo que se expede o presente *Certificado de Originalidade*.

Veículo: marca, tipo, modelo, ano de fabricação, placa atual

(nome da cidade, sigla do Estado, data)

assinatura do responsável pela Certificação

(nome por extenso)

(qualificação junto à entidade)

(endereço e telefone da entidade)

## RESOLUÇÃO CONTRAN Nº 060, DE 21 DE MAIO DE 1998

- *Dispõe sobre a permissão de utilização de controle eletrônico para o registro do movimento de entrada e saída e de uso de placas de experiência pelos estabelecimentos constantes do art. 330 do Código de Trânsito Brasileiro.*

O Conselho Nacional de Trânsito – CONTRAN, usando da competência que lhe confere o art. 12, inciso I, da Lei nº 9.503, de 23 de setembro de 1997, que instituiu o Código de Trânsito Brasileiro – CTB e, conforme o Decreto nº 2.327, de 23 de setembro de 1997, que trata da coordenação do Sistema Nacional de Trânsito; resolve:

**Art. 1º.** Permitir que os estabelecimentos a que se refere o art. 330 do Código de Trânsito Brasileiro possam utilizar o livro de registro de movimento de entrada e saída de veículos e de uso de placas de experiência, de modo informatizado, respeitados os dispositivos do referido artigo e desta Resolução.

**Art. 2º.** A autorização para utilização de meio eletrônico será dada pelo órgão de trânsito, mediante requerimento e apresentação, pelo estabelecimento interessado, do sistema de controle a ser empregado.

**Art. 3º.** Os dados registrados a partir da ordem de serviço conterão todos elementos elencados no art. 330 do Código de Trânsito Brasileiro e serão transcritos em listagens com páginas numeradas, que deverão ser levadas a repartição de trânsito para serem autenticadas, até o décimo dia do mês seguinte ao de referência.

**Art. 4º.** A via original da ordem de serviço e seus complementos serão arquivados pelo estabelecimento pelo prazo de 12 (doze) meses, contados do primeiro dia do mês subsequente a sua emissão.

**Art. 5º.** As listagens vistadas pela repartição de trânsito serão arquivadas pelo prazo de 5 (cinco) anos.

**Art. 6º.** As autoridades de trânsito e as autoridades policiais terão acesso às ordens de serviço, ao controle informatizado e as listagens, sempre que as solicitarem, não podendo, entretanto, retirá-las do estabelecimento.

**Art. 7º.** A falta de qualquer documento da regularidade de sua emissão ou de autenticação da repartição de trânsito e a recusa da exibição de qualquer documento ou do controle eletrônico, será punido com a multa prevista para as infrações gravíssimas, independentemente das demais combinações legais.

**Art. 8º.** Esta Resolução entra em vigor na data de sua publicação.

Brasília/DF, de 21 de maio de 1998.

*Renan Calheiros – Ministério da Justiça – DOU de 22.5.1998*

## RESOLUÇÃO CONTRAN Nº 061, DE 21 DE MAIO DE 1998

- *Esclarece os arts. 131 e 133 do Código de Trânsito Brasileiro que trata do Certificado de Licenciamento Anual.*

O Conselho Nacional de Trânsito – CONTRAN, usando da competência que lhe confere o art. 12, inciso I, da Lei nº 9.503, de 23 de setembro de 1997, que instituiu o Código de Trânsito Brasileiro – CTB e, conforme o Decreto nº 2.327, de 23 de setembro de 1997, que dispõe sobre a coordenação do Sistema Nacional de Trânsito; resolve:

**Art. 1º.** O Certificado de Registro e Licenciamento do Veículo – CRLV, conforme modelo anexo à Resolução CONTRAN nº 16/1998 é o Certificado de Licenciamento Anual de que trata o Código de Trânsito Brasileiro.

**Art. 2º.** Esta Resolução entra em vigor na data de sua publicação.

Brasília/DF, de 21 de maio de 1998.

*Renan Calheiros – Ministério da Justiça – DOU de 22.5.1998*

**Anexo**

♦ *O Anexo encontra-se disponível no site: http://www.denatran.gov.br/resolucoes.htm*

## RESOLUÇÃO CONTRAN Nº 062, DE 21 DE MAIO DE 1998

- *Estabelece o uso de pneus extralargos e define seus limites de peso de acordo com o parágrafo único do art. 100 do Código de Trânsito Brasileiro.*

O Conselho Nacional de Trânsito – CONTRAN, no uso das atribuições legais que lhe conferem o art. 12, inciso I, da Lei nº 9.503 de 23 de setembro de 1997 que instituiu o Código de Trânsito Brasileiro – CTB; e conforme o Decreto nº 2.327, de 23 de setembro de 1997, que dispõe sobre a coordenação do Sistema Nacional de Trânsito; resolve:

**Art. 1º.** É permitida a utilização de pneus com banda extra-larga (*SINGLE*) do tipo 385/65 R 22.5 em semirreboques e reboques dotados de suspensão pneumática com eixos em tandem.

Parágrafo único. Para essas configurações será admitido o peso bruto máximo transmitido, por conjunto de eixos em tandem, sendo de 17 toneladas para o tandem duplo e 25,5 toneladas para o tandem triplo.

**Art. 2º.** A utilização de outros tipos de pneus *SINGLE* em veículo trator, reboque ou semirreboque observadas os limites de peso por eixo fixados na Resolução CONTRAN nº 12/1998, de 12 de fevereiro de 1998, com suspensão, tipo ou dimensão de pneu diferente da mencionada no art. anterior, estará sujeita à APEX – Autorização Provisória Experimental, na forma do Anexo I, pelo prazo de 2 (dois) anos, renovável por igual período até sua regulamentação, fornecida pelo órgão rodoviário da União.

**Art. 3º.** A expedição da APEX fica condicionada à apresentação prévia da especificação técnica do equipamento e do pneu pelos interessados e terá validade nas vias de todo território nacional.

**Art. 4º.** A autorização provisória experimental, fica sujeita a apresentação de relatório semestral, conforme Anexo II, com as seguintes informações:

I – velocidades médias;

II – cargas transportadas e seus pesos;

III – rotas percorridas;

IV – consumo de combustível; e

V – desempenho do conjunto comparado com unidade convencional.

Parágrafo único. Não sendo apresentado o relatório semestral será cancelada a APEX.

**Art. 5º.** Após o período experimental, o Departamento Nacional de Estradas de Rodagem – DNER apresentara ao CONTRAN proposta de regulamentação de novos tipos de pneus com banda extra-larga, suspensão, e limites de peso.

**Art. 6º.** Fica revogada a Resolução CONTRAN nº 787/1994.

**Art. 7º.** Esta Resolução entra em vigor na data de sua publicação.

Brasília/DF, de 21 de maio de 1998.

*Renan Calheiros – Ministério da Justiça – DOU de 22.5.1998*

**Anexo**

♦ *O Anexo encontra-se disponível no site: http://www.denatran.gov.br/resolucoes.htm*

## RESOLUÇÃO CONTRAN Nº 063, DE 21 DE MAIO DE 1998

• *Disciplina o registro e licenciamento de veículos de fabricação artesanal, conforme o art. 106 do Código de Trânsito Brasileiro.*

O Conselho Nacional de Trânsito – CONTRAN, usando da competência que lhe confere o art. 12, inciso I, da Lei nº 9.503, de 23 de setembro de 1997, que instituiu o Código de Trânsito Brasileiro – CTB, e conforme Decreto nº 2.327, de 23 de setembro de 1997, que dispõe sobre a coordenação do Sistema Nacional de Trânsito; resolve:

**Art. 1º.** Considera-se veículo de fabricação artesanal todo e qualquer veículo concebido e fabricado sob responsabilidade de pessoa física ou jurídica, atendendo a todos os preceitos de construção veicular, de modo que o nome do seu primeiro proprietário sempre coincida com o nome do fabricante.

**Art. 2º.** Para proceder o registro e licenciamento dos veículos de que trata esta Resolução, o órgão de trânsito local deverá exigir do(s) proprietário(s) a apresentação do Certificado de Segurança Veicular – CSV expedido por entidade credenciada pelo INMETRO – Instituto Nacional de Metrologia, Normalização e Qualificação, conforme regulamentação específica, e os principais componentes utilizados, de acordo com as especificações do Anexo II.

§ 1º. No caso dos reboques de fabricação própria, cujo o Peso Bruto Total – PBT não ultrapasse a 350 (trezentos e cinquenta) quilogramas, o comprovante de que trata o *caput* deste artigo, poderá ser substituído por laudo emitido por profissional legalmente habilitado perante o Conselho Regional de Engenharia, Arquitetura e Agronomia – CREA, na área de mecânica ou segurança veicular.

§ 2º. Os procedimentos técnicos para operacionalização do disposto no parágrafo anterior, serão de acordo com a regulamentação específica do INMETRO.

**Art. 3º.** Será permitido registro e licenciamento de no máximo 3 (três) veículos para cada fabricante, no período de 1º de janeiro a 31 de dezembro de cada ano.

**Art. 4º.** O sistema de identificação dos veículos será feito de acordo com o Anexo I.

**Art. 5º.** No caso específico de reboque, o sistema de engate entre o reboque e veículo trator deverá estar normatizado de acordo com a NBR 5545 da ABNT, quando aplicável.

**Art. 6º.** O número do Certificado de Segurança Veicular – CSV ou registro do profissional legalmente habilitado pelo CREA, deverá ser inserido nos dados cadastrais dos reboques e veículos automotores que se encontram no Registro Nacional de Veículos Automotores – RENAVAM – BIN, em campo próprio.

Parágrafo único. A inserção desses dados no RENAVAM ocorrerá somente após a adequação do sistema.

**Art. 7º.** Fica vedada a fabricação de veículo artesanal do tipo ônibus, micro-ônibus e caminhão.

**Art. 8º.** Fica revogada a Resolução CONTRAN nº 758/1992.

**Art. 9º.** Esta Resolução entra em vigor na data de sua publicação.

Brasília/DF, de 21 de maio de 1998.

*Renan Calheiros – Ministério da Justiça – DOU de 22.5.1998*

**Anexos**

♦ *Os Anexos encontram-se disponíveis no site: http://www.denatran.gov.br/resolucoes.htm*

## RESOLUÇÃO CONTRAN Nº 069, DE 23 DE SETEMBRO DE 1998

• *Revoga a Resolução CONTRAN nº 47, de 21 de maio de 1998, que define as características e estabelece critérios para o reboque de carretas por motocicletas.*

O Conselho Nacional de Trânsito – CONTRAN, usando da competência que lhe confere o inciso I do art. 12 da Lei nº 9.503, de 23 de setembro de 1997, que instituiu o Código de Trânsito Brasileiro – CTB e, conforme o Decreto nº 2.327, de 23 de setembro de 1997, que trata da coordenação do Sistema Nacional de Trânsito – SNT; e

Considerando o disposto no art. 244, inciso VI, do Código de Trânsito Brasileiro – CTB; e a Deliberação deste Conselho constante do Processo no 08021.001167/98-39 – DENATRAN; resolve:

**Art. 1º.** Revogar a Resolução CONTRAN nº 47/1998, que define as características e estabelece critérios para o reboque de carretas por motocicletas.

**Art. 2º.** Esta Resolução entra em vigor na data de sua publicação.

Brasília/DF, 23 de setembro de 1998.

*Renan Calheiros – Ministério da Justiça – DOU de 25.9.1998*

## RESOLUÇÃO CONTRAN Nº 078, DE 19 DE NOVEMBRO DE 1998

• *Trata das normas e requisitos de segurança para a fabricação, montagem e transformação de veículos.*

O Conselho Nacional de Trânsito – CONTRAN, usando da competência que lhe confere o art. 12, inciso I, c/c os arts. 159 e 148 §§ 2º e 3º da Lei nº 9.503, de 23 de setembro de 1997, que instituiu o Código de Trânsito Brasileiro – CTB, e conforme o Decreto nº 2.327, de 23 de setembro de 1997, que trata da coordenação do Sistema Nacional de Trânsito; resolve:

**Art. 1º.** As normas e requisitos de identificação e segurança para a fabricação, montagem e transformação de veículos, consoante sua destinação, de acordo com os incisos XXV e XXVI, do art. 19, do Código de Trânsito Brasileiro – CTB serão consolidados e estabelecidos, mediante portaria do órgão máximo executivo de trânsito da União.

**Art. 2º.** Esta Resolução entra em vigor na data de sua publicação.

Brasília/DF, 19 de novembro de 1998.

*Renan Calheiros – Ministério da Justiça – DOU de 20.11.1998*

## RESOLUÇÃO CONTRAN Nº 082, DE 19 DE NOVEMBRO DE 1998

• *Dispõe sobre a autorização, a título precário, para o transporte de passageiros em veículos de carga.*

O Conselho Nacional de Trânsito – CONTRAN, usando da competência que lhe confere o art. 12, inciso I, da Lei nº 9.503, de 23 de setembro de 1997, que instituiu o Código de Trânsito Brasileiro – CTB, e conforme o Decreto nº 2.327, de 23 de setembro de 1997, que trata da coordenação do Sistema Nacional de Trânsito; resolve:

**Art. 1º.** O transporte de passageiros em veículos de carga, remunerado ou não, poderá ser autorizado eventualmente e a título precário, desde que atenda aos requisitos estabelecidos nesta Resolução.

**Art. 2º.** Este transporte só poderá ser autorizado entre localidades de origem e destino que estiverem situadas em um mesmo município, municípios limítrofes, municípios de um mesmo Estado, quando não houver linha regular de ônibus ou as linhas existentes não forem suficientes para suprir as necessidades daquelas comunidades.

§ 1º. A autorização de transporte será concedida para uma ou mais viagens, desde que não ultrapasse a validade do Certificado de Registro e Licenciamento do Veículo – CRLV.

§ 2º. Excetua-se do estabelecido neste artigo, a concessão de autorização de trânsito entre localidades de origem e destino fora dos limites de jurisdição do município, nos seguintes casos:

I – migrações internas, desde que o veículo seja de propriedade dos migrantes;

II – migrações internas decorrentes de assentamento agrícolas de responsabilidade do Governo;

III – viagens por motivos religiosos, quando não houver condições de atendimento por transporte de ônibus;

IV – transporte de pessoas vinculadas a obras e/ou empreendimentos agroindústriais, enquanto durar a execução dessas obras ou empreendimentos;

V – atendimento das necessidades de execução, manutenção ou conservação de serviços oficiais de utilidade pública.

§ 3º. Nos casos dos incisos I, II e III do parágrafo anterior, a autorização será concedida para cada viagem, e, nos casos dos incisos IV e V, será concedida por período de tempo a ser estabelecido pela autoridade competente, não podendo ultrapassar o prazo de um ano.

**Art. 3º.** São condições mínimas para concessão de autorização que os veículos estejam adaptados com:

I – bancos com encosto, fixados na estrutura da carroceria;

II – carroceria, com guardas altas em todo o seu perímetro, em material de boa qualidade e resistência estrutural;

III – cobertura com estrutura em material de resistência adequada;

Parágrafo único. Os veículos referidos neste artigo só poderão ser utilizados após vistoria da autoridade competente para conceder a autorização de trânsito.

**Art. 4º.** Satisfeitos os requisitos enumerados no artigo anterior, a autoridade competente estabelecerá no documento de autorização as condições de higiene e segurança, definindo os seguintes elementos técnicos:

I – o número de passageiros (lotação) a ser transportado;

II – o local de origem e de destino do transporte;

III – o itinerário a ser percorrido;

IV – o prazo de validade da autorização.

**Art. 5º.** O número máximo de pessoas admitidas no transporte será calculado na base de 35dm$^2$ (trinta e cinco decímetros quadrados) do espaço útil da carroceria por pessoa, incluindo-se o encarregado da cobrança de passagem e atendimento aos passageiros.

**Art. 6º.** Para o transporte de passageiros em veículos de carga não poderá ser utilizados os denominados "basculantes" e os "boiadeiros".

**Art. 7º.** As autoridades com circunscrição sobre as vias a serem utilizadas no percurso pretendido são competentes para autorizar, permitir e fiscalizar esse transporte, por meio de seus órgãos próprios.

**Art. 8º.** Pela inobservância ao disposto nesta Resolução, fica o proprietário, ou o condutor do veículo, conforme o caso, sujeito às penalidades aplicáveis simultânea ou cumulativamente, e independentemente das demais infrações previstas na legislação de trânsito.

**Art. 9º.** Esta Resolução entra em vigor na data de sua publicação.

**Art. 10.** Fica revogada a Resolução CONTRAN nº 683/1987.

Brasília/DF, 19 de novembro de 1998.

*Renan Calheiros – Ministério da Justiça – DOU de 20.11.1998*

## RESOLUÇÃO CONTRAN Nº 087, DE 4 DE MAIO DE 1999

- *Dá nova redação à alínea "a" e cria a alínea "c" inciso III do art. 2º, prorroga o prazo referente ao inciso II do art. 6º da Resolução CONTRAN nº 14/1998, que estabelece os equipamentos obrigatórios para a frota de veículos em circulação e dá outras providências.*
- *Prazos alterados pela Resolução CONTRAN nº 103, de 21.12.1999.*

O Conselho Nacional de Trânsito – CONTRAN, usando da competência que lhe confere o art. 12, inciso I, da Lei nº 9.503, de 23 de setembro de 1997, que instituiu o Código de Trânsito Brasileiro, e conforme o Decreto nº 2.327, de 23 de setembro de 1997, que trata da coordenação do Sistema Nacional de Trânsito, e tendo em vista o constante no art. 319 do CTB e a alínea "a", do inciso III, do art. 2º da Resolução CONTRAN nº 14/1998 e ainda, a Deliberação nº 03 *ad referedum* do Presidente do Conselho Nacional de Trânsito – CONTRAN, publicada no *Diário Oficial da União* de 4 de fevereiro de 1999; resolve:

**Art. 1º.** O art. 2º da Resolução CONTRAN nº 14/1998 passa a vigorar com a seguinte redação: *(Alteração já efetuada no corpo da Resolução)*

**Art. 2º.** Prorroga para 30 de setembro 1999 a entrada em vigor do disposto no inciso II do art. 6º da Resolução CONTRAN nº 14/1998.

**Art. 3º.** Fica mantida a obrigatoriedade do uso do registrador inalterável de velocidade e tempo para os veículos de transporte de cargas de produtos perigosos, escolares e de passageiros com mais de 10 (dez) lugares (ônibus e micro-ônibus).

**Art. 4º.** As penalidades aplicadas, no período de 1º de janeiro até a presente data, em razão da falta do registrador inalterável de velocidade e tempo nos veículos constantes na alínea "a", inciso III, do art. 2º e no inciso II, do art. 6º, da Resolução CONTRAN nº 14/1998, de acordo com o disposto nos arts. 1º e 2º desta Resolução, não serão consideradas.

**Art. 5º.** Esta Resolução entra em vigor na data de sua publicação.

Brasília/DF, 4 de maio de 1999.

*Renan Calheiros – Ministro da Justiça – Presidente – DOU de 6.5.1999*

## RESOLUÇÃO CONTRAN Nº 088, DE 4 DE MAIO DE 1999

- *Estabelece modelo de placa para veículos de representação e dá outras providências.*

O Conselho Nacional de Trânsito – CONTRAN, usando da competência que lhe confere o art. 12, inciso I, da Lei nº 9.503, de 23 de setembro de 1997, que instituiu o Código de Trânsito Brasileiro- CTB, e conforme o Decreto nº 2.327, de 23 de setembro de 1997, que dispõe sobre a coordenação do Sistema Nacional de Trânsito; resolve:

**Art. 1º.** Aprovar o modelo de placa constante no Anexo desta Resolução para os veículos de representação dos Secretários de Estado do Governo Federal.

**Art. 2º.** Esta Resolução entra em vigor na data de sua publicação.

Brasília/DF, 4 de maio de 1999.

*Renan Calheiros – Ministro da Justiça – Presidente – DOU de 6.5.1999*

**Anexo**

♦ *O Anexo encontra-se disponível no site: http://www.denatran.gov.br/resolucoes.htm*

## RESOLUÇÃO CONTRAN Nº 092, DE 4 DE MAIO DE 1999

- *Dispõe sobre requisitos técnicos mínimos do registrador instantâneo e inalterável de velocidade e tempo, conforme o Código de Trânsito Brasileiro.*
- *Com a redação dada pela Resolução CONTRAN nº 406, de 12.6.2012.*

O Conselho Nacional de Trânsito – CONTRAN, usando da competência que lhe confere os arts. 7º e 12 da Lei nº 9.503, de 23 de setembro de 1997, que instituiu o Código de Trânsito Brasileiro e o Decreto nº 2.327, de 23 de setembro de 1997, que trata da coordenação do Sistema Nacional de Trânsito e considerando a necessidade de proporcionar às autoridades competentes, as condições precisas para o exercício do ato de fiscalização e de análise dos acidentes; resolve:

**Art. 1º.** O registrador instantâneo e inalterável de velocidade e tempo pode constituir-se num único aparelho mecânico, eletrônico ou compor um conjunto computadorizado que, além das funções específicas, exerça outros controles.

**Art. 2º.** Deverá apresentar e disponibilizar a qualquer momento, pelo menos, as seguintes informações das últimas vinte e quatro horas de operação do veículo:

I – velocidades desenvolvidas;

II – distância percorrida pelo veículo;

III – tempo de movimentação do veículo e suas interrupções;

IV – data e hora de início da operação;

V – identificação do veículo;

VI – identificação dos condutores;

VII – identificação de abertura do compartimento que contém o disco ou de emissão da fita diagrama.

Parágrafo único. Para a apuração dos períodos de trabalho e de repouso diário dos condutores, a autoridade competente utilizará as informações previstas nos incisos III, IV, V e VI.

**Art. 3º.** A fiscalização das condições de funcionamento do registrador instantâneo e inalterável de velocidade e tempo, nos veículos em que seu uso é obrigatório, será exercida pelos órgãos ou entidades de trânsito com circunscrição sobre a via onde o veículo estiver transitando. *(Art. 3º, caput, com redação dada pela Resolução CONTRAN nº 406/2012)*

§ 1º. Na ação de fiscalização de que trata este artigo o agente deverá verificar e inspecionar: *(§ 1º com redação dada pela Resolução CONTRAN nº 406/2012)*

I – se o registrador instantâneo e inalterável de velocidade e tempo encontra-se em perfeitas condições de uso;

II – se as ligações necessárias ao seu correto funcionamento estão devidamente conectadas e lacradas e seus componentes sem qualquer alteração;

III – se as informações previstas no art. 2º estão disponíveis, e se a sua forma de registro continua ativa;

IV – se o condutor dispõe de disco ou fita diagrama reserva para manter o funcionamento do registrador instantâneo e inalterável de velocidade e tempo até o final da operação do veículo;

V – se o registrador instantâneo e inalterável de velocidade e tempo está aprovado na verificação metrológica realizada pelo Instituto Nacional de Metrologia, Qualidade e Tecnologia – INMETRO ou entidade credenciada. *(Inciso V acrescido pela Resolução CONTRAN nº 406/2012)*

§ 2º. Nas operações de fiscalização do registrador instantâneo e inalterável de velocidade e tempo, o agente fiscalizador deverá identificar-se e assinar o verso do disco ou fita diagrama, bem como mencionar o local, a data e horário em que ocorreu a fiscalização.

§ 3º. A comprovação da verificação metrológica de que trata o inciso V do § 1º poderá ser feita por meio de sítio do INMETRO na rede mundial de computadores ou por meio da via original ou cópia autenticada do certificado de verificação metrológica. *(§ 3º acrescido pela Resolução CONTRAN nº 406/2012)*

**Art. 4º.** Para a extração, análise e interpretação dos dados registrados, o agente fiscalizador deverá ser submetido a um prévio treinamento sob responsabilidade do fabricante, conforme instrução dos fabricantes dos equipamentos ou pelos órgãos incumbidos da fiscalização.

**Art. 5º.** Ao final de cada período de vinte quatro horas, as informações previstas no artigo segundo ficarão à disposição da autoridade policial ou da autoridade administrativa com jurisdição sobre a via, pelo prazo de noventa dias.

**Art. 6º.** Em caso de acidente, as informações referentes às últimas vinte e quatro horas de operação do veículo ficarão à disposição das autoridades competentes pelo prazo de um ano.

Parágrafo único. Havendo necessidade de apreensão do registrador instantâneo e inalterável de velocidade e tempo ou do dispositivo que contenha o registro das informações, a autoridade competente fará justificativa fundamentada.

**Art. 7º.** O registrador instantâneo e inalterável de velocidade e tempo e o disco ou fita diagrama para a aprovação pelo órgão máximo executivo de trânsito da União, deverá ser certificado pelo Instituto Nacional de Metrologia, Normalização e Qualidade Industrial – INMETRO, ou por entidades por ele credenciadas.

Parágrafo único. Para certificação, o equipamento registrador instantâneo e inalterável de velocidade e tempo e o disco diagrama ou fita diagrama, deverão, no mínimo, atender às especificações técnicas dos Anexos I (para equipamentos providos de disco diagrama) e II (para os equipamentos eletrônicos providos de fita diagrama) e os seguintes requisitos:

I – possuir registrador próprio, em meio físico adequado, de espaço percorrido, velocidades desenvolvidas e tempo de operação do veículo, no período de vinte e quatro horas;

II – fornecer, em qualquer momento, as informações de que trata o art. 2º desta Resolução;

III – assegurar a inviolabilidade e inalterabilidade do registro de informações;

IV – possuir lacre de proteção das ligações necessárias ao seu funcionamento e de acesso interno ao equipamento;

V – dispor de indicação de violação;

VI – ser constituído de material compatível para o fim a que se destina;

VII – totalizar toda distância percorrida pelo veículo;

VIII – ter os seus dispositivos indicadores iluminados adequadamente, com luz não ofuscante ao motorista;

IX – utilizar como padrão as seguintes unidades de medida e suas frações: quilômetro por hora (Km/h), para velocidade; hora (h) para tempo e quilômetro (km) para espaço percorrido;

X – situar-se na faixa de tolerância máxima de erro nas indicações, conforme Anexos I e II;

XI – possibilitar leitura fácil, direta e sem uso de instrumental próprio no local de fiscalização, nos dados registrados no meio físico.

**Art. 8º.** A inobservância do disciplinado nesta Resolução constitui-se em infração de trânsito previstas nos arts. 238 e 230, incisos, IX, X, XIV, com as penalidades constantes dos arts. 258, inciso II, 259, inciso II, 262 e 266, e as medidas administrativas disciplinadas nos arts. 270, 271 e 279 do Código de Trânsito Brasileiro, não excluindo-se outras estabelecidas em legislação específica.

**Art. 9º.** A violação ou adulteração do registrador instantâneo e inalterável de velocidade e tempo sujeitará o infrator às cominações da legislação penal aplicável.

**Art. 10.** Ficam revogadas as Resoluções CONTRAN nºs 815/1996 e 816/1996.

**Art. 11.** Esta Resolução entra em vigor na data de sua publicação.

Brasília/DF, 4 de maio de 1999.

*Renan Calheiros – Ministro da Justiça – Presidente – DOE de 6.5.1999*

**Anexo I** – Registrador instantâneo e inalterável de velocidade e tempo, provido de disco diagrama

**Anexo II** – Conjunto computadorizado para registro eletrônico instantâneo e inalterável de velocidade, distância percorrida, tempo e provido de equipamento emissor de fita diagrama

♦ *Os Anexos encontram-se disponíveis no site: http://www.denatran.gov.br/resolucoes.htm*

# RESOLUÇÃO CONTRAN Nº 107, DE 21 DE DEZEMBRO DE 1999

• *Suspende a vigência da Resolução CONTRAN nº 84/1998.*

O Conselho Nacional de Trânsito – CONTRAN, usando da competência que lhe confere o art. 12, inciso I, da Lei nº 9.503, de 23 de setembro de 1997, que instituiu o Código de Trânsito Brasileiro – CTB, e conforme o Decreto nº 2.327, de 23 de setembro de 1997, que trata da coordenação do Sistema Nacional de Trânsito, considerando a insuficiência do prazo estabelecido na Resolução nº 101/1999, para elaboração da nova adequação da forma de inspeção, de segurança veicular; resolve:

**Art. 1º.** Fica suspensa a vigência da Resolução CONTRAN nº 84/1998.

**Art. 2º.** Esta Resolução entra em vigor na data de sua publicação.

Brasília/DF, 21 de dezembro de 1999.

*José Carlos Dias – Ministério da Justiça – Presidente – DOU de 6.1.2000*

# RESOLUÇÃO CONTRAN Nº 108, DE 21 DE DEZEMBRO DE 1999

• *Dispõe sobre a responsabilidade pelo pagamento de multas.*

O Conselho Nacional de Trânsito – CONTRAN, usando da competência que lhe confere o art. 12, inciso I, da Lei nº 9.503, de 23 de setembro de 1997, que instituiu o Código de Trânsito Brasileiro – CTB, e conforme o Decreto nº 2.327, de 23 de setembro de 1997, que trata da coordenação do Sistema Nacional de Trânsito, considerando a decisão tomada na reunião em 31.8.1999, e tendo em vista a Deliberação nº 13 *ad referendum* do Presidente do Conselho Nacional de Trânsito – CONTRAN, publicada no *Diário Oficial da União* de 8 de novembro de 1999; resolve:

**Art. 1º.** Fica estabelecido que o proprietário do veículo será sempre responsável pelo pagamento da penalidade de multa, independente da infração cometida, até mesmo quando o condutor for indicado como condutor-infrator nos termos da lei, não devendo ser registrado ou licenciado o veículo sem que o seu proprietário efetue o pagamento do débito de multas, excetuando-se as infrações resultantes de excesso de peso que obedecem ao determinado no art. 257 e parágrafos do Código de Trânsito Brasileiro.

**Art. 2º.** Esta Resolução entra em vigor na data de sua publicação.

Brasília/DF, 21 de dezembro de 1999.

*José Carlos Dias – Ministério da Justiça – Presidente – DOU de 6.1.2000*

## RESOLUÇÃO CONTRAN Nº 110, DE 24 DE FEVEREIRO DE 2000

* Fixa o calendário para renovação do Licenciamento Anual de Veículos e revoga a Resolução CONTRAN nº 095, de 14.7.1999.

O Conselho Nacional de Trânsito – CONTRAN, usando da competência que lhe confere o art. 12 da Lei nº 9.503, de 23 de setembro de 1997, que instituiu o Código de Trânsito Brasileiro – CTB, e conforme o Decreto nº 2.327, de 23 de setembro de 1997, que trata da coordenação do Sistema Nacional de Trânsito – SNT; e

Considerando que a Resolução CONTRAN nº 95/1999, apresenta incompatibilidade com os prazos estipulados por alguns Estados para recolhimento do IPVA;

Considerando que essa incompatibilidade obrigaria os órgãos executivos dos Estados e do Distrito Federal a licenciar veículos cujos proprietários ainda não tivessem recolhido o IPVA; e

Considerando que a alteração nos prazos fixados na Resolução CONTRAN nº 95/1999 não provoca prejuízos ao Registro Nacional de Veículos Automotores – RENAVAM, nem à fiscalização da regularidade documental dos veículos; resolve:

**Art. 1º.** Os órgãos executivos de trânsito dos Estados e do Distrito Federal estabelecerão prazos para renovação do Licenciamento Anual dos Veículos registrados sob sua circunscrição, de acordo com o algarismo final da placa de identificação, respeitados os limites fixados na tabela a seguir:

| Algarismo final da placa | Prazo final para renovação |
| --- | --- |
| 1 e 2 | até setembro |
| 3, 4 e 5 | até outubro |
| 6, 7 e 8 | até novembro |
| 9 e 0 | até dezembro |

**Art. 2º.** As autoridades, órgãos, instituições e agentes de fiscalização de trânsito e rodoviário em todo o território nacional, para efeito de autuação e aplicação de penalidades, quando o veículo se encontrar fora da unidade da federação em que estiver registrado, deverão adotar os prazos estabelecidos nesta Resolução.

**Art. 3º.** Esta Resolução entra em vigor na data de sua publicação, ficando revogada a Resolução CONTRAN nº 95/1999.

Brasília/DF, 24 de fevereiro de 2000.

*Antonio Augusto Junho Anastasia – Ministério da Justiça – Suplente – DOU de 10.3.2000*

## RESOLUÇÃO CONTRAN Nº 113, DE 5 DE MAIO DE 2000

* Acrescentar o § 4º ao art. 1º da Resolução CONTRAN nº 11/1998 – Em vigor.

O Conselho Nacional de Trânsito – CONTRAN, usando da competência que lhe confere o art. 12, inciso I, da Lei nº 9.503, de 23 de setembro de 1997, que instituiu o Código de Trânsito Brasileiro – CTB, conforme o Decreto nº 2.327, de 23 de setembro de 1997, que trata da coordenação do Sistema Nacional de Trânsito, e tendo em vista a Deliberação nº 18 *ad referendum*, publicada no *Diário Oficial da União* de 4 de maio de 2000, e

Considerando a necessidade de estabelecer procedimentos para desmonte legítimo de veículos, dispostos nos arts. 126 e 330 da Lei nº 9.503/1997, que evite a fraude ou a dissimulação por furto ou roubo; resolve:

**Art. 1º.** Acrescentar o § 4º ao art. 1º da Resolução CONTRAN nº 11/1998, com o seguinte texto:

- *Alteração já efetuada no corpo da Resolução.*

**Art. 2º.** Esta Resolução entra em vigor na data de sua publicação.

Brasília/DF, 5 de maio de 2000.

*Antonio Augusto Junho Anastasia – Ministério da Justiça – Suplente – DOU de 12.5.2000*

## RESOLUÇÃO CONTRAN Nº 115, DE 5 DE MAIO DE 2000

- *Proíbe a utilização de chassi de ônibus para transformação em veículos de carga.*

O Conselho Nacional de Trânsito – CONTRAN, usando da competência que lhe confere o art. 12, inciso I, da Lei nº 9.503, de 23 de setembro de 1997, que instituiu o Código de Trânsito Brasileiro – CTB, conforme o Decreto nº 2.327, de 23 de setembro de 1997, que trata da coordenação do Sistema Nacional de Trânsito, e tendo em vista a Deliberação nº 20 *ad referendum*, publicada no *Diário Oficial da União* de 4 de maio de 2000, e

Considerando a preservação de características técnicas adequadas, bem como a conveniência de renovação da frota de caminhões; resolve:

**Art. 1º.** Fica proibida a utilização de chassi de ônibus para sua transformação em veículo de carga.

**Art. 2º.** Esta Resolução entra em vigor na data de sua publicação.

Brasília/DF, 5 de maio de 2000.

*Antonio Augusto Junho Anastasia – Ministério da Justiça – Suplente – DOU de 12.5.2000*

## RESOLUÇÃO CONTRAN Nº 116, DE 5 DE MAIO DE 2000

- *Revoga a Resolução CONTRAN nº 506/1976*

O Conselho Nacional de Trânsito – CONTRAN, usando da competência que lhe confere o art. 12, inciso I, da Lei nº 9.503, de 23 de setembro de 1997, que instituiu o Código de Trânsito Brasileiro – CTB, conforme o Decreto nº 2.327, de 23 de setembro de 1997, que trata da coordenação do Sistema Nacional de Trânsito, e tendo em vista a Deliberação nº 21 *ad referendum*, publicada no *Diário Oficial da União* de 4 de maio de 2000, e

Considerando os aspectos de segurança viária e veicular referentes ao assunto; resolve:

**Art. 1º.** Fica revogada a Resolução CONTRAN nº 506/1976, que disciplina o transporte de carga em caminhão-tanque.

**Art. 2º.** Esta Resolução entra em vigor na data de sua publicação.

Brasília/DF, 5 de maio de 2000.

*Antonio Augusto Junho Anastasia – Ministério da Justiça – Suplente – DOU de 12.5.2000*

## RESOLUÇÃO CONTRAN Nº 127, DE 6 DE AGOSTO DE 2001

- *Altera o inciso I do art. 1º da Resolução CONTRAN nº 56, de 21 de maio de 1998 – CONTRAN, e substitui o seu anexo.*

O Conselho Nacional de Trânsito – CONTRAN, usando da competência que lhe confere o art. 12, inciso I, da Lei nº 9.503, de 23 de setembro de 1997, que institui o Código de Trânsito Brasileiro – CTB, e conforme Decreto nº 2.327, de 23 de setembro de 1997, que dispõe sobre a coordenação do Sistema Nacional de Trânsito; resolve:

**Art. 1º.** O inciso I do art. 1º da Resolução CONTRAN nº 56, de 21 de maio de 1998, passa a vigorar com a seguinte redação:

- *Alteração já efetuada no corpo da Resolução.*

**Art. 2º.** O Certificado de Originalidade de que trata o § 3º do art. 1º da Resolução CONTRAN nº 56, de 21 de maio de 1998, será expedido conforme modelo constante do anexo desta Resolução.

- *Alteração já efetuada no corpo da Resolução.*

**Art. 3º.** Esta Resolução entra em vigor na data de sua publicação.

Brasília/DF, 6 de agosto de 2001.

*José Gregori – Ministério da Justiça – Titular – DOU de 3.9.2001*

**Anexo** – Certificado de Originalidade.

♦ *O Anexo encontra-se disponível no site: http://www.denatran.gov.br/resolucoes.htm*

## RESOLUÇÃO CONTRAN Nº 128, DE 6 DE AGOSTO DE 2001

- *Estabelece a obrigatoriedade de utilização de dispositivo de segurança para prover melhores condições de visibilidade diurna e noturna em veículos de transporte de carga.*
- **Com a alteração da Resolução CONTRAN nº 366, de 24.11.2010.**

O Conselho Nacional de Trânsito – CONTRAN, usando da competência que lhe confere o art. 12 da Lei nº 9.503, de 23 de setembro de 1997, que institui o Código de Trânsito Brasileiro – CTB, e conforme o Decreto nº 2.327, de 23 de setembro de 1997, que dispõe sobre a coordenação do Sistema Nacional de Trânsito – SNT; e

Considerando que uma sinalização eficiente nos veículos contribui de forma significativa para a redução de acidentes, principalmente à noite e em condições climáticas adversas;

Considerando que estudos indicam que veículos de carga são geralmente vistos muito tarde, ou não vistos pelos motoristas, e que o delineamento dos contornos desses veículos com material retrorrefletido pode prevenir significativo número de acidentes, conforme demonstra a experiência de países que possuem legislação similar;

Considerando o resultado dos estudos técnicos realizados pela Câmara Temática de Assuntos Veiculares, pelo Instituto de Pesquisas Tecnológicas – IPT/SP em conjunto com o Instituto de Pesquisas Rodoviárias – IPR, complementados por testes práticos em campo de prova, destinados a se avaliar a possibilidade de redução da área de aplicação das películas refletidas, visando a redução de custos, sem prejuízo da segurança de trânsito;

Considerando, finalmente, a necessidade de iniciar a utilização do dispositivo retrorrefletor de forma gradativa, visando sua extensão a todos os veículos, com base na experiência obtida; resolve:

**Art. 1º.** Os veículos de transporte de carga com Peso Bruto Total – PBT superior a 4.536 Kg, fabricados a partir fabricados a partir de 30 de abril de 2001, somente poderão ser comercializados quando possuírem dispositivo de segurança afixado de acordo com as disposições constantes do anexo desta Resolução.

Parágrafo único. Ficam vedados o registro e o licenciamento dos veículos de que trata o *caput* deste artigo que não atenderem ao disposto nesta Resolução.

**Art. 2º.** Os requisitos desta Resolução passam a fazer parte da Inspeção de Segurança Veicular.

**Art. 3º.** Os veículos militares ficam excluídos das exigências constantes desta Resolução.

**Art. 4º.** Esta Resolução entra em vigor na data de sua publicação.

**Art. 5º.** Ficam revogadas as Resoluções CONTRAN nºs 105 e 119, de 21 de dezembro de 1999 e 26 de julho de 2000, respectivamente.

Brasília/DF, 6 de agosto de 2001.

*José Gregori – Ministério da Justiça – Titular – DOU de 3.9.2001*

**Anexo**

♦ *O Anexo encontra-se disponível no site: http://www.denatran.gov.br/resolucoes.htm*

## RESOLUÇÃO CONTRAN Nº 129, DE 6 DE AGOSTO DE 2001

- *Estabelece os requisitos de segurança e dispensa a obrigatoriedade do uso de capacete para o condutor e passageiros do triciclo automotor com cabine fechada, quando em circulação somente em vias urbanas.*

O Conselho Nacional de Trânsito – CONTRAN, usando da competência que lhe confere o inciso I do art. 12 da Lei nº 9.503, de 23 de setembro de 1997, que institui o Código de Trânsito Brasileiro – CTB, e conforme o Decreto nº 2327, de 23 de setembro de 1977, que dispõe sobre a coordenação do Sistema Nacional de Trânsito – SNT; e

Considerando que triciclo, definido como veículo de propulsão humana ou automotor dotado de 3 três rodas, pode ser fabricado nas versões com cabine aberta ou fechada;

Considerando que a Câmara Temática de Assuntos Veiculares emitiu parecer favorável visando à dispensa do uso obrigatório do capacete de segurança pelo condutor e passageiros do triciclo automotor, dotado de cabine fechada e equipado com dispositivos de segurança complementares, quando em circulação nas vias urbanas, conforme consta na Ata da 12ª Reunião Ordinária realizada em 6 de abril de 2001;

Considerando que para circular nas vias urbanas, sem a obrigatoriedade do uso de capacete de segurança pelo condutor e passageiros, o triciclo automotor com cabine fechada deverá atender requisitos de segurança complementares aos exigidos no inciso IV do art. 1º, da Resolução CONTRAN nº 14/1998; resolve:

**Art. 1º.** A circulação do triciclo automotor de cabine fechada está restrita às vias urbanas, sendo proibida sua circulação em rodovias federais, estaduais e do Distrito Federal.

**Art. 2º.** Para circular nas áreas urbanas, sem a obrigatoriedade do uso de capacete de segurança pelo condutor e passageiros, o triciclo automotor com cabine fechada deverá estar dotado dos seguintes equipamentos obrigatórios:

1. espelhos retrovisores, de ambos os lados;
2. farol dianteiro, de cor branca ou amarela;
3. lanterna, de cor vermelha, na parte traseira;
4. lanterna de freio de cor vermelha;
5. iluminação da placa traseira;
6. indicadores luminosos de mudança de direção, dianteiro e traseiro;
7. velocímetro;
8. buzina;
9. pneus em condições mínimas de segurança;
10. dispositivo destinado ao controle de ruído do motor;
11. para-choque traseiro;
12. para-brisa confeccionado em vidro laminado;
13. limpador de para-brisa;
14. luzes de posição na parte dianteira (faroletes) de cor branca ou amarela;
15. retrorrefletores (catadióptricos) na parte traseira;
16. freios de estacionamento e de serviço, com comandos independentes;
17. dispositivo de sinalização luminosa ou refletora de emergência, independentemente do sistema de iluminação do veículo;
18. extintor de incêndio;
19. cinto de segurança;
20. roda sobressalente, compreendendo o aro e o pneu;
21. macaco, compatível com o peso e a carga do veículo;
22. chave de roda.

§ 1º. A relação de que trata este artigo contempla e inclui os equipamentos obrigatórios exigidos no inciso IV, do art. 1º da Resolução CONTRAN nº 14/1998.

**Art. 3º.** Esta Resolução entra em vigor na data da sua publicação.

Brasília/DF, 6 de agosto de 2001.

*José Gregori – Ministério da Justiça – Titular – DOU de 3.9.2001*

## RESOLUÇÃO CONTRAN Nº 130, DE 2 DE ABRIL DE 2002

• *Revoga a Resolução CONTRAN nº 126, que estabelecia as cores do Certificado de Registro de Veículo – CRV e do Registro e Licenciamento do Veículo – CRLV.*

O Conselho Nacional de Trânsito – CONTRAN, usando da competência que lhe confere o inciso I do art. 12 da Lei nº 9.503, de 23 de setembro de 1997, que institui o Código de Trânsito Brasileiro – CTB, e conforme o Decreto nº 2327, de 23 de setembro de 1977, que dispõe sobre a coordenação do Sistema Nacional de Trânsito – SNT; e

Considerando a Deliberação nº 28, de 11 de dezembro de 2001, do Presidente do Conselho Nacional de Trânsito – CONTRAN,

Considerando a necessidade de atribuir maior confiabilidade, segurança e reduzir os custos operacionais melhorando a qualidade dos serviços públicos prestados aos cidadãos; resolve:

**Art. 1º.** Caberá ao Departamento Nacional de Trânsito – DENATRAN, propor programas e projetos destinados a atribuir maior segurança e confiabilidade ao Certificado de Registro de Veículo – CRV e ao Certificado de Registro e Licenciamento de Veículos – CRLV.

**Art. 2º.** Fica revogada a Resolução CONTRAN nº 126, de 6 de agosto de 2001, que estabelecia as cores predominantes do Certificado de Registro de Veículo – CRV e do Certificado de Registro e Licenciamento de Veículo – CRLV.

**Art. 3º.** Esta Resolução entra em vigor na data de sua publicação.

Brasília/DF, 2 de abril de 2002.

*José Bonifácio Borges de Andrada – Ministério da Justiça – Suplente – DOU de 7.5.2002*

# RESOLUÇÃO CONTRAN Nº 132, DE 2 DE ABRIL DE 2002

• Estabelecer a obrigatoriedade de utilização de película refletiva para prover melhores condições de visibilidade diurna e noturna em veículos de transporte de carga em circulação.

• *Com a alteração da Resolução CONTRAN nº 366, de 24.11.2010.*

O Conselho Nacional de Trânsito – CONTRAN, usando da competência que lhe confere o inciso I do art. 12 da Lei nº 9.503, de 23 de setembro de 1997, que instituiu o Código de Trânsito Brasileiro – CTB, e conforme o Decreto nº 2327, de 23 de setembro de 1977, que dispõe sobre a coordenação do Sistema Nacional de Trânsito – SNT; e

Considerando os estudos técnicos realizados a pedido deste Conselho, pela Câmara Temática de Assuntos Veiculares, pelo Instituto de Pesquisas Tecnológicas – IPT/SP em conjunto com o Instituto de Pesquisas Rodoviárias – IPR, e por último os estudos elaborados sob a coordenação do Ministério de Ciência e Tecnologia, todos complementados por testes práticos em campo de prova concluíram pela necessidade de também tornar obrigatório à utilização do dispositivo de segurança previsto na Resolução CONTRAN nº 128/2001 para os veículos em circulação;

Considerando a solicitação dos transportadores para que a medida fosse implantada de forma escalonada obedecendo ao final das placas dos veículos; resolve:

Referendar a Deliberação nº 30, de 19 de dezembro de 2001, do Presidente do Conselho Nacional de Trânsito – CONTRAN;

**Art. 1º.** Os veículos de transporte de carga em circulação, com Peso Bruto Total – PBT superior a 4.536 Kg, fabricados até 29 de abril de 2001, somente poderão ser registrados, licenciados e renovada a licença anual quando possuírem dispositivo de segurança afixado de acordo com as disposições constantes do anexo desta Resolução.

Parágrafo único. Ficam vedados o registro e o licenciamento dos veículos mencionados no *caput* que não atenderem ao disposto nesta Resolução.

**Art. 2º.** Os proprietários e condutores, cujos veículos circularem nas vias públicas desprovidos dos requisitos estabelecidos nesta Resolução ficam sujeitos às penalidades constantes no art. 230, inciso IX, do Código de Trânsito Brasileiro, constituindo uma infração grave a não observância destes requisitos.

**Art. 3º.** Os requisitos desta Resolução passarão a fazer parte da Inspeção de Segurança Veicular.

**Art. 4º.** A obrigatoriedade do disposto nesta Resolução obedecerá ao seguinte escalonamento:

I – Placas de Final:

1 – até 28 de fevereiro de 2002

2 – até 30 de abril de 2002

3 – até 30 de junho de 2002

4 – até 31 de agosto de 2002

5 – até 31 de outubro de 2002

6 – até 31 de dezembro de 2002

7 – até 28 de fevereiro de 2003

8 – até 30 de abril de 2003

9 – até 30 de junho de 2003

0 – até 31 de agosto de 2003

**Art. 5º.** Excluem-se os veículos militares das exigências constantes desta Resolução.

**Art. 6º.** Os procedimentos para aplicação dos Dispositivos Refletivos de Segurança de que trata esta Resolução, serão estabelecidos mediante Portaria do Órgão Máximo Executivo de Trânsito da União.

**Art. 7º.** Esta Resolução entra em vigor na data de sua publicação.

Brasília/DF, 2 de abril de 2002.

*José Bonifácio Borges de Andrada – Ministério da Justiça – Suplente – DOU de 12.5.2002*

**Anexo**

♦ *O Anexo encontra-se disponível no site: http://www.denatran.gov.br/resolucoes.htm*

## RESOLUÇÃO CONTRAN Nº 133, DE 2 DE ABRIL DE 2002

● *Revoga a Resolução CONTRAN nº 122, que acrescenta parágrafo ao art. 3º da Resolução CONTRAN nº 765/1993, estabelecendo faixa dourada na Carteira Nacional de Habilitação.*

O Conselho Nacional de Trânsito – CONTRAN, usando da competência que lhe confere o inciso I do art. 12 da Lei nº 9.503, de 23 de setembro de 1997, que institui o Código de Trânsito Brasileiro – CTB, e conforme o Decreto nº 2.327, de 23 de setembro de 1977, que dispõe sobre a coordenação do Sistema Nacional de Trânsito,

Considerando Deliberação nº 31, de 29 de janeiro de 2002, do Presidente do Conselho Nacional de Trânsito – CONTRAN; resolve:

**Art. 1º.** Revogar a Resolução CONTRAN nº 122, de 14 de fevereiro de 2001, que acrescenta parágrafo ao art. 3º da Resolução CONTRAN nº 765/1993, estabelecendo faixa dourada na Carteira Nacional de Habilitação.

**Art. 2º.** Esta Resolução entra em vigor na data de sua publicação.

Brasília/DF, 2 de abril de 2002.

*José Bonifácio Borges de Andrada – Ministério da Justiça – Suplente – DOU de 9.4.2002*

## RESOLUÇÃO CONTRAN Nº 134, DE 2 DE ABRIL DE 2002

● *Revoga a Resolução CONTRAN nº 782/1994.*

O Conselho Nacional de Trânsito – CONTRAN, usando da competência que lhe confere o inciso I do art. 12 da Lei nº 9.503, de 23 de setembro de 1997, que institui o Código de Trânsito Brasileiro – CTB, e conforme o Decreto nº 2.327, de 23 de setembro de 1977, que dispõe sobre a coordenação do Sistema Nacional de Trânsito,

Considerando a Deliberação nº 32, de 21 de fevereiro de 2002, do Presidente do Conselho Nacional de Trânsito – CONTRAN;

Considerando a necessidade de promover a desburocratização dos serviços oferecidos pelo Sistema Nacional de Trânsito; resolve:

**Art. 1º.** Revogar a Resolução CONTRAN nº 782, de 29 de junho de 1994, que institui o Documento Provisório, que substitui a título precário, o Certificado de Registro e Licenciamento de Veículo (CRLV).

**Art. 2º.** Recomendar aos órgãos ou entidades executivos de trânsito dos Estados e do Distrito Federal o recolhimento dos formulários de documento provisório de posse das entidades credenciadas e a apreensão dos documentos provisórios em 30 (trinta) dias.

**Art. 3º.** Esta Resolução entra em vigor na data de sua publicação.

Brasília/DF, 2 de abril de 2002.

*José Bonifácio Borges de Andrada – Ministério da Justiça – Suplente – DOU de 9.4.2002*

## RESOLUÇÃO CONTRAN Nº 136, DE 2 DE ABRIL DE 2002

● *Dispõe sobre os valores das multas de infração de trânsito.*

O Conselho Nacional de Trânsito – CONTRAN, usando da competência que lhe confere o art. 12, incisos I, VII e VIII, da Lei nº 9.503, de 23 de setembro de 1997, que instituiu o Código de Trânsito Brasileiro – CTB e conforme Decreto nº 2.327, de 23 de setembro de 1997, que dispõe sobre a coordenação do Sistema Nacional de Trânsito;

Considerando o estabelecido no § 1º, do art. 258, do Código de Trânsito Brasileiro e o disposto na Medida Provisória nº 1.973-67, de 26 de outubro de 2000, que extinguiu a Unidade de Referência Fiscal – UFIR;

Considerando, o disposto no Parecer nº 081/2002/CGIJF/DENATRAN, e a necessidade de atualização dos valores das multas por infração ao Código de Trânsito Brasileiro; resolve:

**Art. 1º.** Fixar, para todo o território nacional, os seguintes valores das multas previstas no Código de Trânsito Brasileiro:

I – Infração de natureza gravíssima, punida com multa de valor correspondente a R$ 191,54 (cento e noventa e um reais e cinquenta e quatro centavos);

II – Infração de natureza grave, punida com multa de valor correspondente a R$ 127,69 (cento e vinte e sete reais e sessenta e nove centavos);

III – Infração de natureza média, punida com multa de valor correspondente a R$ 85,13 (oitenta e cinco reais e treze centavos); e

IV – Infração de natureza leve, punida com multa no valor de R$ 53,20 (cinquenta e três reais e vinte centavos).

**Art. 2º.** Esta Resolução entra em vigor na data de sua publicação.

Brasília/DF, 2 de abril de 2002.

*José Bonifácio Borges de Andrada – Ministério da Justiça – DOU de 9.4.2002*

## RESOLUÇÃO CONTRAN Nº 140, DE 19 DE SETEMBRO DE 2002

• *Declara a nulidade da Resolução CONTRAN nº 131, de 2 de abril de 2002, e da Deliberação nº 034, de 9 de maio de 2002, publicadas, respectivamente, no Diário Oficial da União de 9 e 10 de maio do corrente.*

O Conselho Nacional de Trânsito – CONTRAN, no uso de suas atribuições legais e considerando os termos do Parecer CJ/MJ nº 098/2002; resolve:

**Art. 1º.** Declarar a nulidade da Resolução CONTRAN nº 131, de 2 de abril de 2002, e da Deliberação nº 034, de 9 de maio de 2002, publicadas, respectivamente no DOU de 9 e 10 de maio de 2002, tornando sem efeito, consequentemente, suas publicações.

**Art. 2º.** Esta Resolução entra em vigor na data de sua publicação.

Brasília/DF, 19 de setembro de 2002.

*Paulo de Tarso Ramos Ribeiro – Ministério da Justiça – Titular – DOU de 16.10.2002*

## RESOLUÇÃO CONTRAN Nº 142, DE 26 DE MARÇO DE 2003

• *Dispõe sobre o funcionamento do Sistema Nacional de Trânsito – SNT, a participação dos órgãos e entidades de trânsito nas reuniões do sistema e as suas modalidades.*

O Conselho Nacional de Trânsito – CONTRAN, no uso das atribuições que lhe confere o art. 12, da Lei nº 9.503, de 23 de setembro de 1997, que instituí o Código de Trânsito Brasileiro – CTB;

Considerando que o grande número de integrantes do Sistema Nacional de Trânsito – SNT inviabiliza reuniões de trabalho com a totalidade dos componentes;

Considerando o entendimento dos componentes do Sistema Nacional de Trânsito que cada natureza de órgãos e entidades deve estar representada nas reuniões de trabalho;

Considerando que os componentes do Sistema Nacional de Trânsito entendem que a representação também deve obedecer a critérios regionais e populacionais;

Considerando que as diferenças operacionais entre os órgãos e entidades das diversas naturezas que compõem o Sistema Nacional de Trânsito demandaram a necessidade de, em alguns casos, subdividir as regiões geográficas do país; resolve:

**Art. 1º.** Criar o Fórum Consultivo formado por representantes de órgãos e entidades integrantes do Sistema Nacional de Trânsito – SNT, com a finalidade de assessorar o CONTRAN em suas decisões e buscando atender ao disposto no art. 6º do Código de Trânsito Brasileiro.

**Art. 2º.** O Fórum Consultivo é composto pelos titulares dos seguintes órgãos e entidades:

I – órgão máximo executivo de trânsito da União – Departamento Nacional de Trânsito – DENATRAN;

II – órgão executivo rodoviário da União – Departamento Nacional de Infraestrutura de Trânsito – DNIT;

III – Polícia Rodoviária Federal – PRF;

IV – órgãos ou entidades executivos de trânsito dos Estados e do Distrito Federal, sendo:

a) representação regional:

1. 01 (uma) da região N1, que compreende os Estados de: Amapá, Pará e Roraima;

2. 01 (uma) da região N2, que compreende os Estados de: Acre, Amazonas, Rondônia e Tocantins;

3. 01 (uma) da região NE1, que compreende os Estados de: Ceará, Maranhão, Paraíba, Piauí e Rio Grande do Norte;

4. 01 (uma) da região NE2, que compreende os Estados de: Alagoas, Bahia, Pernambuco e Sergipe;

5. 01 (uma) da região CO, que compreende o Distrito Federal e os Estados de: Goiás, Mato Grosso e Mato Grosso do Sul;

6. 01 (uma) da região SE, que compreende os Estados de: Espírito Santo, Minas Gerais, Rio de Janeiro e São Paulo;

7. 01 (uma) da região S, que compreende os Estados de: Paraná, Rio Grande do Sul e Santa Catarina.

b) representação por população: dos 2 (dois) Estados com as maiores populações.

V – órgãos ou entidades executivos rodoviários dos Estados e do Distrito Federal, sendo:

a) 01 (um) da região Norte, que compreende os Estados de: Acre, Amapá, Amazonas, Pará, Rondônia, Roraima e Tocantins;

b) 01 (um) da região Nordeste, que compreende os Estados de: Alagoas, Bahia, Ceará, Maranhão, Paraíba, Pernambuco, Piauí, Rio Grande do Norte e Sergipe;

c) 01 (um) da região Centro-Oeste, que compreende o Distrito Federal e os Estados de: Goiás, Mato Grosso e Mato Grosso do Sul;

d) 01 (um) da região Sudeste, que compreende os Estados de: Espírito Santo, Minas Gerais, Rio de Janeiro e São Paulo;

e) 01 (um) da região Sul, que compreende os Estados de: Paraná, Rio Grande do Sul e Santa Catarina.

VI – Conselhos Estaduais de Trânsito – CETRAN, sendo:

a) 01 (um) da região Norte, que compreende os Estados de: Acre, Amapá, Amazonas, Pará, Rondônia, Roraima e Tocantins;

b) 01 (um) da região Nordeste, que compreende os Estados de: Alagoas, Bahia, Ceará, Maranhão, Paraíba, Pernambuco, Piauí,Rio Grande do Norte e Sergipe;

c) 01 (um) da região Centro-Oeste, que compreende o Distrito Federal e os Estados de: Goiás, Mato Grosso e Mato Grosso do Sul;

d) 01 (um) da região Sudeste, que compreende os Estados de:, e Espírito Santo, Minas Gerais, Rio de Janeiro e São Paulo;

e) 01 (um) da região Sul, que compreende os Estados de: Paraná Rio Grande do Sul e Santa Catarina.

VII – Polícias Militares – PM, sendo:

a) 01 (um) da região Norte, que compreende os Estados de: Acre, Amapá, Amazonas, Pará, Rondônia, Roraima e Tocantins;

b) 01 (um) da região Nordeste, que compreende os Estados de: Alagoas, Bahia, Ceará, Maranhão, Paraíba, Pernambuco, Piauí, Rio Grande do Norte e Sergipe;

c) 01 (um) da região Centro-Oeste, que compreende o Distrito Federal e os Estados de: Goiás, Mato Grosso e Mato Grosso do Sul;

d) 01 (um) da região Sudeste, que compreende os Estados de: Espírito Santo, Minas Gerais, Rio de Janeiro e São Paulo;

e) 01 (um) da região Sul, que compreende os Estados de: Paraná, Rio Grande do Sul e Santa Catarina.

VIII – órgãos e entidades executivos municipais, sendo:

a) representação regional:

1. 03 (três) da região Norte, que compreende os Estados de: Acre, Amapá, Amazonas, Pará, Rondônia, Roraima e Tocantins;

2. 03 (três) da região NE1 que compreende os Estados de: Ceará, Maranhão, Paraíba, Piauí, Rio Grande do Norte;

3. 03 (três) da região NE2 que compreende os Estados de: Alagoas, Bahia, Pernambuco e Sergipe;

4. 03 (três) da região CO que compreende o Distrito Federal e os Estados de: Goiás, Mato Grosso e Mato Grosso do Sul;

5. 03 (três) da região SE que compreende os Estados de: Espírito Santo, Minas Gerais, Rio de Janeiro e São Paulo;

6. 03 (três) da região S que compreende os Estados de: Paraná, Rio Grande do Sul e Santa Catarina.

b) representação por população: dos 6 (seis) municípios com as maiores populações.

IX – presidentes das Juntas Administrativas de Recursos de Infrações – JARI, sendo:

a) 1 (uma) de órgão ou entidade executiva rodoviária estadual;
b) 1 (uma) de órgão ou entidade executiva estadual;
c) 1 (uma) de órgão ou entidade executiva municipal.

**Art. 3º.** O membro titular do Fórum Consultivo indicará seu suplente dentre os servidores de seu órgão ou entidade, que em sua ausência terá poder de voto.

**Art. 4º.** O mandato da representação dos órgãos e entidades que se revezam é de um ano.

**Art. 5º.** Os órgãos e entidades que se revezam serão escolhidos dentre aqueles que demonstrarem interesse em participar, mediante inscrição prévia.

**Art. 6º.** As reuniões ordinárias do Fórum Consultivo serão bimestrais e sempre que necessário serão convocadas reuniões extraordinárias.

**Art. 7º.** O Fórum Consultivo será presidido pelo titular do Departamento Nacional de Trânsito – DENATRAN.

**Art. 8º.** O órgão ou entidade do Fórum Consultivo cuja representação estiver ausente por duas reuniões consecutivas ou três intercaladas será substituído por órgão ou entidade da mesma natureza nos termos do art. 5º desta Resolução.

**Art. 9º.** Esta Resolução entrará em vigor na data de sua publicação.

Brasília/DF, 26 de março de 2003.

*Olivio de Oliveira Dutra – Ministério das Cidades – DOU de 31.3.2003*

## RESOLUÇÃO CONTRAN Nº 143, DE 26 DE MARÇO DE 2003

• *Dispõe sobre a utilização dos recursos do Seguro Obrigatório de Danos Pessoais Causados por Veículos Automotores de Vias Terrestres – DPVAT, destinados ao órgão Coordenador do Sistema Nacional de Trânsito e dá outras providências.*

O Conselho Nacional de Trânsito – CONTRAN, usando da competência que lhe confere o inciso I, do art. 12 da Lei nº 9.503, de 23 de setembro de 1997, que instituiu o Código de Trânsito Brasileiro – CTB e,

Considerando que a aplicação dos recursos provenientes do Seguro Obrigatório de Danos Pessoais Causados por Veículos Automotores de Vias Terrestres – DPVAT, instituído pela Lei nº 6.194, de 9 de dezembro de 1974, e destinados à implementação de programas voltados à prevenção de acidentes de trânsito deve ter sistemático e orgânico acompanhamento pelo órgão máximo executivo de trânsito da União;

Considerando que as ações e programas do Estado para a segurança no trânsito não podem ter solução de continuidade, a requerer centralizado e participativo planejamento, a fim de evitar superposição de atividades e desperdício de recursos públicos; resolve:

**Art. 1º.** Caberá ao Conselho Nacional de Trânsito – CONTRAN, a definição das linhas prioritárias dos Programas e Projetos a serem desenvolvidos pelos Ministérios previstos no art. 78 do Código de Trânsito Brasileiro – CTB.

**Art. 2º.** Caberá ao Departamento Nacional de Trânsito – DENATRAN, a compatibilização e a consolidação dos projetos desenvolvidos e apresentados pelos Ministérios referidos no artigo anterior, a fim de que seja elaborado o programa de ação do Estado para o cumprimento de sua missão institucional de redução e prevenção de acidentes de trânsito.

**Art. 3º.** A proposição formulada pelo DENATRAN, na forma do artigo anterior, será submetida à aprovação do CONTRAN.

**Art. 4º.** A utilização dos recursos do Prêmio de Seguro Obrigatório de Danos Pessoais Causados por Veículos Automotores de Vias Terrestres – DPVAT, obedecida a tramitação dos artigos anteriores, deverá atender ainda aos seguintes critérios:

I – Os recursos do DPVAT serão repassados aos Ministérios próprios, após aprovação dos projetos pelo CONTRAN, mediante descentralização de créditos pelo DENATRAN, por meio de Notas de Crédito, e ainda:

a) a descentralização dos créditos aqui referidos deverá ser efetivada, bimestralmente, com base na arrecadação do bimestre anterior, até o 5º dia útil subsequente;

b) os repasses financeiros correspondentes deverão ser efetuados concomitantemente à descentralização dos créditos respectivos;

c) os saldos orçamentários relativos aos créditos descentralizados, não empenhados até 31 de dezembro de cada exercício, serão cancelados e os recursos financeiros correspondentes recolhidos ao DENATRAN, ressalvados os valores necessários à cobertura dos Restos a Pagar Inscritos;

d) o DENATRAN fará a redistribuição dos saldos financeiros apurados em 31 de dezembro de cada ano, na forma prevista no inciso I, após deduzir os valores necessários à conclusão dos programas e projetos já iniciados e em andamento, de maneira a assegurar a sua continuidade, devendo para tal realocá-lo aos respectivos Ministérios.

II – os recursos distribuídos na forma prevista nesta Resolução serão aplicados, exclusivamente, em Programas e Projetos a serem desenvolvidos em parceria ou isoladamente, visando à prevenção de acidentes de trânsito, devendo ser apresentados relatórios ao CONTRAN, contendo diagnóstico do problema, objetivos a serem alcançados, metas, público alvo, abrangência territorial, indicadores de resultados e cronograma físico-financeiro.

**Art. 5º.** A apreciação e aprovação dos programas e projetos pelo CONTRAN deverão ocorrer em até 60 (sessenta) dias contados a partir da entrega dos mesmos, observados na análise custo/benefício, dentre outros, os seguintes fatores:

— impacto sobre a morbi-mortalidade;

— educação para o trânsito;

— produção de informações;

— intersetorialidade;

— segurança no trânsito;

— eventuais superposições com outros programas e projetos; e

— impacto financeiro.

Parágrafo único. A relação dos programas e projetos aprovados pelo CONTRAN deverá ser publicada no *Diário Oficial da União*, no prazo de 20 (vinte) dias a contar da data de aprovação.

**Art. 6º.** Ficam os Ministérios atendidos por estes recursos obrigados à prestação de contas e resultados ao CONTRAN, mediante apresentação de relatórios físico-financeiros relativos à execução dos correspondentes Programas e Projetos, anualmente ou após sua conclusão.

**Art. 7º.** Esta Resolução entra em vigor na data de sua publicação.

**Art. 8º.** Revogam-se as disposições em contrário, em especial a Resolução CONTRAN nº 97/1999.

Brasília/DF, 26 de março de 2003.

*Olivio de Oliveira Dutra – Ministério das Cidades – DOU de 31.3.2003*

## RESOLUÇÃO CONTRAN Nº 145, DE 21 DE AGOSTO DE 2003

- *Dispõe sobre o intercâmbio de informações, entre órgãos e entidades executivos de trânsito dos Estados e do Distrito Federal e os demais órgãos e entidades executivos de trânsito e executivos rodoviários da União, dos Estados, Distrito Federal e dos Municípios que compõem o Sistema Nacional de Trânsito e dá outras providências.*
- *Com a alteração da Resolução CONTRAN nº 154, de 17.12.2003.*

O Conselho Nacional de Trânsito – CONTRAN, usando da competência que lhe confere o art. 12, inciso I da Lei nº 9.503, de 23 de setembro de1997, que instituiu o Código de Trânsito Brasileiro – CTB, e conforme o Decreto nº 4.711 de 29 de maio de 2003, que trata da coordenação do Sistema Nacional de Trânsito;

Considerando que a aplicabilidade e eficácia do CTB se estruturam no funcionamento do Sistema Nacional de Trânsito, constituído nos termos do art. 5º do Código;

Considerando que o CTB nos arts. 20, 21, 22 e 24, em seus incisos X, XII, XIII e XIII, respectivamente, determinam que os órgãos e entidades devem integrar-se a outros órgãos e entidades do Sistema Nacional de Trânsito para fins de arrecadação e compensação de multas impostas na área de sua competência, com vistas à unificação do licenciamento, à simplificação e à celeridade das transferências de veículos e de prontuários dos condutores de uma para outra unidade da Federação;

Considerando que o art. 22, inciso XIV do CTB determina aos órgãos ou entidades executivos de trânsito dos Estados e do Distrito Federal o fornecimento aos órgãos e entidades executivos de trânsito e executivos rodoviários municipais dos dados cadastrais dos veículos registrados e dos condutores habilitados para fins de imposição e notificação de penalidades e arrecadação de multas nas suas áreas de competência;

Considerando os princípios da Administração Pública, especialmente os da moralidade e razoabilidade; resolve:

**Art. 1º.** A comunicação e integração entre os órgãos e entidades executivos de trânsito e executivos rodoviários da União, dos Estados e Distrito Federal e dos Municípios do Sistema Nacional de Trânsito com os órgãos e entidades executivos de trânsito dos Estados e do Distrito Federal, prevista no CTB nos arts. 20, 21, 22 e 24, em seus incisos X, XII, XIII e XIII, respectivamente, deverá ocorrer mediante os seguintes procedimentos dos órgãos e entidades executivos de trânsito dos Estados e do Distrito Federal:

I – disponibilização e atualização dos dados cadastrais de veículos registrados e de condutores habilitados para fins de imposição e notificação de penalidades e de arrecadação de multas;

II – recebimento das informações sobre a aplicação de penalidade de multa, assim como de seu pagamento ou cancelamento por recurso, para os atos de bloqueio e desbloqueio da transferência e do licenciamento dos veículos, previstos nos arts. 124, inciso VIII e 131, § 2º, do CTB;

III – comunicação e recebimento das informações de pontuação como estabelecido no CTB.

§ 1º. Os serviços devem ser prestados dentro da boa técnica e com prazos condizentes com o estado da arte da informática.

§ 2º. É da exclusiva competência dos órgãos executivos de trânsito e executivos rodoviários, efetuar ou mandar efetuar o bloqueio e o desbloqueio das penalidades de multas impostas por infrações cometidas no âmbito de sua circunscrição.

**Art. 2º.** Os custos dos serviços de que trata esta Resolução devem ser ressarcidos.

Parágrafo único. A apuração dos custos de que trata o *caput* deste artigo deve ser realizada utilizando-se planilha, no modelo que será definido pelo órgão máximo executivo da União.

**Art. 3º.** É vedada a cobrança dos custos dos serviços de que trata esta Resolução com base em percentual de valor de multas.

**Art. 4º.** O disposto nesta Resolução não se aplica aos procedimentos relativos à imposição, arrecadação e a compensação das multas por infrações cometidas em unidade da Federação diferente da do licenciamento do veículo, a ser objeto de Resolução específica do CONTRAN.

**Art. 5º.** Os órgãos e entidades executivos de trânsito dos Estados e do Distrito Federal deverão encaminhar ao órgão máximo executivo da União o custo dos serviços constantes do art. 1º, demonstrado em planilha de custo na forma regulamentada no art. 2º, ambos desta Resolução, 60 (sessenta) dias após a publicação do modelo pelo órgão máximo executivo da União.

**Art. 6º.** Os serviços atualmente ressarcidos da forma vedada pelo art. 3º deverão ser regularizados no prazo máximo de 120 (cento e vinte) dias após a publicação pelo órgão máximo executivo da União do modelo de planilha de custo de que trata o art. 5º.
*(Art. 6º com redação dada pela Resolução CONTRAN nº 154/2003)*

**Art. 7º.** Esta Resolução entra em vigor na data de sua publicação.

Brasília/DF, 21 de agosto de 2003.

*Ailton Brasiliense Pires – Ministério das Cidades – Presidente – DOU de 2.9.2003*

## RESOLUÇÃO CONTRAN Nº 148, DE 19 DE SETEMBRO DE 2003

• *Declara revogadas as Resoluções nº 472/1974, 568/1980, 812/1996 e 829/1997.*

O Conselho Nacional de Trânsito – CONTRAN, no uso das atribuições que lhe são conferidas pelo art. 12, da Lei nº 9.503, de 23 de setembro de 1997, que instituiu o Código de Trânsito Brasileiro – CTB, e conforme o Decreto nº 4.711, de 29 de maio de 2003, que trata da coordenação do Sistema Nacional de Trânsito – SNT,

Considerando os Pareceres exarados pela Coordenação – Geral de Instrumental Jurídico e da Fiscalização do DENATRAN, ratificados pela Consultoria Jurídica do Ministério da Justiça, constantes do Processo nº 08021.000070/2000-30; resolve:

**Art. 1º.** Declarar que, por força do parágrafo único do art. 314 do CTB, as Resoluções CONTRAN nºs 472/1974, 568/1980, 812/1996 e 829/1997 deixaram de vigorar em 22 de janeiro de 1998, por conflitarem com o Código de Trânsito Brasileiro – CTB.

**Art. 2º.** Esta Resolução entrará em vigor na data de sua publicação, revogadas as disposições em contrário.

Brasília/DF, 19 de setembro de 2003.

*Ailton Brasiliense Pires – Presidente – DOU de 13.10.2003*

## RESOLUÇÃO CONTRAN Nº 151, DE 8 DE OUTUBRO DE 2003

- *Dispõe sobre a unificação de procedimentos para imposição de penalidade de multa a pessoa jurídica proprietária de veículos por não identificação de condutor infrator.*
- **Com a alteração da Resolução CONTRAN nº 393, de 25.10.2011.**

O Conselho Nacional de Trânsito – CONTRAN, no uso das atribuições que lhe são conferidas pelo art. 12, da Lei nº 9.503, de 23 de setembro de 1997, que instituiu o Código de Trânsito Brasileiro – CTB, e conforme o Decreto nº 4.711, de 29 de maio de 2003, que trata da coordenação do Sistema Nacional de Trânsito – SNT,

Considerando o disposto no § 8º do art. 257 do CTB, que atribui penalidade de multa à pessoa jurídica proprietária de veículo por não identificação de condutor infrator;

Considerando a necessidade de regulamentar as disposições do referido diploma legal, objetivando unificar procedimentos para a aplicação da penalidade de multa à pessoa jurídica, pelos órgãos e entidades executivos de trânsito e rodoviários da União, Estados, Distrito Federal e Municípios;

Considerando que a omissão da pessoa jurídica, além de descumprir dispositivo expresso no CTB, contribui para o aumento da impunidade, descaracterizando a finalidade primordial do Código de Trânsito Brasileiro, que é a de garantir ao cidadão o direito a um trânsito seguro; resolve:

**Art. 1º.** A penalidade de multa por não identificação do infrator na condução de veículo de propriedade de pessoa jurídica, prevista no § 8º do art. 257 do CTB, será aplicada ao proprietário do veículo pela autoridade de trânsito com competência e circunscrição pela fiscalização da infração autuada que não teve o condutor identificado.

Parágrafo único. O cancelamento da multa decorrente da infração autuada que não teve o condutor identificado deverá anular a penalidade de multa de que trata o *caput* deste artigo.

**Art. 2º.** O valor da penalidade de multa de que trata o artigo anterior será obtido multiplicando-se o valor previsto para a multa originária pelo número de infrações iguais cometidas no período de doze meses. *(Art. 2º, caput, com redação dada pela Resolução CONTRAN nº 393/2011)*

§ 1º. Infrações iguais são aquelas que utilizam o mesmo "código de infração" previsto em regulamentação específica do órgão máximo executivo de trânsito da União.

§ 2º. O número de infrações iguais a que se refere o *caput* deste artigo será calculado considerando-se, apenas, aquelas vinculadas ao veículo com o qual foi cometida a infração autuada.

§ 3º. Para efeito da multiplicação prevista no *caput*, não serão consideradas as multas por infrações cometidas por condutor infrator identificado.

**Art. 3º.** A multa por não identificação do condutor infrator imposta à pessoa jurídica:

I – deverá utilizar o "código de infração" da infração que a originou associado ao código de "Multa por Não Identificação do Condutor Infrator Imposta a Pessoa Jurídica", que será definido pelo órgão máximo executivo de trânsito da União;

II – poderá ser paga por 80% (oitenta por cento) do seu valor até a data do vencimento expresso na Notificação da Penalidade.

Parágrafo único. A receita arrecadada com as multas de que trata esta Resolução será aplicada na forma do art. 320 do CTB.

**Art. 4º.** Na Notificação da Penalidade de "Multa por Não Identificação do Condutor Infrator Imposta a Pessoa Jurídica" deverá constar, no mínimo:

I – identificação do órgão ou entidade executivo de trânsito ou rodoviário que aplicou a penalidade;

II – nome da pessoa jurídica proprietária do veículo;

III – dados mínimos definidos no art. 280 do CTB da infração que não teve o condutor infrator identificado;

IV – tipificação da penalidade e sua previsão legal;

V – data de sua emissão;

VI – valor da multa integral e com 20% (vinte por cento) de desconto, em moeda nacional;

VII – data do término do prazo para a apresentação de recurso e pagamento com desconto de 20% (vinte por cento);

VIII – campo para autenticação eletrônica a ser regulamentado pelo órgão máximo executivo da União.

**Art. 5º.** A falta de pagamento da multa de que trata esta Resolução impedirá a transferência de propriedade e o licenciamento do veículo, nos termos do inciso VIII do art. 124 combinado com o art. 128 e § 2º do art. 131, todos do CTB.

**Art. 6º.** Da imposição da penalidade de multa por não identificação do condutor infrator caberá Recurso de 1ª e 2ª Instâncias na forma dos arts. 285 e seguintes do CTB.

**Art. 7º.** A alteração, pelo cancelamento de multa, do fator multiplicador regulamentado no art. 2º desta Resolução implicará no recálculo das multas aplicadas com base em seu valor.

Parágrafo único. Constatada diferença de valor, em face do disposto no *caput* deste artigo, esta será devolvida na forma da lei.

**Art. 8º.** Os órgãos e entidades executivos de trânsito e rodoviários terão o prazo de 180 (cento e oitenta) dias, contados da publicação desta Resolução, para adequarem seus procedimentos.

**Art. 9º.** Esta Resolução entrará em vigor na data de sua publicação, revogadas as disposições em contrário.

Brasília/DF, 8 de outubro de 2003.

*Ailton Brasiliense Pires – Presidente – DOU de 8.10.2003 – Republicação DOU de 10.12.2003*

## RESOLUÇÃO CONTRAN Nº 152, DE 29 DE OUTUBRO DE 2003

• *Estabelece os requisitos técnicos de fabricação e instalação de para-choque traseiro para veículos de carga.*

O Conselho Nacional de Trânsito – CONTRAN, usando da competência que lhe confere o inciso I do art. 12 da Lei nº 9.503, de 23 de setembro de 1997, que institui o Código de Trânsito Brasileiro – CTB, e conforme o Decreto nº 4.711, de 29 de maio de 2003, que dispõe sobre a coordenação do Sistema Nacional de Trânsito – SNT; e

Considerando a necessidade de aperfeiçoar e atualizar os requisitos de segurança para os veículos de carga nacionais e importados; resolve:

**Art. 1º.** Os veículos de carga com peso bruto total (PBT) superior a quatro mil e seiscentos quilogramas, fabricados no país, importados ou encarroçados a partir de 1º de julho de 2004 somente poderão ser registrados e licenciados se estiverem dotados do para-choque traseiro que atenda às especificações constantes do Anexo desta Resolução.

Parágrafo único. O veículo de carga com peso bruto total (PBT) superior a quatro mil e seiscentos quilogramas cujas características originais da carroçaria forem alteradas, ou quando nele for instalado algum tipo de implemento a partir da data determinada no *caput*, também deverá atender às especificações constantes do Anexo desta Resolução.

**Art. 2º.** Não estão sujeitos ao cumprimento desta Resolução os seguintes veículos:

I – inacabados ou incompletos;

II – destinados à exportação;

III – caminhões-tratores;

IV – produzidos especialmente para cargas autoportantes ou outros itens muito longos;

V – aqueles nos quais a aplicação do para-choque traseiro especificado nesta Resolução seja incompatível com a sua utilização;

VI – aqueles que possuam carroçaria e para-choque traseiro incorporados ao projeto original do fabricante;

VII – viaturas militares;

VIII – de coleção.

Parágrafo único. O órgão máximo executivo de trânsito da União analisará e decidirá quais veículos se enquadram no inciso V.

**Art. 3º.** Esta Resolução entrará em vigor na data da sua publicação.

Brasília/DF, 29 de outubro de 2003.

*Ailton Brasiliense Pires – Presidente – DOU de 13.11.2003*

**Anexo**

♦ *O Anexo encontra-se disponível no site: http://www.denatran.gov.br/resolucoes.htm*

## RESOLUÇÃO CONTRAN Nº 154, DE 17 DE DEZEMBRO DE 2003

- *Dispõe sobre a alteração do prazo estabelecido no art. 6º da Resolução CONTRAN nº 145, de 21 de agosto de 2003.*

O Conselho Nacional de Trânsito – CONTRAN, usando da competência que lhe confere o art. 12, inciso I da Lei nº 9.503, de 23 de setembro de1997, que instituiu o Código de Trânsito Brasileiro – CTB, e conforme o Decreto nº 4.711, de 29 de maio de 2003, que trata da coordenação do Sistema Nacional de Trânsito; resolve:

**Art. 1º.** O art. 6º da Resolução CONTRAN nº 145, de 21 de agosto de 2003, passa a vigorar com a seguinte redação:

- *Alteração já efetuada no corpo da Resolução.*

**Art. 2º.** Esta Resolução entra em vigor na data de sua publicação.

Brasília/DF, 17 de dezembro de 2003.

*Ailton Brasiliense Pires – Presidente – DOU de 26.12.2003*

## RESOLUÇÃO CONTRAN Nº 155, DE 28 DE JANEIRO DE 2004

- *Estabelece as bases para a organização e o funcionamento do Registro Nacional de Infrações de Trânsito – RENAINF e determina outras providências.*

O Conselho Nacional de Trânsito – CONTRAN, usando da competência que lhe confere o art. 12, inciso VIII, da Lei nº 9.503, de 23 de setembro de 1997, que instituiu o Código de Trânsito Brasileiro – CTB e conforme Decreto nº 4.711, de 29 de maio de 2003, que dispõe sobre a coordenação do Sistema Nacional de Trânsito – SNT.

Considerando a necessidade de implantação de uma base nacional de infrações de trânsito, que contemple uma sistemática para comunicação, registro, controle, consulta e acompanhamento das infrações de trânsito cometidas em unidade da Federação diferente da do licenciamento do veículo, de suas respectivas penalidades e arrecadação, bem como viabilize a pontuação delas decorrentes;

Considerando o que dispõe o inciso XIII do art. 19 e o § 1º do art. 260 do Código de Trânsito Brasileiro; resolve:

**Art. 1º.** Fica instituído o Registro Nacional de Infrações de Trânsito – RENAINF, sob a coordenação do Departamento Nacional de Trânsito – DENATRAN, integrado pelos Órgãos e Entidades do Sistema Nacional de Trânsito – SNT.

§ 1º. O RENAINF é um sistema de gerenciamento e controle de infrações de trânsito, integrado ao sistema de Registro Nacional de Veículos Automotores – RENAVAM e ao Registro Nacional de Condutores Habilitados – RENACH;

§ 2º. O RENAINF tem por finalidade criar a base nacional de infrações de trânsito e proporcionar condições operacionais para o registro das mesmas, viabilizando o processamento dos autos de infrações, das ocorrências e o intercâmbio de informações.

**Art. 2º.** As infrações de trânsito cometidas em unidades da Federação diferentes da de licenciamento do veículo deverão ser registradas no RENAINF para fins de arrecadação.

Parágrafo único. As penalidades decorrentes das infrações de que trata o caput deste artigo somente poderão ser inseridas no RENAVAM e no RENACH se registradas no RENAINF na forma desta Resolução.

**Art. 3º.** Os órgãos e entidades executivos de trânsito dos Estados e do Distrito Federal deverão integrar-se ao RENAINF, para fins de fornecimento dos dados de veículos e de condutores, para registro das infrações de trânsito cometidas em unidade da Federação diferente da do licenciamento do veículo, das suas respectivas penalidades e arrecadação, bem como da pontuação delas decorrentes.

**Art. 4º.** Os órgãos e entidades executivos de trânsito e rodoviários dos Municípios, os órgãos executivos rodoviários dos Estados e do Distrito Federal, o órgão executivo rodoviário da União e a Polícia Rodoviária Federal deverão integrar-se ao RENAINF através do órgão ou entidade executiva de trânsito da unidade da Federação de sua circunscrição ou diretamente ao RENAINF, nos casos em que o DENATRAN julgar técnica e operacionalmente conveniente.

**Art. 5º.** Os órgãos e entidades executivos de trânsito responsáveis pelo registro de veículos deverão considerar a restrição por infração de trânsito, inclusive para fins de licenciamento ou transferência, a partir da notificação da penalidade.

**Art. 6º.** Do valor da multa de que trata esta Resolução, arrecadado pelo órgão ou entidade executivo de trânsito do Estado ou do Distrito Federal, aplicada pelos demais órgãos ou entidades componentes do Sistema Nacional de Trânsito, serão deduzidos os custos operacionais dos participantes do processo, na forma estabelecida pelas instruções complementares emitidas pelo DENATRAN.

**Art. 7º.** Compete ao DENATRAN:

I – organizar e manter o RENAINF;

II – desenvolver e padronizar os procedimentos operacionais do sistema;

III – assegurar correta gestão do RENAINF;

IV – definir as atribuições operacionais dos órgãos e entidades integradas;

V – cumprir e fazer cumprir esta Resolução e as instruções complementares;

VI – arbitrar conflitos entre os participantes.

Parágrafo único. O DENATRAN emitirá instruções complementares no prazo máximo de trinta dias, a contar da publicação desta Resolução.

**Art. 8º.** Os órgãos e entidades executivos de trânsito dos Estados e do Distrito Federal terão um prazo máximo de duzentos e dez dias, a contar da publicação desta Resolução, para integrar-se ao sistema RENAINF.

Parágrafo único. Os demais órgãos e entidades de trânsito componentes do SNT terão um prazo de noventa dias, após a integração do órgão ou entidade executivo de trânsito da unidade da Federação de sua circunscrição, para registrar no RENAINF, nos termos do art. 4º desta Resolução, as infrações de trânsito cometidas em unidade da Federação diferente da do licenciamento do veículo, as penalidades e a pontuação delas decorrentes.

**Art. 9º.** Esta Resolução entra em vigor na data de sua publicação.

Brasília/DF, 28 de janeiro de 2004.

*Ailton Brasiliense Pires – Presidente – DOU de 2.2.2004*

## RESOLUÇÃO CONTRAN Nº 157, DE 22 DE ABRIL DE 2004

• *Fixa especificações para os extintores de incêndio, equipamento de uso obrigatório nos veículos automotores, elétricos, reboque e semirreboque, de acordo com o art. 105 do Código de Trânsito Brasileiro.*

• *Com as alterações das Resoluções nº 223, de 9.2.2007; nº 272, de 14.3.2008 e nº 333, de 6.11.2009.*

O Conselho Nacional de Trânsito – CONTRAN, no uso das atribuições que lhe são conferidas pelo art. 12, da Lei nº 9.503, de 23 de setembro de 1997, que instituiu o Código de Trânsito Brasileiro – CTB, e conforme o Decreto nº 4.711, de 29 de maio de 2003, que trata da coordenação do Sistema Nacional de Trânsito;

Considerando o art. 105, § 1º, do CTB, que estabelece que o CONTRAN determinará as especificações técnicas dos equipamentos obrigatórios; resolve:

**Art. 1º.** Nenhum veículo automotor poderá sair de fábrica, ser licenciado e transitar nas vias abertas à circulação, sem estar equipado com extintor de incêndio, do tipo e capacidade constantes da tabela 2 do Anexo desta Resolução, instalado na parte dianteira do habitáculo do veículo, ao alcance do condutor. *(Art. 1º, caput, com redação dada pela Resolução CONTRAN nº 223/2007)*

Parágrafo único. Excetuam–se dessa exigência as motocicletas, motonetas, ciclomotores, triciclos e quadriciclos automotores sem cabine fechada, tratores, veículos inacabados ou incompletos, veículos destinados ao mercado de exportação e os veículos de coleção.

**Art. 2º.** Os extintores de incêndio deverão exibir a Marca de Conformidade do Instituto Nacional de Metrologia, Normalização e Qualidade Industrial – INMETRO, e ser fabricados atendendo, no mínimo, as especificações do Anexo desta Resolução.

**Art. 3º.** Os extintores de incêndio instalados a partir de sessenta dias após a data de publicação desta Resolução deverão atender os seguintes requisitos:

I – quando em veículos previstos nos itens 1 e 4 da tabela 1 do Anexo, durabilidade mínima e validade do teste hidrostático pelo prazo de cinco anos da data de fabricação;

II – quando em veículos previstos nos itens 2 e 3 da tabela 1 do Anexo, durabilidade mínima de três anos e a validade do teste hidrostático pelo prazo de cinco anos da data de fabricação.

Parágrafo único. A partir da data constante do caput, os veículos de que trata esta Resolução poderão circular com extintor de incêndio com carga de pó ABC ou outro tipo de agente extintor, desde que o agente utilizado seja adequado às três classes de fogo e que sejam atendidos os requisitos de capacidade extintora mínima previstos na tabela 2 do Anexo desta Resolução.

**Art. 4º.** A durabilidade mínima, a validade do teste hidrostático e as características de manutenção e massa dos extintores de incêndio fabricados segundo a legislação vigente até sessenta dias após a data de publicação desta Resolução serão as constantes do rótulo do equipamento.

Parágrafo único. A quantidade, o tipo e a capacidade mínima dos extintores de incêndio referidos no *caput*, conforme os veículos que os portem, deverão atender as seguintes especificações:

I – automóvel, camioneta, caminhonete, e caminhão com peso bruto total até seis toneladas: um extintor de incêndio, com carga de pó químico seco ou de gás carbônico, de um quilograma;

II – caminhão, reboque e semirreboque com peso bruto total superior a seis toneladas: um extintor de incêndio, com carga de pó químico seco ou de gás carbônico, de dois quilogramas;

III – ônibus, micro-ônibus, reboque e semirreboque de passageiros: um extintor de incêndio, com carga de pó químico seco ou de gás carbônico, de quatro quilogramas;

IV – veículos de carga para transporte de líquidos ou gases inflamáveis: um extintor de incêndio com carga de pó químico de oito quilogramas, ou dois extintores de incêndio com carga de gás carbônico de seis quilogramas cada.

**Art. 5º.** O rótulo dos extintores de incêndio deve conter, no mínimo:

I – a informação: "Dentro do prazo de validade do extintor, o usuário / proprietário do veículo deve efetuar inspeção visual mensal no equipamento, assegurando-se:

— de que o indicador de pressão não está na faixa vermelha;

— de que o lacre está íntegro;

— da presença da marca de conformidade do INMETRO;

— de que o prazo de durabilidade e a data do teste hidrostático do extintor não estão vencidos;

— de que a aparência geral externa do extintor está em boas condições (sem ferrugem, amassados ou outros danos)".

II – os procedimentos de uso do extintor de incêndio;

III – recomendação para troca do extintor imediatamente após o uso ou ao final da validade.

**Art. 6º.** Os extintores de incêndio deverão ser fabricados em conformidade à NBR 10.721 da Associação Brasileira de Normas Técnicas – ABNT.

**Art. 7º.** A partir de primeiro de janeiro de 2005, todos os veículos de que trata esta Resolução deverão sair da fábrica equipados com extintor de incêndio fabricado com carga de pó ABC.

§ 1º. *(§ 1º revogado pela Resolução CONTRAN nº 223/2007)*

§ 2º. Os extintores de incêndio instalados a partir da data constante do *caput* deste artigo:

I – nos veículos automotores previstos no item 1 da tabela 2 do Anexo, deverão ter a durabilidade mínima e a validade do teste hidrostático de cinco anos da data de fabricação, e ao fim deste prazo o extintor será obrigatoriamente substituído por um novo; *(Inciso I com redação dada pela Resolução CONTRAN nº 223/2007)*

II – nos veículos automotores previstos nos itens 2 e 3 da tabela 2 do Anexo, deverão ter durabilidade mínima de três anos e validade do teste hidrostático de cinco anos da data de fabricação.

**Art. 8º.** O extintor de incêndio com carga de pó BC deverá ser substituído, até o vencimento da validade do teste hidrostático, por extintor de incêndio novo com carga de pó ABC obedecendo às especificações da tabela 2 do Anexo. *(Art. 8º, caput, com redação dada pela Resolução CONTRAN nº 333/2009)*

§ 1º. Os extintores de incêndio substituídos deverão ser coletados e destinados conforme legislação ambiental vigente. *(§ 1º primitivo parágrafo único, renumerado pela Resolução CONTRAN nº 333/2009)*

§ 2º. A partir de 1º de janeiro de 2015, os veículos automotores só poderão circular equipados com extintores de incêndio com carga de pó ABC. *(§ 2º acrescido pela Resolução CONTRAN nº 333/2009)*

**Art. 9º.** As autoridades de trânsito ou seus agentes deverão fiscalizar os extintores de incêndio, como equipamento obrigatório, verificando os seguintes itens: *(Art. 9º, caput, redação dada pela Resolução CONTRAN nº 272/2008)*

I – o indicador de pressão não pode estar na faixa vermelha;

II – integridade do lacre;

III – presença da marca de conformidade do INMETRO;
IV – os prazos da durabilidade e da validade do teste hidrostático do extintor de incêndio não devem estar vencidos;
V – aparência geral externa em boas condições (sem ferrugem, amassados ou outros danos);
VI – local da instalação do extintor de incêndio.

**Art. 10.** O descumprimento do disposto nesta Resolução sujeitará o infrator à aplicação das sanções previstas no art. 230, incisos IX e X, do CTB.
**Art. 11.** Esta Resolução entra em vigor na data de sua publicação.
**Art. 12.** Ficam revogadas as Resoluções CONTRAN nºs 560/1980 e 743/1989.
Brasília/DF, 22 de abril de 2004.
*Ailton Brasiliense Pires – Presidente – DOU de 7.5.2004*

**Anexo**

**Tabela 1 – Extintores com carga de pó BC fabricados até trinta e um de dezembro de 2004**

| Item | Aplicação | Capacidade extintora mínima |
|---|---|---|
| 1 | Automóveis, utilitários, camionetas, caminhonetes, caminhão, caminhão trator e triciclo automotor de cabine fechada | 5-B:C |
| 2 | Micro-ônibus | 10-B:C |
| 3 | Ônibus, veículos de transporte inflamável líquido ou gasoso | 20-B:C |
| 4 | Reboques e semirreboques com capacidade de carga útil maior que 6 toneladas | 5-B:C |

**Tabela 2 – Extintores com carga de pó ABC fabricados a partir de primeiro de janeiro de 2005** – *(Tabela 2 com redação dada pela Resolução CONTRAN nº 223/2007)*

| Item | Aplicação | Capacidade extintora mínima |
|---|---|---|
| 1 | Automóveis, utilitários, camionetas, caminhonetes, caminhão, caminhão-trator e triciclo automotor de cabine fechada | 1-A:5-B:C |
| 2 | Micro-ônibus | 2-A:10-B:C |
| 3 | Ônibus e veículos destinados ao transporte de produtos inflamáveis, líquidos ou gasosos | 2-A: 20-B:C |

## RESOLUÇÃO CONTRAN Nº 158, DE 22 DE ABRIL DE 2004

• *Proíbe o uso de pneus reformados em ciclomotores, motonetas, motocicletas e triciclos, bem como rodas que apresentem quebras, trincas e deformações.*

O Conselho Nacional de Trânsito – CONTRAN, no uso das atribuições legais que lhe são conferidas pelo art. 12, inciso I, da Lei nº 9.503, de 23 de setembro de 1997 que instituiu o Código de Trânsito Brasileiro, e conforme o Decreto nº 4.711 de 29 de maio de 2003, que trata da coordenação do Sistema Nacional de Trânsito – SNT; e

Considerando a necessidade de prover condições de segurança para a circulação dos veículos automotores de duas ou três rodas, conforme está disposto no *caput* do art. 103 da Lei nº 9.503, de 23 de setembro de 1997;

Considerando que pneu reformado (recauchutado, recapado ou remoldado) não oferece condições mínimas de segurança para uso em veículos automotores de duas ou três rodas;

Considerando a necessidade de prevenir os riscos ao condutor e passageiro desses veículos automotores; resolve:

**Art. 1º.** Fica proibido, em ciclomotores, motonetas, motocicletas e triciclos o uso de pneus reformados, quer seja pelo processo de recapagem, recauchutagem ou remoldagem, bem como rodas que apresentem quebras, trincas e deformações.

**Art. 2º.** O descumprimento do disposto nesta Resolução, sujeitará o infrator às sanções previstas no art. 230, inciso X, da Lei nº 9.503 de 23 de setembro de 1997.

**Art. 3º.** Esta Resolução entra em vigor na data de sua publicação.
Brasília/DF, 22 de abril de 2004.
*Ailton Brasiliense Pires – Presidente – DOU de 7.5.2004*

## RESOLUÇÃO CONTRAN Nº 160, DE 22 DE ABRIL DE 2004

- Aprova o Anexo II do Código de Trânsito Brasileiro.
- *Prazo prorrogado pela Resolução CONTRAN nº 195, 30.6.2006.*

O Conselho Nacional de Trânsito – CONTRAN, usando da competência que lhe confere o art. 12, inciso VIII, da Lei nº 9.503, de 23 de setembro de 1997, que instituiu o Código de Trânsito Brasileiro – CTB e conforme Decreto nº 4.711, de 29 de maio de 2003, que dispõe sobre a coordenação do Sistema Nacional de Trânsito – SNT; e

Considerando a aprovação na 5ª Reunião Ordinária da Câmara Temática de Engenharia da Via.

Considerando o que dispõe o art. 336 do Código de Trânsito Brasileiro; resolve:

**Art. 1º.** Fica aprovado o Anexo II do Código de Trânsito Brasileiro – CTB, anexo a esta Resolução.

**Art. 2º.** Os órgãos e entidades de trânsito terão até 30 de junho de 2006 para se adequarem ao disposto nesta Resolução. *(Prazo prorrogado até 30 de junho de 2007 pela Resolução CONTRAN nº 195/2006)*

**Art. 3º.** Esta Resolução entra em vigor 90 (noventa) dias após a data de sua publicação.

Brasília/DF, 22 de abril de 2004.

*Ailton Brasiliense Pires – Presidente – DOU de 11.6.2004*

## RESOLUÇÃO CONTRAN Nº 165, DE 10 DE SETEMBRO DE 2004

- Regulamenta a utilização de sistemas automáticos não metrológicos de fiscalização, nos termos do § 2º do art. 280 do Código de Trânsito Brasileiro.
- *Com as alterações da Resolução CONTRAN nº 174, de 23.6.2005.*

O Conselho Nacional de Trânsito – CONTRAN, no uso da atribuição que lhe confere o art. 12, da Lei nº 9.507, de 23 de setembro de 1997, que instituiu o Código de Trânsito Brasileiro – CTB, e conforme Decreto nº 4.711, de 29 de maio de 2003, que dispõe sobre a coordenação do Sistema Nacional de Trânsito – SNT;

Considerando a necessidade de promover a melhoria da educação, circulação e segurança no trânsito dos usuários da via;

Considerando a diversidade de infrações possíveis de serem detectadas por sistemas automáticos não metrológicos de fiscalização;

Considerando a necessidade de evitar a ocorrência de elevação dos atuais números de mortos e feridos em acidentes de trânsito, coibindo o cometimento de infrações de trânsito; resolve:

**Art. 1º.** A utilização de sistemas automáticos não metrológicos de fiscalização pelos órgãos e entidades integrantes do Sistema Nacional de Trânsito – SNT, nos termos do § 2º do art. 280 do Código de Trânsito Brasileiro – CTB, deve atender ao disposto nesta Resolução.

**Art. 2º.** O sistema automático não metrológico de fiscalização deve:

I – ter a conformidade de seu modelo avaliada pelo Instituto Nacional de Metrologia, Normalização e Qualidade Industrial – INMETRO, ou entidade por ele acreditada; *(Inciso I com redação dada pela Resolução CONTRAN nº 174/2005)*

II – atender aos requisitos específicos mínimos para cada infração a ser detectada, estabelecidos pelo órgão máximo executivo de trânsito da União.

**Art. 3º.** O Inmetro disporá sobre a fiscalização do funcionamento do sistema automático não metrológico de fiscalização no local de sua instalação.

**Art. 4º.** A imagem detectada pelo sistema automático não metrológico de fiscalização deve permitir a identificação do veículo e, no mínimo:

I – Registrar:

a) Placa do veículo;

b) Dia e horário da infração;

II – Conter:

a) Local da infração identificado de forma descritiva ou codificado;

b) Identificação do sistema automático não metrológico de fiscalização utilizado, mediante numeração estabelecida pelo órgão ou entidade de trânsito com circunscrição sobre a via.

Parágrafo único. A autoridade de trânsito deve dar publicidade à relação de códigos de que trata a alínea "a" e à numeração de que trata a alínea "b", ambas do inciso II deste artigo.

**Art. 5º.** Compete à autoridade de trânsito com circunscrição sobre a via dispor sobre a localização, instalação e operação do sistema automático não metrológico de fiscalização.

§ 1º. Quando utilizado o sistema automático não metrológico de fiscalização, não é obrigatória: *(§ 1º, primitivo parágrafo único, renumerado pela Resolução CONTRAN nº 174/2005)*

I – a utilização de sinalização vertical de indicação educativa prevista no anexo II do CTB;

II – a presença da autoridade ou do agente da autoridade de trânsito no local da infração, quando fixo ou estático. *(Inciso II com redação dada pela Resolução CONTRAN nº 174/2005)*

§ 2º. Quando utilizado o sistema automático não metrológico de fiscalização móvel é obrigatória a identificação eletrônica do local da infração ou a presença da autoridade de trânsito no local da infração. *(§ 2º acrescido pela Resolução CONTRAN nº 174/2005)*

**Art. 6º.** As notificações da autuação e da penalidade elaboradas a partir de registro efetuado por sistema de que trata esta Resolução, deve conter, além do disposto no CTB e na legislação complementar, a informação de que a infração foi comprovada por sistema automático não metrológico de fiscalização.

**Art. 7º.** Antes de efetivar o uso do sistema para a fiscalização de infrações decorrentes da inobservância de sinalização, a autoridade de trânsito com circunscrição sobre a via deverá verificar se a sinalização de regulamentação de trânsito exigida pela legislação está em conformidade com a mesma.

**Art. 8º.** Os sistemas automáticos não metrológicos de fiscalização poderão ser utilizados até a data que será estabelecida no Regulamento de Avaliação de Conformidade – RAC do INMETRO, quando de sua expedição, desde que seu modelo tenha seu desempenho verificado pelo INMETRO, ou entidade por ele acreditada, ou por entidade autônoma com capacitação técnica e atenda aos requisitos especificados pelo órgão ou entidade de trânsito com circunscrição sobre a via. *(Art. 8º com redação dada pela Resolução CONTRAN nº 174/2005)*

**Art. 9º.** Ficam convalidados os registros por infração prevista no CTB efetuados com sistemas automáticos não metrológicos de fiscalização desde que o modelo destes sistemas tenham tido seu desempenho verificado pelo INMETRO ou entidade por ele acreditada, ou por entidade autônoma com capacitação técnica, quanto ao atendimento dos requisitos especificados pelo órgão ou entidade de trânsito com circunscrição sobre a via. *(Art. 9º com redação dada pela Resolução CONTRAN nº 174/2005)*

**Art. 10.** Fica revogado o art. 6º da Resolução CONTRAN nº 146 e demais dispositivos em contrário.

**Art. 11.** Esta Resolução entrará em vigor na data de sua publicação.

Brasília/DF, 10 de setembro de 2004.

*Ailton Brasiliense Pires – Presidente – DOU de 23.9.2004*

## RESOLUÇÃO CONTRAN Nº 166, DE 15 DE SETEMBRO DE 2004

• *Aprova as diretrizes da Política Nacional de Trânsito.*

O Conselho Nacional de Trânsito – CONTRAN, usando da competência que lhe confere o art. 12, inciso I, da Lei nº 9.503, de 23 de setembro de 1997, que instituiu o Código de Trânsito Brasileiro – CTB e conforme Decreto nº 4.711, de 29 de maio de 2003, que dispõe sobre a coordenação do Sistema Nacional de Trânsito – SNT; e

Considerando que a aplicação e a eficácia do CTB, em especial da disposição contida no art. 1º, § 3º, segundo a qual o trânsito, em condições seguras, é um direito de todos e dever dos órgãos e entidades componentes do Sistema Nacional de Trânsito, a estes cabendo, no âmbito das respectivas competências, adotar as medidas destinadas a assegurar esse direito;

Considerando a necessidade de serem estabelecidos, para todo o território nacional, fundamentos para uniformidade e integração das ações do Sistema Nacional de Trânsito;

Considerando os fundamentos e os objetivos do Estado democrático de Direito, em especial a cidadania e a dignidade da pessoa humana para construção de uma sociedade livre e justa, com respeito aos direitos e deveres individuais e coletivos;

Considerando os anseios e propósitos expressos pela sociedade brasileira em todos os fóruns de discussão de políticas públicas para o trânsito, com ampla participação dos segmentos que a constituem, pessoas e entidades, órgãos e comunidades; resolve:

**Art. 1º.** Ficam aprovadas as diretrizes da Política Nacional de Trânsito – PNT, constantes do Anexo desta Resolução.

**Art. 2º.** Cabe ao órgão máximo executivo de trânsito da União, ouvidos os demais órgãos e entidades do Sistema Nacional de Trânsito, a formulação do Programa Nacional de Trânsito.

**Art. 3º.** Esta Resolução entre em vigor na data de sua publicação.

Brasília/DF, 15 de setembro de 2004.

*Ailton Brasiliense Pires – Presidente – DOU de 18.10.2004*

**Anexo**

**1. Introdução**

A segurança no trânsito é um problema atual, sério e mundial, mas absolutamente urgente no Brasil. A cada ano, mais de 33 mil pessoas são mortas e cerca de 400 mil tornam-se feridas ou inválidas em ocorrências de trânsito. Nossos índices de fatalidade na circulação viária são bastante superiores às dos países desenvolvidos e representam uma das principais causas de morte prematura da população economicamente ativa.

As ocorrências trágicas no trânsito, grande parte delas previsíveis e, portanto, evitáveis, consideradas apenas as em áreas urbanas, causam uma perda da ordem de R$ 5,3 bilhões por ano, valor esse que, certamente, inibe o desenvolvimento econômico e social do país.

Desde a promulgação do Código de Trânsito Brasileiro – CTB em 1997, houve um despertar de consciência para a gravidade do problema. No entanto, o estágio dessa conscientização e sua tradução em ações efetivas ainda são extremamente discretos e insuficientes para representar um verdadeiro enfrentamento da questão.

Para reduzirem-se as ocorrências e implementar-se a civilidade no trânsito, é preciso tratá-lo como uma questão multidisciplinar que envolve problemas sociais, econômicos, laborais e de saúde, onde a presença do estado de forma isolada e centralizadora não funciona.

O verdadeiro papel do estado é assumir a liderança de um grande e organizado esforço nacional em favor de um trânsito seguro, mobilizando, coordenando e catalisando as forças de toda a sociedade.

A Política Nacional de Trânsito tem o cidadão brasileiro como seu maior beneficiário. Traça rumos e cria condições para a abordagem do trânsito de forma integrada ao uso do solo, ao desenvolvimento urbano e regional, ao transporte em suas diferentes modalidades, à educação, à saúde e ao meio ambiente.

A Política Nacional de Trânsito tem por base a Constituição Federal; como marco legal relevante o Código de Trânsito Brasileiro; como referenciais a Convenção de Viena (Convenção sobre o Tráfego Viário de Viena, à qual o Brasil aderiu, por meio do Decreto nº 86.714, de 10 de dezembro de 1981) e o Acordo Mercosu (Acordo sobre a Regulamentação Básica Unificada de Trânsito, entre Brasil, Argentina, Bolívia, Chile, Paraguai, Peru e Uruguai, autorizado por Decreto de 3 de agosto de 1993.); por agente o Sistema Nacional de Trânsito – SNT, conjunto de órgãos e entidades da União, dos Estados, do Distrito Federal e dos Municípios, cuja finalidade é o exercício das atividades de planejamento, administração, normalização, pesquisa, registro e licenciamento de veículos, formação, habilitação e educação continuada de condutores, educação, engenharia, operação do sistema viário, policiamento, fiscalização, julgamento de infrações e de recursos e aplicação de penalidades.

A gestão do trânsito brasileiro é responsabilidade de um amplo conjunto de órgãos e entidades, devendo os mesmos estar em constante integração, dentro da gestão federativa, para efetiva aplicação do CTB e cumprimento da Política Nacional de Trânsito, conforme descrição sucinta a seguir:

a) Ministério das Cidades: os assuntos de sua competência são o saneamento ambiental, os programas urbanos, a habitação, o trânsito e o transporte e mobilidade urbana. O Ministério das Cidades é o coordenador máximo do Sistema Nacional de Trânsito – SNT e a ele está vinculado o Conselho Nacional de Trânsito – CONTRAN e subordinado o Departamento Nacional de Trânsito – DENATRAN. Cabe ao Ministério presidir o Conselho das Cidades e participação na Câmara Interministerial de Trânsito.

b) Câmara Interministerial de Trânsito: constituída por dez Ministérios, tem o objetivo de harmonizar os respectivos orçamentos destinados às questões de trânsito.

c) Conselho Nacional de Trânsito: constituído por representantes de sete Ministérios, tem por competência, dentre outras, estabelecer as normas regulamentares referidas no Código de Trânsito Brasileiro e estabelecer as diretrizes da Política Nacional de Trânsito.

d) Conferência Nacional das Cidades: prevista no Estatuto das Cidades, é realizada a cada dois anos e tem por objetivo propor princípios e diretrizes para as políticas setoriais e para a política nacional das cidades.

e) Conselho das Cidades: colegiado constituído por representantes do estado em seus três níveis de governo e da sociedade civil – 71 membros titulares e igual número de suplentes, e mais 27 observadores –, tem por objetivo estudar e propor diretrizes para o desenvolvimento urbano e regional com a participação social.

f) Departamento Nacional de Trânsito: órgão executivo máximo da União, cujo dirigente preside o CONTRAN e que tem por finalidade, dentre outras, a coordenação e a supervisão dos órgãos delegados e a execução da Política Nacional de Trânsito.

g) Câmaras Temáticas: órgãos técnicos compostos por representantes do estado e da sociedade civil e que tem a finalidade de estudar e oferecer sugestões e embasamento técnico para decisões do CONTRAN. São seis Câmaras Temáticas, cada qual com treze membros titulares e respectivos suplentes.

h) Fórum Consultivo de Trânsito: colegiado constituído por 54 representantes, e igual número de suplentes, dos órgãos e entidades do Sistema Nacional de Trânsito, e que tem por finalidade assessorar o CONTRAN em suas decisões.

i) Sistema Nacional de Trânsito: conjunto de órgãos e entidades da União, dos Estados, do Distrito Federal e dos Municípios, que tem por finalidade o exercício das atividades de planejamento, administração, normalização, pesquisa, registro e licenciamento de veículos, formação, habilitação e reciclagem de condutores, educação, engenharia, operação e fiscalização de trânsito, policiamento, julgamento de recursos a infrações de trânsito e aplicação de penalidades. Conta, atualmente, com cerca de 1.240 órgãos e entidades municipais, 162 estaduais e 6 federais. Congregando mais de 50 mil profissionais.

A Política Nacional de Trânsito, como marco referencial, considera um conjunto de fatores históricos, culturais, sociais e ambientais que caracteriza a realidade brasileira. A partir do cenário assim constituído, a Política em questão integra objetivos e diretrizes que buscam traduzir valores, princípios, aspirações e anseios da sociedade, em busca do exercício pleno da cidadania e da conquista da dignidade humana e da qualidade de vida plena.

A Política Nacional de Trânsito, prevista no Código de Trânsito Brasileiro, que incumbe o Sistema Nacional de Trânsito propor e o Conselho Nacional de Trânsito de estabelecer suas diretrizes, deve se harmonizar com as políticas estabelecidas por outros Conselhos Nacionais, em especial com o Conselho das Cidades, órgão colegiado que reúne representantes do poder público e da sociedade civil e que tem por foco o desenvolvimento urbano e regional, a política fundiária e de habitação, o saneamento ambiental, o trânsito e o transporte e mobilidade urbana, além do Conselho Nacional do Meio Ambiente – CONAMA, e do Conselho Nacional da Saúde.

## 2. Política Nacional de Trânsito

### 2.1. Marco Referencial

A Política Nacional de Trânsito é instrumento da Política de Governo expressa no Plano Brasil para Todos e que tem por macro-objetivos:

a) O crescimento com geração de trabalho, emprego e renda, ambientalmente sustentável e redutor de desigualdades regionais.

b) Inclusão social e redução das desigualdades sociais.

c) Promoção e expansão da cidadania e fortalecimento da democracia.

### 2.1.1. Segurança de Trânsito

O trânsito em condições seguras é um direito de todos e um dever dos órgãos e entidades do Sistema Nacional de Trânsito, aos quais cabe adotar as medidas necessárias para assegurar esse direito. Considera-se trânsito a utilização das vias por pessoas, veículos e animais, isolados ou em grupos, conduzidos ou não, para fins de circulação, parada, estacionamento e operação de carga ou descarga (art. 1º, § 2º, do CTB).

Estatísticas de acidentes de trânsito indicam a ocorrência de cerca de 350 mil acidentes anuais com vítimas em todo o país, dos quais resultam cerca de 33 mil mortos e 400 mil feridos.

Estudo desenvolvido pelo Instituto de Pesquisa Econômica Aplicada – IPEA em parceria com a Associação Nacional de Transportes Públicos – ANTP e o Departamento Nacional de Trânsito – DENATRAN, com a finalidade de mensurar o custo social decorrente do acidente de trânsito em aglomerados urbanos, aponta um montante anual de 5,3 bilhões de reais. Projetando-se esse valor para incluir os acidentes ocorridos nas vias rurais (Vias rurais – estradas e rodovias, CTB – Anexo I), estima-se um custo social total anual da ordem de 10 bilhões de reais.

Segundo o Informe Mundial sobre Prevenção de Acidentes causados no Trânsito, publicado pela Organização Mundial da Saúde em 2004, estudos demonstram que os acidentes de trânsito têm um impacto desproporcional nos setores mais pobres e vulneráveis da população. Estatísticas brasileiras indicam que cerca de 30% dos acidentes de trânsito são atropelamentos, e causam 51% dos óbitos.

A estatística nacional de acidentes de trânsito no Brasil, que deveria representar a consolidação das informações de todos os órgãos e entidades de trânsito, mesmo após a implantação, pelo DENATRAN, do Sistema Nacional de Estatísticas de Trânsito (SINET), ainda é imprecisa e incompleta, dada à precariedade e falta de padronização da coleta e tratamento das informações.

### 2.1.2. Educação para o trânsito

A educação para o trânsito é direito de todos e constitui dever prioritário dos componentes do Sistema Nacional de Trânsito (CTB, Capítulo V).

A educação para o trânsito deve ser promovida desde a pré-escola ao ensino superior, por meio de planejamento e ações integradas entre os diversos órgãos do Sistema Nacional de Trânsito e do Sistema Nacional de Educação. Segundo o Código de Trânsito Brasileiro, mediante proposta do Conselho Nacional de Trânsito e do Conselho de Reitores das Universidades Brasileiras, cabe ao Ministério da Educação, promover a adoção, em todos os níveis de ensino, de um currículo interdisciplinar sobre segurança de trânsito, além de conteúdos de trânsito nas escolas de formação para o magistério e na capacitação de professores e multiplicadores.

A educação para o trânsito ultrapassa a mera transmissão de informações. Tem como foco o ser humano, e trabalha a possibilidade de mudança de valores, comportamentos e atitudes. Não se limita a eventos esporádicos e não permite ações descoordenadas. Pressupõe um processo de aprendizagem continuada e deve utilizar metodologias diversas para atingir diferentes faixas etárias e clientela diferenciada.

A educação para o trânsito tem como mola mestra a disseminação de informações e a participação da população na resolução de problemas, principalmente quando da implantação de mudanças, e só é considerada eficaz na medida em que a população alvo se conscientiza do seu papel como protagonista no trânsito e modifica comportamentos indevidos. Uma comunidade mal informada não reage positivamente a ações educativas.

A educação inclui a percepção da realidade e a adaptação, assimilação e incorporação de novos hábitos e atitudes frente ao trânsito – enfatizando a corresponsabilidade governo e sociedade, em busca da segurança e bem-estar.

O governo e a sociedade brasileira vêm se mostrando a cada dia mais sensíveis e atentos ao investimento e à participação em ações educativas de trânsito. É preciso fomentar e executar programas educativos contínuos, junto às escolas regulares de ensino e junto à comunidade organizada, centrados em resultados e integrados aos outros aspectos da gestão do trânsito, principalmente com relação à segurança, à engenharia de tráfego e à fiscalização.

A formação e a capacitação de condutores e instrutores dos Centro de Formação de Condutores – CFC é outro campo a se priorizar, para que as exigências do Código de Trânsito Brasileiro possam ser cumpridas com eficiência e possam fazer parte do currículo dos cursos a discussão da cidadania e de valores.

### 2.1.3 Mobilidade, Qualidade de Vida e Cidadania

A mobilidade do cidadão no espaço social, centrada nas pessoas que transitam e não na maneira como transitam, é ponto principal a ser considerado, quando se abordam as questões do trânsito, de forma a considerar a liberdade de ir e vir, de atingir-se o destino que se deseja, de satisfazer as necessidades de trabalho, de lazer, de saúde, de educação e outras.

Sob o ponto de vista do cidadão que busca melhor qualidade de vida e o seu bem estar social, o trânsito toma nova dimensão. Deixa de estar associado, de forma preponderante, à idéia de fluidez, de ser relacionado apenas aos condutores de veículos automotores e de ser considerado como um fenômeno exclusivo dos grandes centros urbanos, para incorporar as demandas de mobilidade peculiares aos usuários mais frágeis do sistema, como as crianças, os portadores de necessidades especiais e os idosos.

O direito de todos os cidadãos de ir e vir, de ocupar o espaço público e de conviver socialmente nesse espaço, são princípios fundamentais para compreender a dimensão do significado expresso na palavra trânsito. Tal abordagem, ampliando a visão sobre o trânsito, considera-o como um processo histórico-social que envolve, principalmente, as relações estabelecidas entre as pessoas e o espaço, assim como as relações das pessoas entre si.

A violência no trânsito e a drástica redução da qualidade de vida no meio urbano, consequência direta dos problemas de mobilidade e ordenamento, leva à necessidade de adoção de novos modelos de desenvolvimento urbano e de transporte, e da introdução, nas políticas públicas, dos preceitos de sustentabilidade e desenvolvimento.

Longe dos grandes centros, também vivem pessoas que se locomovem, muitas vezes em condições precárias, sobre lombos de animais, em carrocerias de pequenos veículos, a pé, em vias inadequadas, muitas vezes sem condições mínimas de segurança.

2.1.3.1 O transporte e o trânsito

O transporte por modo rodoviário ocupa um papel fundamental na matriz do transporte brasileiro e constitui fator relevante na abordagem integrada das questões do trânsito. Estima-se que 96% das distâncias percorridas pelas pessoas ocorram em vias urbanas e rurais, 1,8% em ferrovias e metrôs e o restante por hidrovias e meios aéreos. Em relação às cargas, 60,5% são transportadas em vias urbanas e rurais, 21% em ferrovias, 14% em hidrovias e o restante por gasodutos/oleodutos, ou meios aéreos (Geipot, 2001).

Nas áreas urbanas, os deslocamentos a pé e o uso do ônibus são as formas dominantes de deslocamento. Estima-se que no ano de 2001 estavam em circulação cerca de 115.000 ônibus, transportando 65 milhões de passageiros por dia. Os sistemas metroviários e ferroviários em operação nas regiões metropolitanas e grandes cidades transportam um volume diário da ordem de 5 milhões de passageiros.

Os automóveis, cuja produção anual gira em torno de 1,5 milhão de veículos, correspondem a mais de 80% da produção de veículos automotores – sendo que a maioria é movida a gasolina (93,1% em 2003 e 78,4% até julho de 2004 com a inclusão dos automóveis com combustível flexível gasolina/álcool – ANFAVEA). Observa-se, ainda, a produção anual de 1,0 milhão de motocicletas (ABRACICLO). O número de veículos no País tem crescido rapidamente nas últimas décadas: de 430.000 em 1950, para 3,1 milhões em 1970, chegando a 36,5 milhões em 2003.

O uso de combustíveis fósseis e o crescimento da demanda do transporte rodoviário incidem diretamente na emissão de poluentes pelos veículos motorizados. Embora compensado em parte pelo fato dos novos veículos produzidos pela indústria nacional emitirem menor quantidade de poluentes por quilômetro rodado, a gravidade do problema se expressa por meio dos prejuízos à saúde da população em geral e, em particular, das pessoas idosas e das crianças.

O crescimento da população urbana e da frota de veículos tende a agravar mais a situação. Admitindo-se um crescimento anual de 2% a 3% da população urbana e de 4% da frota de veículos, pode-se estimar que até o ano 2010 poderão ser acrescentados cerca de cinquenta milhões de habitantes às áreas urbanas e vinte milhões de veículos à frota nacional. O grande desafio é como acomodar, com qualidade e eficiência, esses contingentes populacionais adicionais e os deslocamentos que eles farão, considerando que o aumento da frota de automóveis, de seu uso e da mobilidade tendem a agravar os problemas de congestionamento e poluição.

Tradicionalmente, as ações dos técnicos e decisões das autoridades têm privilegiado a circulação do automóvel, exigindo contínuas adaptações e ampliações do sistema viário, frequentemente a custos elevados. Considerando que a ocupação per capita do espaço viário pelo automóvel é bem maior do que em relação ao ônibus, esta prioridade ao transporte individual consome recursos que, em muitos casos, poderiam ser orientados para a melhoria do transporte público.

A adaptação das cidades para o uso intensivo do automóvel tem levado à violação da natureza, das áreas residenciais e de uso coletivo, bem como à degradação do patrimônio histórico e arquitetônico, devido à abertura de novas vias, ao remanejamento do tráfego para melhorar as condições de fluidez e ao uso indiscriminado das vias para o trânsito de passagem.

2.1.3.2 A cidadania, a participação e a comunicação com a sociedade

Historicamente, o trânsito foi tratado como uma questão policial e de comportamento individual dos usuários, carecendo de um tratamento no campo da engenharia, da administração do comportamento e da participação social.

Um trânsito ruim e no limite criminoso, por falta de consciência dos seus perigos e por falta de punição, aproxima-nos da barbárie e do caos. Por outro lado, um trânsito calmo e previsível estabelece um ambiente de civilidade e de respeito às leis, mostrando a internalização da norma básica da convivência democrática: todos são iguais perante a lei e, em contrapartida, obedecê-la é dever de todos.

O conceito de cidadania implica conflitos, já que, de um lado, está a ideia fundamental de indivíduo, e de outro, regras universais – um sistema de leis válido para todos em todo e qualquer espaço social. Assim considerando, é fundamental destacar a dimensão de cidadania inserida no trânsito, uma vez que este configura uma situação básica de diferença, diversidade, equidade, tolerância e de direitos humanos.

Diferentemente de algumas outras normas sociais, que podem ser rompidas ou ignoradas sem que ninguém perceba, as normas de trânsito produzem um efeito imediato, levando, sua obediência ou não, à manutenção da qualidade de vida do cidadão e da coletividade, ou a resultados desastrosos. Com isso, o trânsito configura-se em uma notável escola de e para a democracia.

No sentido do exercício democrático é que se coloca a pertinência e a legitimidade da participação da sociedade na discussão e na proposição de ações referentes ao trânsito, tido como fenômeno resultante da mobilidade dos cidadãos. É crescente a movimentação da coletividade buscando organizar-se. Por sua vez, os governos, nos diversos níveis, paulatinamente, vêm abrindo espaços e oportunidades à participação popular.

Priorizar e incentivar a participação da sociedade e promover a produção e a veiculação de informações claras, coerentes e objetivas, significa, assim, construir um ambiente favorável à implantação de uma nova cultura, orientada ao exercício do trânsito cidadão e da qualidade de vida.

2.1.4 Sistema Nacional de Trânsito: Desempenho, Integração e Relações com outros Setores

2.1.4.1 A Integração dos Municípios ao Sistema Nacional de Trânsito

O Código de Trânsito Brasileiro e a legislação complementar em vigor vieram introduzir profundas mudanças no panorama institucional do setor. Para sua real implementação em todo o País, muito é preciso ainda investir, principalmente no que diz respeito à capacitação, fortalecimento e integração dos diversos órgãos e entidades executivos de trânsito, nas esferas federal, estadual e municipal, de forma a produzir efeito nacional, regional e local e buscando contribuir para a formação de uma rede de organizações que constituam, verdadeiramente, o Sistema Nacional de Trânsito.

O Código de Trânsito Brasileiro estabelece que o Sistema Nacional de Trânsito compõe-se de órgãos e entidades da União, dos Estados, do Distrito Federal e dos Municípios, estendendo até estes as competências executivas da gestão do trânsito.

O atendimento a algumas exigências é condição indispensável à integração de cada município ao Sistema Nacional de Trânsito. Tais exigências estão expressas no Código, arts. 24 e 333, e em Resolução do CONTRAN.

A integração do município ao Sistema Nacional de Trânsito independe de seu tamanho, receitas e quadro de pessoal. É exigida a criação do órgão de trânsito e da Junta Administrativa de Recursos de Infrações – JARI, à qual cabe julgar os recursos interpostos pelos presumidos infratores.

Atualmente, encontram-se integrados ao SNT, cerca de 620 Municípios, mas inúmeros outros encontram-se carentes de orientação e preparo para a introdução das mudanças exigidas. Para implantação das orientações legais relativas à municipalização do trânsito, torna-se importante validar e implantar princípios e modelos alternativos para estruturação e organização dos sistemas locais, passíveis de adequação às diferentes realidades da administração municipal no Brasil e viabilizar apoio técnico-legal e administrativo aos municípios que buscam engajar-se nesse movimento de mudança.

Por outro lado, o investimento em fortalecimento e desenvolvimento institucional requerido não é isolado nem se restringe à gestão do trânsito, mas abrange outras áreas da gestão municipal. Os municípios, de forma geral, necessitam estruturar-se e capacitar-se para planejar e controlar o desenvolvimento dos espaços urbanos. O crescimento, nessas áreas, ocorre em muitos casos sem controle, com regulamentações sobre o uso e ocupação do solo precárias ou inexistentes, guiado de acordo com as leis de mercado referentes ao valor da terra e aos níveis relativos de acessibilidade. As áreas periféricas das cidades são, frequentemente, ocupadas por população de baixa renda e nelas são, em geral, deficientes os serviços públicos como educação, saúde e transporte coletivo, além de existirem problemas ambientais relativos a erosão do solo, esgotamento sanitário e outros.

A gestão integrada do trânsito e do transporte local é mais um fator impulsionador da administração municipal eficaz já praticada nos municípios brasileiros.

Por fim, é necessário ter-se em mente a relação biunívoca do uso do solo com o trânsito e o transporte, pois cada edificação gera uma necessidade diferente de deslocamento, que deve ser atendida e, por outro lado, a movimentação de veículos, pessoas e animais interfere na implantação e utilização das edificações.

2.1.4.2. A avaliação dos resultados institucionais e organizacionais

A dificuldade das organizações para analisar sua performance, seus resultados efetivos, de forma a realimentar processos de planejamento estratégico, tático e operacional e corrigir rumos, origina-se, normalmente, na carência de orientações metodológicas claras e práticas de avaliação de resultados organizacionais.

Pode-se afirmar, *a priori*, que este panorama não é diferente no setor de trânsito.

Além da carência de dados confiáveis sobre as ocorrências de trânsito, faltam indicadores eficazes para mensuração dos resultados e equipes preparadas para a prática da avaliação continuada. Neste particular, torna-se necessário investir na concepção, validação e aplicação de metodologias alternativas para a avaliação de resultados institucionais e organizacionais específicas para o setor, inclusive na definição de indicadores de resultados adequados ao Sistema Nacional de Trânsito em sua totalidade.

2.1.4.3. Capacitação e Aperfeiçoamento Profissional

A capacitação de profissionais no setor de trânsito é condição indispensável para a efetiva gestão com qualidade das organizações do Sistema Nacional de Trânsito. A necessidade de capacitação e aperfeiçoamento abrange as funções gerenciais, técnicas, operacionais e administrativas.

2.1.5. Fortalecimento do Sistema Nacional de Trânsito

O setor de trânsito em geral conta com receitas provenientes de várias fontes, entre as quais dotações orçamentárias, multas, convênios, pedágios, IPVA, financiamentos, taxas de estacionamento, licenciamento e habilitação.

O setor vem sendo garantido, em grande parte, pela receita proveniente das multas, o que constitui um grande risco, uma vez que o desejável é um trânsito disciplinado com reduzido número de infrações. Assim, a gestão financeira do sistema trânsito deve orientar-se pela independência financeira com relação ao resultado de multas, a partir da constatação de que a arrecadação de tais recursos é variável e desejavelmente decrescente.

O Fundo Nacional de Segurança e Educação para o trânsito – FUNSET, previsto no art. 320 do Código de Trânsito Brasileiro e criado pela Lei nº 9.602, de 21 de janeiro de 1998, tem por finalidade custear as despesas do Departamento Nacional de Trânsito relativas à operacionalização da segurança e educação para o trânsito. Sua constituição inclui o percentual de 5% do valor das multas de trânsito arrecadadas pela União, Estados, Distrito Federal e Municípios.

Com relação à receita proveniente das multas de trânsito, sua aplicação deve ser destinada exclusivamente à melhoria do trânsito, conforme dispõe a lei, sendo proibido qualquer desvio de finalidade.

Outra fonte refere-se às receitas que cabem à União relativas à repartição de recursos provenientes do Seguro Obrigatório de Danos Pessoais causados por Veículos Automotores de Vias Terrestres – DPVAT. De acordo com o Decreto nº 2.867, de 08 de dezembro de 1998, dos recursos arrecadados pelo DPVAT, cabem à União:

— 45% do valor bruto recolhido do segurado a crédito direto do Fundo Nacional de Saúde, para custeio da assistência médico hospitalar dos segurados vitimados em acidentes de trânsito;

— 5% do valor bruto recolhido do segurado ao DENATRAN, para aplicação exclusiva, pelos Ministérios da Saúde, da Educação, do Trabalho, dos Transportes e da Justiça, em programas destinados à prevenção de acidentes de trânsito, nos termos do art. 78 do Código de Trânsito Brasileiro e da Resolução CONTRAN nº 143/2003.

A chamada Lei de Responsabilidade Fiscal veio reforçar o disciplinamento do emprego dos recursos com vinculação legal em sua aplicação, inclusive daqueles destinados à melhoria do trânsito.

2.2. Objetivos

A Política Nacional de Trânsito busca atingir cinco grandes objetivos, priorizados em razão de seus significados para a sociedade e para o cidadão brasileiro e de seus efeitos multiplicadores, em consonância com as demais políticas públicas. São eles:

1º) Priorizar a preservação da vida, da saúde e do meio ambiente, visando à redução do número de vítimas, dos índices e da gravidade dos acidentes de trânsito e da emissão de poluentes e ruídos;

2º) Efetivar a educação contínua para o trânsito, de forma a orientar cada cidadão e toda a comunidade, quanto a princípios, valores, conhecimentos, habilidades e atitudes favoráveis e adequadas à locomoção no espaço social, para uma convivência no trânsito de modo responsável e seguro;

3º) Promover o exercício da cidadania, incentivando o protagonismo da sociedade com sua participação nas discussões dos problemas e das soluções, em prol da consecução de um comportamento coletivo seguro, respeitoso e não agressivo no trânsito, de respeito ao cidadão, considerado como o foco dos esforços das organizações executoras da Política Nacional de Trânsito;

4º) Estimular a mobilidade e a acessibilidade a todos os cidadãos, propiciando as condições necessárias para sua locomoção no espaço público, de forma a assegurar plenamente o direito constitucional de ir e vir, e possibilitando deslocamentos ágeis, seguros, confortáveis, confiáveis e econômicos.

5º) Promover a qualificação contínua de gestão dos órgãos e entidades do SNT, aprimorando e avaliando a sua gestão.

2.3. Diretrizes Gerais

2.3.1. Aumentar a segurança de trânsito

2.3.2. Promover a educação para o trânsito

2.3.3. Garantir a mobilidade e acessibilidade com segurança e qualidade ambiental a todapopulação.

2.3.4. Promover o exercício da cidadania, a participação e a comunicação com a sociedade

2.3.5. Fortalecer o Sistema Nacional de Trânsito

2.4. Detalhamento das Diretrizes Gerais em Específicas

2.4.1. Aumentar a segurança de trânsito

2.4.1.1. Intensificar a fiscalização de trânsito.

2.4.1.2. Combater a impunidade no trânsito.

2.4.1.3. Promover a melhoria das condições de segurança dos veículos.

2.4.1.4. Promover a melhoria nas condições físicas e de sinalização do sistema viário, considerando calçadas e passeios.

2.4.1.5. Concluir e aprimorar a regulamentação do Código de Trânsito Brasileiro.

2.4.1.6. Incentivar o desenvolvimento de pesquisas tecnológicas na gestão de trânsito.

2.4.1.7 Intensificar a fiscalização de regularidade da documentação de condutor, do veículo e das condições veiculares.

2.4.1.8. Padronizar e aprimorar as informações sobre vítimas e acidentes de trânsito no âmbito nacional.

2.4.1.9. Estabelecer bases legais para fiscalização de infrações por uso de bebida alcoólica e substâncias entorpecentes.

2.4.1.10. Aprimorar o atendimento às vítimas, no local do acidente de trânsito.

2.4.1.11. Disciplinar a circulação de ciclomotores, bicicletas e veículos de propulsão humana e de tração animal.

2.4.1.12. Aprimorar a gestão de operação e de fiscalização de trânsito.

2.4.1.13. Intensificar a fiscalização sobre a circulação dos veículos de transporte de carga, de transporte de produtos perigosos e de transporte de passageiros.

2.4.1.14. Tratar o trânsito, também, como uma questão de saúde pública.

2.4.1.15. Incentivar o desenvolvimento tecnológico dos veículos para aumento da segurança passiva e ativa.

2.4.2. Promover a educação para o Trânsito

2.4.2.1. Promover a educação para o trânsito abrangendo toda a população, trabalhando princípios, cidadania, valores, conhecimentos, habilidades e atitudes favoráveis à locomoção.

2.4.2.2. Promover a adoção de currículo interdisciplinar sobre segurança no trânsito, nos termos do CTB.

2.4.2.3. Promover a adoção de conteúdos curriculares relativos à educação para o trânsito, nas escolasde formação para o magistério, e a capacitação de professores multiplicadores.

2.4.2.4. Promover programas de caráter permanente de educação para o trânsito.

2.4.2.5. Promover a capacitação e o aperfeiçoamento técnico dos profissionais da área de trânsito.

2.4.2.6. Promover a melhoria contínua do processo de formação e habilitação dos condutores.

2.4.2.7. Intensificar a utilização dos serviços de rádio e difusão de sons e imagens para veiculação de campanhas educativas.

2.4.3. Garantir a mobilidade e acessibilidade com segurança e qualidade ambiental a toda população

2.4.3.1. Priorizar a mobilidade de pessoas sobre a de veículos, incentivando o desenvolvimento de sistemas de transporte coletivo e dos não motorizados.

2.4.3.2. Priorizar a mobilidade e acessibilidade das pessoas considerando os usuários mais frágeis do trânsito, como: crianças, idosos, pessoas com deficiências e portadores de necessidades especiais.

2.4.3.3. Promover nos projetos de empreendimentos, em especial naqueles considerados polos geradores de tráfego, a inclusão de medidas de segurança e sinalização de trânsito, incentivando para que os planos diretores municipais façam referência a sua implantação e prevejam mecanismos que minimizem os efeitos negativos decorrentes, inclusive com ônus ao empreendedor, quando couber.

2.4.3.4. Promover a atuação integrada dos órgãos executivos de trânsito com órgãos de planejamento, desenvolvimento urbano e de transporte público.

2.4.3.5. Promover a atuação integrada de municípios no tratamento do trânsito em regiões metropolitanas e nas cidades conurbadas.

2.4.3.6. Estimular a previsão na legislação municipal, estadual e federal de mecanismos que exijam a construção, manutenção e melhoria de calçadas e passeios.

2.4.3.7. Fomentar a construção de vias exclusivas para pedestres e ciclistas.

2.4.3.8. Incentivar o desenvolvimento tecnológico de veículos para redução de emissão de poluentes e de ruído.

2.4.3.9. Incentivar o desenvolvimento tecnológico de propulsão veicular menos poluente.

2.4.3.10. Implementar a fiscalização e o controle dos níveis de emissão de poluentes e de ruído veicular na frota em circulação.

2.4.3.11. Incentivar a realização de convênios entre os órgãos executivos de trânsito municipais e os órgãos executivos rodoviários, para o tratamento conjunto nas vias rurais que atravessam áreas urbanas.

2.4.3.12. Minimizar os efeitos negativos causados pelo trânsito no meio ambiente e melhorar a qualidade dos espaços urbanos.

2.4.3.13. Estimular a fiscalização para coibir o transporte ilegal de passageiros.

2.4.4. Promover o exercício da cidadania, a participação e a comunicação com a sociedade.

2.4.4.1. Estimular a participação da sociedade em movimentos voltados à segurança e à cidadania no trânsito.

2.4.4.2. Estimular a criação de ouvidorias e outros canais de comunicação da população com os órgãos e entidades do SNT.

2.4.4.3. Fomentar a divulgação das ações de planejamento, projeto, operação, fiscalização e administração do trânsito.

2.4.4.4. Divulgar e disponibilizar à sociedade estudos técnicos, estatísticas, normas e legislação.

2.4.4.5. Desestimular a utilização de situações condenadas pela legislação de trânsito, na veiculação de publicidade em geral.

2.4.4.6. Promover a sensibilização da opinião pública para o tema trânsito, através da mobilização dos meios de comunicação social, com engajamento dos órgãos e entidades do Sistema Nacional de Trânsito.

2.4.5. Fortalecer o Sistema Nacional de Trânsito

2.4.5.1. Promover a estruturação organizacional, o dimensionamento de recursos humanos e materiais adequados, a modernização e a melhoria de desempenho dos órgãos e entidades do Sistema Nacional de Trânsito.

2.4.5.2. Promover a capacitação dos profissionais que atuam nos órgãos e entidades do Sistema Nacional de Trânsito.

2.4.5.3. Difundir e disponibilizar experiências exitosas entre os órgãos e entidades do Sistema Nacional de Trânsito.

2.4.5.4. Promover a integração dos Municípios ao Sistema Nacional de Trânsito.

2.4.5.5. Criar mecanismos de avaliação institucional e organizacional, avaliar os órgãos e entidades do Sistema Nacional de Trânsito e divulgar os resultados.

2.4.5.6. Criar formas e mecanismos que garantam a sustentabilidade financeira do Sistema Nacional de Trânsito, não vinculados à arrecadação provenientes de multas de trânsito.

2.4.5.7. Estimular a criação de Conselhos Gestores dos fundos de arrecadação previstos na legislação de trânsito.

2.4.5.8. Aplicar os recursos de multa exclusivamente em sinalização, engenharia de tráfego, de campo, policiamento, fiscalização e educação de trânsito.

2.4.5.9. Promover a criação de indicadores que permitam avaliar a qualidade do trânsito.

2.4.5.10. Promover o amplo acesso às informações de trânsito por todos os órgãos e entidades do Sistema Nacional de Trânsito.

2.4.5.11. Estimular o relacionamento e articulação dos órgãos e entidades do Sistema Nacional de Trânsito entre si.

2.4.5.12. Gerar e disponibilizar, aos órgãos e entidades do Sistema Nacional de Trânsito, documentação e manuais técnicos de trânsito.

2.4.5.13. Aprimorar a interpretação uniforme da legislação de trânsito para fins de sua aplicação.

## RESOLUÇÃO CONTRAN Nº 168, DE 14 DE DEZEMBRO DE 2004

- *Estabelece Normas e Procedimentos para a formação de condutores de veículos automotores e elétricos, a realização dos exames, a expedição de documentos de habilitação, os cursos de formação, especializados, de reciclagem e dá outras providências.*
- *Com as alterações das Resoluções CONTRAN nº 169, de 17.3.2005; nº 222, de 11.1.2007; nº 285, de 29.7.2008; nº 347, de 29.4.2010, nº 360, de 29.9.2010, nº 409, de 2.8.2012; nº 413, de 9.8.2012; nº 420, de 31.10.2012 e nº 422, de 27.11.2012.*

O Conselho Nacional de Trânsito – CONTRAN usando da competência que lhe confere o art. 12, inciso I e art. 141, da Lei nº 9.503, de 23 de setembro de 1997, que instituiu o Código de Trânsito Brasileiro – CTB e, conforme o Decreto nº 4.711, de 29 de maio de 2003, que trata da coordenação do Sistema Nacional de Trânsito; resolve:

**Art. 1º.** As normas regulamentares para o processo de formação, especialização e habilitação do condutor de veículo automotor e elétrico, os procedimentos dos exames, cursos e avaliações para a habilitação, renovação, adição e mudança de categoria, emissão de documentos de habilitação, bem como do reconhecimento do documento de habilitação obtido em país estrangeiro são estabelecidas nesta Resolução.

**Do Processo de Habilitação do Condutor**

**Art. 2º.** O candidato à obtenção da Autorização para Conduzir Ciclomotor – ACC, da Carteira Nacional de Habilitação – CNH, solicitará ao órgão ou entidade executivo de trânsito do Estado ou do Distrito Federal, de seu domicílio ou residência, ou na sede estadual ou distrital do próprio órgão ou entidade, a abertura do processo de habilitação para o qual deverá preencher os seguintes requisitos:

I – ser penalmente imputável;

II – saber ler e escrever;

III – possuir documento de identidade;

IV – possuir Cadastro de Pessoa Física – CPF.

§ 1º. O processo de habilitação do condutor de que trata o *caput* deste artigo, após o devido cadastramento dos dados informativos do candidato no Registro Nacional de Condutores Habilitados – RENACH, deverá realizar Avaliação Psicológica, Exame de Aptidão Física e Mental, Curso Teórico-técnico, Exame Teórico-técnico, Curso de Prática de Direção Veicular e Exame de Pratica de Direção Veicular, nesta ordem.

§ 2º. O candidato poderá requerer simultaneamente a ACC e habilitação na categoria "B", bem como requerer habilitação em "A" e "B" submetendo-se a um único Exame de Aptidão Física e Mental e Avaliação Psicológica, desde que considerado apto para ambas.

§ 3º. O processo do candidato à habilitação ficará ativo no órgão ou entidade executivo de trânsito do Estado ou do Distrito Federal, pelo prazo de 12 (doze) meses, contados da data do requerimento do candidato.

§ 4º. A obtenção da ACC obedecerá aos termos e condições estabelecidos para a CNH nas categorias "A", "B" e, "A" e "B".

**Art. 3º.** Para a obtenção da ACC e da CNH o candidato devera submeter-se a realização de:

I – Avaliação Psicológica;

II – Exame de Aptidão Física e Mental;

III – Exame escrito, sobre a integralidade do conteúdo programático, desenvolvido em Curso de Formação para Condutor;

IV – Exame de Direção Veicular, realizado na via pública, em veículo da categoria para a qual esteja se habilitando.

**Art. 4º.** O Exame de Aptidão Física e Mental será preliminar e renovável a cada cinco anos, ou a cada três anos para condutores com mais de sessenta e cinco anos de idade, no local de residência ou domicílio do examinado.

§ 1º. O condutor que exerce atividade de transporte remunerado de pessoas ou bens terá que se submeter ao Exame de Aptidão Física e Mental e a Avaliação Psicológica de acordo com os parágrafos 2º e 3º do art. 147 do Código de Trânsito Brasileiro.

§ 2º. Quando houver indícios de deficiência física, mental ou de progressividade de doença que possa diminuir a capacidade para conduzir veículo, o prazo de validade do exame poderá ser diminuído a critério do perito examinador.

§ 3º. O condutor que, por qualquer motivo, adquira algum tipo de deficiência física para a condução de veículo automotor, deverá apresentar-se ao órgão ou entidade executivo de trânsito do Estado ou do Distrito Federal para submeter-se aos exames necessários.

**Art. 5º.** Os tripulantes de aeronaves titulares de cartão de saúde, devidamente atualizado, expedido pelas Forças Armadas ou pelo Departamento de Aviação Civil – DAC, ficam dispensados do exame de aptidão física e mental necessário à obtenção ou à renovação periódica da habilitação para conduzir veículo automotor, ressalvados os casos previstos no § 4º do art. 147 e art. 160 do CTB.

Parágrafo único. O prazo de validade da habilitação, com base na regulamentação constante no caput deste artigo, contará da data da obtenção ou renovação da CNH, pelo prazo previsto no § 2º do art. 147 do CTB.

**Art. 6º.** O Exame de Aptidão Física e Mental será exigido quando da:

I – obtenção da ACC e da CNH;

II – renovação da ACC e das categorias da CNH;

III – adição e mudança de categoria;

IV – substituição do documento de habilitação obtido em país estrangeiro.

§ 1º. Por ocasião da renovação da CNH o condutor que ainda não tenha frequentado o curso de Direção Defensiva e de Primeiros Socorros, deverá cumprir o previsto no item 4 do anexo II desta Resolução.

§ 2º. A Avaliação Psicológica será exigida quando da:

a) obtenção da ACC e da CNH;

b) renovação caso o condutor exercer serviço remunerado de transporte de pessoas ou bens;

c) substituição do documento de habilitação obtido em país estrangeiro;

d) por solicitação do perito examinador.

§ 3º. O condutor, com Exame de Aptidão Física e Mental vencido há mais de 5 (cinco) anos, contados a partir da data de validade, deverá submeter-se ao Curso de Atualização para a Renovação da CNH.

**Da Formação do Condutor**

**Art. 7º.** A formação de condutor de veículo automotor e elétrico compreende a realização de Curso Teórico-técnico e de Prática de Direção Veicular, cuja estrutura curricular, carga horária e especificações estão definidas no anexo II.

**Art. 8º.** Para a Prática de Direção Veicular, o candidato deverá estar acompanhado por um Instrutor de Prática de Direção Veicular e portar a Licença para Aprendizagem de Direção Veicular – LADV expedida pelo órgão ou entidade executivo de trânsito do Estado ou do Distrito Federal, contendo no mínimo, as seguintes informações:

I – identificação do órgão ou entidade executivo de trânsito expedidor;

II – nome completo, número do documento de identidade, do Cadastro de Pessoa Física – CPF e do formulário RENACH do candidato;

III – categoria pretendida;

IV – nome do Centro de Formação de Condutores – CFC responsável pela instrução;

V – prazo de validade.

§ 1º. A LADV será expedida em nome do candidato com a identificação do CFC responsável e/ou do Instrutor, depois de aprovado nos exames previstos na legislação, com prazo de validade que permita que o processo esteja concluído de acordo com o previsto no § 3º do art 2º desta Resolução.

§ 2º. A LADV será expedida mediante a solicitação do candidato ou do CFC ao qual o mesmo esteja vinculado para a formação de prática de direção veicular e somente produzirá os seus efeitos legais quando apresentada no original, acompanhada de um documento de identidade e na Unidade da Federação em que tenha sido expedida.

§ 3º. Quando o candidato optar pela mudança de CFC será expedida nova LADV, considerando-se as aulas já ministradas.

§ 4º. O candidato que for encontrado conduzindo em desacordo com o disposto nesta Resolução terá a LADV suspensa pelo prazo de seis meses.

**Art. 9º.** A instrução de Prática de Direção Veicular será realizada na forma do disposto no art. 158 do CTB.

Parágrafo único. Quando da mudança ou adição de categoria o condutor deverá cumprir as instruções previstas nos itens 2 ou 3 do Anexo II desta Resolução.

**Dos Exames**

**Art. 10.** O Exame de Aptidão Física e Mental e a Avaliação Psicológica, estabelecidos no art. 147 do CTB, seus procedimentos, e critérios de credenciamento dos profissionais das áreas médica e psicológica, obedecerão ao disposto em Resolução específica.

**Art. 11.** O candidato à obtenção da ACC ou da CNH, após a conclusão do curso de formação, será submetido a Exame Teórico-técnico, constituído de prova convencional ou eletrônica de no mínimo 30 (trinta) questões, incluindo todo o conteúdo programático, proporcional à carga horária de cada disciplina, organizado de forma individual, única e sigilosa, devendo obter aproveitamento de, no mínimo, 70% (setenta por cento) de acertos para aprovação.

Parágrafo único. O exame referido neste artigo será aplicado pelo órgão ou entidade executivo de trânsito do Estado ou do Distrito Federal, ou por entidade pública ou privada por ele credenciada.

**Art. 12.** O Exame de Direção Veicular previsto no art. 3º desta Resolução será realizado pelo órgão ou entidade executivo de trânsito do Estado ou do Distrito Federal e aplicado pelos examinadores titulados no curso previsto em regulamentação específica e devidamente designados. *(Art. 12, caput, com redação dada pela Resolução CONTRAN nº 169/2005)*

Parágrafo único. Os examinadores responderão pelos atos decorrentes, no limite de suas responsabilidades. *(Parágrafo único acrescido pela Resolução CONTRAN nº 169/2005)*

**Art. 13.** O candidato à obtenção da ACC, da CNH, adição ou mudança de categoria, somente poderá prestar exame de Prática de Direção Veicular depois de cumprida a seguinte carga horária de aulas práticas: *(Art. 13, caput, com redação dada pela Resolução CONTRAN nº 347/2010)*

I – obtenção da ACC: mínimo de 20 (vinte) horas/aula; *(Inciso I com redação dada pela Resolução CONTRAN nº 347/2010)*

II – obtenção da CNH: mínimo de 20 (vinte) horas/aula por categoria pretendida; *(Inciso II com redação dada pela Resolução CONTRAN nº 347/2010)*

III – adição de categoria: mínimo de 15 (quinze) horas/aula em veículo da categoria na qual esteja sendo adicionada; *(Inciso III com redação dada pela Resolução CONTRAN nº 347/2010)*

IV – mudança de categoria: mínimo de 15 (quinze) horas/aula em veículo da categoria para a qual esteja mudando. *(Inciso IV com redação dada pela Resolução CONTRAN nº 347/2010)*

Parágrafo único. Deverão ser observados, em todos os casos, 20% (vinte por cento) da carga horária cursada para a prática de direção veicular no período noturno. *(Parágrago único com redação dada pela Resolução CONTRAN nº 347/2010)*

**Art. 14.** O Exame de Direção Veicular será realizado perante uma comissão formada por três membros, designados pelo dirigente do órgão ou entidade executivo de trânsito do Estado ou do Distrito Federal.

§ 1º. A comissão de que trata o *caput* deste artigo poderá ser volante para atender às especificidades de cada Estado ou do Distrito Federal, a critério do respectivo órgão ou entidade executivo de trânsito.

§ 2º. No Exame de Direção Veicular, o candidato deverá estar acompanhado, durante toda a prova, por no mínimo, dois membros da comissão, sendo pelo menos um deles habilitado na categoria igual ou superior à pretendida pelo candidato.

§ 3º. O Exame de Direção Veicular para os candidatos à ACC e à categoria "A" deverá ser realizado em área especialmente destinada a este fim, que apresente os obstáculos e as dificuldades da via pública, de forma que o examinado possa ser observado pelos examinadores durante todas as etapas do exame, sendo que pelo menos um dos membros deverá estar habilitado na categoria "A".

**Art. 15.** Para veículo de quatro ou mais rodas, o Exame de Direção Veicular deverá ser realizado: *(Art. 15, caput, com redação dada pela Resolução CONTRAN nº 169/2005)*

I – em locais e horários estabelecidos pelo órgão ou entidade executivo de trânsito do Estado oudo Distrito Federal, em acordo com a autoridade responsável pela via; *(Inciso I com redação dada pela Resolução CONTRAN nº 169/2005)*

II – com veículo da categoria pretendida, com transmissão mecânica e duplo comando defreios; *(Inciso II com redação dada pela Resolução CONTRAN nº 169/2005)*

III – com veículo identificado como "aprendiz em exame" quando não for veículo destinado àformação de condutores. *(Inciso III com redação dada pela Resolução CONTRAN nº 169/2005)*

Parágrafo único. Ao veículo adaptado para portador de deficiência física, a critério médico não se aplica o inciso II. *(Parágrafo único com redação dada pela Resolução CONTRAN nº 169/2005)*

**Art. 16.** O Exame de Direção Veicular, para veículo de quatro ou mais rodas, é composto de duas etapas:

I – estacionar em vaga delimitada por balizas removíveis;

II – conduzir o veículo em via pública, urbana ou rural.

§ 1º. A delimitação da vaga balizada para o Exame Prático de Direção Veicular, em veículo de quatro ou mais rodas, deverá atender as seguintes especificações, por tipo de veículo utilizado:

a) comprimento total do veículo, acrescido de mais 40% (quarenta por cento);

b) largura total do veículo, acrescida de mais 40% (quarenta por cento).

§ 2º. Caberá à autoridade de trânsito do órgão ou entidade executivo de trânsito do Estado e do Distrito Federal definir o tempo máximo para o estacionamento de veículos em espaço delimitado por balizas, para três tentativas, considerando as condições da via e respeitados os seguintes intervalos: *(§ 2º, caput, com redação dada pela Resolução CONTRAN nº 169/2005)*

a) para a categoria "B": de dois a cinco minutos; *(Alínea "a" com redação dada pela Resolução CONTRAN nº 169/2005)*

b) para as categorias "C" e "D": de três a seis minutos; *(Alínea "b" com redação dada pela Resolução CONTRAN nº 169/2005)*

c) para a categoria "E": de cinco a nove minutos. *(Alínea "c" com redação dada pela Resolução CONTRAN nº 169/2005)*

**Art. 17.** O Exame de Direção Veicular, para veículo de duas rodas, será realizado em área especialmente destinada para tal fim em pista com largura de 2m, e que deverá apresentar no mínimo os seguintes obstáculos:

I – ziguezague (*slalow*) com no mínimo quatro cones alinhados com distância entre eles de 3,5m (três e meio metros);

II – prancha ou elevação com no mínimo oito metros de comprimento, com 30cm (trinta centímetros) de largura e 3cm (três centímetros) de altura com entrada chanfrada;

III – sonorizadores com réguas de largura e espaçamento de 0,08m (oito centímetros) e altura de 0,025m (dois centímetros e cinco milímetros), na largura da pista e com 2,5m (dois e meio metros) de comprimento;

IV – duas curvas sequenciais de 90o (noventa graus) em "L" (ele);

V – duas rotatórias circulares que permitam manobra em formato de "8" (oito).

**Art. 18.** O candidato será avaliado, no Exame de Direção Veicular, em função da pontuação negativa por faltas cometidas durante todas as etapas do exame, atribuindo-se a seguinte pontuação:

I – uma falta eliminatória: reprovação;

II – uma falta grave: 03 (três) pontos negativos;

III – uma falta média: 02 (dois) pontos negativos;

IV – uma falta leve: 01 (um) ponto negativo.

Parágrafo único. Será considerado reprovado na prova prática de direção veicular o candidato que cometer falta eliminatória ou cuja soma dos pontos negativos ultrapasse a 3 (três).

**Art. 19.** Constituem faltas no Exame de Direção Veicular, para veículos das categorias "B", "C", "D" e "E":

I – Faltas Eliminatórias:

a) desobedecer à sinalização semafórica e de parada obrigatória;

b) avançar sobre o meio fio;

c) não colocar o veículo na área balizada, em no máximo três tentativas, no tempo estabelecido;

d) avançar sobre o balizamento demarcado quando do estacionamento do veículo na vaga;

e) transitar em contramão de direção;

f) não completar a realização de todas as etapas do exame;

g) avançar a via preferencial;

h) provocar acidente durante a realização do exame;

i) exceder a velocidade regulamentada para a via;

j) cometer qualquer outra infração de trânsito de natureza gravíssima.

II – Faltas Graves:

a) desobedecer a sinalização da via, ou ao agente da autoridade de trânsito;

b) não observar as regras de ultrapassagem ou de mudança de direção;

c) não dar preferência de passagem ao pedestre que estiver atravessando a via transversal para onde se dirige o veículo, ou ainda quando o pedestre não haja concluído a travessia, mesmo que ocorra sinal verde para o veículo;

d) manter a porta do veículo aberta ou semi-aberta durante o percurso da prova ou parte dele;

e) não sinalizar com antecedência a manobra pretendida ou sinalizá-la incorretamente;

f) não usar devidamente o cinto de segurança;

g) perder o controle da direção do veículo em movimento;

h) cometer qualquer outra infração de trânsito de natureza grave.

III – Faltas Médias:

a) executar o percurso da prova, no todo ou parte dele, sem estar o freio de mão inteiramente livre;

b) trafegar em velocidade inadequada para as condições adversas do local, da circulação, do veículo e do clima;

c) interromper o funcionamento do motor, sem justa razão, após o início da prova;

d) fazer conversão incorretamente;

e) usar buzina sem necessidade ou em local proibido;

f) desengrenar o veículo nos declives;

g) colocar o veículo em movimento, sem observar as cautelas necessárias;

h) usar o pedal da embreagem, antes de usar o pedal de freio nas frenagens;

i) entrar nas curvas com a engrenagem de tração do veículo em ponto neutro;

j) engrenar ou utilizar as marchas de maneira incorreta, durante o percurso;

k) cometer qualquer outra infração de trânsito de natureza média.

IV – Faltas Leves:

a) provocar movimentos irregulares no veículo, sem motivo justificado;

b) ajustar incorretamente o banco de veículo destinado ao condutor;

c) não ajustar devidamente os espelhos retrovisores;

d) apoiar o pé no pedal da embreagem com o veículo engrenado e em movimento;

e) utilizar ou Interpretar incorretamente os instrumentos do painel do veículo;

f) dar partida ao veículo com a engrenagem de tração ligada;

g) tentar movimentar o veículo com a engrenagem de tração em ponto neutro;

h) cometer qualquer outra infração de natureza leve.

**Art. 20.** Constituem faltas, no Exame de Direção Veicular, para obtenção da ACC ou para veículos da categoria "A":

I – Faltas Eliminatórias:

a) iniciar a prova sem estar com o capacete devidamente ajustado à cabeça ou sem viseira ou óculos de proteção;

b) descumprir o percurso preestabelecido;

c) abalroar um ou mais cones de balizamento;

d) cair do veículo, durante a prova;

e) não manter equilíbrio na prancha, saindo lateralmente da mesma;

f) avançar sobre o meio fio ou parada obrigatória;

g) colocar o(s) pé(s) no chão, com o veículo em movimento;

h) provocar acidente durante a realização do exame;

i) cometer qualquer outra infração de trânsito de natureza gravíssima. *(Alínea "i" acrescida pela Resolução CONTRAN nº 169/2005)*

II – Faltas Graves:

a) deixar de colocar um pé no chão e o outro no freio ao parar o veículo;

b) invadir qualquer faixa durante o percurso;

c) fazer incorretamente a sinalização ou deixar de fazê-la;

d) fazer o percurso com o farol apagado;

e) cometer qualquer outra infração de trânsito de natureza grave. *(Alínea "e" com redação dada pela Resolução CONTRAN nº 169/2005)*

III – Faltas Médias:

a) utilizar incorretamente os equipamentos;

b) engrenar ou utilizar marchas inadequadas durante o percurso;

c) não recolher o pedal de partida ou o suporte do veículo, antes de iniciar o percurso;

d) interromper o funcionamento do motor sem justa razão, após o início da prova;

e) conduzir o veículo durante o exame sem segurar o guidom com ambas as mãos, salvo eventualmente para indicação de manobras;

f) cometer qualquer outra infração de trânsito de natureza média.

IV – Faltas Leves:

a) colocar o motor em funcionamento, quando já engrenado;

b) conduzir o veículo provocando movimento irregular no mesmo sem motivo justificado;

c) regular os espelhos retrovisores durante o percurso do exame;

d) cometer qualquer outra infração de trânsito de natureza leve.

**Art. 21.** O Exame de Direção Veicular para candidato portador de deficiência física será considerado prova especializada e deverá ser avaliado por uma comissão especial, integrada por, no mínimo um examinador de trânsito, um médico perito examinador e um membro indicado pelo Conselho Estadual de Trânsito – CETRAN ou Conselho de Trânsito do Distrito Federal – CONTRADIFE, conforme dispõe o inciso VI do art. 14 do CTB.

Parágrafo único. O veículo destinado à instrução e ao exame de candidato portador de deficiência física deverá estar perfeitamente adaptado segundo a indicação da Junta Médica Examinadora podendo ser feito, inclusive, em veículo disponibilizado pelo candidato.

**Art. 22.** No caso de reprovação no Exame Teórico-técnico ou Exame de Direção Veicular, o candidato só poderá repetir o exame depois de decorridos 15 (quinze) dias da divulgação do resultado, sendo dispensado do exame no qual tenha sido aprovado.

**Art. 23.** Na Instrução e no Exame de Direção Veicular para candidatos às categorias "B", "C", "D" e "E", deverão ser atendidos os seguintes requisitos: *(Art. 23, caput, com redação dada pela Resolução CONTRAN nº 169/2005)*

I – Categoria "B" – veículo motorizado de quatro rodas, excetuando-se o quadriciclo; *(Inciso I com redação dada pela Resolução CONTRAN nº 169/2005)*

II – Categoria "C" – veículo motorizado utilizado no transporte de carga, registrado com Peso Bruto Total (PBT) de, no mínimo, 6.000 kg; *(Inciso II com redação dada pela Resolução CONTRAN nº 169/2005)*

III – Categoria "D" – veículo motorizado utilizado no transporte de passageiros, registrado com capacidade mínima de vinte lugares; *(Inciso III com redação dada pela Resolução CONTRAN nº 169/2005)*

IV – Categoria "E" – combinação de veículos, cujo caminhão trator deverá ser acoplado a um reboque ou semirreboque, registrado com Peso Bruto Total (PBT) de, no mínimo, 6.000kg ou veículo articulado cuja lotação exceda a vinte lugares. *(Inciso IV com redação dada pela Resolução CONTRAN nº 169/2005)*

**Art. 24.** Quando se tratar de candidato à categoria "A", o Exame de Direção Veicular deverá ser realizado em veículo de duas rodas com cilindrada acima de 120 (cento e vinte) centímetros cúbicos. *(Art. 24 com redação dada pela Resolução CONTRAN nº 169/2005)*

**Art. 25.** A aprendizagem e o Exame de Direção Veicular, para a obtenção da ACC, deverão ser realizados em qualquer veículo de duas rodas classificado como ciclomotor.

**Art. 26.** Os condutores de veículos automotores habilitados na categoria "B", "C", "D" ou "E", que pretenderem obter a categoria "A" e a ACC, deverão se submeter aos Exames de Aptidão Física e Mental e de Prática de Direção Veicular, comprovando a realização de, no mínimo, 15 (quinze) horas/aula de prática de direção veicular em veículo classificado como ciclomotor.

**Art. 27.** Os examinadores, para o exercício de suas atividades, deverão ser designados pelo dirigente do órgão ou entidade executivo de trânsito do Estado ou do Distrito Federal para o período de, no máximo, um ano, permitida a recondução por um período de igual duração, devendo comprovar na data da sua designação e da recondução: *(Art. 27, caput, com redação dada pela Resolução CONTRAN nº 169/2005)*

I – possuir CNH no mínimo há dois anos; *(Inciso I com redação dada pela Resolução CONTRAN nº 169/2005)*

II – possuir certificado do curso específico, registrado junto ao órgão ou entidade executivo de trânsito do Estado ou do Distrito Federal; *(Inciso II com redação dada pela Resolução CONTRAN nº 169/2005)*

III – não ter cometido nenhuma infração de trânsito de natureza gravíssima nos últimos doze meses; *(Inciso III com redação dada pela Resolução CONTRAN nº 169/2005)*

IV – não estar cumprindo pena de suspensão do direito de dirigir e, quando cumprida, ter decorrido doze meses; *(redação dada pela Resolução CONTRAN nº 169/2005)*

V – não estar cumprindo pena de cassação do direito de dirigir e, quando cumprida, ter decorrido vinte e quatro meses de sua reabilitação. *(Inciso V com redação dada pela Resolução CONTRAN nº 169/2005)*

§ 1º. São consideradas infrações do examinador, puníveis pelo dirigente do órgão ou entidade executivo de trânsito dos Estados ou do Distrito Federal: *(§ 1º com redação dada pela Resolução CONTRAN nº 169/2005)*

a) induzir o candidato a erro quanto às regras de circulação e conduta; *(Alínea "a" com redação dada pela Resolução CONTRAN nº 169/2005)*

b) faltar com o devido respeito ao candidato; *(Alínea "b" com redação dada pela Resolução CONTRAN nº 169/2005)*

c) praticar atos de improbidade contra a fé pública, contra o patrimônio ou contra a administração pública ou privada. *(Alínea "c" com redação dada pela Resolução CONTRAN nº 169/2005)*

§ 2º. As infrações constantes do § 1º serão apuradas em procedimentos administrativos, sendo assegurado o direito constitucional da ampla defesa e do contraditório que determinarão em função da sua gravidade e independentemente da ordem sequencial, as seguintes penalidades: *(§ 2º com redação dada pela Resolução CONTRAN nº 169/2005)*

a) advertência por escrito; *(Alínea "a" com redação dada pela Resolução CONTRAN nº 169/2005)*

b) suspensão das atividades por até 30 (trinta) dias; *(Alínea "b" com redação dada pela Resolução CONTRAN nº 169/2005)*

c) revogação da designação. *(Alínea "c" com redação dada pela Resolução CONTRAN nº 169/2005)*

**Art. 28.** O candidato a ACC e a CNH, cadastrado no RENACH, que transferir seu domicílio ou residência para outra Unidade da Federação, terá assegurado o seu direito de continuar o processo de habilitação na Unidade da Federação do seu novo domicílio ou residência, sem prejuízo dos exames nos quais tenha sido aprovado.

Parágrafo único. O disposto no *caput* deste artigo aplica-se também, aos condutores que estiverem em processo de adição ou mudança de categoria.

### Do Candidato ou Condutor Estrangeiro

**Art. 29.** *(Art. 29 revogado pela Resolução CONTRAN nº 360/2010)*

**Art. 30.** *(Art. 30 revogado pela Resolução CONTRAN nº 360/2010)*

**Art. 31.** *(Art. 31 revogado pela Resolução CONTRAN nº 360/2010)*

**Art. 31-A.** O Brasileiro habilitado no exterior, para conduzir veículo automotor no Território Nacional, deverá cumprir o disposto no § 3º do art. 29 desta Resolução. *(Art. 31-A acrescido pela Resolução CONTRAN nº 169/2005)*

**Art. 32.** *(Art. 32 revogado pela Resolução CONTRAN nº 360/2010)*

### Dos Cursos Especializados

**Art. 33.** Os cursos especializados serão destinados a condutores habilitados que pretendam conduzir veículo de transporte coletivo de passageiros, de escolares, de produtos perigosos, de carga indivisível, de emergência e de transporte de passageiros (mototaxista) e entrega de mercadorias (motofretista) que exerçam atividades remuneradas na condução de motocicletas e motonetas. *(Art. 33, caput, com redação dada pela Resolução CONTRAN nº 413/2012)*

§ 1º. Os cursos especializados serão ministrados:

a) pelos órgãos ou entidade executivo de trânsito do Estados e do Distrito Federal;

b) por instituições vinculadas ao Sistema Nacional de Formação de Mão de Obra.

§ 2º. As instituições em funcionamento, vinculadas ao Sistema Nacional de Formação de Mão de Obra credenciadas pelo órgão ou entidade executivo de trânsito do Estado ou do Distrito Federal deverão ser recadastradas em até 180 (cento e oitenta) dias da data da publicação desta Resolução, com posterior renovação a cada dois anos.

§ 3º. Os conteúdos e regulamentação dos cursos especializados constam dos anexos desta Resolução.

§ 4º. O órgão ou entidade executivo de trânsito do Estado ou do Distrito Federal registrará no RENACH, em campo específico da CNH, a aprovação nos cursos especializados, conforme codificação a ser definida pelo órgão máximo executivo de trânsito da União.

§ 5º. As entidades que, quando da publicação da Resolução CONTRAN nº 168/2004, se encontravam credenciadas para ministrar exclusivamente cursos especializados, para continuidade do exercício de suas atividades, deverão efetuar recadastramento, renovando-o a cada dois anos. *(§ 5º acrescido pela Resolução CONTRAN nº 222/2007)*

§ 6º. O curso especializado de transporte de passageiros (mototaxista) e entrega de mercadorias (motofretista) que exerçam atividades remuneradas na condução de motocicletas e motonetas poderá ser ministrado por instituições ou entidades públicas ou privadas e centros de formação de condutores. *(§ 6º acrescido pela Resolução CONTRAN nº 409/2012)*

§ 7º. As instituições ou entidades públicas ou privadas e centros de formação de condutores que desejarem realizar o curso à distância deverão ter seus cursos homologados pelo Denatran adotando-se os mesmos requisitos estabelecidos no anexo III desta Resolução. *(§ 7º acrescido pela Resolução CONTRAN nº 409/2012 e com redação dada pela Resolução CONTRAN nº 413/2012)*

§ 8º. São reconhecidos os cursos especializados ministrados pelos órgãos de segurança pública e forças armadas e auxiliares para os seus integrantes, não se aplicando neste caso o previsto na Resolução CONTRAN nº 358/2010 *(§ 8º acrescido pela Resolução CONTRAN nº 409/2012 e com redação dada pela Resolução CONTRAN nº 413/2012)*

§ 9º. As instituições ou entidades públicas ou privadas e os centros de formação de condutores que já tenham obtido anteriormente junto ao Denatran suas respectivas homologações para os cursos de renovação e/ou reciclagem de condutores na forma do anexo III e/ou IV da Resolução CONTRAN nº 168/2004 deverão apenas atualizar os respectivos conteúdos à grade curricular específica para os cursos especializados obrigatórios de que trata o *caput* deste artigo. *(§ 9º acrescido pela Resolução CONTRAN nº 413/2012)*

### Da Expedição da Carteira Nacional de Habilitação e da Permissão Internacional para Dirigir Veículo

**Art. 34.** A CNH será expedida pelo órgão ou entidade executivo de trânsito do Estado ou do Distrito Federal, em nome do órgão máximo executivo de trânsito da União, em modelo único e especificações técnicas definidas por esse órgão da União, no prazo de 180 (cento e oitenta) dias a partir da publicação desta Resolução.

§ 1º. A CNH conterá a condição e especializações de cada condutor e terá validade em todo o Território Nacional, equivalendo ao documento de identidade, produzindo seus efeitos quando apresentada no original e dentro do prazo de validade.

§ 2º. Na Permissão para Dirigir das categorias "A", "B" ou "A" e "B", constará a validade de 1 (um) ano, e ao término desta, o condutor poderá solicitar a definitiva, que lhe será concedida desde que tenha cumprido o disposto no § 3º do art. 148 do CTB.

§ 3º. A ACC, para efeito de simplificação e padronização em registro e documento único conforme § 7º do art.159 do CTB, será inserida em campo específico da CNH.

§ 4º. Para efeito de fiscalização fica concedida a mesma tolerância estabelecida no art. 162, inciso V, do CTB, ao condutor portador de Permissão para Dirigir, contada da data do vencimento do referido documento, aplicando-se a mesma penalidade e medida administrativa.

§ 5º. Até que o órgão máximo executivo de trânsito da União edite regulamentação suplementar especificando tecnicamente o novo modelo único da CNH, fica valendo o modelo definido pelas Resoluções CONTRAN nºs 765/1993 e 71/1998.

**Art. 35.** O documento de Habilitação terá 2 (dois) números de identificação nacional e 1 (um) número de identificação estadual, que são:

I – o primeiro número de identificação nacional – Registro Nacional, será gerado pelo sistema informatizado da Base Índice Nacional de Condutores – BINCO, composto de 9 (nove) caracteres mais 2 (dois) dígitos verificadores de segurança, sendo único para cada condutor e o acompanhará durante toda a sua existência como condutor não sendo permitida a sua reutilização para outro condutor.

II – o segundo número de identificação nacional – Número do Espelho da CNH) será formado por 8 (oito) caracteres mais 1 (um) dígito verificador de segurança, autorizado e controlado pelo órgão máximo executivo de trânsito da União, e identificará cada espelho de CNH expedida;

III – o número de identificação estadual será o número do formulário RENACH, documento de coleta de dados do candidato/condutor gerado a cada serviço, composto, obrigatoriamente, por 11 (onze) caracteres, sendo as duas primeiras posições formadas pela sigla da Unidade de Federação expedidora, facultada a utilização da última posição como dígito verificador de segurança.

§ 1º. O número do formulário RENACH identificará a Unidade da Federação onde o condutor foi habilitado ou realizou alterações de dados no seu prontuário pela última vez.

§ 2º. O Formulário RENACH que dá origem às informações na BINCO e autorização para a impressão da CNH, deverá ficar arquivado em segurança, no órgão ou entidade executivo de trânsito do Estado ou do Distrito Federal.

**Art. 36.** A expedição do documento único de habilitação dar-se-á:

I – na autorização para conduzir ciclomotores (ACC);

II – na primeira habilitação nas categorias "A", "B" e "A" e "B";

III – após o cumprimento do período permissionário, atendendo ao disposto no § 3º do art. 148 do CTB;

IV – na adição ou alteração de categoria;

V – em caso de perda, dano ou extravio;

VI – na renovação dos exames, atendendo ao disposto no art. 150 do CTB;

VII – na aprovação dos exames do processo de reabilitação;

VIII – na alteração de dados do condutor, exceto mudança de endereço;

IX – no reconhecimento da Carteira de Habilitação estrangeira.

Parágrafo único. Nos processos de adição, mudança de categoria ou renovação, estando ainda válida a CNH do condutor, o órgão ou entidade executivo de trânsito do Estado ou do Distrito Federal, deverá entregar a nova CNH, mediante devolução da anterior para inutilização. *(Parágrafo único acrescido pela Resolução CONTRAN nº 169/2005)*

**Art. 37.** *(Art. 37 revogado pela Resolução CONTRAN nº 169/2005)*

**Art. 38.** *(Art. 38 revogado pela Resolução CONTRAN nº 169/2005)*

**Art. 39.** Compete ao órgão máximo executivo de trânsito da União e ao órgão ou entidade executivo de trânsito do Estado ou do Distrito Federal, inspecionar o local de emissão da CNH.

**Art. 40.** A Permissão Internacional para Dirigir será expedida pelo órgão ou entidade executivo de trânsito do Estado ou Distrito Federal detentor do registro do condutor, conforme modelo definido no Anexo VII da Convenção de Viena, promulgada pelo Decreto nº 86.714, de 10 de dezembro de 1981, contendo os dados cadastrais do RENACH.

Parágrafo único. A expedição do documento referido neste artigo dar-se-á após o cumprimento dos requisitos mínimos exigidos em normas específicas, com prazo de validade igual ao do documento nacional.

**Art. 40-A.** O CONTRAN definirá, no prazo máximo de noventa dias da data publicação desta Resolução, regulamentação especificando modelo único do documento de

ACC, Permissão para Dirigir e CNH. *(Art. 40-A acrescido pela Resolução CONTRAN nº 169/2005)*

**Das Disposições Gerais**

**Art. 41.** A Base Índice Nacional de Condutores – BINCO conterá um arquivo de dados onde será registrada toda e qualquer restrição ao direito de dirigir e de obtenção da ACC e da CNH, que será atualizado pelos órgãos ou entidade executivo de trânsito do Estado e do Distrito Federal.

§ 1º. O condutor, que for penalizado com a suspensão ou cassação do direito de dirigir, terá o seu registro bloqueado pelo mesmo prazo da penalidade.

§ 2º. O Registro Nacional do condutor de que trata o art. 35, que teve cassado o direito de dirigir, será desbloqueado e mantido, quando da sua reabilitação.

§ 3º. A suspensão do direito de dirigir ou a proibição de se obter a habilitação, imputada pelo Poder Judiciário, será registrada na BINCO.

**Art. 41-A.** Para efeito desta Resolução, os dados requeridos para o processo de habilitação e os constantes do RENACH são de propriedade do órgão máximo executivo de trânsito da União. *(Art. 41-A acrescido pela Resolução CONTRAN nº 169/2005)*

**Art. 42.** O condutor que tiver a CNH cassada, após decorrido o prazo de 02 (dois) anos da cassação, poderá requerer sua reabilitação, submetendo-se ao curso de reciclagem e a todos os exames necessários à mesma categoria da que possuía ou em categoria inferior, preservando a data da primeira habilitação.

**Art. 42-A.** A reabilitação de que trata o artigo anterior dar-se-á após o condutor ser aprovado no curso de reciclagem e nos exames necessários à obtenção de CNH da categoria que possuía, ou de categoria inferior, preservada a data da primeira habilitação. *(Art. 42-A acrescido pela Resolução CONTRAN nº 169/2005)*

**Art. 43.** Os candidatos poderão habilitar-se nas categorias de "A" à "E", obedecida a gradação prevista no art. 143 do CTB e a no Anexo I desta Resolução, bem como para a ACC.

**Art. 43-A.** O processo de habilitação de candidato que procedeu ao requerimento de sua abertura anterior à vigência desta norma, permanecerá ativo no órgão ou entidade executivo de trânsito do Estado ou Distrito Federal, pelo prazo de doze meses a partir da data de publicação desta Resolução. *(Art. 43-A acrescido pela Resolução CONTRAN nº 169/2005)*

**Art. 43-B.** Fica o órgão máximo executivo de trânsito da União autorizado a baixar as instruções necessárias para o pleno funcionamento do disposto nesta Resolução, objetivando sempre a praticidade e a agilidade das operações, em benefício do cidadão. *(Art. 43-B acrescido pela Resolução CONTRAN nº 169/2005)*

**Art. 44.** Revogam-se as Resoluções nºs 412, de 21 de janeiro de 1969; 491, de 19 de março de 1975; 520 de 19 de julho de 1977; 605, de 25 de novembro de 1982; 789, de 13 de novembro de 1994; 800, de 27 de junho de 1995; 804, de 25 de setembro de 1995; 07 de 23 de janeiro de 1998; 50, de 21 de maio de 1998; 55, de 21 de maio de 1998; 57, 21 de maio de 1998;58 de 21 de maio de 1998; 67, de 23 de setembro de 1998; 85, de 4 de maio de 1999; 90, de 4 de maio de 1999; 91, de 4 de maio de 1999; 93, de 4 de maio de 1999; 98, de 14 de julho de 1999 e 161, de 26 de maio de 2004 e art. 3º da Resolução CONTRAN nº 700, de 4 de outubro de 1988 e incisos VIII, IX, X, XI, XII do art. 12 e art. 13 da Resolução CONTRAN nº 74, de 19 de novembro de 1998.

**Art. 45.** Esta Resolução entrará em vigor 90 (noventa) dias após a data de sua publicação.

Brasília/DF, 14 de dezembro de 2004.

*Ailton Brasiliense Pires – Presidente – DOU de 22.12.2004*

### Anexo I
**TABELA DE CORRESPONDÊNCIA E PREVALÊNCIA DAS CATEGORIAS**

| CATEGORIA | ESPECIFICAÇÃO |
|---|---|
| "A" | Todos os veículos automotores e elétricos, de duas ou três rodas, com ou sem carro lateral. |
| "B" | Veículos automotores e elétricos, de quatro rodas cujo peso bruto total não exceda a três mil e quinhentos quilogramas e cuja lotação não exceda a 8 (oito) lugares, excluído o do motorista, contemplando a combinação de unidade acoplada, reboque, semirreboque ou articulada, desde que atenda a lotação e capacidade de peso para a categoria. |

| | |
|---|---|
| "C" | Todos os veículos automotores e elétricos utilizados em transporte de carga, cujo peso bruto total exceda a três mil e quinhentos quilogramas; tratores, máquinas agrícolas e de movimentação de cargas, motor-casa, combinação de veículos em que a unidade acoplada, reboque, semirreboque ou articulada, não exceda a 6.000 kg de PBT e, todos os veículos abrangidos pela categoria "B". |
| "D" | Veículos automotores e elétricos utilizados no transporte de passageiros, cuja lotação exceda a 8 (oito) lugares e, todos os veículos abrangidos nas categorias "B" e "C". |
| "E" | Combinação de veículos automotores e elétricos, em que a unidade tratora se enquadre nas categorias "B", "C" ou "D"; cuja unidade acoplada, reboque, semirreboque, articulada, ou ainda com mais de uma unidade tracionada, tenha seis mil quilogramas ou mais, de peso bruto total, ou cuja lotação exceda a oito lugares, enquadrados na categoria *trailer*, e, todos os veículos abrangidos pelas categorias "B", "C" e "D". |

**Anexo II**

*(Anexo II com redação dada pela Resolução CONTRAN nº 285/2008)*

**ESTRUTURA CURRICULAR BÁSICA, ABORDAGEM DIDÁTICO-PEDAGÓGICA E DISPOSIÇÕES GERAIS DOS CURSOS**

1 Curso de formação para habilitação de condutores de veículos automotores;
2 Curso para mudança de categoria;
3 Curso para adição de categoria;
4 Curso de atualização para renovação da CNH;
5 Curso de reciclagem para condutores infratores;
6 Cursos especializados para condutores de veículos;
7 Atualização dos cursos especializados para condutores de veículos.

**1. CURSOS DE FORMAÇÃO PARA HABILITAÇÃO DE CONDUTORES DE VEÍCULOSAUTOMOTORES**

1.1. CURSO TEÓRICO-TÉCNICO

1.1.1. Carga Horária Total: 45 (quarenta e cinco) horas/aula

1.1.2. Estrutura curricular

1.1.2.1. Legislação de Trânsito: 18 (dezoito) horas/aula

Determinações do CTB quanto a veículos de duas ou mais rodas:
— Formação do condutor;
— Exigências para categorias de habilitação em relação ao veículo conduzido;
— Documentos do condutor e do veículo: apresentação e validade;
— Sinalização viária;
— Penalidades e crimes de trânsito;
— Direitos e deveres do cidadão;
— Normas de circulação e conduta.

— Infrações e penalidades para veículos de duas ou mais rodas referentes à:- Documentação do condutor e do veículo;
— Estacionamento, parada e circulação;
— Segurança e atitudes do condutor, passageiro, pedestre e demais atores do processo decirculação;
— Meio ambiente.

1.1.2.2. Direção defensiva para veículos de duas ou mais rodas: 16 (dezesseis) horas/aula.
— Conceito de direção defensiva;
— Conduzindo em condições adversas;
— Conduzindo em situações de risco:
  • Ultrapassagens
  • Derrapagem
  • Ondulações e buracos
  • Cruzamentos e curvas
  • Frenagem normal e de emergência;

— Como evitar acidentes em veículos de duas ou mais rodas;
— Abordagem teórica da condução de motocicletas com passageiro e ou cargas;
— Cuidados com os demais usuários da via;
— Respeito mútuo entre condutores;
— Equipamentos de segurança do condutor motociclista;
— Estado físico e mental do condutor, consequências da ingestão e consumo de bebida alcoólica e substâncias psicoativas;
— Situações de risco.

1.1.2.3. Noções de Primeiros Socorros: 4 (quatro) horas/aula
— Sinalização do local do acidente;
— Acionamento de recursos: bombeiros, polícia, ambulância, concessionária da via e outros;
— Verificação das condições gerais da vítima;
— Cuidados com a vítima (o que não fazer);
— Cuidados especiais com a vítima motociclista.

1.1.2.4. Noções de Proteção e Respeito ao Meio Ambiente e de Convívio Social no Trânsito: 4 (quatro) horas/aula
— O veículo como agente poluidor do meio ambiente;
— Regulamentação do CONAMA sobre poluição ambiental causada por veículos;
— Emissão de gases;
— Emissão de partículas (fumaça);
— Emissão sonora;
— Manutenção preventiva do automóvel e da motocicleta para preservação do meio ambiente;
— O indivíduo, o grupo e a sociedade;
— Diferenças individuais;
— Relacionamento interpessoal;
— O respeito mútuo entre condutores;
— O indivíduo como cidadão.

1.1.2.5. Noções sobre Funcionamento do Veículo de duas ou mais rodas: 3 (três) horas/aula
— Equipamentos de uso obrigatório do veículo, sua utilização e cuidados que se deve ter comeles;
— Noções de manuseio e do uso do extintor de incêndio;
— Responsabilidade com a manutenção do veículo;
— Alternativas de solução para eventualidades mais comuns;
— Condução econômica e inspeção mecânica (pequenos reparos);
— Verificação diária dos itens básicos: água, óleo, calibragem dos pneus, dentre outros.
— Cuidados e revisões necessárias anteriores a viagens.

1.1.2.6. Simulação de prática de direção veicular, ministrada em equipamentos homologados pelo DENATRAN sob a fiscalização dos órgãos executivos estaduais de trânsito e do Distrito Federal: 5 (cinco) horas/aula de 30 (trinta) minutos, com intervalos de 30 (trinta) minutos, com o seguinte conteúdo didático: *(Item 1.1.2.6. acrescido pela Resolução CONTRAN nº 420/2012)*
• Conceitos básicos
— Verificação das condições dos equipamentos obrigatórios e da manutenção de umveículo;
— Acomodação e regulagem do equipamento ao aluno;
— Localização e conhecimento dos comandos de um veículo;
— Ligando o motor.
• Aprendendo a conduzir
— Uso dos pedais e início da condução em 1ª marcha;
— Mudança da 1ª para a 2ª marcha;
— Mudança da 2ª para a 3ª marcha;
— Mudança da 4ª para a 5ª marcha;
— Controlando a condução veicular;

— Efetuando uma curva;
— Aperfeiçoando o uso da alavanca de câmbio e relação das marchas;
— Aperfeiçoando o uso do volante;
— Aperfeiçoando o uso da embreagem;
— Aperfeiçoando o uso do freio;
— Domínio do veículo em marcha à ré.

• Aprendizado da circulação
— Posição do veículo na via, velocidade e observação do trânsito;
— Entrada no fluxo do tráfego de veículos na via;
— Movimento lateral e transposição de faixa de rolamento;
— Parada e estacionamento;
— Ultrapassagens;
— Passagem em interseções (cruzamentos);
— Mudança de sentido;
— Condução e circulação por vias urbanas e rurais;
— Condução e circulação em vias de tráfego intenso;
— Condução e circulação em condições atmosféricas adversas;
— Condução e circulação noturna;
— Condução e circulação em região montanhosa.

• Condução segura
— A partida e a mudança de marchas;
— Utilizando os freios;
— Circulação e velocidade;
— Aclives e declives;
— Curvas;
— Condução em congestionamentos e paradas do veículo com o motor emfuncionamento;
— Entrada e saída no fluxo de tráfego de veículos;
— Obstáculos durante a condução (na via e no tráfego).

• Situações de risco
— Aquaplanagem;
— Condução sob chuva;
— Condução sob neblina;

1.1.2.7 As aulas realizadas no simulador de direção veicular, aplicadas exclusivamente aos pretendentes à obtenção da habilitação na categoria "B", serão ministradas após o cumprimento da carga horária relativa às aulas teóricas regulamentares, e antes da realização do exame teórico. *(Item 1.1.2.7. acrescido pela Resolução CONTRAN nº 420/2012)*

1.1.2.8. O Instrutor de Trânsito, o Diretor de Ensino, ou o Diretor Geral do CFC, realizará o acompanhamento e supervisão pessoal do seu respectivo candidato durante as aulas ministradas em simulador de prática de direção veicular, corrigindo possíveis falhas ou erros na observância das normas de conduta e circulação previstas no Código de Trânsito Brasileiro, ainda que o equipamento e/ou local sejam de uso compartilhado. *(Item 1.1.2.8. acrescido pela Resolução CONTRAN nº 420/2012)*

1.2. CURSO DE PRÁTICA DE DIREÇÃO VEICULAR

1.2.1. Carga Horária Mínima: 20 (vinte) horas/aula, sendo que 20% (vinte por cento) destas deverão ser ministradas no período noturno. *(Item 1.2.1. com redação dada pela Resolução CONTRAN nº 347/2010)*

1.2.2. Estrutura curricular

1.2.2.1. Para veículos de quatro ou mais rodas:
— O veículo: funcionamento, equipamentos obrigatórios e sistemas;
— Prática na via pública, urbana e rural: direção defensiva, normas de circulação e conduta, parada e estacionamento, observância da sinalização e comunicação;
— Os pedestres, os ciclistas e demais atores do processo de circulação;
— Os cuidados com o condutor motociclista.

1.2.2.2. Para veículos de duas rodas:

— Normas e cuidados antes do funcionamento do veículo;

— O veículo: funcionamento, equipamentos obrigatórios e sistemas;

— Prática de pilotagem defensiva, normas de circulação e conduta, parada e estacionamento,observância da sinalização e comunicação:

a) em área de treinamento específico, até o pleno domínio do veículo;

b) em via pública, urbana e rural, em prática monitorada.

— Os pedestres, os ciclistas e demais atores do processo de circulação;

— Cuidados na condução de passageiro e cargas;

— Situações de risco: ultrapassagem, derrapagem, obstáculos na pista, cruzamentos e curvas, frenagem normal e de emergência.

1.3 DISPOSIÇÕES GERAIS

— Considera-se hora/aula o período igual a 50 (cinquenta) minutos.

— O candidato deverá realizar a prática de direção veicular, mesmo em condições climáticas adversas tais como: chuva, frio, nevoeiro, noite, dentre outras, que constam do conteúdo programático do curso.

1.4. ABORDAGEM DIDÁTICO-PEDAGÓGICA

— A abordagem dos conteúdos deve contemplar obrigatoriamente a condução responsável de automóveis ou motocicletas, utilizando técnicas que oportunizem a participação dos candidatos, devendo o instrutor, por meio de aulas dinâmicas, fazer sempre a relação com o contexto do trânsito a fim de proporcionar a reflexão, o controle das emoções e o desenvolvimento de valores de solidariedade e de respeito ao outro, ao ambiente e à vida.

— Nas aulas de prática de direção veicular, o instrutor deve realizar acompanhamento e avaliação direta, corrigindo possíveis desvios, salientando a responsabilidade do condutor na segurança do trânsito.

— A monitoração da prática de pilotagem de motocicleta em via pública poderá ser executada pelo instrutor em outro veículo.

## 2. CURSO PARA MUDANÇA DE CATEGORIA

2.1. CURSO DE PRÁTICA DE DIREÇÃO VEICULAR

2.1.1. Carga Horária Mínima: 15 (quinze) horas/aula, sendo que 20% (vinte por cento) destas deverão ser ministradas no período noturno. *(Item 2.1.1. com redação dada pela Resolução CONTRAN nº 347/2010)*

2.1.2. Estrutura curricular

— O veículo em que está se habilitando: funcionamento e equipamentos obrigatórios e sistemas;

— Prática na via pública, urbana e rural: direção defensiva, normas de circulação e conduta, parada e estacionamento, observação da sinalização;

— No caso de prática de direção para veículos de 2 rodas, a instrução deve ser preliminarmente em circuito fechado de treinamento específico até o pleno domínio do veículo;

2.2. DISPOSIÇÕES GERAIS

— Considera-se hora aula o período igual a 50 (cinquenta) minutos.

2.3. ABORDAGEM DIDÁTICO-PEDAGÓGICA

— Os conteúdos devem ser relacionados à realidade do trânsito, procurando desenvolver valores de respeito ao outro, ao ambiente e à vida, de solidariedade e de controle das emoções;

— Nas aulas de prática de direção veicular, o instrutor deve realizar acompanhamento e avaliação direta, corrigindo possíveis desvios, salientando a responsabilidade do condutor na segurança dotrânsito.

## 3. CURSO PARA ADIÇÃO DE CATEGORIA

3.1. CURSO DE PRÁTICA DE DIREÇÃO VEICULAR

3.1.1. Carga Horária Mínima: 15 (quinze) horas/aula, sendo que 20% (vinte por cento) destas deverão ser ministradas no período noturno. *(Item 3.1.1. com redação dada pela Resolução CONTRAN nº 347/2010)*

3.1.2. Estrutura curricular

— O veículo que está sendo aditado: funcionamento, equipamentos obrigatórios e sistemas;

— Prática na via pública, urbana e rural: direção defensiva, normas de circulação e conduta, parada e estacionamento, observação da sinalização;

— No caso de prática de direção para veículos de duas rodas, a instrução deve ser preliminarmente em circuito fechado de treinamento específico até o pleno domínio do veículo;

### 3.2. DISPOSIÇÕES GERAIS

— Considera-se hora aula o período igual a 50 (cinquenta) minutos.

### 3.3. ABORDAGEM DIDÁTICO-PEDAGÓGICA

— Os conteúdos devem ser relacionados à realidade do trânsito, procurando desenvolver valores de respeito ao outro, ao ambiente e à vida, de solidariedade e de controle das emoções.

— Nas aulas de prática de direção veicular, o instrutor deve realizar acompanhamento e avaliação direta, corrigindo possíveis desvios, salientando a responsabilidade do condutor na segurança do trânsito.

## 4. CURSO DE ATUALIZAÇÃO PARA RENOVAÇÃO DA CNH

### 4.1. CURSO TEÓRICO

#### 4.1.1. Carga Horária Total: 15 (quinze) horas/aula

#### 4.1.2. Estrutura curricular

4.1.2.1. Direção Defensiva – Abordagens do CTB para veículos de duas ou mais rodas: 10 (dez) horas/aula

— Conceito

— Condições adversas;

— Situações de risco nas ultrapassagens, derrapagem, ondulações e buracos, cruzamentos e curvas, frenagem normal e de emergência;

— Abordagem teórica da condução do veículo com passageiros e ou cargas;

— Como evitar acidentes;

— Cuidados na direção e manutenção de veículos;

— Cuidados com os demais usuários da via;

— Estado físico e mental do condutor, consequências da ingestão e consumo de bebida alcoólica e substâncias psicoativas;

— Normas gerais de circulação e conduta;

— Equipamentos de segurança do condutor;

— Infrações e penalidades;

— Noções de respeito ao meio ambiente e de convívio social no trânsito; relacionamento interpessoal, diferenças individuais e respeito mútuo entre condutores.

4.1.2.2. Noções de Primeiros Socorros: 5 (cinco) horas/aula

— Sinalização do local do acidente;

— Acionamento de recursos: bombeiros, polícia, ambulância, concessionária da via, e outros – Verificação das condições gerais da vítima;

— Cuidados com a vítima (o que não fazer).

— Cuidados especiais com a vítima motociclista.

### 4.2. DISPOSIÇÕES GERAIS

4.2.1. Devem participar deste curso os condutores que em sua formação, em situação anterior, na forma do art. 150 do CTB, não tenham recebido instrução de direção defensiva e primeiros socorros;

4.2.2. Este curso poderá ser realizado nas seguintes modalidades:

4.2.2.1. Em curso presencial com carga horária de 15 horas/aula, que poderá ser realizado de forma intensiva, com carga horária diária máxima de 10 horas/aula, ministrado pelo órgão ou entidade executivo de trânsito do Estado ou do Distrito Federal, ou instituição/entidade por ele credenciada, com frequência integral comprovada, dispensada a aplicação de prova;

4.2.2.2. Em curso realizado à distância, validado por prova de 30 questões de múltipla escolha, com aproveitamento mínimo de 70%, efetuado pelo órgão ou entidade executivo de trânsito do Estado ou do Distrito Federal ou instituição/entidade por ele credenciada de forma que atenda aos requisitos mínimos estabelecidos no anexo IV desta Resolução;

4.2.2.3. Em estudos realizados pelo condutor de forma autodidata, submetendo-se a prova de 30 questões de múltipla escolha, com aproveitamento mínimo de 70%, efetuada pelo órgão ou entidade executivo de trânsito do Estado ou do Distrito Federal ou instituição/entidade por elecredenciada; em caso de reprovação, o condutor só poderá repeti-la decorridos cinco dias dadivulgação oficial do resultado. Persistindo a reprovação deverá frequentar obrigatoriamente ocurso presencial para a renovação da CNH.

4.2.2.4. Poderá ser feito o aproveitamento de cursos com conteúdos de primeiros socorros e de direção defensiva, dos quais o candidato apresente documentação comprobatória de ter realizado tais cursos, em órgão ou instituição oficialmente reconhecido;

4.2.2.5. O certificado de realização do curso será conferido ao condutor que:

— Frequentar o curso de 15 horas/aula na sua totalidade. Neste caso o processo de avaliação, sem caráter eliminatório ou classificatório, deve ocorrer durante o curso;

— Tiver aprovação em curso à distância ou estudos autodidata, através de aproveitamento mínimo de 70 % de acertos em prova teórica de 30 questões de múltipla escolha;

— Apresentar documentação ao DETRAN, e este a validar como aproveitamento de cursos realizados em órgão ou instituição oficialmente reconhecido;

4.2.2.6. O certificado de realização do curso terá validade em todo o território nacional, devendo ser registrado no RENACH pelo órgão ou entidade executivo de trânsito do Estado ou do Distrito Federal;

4.2.2.7. Considera-se hora aula o período igual a 50 (cinquenta) minutos.

4.3. ABORDAGEM DIDÁTICO-PEDAGÓGICA

4.3.1. Os conteúdos devem ser tratados de forma dinâmica, participativa, buscando análise e reflexão sobre a responsabilidade de cada um para um trânsito seguro;

4.3.2. Todos os conteúdos devem ser desenvolvidos em aulas dinâmicas, utilizando-se técnicas que oportunizem a participação dos condutores procurando, o instrutor fazer sempre a relação com o contexto do trânsito, oportunizando a reflexão e o desenvolvimento de valores de respeito ao outro, ao ambiente e à vida, de solidariedade e de controle das emoções;

4.3.3. A ênfase, nestas aulas, deve ser de atualização dos conhecimentos e análise do contexto atual do trânsito local e brasileiro.

**5. CURSO DE RECICLAGEM PARA CONDUTORES INFRATORES**

5.1. CURSO TEÓRICO

5.1.1. Carga Horária Total: 30 (trinta) horas/aula

5.1.2. Estrutura curricular

5.1.2.1. Legislação de Trânsito: 12 (doze) horas/aula

Determinações do CTB quanto a:

— Formação do condutor;

— Exigências para categorias de habilitação em relação a veículo conduzido;

— Documentos do condutor e do veículo: apresentação e validade;

— Sinalização viária;

— Penalidades e crimes de trânsito;

— Direitos e deveres do cidadão;

— Normas de circulação e conduta.

Infrações e penalidades referentes a:

— Documentação do condutor e do veículo;

— Estacionamento, parada e circulação;

— Segurança e atitudes do condutor, passageiro, pedestre e demais atores do processo de circulação;

— Meio ambiente.

5.1.2.2. Direção defensiva: 8 (oito) horas/aula

— Conceito de direção defensiva – veículos de 2, 4 ou mais rodas;

— Condições adversas;

— Como evitar acidentes;

— Cuidados com os demais usuários da via;

— Estado físico e mental do condutor, consequências da ingestão e consumo de bebida alcoólica e substâncias psicoativas;

— Situações de risco.

5.1.2.3. Noções de Primeiros Socorros: 4 (quatro) horas/aula

— Sinalização do local do acidente;

— Acionamento de recursos: bombeiros, polícia, ambulância, concessionária da via e outros;

— Verificação das condições gerais da vítima;

— Cuidados com a vítima (o que não fazer).

5.1.2.4. Relacionamento Interpessoal: 6 (seis) horas/aula

— Comportamento solidário no trânsito;

— O indivíduo, o grupo e a sociedade;

— Responsabilidade do condutor em relação aos demais atores do processo de circulação;

— Respeito às normas estabelecidas para segurança no trânsito;

— Papel dos agentes de fiscalização de trânsito.

5.2. DISPOSIÇÕES GERAIS

— O curso será ministrado pelo órgão ou entidade executivo de trânsito do Estado ou do Distrito Federal ou instituição/entidade por ele credenciada, para condutores penalizados nos termos do art. 261, § 2º, e art. 268 do CTB;

— Este curso poderá ser realizado em duas modalidades:

— Em curso presencial com carga horária de 15 horas/aula, que poderá ser realizado de forma intensiva, com carga horária diária máxima de 10 horas/aula, ministrado pelo órgão ou entidade executivo de trânsito do Estado ou do Distrito Federal, ou instituição/entidade por ele credenciado, com frequência integral comprovada, dispensada a aplicação de prova;

— Em curso/estudo realizado à distância, validado por prova teórica de 30 questões de múltipla escolha, com aproveitamento mínimo de 70%, efetuado pelo órgão ou entidade executivo de trânsito do Estado ou do Distrito Federal ou instituição/entidade por ele credenciada de forma que atenda os requisitos mínimos estabelecidos no anexo III desta Resolução;

— Os candidatos ao final do curso, serão submetidos a uma avaliação pelo órgão ou entidade executivo de trânsito do Estado ou do Distrito Federal ou instituição/entidade por ele credenciado, através de uma prova com um mínimo de 30 questões sobre os conteúdos ministrados;

— A aprovação se dará quando o condutor acertar no mínimo 70% das questões;

— O condutor aluno reprovado uma primeira vez poderá realizar nova avaliação após 5 (cinco) dias e, se reprovado pela 2ª vez poderá matricular-se para um novo curso, frequentando-o integralmente. Caso ainda não consiga resultado satisfatório, deverá receber atendimento individualizado a fim de superar suas dificuldades;

— O certificado de realização do curso terá validade em todo o território nacional, devendo ser registrado no RENACH pelo órgão ou entidade executivo de trânsito do Estado ou do Distrito Federal;

— Considera-se hora aula o período igual a 50 (cinquenta) minutos.

5.3. ABORDAGEM DIDÁTICO-PEDAGÓGICA

— Por se tratar de condutores, que estão cumprindo penalidade por infrações de trânsito, os conteúdos devem ser tratados de forma dinâmica, participativa, buscando análise e reflexão sobre a responsabilidade de cada um para um trânsito seguro;

— Todos os conteúdos devem ser desenvolvidos em aulas dinâmicas, procurando o instrutor fazer sempre a relação com o contexto do trânsito, oportunizando a reflexão e o desenvolvimento de valores de respeito ao outro, ao ambiente e à vida, de solidariedade e de controle das emoções;

— A ênfase deve ser de revisão de conhecimentos e atitudes, valorizando a obediência à Lei, a necessidade de atenção e o desenvolvimento de habilidades.

## 6. CURSOS ESPECIALIZADOS PARA CONDUTORES DE VEÍCULOS

I – DOS FINS

Estes cursos têm a finalidade de aperfeiçoar, instruir, qualificar e atualizar condutores, habilitando-os à condução de veículos de:

a) transporte coletivo de passageiros;

b) transporte de escolares;

c) transporte de produtos perigosos;

d) emergência;

e) transporte de carga indivisível e outras, objeto de regulamentação específica pelo CONTRAN.

Para atingir seus fins, estes cursos devem dar condições ao condutor de:

— Permanecer atento ao que acontece dentro do veículo e fora dele;

— Agir de forma adequada e correta no caso de eventualidades, sabendo tomar iniciativas quando necessário;

— Relacionar-se harmoniosamente com usuários por ele transportados, pedestres e outros condutores;

— Proporcionar segurança aos usuários e a si próprio;

— Conhecer e aplicar preceitos de segurança e comportamentos preventivos, em conformidade com o tipo de transporte e/ou veículo;

— Conhecer, observar e aplicar disposições contidas no CTB, na legislação de trânsito e legislação específica sobre o transporte especializado para o qual está se habilitando;

— Realizar o transporte com segurança de maneira a preservar a integridade física do passageiro, do condutor, da carga, do veículo e do meio ambiente.

— Conhecer e aplicar os preceitos de segurança adquiridos durante os cursos ou atualização fazendo uso de comportamentos preventivos e procedimentos em casos de emergência, desenvolvidos para cada tipo de transporte, e para cada uma das classes de produtos ou cargas perigosos.

II – DA ORGANIZAÇÃO

— A organização administrativo-pedagógica dos cursos para condutores especializados será estabelecida em consonância com a presente Resolução, pelas Instituições listadas no art. 33 desta Resolução, cadastrados pelo órgão ou entidade executivo de Trânsito do Estado ou do Distrito Federal.

III – DA REGÊNCIA

— As disciplinas dos cursos para condutores especializados serão ministradas por pessoas habilitadas em cursos de instrutores de trânsito, realizados por órgão ou entidade executivo de trânsito do Estado ou do Distrito Federal, ou instituição por ele credenciada e que tenham realizado, com aprovação, os cursos especiais que vierem a ministrar.

— A qualificação de professor para formação de instrutor de curso especializado será feita por disciplina e será regulamentada em portaria do DENATRAN – órgão máximo executivo de trânsito da União, devendo ser profissional de nível superior tendo comprovada experiência a respeito da disciplina.

IV – DO REGIME DE FUNCIONAMENTO

— Cada curso especializado será constituído de 50 (cinquenta) horas/aula;

— O curso poderá desenvolver-se na modalidade de ensino à distância, através de apostilas atualizadas e outros recursos tecnológicos, não podendo exceder a 20% do total da carga horária prevista para cada curso;

— A carga horária presencial diária será organizada de forma a atender as peculiaridades e necessidades da clientela, não podendo exceder, em regime intensivo, 10 horas/aula por dia;

— O número máximo de alunos, por turma, deverá ser de 25 alunos;

— Considera-se hora aula o período igual a 50 (cinquenta) minutos.

V – DO APROVEITAMENTO DE ESTUDOS

— Poderá ser feito o aproveitamento de estudos de conteúdos que o condutor tiver realizado em outro curso especializado, devendo para tal, a Instituição oferecer um módulo, de no mínimo 15 (quinze) horas/aula, de adequação da abordagem dos conteúdos para a especificidade do novo curso pretendido.

VI – DA AVALIAÇÃO

— Ao final de cada módulo, será realizada, pelas instituições que ministram os cursos uma prova com 20 questões de múltipla escolha sobre os assuntos trabalhados;

— Será considerado aprovado no curso, o condutor que acertar, no mínimo, 70% das questões da prova de cada módulo;

— O condutor reprovado ao final do módulo deverá realizar nova prova a qualquer momento, sem prejuízo da continuidade do curso. Caso ainda não consiga resultado satisfatório deverá receber atendimento individualizado a fim de superar suas dificuldades;

— Nos cursos de atualização, a avaliação será feita através de observação direta e constante do desempenho dos condutores, demonstrado durante as aulas, devendo o instrutor interagir com os mesmos reforçando e/ou corrigindo respostas e colocações;

— As instituições que ministrarem cursos especializados deverão manter em arquivo, durante 5 (cinco) anos, os registros dos alunos com o resultado do seu desempenho.

### VII – DA CERTIFICAÇÃO

— Os condutores aprovados no curso especializado e os que realizarem a atualização exigida terão os dados correspondentes registrados em seu cadastro pelo órgão ou entidade executivo de trânsito do Estado ou do Distrito Federal, informando-os no campo "observações" da CNH;

— Os certificados deverão conter no mínimo os seguintes dados:

— Nome completo do condutor;

— Número do registro RENACH e categoria de habilitação do condutor;

— Validade e data de conclusão do curso;

— Assinatura do diretor da entidade ou instituição, e validação do DETRAN quando for o caso;

— No verso deverão constar as disciplinas, a carga horária, o instrutor e o aproveitamento do condutor.

— O modelo dos certificados será elaborado e divulgado em portaria pelo órgão máximo executivo de trânsito da União.

### VIII – DA VALIDADE

— Os cursos especializados tem validade de 5 (cinco) anos, quando os condutores deverão realizar a atualização dos respectivos cursos, devendo os mesmos coincidir com a validade do exame de sanidade física e mental do condutor constantes de sua CNH;

— A fim de se compatibilizar os prazos dos atuais cursos e exames de sanidade física e mental, sem que haja ônus para o cidadão os cursos já realizados, antes da publicação desta Resolução, terão sua validade estendida até a data limite da segunda renovação da CNH;

— Na renovação do exame de sanidade física e mental, o condutor especializado deverá apresentar comprovante de que realizou o curso de atualização no qual está habilitado, registrando os dados no órgão ou entidade executivo de trânsito do Estado ou do Distrito Federal;

— O condutor que não apresentar comprovante de que realizou o curso de atualização no qual está habilitado quando da renovação da CNH, terá automaticamente suprimida a informação correspondente;

— Os cursos de atualização terão uma carga horária mínima de 15 (quinze) horas/aula, sobre as disciplinas dos cursos especializados, abordando preferencialmente, as atualizações na legislação, a evolução tecnológica e estudos de casos, dos módulos específicos de cada curso.

### IX – DISPOSIÇÕES GERAIS

— Considera-se hora aula o período de 50 (cinquenta) minutos.

#### 6.1. CURSO PARA CONDUTORES DE VEÍCULO DE TRANSPORTE COLETIVO DE PASSAGEIROS

6.1.1. Carga horária: 50 (cinquenta) horas/aula

6.1.2. Requisitos para matrícula-Ser maior de 21 anos;

— Estar habilitado, no mínimo, na categoria "D";

— Não ter cometido nenhuma infração grave ou gravíssima ou ser reincidente em infrações médias durante os últimos 12 (doze) meses;

— Não estar cumprindo pena de suspensão do direito de dirigir, cassação da CNH, pena decorrente de crime de trânsito, bem como estar impedido judicialmente de exercer seus direitos.

6.1.3. Estrutura Curricular

6.1.3.1. Módulo I – Legislação de trânsito: 10 (dez) horas/aula

Determinações do CTB quanto a:

— Categoria de habilitação e relação com veículos conduzidos;

— Documentação exigida para condutor e veículo;

— Sinalização viária;

— Infrações, crimes de trânsito e penalidades;

— Regras gerais de estacionamento, parada, conduta e circulação.

— Legislação específica sobre transporte de passageiros.

— Responsabilidades do condutor do veículo de transporte coletivo de passageiros.

6.1.3.2. Módulo II – Direção Defensiva: 15 (quinze) horas/aula

— Acidente evitável ou não evitável;

— Como ultrapassar e ser ultrapassado;
— O acidente de difícil identificação da causa;
— Como evitar acidentes com outros veículos;
— Como evitar acidentes com pedestres e outros integrantes do trânsito (motociclista, ciclista, carroceiro, skatista);
— A importância de ver e ser visto;
— A importância do comportamento seguro na condução de veículos especializados;
— Comportamento seguro e comportamento de risco – diferença que pode poupar vidas.
— Estado físico e mental do condutor, consequências da ingestão e consumo de bebida alcoólica e substâncias psicoativas;

6.1.3.3. Módulo III – Noções de Primeiros Socorros, Respeito ao Meio Ambiente e Convívio Social: 10 (dez) horas/aula

Primeiras providências quanto à vítima de acidente, ou passageiro com mal súbito:
— Sinalização do local do acidente;
— Acionamento de recursos: bombeiros, polícia, ambulância, concessionária da via o outros;
— Verificação das condições gerais de vítima de acidente, ou passageiro com mal súbito;
— Cuidados com a vítima (o que não fazer).

O veículo como agente poluidor do meio ambiente;
— Regulamentação do CONAMA sobre poluição ambiental causada por veículos;
— Emissão de gases;
— Emissão de partículas (fumaça);
— Emissão sonora;
— Manutenção preventiva do veículo para preservação do meio ambiente;
— O indivíduo, o grupo e a sociedade;
— Relacionamento interpessoal;
— O indivíduo como cidadão;
— A responsabilidade civil e criminal do condutor e o CTB.

6.1.3.4. Módulo IV – Relacionamento Interpessoal: 15 (quinze) horas/aula
— Aspectos do comportamento e de segurança no transporte de passageiros;
— Comportamento solidário no trânsito;
— Responsabilidade do condutor em relação aos demais atores do processo de circulação;
— Respeito às normas estabelecidas para segurança no trânsito;
— Papel dos agentes de fiscalização de trânsito;
— Atendimento às diferenças e especificidades dos usuários (pessoas portadoras de necessidades especiais, faixas etárias diversas, outras condições);
— Características das faixas etárias dos usuários mais comuns de transporte coletivo de passageiros.

6.2. CURSO PARA CONDUTORES DE VEÍCULOS DE TRANSPORTE ESCOLAR

6.2.1. Carga horária: 50 (cinquenta) horas/aula

6.2.2. Requisitos para Matrícula:
— Ser maior de 21 anos;
— Estar habilitado, no mínimo, na categoria D;
— Não ter cometido nenhuma infração grave ou gravíssima ou ser reincidente em infrações médias durante os últimos doze meses;
— Não estar cumprindo pena de suspensão do direito de dirigir, cassação da Carteira Nacional de Habilitação – CNH, pena decorrente de crime de trânsito, bem como não estar impedido judicialmente de exercer seus direitos.

6.2.3. Estrutura Curricular

6.2.3.1. Módulo I – Legislação de Trânsito: 10 (dez) horas/aula
Determinações do CTB quanto a:
— Categoria de habilitação e relação com veículos conduzidos;
— Documentação exigida para condutor e veículo;

— Sinalização viária;
— Infrações, crimes de trânsito e penalidades;
— Regras gerais de estacionamento, parada e circulação.
Legislação específica sobre transporte de escolares
— Normatização local para condução de veículos de transporte de escolares;
— Responsabilidades do condutor do veículo de transporte de escolares.

6.2.3.2. Módulo II – Direção Defensiva: 15 (quinze) horas/aula
— Acidente evitável ou não evitável;
— Como ultrapassar e ser ultrapassado;
— O acidente de difícil identificação da causa;
— Como evitar acidentes com outros veículos;
— Como evitar acidentes com pedestres e outros integrantes do trânsito (motociclista, ciclista, carroceiro, skatista);
— A importância de ver e ser visto;
— A importância do comportamento seguro na condução de veículos especializados;
— Comportamento seguro e comportamento de risco – diferença que pode poupar vidas.
— Estado físico e mental do condutor, consequências da ingestão e consumo de bebida alcoólica e substâncias psicoativas;

6.2.3.3. Módulo III – Noções de Primeiros Socorros, Respeito ao Meio Ambiente e Convívio Social: 10 (dez) horas/aula
— Primeiras providências quanto a vítimas de acidente, ou passageiro com mal súbito:
— Sinalização do local de acidente;
— Acionamento de recursos: bombeiros, polícia, ambulância, concessionária da via e outros;
— Verificação das condições gerais de vítima de acidente, ou passageiro com mal súbito:
— Cuidados com a vítima, (o que não fazer);
— O veículo como agente poluidor do meio ambiente;
— Regulamentação do CONAMA sobre poluição ambiental causada por veículos;
— Emissão de gases;
— Emissão de partículas (fumaça);
— Emissão sonora;
— Manutenção preventiva do veículo para preservação do meio ambiente;
— O indivíduo, o grupo e a sociedade;
— Relacionamento interpessoal;
— O indivíduo como cidadão;
— A responsabilidade civil e criminal do condutor e o CTB.

6.2.3.4. Módulo IV – Relacionamento Interpessoal: 15 (quinze) horas/aula
— Aspectos do comportamento e de segurança no transporte de escolares;
— Comportamento solidário no trânsito;
— Responsabilidade do condutor em relação aos demais atores do processo de circulação;
— Respeito às normas estabelecidas para segurança no trânsito;
— Papel dos agentes de fiscalização de trânsito;
— Atendimento às diferenças e especificidades dos usuários (pessoa portadora deficiências física, faixas etárias, outras condições);
— Características das faixas etárias dos usuários de transporte de escolares;
— Cuidados especiais e atenção que devem ser dispensados aos escolares e seus responsáveis, quando for o caso.

6.3. CURSO PARA CONDUTORES DE VEÍCULOS DE TRANSPORTE DE PRODUTOS PERIGOSOS
6.3.1. Carga horária: 50 (cinquenta) horas/aula
6.3.2. Requisitos para matrícula – Ser maior de 21 anos;
— Estar habilitado em uma das categorias "B", "C", "D" e "E";

— Não ter cometido nenhuma infração grave ou gravíssima ou ser reincidente em infrações médias durante os últimos doze meses;

— Não estar cumprindo pena de suspensão do direito de dirigir, cassação da Carteira Nacional de Habilitação – CNH, pena decorrente de crime de trânsito, bem como não estar impedido judicialmente de exercer seus direitos.

### 6.3.3. Estrutura Curricular

#### 6.3.3.1 Módulo I – Legislação de trânsito: 10 (dez) horas/aula

Determinações do CTB quanto a:

— Categoria de habilitação e relação com veículos conduzidos;

— Documentação exigida para condutor e veículo;

— Sinalização viária;

— Infrações, crimes de trânsito e penalidades;

— Regras gerais de estacionamento, parada conduta e circulação.

LEGISLAÇÃO ESPECÍFICA E NORMAS SOBRE TRANSPORTE DE PRODUTOS PERIGOSOS

— Cargas de produtos perigosos

— Conceitos, considerações e exemplos.

— Acondicionamento: verificação da integridade do acondicionamento (se há vazamentos ou contaminação externa); verificação dos instrumentos de tanques (manômetros, e outros);

— Proibição do transporte de animais, produtos para uso humano ou animal (alimentos, medicamentos e embalagens afins), juntamente com produtos perigosos;

— Utilização do veículo que transporta produtos perigosos para outros fins; descontaminação quando permitido.

RESPONSABILIDADE DO CONDUTOR DURANTE O TRANSPORTE

— Fatores de interrupção da viagem;

— Participação do condutor no carregamento e descarregamento do veículo;

— Trajes e equipamentos de proteção individual.

DOCUMENTAÇÃO E SIMBOLOGIA

— Documentos fiscais e de trânsito;

— Documentos e símbolos relativos aos produtos transportados;

— Certificados de capacitação;

— Ficha de emergência;

— Envelope para o transporte;

— Marcação e rótulos nas embalagens;

— Rótulos de risco principal e subsidiário;

— Painel de segurança;

— Sinalização em veículos.

REGISTRADOR INSTANTÂNEO E INALTERÁVEL DE VELOCIDADE E TEMPO:

— Definição;

— Funcionamento;

— Importância e obrigatoriedade do seu uso.

DAS INFRAÇÕES E PENALIDADES (CTB e legislação específica)

— Tipificações, multas e medidas administrativas.

#### 6.3.3.2. Módulo II – Direção Defensiva: 15 (quinze) horas/aula

— Acidente evitável ou não evitável;

— Como ultrapassar e ser ultrapassado;

— O acidente de difícil identificação da causa;

— Como evitar acidentes com outros veículos;

— Como evitar acidentes com pedestres e outros integrantes do trânsito (motociclista, ciclista, carroceiro, skatista);

— A importância de ver e ser visto;

— A importância do comportamento seguro na condução de veículos especializados;

— Comportamento seguro e comportamento de risco – diferença que pode poupar vidas;
— Comportamento pós-acidente.
— Estado físico e mental do condutor, consequências da ingestão e consumo de bebida alcoólica e substâncias psicoativas;

6.3.3.3. Módulo III – Noções de Primeiros Socorros, Respeito ao meio Ambiente e Prevenção de Incêndio: 10 (dez) horas/aula

PRIMEIROS SOCORROS

Primeiras providências quanto a acidente de trânsito:
— Sinalização do local de acidente;
— Acionamento de recursos: bombeiros, polícia, ambulância, concessionária da via e outros;
— Verificação das condições gerais de vítima de acidente de trânsito;
— Cuidados com a vítima de acidente, ou contaminação (o que não fazer) em conformidade coma periculosidade da carga, e/ou produto transportado.

MEIO AMBIENTE
— O veículo como agente poluidor do meio ambiente;
— Regulamentação do CONAMA sobre poluição ambiental causada por veículos;
— Emissão de gases;
— Emissão de partículas (fumaça);
— Emissão de ruídos;
— Manutenção preventiva do veículo;
— O indivíduo, o grupo e a sociedade;
— Relacionamento interpessoal;
— O indivíduo como cidadão;
— A responsabilidade civil e criminal do condutor e o CTB;
— Conceitos de poluição: causas e consequências.

PREVENÇÃO DE INCÊNDIO
— Conceito de fogo;
— Triângulo de fogo;
— Fontes de ignição;
— Classificação de incêndios;
— Tipos de aparelhos extintores;
— Agentes extintores;
— Escolha, manuseio e aplicação dos agentes extintores.

6.3.3.4. Módulo IV – Movimentação de Produtos Perigosos: 15 horas/aula

PRODUTOS PERIGOSOS
— Classificação dos produtos perigosos;
— Simbologia;
— Reações químicas (conceituações);
— Efeito de cada classe sobre o meio ambiente.

EXPLOSIVOS
— Conceituação;
— Divisão da classe;
— Regulamentação específica do Ministério da Defesa;
— Comportamento preventivo do condutor;
— Procedimentos em casos de emergência.

GASES
— Inflamáveis, não inflamáveis, tóxicos e não tóxicos;
— Comprimidos;
— Liquefeitos;
— Mistura de gases;
— Refrigerados.
— Em solução;
— Comportamento preventivo do condutor;
— Procedimentos em casos de emergência.

LÍQUIDOS INFLAMÁVEIS E PRODUTOS TRANSPORTADOS A TEMPERATURAS ELEVADAS
— Ponto de fulgor;
— Comportamento preventivo do condutor;
— Procedimentos em casos de emergência.

SÓLIDOS INFLAMÁVEIS; SUBSTÂNCIAS SUJEITAS A COMBUSTÃO ESPONTÂNEA; SUBSTÂNCIAS QUE, EM CONTATO COM A ÁGUA, EMITEM GASES INFLAMÁVEIS
— Comportamento preventivo do condutor;
— Procedimentos em casos de emergência;
— Produtos que necessitam de controle de temperatura.

SUBSTÂNCIAS OXIDANTES E PERÓXIDOS ORGÂNICOS
— Comportamento preventivo do condutor;
— Procedimentos em casos de emergência;
— Produtos que necessitam de controle de temperatura.

SUBSTÂNCIAS TÓXICAS E SUBSTÂNCIAS INFECTANTES
— Comportamento preventivo do condutor;
— Procedimentos em casos de emergência.

SUBSTÂNCIAS RADIOATIVAS
— Legislação específica pertinente;
— Comportamento preventivo do condutor;
— Procedimentos em casos de emergência.

CORROSIVOS
— Comportamento preventivo do condutor;
— Procedimentos em casos de emergência.

SUBSTÂNCIAS PERIGOSAS DIVERSAS
— Comportamento preventivo do condutor;
— Procedimentos em casos de emergência.

RISCOS MÚLTIPLOS
— Comportamento preventivo do condutor;
— Procedimentos em casos de emergência.

RESÍDUOS
— Legislação específica pertinente;
— Comportamento preventivo do condutor;
— Procedimentos em casos de emergência.

6.4. CURSO PARA CONDUTORES DE VEÍCULOS DE EMERGÊNCIA

6.4.1. Carga horária: 50 (cinquenta) horas/aula

6.4.2. Requisitos para matrícula-Ser maior de 21 anos;
— Estar habilitado em uma das categorias "A", "B", "C", "D" ou "E";
— Não ter cometido nenhuma infração grave ou gravíssima ou ser reincidente em infrações médias durante os últimos 12 (doze) meses;
— Não estar cumprindo pena de suspensão do direito de dirigir, cassação da CNH, pena decorrente de crime de trânsito, bem como não estar impedido judicialmente de exercer seus direitos.

6.4.3. Estrutura Curricular.

6.4.3.1. Módulo I – Legislação de Trânsito: 10 (dez) horas/aula
Determinações do CTB quanto a:
— Categoria de habilitação e relação com veículos conduzidos;
— Documentação exigida para condutor e veículo;
— Sinalização viária;
— Infrações, crimes de trânsito e penalidades;
— Regras gerais de estacionamento, parada e circulação.
— Legislação específica para veículos de emergência;
— Responsabilidades do condutor de veículo de emergência.

6.4.3.2. Módulo II – Direção Defensiva: 15 (quinze) horas/aula

— Acidente evitável ou não evitável;

— Como ultrapassar e ser ultrapassado;

— O acidente de difícil identificação da causa;

— Como evitar acidentes com outros veículos;

— Como evitar acidentes com pedestres e outros integrantes do trânsito (motociclista, ciclista, carroceiro, skatista);

— A importância de ver e ser visto;

— A importância do comportamento seguro na condução de veículos especializados.

— Comportamento seguro e comportamento de risco – diferença que pode poupar vidas.

— Estado físico e mental do condutor, consequências da ingestão e consumo de bebida alcoólica e substâncias psicoativas;

6.4.3.3. Módulo III – Noções de Primeiros Socorros, Respeito ao Meio Ambiente e Convívio Social: 10 (dez) horas/aula

Primeiras providências quanto à vítima de acidente, ou passageiro enfermo:

— Sinalização do local de acidente;

— Acionamento de recursos: bombeiros, polícia, ambulância, concessionária da via e outros;

— Verificação das condições gerais de vítima de acidente ou enfermo;

— Cuidados com a vítima ou enfermo (o que não fazer);

O veículo como agente poluidor do meio ambiente:

— Regulamentação do CONAMA sobre poluição ambiental causada por veículos;

— Emissão de gases;

— Emissão de partículas (fumaça);

— Emissão sonora;

— Manutenção preventiva do veículo para preservação do meio ambiente;

O indivíduo, o grupo e a sociedade:

— Relacionamento interpessoal;

— O indivíduo como cidadão;

— A responsabilidade civil e criminal do condutor e o CTB.

6.4.3.4. Módulo IV – Relacionamento Interpessoal: 15 (quinze) horas/aula

— Aspectos do comportamento e de segurança na condução de veículos de emergência;

— Comportamento solidário no trânsito;

— Responsabilidade do condutor em relação aos demais atores do processo de circulação;

— Respeito às normas estabelecidas para segurança no trânsito;

— Papel dos agentes de fiscalização de trânsito;

— Atendimento às diferenças e especificidades dos usuários (pessoas portadoras de necessidades especiais, faixas etárias, outras condições);

— Características dos usuários de veículos de emergência;

— Cuidados especiais e atenção que devem ser dispensados aos passageiros e aos outros atores do trânsito, na condução de veículos de emergência.

6.5. CURSO PARA CONDUTORES DE VEÍCULOS DE TRANSPORTE DE CARGA INDIVISÍVEL E OUTRAS OBJETO DE REGULAMENTAÇÃO ESPECIFICA PELO CONTRAN

6.5.1. Carga horária: 50 (cinquenta) horas/aula.

6.5.2. Requisitos para matrícula-Ser maior de 21 anos;

— Estar habilitado na categoria "C" ou "E";

— Não ter cometido nenhuma infração grave ou gravíssima ou ser reincidente em infrações médias durante os últimos doze meses;

— Não estar cumprindo pena de suspensão do direito de dirigir, cassação da Carteira Nacional de Habilitação – CNH, pena decorrente de crime de trânsito, bem como não estar impedido judicialmente de exercer seus direitos.

6.5.3. Estrutura Curricular

6.5.3.1 Módulo I – Legislação de trânsito: 10 (dez) horas/aula

DETERMINAÇÕES DO CTB QUANTO A:
— Categoria de habilitação e relação com veículos conduzidos;
— Documentação exigida para condutor e veículo;
— Sinalização viária;
— Infrações, crimes de trânsito e penalidades;
— Regras gerais de estacionamento, parada conduta e circulação.

LEGISLAÇÃO ESPECÍFICA SOBRE TRANSPORTE DE CARGA
— Carga indivisível – Conceitos, considerações e exemplos.
— Acondicionamento: verificação da integridade do acondicionamento (ancoragem e amarração da carga);

RESPONSABILIDADE DO CONDUTOR DURANTE O TRANSPORTE
— Fatores de interrupção da viagem;
— Participação do condutor no carregamento e descarregamento do veículo;

DOCUMENTAÇÃO E SIMBOLOGIA
— Documentos fiscais e de trânsito;
— Documentos e símbolos relativos aos produtos transportados:
— Certificados de capacitação;
— Sinalização no veículo.

REGISTRADOR INSTANTÂNEO E INALTERÁVEL DE VELOCIDADE E TEMPO:
— Definição;
— Funcionamento;
— Importância e obrigatoriedade do seu uso.

DAS INFRAÇÕES E PENALIDADES (CTB e legislação específica)
— Tipificações, multas e medidas administrativas.

6.5.3.2. Módulo II – Direção Defensiva: 15 (quinze) horas/aula
— Acidente evitável ou não evitável;
— Como ultrapassar e ser ultrapassado;
— O acidente de difícil identificação da causa;
— Como evitar acidentes com outros veículos;
— Como evitar acidentes com pedestres e outros integrantes do trânsito (motociclista, ciclista, carroceiro, skatista);
— A importância de ver e ser visto;
— A importância do comportamento seguro na condução de veículos especializados;
— Comportamento seguro e comportamento de risco – diferença que pode poupar vidas;
— Comportamento pós-acidente.
— Estado físico e mental do condutor, consequências da ingestão e consumo de bebida alcoólica e substâncias psicoativas;

6.5.3.3. Módulo III – Noções de Primeiros Socorros, Respeito ao meio Ambiente e Prevenção de Incêndio: 10 (dez) horas/aula

PRIMEIROS SOCORROS
Primeiras providências quanto a acidente de trânsito:
— Sinalização do local de acidente;
— Acionamento de recursos: bombeiros, polícia, ambulância, concessionária da via e outros;
— Verificação das condições gerais de vítima de acidente de trânsito;
— Cuidados com a vítima de acidente (o que não fazer) em conformidade com a periculosidadeda carga, e/ou produto transportado.

MEIO AMBIENTE
— O veículo como agente poluidor do meio ambiente;
— Regulamentação do CONAMA sobre poluição ambiental causada por veículos;
— Emissão de gases;
— Emissão de partículas (fumaça);
— Emissão de ruídos;
— Manutenção preventiva do veículo;

— O indivíduo, o grupo e a sociedade;
— Relacionamento interpessoal;
— O indivíduo como cidadão;
— A responsabilidade civil e criminal do condutor e o CTB;
— Conceitos de poluição: causas e consequências.

PREVENÇÃO DE INCÊNDIO
— Conceito de fogo;
— Triângulo de fogo;
— Fontes de ignição;
— Classificação de incêndios;
— Tipos de aparelhos extintores;
— Agentes extintores;
— Escolha, manuseio e aplicação dos agentes extintores.

6.5.3.4. Módulo IV – Movimentação de Carga: 15 horas/aula

CARGA INDIVISÍVEL
— Definição de carga perigosa ou indivisível;
— Efeito ou consequências no tráfego urbano ou rural de carga perigosa ou indivisível.
— Autorização Especial de Trânsito (AET);

BLOCOS DE ROCHAS
— Conceituação;
— Classes de rochas e dimensões usuais/permitidas dos blocos;
— Regulamentação específica;
— Comportamento preventivo do condutor;
— Procedimentos em casos de emergência.

MÁQUINAS OU EQUIPAMENTOS DE GRANDES DIMENSÕES E INDIVISÍVEIS
— Conceituação;
— Dimensões usuais/permitidas; comprimento, altura e largura da carga;
— Comportamento preventivo do condutor;
— Procedimentos em casos de emergência.

TORAS, TUBOS E OUTRAS CARGAS
— Classes e conceituações;
— Dimensões usuais/permitidas; comprimento, altura e largura da carga;
— Comportamento preventivo do condutor;
— Procedimentos em casos de emergência.

OUTRAS CARGAS CUJO TRANSPORTE SEJAM REGULAMENTADAS PELO CONTRAN
— Comportamento preventivo do condutor;
— Procedimentos em casos de emergência.

RISCOS MÚLTIPLOS E RESÍDUOS
— Comportamento preventivo do condutor;
— Procedimentos em casos de emergência;
— Legislação específica.

**7. ATUALIZAÇÃO DOS CURSOS ESPECIALIZADOS PARA CONDUTORES DE VEÍCULOS**

7.1. CURSO DE ATUALIZAÇÃO PARA CONDUTORES DE VEÍCULO DE TRANSPORTE COLETIVO DE PASSAGEIROS.

7.1.1. Carga Horária: 16 (dezesseis) horas/aula

7.1.2. – Estrutura Curricular

7.1.2.1. Módulo I – Legislação de trânsito: 3 (três) horas/aula
— Retomada dos conteúdos do curso de especialização;
— Atualização sobre resoluções, leis e outros documentos legais promulgados recentemente.

7.1.2.2 Módulo II – Direção defensiva: 5 (cinco) horas/aula

— A direção defensiva como meio importante para a segurança do condutor, passageiros, pedestres e demais usuários do trânsito;

— A responsabilidade do condutor de veículos especializados de dirigir defensivamente;

— Atualização dos conteúdos trabalhados durante o curso relacionando teoria e prática.

— Estado físico e mental do condutor, consequências da ingestão e consumo de bebida alcoólica e substâncias psicoativas;

7.1.2.3. Módulo III – Noções de Primeiros Socorros, Respeito ao Meio Ambiente e Convívio Social: 3 (três) horas/aula

— Retomada dos conteúdos trabalhados no curso de especialização, estabelecendo a relação com a prática vivenciada pelos condutores no exercício da profissão;

— Atualização de conhecimentos.

7.1.2.4. Módulo IV – Relacionamento Interpessoal: 5 (cinco) horas/aula

— Atualização dos conhecimentos desenvolvidos no curso;

— Retomada de conceitos;

— Relacionamento da teoria e da prática;

— Principais dificuldades vivenciadas e alternativas de solução.

7.2. CURSO DE ATUALIZAÇÃO PARA CONDUTORES DE VEÍCULO DE TRANSPORTE DE ESCOLARES

7.2.1. Carga Horária: 16 (dezesseis) horas/aula

7.2.2 Estrutura Curricular

7.2.2.1. Módulo I – Legislação de trânsito: 3 (três) horas/aula

— Retomada dos conteúdos de no curso de especialização;

— Atualização sobre resoluções, leis e outros documentos legais promulgados recentemente.

7.2.2.2. Módulo II – Direção defensiva: 5 (cinco) horas/aula

— A direção defensiva como meio importantíssimo para a segurança do condutor, passageiros, pedestres e demais usuários do trânsito;

— A responsabilidade do condutor de veículos especializados de dirigir defensivamente;

— Atualização dos conteúdos trabalhados durante o curso relacionando teoria e prática.

— Estado físico e mental do condutor, consequências da ingestão e consumo de bebida alcoólica e substâncias psicoativas;

7.2.2.3. Módulo III – Noções de Primeiros Socorros, Respeito ao Meio Ambiente e Convívio Social: 3 (três) horas/aula

— Retomada dos conteúdos trabalhados no curso de especialização, estabelecendo a relação com a prática vivenciada pelos condutores no exercício da profissão;

— Atualização de conhecimentos.

7.2.2.4. Módulo IV – Relacionamento Interpessoal: 5 (cinco) horas/aula

— Atualização dos conhecimentos desenvolvidos no curso;

— Retomada de conceitos;

— Relação da teoria e da prática;

— Principais dificuldades vivenciadas e alternativas de solução.

7.3. CURSO DE ATUALIZAÇÃO PARA CONDUTORES DE VEÍCULO DE TRANSPORTE DE CARGAS DE PRODUTOS PERIGOSOS

7.3.1. Carga Horária: 16 (dezesseis) horas/aula

7.3.2 Estrutura Curricular

7.3.2.1. Módulo I – Legislação de trânsito: 3 (três) horas/aula

— Retomada dos conteúdos do curso de especialização;

— Atualização sobre resoluções, leis e outros documentos legais promulgados recentemente.

7.3.2.2. Módulo II – Direção defensiva: 5 (cinco) horas/aula

— A direção defensiva como meio importante para a segurança do condutor, passageiros, pedestres e demais usuários do trânsito;

— A responsabilidade do condutor de veículos especializados de dirigir defensivamente;

— Atualização dos conteúdos trabalhados durante o curso relacionando teoria e prática.

— Estado físico e mental do condutor, consequências da ingestão e consumo de bebida alcoólica e substâncias psicoativas;

7.3.2.3. Módulo III – Noções de Primeiros Socorros, Respeito ao Meio Ambiente e Convívio Social: 3 (três) horas/aula

— Retomada dos conteúdos trabalhados no curso de especialização, estabelecendo a relação com a prática vivenciada pelos condutores no exercício da profissão;

— Atualização de conhecimentos.

7.3.2.4. Módulo IV – Prevenção de Incêndio, Movimentação de Produtos Perigosos: 5 (cinco) horas/aula

— Retomada dos conteúdos trabalhados no curso de especialização, estabelecendo a relação com a prática vivenciada pelos condutores no exercício da profissão;

— Atualização de conhecimentos sobre novas tecnologias e procedimentos que tenham surgido no manejo e transporte de cargas perigosas.

7.4. CURSO DE ATUALIZAÇÃO PARA CONDUTORES DE VEÍCULO DE TRANSPORTE DE EMERGÊNCIA

7.4.1. Carga Horária: 16 (dezesseis) horas/aula

7.4.2. Estrutura Curricular

7.4.2.1. Módulo I – Legislação de trânsito: 3 (três) horas/aula

— Retomada dos conteúdos do curso de especialização;

— Atualização sobre resoluções, leis e outros documentos legais promulgados recentemente.

7.4.2.2. Módulo II – Direção defensiva: 5 (cinco) horas/aula

— A direção defensiva como meio importante para a segurança do condutor, passageiros, pedestres e demais usuários do trânsito;

— A responsabilidade do condutor de veículos especializados de dirigir defensivamente;

— Atualização dos conteúdos trabalhados durante o curso relacionando teoria e prática.

— Estado físico e mental do condutor, consequências da ingestão e consumo de bebida alcoólica e substâncias psicoativas;

7.4.2.3. Módulo III – Noções de Primeiros Socorros, Respeito ao meio ambiente e Convívio Social: 3 (três) horas/aula

— Retomada dos conteúdos trabalhados no curso de especialização, estabelecendo a relação com a prática vivenciada pelos condutores no exercício da profissão;

— Atualização de conhecimentos.

7.4.2.4. Módulo IV – Relacionamento Interpessoal: 5 (cinco) horas/aula

— Atualização dos conhecimentos desenvolvidos no curso;

— Retomada de conceitos;

— Relacionamento da teoria e da prática;

— Principais dificuldades vivenciadas e alternativas de solução.

7.5. CURSO DE ATUALIZAÇÃO PARA CONDUTORES DE VEÍCULOS DE CARGAS COM BLOCOS DE ROCHA ORNAMENTAIS E OUTRAS CUJO TRANSPORTE SEJA OBJETO DE REGULAMENTAÇÃO ESPECÍFICA PELO CONTRAN

7.5.1. Carga Horária: 16 (dezesseis) horas/aula

7.5.2. Estrutura Curricular

7.5.2.1. Módulo I – Legislação de trânsito: 3 (três) horas/aula

— Retomada dos conteúdos do curso de especialização;

— Atualização sobre resoluções, leis e outros documentos legais promulgados recentemente.

7.5.2.2. Módulo II – Direção defensiva: 5 (cinco) horas/aula

— A direção defensiva como meio importante para a segurança do condutor, passageiros, pedestres e demais usuários do trânsito;

— A responsabilidade do condutor de veículos especializados de dirigir defensivamente;

— Atualização dos conteúdos trabalhados durante o curso relacionando teoria e prática;

— Estado físico e mental do condutor, consequências da ingestão e consumo de bebida alcoólica e substâncias psicoativas;

7.5.2.3. Módulo III – Noções de Primeiros Socorros, Respeito ao Meio Ambiente e Convívio Social: 3 (três) horas/aula

— Retomada dos conteúdos trabalhados no curso de especialização, estabelecendo a relação com a prática vivenciada pelos condutores no exercício da profissão;

— Atualização de conhecimentos.

7.5.2.4. Módulo IV – Movimentação de Cargas: 5 (cinco) horas/aula

— Retomada dos conteúdos trabalhados no curso de especialização, estabelecendo a relação com a prática vivenciada pelos condutores no exercício da profissão;

— Atualização de conhecimentos sobre novas tecnologias e procedimentos que tenham surgido no manejo e transporte de cargas.

**Anexo III**

*(Anexo III com redação dada pela Resolução CONTRAN nº 413/2012)*

**DOCUMENTAÇÃO PARA HOMOLOGAÇÃO DE CURSOS A DISTANCIA, JUNTO AO ÓRGÃO MÁXIMO EXECUTIVO DE TRÂNSITO DA UNIÃO**

A solicitação de homologação para a oferta de curso a distância deve ser feita por meio de ofício próprio que disponha, em papel timbrado da entidade requerente, a razão social, endereço fiscal e eletrônico, CNPJ e o respectivo projeto. A estes elementos deve-se, ainda, anexar a documentação comprobatória pertinente e ofício expedido pelo órgão executivo de trânsito do estado e do distrito federal autorizando seu funcionamento em seu estado.

A requisição de homologação através da modalidade de ensino a distância (EAD) está sujeita à avaliação de elementos obrigatórios [EO] e de elementos desejáveis [ED] facultativos que são acrescidos de pontuação específica e representam pontos de enriquecimento para o credenciamento do projeto apresentado. Este, ainda, deve estar em conformidade com as orientações desta Resolução.

Durante o processo de homologação, a entidade requerente deve disponibilizar uma apresentação do curso concluído.

| PROJETO | EO | ED | Pontuação Máxima |
|---|---|---|---|
| 1. Proposta Pedagógica | √ | | |
| 1.1. Compreensão da Problemática e Fundamentação Teórica | √ | | |
| 1.2. Objetivos | √ | | |
| 1.3. Conteúdos | √ | | |
| 1.4. Definição de Estrutura Modular do Curso | √ | | |
| 1.5. Detalhamento da Análise de Tarefas | | √ | 30 |
| 1.6. Competências e Habilidades Auferidas | | √ | 25 |
| 1.7. Metodologia | √ | | |
| 1.8. Justificativa das Mídias e Tecnologias Utilizadas | √ | | |
| 1.9. Formas de Interação e de Interatividade | √ | | |
| 1.10. Formas de Auto-Avaliação (Simulados) | | √ | 25 |
| 1.11. Estrutura de Navegabilidade | | √ | 20 |
| 1.12. Suporte Pedagógico (Tutoria On-line) | √ | | |
| 2. Equipe Multidisciplinar (Capacitação dos profissionais envolvidos e descrição das experiências que contribuem para o projeto) | √ | | |
| 2.1. Pedagogo | √ | | |
| 2.1.1. Título de Especialista ou Mestre | | √ | 10 |
| 2.1.2. Título de Doutor | | √ | 15 |
| 2.1.3. Experiência em EAD | | √ | 25 |
| 2.1.4. Atividade de Docência e Pesquisa e IES (Instituição de Ensino Superior) | | √ | 20 |

| | | | |
|---|---|---|---|
| 2.2. Engenheiro | √ | | |
| 2.2.1. Título de Especialista ou Mestre | | √ | 10 |
| 2.2.2. Experiência Comprovada em Engenharia de Trânsito | | √ | 25 |
| 2.3. Médico | √ | | |
| 2.3.1. Título de Especialista ou Mestre | | √ | 10 |
| 2.3.2. Experiência Comprovada em Primeiros-socorros relacionados a Questões decorrentes de acidentes de Trânsito | | √ | 25 |
| 2.4. Advogado | √ | | |
| 2.4.1. Título de Especialista ou Mestre | | √ | 10 |
| 2.4.2. Experiência Comprovada na área de Legislação de Trânsito | | √ | 25 |
| 2.5. Psicólogo | | √ | 5 |
| 2.5.1. Título de Especialista ou Mestre | | √ | 10 |
| 2.5.2. Experiência Comprovada em relação à situações de Stress em Grandes cidades e Aspectos Comportamentais de Condutores de veículos | | √ | 25 |
| 3. Propriedade Intelectual | √ | | |
| 3.1. Texto Base Utilizado para a Confecção do Curso é reconhecido pelo órgão máximo executivo de trânsito da União | | √ | 25 |
| 4. Requisitos Técnicos e Tecnológicos | √ | | |
| 4.1. Domínio Internet Registrado e Ativo | √ | | |
| 4.2. Servidor dedicado com gerenciamento exclusivo para transmissão de troca de informações com o banco de dados do respectivo órgão ou entidade executivo de trânsito do Estado ou do Distrito Federal | √ | | |
| 4.3. Infraestrutura e Banda IP | √ | | |
| 4.4. Firewall | √ | | |
| 4.5. Estrutura de Recuperação de Desastre | √ | | |
| 4.6. Escalabilidade | √ | | |
| 4.7. Monitoração 7x24x365 | √ | | |
| 4.8. Atestado de Capacitação Técnica em Soluções de Internet e Desenvolvimento de Aplicações | √ | | |
| 4.9. Comprovação de certificação do corpo técnico nas plataformas escolhidas | | √ | 10 |
| 4.10. Desenho técnico da estrutura | √ | | |
| 4.11. Criptografia para sigilo das senhas e dados dos usuários | √ | | |
| 4.12. Infraestrutura de Suporte Técnico | | √ | 15 |
| 4.13. Ferramentas para identificação biométrica do condutor infrator para captura da foto e assinatura digitais | √ | | |
| 5. Website do Curso | √ | | |
| 5.1. Informações sobre o Curso de Reciclagem | √ | | |
| 5.2. Caracterização das ferramentas e equipamentos necessários para a realização do curso | | √ | 15 |
| 5.3. Descrição das Aplicações e Ferramentas disponibilizadas | | √ | 15 |
| 5.4. Disponibilização de formas de contato com os Tutores do Curso e horários de Plantão de Atendimento | √ | | |
| 5.5. Ferramentas disponibilizadas para interação entre Tutores e Alunos | √ | | |

| | | | |
|---|---|---|---|
| 5.6. Informação dos locais das provas eletrônicas presenciais | √ | | |
| 5.7. Compatibilidade com os Navegadores mais utilizados (IE, Netscape, Mozilla etc.) | | √ | 15 |
| 5.8. Apresentação de estudo de navegabilidade, usabilidade e ergonomia | | √ | 20 |
| 5.9. Guia de Orientação com informações sobre as características da EAD, Orientações para Estudo nesta Modalidade | | √ | 20 |
| 5.10. Detalhamento dos objetivos, competências e habilidades a serem alcançadas em cada um dos módulos previstos e sistemáticas de autoavaliação e tempo | | √ | 20 |
| 6. Aplicação de prova eletrônica (teórica) | √ | | |
| 6.1. Identificação positiva do condutor infrator por meio de ferramentas biométricas 1:N e 1:1 | √ | | |
| 6.2. Utilização de um banco de questões fornecido pelo respectivo órgão ou entidade executivo de trânsito do Estado ou do Distrito Federal para geração aleatória das questões da prova, apenas no momento em que o condutor infrator (aluno) é identificado | | √ | |
| 6.3. *Tracking* para acompanhamento da performance do condutor infrator (aluno) | | √ | 15 |
| 6.4. Realização de avaliações modulares | | √ | 15 |
| 6.5. Sistema de gerenciamento do tempo da prova | √ | | |
| 6.6. Sistema de correção automática da prova e apresentação do respectivo resultado ao condutor infrator (aluno) imediatamente final da prova | | √ | |
| 6.7. Geração aleatória da posição das alternativas de respostas da questão, bem como da posição da questão na prova | | | |
| 6.8. Interface única através de Browser para cadastro de imagem e de impressão digital do condutor infrator (aluno) | | | |
| TOTAL DE PONTOS POSSÍVEL PARA ELEMENTOS FACULTATIVOS DESEJÁVEIS | | | 500 |

No caso específico dos integrantes da equipe multidisciplinar é necessário anexar currículos e documentos pertinentes que comprovem a qualificação dos profissionais responsáveis pela concepção, desenvolvimento, implementação, acompanhamento e avaliação do curso, bem como a comprovação do tipo de vínculo contratual da equipe com a entidade requerente.

**Anexo IV** – *(Anexo IV revogado pela Resolução CONTRAN nº 413/2012)*

## RESOLUÇÃO CONTRAN Nº 169, DE 17 DE MARÇO DE 2005

• *Altera a Resolução CONTRAN nº 168/2004, de 14 de dezembro de 2004, publicada no Diário Oficial da União nº 245, Secção I, página 73, de 22 de dezembro de 2004.*

O Conselho Nacional de Trânsito – CONTRAN, usando da competência que lhe confere o art. 12, inciso I e art. 141, da Lei nº 9.503, de 23 de setembro de 1997, que instituiu o Código de Trânsito Brasileiro – CTB, e conforme o Decreto nº 4.711, de 29 de maio de 2003, que trata da coordenação do Sistema Nacional de Trânsito: resolve:

**Art. 1º.** Os arts. 12, 15, 23, 24, 27, 34, § 2º do art. 16; alínea "e" do inciso II do art. 20 e *caput* do art. 42, da Resolução nº 168, de 14 de dezembro de 2004, passam a vigorar com a seguinte redação:

• *Alterações já efetuadas no corpo da Resolução.*

**Art. 2º.** Acrescer alínea "i" ao inciso I do art. 20, art. 31-A, parágrafo único ao art. 36 e arts. 40-A, 41-A, 42-A, 43-A e 43-B à Resolução CONTRAN nº 168, de 14 de dezembro de 2004:

• *Alterações já efetuadas no corpo da Resolução.*

**Art. 3º.** Revoga os arts. 37 e 38, da Resolução CONTRAN nº 168, de 14 de dezembro de 2004.

• *Alterações já efetuadas no corpo da Resolução.*

**Art. 4º.** Esta Resolução entra em vigor na data de sua publicação.

Brasília/DF, 17 de março de 2005.

*Ailton Brasiliense Pires – Presidente – DOU de 22.3.2005*

## RESOLUÇÃO CONTRAN Nº 174, DE 23 DE JUNHO DE 2005

• *Altera e esclarece dispositivos da Resolução CONTRAN nº 165/2004, que trata da regulamentação da utilização de sistemas automáticos não metrológicos de fiscalização, nos termos do § 2º do art. 280, do Código de Trânsito Brasileiro.*

O Conselho Nacional de Trânsito – CONTRAN, no uso da atribuição que lhe confere o art.12 da Lei nº 9.507, de 23 de setembro de 1997, que instituiu o Código de Trânsito Brasileiro – CTB, e conforme Decreto nº 4.711, de 29 de maio de 2003, que dispõe sobre a coordenação do Sistema Nacional de Trânsito – SNT,

Considerando a necessidade de estabelecer entendimento uniforme entre os órgãos e entidades componentes do Sistema Nacional de Trânsito – SNT;

Considerando que a avaliação da conformidade e a verificação de desempenho de que tratam os arts. 2º, 8º e 9º da Resolução CONTRAN nº 165 referem-se ao modelo do sistema não metrológico de fiscalização;

Considerando que o INMETRO solicitou prorrogação do prazo previsto no art. 8º da Resolução CONTRAN nº 165 para a elaboração dos procedimentos para avaliar a conformidade dos modelos de sistemas automáticos não metrológicos de fiscalização, atendida pela Resolução CONTRAN nº 171;

Considerando os avanços tecnológicos e a diversidade de infrações possíveis de serem detectadas por sistemas automáticos não metrológicos de fiscalização;

Considerando que os sistemas automáticos não metrológicos de fiscalização podem ser fixos, estáticos e móveis; resolve:

**Art. 1º.** O inciso I do art. 2º, o inciso II do parágrafo único, renumerado para § 1º, do art. 5º e os arts. 8º e 9º da Resolução CONTRAN nº 165, passam a vigorar com a seguinte redação:

• *Alterações já efetuadas no corpo da Resolução.*

**Art. 2º.** O art. 5º da Resolução CONTRAN nº 165 passa a vigorar acrescido do seguinte dispositivo:

• *Alteração já efetuada no corpo da Resolução.*

**Art. 3º.** Esta Resolução entrará em vigor na data de sua publicação, revogada a Resolução CONTRAN nº 171/2005.

Brasília/DF, 23 de junho de 2005.

*Ailton Brasiliense Pires – Presidente – DOU de 29.6.2005*

## RESOLUÇÃO CONTRAN Nº 179, DE 7 DE JULHO DE 2005

• *Estabelece a revisão de procedimentos para a baixa de registro de veículos conforme o disposto no art. 126 do Código de Trânsito Brasileiro – CTB e na Resolução CONTRAN nº 011/1998.*

O Conselho Nacional de Trânsito – CONTRAN, no uso das atribuições que lhe são conferidas pelo art. 12, da Lei Federal nº 9.503, de 23 de setembro de 1997, que instituiu o Código de Trânsito Brasileiro – CTB, e conforme o Decreto Federal nº 4.711, de 29 de maio de 2003, que trata da coordenação do Sistema Nacional de Trânsito – SNT.

Considerando a necessidade de serem estabelecidos requisitos mínimos para a efetivação da baixa do registro de veículos leiloados como sucata por órgão ou entidade do Sistema Nacional de Trânsito – SNT; resolve:

**Art. 1º.** Os arts. 1º, 2º e 5º da Resolução CONTRAN nº 011/1998 passam a vigorar acrescidos dos seguintes dispositivos:

• *Alterações já efetuadas no corpo da Resolução.*

**Art. 2º.** O § 1º do art. 1º, art. 3º e o *caput* do art. 6º passam a vigorar com a seguinte redação:

• *Alterações já efetuadas no corpo da Resolução.*

**Art. 3º.** Revogar os §§ 2º e 3º do art. 1º e o parágrafo único do art. 6º.

• *Alterações já efetuadas no corpo da Resolução.*

**Art. 4º.** Esta Resolução entra em vigor em 15.10.2005, revogadas as disposições em contrário.

Brasília/DF, 7 de julho de 2005.

*Ailton Brasiliense Pires – Presidente – DOU de 29.6.2005*

## RESOLUÇÃO CONTRAN Nº 180, DE 26 DE AGOSTO DE 2005

* *Aprova o Volume I – Sinalização Vertical de Regulamentação, do Manual Brasileiro de Sinalização de Trânsito.*

O Conselho Nacional de Trânsito – CONTRAN, usando da competência que lhe confere o art. 12, inciso VIII, da Lei nº 9.503, de 23 de setembro de 1997, que instituiu o Código de Trânsito Brasileiro – CTB e conforme Decreto nº 4.711, de 29 de maio de 2003, que dispõe sobre a coordenação do Sistema Nacional de Trânsito – SNT; e

Considerando a necessidade de promover informação técnica atualizada aos órgãos e entidades do Sistema Nacional de Trânsito, compatível com o disposto no Anexo II do CTB;

Considerando os estudos e a aprovação na 7ª Reunião Ordinária da Câmara Temática de Engenharia de Tráfego, da Sinalização e da Via, em março de 2005; resolve:

**Art. 1º.** Fica aprovado, o Volume I – Sinalização Vertical de Regulamentação, do Manual Brasileiro de Sinalização de Trânsito, anexo a esta Resolução.

**Art. 2º.** Ficam revogadas as disposições em contrário, em especial o Capítulo II – Considerações Gerais, no que se refere a placas de regulamentação e o Capítulo III – Placas de Regulamentação, ambos do manual de sinalização de trânsito instituído pela Resolução CONTRAN nº 599/1982.

**Art. 3º.** Os órgãos e entidades de trânsito terão até 30 de junho de 2006 para se adequarem ao disposto nesta Resolução.

* *Prazo prorrogado até 30.6.2007 pela Resolução CONTRAN nº 195, de 30.6.2006.*

**Art. 4º.** Esta Resolução entra em vigor no dia 31 de outubro de 2005.

Brasília/DF, 26 de agosto de 2005.

*Ailton Brasiliense Pires – Presidente – DOU de 14.10.2005*

**Anexo**

♦ *O Anexo encontra-se disponível no site:*
*http://www.denatran.gov.br/publicacoes/dowload/MANUAL_VOL_1.pdf*

## RESOLUÇÃO CONTRAN Nº 181, DE 1º DE SETEMBRO DE 2005

* *Disciplina a instalação de múltiplos tanques, tanque suplementar e a alteração da capacidade do tanque original de combustível líquido em veículos, dedicados à sua propulsão ou operação de seus equipamentos especializados e dá outras providências.*

* **Com a alteração da Resolução CONTRAN nº 194, de 26.5.2006.**

O Conselho Nacional de Trânsito – CONTRAN, usando da competência que lhe confere o inciso I, do art. 12, da Lei nº 9.503, de 23 de setembro de 1997, que instituiu o Código de Trânsito Brasileiro – CTB, e à vista do disposto no Decreto nº 4.711, de 29 de maio de 2003, que dispõe sobre a coordenação do Sistema Nacional de Trânsito – SNT; e

Considerando o crescente aumento do uso de tanques suplementares e a instalação de múltiplos tanques;

Considerando a necessidade de preservar a segurança do trânsito, a vida e o meio ambiente;

Considerando a necessidade de regulamentar os aspectos relacionados ao dimensionamento e instalação de tanques suplementares em veículos, dedicados à sua propulsão ou operação de seus equipamentos especializados;

Considerando que a instalação de múltiplos tanques, tanque suplementar e a alteração da capacidade do tanque original de combustível líquido em veículos, constitui alteração das suas características; resolve:

**Art. 1º.** Para efeitos desta Resolução, tanque suplementar é aquele instalado no veículo após seu registro e licenciamento, para o uso de combustível líquido dedicado à sua propulsão ou operação de seus equipamentos especializados.

§ 1º. Entende-se por múltiplos tanques o conjunto de reservatórios de combustível, instalados antes do registro e licenciamento do veículo.

§ 2º. Para registro de veículos novos com múltiplos tanques, deverá ser apresentada nota fiscal emitida pelo fabricante, ou importador, ou montadora, ou encarroçadora ou pela concessionária, da qual deverá constar a quantidade total de tanques e suas respectivas capacidades.

**Art. 2º.** A instalação de tanque suplementar de combustível somente será permitida em caminhões, caminhões-tratores, reboques e semirreboques.

§ 1º. É permitida a instalação de mais de 1 (um) tanque suplementar.

§ 2º. A capacidade total dos tanques de combustível dos veículos automotores fica limitada ao máximo de 1.200 (um mil e duzentos) litros.

§ 3º. Somente será permitida a instalação de tanque suplementar em reboques ou semirreboques para a operação de seus equipamentos especializados, utilizados durante o transporte, limitado ao máximo de 350 (trezentos e cinquenta) litros.

**Art. 3º.** Os fabricantes, os importadores, as montadoras e as encarroçadoras de veículos deverão indicar no respectivo manual, para os veículos novos, a posição, fixação e capacidade volumétrica total do tanque suplementar.

**Art. 4º.** A instalação do tanque suplementar ou alteração da capacidade volumétrica, após o registro do veículo, somente poderá ser realizada mediante prévia autorização da autoridade competente.

**Art. 5º.** Para a regularização do veículo com tanque suplementar, deverá ser apresentado junto ao órgão competente o Certificado de Segurança Veicular – CSV, nos moldes da legislação em vigor, para fins de emissão de novo Certificado de Registro de Veículo – CRV e do Certificado de Registro e Licenciamento de Veículo – CRLV.

Parágrafo único. A quantidade de tanques instalados, a respectiva capacidade volumétrica e o número do CSV deverão constar do campo de "Observações" do Certificado de Registro de Veículo – CRV e do Certificado de Registro e Licenciamento de Veículo – CRLV.

**Art. 6º.** Fica garantido o direito de circulação, até o sucateamento, aos veículos que tiverem tanque suplementar instalado antes da vigência da Resolução CONTRAN nº 181/2005, mesmo que sua capacidade volumétrica exceda a 1.200 (um mil e duzentos) litros, e desde que seus proprietários tenham cumprido, à época, todos os requisitos para sua regularização, mediante comprovação no Certificado de Registro de Veiculo – CRV e Certificado de Registro e Licenciamento de Veículo – CRLV. *(Art. 6º com redação dada pela Resolução CONTRAN nº 194/2006)*

**Art. 7º.** As alterações do manual do veículo previstas no art. 3º terão prazo até 1º de março de 2006 para serem realizadas.

**Art. 8º.** A inobservância dos preceitos contidos nesta Resolução sujeita o infrator às penalidades previstas no art. 230, inciso VII, do Código de Trânsito Brasileiro – CTB.

**Art. 9º.** Esta Resolução entra em vigor na data de sua publicação, revogada a Resolução CONTRAN nº 601/1982.

Brasília/DF, 1º de setembro de 2005.

*Ailton Brasiliense Pires – Presidente – DOU de 6.10.1005 – Retificação no DOU, de 7.10.2005*

## RESOLUÇÃO CONTRAN Nº 182, DE 9 DE SETEMBRO DE 2005

- *Dispõe sobre uniformização do procedimento administrativo para imposição das penalidades de suspensão do direito de dirigir e de cassação da Carteira Nacional de Habilitação.*

O Conselho Nacional de Trânsito – CONTRAN, no uso das atribuições que lhe são conferidas pelo art. 12, da Lei nº 9.503, de 23 de setembro de 1997, que instituiu o Código de Trânsito Brasileiro – CTB, e conforme Decreto nº 4.711, de 29 de maio de 2003, que trata da coordenação do Sistema Nacional de Trânsito – SNT,

Considerando a necessidade de adoção de normas complementares de uniformização do procedimento administrativo adotado pelos órgãos e entidades de trânsito de um sistema integrado;

Considerando a necessidade de uniformizar o procedimento relativo à imposição das penalidades de suspensão e de cassação da Carteira Nacional de Habilitação na forma do disposto nos arts. 261 e 263 do CTB; resolve:

**I – Disposições Preliminares**

**Art. 1º.** Estabelecer o procedimento administrativo para aplicação das penalidades de suspensão do direito de dirigir e cassação da Carteira Nacional de Habilitação – CNH.

Parágrafo único. Esta Resolução não se aplica à Permissão para Dirigir de que trata os §§ 3º e 4º do art. 148 do CTB.

**Art. 2º.** As penalidades de que trata esta Resolução serão aplicadas pela autoridade de trânsito do órgão de registro da habilitação, em processo administrativo, assegurada a ampla defesa.

Parágrafo único. Os órgãos e entidades do Sistema Nacional de Trânsito – SNT que aplicam penalidades deverão prover os órgãos de trânsito de registro da habilitação das informações necessárias ao cumprimento desta Resolução.

**Art. 3º.** A penalidade de suspensão do direito de dirigir será imposta nos seguintes casos:

I – sempre que o infrator atingir a contagem de vinte pontos, no período de 12 (doze) meses;

II – por transgressão às normas estabelecidas no CTB, cujas infrações preveem, de forma específica, a penalidade de suspensão do direito de dirigir.

**Art. 4º.** Esta Resolução regulamenta o procedimento administrativo para a aplicação da penalidade de cassação da Carteira Nacional de Habilitação para os casos previstos nos incisos I e II do art. 263 do CTB.

Parágrafo único. A regra estabelecida no inciso III do art. 263 só será aplicada após regulamentação específica do CONTRAN.

**II – Da Suspensão do Direito de Dirigir**

*Seção I – Por Pontuação*

**Art. 5º.** Para fins de cumprimento do disposto no inciso I do art. 3º desta Resolução, a data do cometimento da infração deverá ser considerada para estabelecer o período de 12 (doze) meses.

**Art. 6º.** Esgotados todos os meios de defesa da infração na esfera administrativa, os pontos serão considerados para fins de instauração de processo administrativo para aplicação da penalidade de suspensão do direito de dirigir.

§ 1º. Os órgãos e entidades do SNT que aplicam penalidades deverão comunicar aos órgãos de registro da habilitação o momento em que os pontos provenientes das multas por eles aplicadas poderão ser computados nos prontuários dos infratores.

§ 2º. Se a infração cometida for objeto de recurso em tramitação na esfera administrativa ou de apreciação judicial, os pontos correspondentes ficarão suspensos até o julgamento e, sendo mantida a penalidade, os mesmos serão computados, observado o período de doze meses, considerada a data da infração.

**Art. 7º.** Será instaurado processo administrativo para aplicação da penalidade de suspensão do direito de dirigir quando a soma dos pontos relativos às infrações cometidas atingir, no período de doze meses, vinte pontos.

§ 1º. Será instaurado um único processo administrativo para aplicação da penalidade de suspensão do direito de dirigir mesmo que a soma dos pontos referida no *caput* deste artigo ultrapasse vinte no período de doze meses.

§ 2º. Os pontos relativos às infrações que preveem, de forma específica, a aplicação da penalidade de suspensão do direito de dirigir não serão computados para fins da aplicação da mesma penalidade na forma prevista no inciso I do art. 3º desta Resolução.

*Seção II – Por Infração*

**Art. 8º.** Para fins de cumprimento do disposto no inciso II do art. 3º desta Resolução será instaurado processo administrativo para aplicação da penalidade de suspensão do direito de dirigir quando esgotados todos os meios de defesa da infração na esfera administrativa.

**III – Do Processo Administrativo**

**Art. 9º.** O ato instaurador do processo administrativo conterá o nome, qualificação do infrator, a infração com descrição sucinta do fato e indicação dos dispositivos legais pertinentes.

Parágrafo único. Instaurado o processo, far-se-á a respectiva anotação no prontuário do infrator, a qual não constituirá qualquer impedimento ao exercício dos seus direitos.

**Art. 10.** A autoridade de trânsito competente para impor as penalidades de que trata esta Resolução deverá expedir notificação ao infrator, contendo no mínimo, os seguintes dados:

I – a identificação do infrator e do órgão de registro da habilitação;

II – a finalidade da notificação:

a) dar ciência da instauração do processo administrativo;

b) estabelecer data do término do prazo para apresentação da defesa;

III – os fatos e fundamentos legais pertinentes da infração ou das infrações que ensejaram a abertura do processo administrativo, informando sobre cada infração:

a) nº do auto;

b) órgão ou entidade que aplicou a penalidade de multa;

c) placa do veículo;

d) tipificação;

e) data, local, hora;

f) número de pontos;

VI – somatória dos pontos, quando for o caso.

§ 1º. A notificação será expedida ao infrator por remessa postal, por meio tecnológico hábil ou por os outros meios que assegurem a sua ciência;

§ 2º. Esgotados todos os meios previstos para notificar do infrator, a notificação dar-se-á por edital, na forma da lei;

§ 3º. A ciência da instauração do processo e da data do término do prazo para apresentação da defesa também poderá se dar no próprio órgão ou entidade de trânsito, responsável pelo processo.

§ 4º. Da notificação constará a data do término do prazo para a apresentação da defesa, que não será inferior a quinze dias contados a partir da data da notificação da instauração do processo administrativo.

§ 5º. A notificação devolvida por desatualização do endereço do infrator no RENACH, será considerada válida para todos os efeitos legais.

§ 6º. A notificação a pessoal de missões diplomáticas, de repartições consulares de carreira e de representações de organismos internacionais e de seus integrantes será remetida ao Ministério das Relações Exteriores para as providências cabíveis, passando a correr os prazos a partir do seu conhecimento pelo infrator.

## IV – Da Defesa

**Art. 11.** A defesa deverá ser interposta por escrito, no prazo estabelecido, contendo, no mínimo, os seguintes dados:

I – nome do órgão de registro da habilitação a que se dirige;

II – qualificação do infrator;

III – exposição dos fatos, fundamentação legal do pedido, documentos que comprovem a alegação;

IV – data e assinatura do requerente ou de seu representante legal.

§ 1º. A defesa deverá ser acompanhada de cópia de identificação civil que comprove a assinatura do infrator;

§ 2º. O infrator poderá ser representado por procurador legalmente habilitado mediante apresentação de procuração, na forma da lei, sob pena de não conhecimento da defesa.

**Art. 12.** Recebida a defesa, a instrução do processo far-se-á através de adoção das medidas julgadas pertinentes, requeridas ou de ofício, inclusive quanto à requisição de informações a demais órgãos ou entidades de trânsito.

Parágrafo único. Os órgãos e entidades do Sistema Nacional de Trânsito, quando solicitados, deverão disponibilizar, em até trinta dias contados do recebimento da solicitação, os documentos e informações necessários à instrução do processo administrativo.

## V – Do Julgamento

**Art. 13.** Concluída a análise do processo administrativo, a autoridade do órgão de registro da habilitação proferirá decisão motivada e fundamentada.

**Art. 14.** Acolhida as razões de defesa, o processo será arquivado, dando-se ciência ao interessado.

**Art. 15.** Em caso de não acolhimento da defesa ou do seu não exercício no prazo legal, a autoridade de trânsito aplicará a penalidade.

## VI – Da Aplicação da Penalidade

**Art. 16.** Na aplicação da penalidade de suspensão do direito de dirigir a autoridade levará em conta a gravidade da infração, as circunstâncias em que foi cometida e os antecedentes do infrator para estabelecer o período da suspensão, na forma do art. 261 do CTB, observados os seguintes critérios:

I – Para infratores não reincidentes na penalidade de suspensão do direito de dirigir no período de doze meses:

a) de 01 (um) a 03 (três) meses, para penalidades de suspensão do direito de dirigir aplicadas em razão de infrações para as quais não sejam previstas multas agravadas;

b) de 02 (dois) a 07 (sete) meses, para penalidades de suspensão do direito de dirigir aplicadas em razão de infrações para as quais sejam previstas multas agravadas com fator multiplicador de três vezes;

c) de 04 (quatro) a 12 (doze) meses, para penalidades de suspensão do direito de dirigir aplicadas em razão de infrações para as quais sejam previstas multas agravadas com fator multiplicador de cinco vezes.

II – Para infratores reincidentes na penalidade de suspensão do direito de dirigir no período de doze meses:

a) de 06 (seis) a 10 (dez) meses, para penalidades de suspensão do direito de dirigir aplicadas em razão de infrações para as quais não sejam previstas multas agravadas;

b) de 08 (oito) a 16 (dezesseis) meses, para penalidades de suspensão do direito de dirigir aplicadas em razão de infrações para as quais sejam previstas multas agravadas com fator multiplicador de três vezes;

c) de 12 (doze) a 24 (vinte e quatro) meses, para penalidades de suspensão do direito de dirigir aplicadas em razão de infrações para as quais sejam previstas multas agravadas com fator multiplicador de cinco vezes.

**Art. 17.** Aplicada a penalidade, a autoridade notificará o infrator utilizando o mesmo procedimento dos §§ 1º e 2º do art. 10 desta Resolução, para interpor recurso ou entregar sua CNH no órgão de registro da habilitação, até a data do término do prazo constante na notificação, que não será inferior a trinta dias contados a partir da data da notificação da aplicação da penalidade.

**Art. 18.** Da notificação da aplicação da penalidade constarão no mínimo, os seguintes dados:

I – identificação do órgão de registro da habilitação, responsável pela aplicação da penalidade;

II – identificação do infrator e número do registro da CNH;

III – número do processo administrativo;

IV – a penalidade aplicada e sua fundamentação legal;

V – data do término do prazo para interpor recurso junto à JARI.

### VII – Do Cumprimento da Penalidade

**Art. 19.** Mantida a penalidade pelos órgãos recursais ou não havendo interposição de recurso, a autoridade de trânsito notificará o infrator, utilizando o mesmo procedimento dos §§ 1º e 2º do art. 10 desta Resolução, para entregar sua CNH até a data do término do prazo constante na notificação, que não será inferior a 48 (quarenta e oito) horas, contadas a partir da notificação, sob as penas da lei.

§ 1º. Encerrado o prazo previsto no *caput* deste artigo, a imposição da penalidade será inscrita no RENACH.

§ 2º. Será anotada no RENACH a data do início do efetivo cumprimento da penalidade.

§ 3º. Sendo o infrator flagrado conduzindo veículo, encerrado o prazo para a entrega da CNH, será instaurado processo administrativo de cassação do direito de dirigir, nos termos do inciso I do art. 263 do CTB.

**Art. 20.** A CNH ficará apreendida e acostada aos autos e será devolvida ao infrator depois de cumprido o prazo de suspensão do direito de dirigir e comprovada a realização do curso de reciclagem.

**Art. 21.** Decorridos dois anos da cassação da CNH, o infrator poderá requerer a sua reabilitação, submetendo-se a todos os exames necessários à habilitação, na forma estabelecida no § 2º do art. 263 do CTB.

### VIII – Da Prescrição

**Art. 22.** A pretensão punitiva das penalidades de suspensão do direito de dirigir e cassação de CNH prescreverá em cinco anos, contados a partir da data do cometimento da infração que enseja a instauração do processo administrativo.

Parágrafo único. O prazo prescricional será interrompido com a notificação estabelecida na forma do art. 10 desta Resolução.

**Art. 23.** A pretensão executória das penalidades de suspensão do direito de dirigir e cassação da CNH prescreve em cinco anos contados a partir da data da notificação para a entrega da CNH, prevista no art. 19 desta Resolução.

### IX – Das Disposições Finais

**Art. 24.** No curso do processo administrativo de que trata esta Resolução não incidirá nenhuma restrição no prontuário do infrator, inclusive para fins de mudança de categoria da CNH, renovação e transferência para outra unidade da Federação, até a notificação para a entrega da CNH, de que trata o art. 19.

§ 1º. O processo administrativo deverá ser concluído no órgão executivo estadual de trânsito que o instaurou, mesmo que haja transferência do prontuário para outra unidade da Federação.

§ 2º. O órgão executivo estadual de trânsito que instaurou o processo e aplicou a penalidade de suspensão do direito de dirigir ou cassação da CNH, deverá comunicá-la ao órgão executivo estadual de trânsito para onde foi transferido o prontuário, para fins de seu efetivo cumprimento.

**Art. 25.** As defesas e os recursos não serão conhecidos quando interpostos:

I – fora do prazo;

II – por quem não seja parte legítima.

Parágrafo único. O não conhecimento do recurso não impede a autoridade de trânsito e as instâncias recursais de reverem de ofício ato ilegal, desde que não ocorrida a preclusão administrativa.

**Art. 26.** Na contagem dos prazos, excluir-se-á o dia do início e incluir-se-á o do vencimento, e considerar-se-ão os dias consecutivos.

**Art. 27.** A autenticação das cópias dos documentos exigidos poderá ser feita por servidor do órgão de trânsito, à vista dos originais.

**Art. 28.** Fica o órgão máximo executivo de trânsito da União autorizado a expedir instruções necessárias para o pleno funcionamento do disposto nesta Resolução, objetivando sempre a praticidade e a agilidade das operações, em benefício do cidadão usuário dos serviços.

**Art. 29.** Os órgãos executivos de trânsito dos Estados e do Distrito Federal terão até o dia 1º de março de 2006 para adequarem seus procedimentos aos termos da presente Resolução.

**Art. 30.** Esta Resolução entrará em vigor na data de sua publicação, revogadas às disposições em contrário, em especial a Resolução CONTRAN nº 54/1998.

Brasília/DF, 9 de setembro de 2005.

*Ailton Brasiliense Pires – Presidente – DOU de 24.10.2005*

## RESOLUÇÃO CONTRAN Nº 187, DE 25 DE JANEIRO DE 2006

• *Altera os Anexos I e III da Resolução CONTRAN nº 16, de 6 de fevereiro de 1998, que especifica o modelo dos Certificados de Registro de Veículos – CRV e Certificados de Registro e Licenciamento de Veículos – CRLV.*

O Conselho Nacional de Trânsito – CONTRAN, no uso da competência que lhe confere o art. 12, da Lei nº 9.503, de 23 de setembro de 1997, que institui o Código de Trânsito Brasileiro – CTB, e conforme o Decreto nº 4.711, de 29 de maio de 2003, que dispõe sobre a coordenação do Sistema Nacional de Trânsito – SNT, e

Considerando o constante do Processo 80001.000743/2006-11;

Considerando a necessidade de adequação dos modelos de Certificados de Registro de Veículos – CRV e dos Certificados de Registro e Licenciamento de Veículos – CRLV, à estrutura organizacional do Sistema Nacional de Trânsito – SNT, estabelecida através do Decreto nº 4.711 de 29.5.2003; resolve:

**Art. 1º.** Fica alterado o modelo dos Certificados de Registro de Veículos CRV e dos Certificados de Registro e Licenciamento de Veículos – CRLV, estabelecidos nos Anexos I, II e III da Resolução CONTRAN nº 16 de 6.2.1998, substituindo-se o texto "MINISTÉRIO DA JUSTIÇA" por "MINISTÉRIO DAS CIDADES", e a sigla RTB para RNTRC.

• *Alterações já efetuadas no corpo da Resolução.*

**Art. 2º.** Esta Resolução entra em vigor na data de sua publicação, com efeitos a partir do estabelecimento de nova seriação numérica de CRV e CRLV 678373001.

Brasília/DF, 25 de janeiro de 2006.

*Alfredo Peres da Silva – Presidente – DOU de 3.2.2006*

## RESOLUÇÃO CONTRAN Nº 191, DE 16 DE FEVEREIRO DE 2006

• *Dispõe sobre aplicação da receita arrecadada com a cobrança das multas de trânsito, conforme art. 320 do Código de Trânsito Brasileiro.*

O Conselho Nacional de Trânsito – CONTRAN, no uso da competência que lhe confere o art. 12, inciso I, da Lei nº 9.503, de 23 de setembro de 1997, que instituiu o

Código de Trânsito Brasileiro – CTB, e tendo em vista o disposto no Decreto nº 4.711, de 29 de maio de 2003, que dispõe sobre a coordenação do Sistema Nacional de Trânsito, e a Deliberação nº 33/2002 *ad referendum*, publicada no *Diário Oficial da União* de 4 de abril de 2002,

Considerando o constante do Processo 80001.002674/2006-71,

Considerando a necessidade de dirimir dúvidas suscitadas em todo o território nacional quanto à interpretação das disposições contidas na Lei n º 9.503, de 23 de setembro de 1997, que instituiu o Código de Trânsito Brasileiro; resolve:

**Art. 1º.** Referendar a Deliberação nº 33, de 3 de abril de 2002, que dispõe sobre aplicação da receita arrecadada com a cobrança das multas de trânsito, conforme art. 320 do Código de Trânsito Brasileiro.

**Art. 2º.** Explicitar as formas de aplicação da receita arrecadada com a cobrança das multas de trânsito, prevista no *caput* do art. 320 do Código de Trânsito Brasileiro:

I – A sinalização é o conjunto de sinais de trânsito e dispositivos de segurança colocados na via pública com o objetivo de garantir sua utilização adequada, compreendendo especificamente as sinalizações vertical e horizontal e os dispositivos e sinalizações auxiliares, tais como:

a) dispositivos delimitadores;

b) dispositivos de canalização;

c) dispositivos e sinalização de alerta;

d) alterações nas características do pavimento;

e) dispositivos de uso temporário; e

f) painéis eletrônicos.

II – As engenharias de tráfego e de campo são o conjunto de atividades de engenharia voltado a ampliar as condições de fluidez e de segurança no trânsito, tais como:

a) a elaboração e atualização do mapa viário do município;

b) o cadastramento e implantação da sinalização;

c) o desenvolvimento e implantação de corredores especiais de trânsito nas vias já existentes;

d) a identificação de novos polos geradores de trânsito; e

e) os estudos e estatísticas de acidentes de trânsito.

III – O policiamento e a fiscalização são os atos de prevenção e repressão que visem a controlar o cumprimento da legislação de trânsito, por meio do poder de polícia administrativa.

IV – A educação de trânsito é a atividade direcionada à formação do cidadão como usuário da via pública, por meio do aprendizado de normas de respeito à vida e ao meio ambiente, visando sempre o trânsito seguro, tais como:

a) publicidade institucional;

b) campanhas educativas;

c) eventos;

d) atividades escolares;

e) elaboração de material didático-pedagógico;

f) formação e reciclagem dos agentes de trânsito; e

g) formação de agentes multiplicadores.

**Art. 3º.** As ações relacionadas nesta Resolução têm caráter exemplificativo.

**Art. 4º.** Esta Resolução entra em vigor na data de sua publicação.

Brasília/DF, 16 de fevereiro de 2006.

*Alfredo Peres da Silva – Presidente – DOU de 1º.3.2006*

## RESOLUÇÃO CONTRAN Nº 192, DE 30 DE MARÇO DE 2006

• *Regulamenta a expedição do documento único da Carteira Nacional de Habilitação, com novo leiaute e requisitos de segurança.*

O Conselho Nacional de Trânsito – CONTRAN, no uso das atribuições legais que lhe são conferidas pelo art. 12, da Lei nº 9.503, de 23 de setembro de 1997, que instituiu o Código de Trânsito Brasileiro, e conforme o Decreto nº 4.711, de 29 de maio de 2003, que trata da coordenação do Sistema Nacional de Trânsito – SNT;

Considerando o constante do Processo: 8001.001141/2006-72;

Considerando a necessidade de adequar o modelo único da Carteira Nacional de Habilitação – CNH, dando-lhe novo leiaute e requisitos de segurança mais eficientes;

Considerando que foi criado um papel de segurança, com a marca d´agua DENATRAN e bandeira nacional, para confecção da CNH;

Considerando a necessidade de inibir a ação de falsários que através de roubo apropriam-se de elevado número de formulários destinados à confecção de CNH; resolve:

**Art. 1º.** Criar um novo modelo único de Carteira Nacional de Habilitação, conforme previsto no art. 159 do CTB, com novo leiaute, papel com marca d´agua e requisitos de segurança.

**Art. 2º.** O documento de Habilitação terá 2 (dois) números de identificação nacional e 1 (um) número de identificação estadual, que são:

I – o primeiro número de identificação nacional – Registro Nacional, será gerado pelo sistema informatizado da Base Índice Nacional de Condutores – BINCO, composto de 9 (nove) caracteres mais 2 (dois) dígitos verificadores de segurança, sendo único para cada condutor e o acompanhará durante toda a sua existência como condutor, não sendo permitida a sua reutilização para outro condutor.

II – o segundo número de identificação nacional – Número do Espelho da CNH, será formado por 8 (oito) caracteres mais 1 (um) dígito verificador de segurança, autorizado e controlado pelo órgão máximo executivo de trânsito da União, e identificará cada espelho de CNH expedida.

a) O dígito verificador será calculado pela rotina denominada de "módulo 11" e sempre que o resto da divisão for zero (0) ou um (1), o dígito verificador será zero (0);

III – o número de identificação estadual será o número do formulário RENACH, documento de coleta de dados do candidato/condutor gerado a cada serviço, composto, obrigatoriamente, por 11 (onze) caracteres, sendo as duas primeiras posições formadas pela sigla da Unidade da Federação expedidora, facultada a utilização da última posição como dígito verificador de segurança.

a) O número do formulário RENACH identificará a Unidade da Federação onde o condutor foi habilitado ou realizou alterações de dados no seu prontuário pela última vez.

b) O Formulário RENACH que dá origem às informações na BINCO e autorização para a impressão da CNH deverá ficar arquivado em segurança, no órgão ou entidade executivo de trânsito do Estado ou do Distrito Federal.

**Art. 3º.** A inscrição "Permissão", prevista no modelo da CNH, impressa em caixa alta e com fonte maior ao lado do número tipográfico, na frente do documento, passa a ser impressa em caixeta específica que deverá ser preenchida com a palavra "Permissão", usando as mesmas fontes dos demais campos na cor preta, ou ser hachurada quando se tratar de CNH definitiva.

**Art. 4º.** Será acrescentada uma caixeta "ACC" que deverá ser impressa com a informação "ACC" usando as mesmas fontes dos demais campos, na cor preta ou deverá ser hachurada, quando não houver esta autorização de habilitação, sendo a "ACC" e a Categoria "A" excludente, não existindo simultaneamente para um mesmo condutor.

**Art. 5º.** A "Permissão" para a "ACC" poderá ser simultânea com a permissão da Categoria "B", com validade de um ano.

**Art. 6º.** Quando existir a informação para o preenchimento somente da caixeta "ACC", a caixeta "Cat. Hab" deverá ser hachurada.

**Art. 7º.** Dentro do campo Observações, deverão constar as restrições médicas, a informação "exerce atividade remunerada" e os cursos especializados que tenham certificado, todos em formatos padronizados e abreviados, conforme Anexo II desta Resolução.

**Art. 8º.** A expedição da Carteira Nacional de Habilitação, modelo único, dar-se compulsoriamente quando:

I – da obtenção da Permissão para Dirigir na "ACC" e nas categorias "A", "B" ou "A" e "B", pelo período de 1(um) ano;

II – da troca da Permissão para Dirigir pela CNH Definitiva, na "ACC" ou nas Categorias "A", "B", ou "A" e "B", ao término de um ano da permissão, desde que atendido ao disposto no § 3º do art. 148 do CTB;

III – da adição e da mudança de categoria;

IV – da perda, dano ou extravio;

V – da renovação dos exames para a CNH;

VI – houver a reabilitação do condutor;

VII – ocorrer alteração de dados do condutor;

VIII – da substituição do documento de habilitação estrangeira.

**Art. 9º.** O documento único da Carteira Nacional de Habilitação será expedido conforme especificações constantes nos Anexos I, II, III e IV desta Resolução.

**Art. 10.** Para fins de validação do código numérico previsto no item 18 do Anexo IV, o DENATRAN disponibilizará aplicativo específico para esse fim.

**Art. 11.** A Carteira Nacional de Habilitação será produzida por empresas inscritas no Departamento Nacional de Trânsito – DENATRAN.

Parágrafo único. A inscrição no DENATRAN será requerida pela empresa interessada, mediante a apresentação dos seguintes documentos:

1. Cópia do Contrato Social da empresa, atualizado;

2. Comprovante de inscrição no CNPJ/MF;

3. Comprovante de Inscrição Estadual;

4. Certidões Negativas de Débitos com a União, Estado e Município da sede da empresa interessada;

5. Modelo da Carteira Nacional de Habilitação, produzido pela empresa interessada, acompanhados de laudo expedido por instituto técnico oficial, que comprove o atendimento ao disposto nos anexos I, II, III e IV dessa Resolução.

**Art. 12.** A Carteira Nacional de Habilitação deverá atender ao modelo e às especificações técnicas constantes dos Anexos I, II, III e IV dessa Resolução.

**Art. 13.** Fica reservado ao DENATRAN o direito de exigir dados complementares aos dispostos no art. 11 dessa Resolução e a submeter a novos exames os modelos da CNH apresentados, se julgar necessário.

**Art. 14.** A empresa, por ocasião da solicitação de inscrição junto ao DENATRAN, deverá informar que dispõe de infraestrutura de *hardware*, de *software* e de pessoal técnico, com as adequações necessárias à operação e ao funcionamento do RENACH, que será comprovada pelo DENATRAN.

**Art. 15.** A empresa, após inscrita e autorizada à produção de CNH, receberá uma série numérica, fornecida pelo DENATRAN.

**Art. 16.** A inscrição de que trata o art. 11 desta Resolução terá validade de 2 (dois) anos.

Parágrafo único. O DENATRAN poderá cancelar a inscrição a qualquer momento, quando comprovar que a empresa deixou de cumprir com as exigências desta Resolução.

**Art. 17.** Dar-se-á o prazo máximo de 90 (noventa) dias da data de publicação desta Resolução para adoção do modelo único do documento de ACC, Permissão para Dirigir e CNH, especificado nesta Resolução.

**Art. 18.** Revogam-se as Resoluções CONTRAN nºs 765/1993 e 176/2005 e a Portaria nº 08/1993.

**Art. 19.** Esta Resolução entra em vigor na data da sua publicação.

Brasília/DF, 30 de março de 2006.

*Alfredo Peres da Silva – Presidente – DOU de 5.4.2006*

**Anexos**

♦ *Os Anexos encontram-se disponíveis no site: http://www.denatran.gov.br/resolucoes.htm*

# RESOLUÇÃO CONTRAN Nº 194, DE 26 DE MAIO DE 2006

• *Dá nova redação ao art. 6º da Resolução nº 181/2005, do Conselho Nacional do Trânsito, de 1º de setembro de 2005.*

O Conselho Nacional do Trânsito – CONTRAN, usando da competência que lhe confere o art. 12, inciso I, da Lei nº 9.503, de 23 de setembro de 1997, que instituiu o Código de Trânsito Brasileiro – CTB e conforme o Decreto nº 4.711, de 29 de maio de 2003, que dispõe sobre a coordenação do Sistema Nacional de Trânsito – SNT,

Considerando o constante do processo DENATRAN nº 80001.004645/2006-44; resolve:

**Art. 1º.** O art. 6º da Resolução nº 181/2005 do CONTRAN, passa a vigorar com a seguinte redação:

• *Alteração já efetuada no corpo da Resolução.*

**Art. 2º.** Esta Resolução entra em vigor na data de sua publicação.

Brasília/DF, 26 de maio de 2006.

*Alfredo Peres da Silva – Presidente – DOU de 5.5.2006*

## RESOLUÇÃO CONTRAN Nº 196, DE 25 DE JULHO DE 2006

- Fixa requisitos técnicos de segurança para o transporte de toras e de madeira bruta por veículo rodoviário de carga.
- Com a alteração da Resolução CONTRAN nº 246, de 27.7.2007.

O Conselho Nacional de Trânsito – CONTRAN, usando da competência que lhe confere o inciso I, do art. 12 da Lei nº 9.503, de 23 de setembro de 1997, que instituiu o Código de Trânsito Brasileiro – CTB, e à vista do disposto no Decreto nº 4.711, de 29 de maio de 2003, que dispõe sobre a coordenação do Sistema Nacional de Trânsito – SNT; e

Considerando o disposto no art. 102 e seu parágrafo único do Código de Trânsito Brasileiro, e a necessidade de proporcionar maior segurança no transporte de toras e de madeira bruta por veículo rodoviário de carga,

Considerando o constante dos Processos 08021.002720/2000-81, 08021.000891/2001-57, 00001.016539/2003-87, 00001.019987/2003-87, 80001.006730/2004-85, 80001.008237-2004-08, 80001.016357/2004-71 e 80001.017347/2004,52; resolve:

**Art. 1º.** O transporte, nas vias públicas, de toras e de madeira bruta, mesmo que descascadas, deve obedecer aos requisitos de segurança fixados nesta Resolução. (*Art. 1º, caput, com redação dada pela Resolução CONTRAN nº 246/2007*)

Parágrafo único. É considerada tora, para fins desta Resolução, a madeira bruta com comprimento superior a 2,50 metros. (*Parágrafo único, primitivo § 1º, renumerado pela Resolução CONTRAN nº 246/2007*)

**Art. 2º.** As toras devem ser transportadas no sentido longitudinal do veículo, com disposição vertical ou piramidal (triangular) conforme exemplificado na figura ilustrativa do anexo desta Resolução. (*Art. 2º com redação dada pela Resolução CONTRAN nº 246/2007*)

**Art. 3º.** As toras devem estar obrigatoriamente contidas: (*Art. 3º, caput, com redação dada pela Resolução CONTRAN nº 246/2007*)

§ 1º. Para o transporte de toras dispostas verticalmente: (*§ 1º, caput, acrescido pela Resolução CONTRAN nº 246/2007*)

I – painéis dianteiro e traseiro da carroçaria do veículo, exceto para os veículos extensíveis, com toras acima de oito metros de comprimento, para os quais não serão necessários painéis traseiros; (*Inciso I acrescido pela Resolução CONTRAN nº 246/2007*)

II – escoras laterais metálicas, perpendiculares ao plano do assoalho da carroçaria do veículo (fueiros) sendo necessárias 2 (duas) escoras de cada lado, no mínimo, para cada tora ou pacote de toras; (*Inciso II acrescido pela Resolução CONTRAN nº 246/2007*)

III – cabo de aço ou cintas de poliéster, com capacidade mínima de ruptura à tração de 3.000 kgf tensionadas por sistema pneumático autoajustável ou catracas fixadas na carroçaria do veículo. (*Inciso III acrescido pela Resolução CONTRAN nº 246/2007*)

§ 2º. Para o transporte longitudinal de toras nativas, com disposição piramidal (triangular): (*§ 2º, caput, acrescido pela Resolução CONTRAN nº 246/2007*)

I – painel dianteiro com largura igual à da carroçaria do veículo; (*Inciso I acrescido pela Resolução CONTRAN nº 246/2007*)

II – fueiros (escoras) laterais, perpendiculares ao plano do assoalho da carroçaria do veículo, com altura mínima de 50 cm (cinquenta centímetros) reforçados por salva-vidas, sendo necessário, no mínimo, 2 (dois) conjuntos de fueiros/salva-vidas por tora inferior externa, de cada lado da carroçaria; (*Inciso II acrescido pela Resolução CONTRAN nº 246/2007*)

III – carga acondicionada em forma piramidal (triangular) conforme figuras do anexo desta Resolução; (*Inciso III acrescido pela Resolução CONTRAN nº 246/2007*)

IV – carga fixada à carroçaria do veículo por cabos de aço ou cintas de poliéster, com capacidade mínima de ruptura à tração de 3.000 kgf tensionadas por sistema pneumático autoajustável ou catracas fixadas na carroçaria, sendo necessários, no mínimo, 2 (dois) cabos de fixação por tora; (*Inciso IV acrescido pela Resolução CONTRAN nº 246/2007*)

V – a camada superior de toras deve ter distribuição simétrica em relação à largura da carroçaria; (*Inciso V acrescido pela Resolução CONTRAN nº 246/2007*)

VI – as toras de maior diâmetro devem estar nas camadas inferiores; (*Inciso VI acrescido pela Resolução CONTRAN nº 246/2007*)

VII – cada uma das toras das camadas superiores deve estar encaixada entre 2 (duas) toras da camada imediatamente inferior. (*Inciso VII acrescido pela Resolução CONTRAN nº 246/2007*)

§ 3º. No caso previsto no inciso I do § 1º deste artigo, relativamente a Combinações de Veículos de Carga – CVC, a colocação dos painéis é obrigatória somente na extremidade dianteira da unidade ligada ao caminhão-trator e traseira da última unidade. (*§ 3º acrescido pela Resolução CONTRAN nº 246/2007*)

**Art. 4º.** Os veículos adaptados ou alterados para o transporte de toras e de madeira bruta, na forma prevista nesta Resolução, devem ser submetidos à inspeção de segurança veicular, para obtenção de novo Certificado de Registro de Veículo – CRV e Certificado de Registro e Licenciamento de Veículo – CRLV. (*Art. 4º com redação dada pela Resolução CONTRAN nº 246/2007*)

**Art. 5º.** As madeiras brutas com comprimento igual ou inferior a 2,50 metros devem ser transportadas no sentido longitudinal ou transversal sobre a carroçaria do veículo.

§ 1º. Quando transportadas no sentido longitudinal, devem estar obrigatoriamente contidas por:

I – painéis dianteiro e traseiro da carroçaria do veículo;

II – escoras laterais metálicas (fueiros) perpendiculares ao plano do assoalho da carroçaria do veículo, sendo necessárias 2 (duas) escoras de cada lado, no mínimo, para cada unidade ou pacote de madeira bruta;

III – cabos de aço ou cintas de poliéster, com capacidade mínima de ruptura à tração de 3.000 kgf, tencionadas por sistema pneumático auto-ajustável ou catracas fixadas na carroçaria.

§ 2º. Para o transporte no sentido transversal, a carroçaria do veículo deve ser dotada de um dos sistemas abaixo:

I – com fechamento lateral completo, conforme figura ilustrativa apresentada no Anexo 2:

a) guardas laterais fechadas e guardas ou fueiros dianteiros e traseiros para evitar o deslocamento da carga;

b) cabos de aço ou cintas de poliéster, com capacidade mínima de ruptura a tração de 3.000 kgf, tencionadas no sentido longitudinal da carroçaria, por sistema pneumático auto-ajustável ou catracas fixadas na carroçaria.

II – com fechamento lateral parcial, conforme figura ilustrativa apresentada no Anexo 3:

a) guardas laterais;

b) cantoneiras de metal, conforme especificado no Anexo 4, em toda extensão da carga;

c) cabos de aço ou cintas de poliéster, com capacidade mínima de ruptura à tração de 3.000 kgf, tencionada no sentido longitudinal da carroçaria, por sistema pneumático auto-ajustável ou catracas fixadas na carroçaria.

d) utilização de uma cinta ou cabo de aço com capacidade mínima de ruptura à tração de 3.000 kgf, por cantoneira, a cada dois metros de comprimento desta, posicionado no sentido transversal da carroçaria, tencionada por sistema pneumático auto-ajustável ou catracas fixadas na carroçaria;

III – sem fechamento lateral, conforme figura ilustrativa apresentada no Anexo 5:

a) cantoneiras de metal especificadas no Anexo 4, em toda a extensão da carga;

b) cabos de aço ou cintas de poliéster, com capacidade mínima de ruptura à tração de 3.000 kgf, tencionada no sentido longitudinal, por sistema pneumático auto-ajustável ou catracas fixadas na carroçaria;

c) utilização de uma cinta ou cabo de aço com capacidade mínima de ruptura à tração de 3.000 kgf, por cantoneira, a cada dois metros de comprimento desta, posicionados no sentido transversal da carroçaria, tencionada por sistema pneumático auto-ajustável ou catracas fixadas na carroçaria.

**Art. 6º.** A altura máxima da carga deve ser limitada pela menor altura do painel dianteiro do veículo. (*Art. 6º com redação dada pela Resolução CONTRAN nº 246/2007*)

**Art. 6º-A.** Fica assegurado o direito de circulação, até o sucateamento, aos veículos fabricados e licenciados para o transporte de toras ou de madeira bruta, até a data de publicação da Resolução CONTRAN nº 196/2006, desde que seus proprietários tenham cumprido todos os requisitos para sua regularização, mediante comprovação no Certificado de Registro de Veículo – CRV e Certificado de Registro e Licenciamento de Veículo – CRLV. (*Art.6º-A acrescido pela Resolução CONTRAN nº 246/2007*)

**Art. 7º.** A não observância dos preceitos desta Resolução sujeita o infrator às penalidades previstas nos incisos IX e X do art. 230 do CTB.

**Art. 8º.** Esta Resolução entra em vigor no dia 1º de janeiro de 2007, revogando-se a Resolução CONTRAN nº 188, de 25 de janeiro de 2006.

Brasília/DF, 30 de junho de 2006.

*Alfredo Peres da Silva – Presidente DOU de 2.8.2006*

**Anexos**

♦ Os Anexos encontram-se disponíveis no site: *http://www.denatran.gov.br/resolucoes.htm*

## RESOLUÇÃO CONTRAN Nº 197, DE 25 DE JULHO DE 2006

- Regulamenta o dispositivo de acoplamento mecânico para reboque (engate) utilizado em veículos com PBT de até 3.500 kg e dá outras providências.
- **Com a retificação publicada no dia 22.11.2006.**

O Conselho Nacional de Trânsito – CONTRAN, usando da competênciaque lhe confere o art. 12 da Lei nº 9.503, de 23 de setembro de 1997, que instituiu o Código de Trânsito Brasileiro – CTB, e conforme o Decreto nº 4.711, de 29 de maio de 2003, que dispõe sobre a coordenação do Sistema Nacional de Trânsito; e,

Considerando que o art. 97 do Código de Trânsito Brasileiro atribui ao CONTRAN a responsabilidade pela aprovação das exigências que permitam o registro, licenciamento e circulação de veículos nas vias públicas;

Considerando o disposto no art. 16 e no Parágrafo 58 do Anexo 5 da Convenção de Viena Sobre Trânsito Viário, promulgada pelo Decreto nº 86.714, de 10 de dezembro de 1981;

Considerando a necessidade de corrigir desvio de finalidade na utilização do dispositivode acoplamento mecânico para reboque, a seguir denominado engate, em veículos com até 3.500 kg de Peso Bruto Total – PBT;

Considerando que para tracionar reboques os veículos tratores deverão possuircapacidade máxima de tração declarada pelo fabricante ou importador, conforme disposição do Código de Trânsito Brasileiro;

Considerando a necessidade de disciplinar o emprego e a fabricação dos engates aplicados em veículos com até 3.500 kg de PBT; resolve:

**Art 1º.** Esta Resolução aplica-se aos veículos de até 3.500 kg de PBT, que possuam capacidade de tracionar reboques declarada pelo fabricante ou importador, e que não possuam engate de reboque como equipamento original de fábrica.

**Art. 2º.** Os engates utilizados em veículos automotores com até 3.500 kg de peso bruto total deverão ser produzidos por empresas registradas junto ao Instituto Nacional de Metrologia, Normalização e Qualidade Industrial – INMETRO.

Parágrafo único. A aprovação do produto fica condicionada ao cumprimento de requisitos estabelecidos em regulamento do INMETRO, que deverá prever, no mínimo, a apresentação pela empresa fabricante de engate, de relatório de ensaio, realizado em um protótipo de cada modelo de dispositivo de acoplamento mecânico, proveniente de laboratório independente, comprobatório de atendimento dos requisitos estabelecidos na Norma NBR ISO 3853, NBR ISO 1103, NBR ISO 9187.

**Art. 3º.** Os fabricantes e os importadores dos veículos de que trata esta Resolução deverão informar ao órgão máximo executivo de trânsito da União os modelos de veículos que possuem capacidade para tracionar reboques, além de fazer constar no manual do proprietário as seguintes informações:

I – especificação dos pontos de fixação do engate traseiro;

II – indicação da capacidade máxima de tração – CMT.

**Art. 4º.** Para rastreabilidade do engate deverá ser fixada em sua estrutura, em local visível, uma plaqueta inviolável com as seguintes informações;

I – Nome empresarial do fabricante, CNPJ e identificação do registro concedido pelo INMETRO;

II – modelo do veículo ao qual se destina;

III – capacidade máxima de tração do veículo ao qual se destina;

IV – referência a esta Resolução.

**Art. 5º.** O instalador deverá cumprir o procedimento de instalação aprovado no INMETRO pelo fabricante do engate, bem como indicar na nota de venda do produto os dados de identificação do veículo.

**Art. 6º.** Os veículos em circulação na data da vigência desta Resolução, poderão continuar a utilizar os engates que portarem, desde que cumpridos os seguintes requisitos:

I – qualquer modelo de engate, desde que o equipamento seja original de fábrica; (*Inciso I acrescido pela Resolução CONTRAN n° 234/2007*)

II – quando instalado como acessório, o engate deverá apresentar as seguintes características: (*Inciso II, caput, acrescido pela Resolução CONTRAN n° 234/2007*)

a) esfera maciça apropriada ao tracionamento de reboque ou trailler; *(Alínea "a" acrescida pela Resolução CONTRAN n° 234/2007)*

b) tomada e instalação apropriada para conexão ao veículo rebocado; *(Alínea "b" acrescida pela Resolução CONTRAN n° 234/2007)*

c) dispositivo para fixação da corrente de segurança do reboque; *(Alínea "c" acrescida pela Resolução CONTRAN n° 234/2007)*

d) ausência de superfícies cortantes ou cantos vivos na haste de fixação da esfera; *(Alínea "d" acrescida pela Resolução CONTRAN n° 234/2007)*

e) ausência de dispositivo de iluminação. *(Alínea "e" acrescida pela Resolução CONTRAN n° 234/2007)*

**Art. 7º.** Os veículos que portarem engate em desacordo com as disposições desta Resolução, incorrem na infração prevista no art. 230, inciso XII, do Código de Trânsito Brasileiro.

**Art. 8º.** Esta Resolução entra em vigor na data de sua publicação, produzindo efeito nos seguintes prazos:

I – em até 180 dias:

a) para estabelecimento das regras para registro dos fabricantes de engate e das normas complementares;

b) para retirada ou regularização dos dispositivos instalados nos veículos em desconformidade com o disposto no art. 6º, alínea "b";

II – em até 365 dias, para atendimento pelos fabricantes e importadores do disposto nos incisos I e II do art. 3º;

III – em até 730 dias para atendimento pelos fabricantes de engates e pelos instaladores, das disposições contidas nos arts. 1º e 4º.

Brasília/DF, 25 de julho de 2006.

*Alfredo Peres da Silva – Presidente – DOU de 31.7.2006 – Retificação DOU de 22.11.2006*

## RESOLUÇÃO CONTRAN Nº 202, DE 25 DE AGOSTO DE 2006

• *Regulamenta a Lei nº 11.334 de 25 de julho de 2006, que alterou o art. 218 da Lei nº 9.503/1997, que instituiu o Código de Trânsito Brasileiro.*

• **Com as alterações da Resolução CONTRAN nº 396, de 13.12.2011.**

O Conselho Nacional de Trânsito – CONTRAN, usando da competência que lhe confere o art. 12 da Lei nº 9.503, de 23 de setembro de 1997, que instituiu o Código de Trânsito Brasileiro – CTB, e conforme o Decreto nº 4.711, de 29 de maio de 2003, que dispõe sobre a coordenação do Sistema Nacional de Trânsito; e,

Considerando o constante do Processo 80001.015071/2006-30;

Considerando o que dispõe os incisos I, II, III do art. 1º da Lei nº 11.334, de 25 de julho de 2006, o qual altera o art. 218 do Código de Trânsito Brasileiro – CTB; resolve:

**Art. 1º.** Referendar a Deliberação nº 51, de 28 de julho de 2006, publicada no *DOU* de 1º de agosto de 2006, republicada no *DOU* de 15 de agosto, do Presidente do Conselho Nacional de Trânsito – CONTRAN.

**Art. 2º.** Alterar a Tabela de distribuição de competência, fiscalização de trânsito, aplicações das medidas administrativas, penalidades cabíveis e arrecadação das multas aplicadas, constante do anexo da Resolução CONTRAN nº 66/1998, que trata da distribuição da competência da fiscalização nas vias urbanas, para incluir os códigos 745-5, 746-3 e 747-1 por infrações de trânsito relativas ao excesso de velocidade, previstas no art. 218 do CTB, alterado pela Lei nº 11.334/2006, a serem utilizados nos Autos de Infrações lavrados a partir de 26.07.2006, conforme Anexo I.

Parágrafo único. Os códigos 621-1, 622-0, 623-8 e 624-6 constantes da Tabela da Resolução CONTRAN nº 66/1998, serão utilizados para infrações cometidas até 25.7.2006.

**Art. 3º.** *(Art. 3º revogado pela Resolução CONTRAN nº 396/2011)*

**Art. 4º.** Esta Resolução entra em vigor na data de sua publicação.

Brasília/DF, 25 de agosto de 2006.

*Alfredo Peres da Silva – Presidente – DOU de 11.9.2006*

**Anexo I** *(Anexo I, alteração já efetuada na Resolução CONTRAN nº 66/1998)*

**Anexo II** *(Anexo II revogado pela Resolução CONTRAN nº 396/2011)*

♦ *Os Anexos encontram-se disponíveis no site: http://www.denatran.gov.br/resolucoes.htm*

## RESOLUÇÃO CONTRAN Nº 203, DE 29 DE SETEMBRO DE 2006

- Disciplina o uso de capacete para condutor e passageiro de motocicleta, motoneta, ciclomotor, triciclo motorizados e quadriciclo motorizado e dá outras providências.
- *Com as alterações das Resoluções CONTRAN nº 257, de 30.11.2007 e nº 270, de 15.2.2008.*

O Conselho Nacional de Trânsito – CONTRAN, no uso da atribuição que lhe confere o art. 12 da Lei nº 9.503, de 23 de setembro de 1997, que instituiu o Código de Trânsito Brasileiro, e conforme o Decreto nº 4.711, de 29 de maio de 2003, que dispõe sobre a coordenação do Sistema Nacional de Trânsito – SNT;

Considerando o disposto no inciso I dos arts. 54 e 55 e os incisos I e II do art. 244 do Código de Trânsito Brasileiro; resolve:

**Art. 1º.** É obrigatório, para circular nas vias publicas, o uso de capacete pelo condutor e passageiro de motocicleta, motoneta, ciclomotor, triciclo motorizado e quadriciclo motorizado.

§ 1º. O capacete tem de estar devidamente afixado à cabeça pelo conjunto formado pela cinta jugular e engate, por debaixo do maxilar inferior.

§ 2º. O capacete tem de estar certificado por organismo acreditado pelo Instituto Nacional de Metrologia, Normalização e Qualidade Industrial – INMETRO, de acordo com regulamento de avaliação da conformidade por ele aprovado.

**Art. 2º.** Para fiscalização do cumprimento desta Resolução, as autoridades de trânsito ou seus agentes devem observar a aposição de dispositivo refletivo de segurança nas partes laterais e traseira do capacete, a existência do selo de identificação da conformidade do INMETRO, ou etiqueta interna com a logomarca do INMETRO, podendo esta ser afixada no sistema de retenção, sendo exigíveis apenas para os capacetes fabricados a partir de 1º de agosto de 2007, nos termos do § 2º do art. 1º e do Anexo desta Resolução. *(Art. 2º, caput, redação dada pela Resolução CONTRAN nº 270/2008)*

Parágrafo único. A fiscalização de que trata o *caput* deste artigo, será implementada a partir de 1º de junho de 2008. *(Parágrafo único acrescido pela Resolução CONTRAN nº 270/2008)*

**Art. 3º.** O condutor e o passageiro de motocicleta, motoneta, ciclomotor, triciclo motorizado e quadriciclo motorizado, para circular na via pública, deverão utilizar capacete com viseira, ou na ausência desta, óculos de proteção.

§ 1º. Entende-se por óculos de proteção, aquele que permite ao usuário a utilização simultânea de óculos corretivos ou de sol.

§ 2º. Fica proibido o uso de óculos de sol, óculos corretivos ou de segurança do trabalho (EPI) de forma singular, em substituição aos óculos de proteção de que trata este artigo.

§ 3º. Quando o veículo estiver em circulação, a viseira ou óculos de proteção deverão estar posicionados de forma a dar proteção total aos olhos.

§ 4º. No período noturno, é obrigatório o uso de viseira no padrão cristal.

§ 5º. É proibida a aposição de película na viseira do capacete e nos óculos de proteção.

**Art. 4º.** Dirigir ou conduzir passageiro sem o uso do capacete implicará nas sançõesprevistas nos incisos I e II do art. 244, do Código de Trânsito Brasileiro. *(Art. 4º, caput, com redação dada pela Resolução CONTRAN nº 257/2007)*

Parágrafo único. Dirigir ou conduzir passageiro com o capacete fora das especificações contidas no art. 2º desta Resolução, incidirá o condutor nas penalidades do inciso X do art. 230 do Código de Trânsito Brasileiro. *(Parágrafo único acrescido pela Resolução CONTRAN nº 257/2007)*

**Art. 5º.** Esta Resolução entra em vigor no dia 1º de janeiro de 2008, revogando os arts. 1º, 2º e 4º da Resolução CONTRAN nº 20, de 17 de fevereiro de 1998. *(Art. 5º com redação dada pela Resolução CONTRAN nº 257/2007)*

Brasília/DF, 29 de setembro de 2006.

*Alfredo Peres da Silva – Presidente – DOU de 10.11.2006*

**Anexo**

♦ *O Anexo encontra-se disponível no site: http://www.denatran.gov.br/resolucoes.htm*

# RESOLUÇÃO CONTRAN Nº 204, DE 20 DE OUTUBRO DE 2006

• Regulamenta o volume e a frequência dos sons produzidos por equipamentos utilizados em veículos e estabelece metodologia para medição a ser adotada pelas autoridades de trânsito ou seus agentes, a que se refere o art. 228 do Código de Trânsito Brasileiro – CTB.

O Conselho Nacional de Trânsito – CONTRAN, no uso da atribuição que lhe confere o inciso I do art. 12, da Lei nº 9.503, de 23 de setembro de 1997, que institui o Código de Trânsito Brasileiro – CTB, e conforme Decreto nº 4.711, de 29 de maio de 2003, que dispõe sobre a coordenação do Sistema Nacional de Trânsito – SNT;

Considerando o disposto nas Resoluções do Conselho Nacional do Meio Ambiente – CONAMA nºs 001/1990 e 002/1990, ambas de 8 de março de 1990, que, respectivamente, estabelece critérios e padrões para a emissão de ruídos, em decorrência de quaisquer atividades, e institui o Programa Nacional de Educação e Controle da Poluição Sonora – SILÊNCIO;

Considerando que os veículos de qualquer espécie, com equipamentos que produzam som, fora das vias terrestres abertas à circulação, obedecem no interesse da saúde e do sossego públicos, às normas expedidas pelo CONAMA e à Lei de Contravenções Penais;

Considerando que a utilização de equipamentos com som em volume e frequência em níveis excessivos constitui perigo para o trânsito;

Considerando os estudos técnicos da Associação Brasileira de Medicina de Tráfego – ABRAMET e da Sociedade Brasileira de Acústica; resolve:

**Art. 1º.** A utilização, em veículos de qualquer espécie, de equipamento que produza som só será permitida, nas vias terrestres abertas à circulação, em nível de pressão sonora não superior a 80 decibéis – dB(A), medido a 7 m (sete metros) de distância do veículo.

Parágrafo único. Para medições a distâncias diferentes da mencionada no *caput*, deverão ser considerados os valores de nível de pressão sonora indicados na tabela do Anexo desta Resolução.

**Art. 2º.** Excetuam-se do disposto no art. 1º desta Resolução, os ruídos produzidos por:

I – buzinas, alarmes, sinalizadores de marcha-à-ré, sirenes, pelo motor e demais componentes obrigatórios do próprio veículo;

II – veículos prestadores de serviço com emissão sonora de publicidade, divulgação, entretenimento e comunicação, desde que estejam portando autorização emitida pelo órgão ou entidade local competente;

III – veículos de competição e os de entretenimento público, somente nos locais de competição ou de apresentação devidamente estabelecidos e permitidos pelas autoridades competentes.

**Art. 3º.** A medição da pressão sonora de que trata esta Resolução se fará em via terrestre aberta à circulação e será realizada utilizando o decibelímetro, conforme os seguintes requisitos:

I – ter seu modelo aprovado pelo Instituto Nacional de Metrologia, Normalização e Qualidade Industrial – INMETRO, atendendo à legislação metrológica em vigor e homologado pelo DENATRAN – Departamento Nacional de Trânsito;

II – ser aprovado na verificação metrológica realizada pelo INMETRO ou por entidade por ele acreditada;

III – ser verificado pelo INMETRO ou entidade por ele acreditada, obrigatoriamente com periodicidade máxima de 12 (doze) meses e, eventualmente, conforme determina a legislação metrológica em vigor.

§ 1º. O decibelímetro, equipamento de medição da pressão sonora, deverá estar posicionado a uma altura aproximada de 1,5 m (um metro e meio) com tolerância de mais ou menos 20 cm (vinte centímetros) acima do nível do solo e na direção em que for medido o maior nível sonoro.

§ 2º. Para determinação do nível de pressão sonora estabelecida no art. 1º, deverá ser subtraída na medição efetuada o ruído de fundo, inclusive do vento, de no mínimo 10 dB(A) (dez decibéis) em qualquer circunstância.

§ 3º. Até que o INMETRO publique Regulamento Técnico Metrológico sobre o decibelímetro, os certificados de calibração emitidos pelo INMETRO ou pela Rede Brasileira de Calibração são condições suficientes e bastante para validar o seu uso.

**Art. 4º.** O auto de infração e as notificações da autuação e da penalidade, além do disposto no CTB e na legislação complementar, devem conter o nível de pressão sonora, expresso em decibéis – dB(A):

I – O valor medido pelo instrumento;

II – O valor considerado para efeito da aplicação da penalidade; e

III – O valor permitido.

Parágrafo único. O erro máximo admitido para medição em serviço deve respeitar a legislação metrológica em vigor.

**Art. 5º.** A inobservância do disposto nesta Resolução constitui infração de trânsito prevista no art. 228 do CTB.

**Art. 6º.** Esta Resolução entra em vigor na data de sua publicação.

Brasília/DF, 20 de outubro de 2006.

*Alfredo Peres da Silva – Presidente – DOU de 10.11.2006*

**Anexo**

| Nível de Pressão Sonora Máximo – dB(A) | Distância de medição (m) |
|---|---|
| 104 | 0,5 |
| 98 | 1,0 |
| 92 | 2,0 |
| 86 | 3,5 |
| 80 | 7,0 |
| 77 | 10,0 |
| 74 | 14,0 |

## RESOLUÇÃO CONTRAN Nº 205, DE 20 DE OUTUBRO DE 2006

- *Dispõe sobre os documentos de porte obrigatório e dá outras providências.*
- *Com as alterações da Resolução CONTRAN nº 235, de 11.5.2007.*

O Conselho Nacional de Trânsito – CONTRAN, usando da competência que lhe confere o inciso I do art. 12, da Lei nº 9.503, de 23 de setembro de 1997, que instituiu o Código de Trânsito Brasileiro – CTB, e conforme o Decreto nº 4.711, de 29 de maio de 2003, que dispõe sobre a coordenação do Sistema Nacional de Trânsito – SNT; e

Considerando o que disciplinam os arts. 133, 141, 159 e 232 do CTB que tratam do Certificado de Registro e Licenciamento Anual – CRLV, da Autorização para Conduzir Ciclomotores, da Carteira Nacional de Habilitação – CNH, da Permissão para Dirigir e do porte obrigatório de documentos;

Considerando que o art. 131 do CTB estabelece que a quitação dos débitos relativos a tributos, encargos e multas de trânsito e ambientais, entre outros, o Imposto sobre Propriedade de Veículos Automotores – IPVA e do Seguro Obrigatório de Danos Pessoais causados por Veículos Automotores de Vias Terrestres – DPVAT, é condição para o licenciamento anual do veículo;

Considerando os veículos de transporte que transitam no país, com eventuais trocas de motoristas e em situações operacionais nas quais se altera o conjunto de veículos;

Considerando que a utilização de cópias reprográficas do Certificado de Registro e Licenciamento Anual – CRLV dificulta a fiscalização; resolve:

**Art. 1º.** Os documentos de porte obrigatório do condutor do veículo são:

I – Autorização para Conduzir Ciclomotor – ACC, Permissão para Dirigir ou Carteira Nacional de Habilitação – CNH, no original;

II – Certificado de Registro e Licenciamento Anual – CRLV, no original;

§ 1º. Os órgãos executivos de trânsito dos Estados e do Distrito Federal deverão expedir vias originais do Certificado de Registro e Licenciamento Anual – CRLV, desde que solicitadas pelo proprietário do veículo.

§ 2º. Da via mencionada no parágrafo anterior deverá constar o seu número de ordem, respeitada a cronologia de sua expedição.

**Art. 2º.** Sempre que for obrigatória a aprovação em curso especializado, o condutor deverá portar sua comprovação até que essa informação seja registrada no RENACH e incluída, em campo específico da CNH, nos termos do § 4º do art. 33 da Resolução CONTRAN nº 168/2005.

**Art. 3º.** Cópia autenticada pela repartição de trânsito do Certificado de Registro e Licenciamento Anual – CRLV será admitida até o vencimento do licenciamento do veículo relativo ao exercício de 2006. *(Art. 3º com redação dada pela Resolução CONTRAN nº 235/2007)*

**Art. 4º.** Os órgãos executivos de trânsito dos Estados e do Distrito Federal têm prazo até 15 de fevereiro de 2007 para se adequarem ao disposto nesta Resolução.

**Art. 5º.** O não cumprimento das disposições desta Resolução implicará nas sanções previstas no art. 232 do Código de Trânsito Brasileiro – CTB.

**Art. 6º.** Esta Resolução entrará em vigor na data de sua publicação, revogada a Resolução CONTRAN nº 13/1998, respeitados os prazos previstos nos arts. 3º e 4º.

Brasília/DF, 20 de outubro de 2006.

*Alfredo Peres da Silva – Presidente – DOU de 10.11.2006*

## RESOLUÇÃO CONTRAN Nº 207, DE 20 DE OUTUBRO DE 2006

- *Estabelece critérios de padronização para funcionamento das Escolas Públicas de Trânsito.*

O Conselho Nacional de Trânsito – CONTRAN, no uso das atribuições legais que lhe confere o Inciso I do art. 12 da Lei nº 9.503, de 23 de setembro de 1997, que instituiu o Código de Trânsito Brasileiro, e ainda o estabelecido em seu art. 74, § 2º;

Considerando o constante do processo DENATRAN nº 80001.000758/2006-71;

Considerando a Política Nacional de Trânsito, aprovada pela Resolução CONTRAN nº 166, de 15 de setembro de 2004;

Considerando os princípios que regem a escola pública no Brasil e as diretrizes estabelecidas pela Política Nacional de Educação;

Considerando a necessidade de estabelecer padrões mínimos de eficiência para o funcionamento das Escolas Públicas de Trânsito, em todo o território nacional, de modo a contribuir para maior equidade no exercício do direito à mobilidade no espaço público e para a segurança no trânsito; resolve:

**Art. 1º.** A Escola Pública de Trânsito – EPT, destina-se prioritariamente à execução de cursos, ações e projetos educativos, voltados para o exercício da cidadania no trânsito.

**Art. 2º.** A EPT, em suas atividades, priorizará o desenvolvimento do convívio social no espaço público, promovendo princípios de equidade, de ética, visando uma melhor compreensão do sistema de trânsito com ênfase na segurança e no meio ambiente.

**Art. 3º.** Compete ao órgão ou entidade executivo de trânsito que promove a Escola Pública de Trânsito, definir o público alvo da EPT em seus planos e programas de educação de trânsito.

**Art. 4º.** Os profissionais para atuarem na EPT deverão ter formação e/ou capacitação específica em educação de trânsito.

**Art. 5º.** O DENATRAN estabelecerá os indicadores de qualidade a serem observados no controle dos resultados, bem como os métodos de acompanhamento das ações implementadas pela EPT.

**Art. 6º.** Compete à Escola Pública de Trânsito:

I – indicar educadores de trânsito para constituir seu quadro técnico de acordo com os critérios estabelecidos;

II – definir temas, estabelecer currículos, conteúdos programáticos e sistemas de avaliação a serem desenvolvidos, de acordo com o público-alvo e em consonância com os objetivos e diretrizes da Política Nacional de Trânsito;

III – planejar e executar cursos, ações e projetos educativos de trânsito, conforme estabelecido em planos e programas de educação de trânsito do respectivo órgão ou entidade executivo de trânsito;

IV – elaborar o seu projeto pedagógico conforme os parâmetros estabelecidos e os objetivos e diretrizes da Política Nacional de Trânsito;

V – gerenciar banco de dados e informações pertinentes à educação de trânsito, estabelecendo critérios para acesso;

VI – desenvolver e proporcionar orientação técnica para elaboração de material de apoio ao ensino;

VII – propor a realização de parcerias com outros órgãos, entidades, instituições e segmentos organizados da sociedade, para execução integrada de projetos específicos de educação de trânsito, de estudos e pesquisa;

VIII – incentivar e promover a produção de conhecimento e de ações locais;

IX – interagir com a atividade de comunicação social do respectivo órgão ou entidade executivo de trânsito;
X – desenvolver atividade permanente de estudos e pesquisas voltados para a educação de trânsito, inclusive organizando e mantendo biblioteca especializada;
XI – executar avaliações periódicas das ações implementadas.
**Art. 7º.** Esta Resolução entrará em vigor na data de sua publicação, revogadas as disposições em contrário.
Brasília/DF, 20 de outubro de 2006.
*Alfredo Peres da Silva – Presidente – DOU de 10.11.2006*

## RESOLUÇÃO CONTRAN Nº 208, DE 26 DE OUTUBRO DE 2006

* *Estabelece as bases para a organização e o funcionamento do Registro Nacional de Acidentes e Estatísticas de Trânsito – RENAEST e dá outras providências.*

O Conselho Nacional de Trânsito – CONTRAN, usando da competência que lhe confere o art. 12, inciso II, da Lei nº 9.503, de 23 de setembro de 1997, que instituiu o Código de Trânsito Brasileiro – CTB, e conforme o Decreto nº 4.711, de 29 de maio de 2003, que dispõe sobre a coordenação do Sistema Nacional de Trânsito – SNT;
Considerando a necessidade de implantação de uma base nacional de estatísticas de trânsito, que contemple uma sistemática para comunicação, registro, controle, consulta e acompanhamento das informações decorrentes da acidentalidade no trânsito nacional e suas consequências, e que subsidie a elaboração de estudos e pesquisas necessárias à melhoria da segurança viária no país;
Considerando o que dispõe o inciso X do art. 19, do Código de Trânsito Brasileiro, e as Diretrizes da Política Nacional de Trânsito; resolve:
**Art. 1º.** Fica instituído o Registro Nacional de Acidentes e Estatísticas de Trânsito – RENAEST, sob a coordenação do Departamento Nacional de Trânsito – DENATRAN, integrado pelos órgãos e entidades do Sistema Nacional de Trânsito – SNT.
Parágrafo único. O RENAEST substitui o Sistema Nacional de Estatísticas de Trânsito – SINET.
**Art. 2º.** O RENAEST é o sistema de registro, gestão e controle de dados estatísticos sobre acidentalidade no trânsito, integrado ao sistema de Registro Nacional de Veículos Automotores – RENAVAM, ao Registro Nacional de Condutores Habilitados – RENACH e ao Registro Nacional de Infrações – RENAINF.
**Art. 3º.** O RENAEST tem por objetivo estabelecer metodologia de registro e análise de variáveis relativas à segurança viária e indicadores sobre a evolução da acidentalidade, com vistas a elaboração de estudos e pesquisas que possibilitem a tomada de decisões e a correta orientação e aplicação de diferentes medidas e ações a serem adotadas pelos órgãos e entidades do Sistema Nacional de Trânsito – SNT.
**Art. 4º.** Os órgãos e entidades executivos de trânsito dos Estados e do Distrito Federal deverão integrar-se ao RENAEST para fins de fornecimento de dados devidamente homologados e dos dados referentes à acidentalidade regional e local, objetivando o registro das informações na base nacional.
§ 1º. O DENATRAN estabelecerá os padrões necessários ao fornecimento das informações e dos dados ao RENAEST.
§ 2º. Para fins de consolidação dos dados no sistema informatizado, serão estabelecidas duas homologações: a primeira, em nível estadual, que será realizada pelos órgãos executivos de trânsito dos estados e do Distrito Federal, e a segunda, em nível federal, que será realizada pelo DENATRAN.
**Art. 5º.** Os órgãos e entidades executivos de trânsito dos Municípios integrados ao Sistema Nacional de Trânsito – SNT, as polícias militares dos Estados e do Distrito Federal, e a Polícia Rodoviária Federal, deverão integrar-se ao RENAEST por meio do órgão ou entidade executivo de trânsito da unidade da Federação de sua circunscrição.
Parágrafo único. Os órgãos e entidades executivas de trânsito dos Estados e do Distrito Federal, aos quais estarão integrados os demais órgãos em cada unidade da Federação, adotarão todas as medidas necessárias ao efetivo fornecimento dos dados sobre acidentalidade ao RENAEST.
**Art. 6º.** Caberá ao DENATRAN:
I – organizar e manter o RENAEST;
II – desenvolver e padronizar os procedimentos operacionais do sistema;
III – assegurar correta gestão do RENAEST;
IV – definir as atribuições operacionais dos órgãos e entidades integrados;
V – cumprir e fazer cumprir esta Resolução e as instruções complementares;

VI – estabelecer procedimentos para a integração dos órgãos e entidades executivos de trânsito dos Estados e do Distrito Federal;

VII – arbitrar conflitos entre os órgãos e entidades integrados;

VIII – apresentar ao CONTRAN Relatório semestral das informações obtidas pelo RENAEST.

Parágrafo único. O DENATRAN emitirá instruções complementares no prazo máximo de 30 (trinta) dias, a contar da publicação desta Resolução.

**Art. 7º.** A integração referida no inciso VI, do art. 6º, desta Resolução, dar-se-á no prazo máximo de 30 (trinta) dias, a contar da data de sua publicação.

Parágrafo único. Os órgãos e entidades de trânsito referidos no *caput* do art. 5º, desta Resolução terão um prazo de 180 (cento e oitenta) dias, após a integração do órgão ou entidade executivo de trânsito da unidade da Federação de sua circunscrição, para integrar-se ao RENAEST.

**Art. 8º.** Esta Resolução entra em vigor na data de sua publicação.

Brasília/DF, 26 de outubro de 2006.

*Alfredo Peres da Silva – Presidente – DOU de 10.11.2006*

## RESOLUÇÃO CONTRAN Nº 209, DE 26 DE OUTUBRO DE 2006

- Cria o código numérico de segurança para o Certificado de Registro de Veículo – CRV, e estabelece a sua configuração e utilização.

O Conselho Nacional de Trânsito – CONTRAN, no uso das atribuições legais que lhe são conferidas pelo art. 12, inciso II, da Lei nº 9.503, de 23 de setembro de 1997, que instituiu o Código de Trânsito Brasileiro – CTB, e conforme o Decreto nº 4.711, de 29 de maio de 2003, que trata da coordenação do Sistema Nacional de Trânsito – SNT; e,

Considerando a necessidade de agregar maiores elementos de segurança ao Certificado de Registro de Veículo – CRV, dando-lhe características e condições de invulnerabilidade à falsificação e adulteração;

Considerando a necessidade de oferecer aos órgãos executivos de trânsito e a seus agentes, facilitadores para identificar se os certificados de propriedade de veículos são verdadeiros ou falsos; resolve:

**Art. 1º.** Criar um código numérico de segurança a ser utilizado na emissão do Certificado de Registro de Veículo – CRV, de que trata o art. 121 do Código de Trânsito Brasileiro.

**Art. 2º.** O código numérico de segurança será composto de 11 (onze) dígitos gerados a partir de algoritmo específico, de propriedade do DENATRAN, composto pelos dados individuais de cada CRV e fornecido pelo sistema central do RENAVAM, permitindo a validação do documento.

**Art. 3º.** Na emissão do CRV, será obrigatória a impressão do código numérico de segurança na parte superior direita do certificado, abaixo do número do CRV.

**Art. 4º.** Para validação do código numérico de segurança o DENATRAN disponibilizará aplicativo específico para esse fim e divulgará instruções para utilização.

**Art. 5º.** O código numérico de segurança será obrigatório nos CRVs emitidos a partir de 30 de novembro de 2006.

**Art. 6º.** Esta Resolução entra em vigor na data da sua publicação.

Brasília/DF, 26 de outubro de 2006.

*Alfredo Peres da Silva – Presidente – DOU de 10.11.2006*

## RESOLUÇÃO CONTRAN Nº 210, DE 13 DE NOVEMBRO DE 2006

- *Estabelece os limites de peso e dimensões para veículos que transitem por vias terrestres e dá outras providências.*
- *Com as alterações das Resoluções CONTRAN nº 284, de 1º.7.2008 e nº 373, de 18.3.2011.*

O Conselho Nacional de Trânsito – CONTRAN, no uso da competência que lhe confere o art. 12, inciso I, da Lei nº 9.503, de 23 de setembro de 1997, que instituiu o Código de Trânsito Brasileiro – CTB, e nos termos do disposto no Decreto nº 4.711, de 29 de maio de 2003, que trata da coordenação do Sistema Nacional de Trânsito – SNT; e,

Considerando o que consta do Processo nº 80001.003544/2006-56;

Considerando o disposto no art. 99, do Código de Trânsito Brasileiro, que dispõe sobre peso e dimensões; e

Considerando a necessidade de estabelecer os limites de pesos e dimensões para a circulação de veículos; resolve:

**Art. 1º.** As dimensões autorizadas para veículos, com ou sem carga, são as seguintes:

I – largura máxima: 2,60 m;

II – altura máxima: 4,40 m;

III – comprimento total:

a) veículos não articulados: máximo de 14,00 m;

b) veículos não articulados de transporte coletivo urbano de passageiros que possuam 3º eixo de apoio direcional: máximo de 15 m;

c) veículos articulados de transporte coletivo de passageiros: máximo 18,60 m;

d) veículos articulados com duas unidades, do tipo caminhão-trator e semirreboque: máximo de 18,60 m;

e) veículos articulados com duas unidades do tipo caminhão ou ônibus e reboque: máximo de 19,80 M;

f) veículos articulados com mais de duas unidades: máximo de 19,80 m.

§ 1º. Os limites para o comprimento do balanço traseiro de veículos de transporte de passageiros e de cargas são os seguintes:

I – nos veículos não articulados de transporte de carga, até 60% (sessenta por cento) da distância entre os dois eixos, não podendo exceder a 3,50 m (três metros e cinquenta centímetros);

II – nos veículos não articulados de transporte de passageiros:

a) com motor traseiro: até 62% (sessenta e dois por cento) da distância entre eixos;

b) com motor central: até 66% (sessenta e seis por cento) da distância entre eixos;

c) com motor dianteiro: até 71% (setenta e um por cento) da distância entre eixos.

§ 2º. À distância entre eixos, prevista no parágrafo anterior, será medida de centro a centro das rodas dos eixos dos extremos do veículo.

§ 3º. O balanço dianteiro dos semirreboques deve obedecer a NBR NM ISO 1726.

§ 4º. Não é permitido o registro e licenciamento de veículos, cujas dimensões excedam às fixadas neste artigo, salvo nova configuração regulamentada pelo CONTRAN.

**Art. 2º.** Os limites máximos de peso bruto total e peso bruto transmitido por eixo de veículo, nas superfícies das vias públicas, são os seguintes:

§ 1º. peso bruto total ou peso bruto total combinado, respeitando os limites da capacidade máxima de tração – CMT da unidade tratora determinada pelo fabricante:

a) peso bruto total para veículo não articulado: 29 t;

b) veículos com reboque ou semirreboque, exceto caminhões: 39,5 t;

c) peso bruto total combinado para combinações de veículos articulados com duas unidades, do tipo caminhão-trator e semirreboque, e comprimento total inferior a 16 m: 45 t;

d) peso bruto total combinado para combinações de veículos articulados com duas unidades, do tipo caminhão-trator e semirreboque com eixos em tandem triplo e comprimento total superior a 16 m: 48,5 t;

e) peso bruto total combinado para combinações de veículos articulados com duas unidades, do tipo caminhão-trator e semirreboque com eixos distanciados, e comprimento total igual ou superior a 16 m: 53 t;

f) peso bruto total combinado para combinações de veículos com duas unidades, do tipo caminhão e reboque, e comprimento inferior a 17,50 m: 45 t;

g) peso bruto total combinado para combinações de veículos articulados com duas unidades, do tipo caminhão e reboque, e comprimento igual ou superior a 17,50 m: 57 t;

h) peso bruto total combinado para combinações de veículos articulados com mais de duas unidades e comprimento inferior a 17,50 m: 45 t;

i) para a combinação de veículos de carga – CVC, com mais de duas unidades, incluída a unidade tratora, o peso bruto total poderá ser de até 57 toneladas, desde que cumpridos os seguintes requisitos:

1 – máximo de 7 (sete) eixos;

2 – comprimento máximo de 19,80 metros e mínimo de 17,50 metros;

3 – unidade tratora do tipo caminhão trator;

4 – estar equipadas com sistema de freios conjugados entre si e com a unidade tratora atendendo ao estabelecido pelo CONTRAN;

5 – o acoplamento dos veículos rebocados deverá ser do tipo automático conforme NBR 11410/11411 e estarem reforçados com correntes ou cabos de aço de segurança;

6 – o acoplamento dos veículos articulados com pino-rei e quinta roda deverão obedecer ao disposto na NBR NM ISO337.

§ 2º. peso bruto por eixo isolado de dois pneumáticos: 6 t;

§ 3º. peso bruto por eixo isolado de quatro pneumáticos: 10 t;

§ 4º. peso bruto por conjunto de dois eixos direcionais, com distância entre eixos de no mínimo 1,20 metros, dotados de dois pneumáticos cada: 12 t;

§ 5º. peso bruto por conjunto de dois eixos em tandem, quando à distância entre os dois planos verticais, que contenham os centros das rodas, for superior a 1,20m e inferior ou igual a 2,40m: 17 t;

§ 6º. peso bruto por conjunto de dois eixos não em tandem, quando à distância entre os dois planos verticais, que contenham os centros das rodas, for superior a 1,20m e inferior ou igual a 2,40m: 15 t;

§ 7º. peso bruto por conjunto de três eixos em tandem, aplicável somente a semi-reboque, quando à distância entre os três planos verticais, que contenham os centros das rodas, for superior a 1,20m e inferior ou igual a 2,40m: 25,5t;

§ 8º. peso bruto por conjunto de dois eixos, sendo um dotado de quatro pneumáticos e outro de dois pneumáticos interligados por suspensão especial, quando à distância entre os dois planos verticais que contenham os centros das rodas for:

a) inferior ou igual a 1,20m; 9 t;

b) superior a 1,20m e inferior ou igual a 2,40m: 13,5 t.

**Art. 3º.** Os limites de peso bruto por eixo e por conjunto de eixos, estabelecidos no artigo anterior, só prevalecem se todos os pneumáticos, de um mesmo conjunto de eixos, forem da mesma rodagem e calçarem rodas no mesmo diâmetro.

**Art. 4º.** Considerar-se-ão eixos em tandem dois ou mais eixos que constituam um conjunto integral de suspensão, podendo qualquer deles ser ou não motriz.

§ 1º. Quando, em um conjunto de dois ou mais eixos, a distância entre os dois planos verticais paralelos, que contenham os centros das rodas for superior a 2,40m, cada eixo será considerado como se fosse distanciado.

§ 2º. Em qualquer par de eixos ou conjunto de três eixos em tandem, com quatro pneumáticos em cada, com os respectivos limites legais de 17 t e 25,5t, a diferença de peso bruto total entre os eixos mais próximos não deverá exceder a 1.700kg.

**Art. 5º.** Não será permitido registro e o licenciamento de veículos com peso excedente aos limites fixado nesta Resolução.

**Art. 6º.** Os veículos de transporte coletivo com peso por eixo superior ao fixado nesta Resolução e licenciados antes de 13 de novembro de 1996, poderão circular até o término de sua vida útil, desde que respeitado o disposto no art. 100 do Código de Trânsito Brasileiro e observadas as condições do pavimento e das obras de arte.

**Art. 7º.** Os veículos em circulação, com dimensões excedentes aos limites fixados no art 1º, registrados e licenciados até 13 de novembro de 1996, poderão circular até seu sucateamento, mediante Autorização Específica e segundo os critérios abaixo:

I – para veículos que tenham como dimensões máximas, até 20,00 metros de comprimento; até 2,86 metros de largura, e até 4,40 metros de altura, será concedida Autorização Específica Definitiva, fornecida pela autoridade com circunscrição sobre a via, devidamente visada pelo proprietário do veículo ou seu representante credenciado, podendo circular durante as vinte e quatro horas do dia, com validade até o seu sucateamento, e que conterá os seguintes dados:

a) nome e endereço do proprietário do veículo;

b) cópia do Certificado de Registro e Licenciamento do Veículo – CRLV;

c) desenho do veículo, suas dimensões e excessos.

II – para os veículos cujas dimensões excedam os limites previstos no inciso I poderá ser concedida Autorização Específica, fornecida pela autoridade com circunscrição sobre a via e considerando os limites dessa via, com validade máxima de um ano e de acordo com o licenciamento, renovada até o sucateamento do veículo e obedecendo aos seguintes parâmetros:

a) volume de tráfego;

b) traçado da via;

c) projeto do conjunto veicular, indicando dimensão de largura, comprimento e altura, número de eixos, distância entre eles e pesos.

**Art. 8º.** Para os veículos não articulados registrados e licenciados até 13 de novembro de 1996, com balanço traseiro superior a 3,50 metros e limitado a 4,20 metros, respeitados os 60% da distância entre os eixos, será concedida Autorização Específica fornecida pela autoridade com circunscrição sobre a via, com validade máxima de um ano e de acordo com o licenciamento e renovada até o sucateamento do veículo.

Parágrafo único. A Autorização Específica de que trata este artigo, destinada aos veículos combinados, poderá ser concedida mesmo quando o caminhão trator tiver sido registrado e licenciado após 13 de novembro de 1996.

**Art. 9º.** A partir de 180 dias da data de publicação desta Resolução, os semirreboques das combinações com um ou mais eixos distanciados contemplados na alínea "e" do § 1º do art. 2º, somente poderão ser homologados e/ ou registrados se equipados com suspensão pneumática e eixo autodirecional em pelo menos um dos eixos.

§ 1º. A existência da suspensão pneumática e do eixo autodirecional deverá constar no campo das observações do Certificado de Registro do Veículo – CRV, e do Certificado de Registro e Licenciamento do Veículo – CRLV, do semirreboque.

§ 2º. Fica assegurado o direito de circulação até o sucateamento dos semirreboques, desde que homologados e/ ou registrados até 180 dias da data de publicação desta Resolução, mesmo que não atendam as especificações do *caput* deste artigo.

§ 3º. Ficam dispensados do requisito do eixo auto direcional os semirreboques com apenas dois eixos, ambos distanciados, desde que o primeiro eixo seja equipado com suspensão pneumática. *(§ 3º acrescido pela Resolução CONTRAN nº 284/2008)*

**Art. 10.** O disposto nesta Resolução não se aplica aos veículos especialmente projetados para o transporte de carga indivisível, conforme disposto no art. 101 do Código de Trânsito Brasileiro – CTB.

**Art. 11.** A partir de 1º de janeiro de 2011, as Combinações de Veículos de Carga – CVC, de 57 toneladas, serão dotadas obrigatoriamente de tração dupla 6x4 (seis por quatro). *(Art.11, caput, com redação dada pela Resolução CONTRAN nº 373/2011)*

Parágrafo único. Fica assegurado o direito de circulação às Combinações de Veículos de Carga – CVC, com duas ou mais unidades, sete eixos e Peso Bruto Total Combinado – PBTC de 57 toneladas, equipadas com unidade tratora de tração simples, dotada de 3º eixo 6x2 (seis por dois), cujo caminhão trator tenha sido fabricado até o dia 31 de dezembro de 2010, independente da data de fabricação das unidades tracionadas, desde que respeitados os limites regulamentares desta Resolução. *(Parágrafo único com redação dada pela Resolução CONTRAN nº 373/2011)*

**Art. 12.** O não cumprimento do disposto nesta Resolução implicará nas sanções previstas no art. 231 do Código de Trânsito Brasileiro, no que couber.

**Art. 13.** Esta Resolução entrará em vigor na data de sua publicação, produzindo efeito a partir de 1º.1.2007.

**Art. 14º.** Ficam revogadas, a partir de 1º.1.2007, as Resoluções CONTRAN 12/1998 e 163/2004.

Brasília/DF, 13 de novembro de 2006.

*Alfredo Peres da Silva – Presidente – DOU de 22.11.2006*

# RESOLUÇÃO CONTRAN Nº 211, DE 13 DE NOVEMBRO DE 2006

- *Requisitos necessários à circulação de Combinações de Veículos de Carga – CVC, a que se referem os arts. 97, 99 e 314 do Código de Trânsito Brasileiro – CTB.*
- *Com as alterações das Resoluções CONTRAN nºs 256, de 30.11.2007 e 381, de 28.4.2011.*

O Conselho Nacional de Trânsito – CONTRAN, no uso da competência que lhe confere o art. 12, inciso I, da Lei nº 9.503, de 23 de setembro de 1997, que instituiu o Código de Trânsito Brasileiro – CTB, e nos termos do disposto no Decreto nº 4.711, de 29 de maio de 2003, que trata da coordenação do Sistema Nacional de Trânsito – SNT; resolve:

**Art. 1º.** As Combinações de Veículos de Carga – CVC, com mais de duas unidades, incluída a unidade tratora, com peso bruto total acima de 57 t ou com comprimento total acima de 19,80 m, só poderão circular portando Autorização Especial de Trânsito – AET.

**Art. 2º.** A Autorização Especial de Trânsito – AET pode ser concedida pelo Órgão Executivo Rodoviário da União, dos Estados, dos Municípios ou do Distrito Federal, mediante atendimento aos seguintes requisitos:

I – para a CVC:

a) Peso Bruto Total Combinado – PBTC igual ou inferior a 74 toneladas;

b) Comprimento superior a 19,80 m e máximo de 30 metros, quando o PBTC for inferior ou igual a 57 t;

c) Comprimento mínimo de 25 m e máximo de 30 metros, quando o PBTC for superior a 57 t;

d) limites legais de Peso por Eixo fixados pelo CONTRAN;

e) a compatibilidade da Capacidade Máxima de Tração – CMT da unidade tratora, determinada pelo fabricante, com o Peso Bruto Total Combinado – PBTC;

f) estar equipadas com sistemas de freios conjugados entre si e com a unidade tratora, atendendo o disposto na Resolução CONTRAN nº 777/1993;

g) o acoplamento dos veículos rebocados deverá ser do tipo automático conforme NBR 11410/11411 e estarem reforçados com correntes ou cabos de aço de segurança;

h) o acoplamento dos veículos articulados deverá ser do tipo pino-rei e quinta roda e obedecer ao disposto na NBR NM/ ISO 337;

i) possuir sinalização especial na forma do Anexo II e estar provida de lanternas laterais colocadas a intervalos regulares de no máximo 3 (três) metros entre si, que permitam a sinalização do comprimento total do conjunto;

II – as condições de tráfego das vias públicas a serem utilizadas.

§ 1º. A unidade tratora dessas composições deverá ser dotada de tração dupla, ser capaz de vencer aclives de 6%, com coeficiente de atrito pneu/solo de 0,45, uma resistência ao rolamento de 11 kgf/t e um rendimento de sua transmissão de 90%.

§ 2º. Nas Combinações com Peso Bruto Total Combinado – PBTC, inferior a 57 toneladas, o caminhão-trator poderá ser de tração simples (4x2). *(§ 2º com redação dada pela Resolução CONTRAN nº 256/2007)*

§ 3º. A Autorização Especial de Trânsito – AET, fornecida pelo Órgão Executivo Rodoviário da União, dos Estados, dos Municípios e do Distrito Federal, terá o percurso estabelecido e aprovado pelo órgão com circunscrição sobre a via.

§ 4º. A critério do Órgão Executivo Rodoviário responsável pela concessão da Autorização Especial de Trânsito – AET, nas vias de duplo sentido de direção, poderão ser exigidas medidas complementares que possibilitem o trânsito dessas composições, respeitadas as condições de segurança, a existência de faixa adicional para veículos lentos nos segmentos em rampa com aclive e comprimento superior a 5% e 600 m, respectivamente.

**Art. 3º.** O trânsito de Combinações de Veículos de que trata esta Resolução será do amanhecer ao pôr do sol e sua velocidade máxima de 80 km/h.

§ 1º. Nas vias com pista dupla e duplo sentido de circulação, dotadas de separadores físicos e que possuam duas ou mais faixas de circulação no mesmo sentido, poderá ser autorizado o trânsito diurturno.

§ 2º. Em casos especiais, devidamente justificados, poderá ser autorizado o trânsito noturno das Combinações que exijam AET, nas vias de pista simples com duplo sentido de circulação, observados os seguintes requisitos:

I – volume de tráfego no horário noturno de no máximo 2.500 veículos;

II – traçado de vias e suas condições de segurança, especialmente no que se refere à ultrapassagem dos demais veículos;

III – distância a ser percorrida;

IV – colocação de placas de sinalização em todo o trecho da via, advertindo os usuários sobre a presença de veículos longos.

**Art. 4º.** Ao requerer a concessão da Autorização Especial de Trânsito – AET o interessado deverá apresentar:

I – preliminarmente, projeto técnico da Combinação de Veículos de Carga – CVC, devidamente assinado por engenheiro mecânico, conforme Lei Federal nº 5.194/1966, que se responsabilizará pelas condições de estabilidade e de segurança operacional, e que deverá conter:

a) planta dimensional da combinação, contendo indicações de comprimento total, distância entre eixos, balanços traseiro e laterais, detalhe do para-choques traseiro, dimensões e tipos dos pneumáticos, lanternas de advertência, identificação da unidade tratora, altura e largura máxima, placa traseira de sinalização especial, Peso Bruto Total Combinado – PBTC, Peso por Eixo, Capacidade Máxima de Tração – CMT e distribuição de carga no veículo;

b) cálculo demonstrativo da capacidade da unidade tratora de vencer rampa de 6%, observando os parâmetros do art. 2º e seus parágrafos e a fórmula do Anexo I;

c) gráfico demonstrativo das velocidades, que a unidade tratora da composição é capaz de desenvolver para aclives de 0 a 6%, obedecidos os parâmetros do art. 2º e seus parágrafos;

d) capacidade de frenagem;

e) desenho de arraste e varredura, conforme norma SAE J695b, acompanhado do respectivo memorial de cálculo;

f) laudo técnico de inspeção veicular elaborado e assinado pelo engenheiro mecânico responsável pelo projeto, acompanhado pela sua respectiva ART – Anotação de

Responsabilidade Técnica, atestando as condições de estabilidade e de segurança da Combinação de Veículos de Carga – CVC.

II – Cópia dos Certificados de Registro e Licenciamento dos Veículos, da composição veículo e semirreboques – CRLV.

§ 1º. Nenhuma Combinação de Veículos de Carga – CVC poderá operar ou transitar na via pública sem que o Órgão Executivo Rodoviário da União, dos Estados, dos Municípios ou Distrito Federal tenha analisado e aprovado toda a documentação mencionada neste artigo e liberado sua circulação.

§ 2º. Somente será admitido o acoplamento de reboques e semirreboques, especialmente construídos para utilização nesse tipo de Combinação de Veículos de Carga – CVC, devidamente homologados pelo Órgão Máximo Executivo de Trânsito da União com códigos específicos na tabela de marca/modelo do RENAVAM.

**Art. 5º.** A Autorização Especial de Trânsito – AET terá validade pelo prazo máximo de 1 (um) ano, de acordo com o licenciamento da unidade tratora, para os percursos e horários previamente aprovados, e somente será fornecida após vistoria técnica da Combinação de Veículos de Carga – CVC, que será efetuada pelo Órgão Executivo Rodoviário da União, ou dos Estados, ou dos Municípios ou do Distrito Federal.

§ 1º. Para renovação da Autorização Especial de Trânsito – AET, a vistoria técnica prevista no caput deste artigo poderá ser substituída por um Laudo Técnico de inspeção veicular elaborado e assinado por engenheiro mecânico responsável pelo projeto, acompanhado pela respectiva ART – Anotação de Responsabilidade Técnica, que emitirá declaração de conformidade junto com o proprietário do veículo, atestando que a composição não teve suas características e especificações técnicas modificadas, e que a operação se desenvolve dentro das condições estabelecidas nesta Resolução.

§ 2º. Os veículos em circulação na data da entrada em vigor desta Resolução terão assegurada a renovação da Autorização Especial de Trânsito – AET, mediante atendimento ao previsto no parágrafo anterior e apresentação do Certificado de Registro e Licenciamento dos Veículos – CRLV, da composição veículo e os semirreboques.

**Art. 6º.** Em atendimento às inovações tecnológicas, a utilização e circulação de novas composições, respeitados os limites de peso por eixo, somente serão autorizadas após a comprovação de seu desempenho, mediante testes de campo incluindo manobrabilidade, capacidade de frenagem, distribuição de carga e estabilidade, além do cumprimento do disposto na presente Resolução.

§ 1º. O DENATRAN baixará, em 90 dias, Portaria com as composições homologadas, especificando seus limites de pesos e dimensões.

§ 2º. O uso regular de novas composições só poderá ser efetivado após sua homologação e publicação em Portaria do DENATRAN.

**Art. 7º.** Excepcionalmente será concedida AET para as Combinações de Veículos de Carga – CVC com peso bruto total combinado de até 74 (setenta e quatro) toneladas e comprimento inferior a 25 (vinte e cinco) metros, desde que as suas unidades tracionadas tenham sido registradas até 3 de fevereiro de 2006, respeitadas as restrições impostas pelos órgãos executivos com circunscrição sobre a via. *(Art. 7º com redação dada pela Resolução CONTRAN nº 381/2011)*

**Art. 8º.** A não observância dos preceitos desta Resolução sujeita o infrator às penalidades previstas no art. 231 e seus incisos do CTB, conforme cabível, além das medidas administrativas aplicáveis.

**Art. 9º.** Esta Resolução entrará em vigor na data de sua publicação, produzindo efeito a partir de 1º.1.2007.

**Art. 10.** Ficam revogadas as Resoluções CONTRAN nºs 68/1998, 164/2004, 184/2005 e 189/2006, a partir de 1º.1.2007.

Brasília/DF, 13 de novembro de 2006.

*Alfredo Peres da Silva – Presidente – DOU de 22.11.2006*

**Anexos**

♦ *Os Anexos encontram-se disponíveis no site: http://www.denatran.gov.br/resolucoes.htm*

# RESOLUÇÃO CONTRAN Nº 213, DE 13 DE NOVEMBRO DE 2006

• *Fixa requisitos para a circulação de veículos transportadores de contêineres.*

O Conselho Nacional de Trânsito – CONTRAN, no uso das atribuições que lhe são conferidas pelo art. 12, inciso I da Lei nº 9.503, de 25 de setembro de 1.997, que instituiu o Código de Trânsito Brasileiro – CTB, e conforme o Decreto nº 4.711, de 29 de maio de 2003, que dispõe sobre a coordenação do Sistema Nacional de Trânsito – SNT; e

Considerando o que consta do Processo nº 80001.022080/2006-87; resolve:

**Art. 1º.** Autorizar o trânsito de veículos transportadores de contêineres com altura superior a 4,40 m (quatro metros e quarenta centímetros) e inferior ou igual a 4,60 m (quatro metros e sessenta centímetros) mediante Autorização Especial de Trânsito – AET, concedida pela autoridade com circunscrição sobre a via pública a ser utilizada, com prazo de validade máximo de 1(um) ano.

Parágrafo único. No caso de combinação de veículos a AET será fornecida somente à(s) unidade(s) rebocada(s).

**Art. 2º.** O proprietário do veículo, que tenha recebido Autorização Especial de Trânsito – AET, será responsável pelos danos que o veículo venha causar à via, à sua sinalização e a terceiros, como também responderá integralmente pela utilização indevida de vias que pelo seu gabarito não permitam sua circulação.

**Art. 3º.** Esta Resolução entra em vigor na data da sua publicação.

Brasília/DF, 13 de novembro de 2006.

*Alfredo Peres da Silva – Presidente – DOU de 22.11.2006*

# RESOLUÇÃO CONTRAN Nº 215, DE 14 DE DEZEMBRO DE 2006

- *Regulamenta a fabricação, instalação e uso de dispositivo denominado "quebra-mato" em veículos automotores com peso bruto total de até 3.500 kg.*

O Conselho Nacional de Trânsito – CONTRAN, no uso da competência que lhe confere o inciso I do art. 12, da Lei nº 9.503, de 23 de setembro de 1997, que institui o Código de Trânsito Brasileiro – CTB, e conforme Decreto nº 4.711, de 29 de maio de 2003, que dispõe sobre a coordenação do Sistema Nacional de Trânsito – SNT; e,

Considerando que o art. 97, do Código de Trânsito Brasileiro atribui ao CONTRAN a responsabilidade pela aprovação das exigências que permitam o registro, licenciamento e circulação nas vias públicas;

Considerando que a instalação do dispositivo denominado "quebra-mato" pode afetar as condições de projeto do veículo, em especial no que se refere à distribuição de peso, estabilidade, aerodinâmica e rigidez estrutural e a eficácia do equipamento suplementar de retenção (*air bag*) frontal; e,

Considerando que a utilização do "quebra-mato" pode representar riscos adicionais de acidentes, especialmente quando há o envolvimento de pedestres; resolve:

**Art. 1º.** Os dispositivos "quebra-mato" instalados em veículos automotores com peso bruto total de até 3.500 kg, devem atender aos requisitos desta Resolução.

**Art. 2º.** Os fabricantes e importadores de veículos automotores equipados originalmente com dispositivo "quebra-mato" devem informar, no manual do proprietário, os seguintes requisitos:

I – pontos de ancoragem;

II – peso máximo para o conjunto "quebra-mato" e componentes utilizados em sua instalação;

III – dimensões máximas do "quebra-mato" – largura e altura.

Parágrafo único. Na ausência de definição dos requisitos para instalação do dispositivo "quebra-mato", por parte dos fabricantes e importadores, cabe ao fabricante do dispositivo o atendimento aos incisos deste artigo.

**Art. 3º.** A utilização do "quebra-mato" em veículos automotores está condicionada a existência de uma plaqueta indelével no dispositivo, indicando suas características gerais, contendo no mínimo as seguintes informações:

I – identificação do fabricante do "quebra-mato" – razão social e CNPJ;

II – modelo do veículo ao qual se destina;

III – peso para o conjunto "quebra-mato";

IV – dimensões do "quebra-mato"– largura e altura;

V – referência a esta Resolução;

VI – identificação do registro da empresa no INMETRO.

Parágrafo único. Ficam dispensados do atendimento deste artigo, os veículos originalmente equipados com dispositivo "quebra-mato", bem como aqueles em circulação equipados com dispositivo que atenda os requisitos desta Resolução.

**Art. 4º.** Após 365 dias da data de publicação desta Resolução, fica proibida a circulação, nas vias públicas, de veículos automotores equipados com "quebra-mato" que não cumpram com os requisitos desta Resolução.

Parágrafo único. Ficam dispensados do cumprimento desta Resolução:

a) os veículos originalmente equipados com o dispositivo "quebra-mato" que obtiveram o código de Marca/Modelo/Versão até a data de publicação desta Resolução;

b) os veículos utilizados na prestação e manutenção de serviços de utilidade pública;

c) veículos militares;

d) veículos de órgãos de segurança pública.

**Art. 5º.** Os veículos automotores somente poderão ser equipados com o dispositivo do tipo "quebra-mato" produzidos por empresas devidamente registradas no Instituto Nacional de Metrologia, Normalização e Qualidade Industrial – INMETRO, que estabelecerá, em 180 dias, contados a partir da data de publicação desta Resolução, os requisitos para a concessão do registro mediante regulamentos complementares.

**Art. 6º.** O não cumprimento do disposto nesta Resolução sujeitará o infrator à aplicação da penalidade e medida administrativa previstas no art. 230, inciso XII, do Código de Trânsito Brasileiro.

**Art. 7º.** Esta Resolução entra em vigor na data de sua publicação.

Brasília/DF, 14 de dezembro de 2006.

*Alfredo Peres da Silva – Presidente – DOU de 27.12.2006*

**Anexo**

♦ *O Anexo encontra-se disponível no site: http://www.denatran.gov.br/resolucoes.htm*

# RESOLUÇÃO CONTRAN Nº 216, DE 14 DE DEZEMBRO DE 2006

● *Fixa exigências sobre condições de segurança e visibilidade dos condutores em para-brisas em veículos automotores, para fins de circulação nas vias públicas.*

O Conselho Nacional do Trânsito – CONTRAN, usando a competência que lhe confere o inciso I do art. 12 da Lei nº 9.503, de 23 de setembro de 1997, que instituiu o Código de Trânsito Brasileiro – CTB, e conforme o Decreto nº 4.711, de 29 de maio de 2003, que trata da coordenação do Sistema Nacional de Trânsito – SNT; e

Considerando que a regulamentação da matéria contribuirá para a unificação de entendimento no âmbito dos órgãos e entidades componentes do Sistema Nacional de Trânsito – SNT, para fins de inspeção e fiscalização;

Considerando que os requisitos estabelecidos nas Normas Brasileiras da ABNT objetivam fixar condições de segurança e requisitos mínimos para vidros de segurança instalados em veículos automotores, reduzir os riscos de lesões aos seus ocupantes e assegurar visibilidade condutores de veículos; resolve:

**Art. 1º.** Fixar requisitos técnicos e estabelecer exigências sobre as condições de segurança dos para-brisas de veículos automotores e de visibilidade do condutor para fins de circulação nas vias públicas.

**Art. 2º.** Para efeito desta Resolução, as trincas e fraturas de configuração circular são consideradas dano ao para-brisa.

**Art. 3º.** Na área crítica de visão do condutor e em uma faixa periférica de 2,5 centímetros de largura das bordas externas do para-brisa não devem existir trincas e fraturas de configuração circular, e não podem ser recuperadas.

**Art. 4º.** Nos para-brisas dos ônibus, micro-ônibus e caminhões, a área crítica de visão do condutor conforme figura ilustrativa do anexo desta Resolução é aquela situada a esquerda do veículo determinada por um retângulo de 50 centímetros de altura por 40 centímetros de largura, cujo eixo de simetria vertical é demarcado pela projeção da linha de centro do volante de direção, paralela à linha de centro do veículo, cuja base coincide com a linha tangente do ponto mais alto do volante.

Parágrafo único. Nos para-brisas dos veículos de que trata o *caput* deste artigo, são permitidos no máximo três danos, exceto nas regiões definidas no art. 3º, respeitados os seguintes limites:

I – Trinca não superior a 20 centímetros de comprimento;

II – Fratura de configuração circular não superior a 4 centímetros de diâmetro.

**Art. 5º.** Nos demais veículos automotores, a área crítica de visão do condutor é a metade esquerda da região de varredura das palhetas do limpador de para-brisa.

Parágrafo único. Nos para-brisas dos veículos de que trata o *caput* deste artigo, são permitidos no máximo dois danos, exceto nas regiões definidas no art. 3º, respeitando os seguintes limites:

I – Trinca não superior a 10 centímetros de comprimento;

II – Fratura de configuração circular não superior a 4 centímetros de diâmetro.

**Art. 6º.** O descumprimento do disposto nesta Resolução sujeita o infrator às sanções previstas no art. 230, inciso XVIII c/c o art. 270, § 2º, do Código de Trânsito Brasileiro.

**Art. 7º.** Esta Resolução entra em vigor na data de sua publicação, revogadas as disposições em contrário.

Brasília/DF, 14 de dezembro de 2006.

*Alfredo Peres da Silva – Presidente – DOU de 27.12.2006*

**Anexo**

♦ *O Anexo encontra-se disponível no site: http://www.denatran.gov.br/resolucoes.htm*

## RESOLUÇÃO CONTRAN Nº 217, DE 14 DE DEZEMBRO DE 2006

• *Delega competência ao órgão máximo executivo de trânsito da União para estabelecer os campos de preenchimento das informações que devem constar do Auto de Infração.*

O Conselho Nacional de Trânsito – CONTRAN, no uso das atribuições que lhe são conferidas pelo art. 12, da Lei nº 9.503, de 23 de setembro de 1997, que institui o Código de Trânsito Brasileiro – CTB, e conforme o Decreto Federal nº 4.711, de 29 de maio de 2003, que trata da coordenação do Sistema Nacional de Trânsito – SNT; e

Considerando a necessidade de uniformizar, para todo o território Nacional, os campos e informações mínimas que deverão compor o Auto de Infração de Trânsito, na forma do disposto no art. 280 do Código de Trânsito Brasileiro, e regulamentação complementar; resolve:

**Art. 1º.** Delegar competência ao órgão máximo executivo de trânsito da União para estabelecer os campos das informações mínimas que devem constar do Auto de Infração.

**Art. 2º.** Incumbir para fins de preenchimento em sistema informatizado, o órgão máximo executivo de trânsito da União da definição:

I – do tipo e número de caracteres de cada campo para fins de processamento dos dados;

II – dos códigos que deverão ser utilizados;

III – dos campos que deverão ser de preenchimento opcional;

IV – dos campos obrigatórios para infrações específicas, nos termos estabelecidos em normas complementares.

**Art. 3º.** Permitir que os órgãos e entidades de trânsito implementem o modelo do Auto de Infração que utilizarão no âmbito de suas respectivas competências e circunscrições, respeitados os campos das informações mínimas e de preenchimento obrigatório estabelecidos pelo órgão máximo executivo de trânsito da União.

**Art. 4º.** Os órgãos e entidades do Sistema Nacional de Trânsito terão 180 dias, após a publicação da Portaria a ser baixada pelo órgão máximo executivo de trânsito da União, para se adequarem às novas disposições, data em que ficará revogada a Resolução CONTRAN nº 01/1998.

**Art. 5º.** Esta Resolução entra em vigor na data de sua publicação.

Brasília/DF, 14 de dezembro de 2006.

*Alfredo Peres da Silva – Presidente – DOU de 27.12.2006*

## RESOLUÇÃO CONTRAN Nº 218, DE 20 DE DEZEMBRO DE 2006

• *Aprova o Regimento Interno das Câmaras Temáticas do CONTRAN.*

• **Com a alteração da Resolução CONTRAN nº 313, de 8.5.2009.**

O Conselho Nacional de Trânsito – CONTRAN, usando da competência que lhe confere o inciso I do art. 12 da Lei nº 9.503, de 23 de setembro de 1997, que instituiu o Código de Trânsito Brasileiro – CTB, e à vista do disposto no Decreto nº 4.711, de 29 de maio de 2003, que dispõe sobre a coordenação do Sistema Nacional de Trânsito – SNT; resolve:

**Art. 1º.** Aprovar o Regimento Interno das Câmaras Temáticas do CONTRAN, na forma do anexo desta Resolução.

**Art. 2º.** Até a nomeação da nova composição de cada Câmara Temática, os membros do mandato findo poderão continuar a prestar seus serviços, quando convocados pelo Presidente do CONTRAN. *(Art. 2º com redação dada pela Resolução CONTRAN nº 313/2009)*

**Art. 3º.** Esta Resolução entra em vigor a partir de 1º de janeiro de 2007, data em que ficam revogadas as Resoluções CONTRAN nºs 144/2003, 172/2005, 183/2005 e 186/2006.

Brasília/DF, 20 de dezembro de 2006.

*Alfredo Peres da Silva – Presidente – DOU de 27.12.2006*

# Anexo
## Capítulo I – Da Natureza, Composição e Organização

**Art. 1º.** As Câmaras Temáticas, órgãos técnicos vinculados ao Conselho Nacional de Trânsito – CONTRAN têm como objetivo estudar e oferecer sugestões e embasamento técnico sobre assuntos específicos para decisões do Conselho, nos termos do art. 13 do Código de Trânsito Brasileiro.

**Art. 2º.** As Câmaras Temáticas são:

I – de Assuntos Veiculares;

II – de Educação para o Trânsito e Cidadania;

III – de Engenharia de Tráfego, da Sinalização e da Via;

IV – Esforço Legal: infrações, penalidades, crimes de trânsito, policiamento e fiscalização de trânsito;

V – de Formação e Habilitação de Condutores;

VI – de Saúde e Meio Ambiente no Trânsito.

**Art. 3º.** Cada Câmara Temática é composta por pessoas representantes de órgãos e entidades de trânsito da União, dos Estados ou do Distrito Federal e dos Municípios, em igual número, pertencentes ao Sistema Nacional de Trânsito, além de especialistas, representantes de diversos segmentos da sociedade relacionados com o trânsito.

Parágrafo único. As indicações para composição das Câmaras Temáticas deverão ser acompanhadas de currículos.

**Art. 4º.** Cada Câmara será composta por dezoito titulares e respectivos suplentes, selecionados pelo Diretor do DENATRAN e nomeados pelo Ministro das Cidades:

I – um representante do órgão máximo executivo de trânsito da União, que será o Secretário Executivo da Câmara Temática;

II – um representante do órgão ou entidade executivo rodoviário da União;

III – um representante da Polícia Rodoviária Federal;

IV – três representantes dos órgãos ou entidades executivos de trânsito, ou rodoviário, ou de policiamento e fiscalização dos estados ou do Distrito Federal;

V – três representantes dos órgãos ou entidades executivos de trânsito e rodoviários dos Municípios;

VI – quatro especialistas representantes de segmentos organizados da sociedade relacionados com trânsito e a temática da respectiva Câmara;

VII – cinco especialistas de notório saber na temática da respectiva Câmara.

§ 1º. Os membros das Câmaras Temáticas, titulares e suplentes, deverão ser representantes da mesma pessoa jurídica.

§ 2º. No caso do representante do Órgão Máximo Executivo de Trânsito da União ser eleito o Coordenador da Câmara Temática, o Secretário Executivo será o seu suplente, sem direito a voto enquanto presente à reunião o titular.

**Art. 5º.** O mandato dos membros da Câmara terá duração de dois anos, admitidas reconduções.

§ 1º. Comprovada a prática de ato de improbidade o CONTRAN determinará a imediata substituição do membro da Câmara.

§ 2º. Ocorrendo, por qualquer motivo, a vacância do titular da representação, seu suplente passará à condição de titular até que seja providenciada, na forma do art. 4º deste Regimento Interno, a nomeação de um novo membro para complementação do respectivo mandato.

**Art. 6º.** O Órgão Máximo Executivo de Trânsito da União dará suporte técnico e administrativo às Câmaras Temáticas, promovendo as atividades necessárias, por meio do Secretário Executivo.

## Capítulo II – Da Competência e das Atribuições
### Seção I – Da Câmara Temática

**Art. 7º.** Compete à Câmara Temática na função de assessoramento do CONTRAN:

I – desenvolver estudos, opinar e sugerir sobre matérias na área de suas atribuições, obedecidas às prioridades estabelecidas por aquele Colegiado;

II – propor ao Órgão Máximo Executivo de Trânsito da União a criação de grupo técnico (GT), bem como de Grupo Técnico Inter-Câmaras GTI, para fornecer subsídios aos estudos da Câmara;

## Seção II – Do Secretério Executivo

**Art. 8º.** Compete ao Secretário executivo da Câmara Temática:

I – recepcionar a documentação dirigida à Câmara Temática, distribuindo-a e controlando sua tramitação;

II – assegurar o apoio logístico necessário ao pleno funcionamento da Câmara Temática, encaminhando ao órgão máximo executivo de trânsito da União, por intermédio da Assessoria Técnica – ATEC, termo de referência para cada reunião, com antecedência mínima de 30 (trinta) dias; *(Inciso II com redação dada pela Resolução CONTRAN nº 313/2009)*

III – encaminhar aos respectivos destinatários, os expedientes e documentos enviados pelo Coordenador da Câmara Temática;

IV – manter a guarda e gestão dos arquivos, registros e documentos de interesse da Câmara Temática.

V – estabelecer em conjunto com o Coordenador da Câmara Temática, a pauta das reuniões, com antecedência mínima de 10 (dez) dias, enviando-a aos membros; *(Inciso V com redação dada pela Resolução CONTRAN nº 313/2009)*

VI – encaminhar aos membros da Câmara Temática a convocação e respectiva pauta das reuniões, bem como suas súmulas;

VII – decidir em conjunto com o Coordenador da Câmara Temática a participação de convidados para as reuniões;

VIII – encaminhar à Câmara Temática as demandas estabelecidas pelo CONTRAN para a realização de estudos, registrando e acompanhando a sua tramitação;

IX – providenciar a entrega do original da súmula de cada reunião da Câmara Temática ao órgão máximo executivo de trânsito da União, por intermédio da Assessoria Técnica – ATEC, em até 5 (cinco) dias após a reunião, assim como os originais de notas técnicas, pareceres, relatórios e outros documentos que tenham sido produzidos ou aprovados com registro naquela súmula; *(Inciso IX acrescido pela Resolução nº 313/2009)*

X – propor ao órgão máximo executivo de trânsito da União, ou opinar, sobre o estabelecimento do calendário de reuniões da Câmara Temática, em conjunto com o Coordenador da Câmara; *(Inciso X acrescido pela Resolução CONTRAN nº 313/2009)*

XI – organizar a lista de presença de cada reunião, colhendo a assinatura dos participantes, por período; *(Inciso XI acrescido pela Resolução CONTRAN nº 313/2009)*

## Seção III – Do Coordenador

**Art. 9º.** Compete ao Coordenador da Câmara Temática:

I – abrir, encerrar e coordenar as reuniões da Câmara, observadas as disposições deste Regimento;

II – solicitar e conceder vistas dos assuntos constantes da pauta;

III – assinar as súmulas das reuniões e o encaminhamento dos expedientes e pareceres;

IV – designar relator para expedientes e processos;

V – autorizar a manifestação de convidado a respeito de determinado assunto;

VI – convocar, de comum acordo com o Secretário Executivo, reunião extraordinária.

Parágrafo único. Não estando presente, o Coordenador será substituído pelo Secretário Executivo.

## Seção IV – Dos Membros Integrantes da Câmara

**Art. 10.** Compete aos membros da Câmara Temática:

I – participar das reuniões e deliberar sobre os assuntos tratados;

II – propor e requerer esclarecimentos que lhes forem úteis à melhor apreciação das matérias tratadas;

III – eleger, o Coordenador, dentre os membros da Câmara;

IV – compor comissões especiais ou grupos técnicos da Câmara (GT), ou inter câmaras (GTI);

V – relatar processos e elaborar pareceres ou nota técnica, quando designado pelo Coordenador;

VI – solicitar vistas aos expedientes e processos constantes da pauta.

## Capítulo III – Do Funcionamento
### Seção I – Das Reuniões

**Art. 11.** A Câmara Temática reunir-se-á de acordo com calendário previamente aprovado ou quando convocada extraordinariamente.

§ 1º. A reunião da Câmara Temática só será instalada com presença mínima de metade mais um de seus membros.

§ 2º. Não alcançando número necessário para a instalação, o fato será registrado na súmula, constando da mesma os nomes dos membros que tiverem comparecido.

§ 3º. Será atribuída falta aos membros que não comparecerem, mesmo que a reunião não se realize por falta de quorum.

§ 4º. Na ausência do titular, a representação se dará pelo suplente.

§ 5º. A presença será verificada a cada dia de reunião, sendo considerada:

I – falta de dia, a ausência em um dos dias da reunião;

II – falta de reunião, a ausência em todos os dias de duração da reunião.

§ 6º. Perderá o mandato e será substituída a representação que tiver:

I – três faltas de dia, em três reuniões consecutivas;

II – quatro faltas de dia, em quatro reuniões intercaladas;

III – duas faltas de reunião, em reuniões consecutivas;

IV – três faltas de reunião, em reuniões intercaladas.

**Art. 12.** A ordem dos trabalhos nas reuniões da Câmara Temática será:

I – abertura da reunião;

II – leitura da súmula da reunião anterior, realizando retificações se necessário; *(Inciso II com redação dada pela Resolução CONTRAN nº 313/2009)*

III – apreciação dos assuntos constantes da pauta e sua distribuição para relatoria;

IV – apresentação, discussão e conclusão de pareceres de processos e expedientes constantes da pauta.

**Art. 13.** As reuniões serão registradas em súmulas, assinadas pelo Coordenador e pelo Secretário-Executivo, acompanhadas das listas de presença devidamente assinadas pelos participantes, que serão encaminhadas ao órgão máximo executivo de trânsito da União, por intermédio da Assessoria Técnica – ATEC. *(Art. 13 com redação dada pela Resolução CONTRAN nº 313/2009)*

**Art. 14.** A convocação do suplente, no caso de impedimento do titular, deverá ser realizada pelo titular.

### Seção II – A Relatoria e do Pedido de Vistas

**Art. 15.** O relator designado pelo Coordenador deverá apresentar seu parecer na reunião seguinte, permitida prorrogação por mais uma reunião, desde que devidamente justificada.

Parágrafo único. O parecer deverá ser encaminhado ao Órgão Máximo Executivo de Trânsito da União, em meio digital, 5 (cinco) dias úteis antes da reunião.

**Art. 16.** Após a apresentação do parecer do relator, será facultado o pedido de vistas, com devolução na reunião seguinte.

§ 1º. Após devolução do primeiro pedido de vistas, havendo interesse de algum membro em solicitar novo pedido, o mesmo será concedido simultaneamente a todos os demais membros da Câmara para conclusão na reunião seguinte.

§ 2º. Havendo parecer no pedido de vistas, o mesmo deverá ser encaminhado ao Órgão Máximo Executivo de Trânsito da União, em meio digital, 5 (cinco) dias úteis antes da reunião.

### Seção III – Das Votações e Conclusões

**Art. 17.** As conclusões dos estudos técnicos das Câmaras Temáticas serão tomadas pela votação de seus membros, conforme § 1º do art. 10 deste Regimento Interno, e enviadas ao Órgão Máximo Executivo de Trânsito da União.

**Art. 18.** O voto vencido será consignado na súmula e o membro da Câmara Temática que o tiver proferido poderá justificá-lo resumidamente para tomada à termo, ou juntar, antes da aprovação da súmula da respectiva reunião, as suas razões, passando a fazer parte dela como se transcritas estivessem.

**Art. 19.** O Coordenador da Câmara terá direito a voto nominal e de qualidade.

### Capítulo IV – Das Disposições Finais

**Art. 20.** Os serviços prestados às Câmaras Temáticas serão considerados, para todos os efeitos, como de interesse público e relevante valor social.

**Art. 21.** As despesas dos membros participantes das Câmaras serão suportadas pelos órgãos, entidades ou instituições a que representam.

Parágrafo único. O Órgão Máximo Executivo de Trânsito da União poderá suportar as despesas mencionadas no *caput* deste artigo, atendidas as exigências legais.

**Art. 22.** Os casos de divergência, omissões e dúvidas surgidas na aplicação do presente Regimento Interno serão solucionados pelo Presidente do CONTRAN.

## RESOLUÇÃO CONTRAN Nº 220, DE 11 DE JANEIRO DE 2007

• *Estabelece requisitos para ensaios de resistência e ancoragem dos bancos e apoios de cabeça nos veículos.*

O Conselho Nacional de Trânsito – CONTRAN, usando da competência que lhe confere o inciso I do art. 12 da Lei nº 9.503, de 23 de setembro de 1997, que institui o Código de Trânsito Brasileiro – CTB, e conforme o Decreto nº 4.711, de 29 de maio de 2003, que dispõe sobre a coordenação do Sistema Nacional de Trânsito – SNT; e

Considerando o disposto nos arts. 103 e 105, inciso III, do Código de Trânsito Brasileiro;

Considerando a necessidade de aperfeiçoar e atualizar os critérios de resistência dos bancos e de suas ancoragens nos veículos em circulação no território nacional, alinhando-os com os critérios internacionais;

Considerando a necessidade de criar métodos de ensaios nacionais para verificação da resistência dos apoios de cabeça montados nos veículos em circulação no território nacional; resolve:

**Art. 1º.** Os automóveis e camionetas nacionais ou importados, deverão ser dotados, obrigatoriamente, de encosto de cabeça nos assentos dianteiros próximos às portas e nos traseiros laterais, quando voltados para frente do veículo.

§ 1º. A aplicação do encosto de cabeça nos assentos centrais é facultativa.

§ 2º. Nos automóveis esportivos, do tipo dois mais dois, ou nos modelos conversíveis, é facultado o uso do encosto de cabeça nos bancos traseiros.

**Art. 2º.** Os automóveis e camionetas, nacionais ou importados, deverão cumprir com os requisitos estabelecidos na norma da Associação Brasileira de Normas Técnicas – ABNT, NBR 15283 (Veículos rodoviários automotores – resistência dos bancos, suas ancoragens e apoios de cabeça – requisitos e métodos de ensaio).

**Art. 3º.** Alternativamente se admitirá a homologação de veículos que cumpram os requisitos de resistência dos bancos, suas ancoragens e apoios de cabeça, definidos no Regulamento ECE R 17.07, de 2002, ou nas normas FMVSS 202 e 207, de 1998.

**Art. 4º.** Os requisitos constantes desta norma aplicar-se-ão aos novos projetos produzidos ou importados para o território nacional, a partir de 5 (cinco) anos da data de publicação desta Resolução, quando ficará revogada a Resolução CONTRAN nº 44/1998.

**Art. 5º.** Esta Resolução entra em vigor na data de sua publicação.

Brasília/DF, 11 de janeiro de 2007.

*Alfredo Peres da Silva – Presidente – DOU de 30.1.2007*

## RESOLUÇÃO CONTRAN Nº 221, DE 11 DE JANEIRO DE 2007

• *Estabelece requisitos de proteção aos ocupantes e integridade do sistema de combustível decorrente de impacto nos veículos.*

• **Com a alteração da Resolução CONTRAN nº 255, de 26.10.2007.**

O Conselho Nacional de Trânsito – CONTRAN, usando da competência que lhe confere o inciso I do art. 12 da Lei nº 9.503, de 23 de setembro de 1997, que institui o Código de Trânsito Brasileiro – CTB, e conforme o Decreto nº 4.711, de 29 de maio de 2003, que dispõe sobre a coordenação do Sistema Nacional de Trânsito – SNT; e

Considerando o disposto no art. 103, do Código de Trânsito Brasileiro;

Considerando a necessidade de criar critérios biomecânicos de segurança para os ocupantes dos veículos de passageiros, quando da ocorrência de impactos;

Considerando a necessidade de aperfeiçoar e atualizar os requisitos de segurança para integridade do sistema de combustível dos veículos de passageiros; resolve:

**Art. 1º.** Os automóveis e camionetas deles derivados, nacionais e importados, devem cumprir com os requisitos estabelecidos nas normas da Associação Brasileira de Normas Técnicas – ABNT abaixo: *(Art. 1º, caput, com redação dada pela Resolução CONTRAN nº 255/2007)*

— Proteção ao ocupante, com avaliação de critérios biomecânicos, em ensaio de impacto frontal: Norma ABNT NBR 15300-1, em conjunto com a Norma ABNT NBR 15300-2 ou com a Norma ABNT NBR 15300-3, a critério do fabricante;

— Comportamento da estrutura do habitáculo em ensaio de impacto traseiro: Norma ABNT NBR 15.240;

— Integridade do sistema de combustível em ensaio de impacto traseiro: Norma ABNT NBR 15.241.

**Art. 2º.** Os requisitos constantes no art. 1º aplicar-se-ão aos novos projetos produzidos ou importados, a partir de 5 (cinco) anos da data de publicação desta Resolução.

§ 1º. Para os demais veículos das categorias de automóveis e camionetas deles derivados que não se enquadram na definição de novos projetos, o art. 1º aplica-se a partir de 7 (sete) anos da data de publicação desta Resolução.

§ 2º. Para efeito desta Resolução considera-se novo projeto o modelo de veículo que nunca obteve o Código de Marca / Modelo / Versão junto ao DENATRAN.

§ 3º. Não se considera como projeto novo à derivação de um mesmo modelo básico de veículo que já possua Código de Marca/Modelo/Versão concedido pelo DENATRAN.

§ 4º. Na hipótese de novo projeto, o fabricante ou importador deverá indicar essa condição no requerimento dirigido ao DENATRAN para concessão de código de marca modelo versão.

**Art. 3º.** Esta Resolução entra em vigor na data de sua publicação.

Brasília/DF, 11 de janeiro de 2007.

*Alfredo Peres da Silva – Presidente – DOU de 30.1.2007*

## RESOLUÇÃO CONTRAN Nº 222, DE 11 DE JANEIRO DE 2007

* *Acrescenta § 5º ac art. 33 da Resolução CONTRAN nº 168, de 14 de dezembro de 2004.*

O Conselho Nacional de Trânsito – CONTRAN, usando da competência que lhe confere o art. 12, inciso X, da Lei nº 9.503, de 23 de setembro de 1997, que instituiu o Código de Trânsito Brasileiro – CTB, e conforme Decreto nº 4.711, de 29 de maio de 2003, que dispõe sobre a coordenação do Sistema Nacional de Trânsito – SNT; e

Considerando o constante do Processo nº 80001.015151/2006-95; resolve:

**Art. 1º.** Referendar, a Deliberação nº 54, publicada no *Diário Oficial da União* de 30 de novembro de 2006, do Presidente do Conselho Nacional de Trânsito – CONTRAN.

**Art. 2º.** Acrescentar § 5º ao art. 33 da Resolução nº 168, de 14 de dezembro de 2004, do CONTRAN, com a seguinte redação:

* *Alterações já efetuadas no corpo da Resolução.*

**Art. 3º.** Esta Resolução entra em vigor na data de sua publicação.

Brasília/DF, 11 de janeiro de 2007.

*Alfredo Peres da Silva – Presidente – DOU de 30.1.2007*

## RESOLUÇÃO CONTRAN Nº 223, DE 9 DE FEVEREIRO DE 2007

* *Altera a Resolução CONTRAN nº 157, de 22 de abril de 2004, que fixa as especificações para os extintores de incêndio.*

O Conselho Nacional de Trânsito – CONTRAN, no uso das atribuições, conferidas pelo art. 12, da Lei nº 9.503, de 23 de setembro de 1997, que instituiu o Código de Trânsito Brasileiro – CTB, e conforme o Decreto nº 4.711, de 29 de maio de 2003, que trata da coordenação do Sistema Nacional de Trânsito – SNT; e

Considerando o art. 105, § 1º, do CTB, o qual estabelece que o CONTRAN determinará as especificações técnicas dos equipamentos obrigatórios; resolve:

**Art. 1º.** O art. 1º da Resolução nº 157, do CONTRAN, passa a vigorar com a seguinte redação:

* *Alterações já efetuadas no corpo da Resolução.*

**Art. 2º.** Revogar o § 1º do art. 7º da Resolução nº 157/2004, do CONTRAN.

* *Alterações já efetuadas no corpo da Resolução.*

**Art. 3º.** O inciso I do § 2º do art. 7º da Resolução nº 157/2004, do CONTRAN, passa a vigorar com a seguinte redação:

* *Alterações já efetuadas no corpo da Resolução.*

**Art. 4º.** Alterar a Tabela 2 do Anexo da Resolução nº 157/2004, do CONTRAN, que passa a vigorar com a seguinte redação:

* *Alterações já efetuadas no corpo da Resolução.*

**Art. 5º.** Esta Resolução entra em vigor na data de sua publicação.

Brasília/DF, 9 de fevereiro de 2007.

*Alfredo Peres da Silva – Presidente – DOU de 16.2.2007*

## RESOLUÇÃO CONTRAN Nº 224, DE 9 DE FEVEREIRO DE 2006

• *Estabelece requisitos de desempenho dos sistemas limpador e lavador do para-brisa para fins de homologação de veículos automotores*

O Conselho Nacional de Trânsito – CONTRAN, usando da competência que lhe confere o inciso I do art. 12 da Lei nº 9.503, de 23 de setembro de 1997, que institui o Código de Trânsito Brasileiro – CTB, e conforme o Decreto nº 4.711, de 29 de maio de 2003, que dispõe sobre a coordenação do Sistema Nacional de Trânsito – SNT; e

Considerando a necessidade de aperfeiçoar e atualizar os requisitos de segurança para os veículos nacionais e importados; resolve:

**Art. 1º.** Para fins de homologação, os veículos automotores destinados ao transporte de passageiros com até nove lugares sentados, incluindo o condutor, e os veículos destinados ao transporte de carga com peso bruto não superior a 3,5 ton, tendo pelo menos 4 rodas e uma velocidade máxima superior a 25 km/h. deverão estar equipados com sistemas de limpador e lavador de para-brisas que atendam as características e os requisitos de desempenho especificados no Anexo desta Resolução.

**Art. 2º.** Alternativamente se admitirá a homologação de veículos que cumpram com os sistemas de limpador e lavador do para-brisa que atendam a Diretiva 78/318/EEC, emendada pela Diretiva 94/68/EEC, ou a norma FMVSS 104, de 24 de setembro de 1998.

**Art. 3º.** Esta Resolução entra em vigor na data de sua publicação, produzindo efeito 360 dias após, revogando as alíneas "i" e "j" do art. 1º da Resolução CONTRAN nº 461/1972 e o item 1 do parágrafo único do art. 1º da Resolução CONTRAN nº 463/1973.

• *Alterações já efetuadas no corpo da Resolução.*

Brasília/DF, 9 de fevereiro de 2007.

*Alfredo Peres da Silva – Presidente – DOU de 12.3.2007*

Anexo

♦ *O Anexo encontra-se disponível no site: http://www.denatran.gov.br/resolucoes.htm*

## RESOLUÇÃO CONTRAN Nº 225, DE 9 DE FEVEREIRO DE 2007

• *Estabelece requisitos de localização, identificação e iluminação dos controles, indicadores e lâmpadas piloto.*

O Conselho Nacional de Trânsito – CONTRAN, usando da competência que lhe confere o inciso I do art. 12 da Lei nº 9.503, de 23 de setembro de 1997, que institui o Código de Trânsito Brasileiro – CTB, e conforme o Decreto nº 4.711, de 29 de maio de 2003, que dispõe sobre a coordenação do Sistema Nacional de Trânsito – SNT; e

Considerando que normalização da localização, identificação e iluminação dos controles, indicadores e lâmpadas piloto são necessárias para a segurança do condutor;

Considerando a necessidade de aperfeiçoar e atualizar os requisitos de segurança para os veículos nacionais e importados; resolve:

**Art. 1º.** Os veículos automotores, nacionais e importados, devem estar equipados com os controles, indicadores e lâmpadas piloto conforme o anexo desta Resolução, e de acordo com a característica do veículo.

**Art. 2º.** Alternativamente será admitida a certificação de veículos que cumpram com o Regulamento FMVSS 101 de 5 de junho de 2002, ou a Diretiva 78/316/EEC, emendada pelas Diretivas 93/1991/EEC e 94/53/EEC.

**Art. 3º.** Revogar a alínea "a" do art. 1º da Resolução CONTRAN nº 461/1972 e o item 8 do art. 1º, e o Anexo II da Resolução CONTRAN nº 636/1984.

• *Alteração já efetuada no corpo da Resolução.*

**Art. 4º.** Esta Resolução entra em vigor na data de sua publicação.

Brasília/DF, 9 de fevereiro de 2007.

*Alfredo Peres da Silva – Presidente – DOU de 12.3.2007*

Anexo

♦ *O Anexo encontra-se disponível no site: http://www.denatran.gov.br/resolucoes.htm*

## RESOLUÇÃO CONTRAN Nº 226, DE 9 DE FEVEREIRO DE 2007

• *Estabelece requisitos para o desempenho e a fixação de espelhos retrovisores.*

O Conselho Nacional de Trânsito – CONTRAN, usando da competência que lhe confere o inciso I do art. 12 da Lei nº 9.503, de 23 de setembro de 1997, que institui o

Código de Trânsito Brasileiro – CTB, e conforme o Decreto n° 4.711, de 29 de maio de 2003, que dispõe sobre a coordenação do Sistema Nacional de Trânsito – SNT; e

Considerando a necessidade de atualização dos critérios de campo de visão do espelho retrovisor externo dos veículos de que trata esta Resolução, alinhado-os com os critérios internacionais; resolve:

**Art. 1°.** Os automóveis, utilitários, camionetas, ônibus, micro-ônibus, caminhonetes, caminhões e caminhões tratores, novos saídos de fábrica, nacionais ou importados a partir de primeiro de janeiro de 2012, deverão estar equipados com espelhos retrovisores que atendam aos requisitos de desempenho e instalação definidos no Anexo desta Resolução.

**Art. 2°.** Serão admitidos espelhos retrovisores que atendam o Regulamento ECE 46.01 (Nações Unidas) ou o Regulamento 2003/1997/EC (Comunidade Europeia) de 10 de novembro de 2003 ou a norma FMVSS 111, de 24 de setembro de 1998.

**Art. 3°.** Esta Resolução entra em vigor na data de sua publicação, produzindo efeito compulsório a partir de primeiro janeiro de 2012, sendo facultado antecipar a sua adoção total ou parcial.

Brasília/DF, 9 de fevereiro de 2007.

*Alfredo Peres da Silva – Presidente – DOU de 12.3.2007*

**Anexo**

♦ *O Anexo encontra-se disponível no site: http://www.denatran.gov.br/resolucoes.htm*

# RESOLUÇÃO CONTRAN N° 227, DE 9 DE FEVEREIRO DE 2007

- *Estabelece requisitos referentes aos sistemas de iluminação e sinalização de veículos.*
- *Com as alterações das Resoluções CONTRAN n° 294, de 17.10.2008 e n° 383, de 2.6.2011.*

O Conselho Nacional de Trânsito – CONTRAN, usando da competência que lhe confere o inciso I do art. 12 da Lei n° 9.503, de 23 de setembro de 1997, que institui o Código de Trânsito Brasileiro – CTB, e conforme o Decreto n° 4.711, de 29 de maio de 2003, que dispõe sobre a coordenação do Sistema Nacional de Trânsito – SNT; e

Considerando que nenhum veículo poderá transitar nas vias terrestres abertas à circulação pública sem que ofereça as condições mínimas de segurança;

Considerando que a normalização dos sistemas de iluminação e sinalização é de vital importância na manutenção da segurança do Trânsito;

Considerando a necessidade de aperfeiçoar e atualizar os requisitos de segurança para os veículos nacionais e importados; resolve:

**Art. 1°.** Os automóveis, camionetas, utilitários, caminhonetes, caminhões, caminhão-trator, ônibus, micro-ônibus, reboques e semirreboques novos saídos de fábrica, nacionais e importados a partir de 1°.1.2009, deverão estar equipados com sistema de iluminação veicular, de acordo com as exigências estabelecidas por esta Resolução e seus Anexos.

§ 1°. Os dispositivos componentes dos sistemas de iluminação e de sinalização veicular devem atender ao estabelecido nos Anexos que fazem parte dessa Resolução:

Anexo 1 – Instalação de dispositivos de iluminação e sinalização luminosa.

Anexo 2 – Faróis principais emitindo fachos assimétricos e equipados com lâmpadas de filamento.

Anexo 3 – Faróis de neblina dianteiros.

Anexo 4 – Lanternas de marcha-a-ré.

Anexo 5 – Lanternas indicadores de direção.

Anexo 6 – Lanternas de posição dianteiras e traseiras, lanternas de freio e lanternas delimitadoras traseiras.

Anexo 7 – Lanterna de iluminação da placa traseira.

Anexo 8 – Lanternas de neblina traseiras.

Anexo 9 – Lanternas de estacionamento.

Anexo 10 – Faróis principais equipados com fonte de luz de descarga de gás.

Anexo 11 – Fonte de luz para uso em farol de descarga de gás.

Anexo 12 – Retrorrefletores.

Anexo 13 – Lanterna de posição lateral.

Anexo 14 – Farol de rodagem diurna.

§ 2º. Os veículos inacabados (chassi de caminhão com cabina e sem carroçaria com destino ao concessionário, encarroçador ou, ainda, a serem complementados por terceiros), não estão sujeitos à aplicação dos dispositivos relacionados abaixo:
a) lanternas delimitadoras traseiras;
b) lanternas laterais traseiras e intermediárias;
c) retrorrefletores laterais traseiros e intermediários.

§ 3º. Os dispositivos mencionados no parágrafo anterior devem ser aplicados, conforme o caso, quando da complementação do veículo.

§ 4º. Os veículos inacabados (chassi de caminhão com cabina incompleta ou sem cabina, chassi e plataforma para ônibus ou micro-ônibus) com destino ao concessionário, encarroçador ou, ainda, a serem complementados por terceiros, não estão sujeitos à aplicação dos dispositivos relacionados abaixo:
a) lanternas delimitadoras dianteiras e traseiras;
b) lanternas laterais e dianteiras, traseiras e intermediárias;
c) retrorrefletores laterais e dianteiros, traseiros e intermediários;
d) lanternas de iluminação da placa traseira; e
e) lanterna de marcha-a-ré.

§ 5º. Os dispositivos mencionados no parágrafo anterior devem ser aplicados, conforme o caso, quando da complementação do veículo.

§ 6º. Os veículos inacabados (chassi de caminhão com cabina incompleta ou sem cabina, chassi e plataforma para ônibus ou micro-ônibus, com destino ao concessionário, encarroçador ou, ainda, a serem complementados por terceiros) não estão sujeitos ao cumprimento dos requisitos de iluminação e sinalização, quanto à posição de montagem e prescrições fotométricas estabelecidas na presente Resolução, para aqueles dispositivos luminosos a serem substituídos ou modificados quando da sua complementação.

§ 7º. Ficam limitados a instalação e o funcionamento simultâneo de no máximo 8 (oito) faróis, independentemente de suas finalidades. *(§ 7º com redação dada pela Resolução CONTRAN nº 383/2011)*

§ 8º. A identificação, localização e forma correta de utilização dos dispositivos luminosos deverão constar no manual do veículo. *(§ 8º acrescido pela Resolução CONTRAN nº 294/2008)*

§ 9º. É proibida a colocação de adesivos, pinturas, películas ou qualquer outro material nos dispositivos dos sistemas de iluminação ou sinalização de veículos. *(§ 9º acrescido pela Resolução CONTRAN nº 383/2011)*

**Art. 2º.** Serão aceitas inovações tecnológicas ainda que não contempladas nos requisitos estabelecidos nos Anexos, mas que comprovadamente assegurem a sua eficácia e segurança dos veículos, desde que devidamente avaliadas e aprovadas pelo órgão máximo executivo de trânsito da União.

**Art. 3º.** Para fins de conformidade com o disposto nos Anexos da presente Resolução, serão aceitos os resultados de ensaios emitidos por órgão acreditado pelo INMETRO – Instituto Nacional de Metrologia, Normalização e Qualidade Industrial.

**Art. 4º.** Fica a critério do órgão máximo executivo de trânsito da União admitir, para efeito de comprovação do atendimento das exigências desta Resolução, os resultados de testes e ensaios obtidos por procedimentos similares de mesma eficácia, realizados no exterior.

**Art. 5º.** Fica a critério do órgão máximo executivo de trânsito da União homologar veículos que cumpram com os sistemas de iluminação que atendam integralmente à norma Norte Americana FMVSS 108.

**Art. 6º.** Os Anexos desta Resolução encontram-se disponíveis no sítio eletrônico *www.denatran.gov.br.*

**Art. 6º-A.** O não atendimento ao disposto nesta Resolução sujeita o infrator à aplicação das penalidades e medidas administrativas previstas no art. 230, incisos IX, XII, XIII e XXII do CTB, conforme infração a ser apurada. *(Art. 6º-A acrescido pela Resolução CONTRAN nº 383/2011)*

**Art. 7º.** Esta Resolução entra em vigor na data de sua publicação, produzindo efeitos a partir de 1º.1.2009, sendo facultado antecipar sua adoção total ou parcial, ficando convalidadas, até esta data, as características dos veículos fabricados de acordo com as Resoluções CONTRAN nºs 680/1987 e 692/1988. *(Art. 7º com redação dada pela Resolução CONTRAN nº 294/2008)*

**Art. 8º.** Até a efetiva adequação das exigências estabelecidas nesta Resolução, os veículos mencionados deverão estar em conformidade com o disposto nas Resoluções CONTRAN nºs 680/1987 e 692/1988. *(Art. 8º acrescido pela Resolução CONTRAN nº 294/2008)*

Brasília/DF, 9 de fevereiro de 2007.
Alfredo Peres da Silva – Presidente – DOU de 12.3.2007

**Anexos**

♦ *Os Anexos encontram-se disponíveis no site: http://www.denatran.gov.br/resolucoes.htm*

## RESOLUÇÃO CONTRAN Nº 228, DE 2 DE MARÇO DE 2007

- *Dá nova redação ao item "10" do inciso IV do art. 1º da Resolução CONTRAN nº 14, de 2.6.1998.*

O Conselho Nacional de Trânsito – CONTRAN, usando da competência que lhe confere o art. 12, inciso I, da Lei nº 9.503, de 23 de setembro de 1997, que instituiu o Código de Trânsito Brasileiro – CTB, e conforme Decreto nº 4.711, de 29 de maio de 2003, que dispõe sobre a coordenação do Sistema Nacional de Trânsito – SNT; e

Considerando a necessidade de prover maior segurança à saúde e à integridade física dos condutores e passageiros de motonetas, motocicletas e triciclos;

Considerando o contido no Processo nº 80001.007247/2006-80; resolve:

**Art. 1º.** Dar nova redação ao item "10" do inciso IV do art. 1º da Resolução CONTRAN nº 14, de 6 de fevereiro de 1998:

- *Alterações já efetuadas no corpo da Resolução.*

**Art. 2º.** Esta Resolução entra em vigor na data de sua publicação, produzindo efeitos a partir de 1º de janeiro de 2009.

Brasília/DF, 2 de março de 2007.
Alfredo Peres da Silva – Presidente – DOU de 8.3.2007

**Anexo**

♦ *O Anexo encontra-se disponível no site: http://www.denatran.gov.br/resolucoes.htm*

## RESOLUÇÃO CONTRAN Nº 231, DE 15 DE MARÇO DE 2007

- *Estabelece o Sistema de Placas de Identificação de Veículos.*
- **Com as alterações das Resoluções CONTRAN nº 241, de 22.6.2007; nº 309, de 6.3.2009 e nº 372, de 18.3.2011.**

O Conselho Nacional de Trânsito – CONTRAN, no uso da competência que lhe confere o art. 12, inciso I, da Lei nº 9.503, de 23 de setembro de 1997, que instituiu o Código de Trânsito Brasileiro – CTB, e nos termos do disposto no Decreto nº 4.711, de 29 de maio de 2003, que trata da coordenação do Sistema Nacional de Trânsito – SNT.

Considerando o disposto nos arts. 115, 221 e 230 nos incisos I, IV e VI do Código de Trânsito Brasileiro – CTB que estabelece que o CONTRAN definirá os modelos e especificações das placas de identificação dos veículos;

Considerando a necessidade de melhor identificação dos veículos e tendo em vista o que consta dos Processos 80001.016227/2006-08, 80001.027803/2006-34; resolve:

**Art. 1º.** Após o registro no órgão de trânsito, cada veículo será identificado por placas dianteira e traseira, afixadas em primeiro plano e integrante do mesmo, contendo 7 (sete) caracteres alfanuméricos individualizados sendo o primeiro grupo composto por 3 (três), resultante do arranjo, com repetição de 26 (vinte e seis) letras, tomadas três a três, e o segundo grupo composto por 4 (quatro), resultante do arranjo, com repetição, de 10 (dez) algarismos, tomados quatro a quatro.

§ 1º. Além dos caracteres previstos neste artigo, as placas dianteira e traseira deverão conter, gravados em tarjetas removíveis a elas afixadas, a sigla identificadora da Unidade da Federação e o nome do Município do registro do veículo, exceção feita às placas dos veículos oficiais, de representação, aos pertencentes a missões diplomáticas, às repartições consulares, aos organismos internacionais, aos funcionários estrangeiros administrativos de carreira e aos peritos estrangeiros de cooperação internacional.

§ 2º. As placas excepcionalizadas no § anterior, deverão conter, gravados nas tarjetas ou, em espaço correspondente, na própria placa, os seguintes caracteres:

I – veículos oficiais da União: BRASIL;

II – veículos oficiais das Unidades da Federação: nome da Unidade da Federação;

III – veículos oficiais dos Municípios: sigla da Unidade da Federação e nome do Município.

IV – As placas dos veículos automotores pertencentes às Missões Diplomáticas, às Repartições Consulares, aos Organismos Internacionais, aos Funcionários Estrangeiros Administrativos de Carreira e aos Peritos Estrangeiros de Cooperação Internacional deverão conter as seguintes gravações estampadas na parte central superior da placa (tarjeta), substituindo-se a identificação do Município:

a) CMD, para os veículos de uso dos Chefes de Missão Diplomática;

b) CD, para os veículos pertencentes ao Corpo Diplomático;

c) CC, para os veículos pertencentes ao Corpo Consular;

d) OI, para os veículos pertencentes a Organismos Internacionais;

e) ADM, para os veículos pertencentes a funcionários administrativos de carreira estrangeiros de Missões Diplomáticas, Repartições Consulares e Representações de Organismos Internacionais;

f) CI, para os veículos pertencentes a peritos estrangeiros sem residência permanente que venham ao Brasil no âmbito de Acordo de Cooperação Internacional.

§ 3º. A placa traseira será obrigatoriamente lacrada à estrutura do veículo, juntamente com a tarjeta, em local de visualização integral.

§ 4º. Os caracteres das placas de identificação serão gravados em alto relevo.

**Art. 2º.** As dimensões, cores e demais características das placas obedecerão as especificações constantes do Anexo da presente Resolução.

**Art. 3º.** No caso de mudança de categoria de veículos, as placas deverão ser alteradas para as de cor da nova categoria, permanecendo entretanto a mesma identificação alfanumérica.

**Art. 4º.** O Órgão Maximo Executivo de Trânsito da União estabelecerá normas técnicas para a distribuição e controle das series alfanuméricas.

**Art. 5º.** As placas serão confeccionadas por fabricantes credenciados pelos órgãos executivo de trânsito dos Estados ou do Distrito Federal, obedecendo as formalidades legais vigentes.

§ 1º. Será obrigatória a gravação do registro do fabricante em superfície plana da placa e da tarjeta, de modo a não ser obstruída sua visão quando afixadas nos veículos, obedecidas as especificações contidas no Anexo da presente Resolução.

§ 2º. Aos órgãos executivos de trânsito dos Estados ou do Distrito Federal, caberá credenciar o fabricante de placas e tarjetas, bem como a fiscalização do disposto neste artigo.

§ 3º. O fabricante de placas e tarjetas que deixar de observar as especificações constantes da presente Resolução e dos demais dispositivos legais que regulamentam o sistema de placas de identificação de veículos, terá seu credenciamento cancelado pelo órgão executivo de trânsito dos Estados ou do Distrito Federal.

§ 4º. Os órgãos executivos de trânsito dos Estados ou do Distrito Federal, estabelecerão as abreviaturas, quando necessárias, dos nomes dos municípios de sua Unidade de Federação, a serem gravados nas tarjetas.

**Art. 6º.** Os veículos de duas ou três rodas do tipo motocicleta, motoneta, ciclomotor e triciclo ficam obrigados a utilizar placa traseira de identificação com película refletiva conforme especificado no Anexo desta Resolução e obedecer aos seguintes prazos:

I – Na categoria aluguel, para todos os veículos, a partir de 1º de janeiro de 2008; *(Inciso I com redação dada pela Resolução CONTRAN nº 241/2007)*

II – Nas demais categorias, os veículos registrados a partir de 1º de janeiro de 2008 e os transferidos de município; *(Inciso II com redação dada pela Resolução CONTRAN nº 241/2007)*

Parágrafo único. Os demais veículos, fabricados a partir de 1º de janeiro de 2012, deverão utilizar obrigatoriamente placas e tarjetas confeccionadas com películas refletivas, atendidas as especificações do Anexo desta Resolução. *(Parágrafo único com redação dada pela Resolução CONTRAN nº 372/2011)*

**Art. 7º.** Os veículos com placa de identificação em desacordo com as especificações de dimensão, película refletiva, cor e tipologia deverão adequar-se quando da mudança de município. *(Art. 7º com redação dada pela Resolução CONTRAN nº 372/2011)*

**Art. 8º.** Será obrigatório o uso de segunda placa traseira de identificação nos veículos em que a aplicação do dispositivo de engate para reboques resultar no encobrimento, total ou parcial, da placa traseira localizada no centro geométrico do veículo.

Parágrafo único. Não será exigida a segunda placa traseira para os veículos em que a aplicação do dispositivo de engate de reboques não cause prejuízo para visibilidade da placa de identificação traseira.

**Art. 9º.** A segunda placa de identificação será aposta em local visível, ao lado direito da traseira do veículo, podendo ser instalada no para-choque ou na carroceria, admitida a utilização de suportes adaptadores.

Parágrafo único. A segunda placa de identificação será lacrada na parte estrutural do veículo em que estiver instalada (para-choque ou carroceria).

**Art. 10.** O não cumprimento do disposto nesta Resolução implicará na aplicação das penalidades previstas nos arts. 221 e 230 Incisos I, IV e VI do Código de Trânsito Brasileiro

**Art. 11.** Esta Resolução entrará em vigor a partir de 1º de janeiro de 2008, revogando as Resoluções CONTRAN nºs 783/1994 e 45/1998, e demais disposições em contrário. *(Art. 11 com redação dada pela Resolução CONTRAN nº 241/2007)*

Brasília/DF, 15 de março de 2007.

*Alfredo Peres da Silva – Presidente – DOU de 21.3.2007 – Republicação DOU de 21.7.2007*

**Anexo** – Especificações técnicas para as placas de identificação de veículos *(Anexo com redação dada pela Resolução CONTRAN nº 241/2007)*

♦ *O Anexo encontra-se disponível no site: http://www.denatran.gov.br/resolucoes.htm*

## RESOLUÇÃO CONTRAN Nº 232, DE 30 DE MARÇO DE 2007

• *Estabelece procedimentos para a prestação de serviços por Instituição Técnica Licenciada – ITL e Entidade Técnica Pública ou Paraestatal – ETP, para emissão do Certificado de Segurança Veicular – CSV, de que trata o art.106 do Código de Trânsito Brasileiro.*

• **Com as alterações das Resoluções CONTRAN nº 237, de 11.5.2007 e nº 266, de 19.12.2007.**

O Conselho Nacional de Trânsito – CONTRAN, no uso da atribuição que lhe confere o art. 12, da Lei nº 9.503, de 23 de setembro de 1997, que institui o Código de Trânsito Brasileiro – CTB, e conforme Decreto nº 4.711, de 29 de maio de 2003, que dispõe sobre a coordenação do Sistema Nacional de Trânsito – SNT;

Considerando a conclusão dos trabalhos realizados pelo Grupo de Trabalho criado em 28 de setembro de 2006 no âmbito da Câmara Temática de Assuntos Veiculares – CTAV, para o aprimoramento das atividades na execução dos serviços de inspeção de segurança veicular;

Considerando a necessidade de estabelecer critérios para a inspeção de veículos modificados, recuperados de sinistro, fabricados artesanalmente ou naqueles em que houve substituição de equipamento de segurança especificado pelo fabricante, para emissão do Certificado de Segurança Veicular – CSV, por Instituição Técnica Licenciada – ITL e por Entidade Técnica Pública ou Paraestatal – ETP, esta em localidades onde não exista Instituição Técnica Licenciada – ITL;

Considerando o disposto no art. 98 e § 1º do art. 123 e inciso IV do art. 124, do Código de Trânsito Brasileiro, que tratam das exigências para Registro e Licenciamento dos veículos automotores;

Considerando as disposições constantes das Resoluções do CONTRAN, nºs 25/1998, 63/1998 e 201/2006, e que a perfeita adequação às orientações normativas e técnicas constituem transparência nos processos administrativos, promovendo a segurança do trânsito e a proteção ao meio ambiente; resolve:

### Capítulo I – Das Disposições Preliminares

**Art. 1º.** O Serviço de inspeção de segurança de veículos modificados, recuperados de sinistro, fabricados artesanalmente ou aqueles em que tenha havido substituição de equipamento de segurança especificado pelo fabricante, montador ou encarroçador, de que trata o art. 106 do Código de Trânsito Brasileiro, para fins de emissão de Certificado de Segurança Veicular – CSV, poderá ser realizada por Instituição Técnica Licenciada – ITL, pessoa jurídica de direito público ou privado, ou por Entidade Técnica Pública ou Paraestatal – ETP, sem fins lucrativos.

**Art. 2º.** A necessidade da instalação da ETP deverá ser definida pelos órgãos executivos de trânsito dos Estados e do Distrito Federal.

§ 1º. A ETP deve ter no objeto de seu ato constitutivo a execução das atividades de perícia científica, treinamento, pesquisa e desenvolvimento no setor automotivo.

§ 2º. A autorização para funcionamento da ETP será concedida em caráter excepcional e precário, somente em local não atendido por Instituição Técnica Licenciada – ITL.

§ 3º. Para a definição da necessidade de instalação da ETP, os órgãos executivos de trânsito dos Estados e do Distrito Federal levarão em consideração a distância entre o local de instalação da ETP e a ITL mais próxima, em funcionamento, que não deverá ser inferior a um raio de 100 km.

§ 4º. Identificada a necessidade de instalação da ETP, os órgãos executivos de trânsito dos Estados e do Distrito Federal encaminharão o pedido do interessado ao órgão máximo executivo de trânsito da União, que procederá a análise da documentação.

**Art. 3º.** A prestação deste serviço será formalizada mediante licença, nos termos desta Resolução.

§ 1º. A ITL ou ETP interessada em prestar o serviço de inspeção e emissão do Certificado de Segurança Veicular – CSV deverá requerer a licença de instalação ao órgão máximo executivo de trânsito da União, sendo a licença formalizada nos termos desta Resolução.

§ 2º. O órgão máximo executivo de trânsito da União, somente licenciará a prestação do serviço após o atendimento dos arts. de 12 a 18 desta Resolução.

**Art. 4º.** A licença para funcionamento da ITL e ETP, prestadora do serviço de inspeção para emissão do CSV fica sujeita à fiscalização pelo órgão máximo executivo de trânsito da União.

§ 1º. A licença da ITL terá validade de quatro (04) anos, findo o qual, deverá a pessoa jurídica requerer a renovação para continuar a prestar o serviço de que trata esta Resolução, na forma a ser estabelecida pelo órgão máximo executivo de trânsito da União.

§ 2º. A licença da ETP terá validade de um (01) ano, renovável por igual período, condicionada a manutenção das condições previstas no § 1º do art. 2º desta Resolução.

§ 3º. No exercício da fiscalização, o órgão máximo executivo de trânsito da União terá livre acesso aos dados relativos à administração, equipamentos, recursos técnicos e registro de empregados da ITL e da ETP, assim como aos seus arquivos de inspeção e de certificados.

§ 4º. Não havendo mais as razões que motivaram a concessão excepcional e precária do licenciamento da ETP, o órgão máximo executivo de trânsito da União não renovará a licença.

**Art. 5º.** Incumbe à ITL e à ETP a execução do serviço, cabendo-lhe responder pelos prejuízos materiais causados ao veículo por imperícia na realização da inspeção.

**Art. 6º.** O CSV, expedido pela ITL e pela ETP terá validade em todo o território nacional.

**Capítulo II – Do Serviço Adequado**

**Art. 7º.** A licença de que trata o art. 4º pressupõe a prestação de serviço adequado aos usuários e à sociedade em geral.

§ 1º. Para efeito desta Resolução, entende-se por serviço adequado é o que satisfaz as condições de regularidade, continuidade, eficiência, segurança, atualidade, cortesia na sua prestação e modicidade do valor cobrado pelo serviço prestado.

§ 2º. Para efeito desta Resolução, a atualidade compreende a modernidade das técnicas, do equipamento e das instalações e sua conservação, bem como a melhoria e expansão do serviço, atendidas as normas e regulamentos técnicos complementares.

§ 3º. Não se caracteriza como descontinuidade do serviço a sua interrupção em situação de emergência, após prévio aviso à administração pública e a comunidade interessada, quando motivada por razões de ordem técnica ou de segurança das instalações.

**Capítulo III – Dos Direitos e Obrigações dos Usuários**

**Art. 8º.** Sem prejuízo do disposto na Lei nº 8.078, de 11 de setembro de 1990, são direitos e obrigações dos usuários:

I – receber serviço adequado;

II – receber do órgão máximo executivo de trânsito da União, da ITL e da ETP, informações para a defesa de interesses individuais ou coletivos;

III – obter e utilizar o serviço, com liberdade de escolha, observado o disposto nesta Resolução;

IV – levar ao conhecimento do poder público, da ITL e da ETP as irregularidades de que tenham conhecimento, referentes ao serviço prestado;

V – comunicar às autoridades competentes os atos ilícitos praticados pela ITL e pela ETP, na prestação do serviço.

**Capítulo IV – Dos encargos do órgão máximo executivo de trânsito da União**

**Art. 9º.** Incumbe ao órgão máximo executivo de trânsito da União:

I – expedir licença ao prestador do serviço de inspeção para emissão do CSV;

II – cumprir e fazer cumprir as disposições regulamentares do serviço licenciado;

III – fiscalizar a prestação do serviço licenciado, independentemente de notificação judicial ou extrajudicial;

IV – aplicar as sanções previstas no Anexo desta Resolução;

V – incentivar a competitividade;

VI – zelar pela boa qualidade do serviço, receber, apurar e solucionar queixas, reclamações e denúncias remetendo-as às autoridades competentes quando for o caso;

VII – estimular o aumento da qualidade e produtividade;

VIII – estimular a conservação e a preservação do meio ambiente;

IX – cassar a licença, nos casos previstos nesta Resolução.

## Capítulo V – Dos encargos da ITL e ETP

**Art. 10.** Incumbe à ITL e à ETP:

I – somente iniciar a prestação do serviço após obtenção da licença para funcionamento, expedida na forma desta Resolução;

II – prestar serviço adequado, na forma prevista nesta Resolução e nas normas e regulamentos técnicos aplicáveis;

III – atualizar diariamente o inventário e o registro dos bens vinculados à licença;

IV – cumprir as normas técnicas pertinentes ao serviço licenciado;

V – permitir aos encarregados da fiscalização livre acesso, em qualquer época, aos equipamentos e às instalações integrantes do serviço, a seus registros de inspeção, certificados e de seus empregados;

VI – comunicar previamente ao órgão máximo executivo de trânsito da União, qualquer alteração, modificação ou introdução técnica, capaz de interferir na prestação de serviço licenciado ou naquele de natureza contratual.

## Capítulo VI – Dos requisitos para prestação de serviço

### Seção I – Da licença

**Art. 11.** Será concedida licença pelo órgão máximo executivo de trânsito da União à pessoa jurídica que comprovar:

I – habilitação jurídica;

II – regularidade fiscal;

III – qualificação técnica.

**Art. 12.** A documentação relativa à habilitação jurídica consiste de:

I – registro comercial;

II – ato constitutivo, estatuto ou contrato social em vigor, devidamente registrado, com objeto social condizente com o tipo de serviço a ser executado;

III – certidões negativas de falência ou concordata, expedidas pelo distribuidor da sede da pessoa jurídica ou de execução patrimonial, com data não superior a 30 (trinta) dias da data de solicitação da licença, acompanhadas da prova de competência expedida por cartórios distribuidores;

IV – declaração de abster-se em envolvimentos comerciais e outros que possam comprometer sua isenção na execução do serviço licenciado.

**Art. 13.** A documentação relativa à regularidade fiscal consiste de:

I – prova de inscrição no Cadastro Nacional de Pessoa Jurídica (CNPJ);

II – prova de inscrição no cadastro de contribuintes municipal ou estadual, se o caso, relativa à sede da pessoa jurídica, pertinente ao seu ramo de atividade e compatível com o objeto contratual;

III – prova de regularidade para com as Fazendas Federal, Estadual, Distrital e Municipal da sede da pessoa jurídica, ou outra equivalente, na forma da lei;

IV – prova de regularidade relativa à Seguridade Social e ao Fundo de Garantia por Tempo de Serviço (FGTS), demonstrando situação regular no cumprimento dos encargos sociais instituídos por lei;

V – comprovação na forma da lei, de regularidade da entrega da declaração da Relação Anual de Informações Sociais (RAIS) ao Ministério do Trabalho e Emprego;

VI – comprovante de registro de empregados.

**Art. 14.** A documentação relativa à qualificação técnica consiste de:

I – prova de regularidade relativa ao registro da pessoa jurídica e dos profissionais da área técnica no Conselho Regional de Engenharia, Arquitetura e Agronomia – CREA, com atribuições de inspeções e perícias no âmbito da engenharia mecânica;

II – Certificado de Acreditação emitido pelo Instituto Nacional de Metrologia, Normalização e Qualidade Industrial – INMETRO, na área de inspeção de segurança veicular;

III – projeto arquitetônico completo da edificação onde funcionará a ITL, acompanhada da planta e disposição das instalações e equipamentos sendo que cada projeto deve ser acompanhado de sua respectiva Anotação de Responsabilidade Técnica – ART, devidamente registrada no Conselho Regional de Engenharia, Arquitetura e Agronomia – CREA, e licença ou alvará de funcionamento expedido pela Prefeitura Municipal ou Governo do Distrito Federal;

IV – relação dos equipamentos, dos instrumentos de medição, dos dispositivos e das ferramentas de propriedade da pessoa jurídica, com seus devidos códigos e identificação.

Parágrafo único. Fica a ETP dispensada das exigências dos Incisos II e III em função da sua licença excepcional e precária, desde que aprovada na avaliação de capacidade técnica realizada pelo Instituto Nacional de Metrologia, Normalização e Qualidade Industrial – INMETRO.

### Seção II – Das exigências operacionais

**Art. 15.** Para obter a licença requerida, a pessoa jurídica deverá cumprir as seguintes exigências:

I – possuir em seu quadro de pessoal permanente, engenheiros e técnicos, com experiência e qualificação compatíveis ao exercício das suas funções de acordo com a Lei nº 5.194, 24 de dezembro 1966, Resoluções e Decisões Normativas do CONFEA e, para fins de fiscalização, atos normativos do CREA;

II – possuir local para estacionamento de veículos;

III – dispor de área administrativa para funcionamento dos serviços de apoio às avaliações e também área de atendimento aos clientes;

IV – executar exclusivamente atividades pertinentes à inspeção veicular, exceto aquelas que se dedicam, também, à pesquisa, ensino e formação de mão de obra no setor; *(Inciso IV com redação dada pela Resolução CONTRAN nº 266/2007)*

V – certificar empresas para fins de emissão do Comprovante de Capacitação Técnica – CCT;

VI – realizar as inspeções em áreas cobertas, possibilitando o desenvolvimento das mesmas ao abrigo das intempéries e dispor de ventilação adequada para permitir a inspeção de veículos também com o motor em funcionamento;

VII – possuir o piso plano e horizontal na área de inspeção;

VIII – possuir programa de calibração dos instrumentos de medição e programa de verificação metrológica dos equipamentos, conforme regulamentos aprovados pelo Instituto Nacional de Metrologia, Normalização e Qualidade – INMETRO;

IX – deter nível de informatização automatizada que permita o acompanhamento dos registros e dos dados armazenados de todas as inspeções realizadas, além de ligação eletrônica com o órgão máximo executivo de trânsito da União, devendo possuir sistema de identificação de veículos através de reconhecimento da placa traseira, com leitura da imagem da placa e digitalização da identificação alfanumérica, através de tecnologia OCR – Reconhecimento Óptico de Caracteres, registro dos dados resultantes das inspeções e registro eletrônico do CSV no sistema RENAVAM.

Parágrafo único. Fica a ETP dispensada no disposto no inciso IV em função de sua licença excepcional e precária.

### Seção III – Das Instalações, dos Equipamentos, dos Procedimentos e dos Recursos Humanos

**Art. 16.** Os equipamentos e instalações deverão atender aos requisitos previstos em normas técnicas estabelecidas pela ABNT – Associação Brasileira de Normas Técnicas e às disposições regulamentares para execução de serviços licenciados.

Parágrafo único. Fica a ETP dispensada desta exigência em função de sua licença excepcional e precária. *(Parágrafo único acrescido pela Resolução CONTRAN nº 237/2007)*

**Art. 17.** O exame de emissão de gases, opacidade e ruídos, deverá obedecer às exigências constantes das Resoluções do CONAMA – Conselho Nacional do Meio Ambiente.

**Art. 18.** Os procedimentos para execução dos serviços de inspeção de segurança veicular deverão atender aos regulamentos técnicos aprovados pelo INMETRO.

**Art. 19.** A ITL e a ETP deverão possuir sistema automatizado que permita a rastreabilidade dos registros e dados armazenados de todas as inspeções efetuadas.

**Art. 20.** A ITL e a ETP deverão dispor de um corpo técnico e profissional permanente em número suficiente para a execução da prestação dos serviços de inspeção, nos termos da regulamentação própria a ser estabelecida pelo órgão máximo executivo de trânsito da União.

**Capítulo VII – Das sanções**

**Art. 21.** A ITL e a ETP sujeitar-se-ão às sanções administrativas, que podem ser aplicadas em conjunto ou separadamente pelo órgão máximo executivo de trânsito da União:

I – advertência;

II – suspensão de 30, 60 e 90 dias;

III – cassação da licença.

§ 1º. As infrações serão apuradas mediante processo administrativo, ficando os infratores sujeitos às sanções especificadas no Anexo desta Resolução.

§ 2º. No período de 24 (vinte e quatro) meses:

I – à 4ª (quarta) ocorrência de qualquer item, a sanção a ser aplicada é cassação da licença;

II – à 4ª (quarta) ocorrência seguida, não reincidente, apenada com advertência, terá a pena comutada para suspensão por 30 (trinta) dias.

**Art. 22.** A ITL ou a ETP que tiver a licença cassada poderá requerer sua reabilitação para a prestação do serviço de inspeção veicular, depois de decorridos dois anos da cassação.

§ 1º. Fica vedada a participação societária de integrante do quadro de ITL ou responsável técnico de ETP, que tiver licença cassada, como sócio de pessoa jurídica na prestação do serviço de que trata esta Resolução.

§ 2º. Para fins do disposto no *caput* será assegurado amplo direito de defesa.

**Capítulo VIII – Das disposições finais e transitórias**

**Art. 23.** A ITL e a ETP deverão manter em arquivo os registros dos resultados de todas as inspeções realizadas e a seguinte documentação:

I – cópia dos documentos do veículo;

II – fotografia do veículo posicionado na linha de inspeção automatizada, com tarja informando a placa, data, hora e o nome da ITL ou ETP;

III – Anotação de Responsabilidade Técnica – ART para cada inspeção realizada, podendo ser utilizada a ART múltipla.

**Art. 24.** A ITL e a ETP somente realizarão a inspeção e expedirão o Certificado de Segurança Veicular – CSV aos veículos previamente autorizados pelos órgãos ou entidades executivos de trânsito dos Estados e do Distrito Federal, nos termos do disposto no art. 98 do Código de Trânsito Brasileiro.

§ 1º. Não necessitam de autorização prévia os veículos movidos a Gás Natural Veicular – GNV sujeitos à inspeção periódica, bem como os veículos sinistrados.

§ 2º. O CSV será eletrônico, conforme definido pelo órgão máximo executivo de trânsito da União.

**Art. 25.** Os equipamentos pertencentes à ITL e à ETP deverão ser registrados junto ao órgão máximo executivo de trânsito da União, sendo que qualquer substituição dependerá de previa autorização.

**Art. 26.** O órgão máximo executivo de trânsito da União editará as instruções necessárias para o pleno funcionamento do disposto nesta Resolução, objetivando a segurança e agilidade das operações, em benefício dos usuários dos serviços.

**Art. 27.** No caso de alteração de endereço das suas instalações, a ITL e a ETP somente poderão operar após a obtenção de novo licenciamento, nos termos desta Resolução.

**Art. 28.** Esta Resolução entra em vigor na data de sua publicação, ficando revogada a Resolução CONTRAN nº 185/2005 e demais disposições em contrário.

Brasília/DF, 30 de março de 2007.

*Alfredo Peres da Silva – Presidente – DOU de 17.4.2007*

**Anexo**

♦ *O Anexo encontra-se disponível no site: http://www.denatran.gov.br/resolucoes.htm*

# RESOLUÇÃO CONTRAN Nº 234, DE 11 DE MAIO DE 2007

• *Dá nova redação ao art. 6º da Resolução CONTRAN nº 197, de 25.7.2006.*

O Conselho Nacional de Trânsito – CONTRAN, no uso das atribuições que lhe confere o art. 12, inciso I, da Lei nº 9.503, de 23 de setembro de 1997, que instituiu o Código de Trânsito Brasileiro – CTB, e conforme o Decreto nº 4.711, de 29 de maio de 2003, que dispõe sobre a coordenação do Sistema Nacional de Trânsito – SNT; resolve:

**Art. 1º.** Referendar a Deliberação nº 55, de 2 de fevereiro de 2007, publicada no DOU de 2 de fevereiro de 2007, do Presidente do Conselho Nacional de Trânsito – CONTRAN.

**Art. 2º.** O art. 6º da Resolução nº 197, de 25 de julho de 2006, do CONTRAN, passa a vigorar com a seguinte redação:

• *Alterações já efetuadas no corpo da Resolução.*

**Art. 3º.** Esta Resolução entra em vigor na data de sua publicação.

Brasília/DF, 11 de maio de 2007.

*Alfredo Peres da Silva – Presidente – DOU de 21.5.2007*

## RESOLUÇÃO CONTRAN Nº 235, DE 11 DE MAIO DE 2007

• *Altera o art. 3º da Resolução CONTRAN nº 205, de 20 de outubro de 2006, que dispõe sobre os documentos de porte obrigatório.*

O Conselho Nacional de Trânsito – CONTRAN, usando da competência que lhe confere o inciso I do art. 12 da Lei nº 9.503, de 23 de setembro de 1997, que instituiu o Código de Trânsito Brasileiro – CTB, e à vista do disposto no Decreto nº 4.711, de 29 de maio de 2003, que dispõe sobre a coordenação do Sistema Nacional de Trânsito – SNT; e

Considerando o que constam dos Processos nºs 80001.008073/2007-53 e 80001.002471/2007-66-DENATRAN.

Considerando que com o vencimento do licenciamento haverá a expedição de novo Certificado de Registro e Licenciamento; resolve:

**Art 1º.** Referendar a Deliberação nº 57, do Presidente do Conselho Nacional de Trânsito – CONTRAN, publicada no *Diário Oficial da União* de 13 de abril de 2007.

**Art. 2º.** Alterar o art. 3º da Resolução CONTRAN nº 205/2006, que passa a vigorar com a seguinte redação:

• *Alterações já efetuadas no corpo da Resolução.*

**Art. 3º.** Esta Resolução entra em vigor na data de sua publicação.

Brasília/DF, 11 de maio de 2007.

*Alfredo Peres da Silva – Presidente – DOU de 21.5.2007*

## RESOLUÇÃO CONTRAN Nº 236, DE 11 DE MAIO DE 2007

• *Aprova o Volume IV – Sinalização Horizontal, do Manual Brasileiro de Sinalização de Trânsito.*

O Conselho Nacional de Trânsito – CONTRAN, usando da competência que lhe confere o art. 12, inciso VIII, da Lei nº 9.503, de 23 de setembro de 1997, que instituiu o Código de Trânsito Brasileiro – CTB, e conforme Decreto nº 4.711, de 29 de maio de 2003, que dispõe sobre a coordenação do Sistema Nacional de Trânsito – SNT; e

Considerando a necessidade de promover informação técnica atualizada aos órgãos e entidades do Sistema Nacional de Trânsito, compatível com o disposto na Resolução CONTRAN nº 160, de 22 de abril de 2004;

Considerando os estudos e a aprovação na 8ª Reunião Ordinária da Câmara Temática de Engenharia de Tráfego, da Sinalização e da Via, em setembro de 2006; resolve:

**Art. 1º.** Fica aprovado, o Volume IV – Sinalização Horizontal, do Manual Brasileiro de Sinalização de Trânsito, anexo a esta Resolução.

**Art. 2º.** Ficam revogados o Manual de Sinalização de Trânsito Parte II – Marcas Viárias, aprovado pela Resolução CONTRAN nº 666/1986, e disposições em contrário.

**Art. 3º.** Os órgãos e entidades de trânsito terão até 30 de junho de 2008 para se adequarem ao disposto nesta Resolução.

**Art. 4º.** Os Anexos desta Resolução encontram-se disponíveis no sítio eletrônico *www.denatran.gov.br.*

**Art. 5º.** Esta Resolução entra em vigor na data de sua publicação.

Brasília/DF, 11 de maio de 2007.

*Alfredo Peres da Silva – Presidente – DOU de 21.5.2007*

**Anexo**

♦ *O Anexo encontra-se disponível no site: http://www.denatran.gov.br/publicacoes/download/ MANUAL_HORIZONTAL_RESOLUCAO_236.pdf*

## RESOLUÇÃO CONTRAN Nº 237, DE 11 DE MAIO DE 2007

• *Acresce parágrafo único ao art. 16 da Resolução CONTRAN nº 232, de 30.3.2007.*

O Conselho Nacional de Trânsito – CONTRAN, no uso da atribuição que lhe confere o art. 12, da Lei nº 9.503, de 23 de setembro de 1997, que institui o Código de Trânsito Brasileiro – CTB, e conforme Decreto nº 4.711, de 29 de maio de 2003, que dispõe sobre a coordenação do Sistema Nacional de Trânsito – SNT;

Considerando o contido no Processo nº 80001.012169/2007-16; resolve:

**Art. 1º.** Acrescer parágrafo único ao art. 16 da Resolução nº 232/2007, com a seguinte redação:

• *Alteração já efetuada no corpo da Resolução.*

**Art. 2º.** Esta Resolução entra em vigor na data de sua publicação.

Brasília/DF, 11 de maio de 2007.

*Alfredo Peres da Silva – Presidente – DOU de 21.5.2007*

## RESOLUÇÃO CONTRAN Nº 238, DE 25 DE MAIO DE 2007

• *Dispõe sobre o porte obrigatório do Certificado de Apólice Única do Seguro de Responsabilidade Civil do proprietário e/ou condutor de automóvel particular ou de aluguel, não registrado no país de ingresso, em viagem internacional.*

O Conselho Nacional de Trânsito – CONTRAN, no uso das atribuições que lhe são conferidas pelo art. 12, da Lei nº 9.503, de 23 de setembro de 1997, que institui o Código de Trânsito Brasileiro – CTB, e conforme o Decreto nº 4.711, de 29 de maio de 2003, que trata da coordenação do Sistema Nacional de Trânsito – SNT; e

Considerando o disposto no art. 118 da Lei nº 9.503/1997;

Considerando o disposto no Decreto nº 99.704, de 20 de novembro de 1990; e

Considerando o que dispõe a Resolução MERCOSUL/GM/RES nº 120/1994, e o que consta do Processo nº 80001.027497/2006-36-DENATRAN; resolve:

**Art. 1º.** O Certificado de Apólice Única do Seguro de Responsabilidade Civil de que trata a Resolução MERCOSUL/GMC/RES nº 120/1994 é documento de porte obrigatório do condutor/proprietário de automóvel particular ou de aluguel, registrados no exterior, em circulação no Território Nacional.

**Art. 2º.** O não cumprimento desta Resolução implicará nas sanções previstas no art. 232 do Código de Trânsito Brasileiro.

**Art. 3º.** Esta Resolução entra em vigor na data de sua publicação.

Brasília/DF, 25 de maio de 2007.

*Alfredo Peres da Silva – Presidente – DOU de 1º.6.2007*

## RESOLUÇÃO CONTRAN Nº 241, DE 22 DE JUNHO DE 2007

• *Dá nova redação aos incisos I e II do art. 6º, ao art. 11 e ao Anexo da Resolução CONTRAN nº 231, de 15.3.2007.*

O Conselho Nacional de Trânsito – CONTRAN, no uso da competência que lhe confere o art. 12, inciso I, da Lei nº 9.503, de 23 de setembro de 1997, que institui o Código de Trânsito Brasileiro – CTB, e nos termos do disposto no Decreto nº 4.711, de 29 de maio de 2003, que trata da coordenação do Sistema Nacional de Trânsito – SNT; resolve:

**Art. 1º.** Os Incisos I e II do art. 6º da Resolução CONTRAN nº 231, de 15 de março de 2007, passam a vigorar com a seguinte redação:

• *Alterações já efetuadas no corpo da Resolução.*

**Art. 2º.** O art. 11 e o Anexo da Resolução CONTRAN nº 231, de 15 de março de 2007, passam a vigorar com a seguinte redação:

• *Alterações já efetuadas no corpo da Resolução.*

**Art. 3º.** Esta Resolução entra em vigor na data de sua publicação.

Brasília/DF, 22 de junho de 2007.

*Alfredo Peres da Silva – Presidente – DOU de 4.7.2007*

**Anexo**

♦ *O Anexo encontra-se disponível no site: http://www.denatran.gov.br/resolucoes.htm*

## RESOLUÇÃO CONTRAN N° 242, DE 22 DE JUNHO DE 2007

• *Dispõe sobre a instalação e utilização de equipamentos geradores de imagens nos veículos automotores.*

O Conselho Nacional de Trânsito – CONTRAN, no uso da competência que lhe confere o art. 12, inciso I, da Lei n° 9.503, de 23 de setembro de 1997, que instituiu o Código de Trânsito Brasileiro – CTB, e tendo em vista o disposto no Decreto n° 4.711, de 29 de maio de 2003, que dispõe sobre a coordenação do Sistema Nacional de Trânsito – SNT; e

Considerando o constante dos Processos: 80001.005795/2004-11, 80001.003132/2004-54, 80001.003142/2004-90 e 80001.014897/2006-81;

Considerando o disposto no art. 103 c/c § 2° do art. 105 da Lei n° 9.503/1997;

Considerando a necessidade de atualizar a legislação de trânsito em consonância com o desenvolvimento tecnológico dos sistemas de suporte à direção; resolve:

**Art. 1°.** Fica permitida a instalação e utilização de aparelho gerador de imagem cartográfica com interface de geo processamento destinado a orientar o condutor quanto ao funcionamento do veiculo, a sua visualização interna e externa, sistema de auxílio à manobra e para auxiliar na indicação de trajetos ou orientar sobre as condições da via, por intermédio de mapas, imagens e símbolos.

**Art. 2°.** Os equipamentos de que trata o artigo anterior poderão ser previstos pelo fabricante do veículo ou utilizados como acessório de caráter provisório.

§ 1°. Considera-se como instalação do equipamento qualquer meio de fixação permanente ou provisória no interior do habitáculo do veiculo.

§ 2°. Os equipamentos com instalação provisória devem estar fixados no para-brisa ou no painel dianteiro, quando o veiculo estiver em circulação.

**Art. 3°.** Fica proibida a instalação, em veiculo automotor, de equipamento capaz de gerar imagens para fins de entretenimento, salvo se:

I – instalado na parte dianteira, possuir mecanismo automático que o torne inoperante ou o comute para a função de informação de auxílio à orientação do condutor, independente da vontade do condutor e/ou dos passageiros, quando o veículo estiver em movimento;

II – instalado de forma que somente os passageiros ocupantes dos bancos traseiros possam visualizar as imagens.

**Art. 4°.** O descumprimento do disposto nesta Resolução constitui-se em infração de trânsito prevista no art. 230, inciso XII, do Código de Trânsito Brasileiro.

**Art. 5°.** Fica revogada a Resolução CONTRAN n° 190, de 16 de fevereiro de 2006.

**Art. 6°.** Esta Resolução entra em vigor na data de sua publicação.

Brasília/DF, 22 de junho de 2007.

*Alfredo Peres da Silva – Presidente – DOU de 4.7.2007*

## RESOLUÇÃO CONTRAN N° 243, DE 22 DE JUNHO DE 2007

• *Aprova o Volume II – Sinalização Vertical de Advertência, do Manual Brasileiro de Sinalização de Trânsito.*

O Conselho Nacional de Trânsito – CONTRAN, usando da competência que lhe confere o art. 12, inciso VIII, da Lei n° 9.503, de 23 de setembro de 1997, que instituiu o Código de Trânsito Brasileiro – CTB, e conforme Decreto n° 4.711, de 29 de maio de 2003, que dispõe sobre a coordenação do Sistema Nacional de Trânsito – SNT; e

Considerando a necessidade de promover informação técnica atualizada aos órgãos e entidades do Sistema Nacional de Trânsito, compatível com o disposto na Resolução CONTRAN n° 160, de 22 de abril de 2004;

Considerando os estudos e a aprovação na 11ª Reunião Ordinária da Câmara Temática de Engenharia de Tráfego, da Sinalização e da Via, em dezembro de 2006; resolve:

**Art. 1°.** Fica aprovado, o Volume II – Sinalização Vertical de Advertência, do Manual Brasileiro de Sinalização de Trânsito, anexo a esta Resolução.

**Art. 2°.** Ficam revogados o Capítulo IV – Placas de Advertência do Manual de Sinalização de Trânsito – Parte I, Sinalização Vertical aprovado pela Resolução CONTRAN n° 599/1982, e disposições em contrário.

**Art. 3°.** Os órgãos e entidades de trânsito terão até 30 de junho de 2008 para se adequarem ao disposto nesta Resolução.

**Art. 4°.** Os Anexos desta Resolução encontram-se disponíveis no sítio eletrônico *www.denatran.gov.br.*

**Art. 5º.** Esta Resolução entra em vigor na data de sua publicação.

Brasília/DF, 22 de junho de 2007.

*Alfredo Peres da Silva – Presidente – DOU de 4.7.2007*

**Anexo**

♦ *O Anexo encontra-se disponível no site:*
*http://www.denatran.gov.br/publicacoes/download/MANUAL_SINALIZACAO_VOL_II.pdf*

## RESOLUÇÃO CONTRAN Nº 244, DE 22 DE JUNHO DE 2007

- *Estabelece diretrizes para a elaboração do Regimento Interno dos Conselhos Estaduais de Trânsito – CETRAN e do Conselho de Trânsito do Distrito Federal – CONTRANDIFE.*

O Conselho Nacional de Trânsito – CONTRAN, no uso das atribuições que lhe confere o art. 12, da Lei nº 9.503, de 23 de setembro de 1997, que institui o Código de Trânsito Brasileiro – CTB, e conforme o Decreto nº 4.711, de 29 de maio de 2003, que trata da coordenação do Sistema Nacional de Trânsito – SNT; e,

Considerando o que consta no Processo nº 80001.012451/2007-01;

Considerando o estabelecido no § 5º do art. 1º do Código de Trânsito Brasileiro, o qual dispõe que os órgãos e entidades de trânsito darão prioridade em suas ações à defesa da vida, nela incluída a preservação da saúde e do meio ambiente;

Considerando, ser conveniente que as composições dos CETRAN e do CONTRANDIFE reflitam a contemplada no CONTRAN quanto ao meio ambiente e à saúde; resolve:

**Art. 1º.** Estabelecer diretrizes para a elaboração do Regimento Interno dos Conselhos Estaduais de Trânsito – CETRAN e do Conselho de Trânsito do Distrito Federal – CONTRANDIFE, constantes do Anexo desta Resolução.

**Art. 2º.** Os Regimentos Internos dos Conselhos Estaduais de Trânsito – CETRAN e do Conselho de Trânsito do Distrito Federal – CONTRANDIFE existentes devem ser adequados ao disposto nesta Resolução em até 180 (cento e oitenta) dias.

**Art. 3º.** Fica revogada a Resolução CONTRAN nº 150, de 8 de outubro de 2003.

**Art. 4º.** Esta Resolução entra em vigor na data de sua publicação.

Brasília/DF, 22 de junho de 2007.

*Alfredo Peres da Silva – Presidente – DOU de 4.7.2007*

**Anexo**

♦ *O Anexo encontra-se disponível no site: http://www.denatran.gov.br/resolucoes.htm*

## RESOLUÇÃO CONTRAN Nº 245, DE 27 DE JULHO DE 2007

- *Dispõe sobre a instalação de equipamento obrigatório, denominado antifurto, nos veículos novos saídos de fábrica, nacionais e estrangeiros.*
- **Com as alterações das Resoluções CONTRAN nº 329, de 2.3.2009 e nº 364, de 24.11.2010.**

O Conselho Nacional de Trânsito – CONTRAN, no uso das atribuições que lhe são conferidas pelo art. 12, da Lei nº 9.503, de 23 de setembro de 1997, que instituiu o Código de Trânsito Brasileiro – CTB, e conforme o disposto no Decreto nº 4.711, de 29 de maio de 2003, que trata da coordenação do Sistema Nacional de Trânsito – SNT;

Considerando as atribuições conferidas ao CONTRAN pela Lei Complementar nº 121, de 9 de fevereiro de 2006, que cria o Sistema Nacional de Prevenção, Fiscalização e Repressão ao Furto e Roubo de Veículos e Cargas e dá outras providências; e o disposto no *caput* do art. 105, da Lei nº 9.503, de 23 de setembro de 1997, a fim de estabelecer a obrigatoriedade de equipamento antifurto nos veículos novos saídos de fábrica, produzidos no País ou no exterior;

Considerando a necessidade de dotar os órgãos executivos de trânsito de instrumentos modernos e interoperáveis para planejamento, fiscalização e gestão do trânsito e da frota de veículos;

Considerando o que consta do Processo nº 80001.003014/2007-99; resolve:

**Art. 1º.** Todos os veículos novos, saídos de fábrica, produzidos no País ou importados a partir de 24 (vinte e quatro) meses da data da publicação desta Resolução somente poderão ser comercializados quando equipados com dispositivo antifurto.

§ 1º. O equipamento antifurto deverá ser dotado de sistema que possibilite o bloqueio autônomo (local) e bloqueio remoto. *(§ 1º com redação dada pela Resolução CONTRAN nº 329/2009)*

§ 2º. Serão vedados o registro e o licenciamento dos veículos dispostos no caput deste artigo, que não observarem o disposto nesta Resolução.

§ 3º. Os veículos de uso bélico e os veículos classificados como carroceria "Dolly" dentre aqueles de Tipo "Reboque" ou "Semirreboque" não estão sujeitos à obrigatoriedade disposta no *caput* deste artigo. *(§ 3º com redação dada pela Resolução CONTRAN nº 364/2010)*

**Art. 2º.** O órgão máximo executivo de trânsito da União definirá, no prazo de noventa dias, as especificações do dispositivo antifurto e do sistema de rastreamento de que trata o art. 1º desta Resolução.

**Art. 3º.** O equipamento antifurto e o sistema de localização deverão ser previamente homologados pela ANATEL, entidade responsável pela regulamentação do espectro de transmissão de dados, e pelo DENATRAN. *(Art. 3º com redação dada pela Resolução CONTRAN nº 329/2009)*

**Art. 4º.** É facultado ao proprietário decidir sobre a aquisição da função de localização do veículo e posterior habilitação do equipamento junto aos prestadores de serviço de localização, definindo o tipo e a abrangência do mesmo. *(Art. 4º, caput, com redação dada pela Resolução CONTRAN nº 329/2009)*

§ 1º. A função bloqueio deverá obrigatoriamente sair de fábrica funcional e, sempre que acionada, proporcionar segurança adequada ao veículo. *(§ 1º acrescido pela Resolução CONTRAN nº 329/2009)*

§ 2º. O bloqueio deve ser autônomo, ativado localmente pelo usuário ou pelo próprio veículo através de dispositivos de sensoriamento remoto, que será ativado através do recebimento de comando de bloqueio por autorização expressa do proprietário do veículo. *(§ 2º acrescido pela Resolução CONTRAN nº 329/2009)*

**Art. 5º.** As informações sigilosas obtidas através da função de localização serão preservadas, nos termos da Constituição Federal e das leis que regulamentam a matéria e disponibilizadas para o órgão gestor do Sistema Nacional de Prevenção, Fiscalização e Repressão ao Furto e Roubo de Veículos e Cargas, criado pela Lei Complementar nº 121, de 9 de fevereiro de 2006. *(Art. 5º com redação dada pela Resolução CONTRAN nº 329/2009)*

**Art. 6º.** O descumprimento do disposto nesta Resolução sujeitará o infrator à aplicação das sanções previstas nos arts. 230, inciso IX, e 237 do Código de Trânsito Brasileiro.

**Art. 7º.** Esta Resolução entra em vigor na data de sua publicação.

Brasília/DF, 22 de junho de 2007.

*Alfredo Peres da Silva – Presidente – DOU de 1º.8.2007 – Retificação DOU de 1º.11.2007*

## RESOLUÇÃO CONTRAN Nº 246, DE 27 DE JULHO DE 2007

• *Altera a Resolução CONTRAN nº 196, de 25 de julho de 2006, que fixa requisitos técnicos de segurança para o transporte de toras de madeira bruta por veículo rodoviário de carga.*

O Conselho Nacional de Trânsito – CONTRAN, no uso das atribuições que lhe confere o art. 12, inciso I, da Lei nº 9.503, de 23 de setembro de 1997, que instituiu o Código de Trânsito Brasileiro – CTB, e conforme o Decreto nº 4.711, de 29 de maio de 2003, que dispõe sobre a coordenação do Sistema Nacional de Trânsito – SNT; e

Considerando o constante dos Processos nºs 80001.01913/2007 e 80001.019763/2006-57; resolve:

**Art. 1º.** Os arts. 1º, 2º, 3º, 4º e 6º da Resolução CONTRAN nº 196/2006 passam a vigorar com a seguinte redação:

• *Alterações já efetuadas no corpo da Resolução.*

**Art. 2º.** Fica acrescido à Resolução nº 196/2006 o art. 6º-A, com a seguinte redação:

• *Alteração já efetuada no corpo da Resolução.*

**Art. 3º.** Referendar a Deliberação nº 56, de 13 de fevereiro de 2007, do Presidente do CONTRAN, publicada no *DOU* de 15 de fevereiro de 2007.

**Art. 4º.** Esta Resolução entra em vigor na data de sua publicação.

Brasília/DF, 27 de junho de 2007.

*Alfredo Peres da Silva – Presidente – DOU de 1º.8.2007*

## RESOLUÇÃO CONTRAN Nº 247, DE 27 DE JULHO DE 2007

- *Dispõe sobre a extensão do prazo de vigência do Certificado de Inspeção Técnica Veicular quando expirado no país de trânsito ou de destino.*

O Conselho Nacional de Trânsito – CONTRAN, no uso das atribuições que lhe confere o art. 12, inciso I, da Lei nº 9.503, de 23 de setembro de 1997, que instituiu o Código de Trânsito Brasileiro – CTB, e conforme o Decreto nº 4.711, de 29 de maio de 2003, que dispõe sobre a coordenação do Sistema Nacional de Trânsito – SNT; e,

Considerando o disposto no Acordo sobre Transporte Internacional Terrestre – ATIT, entre Brasil, Argentina, Bolívia, Chile, Paraguai, Peru e Uruguai, internalizado pelo Decreto nº 99.704, de 20 de novembro de 1990;

Considerando o estabelecido no art. 3º da Resolução MERCOSUL/GMC nº 15, de 22 de junho de 2006; resolve:

**Art. 1º.** Estender o prazo de vigência do Certificado de Inspeção Técnica Veicular – CITV, estabelecido pela Resolução MERCOSUL/GMC nº 75, de 13 de dezembro de 1997, em no máximo trinta dias, quando o veículo estiver em viagem fora do país de origem e, por caso fortuito ou força maior, seja impossibilitado de retornar antes de expirar o CITV.

Parágrafo único. O disposto no *caput* deste artigo não se aplica aos veículos carregados transportando produtos perigosos, que deverão realizar nova inspeção técnica veicular, no país de destino, para poder regressar carregado ao país de origem.

**Art. 2º.** Esta Resolução entra em vigor na data de sua publicação.

Brasília/DF, 27 de junho de 2007.

*Alfredo Peres da Silva – Presidente – DOU de 1º.8.2007*

## RESOLUÇÃO CONTRAN Nº 251, DE 24 DE SETEMBRO DE 2007

- *Dá nova redação ao § 3º do art. 3º, art. 14, item "c", do Anexo II e Anexo III, da Resolução CONTRAN nº 219, de 11.1.2007.*

O Conselho Nacional de Trânsito – CONTRAN, no uso das atribuições que lhe confere o art. 12 da Lei nº 9.507, de 23 de setembro de 1997, que instituiu o Código de Trânsito Brasileiro – CTB, e conforme o Decreto nº 4.711, de 29 de maio de 2003, que dispõe sobre a coordenação do Sistema Nacional de Trânsito – SNT; resolve:

**Art. 1º.** Referendar a Deliberação nº 58, de 5 de julho de 2007, publicada no *DOU* de 18 de julho de 2007, do Presidente do Conselho Nacional de Trânsito – CONTRAN.

**Art. 2º.** O § 3º do art. 3º, o art. 14, o subitem "c", do item 2, do Anexo II e o Anexo III, da Resolução nº 219, de 11 de janeiro de 2007, do CONTRAN, passam a vigorar com a seguinte redação:

- *Alterações já efetuadas no corpo da Resolução.*

**Art. 3º.** Esta Resolução entra em vigor na data de sua publicação.

Brasília/DF, 24 de setembro de 2007.

*Alfredo Peres da Silva – Presidente – DOU de 10.10.2007*

**Anexos**

♦ *Os Anexos encontram-se disponíveis no site: http://www.denatran.gov.br/resolucoes.htm*

## RESOLUÇÃO CONTRAN Nº 253, DE 26 DE OUTUBRO DE 2007

- *Dispõe sobre o uso de medidores de transmitância luminosa.*
- **Com a alteração da Resolução CONTRAN nº 385, de 2.6.2011.**

O Conselho Nacional de Trânsito, no uso da atribuição que lhe confere o inciso I, do art. 12 da Lei nº 9.503, de 23 de setembro de 1997, que instituiu o Código de Trânsito Brasileiro – CTB, e tendo em vista o disposto no Decreto nº 4.711, de 29 de maio de 2003, que dispõe sobre a coordenação do Sistema Nacional de Trânsito – SNT; e

Considerando o disposto no § 2º do art. 280 do Código de Trânsito Brasileiro, que estabelece a obrigatoriedade de regulamentação prévia de instrumento utilizado para comprovação de cometimento de infração;

Considerando a necessidade de definir o instrumento hábil para medição da transmitância luminosa de vidros, películas, filmes e outros materiais simples ou compostos aplicados nas áreas envidraçadas dos veículos; resolve:

**Art. 1º.** A medição da transmitância luminosa das áreas envidraçadas de veículos deverá ser efetuada por meio de instrumento denominado Medidor de Transmitância Luminosa.

Parágrafo único. Medidor de transmitância luminosa é o instrumento de medição destinado a medir, em valores percentuais, a transmitância luminosa de vidros, películas, filmes e outros materiais simples ou compostos.

**Art. 2º.** O medidor de transmitância luminosa das áreas envidraçadas de veículos deve ser aprovado pelo Instituto Nacional de Metrologia, Normalização e Qualidade Industrial – INMETRO e homologado pelo DENATRAN.

**Art. 3º.** *(Art. 3º revogado pela Resolução CONTRAN nº 385/2011)*

**Art. 4º.** O auto de infração, além do disposto no art. 280 do Código de Trânsito Brasileiro – CTB e regulamentação específica, deverá conter, expressos em valores percentuais: *(Art. 4º, caput, com redação dada pela Resolução CONTRAN nº 385/2011)*

I – a medição realizada pelo instrumento; *(Inciso I com redação dada pela Resolução CONTRAN nº 385/2011)*

II – o valor considerado para fins de aplicação de penalidade; e *(Inciso II com redação dada pela Resolução CONTRAN nº 385/2011)*

III – o limite regulamentado para a área envidraçada fiscalizada. *(Inciso III com redação dada pela Resolução CONTRAN nº 385/2011)*

§ 1º. Para obtenção do valor considerado deverá ser acrescido à medição realizada o percentual relativo de 7%. *(§ 1º com redação dada pela Resolução CONTRAN nº 385/2011)*

§ 2º. Além das demais disposições deste artigo, deverá ser informada no auto de infração a identificação da área envidraçada objeto da autuação. *(§ 2º com redação dada pela Resolução CONTRAN nº 385/2011)*

**Art. 5º.** Quando o medidor de transmitância luminosa for dotado de dispositivo impressor, o registro impresso deverá conter os seguintes dados:

I – data e hora;

II – placa do veículo;

III – transmitância medida pelo instrumento;

IV – área envidraçada fiscalizada;

V – identificação do instrumento; e

VI – identificação do agente.

**Art. 6º.** Esta Resolução entra em vigor na data de sua publicação.

Brasília/DF, 26 de outubro de 2007.

*Alfredo Peres da Silva – Presidente – DOU de 21.11.2007*

## RESOLUÇÃO CONTRAN Nº 254, DE 26 DE OUTUBRO DE 2007

- *Estabelece requisitos para os vidros de segurança e critérios para aplicação de inscrições, pictogramas e películas nas áreas envidraçadas dos veículos automotores, de acordo com o inciso III do art. 111 do Código de Trânsito Brasileiro – CTB.*
- **Com a alteração da Resolução CONTRAN nº 386, de 2.6.2011.**

O Conselho Nacional de Trânsito – CONTRAN, usando das atribuições que lhe foram conferidas pelo inciso I, do art. 12, da Lei nº 9.503, de 23 de setembro de 1997, que institui o Código de Trânsito Brasileiro – CTB, e conforme o Decreto nº 4.711, de 29 de maio de 2003, que dispõe sobre a coordenação do Sistema Nacional de Trânsito – SNT; e

Considerando a necessidade de regulamentar o uso dos vidros de segurança e definir parâmetros que possibilitem atribuir deveres e responsabilidades aos fabricantes e/ou a seus representantes, através de fixação de requisitos mínimos de segurança na fabricação desses componentes de veículos, para serem admitidos em circulação nas vias públicas nacionais;

Considerando a necessidade de aperfeiçoar e atualizar os requisitos de segurança para os veículos automotores nacionais e importados;

Considerando a necessidade de estabelecer os mesmos requisitos de segurança para vidros de segurança dotados ou não de películas; resolve:

**Art. 1º.** Os veículos automotores, os reboques e semirreboques deverão sair de fábrica com as suas partes envidraçadas equipadas com vidros de segurança que atendam aos termos desta Resolução e aos requisitos estabelecidos na NBR 9491 e suas normas complementares. *(V. Resolução CONTRAN nº 334, de 6.11.2009)*

§ 1º. Esta exigência se aplica também aos vidros destinados a reposição.

**Art. 2º.** Para circulação nas vias públicas do território nacional é obrigatório o uso de vidro de segurança laminado no para-brisa de todos os veículos a serem admitidos e de vidro de segurança temperado, uniformemente protendido, ou laminado, nas demais partes envidraçadas.

**Art. 3º.** A transmissão luminosa não poderá ser inferior a 75% para os vidros incolores dos para-brisas e 70% para os para-brisas coloridos e demais vidros indispensáveis à dirigibilidade do veículo.

§ 1º. Ficam excluídos dos limites fixados no *caput* deste artigo os vidros que não interferem nas áreas envidraçadas indispensáveis à dirigibilidade do veículo. Para estes vidros, a transparência não poderá ser inferior a 28%.

§ 2º. Consideram-se áreas envidraçadas indispensáveis à dirigibilidade do veículo, conforme ilustrado no anexo desta Resolução:

I – a área do para-brisa, excluindo a faixa periférica de serigrafia destinada a dar acabamento ao vidro e à área ocupada pela banda degrade, caso existente, conforme estabelece a NBR 9491;

II – as áreas envidraçadas situadas nas laterais dianteiras do veículo, respeitando o campo de visão do condutor.

§ 3º. Aplica-se ao vidro de segurança traseiro (vigia) o disposto no parágrafo primeiro, desde que o veículo esteja dotado de espelho retrovisor externo direito, conforme a legislação vigente.

**Art. 4º.** Os vidros de segurança a que se refere esta Resolução, deverão trazer marcação indelével em local de fácil visualização contendo, no mínimo, o índice de transmitância luminosa, a marca do fabricante do vidro e o símbolo de conformidade com a legislação brasileira definido pelo Instituto Nacional de Metrologia, Normalização e Qualidade Industrial – INMETRO. *(Art. 4º com redação dada pela Resolução CONTRAN nº 386/2011)*

**Art. 5º.** Fica a critério do DENATRAN admitir, exclusivamente para os vidros de segurança, para efeito de comprovação do atendimento da NBR 9491 e suas normas complementares, os resultados de testes e ensaios obtidos por procedimentos ou métodos equivalentes, realizados no exterior. *(Art. 5º, caput, com redação dada pela Resolução CONTRAN nº 386/2011)*

§ 1º. Serão aceitos os resultados de ensaios admitidos por órgãos reconhecidos pela Comissão ou Comunidade Europeia e os Estados Unidos da América, em conformidade com os procedimentos adotados por esses organismos.

§ 2º. Nos casos previstos no § 1º deste artigo, a identificação da conformidade dos vidros de segurança dar-se-á, alternada ou cumulativamente, através de marcação indelével que contenha no mínimo a marca do fabricante e o símbolo de conformidade da Comissão ou da Comunidade Europeia, constituídos pela letra "*E*" maiúscula acompanhada de um índice numérico, representando o país emitente do certificado, inseridos em um círculo, ou pela letra "*e*" minúscula acompanhada de um número representando o país emitente do certificado, inseridos em um retângulo e, se dos Estados Unidos da América, simbolizado pela sigla "*DOT*".

**Art. 6º.** O fabricante, o representante e o importador do veículo deverão certificar-se de que seus produtos obedecem aos preceitos estabelecidos por esta Resolução, mantendo-se em condição de comprová-los, quando solicitados pelo Departamento Nacional de Trânsito – DENATRAN.

**Art. 7º.** A aplicação de película não refletiva nas áreas envidraçadas dos veículos automotores, definidas no art. 1º, será permitida desde que atendidas as mesmas condições de transparência para o conjunto vidro-película estabelecidas no art. 3º desta Resolução.

§ 1º. A marca do instalador e o índice de transmissão luminosa existentes em cada conjunto vidro-película localizadas nas áreas indispensáveis à dirigibilidade serão gravados indelevelmente na película por meio de chancela, devendo ser visíveis pelos lados externos dos vidros.

**Art. 8º.** Fica proibida a aplicação de películas refletivas nas áreas envidraçadas do veículo.

**Art. 9º.** Fora das áreas envidraçadas indispensáveis à dirigibilidade do veículo, a aplicação de inscrições, pictogramas ou painéis decorativos de qualquer espécie será permitida, desde que o veículo possua espelhos retrovisores externos direito e esquerdo e que sejam atendidas as mesmas condições de transparência para o conjunto vidro-pictograma/inscrição estabelecidas no § 1º do art. 3º desta Resolução.

**Art. 10.** A verificação dos índices de transmitância luminosa estabelecidos nesta Resolução será realizada na forma regulamentada pelo CONTRAN, mediante utilização de instrumento aprovado pelo INMETRO e homologado pelo DENATRAN.

**Art. 11.** O disposto na presente Resolução não se aplica a máquinas agrícolas, rodoviárias e florestais e aos veículos destinados à circulação exclusivamente fora das vias públicas e nem aos veículos incompletos ou inacabados.

**Art. 12.** O não cumprimento do disposto nesta Resolução implicará na aplicação das penalidades previstas no inciso XVI do art. 230 do Código de Trânsito Brasileiro.

**Art. 13.** Esta Resolução entra em vigor na data de sua publicação, revogadas as Resoluções CONTRAN nºs 784/1994, 73/1998 e demais disposições em contrário.

Brasília/DF, 26 de outubro de 2007.

*Alfredo Peres da Silva – Presidente – DOU de 21.11.2007*

**Anexo**

♦ *O Anexo encontra-se disponível no site: http://www.denatran.gov.br/resolucoes.htm*

# RESOLUÇÃO CONTRAN Nº 255, DE 26 DE OUTUBRO DE 2007

● *Altera o caput do art. 1º da Resolução CONTRAN nº 221, de 11.1.2007.*

O Conselho Nacional de Trânsito – CONTRAN, usando da competência que lhe confere o art. 12, inciso I, da Lei nº 9.503, de 23 de setembro de 1997, que instituiu o Código de Trânsito Brasileiro – CTB, e conforme o Decreto nº 4.711, de 29 de maio de 2003, que dispõe sobre a coordenação do Sistema Nacional de Trânsito – SNT; e

Considerando o contido no Processo nº 80001.020702/2007-13; resolve:

**Art. 1º.** O art. 1º da Resolução nº 221, de janeiro de 2007, passa a vigorar com a seguinte redação:

● *Alteração já efetuada no corpo da Resolução.*

**Art. 2º.** Esta Resolução entra em vigor na data de sua publicação.

Brasília/DF, 26 de outubro de 2007.

*Alfredo Peres da Silva – Presidente – DOU de 21.11.2007*

# RESOLUÇÃO CONTRAN Nº 256, DE 30 DE NOVEMBRO DE 2007

● *Altera o § 2º, do art. 2º da Resolução CONTRAN nº 211, de 13.11.2006.*

O Conselho Nacional de Trânsito – CONTRAN, usando das atribuições que lhe confere o art. 12, inciso I, da Lei nº 9.503, de 23 de setembro de 1997, que instituiu o Código de Trânsito Brasileiro – CTB, e conforme o Decreto nº 4.711, de 29 de maio de 2003, que dispõe sobre a coordenação do Sistema Nacional de Trânsito – SNT; e

Considerando o contido no Processo nº 80001.004535/2007-63; resolve:

**Art. 1º.** O § 2º do art. 2º da Resolução nº 211/2006, passa a vigorar com a seguinte redação:

● *Alteração já efetuada no corpo da Resolução.*

**Art. 2º.** Esta Resolução entra em vigor na data de sua publicação.

Brasília/DF, 30 de novembro de 2007.

*Alfredo Peres da Silva – Presidente – DOU de 6.12.2007*

# RESOLUÇÃO CONTRAN Nº 257, DE 30 DE NOVEMBRO DE 2007

● *Altera os arts. 4º e 5º da Resolução CONTRAN nº 203, de 29.9.2006, que disciplina o uso de capacete para condutor e passageiro de motocicleta, motoneta, ciclomotor, triciclo e quadriciclo motorizados e dá outras providências.*

O Conselho Nacional de Trânsito – CONTRAN, no uso da competência que lhe confere o art. 12, inciso I, da Lei nº 9.503, de 23 de setembro de 1997, e nos termos do disposto no Decreto nº 4.711, de 29 de maio de 2003, que trata da coordenação do Sistema Nacional de Trânsito – SNT;

Considerando o disposto no inciso I dos arts. 54 e 55 e nos incisos I e II do art. 244, e no inciso X do art. 230 do Código de Trânsito Brasileiro e o contido no Processo nº 80001.002909/2007-14,

Considerando o estabelecido na Deliberação nº 59, de 17 de julho de 2007; resolve:

**Art. 1º.** Os arts. 4º e 5º da Resolução nº 203/2006, passam a vigorar com a seguinte redação:

● *Alterações já efetuadas no corpo da Resolução.*

**Art. 2º.** Esta Resolução entra em vigor na data de sua publicação.

Brasília/DF, 30 de novembro de 2007.

*Alfredo Peres da Silva – Presidente – DOU de 6.12.2007*

## RESOLUÇÃO CONTRAN Nº 258, 30 DE NOVEMBRO DE 2007

- *Regulamenta os arts. 231, X, e 323 do Código Trânsito Brasileiro, fixa metodologia de aferição de peso de veículos, estabelece percentuais de tolerância e dá outras providências.*
- *Com redação dada pelas Resoluções CONTRAN nº 403, de 26.4.2012 e 430, de 23.1.2013.*

O Conselho Nacional de Trânsito – CONTRAN, no uso das atribuições que lhe confere o art. 12, inciso I, da Lei nº 9.503, de 23 de setembro de 1997, que institui o Código de Trânsito Brasileiro – CTB, e conforme o Decreto nº 4.711, de 29 de maio de 2003, que dispõe sobre a coordenação do Sistema Nacional de Trânsito – SNT;

Considerando a necessidade de regulamentar o inciso X do art. 231 e o art. 323 do Código de Trânsito Brasileiro;

Considerando o disposto nos arts. 99, 100 e o inciso V do art. 231 do Código de Trânsito Brasileiro;

Considerando os limites de peso e dimensões para veículos estabelecidos pelo CONTRAN; resolve:

**Art. 1º.** Para efeito desta Resolução e classificação do veículo, o comprimento total é aquele medido do ponto mais avançado da sua extremidade dianteira ao ponto mais avançado da sua extremidade traseira, inclusos todos os acessórios para os quais não esteja prevista uma exceção.

I – Na medição do comprimento dos veículos não serão tomados em consideração os seguintes dispositivos:

a) limpador de para-brisas e dispositivos de lavagem do para-brisas;

b) placas dianteiras e traseiras;

c) dispositivos e olhais de fixação e amarração da carga, lonas e encerados;

d) luzes;

e) espelhos retrovisores ou outros dispositivos similares;

f) tubos de admissão de ar;

g) batentes;

h) degraus e estribos de acesso;

i) borrachas;

j) plataformas elevatórias, rampas de acesso, e outros equipamentos semelhantes, em ordem de marcha, desde que não constituam saliência superior a 200 mm;

k) dispositivos de engate do veículo a motor.

Parágrafo único. A medição do comprimento dos veículos do tipo guindaste deverá tomar como base, a ponta da lança e o suporte dos contrapesos.

**Art. 2º.** Os instrumentos ou equipamentos utilizados para a medição de comprimento de veículos devem ter seu modelo aprovado pelo Instituto Nacional de Metrologia, Normalização e Qualidade Industrial – INMETRO, de acordo com a legislação metrológica em vigor.

**Art. 3º.** Nenhum veículo ou combinação de veículos poderá transitar com peso bruto total (PBT) ou com peso bruto total combinado (PBTC) com peso por eixo, superior ao fixado pelo fabricante, nem ultrapassar a capacidade máxima de tração (CMT) da unidade tratora.

**Art. 4º.** A fiscalização de peso dos veículos deve ser feita por equipamento de pesagem (balança rodoviária) ou, na impossibilidade, pela verificação de documento fiscal.

**Art. 5º.** Na fiscalização de peso dos veículos por balança rodoviária será admitida à tolerância máxima de 5% (cinco por cento) sobre os limites de pesos regulamentares, para suprir a incerteza de medição do equipamento, conforme legislação metrológica.

Parágrafo único. No carregamento dos veículos, a tolerância máxima prevista neste artigo não deve ser incorporada aos limites de peso previstos em regulamentação fixada pelo CONTRAN.

**Art. 6º.** Quando o peso verificado for igual ou inferior ao PBT ou PBTC estabelecido para o veículo, acrescido da tolerância de 5% (cinco por cento), mas ocorrer excesso de peso em algum dos eixos ou conjunto de eixos aplicar-se-á multa somente sobre a parcela que exceder essa tolerância.

§ 1º. A carga deverá ser remanejada ou ser efetuado transbordo, de modo a que os excessos por eixo sejam eliminados.

§ 2º. O veículo somente poderá prosseguir viagem depois de sanar a irregularidade, respeitado o disposto no art. 9º desta Resolução sem prejuízo da multa aplicada.

**Art. 7º.** Quando o peso verificado estiver acima do PBT ou PBTC estabelecido para o veículo, acrescido da tolerância de 5% (cinco por cento), aplicar-se-á a multa somente sobre a parcela que exceder essa tolerância.

Parágrafo único. O veículo somente poderá prosseguir viagem depois de efetuar o transbordo, respeitado o disposto no art. 9º desta Resolução.

**Art. 8º.** O veículo só poderá prosseguir viagem após sanadas as irregularidades, observadas as condições de segurança.

§ 1º. Nos casos em que não for dispensado o remanejamento ou transbordo da carga o veículo deverá ser recolhido ao depósito, sendo liberado somente após sanada a irregularidade e pagas todas as despesas de remoção e estada.

§ 2º. A critério do agente, observadas as condições de segurança, poderá ser dispensado o remanejamento ou transbordo de produtos perigosos, produtos perecíveis, cargas vivas e passageiros.

**Art. 9º.** Independentemente da natureza da sua carga, o veículo poderá prosseguir viagem sem remanejamento ou transbordo, desde que os excessos aferidos sejam simultaneamente inferiores a 5% (cinco por cento) do limite para cada tipo de eixo, ou seja:

I – 300 kg no eixo direcional;

II – 500 kg no eixo isolado;

III – 850 kg por conjuntos de eixos em tandem duplo; e

IV – 1275 kg no conjunto de eixos em tandem triplo.

**Art. 10.** Os equipamentos fixos ou portáteis utilizados na pesagem de veículos devem ter seu modelo aprovado pelo INMETRO, de acordo com a legislação metrológica em vigor.

**Art. 11.** A fiscalização dos limites de peso dos veículos, por meio do peso declarado na Nota Fiscal, Conhecimento ou Manifesto de carga poderá ser feita em qualquer tempo ou local, não sendo admitido qualquer tolerância sobre o peso declarado.

**Art. 12.** Para fins dos §§ 4º e 6º do art. 257 do CTB, considera-se embarcador o remetente ou expedidor da carga, mesmo se o frete for a pagar.

**Art. 13.** Para o calculo do valor da multa estabelecida no inciso V do art. 231 do CTB serão aplicados os valores em Reais, para cada duzentos quilogramas ou fração, conforme Resolução CONTRAN nº 136/2002 ou outra que vier substituí-la.

Infração – média = R$ 85,13 (oitenta e cinco reais e treze centavos);

Penalidade – multa acrescida a cada duzentos quilogramas ou fração de excesso de peso apurado, na seguinte forma:

a) até seiscentos quilogramas = R$ 5,32 (cinco reais e trinta e dois centavos);

b) de seiscentos e um a oitocentos quilogramas = R$ 10,64 (dez reais e sessenta e quatro centavos);

c) de oitocentos e um a um mil quilogramas = R$ 21,28 (vinte e um reais e vinte e oito centavos);

d) de um mil e um a três mil quilogramas = R$ 31,92 (trinta e um reais e noventa e dois centavos);

e) de três mil e um a cinco mil quilogramas = R$ 42,56 (quarenta e dois reais e cinquenta e seis centavos);

f) acima de cinco mil e um quilogramas = R$ 53,20 (cinquenta e três reais e vinte centavos).

Medida Administrativa – Retenção do Veículo e transbordo da carga excedente.

§ 1º. Mesmo que haja excessos simultâneos nos pesos por eixo ou conjunto de eixos e no PBT ou PBTC, a multa de R$ 85,13 (oitenta e cinco reais e treze centavos) prevista no inciso V do art. 231 do CTB será aplicada uma única vez.

§ 2º. Quando houver excessos tanto no peso por eixo quanto no PBT ou PBTC, os valores dos acréscimos à multa serão calculados isoladamente e somados entre si, sendo adicionado ao resultado o valor inicial de R$ 85,13 (oitenta e cinco reais e treze centavos).

§ 3º. O valor do acréscimo à multa será calculado da seguinte maneira:

a) enquadrar o excesso total na tabela progressiva prevista no *caput* deste artigo;

b) dividir o excesso total por 200 kg, arredondando-se o valor para o inteiro superior, resultando na quantidade de frações; e

c) multiplicar o resultado de frações pelo valor previsto para a faixa do excesso na tabela estabelecida no *caput* deste artigo.

**Art. 14.** As infrações por exceder a Capacidade Máxima de Tração de que trata o inciso X do art. 231 do CTB serão aplicadas a depender da relação entre o excesso de peso apurado e a CMT, da seguinte forma:

a) até 600 kg

infração: média = R$ 85,13 (oitenta e cinco reais e treze centavos);

b) entre 601 kg e 1.000 kg

infração: grave = R$ 127,69 (cento e vinte e sete reais e sessenta e nove centavos);

c) acima de 1.000 kg

infração: gravíssima = 191,54 (cento e noventa e um reais e cinquenta e quatro centavos), aplicados a cada 500 kg ou fração de excesso de peso apurado.

Penalidade: Multa.

Medida Administrativa – Retenção do Veículo para Transbordo da carga.

**Art. 15.** Cabe à autoridade com circunscrição sobre a via disciplinar sobre a localização, a instalação e a operação dos instrumentos ou equipamentos de aferição de peso de veículos assegurado o acesso à documentação comprobatória de atendimento a legislação metrológica.

**Art. 16.** É obrigatória à presença da autoridade ou do agente da autoridade no local da aferição de peso dos veículos, na forma prevista do § 4º do art. 280 do CTB.

**Art. 17.** Fica permitida até 31 de dezembro de 2013 a tolerância máxima de 7,5% (sete e meio por cento) sobre os limites de peso bruto transmitido por eixo de veículo à superfície das vias públicas. *(Art. 17 com redação dada pela Resolução CONTRAN nº 430/2013)*

**Art. 18.** Ficam revogadas as Resoluções do CONTRAN nº 102, de 31 de agosto de 1999, nº 104, de 21 de dezembro de 1999, e nº 114, de 5 de maio de 2000.

**Art. 19.** Esta Resolução entra em vigor na data de sua publicação.

Brasília/DF, 30 de novembro de 2007.

*Alfredo Peres da Silva – Presidente – DOU de 6.12.2007*

## RESOLUÇÃO CONTRAN Nº 259, DE 30 DE NOVEMBRO DE 2007

• *Altera a Resolução CONTRAN nº 014, de 6 de fevereiro de 1998 e dá outras providências.*

O Conselho Nacional de Trânsito – CONTRAN, no uso das atribuições que lhe são conferidas pelo art. 12, inciso I, da Lei nº 9.503, de 25 de setembro de 1997, que instituiu o Código de Trânsito Brasileiro – CTB, e conforme o Decreto nº 4.711, de 29 de maio de 2003, que dispõe sobre a coordenação do Sistema Nacional de Trânsito – SNT; e

Considerando o que consta do Processo nº 80001.012370/2007-01; resolve:

**Art. 1º.** Acrescer a alínea "e" ao inciso V do art. 2º da Resolução nº 14/1998 – CONTRAN, com a seguinte redação:

• *Alteração já efetuada no corpo da Resolução.*

**Art. 2º.** Esta Resolução entra em vigor na data de sua publicação.

Brasília/DF, 30 de novembro de 2007.

*Alfredo Peres da Silva – Presidente – DOU de 6.12.2007*

## RESOLUÇÃO CONTRAN Nº 265, DE 14 DE DEZEMBRO DE 2007

• *Dispõe sobre a formação teórico-técnica do processo de habilitação de condutores de veículos automotores elétricos como atividade extracurricular no ensino médio e define os procedimentos para implementação nas escolas interessadas.*

O Conselho Nacional de Trânsito – CONTRAN, usando da competência que lhe confere o art. 12, inciso I, da Lei nº 9.503, de 23 de setembro de 1997, que instituiu o Código de Trânsito Brasileiro – CTB, e conforme o Decreto nº 4.711, de 29 de maio de 2003, que dispõe sobre a coordenação do Sistema Nacional de Trânsito – SNT; e

Considerando a necessidade de medidas complementares para o cumprimento do disposto nos arts. 74 e 79 do Capítulo VI do Código de Trânsito Brasileiro;

Considerando o disposto na Política Nacional de Trânsito em sua diretriz que visa aumentar a segurança e promover a educação para o trânsito junto às instituições de ensino;

Considerando a importância de desenvolver valores, integrando o jovem ao sistema trânsito em seus diferentes papéis;

Considerando a necessidade de melhoria no processo de formação de condutores;
Considerando o que consta do Processo nº 80001.015595/2005-40; resolve:

**Art. 1º.** Instituir a formação teórico-técnica do processo de habilitação de condutores, como atividade extracurricular em escolas de ensino médio, de acordo com os conteúdos estabelecidos na Resolução CONTRAN nº 168/2004.

**Art. 2º.** A atividade extracurricular, uma vez desenvolvida em conformidade com esta Resolução, será reconhecida como o curso de formação teórico-técnica, necessário para que o aluno possa submeter-se ao exame escrito de legislação de trânsito para, se habilitado, conduzir veículo automotor.

**Art. 3º.** As escolas interessadas no desenvolvimento e na execução desta atividade extracurricular, cientes das condições estabelecidas no Anexo I desta Resolução, devem solicitar autorização junto ao órgão executivo de trânsito do Estado ou do Distrito Federal, na forma dos documentos constantes do Anexo II desta Resolução.

Parágrafo único. Cabe ao órgão ou entidade executivo de trânsito do Estado ou do Distrito Federal examinar a documentação apresentada, fiscalizar as condições físicas e materiais da escola requerente, estabelecer, quando necessário, exigências a serem cumpridas em prazo determinado e conceder autorização, conforme Anexo III.

**Art. 4º.** A escola autorizada expedirá certificado de participação na atividade extracurricular, conforme Anexo IV desta Resolução, aos alunos com frequência igual ou superior a 75% (setenta e cinco por cento).

Parágrafo único. A escola deverá encaminhar ao órgão que a autorizou, os certificados expedidos, acompanhados de relação nominal dos alunos, conforme Anexo V desta Resolução, para fins de autenticação.

**Art. 5º.** De posse do certificado referido no art. 4º desta Resolução, o interessado em obter a Permissão para Dirigir Veículo Automotor, desde que preencha os requisitos exigidos no art. 140 da Lei nº 9.503, de 23 de setembro de 1997, poderá encaminhar-se ao órgão executivo de trânsito responsável e dar início formal ao processo de habilitação.

Parágrafo único. No caso de reprovação no exame escrito prestado no órgão executivo de trânsito do Estado ou do Distrito Federal, o candidato deverá frequentar curso de formação de condutor, nos moldes da legislação vigente.

**Art. 6º.** Compete ao órgão executivo de trânsito do Estado ou do Distrito Federal o controle, a fiscalização e a execução da atividade extracurricular prevista nesta Resolução.

**Art. 7º.** Fica revogada a Resolução CONTRAN nº 120, de 14 de fevereiro de 2001.

**Art. 8º.** Esta Resolução entra em vigor na data de sua publicação.

Brasília/DF, 14 de dezembro de 2007.

*Alfredo Peres da Silva – Presidente – DOU de 14.2.2008*

**Anexos**

♦ *Os Anexos encontram-se disponíveis no site: http://www.denatran.gov.br/resolucoes.htm*

## RESOLUÇÃO CONTRAN Nº 266, DE 19 DE DEZEMBRO DE 2007

• *Dá nova redação ao inciso IV do art. 15 da Resolução CONTRAN nº 232, de 3.3.2007.*

O Conselho Nacional de Trânsito – CONTRAN, no uso das suas atribuições que lhe são conferidas pelo art. 12, inciso I, da Lei nº 9.503, de 25 de setembro de 1997, que instituiu o Código de Trânsito Brasileiro – CTB, e conforme o Decreto nº 4.711, de 29 de maio de 2003, que dispõe sobre a coordenação do Sistema Nacional de Trânsito – SNT; resolve:

**Art. 1º.** O inciso IV do art. 15 da Resolução nº 232, de 30 de março de 2007, passa a vigorar com a seguinte redação:

• *Alteração já efetuada no corpo da Resolução.*

**Art. 2º.** Esta Resolução entra em vigor na data de sua publicação.

Brasília/DF, 19 de dezembro de 2007.

*Alfredo Peres da Silva – Presidente – DOU de 14.2.2008*

## RESOLUÇÃO CONTRAN Nº 268, DE 15 DE FEVEREIRO de 2008

• *Dispõe sobre o uso de luzes intermitentes ou rotativas em veículos e dá outras providências.*

O Conselho Nacional de Trânsito – CONTRAN, no uso da atribuição que lhe confere o art. 12, inciso I, da Lei nº 9.503, de 23 de setembro de 1997, que institui o Código de Trânsito Brasileiro – CTB, e tendo em vista o disposto no Decreto nº 4.711, de 29 de maio de 2003, que dispõe sobre a coordenação do Sistema Nacional de Trânsito – SNT;

Considerando o disposto nos incisos VII e VIII do art. 29 do Código de Trânsito Brasileiro e no Decreto nº 5.098, de 3 de junho de 2004, quanto a resposta rápida a acidentes ambientais com produtos químicos perigosos;

Considerando o constante nos Processos nº 80001.013383/2007-90, nº 80001.001437/2005-11 e nº 80001.011749/2004-43; resolve:

**Art. 1º.** Somente os veículos mencionados no inciso VII do art. 29 do Código de Trânsito Brasileiro poderão utilizar luz vermelha intermitente e dispositivo de alarme sonoro.

§ 1º. A condução dos veículos referidos no *caput*, somente se dará sob circunstâncias que permitam o uso das prerrogativas de prioridade de trânsito e de livre circulação, estacionamento e parada, quando em efetiva prestação de serviço de urgência que os caracterizem como veículos de emergência, estando neles acionados o sistema de iluminação vermelha intermitente e alarme sonoro.

§ 2º. Entende-se por prestação de serviço de urgência os deslocamentos realizados pelos veículos de emergência, em circunstâncias que necessitem de brevidade para o atendimento, sem a qual haverá grande prejuízo à incolumidade pública.

§ 3º. Entende-se por veículos de emergência aqueles já tipificados no inciso VII do art. 29 do Código de Trânsito Brasileiro, inclusive os de salvamento difuso "destinados a serviços de emergência decorrentes de acidentes ambientais".

**Art. 2º.** Considera-se veículo destinado a socorro de salvamento difuso aquele empregado em serviço de urgência relativo a acidentes ambientais.

**Art. 3º.** Os veículos prestadores de serviços de utilidade pública, referidos no inciso VIII do art. 29 do Código de Trânsito Brasileiro, identificam-se pela instalação de dispositivo, não removível, de iluminação intermitente ou rotativa, e somente com luz amarelo-âmbar.

§ 1º. Para os efeitos deste artigo, são considerados veículos prestadores de serviço de utilidade pública:

I – os destinados à manutenção e reparo de redes de energia elétrica, de água e esgotos, de gás combustível canalizado e de comunicações;

II – os que se destinam à conservação, manutenção e sinalização viária, quando a serviço de órgão executivo de trânsito ou executivo rodoviário;

III – os destinados ao socorro mecânico de emergência nas vias abertas à circulação pública;

IV – os veículos especiais destinados ao transporte de valores;

V – os veículos destinados ao serviço de escolta, quando registrados em órgão rodoviário para tal finalidade;

VI – os veículos especiais destinados ao recolhimento de lixo a serviço da Administração Pública.

§ 2º. A instalação do dispositivo referido no *caput* deste artigo, dependerá de prévia autorização do órgão executivo de trânsito do Estado ou do Distrito Federal onde o veículo estiver registrado, que fará constar no Certificado de Licenciamento Anual, no campo "observações", código abreviado na forma estabelecida pelo órgão máximo executivo de trânsito da União.

**Art. 4º.** Os veículos de que trata o artigo anterior gozarão de livre parada e estacionamento, independentemente de proibições ou restrições estabelecidas na legislação de trânsito ou através de sinalização regulamentar, quando se encontrarem:

I – em efetiva operação no local de prestação dos serviços a que se destinarem;

II – devidamente identificados pela energização ou acionamento do dispositivo luminoso e utilizando dispositivo de sinalização auxiliar que permita aos outros usuários da via enxergarem em tempo hábil o veículo prestador de serviço de utilidade pública.

Parágrafo único. Fica proibido o acionamento ou energização do dispositivo luminoso durante o deslocamento do veículo, exceto nos casos previstos nos incisos III, V e VI do § 1º do artigo anterior.

**Art. 5º.** Pela inobservância dos dispositivos desta Resolução será aplicada a multa prevista nos incisos XII ou XIII do art. 230 do Código de Trânsito Brasileiro.

**Art. 6º.** Esta Resolução entra em vigor na data de sua publicação, produzindo seus efeitos em cento e oitenta (180) dias, quando ficarão revogadas a Resolução CONTRAN nº 679/1987 e a Decisão nº 08/1993 do Presidente do CONTRAN, e demais disposições em contrário.

Brasília/DF, 15 de fevereiro de 2008.

*Alfredo Peres da Silva – Presidente – DOU de 25.2.2008*

## RESOLUÇÃO CONTRAN Nº 269, DE 15 DE FEVEREIRO DE 2008

- *Dá nova redação ao inciso I do art. 4º da Resolução CONTRAN nº 004, de 23.1.1998, que dispõe sobre o trânsito de veículos novos, nacionais ou importados, antes do registro e licenciamento.*

O Conselho Nacional de Trânsito – CONTRAN, usando da competência que lhe confere o art. 12, inciso I, da Lei nº 9.503, de 23 de setembro de 1997, que instituiu o Código de Trânsito Brasileiro – CTB, e conforme Decreto nº 4.711, de 29 de maio de 2003, que dispõe sobre a coordenação do Sistema Nacional de Trânsito – SNT;

Considerando que o veículo novo será registrado e licenciado no município de domicílio ou residência do adquirente e;

Considerando o disposto no Processo nº 80001.005021/2003-00/DENATRAN; resolve:

**Art. 1º.** O inciso I do art. 4º da Resolução CONTRAN nº 4, de 23 de janeiro de 1998, passa a vigorar com a seguinte redação:

- *Alteração já efetuada no corpo da Resolução.*

**Art. 2º.** Fica revogada a Resolução CONTRAN nº 20, de 17 de fevereiro de 1998.

**Art. 3º.** Esta Resolução entra em vigor da data de sua publicação.

Brasília/DF, 15 de fevereiro de 2008.

*Alfredo Peres da Silva – Presidente – DOU de 25.2.2008*

## RESOLUÇÃO CONTRAN Nº 270, DE 15 DE FEVEREIRO de 2008

- *Dá nova redação ao art. 2º da Resolução CONTRAN nº 203, de 29.9.2006.*

O Conselho Nacional de Trânsito – CONTRAN, no uso da atribuição que lhe confere o art. 12, inciso I, da Lei nº 9.503, de 23 de setembro de 1997, que institui o Código de Trânsito Brasileiro – CTB, e tendo em vista o disposto no Decreto nº 4.711, de 29 de maio de 2003, que dispõe sobre a coordenação do Sistema Nacional de Trânsito – SNT;

Considerando os entendimentos mantidos com o Instituto Nacional de Metrologia, Normalização e Qualidade Industrial – INMETRO; resolve:

**Art. 1º.** Referendar a Deliberação nº 62, de 8 de fevereiro de 2008, do Presidente do CONTRAN, publicada no *Diário Oficial da União* de 11 de fevereiro de 2008.

**Art. 2º.** O art. 2º da Resolução CONTRAN nº 203/2006, passa a vigorar com a seguinte redação:

- *Alteração já efetuada no corpo da Resolução.*

**Art. 3º.** Esta Resolução entra em vigor na data de sua publicação.

Brasília/DF, 15 de fevereiro de 2008.

*Alfredo Peres da Silva – Presidente – DOU de 25.2.2008*

## RESOLUÇÃO CONTRAN Nº 272, DE 14 DE MARÇO DE 2008

- *Altera a redação do art. 9º da Resolução CONTRAN nº 157, de 22 de abril de 2004, que fixa especificações para os extintores de incêndio, como equipamento obrigatório.*

O Conselho Nacional de Trânsito – CONTRAN, no uso das atribuições que lhe são conferidas pelo art. 12, inciso I, da Lei nº 9.503, de 23 de setembro de 1997, que instituiu o Código de Trânsito Brasileiro – CTB, e conforme o Decreto nº 4.711, de 29 de maio de 2003, que trata da coordenação do Sistema Nacional de Trânsito – SNT;

Considerando o § 1º do art. 105 do CTB, que estabelece que o CONTRAN determine as especificações técnicas dos equipamentos obrigatórios;

Considerando estudos e recomendação da Câmara Temática de Esforço Legal: infrações, penalidades, crimes de trânsito, policiamento e fiscalização de trânsito a respeito da redação do *caput* do art. 9º, da Resolução nº 157/2004 do CONTRAN e conforme o constante do Processo nº 80001.000973/2008-33; resolve:

**Art. 1º.** O *caput* do art. 9º da Resolução nº 157, de 22 de abril de 2004, do CONTRAN, passa a vigorar com a seguinte redação:

- *Alteração já efetuada no corpo da Resolução.*

**Art. 2º.** Esta Resolução entra em vigor da data de sua publicação.

Brasília/DF, 14 de março de 2008.

*Alfredo Peres da Silva – Presidente – DOU de 28.3.2008*

## RESOLUÇÃO CONTRAN Nº 273, DE 4 DE ABRIL DE 2008

- *Regulamenta a utilização de semirreboques por motocicletas e motonetas, define características, estabelece critérios e dá outras providências.*

O Conselho Nacional de Trânsito – CONTRAN, usando da competência que lhe confere o inciso I do art. 12 da Lei nº 9.503, de 23 de setembro de 1997, que instituiu o Código de Trânsito Brasileiro – CTB, e conforme o Decreto nº 4.711, de 29 de maio de 2003, que trata da coordenação do Sistema Nacional de Trânsito – SNT;

Considerando a necessidade de regulamentar o § 3º, do art. 244 do Código Brasileiro de Trânsito, com a redação dada pela Lei nº 10.517 de 11 de julho de 2002, resolve:

**Art. 1º.** Motocicletas e motonetas dotadas de motor com mais de 120 centímetros cúbicos poderão tracionar semirreboques, especialmente projetados e para uso exclusivo desses veículos, devidamente homologados pelo órgão máximo executivo de trânsito da União, observados os limites de capacidade máxima de tração, indicados pelo fabricante ou importador da motocicleta ou da motoneta.

Parágrafo único. A capacidade máxima de tração – CMT de que trata o *caput* deste artigo deverá constar no campo observação do CRLV.

**Art. 2º.** Os engates utilizados para tracionar os semirreboques de que trata esta Resolução, devem cumprir com todas as exigências da Resolução CONTRAN nº 197, de 25 de julho de 2006, a exceção do seu art. 6º.

**Art. 3º.** Os semirreboques tracionados por motocicletas e motonetas devem ter as seguintes características:

§ 1º. Elementos de Identificação:

I – Número de identificação veicular – VIN gravado na estrutura do semirreboque;

II – Ano de fabricação do veículo gravado em 4 dígitos;

III – Plaqueta com os dados de identificação do fabricante, Tara, Lotação, PBT e dimensões (altura, comprimento e largura).

§ 2º. Equipamentos Obrigatórios:

I – Para-choque traseiro;

II – Lanternas de posição traseira, de cor vermelha;

III – Protetores das rodas traseiras;

IV – Freio de serviço;

V – Lanternas de freio, de cor vermelha;

VI – Iluminação da placa traseira;

VII – Lanternas indicativas de direção traseira, de cor âmbar ou vermelha;

VIII – Pneu que ofereça condições de segurança;

IX – Elementos retrorefletivos aplicados nas laterais e traseira, conforme anexo.

§ 3º. Dimensões, com ou sem carga:

I – Largura máxima: 1,15 m;

II – Altura máxima: 0,90m;

III – Comprimento total máximo (incluindo a lança de acoplamento): 2,15 m.

**Art. 4º.** Cabe à autoridade de trânsito decidir sobre a circulação de motocicleta e de motoneta com semirreboque acoplado, na via sob sua circunscrição.

**Art. 5º.** O descumprimento das disposições desta Resolução sujeitará ao infrator às penalidades do art. 244 do Código de Trânsito Brasileiro.

Parágrafo único. Dirigir ou conduzir veiculo fora das especificações contidas no anexo desta Resolução, incidirá o condutor nas penalidades do inciso X do art. 230 do Código de Trânsito Brasileiro.

**Art. 6º.** Esta Resolução entra em vigor na data de sua publicação, produzindo efeitos 90 (noventa) dias após a data de sua publicação.

Brasília/DF, 4 de abril de 2008.

*Alfredo Peres da Silva – Presidente – DOU de 28.4.2008*

**Anexo**

♦ *O Anexo encontra-se disponível no site: http://www.denatran.gov.br/resolucoes.htm*

## RESOLUÇÃO CONTRAN Nº 275, DE 25 DE ABRIL DE 2008

- *Estabelece modelo de placa para veículos de representação de acordo com o art. 115, § 3º do Código de Trânsito Brasileiro.*

O Conselho Nacional de Trânsito – CONTRAN, usando da competência que lhe confere o art. 12, inciso I, da Lei nº 9.503, de 23 de setembro de 1997, que instituiu o Código de Trânsito Brasileiro – CTB, e conforme o Decreto nº 2.327, de 23 de setembro de 1997, que trata da coordenação do Sistema Nacional de Trânsito – SNT;

Considerando o disposto no § 3º, do art. 115, do Código de Trânsito Brasileiro, que determina o uso de placas especiais em veículos utilizados por Oficiais Generais das Forças Armadas; resolve:

**Art. 1º.** Aprovar os modelos de placa constantes nos Anexos I e II desta Resolução para os veículos de representação dos Comandantes da Marinha do Brasil, do Exército Brasileiro, da Aeronáutica e dos Oficiais Generais das Forças Armadas.

**Art. 2º.** Os veículos de que trata esta Resolução enquadram-se no disposto no art. 116 do CTB.

**Art. 3º.** Fica revogada a Resolução CONTRAN nº 094/1999.

**Art. 4º.** Esta Resolução entra em vigor na data de sua publicação.

Brasília/DF, 25 de abril de 2008.

*Alfredo Peres da Silva – Presidente – DOU de 13.5.2008*

**Anexos**

♦ *Os Anexos encontram-se disponíveis no site: http://www.denatran.gov.br/resolucoes.htm*

## RESOLUÇÃO CONTRAN Nº 277, DE 28 DE MAIO DE 2008

- Dispõe sobre o transporte de menores de 10 anos e a utilização do dispositivo de retenção para o transporte de crianças em veículos.
- *Com redação dada pela Resolução CONTRAN nº 391, de 30.8.2011.*

O Conselho Nacional de Trânsito – CONTRAN, no uso das atribuições legais que lhe confere o art. 12, inciso I, da Lei nº 9.503, de 23 de setembro de 1997 que institui o Código de Trânsito Brasileiro – CTB, e conforme o Decreto nº 4.711 de 29 de maio de 2003, que trata da coordenação do Sistema Nacional de Trânsito – SNT; e

Considerando a necessidade de aperfeiçoar a regulamentação dos arts. 64 e 65, do Código de Trânsito Brasileiro – CTB;

Considerando ser necessário estabelecer as condições mínimas de segurança para o transporte de passageiros com idade inferior a dez anos em veículos; resolve:

**Art. 1º.** Para transitar em veículos automotores, os menores de dez anos deverão ser transportados nos bancos traseiros usando individualmente cinto de segurança ou sistema de retenção equivalente, na forma prevista no Anexo desta Resolução.

§ 1º. Dispositivo de retenção para crianças é o conjunto de elementos que contém uma combinação de tiras com fechos de travamento, dispositivo de ajuste, partes de fixação e, em certos casos, dispositivos como: um berço portátil porta-bebê, uma cadeirinha auxiliar ou uma proteção antichoque que devem ser fixados ao veículo, mediante a utilização dos cintos de segurança ou outro equipamento apropriado instalado pelo fabricante do veículo com tal finalidade.

§ 2º. Os dispositivos mencionados no parágrafo anterior são projetados para reduzir o risco ao usuário em casos de colisão ou de desaceleração repentina do veículo, limitando o deslocamento do corpo da criança com idade até sete anos e meio.

§ 3º. As exigências relativas ao sistema de retenção, no transporte de crianças com até sete anos e meio de idade, não se aplicam aos veículos de transporte coletivo, aos de aluguel, aos de transporte autônomo de passageiro (táxi), aos veículos escolares e aos demais veículos com peso bruto total superior a 3,5t.

**Art. 2º.** O transporte de criança com idade inferior a dez anos poderá ser realizado no banco dianteiro do veículo, com o uso do dispositivo de retenção adequado ao seu peso e altura, nas seguintes situações: *(Art. 2º, caput, com redação dada pela Resolução CONTRAN nº 391/2011)*

I – quando o veículo for dotado exclusivamente deste banco; *(Inciso I com redação dada pela Resolução CONTRAN nº 391/2011)*

II – quando a quantidade de crianças com esta idade exceder a lotação do banco traseiro; *(Inciso II com redação dada pela Resolução CONTRAN nº 391/2011)*

III – quando o veículo for dotado originalmente (fabricado) de cintos de segurança subabdominais (dois pontos) nos bancos traseiros. *(Inciso III com redação dada pela Resolução CONTRAN nº 391/2011)*

Parágrafo único. Excepcionalmente, as crianças com idade superior a quatro anos e inferior a sete anos e meio poderão ser transportadas utilizando cinto de segurança de dois pontos sem o dispositivo denominado "assento de elevação", nos bancos traseiros, quando o veículo for dotado originalmente destes cintos. *(Parágrafo único com redação dada pela Resolução CONTRAN nº 391/2011)*

**Art. 3º.** Nos veículos equipados com dispositivo suplementar de retenção (*air bag*), para o passageiro do banco dianteiro, o transporte de crianças com até dez anos de idade neste banco, conforme disposto no art. 2º e seu parágrafo, poderá ser realizado desde que utilizado o dispositivo de retenção adequado ao seu peso e altura e observados os seguintes requisitos:

I – É vedado o transporte de crianças com até sete anos e meio de idade, em dispositivo de retenção posicionado em sentido contrário ao da marcha do veículo.

II – É permitido o transporte de crianças com até sete anos e meio de idade, em dispositivo de retenção posicionado no sentido de marcha do veículo, desde que não possua bandeja, ou acessório equivalente, incorporado ao dispositivo de retenção;

III – Salvo instruções específicas do fabricante do veículo, o banco do passageiro dotado de airbag deverá ser ajustado em sua última posição de recuo, quando ocorrer o transporte de crianças neste banco.

**Art. 4º.** Com a finalidade de ampliar a segurança dos ocupantes, adicionalmente às prescrições desta Resolução, o fabricante e/ou montador e/ou importador do veículo poderá estabelecer condições e/ou restrições específicas para o uso do dispositivo de retenção para crianças com até sete anos e meio de idade em seus veículos, sendo que tais prescrições deverão constar do manual do proprietário.

Parágrafo único. Na ocorrência da hipótese prevista no *caput* deste artigo, o fabricante ou importador deverá comunicar a restrição ao DENATRAN no requerimento de concessão da marca/modelo/versão ou na atualização do Certificado de Adequação à Legislação de Trânsito (CAT).

**Art. 5º.** Os manuais dos veículos automotores, em geral, deverão conter informações a respeito dos cuidados no transporte de crianças, da necessidade de dispositivos de retenção e da importância de seu uso na forma do art. 338 do CTB.

**Art. 6º.** O transporte de crianças em desatendimento ao disposto nesta Resolução sujeitará os infratores às sanções do art. 168 do Código de Trânsito Brasileiro.

**Art. 7º.** Esta Resolução entra em vigor na data de sua publicação, produzindo efeito nos seguintes prazos:

I – a partir da data da publicação desta Resolução as autoridades de trânsito e seus agentes deverão adotar medidas de caráter educativo para esclarecimento dos usuários dos veículos quanto à necessidade do atendimento das prescrições relativas ao transporte de crianças;

II – a partir de 360 (trezentos e sessenta) dias após a publicação desta Resolução, os órgãos e entidades componentes do Sistema Nacional de Trânsito deverão iniciar campanhas educativas para esclarecimento dos condutores dos veículos no tocante aos requisitos obrigatórios relativos ao transporte de crianças;

III – Em 730 dias, após a publicação desta Resolução, os órgãos e entidades componentes do Sistema Nacional de Trânsito fiscalizarão o uso obrigatório do sistema de retenção para o transporte de crianças ou equivalente.

**Art. 8º.** Transcorrido um ano da data da vigência plena desta Resolução, os órgãos executivos de trânsito dos Estados e do Distrito Federal, bem como as entidades que acompanharem a execução da presente Resolução, deverão remeter ao órgão executivo de trânsito da União, informações e estatísticas sobre a aplicação desta Resolução, seus benefícios, bem como sugestões para aperfeiçoamento das medidas ora adotadas.

**Art. 9º.** O não cumprimento do disposto nesta Resolução sujeitará os infratores às penalidades prevista no art. 168 do CTB.

**Art. 10.** Fica revogada a Resolução CONTRAN nº 15, de 6 de janeiro de 1998.

Brasília/DF, 28 de maio de 2008.

*Alfredo Peres da Silva – Presidente – DOU de 9.6.2008*

**Anexo**

♦ *O Anexo encontra-se disponível no site: http://www.denatran.gov.br/resolucoes.htm*

## RESOLUÇÃO CONTRAN Nº 278, DE 28 DE MAIO DE 2008

● *Proíbe a utilização de dispositivos que travem, afrouxem ou modifiquem o funcionamento dos cintos de segurança.*

O Conselho Nacional de trânsito – CONTRAN, no uso das atribuições que lhe confere o art. 12, inciso I, da Lei nº 9.503, de 23 de setembro de 1997, que institui o Código de Trânsito Brasileiro – CTB, e conforme o Decreto nº 4.711, de 29 de maio de 2003, que trata da coordenação do Sistema Nacional de Trânsito – SNT; e

Considerando o disposto no art. 65 do Código de Trânsito Brasileiro, que torna obrigatório o uso do cinto de segurança para o condutor e passageiro dos veículos em todas as vias do território nacional;

Considerando a necessidade de garantir a eficácia do funcionamento do cinto de segurança dos veículos; resolve:

**Art. 1º.** Fica proibida a utilização de dispositivos no cinto de segurança que travem, afrouxem ou modifiquem o seu funcionamento normal.

Parágrafo único. Não constitui violação do disposto no *caput* a utilização do cinto de segurança para a instalação de dispositivo de retenção para transporte de crianças, observadas as prescrições dos fabricantes desses equipamentos infantis.

**Art. 2º.** O descumprimento do disposto nesta Resolução acarretará as sanções previstas no inciso IX do art. 230 do Código de Trânsito Brasileiro.

**Art. 3º.** Esta Resolução entra em vigor na data de sua publicação.

Brasília/DF, 28 de maio de 2008.

*Alfredo Peres da Silva – Presidente – DOU de 9.6.2008*

## RESOLUÇÃO CONTRAN Nº 279, DE 28 DE MAIO DE 2008

• *Altera o inciso IV do art. 2º da Resolução CONTRAN nº 14, de 6 de fevereiro de 1998, que trata dos equipamentos obrigatórios, para dispensar de cinto de segurança os veículos de uso bélico.*

O Conselho Nacional de Trânsito – CONTRAN, no uso das atribuições que lhe são conferidas pelos arts. 12 e 65, da Lei nº 9.503, de 23 de setembro de 1997, que institui o Código de Trânsito Brasileiro – CTB, e conforme o Decreto nº 4.711, de 29 de maio de 2003, que trata da coordenação do Sistema Nacional de Trânsito – SNT;

Considerando o que consta do Processo nº 80001.004676/2008-67; resolve:

**Art. 1º.** Acrescentar alínea "d" ao inciso IV do art. 2º da Resolução CONTRAN nº 14/1998, com a seguinte redação:

• *Alteração já efetuada no corpo da Resolução.*

**Art. 2º.** Esta Resolução entra em vigor na data de sua publicação.

Brasília/DF, 28 de maio de 2008.

*Alfredo Peres da Silva – Presidente – DOU de 9.6.2008*

## RESOLUÇÃO CONTRAN Nº 280, DE 30 DE MAIO DE 2008

• *Dispõe sobre a inspeção periódica do Sistema de Gás Natural instalado originalmente de fábrica, em veículo automotor.*

O Conselho Nacional de Trânsito – CONTRAN, no uso das atribuições que lhe são conferidas pelo art. 12, inciso I, da Lei nº 9.503, de 23 de setembro de 1997, que institui o Código de Trânsito Brasileiro – CTB, e conforme o Decreto nº 4.711, de 29 de maio de 2003, que trata da coordenação do Sistema Nacional de Trânsito – SNT; e

Considerando a necessidade de se estabelecer regras para instalação e inspeção periódica do sistema de alimentação de combustível a gás natural veicular – GNV, originalmente instalado nos veículos automotores;

Considerando a regulamentação para a concessão do código de marca-modelo-versão de veículos do Registro Nacional de Veículos Automotores – RENAVAM e a emissão do Certificado de Adequação à Legislação de Trânsito – CAT; resolve:

**Art. 1º.** Os veículos automotores originais de fábrica homologados pelo Departamento Nacional de Trânsito – DENATRAN com sistema de alimentação de combustível para uso do gás natural veicular – GNV, devem ser objeto de Programas de Avaliação da Conformidade regulamentados pelo Instituto Nacional de Metrologia, Normalização e Qualidade Industrial – INMETRO.

Parágrafo único. O Programa acima mencionado se refere aos componentes utilizados no sistema de GNV e às inspeções periódicas dos veículos, realizadas por Instituições Técnicas Licenciadas pelo DENATRAN.

**Art. 2º.** Os fabricantes e importadores de veículos automotores com sistema de alimentação de combustível para uso do GNV, ao obterem do DENATRAN o código de marca-modelo-versão, devem fornecer ao INMETRO as especificações técnicas referentes ao sistema GNV instalado no veículo.

Parágrafo único. É obrigatória a realização de inspeção dos veículos a cada 12 (doze) meses, contados a partir da data do primeiro registro e licenciamento do veículo.

**Art. 3º.** A partir do segundo licenciamento, os veículos automotores com sistema de alimentação de combustível para o uso do GNV, devem comprovar a realização da inspeção periódica de que trata o artigo anterior através da obtenção de Certificado de Segurança Veicular – CSV, emitido eletronicamente por Instituição Técnica Licenciada pelo DENATRAN.

**Art. 4º.** Esta Resolução entra em vigor 180 dias após a sua publicação.

Brasília/DF, 30 de maio de 2008.

*Alfredo Peres da Silva – Presidente – DOU de 9.6.2008*

## RESOLUÇÃO CONTRAN Nº 282, DE 26 DE JUNHO DE 2008

- *Estabelece critérios para a regularização da numeração de motores dos veículos registrados ou a serem registrados no País.*

O Conselho Nacional de Trânsito – CONTRAN, no uso das atribuições conferidas pelo art. 12, da Lei nº 9.503, de 23 de setembro de 1997, que instituí o Código de Trânsito Brasileiro – CTB, e conforme o Decreto nº 4.711, de 29 de maio de 2003, que trata da coordenação do Sistema Nacional de Trânsito – SNT; e

Considerando o disposto no art. 124, inciso V, e art. 125, da Lei nº 9.503, de 23 de setembro de 1997, que instituí o Código de Trânsito Brasileiro – CTB, bem como o disposto nos arts. 311 e 311-A do Decreto-Lei nº 2.848, de 7 de dezembro de 1940, que instituí o Código Penal Brasileiro;

Considerando a necessidade de se estabelecer padrões de procedimentos para a atividade de registro de veículos no País, no que concerne à numeração de motor;

Considerando o contido nos Processo nºs 80001.032373/2007-53, 80001.032372/2007-17 e 80001.020631/2007-59; resolve:

### Capítulo I – Das Vistorias

**Art. 1º.** Na realização das vistorias de regularização e transferência em veículos previstos na Resolução CONTRAN nº 05/1998, os órgãos de trânsito, ou empresas pelo DENATRAN credenciadas deverão coletar por meio óptico a numeração do chassi, do motor e da parte traseira do veículo com a numeração da placa de identificação legível e comparar com as numerações e restrições nas seguintes bases:

I – o cadastro informatizado do veículo na BIN/RENAVAM;

II – o cadastro informatizado do veículo em campo próprio da Base Estadual ou no campo das "observações" do CRV/CRLV;

III – na documentação física existente nos órgãos executivos de trânsito dos Estados e do Distrito Federal.

§ 1º. caberá ao denatran definir os critérios mínimos para habilitação e credenciamento de empresas capacitadas para a realização das vistorias.

§ 2º. As empresas credenciadas deverão comprovar sua atuação exclusiva no mercado de vistorias, mediante certidão emitida pelo órgão competente e cópia do contrato ou estatuto social vigente.

§ 3º. Caso a vistoria seja realizada por empresa credenciada, deverá vir acompanhada da consulta à BIN/RENAVAM contendo necessariamente a informação cadastrada referente ao chassi e motor do veículo para confronto da informação coletada com a registrada na base conforme inciso I.

§ 4º. em vistoria de veículos usados, cuja numeração de motor seja de difícil visualização, conforme cadastro de motores mantido pelo DENATRAN, deverá ser realizada a desmontagem dos componentes para a coleta por meio ótico (fotografia).

§ 5º. Para os veículos contemplados no § 4º acima, que já tenham passado pelo processo de desmontagem e que os motores estejam regularizados, será necessária a gravação em baixo relevo, por empresa credenciada, de uma segunda numeração com os mesmos caracteres da numeração original no bloco do motor, visando facilitar os decalques em futuras vistorias para fins de fiscalização e ou transferências. Os veículos que apresentarem a numeração adicional deverão conter esta informação no Registro Nacional de Motores – RENAMO, conforme previsto no art. 12 desta Resolução.

§ 6º. A Regularização dos motores que apresentarem divergência nas vistorias da numeração coletada com a registrada na BIN/RENAVAM e de procedência comprovada, se dará atualizando a informação nas bases estaduais e do Distrito Federal e no Registro Nacional de Motores – RENAMO, conforme previsto no art. 12 desta Resolução, mantendo o histórico do veículo desde a primeira numeração de motor registrada no licenciamento e todas as atualizações de trocas ou regravações de motores previstas nesta Resolução.

§ 7º. As empresas já credenciadas pelos DETRANS poderão continuar a exercer as atividades previstas neste artigo até 180 (cento e oitenta) dias da data de publicação desta Resolução, após o que as atividades serão restritas aos DETRANS e às empresas credenciadas pelo DENATRAN.

## Capítulo II – Da Regularização das Alterações de Motores Anteriores à Resolução

**Art. 2º.** Os proprietários dos veículos que tiveram seus motores substituídos até a publicação desta Resolução, que não tenham restrições de origem de furto/roubo/adulteração da numeração do bloco e/ou busca e apreensão ou restrições judiciais, administrativas ou tributárias, e que não estejam inseridos nos casos previstos nos arts. 4º, 5º, 6º, 7º e 9º desta Resolução, deverão providenciar a sua regularização junto aos órgãos de trânsito dos Estados e do Distrito Federal dentro do prazo de 1 (um) ano, a contar da data de publicação desta Resolução ou por ocasião da vistoria do veículo, sendo que a regularização será realizada após a comprovação da situação do veículo mediante a vistoria acima descrita.

## Capítulo III – Da Regularização de Motores com Numeração de Origem

**Art. 3º.** Os veículos que tiverem seus motores substituídos após a publicação desta Resolução, deverão ser apresentados ao órgão executivo de trânsito para regularização da nova numeração identificadora dentro de sessenta dias, contados a partir:

I – da emissão da nota fiscal da instalação do motor ou bloco, novo ou usado;

II – da data constante em declaração da empresa frotista que mantém estoque de motores de reposição, contendo informação de que efetuou a devida substituição do motor.

§ 1º. Independentemente dos documentos citados nos incisos I e II deste artigo, deverá ser apresentada ao órgão executivo de trânsito a nota fiscal do motor instalado no veículo, para fins de sua regularização cadastral.

§ 2º. Os agentes de fiscalização deverão verificar o cadastro do veículo junto à Unidade da Federação onde o mesmo se encontra registrado.

§ 3º. Nos casos de motores ou blocos novos os proprietários deverão solicitar, após a realização da vistoria, a gravação da numeração no motor dentro dos critérios estabelecidos no art.10 desta Resolução.

## Capítulo IV – Da Regularização de Motores sem Numeração de Origem

**Art. 4º.** A regularização do registro de veículos que apresentam motor sem numeração de origem se dará gravando, no bloco do motor, numeração fornecida pelos órgãos executivos de trânsito dos Estados e do Distrito Federal, conforme art. 10, via sistema informatizado e, então, registrada a numeração, atendido um dos seguintes requisitos:

I – tratando-se de veículo com motor novo ou motor usado com bloco novo, após apresentação da pertinente nota fiscal original;

II – tratando-se de veículo com motor usado ou recondicionado, cuja numeração foi gravada em plaqueta, a qual tenha sido removida, após a comprovação da procedência, através de nota fiscal original de venda ou mediante declaração do proprietário constante do registro da procedência lícita do motor, conforme modelo constante do Anexo desta Resolução.

III – Os motores usados, recondicionados e remanufaturados não poderão ter sua numeração original alterada ou removida.

§ 1º. A nota fiscal deverá discriminar as características do motor (marca e número de cilindros).

§ 2º. Em qualquer outra hipótese que não a prevista neste artigo, a autoridade de trânsito deverá encaminhar o veículo à Delegacia de Polícia especializada para exames e procedimentos legais.

## Capítulo V – Da Regularização de Motores com Numeração de Origem – Sem registro na Base ou com Duplicidade de Registro

**Art. 5º.** A regularização do registro de veículos que apresentam motor com a numeração de acordo com o padrão do fabricante, porém não constando no cadastro ou sendo divergente deste ou em duplicidade, se dará registrando a numeração do motor apresentado, atendido um dos seguintes requisitos:

I – confirmação da originalidade da montagem do motor no veículo, através de documento do fabricante ou da montadora, desde que não existam outros veículos, da mesma marca registrados com o mesmo número de motor;

II – informação do fabricante ou montadora da existência de mais de um motor originalmente produzido com essa numeração;

III – comprovação da procedência do motor ou bloco, novo ou usado, através de nota fiscal original de venda ou mediante declaração do proprietário constante no registro responsabilizando-se civil e criminalmente pela procedência lícita do motor, conforme modelo constante do Anexo desta Resolução, caso não seja confirmada a originalidade referida no inciso I e a numeração não estiver vinculada a outro veículo;

IV – comprovação da procedência do motor, ou bloco novo ou usado, mediante nota fiscal original de venda ou de comprovante de compra e venda do mesmo pelo proprietário do veículo que possui o número de motor registrado, ou declaração emitida pelo proprietário responsabilizando-se civil e criminalmente pela procedência lícita do motor, conforme modelo anexo desta Resolução, caso a numeração esteja vinculada apenas a um outro veículo;

V – na hipótese prevista no inciso IV, os veículos que possuírem o mesmo número de motor em duplicidade terão incluídos em seus cadastros uma restrição devido à duplicidade, de forma a bloqueá-lo até a regularização.

§ 1º. Para os casos previstos no caput deste artigo, fica facultado aos órgãos executivos de trânsito dos Estados e do Distrito Federal aceitar a gravação tratada no art. 10, em local de fácil visualização do motor, registrando esta nova gravação nos cadastros estaduais, com exceção ao disposto no inciso IV onde a gravação será obrigatória.

§ 2º. O disposto nos incisos I e II deste artigo será de responsabilidade do órgão executivo de trânsito do Estado ou do Distrito Federal.

§ 3º. Na hipótese do padrão de gravação do fabricante não ser conhecido pelo órgão de trânsito, este deverá consultar ao fabricante, ou montadora, ou importador, ou encaminhá-lo à perícia policial para execução de laudo.

### Capítulo VI – Da Regularização de Motores com Numeração Fora do Padrão de Origem

**Art. 6º.** O registro de veículo que apresente numeração gravada em desacordo com o padrão do fabricante, se dará mediante confirmação de um órgão executivo de trânsito dos Estados ou do Distrito Federal, de que a gravação foi realizada com autorização.

Parágrafo único. Para as ocorrências anteriores à vigência desta Resolução, considera-se autorização:

I – a apresentação de documento que comprove a remarcação por empresa credenciada;

II – a existência da partícula "REM" após o número do motor em documento oficial.

### Capítulo VII – Da Regularização de Motores com Numeração de Origem Adulterada

**Art. 7º.** Deverão ser imediatamente encaminhados à autoridade policial os veículos que apresentarem numeração de motor nas seguintes situações:

I – com a numeração em desacordo com o padrão do fabricante e que não atenda ao disposto no art. 6º;

II – com a numeração removida por qualquer tipo de processo constatados pela vistoria, ou ainda, formalmente devolvidos pela autoridade competente e recuperados em decorrência de furto ou roubo, que serão regularizados conforme as regras de gravação previstas nas alíneas "a" e "b" do art. 10;

III – com a numeração vinculada a veículo furtado ou roubado, exceto se a mesma constar na BIN para o veículo apresentado e se o fabricante informar que o mesmo foi montado com aquele motor.

**Art. 8º.** Os motores enquadrados nos incisos I a III do art. 7º somente serão regularizados:

I – mediante documento da autoridade policial competente atestando ao órgão executivo de trânsito a inexistência de impedimento legal para a regularização, situação em que será acrescentado ao número de registro existente do motor o diferencial DA/DF (decisão administrativa) + a sigla da UF, no cadastro da Base Estadual;

II – através de determinação judicial, acrescentando-se ao número de registro existente do motor o diferencial DJ/DF (decisão judicial) + a sigla da UF, no cadastro da Base Estadual.

### Capítulo VIII – Da Regularização de Motores com erro de Registro na BIN/RENAVAM

**Art. 9º.** Para a regularização de motores cuja numeração conste registrada com erro na BIN/RENAVAM, deverá ser confirmada a originalidade da montagem do motor no chassi apresentado por meio de documento do fabricante ou da montadora, ignorando-se neste caso a existência de outros veículos registrados com este mesmo número de motor;

## Capítulo IX – Da Regravação de Motores

**Art. 10.** Não existindo norma técnica da ABNT, a gravação a que se referem os arts. 3°, 5°, e 7° somente será executada em superfície virgem do bloco, composta por nove dígitos com a seguinte regra de formação:

a) primeiro e segundo dígitos: sigla da Unidade da Federação (UF) que autorizou a gravação;

b) terceiro ao nono dígitos: sequencial fornecido pelos órgãos executivos de trânsito dos Estados e do Distrito Federal, iniciando por 0000001.

§ 1°. A gravação do número fornecido, será executada exclusivamente por empresas autorizadas pelos órgãos executivos de trânsito dos Estados e do Distrito Federal.

§ 2°. A gravação a que se refere o *caput* deste artigo em bloco cuja numeração original tenha sido removida mecanicamente, somente será autorizada após perícia realizada pela autoridade policial.

## Capítulo X – Dos Registros e Documentações dos Motores

**Art. 11.** Todos os documentos referidos nesta Resolução integrarão o prontuário do respectivo veículo e deverão ser apresentados em sua forma original, com exceção daqueles obtidos dos órgãos oficiais, cujas cópias serão aceitas, quando por eles autenticadas.

§ 1°. As declarações e termos de responsabilidade deverão ter reconhecimento das firmas por autenticidade.

§ 2°. As cópias das notas fiscais apresentadas deverão ser retidas e as originais protocoladas como utilizadas pelo órgão executivo de trânsito, com a identificação do número do motor fornecido e do número do chassi do veículo onde o motor foi instalado, devidamente comprovada pela vistoria prevista no art. 1°.

## Capítulo XI – Da Criação do Registro Nacional de Motores

**Art. 12.** Deverá ser criado e implantado pelo DENATRAN o Registro Nacional de Motores – RENAMO, visando a registrar de forma centralizada todas as trocas de motores mantendo todo o histórico de alterações, possibilitando assim aos órgãos de trânsito dos Estados e do Distrito Federal a consulta centralizada da informação original e das atualizações independente do estado onde a mesma tenha sido processada.

§ 1°. O Registro Nacional de Motores – RENAMO deverá ser implantado no prazo máximo de 180 dias a partir da data de publicação desta Resolução quando todos os registros de alterações de motores previstos nos artigos desta Resolução deverão ser centralizados no mesmo.

§ 2°. O Registro Nacional de Motores – RENAMO será responsável pelo fornecimento das numerações a serem gravadas nos veículos conforme previsto no art. 10 desta Resolução.

## Capítulo XII – Das Sanções

**Art. 13.** Findo o prazo previsto nos arts. 2° e 3° desta Resolução, os veículos que não estiverem regularizados incorrerão nas penas previstas no art. 237 do Código de Trânsito Brasileiro.

**Art. 14.** Fica revogada a Resolução n° 250, de 24 de setembro de 2007, do Conselho Nacional de Trânsito.

**Art. 15.** Esta Resolução entra em vigor na data de sua publicação.

Brasília/DF, 26 de junho de 2008.

*Alfredo Peres da Silva – Presidente – DOU de 3.7.2008*

**Anexo**

♦ *O Anexo encontra-se disponível no site: http://www.denatran.gov.br/resolucoes.htm*

# RESOLUÇÃO CONTRAN N° 284, DE 1° DE JULHO DE 2008

• *Acresce § 3° ao art. 9° da Resolução CONTRAN n° 210/2006, para liberar da exigência de eixo autodirecional os semirreboques com apenas dois eixos distanciados.*

O Conselho Nacional de Trânsito – CONTRAN, usando da competência que lhe confere o art. 12, inciso I, da Lei n° 9.503, de 23 de setembro de 1997, que instituiu o Código de Trânsito Brasileiro – CTB, e conforme Decreto n° 4.711, de 29 de maio de 2003, que trata da coordenação do Sistema Nacional de Trânsito – SNT;

Considerando o disposto no art. 99, do Código de Trânsito Brasileiro – CTB, que dispõe sobre pesos e dimensões, e o que consta do Processo n° 80001.037724/2007-12; resolve:

**Art. 1º.** Acrescer § 3º ao art. 9º da Resolução CONTRAN nº 210/2006, com a seguinte redação:

• *Alteração já efetuada no corpo da Resolução.*

**Art. 2º.** Esta Resolução entra em vigor na data de sua publicação.

Brasília/DF, 1º de julho de 2008.

*Alfredo Peres da Silva – Presidente – DOU de 3.7.2008*

## RESOLUÇÃO CONTRAN Nº 285, DE 29 DE JULHO DE 2008

• *Alterar e complementar o Anexo II da Resolução CONTRAN nº 168, de 14 de dezembro de 2004, que trata dos cursos para habilitação de condutores de veículos automotores e dá outras providências.*

• **Com a alteração da Resolução CONTRAN nº 307, de 6.3.2009.**

O Conselho Nacional de Trânsito – CONTRAN, usando da competência que lhe conferem os arts. 12, incisos I e X, e o 141, da Lei nº 9.503, de 23 de setembro de 1997, que instituiu o Código de Trânsito Brasileiro – CTB, e conforme o Decreto nº 4.711, de 29 de maio de 2003, que trata da coordenação do Sistema Nacional de Trânsito – SNT; e

Considerando a crescente incidência de acidentes de trânsito envolvendo veículos de duas rodas, em todo o País;

Considerando a necessidade de melhorar a formação do condutor de veículo automotor, em particular o motociclista;

Considerando a necessidade de reforçar e incluir conteúdos específicos à formação de condutores motociclistas;

Considerando a necessidade de revisar os conteúdos e a carga horária do curso de formação teórico-técnico dos candidatos à habilitação; resolve:

**Art. 1º.** Alterar e complementar o Anexo II da Resolução CONTRAN nº 168, de 14 de dezembro de 2004 que passa a vigorar com a redação constante do anexo desta Resolução.

• *Alteração já efetuada no corpo da Resolução.*

**Art. 2º.** Assegurar aos alunos matriculados em cursos regulamentados pela Resolução CONTRAN nº 168/2004, na vigência do seu Anexo II, ora alterado, todas as condições nele estabelecidas. *(Art. 2º, caput, com redação dada pela Resolução CONTRAN nº 307/2009)*

Parágrafo único. Para os efeitos da matrícula acima mencionada considerar-se-á a data do cadastro do candidato junto ao Órgão ou Entidade Executivo de Trânsito dos Estados e do Distrito Federal e sua respectiva inclusão no sistema do Registro Nacional de Carteira de Habilitação – RENACH. *(Parágrafo único com redação dada pela Resolução CONTRAN nº 307/2009)*

**Art. 3º.** A qualificação de professor para formação de instrutor de curso especializado será feita por disciplina e será regulamentada em Portaria do DENATRAN – órgão máximo executivo de trânsito da União, devendo ser profissional de nível superior tendo comprovada experiência a respeito da disciplina.

**Art. 4º.** O DENATRAN, órgão máximo executivo de trânsito da União, promoverá a realização de cursos de qualificação de professores para formação de instrutor de curso especializado.

**Art. 5º.** Esta Resolução entrará em vigor em 1º de janeiro de 2009, ficando revogadas as disposições em contrário.

Brasília/DF, 29 de julho de 2008.

*Alfredo Peres da Silva – Presidente – DOU de 22.8.2008 – Retificação DOU de 29.9.2008*

## RESOLUÇÃO CONTRAN Nº 286, DE 29 DE JULHO DE 2008

• *Estabelece placa de identificação e define procedimentos para o registro, emplacamento e licenciamento, pelos órgãos de trânsito em conformidade com o Registro Nacional de Veículos Automotores – RENAVAM, de veículos automotores pertencentes às Missões Diplomáticas e às Delegações Especiais, aos agentes diplomáticos, às Repartições Consulares de Carreira, aos agentes consulares de carreira, aos Organismos Internacionais e seus funcionários, aos Funcionários Estrangeiros Administrativos e Técnicos das Missões Diplomáticas, de Delegações Especiais e de Repartições Consulares de Carreira e aos Peritos Estrangeiros de Cooperação Internacional.*

• **Com a alteração da Resolução CONTRAN nº 342, de 5.3.2010.**

O Conselho Nacional de Trânsito – CONTRAN, usando da competência que lhe confere o art. 12, inciso I, da Lei nº 9.503 de 23 de setembro de 1997, que instituiu o Código de Trânsito Brasileiro – CTB, e conforme o Decreto nº 4.711, de 29 de maio de 2003, que dispõe sobre a coordenação do Sistema Nacional de Trânsito – SNT; e,

Considerando as proposições apresentadas pelo Ministério das Relações Exteriores e a necessidade do registro e licenciamento dos veículos automotores pertencentes às Missões Diplomáticas, Delegações Especiais, Repartições Consulares de Carreira e de Representações de Organismos Internacionais;

Considerando o que consta no Processo nº 80001.024239/2006-06, Resolve:

**Art. 1º.** Os veículos automotores pertencentes às Missões Diplomáticas e às Delegações Especiais, aos agentes diplomáticos, às Repartições Consulares de Carreira, aos agentes consulares de carreira, aos Organismos Internacionais e seus funcionários, aos Funcionários Estrangeiros Administrativos e Técnicos das Missões Diplomáticas, de Delegações Especiais e de Repartições Consulares de Carreira e aos Peritos Estrangeiros de Cooperação Internacional, serão registrados, emplacados e licenciados pelos órgãos de trânsito em conformidade com o Registro Nacional de Veículos Automotores – RENAVAM.

§ 1º. Os documentos de registro e de licenciamento dos veículos a que se refere o *caput* do artigo são os previstos na legislação pertinente.

§ 2º. As placas de identificação dos veículos de que trata esta Resolução são as previstas na Resolução do CONTRAN nº 231/2007, alterada pela Resolução CONTRAN nº 241/2007, terão o fundo na cor azul e os caracteres na cor branca e as combinações alfanuméricas obedecerão a faixas específicas do RENAVAM distribuídas para cada unidade de federação, e deverão conter as seguintes gravações estampadas na parte central superior da placa (tarjeta), substituindo-se a identificação do Município:

I – CMD, para os veículos de uso de Chefes de Missão Diplomática e de Delegações Especiais;

II – CD, para os veículos pertencentes a Missão Diplomática, a Delegações Especiais e a agentes diplomáticos;

III – CC, para os veículos pertencentes a Repartições Consulares de Carreira e a agentes consulares de carreira;

IV – OI, para os veículos pertencentes às Representações de Organismos Internacionais, aos Organismos Internacionais com sede no Brasil e a seus representantes;

V – ADM, para os veículos pertencentes a funcionários administrativos e técnicos estrangeiros de Missões Diplomáticas, Delegações Especiais, Repartições Consulares de Carreira, Representações de Organismos Internacionais e Organismos Internacionais com sede no Brasil;

VI – CI, para os veículos pertencentes a peritos estrangeiros, sem residência permanente, que venham ao Brasil no âmbito de Acordo de Cooperação Internacional.

**Art. 2º.** O registro do veículo, a expedição do Certificado de Registro e a designação da combinação alfanumérica da placa de identificação serão realizadas pelos órgãos executivos de trânsito dos Estados e do Distrito Federal mediante a apresentação de autorização expedida pelo Cerimonial do Ministério das Relações Exteriores.

§ 1º. Além da expedição da autorização de que trata o *caput* deste artigo, o Cerimonial do Ministério das Relações Exteriores providenciará o pré-cadastro do veículo no RENAVAM com as informações necessárias para o registro do veículo nas repartições de trânsito.

§ 2º. Os veículos de que trata esta Resolução serão registrados conforme a categoria indicada na letra "b" do inciso III do art. 96 do Código de Trânsito Brasileiro.

**Art. 3º.** Todo ato translativo de propriedade e a mudança de categoria dos veículos de que trata esta Resolução serão procedidos pelos órgãos executivos de trânsito dos Estados e do Distrito Federal com as seguintes exigências:

I – autorização expedida pelo Cerimonial do Ministério das Relações Exteriores;

II – indicação da liberação da transação no RENAVAM, que deverá ser procedida pelo Cerimonial do Ministério das Relações Exteriores;

III – o veículo deverá estar adequado à legislação de trânsito vigente.

**Art. 4º.** Os veículos registrados e emplacados conforme dispõe esta Resolução deverão ser licenciados anualmente, observando-se os casos de imunidade e isenções previstos na legislação e nos atos internacionais em vigor, devidamente declarados por intermédio do Cerimonial do Ministério das Relações Exteriores.

Parágrafo único. O licenciamento anual somente será efetivado quando não houver restrição por parte do Cerimonial do Ministério das Relações Exteriores.

**Art. 5º.** O Departamento Nacional de Trânsito – DENATRAN deverá providenciar até 31 de dezembro de 2008, todos os aplicativos necessários no RENAVAM para o seu funcionamento adequado ao disposto nesta Resolução e para viabilizar o acesso do Cerimonial do Ministério das Relações Exteriores.

**Art. 6º.** Os veículos de que trata esta Resolução, já em circulação, deverão estar registrados, licenciados e emplacados pelos órgãos de trânsito nos termos desta Resolução até o dia 31 de janeiro de 2010. *(Art. 6º com redação dada pela Resolução CONTRAN nº 342/2010)*

**Art. 7º.** Esta Resolução entra em vigor a partir de 1º de janeiro de 2009, revogando a Resolução CONTRAN nº 835/1997.

Brasília/DF, 29 de julho de 2008.

*Alfredo Peres da Silva – Presidente – DOU de 22.8.2008*

## RESOLUÇÃO CONTRAN Nº 287, DE 29 DE JULHO DE 2008

- Regulamenta o procedimento de coleta e armazenamento de impressão digital nos processos de habilitação, mudança ou adição de categoria e renovação da Carteira Nacional de Habilitação – CNH.
- Com a alteração da Resolução CONTRAN nº 361, de 29.9.2010.

O Conselho Nacional de Trânsito – CONTRAN, no uso das atribuições que lhe são conferidas pelo art. 12, inciso I, da Lei nº 9.503, de 23 de setembro de 1997, que instituiu o Código de Trânsito Brasileiro – CTB, e conforme o Decreto nº 4.711, de 29 de maio de 2003, que trata da coordenação do Sistema Nacional de Trânsito – SNT;

Considerando que o Sistema do Registro Nacional de Condutores Habilitados – RENACH, composto de dados e imagens do processo de habilitação é de propriedade do Departamento Nacional de Trânsito – DENATRAN, que poderá autorizar o uso das informações;

Considerando a necessidade de cooperação e integração com os órgãos de segurança pública e em especial com o Departamento de Polícia Federal – DPF, conforme Processo nº 80001.018168/2006-02; e

Considerando a necessidade de melhorar o processo de identificação e acompanhamento do candidato ou condutor em todos os serviços requeridos junto aos órgãos ou entidades executivos de trânsito dos Estados e do Distrito Federal; resolve:

**Art. 1º.** Referendar a Deliberação nº 68, de 30 de junho de 2008, do Presidente do CONTRAN, publicada no *Diário Oficial da União* de 1º de julho de 2008.

**Art. 2º.** Estabelecer o procedimento de coleta e armazenamento de imagens das digitais para identificação de candidatos e condutores em processo de habilitação, mudança ou adição de categoria e renovação da Carteira Nacional de Habilitação – CNH, baseado em tecnologia capaz de capturar o desenho digital à seco, de forma "rolada", cujas características estão definidas no Anexo desta Resolução.

Parágrafo único. Os órgãos ou entidades executivos de trânsito dos Estados e do Distrito Federal que já utilizam identificação biométrica de modo "pousado" poderão continuar usando este sistema para identificação (leitura das digitais), devendo ajustar o sistema de captura e armazenamento das digitais para a forma "rolada".

**Art. 3º.** Cabe aos órgãos executivos de trânsito dos Estados e do Distrito Federal a responsabilidade pela implantação, operação da coleta e armazenamento das imagens das digitais nos processos de habilitação.

§ 1º. A forma de arquivamento e utilização de uma ou mais imagens das digitais coletadas para identificação de candidatos e condutores em seus processos internos fica a critério de cada órgão executivo de trânsito dos Estados e do Distrito Federal.

§ 2º. O processo de captura e armazenamento das impressões digitais deverá ser feito pelos Órgãos ou Entidades Executivos de Trânsito dos Estados e do Distrito Federal ou, na impossibilidade, por empresas por estes contratadas, devidamente inscritas e homologadas perante o DENATRAN, para emissão do documento de habilitação, sob a condição contratual da guarda e sigilo das informações. *(§ 2º com redação dada pela Resolução CONTRAN nº 361/2010)*

§ 3º. A coleta das imagens das digitais, da fotografia e da assinatura do candidato ou condutor é obrigatória e deverá ser realizada no momento da abertura do formulário RENACH. *(§ 3º acrescido pela Resolução CONTRAN nº 361/2010)*

§ 4º. Em todos os cursos e exames do processo de habilitação, mudança ou adição de categoria e renovação da Carteira Nacional de Habilitação-CNH será obrigatória a validação da presença dos candidatos e condutores por meio da coleta de impressão digital, que será comparada com as imagens coletadas quando da abertura do formulário RENACH. (§ 4º acrescido pela Resolução CONTRAN nº 361/2010)

**Art. 4º.** O armazenamento das imagens das digitais coletadas deverá ser feito em mídia digital com resolução mínima de 500 dpi ou em meio físico com material de fundo branco ou transparente e com película superior de proteção capaz de evitar rasuras acidentais compreendendo, em ambos os meios, a imagem das digitais dos dez dedos (impressão decadactilar).

§ 1º. Das imagens coletadas, a do polegar e a do indicador direito deverão ser incorporadas ao Banco de Imagem do Registro Nacional de Condutores Habilitados – RENACH.

§ 2º. A ausência temporária de impressão digital ou a impossibilidade de coleta deverá ser informada ao Departamento Nacional de Trânsito – DENATRAN na forma por ele estabelecida.

**Art. 5º.** As imagens das digitais coletadas (decadactilar) deverão ser encaminhadas ao DENATRAN na forma prevista em regulamento próprio, nos termos do art. 10 desta Resolução.

§ 1º. As imagens das digitais coletadas (decadactilar) deverão estar acompanhadas dos seguintes dados biográficos do candidato ou condutor:

I – nome;

II – nome da mãe;

III – nome do pai;

IV – data de nascimento;

V – número do documento de identidade;

VI – número do registro RENACH;

VII – Cadastro de Pessoa Física – CPF.

§ 2º As imagens recebidas serão enviadas ao Departamento de Polícia Federal para inclusão e comparação com as imagens pertencentes à solução AFIS daquele Departamento visando garantir a individualidade do candidato ou condutor com a sua respectiva CNH.

**Art. 6º.** A tecnologia utilizada no procedimento de captura e armazenamento de imagens das digitais deverá ser homologada pelo DENATRAN.

Parágrafo único. A homologação será requerida pela empresa interessada mediante inscrição e apresentação dos seguintes documentos:

I – cópia atualizada do contrato social da empresa;

II – comprovante de inscrição no CNPJ/MF;

III – comprovante de inscrição estadual;

IV – certidões negativas de débitos com a União, Estado e Município da sede da empresa;

V – laudo expedido por instituto técnico oficial que comprove o cumprimento do disposto no Anexo desta Resolução, contendo:

a) indicação do equipamento utilizado na coleta das imagens das digitais, suas especificações técnicas e resolução de captura, quando em meio digital;

b) indicação do material utilizado na coleta das imagens das digitais, suas especificações técnicas e o modelo do meio físico de armazenamento, quando em meio físico.

**Art. 7º.** A empresa, por ocasião da solicitação de inscrição junto ao DENATRAN, deverá comprovar que dispõe da infraestrutura necessária à operacionalização, produção dos equipamentos, materiais necessários à captura e armazenamento das imagens das digitais.

**Art. 8º.** O DENATRAN poderá exigir dados complementares aos dispostos no art. 6º desta Resolução e submeter os modelos apresentados a novos exames.

**Art. 9º.** A homologação de que trata o art. 6º desta Resolução terá validade de 2 (dois) anos.

Parágrafo único. O DENATRAN deverá cancelar a homologação quando comprovar que a empresa deixou de cumprir as exigências desta Resolução.

**Art. 10.** Os órgãos ou entidades executivos de trânsito dos Estados e do Distrito Federal deverão adequar sua infraestrutura para cumprir o estabelecido nesta Resolução, de acordo com o cronograma a ser estabelecido pelo DENATRAN em até 120 dias.

**Art. 11.** Esta Resolução entra em vigor na data de sua publicação, revogando a Resoluções CONTRAN nº 249/2007.

Brasília/DF, 29 de julho de 2008.

*Alfredo Peres da Silva – Presidente – DOU de 22.8.2008*

**Anexo**

♦ *O Anexo encontra-se disponível no site: http://www.denatran.gov.br/resolucoes.htm*

## RESOLUÇÃO CONTRAN Nº 289, DE 29 DE AGOSTO DE 2008

• *Dispõe sobre normas de atuação a serem adotadas pelo Departamento Nacional de Infraestrutura de Transportes – DNIT e o Departamento de Polícia Rodoviária Federal – DPRF na fiscalização do trânsito nas rodovias federais.*

O Conselho Nacional de Trânsito – CONTRAN, usando da competência que lhe confere o art. 12, inciso I, da Lei nº 9.503, de 23 de setembro de 1997, que instituiu o Código de Trânsito Brasileiro – CTB, e conforme Decreto nº 4.711, de 29 de maio de 2003, que trata da coordenação do Sistema Nacional de Trânsito – SNT;

Considerando a necessidade de intensificar a fiscalização do trânsito nas rodovias federais, objetivando a redução dos altos índices de acidentes e a conservação do pavimento, coibindo o desrespeito aos limites de velocidades e o tráfego de veículos com excesso de peso;

Considerando o disposto no inciso XIV do art. 12 do CTB; resolve:

**Art. 1º.** Compete ao Departamento Nacional de Infraestrutura de Transportes – DNIT, Órgão Executivo Rodoviário da União, no âmbito de sua circunscrição:

I – exercer a fiscalização do excesso de peso dos veículos nas rodovias federais, aplicando aos infratores as penalidades previstas no Código de Trânsito Brasileiro – CTB, respeitadas as competências outorgadas à Agência Nacional de Transportes Terrestres – ANTT pelos arts. 24, inciso XVII, e 82, § 1º, da Lei nº 10.233, de 5 de junho de 2001, com a redação dada pela Lei nº 10.561, de 13 de novembro de 2002; e

II – exercer a fiscalização eletrônica de velocidade nas rodovias federais, utilizando instrumento ou redutor eletrônico de velocidade tipo fixo, assim como a engenharia de tráfego para implantação de novos pontos de redução de velocidade.

**Art. 2º.** Compete ao Departamento de Polícia Rodoviária Federal – DPRF:

I – exercer a fiscalização por excesso de peso nas rodovias federais, isoladamente, ou a título de apoio operacional ao DNIT, aplicando aos infratores as penalidades previstas no CTB; e

II – exercer a fiscalização eletrônica de velocidade nas rodovias federais com a utilização de instrumento ou medidor de velocidade do tipo portátil, móvel, estático e fixo, exceto redutor de velocidade, aplicando aos infratores as penalidades previstas no Código de Trânsito Brasileiro – CTB.

Parágrafo único. Para a instalação de equipamento do tipo fixo de controle de velocidade, o DPRF solicitará ao DNIT a autorização para intervenção física na via.

**Art. 3º.** As receitas oriundas das multas aplicadas pelo DNIT e DPRF serão revertidas a cada órgão arrecadador, em conformidade com o art. 320 do CTB.

**Art. 4º.** As despesas decorrentes desta Resolução serão de responsabilidade de cada órgão dentro da esfera de sua atuação.

**Art. 5º.** Para fins de atendimento do disposto nesta Resolução poderá ser celebrado convênio entre o DNIT e o DPRF, na forma prevista no art. 25 do CTB.

**Art. 6º.** Fica revogada a Resolução CONTRAN nº 271/2008.

**Art. 7º.** Esta Resolução entra em vigor na data de sua publicação.

Brasília/DF, 29 de agosto de 2008.

*Alfredo Peres da Silva – Presidente – DOU de 29.9.2008*

## RESOLUÇÃO CONTRAN Nº 290, DE 29 DE AGOSTO DE 2008

• *Disciplina a inscrição de pesos e capacidades em veículos de tração, de carga e de transporte coletivo de passageiros, de acordo com os arts. 117; 230, XXI; 231, V e X, do Código de Trânsito Brasileiro.*

O Conselho Nacional de Trânsito – CONTRAN, usando da competência que lhe confere o art. 12, inciso I, da Lei nº 9.503, de 23 de setembro de 1997, que instituiu o Código de Trânsito Brasileiro – CTB, e conforme Decreto nº 4.711, de 29 de maio de 2003, que trata da coordenação do Sistema Nacional de Trânsito – SNT; resolve:

**Art. 1º.** Ficam referendadas as Deliberações nº 64, de 30 de maio de 2008, publicada no *DOU* de 2 de junho de 2008 e nº 67, 17 de junho de 2008, publicada no *DOU* de 18 de junho de 2008.

**Art. 2º.** Para efeito de registro, licenciamento e circulação, os veículos de tração, de carga e os de transporte coletivo de passageiros deverão ter indicação de suas características registradas para obtenção do CAT – Certificado de Adequação à Legislação de Trânsito, de acordo com os requisitos do Anexo desta Resolução.

**Art. 3º.** Para efeito de fiscalização, independente do ano de fabricação do veículo, deve-se considerar como limite máximo de PBTC – Peso Bruto Total Combinado o valor vigente na Resolução CONTRAN nº 210/2006, ou suas sucedâneas, respeitadas as combinações de veículos indicadas na Portaria nº 86/2006, do DENATRAN, ou suas sucedâneas, desde que compatível com a CMT – Capacidade Máxima de Tração e o PBTC, conforme definidos nesta Resolução, declarados pelo fabricante ou importador mesmo que, por efeito de regulamentos anteriores, tenha sido declarado um valor de PBTC distinto.

Parágrafo único. Para efeito de fiscalização de CVC´s – Combinações de Veículos de Carga, detentoras de AET – Autorização Especial de Trânsito emitida conforme Resolução CONTRAN nº 211/2006, ou suas sucedâneas, prevalecem as informações de pesos e capacidades constantes da AET, com exceção do valor da CMT inscrito pelo fabricante ou importador.

**Art. 4º.** A responsabilidade pela inscrição e conteúdo dos pesos e capacidades, conforme estabelecido no Anexo desta Resolução será:

I – do fabricante ou importador, quando se tratar de veículo novo acabado ou inacabado;

II – do fabricante da carroçaria ou de outros implementos, em caráter complementar ao informado pelo fabricante ou importador do veículo;

III – do responsável pelas modificações, quando se tratar de veículo novo ou já licenciado que tiver sua estrutura e/ou número de eixos alterados, ou outras modificações previstas pelas Resoluções CONTRAN nº 292/2008 e nº 293/2008, ou suas sucedâneas;

IV – do proprietário do veículo, conforme estabelecido no art. 5º desta Resolução.

Parágrafo único. A adequação da inscrição dos pesos e capacidades dos veículos em estoque e em fase de registro e licenciamento deverá ser realizada pelos responsáveis mencionados nos incisos I, II e III deste artigo, no prazo de 60 (sessenta) dias contados a partir da data de publicação desta Resolução, mediante o fornecimento de plaqueta com os dados nela contidos.

**Art. 5º.** Para os veículos em uso e os licenciados até a data da entrada em vigor desta Resolução, que não possuam a inscrição dos dados de tara e lotação, fica autorizada a inscrição dos mesmos, por pintura resistente ao tempo na cor amarela sobre fundo preto e altura mínima dos caracteres de 30 mm, em local visível na parte externa do veículo.

§ 1º. Para os veículos destinados ao transporte coletivo de passageiros, a indicação de que trata o *caput* deste artigo poderá ser realizada conforme o item 4.2.2 do anexo, neste caso de responsabilidade do proprietário do veículo.

§ 2º. No caso de ser verificada a incorreção do(s) dado(s) inscrito(s) no veículo, durante a fiscalização de pesagem, fica o proprietário do veículo sujeito às sanções previstas no art. 237 do Código de Trânsito Brasileiro – CTB, independente das estabelecidas na Resolução CONTRAN nº 258/2007.

**Art. 6º.** No caso do veículo inacabado, conforme definido no item 2.10 do anexo desta Resolução, fica o fabricante ou importador obrigado a declarar na nota fiscal o peso do veículo nesta condição.

**Art. 7º.** Para o cumprimento do disposto no art. 5º o proprietário do veículo terá o prazo de 120 dias a partir da data de publicação desta Resolução.

**Art. 8º.** Esta Resolução entra em vigor na data de sua publicação, ficando revogada a Resolução CONTRAN nº 49/1998.

**Anexo**

♦ *O Anexo encontra-se disponível no site: http://www.denatran.gov.br/resolucoes.htm*

Brasília/DF, 29 de agosto de 2008.

*Alfredo Peres da Silva – Presidente – DOU de 29.9.2008*

# RESOLUÇÃO CONTRAN Nº 291, DE 29 DE AGOSTO DE 2008

- *Dispõe sobre a concessão de código de marca/modelo/versão para veículos e dá outras providências.*
- **Com as alterações da Resolução CONTRAN nº 369, de 24.11.2010 e Portaria Denatran nº 279, de 16.4.2010.**

O Conselho Nacional de Trânsito – CONTRAN, usando da competência que lhe confere o art. 12, inciso I, da Lei nº 9.503, de 23 de setembro de 1997, que instituiu o Código de Trânsito Brasileiro – CTB, e conforme Decreto nº 4.711, de 29 de maio de 2003, que trata da coordenação do Sistema Nacional de Trânsito – SNT; resolve:

**Art. 1º.** Todos os veículos fabricados, montados e encarroçados, nacionais ou importados, devem possuir código de marca/modelo/versão específico, o qual deve ser concedido conjuntamente à emissão, pelo Órgão Máximo Executivo de Trânsito da União, do Certificado de Adequação à Legislação de Trânsito – CAT.

Parágrafo único. Ao requerer a concessão do código específico de marca/modelo/versão e emissão do Certificado de Adequação à Legislação de Trânsito – CAT o interessado deve:

I – Respeitar as classificações de veículos previstas na Tabela I – Classificação de Veículos Conforme Tipo/Marca/Espécie, conforme prevista em norma específica; *(Inciso I com redação dada pela Resolução CONTRAN nº 369/2010)*

II – Atender aos procedimentos estabelecidos, mediante Portaria, pelo Órgão Máximo Executivo de Trânsito da União;

**Art. 2º.** As transformações previstas na Tabela II – Transformações de Veículos sujeitos a homologação compulsória, estabelecida em norma específica, acarretam ao interessado a obrigatoriedade de obtenção de código de marca/modelo/versão específico, conforme o art. 1º. *(Art. 2º, caput, com redação dada pela Resolução CONTRAN nº 369/2010)*

§ 1º. O proprietário de veículo já registrado, que vier a sofrer as transformações previstas na Tabela II – Transformações de Veículos sujeitos a homologação compulsória, deverá solicitar prévia autorização à Autoridade Executiva de Trânsito da Unidade da Federação onde o mesmo estiver cadastrado e, após a transformação, encaminhar ao DETRAN cópia autenticada do CAT, nota fiscal da transformação e Certificado de Segurança Veicular emitido por Instituição Técnica licenciada pelo DENATRAN – documentos estes que devem fazer parte do prontuário do veículo devendo ter seus dados devidamente alterados no cadastro estadual, com a nova marca/modelo/versão na Base Índice Nacional. *(§ 1º com redação dada pela Resolução CONTRAN nº 369/2010)*

§ 2º. O número do Certificado de Segurança Veicular – CSV, quando se tratar de transformação de veículo já registrado, deve constar no campo das observações do Certificado de Registro de Veículos – CRV e do Certificado de Registro e Licenciamento de Veículos – CRLV, e as modificações devem ser registradas nos campos específicos e, quando estes não existirem, no campo das observações do CRV/CRLV.

§ 3º. A ausência de autorização prévia da Autoridade Executiva de Trânsito da Unidade da Federação, prevista no § 1º, implica na aplicação da penalidade e medida administrativa prevista no inciso VII do art. 230 do Código de Trânsito Brasileiro.

**Art. 3º.** Os veículos que vierem a ser pré-cadastrados, cadastrados ou que efetuarem as transformações previstas na Tabela II – Transformações de Veículos sujeitos a homologação compulsória, devem ser classificados conforme a Tabela I – Classificação de Veículos Conforme Tipo/Marca/Espécie. *(Art. 3º, caput, com redação dada pela Resolução CONTRAN nº 369/2010)*

§ 1º. Aplica-se aos veículos inacabados apenas o pré-cadastro.

§ 2º. Os veículos já registrados devem ter seus cadastros adequados à classificação constante na Tabela I – Classificação de Veículos Conforme Tipo/Marca/Espécie, sempre que houver emissão de novo CRV. *(§ 2º com redação dada pela Resolução CONTRAN nº 369/2010)*

**Art. 4º.** Compete ao órgão máximo executivo de trânsito da União estabelecer a Tabela I – Classificação de Veículos conforme Tipo/Marca/Espécie e a Tabela II – Transformações de Veículos sujeitos a homologação compulsória. *(Art. 4º, caput, com redação dada pela Resolução CONTRAN nº 369/2010)*

§ 1º. As Tabelas I e II de que trata este artigo devem ser estabelecidas no prazo máximo de trinta dias a contar da publicação desta Resolução. *(§ 1º acrescido pela Resolução CONTRAN nº 369/2010)*

**Art. 5º.** Em caso de complementação de veículo inacabado tipo caminhão, com carroçaria aberta ou fechada, os órgãos executivos de trânsito dos Estados e do Distrito Federal devem registrar no Certificado de Registro de Veículos – CRV e Certificado de Registro e Licenciamento de Veículos – CRLV, o comprimento da carroçaria, o qual também deverá ser registrado na nota fiscal.

**Art. 6º.** Para emplacar os veículos que possuem equipamento veicular, os órgãos executivos de trânsito dos Estados e do Distrito Federal devem exigir a apresentação dos seguintes documentos, relativos ao equipamento:

I – veículo inacabado com equipamento veicular novo ou usado, fabricado após a entrada em vigor da Portaria nº 27 do DENATRAN, de 7 de maio de 2002.

a) Nota Fiscal;

b) cópia autenticada do Certificado de Adequação à Legislação de Trânsito – CAT – Portaria nº 27 do DENATRAN, de 7 de maio de 2002.

II – veículo inacabado com equipamento veicular usado, fabricado antes da entrada em vigor da Portaria nº 27 do DENATRAN, de 7 de maio de 2002.

a) CSV;

b) comprovação da procedência, através de nota fiscal original de venda ou mediante declaração do proprietário, responsabilizando-se civil e criminalmente pela procedência lícita do equipamento veicular.

**Art. 7º.** Esta Resolução entra em vigor na data de sua publicação, ficando revogada a Resolução CONTRAN nº 261/2007.

Brasília/DF, 29 de agosto de 2008.

*Alfredo Peres da Silva – Presidente – DOU de 29.9.2008*

**Anexos**

♦ *V. Portaria Denatran nº 279, de 15.4.2010.*

♦ *Os Anexos encontram-se disponíveis no site: http://www.denatran.gov.br/resolucoes.htm*

## RESOLUÇÃO CONTRAN Nº 292, DE 29 DE AGOSTO DE 2008

- *Dispõe sobre modificações de veículos previstas nos arts. 98 e 106 da Lei nº 9.503, de 23 de setembro de 1997, que instituiu o Código de Trânsito Brasileiro e dá outras providências.*

- **Com as alterações das Resoluções CONTRAN nº 319, de 5.52009, nº 384, de 2.6.2011, nº 397, de 13.12.2011; nº 418, de 12.9.2012 e nº 419, de 17.10.12.**

O Conselho Nacional de Trânsito – CONTRAN, usando da competência que lhe confere o art. 12, inciso I, da Lei nº 9.503, de 23 de setembro de 1997, que instituiu o Código de Trânsito Brasileiro – CTB, e conforme Decreto nº 4.711, de 29 de maio de 2003, que trata da coordenação do Sistema Nacional de Trânsito – SNT; resolve:

**Art. 1º.** Estabelecer as modificações permitidas em veículo registrado no Órgão Executivo de Trânsito dos Estados ou do Distrito Federal.

Parágrafo único. Os veículos e sua classificação quanto à espécie, tipo e carroçaria estão descritos na Portaria nº 1.207, de 15 de dezembro de 2010, do DENATRAN, bem como nas suas alterações posteriores. *(Parágrafo único com redação dada pela Resolução CONTRAN nº 397/2011)*

**Art. 2º.** As modificações permitidas em veículos, bem como a aplicação, a exigência para cada modificação e a nova classificação dos veículos após modificados, quanto ao tipo/espécie e carroçaria, para fins de registro e emissão de CRV/CRLV, constarão da Tabela anexa à Portaria a ser editada pelo órgão máximo executivo de trânsito da União. *(Art. 2º, caput, com redação dada pela Resolução CONTRAN nº 397/2011)*

Parágrafo único. Além das modificações previstas nesta Resolução, também são permitidas as transformações em veículos previstas no Anexo II da Portaria nº 1.207/2010, do DENATRAN, bem como nas suas alterações posteriores, as quais devem ser precedidas de obtenção de código de marca/modelo/versão. *(Parágrafo único com redação dada pela Resolução CONTRAN nº 397/2011)*

**Art. 3º.** As modificações em veículos devem ser precedidas de autorização da autoridade responsável pelo registro e licenciamento.

Parágrafo único. A não observância do disposto no *caput* deste artigo incorrerá nas penalidades e medidas administrativas previstas no art. 230, inciso VII, do Código de Trânsito Brasileiro.

**Art. 4º.** Quando houver modificação exigir-se-á realização de inspeção de segurança veicular para emissão do Certificado de Segurança Veicular – CSV, conforme regulamentação específica do INMETRO, expedido por Instituição Técnica Licenciada pelo DENATRAN, respeitadas as disposições constantes da Tabela anexa à Portaria a ser editada pelo órgão máximo executivo de trânsito da União. *(Art. 4º, caput, com redação dada pela Resolução CONTRAN nº 397/2011)*

Parágrafo único. O número do Certificado de Segurança Veicular – CSV, deve ser registrado no campo das observações do Certificado de Registro de Veículos – CRV e do Certificado de Registro e Licenciamento de Veículos – CRLV, enquanto que as modificações devem ser registradas nos campos específicos e, quando estes não existirem, no campo das observações do CRV/CRLV.

**Art. 5º.** Somente serão registrados, licenciados e emplacados com motor alimentado a óleo diesel, os veículos autorizados conforme a Portaria nº 23, de 6 de junho de 1994, baixada pelo extinto Departamento Nacional de Combustíveis – DNC, do Ministério de Minas e Energia e regulamentação especifica do DENATRAN.

Parágrafo único. Fica proibida a modificação da estrutura original de fábrica dos veículos para aumentar a capacidade de carga, visando o uso do combustível Diesel

**Art. 6º.** Na troca do sistema de suspensão não será permitida a utilização de sistemas de suspensão com regulagem de altura.

Parágrafo único. Para os veículos que tiverem sua suspensão modificada, deve-se fazer constar no campo das observações do Certificado de Registro de Veículo – CRV e do Certificado de Registro e Licenciamento de Veículo – CRLV a nova altura do veículo medida verticalmente do solo ao ponto do farol baixo (original) do veículo.

**Art. 7º.** É permitido, para fins automotivos, exceto para ciclomotores, motonetas, motocicletas e triciclos, o uso do Gás Natural Veicular – GNV como combustível.

§ 1º. Os componentes do sistema devem estar certificados no âmbito do Sistema Brasileiro de Avaliação da Conformidade, conforme regulamentação específica do Instituto Nacional de Metrologia, Normalização e Qualidade Industrial – INMETRO.

§ 2º. Por ocasião do registro será exigido dos veículos automotores que utilizarem como combustível o Gás Natural Veicular – GNV:

I – Certificado de Segurança Veicular – CSV expedido por Instituição Técnica Licenciada pelo DENATRAN e acreditada pelo INMETRO, conforme regulamentação específica, onde conste a identificação do instalador registrado pelo INMETRO, que executou o serviço.

II – O Certificado Ambiental para uso de Gás Natural em Veículos Automotores – CAGN, expedido pelo Instituto Brasileiro do Meio Ambiente e dos Recursos Naturais Renováveis – IBAMA, ou aposição do número do mesmo no CSV.

§ 3º. Anualmente, para o licenciamento dos veículos que utilizam o Gás Natural Veicular como combustível será exigida a apresentação de novo Certificado de Segurança Veicular – CSV.

**Art. 8º.** Ficam proibidas:

I – A utilização de rodas/pneus que ultrapassem os limites externos dos paralamas do veículo;

II – O aumento ou diminuição do diâmetro externo do conjunto pneu/roda;

III – A substituição do chassi ou monobloco de veículo por outro chassi ou monobloco, nos casos de modificação, furto/roubo ou sinistro de veículos, com exceção de sinistros em motocicletas e assemelhados;

IV – A adaptação de 4º eixo em caminhão, salvo quando se tratar de eixo direcional ou auto-direcional; *(Inciso IV com redação dada pela Resolução CONTRAN nº 319/2009)*

V – A instalação de fonte luminosa de descarga de gás em veículos automotores, excetuada a substituição em veículo originalmente dotado deste dispositivo; *(Inciso V acrescido pela Resolução CONTRAN nº 384/2011)*

VI – A inclusão de eixo auxiliar veicular em semirreboque com comprimento igual ou inferior a 10,50 m, dotado ou não de quinta roda. *(Inciso VI acrescido pela Resolução CONTRAN nº 419/2012)*

Parágrafo único. Veículos com instalação de fonte luminosa de descarga de gás com CSV emitido até a data da entrada em vigor desta Resolução poderão circular até a data de seu sucateamento, desde que o equipamento esteja em conformidade com a Resolução CONTRAN nº 227/2007. *(Parágrafo único acrescido pela Resolução CONTRAN nº 384/2011)*

**Art. 9º.** O Instituto Nacional de Metrologia, Normalização e Qualidade Industrial – INMETRO deverá estabelecer programa de avaliação da conformidade para os seguintes produtos:

a) eixo veicular para caminhão, caminhão-trator, ônibus, reboques e semirreboques;

b) eixo direcional e eixo auto direcional para caminhões, caminhões-tratores, ônibus, reboques e semirreboques; *(Alínea "b" com redação dada pela Resolução CONTRAN nº 319/2009)*

§ 1º: Para as modificações previstas nas alíneas deste artigo, será exigido o Certificado de Segurança Veicular – CSV, a Comprovação de atendimento à regulamentação do INMETRO e Nota Fiscal do eixo, o qual deverá ser sem uso.

§ 2º: Enquanto o INMETRO não estabelecer o programa de avaliação da conformidade dos produtos elencados neste artigo, os DETRANs deverão exigir, para fins de registro das alterações, o Certificado de Segurança Veicular – CSV, a Nota Fiscal do eixo sem uso, Anotação de Responsabilidade Técnica para a adaptação, emitida por profissional legalmente habilitado e, no caso de eixos direcionais ou autodirecionais, notas fiscais dos componentes de direção, os quais deverão ser sem uso.

**Art. 10.** Dos veículos que sofrerem modificações para viabilizar a condução por pessoa com deficiência ou para aprendizagem em centros de formação de condutores deve ser exigido o CSV – Certificado de Segurança Veicular.

**Art. 11.** Os veículos pré-cadastrados, cadastrados ou modificados a partir da data de entrada em vigor desta Resolução devem ser classificados conforme a Tabela constante de Portaria a ser editada pelo órgão máximo executivo de trânsito da União.
*(Art. 11 com redação dada pela Resolução CONTRAN nº 397/2011)*

**Art. 12.** Em caso de complementação de veículo inacabado tipo caminhão, com carroçaria aberta ou fechada, os órgãos executivos de trânsito dos Estados e do Distrito Federal devem registrar no Certificado de Registro de Veículos – CRV e Certificado de Registro e Licenciamento de Veículos – CRLV o comprimento da carroçaria.

**Art. 13.** Fica garantido o direito de circulação, até o sucateamento, aos veículos modificados antes da entrada em vigor desta Resolução, desde que os seus proprietários tenham cumprido todos os requisitos exigidos para a sua regularização, mediante comprovação no Certificado de Registro de Veículo – CRV e no Certificado de Registro e Licenciamento de Veículo – CRLV.

**Art. 14.** Serão consideradas alterações de cor aquelas realizadas através de pintura ou adesivamento em área superior a 50% do veículo, excluídas as áreas envidraçadas.

Parágrafo único. Será atribuída a cor fantasia quando for impossível distinguir uma cor predominante no veículo.

**Art. 15.** Na substituição de equipamentos veiculares, em veículos já registrados, os Órgãos Executivos de Trânsito dos Estados e do Distrito Federal devem exigir a apresentação dos seguintes documentos em relação ao equipamento veicular:

I – Equipamento veicular novo ou fabricado após a entrada em vigor da Portaria DENATRAN nº 27, de 7 de maio de 2002:

a) CSV;

b) CAT;

c) Nota Fiscal;

II – Equipamento veicular usado ou reformado fabricado antes da entrada em vigor da Portaria nº 27 do DENATRAN, de 7 de maio de 2002:

a) CSV;

b) comprovação da procedência, através de nota fiscal original de venda ou mediante declaração do proprietário, responsabilizando-se civil e criminalmente pela procedência lícita do equipamento veicular.

**Art. 16.** O órgão máximo executivo de trânsito da União – DENATRAN poderá mediante estudos técnicos elaborados pela Coordenação Geral de Infraestrutura de Trânsito alterar a tabela constante do Anexo.

**Art. 17.** Esta Resolução entra em vigor na data de sua publicação, ficando revogada a Resolução CONTRAN nº 262/2007.

Brasília/DF, 29 de agosto de 2008.

*Alfredo Peres da Silva – Presidente – DOU de 29.9.2008*

**Anexo** *(Anexo com redação dada pela Resolução CONTRAN nº 319/2009)*

♦ *O Anexo encontra-se disponível no site: http://www.denatran.gov.br/resolucoes.htm*

# RESOLUÇÃO CONTRAN Nº 293, DE 29 DE SETEMBRO DE 2008

• *Fixa requisitos de segurança para circulação de veículos que transportem produtos siderúrgicos e dá outras providências.*

O Conselho Nacional de Trânsito – CONTRAN, usando da competência que lhe confere o art. 12, inciso I, da Lei nº 9.503, de 23 de setembro de 1997, que instituiu o Código de Trânsito Brasileiro – CTB, e conforme Decreto nº 4.711, de 29 de maio de 2003, que trata da coordenação do Sistema Nacional de Trânsito – SNT;

Considerando o disposto no art. 102 e seu parágrafo único, do Código de Trânsito Brasileiro;

Considerando a necessidade de atualizar os requisitos de segurança no transporte de produtos siderúrgicos em veículos rodoviários de carga; resolve:

**Art. 1º.** Só poderão transitar nas vias terrestres do território nacional abertas à circulação, transportando produtos siderúrgicos, veículos de cargas que atendam aos requisitos previstos nesta Resolução.

**Art. 2º.** São considerados produtos siderúrgicos os seguintes materiais metálicos, definidos no art. 3º desta Resolução, e seus insumos, tais como:

I – Carvão a granel ou ensacado;

II – Minério de ferro ou de outros metais.

**Art. 3º.** Os produtos siderúrgicos definidos neste artigo são identificados pelos seguintes termos e expressões, usados de acordo com as NBRs nº 5.903 (produtos planos laminados), 6.215 (produtos siderúrgicos), 6.362 (perfis de aço) e 8.746 (sucata de aço), eventualmente adaptados aos fins desta Resolução.

I – BARRA – Produto retilíneo, não plano, cuja seção transversal é constante, constitui figura geométrica simples e é fabricada com tolerâncias dimensionais mais rigorosas do que as palanquilhas (tarugos);

II – BOBINAS – Chapa ou tira enrolada em forma cilíndrica;

III – CHAPA – Produto plano de aço, com largura superior a 500 mm (quinhentos milímetros), laminado a partir de placa;

IV – LINGOTE – Produto resultante da solidificação do metal líquido em molde metálico, geralmente destinado a posterior conformação plástica;

V – PERFIL – Produto industrial cuja seção transversal reta é composta de figura geométrica simples;

VI – SUCATA – Material constituído de resíduos metálicos, que resultam dos processos de elaboração e transformação mecânica, bem como de desuso, e que só pode ser aproveitada por refusão;

VII – TARUGO – (palanquilhas) Produto intermediário não plano, obtido por laminação a quente ou lingotamento contínuo, de eixo longitudinal retilíneo e seção transversal geralmente retangular ou quadrada, com área igual ou inferior a 22.500 mm$^2$ (vinte e dois mil e quinhentos milímetros quadrados) e com relação entre largura e espessura igual ou inferior a 2. Tem tolerâncias dimensionais menos rigorosas que as barras;

VIII – TUBO – Produto acabado oco, de parede uniforme e seção transversal constante, geralmente circular e quase sempre retilíneo, revestido, ou não;

IX – VERGALHÃO – Barra redonda ou fio-máquina, utilizado especialmente em armaduras de concreto armado.

**Art. 4º.** O trânsito dos veículos que transportem produtos siderúrgicos ou seus insumos ficará sujeito às condições especificadas nesta Resolução quanto à arrumação e à amarração da carga na carroçaria dos mesmos.

**Art. 5º.** No transporte de chapas metálicas deverão ser atendidas as seguintes condições:

I – As chapas com comprimento e largura menores do que as da carroçaria do veículo deverão estar firmemente amarradas às mesmas, por meio de cabos de aço ou cintas com resistência à ruptura por tração, de no mínimo, o dobro do peso total das chapas, garantindo assim sua estabilidade mesmo nas condições mais desfavoráveis.

II – As chapas com largura excedente a da carroçaria do veículo, além da amarração de que trata o inciso I deste artigo, terão seus vértices anteriores e posteriores protegidos por cantoneiras metálicas, conforme especificado no Anexo I.

Parágrafo único. Para transportar as chapas metálicas definidas no inciso II deste artigo, os veículos ficarão sujeitos a Autorização Especial de Trânsito, de que trata o art. 101 do CTB.

**Art. 6º.** No transporte de bobinas metálicas, deverão ser obedecidas as seguintes condições:

I – Composição dos dispositivos de amarração da bobina: cintas ou cabos de aço, ganchos e catracas com resistência total e comprovada à ruptura por tração de, no mínimo, o dobro do peso da bobina.

II – Quantidades de dispositivos de amarração:

a) para bobinas com peso menor que 20 toneladas, deverão ser utilizados, no mínimo, dois dispositivos de amarração;

b) para bobinas com peso igual ou maior que 20 toneladas, deverão ser utilizados, no mínimo, três dispositivos de amarração.

III – Pontos de fixação dos dispositivos de amarração:

a) os ganchos deverão ser afixados nas longarinas ou chassi da carreta, com as cintas ou cabos de aço passando por baixo da guarda lateral, nunca por cima;

b) as catracas tensoras das cintas ou cabos de aço poderão estar afixadas nas longarinas ou chassis (Anexo II) ou entre cintas.

IV – Inspeção dos dispositivos de amarração: o transportador deverá inspecionar o estado de conservação dos dispositivos de amarração.

**Art. 7º.** O transporte de bobinas colocadas sobre o veículo com seus eixos na posição vertical em relação ao plano da carroçaria do mesmo deverá obedecer adicionalmente aos seguintes requisitos (Anexo III, figura A).

I – Posicionamento dos dispositivos de amarração:

a) O posicionamento da cinta ou cabo de aço sobre a bobina deve formar um "X" no seu centro.

b) Para bobina com peso maior que 20 toneladas o terceiro dispositivo de amarração deve passar no centro da bobina.

II – Fixação da bobina no piso da carreta:

a) quando feito com pallets confeccionados com metal ou de madeira, estes deverão estar travados nas suas extremidades com cunhas de madeiras ou parafusos;

b) se não houver o uso de pallets, deverão ser colocadas mantas de neoprene ou poliuretano de alta densidade e 15mm de espessura, entre a bobina e o piso da carreta.

c) bobinas com peso superior a 20 toneladas deverão ser obrigatoriamente acomodadas sobre berço apropriado.

**Art. 8º.** As bobinas colocadas sobre o veículo com seus eixos paralelos ao plano da carroçaria do mesmo (na horizontal) deverão obedecer adicionalmente aos seguintes requisitos:

I – Posicionamento dos dispositivos de amarração:

a) a cinta ou cabo de aço deve estar entre 10 e 20 centímetros da extremidade da bobina;

b) para bobina com peso maior que 20 toneladas, o terceiro dispositivo de amarração deve estar posicionado no centro da bobina.

II – As bobinas poderão fixadas ao piso da carreta por meio de pallets ou berços planos confeccionados com metal ou de madeira, devidamente travados nas suas extremidades com cunhas de madeira ou parafusos (Anexo III, figura B), ou opcionalmente conforme inciso III abaixo.

III – Opcionalmente, as bobinas serão afixadas em berços reguláveis idênticos ou assemelhados aos do Anexo III, figura C ou ainda em berços dotados de travas antideslizantes.

IV – O eixo da bobina poderá ser tanto paralelo quanto perpendicular ao eixo longitudinal da carroçaria.

**Art. 9º.** A montagem e a fixação da bobina nos veículos dotados de carroçaria especialmente construída para o transporte de bobinas deverão ser feitas conforme Anexo III, figura D.

§ 1º. A carroçaria bobineira deve ser forrada com lençol de borracha antideslizante e equipada com dispositivo de segurança para travamento das bobinas no cocho.

§ 2º. Mesmo para este caso, será obrigatória a amarração à carroçaria, por meio de cabos de aço ou cintas com resistência total à ruptura por tração de, no mínimo, o dobro do peso da carga.

§ 3º. O transporte de bobinas de cabos elétricos, quando não acondicionados em cavaletes especiais, deverá obedecer às prescrições previstas neste regulamento.

**Art. 10.** No transporte de tubos metálicos deverão ser atendidas as seguintes condições:

I – Os veículos destinados ao transporte de tubos soltos, que não sejam dotados de dispositivos de unitização de carga, deverão possuir sistema de proteção frontal (anexo IV) ou a utilização de redes, telas ou malhas que impeçam a movimentação da carga no sentido longitudinal;

II – Os tubos com diâmetro inferior a 0,15m (quinze centímetros), transportados como peças soltas ou como feixes amarrados, deverão estar separados por pontaletes de madeira, camada por camada, firmemente amarrados com cabos de aço ou cintas, travados à carroçaria do veículo e contidos pela mesma;

III – Quando o transporte dos tubos com diâmetro inferior a 0,15 m (quinze centímetros) for feito na forma de feixes amarrados, será obrigatória também a colocação de cunhas nas extremidades dos pontaletes, para contê-los firmemente na posição correta dentro do caminhão;

IV– Os tubos de diâmetro superior a 0,15 m (quinze centímetros) e inferior ou igual a 0,40 m (quarenta centímetros), poderão ser transportados em feixes, de acordo com as condições estabelecidas no inciso II deste artigo ou em peças soltas:

a) Os produtos que serão transportados em peças soltas, em quantidades que obriguem ao empilhamento, deverão ser acondicionados na horizontal e separados em camadas por berços que assegurem o perfeito posicionamento dos tubos durante o deslocamento, conforme especificado no Anexo V, figura A;

b) Opcionalmente, será aceito o berço exemplificado no Anexo V, figuras B1 e B2;

c) As cargas deverão estar amarradas com cabos de aço ou cintas com resistência total à ruptura correspondente a duas (2) vezes o peso da carga transportada, travados e contidos no chassi do veículo;

V – Os tubos com diâmetro superior a 0,40 m (quarenta centímetros), para serem transportados em quantidades que obriguem o empilhamento, deverão ser separados, individualmente na horizontal, por berços que proporcionem perfeita acomodação e segurança da carga, conforme especificado no Anexo VI, figura A ou separados por pontaletes com cunhas nas laterais, na forma do Anexo VI, figura B.

§ 1º. Admite-se, também, a arrumação de tubos de grande diâmetro, até o máximo de 1,55 m (um metro e cinquenta e cinco centímetros), em forma de pirâmide, com 3 (três) tubos, desde que as dimensões da carga não ultrapassem a 3,20 m (três metros e vinte centímetros) de largura, 4,70 m (quatro metros e setenta centímetros) de altura e 23 m (vinte e três metros) de comprimento, sem excesso de peso, conforme especificado no Anexo VI, figura C.

§ 2º. No transporte de tubos definido no parágrafo anterior, se as dimensões do veículo ou da carga excederem aquelas especificadas pelo Código de Trânsito Brasileiro – CTB e a Resolução CONTRAN nº 210/2006, o veículo ficará sujeito à Autorização Especial de Trânsito, de que trata o art. 101 do mesmo Código.

§ 3º. Os berços ou pontaletes a que se referem os incisos II, III, IV e V deste artigo, deverão ser em número de: 2 (dois) por camada, para tubos de até 6 m (seis metros) de comprimento, e de 3 m (três metros), no mínimo, por camada, para tubos de comprimento superior a 6 m (seis metros).

§ 4º. Admite-se arrumação por encaixe de tubos, de modo que cada tubo tenha por apoio dois outros da camada inferior, quando a viga com cunhas laterais será exigida apenas na base do empilhamento, conforme Anexo VI, figura D.

§ 5º. Os tubos com quaisquer diâmetros poderão ser transportados nas formas previstas desde que contidos, nas dimensões de largura e comprimento da carroçaria do veículo. A altura deve estar limitada de acordo com a Resolução CONTRAN nº 210, de 13 de novembro de 2006.

**Art. 11.** No transporte de perfis poderão ser utilizados veículos com carroçarias convencionais ou com carroçarias dotadas de escoras laterais metálicas, perpendiculares ao plano do assoalho das mesmas e que ofereçam plena resistência aos esforços provocados pela carga, nas condições mais desfavoráveis.

Parágrafo único. Em ambos os casos, os perfis deverão estar firmemente amarrados à carroçaria do veículo através de cabos de aço ou cintas, com resistência total à ruptura por tração correspondente a duas (2) vezes o peso da carga transportada, nas extremidades e na parte central da carga.

**Art. 12.** As barras, tarugos e vergalhões poderão ser transportados arrumados, e em rolos ou em feixes.

§ 1º. Quando na forma de rolos, deverão ser colocados com o eixo na horizontal, no sentido longitudinal da carroçaria, a qual deverá ter suas guardas laterais interligadas entre si, de forma a aumentar-lhes a resistência ao rompimento.

§ 2º. Os rolos com diâmetro superior a 1,20 m (um metro e vinte centímetros) poderão ser colocados com o eixo no sentido da largura da carroçaria, desde que devidamente escorados com calços apropriados, para evitar o seu deslocamento, devendo os rolos remontados serem interligados entre si.

§ 3º. No transporte de barras ou vergalhões arrumados em feixes sobre o malhal e cabine do veículo, só será obrigatória a utilização de cavalete intermediário afixado no assoalho da carroçaria, de forma a apoiar a parte central da carga, quando se tratar de ferragens pré-armadas (treliças).

§ 4º. Quando as pontas das barras ou dos vergalhões excederem a parte posterior da carroçaria, deverão ser dobradas em U, de forma a não se constituírem em material perfurante.

**Art. 13.** Os lingotes metálicos poderão ser transportados em conjuntos ou pilhas amarrados com fitas metálicas ou soltos na carroçaria do veículo.

§ 1º. Quando transportados na forma de conjuntos ou pilhas, deverão ser amarrados à carroçaria do veículo por meio de cabos de aço ou cintas com resistência total à ruptura por tração de, no mínimo, o dobro do peso da carga.

§ 2º. Quando transportados soltos, nas carroçarias dos veículos, estas serão obrigatoriamente dotadas de guardas laterais em chapas de aço.

**Art. 14.** O transporte de sucatas de metais poderá ser efetuado sob a forma de blocos compactados ou em peças isoladas de formatos diversos.

§ 1º. No transporte de sucata compactada em blocos, o veículo deverá possuir carroçaria com guardas laterais cuja resistência e altura sejam suficiente para impedir o derramamento da carga nas condições mais desfavoráveis.

§ 2º. Quando a carga ultrapassar a altura das guardas laterais, as peças superiores deverão estar devidamente protegidas por cantoneiras de madeira ou metal, colocadas longitudinalmente à carga, amarradas e travadas com cabos de aço ou cintas, com resistência total à ruptura correspondente a duas (2) vezes o peso da carga transportada.

§ 3º. No transporte de sucata constituída de peças isoladas, será admitido pelo prazo de 5 (cinco) anos a contar da data de publicação desta Resolução, o uso das carroçarias existentes, com o aumento da altura das guardas laterais com peças metálicas, de madeira ou da própria sucata, desde que:

a) as mesmas tenham superfície plana, e sejam colocadas parcialmente sobrepostas, de modo a não apresentarem frestas ou excessos em relação às dimensões da carroçaria; e

b) a carga seja obrigatoriamente amarrada e travada com cabos de aço ou cintas com resistência total à ruptura correspondente a duas (2) vezes o peso da carga transportada, nas partes onde as peças se sobrepõem, de forma a impedir o derrame sobre a via.

§ 4º. Os implementos para o transporte de sucata, constituída de peças isoladas, fabricados e licenciados 180 dias após a entrada em vigor desta Resolução, deverão ser obrigatoriamente do tipo caçamba basculante, conforme ilustração do Anexo VII, não se admitindo o aumento da altura das guardas laterais.

**Art. 15.** O transporte de minério a granel só poderá ser feito em vias públicas em caçambas metálicas, dotadas de dispositivo que iniba o derramamento de qualquer tipo de material ou resíduo em vias públicas, obedecidas ainda as seguintes regras:

I – Será obrigatória a utilização de lona para o transporte do minério lavado e concentrado, tipo pellet quando transportado seco.

II – Para os demais produtos, a lona poderá ser dispensada desde que a carga seja acondicionada de forma a resguardar um espaço livre de 40 cm (quarenta centímetros), medido entre a parte mais elevada da carga até a borda superior da lateral, onde esta for mais baixa.

III – Um ano após a publicação desta Resolução, as caçambas usadas neste transporte serão dotadas obrigatoriamente de dispositivo para o transporte de minérios conforme o Anexo VIII, figuras A, B e C:

a) rampas de retenção no assoalho, próximas à tampa traseira, para contenção de líquidos;

b) travas mecânicas de segurança destinadas a impedir a abertura acidental e proporcionar maior eficácia na vedação da tampa;

c) ressalto na parte interna da tampa traseira, margeando as bordas laterais e inferiores da caçamba, para permitir fechamento hermético.

IV – As partes externas das caçambas e chassis dos veículos deverão trafegar livres de todo e qualquer detrito que possa vir a se desprender ou ser arremessado na via contra veículos ou pessoas.

**Art. 16.** O carvão acondicionado em sacos poderá ser transportado em caminhões com carroçarias convencionais, desde que atendidas as seguintes condições:

I – A carga não poderá exceder a largura e o comprimento da carroçaria, nem as dimensões previstas na Resolução CONTRAN nº 210/2006.

II – A carga não poderá apresentar desalinhamento longitudinal ou vertical à carroçaria do veículo, de forma a comprometer sua estabilidade.

III – Quando ultrapassarem a altura das guardas laterais da carroçaria do veículo, limitada a 4,40 m (quatro metros e quarenta centímetros), as pilhas de sacos de carvão serão obrigatoriamente amarradas com cordas, cabos de aço ou cintas, com resistência total à ruptura por tração correspondente a 2 (duas) vezes o peso da carga transportada, inclusive quando acomodadas na forma denominada "fogueira".

**Art. 17.** No transporte de carvão a granel, só poderão ser utilizados veículos dotados de carroçarias com guardas laterais fechadas ou guarnecidas de telas metálicas com malhas de dimensões tais que impeçam o derramamento do material transportado, obedecidas ainda as seguintes regras:

I – A carga não poderá ultrapassar a altura das guardas laterais da carroçaria;

II – A parte superior da carga será, obrigatoriamente, protegida com lona fixada à carroçaria, de forma a impedir o derramamento da carga sobre a via.

**Art. 18.** Quando for necessário o uso de cabos de aço ou de cintas para amarrar a carga, estes deverão possuir resistência total à ruptura por tração de, no mínimo, 2 (duas) vezes o peso da carga.

§ 1º. Neste caso, os veículos deverão estar equipados com molinetes, catracas ou tambores com resistência idêntica à dos cabos ou cintas.

§ 2º. Sempre que forem utilizadas cintas de poliéster, estas deverão atender à Norma NBR 12.195.

**Art. 19.** A empresa ou transportador autônomo responsável pelo transporte de produtos siderúrgicos deverá estar inscrito no Registro Nacional de Transportadores Rodoviários de Carga (RNTRC) da Agência nacional de Transportes Terrestres (ANTT), e atender às exigências da Lei nº 11.442/2007.

**Art. 20.** Para o transporte de peças indivisíveis que necessitem de veículos com peso bruto ou dimensões superiores aos previstos na legislação de trânsito, será necessária a obtenção, junto à autoridade com jurisdição sobre a via, da Autorização Especial de Trânsito, de que tratam o Código de Trânsito Brasileiro – CTB e suas Resoluções.

**Art. 21.** O descumprimento do disposto nesta Resolução sujeitará o infrator à aplicação das sanções previstas no art. 171, nos incisos IX e X do art. 230, na alínea *a* do inciso II e o inciso IV do art. 231 e no art. 235 do Código de Trânsito Brasileiro – CTB.

**Art. 22.** O proprietário será responsável pelos danos que seu veículo venha a causar à via, à sua sinalização e a terceiros, como também responderá integralmente pela utilização indevida de vias e pelos danos ambientais que vier a provocar.

**Art. 23.** Os proprietários de veículos têm prazo de 180 dias após a publicação desta Resolução para se adequarem às normas nela contidas, findo o qual ficam revogadas as Resoluções CONTRAN nºs 699/1988 e 746/1989.

**Art. 24.** Esta Resolução entra em vigor na data da sua publicação.

Brasília/DF, 29 de setembro de 2008.

*Alfredo Peres da Silva – Presidente – DOU de 6.10.2008*

**Anexos**

♦ *Os Anexos encontram-se disponíveis no site: http://www.denatran.gov.br/resolucoes.htm*

## RESOLUÇÃO CONTRAN Nº 294, DE 17 DE OUTUBRO DE 2008

• *Altera a Resolução CONTRAN nº 227, 9 de fevereiro, que estabelece requisitos referentes aos sistemas de iluminação e sinalização de veículos.*

O Conselho Nacional de Trânsito – CONTRAN, usando da competência que lhe confere o art. 12 da Lei nº 9.503, de 23 de setembro de 1997, que instituiu o Código de Trânsito Brasileiro – CTB, e conforme o Decreto nº 4.711, de 29 de maio de 2003, que dispõe sobre a coordenação do Sistema Nacional de Trânsito – SNT; e,

Considerando o constante do Processo nº 80001.003214/2008-22; resolve:

**Art. 1º.** Acrescentar os §§ 7º e 8º ao art. 1º da Resolução CONTRAN nº 227/2007, com a seguinte redação:

• *Alterações já efetuadas no corpo da Resolução.*

**Art. 2º.** Acrescenta à Resolução CONTRAN nº 227/2007 o art. 8º, com a seguinte redação:

• *Alteração já efetuada no corpo da Resolução.*

**Art. 3º.** Alterar os seguintes itens do Anexo da Resolução CONTRAN nº 227/2007, que passam a vigorar com a seguinte redação:

• *Alterações já efetuadas no corpo da Resolução.*

**Art. 4º.** O art. 7º da Resolução nº 227/2007, passa a vigorar com a seguinte redação:

• *Alteração já efetuada no corpo da Resolução.*

**Art. 5º.** Esta Resolução entra em vigor na data de sua publicação.

Brasília/DF, 17 de outubro de 2008.

*Alfredo Peres da Silva – Presidente – DOU de 31.10.2008*

# RESOLUÇÃO CONTRAN Nº 296, DE 28 DE OUTUBRO 2008

- *Dispõe sobre a integração dos órgãos e entidades executivos de trânsito e rodoviários municipais ao Sistema Nacional de Trânsito.*

O Conselho Nacional de Trânsito – CONTRAN, usando da competência que lhe confere o art. 12, inciso I, da Lei nº 9.503, de 23 de setembro de 1997, que instituiu o Código de Trânsito Brasileiro – CTB, e conforme Decreto nº 4.711, de 29 de maio de 2003, que dispõe sobre a coordenação do Sistema Nacional de Trânsito – SNT;

Considerando o disposto nos arts. 6º, 7º e 8º do CTB, que estabelecem os objetivos e a composição do Sistema Nacional de Trânsito – SNT e determina que os Estados, o Distrito Federal e os Municípios organizarão seus respectivos órgãos e entidades executivos de trânsito e rodoviário;

Considerando o disposto no art. 14, incisos I e VIII, do Código de Trânsito Brasileiro – CTB, que define as competências dos Conselhos Estaduais de Trânsito e Conselho de Trânsito do Distrito Federal;

Considerando o disposto no § 2º do art. 24 do CTB, que condiciona o exercício das competências dos órgãos municipais à integração ao SNT, combinado com o art. 333 do CTB e seus parágrafos, que atribui competência ao CONTRAN para estabelecer exigências para aquela integração, acompanhada pelo respectivo Conselho Estadual de Trânsito – CETRAN;

Considerando a necessidade de manutenção e atualização do cadastro nacional dos integrantes do SNT, seu controle e aceso ao sistema de comunicação e informação para as operações de notificação de autuação e de aplicação de penalidade – RENAINF, assim como de arrecadação financeira de multas e respectivas contribuição ao FUNSET; resolve:

**Art. 1º.** Integram o SNT os órgãos e entidades municipais executivos de trânsito e rodoviário que disponham de estrutura organizacional e capacidade instalada para o exercício das atividades e competências legais que lhe são próprias, sendo estas no mínimo as de: engenharia de tráfego; fiscalização e operação de trânsito; educação de trânsito; coleta, controle e análise estatística de trânsito, e disponha de Junta Administrativa de Recursos de Infrações – JARI.

**Art. 2º.** Disponibilizadas as condições estabelecidas no artigo anterior, o município encaminhará ao respectivo o Conselho Estadual de Trânsito – CETRAN, os seguintes dados de cadastros e documentação:

I – denominação do órgão ou entidade executivo de trânsito e/ou rodoviário, fazendo juntar cópia da legislação de sua constituição;

II – identificação e qualificação das Autoridades de Trânsito e/ou Rodoviária municipal, fazendo juntar cópia do ato de nomeação;

III – cópias da legislação de constituição da JARI, de seu Regimento e sua composição;

IV – endereço, telefones, fac-símile e email do órgão ou entidade executivo de trânsito e/ou rodoviário.

Parágrafo único. Qualquer alteração ocorrida nos dados cadastrais mencionados neste artigo deverá ser comunicada no prazo máximo de 30 (trinta) dias, contados a partir da respectiva notificação.

**Art. 3º.** O Município que delegar o exercício das atividades previstas no CTB deverá comunicar essa decisão ao respectivo CETRAN e ao órgão de trânsito executivo de trânsito da União – DENATRAN, no prazo máximo de 60 (sessenta) dias, e apresentar cópias dos documentos pertinentes que indiquem o órgão ou entidade do CNT incumbido de exercer suas atribuições.

**Art. 4º.** O CETRAN, com suporte dos órgãos do SNT do respectivo Estado, ao receber a documentação referida nesta Resolução, promoverá inspeção técnica ao órgão municipal, objetivando verificar a sua conformidade quanto ao disposto no art. 1º desta Resolução, de tudo certificando ao DENATRAN:

I – havendo perfeita conformidade, certificará a existência das condições mínimas para o pleno exercício de suas competências legais ao Município e ao DENATRAN;

II – verificando desconformidade certificará a necessidade de cumprimento de exigência que definir.

§ 1º. O CETRAN encaminhará a certificação de conformidade ao Município, ao Órgão certificado ao DENATRAN.

§ 2º. O Município ao receber a certificação do CENTRAN com exigência a cumprirá no prazo estabelecido, reapresentando a documentação na forma desta Resolução.

§ 3º. Após o cumprimento da exigência pelo Município, o CETRAN fará nova inspeção emitindo nova certificação, conforme o caso.

**Art. 5º.** O Município que optar pela organização de seu órgão ou entidade executivo de trânsito e/ou executivo rodoviário na forma de consórcio, segundo a Lei nº 11.107, de 6 de abril de 2005, procederá no que couber, quanto ao disposto nos arts. 2º e 3º desta Resolução, através do respectivo Consórcio, já legalmente constituído, devendo ainda apresentar ao CETRAN, cópia de toda a documentação referente ao Consórcio exigida na referida Lei específica.

**Art. 6º.** Esta Resolução entra em vigor na data de sua publicação, revogando a Resolução CONTRAN nº 106/1999.

Brasília/DF, 28 de outubro de 2008.

*Alfredo Peres da Silva – Presidente – DOU de 31.10.2008*

## RESOLUÇÃO CONTRAN Nº 298, DE 21 DE NOVEMBRO DE 2008

• *Revoga as Resoluções que declaram derrogadas, ou insubsistentes, ou sem eficácia em face de dispositivo legal ou regulamentar posterior, que dispôs de forma contrária.*

O Conselho Nacional de Trânsito – CONTRAN, no uso das atribuições conferidas pelo art. 12, da Lei nº 9.503, de 23 de setembro de 1997, que instituiu o Código de Trânsito Brasileiro – CTB, e conforme o Decreto nº 4.711, de 29 de maio de 2003, que trata da coordenação do Sistema Nacional de Trânsito – SNT; e

Considerando o art. 314 do Código de Trânsito Brasileiro, o qual determina ao CONTRAN que revise todas as suas Resoluções anteriores a publicação daquela Lei;

Considerando o que consta do Processo nº 80001.034922/2007-24, em que é relatada a situação atual de cada Resolução editada pelo CONTRAN desde a de nº 1/1942;

Considerando que a Lei nº 5.108 de 21 de setembro de 1966, que instituiu o Código Nacional de Trânsito – CNT, não recepcionou as resoluções anteriores;

Considerando a necessidade do CONTRAN declarar revogadas as Resoluções não recepcionadas pelo novo Código de Trânsito Brasileiro; resolve:

**Art. 1º.** Encontram-se revogadas as Resoluções do CONTRAN nºs:

| | | | | | | | |
|---|---|---|---|---|---|---|---|
| 397/1968 | 399/1968 | 404/1968 | 407/1968 | 408/1968 | 410/1968 | 411/1968 | 416/1968 |
| 418/1969 | 426/1970 | 435/1970 | 437/1970 | 438/1971 | 445/1971 | 446/1971 | 450/1972 |
| 451/1972 | 454/1972 | 459/1972 | 474/1974 | 479/1974 | 480/1974 | 485/1974 | 489/1975 |
| 495/1975 | 496/1975 | 497/1975 | 503/1976 | 508/1976 | 513/1977 | 514/1977 | 523/1977 |
| 529/1978 | 531/1978 | 537/1978 | 550/1979 | 551/1979 | 553/1979 | 555/1979 | 564/1980 |
| 566/1980 | 571/1981 | 585/1981 | 613/1983 | 637/1984 | 647/1985 | 648/1985 | 652/1985 |
| 653/1985 | 662/1985 | 667/1986 | 676/1986 | 681/1986 | 684/1986 | 686/1987 | 695/1988 |
| 698/1988 | 703/1989 | 704/1989 | 705/1989 | 706/1989 | 707/1989 | 708/1989 | 709/1989 |
| 712/1989 | 713/1989 | 715/1989 | 718/1989 | 736/1989 | 741/1989 | 747/1990 | 756/1991 |
| 770/1993 | 778/1994 | 786/1994 | 794/1995 | 799/1995 | 814/1996 | 817/1996 | 818/1996 |
| 820/1996 | 823/1996 | 826/1996 | 830/1997 | 832/1997 | 834/1997 | 083/1998 | |

**Art. 2º.** Esta Resolução entra em vigor na data de sua publicação.

Brasília/DF, 21 de novembro de 2008.

*Alfredo Peres da Silva – Presidente – DOU de 9.12.2008*

## RESOLUÇÃO CONTRAN Nº 299, DE 4 DE DEZEMBRO DE 2008

• *Dispõe sobre a padronização dos procedimentos para apresentação de defesa de autuação e recurso, em 1ª e 2ª instâncias, contra a imposição de penalidade de multa de trânsito.*

O Conselho Nacional de Trânsito – CONTRAN usando da competência que lhe confere o art. 12, inciso I, da Lei nº 9.503, de 23 de setembro de 1997, que instituiu o Código de Trânsito Brasileiro – CTB, e conforme Decreto nº 4.711, de 29 de maio de 2003, que dispõe sobre a coordenação do Sistema Nacional de Trânsito – SNT; resolve:

**Art. 1º.** Estabelecer os procedimentos para apresentação de defesa de autuação ou recurso em 1ª e 2ª instâncias contra a imposição de penalidade de multa de trânsito.

**Art. 2º.** É parte legítima para apresentar defesa de autuação ou recurso em 1ª e 2ª instâncias contra a imposição de penalidade de multa a pessoa física ou jurídica proprietária do veículo, o condutor, devidamente identificado, o embarcador e o transportador, responsável pela infração.

§ 1º. Para fins dos §§ 4º e 6º do art. 257 do CTB, considera-se embarcador o remetente ou expedidor da carga, mesmo se o frete for a pagar.

§ 2º. O notificado para apresentação de defesa ou recurso poderá ser representado por procurador legalmente habilitado ou por instrumento de procuração, na forma da lei, sob pena do não conhecimento da defesa ou do recurso.

**Art. 3º.** O requerimento de defesa ou recurso deverá ser apresentado por escrito de forma legível, no prazo estabelecido, contendo no mínimo os seguintes dados:

I – nome do órgão ou entidade de trânsito responsável pela autuação ou pela aplicação da penalidade de multa;

II – nome, endereço completo com CEP, número de telefone, número do documento de identificação, CPF/CNPJ do requerente;

III – placa do veículo e número do auto de infração de trânsito;

IV – exposição dos fatos, fundamentos legais e/ou documentos que comprovem a alegação;

V – data e assinatura do requerente ou de seu representante legal.

Parágrafo único. A defesa ou recurso deverá ter somente um auto de infração como objeto.

**Art. 4º.** A defesa ou recurso não será conhecido quando:

I – for apresentado fora do prazo legal;

II – não for comprovada a legitimidade;

III – não houver a assinatura do recorrente ou seu representante legal;

IV – não houver o pedido, ou este for incompatível com a situação fática;

V – não comprovado o pagamento do valor da multa, nos termos do § 2º do art. 288 do CTB;

**Art. 5º.** A defesa ou recurso deverá ser apresentado com os seguintes documentos:

I – requerimento de defesa ou recurso;

II – cópia da notificação de autuação, notificação da penalidade quando for o caso ou auto de infração ou documento que conste placa e o número do auto de infração de trânsito;

III – cópia da CNH ou outro documento de identificação que comprove a assinatura do requerente e, quando pessoa jurídica, documento comprovando a representação;

IV – cópia do CRLV;

V – procuração, quando for o caso.

**Art. 6º.** A defesa ou o recurso deverá ser protocolado no órgão ou entidade de trânsito autuador ou enviado, via postal, para o seu endereço, respeitado o disposto no art. 287 do CTB.

**Art. 7º.** Os processos de defesa e de recurso, depois de julgados e juntamente com o resultado de sua apreciação deverão permanecer com o órgão autuador ou a sua JARI.

**Art. 8º.** A defesa ou recurso referente a veículo registrado em outro órgão executivo de trânsito deverá permanecer arquivado junto ao órgão ou entidade de trânsito autuador ou a sua JARI.

**Art. 9º.** O órgão ou entidade de trânsito e os órgãos recursais poderão solicitar ao requerente que apresente documentos ou outras provas admitidas em direito, definindo prazo para sua apresentação.

Parágrafo único. Caso não seja atendida a solicitação citada no *caput* deste artigo será a defesa ou recurso analisado e julgado no estado que se encontra.

**Art. 10.** O órgão ou entidade de trânsito ou os órgãos recursais deverão suprir eventual ausência de informação ou documento, quando disponível.

**Art. 11.** O requerente até a realização do julgamento poderá desistir, por escrito, da defesa ou recurso apresentado.

**Art. 12.** Esta Resolução entra em vigor em 30 de junho de 2009 quando ficará revogada a Resolução CONTRAN nº 239/2007.

Brasília/DF, 4 de dezembro de 2008.

*Alfredo Peres da Silva – Presidente – DOU de 22.12.2008*

# RESOLUÇÃO CONTRAN Nº 300, DE 4 DE DEZEMBRO DE 2008

• Estabelece procedimento administrativo para submissão do condutor a novos exames para que possa voltar a dirigir quando condenado por crime de trânsito, ou quando envolvido em acidente grave, regulamentando o art. 160 do Código de Trânsito Brasileiro – CTB.

O Conselho Nacional de Trânsito – CONTRAN, no uso das atribuições legais que lhe confere o art. 12, inciso I, da Lei nº 9.503, de 23 de setembro de 1997, que instituiu o Código de Trânsito Brasileiro – CTB, e conforme o Decreto nº 4.711, de 29 de maio de 2003, que dispõe sobre a coordenação do Sistema Nacional de Trânsito – SNT;

Considerando a necessidade de estabelecer os exames exigidos no art. 160 e seus parágrafos do Código de Trânsito Brasileiro;

Considerando para fins da aplicação do art. 160, § 1º, o Princípio da Segurança do Trânsito, onde deverá ser avaliada a aptidão física, mental e psicológica e a forma de dirigir do condutor envolvido em acidente grave;

Considerando a necessidade de adoção de normas complementares de padronização do processo administrativo adotado pelos órgãos e entidades de trânsito de um sistema integrado para fins de aplicação do art. 160 do CTB; e

Considerando o conteúdo do Processo nº 80001.011947/2008-31; resolve:

**Disposições Preliminares**

**Art. 1º.** Estabelecer o procedimento administrativo para submissão do condutor a novos exames para que possa voltar a dirigir quando for condenado por crime de trânsito, ou quando envolvido em acidente grave.

**Art. 2º.** Os procedimentos de que trata esta Resolução serão adotados pela autoridade do órgão executivo de trânsito de registro da habilitação, em processo administrativo, assegurada a ampla defesa, no caso de condutor envolvido em acidente grave.

Parágrafo único. Os órgãos e entidades do Sistema Nacional de Trânsito – SNT deverão prover os órgãos executivos de trânsito de registro da habilitação das informações necessárias ao cumprimento desta Resolução.

**Seção I – Do condutor condenado por delito de trânsito**

**Art. 3º.** O condutor condenado por delito de trânsito deverá ser submetido e aprovado nos seguintes exames:

I – de aptidão física e mental;

II – avaliação psicológica;

III – escrito, sobre legislação de trânsito; e

IV – de direção veicular, realizado na via pública, em veículo da categoria para a qual estiver habilitado.

**Art. 4º.** O disposto no art. 3º só poderá ser aplicado após o trânsito em julgado da sentença condenatória.

**Art. 5º.** A autoridade de trânsito, após ser cientificada da decisão judicial, deverá notificar o condutor para entregar seu documento de habilitação (Autorização/Permissão/Carteira Nacional de Habilitação) fixando prazo não inferior a quarenta e oito horas, contadas a partir do recebimento.

§ 1º. Encerrado o prazo previsto no *caput* deste artigo, deverá ser efetuado o bloqueio no RENACH.

§ 2º. Se o condutor for flagrado conduzindo veículo, após encerrado o prazo da entrega do documento de habilitação, este será recolhido e encaminhado ao órgão de trânsito do registro da habilitação.

**Art. 6º.** O documento de habilitação ficará apreendido e após o cumprimento da decisão judicial e de submissão a novos exames, com a devida aprovação nos mesmos, será emitido um novo documento de habilitação mantendo-se o mesmo registro.

**Seção II – Do condutor envolvido em acidente grave**

**Art. 7º.** O disposto no § 1º do art. 160 tem por finalidade reavaliar as condições do condutor envolvido em acidente grave nos aspectos físico, mental, psicológico e demais circunstâncias que revelem sua aptidão para continuar a conduzir veículos automotores.

**Art. 8º.** O ato instaurador do processo administrativo conterá a qualificação do condutor, descrição sucinta do fato e indicação dos dispositivos legais pertinentes.

Parágrafo único. Instaurado o processo, far-se-á a respectiva anotação no prontuário do condutor, a qual não constituirá qualquer impedimento ao exercício dos seus direitos.

**Art. 9º.** A autoridade de trânsito competente para determinar a submissão a novos exames deverá expedir notificação ao condutor, contendo no mínimo, os seguintes dados:

I – a identificação do condutor e do órgão de registro da habilitação;

II – os fatos e fundamentos legais que ensejaram a abertura do processo administrativo; e

III – a finalidade da notificação:

a) dar ciência da instauração do processo administrativo; e

b) estabelecer data do término do prazo para apresentação da defesa.

§ 1º. A notificação será expedida ao condutor por remessa postal, por meio tecnológico hábil ou por os outros meios que assegurem a sua ciência.

§ 2º. Esgotados todos os meios previstos para notificar o condutor, a notificação dar-se-á por edital, na forma da lei.

§ 3º. A ciência da instauração do processo e da data do término do prazo para apresentação da defesa também poderá se dar no próprio órgão ou entidade de trânsito responsável pelo processo.

§ 4º. Da notificação constará a data do término do prazo para a apresentação da defesa, que não será inferior a trinta dias contados a partir da data da notificação da instauração do processo administrativo.

§ 5º. A notificação devolvida por desatualização do endereço do condutor no RENACH será considerada válida para todos os efeitos legais.

§ 6º. A notificação a pessoal de missões diplomáticas, de repartições consulares de carreira e de representações de organismos internacionais e de seus integrantes será remetida ao Ministério das Relações Exteriores para as providências cabíveis, passando a correr os prazos a partir do seu conhecimento pelo condutor.

**Art. 10.** A defesa deverá ser interposta por escrito, no prazo estabelecido, contendo, no mínimo, os seguintes dados:

I – nome do órgão de registro da habilitação a que se dirige;

II – qualificação do condutor;

III – exposição dos fatos, fundamentação legal do pedido, documentos que comprovem a alegação; e

IV – data e assinatura do requerente ou de seu representante legalmente habilitado, mediante procuração, na forma da lei, sob pena de não conhecimento da defesa.

Parágrafo único. A defesa deverá ser acompanhada de cópia de identificação civil que comprove a assinatura do condutor.

**Art. 11.** Recebida a defesa, a instrução do processo far-se-á através de adoção das medidas julgadas pertinentes, requeridas ou de ofício, inclusive quanto à requisição de informações a demais órgãos ou entidades de trânsito.

Parágrafo único. Os órgãos e entidades do Sistema Nacional de Trânsito, quando solicitados, deverão disponibilizar, em até trinta dias contados do recebimento da solicitação, os documentos e informações necessários à instrução do processo administrativo.

**Art. 12.** Concluída a análise do processo administrativo, a autoridade do órgão executivo de trânsito de registro da habilitação proferirá decisão motivada e fundamentada.

**Art. 13.** Acolhida as razões de defesa, o processo será arquivado, dando-se ciência ao interessado.

**Art. 14.** Em caso de não acolhimento da defesa, ou do seu não exercício no prazo legal, a autoridade de trânsito determinará ao condutor a submissão aos seguintes exames:

I – de aptidão física e mental;

II – avaliação psicológica;

III – escrito, sobre legislação de trânsito;

IV – noções de primeiros socorros; e

V – de direção veicular, realizado na via pública, em veículo da categoria para a qual estiver habilitado.

**Art. 15.** A autoridade de trânsito após determinar a submissão a novos exames notificará o condutor, utilizando os mesmos procedimentos dos §§ 1º, 2º e 5º do art. 9º desta Resolução, e contendo no mínimo os seguintes dados:

I – prazo de no mínimo quarenta e oito horas, a contar do seu recebimento, para a entrega do documento de habilitação, quando determinada a sua apreensão pela autoridade executiva estadual de trânsito, nos termos do § 2º do art. 160 do CTB;

II – identificação do órgão de registro da habilitação;

III – identificação do condutor e número do registro do documento de habilitação;

IV – número do processo administrativo; e

V – a submissão a novos exames e sua fundamentação legal.

**Art. 16.** Encerrado o prazo para a entrega do documento de habilitação à Autoridade de Trânsito, a decisão será inscrita no RENACH.

**Disposições Finais**

**Art. 17.** No curso do processo administrativo de que trata esta Resolução não incidirá nenhuma restrição no prontuário do condutor, inclusive para fins de mudança de categoria do documento de habilitação, renovação e transferência para outra unidade da Federação, até a ciência da notificação de que trata o art. 15.

§ 1º. O processo administrativo deverá ser concluído no órgão executivo estadual de trânsito que o instaurou, mesmo que haja transferência do prontuário para outra unidade da Federação.

§ 2º. O órgão executivo estadual de trânsito que instaurou o processo e determinou a submissão a novos exames, deverá comunicá-la ao órgão executivo estadual de trânsito para onde foi transferido o prontuário, para fins de seu efetivo cumprimento.

**Art. 18.** O curso de reciclagem previsto no art. 268 III e IV do CTB e os exames descritos nesta Resolução deverão ser realizados pelo órgão executivo de trânsito responsável pelo prontuário do condutor ou por entidade credenciada, por ele indicada, exceto o exame de prática de direção veicular que é realizado exclusivamente por aquele órgão.

Parágrafo único. O órgão executivo de trânsito poderá autorizar em caráter excepcional a realização dos exames e da reciclagem em outra unidade da Federação.

**Art. 19.** Esta Resolução entra em vigor a partir de 1º de julho de 2009.

Brasília/DF, 4 de dezembro de 2008.

*Alfredo Peres da Silva – Presidente – DOU de 22.12.2008*

# RESOLUÇÃO CONTRAN Nº 302, DE 18 DE DEZEMBRO DE 2008

• *Define e regulamenta as áreas de segurança e de estacionamentos específicos de veículos.*

O Conselho Nacional de Trânsito – CONTRAN, usando da competência que lhe confere o art. 12, inciso I da Lei nº 9.503, de 23 de setembro de 1997, que institui o Código de Trânsito Brasileiro – CTB, e conforme o Decreto nº 4.711 de 29 de maio de 2003, que dispõe sobre a coordenação do Sistema Nacional de Trânsito – SNT;

Considerando que as questões de estacionamento de veículo são de interesse estratégico para o trânsito e para a ordenação dos espaços públicos;

Considerando a necessidade de definir e regulamentar os diversos tipos de áreas de estacionamentos específicos de veículos e área de segurança de edificação pública; resolve:

**Art. 1º.** As áreas destinadas ao estacionamento específico, regulamentado em via pública aberta à circulação, são estabelecidas e regulamentadas pelo órgão ou entidade executiva de trânsito com circunscrição sobre a via, nos termos desta Resolução.

**Art. 2º.** Para efeito desta Resolução são definidas as seguintes áreas de estacionamentos específicos:

I – Área de estacionamento para veículo de aluguel é a parte da via sinalizada para o estacionamento exclusivo de veículos de categoria de aluguel que prestam serviços públicos mediante concessão, permissão ou autorização do poder concedente.

II – Área de estacionamento para veículo de portador de deficiência física é a parte da via sinalizada para o estacionamento de veículo conduzido ou que transporte portador de deficiência física, devidamente identificado e com autorização conforme legislação específica.

III – Área de estacionamento para veículo de idoso é a parte da via sinalizada para o estacionamento de veículo conduzido ou que transporte idoso, devidamente identificado e com autorização conforme legislação específica.

IV – Área de estacionamento para a operação de carga e descarga é a parte da via sinalizada para este fim, conforme definido no Anexo I do CTB.

V – Área de estacionamento de ambulância é a parte da via sinalizada, próximo a hospitais, centros de atendimentos de emergência e locais estratégicos para o estacionamento exclusivo de ambulâncias devidamente identificadas.

VI – Área de estacionamento rotativo é a parte da via sinalizada para o estacionamento de veículos, gratuito ou pago, regulamentado para um período determinado pelo órgão ou entidade com circunscrição sobre a via.

VII – Área de estacionamento de curta duração é a parte da via sinalizada para estacionamento não pago, com uso obrigatório do pisca-alerta ativado, em período de tempo determinado e regulamentado de até 30 minutos.

VIII – Área de estacionamento de viaturas policiais é a parte da via sinalizada, limitada à testada das instituições de segurança pública, para o estacionamento exclusivo de viaturas policiais devidamente caracterizadas.

**Art. 3º.** As áreas de estacionamento previstas no art. 2º devem ser sinalizadas conforme padrões e critérios estabelecidos pelo CONTRAN.

**Art. 4º.** Não serão regulamentadas as áreas de estacionamento específico previstas no art. 2º, incisos II, IV, V e VIII desta Resolução quando a edificação dispuser de área de estacionamento interna e/ou não atender ao disposto no art. 93 do CTB.

**Art. 5º.** Área de Segurança é a parte da via necessária à segurança das edificações públicas ou consideradas especiais, com extensão igual à testada do imóvel, nas quais a parada e o estacionamento são proibidos, sendo vedado o seu uso para estacionamento por qualquer veículo.

§ 1º. Esta área é estabelecida pelas autoridades máximas locais representativas da União, dos Estados, Distrito Federal e dos Municípios, vinculados à Segurança Pública;

§ 2º. O projeto, implantação, sinalização e fiscalização da área de segurança são de competência do órgão ou entidade executivo de trânsito com circunscrição sobre a via, decorrente de solicitação formal, cabendo-lhe aplicar as penalidades e medidas administrativas previstas no Código de Trânsito Brasileiro;

§ 3º. A área de segurança deve ser sinalizada com o sinal R-6c "Proibido Parar e Estacionar", com a informação complementar "Área de Segurança".

**Art. 6º.** Fica vedado destinar parte da via para estacionamento privativo de qualquer veículo em situações de uso não previstas nesta Resolução.

**Art. 7º.** Os órgãos ou entidades com circunscrição sobre a via têm o prazo de até 360 (trezentos e sessenta) dias, a partir da data de publicação desta Resolução, para adequar as áreas de estacionamento específicos existentes ao disposto nesta Resolução.

**Art. 8º.** Esta Resolução entra em vigor na data da sua publicação, revogada a Resolução CONTRAN nº 592/1982 e as demais disposições em contrário.

Brasília/DF, 4 de dezembro de 2008.

*Alfredo Peres da Silva – Presidente – DOU de 22.12.2008*

## RESOLUÇÃO CONTRAN Nº 303, DE 18 DE DEZEMBRO DE 2008

• *Dispõe sobre as vagas de estacionamento de veículos destinadas exclusivamente às pessoas idosas.*

O Conselho Nacional de Trânsito – CONTRAN, usando da competência que lhe confere o art. 12, inciso I da Lei nº 9.503, de 23 de setembro de 1997, que instituiu o Código de Trânsito Brasileiro – CTB, e conforme o Decreto nº 4.711, de 29 de maio de 2003, que dispõe sobre a coordenação do Sistema Nacional de Trânsito – SNT;

Considerando a necessidade de uniformizar, em âmbito nacional, os procedimentos para sinalização e fiscalização do uso de vagas regulamentadas para estacionamento exclusivo de veículos utilizados por idosos;

Considerando a Lei Federal nº 10.741, de 1º de outubro de 2003, que dispõe sobre o Estatuto do Idoso, que em seu art. 41 estabelece a obrigatoriedade de se destinar 5% (cinco por cento) das vagas em estacionamento regulamentado de uso público para serem utilizadas exclusivamente por idosos; resolve:

**Art. 1º.** As vagas reservadas para os idosos serão sinalizadas pelo órgão ou entidade de trânsito com circunscrição sobre a via utilizando o sinal de regulamentação R-6b "Estacionamento regulamentado" com informação complementar e a legenda "IDOSO", conforme Anexo I desta Resolução e os padrões e critérios estabelecidos pelo CONTRAN.

**Art. 2º.** Para uniformizar os procedimentos de fiscalização deverá ser adotado o modelo da credencial previsto no Anexo II desta Resolução.

§ 1º. A credencial confeccionada no modelo definido por esta Resolução terá validade em todo o território nacional.

§ 2º. A credencial prevista neste artigo será emitida pelo órgão ou entidade executiva de trânsito do Município de domicílio da pessoa idosa a ser credenciada.

§ 3º. Caso o Município ainda não esteja integrado ao Sistema Nacional de Trânsito, a credencial será expedida pelo órgão ou entidade executiva de trânsito do Estado.

**Art. 3º.** Os veículos estacionados nas vagas reservadas de que trata esta Resolução deverão exibir a credencial a que se refere o art. 2º sobre o painel do veículo, com a frente voltada para cima.

**Art. 4º.** O uso de vagas destinadas às pessoas idosas em desacordo com o disposto nesta Resolução caracteriza infração prevista no art. 181, inciso XVII, do CTB.

**Art. 5º.** A autorização poderá ser suspensa ou cassada, a qualquer tempo, a critério do órgão emissor, se verificada quaisquer das seguintes irregularidades na credencial:

I – uso de cópia efetuada por qualquer processo;

II – rasurada ou falsificada;

III – em desacordo com as disposições contidas nesta Resolução, especialmente se constatada que a vaga especial não foi utilizada por idoso.

**Art. 6º.** Os órgãos ou entidades com circunscrição sobre a via têm o prazo de até 360 (trezentos e sessenta) dias, a partir da data de publicação desta Resolução, para adequar as áreas de estacionamento específicos existentes ao disposto nesta Resolução.

**Art. 7º.** Esta Resolução entra em vigor na data de sua publicação, revogadas as disposições em contrário.

Brasília/DF, 4 de dezembro de 2008.

*Alfredo Peres da Silva – Presidente – DOU de 22.12.2008*

**Anexos**

♦ *Os Anexos encontram-se disponíveis no site: http://www.denatran.gov.br/resolucoes.htm*

## RESOLUÇÃO CONTRAN Nº 304, DE 18 DE DEZEMBRO DE 2008

• *Dispõe sobre as vagas de estacionamento destinadas exclusivamente a veículos que transportem pessoas portadoras de deficiência e com dificuldade de locomoção.*

O Conselho Nacional de Trânsito – CONTRAN, usando da competência que lhe confere o art. 12, inciso I da Lei nº 9.503, de 23 de setembro de 1997, que institui o Código de Trânsito Brasileiro – CTB, e conforme o Decreto nº 4.711 de 29 de maio de 2003, que dispõe sobre a coordenação do Sistema Nacional de Trânsito – SNT;

Considerando a necessidade de uniformizar, em âmbito nacional, os procedimentos para sinalização e fiscalização do uso de vagas regulamentadas para estacionamento exclusivo de veículos utilizados no transporte de pessoas portadoras de deficiência e com dificuldade de locomoção;

Considerando a Lei Federal nº 10.098, de 19 de dezembro de 2000, que dispõe sobre normas gerais e critérios básicos para a promoção da acessibilidade das pessoas portadoras de deficiência e com dificuldade de locomoção, que, em seu art. 7º, estabelece a obrigatoriedade de reservar 2% (dois por cento) das vagas em estacionamento regulamentado de uso público para serem utilizadas exclusivamente por veículos que transportem pessoas portadoras de deficiência ou com dificuldade de locomoção;

Considerando o disposto no Decreto nº 5.296, de 2 de dezembro de 2004, que regulamenta a Lei nº 10.098/2000, para, no art. 25, determinar a reserva de 2% (dois por cento) do total de vagas regulamentadas de estacionamento para veículos que transportem pessoas portadoras de deficiência física ou visual, desde que devidamente identificados; resolve:

**Art. 1º.** As vagas reservadas para veículos que transportem pessoas portadoras de deficiência e com dificuldade de locomoção serão sinalizadas pelo órgão ou entidade de trânsito com circunscrição sobre a via utilizando o sinal de regulamentação R-6b "Estacionamento regulamentado" com a informação complementar conforme Anexo I desta Resolução.

**Art. 2º.** Para uniformizar os procedimentos de fiscalização deverá ser adotado o modelo da credencial previsto no Anexo II desta Resolução.

§ 1º. A credencial confeccionada no modelo proposto por esta Resolução terá validade em todo o território nacional.

§ 2º. A credencial prevista neste artigo será emitida pelo órgão ou entidade executiva de trânsito do município de domicílio da pessoa portadora de deficiência e/ou com dificuldade de locomoção a ser credenciada.

§ 3º. A validade da credencial prevista neste artigo será definida segundo critérios definidos pelo órgão ou entidade executiva do município de domicílio da pessoa portadora de deficiência e/ou com dificuldade de locomoção a ser credenciada.

§ 4º. Caso o município ainda não esteja integrado ao Sistema Nacional de Trânsito, a credencial será expedida pelo órgão ou entidade executiva de trânsito do Estado.

**Art. 3º.** Os veículos estacionados nas vagas reservadas de que trata esta Resolução deverão exibir a credencial que trata o art. 2º sobre o painel do veículo, ou em local visível para efeito de fiscalização.

**Art. 4º.** O uso de vagas destinadas às pessoas portadoras de deficiência e com dificuldade de locomoção em desacordo com o disposto nesta Resolução caracteriza infração prevista no art. 181, inciso XVII, do CTB.

**Art. 5º.** Os órgãos ou entidades com circunscrição sobre a via têm o prazo de até 360 (trezentos e sessenta) dias, a partir da data de publicação desta Resolução, para adequar as áreas de estacionamento específicos existentes ao disposto nesta Resolução.

**Art. 6º.** Esta Resolução entra em vigor na data de sua publicação, revogadas as disposições em contrário.

Brasília/DF, 4 de dezembro de 2008.

*Alfredo Peres da Silva – Presidente – DOU de 22.12.2008*

**Anexos**

♦ Os Anexos encontram-se disponíveis no site: *http://www.denatran.gov.br/resolucoes.htm*

## RESOLUÇÃO CONTRAN Nº 305, DE 6 DE MARÇO DE 2009

• *Estabelece requisitos de segurança necessários à circulação de Combinações para Transporte de Veículos – CTV e Combinações de Transporte de Veículos e Cargas Paletizadas – CTVP.*

O Conselho Nacional de Trânsito – CONTRAN, usando da competência que lhe confere o art.12, inciso I, da Lei nº 9.503, de 23 de setembro de 1997, que instituiu o Código de Trânsito Brasileiro – CTB, e nos termos do disposto no Decreto nº 4.711, de 29 de maio de 2003, que trata da coordenação do Sistema Nacional de Trânsito – SNT;

Considerando a necessidade de se reduzir custos no transporte de veículos, peças e componentes automotivos, sem prejuízo para a segurança;

Considerando o constante no art. 102 do CTB;

Considerando o contido nos processos nºs 80001.022444/2008-91 e 80001.024218/2007-63; resolve:

**Art. 1º.** As Combinações de Transporte de Veículos – CTV e as Combinações de Transporte de Veículos e Cargas Paletizadas – CTVP, cujas dimensões excedam aos limites previstos na Resolução CONTRAN nº 210/2006, só poderão circular nas vias portando Autorização Especial de Trânsito – AET, em conformidade com as configurações previstas nos Anexos I e II.

§ 1º. Entende-se por Combinações de Transporte de Veículos – CTV o veículo ou combinação de veículos, construídos ou adaptados especial e exclusivamente para o transporte de veículos e chassis.

§ 2º. Entende-se por Combinações de Transporte de Veículos e Cargas Paletizadas – CTVP a combinação de veículos, concebida e construída especialmente para o transporte de veículos acabados e cargas unitizadas sobre paletes ou *racks*.

§ 3º. Ficam dispensadas do porte de Autorização Especial de Trânsito – AET as Combinações de Transporte de Veículos – CTV e as Combinações de Transporte de Veículos e Cargas Paletizadas – CTVP com até 4,70 m (quatro metros e setenta centímetros) de altura e que atendam aos limites de largura e comprimento previstos no art. 3º desta Resolução.

§ 4º. Por Deliberação e a critério dos órgãos executivos rodoviários da União, dos Estados, dos Municípios e do Distrito Federal, poderão ser dispensadas de Autorização Especial de Trânsito as Combinações de Transporte de Veículos – CTV e as Combinações de Transporte de Veículos e Cargas Paletizadas – CTVP com altura entre 4,71 m (quatro metros e setenta e um centímetros) e 4,95 m (quatro metros e noventa e cinco centímetros), que atendam aos limites de largura e comprimento previstos no art. 3º desta Resolução.

§ 5º. O caminhão trator adaptado para o transporte de outro veículo sobre a cabine, na forma prevista no Anexo I desta Resolução, deve se submeter à inspeção de segurança veicular, para obtenção do novo Certificado de Registro de Veículo – CRV e Certificado de Registro e Licenciamento de Veículo – CRLV.

§ 6º. Tanto a estrutura de apoio quanto o veículo transportado sobre a cabine não poderão ultrapassar o ponto mais avançado do pára choque dianteiro do veículo trator.

**Art. 2º.** As empresas e transportadores autônomos de veículos deverão requerer, junto à autoridade competente, a Autorização Especial de Trânsito – AET, juntando a seguinte documentação:

I – requerimento em três vias, indicando nome e endereço do proprietário, devidamente assinado por responsável ou representante credenciado do proprietário;

II – cópia do Certificado de Registro e Licenciamento do Veículo – CRLV;

III – memória de cálculo comprobatório da estabilidade do equipamento com carga considerando a ação do vento, firmada por engenheiro que se responsabilizará pelas condições de estabilidade e segurança operacional do veículo;

IV – planta dimensional da combinação, na escala 1:50, com o equipamento carregado nas condições mais desfavoráveis indicando:

a) dimensões;

b) distância entre eixos e comprimento dos balanços dianteiro e traseiro;

V – distribuição de peso por eixo;

VI – indicação da rota específica conforme estabelecido no § 3º deste artigo;

VII – apresentação do Laudo Técnico conforme o § 2º do art. 6º desta Resolução.

§ 1º. Nenhuma Combinação para Transporte de Veículos – CTV ou Combinações de Transporte de Veículos e Cargas Paletizadas – CTVP poderá operar ou transitar nas vias sem que a autoridade competente tenha analisado e aprovado toda a documentação mencionada nesse artigo.

§ 2º. Somente será admitido o acoplamento de reboque e semirreboque, especialmente construídos para utilização nesses tipos de Combinação para Transporte de Veículos – CTV e Combinações de Transporte de Veículos e Cargas Paletizadas – CTVP, quando devidamente homologados pelo órgão máximo executivo de trânsito da União, com códigos específicos na tabela de marca/modelo do RENAVAM, que enviará atestado técnico de aprovação aos órgãos rodoviários executivos da União, dos Estados, do Distrito Federal e dos Municípios.

§ 3º. Entende-se por rota específica um trajeto predeterminado contendo origem e destino, com seu respectivo percurso, identificando as vias nas quais a combinação irá transitar.

**Art. 3º.** Para a circulação e a concessão da Autorização Especial de Trânsito – AET, deverão ser observados os seguintes limites:

I – poderá ser admitida, a critério dos órgãos executivos rodoviários, a altura máxima do conjunto carregado de 4,95 m (quatro metros e noventa e cinco centímetros) para configuração que transite exclusivamente em rota específica;

II – largura – 2,60 m (dois metros e sessenta centímetros); ou 3,0 m (três metros) quando se tratar de CTV ou CTVPCP destinada ao transporte de ônibus, chassis de ônibus e de caminhões;

III – comprimentos – medido do para-choque dianteiro à extremidade posterior (plano inferior e superior) da carroceria do veículo:

a) – veículos simples – 14,00 m (quatorze metros);

b) – veículos articulados até – 22,40 m (vinte e dois metros e quarenta centímetros), desde que a distância em entre os eixos extremos não ultrapasse a 17,47 m (dezessete metros e quarenta e sete centímetros);

c) veículo com reboque – até 22,40 m (vinte e dois metros e quarenta centímetros);

IV – os limites legais de Peso Bruto Total Combinado – PBTC e Peso por Eixo previstos na Resolução CONTRAN nº 210/2006;

V – a compatibilidade do limite da Capacidade Máxima de Tração – CMT do caminhão trator, determinada pelo seu fabricante, com o Peso Bruto Total Combinado – PBTC (Anexo III);

VI – as Combinações deverão estar equipadas com sistemas de freios conjugados entre si e com o Caminhão Trator, atendendo o disposto na Resolução CONTRAN nº 210/2006;

VII – os acoplamentos dos veículos rebocados deverão ser do tipo automático conforme NBR 11410/11411, e estarem reforçados com correntes ou cabos de aço de segurança;

VIII – os acoplamentos dos veículos articulados com pino-rei e quinta roda deverão obedecer ao disposto na NBR 5548;

IX – contar com sinalização especial na traseira do conjunto veicular, na forma do Anexo IV, para Combinações com comprimento superior a 19,80 m (dezenove metros e oitenta centímetros),

X – estar provido de lanternas laterais, colocadas em intervalos regulares de no máximo 3,00 m (três metros) entre si, que permitam a sinalização do comprimento total do conjunto.

Resolução será do amanhecer ao pôr do sol, e sua velocidade máxima, de 80 km/h.

§ 1º. Para Combinações cujo comprimento seja de, no máximo, 19,80 m (dezenove metros e oitenta centímetros), não se aplica a restrição quanto ao horário de trânsito contida no *caput*;

§ 2º. Nas vias com pista dupla e duplo sentido de circulação, dotadas de separadores físicos, que possuam duas ou mais faixas de circulação no mesmo sentido, será admitido o trânsito noturno nas Combinações que apresentem comprimento superior a 19,80 m (dezenove metros e oitenta centímetros) até 22,40 m (vinte e dois metros e quarenta centímetros).

§ 3º. Nos trechos rodoviários de pista simples será permitido também o trânsito noturno, quando vazio, ou com carga apenas na plataforma inferior, devidamente ancorada e ativada toda a sinalização do equipamento transportador.

§ 4º. Horários diferentes dos aqui estabelecidos poderão ser adotados em trechos específicos mediante proposição da autoridade competente, no âmbito de sua circunscrição.

**Art. 5º.** Nos veículos articulados ou com reboque, ocorrendo pane ou qualquer outro evento que impeça a utilização do caminhão-trator, será permitida sua substituição exclusivamente para a complementação da viagem.

**Art. 6º.** A Autorização Especial de Trânsito – AET, expedida pela autoridade competente, terá validade máxima de 1 (um) ano.

§ 1º. Na data da entrada em vigor desta Resolução, terão assegurada a renovação da Autorização Especial de Trânsito – AET, mediante a apresentação do Laudo Técnico abaixo especificado e do Certificado de Registro e Licenciamento dos Veículos – CRLV.

§ 2º. O Laudo Técnico deverá ser elaborado e assinado pelo engenheiro mecânico responsável pelo projeto, acompanhado pela respectiva ART – Anotação de Responsabilidade Técnica, que emitirá declaração de conformidade, junto com o proprietário do veículo, atestando que a operação se desenvolve dentro das condições de segurança estabelecidas nesta Resolução.

§ 3º. A validade da Autorização Especial de Trânsito – AET será coincidente com a do licenciamento anual do caminhão-trator.

§ 4º. A autorização somente será concedida ou renovada após apresentação de laudo técnico da Combinação para Transporte de Veículos – CTV ou das Combinações de Transporte de Veículos e Cargas Paletizadas – CTVP.

**Art. 7º.** São dispensados da Autorização Especial de Trânsito – AET as combinações que atendam as dimensões máximas fixadas pela Resolução CONTRAN nº 210/2006.

**Art. 8º.** Não será concedida Autorização Especial de Trânsito – AET para combinações que não atendam integralmente ao disposto nesta Resolução.

**Art. 9º.** O proprietário do veículo, usuário de Autorização Especial de Trânsito – AET, será responsável pelos danos que o veículo venha causar à via, à sua sinalização e a terceiros, como também responderá integralmente pela utilização indevida de vias que, pelo seu gabarito e sua geometria, não permitam o trânsito dessas combinações.

**Art. 10.** Todas as rodas de cada veículo transportado deverão estar firmemente ancoradas à estrutura de apoio, por meio de cintas cuja resistência total à ruptura seja, de no mínimo, o dobro do peso do veículo.

**Art. 11.** As Combinações de Transporte de Veículos e Cargas Paletizadas – CTVP constituídas por caminhão trator 6x2 ou 6x4 mais semirreboque novo, saído de fábrica, de dois eixos, especialmente projetadas e construídas para o transporte de automóveis, poderão transportar outras cargas paletizadas ou acondicionadas em *racks*.

§ 1º. Não serão admitidos o compartilhamento simultâneo de espaço entre veículos e outro tipo de carga.

§ 2º. Não é permitida a transformação de Combinações para Transporte de Veículos – CTV para Combinações de Transporte de Veículos e Cargas Paletizadas – CTVP.

**Art. 12.** Nas CTVP, o espaço ocupado pelas peças e componentes deverá obedecer aos seguintes limites:

a) Comprimento máximo da carga: limitado à parte do equipamento que fica rebaixada, ou seja, àquela situada entre o "castelo" inferior (onde o cavalo trator é engatado ao semirreboque) e os dois eixos do semirreboque, região tecnicamente chamada de "plataforma inferior" e conhecida vulgarmente como "barriga da carreta", desde que não superior a 10 m;

b) Largura máxima: 2,40 m;

c) Altura máxima de carga: 2,25 m.

**Art. 13.** As CTVP deverão contar com dispositivos adequados de fixação e contenção das cargas unitizadas (anexo V), por meio de:

a) ganchos, que se encaixem nas longarinas laterais ou nos estampos dos trilhos, completados por cintas de nylon dotadas de catracas, com resistência à ruptura de 20 tf e que contornem todos os paletes ou *racks;*

b) travessas metálicas removíveis.

**Art. 14.** O chassi dos semirreboques das CTVP deverá ter estrutura dimensionada para suportar a concentração de cargas unitizadas.

**Art. 15.** As CTVP deverão contar com *sider* protetor contra intempéries, em todo o perímetro lateral, teto, dianteira e traseira, composto por lona especial, trilhos de alumínio, cintas para amarração e mecanismos de fixação.

**Art. 16.** A não observância dos preceitos desta Resolução sujeita o infrator às penalidades previstas no inciso IV do art. 231 e no art. 235 do Código de Trânsito Brasileiro.

**Art. 17.** Esta Resolução entra em vigor na data de sua publicação, ficando revogada a Resolução CONTRAN nº 274/2008.

Brasília/DF, 6 de março de 2009.

*Alfredo Peres da Silva – Presidente – DOU de 7.4.2009*

**Anexos**

♦ Os Anexos encontram-se disponíveis no site: *http://www.denatran.gov.br/resolucoes.htm*

## RESOLUÇÃO CONTRAN Nº 306, DE 6 DE MARÇO DE 2009

• *Cria o código numérico de segurança para o Certificado de Registro e Licenciamento de Veículo – CRLV e estabelece a sua configuração e utilização.*

O Conselho Nacional de Trânsito – CONTRAN, no uso das competências que lhe confere o art. 12 inciso X da Lei nº 9.503 de 23 de setembro de 1997, que instituiu o Código de Trânsito Brasileiro – CTB, e conforme o Decreto nº 4.711, de 29 de maio de 2003, que dispõe sobre a coordenação do Sistema Nacional de Trânsito – STN; e,

Considerando a necessidade de agregar maiores elementos de segurança ao Certificado de Registro e Licenciamento de Veículo – CRLV, dando-lhe características e condições de invulnerabilidade à falsificação e adulteração;

Considerando a necessidade de oferecer aos órgãos executivos de trânsito e a seus agentes, instrumento para facilitar a identificação da veracidade dos certificados de registro e licenciamento de veículos e, ainda, que o Departamento Estadual de Trânsito de Santa Catarina – DETRAN/SC apresentou-se como Estado Piloto para a implantação destes novos itens e controles; resolve:

**Art. 1º.** Fica referendada a Deliberação CONTRAN nº 70, de 23 de setembro de 2008, publicada no *Diário Oficial da União – DOU* em 24 de setembro de 2008.

**Art. 2º.** Cria um código numérico de segurança a ser utilizado na emissão do Certificado de Registro e Licenciamento de Veículo – CRLV, de que trata o art. 131 do Código de Trânsito Brasileiro.

**Art. 3º.** O código numérico de segurança será composto de 11 (onze) dígitos gerados a partir de algoritmo específico, de propriedade do Departamento Nacional de Trânsito – DENATRAN, composto pelos dados individuais de cada CRLV e fornecido pelo sistema central do Registro Nacional de Veículos Automotores – RENAVAM, permitindo a validação do documento.

**Art. 4º.** Na emissão do CRLV será obrigatória a impressão do código numérico de segurança na parte inferior do certificado, no mesmo local destinado à assinatura do Expedidor.

Parágrafo único. O código numérico de segurança será considerado a assinatura eletrônica do RENAVAM no CRLV e deverá vir acompanhado da matrícula e nome da autoridade expedidora.

**Art. 5º.** A obrigatoriedade da implantação do código numérico de segurança nos CRLV, para os órgãos executivos de trânsito dos Estados e do Distrito Federal, se dará conforme cronograma a ser estabelecido pelo DENATRAN.

Parágrafo único. Fica referendada a obrigatoriedade do código numérico de segurança implantado nas emissões de CRLV do DETRAN/SC a partir de 6 de outubro de 2008.

**Art. 6º.** Esta Resolução entra em vigor na data de sua publicação.

Brasília/DF, 6 de março de 2009.

*Alfredo Peres da Silva – Presidente – DOU de 7.4.2009*

## RESOLUÇÃO CONTRAN Nº 307, DE 6 DE MARÇO DE 2009

- *Altera a Resolução nº 285, de 29 de julho de 2008, do Conselho Nacional de Trânsito – CONTRAN em seu art. 2º e parágrafo único, assegurando aos alunos matriculados em cursos regulamentados pela Resolução CONTRAN nº 168/2004, na vigência do seu Anexo II, as condições nele estabelecidas e dá outras providências.*

O Conselho Nacional de Trânsito – CONTRAN, usando da competência que lhe confere o art. 12, inciso X, da Lei nº 9.503, de 23 de setembro de 1997, que institui o Código de Trânsito Brasileiro – CTB, e conforme o Decreto nº 4.711 de 29 de maio de 2003, que dispõe sobre a coordenação do Sistema Nacional de Trânsito – SNT;

Considerando a necessidade de maiores esclarecimentos acerca da matrícula em cursos regulamentados pela Resolução CONTRAN nº 168/2004 a que se refere o art. 2º, da Resolução CONTRAN nº 285; resolve:

**Art. 1º.** Fica referendada a Deliberação nº 72, de 19 de dezembro de 2008, publicada no *DOU* de 22 de dezembro de 2008.

**Art. 2º.** O art. 2º da Resolução CONTRAN nº 285, de 29 de julho de 2008, passa a vigorar com a seguinte redação:

- *Alterações já efetuadas no corpo da Resolução.*

**Art. 3º.** Esta Resolução entra em vigor na data da sua publicação.

Brasília/DF, 6 de março de 2009.

*Alfredo Peres da Silva – Presidente – DOU de 7.4.2009*

## RESOLUÇÃO CONTRAN Nº 309, DE 6 DE MARÇO DE 2009

- *Dá nova redação ao item 1 do anexo a Resolução CONTRAN nº 231, de 15 de março de 2007, que estabelece o sistema de placas de identificação de veículos e revoga a Resolução CONTRAN nº 288, de 29 de julho de 2008.*

O Conselho Nacional de Trânsito – CONTRAN, usando da competência que lhe confere o art. 12, inciso I, da Lei nº 9.503, de 23 de setembro de 1997, que institui o Código de Trânsito Brasileiro – CTB, e conforme o Decreto nº 4.711 de 29 de maio de 2003, que dispõe sobre a coordenação do Sistema Nacional de Trânsito – SNT, bem como o disposto no Processo Administrativo nº 80001.032503/2008-39, instaurado no âmbito do Departamento Nacional de Trânsito – DENATRAN; resolve:

**Art. 1º.** Fica referendada a Deliberação nº 74, de 29 de dezembro de 2008, publicada no *Diário Oficial da União* em 31 de dezembro de 2008.

**Art. 2º.** O item 1 do anexo da Resolução CONTRAN nº 231, de 15 de março de 2007, passa a vigorar com a seguinte redação:

- *Alteração já efetuada no corpo da Resolução.*

**Art. 3º.** Esta Resolução entra em vigor na data de sua publicação, revogando a Resolução CONTRAN nº 288, de 29 de julho de 2008.

Brasília/DF, 6 de março de 2009.

*Alfredo Peres da Silva – Presidente – DOU de 7.4.2009*

## RESOLUÇÃO CONTRAN Nº 310, DE 6 DE MARÇO DE 2009

- *Altera os modelos e especificações dos Certificados de Registro de Veículos – CRV e de Licenciamento de Veículos – CRLV.*

O Conselho Nacional de Trânsito – CONTRAN, usando da competência que lhe confere o art. 12, inciso X, da Lei nº 9.503, de 23 de setembro de 1997, que institui o Código de Trânsito Brasileiro – CTB, e conforme o Decreto nº 4.711 de 29 de maio de 2003, que dispõe sobre a coordenação do Sistema Nacional de Trânsito – SNT; e

Considerando a necessidade de adequar o documento afim de torná-lo mais eficaz e na busca do esclarecimento e proteção ao cidadão; resolve:

**Art. 1º.** Fica referendada a Deliberação nº 76, de 29 de dezembro de 2008, publicada no *DOU* de 31 de dezembro de 2008.

**Art. 2º.** O verso do Certificado de Registro de Veículos – CRV, que é a autorização para transferência de propriedade de veículo – ATPV, passa a vigorar conforme modelo do anexo I desta Resolução.

**Art. 3º.** No Certificado de Registro e Licenciamento de Veículos – CRLV, no campo destinado ao nome e endereço deverá constar apenas o nome, não sendo mais impresso o endereço do proprietário.

**Art. 4º.** Os formulários CRV e CRLV já distribuídos aos DETRAN's poderão ser utilizados até 30 de julho de 2009.

**Art. 5º.** Esta Resolução entra em vigor na data de sua publicação, revogadas todas as disposições em contrário.

Brasília/DF, 6 de março de 2009.

*Alfredo Peres da Silva – Presidente – DOU de 7.4.2009*

**Anexo**

♦ *O Anexo encontra-se disponível no site: http://www.denatran.gov.br/resolucoes.htm*

## RESOLUÇÃO CONTRAN Nº 311, DE 3 DE ABRIL DE 2009

- *Dispõe sobre a obrigatoriedade do uso do equipamento suplementar de segurança passiva – air bag, na parte frontal dos veículos novos saídos de fábrica, nacionais e importados.*
- **Com a alteração da Resolução CONTRAN nº 394, de 13.12.2011.**

O Conselho Nacional de Trânsito – CONTRAN, no uso das atribuições que lhe são conferidas pelo art. 12, da Lei nº 9.503, de 23 de setembro de 1997, que instituiu o Código de Trânsito Brasileiro – CTB, e conforme o disposto no Decreto nº 4.711, de 29 de maio de 2003, que trata da coordenação do Sistema Nacional de Trânsito – SNT;

Considerando a necessidade de aperfeiçoar e atualizar os requisitos de segurança para os veículos automotores nacionais e importados conforme determina a Lei nº 11.910, de 18 de março de 2009;

Considerando a necessidade de garantir a segurança dos condutores e passageiros dos veículos;

Considerando que a instalação deste equipamento nos veículos automotores, reduz de maneira expressiva os danos causados ao condutor e passageiro do banco dianteiro direito, nos casos de colisão frontal; e

Considerando também que trata de um equipamento suplementar de segurança passiva que deve ser usado concomitantemente com o cinto de segurança; resolve:

**Art. 1º.** Estabelecer como obrigatório, o equipamento suplementar de segurança passiva – AIR BAG, instalados na posição frontal para o condutor e o passageiro do assento dianteiro, para os veículos novos produzidos, saídos de fábrica e os veículos originários de novos projetos, das categorias M1e N1, nacionais e importados.

Parágrafo único. Conforme norma NBR 13776 da Associação Brasileira de Normas Técnicas – ABNT fica caracterizado:

a) veículos da categoria M1 são aqueles projetados e construídos para o transporte de passageiros, que não tenham mais que oito assentos, além do assento do motorista;

b) veículos da categoria N1 são aqueles projetados e construídos para o transporte de cargas e que tenham uma massa máxima não superior a 3,5 toneladas que abrange também os veículos classificados como caminhonetes no CTB.

**Art. 2º.** Para efeito desta Resolução, define-se *air bag*, como equipamento suplementar de retenção que objetiva amenizar o contato de uma ou mais partes do corpo do ocupante com o interior do veículo, composto por um conjunto de sensores colocados em lugares estratégicos da estrutura do veículo, central de controle eletrônica, dispositivo gerador de gás propulsor para inflar a bolsa de tecido resistente.

**Art. 3º.** O disposto na presente Resolução se aplica aos veículos das categorias M1 e N1, conforme o cronograma de implantação definido abaixo:

I – Novos projetos de automóveis e veículos deles derivados, nacionais ou importados:

| DATA DE IMPLANTAÇÃO | PERCENTUAL DA PRODUÇÃO |
|---|---|
| 1º de janeiro de 2011 | 10% |
| 1º de janeiro de 2012 | 30% |
| 1º de janeiro de 2013 | 100% |

II – Automóveis e veículos deles derivados em produção, nacionais ou importados:

| DATA DE IMPLANTAÇÃO | PERCENTUAL DA PRODUÇÃO |
|---|---|
| 1º de janeiro de 2010 | 8% |
| 1º de janeiro de 2011 | 15% |
| 1º de janeiro de 2012 | 30% |
| 1º de janeiro de 2013 | 60% |
| 1º de janeiro de 2014 | 100% |

§ 1º. Independente dos percentuais definidos no inciso I, a partir de 2012, todos os veículos originários de novos projetos, nacionais ou importados, ficam condicionados ao atendimento da Resolução CONTRAN nº 221/2007, que estabelece requisitos de proteção aos ocupantes e integridade do sistema de combustível decorrente de impacto nos veículos.

§ 2º. Considera-se novo projeto o modelo de veículo que nunca obteve o Código de Marca/Modelo/Versão junto ao DENATRAN, e veículos derivados de automóveis, os veículos em que a parte dianteira da carroceria, delimitada a partir da coluna "A" em diante, tenha semelhança estrutural e de forma ao do automóvel do qual o projeto deriva (anexo).

§ 3º. Não se considera como novo projeto a derivação de um mesmo modelo básico de veículo que já possua Código de Marca/Modelo/Versão concedido pelo DENATRAN.

§ 4º. Na hipótese de novo projeto, o fabricante ou importador deverá indicar essa condição no requerimento dirigido ao DENATRAN para concessão de código de Marca/Modelo/Versão.

§ 5º. Para veículos N1 das espécies Carga e Especial do tipo Caminhonete, com peso bruto total – PBT até 3.500 kg, que compartilhem plataforma e cabine com veículos N2 das espécies Carga e Especial do tipo Caminhão, será obrigatória a instalação de air bag, em 100% (cem por cento) da produção, a partir de 1º de janeiro de 2013, para o condutor e, a partir de 1º de janeiro de 2014, para o condutor e passageiros. *(§ 5º com redação dada pela Resolução CONTRAN nº 394/2011)*

Art. 4º. Estão dispensados do atendimento aos requisitos desta Resolução os veículos fora-de-estrada, os veículos especiais, definidos pela norma NBR 13776 da Associação Brasileira de Normas Técnicas e os de uso bélico.

Art. 5º. Esta Resolução entra em vigor na data de sua publicação.

Brasília/DF, 3 de abril de 2009.

*Alfredo Peres da Silva – Presidente – DOU de 7.4.2009*

**Anexo**

♦ *O Anexo encontra-se disponível no site: http://www.denatran.gov.br/resolucoes.htm*

## RESOLUÇÃO CONTRAN Nº 313, DE 8 DE MAIO DE 2009

• Altera o Regimento Interno das Câmaras Temáticas do CONTRAN.

O Conselho Nacional de Trânsito – CONTRAN, usando das competências que lhe são conferidas pelo inciso I do art. 12 e §1º do art. 3º da Lei nº 9.503, de 23 de setembro de 1997, que instituiu o Código de Trânsito Brasileiro – CTB, e à vista do disposto no Decreto nº 4.711, de 29 de maio de 2003, que dispõe sobre a coordenação do Sistema Nacional de Trânsito – SNT; resolve:

**Art. 1º.** O art. 2º da Resolução CONTRAN nº 218, de 20 de dezembro de 2006, passa a vigorar com a seguinte redação:

**Art. 2º.** O inciso II do art. 8º do Regimento Interno das Câmaras Temáticas, passa a vigorar com a seguinte redação:

**Art. 3º.** O inciso V do art. 8º do Regimento Interno das Câmaras Temáticas, passa a vigorar com a seguinte redação:

**Art. 4º.** Acrescentar os dispositivos abaixo no art. 8º do Regimento Interno das Câmaras Temáticas:

**Art. 5º.** O art. 12, inciso II, do Regimento Interno das Câmaras Temáticas passa a vigorar com a seguinte redação:

**Art. 6º.** O art. 13 do Regimento Interno das Câmaras Temáticas, passa a vigorar com a seguinte redação:

• *Alterações já efetuadas no corpo da Resolução.*

**Art. 7º.** Esta Resolução entra em vigor na data de sua publicação.

Brasília/DF, 8 de maio de 2009.

*Alfredo Peres da Silva – Presidente – DOU de 18.5.2009*

## RESOLUÇÃO CONTRAN Nº 314, DE 8 DE MAIO DE 2009

• *Estabelece procedimentos para a execução das campanhas educativas de trânsito a serem promovidas pelos órgãos e entidades do Sistema Nacional de Trânsito.*

O Conselho Nacional de Trânsito – CONTRAN, no uso das atribuições que lhe são conferidas pelo art. 12, inciso I, da Lei nº 9.503, de 23 de setembro de 1997, que instituiu o Código de Trânsito Brasileiro – CTB, e conforme o Decreto nº 4.711, de 29 de maio de 2003, que trata da coordenação do Sistema Nacional de Trânsito – SNT; e

Considerando o art. 75 do CTB, que trata das campanhas de trânsito a serem promovidas pelo SNT;

Considerando as diretrizes da Política Nacional de Trânsito – PNT aprovadas pela Resolução CONTRAN nº 166 de 15 de setembro de 2004;

Considerando a importância da adoção de padrões para unificar concepções e valores a serem transmitidos pelos órgãos e entidades do SNT no que se refere à realização de campanhas educativas; resolve:

**Art. 1º.** Aprovar as orientações para a realização de campanhas educativas de trânsito estabelecidas no Anexo desta Resolução.

Parágrafo único. Para efeitos desta Resolução, entende-se por campanha educativa toda a ação que tem por objetivo informar, mobilizar, prevenir ou alertar a população ou segmento da população para adotar comportamentos que lhe tragam segurança e qualidade de vida no trânsito.

**Art. 2º.** Os órgãos e entidades do SNT devem assegurar recursos financeiros e nível de profissionalismo adequado para o planejamento, a execução e a avaliação das campanhas de que trata esta Resolução.

**Art. 3º.** Esta Resolução entra em vigor na data de sua publicação, revogando a Resolução CONTRAN nº 420/1969.

Brasília/DF, 8 de maio de 2009.

*Alfredo Peres da Silva – Presidente – DOU de 20.5.2009*

**Anexo**

♦ *O Anexo encontra-se disponível no site: http://www.denatran.gov.br/resolucoes.htm*

## RESOLUÇÃO CONTRAN Nº 315, DE 8 DE MAIO DE 2009

* *Estabelece a equiparação dos veículos ciclo-elétricos, aos ciclomotores e os equipamentos obrigatórios para condução nas vias públicas abertas à circulação.*
* **Com a alteração da Resolução CONTRAN nº 375, de 18.3.2011.**

O Conselho Nacional de Trânsito – CONTRAN, no uso das atribuições que lhe conferem os incisos I e X, do art. 12, da Lei nº 9.503, de 23 de setembro de 1997, que institui o Código de Trânsito Brasileiro – CTB, e conforme o Decreto nº 4.711, de 29 de maio de 2003, que dispõe sobre a coordenação do Sistema Nacional de Trânsito – SNT;

Considerando os permanentes e sucessivos avanços tecnológicos empregados na construção de veículos, bem como a utilização de novas fontes de energia e novas unidades motoras aplicadas de forma acessória em bicicletas, e em evolução ao conceito inicial de ciclomotor.

Considerando o crescente uso de ciclo motorizado elétrico em condições que comprometem a segurança do trânsito; resolve:

**Art. 1º.** Para os efeitos de equiparação ao ciclomotor, entende-se como cicloelétrico todo o veículo de duas ou três rodas, provido de motor de propulsão elétrica com potência máxima de 4 kw (quatro quilowatts) dotados ou não de pedais acionados pelo condutor, cujo peso máximo incluindo o condutor, passageiro e carga, não exceda a 140 kg (cento e quarenta quilogramas) e cuja velocidade máxima declarada pelo fabricante não ultrapasse a 50 km/h (cinquenta quilômetros por hora).

§ 1º. Inclui-se nesta definição de ciclo-elétrico a bicicleta dotada originalmente de motor elétrico, bem como aquela que tiver este dispositivo motriz agregado posteriormente à sua estrutura. *(§ 1º, primitivo parágrafo único, renumerado pela Resolução CONTRAN nº 375/2011)*

§ 2º. Fica excepcionalizado da equiparação prevista no caput deste Artigo, o equipamento de mobilidade individual autopropelido, sendo permitida sua circulação somente em áreas de circulação de pedestres, ciclovias e ciclofaixas, atendidas as seguintes condições: *(§ 2º, caput, acrescido pela Resolução CONTRAN nº 375/2011)*

I – velocidade máxima de 6 km/h em áreas de circulação de pedestres; *(Inciso I acrescido pela Resolução CONTRAN nº 375/2011)*

II – velocidade máxima de 20 km/h em ciclovias e ciclofaixas; *(Inciso II acrescido pela Resolução CONTRAN nº 375/2011)*

III – uso de indicador de velocidade, campainha e sinalização noturna, dianteira, traseira e lateral, incorporados ao equipamento; *(Inciso III acrescido pela Resolução CONTRAN nº 375/2011)*

IV – dimensões de largura e comprimento iguais ou inferiores às de uma cadeira de rodas, especificadas pela Norma Brasileira NBR 9050/2004 e suas atualizações.

*(Inciso IV acrescido pela Resolução CONTRAN nº 375/2011)*

§ 3º. Caberá aos órgãos e entidades executivos de trânsito dos municípios, no âmbito de suas circunscrições, regulamentar a circulação do equipamento de que trata o § 2º. *(§ 3º acrescido pela Resolução CONTRAN nº 375/2011)*

**Art. 2º.** Além de observar os limites de potência e velocidade previstos no artigo anterior, os fabricantes de ciclo-elétrico deverão dotar esses veículos dos seguintes equipamentos obrigatórios:

1. Espelhos retrovisores, de ambos os lados;
2. Farol dianteiro, de cor branca ou amarela;
3. Lanterna, de cor vermelha, na parte traseira;
4. Velocímetro;
5. Buzina; e
6. Pneus que ofereçam condições mínimas de segurança.

**Art. 3º.** Esta Resolução entra em vigor na data da sua publicação.

Brasília/DF, 8 de maio de 2009.

*Alfredo Peres da Silva – Presidente – DOU de 20.5.2009*

## RESOLUÇÃO CONTRAN Nº 316, DE 8 DE MAIO DE 2009

• *Estabelece os requisitos de segurança para veículos de transporte coletivo de passageiros M2 e M3 (tipos micro-ônibus e ônibus) de fabricação nacional e estrangeira.*

• *Em vigor com efeitos a partir de 1º.7.2009 – Revogada a partir de 1º.1.2014 pelo art. 10 da Resolução CONTRAN nº 416, de 9.8.2012.*

O Conselho Nacional de Trânsito – CONTRAN, no uso das atribuições legais que lhe confere o art. 12, inciso I, da Lei nº 9.503, de 23 de Setembro de 1997, que instituiu o Código de Trânsito Brasileiro – CTB, e conforme o Decreto nº 4711, de 29 de maio de 2003, que trata da coordenação do Sistema Nacional de Trânsito – SNT; e

Considerando a melhor adequação do veículo de transporte coletivo de passageiros à sua função, ao meio ambiente e ao trânsito;

Considerando a relevância do conforto e da integridade de seus passageiros a serem transportados e o melhor gerenciamento do sistema de transporte coletivo;

Considerando a necessidade de harmonização dos requisitos nacionais de segurança veicular com requisitos internacionais equivalentes, conforme previsto pela Política Nacional de Trânsito;

Considerando os procedimentos adotados pelo Departamento Nacional de Trânsito – DENATRAN, para homologação de veículos junto ao Registro Nacional de Veículos Automotores – RENAVAM;

Considerando a proposta de atualização da Resolução CONTRAN nº 811/1996 apresentada pelo Grupo de Trabalho instituído pela Câmara Temática de Assuntos Veiculares e formado pela Associação Nacional dos Fabricantes de Veículos Automotores – ANFAVEA, pela Associação Nacional dos Fabricantes de Ônibus – FABUS e pelo Sindicato Interestadual da Indústria de Materiais e Equipamentos Ferroviários e Rodoviários – SIMEFRE; resolve:

**Art. 1º.** Os veículos novos, de fabricação nacional e estrangeira, definidos como M2 e M3 no Anexo I da presente Resolução, destinados ao transporte coletivo de passageiros, para fins de homologação junto ao Departamento Nacional de Trânsito – DENATRAN e obtenção do código marca-modelo-versão necessário ao registro, licenciamento e emplacamento, devem atender às exigências estabelecidas na presente Resolução.

§ 1º. As definições M2 e M3 citadas no *caput* deste artigo compatibilizam-se com as definições dos tipos "Micro-ônibus" e "Ônibus" dadas pelo CTB de acordo com a lotação de passageiros informada pelo fabricante, encarroçador ou importador no ato do requerimento do código de marca/modelo/versão levando-se em consideração a disposição e requisitos gerais para os assentos definido no Apêndice do Anexo I.

§ 2º. A introdução de novos tipos de veículos para o transporte coletivo de passageiros no Anexo do CTB deverá ser compatível com as definições M2 e M3 citadas no *caput* deste artigo e descritas pelo Anexo I e Apêndice da presente Resolução.

§ 3º. Os requisitos de segurança para os veículos de transporte coletivo de passageiros M2 e M3, conforme sua aplicação e composição estão apresentados em forma dos Anexos abaixo relacionados e serão complementados por Resoluções do CONTRAN quando necessário:

Anexo II: Ensaio de estabilidade em veículos M2 e M3 (obrigatório somente para a aplicação rodoviária).

Anexo III: Procedimento para avaliação estrutural de carroçarias de veículos M2 e M3 (observar requisitos nas tabelas 01 e 02).

Anexo IV: Prescrições relativas aos bancos dos veículos M2 e M3 no que se refere às suas ancoragens (obrigatório para todas as aplicações, exceto aplicação urbana).

Anexo V: Prescrições referentes a instalação de cintos de segurança em veículos M2 e M3 de transporte coletivo de passageiros (observar requisitos nas tabelas 01 e 02).

Anexo VI: Estabilidade e sistema de retenção da cadeira de rodas e seu usuário para veículos M2 e M3 (obrigatório somente para a aplicação urbana).

Anexo VII: Sistema tridimensional de planos de referência em veículos M3.

Anexo VIII: Dispositivo para destruição dos vidros em janelas de emergência de veículos M2 e M3.

Anexo IX: Utilização de dispositivo refletivo em veículos M2 e M3 novos e em circulação (obrigatório para todas as aplicações).

Anexo X: Proteção antiintrusão traseira para veículos M3 com motor dianteiro e PBT maior que 14,0 toneladas (obrigatório somente para as aplicações intermunicipal e rodoviária) cuja altura do pára choque exceda a 550mm em relação ao solo.

Anexo XI: Identificação da carroceria de veículos M3 (somente para veículos encarroçados).

**Art. 2º.** Fica a critério do DENATRAN admitir, exclusivamente para os requisitos especificados no § 3º do art. 1º, para efeito de comprovação do atendimento às exigências desta Resolução, os resultados dos ensaios obtidos por procedimentos equivalentes, realizados no exterior, sendo aceitos os resultados de ensaios admitidos por órgãos reconhecidos pela Comissão ou Comunidade Europeia e os Estados Unidos da América, em conformidade com os procedimentos adotados por esses organismos.

**Art. 3º.** Os veículos M2 e M3, projetados e construídos com a finalidade exclusiva para o transporte de pessoas, deverão estar dotados de corredor interno para acesso dos passageiros a todos os bancos disponíveis e também às portas e às saídas de emergência atendendo às dimensões mínimas estabelecidas no Apêndice do Anexo I.

Parágrafo único. Para cumprir com este requisito o corredor deverá estar livre de qualquer obstáculo permanente ou não, considerando as devidas exceções citadas nas resoluções específicas para o transporte coletivo, desde que as mesmas não afetem a segurança e integridade dos passageiros.

**Art. 4º.** Além de atender aos requisitos especificados no § 3º do art. 1º da presente Resolução, os veículos M2 e M3 deverão respeitar também os demais requisitos de segurança estabelecidos pelo CONTRAN, bem como os requisitos listados a seguir:

I – Os veículos M2 deverão atender a requisitos construtivos que serão definidos em legislação específica, no que couber.

II – Os veículos M3 de aplicação urbana, tipo "ônibus", deverão atender aos requisitos construtivos previstos pelas Resoluções CONMETRO nº 06/2008 e 01/2009, ou regulamentação que vier substituí-las.

III – Os veículos M3 de aplicação rodoviária, tipo "ônibus", utilizados no transporte intermunicipal, interestadual e internacional poderão ser dotados de mais de uma porta de acesso, não sendo obrigatório o posicionamento de uma porta à frente do eixo dianteiro.

IV – Os veículos M2 e M3, independentemente do seu Peso Bruto Total, deverão atender aos requisitos aplicáveis aos materiais de revestimento interno do seu habitáculo, conforme regulamentação do CONTRAN.

**Art. 5º.** Os veículos M2 e M3 deverão atender integralmente os requisitos de emissões de gases e de ruído estabelecidos pelo CONAMA.

**Art. 6º.** Os veículos M2 e M3 deverão ser equipados com janelas de emergência dotadas de mecanismo de abertura, sendo admitida a utilização de dispositivo tipo martelo, conforme as características construtivas e de funcionamento exemplificadas no Anexo VIII da presente Resolução, ou ainda o uso de outros dispositivos equivalentes de comprovada eficiência.

§ 1º. A quantidade mínima de dispositivo tipo martelo ou dispositivo equivalente será em número de 4 (quatro) para veículos do tipo "micro-ônibus" e de 6 (seis) para veículos do tipo "ônibus" independentemente do tipo de aplicação, mantidos em caixa violável devidamente sinalizada e com indicações claras quanto ao seu uso.

§ 2º. As saídas de emergências identificadas no veículo através de cortinas ou displays indicativos previstos nas Resoluções da ANTT Nº 643/2004 e 791/2004 poderão ser inferiores ao número de martelos indicados no § 1º deste artigo desde que o número mínimo de janelas de emergência seja obedecido.

**Art. 7º.** No teto dos veículos M2 e M3 devem existir, em caráter obrigatório, saídas de emergência do tipo basculante ou dispor de vidro temperado destrutível com martelo de segurança ou dispositivo equivalente.

§ 1º. Os veículos M2 devem possuir pelo menos uma abertura no teto cujas dimensões permitam a inscrição de um retângulo de área igual a 0,20 $m^2$, com dimensão mínima de 43 cm em seu menor lado, ou possuir um vidro traseiro (vigia) com dimensões mínimas de 45 cm por 75 cm ou, ainda, possuir, no mínimo, dois vidros de 45 cm por 50 cm que podem ser acionados por sistema ejetável ou dispor de vidro temperado, destrutível com martelo de segurança.

§ 2º. Os veículos M3 devem possuir pelo menos duas aberturas no teto cujas dimensões resultem em uma área mínima correspondente de 0,20 $m^2$, com dimensão mínima de 43 cm em seu menor lado, exceto aqueles que estiverem equipados com ar condicionado e/ou possuírem comprimento inferior ou igual a 11,5 m, será permitida uma abertura no teto para saída de emergência.

§ 3º. Após 360 dias da entrada em vigor desta Resolução, as saídas de emergência indicadas no § 2º deste artigo deverão possuir as dimensões que resultem em uma área mínima correspondente a 0,35 $m^2$ e o menor lado não deverá ser inferior a 50 cm.

**Art. 8º.** Os veículos M2 e M3 deverão atender integralmente os requisitos da relação potência-peso estabelecidos pelo INMETRO.

**Art. 9º.** O compartimento do sistema de propulsão, independentemente de sua localização, deve possuir isolamento termo/acústico.

**Art. 10.** Os chassis novos, dotados de motor traseiro ou central, destinados para a fabricação de veículos M3, de aplicação rodoviária, fabricados a partir de janeiro de 2012, deverão possuir um sensor de temperatura contra incêndio disposto no compartimento do motor com a finalidade de alertar o condutor sobre o princípio de incêndio, mediante sinal visual e sonoro disposto na cabine do condutor.

**Art. 11.** Fica proibida a utilização de pneus reformados, quer seja pelo processo de recapagem, recauchutagem ou remoldagem, no eixo dianteiro, bem como rodas que apresentem quebras, trincas, deformações ou consertos, em qualquer dos eixos do veículo.

**Art. 12.** Os veículos novos M2 e M3, fabricados a partir de 1º de janeiro de 2010, somente poderão ser comercializados quando possuírem dispositivo refletivo afixado de acordo com as disposições constantes do Apêndice do Anexo IX desta Resolução.

Parágrafo único. Ficam vedados registro e licenciamento dos veículos que não atendam ao disposto no *caput* deste artigo.

**Art. 13.** Os veículos M2 e M3 em circulação, fabricados até a data de publicação desta Resolução, somente poderão ter renovada a licença anual, correspondente ao ano de 2010, quando possuírem dispositivo refletivo afixado de acordo com as disposições constantes do Apêndice do Anexo IX desta Resolução.

**Art. 14.** Os proprietários e condutores de veículos em circulação desprovidos dos requisitos estabelecidos no *caput* do art. 11 ficam sujeitos às penalidades constantes no art. 230, inciso IX, do Código de Trânsito Brasileiro, constituindo uma infração grave a não observância destes requisitos.

**Art. 15.** Os veículos M3 equipados com motor dianteiro, de aplicação intermunicipal e rodoviária, cujo Peso Bruto Total seja maior que 14,0 toneladas, deverão ser equipados com dispositivo anti-intrusão traseira especificado no Anexo X desta Resolução.

Parágrafo único. Os veículos abrangidos pelo *caput* deste artigo a serem produzidos a partir de 1º de janeiro de 2010, deverão atender aos requisitos contidos no Anexo X.

**Art. 16.** A carroceria dos veículos M3 deverá ser identificada pelo fabricante de carroceria segundo as especificações do Anexo XI desta Resolução.

Parágrafo único. Os veículos M3 que possuam chassi e carroceria produzidos pelo mesmo fabricante, serão identificados somente através do número VIN.

**Art. 17.** A verificação da existência dos requisitos constantes nos incisos I ao IV deste artigo passarão a fazer parte da Inspeção Técnica Veicular.

I – Sistema de retenção da cadeira de rodas e seu usuário conforme Anexo VI, quando aplicável;

II – Dispositivo para destruição dos vidros ou sistema equivalente conforme Anexo VIII;

III – Dispositivo refletivo conforme Anexo IX;

IV – Proteção anti-intrusão traseira conforme Anexo X, quando aplicável.

**Art. 18.** Esta Resolução entra em vigor na data de sua publicação, produzindo efeitos a partir de 1º.7.2009, sendo facultado antecipar sua adoção total ou parcial, ficando convalidadas, até esta data, as características dos veículos fabricados de acordo com a Resolução CONTRAN nº 811/1996, sendo estabelecidas as seguintes datas para o atendimento dos novos projetos aos referidos Anexos:

a) 1º.1.2010: Anexo II – Ensaio de estabilidade.

b) 1º.1.2012: Anexo III – Apêndice 3 – Procedimento para avaliação estrutural de carroçarias de veículos M2 – acima de 20 passageiros – e veículos M3 de aplicação rodoviária e intermunicipal com PBT superior a 10 (dez) toneladas.

c) 1º.1.2010: Anexo X – Proteção anti-intrusão traseira para veículos M3.

Brasília/DF, 8 de maio de 2009.

*Alfredo Peres da Silva – Presidente – DOU de 20.5.2009*

**Anexos**

♦ *Os Anexos encontram-se disponíveis no site: http://www.denatran.gov.br/resolucoes.htm*

## RESOLUÇÃO CONTRAN Nº 317, DE 5 DE JUNHO DE 2009

• *Estabelece o uso de dispositivos retrorrefletivos de segurança nos veículos de transporte de cargas e de transporte coletivo de passageiros em trânsito internacional no território nacional.*

O Conselho Nacional de Trânsito – CONTRAN, usando da competência que lhe confere o art. 12 inciso X da Lei nº 9.503, de 23 de setembro de 1997, que instituiu o Código de Trânsito Brasileiro – CTB, e conforme o Decreto nº 4.711, de 29 de maio de 2003, que dispõe sobre coordenação do Sistema Nacional de Trânsito – SNT; e,

Considerando o disposto no art. 118 da Lei nº 9.503/1997;

Considerando o disposto no Decreto nº 99.704, de 20 de novembro de 1990;

Considerando o compromisso de incorporar às normativas MERCOSUL ao ordenamento jurídico nacional;

Considerando o Acordo aprovado pela Resolução MERCOSUL/GMC/ nº 64/2008 bem como o que consta do Processo nº 80001.007522/2009-16; resolve:

**Art. 1º.** Estabelecer o uso obrigatório de dispositivos retrorrefletivos de segurança nos veículos habilitados ao transporte internacional de cargas e coletivo de passageiros, de que trata o acordo aprovado pela Resolução MERCOSUL/GMC/ nº 64/2008 quando em trânsito internacional pelo território nacional.

**Art. 2º.** Esta Resolução entra em vigor a partir de 1º de julho de 2009.

Brasília/DF, 5 de junho de 2009.

*Alfredo Peres da Silva – Presidente – DOU de 9.6.2009*

**Anexo**

♦ *O Anexo encontra-se disponível no site: http://www.denatran.gov.br/resolucoes.htm*

## RESOLUÇÃO CONTRAN Nº 318, DE 5 DE JUNHO DE 2009

• *Estabelece limites de pesos e dimensões para circulação de veículos de transporte de carga e de transporte coletivo de passageiros em viagem internacional pelo território nacional.*

O Conselho Nacional de Trânsito – CONTRAN, usando da competência que lhe confere o art. 12, inciso X, da Lei nº 9.503, de 23 de setembro de 1997, que instituiu o Código de Trânsito Brasileiro – CTB, e conforme o Decreto nº 4.711, de 29 de maio de 2003, que dispõe sobre coordenação do Sistema Nacional de Trânsito – SNT; e,

Considerando o disposto no art. 118 da Lei nº 9.503/1997;

Considerando o disposto no Decreto nº 99.704, de 20 de novembro de 1990;

Considerando o compromisso de incorporar às normativas MERCOSUL ao ordenamento jurídico nacional;

Considerando o Acordo aprovado pela Resolução MERCOSUL/GMC nº 65/2008 bem como o que consta do Processo nº 80001.007522/2009-16; resolve:

**Art. 1º.** Os veículos habilitados ao transporte internacional de carga e coletivo de passageiros, quando em circulação internacional pelo território nacional, devem obedecer aos limites de pesos e dimensões de que trata o acordo aprovado pela Resolução MERCOSUL/GMC nº 65/2008.

§ 1º. Limites de pesos:

I – Peso Bruto Total – PBT – 45 t;

II – Peso Bruto Transmitido por eixo às superfícies das vias públicas:

a) Eixo simples dotado de 2 (duas) rodas – 6 t;

b) Eixo simples dotado de 4 (quatro) rodas – 10,5 t;

c) Eixo duplo dotado de 4 (quatro) rodas – 10 t;

d) Eixo duplo dotado de 6 (seis) rodas – 14 t;

e) Eixo duplo dotado de 8 (oito) rodas – 18 t;

f) Eixo triplo dotado de 6 (seis) rodas – 14 t;

g) Eixo triplo dotado de 10 (dez) rodas – 21 t;

h) Eixo triplo dotado de 12 (doze) rodas – 25,5 t;

III – Entende-se por eixo duplo o conjunto de dois eixos cuja distância entre o centro das rodas seja igual ou superior a 1,20 m e igual ou inferior a 2,40 m;

IV – Entende-se por eixo triplo o conjunto de três eixos cuja distância entre o centro das rodas seja igual ou superior a 1,20 m e igual ou inferior a 2,40 m.

§ 2º. Limites de dimensões:

I – Comprimento máximo:

a) Caminhão simples – 14 m;

b) Caminhão com reboque – 20 m;

c) Reboque – 8,60 m;

d) Caminhão-trator com semirreboque – 18,60 m;

e) Caminhão trator com semirreboque e reboque – 20,50 m;

f) Ônibus de longa distância – 14 m;

II – Largura máxima – 2,6 m;

III – Altura máxima:

a) Ônibus de longa distância – 4,1 m;

b) Caminhão – 4,3 m

**Art. 2º.** A circulação de veículos especiais ou de combinação de veículos com pesos ou dimensões superiores ao estabelecido somente será admitida através de autorização especial de trânsito, expedida de acordo com as normas estabelecidas pelas autoridades competentes do país transitado.

**Art. 3º.** O disposto nesta Resolução não impede a aplicação das disposições vigentes em cada Estado Parte em matéria de circulação por rodovia que limitem os pesos ou as dimensões dos veículos em determinadas rotas ou obras de arte.

**Art. 4º.** Até que o procedimento de pesagem seja harmonizado, no âmbito do MERCOSUL, será obedecida a norma vigente do País transitado.

**Art. 5º.** O não cumprimento do disposto nesta Resolução implicará nas sanções previstas no art. 231 do Código de Trânsito Brasileiro, no que couber.

**Art. 6º.** Esta Resolução entra em vigor a partir do dia 1º de setembro de 2009.

Brasília/DF, 5 de junho de 2009.

*Alfredo Peres da Silva – Presidente – DOU de 9.6.2009*

# RESOLUÇÃO CONTRAN Nº 319, DE 5 DE JUNHO DE 2009

- *Altera os arts. 8º, 9º e o anexo da Resolução CONTRAN nº 292/2008, que dispõe sobre modificações de veículos previstas nos arts. 98 e 106, da Lei nº 9.503, de 23 de setembro de 1997.*

O Conselho Nacional de Trânsito – CONTRAN, no uso das atribuições que lhe são conferidas pelo art. 12 da Lei nº 9.503, de 23 de setembro de 1997, que instituiu o Código de Trânsito Brasileiro – CTB, e conforme o disposto no Decreto nº 4.711, de 29 de maio de 2003, que trata da coordenação do Sistema Nacional de Trânsito – SNT; resolve:

**Art. 1º.** Fica referendada a Deliberação nº 75, de 29 de dezembro de 2008, publicada no *Diário Oficial da União* de 31 de dezembro de 2008.

**Art. 2º.** Alterar o inciso IV do art. 8º da Resolução CONTRAN nº 292/2008, que passa a ter a seguinte redação:

- *Alteração já efetuada no corpo da Resolução.*

**Art. 3º.** Alterar a alínea "b" e suprimir a alínea "c" do art. 9º da Resolução CONTRAN nº 292/2008.

- *Alteração já efetuada no corpo da Resolução.*

**Art. 4º.** Alterar o Anexo da Resolução CONTRAN nº 292/2008, que passa a ter a redação constante no Anexo desta Resolução.

**Art. 5º.** Esta Resolução entra em vigor na data de sua publicação, revogada a Resolução CONTRAN nº 776, de 23 de novembro de 1993, e demais disposições em contrário.

Brasília/DF, 5 de junho de 2009.

*Alfredo Peres da Silva – Presidente – DOU de 9.6.2009*

**Anexo**

♦ *O Anexo encontra-se disponível no site: http://www.denatran.gov.br/resolucoes.htm*

## RESOLUÇÃO CONTRAN Nº 320, DE 5 DE JUNHO DE 2009

- *Estabelece procedimentos para o registro de contratos de financiamento de veículos com cláusula de alienação fiduciária, arrendamento mercantil, reserva de domínio ou penhor, nos órgãos ou entidades executivos de trânsito dos Estados e do Distrito Federal e para lançamento do gravame correspondente no Certificado de Registro de Veículos – CRV e dá outras providências.*

O Conselho Nacional de Trânsito – CONTRAN, no uso das competências que lhe confere o art. 12, inciso X, da Lei nº 9.503 de 23 de setembro de 1997, que instituiu o Código de Trânsito Brasileiro – CTB, e conforme o Decreto nº 4.711, de 29 de maio de 2003, que dispõe sobre a coordenação do Sistema Nacional de Trânsito – SNT; e,

Considerando que a perfeita adequação às orientações normativas constitui transparência nos processos administrativos, promovendo a cidadania e segurança à sociedade civil;

Considerando o disposto na Lei nº 10.406, de 10 de janeiro de 2002, e na Lei nº 6.099, de 12 de setembro de 1974, em especial no que se refere aos contratos com cláusula de alienação fiduciária, arrendamento mercantil, reserva de domínio ou penhor;

Considerando o disposto no art. 6º e parágrafos da Lei nº 11.882, de 23 de dezembro de 2008, que dispõe que em operação de arrendamento mercantil ou qualquer outra modalidade de crédito ou financiamento a anotação da alienação fiduciária de veículo automotor no Certificado de Registro de Veículo – CRV produz plenos efeitos probatórios contra terceiros sendo dispensado qualquer outro registro público;

Considerando a necessidade de estabelecer e padronizar os procedimentos com vistas a atender a legislação em vigor; resolve:

**I – Do registro dos contratos de financiamento de veículos nos órgãos ou entidades executivos de trânsito dos Estados e do Distrito Federal**

**Art. 1º.** Fica referendada a Deliberação CONTRAN nº 77, de 20 de fevereiro de 2009, publicada no *Diário Oficial da União – DOU*, em 25 de fevereiro de 2009

**Art. 2º.** Os contratos de financiamento de veículos com cláusula de alienação fiduciária, de arrendamento mercantil, de compra e venda com reserva de domínio ou de penhor celebrados, por instrumento público ou privado, serão registrados no órgão ou entidade executivo de trânsito do Estado ou do Distrito Federal em que for registrado e licenciado o veículo.

**Art. 3º.** Para fins desta Resolução, considera-se registro de contrato de financiamento de veículo o armazenamento dos seguintes dados a serem fornecidos pelo credor da garantia real:

I – identificação do credor e do devedor, contendo endereço e telefone;

II – o total da dívida ou sua estimativa;

III – o local e a data do pagamento;

IV – a taxa de juros, as comissões cuja cobrança for permitida e, eventualmente, a cláusula penal e a estipulação de correção monetária, com indicação dos índices aplicáveis;

V – a descrição do veículo objeto do contrato e os elementos indispensáveis à sua identificação.

§ 1º. O registro do contrato é atribuição dos órgãos ou entidades executivos de trânsito dos Estados e do Distrito Federal e será feito em arquivo próprio, por cópia, microfilme ou qualquer outro meio eletrônico, magnético ou óptico, ou ainda em livro próprio, com folhas numeradas, que garantam a segurança quanto à adulteração e manutenção do conteúdo.

§ 2º. Os órgãos ou entidades executivos de trânsito dos Estados e do Distrito Federal deverão implementar o registro dos contratos no prazo de 30 (trinta) dias da data de publicação desta Resolução, cabendo-lhes a supervisão e o controle de todo o processo de registro dos contratos de forma privativa e intransferível, podendo sua execução ser contratada com terceiros na forma da Lei.

**Art. 4º.** Os órgãos ou entidades executivos de trânsito dos Estados e do Distrito Federal fornecerão certidões, relativas ao contrato registrado, aos financiados ou às instituições credoras quando solicitadas.

**II – Da anotação do gravame**

**Art. 5º.** Considera-se gravame a anotação, no campo de observações do CRV, da garantia real incidente sobre o veículo automotor, decorrente de cláusula de alienação fiduciária, arrendamento mercantil, reserva de domínio e penhor, de acordo com o contrato celebrado pelo respectivo proprietário ou arrendatário.

**Art. 6º.** Os órgãos ou entidades executivos de trânsito dos Estados e do Distrito Federal, após registrarem o contrato na forma prevista nesta Resolução, farão constar no campo observações do CRV o gravame com a identificação da instituição credora.

**Art. 7º.** O repasse das informações para registro do contrato, inserções e liberações de gravames será feito eletronicamente, mediante sistemas ou meios eletrônicos compatíveis com os dos órgãos ou entidades executivos de trânsito, sob a integral responsabilidade técnica de cada instituição credora da garantia real, inclusive quanto ao meio de comunicação utilizado, não podendo tal fato ser alegado em caso de mau uso ou fraude nos sistemas utilizados.

**Art. 8º.** Será da inteira e exclusiva responsabilidade das instituições credoras, a veracidade das informações repassadas para registro do contrato, inclusão e liberação do gravame de que trata esta Resolução, inexistindo qualquer obrigação ou exigência, relacionada com os contratos de financiamento de veículo, para órgãos ou entidades executivos de trânsito, competindo-lhes tão somente observar junto aos usuários o cumprimento dos dispositivos legais pertinentes às questões de trânsito, do registro do contrato e do gravame.

**Art. 9º.** Após o cumprimento das obrigações por parte do devedor, a instituição credora providenciará, automática e eletronicamente, a informação da baixa do gravame junto ao órgão ou entidade executivo de trânsito no qual o veículo estiver registrado e licenciado, no prazo máximo de 10 (dez) dias.

**Art. 10.** As instituições credoras disponibilizarão, a qualquer tempo, aos órgãos e entidades executivos de trânsito, cópias dos contratos de financiamentos para consultas e auditoria.

**III – Das disposições gerais**

**Art. 11.** Os órgãos ou entidades executivos de trânsito dos Estados e do Distrito Federal poderão solicitar, a qualquer tempo, aos credores das garantias reais, informações complementares sobre os contratos realizados, especialmente nos casos em que forem detectadas situações irregulares, com indícios ou comprovação de fraude, dando-lhes o prazo de 15 (quinze) dias para o fornecimento das informações requeridas, findo o qual o gravame poderá ser cancelado mediante procedimento administrativo.

§ 1º. Havendo divergência de informações será instaurado processo administrativo para exclusão do gravame, notificando-se ao credor da garantia real, que, caso não se pronuncie no prazo máximo de 15 (quinze) dias, contados do recebimento da notificação, será considerado omisso ou remisso para todos os fins de direito.

§ 2º. Os órgãos executivos de trânsito dos Estados e do Distrito Federal poderão, também, cancelar *ex officio* os gravames cujos contratos de financiamento de veículos não lhes sejam informados dentro do prazo determinado.

**Art. 12.** Fica o DENATRAN autorizado a baixar as instruções complementares necessárias para o pleno funcionamento do disposto nesta Resolução.

**Art. 13.** Os órgãos ou entidades executivos de trânsito dos Estados e do Distrito Federal deverão adotar as medidas administrativas necessárias para o cumprimento do disposto no § 1º do art. 6º da Lei nº 11.882, de 23.12.2008, que considera nulos quaisquer convênios celebrados entre entidades de títulos e registros públicos e as repartições de trânsito competentes para o licenciamento de veículos, bem como portarias e outros atos normativos por elas editados, que disponham de modo contrário ao disposto no *caput* da referida norma.

**Art. 14.** Esta Resolução entra em vigor na data da sua publicação, revogando a Resolução CONTRAN nº 159/2004.

Brasília/DF, 5 de junho de 2009.

*Alfredo Peres da Silva – Presidente – DOU de 9.6.2009*

## RESOLUÇÃO CONTRAN Nº 321, DE 17 DE JULHO DE 2009

- *Institui exame obrigatório para avaliação de instrutores e examinadores de trânsito no exercício da função em todo o território nacional.*

O Conselho Nacional de Trânsito – CONTRAN, usando da competência que lhe confere o art. 12, inciso I, da Lei nº 9.503 de 23 de setembro de 1997, que instituiu o Código de Trânsito Brasileiro – CTB, e conforme o Decreto nº 4.711, de 29 de maio de 2003, que dispõe sobre a coordenação do Sistema Nacional de Trânsito – SNT; e

Considerando a importância de se manter sistemática avaliação do desempenho para aferir o desenvolvimento de competências fundamentais ao exercício da função e a requalificação técnica e didática dos instrutores e examinadores de trânsito em atividade;

Considerando que os exames nacionais contribuirão, significativamente, para a melhoria da qualidade do ensino nos Centros de Formação de Condutores – CFC;

Considerando o benefício que os exames nacionais trarão aos candidatos à obtenção da Permissão para Dirigir Veículo Automotor, à Adição ou Mudança de Categoria, à Atualização para Renovação da Carteira Nacional de Habilitação – CNH e à Autorização para conduzir Ciclomotores – ACC, a partir de aulas com profissionais mais qualificados; e

Considerando a proposta da Associação Nacional dos Departamentos Estaduais de Trânsito e do Distrito Federal AND encaminhada por meio do Ofício nº 11/2008-AND, em 1º de julho de 2008, protocolada no Departamento Nacional de Trânsito – DENATRAN sob o nº 80001.022093/200818; resolve:

**Art. 1º.** Instituir exame obrigatório para avaliação de instrutor e examinador de trânsito no exercício da função em todo o território nacional.

§ 1º. Os exames serão promovidos e coordenados pelo DENATRAN, órgão máximo executivo de trânsito da União, a cada 3 (três) anos, contados da data da primeira aplicação.

§ 2º. O período de aplicação dos exames, em âmbito nacional, será definido pelo DENATRAN, divulgados por meio de Portaria e nos sítios oficiais do DENATRAN e dos órgãos executivos de trânsito dos Estados e do Distrito Federal, sendo facultada a divulgação em outros meios de comunicação de massa.

§ 3º. Os exames serão realizados por meio de prova eletrônica, que conterá questões objetivas de múltipla escolha, versando sobre as áreas de conhecimento compatíveis à formação do Instrutor e do Examinador de Trânsito vigentes à época do exame.

§ 4º. O DENATRAN providenciará e disponibilizará aos órgãos e entidades executivos de trânsito dos Estados e do Distrito Federal sistema informatizado, com banco de questões atualizado, para que os exames sejam gerados randomicamente e aplicados ao universo de instrutores e de examinadores do país.

§ 5º. Os órgãos ou entidades executivos de trânsito dos Estados e do Distrito Federal, no âmbito de sua circunscrição, seguindo as determinações do DENATRAN, responsabilizar-se-ão pela aplicação dos exames.

§ 6º. Os órgãos ou entidades executivos de trânsito dos Estados e do Distrito Federal poderão utilizar o sistema informatizado para realizar outros exames, em cronograma específico, para atender às necessidades e à demanda local.

**Art. 2º.** O exame obrigatório tem como principais objetivos:

I – Ampliar a qualidade do processo de formação e reciclagem de condutores.

II – Aferir o grau de conhecimento de instrutores e de examinadores acerca de assuntos relacionados à sua área de atuação.

III – Requalificar instrutores e examinadores que apresentam falta de conhecimento acerca de assuntos relacionados à sua área de atuação.

IV – Possibilitar aos órgãos executivos de trânsito dos Estados e do Distrito Federal o acompanhamento do nível de qualidade dos serviços prestados à comunidade por profissionais credenciados.

V – Oferecer uma referência aos profissionais em exercício na função para estudos permanentes com vistas à melhoria de seu desempenho.

**Art. 3º.** Para participar do exame obrigatório os profissionais deverão preencher formulário de inscrição eletrônica que será disponibilizado no endereço eletrônico www.denatran.gov.br, com antecedência de 60 (sessenta) dias da data dos exames.

§ 1º. A veracidade das informações prestadas no ato do preenchimento da inscrição será de total responsabilidade do avaliado, ficando assegurado ao DENATRAN e aos órgãos executivos de trânsito dos Estados e do Distrito Federal o direito de excluir do exame o profissional que não preencher o formulário de forma completa e/ou correta ou que fornecer dados comprovadamente inverídicos.

§ 2º. O DENATRAN não se responsabilizará por inscrições não recebidas ou não efetivadas por motivo de ordem técnica de computadores, falhas de comunicação, congestionamento de linhas de comunicação ou outros fatores que venham a impossibilitar a transferência dos dados.

**Art. 4º.** Os profissionais que realizarem o exame e não atingirem nota igual ou superior a 70 (setenta) deverão, obrigatoriamente, submeter-se à atividade de requalificação, conforme Anexo desta Resolução, ficando suspensos do exercício de sua atividade até apresentação, ao órgão ou entidade executivo de trânsito do Estado ou do Distrito Federal, de certificado de participação na referida atividade.

Parágrafo único. A realização da atividade prevista no *caput* deste artigo ficará a cargo dos órgãos executivos de trânsito dos Estados e do Distrito Federal ou por instituições por estes credenciadas para tal finalidade.

**Art. 5º.** O profissional que deixar de se inscrever para o exame, ou que não comparecer na data de sua realização, terá suspenso seu credenciamento para o exercício da função de examinador ou instrutor até que seja cumprida a atividade de requalificação, nos termos do anexo desta Resolução.

**Art. 6º.** O DENATRAN divulgará os resultados dos exames, assim como outras informações convenientes, por meio de seu sítio eletrônico e/ou por outros meios de fácil acesso público.

**Art. 7º.** O DENATRAN editará as instruções necessárias à plena consecução do disposto nesta Resolução.

**Art. 8º.** Esta Resolução entra em vigor na data de sua publicação.

Brasília/DF, 17 de julho de 2009.

*Alfredo Peres da Silva – Presidente – DOU de 22.7.2009*

**Anexo**

♦ *O Anexo encontra-se disponível no site: http://www.denatran.gov.br/resolucoes.htm*

## RESOLUÇÃO CONTRAN Nº 322, DE 17 DE JULHO DE 2009

• Altera a redação do art. 12 da Resolução CONTRAN nº 297/2008, que estabelece o relatório de avarias para a classificação dos danos decorrentes de acidentes e os procedimentos para a regularização ou baixa de veículos.

O Conselho Nacional de Trânsito – CONTRAN, no uso das atribuições legais que lhe confere o art. 12, inciso I, da Lei nº 9.503, de 23 de setembro de 1997, que institui o Código de Trânsito Brasileiro – CTB, e conforme o Decreto nº 4.711, de 29 de maio de 2003, que dispõe sobre a coordenação do Sistema Nacional de Trânsito – SNT; resolve:

**Art. 1º.** O art. 12 da Resolução CONTRAN nº 297/2008 passa a ter a seguinte redação:

• *Alteração já efetuada no corpo da Resolução.*

**Art. 2º.** Esta Resolução entra em vigor na data de sua publicação.

Brasília/DF, 17 de julho de 2009.

*Alfredo Peres da Silva – Presidente – DOU de 22.7.2009*

## RESOLUÇÃO CONTRAN Nº 323, DE 17 DE JULHO DE 2009

• *Estabelece os requisitos técnicos de fabricação e instalação de protetor lateral para veículos de carga.*

• **Com a alteração da Resolução CONTRAN nº 377, de 6.4.2011.**

O Conselho Nacional de Trânsito – CONTRAN, usando da competência que lhe confere o inciso I do art. 12 da Lei nº 9.503, de 23 de setembro de 1997, que institui o Código de Trânsito Brasileiro – CTB, e conforme o Decreto nº 4.711, de 29 de maio de 2003, que dispõe sobre a coordenação do Sistema Nacional de Trânsito – SNT; e

Considerando a necessidade de aperfeiçoar e atualizar os requisitos de segurança para os veículos de carga nacionais e importados,

Considerando as conclusões apresentadas no bojo do Processo Administrativo nº 80001.007960/2009-76; resolve:

**Art. 1º.** Os caminhões, reboques e semirreboques com peso bruto total PBT superior a 3.500kg (três mil e quinhentos quilogramas) novos, nacionais e importados, fabricados a partir de 1º de janeiro de 2011, somente poderão ser registrados e licenciados se estiverem dotados do protetor lateral que atenda às especificações constantes do Anexo desta Resolução. *(Art. 1º, caput, com redação dada pela Resolução CONTRAN nº 377/2011)*

Parágrafo único. Os caminhões, reboques e semirreboques com peso bruto total PBT superior a 3.500 kg (três mil e quinhentos quilogramas) cujas características originais da carroçaria forem alteradas, ou quando neles for instalado algum tipo de implemento, a partir de 1º de janeiro de 2011, também deverão atender às especificações constantes do Anexo desta Resolução. *(Parágrafo único com redação dada pela Resolução CONTRAN nº 377/2011)*

**Art. 2º.** Não estão sujeitos ao cumprimento desta Resolução os seguintes veículos:

I – Caminhões tratores;

II – Carroçaria ou plataformas de carga que estejam a até 550 mm de altura em relação ao solo;

III – Veículos concebidos e construídos para fins específicos e onde, por razões técnicas, não for possível prever no projeto a instalação dos protetores laterais;

IV – Veículos inacabados ou incompletos;

V – Veículos e implementos destinados à exportação;

VI – Viaturas militares;

VII – Aqueles que possuam na carroçaria o protetor lateral incorporado ao projeto original do fabricante.

Parágrafo único. O órgão máximo executivo de trânsito da União analisará e decidirá quais veículos se enquadram no inciso III.

**Art. 3º.** A não observância dos preceitos desta Resolução sujeita o infrator às penalidades previstas nos incisos IX ou X do art. 230 do Código de Trânsito Brasileiro.

**Art. 4º.** Esta Resolução entrará em vigor na data da sua publicação.

Brasília/DF, 17 de julho de 2009.

*Alfredo Peres da Silva – Presidente – DOU de 24.7.2009*

**Anexo**

♦ *O Anexo encontra-se disponível no site: http://www.denatran.gov.br/resolucoes.htm*

## RESOLUÇÃO CONTRAN Nº 324, DE 17 DE JULHO DE 2009

• *Dispõe sobre a expedição de Certificado Provisório de Registro e Licenciamento de Veículos.*

O Conselho Nacional de Trânsito – CONTRAN, no uso das atribuições legais que lhe confere o art. 12, inciso IX, da Lei nº 9.503 de 23 de setembro de 1997, que instituiu o Código de Trânsito Brasileiro – CTB, e conforme o Decreto nº 4.711, de 29 de maio de 2003, que dispõe sobre a coordenação do Sistema Nacional de Trânsito – SNT; e,

Considerando a necessidade de estabelecer procedimentos uniformes em todo o território nacional, com referência aos documentos dos veículos;

Considerando o disposto no art. 61, *caput* e parágrafo único, da Lei nº 11.343, de 23 de agosto de 2006;

Considerando o que consta do Processo nº 80000.023010/2007-37; resolve:

**Art. 1º.** Autorizar aos órgãos ou entidades executivos de trânsito dos Estados e do Distrito Federal a expedição do Certificado Provisório de Registro de Licenciamento de Veículo, para atendimento do disposto no art. 61, *caput* e parágrafo único, da Lei nº 11.343, de 23 de agosto de 2006.

**Art. 2º.** O formulário do Certificado Provisório de Registro e Licenciamento de Veículo é o mesmo do Certificado de Licenciamento Anual, com as ressalvas desta Resolução, cabendo aos órgãos ou entidades executivos de trânsito dos Estados e do Distrito Federal o lançamento das observações na Base Estadual.

Parágrafo único. Nos casos em que for determinada a expedição do Certificado Provisório de Registro e Licenciamento de Veículo, não será emitido o Certificado de Registro de Veiculo.

**Art. 3º.** O Certificado Provisório de Registro e Licenciamento de Veículo deverá conter em seu campo de observações, além dos dados exigidos pela legislação em vigor, as seguintes observações:

I – Art. 61 e parágrafo único da Lei nº 11.343/2006 – Provisório;

II – Vara e Seção Judiciária;

II – Órgão ou entidade indicada pelo Poder Judiciário como responsável pela posse do veículo.

**Art. 4º.** O órgão ou entidade beneficiária será responsável pelo pagamento de multas, encargos e tributos vinculados ao veículo referente ao período em que perdurar a posse provisória.

**Art. 5º.** Enquanto perdurar a posse provisória do veículo, os órgãos ou entidades de trânsito encaminharão, no caso de infração de trânsito, as Notificações de Autuação e de Penalidade diretamente ao órgão ou entidade beneficiária que se equipara ao proprietário do veículo, cabendo-lhe a identificação do condutor infrator, quando não for responsável pela infração.

**Art. 6º.** Fica o DENATRAN autorizado a baixar as instruções complementares necessárias para o pleno funcionamento do disposto nesta Resolução.

**Art. 7º.** Esta Resolução entra em vigor na data de sua publicação.

Brasília/DF, 17 de julho de 2009.

*Alfredo Peres da Silva – Presidente – DOU de 24.7.2009*

## RESOLUÇÃO CONTRAN Nº 325, DE 17 DE JULHO DE 2009

- *Altera o prazo previsto no § 7º do art. 1º da Resolução CONTRAN nº 282/2008, que estabelece critérios para a regularização de numeração de motores dos veículos registrados ou a serem registrados no país e revoga a Resolução CONTRAN nº 308/2009.*

O Conselho Nacional de Trânsito – CONTRAN, no uso das competências que lhe confere o art. 12, inciso X, da Lei nº 9.503 de 23 de setembro de 1997, que instituiu o Código de Trânsito Brasileiro – CTB, e conforme o Decreto nº 4.711, de 29 de maio de 2003, que dispõe sobre a coordenação do Sistema Nacional de Trânsito – SNT; resolve:

**Art. 1º.** Fica referendada a Deliberação nº 80, de 29 de junho de 2009, publicada no *Diário Oficial da União* – DOU em 30 de junho de 2009.

**Art. 2º.** Alterar o § 7º do art. 1º da Resolução CONTRAN nº 282/2008, que passa a ter a seguinte redação:

- *Alteração já efetuada no corpo da Resolução.*

**Art. 3º.** Revoga-se a Resolução CONTRAN nº 308/2009.

**Art. 4º.** Esta Resolução entra em vigor na data de sua publicação.

Brasília/DF, 17 de julho de 2009.

*Alfredo Peres da Silva – Presidente – DOU de 24.76.2009*

## RESOLUÇÃO CONTRAN Nº 329, DE 14 DE AGOSTO DE 2009

- *Altera dispositivo da Resolução CONTRAN nº 245, de 27 de julho de 2007, que dispõe sobre a instalação de equipamento obrigatório, denominado antifurto, nos veículos novos saídos de fábrica, nacionais e estrangeiros.*

O Conselho Nacional de Trânsito – CONTRAN, no uso das atribuições que lhe confere o art. 12, inciso I, da Lei nº 9.503, de 23 de setembro de 1997, que instituiu o Código de Trânsito Brasileiro – CTB, e conforme o Decreto nº 4.711, de 29 de maio de 2003, que dispõe sobre a coordenação do Sistema Nacional de Trânsito – SNT;

Considerando o teor da decisão proferida pelo Juízo da 7ª Vara Federal da Seção Judiciária de São Paulo nos autos da ação civil pública nº 2009.61.00.007033-0;

Considerando que para cumprimento desta decisão judicial é necessário realizar ajustes técnicos no equipamento antifurto de que trata a Resolução CONTRAN nº 245, de 27 de julho de 2007, e

Considerando o que consta do Processo Administrativo nº 80000.006573/2009-22; resolve:

**Art. 1º.** Referendar a Deliberação nº 82, de 22 de julho de 2009, do Presidente do CONTRAN, publicada no *Diário Oficial da União* de 23 de julho de 2009.

**Art. 2º.** Alterar o disposto no § 1º do art. 1º e os arts. 3º, 4º e 5º da Resolução CONTRAN nº 245, de 27 de julho de 2007, que passam a vigorar com a seguinte redação:

- *Alterações já efetuadas no corpo da Resolução.*

**Art. 3º.** Esta Resolução entra em vigor na data de sua publicação.

Brasília/DF, 14 de agosto de 2009.

*Alfredo Peres da Silva – Presidente – DOU de 18.8.2009*

## RESOLUÇÃO CONTRAN Nº 330, DE 14 DE AGOSTO DE 2009

- Estabelece o cronograma para a instalação do equipamento obrigatório definido na Resolução CONTRAN nº 245/2007, denominado antifurto, nos veículos novos, nacionais e importados.
- *Com a alteração da Deliberação CONTRAN nº 121, de 22.12.2011.*

O Conselho Nacional de Trânsito – CONTRAN, usando da competência que lhe confere o art. 12, da Lei nº 9.503, de 23 de setembro de 1997, que instituiu o Código de Trânsito Brasileiro – CTB, e conforme o disposto no Decreto nº 4.711, de 29 de maio de 2003, que trata da coordenação do Sistema Nacional de Trânsito – SNT;

Considerando o disposto no art. 7º da Lei Complementar nº 121, de 09 de fevereiro de 2006, que deu competência ao CONTRAN para estabelecer os dispositivos antifurto obrigatórios e providenciar as alterações necessárias nos veículos novos, saídos de fábrica, produzidos no país ou no exterior, a serem licenciados no Brasil;

Considerando o disposto na Resolução CONTRAN nº 245, de 27 de julho de 2007, que definiu as características do equipamento antifurto, e a necessidade de programação das indústrias automotiva e de equipamentos, para fornecimento e instalação de forma progressiva;

Considerando que o disposto no § 4º do art. 105 do CTB, que trata dos equipamentos obrigatórios, confere competência ao CONTRAN para estabelecer os prazos para o atendimento da obrigatoriedade;

Considerando o resultado dos trabalhos dos Grupos Técnicos criados pelo DENATRAN com a participação da ANFAVEA, ABRACICLO, Operadoras de Telefonia Serviço Móvel Pessoal – SMP, Empresas de Monitoramento e Localização de Veículos, Empresas Fabricantes de SIM Cards e Empresas Fabricantes de Hardware;

Considerando o que consta do Processo nº 80000.016715/2009-60; resolve:

**Art. 1º.** Referendar a DELIBERAÇÃO Nº 83, de 22 de julho de 2009, do Presidente do Conselho Nacional de Trânsito – CONTRAN, publicada no DOU de 23 de julho de 2009.

**Art. 2º.** Implantar a Operação Assistida, com início em 1º de agosto de 2009 e término em 30 de setembro de 2012, com objetivo de validar o funcionamento de todo o sistema: Bloqueio Autônomo, Bloqueio Remoto e a Função de Localização. *(Art. 2º com redação dada pela Deliberação CONTRAN nº 121/2011)*

**Art. 3º.** O DENATRAN criará um Grupo de Acompanhamento da Operação Assistida – GA –, composto por integrantes dos órgãos e entidades que participaram dos Grupos Técnicos criados para a implantação do sistema antifurto.

**Art. 4º** Estabelecer o seguinte cronograma mensal para a instalação do dispositivo antifurto nos veículos novos produzidos e saídos de fábrica, nacionais e importados, a serem licenciados no país:

- *Conograma (incisos I a IV) com redação dada pela Deliberação CONTRAN nº 121/2011.*

I – Nos automóveis, camionetas, caminhonetes e utilitários:

a) a partir de 30 de agosto de 2012, em 20% (vinte por cento) da produção total destinada ao mercado interno;

b) a partir de 30 de outubro de 2012, em 40% (quarenta por cento) da produção total destinada ao mercado interno;

c) a partir de 30 de janeiro de 2013, em 70% (setenta por cento) da produção total destinada ao mercado interno;

d) a partir de 30 de março de 2013, em 100% (cem por cento) da produção total destinada ao mercado interno.

II – Nos caminhões, ônibus e micro-ônibus:

a) a partir de 30 de agosto de 2012, em 20% (vinte por cento) da produção total destinada ao mercado interno;

b) a partir de 30 de outubro de 2012, em 40% (quarenta por cento) da produção total destinada ao mercado interno;

c) a partir de 30 de janeiro de 2013, em 70% (setenta por cento) da produção total destinada ao mercado interno;

d) a partir de 30 de março de 2013, em 100% (cem por cento) da produção total destinada ao mercado interno.

III – Nos caminhões-tratores, reboques e semirreboques a partir de 30 de março de 2013, em 100% (cem por cento) da produção total destinada ao mercado interno.

IV – Nos ciclomotores, motonetas, motocicletas, triciclos e quadriciclos:
a) a partir de 30 de agosto de 2012, em 5% (cinco por cento) da produção total destinada ao mercado interno;
b) a partir de 30 de outubro de 2012, em 15% (quinze por cento) da produção total destinada ao mercado interno;
c) a partir de 30 de novembro de 2012, em 20% (vinte por cento) da produção total destinada ao mercado interno;
d) a partir de 30 de junho de 2013, em 50% (cinqüenta por cento) da produção total destinada ao mercado interno;
e) a partir de 30 de agosto de 2013, em 100% (cem por cento) da produção total destinada ao mercado interno;
Parágrafo único. Para efeito de produção total, consideram-se os veículos produzidos no Brasil ou no exterior, destinados ao mercado interno.

**Art. 5º.** Aos aparelhos automotores destinados a puxar ou arrastar maquinaria de qualquer natureza ou executar trabalhos agrícolas e de construção ou de pavimentação e aos reboques e semirreboques previstos na ABNT NBR Nº 10966 Categorias 1 e 2, não se aplicam as disposições da Resolução CONTRAN nº 245/2007.

**Art. 6º.** A instalação do dispositivo antifurto será feita:

I – na respectiva fábrica, nos veículos produzidos no País;

II – em local sob responsabilidade do fabricante do veículo ou do importador, nos veículos importados.

**Art. 7º.** Os fabricantes e os importadores dos veículos objeto desta Resolução deverão encaminhar ao CONTRAN, semestralmente, relatório demonstrativo do cumprimento do cronograma estabelecido.

**Art. 8º.** Esta Resolução entra em vigor na data de sua publicação.

Brasília/DF, 14 de agosto de 2009.

*Alfredo Peres da Silva – Presidente – DOU de 18.8.2009*

## RESOLUÇÃO CONTRAN Nº 331, DE 14 DE AGOSTO DE 2009

• *Dispõe sobre uniformização do procedimento para realização de hasta pública dos veículos retidos, removidos e apreendidos, a qualquer título, por Órgãos e Entidades componentes do Sistema Nacional de Trânsito, conforme o disposto no art. 328 do Código de Trânsito Brasileiro (CTB).*

O Conselho Nacional de Trânsito – CONTRAN, no uso das atribuições que lhe são conferidas pelo art. 12, da Lei nº 9.503, de 23 de setembro de 1997, que instituiu o Código de Trânsito Brasileiro – CTB, e conforme o Decreto Federal nº 4.711, de 29 de maio de 2003, que trata da coordenação do Sistema Nacional de Trânsito – SNT; e,

Considerando a necessidade de adequar e uniformizar o procedimento relativo à venda em hasta pública de veículos retidos, removidos e apreendidos, a qualquer título, pelos órgãos e entidades componentes do Sistema Nacional de Trânsito; resolve:

**I – Das Disposições Preliminares**

**Art. 1º.** Estabelecer os procedimentos para a realização de hasta pública, na modalidade de leilão de veículos retidos, removidos ou apreendidos a qualquer título, por órgãos e entidades componentes do Sistema Nacional de Trânsito nos termos do art. 328, da Lei nº 9.503, de 23 de setembro de 1997.

Parágrafo único. O veículo que não estiver identificado na forma da legislação em vigor ou, ainda, tiver sua identificação adulterada, não deverá permanecer no depósito, sendo encaminhado à autoridade policial para as providências cabíveis.

**II – Da Competência**

**Art. 2º.** Constatada a permanência de veículo no depósito do órgão ou entidade por período superior a 90 (noventa) dias, este será levado a leilão.

Parágrafo único. O órgão ou entidade competente para a realização do leilão é o responsável pelo envio do veículo ao depósito, por remoção, por retenção ou por apreensão.

**III – Das Providências que Antecedem a Realização do Leilão**

**Art. 3º.** O órgão ou entidade responsável pelo leilão, após transcorrido o prazo previsto no caput do artigo anterior, deverá verificar a situação de cada veículo junto ao órgão executivo de trânsito responsável pelo registro, para detectar:

I – pendência judicial, pendência administrativa ou à disposição da autoridade policial;

II – registro de gravames;

III – débitos relativos a tributos, encargos e multas de trânsito e ambientais, identificando os respectivos credores.

Parágrafo único. O veículo que acusar pendência judicial, pendência administrativa ou que estiver à disposição da autoridade policial não será levado a leilão, sendo sua destinação definida em razão do problema detectado.

**Art. 4º.** O órgão ou entidade responsável pelo leilão deverá notificar por via postal a pessoa que figurar na licença como proprietária do veículo e, concomitantemente, o agente financeiro, arrendatário do bem, entidade credora ou aquela que tenha se sub-rogado nos direitos do veículo, se for o caso, assegurando-lhes o prazo comum, mínimo, de 20 (vinte) dias para que o veículo seja retirado com a devida quitação dos débitos a ele vinculados, sob pena de ser levado a leilão.

**Art. 5º.** Não sendo atendida a notificação, serão os interessados notificados por edital afixado na dependência do órgão ou entidade responsável pelo leilão, e publicado uma vez na imprensa oficial, se houver, e duas vezes em jornal de grande circulação, para a retirada do veículo, no prazo de 30 (trinta) dias, a contar da data da última publicação, desde que quitados os débitos a ele vinculados, sob pena de ser levado a leilão.

Parágrafo único. A notificação por edital deverá conter:

I – o nome do proprietário do veículo;

II – o nome do agente financeiro, ou do arrendatário do veículo, ou da entidade credora, ou de quem se sub-rogou nos direitos, quando for o caso;

III – os caracteres da placa de identificação e do chassi do veículo;

IV – o ano de fabricação e a marca do veículo.

**Art. 6º.** Esgotados os prazos estabelecidos nos arts. 4º e 5º desta Resolução e não tendo comparecido o interessado para a retirada do veículo e quitação dos débitos, será feito o levantamento das condições de cada veículo, para fins de avaliação.

**Art. 7º.** A avaliação dos veículos será feita pelo órgão ou entidade responsável pelo leilão, que deverá:

I – identificar os veículos que se encontram em condições de segurança para trafegar em via aberta ao público e os veículos que deverão ser leiloados como sucata;

II – estabelecer os lotes de sucata a serem leiloados;

III – proceder à avaliação de cada veículo e de cada lote de sucata, estabelecendo o lance mínimo para arrematação de cada item;

IV – atribuir a cada veículo identificado como sucata um valor proporcional ao valor total do lote no qual esteja incluído.

**Art. 8º.** O órgão ou entidade responsável pelo leilão, transcorrido o prazo estabelecido no art. 2º desta Resolução, deverá registrar no sistema RENAVAM a indicação de que o veículo será levado a leilão.

Parágrafo único. Atendido o disposto no *caput* deste artigo, o órgão ou entidade executivo de trânsito de registro do veículo deverá informar a existência de débitos, restrições e/ou outros encargos incidentes sobre o prontuário do veículo ao órgão ou entidade responsável pelo leilão.

**Art. 9º.** O órgão ou entidade responsável pelo leilão deverá, para os veículos avaliados como sucata:

I – inutilizar as partes do chassi que contêm o registro VIN e suas placas;

II – solicitar a baixa ao órgão executivo de trânsito de registro.

**IV – Da Realização do Leilão**

**Art. 10.** O órgão ou entidade responsável pelo leilão deverá obedecer à legislação pertinente a essa modalidade de licitação.

**Art. 11.** Realizado o leilão, o órgão ou entidade responsável por este procedimento registrará no sistema RENAVAM o extrato do leilão, conforme dispuser o manual do referido sistema.

Parágrafo único. O órgão ou entidade executivo de trânsito de registro do veículo deverá proceder a desvinculação dos débitos incidentes sobre o prontuário do veículo leiloado existentes até a data do leilão, informando aos órgãos ou entidades credores.

**V – Da Entrega ao Arrematante**

**Art. 12.** O veículo será entregue ao arrematante livre e desembaraçado de quaisquer ônus, ficando o mesmo responsável pelo registro perante o órgão executivo de trânsito.

**Art. 13.** Ao arrematante de veículo leiloado como sucata será fornecido documento pelo órgão ou entidade responsável pela realização do leilão, atestando sua baixa.

**VI – Do Rateio dos Valores Arrecadados**

**Art. 14.** Realizado o leilão, os valores arrecadados com a venda do veículo deverão ser destinados à quitação dos débitos existentes sobre o prontuário desse veículo, obedecida a seguinte ordem:

I – Débitos tributários, na forma da lei;

II – Órgão ou entidade responsável pelo leilão:

a) multas a ele devidas;

b) despesas de remoção e estada;

c) despesas efetuadas com o leilão.

III – Multas devidas aos órgãos integrantes do Sistema Nacional de Trânsito – SNT, na ordem cronológica de aplicação da penalidade.

§ 1º. Quitados os débitos previstos nos incisos I a III deste artigo e havendo saldo, este será destinado aos que tiverem créditos sobre o veículo, desde que se habilitem nos termos desta Resolução, obedecida a ordem cronológica de habilitação.

§ 2º. Para quitação dos débitos vinculados a veículo leiloado em lotes de sucata, deverá ser observada a proporcionalidade ao respectivo percentual do valor de cada veículo prevista no inciso IV do art. 7º.

**Art. 15.** Para fins do disposto no § 1º do artigo anterior, o órgão ou entidade que realizar o leilão deverá comunicar, simultaneamente, aos que tiverem créditos sobre o veículo para que se habilitem no prazo de 30 (trinta) dias.

**VII – Da Cobrança dos Débitos Remanescentes**

**Art. 16.** Do produto apurado na venda, quitados os débitos e as despesas previstas nesta Resolução, restando saldo, este deverá ser recolhido à instituição financeira pública à disposição da pessoa que figurar no registro como proprietária do veículo quando da realização do leilão, ou de seu representante legal, na forma da lei.

Parágrafo único. O órgão ou entidade responsável pelo leilão deverá, no prazo de 30 (trinta) dias, notificar o proprietário ou seu representante legal sobre o recolhimento do saldo.

**Art. 17.** Havendo insuficiência de numerário para quitação dos débitos e despesas previstas, o órgão ou entidade responsável pelo leilão deverá comunicar aos demais órgãos e entidades de trânsito credores.

**Art. 18.** Os débitos que não foram cobertos pelo valor apurado com a venda do veículo poderão ser cobrados pelos credores na forma da legislação em vigor, através de ação própria.

**VIII – Das Disposições Transitórias e Finais**

**Art. 19.** Os leilões com editais publicados até a entrada em vigor desta Resolução não se sujeitam às regras nela estabelecidas, desde que atendidas as demais normas em vigor.

**Art. 20.** A retirada do bem leiloado do depósito do órgão de trânsito deverá ser realizada no prazo máximo de 15 (quinze) dias, contados a partir da data da hasta pública, sob pena de cancelamento da arrematação.

**Art. 21.** O órgão ou entidade responsável pelo leilão, cumpridas as exigências e decorridos os prazos previstos para a venda em hasta pública, deverá manter sob registro e arquivo toda a documentação referente ao procedimento de leilão para eventuais consultas dos interessados na forma da lei.

**Art. 22.** Até a implementação da sistemática de registro prevista no art. 8º desta Resolução, a indicação será feita pelo responsável pelo leilão, mediante comunicação ao órgão executivo de trânsito da unidade da federação no qual o veículo esteja registrado.

**Art. 23.** Fica revogada a Resolução CONTRAN nº 178, de 7 de julho de 2005.

**Art. 24.** Esta Resolução entra em vigor na data de sua publicação.

Brasília/DF, 14 de agosto de 2009.

*Alfredo Peres da Silva – Presidente – DOU de 18.8.2009*

## RESOLUÇÃO CONTRAN Nº 332, DE 28 DE SETEMBRO DE 2009

• *Dispõe sobre identificações de veículos importados por detentores de privilégios e imunidades em todo o território nacional.*

O Conselho Nacional de Trânsito – CONTRAN, no uso das atribuições que lhe são conferidas pelo art. 12, da Lei nº 9.503, de 23 de setembro de 1997, que instituiu o Código de Trânsito Brasileiro – CTB;

Considerando o disposto no art. 114, do CTB, que atribui ao CONTRAN dispor sobre a identificação de veículos;

Considerando os procedimentos para o registro, emplacamento e licenciamento dos veículos pertencentes a detentores de privilégios e imunidades, objeto da Resolução CONTRAN nº 286, de 29 de julho de 2008;

Considerando as dificuldades técnicas e de procedimentos para a adequação de veículos importados pelos detentores de privilégios e imunidades às normas previstas na Resolução CONTRAN nº 24, de 21 de maio de 1998;

Considerando que grande parte dos veículos importados pelos detentores de privilégios e imunidades é reexportada ao fim da missão do proprietário e que, portanto, não se incorpora à frota de veículos nacionais;

Considerando a necessidade de se garantir que toda a frota de veículo diplomático possa ser registrada e emplacada segundo as regras da referida Resolução; resolve:

**Art. 1º.** Os veículos importados por detentores de privilégios e imunidades, registrados, emplacados e licenciados conforme a Resolução CONTRAN nº 286/2008, ficam isentos da gravação do número do chassi nos vidros e da colocação das plaquetas de repetição previstas na Resolução CONTRAN nº 24/1998 e vistorias relacionadas, pelo período em que estiverem registrados em uma das categorias listadas na Resolução CONTRAN nº 286/2008.

Parágrafo único. A transferência dos veículos em questão no mercado nacional deverá ser precedida da adequação às identificações previstas na Resolução CONTRAN nº 24/1998.

**Art. 2º.** Esta Resolução entra em vigor na data de sua publicação.

Brasília/DF, 28 de setembro de 2009.

*Alfredo Peres da Silva – Presidente – DOU de 30.9.2009*

## RESOLUÇÃO CONTRAN Nº 333, DE 6 DE NOVEMBRO DE 2009

- *Restabelece a vigência da Resolução CONTRAN nº 157, de 22 de abril de 2004, dando nova redação ao art. 8º, que fixa especificações para os extintores de incêndio sendo equipamentos de uso obrigatório nos veículos automotores, elétricos, reboque e semirreboque, de acordo com o art. 105 do Código de Trânsito Brasileiro e dá outras providências.*

O Conselho Nacional de Trânsito – CONTRAN, no uso das atribuições que lhe confere o art. 12, I, da Lei nº 9.503, de 23 de setembro de 1997, que institui o Código de Trânsito Brasileiro – CTB, e conforme o Decreto nº 4.711, de 29 de maio de 2003, que dispõe sobre a coordenação do Sistema Nacional de Trânsito – SNT; e,

Considerando a decisão judicial proferida nos autos do Processo nº 2005.02.01.002819-0 (Agravo de Instrumento nº 136028) em trâmite perante o Tribunal Regional Federal da 2ª Região (Processo Originário: Ação Civil Pública nº 2005.51.01.001909-8 – 27ª Vara Federal da Seção Judiciária do Rio de Janeiro) que reformou a decisão judicial liminar a qual suspendia os efeitos da Resolução CONTRAN nº 157, de 22 de abril de 2004;

Considerando, ainda, a necessidade de garantir os direitos dos consumidores que adquiriram extintores de incêndio com carga de pó BC no período em que a Resolução nº 157, de 22 de abril de 2004, esteve com seus efeitos suspensos; e

Considerando o contido no Processo nº 08001.008783/2002-41; resolve:

**Art. 1º.** Referendar a Deliberação nº 84, de 18 de setembro de 2009, do Presidente do Conselho Nacional de Trânsito – CONTRAN, publicada no *DOU*, de 21 de setembro de 2009, que revogou a Deliberação nº 69/2008, restabelecendo os efeitos da Resolução nº 157, de 22 de abril de 2004.

**Art. 2º.** Alterar o art. 8º da Resolução CONTRAN nº 157, de 22 de abril de 2004, que passa a vigorar com a seguinte redação:

- *Alterações já efetuadas no corpo da Resolução.*

**Art. 3º.** Esta Resolução entra em vigor na data de sua publicação revogando as disposições em contrário.

Brasília/DF, 6 de novembro de 2009.

*Alfredo Peres da Silva – Presidente – DOU de 11.11.2009*

# RESOLUÇÃO CONTRAN Nº 334, DE 6 DE NOVEMBRO DE 2009

• *Isenta os veículos blindados do cumprimento do disposto no art. 1º da Resolução CONTRAN nº 254/2007, que estabelece requisitos para os veículos de segurança e critérios para aplicação de inscrição, pictogramas e películas nas áreas envidraçadas dos veículos automotores, de acordo com inciso III do Código de Trânsito Brasileiro – CTB.*

O Conselho Nacional de Trânsito – CONTRAN, no uso das competências que lhe confere o art. 12, inciso X, da Lei nº 9.503 de 23 de setembro de 1997, que instituiu o Código de Trânsito Brasileiro – CTB, e conforme o Decreto nº 4.711, de 29 de maio de 2003, que dispõe sobre a coordenação do Sistema Nacional de Trânsito – SNT; e,

Considerando que a blindagem de veículos constitui modificação prevista na Resolução CONTRAN nº 292/2008;

Considerando que os vidros utilizados na blindagem de veículos não atendem aos requisitos estabelecidos na NBR 9491 e suas normas complementares exigidos no art. 1º da Resolução CONTRAN nº 254/2007; resolve:

**Art. 1º.** Referendar a Deliberação CONTRAN nº 78, de 29 de junho de 2009, publicada no *Diário Oficial da União – DOU* em 30 de junho de 2009.

**Art. 2º.** Isentar os veículos blindados do uso dos vidros de segurança exigidos no art. 1º da Resolução CONTRAN nº 254/2007.

Parágrafo único. Esta isenção se aplica também aos vidros destinados à reposição.

**Art. 3º.** Para emissão da autorização prévia, de que trata o art. 98 do CTB, a autoridade competente exigirá a autorização para blindagem do veículo, concedida pelo Exército Brasileiro.

**Art. 4º.** Quando realizar a inspeção de segurança veicular, as Instituições Técnicas Licenciadas – ITL deverão exigir da empresa executora da blindagem apresentação do comprovante de seu registro no Exército, bem como, o Relatório Técnico Experimental (ReTEx) das blindagens balísticas opacas e transparentes aplicadas nos veículos, fornecido pelo Centro de Avaliação do Exército (CAEx).

Parágrafo único. Quando da inspeção de que trata o *caput* deste artigo as ITL devem atestar os itens de segurança estabelecidos pelo DENATRAN, utilizando-se da Portaria INMETRO/MDIC nº 30, de 22 de janeiro de 2004.

**Art. 5º.** Esta Resolução entra em vigor na data de sua publicação.

Brasília/DF, 6 de novembro de 2009.

*Alfredo Peres da Silva – Presidente – DOU de 11.11.2009*

# RESOLUÇÃO CONTRAN Nº 335, DE 24 DE NOVEMBRO DE 2009

• *Estabelece os requisitos necessários à coordenação do sistema de arrecadação de multas de trânsito e a implantação do sistema informatizado de controle da arrecadação dos recursos do Fundo Nacional de Segurança e Educação de Trânsito – FUNSET.*

O Conselho Nacional de Trânsito – CONTRAN, usando da competência que lhe confere o art. 12, inciso VIII, da Lei nº 9.503, de 23 de setembro de 1997, que instituiu o Código de Trânsito Brasileiro – CTB, e conforme o Decreto nº 4.711, de 29 de maio de 2003, que dispõe sobre a coordenação do Sistema Nacional de Trânsito – SNT; e,

Considerando o que dispõe o Código de Trânsito Brasileiro em seus arts. 19 e 320, bem como a Lei nº 9.602, de 21 de janeiro de 1998 e o Decreto nº 2.613, de 3 de junho de 1998;

Considerando a necessidade do estabelecimento de regras e padronização de documentos para arrecadação de multas de trânsito e a retenção, recolhimento e prestação de informações do percentual de cinco por cento do valor arrecadado das multas destinados à conta do Fundo Nacional de Segurança e Educação de Trânsito – FUNSET;

Considerando a necessidade de identificação inequívoca do real infrator e a necessidade de estabelecer as responsabilidades pelas infrações a partir de uma base de informações nacional única;

Considerando a obrigatoriedade de ser estabelecido, para todo território nacional, um controle na arrecadação de multas de trânsito;

Considerando a necessidade de viabilizar condições operacionais adequadas ao efetivo controle e transparência das receitas arrecadadas com a cobrança de multas de trânsito;

Considerando a necessidade da implantação de sistema informatizado de controle da arrecadação de recursos do Fundo Nacional de Segurança e Educação de Trânsito – FUNSET; resolve:

**Art. 1º.** Deverá ser repassado à conta do Fundo Nacional de Segurança e Educação de Trânsito – FUNSET, junto à Secretaria do Tesouro Nacional – STN, do Ministério da Fazenda, o percentual de cinco por cento sobre o total da arrecadação proveniente de multas por infração ao Código de Trânsito Brasileiro – CTB (multas de trânsito).

Parágrafo único. Os recursos do FUNSET serão destinados às finalidades previstas no Decreto nº 2.613, de 3 de junho 1998.

**Art. 2º.** Os órgãos e entidades integrantes do Sistema Nacional de Trânsito deverão registrar no Departamento Nacional de Trânsito – DENATRAN, em sistema informatizado próprio, as infrações de trânsito cometidas nas unidades da federação de sua jurisdição, para fins de notificação e obtenção do código nacional de registro de infração de trânsito, excetuando-se as infrações descritas na Resolução CONTRAN nº 155, de 28 de janeiro de 2004.

§ 1º. Por ocasião do registro da notificação do auto de infração de trânsito, as informações fornecidas pelo órgão ou entidade executivo de trânsito ou rodoviário, integrante do SNT, deverão estar compatíveis com a base nacional, sem o que não será emitido o devido código nacional de registro de infração de trânsito.

§ 2º. A ausência do código nacional de registro de infração de trânsito constitui óbice à expedição do auto de infração.

**Art. 3º.** Os órgãos e entidades integrantes do Sistema Nacional de Trânsito, arrecadadores de multas de trânsito, de sua competência ou de terceiros, e recolhedores de valores à conta do FUNSET deverão prestar informações ao Departamento Nacional de Trânsito – DENATRAN até o vigésimo (20º) dia do mês subsequente ao fato gerador das multas de trânsito por eles arrecadadas.

**Art. 4º.** Caberá ao órgão máximo executivo de trânsito da União estabelecer os requisitos necessários à coordenação do sistema de arrecadação de multas de trânsito e a implantação do sistema informatizado de controles da infração e da arrecadação dos recursos do Fundo Nacional de Segurança e Educação de Trânsito – FUNSET.

**Art. 5º.** Caberá aos órgãos e entidades do Sistema Nacional de Trânsito a observância dos normativos estabelecidos pelo Departamento Nacional de Trânsito em cumprimento ao disposto nesta Resolução, sob pena do previsto no § 1º do art. 19 da Lei nº 9.503/1997, além das demais penalidades cabíveis.

**Art. 6º.** Esta Resolução entra em vigor a partir de 1º de março de 2010, quando ficará revogada a Resolução CONTRAN nº 263, de 14 de dezembro de 2007.

Brasília/DF, 24 de novembro de 2009.

*Alfredo Peres da Silva – Presidente – DOU de 25.11.2009*

## RESOLUÇÃO CONTRAN Nº 336, DE 24 DE NOVEMBRO DE 2009

• *Altera a Resolução nº 39, de 21 de maio de 1998, do Conselho Nacional de Trânsito – CONTRAN, para proibir a utilização de tachas e tachões, aplicados transversalmente à via pública, como sonorizadores ou dispositivos redutores de velocidade.*

O Conselho Nacional de Trânsito – CONTRAN, no uso das atribuições que lhe são conferidas pelo art. 12 da Lei nº 9.503, de 23 de setembro de 1997, que instituiu o Código de Trânsito Brasileiro – CTB, e conforme o disposto no Decreto nº 4.711, de 29 de maio de 2003, que trata da coordenação do Sistema Nacional de Trânsito – SNT; e,

Considerando o que consta no Processo Administrativo nº 80001.019601/2008-81;

Considerando que a aplicação de tachas e tachões transversalmente à via como dispositivos redutores de velocidade, ondulações transversais ou sonorizadores causa defeitos no pavimento e danos aos veículos; resolve:

**Art. 1º.** Os arts. 2º e 6º da Resolução nº 39, de 21 de maio de 1998, do Conselho Nacional de Trânsito – CONTRAN passam a vigorar com as seguintes redações:

• *Alterações já efetuadas no corpo da Resolução.*

**Art. 2º.** Esta Resolução entra em vigor na data de sua publicação.

Brasília/DF, 24 de novembro de 2009.

*Alfredo Peres da Silva – Presidente – DOU de 25.11.2009*

## RESOLUÇÃO CONTRAN Nº 339, DE 25 DE FEVEREIRO DE 2010

- *Permite a anotação dos contratos de comodato e de aluguel ou arrendamento não vinculado ao financiamento do veículo, junto ao Registro Nacional de Veículos Automotores.*

O Conselho Nacional de Trânsito – CONTRAN, usando da competência que lhe confere o art. 12, inciso X, da Lei nº 9.503, de 23 de setembro de 1997, que instituiu o Código de Trânsito Brasileiro – CTB, e conforme o Decreto nº 4.711, de 29 de maio de 2003, que dispõe sobre a coordenação do Sistema Nacional de Trânsito – SNT; e

Considerando o disposto nos arts. 565 e 579 da Lei nº 10.406, de 10 de janeiro de 2002;

Considerando o disposto no art. 2º, §§ 1º, I, 2º, II, e 3º da Lei nº 11.442, de 5 de janeiro de 2007;

Considerando a necessidade de se possibilitar e formalizar, perante os órgãos executivos de trânsito, o exercício de direitos estabelecidos em contratos de comodato e de aluguel ou arrendamento não vinculado ao financiamento de veículo; resolve:

**Art. 1º.** Permitir a anotação dos contratos de comodato e de aluguel ou arrendamento não vinculado ao financiamento do veículo, junto ao Registro Nacional de Veículos Automotores.

Parágrafo único. Considera-se possuidor todo aquele que tem o exercício, pleno ou não, de algum dos poderes inerentes à propriedade do veículo, estabelecido por meio dos contratos previstos no *caput*, e anotado no respectivo órgão executivo de trânsito dos Estados ou do Distrito Federal.

**Art. 2º.** A anotação do contrato será feita após a apresentação do documento, pelo proprietário ou pelo possuidor, junto ao órgão executivo de trânsito de registro do veículo.

§ 1º. A anotação do contrato fará constar dos Certificados de Registro e Licenciamento de Veículos CRLV, além do nome do proprietário, a expressão "Possuidor" seguida do CPF ou CNPJ de quem terá a posse do veículo e a data de término do contrato, se houver.

§ 2º. O órgão executivo de trânsito registrará os demais dados do possuidor junto ao RENAVAM do veículo.

**Art. 3º.** A baixa da anotação deverá ser requerida pelo proprietário ou pelo possuidor mediante apresentação do instrumento de distrato, ou documento equivalente, junto ao órgão executivo de trânsito de registro do veículo, que emitirá um novo CRLV.

§ 1º. Nos contratos por prazo determinado a baixa se dará automaticamente na data de seu término, sem prejuízo da necessidade da emissão de um novo CRLV.

§ 2º. Até a apresentação do requerimento de baixa a anotação continuará produzindo os devidos efeitos para fins de aplicação da legislação de trânsito.

**Art. 4º.** Somente será possível a anotação de um dos contratos previstos no art. 1º desta Resolução por vez, devendo ser promovida a baixa da anterior para a inclusão de nova.

Parágrafo único. A existência de gravame decorrente de garantia real não impede a anotação dos contratos previstos no art.1º.

**Art. 5º.** Fica o Departamento Nacional de Trânsito autorizado a baixar, dentro de cento e vinte dias, as instruções necessárias para o pleno funcionamento do disposto nesta Resolução.

**Art. 6º.** Esta Resolução entra em vigor na data de sua publicação.

Brasília/DF, 25 de fevereiro de 2010.

*Alfredo Peres da Silva – Presidente – DOU de 1º.3.2010*

## RESOLUÇÃO CONTRAN Nº 341, DE 25 DE FEVEREIRO DE 2010

- *Cria Autorização Específica (AE) para os veículos e/ou combinações de veículos equipados com tanques que apresentem excesso de até 5% (cinco por cento) nos limites de peso bruto total ou peso bruto total combinado, devido à incorporação da tolerância, com base em Resolução do CONTRAN.*
- **Com as alterações das Resoluções nºs 388, de 14.7.2011 e 399, de 8.2.2012.**

O Conselho Nacional de Trânsito – CONTRAN, no uso da competência que lhe confere o art. 12, inciso I, da Lei nº 9.503, de 23 de setembro de 1997, que instituiu o Código de Trânsito Brasileiro – CTB, e nos termos do disposto no Decreto nº 4.711, de 29 de maio de 2003, que trata da coordenação do Sistema Nacional de Trânsito – SNT; e,

Considerando o disposto nos arts. 97, 99 e 100, do Código de Trânsito Brasileiro, que regulamenta peso e dimensões;

Considerando a necessidade de estabelecer regras especiais para os veículos e combinações de veículos equipados com tanque para transporte de produtos líquidos e gasosos, que, com base na Resolução CONTRAN nº 114, de 05 de maio de 2000, incorporaram a tolerância de 5% (cinco por cento); e

Considerando o que consta dos processos nº 80001.000475/2008-91 e 80000.033847/2009-56; resolve:

**Art. 1º.** Ao veículo ou combinação de veículos utilizados no transporte de cargas líquidas e gasosas, licenciados de 1º de janeiro de 2000 até 31 de dezembro de 2007, que apresentem excesso de até 5% (cinco por cento) nos limites de peso bruto total ou peso bruto total combinado, fixados pelas Resoluções CONTRAN nº 210/06 e 211/06, poderá ser concedida, pela autoridade com circunscrição sobre a via, Autorização Específica (AE), com validade até o seu sucateamento, atendidos os critérios abaixo:
*(Art. 1º, caput, com redação dada pela Resolução CONTRAN nº 388/2011)*

I – Apresentação do certificado de verificação metrológica expedido no período estabelecido no *caput* deste artigo conforme regulamento do Instituto Nacional de Metrologia, Normalização e Qualidade Industrial – INMETRO, para atestar a capacidade volumétrica do tanque utilizado no transporte de carga líquida.

II – Atendimento à Resolução do CONTRAN nº 211/2006, que estabelece requisitos necessários à circulação de combinações de veículos de carga (CVC), em se tratando de CVC com peso bruto total combinado superior a 57 t, os quais somente poderão circular portando a respectiva Autorização Especial de Trânsito – AET.

III – No caso de combinação de veículo de carga, o que prevalece, para efeito do *caput* deste artigo, é a data de licenciamento das unidades rebocadas, podendo o caminhão trator ter data de licenciamento posterior.

Parágrafo único. As autorizações (AE) previstas nesta Resolução e emitidas até 31 de dezembro de 2011, ficam prorrogadas até o sucateamento dos respectivos veículos.
*(Parágrafo único acrescido pela Resolução CONTRAN nº 399/2012)*

**Art. 2º.** Os veículos de que trata esta Resolução deverão portar a Autorização Específica (AE) a partir de 1º de janeiro de 2012. *(Art. 2º, caput, com redação dada pela Resolução CONTRAN nº 388/2011)*

Parágrafo único. A não solicitação da Autorização Específica (AE) inicial, a que se refere o art. 1º desta Resolução, no prazo acima estipulado, implicará na não concessão da Autorização Especial de Trânsito citada no inciso III do artigo anterior. *(Parágrafo único com redação dada pela Resolução CONTRAN nº 388/2011)*

**Art. 3º.** O órgão máximo executivo de trânsito da União regulamentará em até 30 (trinta) dias os critérios de comprovação da incorporação da tolerância de 5% (cinco por cento).

**Art. 4º.** Esta Resolução entra em vigor na data da sua publicação.

Brasília/DF, 25 de fevereiro de 2010.

*Alfredo Peres da Silva – Presidente – DOU de 1º.3.2010*

# RESOLUÇÃO CONTRAN Nº 342, DE 5 DE MARÇO DE 2010

• *Altera o prazo previsto no art. 6º da Resolução CONTRAN nº 286, do Conselho Nacional de Trânsito – CONTRAN.*

O Conselho Nacional de Trânsito – CONTRAN, no uso das atribuições que lhe confere o art. 12, inciso I, da Lei nº 9.503, de 23 de setembro de 1997, que instituiu o Código de Trânsito Brasileiro – CTB, e conforme o Decreto nº 4.711, de 29 de maio de 2003, que dispõe sobre a coordenação do Sistema Nacional de Trânsito – SNT; resolve:

**Art. 1º.** Referendar a Deliberação nº 88, de 29 de dezembro de 2009, do Presidente do Conselho Nacional de Trânsito – CONTRAN, publicada no *DOU*, de 30 de dezembro de 2009.

**Art. 2º.** O art. 6º da Resolução CONTRAN nº 286 que passa a vigorar com a seguinte redação:

• *Alteração já efetuada no corpo da Resolução.*

**Art. 3º.** Esta Resolução entra em vigor na data de sua publicação.

Brasília/DF, 5 de março de 2010.

*Alfredo Peres da Silva – Presidente – DOU de 1º.3.2010*

## RESOLUÇÃO CONTRAN Nº 343, DE 5 DE MARÇO DE 2010

* Altera a Resolução CONTRAN nº 330, de 14 de agosto de 2009, que estabelece o cronograma para a instalação do equipamento obrigatório definido na Resolução CONTRAN nº 245/2007, denominado antifurto, nos veículos novos, nacionais e importados.

O Conselho Nacional de Trânsito – CONTRAN, no uso das atribuições que lhe confere o art. 12, inciso I, da Lei nº 9.503, de 23 de setembro de 1997, que institui o Código de Trânsito Brasileiro – CTB, e conforme o Decreto nº 4.711, de 29 de maio de 2003, que dispõe sobre a coordenação do Sistema Nacional de Trânsito – SNT; e,

Considerando o disposto no art. 7º da Lei Complementar nº 121, de 9 de fevereiro de 2006, que deu competência ao CONTRAN para estabelecer os dispositivos antifurto obrigatórios e providenciar as alterações necessárias nos veículos novos, saídos de fábrica, produzidos no país ou no exterior, a serem licenciados no Brasil;

Considerando o disposto na Resolução CONTRAN nº 245, de 27 de julho de 2007, que definiu as características do equipamento antifurto, e a necessidade de programação das indústrias automotiva e de equipamentos, para fornecimento e instalação de forma progressiva;

Considerando que o disposto no § 4º do art. 105 do CTB, que trata dos equipamentos obrigatórios, confere competência ao CONTRAN para estabelecer os prazos para o atendimento da obrigatoriedade;

Considerando o disposto na Resolução nº 330, de 14 de agosto de 2009;

Considerando os resultados do Grupo de Acompanhamento da Operação Assistida, criado pelo DENATRAN com a participação da ANFAVEA, ABRACICLO, Operadoras de Telefonia Serviço Móvel Pessoal – SMP, Empresas de Monitoramento e Localização de Veículos, Empresas Fabricantes de SIM Cards e Empresas Fabricantes de Hardware;

Considerando o que consta do Processo nº 80000.006515/2010-32; resolve:

**Art. 1º.** Referendar a Deliberação nº 90, de 29 de janeiro de 2010, do Presidente do Conselho Nacional de Trânsito – CONTRAN, publicada no *DOU* de 1º de fevereiro de 2010.

**Art. 2º.** O art. 2º da Resolução CONTRAN nº 330, de 14 de agosto de 2009, passa a vigorar com a seguinte redação:

* *Alteração já efetuada no corpo da Resolução.*

**Art. 3º.** O cronograma estabelecido no art. 4º da Resolução CONTRAN nº 330, de 14 de agosto de 2009, passa a ser o seguinte:

* *Alterações já efetuadas no corpo da Resolução.*

**Art. 4º.** Esta Resolução entra em vigor na data de sua publicação.

Brasília/DF, 5 de março de 2010.

*Alfredo Peres da Silva – Presidente – DOU de 1º.3.2010*

## RESOLUÇÃO CONTRAN Nº 346, DE 19 DE MARÇO DE 2010

* *Regulamenta o tipo de carroçaria intercambiável (Camper).*

O Conselho Nacional de Trânsito – CONTRAN, usando da competência que lhe confere o inciso I do art. 12 da Lei nº 9.503, de 23 de setembro de 1997, que instituiu o Código de Trânsito Brasileiro – CTB, e conforme o Decreto nº 4.711, de 29 de maio de 2003, que trata da coordenação do Sistema Nacional de Trânsito – SNT; e,

Considerando a necessidade de regulamentar o tipo de carroçaria intercambiável (Camper);

Considerando o que consta do Processo Administrativo nº 80001.030182/2007-57; resolve:

**Art. 1º.** A carroçaria intercambiável (Camper) é similar à carroçaria do Motorcasa e não altera as características originais do veículo ao qual é acoplada.

**Art. 2º.** A carroçaria intercambiável (Camper) deve ter as seguintes características:

§ 1º. Dimensões excedentes permitidas, em relação à carroçaria original do veículo:

I – Largura: 0,25 m (de cada lado) em relação à largura da carroçaria original do veículo, não excedendo a largura máxima do veículo de 2,60 m.

II – Traseira: 1,20 m em relação à traseira da carroçaria original do veículo, não excedendo o balanço traseiro de 60% da distância do entre eixo.

III – Frente: A carroçaria não pode exceder 0,40 m da borda inferior do parabrisa, nem ultrapassar o parachoque dianteiro.

♦ *A Figura encontra-se disponível no site: http://www.denatran.gov.br/resolucoes.htm*

§ 2º. O veículo equipado com a carroçaria intercambiável (Camper), mais passageiros e condutor não poderá exceder o peso bruto total (PBT) especificado pelo fabricante do veículo.

§ 3º. Placa traseira:

I – Será obrigatório o uso de segunda placa traseira de identificação nos casos em que resultar no encobrimento, total ou parcial, da placa traseira.

II – A segunda placa de identificação será aposta em local visível, na traseira da carroçaria, admitida a utilização de suportes adaptadores.

§ 4º. Dispositivo reflexivo:

I – Devem ser aplicados na carroçaria dispositivos retrorrefletivos de segurança conforme legislação para veículos de carga com peso bruto total (PBT) superior a 4.536 kg.

**Art. 3º.** O fabricante fornecerá manual de instruções para instalação e remoção da carroçaria intercambiável que deverá permanecer no interior do veículo.

**Art. 4º.** As demais especificações da carroçaria deverão observar as exigências estabelecidas pela legislação de trânsito.

**Art. 5º.** Esta Resolução entra em vigor na data de sua publicação.

Brasília/DF, 19 de março de 2010.

*Alfredo Peres da Silva – Presidente – DOU de 24.3.2010*

## RESOLUÇÃO CONTRAN Nº 347, DE 29 DE ABRIL DE 2010

• *Altera a Resolução nº 168, de 14 de dezembro de 2004, do Conselho Nacional de Trânsito – CONTRAN, que estabelece Normas e Procedimentos para a formação de condutores de veículos automotores e elétricos, a realização dos exames, a expedição de documentos de habilitação, os cursos de formação, especializados, de reciclagem e dá outras providências.*

O Conselho Nacional de Trânsito – CONTRAN usando da competência que lhe confere o art. 12 da Lei nº 9.503, de 23 de setembro de 1997, que institui o Código de Trânsito Brasileiro – CTB, e conforme o Decreto nº 4.711, de 29 de maio de 2003, que dispõe sobre a coordenação do Sistema Nacional de Trânsito – SNT; e

Considerando a alteração sofrida pelo CTB, por meio da Lei nº 12.217, de 17 de março de 2010, somadas, ainda, as conclusões obtidas no bojo do Processo Administrativo nº 80000.015552/2010-31, instaurado no âmbito do Departamento Nacional de Trânsito – DENATRAN; resolve:

**Art. 1º.** O art. 13 da Resolução CONTRAN nº 168, de 14 de dezembro de 2004, do Conselho Nacional de Trânsito – CONTRAN, passa a vigorar com a seguinte redação:

• *Alterações já efetuadas no corpo da Resolução.*

**Art. 2º.** Os itens 1.2.1, 2.1.1 e 3.1.1 do anexo II da Resolução CONTRAN nº 168, de 14 de dezembro de 2004, com a redação dada pela Resolução CONTRAN nº 285, de 29 de julho de 2008 do Conselho Nacional de Trânsito – CONTRAN, passam a vigorar com a seguinte redação:

• *Alterações já efetuadas no corpo da Resolução.*

**Art. 3º.** A comprovação das aulas de práticas de direção veicular, na forma desta Resolução, será realizada pelos órgãos e entidades executivos de trânsito dos Estados e do Distrito Federal.

**Art. 4º.** Para efeito desta Resolução, o período noturno é aquele compreendido entre o por do sol e nascer do sol, conforme definido no anexo I da Lei nº 9.503/1997 – CTB, cabendo aos órgãos executivos de trânsito dos estados e do Distrito Federal definir o horário das aulas de prática de direção veicular.

**Art. 5º.** Esta Resolução entrará em vigor na data de sua publicação.

Brasília/DF, 29 de abril de 2010.

*Alfredo Peres da Silva – Presidente – DOU de 12.5.2010*

## RESOLUÇÃO CONTRAN Nº 348, DE 17 DE MAIO DE 2010

• *Estabelece o procedimento e os requisitos para apreciação dos equipamentos de trânsito e de sinalização não previstos no Código de Trânsito Brasileiro – CTB.*

O Conselho Nacional de Trânsito – CONTRAN, usando da competência que lhe confere o inciso I do art. 12 da Lei nº 9.503, de 23 de setembro de 1997, que institui o Código de Trânsito Brasileiro – CTB, e conforme o Decreto nº 4.711, de 29 de maio de 2003, que dispõe sobre a coordenação do Sistema Nacional de Trânsito – SNT; e,

Considerando a necessidade de disciplinar, através de roteiro prévio, o exame das proposições relativas e destinadas à adoção como equipamentos de uso opcional ou obrigatório no âmbito do trânsito;

Considerando o disposto no § 2º do art. 80 e 105, ambos do CTB; resolve:

**Art. 1º.** As proposições relativas à adoção como equipamentos de uso opcional ou obrigatório no âmbito do trânsito, ou, ainda, sinalização de trânsito, somente serão analisadas pelo CONTRAN, depois de atendidos os procedimentos e os requisitos estabelecidos nesta Resolução.

**Art. 2º.** O interessado em submeter à análise do CONTRAN equipamentos de uso opcional ou obrigatório no âmbito do trânsito, ou, ainda, sinalização de trânsito, deverá encaminhar solicitação ao órgão máximo executivo de trânsito da União, descrevendo sua finalidade, aplicabilidade e vantagens, atendendo, ainda, os requisitos abaixo:

I – Requerimento constando o nome, dados pessoais e documentais do interessado ou, se for o caso, de seu representante legal, acompanhando de documentos que comprovem a representação, bem como a descrição detalhada do projeto, inclusive com imagens e termo de responsabilidade por eventuais danos causados pelo equipamento ou sinalização, além de cópia autenticada do pedido de registro junto ao Instituto Nacional de Propriedade Industrial – INPI ou carta de concessão da patente ou modelo de utilidade.

II – Laudo técnico emitido por órgão ou entidade especializada na matéria e reconhecida pelo órgão máximo executivo de trânsito da União, com identificação e firma reconhecida do responsável técnico por sua elaboração, contendo memorial descritivo do invento, atestando sua operacionalidade, funcionalidade e eficácia e que sua aplicação não oferecerá riscos à segurança do usuário e do trânsito.

§ 1º. O responsável técnico pela emissão do laudo, de que trata o inciso II deste artigo, deve possuir formação específica na área de aplicação do invento e modelo de utilidade, além de estar devidamente inscrito no conselho profissional de sua categoria.

§ 2º. O laudo técnico de que trata o inciso II deste artigo somente será aceito como válido até 6 (seis) meses antes da data de solicitação do interessado.

§ 3º. Depois de instruído e preenchidos os requisitos do requerimento ou outra complementação que fora exigida pelo órgão máximo executivo de trânsito da União, será feita uma análise preliminar que autorizará o uso, testes, ou a proibição da utilização do equipamento ou sinalização de trânsito objeto da proposta de implementação.

§ 4º. Para fins de estudos e testes do órgão máximo executivo de trânsito da União, poderá ocorrer autorização a título precário, mediante Portaria específica e por prazo determinado.

§ 5º. Em hipótese alguma será permitida a comercialização, antes da autorização de uso expedida pelo CONTRAN, do equipamento ou sinalização de trânsito aprovado.

**Art. 3º.** A critério do órgão máximo executivo de trânsito da União, em prazo a ser definido por este, poderão ser requisitados ao interessado em obter a autorização de uso que aqui se cuida, ainda, ensaios, avaliações, instalações experimentais e congêneres, contendo a identificação do responsável técnico por sua execução, com firma reconhecida em Cartório, no prazo acima destacado, observando-se, além disso, o disposto no § 1º do art. 2º desta Resolução.

**Art. 4º.** Esta Resolução entra em vigor na data de sua publicação, revogando a Resolução CONTRAN nº 579, de 10 de julho de 1981, e demais disposições em contrário.

Brasília/DF, 17 de maio de 2010.

*Alfredo Peres da Silva – Presidente – DOU de 25.5.2010*

## RESOLUÇÃO CONTRAN Nº 349, DE 17 DE MAIO DE 2010

• *Dispõe sobre o transporte eventual de cargas ou de bicicletas nos veículos classificados nas espécies automóvel, caminhonete, camioneta e utilitário.*

O Conselho Nacional de Trânsito CONTRAN, usando da competência que lhe confere o inciso I do art. 12 da Lei nº 9.503, de 23 de setembro de 1997, que institui o Código de Trânsito Brasileiro – CTB, e conforme o Decreto nº 4.711, de 29 de maio de 2003, que dispõe sobre a coordenação do Sistema Nacional de Trânsito – SNT; e,

Considerando as disposições sobre o transporte de cargas nos veículos contemplados por esta Resolução, contidas na Convenção de Viena sobre o Trânsito Viário, promulgada pelo Decreto nº 86.714, de 10 de dezembro de 1981;

Considerando o disposto no art. 109 da Lei nº 9.503, de 23 de setembro de 1997, que institui o Código de Trânsito Brasileiro – CTB;

Considerando a necessidade de disciplinar o transporte eventual de cargas em automóveis, caminhonetes e utilitários de modo a garantir a segurança do veículo e trânsito;

Considerando a conveniência de atualizar as normas que tratam do transporte de bicicletas nos veículos particulares;

Considerando as vantagens proporcionadas pelo uso da bicicleta ao meio ambiente, à mobilidade e à economia de combustível; resolve:

## Capítulo I – Disposições Gerais

**Art. 1º.** Estabelecer critérios para o transporte eventual de cargas e de bicicletas nos veículos classificados na espécie automóvel, caminhonete, camioneta e utilitário.

**Art. 2º.** O transporte de cargas e de bicicletas deve respeitar o peso máximo especificado para o veículo.

**Art. 3º.** A carga ou a bicicleta deverá estar acondicionada e afixada de modo que:

I – não coloque em perigo as pessoas nem cause danos a propriedades públicas ou privadas, e em especial, não se arraste pela via nem caia sobre esta;

II – não atrapalhe a visibilidade à frente do condutor nem comprometa a estabilidade ou condução do veículo;

III – não provoque ruído nem poeira;

IV – não oculte as luzes, incluídas as luzes de freio e os indicadores de direção e os dispositivos refletores; ressalvada, entretanto, a ocultação da lanterna de freio elevada (categoria S3);

V – não exceda a largura máxima do veículo;

VI – não ultrapasse as dimensões autorizadas para veículos estabelecidas na Resolução CONTRAN nº 210, de 13 de novembro de 2006, que estabelece os limites de pesos e dimensões para veículos que transitam por vias terrestres e dá outras providências, ou Resolução posterior que venha sucedê-la;

VII – todos os acessórios, tais como cabos, correntes, lonas, grades ou redes que sirvam para acondicionar, proteger e fixar a carga deverão estar devidamente ancorados e atender aos requisitos desta Resolução;

VIII – não se sobressaiam ou se projetem além do veículo pela frente.

**Art. 4º.** Será obrigatório o uso de segunda placa traseira de identificação nos veículos na hipótese do transporte eventual de carga ou de bicicleta resultar no encobrimento, total ou parcial, da placa traseira.

§ 1º. A segunda placa de identificação será aposta em local visível, ao lado direito da traseira do veículo, podendo ser instalada no para-choque ou na carroceria, admitida a utilização de suportes adaptadores.

§ 2º. A segunda placa de identificação será lacrada na parte estrutural do veículo em que estiver instalada (para-choque ou carroceria).

## Capítulo II – Regras aplicáveis ao transporte eventual de cargas

**Art. 5º.** Permite-se o transporte de cargas acondicionadas em bagageiros ou presas a suportes apropriados devidamente afixados na parte superior externa da carroçaria.

§ 1º. O fabricante do bagageiro ou do suporte deve informar as condições de fixação da carga na parte superior externa da carroçaria e sua fixação deve respeitar as condições e restrições estabelecidas pelo fabricante do veículo

§ 2º. As cargas, já considerada a altura do bagageiro ou do suporte, deverá ter altura máxima de cinquenta centímetros e suas dimensões, não devem ultrapassar o comprimento da carroçaria e a largura da parte superior da carroçaria. (figura 1)

**Figura 1**

♦ *A Figura encontra-se disponível no site: http://www.denatran.gov.br/resolucoes.htm*

**Art. 6º.** Nos veículos de que trata esta Resolução, será admitido o transporte eventual de carga indivisível, respeitados os seguintes preceitos:

I – As cargas que sobressaiam ou se projetem além do veículo para trás, deverão estar bem visíveis e sinalizadas. No período noturno, esta sinalização deverá ser feita por meio de uma luz vermelha e um dispositivo refletor de cor vermelha.

II – O balanço traseiro não deve exceder 60% do valor da distância entre os dois eixos do veículo. (figura 2)

**Figura 2**

♦ *A Figura encontra-se disponível no site: http://www.denatran.gov.br/resolucoes.htm*

**Art. 7º.** Será admitida a circulação do veículo com compartimento de carga aberto apenas durante o transporte de carga indivisível que ultrapasse o comprimento da caçamba ou do compartimento de carga.

**Capítulo III – Regras aplicáveis ao transporte de bicicletas na parte externa dos veículos**

**Art. 8º.** A bicicleta poderá ser transportada na parte posterior externa ou sobre o teto, desde que fixada em dispositivo apropriado, móvel ou fixo, aplicado diretamente ao veículo ou acoplado ao gancho de reboque.

§ 1º. O transporte de bicicletas na caçamba de caminhonetes deverá respeitar o disposto no Capítulo II desta Resolução.

§ 2º. Na hipótese da bicicleta ser transportada sobre o teto não se aplica a altura especificada no § 2º do art. 5º.

**Art. 9º.** O dispositivo para transporte de bicicletas para aplicação na parte externa dos veículos deverá ser fornecido com instruções precisas sobre:

I – Forma de instalação, permanente ou temporária, do dispositivo no veículo,

II – Modo de fixação da bicicleta ao dispositivo de transporte;

III – Quantidade máxima de bicicletas transportados, com segurança;

IV – Cuidados de segurança durante o transporte de forma a preservar a segurança do trânsito, do veículo, dos passageiros e de terceiros.

**Capítulo IV – Disposições Finais**

**Art. 10.** Para efeito desta Resolução, a bicicleta é considerada como carga indivisível.

**Art. 11.** O não atendimento ao disposto nesta Resolução acarretará na aplicação das penalidades previstas nos arts. 230, IV, 231, II, IV e V e 248 do CTB, conforme infração a ser apurada.

**Art. 12.** Esta Resolução entra em vigor noventa dias após a data de sua publicação, ficam revogadas as Resoluções CONTRAN nº 577/1981 e 549/1979 e demais disposições em contrário.

Brasília/DF, 17 de maio de 2010.

*Alfredo Peres da Silva – Presidente – DOU de 25.5.2010*

## RESOLUÇÃO CONTRAN Nº 351, DE 14 DE JUNHO DE 2010

• *Estabelece procedimentos para veiculação de mensagens educativas de trânsito em toda peça publicitária destinada à divulgação ou promoção, nos meios de comunicação social, de produtos oriundos da indústria automobilística ou afins.*

O Conselho Nacional de Trânsito – CONTRAN, usando da competência que lhe confere o art. 12, inciso I, e art. 141, da Lei nº 9.503, de 23 de Setembro de 1997, que instituiu o Código de Trânsito Brasileiro – CTB, conforme o Decreto nº 4.711, de 29 de maio de 2003, que trata da coordenação do Sistema Nacional de Trânsito – SNT; e,

Considerando o disposto na Lei nº 12.006, de 29 de julho de 2009, que acresceu os arts. 77-A a 77-E ao CTB;

Considerando que as disposições do CTB na forma do seu art. 3º são aplicáveis a qualquer veículo, bem como aos proprietários condutores dos veículos nacionais ou estrangeiros e às pessoas neles expressamente mencionadas;

Considerando que o art. 257 do CTB dispõe que as penalidades serão impostas ao condutor, ao proprietário do veículo, ao embarcador e ao transportador, salvo os casos de descumprimento de obrigações e deveres impostos a pessoas físicas ou jurídicas expressamente mencionadas no CTB;

Considerando a necessidade de padronizar a veiculação de mensagens educativas de trânsito à população brasileira em toda peça publicitária destinada à divulgação ou promoção, nos meios de comunicação social, de produtos oriundos da indústria automobilística ou afins; resolve:

**Art. 1º.** A mensagem educativa de trânsito, em todo o território nacional, que for veiculada em peça publicitária destinada à divulgação ou promoção, nos meios de comunicação social, de produto oriundo da indústria automobilístico ou afim, observará padrão mínimo de apresentação.

I – Rádio: apresentação da mensagem pelo locutor após a assinatura da marca anunciante.

II – Televisão: apresentação da mensagem sob forma de texto em fonte corpo 20, com tempo mínimo de permanência de três segundos durante comerciais com duração a partir de 15 segundos.

III – Jornal: apresentação da mensagem em fonte Arial, observadas as seguintes dimensões:

a) Jornal tamanho padrão

| Anúncio | Tamanho da fonte |
|---|---|
| 1 página | corpo 36 |
| ½ página | corpo 24 |
| ¼ página | corpo 14 |

b) Jornal tamanho tablóide

| Anúncio | Tamanho da fonte |
|---|---|
| 1 página | Corpo 24 |
| ½ página | Corpo 15 |
| ¼ página | Corpo 12 |

c) O tamanho não especificado será proporcionalizado, tomando por base a definição de ¼ de página.

IV – Revista: apresentação da mensagem em fonte Arial, observadas as seguintes dimensões:

| a) Anúncio | Tamanho da fonte |
|---|---|
| página dupla/página simples | corpo 18 |
| ½ página | corpo 12 |
| ¼ página | corpo 6 |

b) O tamanho não especificado será proporcionalizado, tomando por base a definição de ¼ de página.

V – Outdoor: apresentação da mensagem no rodapé do outdoor, em fonte Arial, observadas as seguintes dimensões:

| a) Anúncio | Tamanho da fonte |
|---|---|
| 1.501 a 2.000 cm$^2$ | corpo 30 |
| 2.001 a 3.000 cm$^2$ | corpo 36 |
| 3.001 a 4.000 cm$^2$ | corpo 40 |
| 4.001 a 5.000 cm$^2$ | corpo 48 |

b) Na hipótese de outdoors com dimensões superiores às especificadas, o tamanho da fonte da mensagem será proporcionalizado ao estabelecido para 2000 cm$^2$.

§ 1º. Considera-se produtos oriundos da indústria automobilística ou afins os veículos rodoviários automotores de qualquer espécie, incluídos os de passageiros e os de carga, e os componentes, as peças e os acessórios utilizados nesses veículos.

§ 2º. Não será obrigatória a divulgação de mensagem educativa:

I – em vinhetas e chamadas de patrocínio veiculadas em radio e televisão;

II – em anúncios com dimensões menores do que 20 cm$^2$, medidos em centímetros por coluna, publicados em jornais e revistas.

**Art. 2º.** O Departamento Nacional de Trânsito – DENATRAN publicará, anualmente, entre três e seis mensagens educativas de âmbito nacional, compostas de no máximo seis palavras, a partir dos temas das campanhas de trânsito estabelecidos pelo CONTRAN na forma do art. 75 do CTB.

Parágrafo único. O responsável pela publicidade de produto automotivo terá o prazo de 60 (sessenta) dias, após a publicação pelo DENATRAN, para utilização das mensagens em novas campanhas.

**Art. 3º.** São responsáveis pelo cumprimento do disposto nesta Resolução: o fabricante, o montador, o encarroçador, o importador e o revendedor do veículo rodoviário de qualquer espécie, bem como de componente, peça e acessório utilizados nesses veículos.

**Art. 4º.** Os órgãos ou entidades competentes que compõem Sistema Nacional de Trânsito – SNT, no âmbito de sua circunscrição, fiscalizarão e aplicarão as sanções previstas no CTB.

**Art. 5º.** Esta Resolução entra em vigor 90 (noventa) dias após a data de sua publicação.

Brasília/DF, 14 de junho de 2010.

*Alfredo Peres da Silva – Presidente – DOU de 18.6.2010*

## RESOLUÇÃO CONTRAN Nº 352, DE 14 DE JUNHO DE 2010

• *Dá nova redação ao inciso III do art. 7º da Resolução CONTRAN nº 277, de 28 de maio de 2008.*

O Conselho Nacional de Trânsito – CONTRAN, no uso das atribuições que lhe são conferidas pelo art. 12 da Lei nº 9.503, de 23 de setembro de 1997, que instituiu o Código de Trânsito Brasileiro – CTB, e conforme o disposto no Decreto nº 4.711, de 29 de maio de 2003, que trata da coordenação do Sistema Nacional de Trânsito – SNT; resolve:

**Art. 1º.** Referendar a Deliberação nº 95, de 7 de junho de 2010, do Presidente do Conselho Nacional de Trânsito – CONTRAN, publicada no *Diário Oficial da União* em 8 de junho de 2010.

**Art. 2º.** Alterar o inciso III do art. 7º da Resolução CONTRAN nº 277, de 28 de maio de 2008, passa a vigorar com a seguinte redação:

• *Alteração já efetuada no corpo da Resolução.*

**Art. 3º.** Esta Resolução entra em vigor na data de sua publicação.

Brasília/DF, 14 de junho de 2010.

*Alfredo Peres da Silva – Presidente – DOU de 18.6.2010*

## RESOLUÇÃO CONTRAN Nº 354, DE 24 DE JUNHO DE 2010

• *Estabelece requisitos de segurança para o transporte de blocos e chapas serradas de rochas ornamentais.*

O Conselho Nacional de Trânsito – CONTRAN, no uso da atribuição que lhe confere o art. 12, inciso I, da Lei nº 9.503, de 23 de setembro de 1997, que instituiu o Código de Trânsito Brasileiro – CTB, e nos termos do disposto no Decreto nº 4.711, de 29 de maio de 2003, que trata da coordenação do Sistema Nacional de Trânsito – SNT; e,

Considerando o disposto no art. 102 e seu parágrafo único da Lei nº 9.503, de 23 de setembro de 1997, que instituiu o Código de Trânsito Brasileiro;

Considerando a necessidade de aprimorar os requisitos de segurança para o transporte de blocos e de rochas ornamentais e disciplinar o transporte destas rochas por contêiner, além da movimentação de blocos de pequenas dimensões e de chapas serradas; resolve:

**Art. 1º.** O transporte de rochas ornamentais e de chapas serradas deverá observar às seguintes normas gerais:

I – A amarração dos blocos de rochas em combinações de veículos de carga ou veículos unitários deve obedecer ao disposto nos arts. 4º, 5º e 6º desta Resolução.

II – O transporte de chapas serradas de rochas deve obedecer ao disposto no art. 9º desta Resolução, exceto quando transportadas em contêineres.

III – O transporte de blocos ou chapas serradas de rochas em contêineres deve obedecer ao disposto no art. 10 desta Resolução.

IV – O transporte de blocos de rochas em caçambas metálicas deve atender ao art. 11 desta Resolução.

V – Em nenhuma hipótese pode haver sobreposição dos blocos de rochas ornamentais.

Parágrafo único. Para efeito desta Resolução:

a) comprimento é sempre a maior dimensão do bloco de rocha, a largura, a dimensão intermediaria, e a altura, a menor dimensão;

b) consideram-se rochas ornamentais, para efeito desta Resolução, blocos de mármore e granito, em forma de paralelepípedos, de quaisquer dimensões, destinados à indústria de transformação;

c) considera-se chapa serrada, para efeito desta Resolução, o produto resultante do processamento dos blocos pelos teares, já pronto para aplicação na construção civil.

**Art. 2º.** Os veículos ou combinações de veículos de carga utilizados no transporte de blocos de rochas ornamentais devem obedecer aos limites de pesos, dimensões e tolerâncias aprovados pelas Resoluções CONTRAN nº 210, de 13 de novembro de 2006 e nº 258, de 30 de novembro de 2007, e pela Portaria nº 63, de 1º de abril de 2009, do Departamento Nacional de Trânsito – DENATRAN, ou outras que venham a substituí-las.

**Art. 3º.** As combinações de veículos de carga com mais de 54,5 t (Peso Bruto Total Combinado – PBTC máximo para composição de veículo de carga dotado de articulação única) utilizadas no transporte de um único bloco de rocha ornamental, devem ser obrigatoriamente do tipo caminhão trator 6x2 ou 6x4, um semirreboque dianteiro para distribuição do peso (*dolly*) e um semirreboque traseiro destinado ao carregamento de cargas indivisíveis de até 6 m, conforme desenhos meramente ilustrativos contidos no Anexo I, inclusive quanto às dimensões e distâncias entre eixos.

**Art. 4º.** O transporte de bloco de rocha ornamental com amarração longitudinal e transversal (Anexo IV) só é permitido com a utilização de linga de corrente e quando a sua altura mínima for igual à soma das seguintes parcelas:

a) o comprimento da trava do bloco;

b) comprimento do gancho com trava mais três elos de corrente grau 8, 13 mm;

c) comprimento do tensionador de corrente; e

d) comprimento de cinco elos de corrente grau 8, 13 mm (Anexo V).

§ 1º. Para a amarração longitudinal e transversal do bloco de rocha deve ser utilizado um conjunto mínimo de oito travas de segurança, sendo duas em cada lateral da carroceria, duas frontais e duas traseiras.

§ 2º. Cada trava de segurança deve ser posicionada de forma que cada uma de suas faces tangencie o bloco em pelo menos um ponto.

**Art. 5º.** No transporte de bloco de rocha ornamental que comporte a amarração definida no art. 4º, os veículos não articulados de transporte de carga, bem como as combinações de veículos de carga, além dos dispositivos de segurança dos Anexos II e III, devem:

I – utilizar sistema de amarração longitudinal passando obrigatoriamente pela parte superior do bloco de rocha ornamental, por meio de duas lingas de corrente grau 8 (Anexo VI), devidamente identificadas por plaquetas de aço contendo nome do fabricante, capacidade de carga, comprimento e código de rastreabilidade, compostas por:

a) corrente de elos curtos grau 8 para amarração de cargas, diâmetro nominal de 13 mm (½ polegada), capacidade de carga de trabalho de 10.000 kgf, fator de segurança 2:1;

b) tensionadores tipo catraca com gancho encurtador para corrente grau 8 de diâmetro nominal 13mm ou ½ polegada (Anexo VII);

c) extremidades equipadas com ganchos com trava de segurança e cadeado de segurança ou manilha para corrente grau 8 de diâmetro nominal 13 mm (½ polegada);

II – utilizar sistema de amarração transversal passando obrigatoriamente pela parte superior do bloco de rocha ornamental, por meio de duas lingas de corrente grau 8 (Anexo VI), devidamente identificadas por plaquetas de aço contendo nome do fabricante, capacidade de carga, comprimento e código de rastreabilidade, compostas por:

a) corrente de elos curtos grau 8 para amarração de cargas, diâmetro nominal de 13 mm (½ polegada), capacidade de carga de trabalho de 10.000 kgf, fator de segurança 2:1;

b) tensionadores tipo catraca com gancho encurtador para corrente grau 8 de diâmetro nominal 13 mm ou ½ polegada (Anexo VII);

c) extremidades equipadas com ganchos com trava de segurança e cadeado de segurança ou manilha para corrente grau 8 de diâmetro nominal 13 mm (½ polegada);

III – utilizar travas de segurança reforçadas com carga de trabalho 10 tf (fator de segurança 2:1), identificadas através de plaquetas contendo as seguintes informações:

a) nome e CNPJ do fabricante;

b) capacidade de carga e fator de segurança.

§ 1º. O bloco que não permitir a amarração estabelecida no art. 4º deve ser transportado em caçamba metálica, desde que esteja devidamente travado, conforme disposto no Anexo XII.

§ 2º. As lingas de correntes citadas neste artigo devem atender às especificações da norma EN 12195-3:2001.

§ 3º. Os veículos de carga não articulados devem ter as travas afixadas a um sobrechassi em aço em forma de viga U ou I.

§ 4º. Os veículos de cargas poderão ter mais de um conjunto de travas, desde que cada bloco seja travado individualmente.

§ 5º. Fica proibida a utilização de tensionadores de alavanca.

**Art. 6º.** Os veículos em operação até a data de publicação desta Resolução podem, transitoriamente, por um período de 360 dias, substituir as lingas de correntes definidas no art. 5º desta Resolução, desde que, no transporte dos blocos de rocha, sejam observados os seguintes requisitos:

I – a utilização de uma amarração longitudinal, passando obrigatoriamente pela parte superior do bloco de rocha ornamental, por meio de duas correntes, grau 8, com diâmetro nominal de 13 mm, esticadas sem qualquer folga por meio de tensionadores tipo catraca de 25,40mm, tendo cada corrente carga máxima de trabalho de 5,3 toneladas;

II – a utilização de amarração transversal, passando obrigatoriamente pela parte superior do bloco de rocha ornamental, por meio de duas correntes, grau 8, de 130 mm, esticadas sem qualquer folga por meio de tensionadores de 25,40 mm, tendo cada corrente carga máxima de trabalho de 5,3 toneladas;

III – a utilização de tensionadores fixados às travas e correntes por meio de manilhas de aço (Anexo VIII), grau de dureza 8 (mínimo), e capazes de resistir a 10 toneladas de carga efetiva cada.

§ 1º. As correntes citadas neste artigo não podem apresentar rebarbas de soldagem nas partes externas dos elos e não podem passar por qualquer processo de reparo.

§ 2º. As correntes devem atender ao especificado na norma ABNT NBR ISO 3076:2005, devendo a fiscalização nas vias públicas verificar:

a) se os elos da corrente têm comprimento externo máximo de 63 mm e mínimo de 59 mm. Largura externa máxima de 44 mm e largura interna mínima de 15,7 mm, fora da região das soldas;

b) se o grau da corrente está estampado ou gravado em relevo, na forma de número (8), a intervalos de 1 m de corrente;

c) se a corrente não apresenta evidência de ocorrência de reparos em qualquer dos elos e que estes não apresentam rebarbas de soldagem em suas partes externas.

Art. 7º. A partir do licenciamento anual de 2012, os veículos utilizados no transporte de blocos que exigem amarração nos termos do art. 4º desta Resolução deverão comprovar a realização da Inspeção através da obtenção Certificado de Segurança Veicular – CSV, emitido eletronicamente por Instituição Técnica Licenciada pelo DENATRAN realizada na forma do anexo XI.

Art. 8º. Não é permitido o uso de veículos de carga combinados com peso bruto superior a 57 toneladas no transporte de blocos ou chapas serradas de rochas ornamentais, salvo o estabelecido no § 2º do art. 10.

Parágrafo único. O veículo de carga tipo bitrem convencional pode ser utilizado para o transporte de dois ou mais blocos de rochas ornamentais, desde que trafegue com os semirreboques simultaneamente carregados, a unidade da frente tenha carga maior ou igual ao da unidade traseira, os blocos de rochas ornamentais sejam amarrados individualmente, nos sentidos longitudinal e transversal, e que sejam atendidos os arts. 1º, 3º e 4º desta Resolução.

Art. 9º. No prazo de 180 dias após a publicação desta Resolução, os veículos de carga utilizados no transporte de chapas serradas de rochas ornamentais devem atender aos seguintes requisitos:

I – Quando transportadas na vertical, devem ser utilizados pares de cavaletes verticais, cada qual afixado à uma viga I, por sua vez presa ao chassi do veículo com um par de grampos de 22,23 mm (7/8 de polegada).

II – As chapas serradas devem ser unitizadas ao cavalete em cada face, por meio de duas cintas de poliéster (PES), de largura mínima 50 mm, de carga mínima de trabalho 2500 kgf fator de segurança 2:1, tensionadas sem folga por meio de catracas.

III – O conjunto formado pelo cavalete e chapas serradas unitizados deve ser amarrado transversalmente ao veículo por meio de duas cintas de poliéster (PES), de largura mínima 50 mm, de carga mínima de trabalho 2500 kgf, fator de segurança 2:1, tensionadas sem folga por meio de catracas, conectadas à viga I, que deve ser solidária ao chassi do veículo de carga (Anexo XI).

IV – Quando transportadas na horizontal a amarração deve ser transversal, por meio de duas cintas de poliéster – PES, tendo cada cinta capacidade nominal de carga mínima de 10 toneladas, ambas tensionadas sem folgas por meio de catracas fixadas às travessas de ferro presas à longarina e ao chassi do veículo com grampo de 22,23 mm (7/8 de polegada), aos pares.

V – As cintas de poliéster citadas neste artigo devem atender à norma EN 12195-2:2001.

VI – As cintas não podem apresentar cortes longitudinais ou transversais assim como costuras desfiadas ou rompidas.

Art. 10. Os blocos e as chapas serradas podem ser transportados também em contêineres, conforme Resolução CONTRAN nº 725/1988 e conforme Anexo XII desta Resolução.

§ 1º. O transporte de blocos de rochas ornamentais pode ser realizado em contêineres do tipo "dry box" ou "open top", desde que utilize caminhão trator com, no mínimo, 57 t de CMT.

§ 2º. O transporte de chapas serradas em contêineres poderá ser realizado em combinações de veículos de carga de 9 eixos e 74 toneladas, atendidos os requisitos da Resolução CONTRAN nº 211, de 13 de novembro de 2006.

**Art. 11.** Os blocos de rochas ornamentais que não comportam amarração devem ser transportados em caçambas metálicas, desde que estejam travados, conforme disposto no Anexo XII.

**Art. 12.** O condutor de veículo ou combinação de veículos que transporta blocos de rochas ornamentais ou chapas serradas deve ser aprovado e certificado em curso específico na forma que dispõe a Resolução CONTRAN nº 168/2004.

**Art. 13.** O descumprimento do disposto nesta Resolução implicará na aplicação das medidas administrativas e penalidades previstas na legislação de trânsito.

Parágrafo único. Sem prejuízo das disposições aplicáveis aos proprietários de veículos, aos embarcadores e aos transportadores em geral, o descumprimento do previsto nos arts. 1º ao 9º desta Resolução, em face de cada ato ou fato específico, enseja a aplicação do previsto nos incisos IX, X e XVIII do art. 230 e no inciso IV do art. 231 do Código de Trânsito Brasileiro.

**Art. 14.** Os Anexos desta Resolução encontram-se disponíveis no sítio eletrônico www.denatran.gov.br.

**Art. 15.** Esta Resolução entra em vigor em 1º de julho de 2010, ficando revogadas a Resolução nº 264/2007 e as Deliberações nºs 81/2009 e 89/2010 do CONTRAN.

Brasília/DF, 24 de junho de 2010.

*Alfredo Peres da Silva – Presidente – DOU de 29.6.2010*

**Anexos**

♦ *Os Anexos encontram-se disponíveis no site: http://www.denatran.gov.br/resolucoes.htm*

# RESOLUÇÃO CONTRAN Nº 356, DE 2 DE AGOSTO DE 2010

• *Estabelece requisitos mínimos de segurança para o transporte remunerado de passageiros (mototáxi) e de cargas (motofrete) em motocicleta e motoneta e dá outras providências.*

• **Com a redação dada pela Resolução CONTRAN nº 378, de 6.4.2011.**

O Conselho Nacional de Trânsito – CONTRAN, no uso da competência que lhe confere o art. 12, inciso I, da Lei nº 9.503, de 23 de setembro de 1997, que instituiu o Código de Trânsito Brasileiro – CTB, e nos termos do disposto no Decreto nº 4.711, de 29 de maio de 2003, que trata da coordenação do Sistema Nacional de Trânsito – SNT; e,

Considerando a necessidade de fixar requisitos mínimos de segurança para o transporte remunerado de passageiros e de cargas em motocicleta e motoneta, na categoria aluguel, para preservar a segurança do trânsito, dos condutores e dos passageiros desses veículos;

Considerando a necessidade de regulamentar a Lei nº 12.009, de 29 de julho de 2009;

Considerando a necessidade de estabelecer requisitos mínimos de segurança para o transporte não remunerado de carga; e

Considerando o que consta do Processo nº 80000.022300/2009-25; resolve:

**Capítulo I – Das Disposições Gerais**

**Art. 1º.** Os veículos tipo motocicleta ou motoneta, quando autorizados pelo poder concedente para transporte remunerado de cargas (motofrete) e de passageiros (mototáxi), deverão ser registrados pelo Órgão Executivo de Trânsito do Estado e do Distrito Federal na categoria de aluguel, atendendo ao disposto no art. 135 do CTB e legislação complementar.

**Art. 2º.** Para efeito do registro de que trata o artigo anterior, os veículos deverão ter:

I – dispositivo de proteção para pernas e motor em caso de tombamento do veículo, fixado em sua estrutura, conforme Anexo IV, obedecidas as especificações do fabricante do veículo no tocante à instalação;

II – dispositivo aparador de linha, fixado no *guidon* do veículo, conforme Anexo IV; e

III – dispositivo de fixação permanente ou removível, devendo, em qualquer hipótese, ser alterado o registro do veículo para a espécie passageiro ou carga, conforme o caso, vedado o uso do mesmo veículo para ambas as atividades.

**Art. 3º.** Os pontos de fixação para instalação dos equipamentos, bem como a capacidade máxima admissível de carga, por modelo de veículo serão comunicados ao DENATRAN, pelos fabricantes, na ocasião da obtenção do Certificado de Adequação à Legislação de Trânsito (CAT), para os novos modelos, e mediante complementação de informações do registro marca/modelo/versão, para a frota em circulação.

§ 1º. As informações do *caput* serão disponibilizadas no manual do proprietário ou boletim técnico distribuído nas revendas dos veículos e nos sítios eletrônicos dos fabricantes, em texto de fácil compreensão e sempre que possível auxiliado por ilustrações.

§ 2º. As informações do parágrafo anterior serão disponibilizados no prazo de 270 (duzentos e setenta) dias a contar da data de publicação desta Resolução para os veículos lançados no mercado nos últimos 5 (cinco) anos e em 365 (trezentos e sessenta e cinco) dias, também contados da publicação desta Resolução, passarão a constar do manual do proprietário, para os veículos novos nacionais ou importados. *(§ 2º com redação dada pela Resolução CONTRAN nº 378/2011)*

§ 3º. A capacidade máxima de tração deverá constar no Certificado de Registro (CRV) e no Certificado de Registro e Licenciamento do Veículo (CRLV).

**Art. 4º.** Os veículos de que trata o art. 1º deverão submeter-se à inspeção semestral para verificação dos equipamentos obrigatórios e de segurança.

**Art. 5º.** Para o exercício das atividades previstas nesta Resolução, o condutor deverá:

I – ter, no mínimo, vinte e um anos de idade;

II – possuir habilitação na categoria "A", por pelo menos dois anos, na forma do art. 147 do CTB;

III – ser aprovado em curso especializado, na forma regulamentada pelo CONTRAN; e

IV – estar vestido com colete de segurança dotado de dispositivos retrorrefletivos, nos termos do Anexo III desta Resolução.

Parágrafo único. Para o exercício da atividade de mototáxi o condutor deverá atender aos requisitos previstos no art. 329 do CTB.

**Art. 6º.** Na condução dos veículos de transporte remunerado de que trata esta Resolução, o condutor e o passageiro deverão utilizar capacete motociclístico, com viseira ou óculos de proteção, nos termos da Resolução CONTRAN nº 203, de 29 de setembro de 2006, dotado de dispositivos retrorrefletivos, conforme Anexo II desta Resolução.

**Capítulo II – Do Transporte de Passageiros (mototáxi)**

**Art. 7º.** Além dos equipamentos obrigatórios para motocicletas e motonetas e dos previstos no art. 2º desta Resolução, serão exigidas para os veículos destinados aos serviços de mototáxi alças metálicas, traseira e lateral, destinadas a apoio do passageiro.

**Capítulo III – Do Transporte de Cargas (motofrete)**

**Art. 8º.** As motocicletas e motonetas destinadas ao transporte remunerado de mercadorias – motofrete – somente poderão circular nas vias com autorização emitida pelo órgão executivo de trânsito do Estado e do Distrito Federal.

**Art. 9º.** Os dispositivos de transporte de cargas em motocicleta e motoneta poderão ser do tipo fechado (baú) ou aberto (grelha), alforjes, bolsas ou caixas laterais, desde que atendidas as dimensões máximas fixadas nesta Resolução e as especificações do fabricante do veículo no tocante à instalação e ao peso máximo admissível.

§ 1º. Os alforjes, as bolsas ou caixas laterais devem atender aos seguintes limites máximos externos:

I – largura: não poderá exceder as dimensões máximas dos veículos, medida entre a extremidade do *guidon* ou alavancas de freio à embreagem, a que for maior, conforme especificação do fabricante do veículo;

II – comprimento: não poderá exceder a extremidade traseira do veículo; e

III – altura: não superior à altura do assento em seu limite superior.

§ 2º. O equipamento fechado (baú) deve atender aos seguintes limites máximos externos:

I – largura: 60 (sessenta) cm, desde que não exceda a distância entre as extremidades internas dos espelhos retrovisores;

II – comprimento: não poderá exceder a extremidade traseira do veículo; e

III – altura: não poderá exceder a 70 (setenta) cm de sua base central, medida a partir do assento do veículo.

§ 3º. O equipamento aberto (grelha) deve atender aos seguintes limites máximos externos:

I – largura: 60 (sessenta) cm, desde que não exceda a distância entre as extremidades internas dos espelhos retrovisores;

II – comprimento: não poderá exceder a extremidade traseira do veículo; e

III – altura: a carga acomodada no dispositivo não poderá exceder a 40 (quarenta) cm de sua base central, medida a partir do assento do veículo.

§ 4º. No caso do equipamento tipo aberto (grelha), as dimensões da carga a ser transportada não podem extrapolar a largura e comprimento da grelha.

§ 5º. Nos casos de montagem combinada dos dois tipos de equipamento, a caixa fechada (baú) não pode exceder as dimensões de largura e comprimento da grelha, admitida a altura do conjunto em até 70 cm da base do assento do veículo.

§ 6º. Os dispositivos de transporte, assim como as cargas, não poderão comprometer a eficiência dos espelhos retrovisores.

**Art. 10.** As caixas especialmente projetadas para a acomodação de capacetes não estão sujeitas às prescrições desta Resolução, podendo exceder a extremidade traseira do veículo em até 15 cm.

**Art. 11.** O equipamento do tipo fechado (baú) deve conter faixas retrorrefletivas conforme especificação no Anexo I desta Resolução, de maneira a favorecer a visualização do veículo durante sua utilização diurna e noturna.

**Art. 12.** É proibido o transporte de combustíveis inflamáveis ou tóxicos, e de galões nos veículos de que trata a Lei nº 12.009 de 29 de julho de 2009, com exceção de botijões de gás com capacidade máxima de 13 kg e de galões contendo água mineral, com capacidade máxima de 20 litros, desde que com auxílio de *sidecar*.

**Art. 13.** O transporte de carga em *sidecar* ou semirreboques deverá obedecer aos limites estabelecidos pelos fabricantes ou importadores dos veículos homologados pelo DENATRAN, não podendo a altura da carga exceder o limite superior o assento da motocicleta e mais de 40 (quarenta) cm.

Parágrafo único. É vedado o uso simultâneo de *sidecar* e semirreboque.

**Art. 14.** Aplicam-se as disposições deste capítulo ao transporte de carga não remunerado, com exceção do art. 8º.

**Capítulo IV – Das Disposições Finais**

**Art. 15.** O descumprimento das prescrições desta Resolução, sem prejuízo da responsabilidade solidária de outros intervenientes nos contratos de prestação de serviços instituída pelos arts. 6º e 7º da Lei nº 12.009, de 29 de julho de 2009, e das sanções impostas pelo Poder Concedente em regulamentação própria, sujeitará o infrator às penalidades e medidas administrativas previstas nos seguintes artigos do Código de Trânsito Brasileiro, conforme o caso: art. 230, V, IX, X e XII; art. 231, IV, V, VIII, X; art. 232; e art. 244, I, II, VIII e IX.

**Art. 16.** Os Municípios que regulamentarem a prestação de serviços de mototáxi ou motofrete deverão fazê-lo em legislação própria, atendendo, no mínimo, ao disposto nesta Resolução, podendo estabelecer normas complementares, conforme as peculiaridades locais, garantindo condições técnicas e requisitos de segurança, higiene e conforto dos usuários dos serviços, na forma do disposto no art. 107 do CTB.

**Art. 17.** Esta Resolução entra em vigor na data de sua publicação, produzindo efeitos no prazo de trezentos e sessenta e cinco dias contados da data de sua publicação, quando ficará revogada a Resolução CONTRAN nº 219, de 11 de janeiro de 2007.

Brasília/DF, 2 de agosto de 2010.

*Alfredo Peres da Silva – Presidente – DOU de 4.8.2010*

**Anexos**

♦ *Os Anexos encontram-se disponíveis no site: http://www.denatran.gov.br/resolucoes.htm*

## RESOLUÇÃO CONTRAN Nº 357, DE 2 DE AGOSTO DE 2010

• *Estabelece diretrizes para a elaboração do Regimento Interno das Juntas Administrativas de Recursos de Infrações – JARI.*

O Conselho Nacional de Trânsito – CONTRAN, no uso da competência que lhe confere o inciso VI do art. 12 da Lei nº 9.503, de 23 de setembro de 1997, que instituiu o Código de Trânsito Brasileiro – CTB, e à vista do disposto no Decreto nº 4.711, de 29 de maio de 2003, que dispõe sobre a coordenação do Sistema Nacional de Trânsito – STN; e,

Considerando a necessidade de adequar a composição das Juntas Administrativas de Recursos e Infrações – JARI;

Considerando a instauração dos Processos Administrativos nº 80001.016472/2006-15, 80001.008506/2006-90 e 80000.014867/2009-28; resolve:

**Art. 1º.** Estabelecer diretrizes para a elaboração do Regimento Interno das Juntas Administrativas de Recursos de Infrações – JARI, constantes do Anexo desta Resolução.

**Art. 2º.** Fica revogada a Resolução CONTRAN nº 233, de 30 de março de 2007.

**Art. 3º.** Esta Resolução entra em vigor na data de sua publicação.

Brasília/DF, 2 de agosto de 2010.

*Alfredo Peres da Silva – Presidente – DOU de 5.8.2010*

**Anexo**

♦ *O Anexo encontra-se disponível no site: http://www.denatran.gov.br/resolucoes.htm*

## RESOLUÇÃO CONTRAN Nº 358, DE 13 DE AGOSTO DE 2010

- *Regulamenta o credenciamento de instituições ou entidades públicas ou privadas para o processo de capacitação, qualificação e atualização de profissionais, e de formação, qualificação, atualização e reciclagem de candidatos e condutores e dá outras providências.*

- **Com a redação dada pelas Resoluções CONTRAN nº 411, de 2.8.2012; nº 415, de 9.8.2012; nº 421, de 31.10.2012 e nº 423, de 27.11.2012.**

O Conselho Nacional de Trânsito – CONTRAN usando da competência que lhe conferem os arts. 12, incisos I e X, e 156 da Lei nº 9.503, de 23 de setembro de 1997, que instituiu o Código de Trânsito Brasileiro – CTB, e conforme o Decreto nº 4.711, de 29 de maio de 2003, que trata da coordenação do Sistema Nacional de Trânsito – SNT; e,

Considerando o que dispõe o inciso VI do art. 19 e inciso II do art. 22 do Código de Trânsito Brasileiro, e a Lei nº 12.302, de 2 de agosto de 2010;

Considerando a necessidade de estabelecer procedimentos uniformes, propor medidas administrativas, técnicas e legislativas e editar normas sobre o funcionamento das instituições e entidades credenciadas pelos órgãos ou entidades executivos de trânsito dos Estados e do Distrito Federal e registradas no Órgão Máximo Executivo de Trânsito da União;

Considerando a necessidade de aperfeiçoar os processos de formação, qualificação, atualização, reciclagem e avaliação dos candidatos e condutores, priorizando a defesa da vida e a segurança de todos os usuários do trânsito;

Considerando que a eficiência da instrução e formação depende dos meios didático-pedagógicos e preparo adequado dos educadores integrantes das instituições e entidades credenciadas;

Considerando a necessidade de promover a articulação e a integração entre as instituições e entidades responsáveis por todas as fases do processo de capacitação, qualificação e atualização de recursos humanos e da formação, qualificação, atualização e reciclagem de candidatos e condutores; resolve:

**Art. 1º.** O credenciamento de instituições ou entidades públicas ou privadas para o processo de capacitação, qualificação e atualização de profissionais, e processo de formação, qualificação, atualização e reciclagem de candidatos e condutores obedecerá ao estabelecido nesta Resolução.

§ 1º. As atividades exigidas para o processo de formação de condutores serão realizadas exclusivamente pelos órgãos e entidades executivos de trânsito dos Estados e do Distrito Federal, ou por instituições ou entidades públicas ou privadas com comprovada capacidade técnica por estes credenciadas para: *(§ 1º, caput, com redação dada pela Resolução CONTRAN nº 411/2012)*

I – Processo de capacitação, qualificação e atualização de profissional para atuar no processo de habilitação de condutores – Entidades credenciadas com a finalidade de capacitar diretor geral, diretor de ensino e instrutor de trânsito para os Centros de Formação de Condutores – CFC, conforme definido no art. 7º desta Resolução, e examinador de trânsito, através de cursos específicos teórico-técnico e de prática de direção;

II – Processo de formação de condutores de veículos automotores e elétricos – Centros de Formação de Condutores – CFC e Unidades das Forças Armadas e Auxiliares que possuírem cursos de formação dirigidos exclusivamente para os militares dessas corporações;

III – Processo de atualização e reciclagem de condutores de veículos automotores e elétricos – Centros de Formação de Condutores – CFC e instituições e entidades credenciadas nas modalidades presenciais e à distância; *(Inciso III com redação dada pela Resolução CONTRAN nº 411/2012)*

IV – Processo de Qualificação de condutores em cursos especializados e respectiva atualização – Serviço Nacional de Aprendizagem – Sistema "S", e instituições e entidades credenciadas nas modalidades presenciais e à distância. *(Inciso IV com redação dada pela Resolução CONTRAN nº 415/2012)*

V – Processo de qualificação de condutores em cursos especializados e respectiva atualização para motofrete e mototáxi, poderão ser ministrados por instituições e entidades credenciadas, Serviço Nacional de Aprendizagem – sistema "S" e Centros de Formação de Condutores – CFC, nas modalidades presenciais e à distância. *(Inciso V acrescido pela Resolução CONTRAN nº 415/2012)*

§ 2º. O credenciamento das instituições e entidades, referidas no parágrafo anterior, é específico para cada endereço, intransferível e renovável conforme estabelecido pelo órgão executivo de trânsito dos Estados ou do Distrito Federal.

### Dos Órgãos ou Entidades Executivos de Trânsito dos Estados e do Distrito Federal

**Art. 2º.** Compete ao órgão ou entidade executivo de trânsito dos Estados e do Distrito Federal credenciar instituições ou entidades para a execução de atividades previstas na legislação de trânsito, na forma estabelecida pelo CONTRAN.

Parágrafo único. Os órgãos ou entidades executivos de trânsito dos Estados e do Distrito Federal, por delegação do Departamento Nacional de Trânsito, são os responsáveis, no âmbito de sua circunscrição, pelo cumprimento dos dispositivos do CTB e das exigências da legislação vigente, devendo providenciar condições organizacionais, operacionais, administrativas e pedagógicas, em sistema informatizado, por meio de rede nacional, para permitir o registro, acompanhamento e controle no exercício das funções exigidas nesta Resolução, conforme padrão tecnológico estabelecido pelo Órgão Máximo Executivo de Trânsito.

**Art. 3º.** Constituem atribuições dos órgãos e entidades executivos de trânsito dos Estados e do Distrito Federal, para o processo de credenciamento, acompanhamento e controle dos entes credenciados:

I – elaborar e revisar periodicamente a distribuição geográfica dos credenciados;

II – credenciar as instituições e entidades que cumprirem as exigências estabelecidas nesta Resolução;

III – credenciar os profissionais que atuam nas referidas instituições ou entidades credenciadas, vinculando-os a estas e disponibilizando-lhes senhas pessoais e intransferíveis, de acesso aos sistemas informatizados do órgão executivo de trânsito do Estado ou do Distrito Federal;

IV – garantir, na esfera de sua competência, o suporte técnico ao sistema informatizado disponível aos credenciados;

V – auditar as atividades dos credenciados, objetivando o fiel cumprimento das normas legais e dos compromissos assumidos, mantendo supervisão administrativa e pedagógica;

VI – estabelecer as especificações mínimas de equipamentos e conectividade para integração dos credenciados aos sistemas informatizados do órgão executivo de trânsito do Estado ou do Distrito Federal;

VII – definir referências mínimas para:

a) identificação dos Centros de Formação de Condutores e dos veículos de aprendizagem, devendo a expressão "Centro de Formação de Condutores" ou a sigla "CFC" constar na identificação visual;

b) selecionar o material, equipamentos e ação didática a serem utilizados;

VIII – estabelecer os procedimentos pertinentes às atividades dos credenciados;

IX – apurar irregularidades praticadas por instituições ou entidades e pelos profissionais credenciados, por meio de processo administrativo, aplicando as penalidades cabíveis previstas nesta Resolução;

X – elaborar estatísticas para o acompanhamento dos cursos e profissionais das entidades credenciadas;

XI – controlar o número total de candidatos por turma proporcionalmente ao tamanho da sala e à frota de veículos do CFC, por meio de sistemas informatizados;

XII – manter controle dos registros referentes a conteúdos, frequência e acompanhamento do desempenho dos candidatos e condutores nas aulas teóricas e práticas, contendo no mínimo as seguintes informações:

a) cursos teóricos: conteúdo, turma, datas e horários iniciais e finais das aulas, nome e identificação do instrutor, lista de presença com assinatura do candidato ou verificação eletrônica de presença;

b) cursos práticos: quilometragem inicial e final da aula, horário de início e término, placa do veículo, nome e identificação do instrutor, ficha de acompanhamento do candidato com assinatura ou verificação eletrônica de presença.

Parágrafo único. Os órgãos ou entidades executivos de trânsito dos Estados e do Distrito Federal poderão estabelecer exigências complementares para o processo de credenciamento, acompanhamento e controle, desde que respeitadas as disposições desta Resolução.

## Do Credenciamento de Instituições e Entidades

**Art. 4º.** Os órgãos executivos de trânsito dos Estados e do Distrito Federal poderão credenciar entidades, com capacidade técnica comprovada, para exercerem as atividades de formação de diretor geral, diretor de ensino e instrutor de trânsito para CFC, e de examinador de trânsito, através de cursos específicos teórico-técnico e de prática de direção.

§ 1º. As entidades referidas no *caput* deste artigo serão credenciadas por período determinado, podendo ser renovado, desde que atendidas as disposições desta Resolução.

§ 2º. As entidades, já autorizadas anteriormente pelo DENATRAN até a data de 25 de julho de 2006, em caráter provisório, com a finalidade de capacitar diretor geral, diretor de ensino e instrutor de trânsito para CFC, e examinador de trânsito, poderão continuar normalmente suas atividades, exclusivamente na localidade da autorização, submetendo-se às exigências do Órgão Executivo de Trânsito do Estado ou do Distrito Federal e as disposições desta Resolução.

**Art. 5º.** São exigências mínimas para o credenciamento:

I – requerimento da unidade da instituição dirigido ao órgão ou entidade executivo de trânsito do Estado ou do Distrito Federal;

II – infraestrutura física e recursos instrucionais necessários para a realização do(s) curso(s) proposto(s), admitindo, para a utilização do simulador de direção veicular, o uso compartilhado do equipamento entre as entidades de ensino. *(Inciso II com redação dada pela Resolução CONTRAN nº 423/2012)*

III – estrutura administrativa informatizada para interligação com o sistema de informações do órgão ou entidade executivo de trânsito do Estado ou do Distrito Federal;

IV – relação do corpo docente com a titulação exigida no art.18 desta Resolução;

V – apresentação do plano de curso em conformidade com a estrutura curricular contida no Anexo desta Resolução;

VI – vistoria para comprovação do cumprimento das exigências pelo órgão ou entidade executivo de trânsito do Estado ou do Distrito Federal;

VII – publicação do ato de credenciamento e registro da unidade no sistema informatizado do órgão ou entidade executivo de trânsito do Estado ou do Distrito Federal;

VIII – participação dos representantes do corpo funcional, em treinamentos efetivados pelo órgão ou entidade executivo de trânsito do Estado ou do Distrito Federal, para desenvolver unidade de procedimentos pedagógicos e para operar os sistemas informatizados, com a devida liberação de acessos mediante termo de uso e responsabilidades.

Parágrafo único. O credenciamento das entidades credenciadas com a finalidade de capacitar diretor geral, diretor de ensino e instrutor de trânsito para CFC, e examinador de trânsito é específico para cada endereço, sendo expedido pelo órgão executivo de trânsito do Estado ou do Distrito Federal da circunscrição em que esteja instalado, que o cadastrará no Órgão Executivo de Trânsito da União.

**Art. 6º.** São atribuições das entidades credenciadas com a finalidade de capacitar diretor geral, diretor de ensino e instrutor de trânsito para CFC, e examinador de trânsito, através de cursos específicos teórico-técnico e de prática de direção:

I – atender às exigências das normas vigentes;

II – manter atualizado e em perfeitas condições de uso o material didático-pedagógico e acervo bibliográfico;

III – promover a atualização do seu quadro docente;

IV – atender às convocações do órgão ou entidade executivo de trânsito do Estado ou do Distrito Federal;

V – manter atualizadas as informações dos cursos oferecidos e do respectivo corpo docente e discente, no sistema informatizado do órgão ou entidade executivo de trânsito do Estado ou do Distrito Federal;

VI – manter o arquivo dos documentos pertinentes ao corpo docente e discente por 5 (cinco) anos conforme legislação vigente;

VII – emitir certificado de conclusão do curso.

## Das Instituições Credenciadas para Formação, Atualização e Reciclagem de Condutores – Centros de Formação de Condutores – CFC

**Art. 7º.** As autoescolas a que se refere o art. 156 do CTB, denominadas Centros de Formação de Condutores – CFC são empresas particulares ou sociedades civis, constituídas sob qualquer das formas previstas na legislação vigente.

§ 1º. Os CFC devem ter como atividade exclusiva o ensino teórico e/ou prático visando a formação, atualização e reciclagem de candidatos e condutores de veículos automotores;

§ 2º. Os CFC serão credenciados pelo órgão ou entidade executivo de trânsito do Estado ou do Distrito Federal por período determinado, podendo ser renovado por igual período, desde que atendidas as disposições desta Resolução.

§ 3º. Para efeito de credenciamento pelo órgão de trânsito competente, os CFC terão a seguinte classificação:

I – "A" – ensino teórico técnico;

II – "B" – ensino prático de direção; e

III – "AB" – ensino teórico técnico e de prática de direção.

§ 4º. Cada CFC poderá se dedicar ao ensino teórico técnico ou ao ensino prático de direção veicular, ou ainda a ambos, desde que certificado e credenciado para tal.

§ 5º. O CFC só poderá preparar o aluno para o exame de direção veicular se dispuser de veículo automotor da categoria pretendida pelo candidato.

§ 6º. As dependências físicas do CFC deverá ter uso exclusivo para o seu fim.

**Art. 8º.** São exigências mínimas para o credenciamento de CFC:

I – Infraestrutura física:

a) acessibilidade conforme legislação vigente;

b) se, para ensino teórico-técnico, salas específicas para aulas: *(Alínea "b" com redação dada pela Resolução CONTRAN nº 423/2012)*

b.1) teóricas, obedecendo ao critério de 1,20 $m^2$ (um metro e vinte centímetros quadrados) por candidato, e 6 $m^2$ (seis metros quadrados) para o instrutor, com medida total mínima de 24 $m^2$ (vinte e quatro metros quadrados)correspondendo à capacidade de 15 (quinze) candidatos, sendo que a capacidade total máxima não poderá exceder a 35 (trinta e cinco) candidatos por sala, respeitados os critérios estabelecidos; mobiliada com carteiras individuais, em número compatível com o tamanho da sala, adequadas para destro e canhoto, além de cadeira e mesa para instrutor; *(Alínea "b.1" com redação dada pela Resolução CONTRAN nº 423/2012)*

b.2) de simulação de direção veicular, sala com medida total mínima de 15 $m^2$ (quinze metros quadrados) para acomodação e funcionamento do simulador de direção. Na hipótese de instalação de mais de 1 (um) simulador de direção na mesma sala, a cada equipamento instalado deverá ser acrescido espaço mínimo de 8 $m^2$, com o devido isolamento acústico, de tal forma que se evite a interferência visual e sonora entre os simuladores. *(Alínea "b.2" com redação dada pela Resolução CONTRAN nº 423/2012)*

b.2.1) A sala destinada ao(s) simulador(es) de direção deverá possuir meios de apoio ao instrutor, tais como assentos, mesa e monitor para acompanhamento e supervisão. Deverá ainda, ter uma webcam instalada de forma a proporcionar uma visão panorâmica da sala de aula. Essa webcam deverá transmitir as imagens geradas "online", para que os órgãos executivos estaduais de trânsito e do Distrito Federal, realizem a fiscalização das aulas ministradas nos simuladores de direção pelos CFC, em tempo real, de tal forma que as aulas em simulador de direção só poderão ser iniciadas mediante a prévia e devida transmissão das imagens. *(Alínea "b.2.1" com redação dada pela Resolução CONTRAN nº 423/2012)*

c) espaços destinados à Diretoria Geral, Diretoria de Ensino, Secretaria e Recepção;

d) 2 (dois) sanitários, sendo um feminino e outro masculino, com acesso independente da sala de aula, constante da estrutura física do CFC;

e) área específica de treinamento para prática de direção em veículo de 2 (duas) ou 3 (três) rodas em conformidade com as exigências da norma legal vigente, podendo ser fora da área do CFC, bem como de uso compartilhado, desde que no mesmo município;

f) fachada do CFC atendendo às diretrizes de identidade visual, conforme regulamentação específica do órgão ou entidade executivo de trânsito do Estado ou do Distrito Federal;

g) infraestrutura tecnológica para conexão com o sistema informatizado do órgão ou entidade executivo de trânsito do Estado ou do Distrito Federal.

II – Recursos Didático-pedagógicos:

a) quadro para exposição escrita com, no mínimo, 2 m x 1,20 m;

b) material didático ilustrativo;

c) acervo bibliográfico sobre trânsito, disponível aos candidatos e instrutores, tais como Código de Trânsito Brasileiro, Coletânea de Legislação de Trânsito atualizada e publicações doutrinárias sobre trânsito;

d) recursos audiovisuais necessários por sala de aula;

e) manuais e apostilas para os candidatos e condutores;

III – Veículos e equipamentos de aprendizagem:

a) para a categoria "A" – dois veículos automotores de duas rodas, de no mínimo 120 cc (cento e vinte centímetros cúbicos), com câmbio mecânico, não sendo admitida alteração da capacidade estabelecida pelo fabricante, com, no máximo, cinco anos de fabricação;

b) para categoria "B" – dois veículos automotores de quatro rodas, exceto quadriciclo, com câmbio mecânico, com no máximo oito anos de fabricação;

c) para categoria "C" – um veículo de carga com Peso Bruto Total – PBT de no mínimo 6.000 Kg, não sendo admitida alteração da capacidade estabelecida pelo fabricante, com no máximo quinze anos de fabricação;

d) para categoria "D" – um veículo motorizado, classificado de fábrica, tipo ônibus, com no mínimo 7,20 m (sete metros e vinte centímetros) de comprimento, utilizado no transporte de passageiros, com no máximo quinze anos de fabricação;

e) para categoria "E" – uma combinação de veículos onde o veículo trator deverá ser acoplado a um reboque ou semirreboque registrado com PBT de no mínimo 6.000 Kg e comprimento mínimo de 11 m (onze metros), com no máximo quinze anos de fabricação;

f) *(Alínea "f" revogada pela Resolução CONTRAN nº 423/2012)*

IV – Recursos Humanos:

a) um Diretor-Geral;

b) um Diretor de Ensino;

c) dois Instrutores de Trânsito;

V – Os CFC somente poderão utilizar simuladores de direção previamente certificados por um Organismo Certificador de Produto – OCP, e posteriormente homologados pelo DENATRAN. *(Inciso V acrescido pela Resolução CONTRAN nº 423/2012)*

§ 1º. As dependências do CFC devem possuir meios que atendam aos requisitos de segurança, conforto e higiene, às exigências didático-pedagógicas, assim como às posturas municipais vigentes.

§ 2º. Qualquer alteração nas instalações internas do CFC credenciado deve ser previamente autorizada pelo órgão executivo de trânsito do Estado ou do Distrito Federal, após vistoria para aprovação.

§ 3º. Os veículos de aprendizagem devem estar equipados com duplo comando de freio e embreagem e retrovisor interno extra para uso do instrutor e examinador, além dos equipamentos obrigatórios previstos na legislação.

§ 4º. Os veículos de aprendizagem da categoria "A" devem estar identificados por uma placa de cor amarela com as dimensões de 30 (trinta) centímetros de largura e 15 (quinze) centímetros de altura, fixada na parte traseira, em local visível, contendo a inscrição "MOTO ESCOLA" em caracteres pretos.

§ 5º. Os veículos de aprendizagem das categorias B, C, D e E, devem estar identificados por uma faixa amarela de 20 (vinte) centímetros de largura, pintada na lateral ao longo da carroceria, a meia altura, com a inscrição "AUTOESCOLA" na cor preta, sendo que, nos veículos de cor amarela, a faixa deverá ser emoldurada por um filete de cor preta, de no mínimo 1 cm (um centímetro) de largura.

§ 6º. Os veículos de aprendizagem devem conter identificação do CFC atendendo às diretrizes de identidade visual, conforme regulamentação específica do órgão ou entidade executivo de trânsito do Estado ou do Distrito Federal, vedada a utilização de qualquer outro motivo de inscrição ou informação.

§ 7º. Os veículos destinados à aprendizagem devem ser de propriedade do CFC e estar devidamente registrados e licenciados no município-sede do CFC, admitindo-se contrato de financiamento devidamente registrado.

§ 8º. O CFC é responsável pelo uso do veículo destinado à aprendizagem, ainda que fora do horário autorizado para a prática de direção veicular.

§ 9º. O Diretor-Geral poderá estar vinculado a no máximo dois CFC, mediante autorização do órgão ou entidade executivo de trânsito do Estado ou do Distrito Federal, desde que não haja prejuízo em suas atribuições.

§ 10. O Diretor de Ensino deverá estar vinculado apenas a um CFC.

§ 11. O CFC poderá compartilhar o uso do simulador com outros CFC, desde que obedecidas às exigências mínimas previstas neste artigo. *(§ 11 acrescido pela Resolução CONTRAN nº 423/2012)*

**Art. 9º.** O processo para o credenciamento de Centro de Formação de Condutores constituir-se-á das seguintes etapas:

I – Apresentação da seguinte documentação:

a) requerimento do interessado dirigido ao órgão ou entidade executivo de trânsito do Estado ou do Distrito Federal, acompanhado dos seguintes documentos:

— Carteira de Identidade e CPF (fotocópia autenticada);

— Certidão negativa da Vara de Execução Penal do Município sede do CFC e do Município onde reside;

— Certidão negativa do registro de distribuição e de execuções criminais referentes à prática de crimes contra os costumes, a fé pública, o patrimônio, à administração pública, privada ou da justiça e os previstos na lei de entorpecentes, expedidas no local de seu domicílio ou residência;

— Certidão negativa expedida pelo cartório de distribuições cíveis, demonstrando não estar impossibilitado para o pleno exercício das atividades comerciais (insolvência, falência, interdição ou determinação judicial etc.), expedidas no local de seu domicílio ou residência;

— Comprovante de residência.

b) contrato social, devidamente registrado, com capital social compatível com os investimentos;

c) certidões negativas de débitos federais, estaduais e municipais;

d) certidões negativas do FGTS e do INSS;

e) cartão do CNPJ, Inscrição Estadual e Inscrição Municipal;

f) declaração do (s) proprietário (s) do CFC de que irá dispor de:

— infraestrutura física conforme exigência desta Resolução e de normas vigentes;

— recursos didático-pedagógicos, com a devida listagem dos mesmos;

— veículos de aprendizagem conforme exigência desta Resolução;

— recursos humanos exigidos nesta Resolução, listados nominalmente com a devida titulação.

II – Cumpridas as exigências do item I, o interessado será convocado para que, num prazo de até 150 (cento e cinquenta dias), apresente a documentação e as exigências técnicas abaixo relacionadas para a realização da vistoria técnica pelo órgão ou entidade executivo de trânsito do Estado ou do Distrito Federal:

a) alvará de localização e funcionamento fornecido pelo órgão competente;

b) cópia da planta baixa do imóvel;

c) cópia da RAIS da empresa, ou CTPS do corpo funcional;

d) atestado de Vistoria do Corpo de Bombeiros;

e) relação do (s) proprietário(s);

f) comprovação da titulação exigida de formação e qualificação do corpo diretivo e instrutores;

g) apresentação da frota dos veículos identificados conforme art. 154 do CTB e referências mínimas para identificação estabelecidas pelo órgão executivo de trânsito do Estado ou do Distrito Federal, com os respectivos certificados de segurança veicular – CSV, referentes à transformação de duplo comando de freios e embreagem para autorização da mudança de categoria;

h) laudo da vistoria de comprovação do cumprimento das exigências para o credenciamento, realizada pelo órgão ou entidade executivo de trânsito do Estado ou do Distrito Federal.

III – Assinatura do termo de credenciamento após o cumprimento das etapas anteriores, com a devida aprovação da vistoria pelo órgão ou entidade executivo de trânsito do Estado ou do Distrito Federal.

IV – Publicação do ato de credenciamento e registro do CFC no sistema informatizado do órgão ou entidade executivo de trânsito do Estado ou do Distrito Federal.

V – Participação do corpo funcional do CFC em treinamentos efetivados pelo órgão ou entidade executivo de trânsito do Estado ou do Distrito Federal, para padronizar procedimentos pedagógicos e operar o sistema informatizado, com a devida liberação de acesso mediante termo de uso e responsabilidade.

**Art. 10.** Compete a cada CFC credenciado para ministrar os cursos de formação, atualização e reciclagem de condutores:

I – realizar as atividades necessárias ao desenvolvimento dos conhecimentos técnicos, teóricos e práticos com ênfase na construção de comportamento seguro no trânsito, visando a formação, atualização e reciclagem de condutores de veículos automotores, nos termos do CTB e legislação pertinente;

II – buscar a caracterização do CFC como uma unidade de ensino, atendendo integralmente aos padrões estabelecidos pela legislação vigente quanto às instalações físicas, recursos humanos e didáticos, identidade visual, sistema operacional, equipamentos e veículos;

III – cadastrar seus veículos automotores, destinados à instrução prática de direção veicular junto ao órgão ou entidade executivo de trânsito do Estado ou do Distrito Federal, submetendo-se às determinações estabelecidas nesta Resolução e normas vigentes;

IV – manter o Diretor-Geral e/ou o Diretor de Ensino presente nas dependências do CFC, durante o horário de funcionamento;

V – promover a qualificação e atualização do quadro profissional em relação à legislação de trânsito vigente e às práticas pedagógicas;

VI – divulgar e participar de campanhas institucionais educativas de trânsito promovidas ou apoiadas pelo órgão ou entidade executivo de trânsito do Estado ou do Distrito Federal;

VII – contratar, para exercer as funções de Diretor-Geral, Diretor de Ensino e Instrutor de Trânsito, somente profissionais credenciados junto ao órgão ou entidade executivo de trânsito do Estado ou do Distrito Federal, providenciando a sua vinculação ao CFC;

VIII – manter atualizado o planejamento dos cursos de acordo com as orientações do órgão ou entidade executivo de trânsito do Estado ou do Distrito Federal;

IX – manter atualizado o banco de dados do órgão executivo de trânsito dos Estados ou do Distrito Federal, conforme o art. 3º, inciso XII, desta Resolução;

X – manter o arquivo dos documentos pertinentes ao corpo docente e discente por 5 (cinco) anos conforme legislação vigente.

**Art. 11.** Para a renovação do credenciamento, o CFC deverá apresentar índices de aprovação de seus candidatos de, no mínimo, 60% (sessenta por cento) nos exames teóricos e práticos, respectivamente, referentes aos 12 (doze) meses anteriores ao mês da renovação do credenciamento.

§ 1º. Para os efeitos da operacionalização do *caput* deste artigo, o órgão ou entidade executivo de trânsito do Estado ou do Distrito Federal deve estabelecer ações de acompanhamento, controle e avaliação das atividades e dos resultados de cada CFC, de forma sistemática e periódica, emitindo relatórios e oficiando aos responsáveis pelas entidades credenciadas.

§ 2º. Quando o CFC não atingir o índice mínimo estabelecido no *caput* deste artigo, em períodos que não ultrapassem 3 (três) meses, o órgão ou entidade executivo de trânsito do Estado ou do Distrito Federal deverá solicitar ao Diretor de Ensino do CFC uma proposta de planejamento para alteração dos resultados, sanando possíveis deficiências no processo pedagógico.

§ 3º. Persistindo o índice de aprovação inferior ao estabelecido no *caput* deste artigo, após decorridos 3 (três) meses, os instrutores e os diretores do CFC deverão participar de treinamento de reciclagem e atualização extraordinários sob a responsabilidade do órgão ou entidade executivos de trânsito do Estado ou do Distrito Federal.

**Das Unidades das Forças Armadas e Auxiliares que Possuírem Cursos de Formação de Condutores**

**Art. 12.** As unidades das Forças Armadas e Auxiliares que possuírem cursos de formação de condutores, conforme previsto no § 2º do art. 152 do CTB, para ministrar estes cursos, deverão credenciar-se junto ao órgão ou entidade executivo de trânsito do Estado ou do Distrito Federal, no âmbito de sua circunscrição, que a registrará junto ao Órgão Máximo Executivo de Trânsito da União, atendendo às exigências estabelecidas nesta Resolução.

**Art. 13.** São exigências mínimas para o credenciamento das unidades das Forças Armadas e Auxiliares:

I – requerimento da unidade interessada em ministrar cursos de formação de condutores, dirigido ao órgão ou entidade executivo de trânsito do Estado ou do Distrito Federal;

II – infraestrutura física e recursos instrucionais necessários para a realização do curso proposto;

III – estrutura administrativa informatizada para interligação com o sistema de informações do órgão ou entidade executivo de trânsito do Estado ou do Distrito Federal;

IV – relação dos recursos humanos: instrutores de trânsito, coordenadores geral e de ensino da Corporação, devidamente capacitados nos cursos de instrutor de trânsito e diretor geral e de ensino, credenciados pelo órgão ou entidade executivo de trânsito do Estado ou do Distrito Federal;

V – apresentação do plano de curso em conformidade com a legislação vigente;

VI – realização de vistoria para comprovação do cumprimento das exigências pelo órgão ou entidade executivo de trânsito do Estado ou do Distrito Federal;

VII – emissão do ato de credenciamento;

VIII – publicação do ato de credenciamento e registro da unidade militar no sistema informatizado do órgão ou entidade executivo de trânsito do Estado ou do Distrito Federal;

IX – participação do corpo funcional da unidade militar em treinamentos efetivados pelo órgão ou entidade executivos de trânsito do Estado ou do Distrito Federal, para padronização de procedimentos pedagógicos e operacionais e do sistema informatizado, com a liberação de acesso mediante termo de uso e responsabilidades.

**Art. 14.** São atribuições da unidade das Forças Armadas e Auxiliares, credenciada para ministrar o curso:

I – atender às exigências das normas vigentes, no que se refere ao curso de formação de condutores;

II – manter atualizado o acervo bibliográfico e de material didático-pedagógico;

III – promover a atualização técnico-pedagógica do seu quadro docente;

IV – disponibilizar veículos automotores compatíveis com a categoria a que se destina o curso;

V – manter atualizadas as informações dos cursos oferecidos e dos respectivos corpos docente e discente, no sistema do órgão ou entidade executivo de trânsito do Estado ou do Distrito Federal;

VI – manter o arquivo dos documentos pertinentes ao corpo docente e discente por 5 (cinco) anos conforme legislação vigente.

## Das Instituições Credenciadas para a Qualificação de Condutores em Cursos Especializados

### Instituições do Serviço Nacional de Aprendizagem Sistema "S"

**Art. 15.** As instituições do Serviço Nacional de Aprendizagem, credenciadas pelos órgãos e entidades executivos de trânsito dos Estados e do Distrito Federal, promoverão a qualificação de condutores e sua respectiva atualização, por meio da oferta de cursos especializados para condutores de veículos de:

a) Transporte de escolares;

b) Transporte de produtos perigosos;

c) Transporte coletivo de passageiros;

d) Transporte de emergência;

e) Outros transportes especializados, na forma regulamentada pelo CONTRAN.

Parágrafo único. As instituições referidas no *caput* deste artigo serão credenciadas por período determinado, podendo ser renovado, desde que atendidas as disposições desta Resolução.

**Art. 16.** São exigências mínimas para o credenciamento das instituições do Serviço Nacional de Aprendizagem:

I – requerimento da unidade da Instituição dirigido ao órgão ou entidade executivo de trânsito do Estado ou do Distrito Federal;

II – infraestrutura física e recursos instrucionais necessários para a realização do(s) curso(s) proposto(s);

III – estrutura administrativa informatizada para interligação com o sistema de informações do órgão ou entidade executivo de trânsito do Estado ou do Distrito Federal;

IV – relação do corpo docente com a titulação exigida no art. 22 desta Resolução, e do coordenador geral dos cursos;

V – apresentação do plano de curso em conformidade com a estrutura curricular exigida nesta Resolução;

VI – realização de vistoria para comprovação do cumprimento das exigências pelo órgão ou entidade executivo de trânsito do Estado ou do Distrito Federal;

VII – emissão do ato de credenciamento;

VIII – publicação do ato de credenciamento e registro da unidade do Sistema "S" no sistema informatizado do órgão ou entidade executivo de trânsito do Estado ou do Distrito Federal;

IX – participação do corpo funcional em treinamentos efetivados pelo órgão ou entidade executivo de trânsito do Estado ou do Distrito Federal, para padronização de procedimentos pedagógicos e operacionais do sistema informatizado, com a devida liberação de acesso mediante termo de uso e responsabilidade.

**Art. 17.** São atribuições de cada unidade das Instituições do Serviço Nacional de Aprendizagem, credenciada para ministrar cursos especializados:

I – atender às exigências das normas vigentes;

II – manter atualizado o acervo bibliográfico e de material didático-pedagógico;

III – promover a atualização do seu quadro docente;

IV – atender às convocações do órgão ou entidade executivo de trânsito do Estado ou do Distrito Federal;

V – manter atualizadas as informações dos cursos oferecidos e dos respectivos corpos docente e discente, no sistema informatizado do órgão ou entidade executivo de trânsito do Estado ou do Distrito Federal;

VI – manter o arquivo dos documentos pertinentes aos corpos docente e discente por 5 (cinco) anos conforme legislação vigente.

**Dos Profissionais das Entidades Credenciadas com a Finalidade de Capacitar Diretor Geral, Diretor de Ensino e Instrutor de Trânsito para os CFC, e Examinador de Trânsito**

**Art. 18.** São exigências para os profissionais destas instituições:

I – Curso superior completo, pós-graduação *lato-sensu* e experiência na área de trânsito, quando Coordenador Geral.

II – Curso superior completo, cursos relacionados ao tema de sua disciplina e curso específico na área do trânsito, quando membro do corpo docente.

**Dos Centros de Formação de Condutores – CFC**

**Art. 19.** São exigências para o exercício das atividades dos profissionais destas instituições:

I – Diretor Geral e Diretor de Ensino:

a) no mínimo 21 (vinte e um) anos de idade;

b) curso superior completo;

c) curso de capacitação específica para a atividade;

d) no mínimo dois anos de habilitação.

II – Instrutor de Trânsito:

a) no mínimo 21 (vinte e um) anos de idade;

b) curso de ensino médio completo;

c) no mínimo um ano na categoria "D";

d) não ter sofrido penalidade de cassação de CNH;

e) não ter cometido nenhuma infração de trânsito de natureza gravíssima nos últimos 60 (sessenta) dias;

f) curso de capacitação específica para a atividade e curso de direção defensiva e primeiros socorros.

Parágrafo único. Para credenciamento junto ao órgão ou entidade executivo de trânsito do Estado ou do Distrito Federal, os profissionais referidos neste artigo deverão apresentar:

a) Carteira Nacional de Habilitação válida;

b) Cadastro de Pessoa Física – CPF;

c) Diploma ou certificado de escolaridade expedido por instituição de ensino devidamente credenciada pelo órgão competente;

d) certificado de conclusão do curso específico de capacitação para a atividade;

e) comprovante de residência;

f) contrato de trabalho com o CFC devidamente anotado na Carteira de Trabalho e Previdência Social;

g) certidão negativa do registro de distribuição e de execuções criminais referentes às práticas de crimes contra os costumes, fé pública, patrimônio, à administração pública, privada ou da justiça e os previstos na lei de entorpecentes, expedidas no local de seu domicílio ou residência.

### Das Unidades das Forças Armadas e Auxiliares

**Art. 20.** As exigências para o exercício da atividade de instrutor de trânsito e de Coordenadores Geral e de Ensino e respectiva documentação para credenciamento junto ao órgão ou entidade executivo de trânsito do Estado ou do Distrito Federal são as referidas nos incisos I e II do art.19 desta Resolução.

### Dos Instrutores Não Vinculados a um Centro de Formação de Condutores

**Art. 21.** A instrução de prática de direção veicular para obtenção da CNH poderá ser realizada por instrutores de trânsito não vinculados a um CFC, mediante prévia autorização do órgão executivo de trânsito do Estado ou do Distrito Federal, nas localidades que não contarem com um CFC.

§ 1º. O instrutor não vinculado deverá atender às exigências previstas para o instrutor de trânsito, conforme inciso II do art.19.

§ 2º. O instrutor de prática de direção veicular não vinculado só poderá instruir 1 (um) candidato a cada período de 6 (seis) meses.

§ 3º. Os órgãos executivos de trânsito dos Estados ou do Distrito Federal devem conceder a autorização para instrutor não vinculado, por candidato, com vistas ao registro e à emissão da Licença para Aprendizagem de Direção Veicular – LADV.

§ 4º. Os órgãos executivos de trânsito dos Estados ou do Distrito Federal devem manter atualizados os cadastros de instrutores de direção veicular não vinculados, em suas respectivas circunscrições.

§ 5º. O veículo eventualmente utilizado pelo instrutor não vinculado, quando autorizado, deverá observar o disposto no parágrafo único do art. 154 do CTB.

### Das Instituições do Serviço Nacional de Aprendizagem Sistema "S"

**Art. 22.** São exigências para os profissionais destas Instituições:

I – Quando na função de Coordenador Geral:

a) mínimo de 21 (vinte e um) anos de idade;

b) curso superior completo;

c) curso de capacitação específico exigido para Diretor Geral de CFC;

d) dois anos de habilitação.

II – Quando na função de Coordenador de Ensino:

a) mínimo de 21 (vinte e um) anos de idade;

b) curso superior completo;

c) curso de capacitação específico exigido para Diretor de Ensino de CFC;

d) dois anos de habilitação.

Parágrafo único. Para credenciamento junto ao órgão executivo de trânsito do Estado ou do Distrito Federal, os Coordenadores, Geral e de Ensino, deverão apresentar:

a) Carteira de Identidade;

b) Cadastro de Pessoa Física – CPF;

c) documento comprobatório de conclusão de curso superior devidamente reconhecido pelo Ministério da Educação;

d) certificado de conclusão de curso de Diretor Geral ou de Diretor de Ensino em Instituição credenciada pelo órgão ou entidade executivo de trânsito do Estado ou do Distrito Federal;

e) CNH válida.

**Art. 23.** São exigências para os Instrutores de Cursos Especializados previstos na legislação vigente:

I – no mínimo 21 (vinte e um) anos de idade;

II – nível médio completo;

III – curso de capacitação para instrutor especializado;

IV – um ano de habilitação em categoria compatível com as exigidas para o curso especializado em que atuam;

V – não ter sofrido penalidade de suspensão do direito de dirigir ou cassação de CNH e não ter cometido nenhuma infração de trânsito de natureza gravíssima nos últimos 12 (doze) meses.

§ 1º. Para credenciamento junto ao órgão ou entidade executivo de trânsito do Estado ou do Distrito Federal, o instrutor de curso especializado deverá apresentar:

a) Carteira Nacional de Habilitação válida;

b) Cadastro de Pessoa Física – CPF;

c) Certificado de conclusão de curso médio devidamente reconhecido;

d) Certificado de conclusão do curso de instrutor especializado na área de atuação;

e) Certidão Negativa da Vara de Execução Criminal do Município onde residem e do local onde pretendem atuar.

§ 2º. As entidades que, quando da publicação da Resolução CONTRAN nº 168/2004, se encontravam credenciadas para ministrar exclusivamente cursos especializados, têm assegurada a continuidade do exercício de suas atividades, devendo:

a) efetuar recadastramento junto ao órgão executivo de trânsito do Estado ou do Distrito Federal, renovando-o a cada dois anos;

b) cumprir as exigências previstas nos arts. 22 e 23 desta Resolução.

**Dos Examinadores de Trânsito**

**Art. 24.** São exigências mínimas para o exercício da atividade de examinador de trânsito, observadas as disposições contidas no art. 152 do CTB:

I – no mínimo 21(vinte e um) anos de idade;

II – curso superior completo;

III – dois anos de habilitação compatível com a categoria a ser examinada;

IV – não ter sofrido penalidade de suspensão do direito de dirigir ou cassação de CNH e não ter cometido nenhuma infração de trânsito de natureza gravíssima nos últimos 12 (doze) meses;

V – curso para examinador de trânsito.

§ 1º. Para serem designados pela autoridade executiva de trânsito do Estado ou do Distrito Federal, os profissionais referidos neste artigo deverão apresentar:

a) Carteira Nacional de Habilitação válida;

b) Cadastro de Pessoa Física – CPF;

c) Certificado de conclusão de curso superior devidamente reconhecido pelo Ministério da Educação;

d) Certificado de conclusão do curso específico de capacitação para a atividade;

e) Comprovante de residência;

f) Certidão Negativa da Vara de Execução Criminal do Município onde reside e do local onde pretende atuar.

§ 2º. As exigências para o exercício da atividade de examinador de trânsito nas unidades das Forças Armadas e Auxiliares e respectiva documentação para credenciamento junto ao órgão ou entidade executivo de trânsito do Estado ou do Distrito Federal, são as referidas no § 1º deste artigo.

**Dos Profissionais que atuam nos Processos de Capacitação, Formação, Qualificação, Especialização, Atualização e Reciclagem de Candidatos a CNH e Condutores**

**Art. 25.** São atribuições dos profissionais que atuam nos processos de capacitação, formação, qualificação, especialização, atualização e reciclagem de recursos humanos, candidatos e condutores:

I – O Instrutor de trânsito é o responsável direto pela formação, atualização e reciclagem de candidatos e de condutores e o Instrutor de cursos especializados, pela qualificação e atualização de condutores, competindo-lhes:

a) transmitir aos candidatos os conteúdos teóricos e práticos exigidos pela legislação vigente;

b) tratar os candidatos com urbanidade e respeito;

c) cumprir as instruções e os horários estabelecidos no quadro de trabalho da instituição;

d) utilizar crachá de identificação com foto, quando no exercício da função que será fornecido pelo órgão executivo de trânsito do Estado ou do Distrito Federal;

e) frequentar cursos de aperfeiçoamento ou de atualização determinados pelo órgão executivo de trânsito do Estado ou do Distrito Federal;

f) acatar as determinações de ordem administrativa e pedagógica estabelecidas pela Instituição;

g) Avaliar se o candidato está apto a prestar exame de direção veicular após o cumprimento da carga horária estabelecida.

II – O Diretor Geral é o responsável pela administração e o correto funcionamento da Instituição, competindo-lhe, além de outras atribuições determinadas pelo Órgão Máximo Executivo de Trânsito da União:

a) estabelecer e manter as relações oficiais com os órgãos ou entidades do Sistema Nacional de Trânsito;

b) administrar a instituição de acordo com as normas estabelecidas pelo órgão ou entidade executivo de trânsito do Estado ou do Distrito Federal;

c) decidir, em primeira instância, sobre os recursos interpostos ou reclamações feitas por candidato ou condutor contra qualquer ato julgado prejudicial, praticado nas atividades escolares;

d) dedicar-se à permanente melhoria do ensino, visando à conscientização das pessoas que atuam no complexo do trânsito;

e) praticar todos os atos administrativos necessários à consecução das atividades que lhe são próprias e possam contribuir para a melhoria do funcionamento da instituição;

f) assinar, em conjunto com o Diretor de Ensino, os certificados de conclusão de cursos de formação, atualização e reciclagem, com a identificação da assinatura;

g) aplicar as penalidades administrativas ao pessoal que lhe é subordinado, nos termos desta Resolução;

h) manter, em local visível, tabela de preços dos serviços oferecidos;

i) comunicar, por escrito, ao órgão ou entidade executivo de trânsito do Estado ou do Distrito Federal ausências e impedimentos, por motivo de força maior, podendo ser autorizada a sua substituição pelo Diretor de Ensino, por um prazo de até 30 (trinta) dias;

j) ministrar aulas, em casos excepcionais, quando da substituição de instrutores, mediante autorização do órgão ou entidade executivo de trânsito do Estado ou do Distrito Federal;

k) comunicar, no prazo de 48 (quarenta e oito) horas, ao órgão ou entidade executivo de trânsito do Estado ou do Distrito Federal o desligamento de qualquer um de seus instrutores ou diretores;

l) frequentar cursos de aperfeiçoamento ou de atualização determinados pelo órgão ou entidade executivo de trânsito do Estado ou do Distrito Federal.

III – O Diretor de Ensino é o responsável pelas atividades escolares da instituição, competindo-lhe, dentre outras atribuições determinadas pelo órgão ou entidade executivo de trânsito do Estado ou do Distrito Federal:

a) orientar os instrutores no emprego de métodos, técnicas e procedimentos didático-pedagógicos, dedicando-se à permanente melhoria do ensino;

b) disponibilizar informações dos cursos e dos respectivos corpos docente e discente nos sistemas informatizados do órgão ou entidade executivos do Estado ou do Distrito Federal;

c) manter e arquivar documentos pertinentes aos corpos docente e discente por 5 (cinco) anos;

d) organizar o quadro de trabalho a ser cumprido pelos Instrutores;

e) acompanhar, controlar e avaliar as atividades dos instrutores a fim de assegurar a eficiência do ensino;

f) representar o Diretor Geral junto ao órgão ou entidade executivo de trânsito do Estado ou do Distrito Federal, quando este se encontrar impedido por quaisquer motivos, desde que previamente comunicado a estes órgãos;

g) ministrar aulas teóricas, em casos excepcionais, quando da substituição de instrutores, mediante autorização do órgão ou entidade executivo de trânsito do Estado ou do Distrito Federal;

h) frequentar cursos de aperfeiçoamento ou de atualização determinados pelo órgão ou entidade executivo de trânsito do Estado ou do Distrito Federal.

IV – O Examinador de Trânsito é o responsável pela realização dos exames previstos na legislação, competindo-lhe:

a) avaliar os conhecimentos e as habilidades dos candidatos e condutores para a condução de veículos automotores;

b) tratar os candidatos e condutores com urbanidade e respeito;

c) cumprir as instruções e os horários estabelecidos pelo órgão ou entidade executivo de trânsito do Estado ou do Distrito Federal;

d) utilizar crachá de identificação com foto, emitido pela autoridade responsável do órgão ou entidade executivo de trânsito do Estado ou do Distrito Federal, quando no exercício da função;

e) frequentar cursos de aperfeiçoamento ou de atualização determinados pelo órgão ou entidade executivo de trânsito do Estado ou do Distrito Federal.

## Do Funcionamento das Entidades Credenciadas

**Art. 26.** Todas as entidades credenciadas devem celebrar contrato de prestação de serviços, com o candidato, contendo as especificações do curso quanto a período, horário, condições, frequência exigida, prazo de validade do processo, valores e forma de pagamento.

Parágrafo único. A exigência de celebração do contrato de prestação de serviço não se aplica às unidades das Forças Armadas e Auxiliares.

**Art. 27.** Os horários de realização das aulas serão regulamentados pelo órgão ou entidade executivo de trânsito do Estado ou do Distrito Federal.

Parágrafo único. A carga horária diária máxima permitida nos cursos teóricos é de 10 (dez) horas/aula e, no curso de prática de direção veicular, 3 (três) horas/aula, sendo, no máximo, duas aulas práticas consecutivas por candidato ou condutor.

**Art. 28.** As entidades que permanecerem inativas por um período superior a 90 (noventa) dias poderão ter o credenciamento cancelado pelo órgão ou entidade executivo de trânsito do Estado ou do Distrito Federal, excetuando-se as unidades das Forças Armadas e Auxiliares.

Parágrafo único. A instituição ou entidade que tiver seu credenciamento cancelado, somente poderá retornar às atividades, mediante um novo processo de credenciamento.

## Das Infrações e Penalidades

**Art. 29.** Compete aos órgãos e entidades executivos de trânsito dos Estados e do Distrito Federal, no âmbito de suas circunscrições, fiscalizar as entidades públicas ou privadas por eles credenciadas.

**Art. 30.** As irregularidades deverão ser apuradas por meio de processo administrativo, e penalizadas de acordo com o estabelecido nesta Resolução.

**Art. 31.** São consideradas infrações de responsabilidade das instituições ou entidades e do Diretor Geral, credenciados pelos órgãos ou entidades executivos de trânsito dos Estados e do Distrito Federal, no que couber:

I – negligência na fiscalização das atividades dos instrutores, nos serviços administrativos de sua responsabilidade direta, bem como no cumprimento das atribuições previstas nesta Resolução e normas complementares do órgão ou entidade executivo de trânsito do Estado ou do Distrito Federal;

II – deficiência técnico-didática da instrução teórica ou prática;

III – aliciamento de candidatos por meio de representantes, corretores, prepostos e similares; e publicidade em jornais e outros meios de comunicação, mediante oferecimento de facilidades indevidas e/ou ilícitas;

IV – prática de ato de improbidade contra a fé pública, contra o patrimônio ou contra a administração pública ou privada.

**Art. 32.** Será considerada infração de responsabilidade específica do Diretor de Ensino:

I – negligência na orientação e fiscalização das atividades dos instrutores, nos serviços administrativos de sua responsabilidade direta, bem como no cumprimento das atribuições previstas nesta Resolução e normas complementares dos órgãos ou entidades executivos de trânsito dos Estados e do Distrito Federal;

II – deficiência no cumprimento da programação estabelecida para o(s) curso(s);

III – prática de ato de improbidade contra a fé pública, contra o patrimônio ou contra a administração pública ou privada.

**Art. 33.** As infrações previstas para os coordenadores das entidades públicas ou privadas, das unidades do Serviço Nacional de Aprendizagem e das unidades das Forças Armadas e Auxiliares, credenciadas para ministrar os cursos referidos nesta Resolução, são as mesmas constantes dos arts. 31 e 32, respectivamente.

**Art. 34.** São consideradas infrações de responsabilidade específica do instrutor e do examinador:

I – negligência na transmissão das normas constantes da legislação de trânsito, conforme estabelecido no quadro de trabalho, bem como o cumprimento das atribuições previstas nesta Resolução e normas complementares do órgão ou entidade executivo de trânsito dos Estados ou do Distrito Federal;

II – falta de respeito aos candidatos;

III – deixar de orientar corretamente os candidatos no processo de aprendizagem;

IV – deixar de portar o crachá de identificação como instrutor ou examinador habilitado, quando a serviço;

V – prática de ato de improbidade contra a fé pública, contra o patrimônio ou contra a administração pública ou privada;

VI – realizar propaganda contrária à ética profissional;

VII – obstar ou dificultar a fiscalização do órgão executivo de trânsito estadual ou do Distrito Federal.

**Art. 35.** As penalidades serão aplicadas pelo órgão ou entidade executivo de trânsito do Estado ou do Distrito Federal responsável pelo credenciamento, após decisão fundamentada.

**Art. 36.** As instituições e entidades e os profissionais credenciados que agirem em desacordo com os preceitos desta Resolução estarão sujeitos às seguintes penalidades, conforme a gravidade da infração:

I – advertência por escrito;

II – suspensão das atividades por até 30 (trinta) dias;

III – suspensão das atividades por até 60 (sessenta) dias;

IV – cassação do credenciamento.

§ 1º. A penalidade de advertência por escrito será aplicada no primeiro cometimento das infrações referidas nos incisos I e II do art. 31, incisos I e II do art. 32 e incisos I, II, III e IV do art. 34.

§ 2º. A penalidade de suspensão por até 30 (dias) será aplicada na reincidência da prática de qualquer das infrações previstas nos incisos I e II do art. 31, incisos I e II do art. 32 e incisos I, II, III e IV do art. 34 ou quando do primeiro cometimento da infração tipificada no inciso III do art. 31.

§ 3º. A penalidade de suspensão por até 60 (sessenta) dias será imposta quando já houver sido aplicada a penalidade prevista no parágrafo anterior nos últimos 5 (cinco) anos.

§ 4º. O período de suspensão será aplicado proporcionalmente à natureza e à gravidade da falta cometida.

§ 5º. Durante o período de suspensão, a entidade e os profissionais credenciados que forem penalizados não poderão realizar suas atividades.

§ 6º. A penalidade de cassação será imposta quando já houver sido aplicada a penalidade prevista no § 3º e/ou quando do cometimento das infrações tipificadas no inciso IV do art. 31, inciso III do art. 32 e inciso V do art. 34.

§ 7º. Decorridos cinco anos da aplicação da penalidade ao credenciado, esta não surtirá mais efeitos como registro de reincidência para novas penalidades.

§ 8º. Na hipótese de cancelamento do credenciamento por aplicação da penalidade de cassação, somente após 5 (cinco) anos, poderá a entidade requerer um novo credenciamento

**Do Processo Administrativo**

**Art. 37.** O processo administrativo será iniciado pela autoridade de trânsito, de ofício ou mediante representação, visando à apuração de irregularidades praticadas pelas instituições e profissionais credenciados pelo órgão ou entidade executivo de trânsito dos Estados ou do Distrito Federal, observando o principio da ampla defesa e do contraditório.

§ 1º. Em caso de risco iminente, a Administração Pública poderá motivadamente adotar providências acauteladoras sem a prévia manifestação do interessado.

§ 2º. O representado será notificado da instauração do processo administrativo.

**Art. 38.** A autoridade, de ofício ou a requerimento do representado, poderá determinar a realização de perícias ou de quaisquer outros atos necessários à elucidação dos fatos investigados.

**Art. 39.** Concluída a instrução o representado terá o prazo de 10 (dez) dias para apresentar defesa escrita, contados do recebimento da notificação.

**Art. 40.** Após o julgamento, a autoridade de trânsito notificará o representado da decisão.

Parágrafo único. Da decisão da autoridade de trânsito caberá recurso à autoridade superior no prazo de 30 (trinta) dias.

**Art. 41.** Aplicam-se subsidiariamente ao processo administrativo, no que couber, as disposições da Lei nº 9.784, de 29 de janeiro de 1999.

**Das Disposições Gerais e Transitórias**

**Art. 42.** As diretrizes, disposições gerais e estrutura curricular básica dos cursos para a capacitação e atualização dos profissionais para atuar na formação, atualização, qualificação e reciclagem de candidatos e condutores fazem parte do Anexo desta Resolução.

**Art. 43.** É vedada a todas as entidades credenciadas a transferência de responsabilidade ou a terceirização das atividades para as quais foram credenciadas.

Parágrafo único. A utilização do espaço compartilhado pelos CFC, nos termos do disposto no § 11 do art. 8º desta Resolução, não diminui ou exclui, para todos os fins, a responsabilidade exclusiva do CFC e seu corpo docente, em relação ao candidato.
*(Parágrafo único com redação dada pela Resolução CONTRAN nº 423/2012)*

**Art. 44.** As informações sobre o processo de formação dos profissionais, dos candidatos e condutores referidos nesta Resolução, deverão estar contempladas em módulo do Registro Nacional de Condutores Habilitados – RENACH, no prazo de até 360 dias, a partir da data de entrada em vigor desta Resolução.

**Art. 45.** O Órgão Máximo Executivo de Trânsito da União estabelecerá os procedimentos para operacionalização da integração dos órgãos ou entidades executivos de trânsito dos Estados e do Distrito Federal, com as seguintes finalidades:

I – definir padrões de qualidades e procedimentos de monitoramento e avaliação dos processos de capacitação, qualificação e atualização de profissionais, e de formação, qualificação, atualização e reciclagem de candidatos e condutores;

II – permitir a disseminação de praticas e experiências bem sucedidas na área de educação de trânsito;

III – padronizar e desenvolver os procedimentos didáticos básicos, assegurando a boa formação do condutor;

IV – integrar todos os procedimentos e as informações quanto à formação, habilitação e desempenho de candidatos, permitindo, simultaneamente, o acompanhamento das entidades e organizações formadoras e fiscalizadoras.

**Art. 46.** É assegurado o direito ao exercício da profissão aos instrutores de trânsito que já estejam credenciados nos órgãos ou entidades executivos de trânsito dos Estados e do Distrito Federal até a entrada em vigor da Lei nº 12.302, de 2 de agosto de 2010.

§ 1º. Os demais profissionais que já estejam credenciados junto aos órgãos ou entidades executivos de trânsito dos Estados e do Distrito Federal terão o prazo de 5 (cinco) anos para adequação às exigências estabelecidas nesta Resolução, observado o disposto no art. 152 do CTB.

§ 2º. Para fins de credenciamento junto ao órgão ou entidade executivo de trânsito do Estado e do Distrito Federal, serão aceitos os certificados de cursos concluídos até a data da entrada em vigor desta Resolução.

**Art. 47.** As instituições ou entidades já credenciadas pelos órgãos ou entidades executivos de trânsito dos Estados e do Distrito Federal terão o prazo de até 1 (um) ano para adequação às exigências de infraestrutura física estabelecidas nesta Resolução.

**Art. 48.** Os Instrutores e Examinadores de Trânsito, credenciados pelos órgãos ou entidades executivos de trânsito dos Estados e do Distrito Federal, serão periodicamente avaliados em exame nacional, na forma da Resolução CONTRAN nº 321/2009.

**Art. 49.** Esta Resolução entra em vigor na data de sua publicação, ficando revogadas as Resoluções nºs 74/1998 e 198/2006 do CONTRAN e as disposições contrárias.

Brasília/DF, 13 de agosto de 2010.

*Alfredo Peres da Silva – Presidente – DOU de 19.8.2010*

**Anexo**

♦ *O Anexo encontra-se disponível no site: http://www.denatran.gov.br/resolucoes.htm*

# RESOLUÇÃO CONTRAN Nº 359, DE 29 DE SETEMBRO DE 2010

- *Dispõe sobre a atribuição de competência para a realização da inspeção técnica nos veículos utilizados no transporte rodoviário internacional de cargas e passageiros e dá outras providências.*
- *Com a alteração da Resolução CONTRAN nº 379, de 6.4.2011.*

O Conselho Nacional de Trânsito – CONTRAN usando da competência que lhe confere o art. 12, inciso I, da Lei nº 9.503, de 23 de setembro de 1997, que instituiu o Código de Trânsito Brasileiro – CTB, e conforme o Decreto nº 4.711, de 29 de maio de 2003, que trata da coordenação do Sistema Nacional de Trânsito – SNT; e,

Considerando o que consta nos Processos nº 80001.006299/2006-39 e 80001026112/2006-13; resolve:

**Art. 1º.** Fica atribuída ao Departamento Nacional de Trânsito – DENATRAN a competência para realizar, através das empresas licenciadas, a inspeção técnica dos veículos utilizados para o transporte rodoviário internacional de cargas ou de passageiros, até a implantação de que trata o art. 104 do CTB.

§ 1º. O licenciamento será formalizado mediante Portaria do DENATRAN publicada no *Diário Oficial da União*.

§ 2º. A inspeção de que trata este artigo, será realizada em caráter emergencial e deverá atender aos princípios básicos constantes do Anexo da Resolução MERCOSUL/GMC nº 75/1997.

**Art. 2º.** O veículo inspecionado e aprovado receberá um selo de segurança, aposto no para-brisa, vinculado ao respectivo certificado que será de porte obrigatório, na forma prevista na Resolução CONTRAN nº 22/1998.

**Art. 3º.** O Departamento de Polícia Rodoviária Federal – DPRF providenciará, no prazo máximo de duzentos e quarenta dias, a transferência para o DENATRAN dos processos administrativos, bem como toda documentação e do arquivo eletrônico de controle das empresas já habilitadas ou em processo de habilitação, de acordo com a definição entre as respectivas áreas técnicas. *(Art. 3º com redação dada pela Resolução CONTRAN nº 379/2011)*

**Art. 4º.** Esta Resolução entra em vigor na data da sua publicação, revogadas as Resoluções nº 137/2002 e 177/2005 do CONTRAN.

Brasília/DF, 29 de setembro de 2010.

*Alfredo Peres da Silva – Presidente – DOU de 1º.10.2010*

## RESOLUÇÃO CONTRAN Nº 360, DE 29 DE SETEMBRO DE 2010

- *Dispõe sobre a habilitação do candidato ou condutor estrangeiro para direção de veículos em território nacional.*

O Conselho Nacional de Trânsito – CONTRAN, no uso das atribuições que lhe são conferidas pelo art. 12, inciso I e X, da Lei nº 9.503, de 23 de setembro de 1997, que instituiu o Código de Trânsito Brasileiro – CTB, e conforme o Decreto nº 4.711, de 29 de maio de 2003, que dispõe sobre a coordenação do Sistema Nacional de Trânsito – SNT; e,

Considerando o inteiro teor dos Processos de números 80001.006572/2006-25, 80001.003434/2006-94, 80001.035593/2008-10 e 80000.028410/2009-09;

Considerando a necessidade de uma melhor uniformização operacional acerca do condutor estrangeiro; e,

Considerando a necessidade de compatibilizar as normas de direito internacional de com as diretrizes da legislação de trânsito brasileira em vigor; resolve:

**Art. 1º.** O condutor de veículo automotor, oriundo de país estrangeiro e nele habilitado, desde que penalmente imputável no Brasil, poderá dirigir no Território Nacional quando amparado por convenções ou acordos internacionais, ratificados e aprovados pela República Federativa do Brasil e, igualmente, pela adoção do Princípio da Reciprocidade, no prazo máximo de 180 (cento e oitenta) dias, respeitada a validade da habilitação de origem.

§ 1º. O prazo a que se refere o *caput* deste artigo iniciar-se-á a partir da data de entrada no âmbito territorial brasileiro.

§ 2º. O órgão máximo Executivo de Trânsito da União informará aos demais órgãos ou entidades do Sistema Nacional de Trânsito a que países se aplica o disposto neste artigo.

§ 3º. O condutor de que trata o *caput* deste artigo deverá portar a carteira de habilitação estrangeira, dentro do prazo de validade, acompanhada do seu documento de identificação.

§ 4º. O condutor estrangeiro, após o prazo de 180 (cento e oitenta) dias de estada regular no Brasil, pretendendo continuar a dirigir veículo automotor no âmbito territorial brasileiro, deverá submeter-se aos Exames de aptidão Física e Mental e Avaliação Psicológica, nos termos do art. 147 do CTB, respeitada a sua categoria, com vistas à obtenção da Carteira Nacional de Habilitação.

§ 5º. Na hipótese de mudança de categoria deverá ser obedecido o estabelecido no art. 146 do Código de Trânsito Brasileiro.

§ 6º. O disposto nos parágrafos anteriores não terá caráter de obrigatoriedade aos diplomatas ou cônsules de carreira e àqueles a eles equiparados.

**Art. 2º.** O condutor de veículo automotor, *oriundo* de país estrangeiro e nele habilitado, em estada regular, desde que penalmente imputável no Brasil, detentor de habilitação não reconhecida pelo Governo brasileiro, poderá dirigir no Território Nacional mediante a troca da sua habilitação de origem pela equivalente nacional junto ao órgão ou entidade executiva de trânsito dos Estados ou do Distrito Federal e ser aprovado nos Exames de Aptidão Física e Mental, Avaliação Psicológica e de Direção Veicular, respeitada a sua categoria, com vistas à obtenção da Carteira Nacional de Habilitação.

**Art. 3º.** Ao cidadão brasileiro habilitado no exterior serão aplicadas as regras estabelecidas nos arts. 1º ou 2º, respectivamente, comprovando que mantinha residência normal naquele País por um período não inferior a 6 (seis) meses quando do momento da expedição da habilitação.

**Art. 4º.** O estrangeiro não habilitado, com estada regular no Brasil, pretendendo habilitar-se para conduzir veículo automotor no Território Nacional, deverá satisfazer todas as exigências previstas na legislação de trânsito brasileira em vigor.

**Art. 5º.** Quando o condutor habilitado em país estrangeiro cometer infração de trânsito, cuja penalidade implique na proibição do direito de dirigir, a autoridade de trânsito competente tomará as seguintes providências com base no art. 42 da Convenção sobre Trânsito Viário, celebrada em Viena e promulgada pelo Decreto nº 86.714, de 10 de dezembro de 1981:

I – recolher e reter o documento de habilitação, até que expire o prazo da suspensão do direito de usá-la, ou até que o condutor saia do território nacional, se a saída ocorrer antes de expirar o prazo;

II – comunicar à autoridade que expediu ou em cujo nome foi expedido o documento de habilitação, a suspensão do direito de usá-la, solicitando que notifique ao interessado da decisão tomada;

III – indicar no documento de habilitação, que o mesmo não é válido no território nacional, quando se tratar de documento de habilitação com validade internacional.

Parágrafo único. Quando se tratar de missão diplomática, consular ou a elas equiparadas, as medidas cabíveis deverão ser tomadas pelo Ministério das Relações Exteriores.

**Art. 6º.** O condutor com Habilitação Internacional para Dirigir, expedida no Brasil, que cometer infração de trânsito cuja penalidade implique na suspensão ou cassação do direito de dirigir, terá o recolhimento e apreensão desta, juntamente com o documento de habilitação nacional, ou pelo órgão ou entidade executivo de trânsito do Estado ou do Distrito Federal.

Parágrafo único. A Carteira Internacional expedida pelo órgão ou entidade executiva de trânsito do Estado ou do Distrito Federal não poderá substituir a CNH.

**Art. 7º.** Ficam revogadas as Resoluções nº 193/2006 e nº 345/2010 – CONTRAN e os arts. 29, 30, 31 e 32 da Resolução CONTRAN nº 168/2004 e as disposições em contrário.

**Art. 8º.** Esta Resolução entra em vigor na data de sua publicação.

Brasília/DF, 29 de setembro de 2010.

*Alfredo Peres da Silva – Presidente – DOU de 1º.10.2010*

# RESOLUÇÃO CONTRAN Nº 361, DE 29 DE SETEMBRO DE 2010

- Altera a Resolução CONTRAN nº 287/2008, que dispõe sobre a regulamentação do procedimento de coleta e armazenamento de impressão digital nos processos de habilitação, mudança ou adição de categoria e renovação da Carteira Nacional de Habilitação – CNH.

O Conselho Nacional de Trânsito – CONTRAN, no uso das atribuições legais que lhe confere o art. 12, inciso I, da Lei nº 9.503, de 23 de setembro de 1997, que instituiu o Código de Trânsito Brasileiro – CTB, e conforme o Decreto nº 4.711, de 29 de maio de 2003, que dispõe sobre a coordenação do Sistema Nacional de Trânsito – SNT; e,

Considerando o que consta do Processo nº 80000.021403/2010-10 e outros em apenso; resolve:

**Art. 1º.** Alterar o § 2º do art. 3º da Resolução CONTRAN nº 287, de 29 de julho de 2008, que passa a vigorar com a seguinte redação:

- *Alteração já efetuada no corpo da Resolução.*

**Art. 2º.** Acrescentar os §§ 3º e 4º ao art. 3º da Resolução nº 287, de 29 de julho de 2008, do CONTRAN, com a seguinte redação:

• *Alterações já efetuadas no corpo da Resolução.*

**Art. 3º.** Esta Resolução entra em vigor na data de sua publicação.

Brasília/DF, 29 de setembro de 2010.

*Alfredo Peres da Silva – Presidente – DOU de 1º.10.2010*

## RESOLUÇÃO CONTRAN Nº 362, DE 15 DE OUTUBRO DE 2010

• *Estabelece a classificação de danos em veículos decorrentes de acidentes e os procedimentos para a regularização ou baixa dos veículos envolvidos e dá outras providências.*

O Conselho Nacional de Trânsito – CONTRAN, no uso das atribuições que lhe são conferidas pelo inciso I do art. 12 da Lei nº 9.503, de 23 de setembro de 1997, que institui o Código de Trânsito Brasileiro – CTB, e conforme o Decreto nº 4.711, de 29 de maio de 2003, que trata da coordenação do Sistema Nacional de Trânsito – SNT; e,

Considerando a necessidade de estabelecer e padronizar procedimentos para a detecção de danos nos veículos;

Considerando o número de veículos acidentados que, recuperados, voltam a circular nas vias públicas;

Considerando a necessidade da Administração Pública, no interesse da segurança viária e da sociedade, de determinar medidas que submetam os veículos acidentados a procedimentos de controle para que possam voltar a circular nas vias públicas com segurança bem como estabelecer procedimentos para a baixa do registro dos veículos acidentados irrecuperáveis;

Considerando o disposto nos arts. 103, 106, 123, inciso III, 124, incisos IV, V, X, 126, 127, e 240 do CTB;

Considerando o contido nos processos nos 80001.010450/2009-86 e 80001/010801/2009-59; resolve:

**Art. 1º.** O veículo envolvido em acidente deve ser avaliado pela autoridade de trânsito ou seu agente, na esfera das suas competências estabelecidas pelo CTB, e ter seu dano classificado conforme estabelecido nesta Resolução.

§ 1º. Para automóveis, camionetas, caminhonetes e utilitários, a classificação do dano deve ser realizada conforme estabelecido no Anexo I desta Resolução.

§ 2º. Para motocicletas e veículos assemelhados, a classificação do dano deve ser realizada conforme estabelecido no Anexo II desta Resolução.

§ 3º. Para reboques e semirreboques, caminhões e caminhões-tratores, a classificação do dano deve ser realizada conforme estabelecido no Anexo III desta Resolução.

§ 4º. Para ônibus e micro-ônibus, a classificação do dano deve ser realizada conforme estabelecido no Anexo IV desta Resolução.

§ 5º. O cumprimento dos procedimentos previstos nesta Resolução não dispensa o registro completo do acidente no Boletim de Ocorrência de Acidente de Trânsito – BOAT.

**Art. 2º.** Concomitantemente à lavratura do Boletim de Ocorrência de Acidente de Trânsito – BOAT, a autoridade de trânsito ou seu agente deve avaliar o dano sofrido pelo veículo no acidente, enquadrando-o em uma das categorias a seguir e assinalar o respectivo campo no "Relatório de Avarias" constante em cada um dos anexos mencionados no artigo anterior:

I – dano de pequena monta;

II – dano de média monta;

III – dano de grande monta.

§ 1º. Devem ser anexadas ao BOAT, fotografias do veículo acidentado – laterais direita e esquerda, frente e traseira, devendo ser justificada a impossibilidade de juntada de imagens.

§ 2º. Quando, em virtude de circunstâncias excepcionais, a autoridade de trânsito ou seu agente não conseguirem verificar se um componente do veículo foi danificado no acidente, esse componente deve ser assinalado na coluna "NA" do respectivo "Relatório de Avarias" e sua pontuação considerada no cômputo geral da avaliação do veículo, justificando-se no campo "observações" do relatório as razões pela qual ele não pôde ser avaliado.

§ 3º. Em atendimento ao § 2º do art. 1º do CTB, para efeito de segurança no trânsito, um componente assinalado como não avaliado ("NA") será considerado como danificado e será computado na avaliação geral do veículo.

**Art. 3º.** Em caso de danos de "média monta" ou "grande monta", o órgão ou entidade fiscalizadora de trânsito responsável pelo Boletim de Ocorrência de Acidente de Trânsito – BOAT deve, em até dez dias úteis após o acidente, expedir ofício acompanhado dos registros que possibilitaram a classificação do dano, ao órgão ou entidade executivo de trânsito dos Estados ou do Distrito Federal responsável pelo registro do veículo, conforme modelo constante do Anexo V desta Resolução.

Parágrafo único. O envio da documentação poderá ser efetuado por via postal ou por meio eletrônico previamente definido entre os órgãos e desde que contenha de forma visível a assinatura, o nome e a matrícula da autoridade de trânsito ou do agente de fiscalização que emitiu o documento ou de seu superior hierárquico.

**Art. 4º.** O órgão ou entidade executivo de trânsito dos Estados ou do Distrito Federal que possuir o registro do veículo deve incluir o bloqueio administrativo no cadastro em até cinco dias úteis após o recebimento da documentação citada no artigo anterior.

Parágrafo único. Enquanto perdurar a restrição administrativa imposta pelo órgão ou entidade executivo de trânsito dos Estados ou do Distrito Federal é proibida a circulação do veículo nas vias públicas, sob pena de infringir o disposto no art. 230, inciso VIII, do CTB.

**Art. 5º.** Imediatamente após o lançamento da restrição administrativa à circulação do veículo, o órgão ou entidade executivo de trânsito dos Estados ou do Distrito Federal deve notificar o proprietário, conforme modelo previsto no Anexo VI desta Resolução, informando-o sobre as providências para a regularização ou baixa do veículo.

**Art. 6º.** O desbloqueio do veículo que tenha sofrido dano de média monta só pode ser realizado pelo órgão ou entidade executivo de trânsito dos Estados ou Distrito Federal no qual o veículo esteja registrado.

§ 1º. Deve ser exigido para desbloqueio de veículo com dano de média monta:

I – CRV e CRLV originais do veículo, RG, CPF ou CNPJ e comprovante de residência ou domicílio do proprietário;

II – Comprovação do serviço executado e das peças utilizadas, mediante apresentação da Nota Fiscal de serviço da oficina reparadora, acompanhada da(s) Nota(s) Fiscal (is) das peças utilizadas;

III – Certificado de Segurança Veicular – CSV expedido por Instituição Técnica Licenciada – ITL, devidamente licenciada pelo DENATRAN e acreditada pelo INMETRO – Instituto Nacional de Metrologia, Normalização e Qualidade Industrial;

IV – Comprovação da autenticidade da identificação do veículo mediante vistoria do órgão ou entidade executivo de trânsito dos Estados ou do Distrito Federal.

§ 2º. O órgão ou entidade executivo de trânsito dos Estados ou do Distrito Federal no qual está registrado o veículo com dano de média monta, de posse dos documentos previstos no parágrafo anterior, deve fazer constar no campo "observações" do CRV/CRLV o número do Certificado de Segurança Veicular – CSV, que deverá permanecer no documento, mesmo após eventuais transferências de propriedade ou município, até a baixa definitiva do veículo.

§ 3º. Os documentos previstos nos parágrafos anteriores devem ser incorporados ao prontuário do veículo.

§ 4º. Caso não ocorra a recuperação do veículo, seu proprietário deve providenciar a baixa do registro de acordo com o art. 126 do CTB e regulamentação complementar.

§ 5º. Caso o veículo sofra acidente em Unidade da Federação – UF distinta daquela na qual está registrado, é facultada ao proprietário do veículo ou seu representante legal a obtenção dos documentos citados nos incisos III e IV deste artigo no próprio local onde o veículo se encontra. O órgão executivo de trânsito dos Estados ou do Distrito Federal que realizar vistoria em veículo registrado em outra UF deverá comunicar formalmente sua realização ao órgão executivo de trânsito da UF onde o veículo está registrado.

**Art. 7º.** O veículo enquadrado na categoria "dano de grande monta" deve ser classificado como "irrecuperável" pelo órgão ou entidade executivo de trânsito dos Estados ou do Distrito Federal que detiver seu registro, devendo ser executada a baixa do seu cadastro na forma determinada pelo CTB.

**Art. 8º.** O proprietário do veículo, ou seu representante legal, com "dano de grande monta", poderá apresentar recurso para reenquadramento do dano em "média monta", sendo necessário, para tanto, o atendimento às seguintes exigências:

I – ser realizada nova avaliação técnica por profissional engenheiro legalmente habilitado e apresentado o respectivo laudo;

II – o veículo deve estar nas mesmas condições em que se encontrava após o acidente;

III – a avaliação deve ser feita conforme os critérios e modelos de formulários constantes nesta Resolução e seus anexos;

IV – o laudo deve estar acompanhado de fotos ilustrativas do veículo mostrando as partes danificadas e as seguintes vistas: frontal, traseira, lateral direita, lateral esquerda, a 45º mostrando dianteira e lateral esquerda, a 45º mostrando dianteira e lateral direita, a 45º mostrando traseira e lateral esquerda e a 45º mostrando traseira e lateral direita;

V – o laudo deve estar acompanhado de ART – Anotação de Responsabilidade Técnica devidamente preenchida e assinada pelo engenheiro e pelo proprietário do veículo ou seu representante legal;

VI – o laudo e demais documentos devem ser apresentados ao órgão ou entidade de executivo trânsito dos Estados ou do Distrito Federal que detiver o registro do veículo no prazo máximo de 30 (trinta) dias, a contar da data do acidente.

§ 1º. Caso a avaliação técnica mencionada neste artigo reclassifique o dano para "média monta", o órgão ou entidade executivo de trânsito do Estado ou do Distrito Federal que detiver o registro do veículo, salvo o previsto no § 1º deste artigo, deve alterar a restrição administrativa no cadastro para "média monta", ficando o desbloqueio do veículo sujeito aos procedimentos descritos no art. 6º desta Resolução.

§ 2º. Caso a avaliação técnica mencionada neste artigo mantenha a classificação de dano de "grande monta", ou haja indeferimento conforme previsto no § 1º deste artigo, ou o proprietário não tenha apresentado o recurso na forma e prazo previstos no *caput* deste artigo, o órgão ou entidade executivo de trânsito dos Estados ou do Distrito Federal que detiver o registro do veículo deve classificá-lo como irrecuperável e proceder conforme estipulado no art. 7º desta Resolução.

§ 3º. O órgão ou entidade executivo de trânsito dos Estados ou do Distrito Federal que detiver o registro do veículo, em até dez dias úteis do recebimento do recurso de que trata o *caput* deste artigo, caso julgue necessário, poderá contestá-lo requisitando a apresentação do veículo para avaliação pelo próprio órgão ou entidade executivo de trânsito dos Estados ou do Distrito Federal ou entidade por ele reconhecida para geração de novo laudo técnico, realizado, igualmente, por profissional engenheiro legalmente habilitado.

§ 4º. A não apresentação do veículo para avaliação pelo órgão ou entidade executivo de trânsito dos Estados ou do Distrito Federal que detiver o registro do veículo na forma e prazo previstos no § 1º implica em sua classificação como irrecuperável, aplicando-se o disposto no art. 7º desta Resolução.

**Art. 9º.** As disposições contidas nesta Resolução também se aplicam aos veículos que sofreram acidentes antes de serem cadastrados, cabendo o envio de ofício com a documentação com a classificação de danos ao DENATRAN, para bloqueio administrativo no pré-cadastro da Base Índice Nacional – BIN e demais procedimentos daí decorrentes.

**Art. 10.** Veículos objetos de roubo ou furto que tenham sofrido avarias em itens pontuáveis dos relatórios contidos nos anexos desta Resolução também estão sujeitos às disposições nela contidas, devendo ser elaborados boletim de ocorrência policial e pertinente relatório de avarias e encaminhados ao órgão ou entidade executivo de trânsito dos Estados ou do Distrito Federal que detiver o registro do veículo.

**Art. 11.** O veículo classificado com dano de média ou grande monta não pode ter sua propriedade transferida, excetuando-se para as companhias seguradoras, nos casos de acidentes em que por força da indenização se opere a sub-rogação nos direitos de propriedade.

§ 1º. O veículo somente pode ser transferido ao nome da companhia seguradora mediante apresentação da documentação referente ao processo de indenização.

§ 2º. A companhia seguradora deve providenciar o registro da transferência de propriedade para seu nome, no prazo previsto no art. 123, inciso I, do Código de Trânsito Brasileiro – CTB, sendo dispensada a vistoria e emitido o CRV/CRLV com a informação de que o veículo encontra-se proibido de circular nas vias públicas, até a implementação das providências previstas no art. 6º desta Resolução, no caso de danos de média monta. Já nos casos de danos confirmados de grande monta, não há emissão de CRV/CRLV, face à necessidade de proceder-se à baixa do veículo conforme previsto no art. 7º desta Resolução.

§ 3º. Efetivada a transferência de propriedade para a razão social da companhia seguradora, novamente deve ser bloqueado o cadastro do veículo, seguindo-se o disposto nos arts. 6º e 7º desta Resolução.

**Art. 12.** Esta Resolução entra em vigor na data de sua publicação, ficando revogadas as Resoluções CONTRAN nº 25/1998 e nº 297/2008.

Brasília/DF, 15 de outubro de 2010.

*Alfredo Peres da Silva – Presidente – DOU de 8.11.2010*

**Anexos**

♦ *Os Anexos encontram-se disponíveis no site: http://www.denatran.gov.br/resolucoes.htm*

## RESOLUÇÃO CONTRAN Nº 364, DE 24 DE NOVEMBRO DE 2010

- *Altera a Resolução CONTRAN nº 245, de 27 de julho 2007, que dispõe sobre a instalação de equipamento obrigatório, denominado antifurto, nos veículos novos saídos de fábrica, nacionais e estrangeiros e a Resolução CONTRAN nº 330, de 14 de agosto de 2009, que estabelece o cronograma para a instalação do equipamento obrigatório definido na Resolução CONTRAN nº 245/2007.*

O Conselho Nacional de Trânsito – CONTRAN, usando da competência que lhe confere o art. 12, inciso I, da Lei nº 9.503, de 23 de setembro de 1997, que instituiu o Código de Trânsito Brasileiro – CTB, e conforme o Decreto nº 4.711, de 29 de maio de 2003, que trata da coordenação do Sistema Nacional de Trânsito – SNT; e,

Considerando o disposto no art. 7º da Lei Complementar nº 121, de 9 de fevereiro de 2006, que deu competência ao CONTRAN para estabelecer os dispositivos antifurto obrigatórios e providenciar as alterações necessárias nos veículos novos, saídos de fábrica, produzidos no país ou no exterior, a serem licenciados no Brasil;

Considerando o disposto na Resolução nº 245, de 27 de julho de 2007, que definiu as características do equipamento antifurto, e a necessidade de programação das indústrias automotivas e de equipamentos, para fornecimento e instalação de forma progressiva;

Considerando que o disposto no § 4º do art. 105 do CTB, que trata dos equipamentos obrigatórios e confere competência ao CONTRAN para estabelecer os prazos para o atendimento da obrigatoriedade;

Considerando o disposto na Resolução nº 330, de 14 de agosto de 2009, com as alterações promovidas pela Resolução nº 343, de 5 de março de 2010 e pela Deliberação nº 99, de 26 de agosto de 2010;

Considerando o andamento da Operação Assistida e as reuniões entre a ANFAVEA, ABRACICLO, SINDIPEÇAS, ACEL, SERPRO, GRISTEC, DENATRAN e MCIDADES;

Considerando os resultados observados durante a Operação Assistida e os prazos necessários à entrada em operação da Infraestrutura de Telecomunicações do DENATRAN;

Considerando o que consta do Processo nº 80000.041457/2010-93; resolve:

**Art. 1º.** O § 3º do art. 1º da Resolução CONTRAN nº 245, de 27 de julho de 2007, passa a vigorar com a seguinte redação:

- *Alteração já efetuada no corpo da Resolução.*

**Art. 2º.** O art. 2º da Resolução CONTRAN nº 330, de 14 de agosto de 2009, passa a vigorar com a seguinte redação:

- *Alteração já efetuada no corpo da Resolução.*

**Art. 3º.** O cronograma estabelecido no art. 4º da Resolução CONTRAN nº 330, de 14 de agosto de 2009, passa a ser o seguinte:

- *Alteração já efetuada no corpo da Resolução.*

**Art. 4º.** Esta Resolução entra em vigor na data de sua publicação, sendo facultado antecipar sua adoção total ou parcial. Fica revogada a Deliberação CONTRAN nº 99, de 26 de agosto de 2010.

Brasília/DF, 24 de novembro de 2010.

*Alfredo Peres da Silva – Presidente – DOU de 26.11.2010*

## RESOLUÇÃO CONTRAN Nº 365, DE 24 DE NOVEMBRO DE 2010

- *Altera o prazo previsto no art. 17 da Resolução CONTRAN nº 258/2007, que regulamenta os arts. 231, X, e 323 do Código de Trânsito Brasileiro, fixa metodologia de aferição de peso de veículos, estabelece percentuais de tolerância e dá outras providências.*

O Conselho Nacional de Trânsito – CONTRAN, no uso das competências que lhe confere o art. 12, inciso X, da Lei nº 9.503 de 23 de setembro de 1997, que instituiu o

Código de Trânsito Brasileiro – CTB, e conforme o Decreto nº 4.711, de 29 de maio de 2003, que dispõe sobre a coordenação do Sistema Nacional de Trânsito – SNT; e,

Considerando a necessidade de que a Câmara Temática de Assuntos Veiculares conclua os estudos relativos aos procedimentos para fiscalização de peso bruto transferidos por eixo de veículos à superfície das vias públicas,

Considerando o que consta do Processo Administrativo nº 80000.041586/2009-48; resolve:

**Art. 1º.** Alterar o art. 17 da Resolução CONTRAN nº 258/2007, que passa a vigorar com a seguinte redação:

- *Alteração já efetuada no corpo da Resolução.*

**Art. 2º.** Revoga-se a Resolução CONTRAN nº 353/2010.

**Art. 3º.** Esta Resolução entra em vigor na data de sua publicação.

Brasília/DF, 24 de novembro de 2010.

*Alfredo Peres da Silva – Presidente – DOU de 26.11.2010*

## RESOLUÇÃO CONTRAN Nº 366, DE 24 DE NOVEMBRO DE 2010

- *Altera dispositivo do Anexo das Resoluções nºs 128/2001 e 132/2002, do Conselho Nacional de Trânsito – CONTRAN, que tratam do uso obrigatório de película refletiva.*

O Conselho Nacional de Trânsito – CONTRAN, usando da competência que lhe conferem os arts. 12, incisos I e X, e 156 da Lei nº 9.503, de 23 de setembro de 1997, que institui o Código de Trânsito Brasileiro – CTB, e conforme o Decreto nº 4.711, de 29 de maio de 2003,

Considerando o que consta do Processo 80000.012984/2010-91; resolve:

**Art. 1º.** O item 1 (localização) do Anexo das Resoluções CONTRAN nº 128, de 6.8.2001, e nº 132, de 2.4.2002, passa a vigorar com a seguinte redação:

- *Alterações já efetuadas no corpo da Resolução.*

**Art. 2º.** Esta Resolução entra em vigor na data de sua publicação.

Brasília/DF, 24 de novembro de 2010.

*Alfredo Peres da Silva – Presidente – DOU de 26.11.2010*

## RESOLUÇÃO CONTRAN Nº 368, DE 24 DE NOVEMBRO DE 2010

- *Altera o Anexo IV da Resolução CONTRAN nº 305, de 6 de março de 2009, que estabelece requisitos de segurança necessários à circulação de Combinações para Transporte de Veículos – CTV e Combinações de Transporte de Veículos e Cargas Paletizadas – CTVP.*

O Presidente do Conselho Nacional de Trânsito, *ad referendum* do Conselho Nacional de Trânsito – CONTRAN, no uso das atribuições que lhe confere o art. 12, inciso I, da Lei nº 9.503, de 23 de setembro de 1997, que instituiu o Código de Trânsito Brasileiro – CTB, e nos termos do disposto no Decreto nº 4.711, de 29 de maio de 2003, que trata da coordenação do Sistema Nacional de Trânsito – SNT; e,

Considerando a necessidade de se reduzir custos no transporte de veículos, peças e componentes automotivos, sem prejuízo para a segurança;

Considerando a necessidade de adequar o anexo IV da Resolução nº 305 de 6 de março de 2009, do CONTRAN aos materiais existentes; resolve:

**Art. 1º.** Referendar a Deliberação nº 92, de 11 de março de 2010, do Presidente do Conselho Nacional de Trânsito – CONTRAN, publicada no *Diário Oficial da União* em 11 de março de 2010.

**Art. 2º.** Alterar o Anexo IV da Resolução CONTRAN nº 305, que passa a vigorar de acordo com o anexo desta Resolução.

- *Alterações já efetuadas no corpo da Resolução.*

**Art. 3º.** Esta Resolução entra em vigor na data da sua publicação.

Brasília/DF, 24 de novembro de 2010.

*Alfredo Peres da Silva – Presidente – DOU de 26.11.2010*

## RESOLUÇÃO CONTRAN Nº 369, DE 24 DE NOVEMBRO DE 2010

• *Altera a Resolução CONTRAN nº 291, de 29 de agosto de 2008, que dispõe sobre a concessão de código de marca/modelo/versão para veículos e dá outras providências.*

O Conselho Nacional de Trânsito – CONTRAN, usando da competência que lhe confere o art. 12, inciso I, da Lei nº 9.503, de 23 de setembro de 1997, que instituiu o Código de Trânsito Brasileiro – CTB, e conforme o Decreto nº 4.711, de 29 de maio de 2003, que trata da coordenação do Sistema Nacional de Trânsito – SNT; e,

Considerando o constante do Processo nº 80.000.051053/2010-16,

Considerando que a matéria é de cunho estritamente técnico e, ainda, a necessidade de atualização das classificações de veículos e da tabela de homologação compulsória a que se refere a Resolução CONTRAN nº 291/2008; resolve:

**Art. 1º.** O inciso I do art. 1º, o art. 2º, *caput*, e seu § 1º, o art. 3º, *caput*, e seu § 2º, e o art. 4º da Resolução nº 291, de 29 de agosto de 2008, passam a vigorar com a seguinte redação:

• *Alterações já efetuadas no corpo da Resolução.*

**Art. 2º.** Com a publicação da Portaria a ser editada pelo órgão máximo executivo de trânsito da União, estabelecendo as Tabelas I e II mencionadas no *caput* do art. 4º, os Anexos I e II da Resolução nº 291, de 29 de agosto de 2008, ficarão revogados.

**Art. 3º.** Esta Resolução entra em vigor na data de sua publicação.

Brasília/DF, 24 de novembro de 2010.

*Alfredo Peres da Silva – Presidente – DOU de 26.11.2010*

## RESOLUÇÃO CONTRAN Nº 371, DE 10 DE DEZEMBRO DE 2010

• *Aprova o Manual Brasileiro de Fiscalização de Trânsito, Volume I – Infrações de competência municipal, incluindo as concorrentes dos órgãos e entidades estaduais de trânsito, e rodoviários.*

• **Com redação dada pela Resolução CONTRAN nº 428, de 5.12.2012.**

O Conselho Nacional de Trânsito – CONTRAN, usando da competência que lhe confere o art. 12, inciso I, da Lei nº 9.503, de 23 de setembro de 1997, que instituiu o Código de Trânsito Brasileiro – CTB, e conforme Decreto nº 4.711, de 29 de maio de 2003, que dispõe sobre a coordenação do Sistema Nacional de Trânsito – SNT; e,

Considerando a necessidade de padronização de procedimentos referentes à fiscalização de trânsito no âmbito de todo território nacional;

Considerando a necessidade da adoção de um manual destinado à instrumentalização da atuação dos agentes das autoridades de trânsito, nas esferas de suas respectivas competências;

Considerando os estudos desenvolvidos por Grupo Técnico e por Especialistas da Câmara Temática de Esforço Legal do CONTRAN; resolve:

**Art. 1º.** Aprovar o Manual Brasileiro de Fiscalização de Trânsito – MBFT, Volume I – Infrações de competência municipal, incluindo as concorrentes dos órgãos e entidades estaduais de trânsito, e rodoviários, a ser publicado pelo órgão máximo executivo de trânsito da União.

**Art. 2º.** Compete ao órgão máximo executivo de trânsito da União:

I – Atualizar o MBFT, em virtude de norma posterior que implique a necessidade de alteração de seus procedimentos.

II – Estabelecer os campos das informações mínimas que devem constar no Recibo de Recolhimento de Documentos.

**Art. 3º.** Os órgãos e entidades que compõem o Sistema Nacional de Trânsito deverão adequar seus procedimentos até 31 de dezembro de 2013. *(Art. 3º com redação dada pela Resolução CONTRAN nº 428/2012)*

**Art. 4º.** Esta Resolução entra em vigor na data de sua publicação.

Brasília/DF, 10 de dezembro de 2010.

*Alfredo Peres da Silva – Presidente – DOU de 22.12.2010*

## RESOLUÇÃO CONTRAN Nº 372, DE 18 DE MARÇO DE 2011

• *Altera a Resolução CONTRAN nº 231/2007, que estabelece o sistema de placas de identificação de veículos.*

O Conselho Nacional de Trânsito – CONTRAN, no uso da competência que lhe confere o art. 12, inciso I, da Lei nº 9.503, de 23 de setembro de 1997, que institui o Código de Trânsito Brasileiro – CTB, e nos termos do disposto no Decreto nº 4.711, de 29 de maio de 2003, que trata da coordenação do Sistema Nacional de Trânsito – SNT; resolve:

**Art. 1º.** O parágrafo único do art. 6º da Resolução nº 231, de 15 de março de 2007, passa a vigorar com a seguinte redação:

**Art. 2º.** O art. 7º da Resolução nº 231, de 15 de março de 2007, passa a vigorar com a seguinte redação:

**Art. 3º.** Acrescentar o item 3.1 ao Anexo da Resolução nº 231, de 15 de março de 2007, com a seguinte redação:

**Art. 4º.** O item 5.2 do Anexo da Resolução nº 231, de 15 de março de 2007, passa a vigorar com a seguinte redação:

**Art. 5º.** O subitem III do item 10 do Anexo da Resolução nº 231, de 15 de março de 2007, passa a vigorar com a seguinte redação:

**Art. 6º.** O item 11 do Anexo da Resolução nº 231, de 15 de março de 2007, passa a vigorar com a seguinte redação:

**Art. 7º.** Fica alterada a Figura II do item 12 do Anexo da Resolução nº 231, de 15 de março de 2007, que passa a ser a seguinte:

- *Alterações já efetuadas no corpo da Resolução.*

**Art. 8º.** Esta Resolução entra em vigor na data de sua publicação.

Brasília/DF, 18 de março de 2011.

*Orlando Moreira da Silva – Presidente – DOU de 23.3.2011.*

## RESOLUÇÃO CONTRAN Nº 373, DE 18 DE MARÇO DE 2011

- *Referenda a Deliberação nº 105, de 21 de dezembro de 2010, do Presidente do Conselho Nacional de Trânsito – CONTRAN, que altera o art. 11 da Resolução CONTRAN nº 210, de 13 de novembro de 2006, alterado pela Resolução CONTRAN nº 326, de 17 de julho de 2009.*

O Conselho Nacional de Trânsito – CONTRAN, usando da competência que lhe confere o art. 12, inciso I, da Lei nº 9.503, de 23 de setembro de 1997, que instituiu o Código de Trânsito Brasileiro – CTB, e conforme o Decreto nº 4.711, de 29 de maio de 2003, que dispõe sobre a coordenação do Sistema Nacional de Trânsito – SNT, considerando, ainda, o que consta no Processo Administrativo nº 80001.033161/2008-74; resolve:

**Art. 1º.** Referendar a Deliberação nº 105, de 21 de dezembro de 2010, do Presidente do CONTRAN, publicada no *Diário Oficial da União – DOU* de 22 de dezembro de 2010.

**Art. 2º.** O art. 11 da Resolução nº 210, de 13 de novembro de 2006, do CONTRAN, alterado pela Resolução nº 326/2009, passa a vigorar com a seguinte redação:

- *Alterações já efetuadas no corpo da Resolução.*

**Art. 3º.** Fica revogada a Resolução CONTRAN nº 326/2009.

**Art. 4º.** Esta Resolução entra em vigor na data da sua publicação.

Brasília/DF, 18 de março de 2011.

*Orlando Moreira da Silva – Presidente – DOU de 23.3.2011.*

## RESOLUÇÃO CONTRAN Nº 374, DE 18 DE MARÇO DE 2011

- *Referendar a Deliberação nº 102, de 21 de dezembro de 2010, que alterou o art. 2º da Resolução CONTRAN nº 341, de 25 de fevereiro de 2010, para fixar o termo final para a solicitação de Autorização Específica (AE) em 30 de junho de 2011.*

O Conselho Nacional de Trânsito – CONTRAN, usando da competência que lhe confere o art. 12, inciso I, da Lei nº 9.503, de 23 de setembro de 1997, que instituiu o Código de Trânsito Brasileiro – CTB, e conforme o Decreto nº 4.711, de 29 de maio de 2003, que dispõe sobre a coordenação do Sistema Nacional de Trânsito – SNT; e,

Considerando, ainda, o que consta no Processo Administrativo nº 80000.056853/2010-15; resolve:

**Art. 1º.** Referendar a Deliberação nº 102, de 21 de dezembro de 2010, do Presidente do Conselho Nacional de Trânsito – CONTRAN, publicada no Diário Oficial da União – DOU, de 22 de dezembro de 2010.

**Art. 2º.** O art. 2º da Resolução nº 341, de 25 de fevereiro de 2010, com redação dada pela Deliberação nº 98/2010, passa a vigorar com a seguinte redação:

• *Alteração já efetuada no corpo da Resolução.*

**Art. 3º.** Esta Resolução entra em vigor na data de sua publicação.

Brasília/DF, 18 de março de 2011.

*Orlando Moreira da Silva – Presidente – DOU de 23.3.2011.*

## RESOLUÇÃO CONTRAN Nº 375, DE 18 DE MARÇO DE 2011

• *Acrescenta os §§ 2º e 3º ao art. 1º da Resolução CONTRAN nº 315/2009, que estabelece a equiparação dos veículos ciclo-elétricos aos ciclomotores e os equipamentos obrigatórios para a condução nas vias públicas abertas à circulação.*

O Conselho Nacional de Trânsito – CONTRAN, no uso da competência que lhe confere o art. 12, inciso I, da Lei nº 9.503, de 23 de setembro de 1997, que instituiu o Código de Trânsito Brasileiro – CTB, e nos termos do disposto no Decreto nº 4.711, de 29 de maio de 2003, que trata da coordenação do Sistema Nacional de Trânsito – SNT; resolve:

**Art. 1º.** Acrescentar os §§ 2º e 3º ao art. 1º da Resolução nº 315, de 8 de maio de 2009, com a seguinte redação:

• *Alterações já efetuadas no corpo da Resolução.*

**Art. 2º.** O parágrafo único do art. 1º da Resolução nº 315/2009 é remunerado para § 1º.

• *Alteração já efetuada no corpo da Resolução.*

**Art. 3º.** Esta Resolução entra em vigor na data de sua publicação.

Brasília/DF, 18 de março de 2011.

*Orlando Moreira da Silva – Presidente – DOU de 23.3.2011.*

## RESOLUÇÃO CONTRAN Nº 376, DE 6 DE ABRIL DE 2011

• *Revoga a Deliberação nº 63, de 24 de abril de 2008, do CONTRAN, que suspendeu a vigência da Resolução CONTRAN nº 158, de 22 de abril de 2004, que proíbe o uso de pneus reformados em ciclomotores, motonetas, motocicletas e triciclos, bem como rodas que apresentem quebras, trincas e deformações.*

O Conselho Nacional de Trânsito – CONTRAN, usando da competência que lhe confere o art. 12 da Lei nº 9.503, de 23 de setembro de 1997, que instituiu o Código de Trânsito Brasileiro – CTB, e conforme o Decreto nº 4.711, de 29 de maio de 2003, que dispõe sobre a coordenação do Sistema Nacional de Trânsito – SNT; e,

Considerando a decisão judicial proferida nos autos da Apelação Cível nº 1801-58.2006.4.01.3400, em trâmite no Tribunal Regional Federal da 1ª Região, a qual considerou legítima a Resolução CONTRAN nº 158, de 22 de abril de 2004, rejeitando o pedido de nulidade da citada norma; resolve:

**Art. 1º.** Revogar a Deliberação nº 63, de 24 de abril de 2008, do CONTRAN e, por conseguinte, restabelecer os efeitos da Resolução CONTRAN nº 158, de 22 de abril de 2004, que proíbe o uso de pneus reformados em ciclomotores, motonetas, motocicletas e triciclos, bem como rodas que apresentem quebras, trincas e deformações.

**Art. 2º.** Esta Resolução entra em vigor na data de sua publicação.

Brasília/DF, 6 de abril de 2011.

*Orlando Moreira da Silva – Presidente – DOU de 8.4.2011.*

## RESOLUÇÃO CONTRAN Nº 377, DE 6 DE ABRIL DE 2011

• *Referenda a Deliberação nº 106, de 27 de dezembro de 2010, que dá nova redação ao art. 1º da Resolução CONTRAN nº 323, de 17 de julho de 2009, que estabelece os requisitos técnicos de fabricação e instalação de protetor lateral para veículos de carga.*

O Conselho Nacional de Trânsito – CONTRAN, usando da competência que lhe confere o inciso I do art. 12 da Lei nº 9.503, de 23 de setembro de 1997, que instituiu o Código de Trânsito Brasileiro – CTB, e conforme o Decreto nº 4.711, de 29 de maio de 2003, que dispõe sobre a coordenação do Sistema Nacional de Trânsito – SNT; resolve:

**Art. 1º.** Referendar a Deliberação nº 106, de 27 de dezembro de 2010, do Presidente do Conselho Nacional de Trânsito – CONTRAN, publicada no *Diário Oficial da União*, em 28 de dezembro de 2010, e alterar o seu parágrafo único.

**Art. 2º.** O art. 1º da Resolução nº 323, de 17 de julho de 2009, passa a vigorar com a seguinte redação:

- *Alteração já efetuada no corpo da Resolução.*

**Art. 3º.** O parágrafo único do art. 1º da Resolução nº 323, de 17 de julho de 2009, passa a vigorar com a seguinte redação:

- *Alteração já efetuada no corpo da Resolução.*

**Art. 4º.** Esta Resolução entrará em vigor na data da sua publicação.

Brasília/DF, 6 de abril de 2011.

*Orlando Moreira da Silva – Presidente – DOU de 13.4.2011.*

## RESOLUÇÃO CONTRAN Nº 378, DE 6 DE ABRIL DE 2011

- *Dá nova redação ao § 2º do art. 3º da Resolução CONTRAN nº 356/2010, que estabelece requisitos mínimos de segurança para o transporte remunerado de passageiros (mototáxi) e de cargas (motofrete) em motocicleta e motoneta.*

O Conselho Nacional de Trânsito – CONTRAN, usando da competência que lhe confere o art. 12, inciso I, da Lei nº 9.503, de 23 de setembro de 1997, que instituiu o Código de Trânsito Brasileiro – CTB, e conforme o Decreto nº 4.711, de 29 de maio de 2003, que dispõe sobre a coordenação do Sistema Nacional de Trânsito – SNT; considerando, ainda o que consta no Processo Administrativo nº 80000.045310/2010-72; resolve:

**Art. 1º.** Referendar a Deliberação nº 103, de 23 de dezembro de 2010, do Presidente do Conselho Nacional de Trânsito – CONTRAN, publicada no *DOU* de 24 de dezembro de 2010.

**Art. 2º.** O § 2º do art. 3º da Resolução CONTRAN nº 356/2010, passa a vigorar com a seguinte redação:

- *Alteração já efetuada no corpo da Resolução.*

**Art. 3º.** Esta Resolução entra em vigor na data de sua publicação.

Brasília/DF, 6 de abril de 2011.

*Orlando Moreira da Silva – Presidente – DOU de 13.4.2011.*

## RESOLUÇÃO CONTRAN Nº 379, DE 6 DE ABRIL DE 2011

- *Referendar a Deliberação nº 107, de 28 de janeiro 2011, que alterou o art. 3º da Resolução CONTRAN nº 359/2010, que dispõe sobre a atribuição de competência para a realização da inspeção técnica nos veículos utilizados no transporte rodoviário internacional de cargas e passageiros e da outras providências.*

O Conselho Nacional de Trânsito – CONTRAN, usando da competência que lhe confere o art. 12, inciso I, da Lei nº 9.503, de 23 de setembro de 1997, que instituiu o Código de Trânsito Brasileiro – CTB, e conforme o Decreto nº 4.711, de 29 de maio de 2003, que dispõe sobre a coordenação do Sistema Nacional de Trânsito – SNT; considerando, ainda o que consta no Processo Administrativo nº 80000.056853/2010-15; resolve:

**Art. 1º.** Referendar a Deliberação nº 107, de 28 de janeiro 2011, do Presidente do Conselho Nacional de Trânsito – CONTRAN, publicada no *DOU* de 31 de janeiro de 2011.

**Art. 2º.** O art. 3º da Resolução nº 359, de 29 de setembro de 2010, passa a vigorar com a seguinte redação:

- *Alteração já efetuada no corpo da Resolução.*

**Art. 3º.** Esta Resolução entra em vigor na data de sua publicação.

Brasília/DF, 6 de abril de 2011.

*Orlando Moreira da Silva – Presidente – DOU de 13.4.2011*

## RESOLUÇÃO CONTRAN Nº 380, DE 28 DE ABRIL DE 2011

- *Dispõe sobre a obrigatoriedade do uso do sistema antitravamento das rodas – ABS.*
- **Com as alterações da Resolução CONTRAN nº 395, de 13.12.2011.**

O Conselho Nacional de Trânsito – CONTRAN, no uso das atribuições que lhe são conferidas pelos arts. 12 e 105, ambos do CTB, Lei nº 9.503, de 23 de setembro de 1997, que instituiu o Código de Trânsito Brasileiro – CTB, e conforme o disposto no

Decreto nº 4.711, de 29 de maio de 2003, que trata da coordenação do Sistema Nacional de Trânsito – SNT; e,

Considerando a necessidade de aperfeiçoar e atualizar os requisitos de segurança para os veículos automotores nacionais e importados;

Considerando a necessidade de garantir a segurança dos condutores e passageiros dos veículos;

Considerando que a instalação do sistema antitravamento das rodas – ABS, melhora a estabilidade e a dirigibilidade do veículo durante o processo de frenagem; e

Considerando também que a instalação do sistema adicional ao sistema de freio existente, que permite ao condutor manter o controle do veículo durante o processo de frenagem principalmente em pista escorregadia com possibilidade de evitar acidentes causados pelo travamento das rodas.

Considerando o constante nos Processos nºs 80000.017187/2010-08 e 80000.018218/2010-30; resolve:

**Art. 1º.** Estabelecer como obrigatória a utilização do sistema de antitravamento de rodas – ABS, nos veículos das categorias M1, M2, M3, N1, N2, N3 e O, nacionais e importados, fabricados de acordo com o cronograma de implantação contido no art. 3º desta Resolução.

Parágrafo único. Para efeito desta Resolução serão utilizadas as classificações conforme tabela a seguir:

| Categoria | | |
|---|---|---|
| | M | Veículo automotor que contém pelo menos quatro rodas, projetado e construído para o transporte de passageiros. |
| | M1 | Veículos projetados e construídos para o transporte de passageiros, que não tenham mais que oito assentos, além do assento do motorista. |
| | M2 | Veículos projetados e construídos para o transporte de passageiros, que tenham mais que oito assentos, além do assento do motorista, e que contenham uma massa não superior a 5 t. |
| | M3 | Veículos projetados e construídos para o transporte de passageiros, que tenham mais que oito assentos, além do assento do motorista, e tenham uma massa máxima superior a 5 t. |
| | N | Veículo automotor que contém pelo menos quatro rodas, projetado e construído para o transporte de cargas. |
| | N1 | Veículos projetados e construídos para o transporte de cargas e que contenham uma massa máxima não superior a 3,5 t. |
| | N2 | Veículos projetados e construídos para o transporte de cargas e que contenham uma massa máxima superior a 3,5 t e não superior a 12 t. |
| | N3 | Veículos projetados e construídos para o transporte de cargas e que contenham uma massa máxima superior a 12 t. |
| | O | Reboques (incluindo semirreboques). |

**Art. 2º.** Para efeito desta Resolução define-se ABS como um sistema composto por uma unidade de comando eletrônica, sensores de velocidade das rodas e unidade hidráulica ou pneumática que tem por finalidade evitar o travamento das rodas durante o processo de frenagem.

**Art. 3º.** O disposto na presente Resolução se aplica aos veículos definidos no art. 1º, conforme o cronograma de implantação a seguir:

I – Veículos das categorias M1 e N1 (Automóveis e caminhonetes).

| DATA DE IMPLANTAÇÃO | PERCENTUAL DA PRODUÇÃO |
|---|---|
| 1º de janeiro de 2010 | 8% |
| 1º de janeiro de 2011 | 15% |
| 1º de janeiro de 2012 | 30% |
| 1º de janeiro de 2013 | 60% |
| 1º de janeiro de 2014 | 100% |

II – Veículos das categorias M2, M3, N2 e N3 (Caminhões e Ônibus de todas as espécies).

| DATA DE IMPLANTAÇÃO | PERCENTUAL DA PRODUÇÃO |
|---|---|
| 1º de janeiro de 2013 | 40% |
| 1º de janeiro de 2014 | 100% |

III – Veículos das categorias O (Reboques e semirreboques).

| DATA DE IMPLANTAÇÃO | PERCENTUAL DA PRODUÇÃO |
|---|---|
| 1º de janeiro de 2013 | 100% CVC´s com PBT > 57 toneladas |
| 1º de janeiro de 2014 | 100% (todos os outros) |

§ 1º. Os veículos N1 das espécies Carga e Especial do tipo Caminhonete, com peso bruto total – PBT até 3.500 kg, que compartilhem plataforma e cabine com veículos N2 das espécies Carga e Especial do tipo Caminhão, devem atender ao seguinte cronograma: *(§ 1º com redação dada pela Resolução CONTRAN nº 395/2011)*

| DATA DE IMPLANTAÇÃO | PERCENTUAL DA PRODUÇÃO |
|---|---|
| 1º de janeiro de 2013 | 100% |

§ 2º. Os veículos da espécie misto, deverão compor com os percentuais e prazos estabelecidos para os veículos da categoria M1.

§ 3º. Todos os veículos produzidos a partir de 1º de janeiro de 2014, nacionais e importados, somente serão registrados e licenciados se dispuserem de sistema de antitravamento de rodas – ABS.

**Art. 4º.** Fica a critério do fabricante e/ou importador antecipar o atendimento aos critérios definidos nesta Resolução.

**Art. 5º.** Fica a critério do órgão máximo executivo de trânsito da União admitir, para efeito de comprovação do atendimento das exigências desta Resolução, os resultados de testes e ensaios obtidos por procedimentos similares de mesma eficácia, realizados no exterior.

**Art. 6º.** Ficam dispensados do cumprimento dos requisitos desta Resolução os veículos de uso bélico e os veículos de uso exclusivo fora-de-estrada.

**Art. 7º.** Esta Resolução entra em vigor na data de sua publicação, ficando revogada a Resolução CONTRAN nº 312/2009. *(Art. 7º com redação dada pela Resolução CONTRAN nº 395/2011)*

Brasília/DF, 28 de abril de 2011.

*Orlando Moreira da Silva – Presidente – DOU de 3.5.2011 – Retificação DOU de 11.5.2011*

## RESOLUÇÃO CONTRAN Nº 381, DE 28 DE ABRIL DE 2011

- *Referendar a Deliberação nº 108, de 23 de março de 2011, que altera o art. 7º da Resolução CONTRAN nº 211, de 13 de novembro de 2011, que tratam dos requisitos necessários à circulação de Combinações de Veículos de Carga – CVC, a que se referem os arts. 97, 99 e 314 do Código de Trânsito Brasileiro – CTB.*

O Conselho Nacional de Trânsito – CONTRAN, usando da competência que lhe confere o art. 12 da Lei nº 9.503, de 23 de setembro de 1997, que instituiu o Código de Trânsito Brasileiro – CTB, e conforme o Decreto nº 4.711, de 29 de maio de 2003, que dispõe sobre a coordenação do Sistema Nacional de Trânsito – SNT, considerando ainda o que consta do Processo Administrativo nº 80000.009672/2011-81; resolve:

**Art. 1º.** Referendar a Deliberação nº 108, de 23 de março de 2011, do Presidente do Conselho Nacional de Trânsito – CONTRAN, publicada no *DOU* de 24 de março de 2011.

**Art. 2º.** O art. 7º da Resolução nº 211, de 13 de novembro de 2006, passa a vigorar com a seguinte redação:

- *Alteração já efetuada no corpo da Resolução.*

**Art. 3º.** Esta Resolução entra em vigor na data de sua publicação.

Brasília/DF, 28 de abril de 2011.

*Orlando Moreira da Silva – Presidente – DOU de 3.5.2011*

## RESOLUÇÃO CONTRAN Nº 382, DE 2 DE JUNHO DE 2011

- *Dispõe sobre notificação e cobrança de multa por infração de trânsito praticada com veículo licenciado no exterior em trânsito no território nacional.*

O Conselho Nacional de Trânsito – CONTRAN, usando da competência que lhe confere o inciso I do art. 12 da Lei nº 9.503, de 23 de setembro de 1997, que instituiu o Código de Trânsito Brasileiro – CTB, e conforme o Decreto nº 4.711, de 29 de maio de 2003, que dispõe sobre a coordenação do Sistema Nacional de Trânsito – SNT; e,

Considerando a necessidade de regulamentação dos procedimentos para a notificação do cometimento da infração e cobrança de multa decorrente de infração de trânsito cometida por veículos licenciados no exterior;

Considerando a impossiblidade de aplicação e arrecadação de multa por infração de trânsito a veículos licenciados no exterior, na forma estabelecida para veículos registrados no país;

Considerando que a falta de mecanismos para dar cumprimento aos preceitos contidos nos arts. 119, parágrafo único, e 260, § 4º, do CTB, gera expectativa de impunidade aos condutores de veículos licenciados no exterior, estimulando a desobediência às regras gerais de circulação e conduta prevista na legislação de trânsito, contribuindo, assim, para o aumento da ocorrência de acidentes e de vítimas fatais nas vias públicas; e

Considerando o que consta no Processo nº 80000.017734/2009-11; resolve:

**Art. 1º.** Os veículos licenciados no exterior que possuam registro de infração cometida em vias públicas do território nacional, em qualquer fase dos procedimentos administrativos decorrentes da autuação, somente poderão deixar o território nacional mediante a prévia quitação do valor da multa correspondente.

**Art. 2º.** O valor correspondente à multa por infração de trânsito cometida com veículo licenciado no exterior será arrecadado pelos órgãos ou entidades de trânsito com circunscrição sobre a via, de acordo com a competência estabelecida pelo Código de Trânsito Brasileiro – CTB.

§ 1º. A cobrança ocorrerá após o vencimento, esgotados os prazos recursais, ou a qualquer tempo, quando o veículo estiver de saída do País, em qualquer ponto de fiscalização, situado antes da fronteira nacional, ou ainda como condição para liberação de veículo removido.

§ 2º. Para assegurar o pagamento da multa de que trata o *caput* deste artigo, o veículo poderá ser retido até a apresentação do comprovante original de quitação.

§ 3º. Havendo recusa ao pagamento da multa, será aplicada a medida administrativa de remoção do veículo.

§ 4º. Os órgãos e entidades do Sistema Nacional de Trânsito – SNT poderão integrar-se para fins de arrecadação dos valores das multas por eles aplicadas, de acordo com as disposições desta Resolução, bem como celebrar convênios ou acordos de cooperação com as repartições aduaneiras de controle de fronteira, para este fim.

§ 5º. Os órgãos e entidades de trânsito que autuarem veículos licenciados no exterior deverão adotar as providências necessárias para que o Auto de Infração seja lançado em sistema informatizado, possibilitando a consulta aos registros e a devida cobrança.

**Art. 3º.** A notificação por infração de trânsito cometida com veículo licenciado no exterior dar-se-á da seguinte forma:

I – Notificação da Autuação: entrega do Auto de Infração de Trânsito ou da Guia de Pagamento e Notificação de Veículo Estrangeiro – GPNVE ao proprietário ou condutor do veículo.

II – Notificação da Penalidade, através da entrega da Guia de Pagamento e Notificação de Veículo Estrangeiro – GPNVE ao proprietário ou condutor do veículo.

Parágrafo único. Não se aplica ao veículo licenciado no Exterior o disposto no inciso II, parágrafo único, do art. 281 do CTB.

**Art. 4º.** O recolhimento do valor da multa de que trata esta Resolução não prejudicará o direito à interposição de defesa da autuação ou dos recursos de que tratam o CTB, conforme orientações contidas na GPNVE.

§ 1º. O prazo para interposição de defesa da autuação é de, no mínimo, 15 (quinze) dias contados da entrega do Auto de Infração de Trânsito ou da GPNVE.

§ 2º. O prazo para interposição de recurso da penalidade de multa é de, no mínimo, 30 (trinta) dias contados da data do vencimento do prazo para interposição de defesa da autuação, observado o disposto no § 1º do art. 5º desta Resolução.

§ 3º. Os requisitos para interposição de defesa de autuação e/ou recurso seguem, no que couber, ao disposto em regulamentação específica do CONTRAN e:

a) a petição deverá ser escrita em português;

b) o endereço indicado na petição para comunicação da decisão deverá ser no Brasil ou endereço eletrônico (e-mail).

§ 4º. No caso de descumprimento do disposto na alínea "b" do parágrafo anterior, a decisão constante no processo será considerada válida para todos os efeitos.

**Art. 5º.** A Guia de Pagamento e Notificação de Veículo Estrangeiro – GPNVE deverá conter no mínimo:

I – código do órgão atuador e do número do auto de infração;

II – dados mínimos definidos no art. 280 do CTB e em regulamentação específica;

III – data do término para apresentação de defesa da autuação;

IV – instruções para apresentação de defesa de autuação e recurso, nos termos dos arts. 285, 286 e 287 do CTB;

V – data do término para apresentação do recurso, que será a mesma data para o pagamento da multa, conforme §§ 4º e 5º do art. 282, sem prejuízo do disposto nos arts. 1º e 2º desta Resolução;

VI – o valor da multa e a informação quanto ao desconto previsto no *caput* do art. 284 do CTB;

VII – campo para a autenticação eletrônica, incluindo código de barras, observando o regulamentado pelo órgão máximo executivo de trânsito da União; e

VIII – transcrição do parágrafo único do art. 119 e § 4º do art. 260, do Código de Trânsito Brasileiro.

§ 1º. Havendo interposição de defesa da autuação que venha a ser indeferida, será concedido novo prazo para apresentação de recurso, contado a partir da data de julgamento da defesa, sem prejuízo da aplicação do disposto nos arts. 1º e 2º desta Resolução.

§ 2º. A guia de que trata este artigo poderá ser integrada ao auto de infração e deverá permitir o pagamento em instituição bancária de abrangência nacional.

**Art. 6º.** Durante os procedimentos de abordagem de veículo licenciado no exterior, sendo verificada a existência de infração de trânsito, será disponibilizada ao condutor, sempre que possível, a GPNVE.

I – Não sendo adotada a providência de que trata o *caput* deste artigo, não poderá ser aplicado o disposto nos §§ 2º e 3º do art. 2º desta Resolução.

II – Caso o veículo esteja entrando no Brasil, será adotado o procedimento previsto neste artigo, devendo ser informado ao condutor a exigência prevista no art. 1º desta Resolução e efetuada a cobrança das multas já notificadas e que estejam vencidas.

**Art. 7º.** Para fins de cumprimento desta Resolução, a pessoa que estiver na posse do veículo no momento da abordagem equipara-se ao proprietário do veículo.

**Art. 8º.** Os órgãos de trânsito terão o prazo máximo de 240 (duzentos e quarenta) dias, contados da data de publicação desta Resolução para adequar seus procedimentos.

**Art. 9º.** Esta Resolução entrará em vigor na data de sua publicação.

Brasília/DF, 2 de junho de 2011.

*Orlando Moreira da Silva – Presidente – DOU de 7.6.2011*

## RESOLUÇÃO CONTRAN Nº 383, DE 2 DE JUNHO DE 2011

- *Altera a Resolução CONTRAN nº 227, de 9 de fevereiro de 2007, que estabelece requisitos referentes aos sistemas de iluminação e sinalização de veículos.*

O Conselho Nacional de Trânsito – CONTRAN, usando da competência que lhe confere o art. 12 da Lei nº 9.503, de 23 de setembro de 1997, que instituiu o Código de Trânsito Brasileiro – CTB, e conforme o Decreto nº 4.711, de 29 de maio de 2003, que dispõe sobre a coordenação do Sistema Nacional de Trânsito – SNT; e,

Considerando a necessidade de estabelecer requisitos referentes aos sistemas de iluminação e sinalização em veículos automotores; e

Considerando o constante nos Processos nºs 80001.003214/2008-22 e 80001.009502/2004-67; resolve:

**Art. 1º.** Alterar o § 7º do art. 1º da Resolução CONTRAN nº 227/2007, que passa a vigorar com a seguinte redação:

- *Alterações já efetuadas no corpo da Resolução.*

**Art. 2º.** Acrescentar o § 9º ao art. 1º da Resolução CONTRAN nº 227/2007, com a seguinte redação:

- *Alterações já efetuadas no corpo da Resolução.*

**Art. 3º.** Acrescentar o art. 6º-A à Resolução CONTRAN nº 227/2007, com a seguinte redação:

- *Alterações já efetuadas no corpo da Resolução.*

**Art. 4º.** Acrescentar os seguintes itens ao Anexo I da Resolução CONTRAN nº 227/2007, com a seguinte redação:

- *Alterações já efetuadas no corpo da Resolução.*
- *O art. 5º não foi publicado na referida Resolução.*

**Art. 6º.** Alterar os seguintes itens do Anexo I da Resolução CONTRAN nº 227/2007, que passam a vigorar com a seguinte redação:

- *Alterações já efetuadas no corpo da Resolução.*

**Art. 7º.** Alterar o apêndice 7 do Anexo I da Resolução CONTRAN nº 227/2007, que passa a vigorar com a seguinte redação:

- *Alterações já efetuadas no corpo da Resolução.*

**Art. 8º.** Alterar o item 1.3 do Anexo 6 da Resolução CONTRAN nº 227/2007, que passa a vigorar com a seguinte redação:

- *Alterações já efetuadas no corpo da Resolução.*

**Art. 9º.** Alterar os seguintes itens do Anexo 14 da Resolução CONTRAN nº 227/2007, que passam a vigorar com a seguinte redação:

- *Alterações já efetuadas no corpo da Resolução.*

**Art. 10.** Esta Resolução entra em vigor na data de sua publicação.

Brasília/DF, 2 de junho de 2011.

*Orlando Moreira da Silva – Presidente – DOU de 7.6.2011*

## RESOLUÇÃO CONTRAN Nº 384, DE 2 DE JUNHO DE 2011

- Altera a Resolução CONTRAN nº 292, de 29 de agosto de 2008, que dispõe sobre modificações de veículos previstas nos arts. 98 e 106 da Lei nº 9.503, de 23 de setembro de 1997, que instituiu o Código de Trânsito Brasileiro e dá outras providências.

O Conselho Nacional de Trânsito – CONTRAN, usando da competência que lhe confere o art. 12 da Lei nº 9.503, de 23 de setembro de 1997, que instituiu o Código de Trânsito Brasileiro – CTB, e conforme o Decreto nº 4.711, de 29 de maio de 2003, que dispõe sobre a coordenação do Sistema Nacional de Trânsito – SNT; e,

Considerando a necessidade de estabelecer requisitos mais seguros para alteração do sistema de iluminação e sinalização de veículos automotores;

Considerando o constante no Processo nº 80001.003214/2008-22; resolve:

**Art. 1º.** Acrescentar o inciso V e parágrafo único ao art. 8º da Resolução CONTRAN nº 292/2008, com a seguinte redação:

- *Alterações já efetuadas no corpo da Resolução.*

**Art. 2º.** Alterar o item 32 do Anexo da Resolução CONTRAN nº 292/2008 (com alteração dada pela Resolução CONTRAN nº 319/2009), que passa a ter a seguinte redação:

- *Alterações já efetuadas no corpo da Resolução.*

**Art. 3º.** Esta Resolução entra em vigor na data de sua publicação.

Brasília/DF, 2 de junho de 2011.

*Orlando Moreira da Silva – Presidente – DOU de 7.6.2011*

## RESOLUÇÃO CONTRAN Nº 385, DE 2 DE JUNHO DE 2011

- Referenda a Deliberação nº 109, de 11 de abril de 2011, que revoga o art. 3º e altera o art. 4º, ambos da Resolução CONTRAN nº 253, de 26 de outubro de 2007, que dispõe sobre o uso de medidores de transmitância luminosa.

O Conselho Nacional de Trânsito – CONTRAN, usando da competência que lhe confere o art. 12, inciso I, da Lei nº 9.503, de 23 de setembro de 1997, que instituiu o Código de Trânsito Brasileiro – CTB, e conforme o Decreto nº 4.711, de 29 de maio de 2003, que dispõe sobre a coordenação do Sistema Nacional de Trânsito – SNT; considerando ainda o que consta no Processo Administrativo nº 80000.001036/2011-19; resolve:

**Art. 1º.** Referendar a Deliberação nº 109, de 11 de abril de 2011, do Presidente do Conselho Nacional de Trânsito – CONTRAN, publicada no *Diário Oficial da União – DOU* de 13 de abril de 2011.

**Art. 2º.** Revogar o art. 3º da Resolução CONTRAN nº 253, de 26 de outubro de 2007.

- *Alteração já efetuada no corpo da Resolução.*

**Art. 3º.** O art. 4º da Resolução CONTRAN nº 253, de 26 de outubro de 2007, passa a vigorar com a seguinte redação:

- *Alteração já efetuada no corpo da Resolução.*

**Art. 4º.** Esta Resolução entra em vigor na data de sua publicação.

Brasília/DF, 2 de junho de 2011.

*Orlando Moreira da Silva – Presidente – DOU de 7.6.2011*

## RESOLUÇÃO CONTRAN Nº 386, DE 2 DE JUNHO DE 2011

- Dá nova redação aos arts. 4º e 5º da Resolução CONTRAN nº 254/2007, que estabelece requisitos para os vidros de segurança e critérios para aplicação de inscrições, pictogramas e películas nas áreas envidraçadas dos veículos automotores, de acordo com o inciso III, do art. 111 do Código de Trânsito Brasileiro – CTB.

O Conselho Nacional de Trânsito – CONTRAN, usando da competência que lhe confere o art. 12, inciso I, da Lei nº 9.503, de 23 de setembro de 1997, que instituiu o Código de Trânsito Brasileiro – CTB, e conforme o Decreto nº 4.711, de 29 de maio de 2003, que dispõe sobre a coordenação do Sistema Nacional de Trânsito – SNT; considerando ainda o que consta no Processo Administrativo nº 80000.006822/2011-02; resolve:

**Art. 1º.** O art. 4º e o art. 5º da Resolução CONTRAN nº 254, de 26 de outubro de 2007, passam a vigorar, respectivamente, com a seguinte redação:

- *Alterações já efetuadas no corpo da Resolução.*

**Art. 2º.** Esta Resolução entra em vigor na data de sua publicação.

Brasília/DF, 2 de junho de 2011.

*Orlando Moreira da Silva – Presidente – DOU de 7.6.2011*

## RESOLUÇÃO CONTRAN Nº 388, DE 14 DE JULHO DE 2011

- Dá nova redação aos arts. 1º e 2º da Resolução CONTRAN nº 341, de 25 de fevereiro de 2010, que cria Autorização Específica (AE) para os veículos e/ou combinações de veículos equipados com tanques que apresentem excesso de até 5% (cinco por cento) nos limites de peso bruto total ou peso bruto total combinado.

O Conselho Nacional de Trânsito – CONTRAN, usando das atribuições que lhe confere o art. 12 do Código de Trânsito Brasileiro – CTB, instituído pela Lei nº 9.503, de 23 de setembro de 1997, bem como o disposto no inciso IX do art. 6º do Regimento Interno daquele Colegiado, e nos termos do disposto no Decreto nº 4.711, de 29 de maio de 2003, que trata da coordenação do Sistema Nacional de Trânsito – SNT; considerando, ainda o que consta no Processo Administrativo nº 80000.032316/2011-61; resolve:

**Art. 1º.** Os arts. 1º e 2º da Resolução nº 341, de 25 de fevereiro de 2010, passam a vigorar com a seguinte redação:

- *Alterações já efetuadas no corpo da Resolução.*

**Art. 2º.** Os veículos de que trata esta Resolução deverão portar a Autorização Específica (AE) a partir de 1º de janeiro de 2012.

**Art. 3º.** Esta Resolução entra em vigor na data de sua publicação.

Brasília/DF, 14 de julho de 2011.

*Orlando Moreira da Silva – Presidente – DOU de 18.7.2011*

## RESOLUÇÃO CONTRAN Nº 389, DE 14 DE JULHO DE 2011

- *Referenda a Deliberação nº 112 de 28 de junho de 2011, do Presidente do Conselho Nacional de Trânsito – CONTRAN, publicada no Diário Oficial da União de 29 de junho de 2011, que altera o prazo estipulado no art. 3º da Resolução CONTRAN nº 371, de 10 de dezembro de 2010, que aprova o Manual Brasileiro de Fiscalização de Trânsito – Volume I – Infrações de competência municipal, incluindo as concorrentes dos órgãos e entidades estaduais de trânsito e rodoviários.*

O Conselho Nacional de Trânsito – CONTRAN, no uso das atribuições legais que lhe confere o art. 12, inciso I, da Lei nº 9.503, de 23 de setembro de 1997, que instituiu o Código de Trânsito Brasileiro – CTB, e conforme o Decreto nº 4.711, de 29 de maio de 2003, que dispõe sobre a coordenação do Sistema Nacional de Trânsito – SNT; e,

Considerando a revisão que está sendo efetuada nas fichas com os Códigos de Enquadramento anexas à Resolução nº 371/2010 – CONTRAN,

Considerando que o prazo estipulado no art. 3º para a adequação dos órgãos e entidades de trânsito, em face da revisão, tornou-se insuficiente,

Considerando o que consta dos Processos nºs 80000.051080/2010-81 e 80000.026293/2011-55; resolve:

**Art. 1º.** Referendar a Deliberação nº 112, de 28 de junho de 2011, do Presidente do Conselho Nacional de Trânsito – CONTRAN, publicada no *Diário Oficial da União* de 29 de Junho de 2011.

**Art. 2º.** O art. 3º da Resolução nº 371/2010 – CONTRAN, passa a vigorar com a seguinte redação:

• *Alteração já efetuada no corpo da Resolução.*

**Art. 3º.** Esta Resolução entra em vigor na data de sua publicação.

Brasília/DF, 14 de julho de 2011.

*Orlando Moreira da Silva – Presidente – DOU de 18.7.2011*

## RESOLUÇÃO CONTRAN Nº 390, DE 11 DE AGOSTO DE 2011

• *Dispõe sobre a padronização dos procedimentos administrativos na lavratura de auto de infração, na expedição de notificação de autuação e de notificação de penalidades por infrações de responsabilidade de pessoas físicas ou jurídicas, sem a utilização de veículos, expressamente mencionadas no Código de Trânsito Brasileiro – CTB e dá outras providências.*

O Conselho Nacional de Trânsito – CONTRAN, no uso das atribuições que lhe são conferidas pelo art. 12 da Lei nº 9.503, de 23 de setembro de 1997, que instituiu o Código de Trânsito Brasileiro – CTB, e conforme o Decreto nº 4.711, de 29 de maio de 2003, que trata da coordenação do Sistema Nacional de Trânsito – SNT; e,

Considerando a necessidade de adoção de normas complementares para uniformizar os procedimentos administrativos referentes às infrações de responsabilidade de pessoas físicas e jurídicas expressamente mencionadas no CTB sem a utilização de veículos; e

Considerando o contido no Processo nº 80001.013187/2007-15; resolve:

**I – Das Disposições Preliminares**

**Art. 1º.** Regulamentar o processo de autuação, notificação e aplicação da penalidade de multa referente às infrações de responsabilidade de pessoas físicas ou jurídicas expressamente mencionadas no CTB nos casos previstos nos arts. 93, 94, 95 *caput* e §§ 1º e 2º, 174, parágrafo único, primeira parte, 221, parágrafo único, 243, 245, 246, 330, *caput*, e § 5º, do CTB.

**Art. 2º.** Constatada a infração pela autoridade de trânsito ou por seu agente, ou ainda comprovada sua ocorrência por aparelho eletrônico, equipamento audiovisual ou qualquer outro meio tecnologicamente disponível, previamente regulamentado pelo CONTRAN, será lavrado o Auto de Infração na forma definida nesta Resolução.

§ 1º. O auto de infração de que trata o *caput* deste artigo será lavrado pela autoridade de trânsito ou por seu agente:

I – por anotação em documento próprio;

II – por registro em talão eletrônico, atendido o procedimento definido pelo órgão máximo executivo de trânsito da União; ou

III – por registro em sistema eletrônico de processamento de dados quando a infração for comprovada por equipamento de detecção provido de registrador de imagem, regulamentado pelo CONTRAN.

§ 2º. O órgão ou entidade de trânsito não necessita imprimir o Auto de Infração elaborado na forma prevista no inciso II do parágrafo anterior para início do processo administrativo previsto no Capítulo XVIII do CTB, porém, quando impresso, será dispensada a assinatura da Autoridade ou de seu agente.

§ 3º. O registro da infração, referido no inciso III do § 1º deste artigo, será referendado por autoridade de trânsito, ou seu agente, que será identificado no auto de infração.

§ 4º. O infrator será sempre identificado no ato da autuação ou mediante diligência complementar, conforme Anexo II.

**Art. 3º.** O Auto de infração previsto no artigo anterior deverá ser composto, no mínimo, pelos blocos de campos estabelecidos no Anexo I desta Resolução, os quais são de preenchimento obrigatório.

§ 1º. O detalhamento das informações para preenchimento do Auto de Infração é o constante do Anexo II desta Resolução.

§ 2º. Os órgãos e entidades de trânsito implementarão o modelo de Auto de Infração, no âmbito de suas respectivas competências e circunscrição, observado o disposto nesta Resolução.

§ 3º. O número mínimo de caracteres de cada campo e os códigos que serão utilizados no auto de infração de que trata esta Resolução atenderá à regulamentação do órgão máximo executivo de trânsito da União.

## II – Da Notificação da Autuação

**Art. 4º.** À exceção do disposto no art. 5º desta Resolução, após a verificação da regularidade e da consistência do Auto de Infração, a autoridade de trânsito expedirá, no prazo máximo de 30 (trinta) dias contados da data da constatação da infração, a Notificação da Autuação dirigida ao infrator, na qual deverão constar:

I – os dados do auto de infração, conforme anexo I desta Resolução;

II – a data de sua emissão; e

III – data do término do prazo para a apresentação da defesa da autuação, não inferior a 15 (quinze) dias, contados da data da notificação da autuação ou publicação por edital.

§ 1º. Quando utilizada a remessa postal, a expedição se caracterizará pela entrega da notificação da autuação pelo órgão ou entidade de trânsito à empresa responsável por seu envio.

§ 2º. A não expedição da notificação da autuação no prazo previsto no *caput* deste artigo ensejará o arquivamento do auto de infração.

§ 3º. Poderá ser apresentada Defesa da Autuação pelo infrator devidamente identificado até a data constante na Notificação da Autuação, conforme inciso III deste artigo.

§ 4º. A autoridade de trânsito poderá socorrer-se de meios tecnológicos para verificação da regularidade e da consistência do auto de infração.

**Art. 5º.** O auto de infração valerá como Notificação da Autuação quando for assinado pelo infrator.

Parágrafo único. Para que a Notificação da Autuação se dê na forma do *caput* deste artigo, o Auto de Infração deverá conter o prazo para apresentação de Defesa da Autuação, não inferior a 15 (quinze) dias.

## III – Da Defesa da Autuação

**Art. 6º.** Interposta a defesa da autuação, nos termos do § 3º do art. 4º desta Resolução, caberá à autoridade competente apreciá-la, inclusive quanto ao mérito.

§ 1º. Acolhida a Defesa da Autuação, o Auto de Infração será cancelado, seu registro será arquivado e a autoridade de trânsito comunicará o fato ao infrator.

§ 2º. Não sendo interposta Defesa da Autuação no prazo previsto ou não acolhida, a autoridade de trânsito aplicará a penalidade de multa, nos termos desta Resolução.

## IV – Da Penalidade de Multa

**Art. 7º.** A Notificação da Penalidade de Multa deverá ser enviada ao infrator, responsável pelo seu pagamento, e deverá conter:

I – os dados do Auto de Infração;

II – a data de sua emissão;

III – a comunicação do não acolhimento da Defesa da Autuação;

IV – o valor da multa e a informação quanto ao desconto previsto no *caput* do art. 284 do CTB;

V – data do término para apresentação de recurso, que será a mesma data para pagamento da multa, conforme §§ 4º e 5º do art. 282 do CTB;

VI – campo para a autenticação eletrônica regulamentado pelo órgão máximo executivo de trânsito da União; e

VII – instruções para apresentação de recurso, nos termos dos arts. 286 e 287 do CTB.

## V – Da Notificação por Edital

**Art. 8º.** Esgotadas as tentativas para notificar o infrator meio postal ou pessoal, as notificações de que trata esta Resolução serão realizadas por edital publicado em diário oficial, na forma da lei.

§ 1º. Os editais de que trata o *caput* deste artigo, de acordo com sua natureza, deverão conter, no mínimo, as seguintes informações:

I – Edital da Notificação da Autuação:

a) cabeçalho com identificação do órgão autuador e do tipo de notificação;

b) instruções e prazo para interposição de defesa;

c) lista com o nº do auto de infração, data da infração, código da infração com desdobramento e o nº do CPF/CNPJ do infrator.

II – Edital da Notificação da Penalidade de Multa:

a) cabeçalho com identificação do órgão autuador e do tipo de notificação;

b) instruções e prazo para interposição de recurso e pagamento;

c) lista com o n° do auto de infração, data da infração, código da infração com desdobramento, n° do CPF/CNPJ do infrator e valor da multa.

§ 2°. É facultado ao órgão autuador disponibilizar as informações das publicações em seu sítio na *Internet.*

§ 3°. As publicações de que trata este artigo serão válidas para todos os efeitos, não isentando o órgão de trânsito de disponibilizar as informações das notificações, quando solicitado.

**VI – Dos Recursos Administrativos**

**Art. 9°.** Aplicada a penalidade de multa, caberá recurso em primeira instância na forma dos arts. 285, 286 e 287 do CTB, que serão julgados pelas JARI que funcionam junto ao órgão de trânsito que aplicou a penalidade.

**Art. 10.** Das decisões da JARI caberá recurso em segunda instância na forma dos arts. 288 e 289 do CTB.

**Art. 11.** O recorrente deverá ser informado das decisões dos recursos de que tratam os arts. 9° e 10 desta Resolução.

Parágrafo único. No caso de deferimento do recurso de que trata o art. 9° desta Resolução, o recorrente deverá ser informado se a autoridade recorrer da decisão.

**VII – Das Disposições Gerais**

**Art. 12.** A contagem dos prazos para interposição da defesa da autuação e dos recursos de que trata esta Resolução será em dias consecutivos, excluindo-se o dia da notificação ou publicação por meio de edital, e incluindo-se o dia do vencimento.

Parágrafo único. Considera-se prorrogado o prazo até o primeiro dia útil se o vencimento cair em feriado, sábado, domingo, em dia que não houver expediente ou este for encerrado antes da hora normal.

**Art. 13.** No caso de falha nas notificações previstas nesta Resolução, a autoridade de trânsito poderá refazer o ato, respeitados os prazos legais, quando não será exigível a penalidade de multa aplicada.

**Art. 14.** Os órgãos autuadores deverão possibilitar, ao infrator, a atualização de seu endereço.

Parágrafo único. Caso o infrator não providencie a atualização do endereço prevista no parágrafo anterior, aplicar-se-á o disposto no § 1° do art. 282 do CTB.

**Art. 15.** Os procedimentos para apresentação de defesa de autuação e recursos, previstos nesta Resolução, atenderão ao disposto em regulamentação específica.

**Art. 16.** Os órgãos e entidades do Sistema Nacional de Trânsito deverão adequar seus procedimentos até a data de entrada em vigor desta Resolução.

**Art. 17.** Esta Resolução entrará em vigor após decorridos 180 (cento e oitenta) dias de sua publicação oficial, quando ficará revogada a Resolução CONTRAN n° 248/2007.

Brasília/DF, 11 de agosto de 2011.

*Orlando Moreira da Silva – Presidente – DOU de 15.8.2011*

**Anexos**

♦ *Os Anexos encontram-se disponíveis no site: http://www.denatran.gov.br/resolucoes.htm*

# RESOLUÇÃO CONTRAN N° 391, DE 30 DE AGOSTO DE 2011

• *Referendar a Deliberação n° 100, de 2 de setembro de 2010 que dispõe sobre o transporte de menores de 10 anos e a utilização do dispositivo de retenção para o transporte de crianças em veículos.*

O Conselho Nacional de Trânsito – CONTRAN, usando da competência que lhe conferem os arts. 12, inciso I e X, e 156 da Lei n° 9.503, de 23 de setembro de 1997, que institui o Código de Trânsito Brasileiro – CTB, e conforme o Decreto n° 4.711, de 29 de maio de 2003, que trata da coordenação do Sistema Nacional de Trânsito – SNT; e,

Considerando o que consta no Processo Administrativo n° 80001.001777/2003-71,

Considerando a atual indisponibilidade de dispositivos de retenção para transporte de crianças em veículos originalmente fabricados com o cinto de segurança de dois pontos; resolve:

**Art. 1°.** Referendar a Deliberação n° 100, de 2 de setembro de 2010, do Presidente do Conselho Nacional de Trânsito – CONTRAN, publicada no *Diário Oficial da União – DOU* de 6 de setembro de 2010.

**Art. 2º.** O art. 2º da Resolução nº 277, de 28 de maio de 2008, passa a vigorar com a seguinte redação:

• *Alteração já efetuada no corpo da Resolução.*

**Art. 3º.** Esta Resolução entra em vigor na data de sua publicação.

Brasília/DF, 30 de agosto de 2011.

*Orlando Moreira da Silva – Presidente – DOU de 2.9.2011*

## RESOLUÇÃO CONTRAN Nº 392, DE 4 DE OUTUBRO DE 2011

• Referendar a Deliberação nº 114, de 28 de setembro de 2011, que prorroga o mandato 2009/2011 dos membros das Câmaras Temáticas do CONTRAN até que sejam nomeados os integrantes para o mandato 2011/2013.

O Conselho Nacional de Trânsito – CONTRAN, no uso das atribuições que lhe são conferidas pelo art. 12 da Lei nº 9.503, de 23 de setembro de 1997, que instituiu o Código de Trânsito Brasileiro – CTB, e conforme o Decreto nº 4.711, de 29 de maio de 2003, que trata da coordenação do Sistema Nacional de Trânsito – SNT; e,

Considerando, o que consta no Processo Administrativo nº 80000.044162/2011-50,

Considerando o disposto no art. 2º da Resolução CONTRAN nº 218/2006, com redação dada pela Resolução CONTRAN nº 313/2009, que estabeleceu a possibilidade de prorrogar o mandato das Câmaras Temáticas, até que sejam nomeados os membros para o novo mandato,

Considerando que a continuidade dos trabalhos do CONTRAN demanda intenso suporte técnico das Câmaras Temáticas; resolve:

**Art. 1º.** Referendar a Deliberação nº 114, de 28 de setembro de 2011, do Presidente do Conselho Nacional de Trânsito – CONTRAN, publicada no *Diário Oficial da União – DOU* de 29 de setembro de 2011.

**Art. 2º.** Fica prorrogado o mandato 2009/2011 dos membros das Câmaras Temáticas do CONTRAN, até que sejam nomeados os integrantes para o mandato 2011/2013.

**Art. 3º.** A convocação de reuniões das Câmaras Temáticas, durante o período da prorrogação, é competência dos seus respectivos Coordenadores, conforme calendário previamente aprovado pelo DENATRAN, a quem compete o suporte técnico e administrativo.

**Art. 4º.** Esta Resolução entre em vigor na data de sua publicação.

Brasília/DF, 4 de outubro de 2011.

*Júlio Ferraz Arcoverde – Presidente – DOU de 14.10.2011*

## RESOLUÇÃO CONTRAN Nº 393, DE 25 DE OUTUBRO DE 2011

• *Altera a Resolução nº 151, de 8 de outubro de 2003, do Conselho Nacional de Trânsito – CONTRAN, que dispõe sobre a unificação de procedimentos para imposição de penalidade de multa a pessoa jurídica proprietária de veículos por não identificação de condutor infrator.*

O Conselho Nacional de Trânsito – CONTRAN, no uso das atribuições que lhe confere o inciso I do art. 12 da Lei nº 9.503, de 23 de setembro de 1997, que instituí o Código de Trânsito Brasileiro – CTB, e conforme o Decreto nº 4.711, de 29 de maio de 2003, que dispõe sobre a coordenação do Sistema Nacional de Trânsito – SNT; e,

Considerando o que consta nos Processos Administrativos nºs 80000.047020/2010-63 e 80000.008681/2010-73; resolve:

**Art. 1º.** O *caput* do art. 2º da Resolução nº 151, de 8 de outubro de 2003, do CONTRAN, passa a vigorar com a seguinte redação:

• *Alteração já efetuada no corpo da Resolução.*

**Art. 2º.** Esta Resolução entra em vigor na data de sua publicação.

Brasília/DF, 25 de outubro de 2011.

*Júlio Ferraz Arcoverde – Presidente – DOU de 7.11.2011*

## RESOLUÇÃO CONTRAN Nº 394, DE 13 DE DEZEMBRO DE 2011

• *Altera a Resolução CONTRAN nº 311, de 3 de abril de 2009, que dispõe sobre a obrigatoriedade do uso do equipamento suplementar de segurança passiva – air bag, na parte frontal dos veículos novos saídos de fábrica, nacionais e importados.*

O Conselho Nacional de Trânsito – CONTRAN, no uso das atribuições que lhe são conferidas pelo art. 12 da Lei nº 9.503, de 23 de setembro de 1997, que instituiu o

Código de Trânsito Brasileiro – CTB, e conforme o disposto no Decreto nº 4.711, de 29 de maio de 2003, que trata da coordenação do Sistema Nacional de Trânsito – SNT; e, Considerando o que consta do Processo nº 80000.013980/2009-96; resolve:

**Art. 1º.** O art. 3º da Resolução CONTRAN nº 311/2009 passa a vigorar acrescido do § 5º com a seguinte redação:

* *Alteração já efetuada no corpo da Resolução.*

**Art. 2º.** Esta Resolução entra em vigor na data de sua publicação, ficando revogada a Resolução n° 367/2010 do CONTRAN.

Brasília/DF, 13 de dezembro de 2011.

*Júlio Ferraz Arcoverde – Presidente – DOU de 20.12.2011*

## RESOLUÇÃO CONTRAN Nº 395, DE 13 DE DEZEMBRO DE 2011

* Altera a Resolução CONTRAN nº 380, de 28 de abril de 2011, que dispõe sobre a obrigatoriedade do uso do sistema antitravamento das rodas – ABS.

O Conselho Nacional de Trânsito – CONTRAN, no uso das atribuições que lhe são conferidas pelo art. 12 da Lei nº 9.503, de 23 de setembro de 1997, que instituiu o Código de Trânsito Brasileiro – CTB, e conforme o disposto no Decreto nº 4.711, de 29 de maio de 2003, que trata da coordenação do Sistema Nacional de Trânsito – SNT;

Considerando o constante nos processos n° 80000.017187/2010-08 e 80000.018218/2010-30; resolve:

**Art. 1º.** O § 1º do art. 3º da Resolução CONTRAN nº 380/2011 passa a vigorar com a seguinte redação:

* *Alteração já efetuada no corpo da Resolução.*

**Art. 2º.** O art. 7º da Resolução CONTRAN nº 380/2011 passa a vigorar com a seguinte redação:

* *Alteração já efetuada no corpo da Resolução.*

**Art. 3º.** Esta Resolução entra em vigor na data de sua publicação.

Brasília/DF, 13 de dezembro de 2011.

*Júlio Ferraz Arcoverde – Presidente – DOU de 20.12.2011*

## RESOLUÇÃO CONTRAN Nº 396, DE 13 DE DEZEMBRO DE 2011

* Dispõe sobre requisitos técnicos mínimos para a fiscalização da velocidade de veículos automotores, reboques e semirreboques, conforme o Código de Trânsito Brasileiro.
* *Revoga as Resoluções CONTRAN nºs 146/2003, 214/2006, 340/2010 e o art. 3º e o Anexo II da 202/2006.*

O Conselho Nacional de Trânsito – CONTRAN, no uso das atribuições que lhe são conferidas pelo art. 12, da Lei nº 9.503, de 23 de setembro de 1997, que instituiu o Código de Trânsito Brasileiro – CTB, e conforme o Decreto nº 4.711, de 29 de maio de 2003, que trata da coordenação do Sistema Nacional de Trânsito – SNT; e

Considerando a necessidade de padronização dos procedimentos referente à fiscalização eletrônica da velocidade;

Considerando que onde não houver sinalização regulamentar de velocidade, os limites máximos devem obedecer ao disposto no art. 61 do CTB;

Considerando a importância da fiscalização de velocidade como instrumento para redução de acidentes e de sua gravidade; e

Considerando o contido no Processo nº 80001.020255/2007-01; resolve:

**Art. 1º.** A medição das velocidades desenvolvidas pelos veículos automotores, elétricos, reboques e semirreboques nas vias públicas deve ser efetuada por meio de instrumento ou equipamento que registre ou indique a velocidade medida, com ou sem dispositivo registrador de imagem dos seguintes tipos:

I – Fixo: medidor de velocidade com registro de imagens instalado em local definido e em caráter permanente;

II – Estático: medidor de velocidade com registro de imagens instalado em veículo parado ou em suporte apropriado;

III – Móvel: medidor de velocidade instalado em veículo em movimento, procedendo a medição ao longo da via;

IV – Portátil: medidor de velocidade direcionado manualmente para o veículo alvo.

§ 1º. Para fins desta Resolução, serão adotadas as seguintes definições:

a) medidor de velocidade: instrumento ou equipamento destinado à medição de velocidade de veículos.

b) controlador eletrônico de velocidade: medidor de velocidade destinado a fiscalizar o limite máximo regulamentado para a via ou trecho por meio de sinalização (placa R-19) ou, na sua ausência, pelos limites definidos no art. 61 do CTB;

c) redutor eletrônico de velocidade (barreira ou lombada eletrônica): medidor de velocidade, do tipo fixo, com dispositivo registrador de imagem, destinado a fiscalizar a redução pontual de velocidade em trechos considerados críticos, cujo limite é diferenciado do limite máximo regulamentado para a via ou trecho em um ponto específico indicado por meio de sinalização (placa R-19).

§ 2º. Quando for utilizado redutor eletrônico de velocidade, o equipamento deverá ser dotado de dispositivo (*display*) que mostre aos condutores a velocidade medida.

**Art. 2º.** O medidor de velocidade dotado de dispositivo registrador de imagem deve permitir a identificação do veículo e, no mínimo:

I – Registrar:

a) Placa do veículo;

b) Velocidade medida do veículo em km/h;

c) Data e hora da infração;

d) Contagem volumétrica de tráfego.

II – Conter:

a) Velocidade regulamentada para o local da via em km/h;

b) Local da infração identificado de forma descritiva ou codificado;

c) Identificação do instrumento ou equipamento utilizado, mediante numeração estabelecida pelo órgão ou entidade de trânsito com circunscrição sobre a via.

d) Data da verificação de que trata o inciso III do art. 3º.

Parágrafo único. No caso de medidor de velocidade do tipo fixo, a autoridade de trânsito deve dar publicidade à relação de códigos de que trata a alínea "b" e à numeração de que trata a alínea "c", ambas do inciso II, podendo, para tanto, utilizar-se de seu sítio na internet.

**Art. 3º.** O medidor de velocidade de veículos deve observar os seguintes requisitos:

I – ter seu modelo aprovado pelo Instituto Nacional de Metrologia, Qualidade e Tecnologia – INMETRO, atendendo à legislação metrológica em vigor e aos requisitos estabelecidos nesta Resolução;

II – ser aprovado na verificação metrológica pelo INMETRO ou entidade por ele delegada;

III – ser verificado pelo INMETRO ou entidade por ele delegada, obrigatoriamente com periodicidade máxima de 12 (doze) meses e, eventualmente, conforme determina a legislação metrológica em vigência.

**Art. 4º.** Cabe à autoridade de trânsito com circunscrição sobre a via determinar a localização, a sinalização, a instalação e a operação dos medidores de velocidade do tipo fixo.

§ 1º. Não é obrigatória a presença da autoridade de trânsito ou de seu agente, no local da infração, quando utilizado o medidor de velocidade com dispositivo registrador de imagem que atenda ao disposto nos arts. 2º e 3º.

§ 2º. Para determinar a necessidade da instalação de medidor de velocidade do tipo fixo, deve ser realizado estudo técnico que contemple, no mínimo, as variáveis do modelo constante no item A do Anexo I, que venham a comprovar a necessidade de controle ou redução do limite de velocidade no local, garantindo a visibilidade do equipamento.

§ 3º. Para medir a eficácia dos medidores de velocidade do tipo fixo ou sempre que ocorrerem alterações nas variáveis constantes no estudo técnico, deve ser realizado novo estudo técnico que contemple, no mínimo, o modelo constante no item B do Anexo I, com periodicidade máxima de 12 (doze) meses.

§ 4º. Sempre que os estudos técnicos do modelo constante no item B do Anexo I constatarem o elevado índice de acidentes ou não comprovarem sua redução significativa recomenda-se, além da fiscalização eletrônica, a adoção de outros procedimentos de engenharia no local.

§ 5º. Caso os estudos de que tratam o § 4º comprovem a necessidade de remanejamento do equipamento, deverá ser realizado um novo estudo técnico do modelo constante no item A do Anexo I.

§ 6º. Os estudos técnicos referidos nos §§ 2º, 3º, 4º e 5º devem:

I – estar disponíveis ao público na sede do órgão ou entidade de trânsito com circunscrição sobre a via;

II – ser encaminhados às Juntas Administrativas de Recursos de Infrações – JARI dos respectivos órgãos ou entidades;

III – ser encaminhados ao órgão máximo executivo de trânsito da União e aos Conselhos Estaduais de Trânsito – CETRAN ou ao Conselho de Trânsito do Distrito Federal – CONTRADIFE, quando por eles solicitados.

§ 7º. Quando em determinado trecho da via houver instalado medidor de velocidade do tipo fixo, os equipamentos dos tipos estático, portátil e móvel, somente poderão ser utilizados a uma distância mínima daquele equipamento de:

I – quinhentos metros em vias urbanas e trechos de vias rurais com características de via urbana;

II – dois quilômetros em vias rurais e vias de trânsito rápido.

**Art. 5º.** A notificação da autuação/penalidade deve conter, além do disposto no CTB e na legislação complementar, expressas em km/h:

I – a velocidade medida pelo instrumento ou equipamento medidor de velocidade;

II – a velocidade considerada para efeito da aplicação da penalidade; e

III – a velocidade regulamentada para a via.

§ 1º. Para configuração das infrações previstas no art. 218 do CTB, a velocidade considerada para efeito da aplicação da penalidade será o resultado da subtração da velocidade medida pelo instrumento ou equipamento pelo erro máximo admitido previsto na legislação metrológica em vigor, conforme tabela de valores referenciais de velocidade e tabela para enquadramento infracional constantes do Anexo II.

§ 2º. Para configuração da infração prevista no art. 219 do CTB, a velocidade considerada para efeito da aplicação da penalidade será o resultado da soma da velocidade medida pelo instrumento ou equipamento com o erro máximo admitido previsto na legislação metrológica em vigor, conforme tabela de valores referenciais de velocidade constante do Anexo III.

§ 3º. A informação de que trata o inciso III, no caso da infração prevista no art. 219 do CTB, é a velocidade mínima que o veículo pode transitar na via (cinquenta por cento da velocidade máxima estabelecida).

**Art. 6º.** A fiscalização de velocidade deve ocorrer em vias com sinalização de regulamentação de velocidade máxima permitida (placa R-19), observadas as disposições contidas no Manual Brasileiro de Sinalização de Trânsito – Volume 1, de forma a garantir a segurança viária e informar aos condutores dos veículos a velocidade máxima permitida para o local.

§ 1º. A fiscalização de velocidade com medidor do tipo móvel só pode ocorrer em vias rurais e vias urbanas de trânsito rápido sinalizadas com a placa R-19 conforme legislação em vigor e onde não ocorra variação de velocidade em trechos menores que 5 (cinco) km.

§ 2º. No caso de fiscalização de velocidade com medidor dos tipos portátil e móvel sem registrador de imagens, o agente de trânsito deverá consignar no campo "observações" do auto de infração a informação do local de instalação da placa R-19, exceto na situação prevista no art. 7º.

§ 3º. Para a fiscalização de velocidade com medidor dos tipos fixo, estático ou portátil deve ser observada, entre a placa R-19 e o medidor, uma distância compreendida no intervalo estabelecido na tabela constante do Anexo IV, facultada a repetição da placa em distâncias menores.

§ 4º. Para a fiscalização de velocidade em local/trecho sinalizado com placa R-19, em vias em que ocorra o acesso de veículos por outra via pública que impossibilite, no trecho compreendido entre o acesso e o medidor, o cumprimento do disposto no caput, deve ser acrescida, nesse trecho, outra placa R-19, assegurando ao condutor o conhecimento acerca do limite de velocidade fiscalizado.

§ 5º. Em locais/trechos onde houver a necessidade de redução de velocidade pontual e temporária por obras ou eventos, desde que devidamente sinalizados com placa R-19, respeitadas as distâncias constantes do Anexo IV, poderão ser utilizados medidores de velocidade do tipo portátil ou estático.

§ 6º. Para cumprimento do disposto no § 5º, o agente de trânsito deverá produzir relatório descritivo da obra ou evento com a indicação da sinalização utilizada, o qual deverá ser arquivado junto ao órgão de trânsito responsável pela fiscalização, à disposição das JARI, CETRAN, CONTRADIFE e CONTRAN.

§ 7º. É vedada a utilização de placa R-19 que não seja fixa, exceto nos casos previstos nos §§ 5º e 6º.

**Art. 7º.** Em trechos de estradas e rodovias onde não houver placa R-19 poderá ser realizada a fiscalização com medidores de velocidade dos tipos móvel, estático ou portátil, desde que observados os limites de velocidade estabelecidos no § 1º do art. 61 do CTB.

§ 1º. Ocorrendo a fiscalização na forma prevista no *caput*, quando utilizado o medidor do tipo portátil ou móvel, a ausência da sinalização deverá ser informada no campo "observações" do auto de infração.

§ 2º. Para cumprimento do disposto no caput, a operação do equipamento deverá estar visível aos condutores.

**Art. 8º.** Quando o local ou trecho da via possuir velocidade máxima permitida por tipo de veículo, a placa R-19 deverá estar acompanhada da informação complementar, na forma do Anexo V.

§ 1º. Para fins de cumprimento do estabelecido no *caput*, os tipos de veículos registrados e licenciados devem estar classificados conforme as duas denominações descritas a seguir:

I – "VEÍCULOS LEVES" correspondendo a ciclomotor, motoneta, motocicleta, triciclo, quadriciclo, automóvel, utilitário, caminhonete e camioneta, com peso bruto total – PBT inferior ou igual a 3.500 kg.

II – "VEÍCULOS PESADOS" correspondendo a ônibus, micro-ônibus, caminhão, caminhão-trator, trator de rodas, trator misto, chassi-plataforma, motor-casa, reboque ou semirreboque e suas combinações.

§ 2º. "VEÍCULO LEVE" tracionando outro veículo equipara-se a "VEÍCULO PESADO" para fins de fiscalização.

**Art. 9º.** São exemplos de sinalização vertical para atendimento do art. 8º, as placas constantes do Anexo V.

Parágrafo único. Poderá ser utilizada sinalização horizontal complementar reforçando a sinalização vertical.

**Art. 10.** Os órgãos e entidades de trânsito com circunscrição sobre a via têm o prazo de 180 (cento e oitenta) dias, a partir da data de publicação desta Resolução, para adequar seus procedimentos às disposições contidas no § 2º do art. 1º e no § 6º do art. 4º.

Parágrafo único. As exigências contidas na alínea "d" do inciso I e alínea "d" do inciso II do art. 2º aplicam-se aos equipamentos novos implantados a partir de 1º de janeiro de 2013.

**Art. 11.** As disposições desta Resolução não se aplicam à fiscalização das condutas tipificadas como infração no art. 220 do CTB.

**Art. 12.** Ficam revogados o art. 3º e o Anexo II da Resolução CONTRAN nº 202/2006 e as Resoluções CONTRAN nº146/2003, 214/2006 e 340/2010.

**Art. 13.** Esta Resolução entra em vigor na data de sua publicação.

**Anexo I**

♦ *O Anexo I encontra-se disponível no site: http://www.denatran.gov.br/resolucoes.htm*

**Anexo II – Tabela de valores referenciais de velocidade para infrações do art. 218 do CTB**

| VM (Km/h) | VC (Km/h) | VM (Km/h) | VC (Km/h) | VM (Km/h) | VC (Km/h) |
|---|---|---|---|---|---|
| 27 | 20 | 38 | 31 | 49 | 42 |
| 28 | 21 | 39 | 32 | 50 | 43 |
| 29 | 22 | 40 | 33 | 51 | 44 |
| 30 | 23 | 41 | 34 | 52 | 45 |
| 31 | 24 | 42 | 35 | 53 | 46 |
| 32 | 25 | 43 | 36 | 54 | 47 |
| 33 | 26 | 44 | 37 | 55 | 48 |
| 34 | 27 | 45 | 38 | 56 | 49 |
| 35 | 28 | 46 | 39 | 57 | 50 |
| 36 | 29 | 47 | 40 | 58 | 51 |
| 37 | 30 | 48 | 41 | 59 | 52 |

| VM (Km/h) | VC (Km/h) | VM (Km/h) | VC (Km/h) | VM (Km/h) | VC (Km/h) |
|---|---|---|---|---|---|
| 60 | 53 | 105 | 98 | 150 | 140 |
| 61 | 54 | 106 | 99 | 151 | 140 |
| 62 | 55 | 107 | 100 | 152 | 141 |
| 63 | 56 | 108 | 100 | 153 | 142 |
| 64 | 57 | 109 | 101 | 154 | 143 |
| 65 | 58 | 110 | 102 | 155 | 144 |
| 66 | 59 | 111 | 103 | 156 | 145 |
| 67 | 60 | 112 | 104 | 157 | 146 |
| 68 | 61 | 113 | 105 | 158 | 147 |
| 69 | 62 | 114 | 106 | 159 | 148 |
| 70 | 63 | 115 | 107 | 160 | 149 |
| 71 | 64 | 116 | 108 | 161 | 150 |
| 72 | 65 | 117 | 109 | 162 | 151 |
| 73 | 66 | 118 | 110 | 163 | 152 |
| 74 | 67 | 119 | 111 | 164 | 153 |
| 75 | 68 | 120 | 112 | 165 | 153 |
| 76 | 69 | 121 | 113 | 166 | 154 |
| 77 | 70 | 122 | 113 | 167 | 155 |
| 78 | 71 | 123 | 114 | 168 | 156 |
| 79 | 72 | 124 | 115 | 169 | 157 |
| 80 | 73 | 125 | 116 | 170 | 158 |
| 81 | 74 | 126 | 117 | 171 | 159 |
| 82 | 75 | 127 | 118 | 172 | 160 |
| 83 | 76 | 128 | 119 | 173 | 161 |
| 84 | 77 | 129 | 120 | 174 | 162 |
| 85 | 78 | 130 | 121 | 175 | 163 |
| 86 | 79 | 131 | 122 | 176 | 164 |
| 87 | 80 | 132 | 123 | 177 | 165 |
| 88 | 81 | 133 | 124 | 178 | 166 |
| 89 | 82 | 134 | 125 | 179 | 166 |
| 90 | 83 | 135 | 126 | 180 | 167 |
| 91 | 84 | 136 | 126 | 181 | 168 |
| 92 | 85 | 137 | 127 | 182 | 169 |
| 93 | 86 | 138 | 128 | 183 | 170 |
| 94 | 87 | 139 | 129 | 184 | 171 |
| 95 | 88 | 140 | 130 | 185 | 172 |
| 96 | 89 | 141 | 131 | 186 | 173 |
| 97 | 90 | 142 | 132 | 187 | 174 |
| 98 | 91 | 143 | 133 | 188 | 175 |
| 99 | 92 | 144 | 134 | 189 | 176 |
| 100 | 93 | 145 | 135 | 190 | 177 |
| 101 | 94 | 146 | 136 | 191 | 178 |
| 102 | 95 | 147 | 137 | 192 | 179 |
| 103 | 96 | 148 | 138 | 193 | 179 |
| 104 | 97 | 149 | 139 | 194 | 180 |

*Observações:*
1. VM – VELOCIDADE MEDIDA (Km/h) VC – VELOCIDADE CONSIDERADA (Km/h)
2. Para velocidades medidas superiores aos indicados na tabela, considerar o erro máximo admissível de 7%, com arredondamento matemático para se calcular a velocidade considerada.
3. Para enquadramento infracional, deverá ser observada a tabela abaixo:

## Tabela para enquadramento infracional

| Limite Regulamentado (Km/h) | 218, I infração média | 218, II infração grave | 218, III infração gravíssima |
|---|---|---|---|
| 20 | 21 ≤VC ≤24 | 25 ≤VC ≤30 | VC ≥31 |
| 30 | 31 ≤VC ≤36 | 37 ≤VC ≤45 | VC ≥46 |
| 40 | 41 ≤VC ≤48 | 49 ≤VC ≤60 | VC ≥61 |
| 50 | 51 ≤VC ≤60 | 61 ≤VC ≤75 | VC ≥76 |
| 60 | 61 ≤VC ≤72 | 73 ≤VC ≤90 | VC ≥91 |
| 70 | 71 ≤VC ≤84 | 85 ≤VC ≤105 | VC ≥106 |
| 80 | 81 ≤VC ≤96 | 97 ≤VC ≤120 | VC ≥121 |
| 90 | 91 ≤VC ≤108 | 109 ≤VC ≤135 | VC ≥136 |
| 100 | 101 ≤VC ≤120 | 121 ≤VC ≤150 | VC ≥151 |
| 110 | 111 ≤VC ≤132 | 133 ≤VC ≤165 | VC ≥166 |
| 120 | 121 ≤VC ≤144 | 145 ≤VC ≤180 | VC ≥181 |

*Observação:* VC – VELOCIDADE CONSIDERADA (Km/h)

**Anexo III – Tabela de valores referenciais de velocidade para infração do art. 219 do CTB**

| VM (Km/h) | VC (Km/h) | VM (Km/h) | VC (Km/h) | VM (Km/h) | VC (Km/h) |
|---|---|---|---|---|---|
| 10 | 17 | 27 | 34 | 44 | 51 |
| 11 | 18 | 28 | 35 | 45 | 52 |
| 12 | 19 | 29 | 36 | 46 | 53 |
| 13 | 20 | 30 | 37 | 47 | 54 |
| 14 | 21 | 31 | 38 | 48 | 55 |
| 15 | 22 | 32 | 39 | 49 | 56 |
| 16 | 23 | 33 | 40 | 50 | 57 |
| 17 | 24 | 34 | 41 | 51 | 58 |
| 18 | 25 | 35 | 42 | 52 | 59 |
| 19 | 26 | 36 | 43 | 53 | 60 |
| 20 | 27 | 37 | 44 | 54 | 61 |
| 21 | 28 | 38 | 45 | 55 | 62 |
| 22 | 29 | 39 | 46 | 56 | 63 |
| 23 | 30 | 40 | 47 | 57 | 64 |
| 24 | 31 | 41 | 48 | 58 | 65 |
| 25 | 32 | 42 | 49 | 59 | 66 |
| 26 | 33 | 43 | 50 | 60 | 67 |

*Observação:* VM – VELOCIDADE MEDIDA (Km/h) VC – VELOCIDADE CONSIDERADA (Km/h)

**Anexo IV – Distância entre a placa R-19 e o medidor de velocidade**

| Velocidade Regulamentada (Km/h) | Intervalo de Distância (metros) | |
|---|---|---|
| | Via Urbana | Via Rural |
| V ≥ 80 | 400 a 500 | 1000 a 2000 |
| V < 80 | 100 a 300 | 300 a 1000 |

**Anexo V – Exemplos de sinalização vertical específica para limite de velocidade máxima por tipo de veículo no mesmo trecho da via**

♦ *O Anexo V encontra-se disponível no site: http://www.denatran.gov.br/resolucoes.htm*
Brasília/DF, 13 de dezembro de 2011.

*Júlio Ferraz Arcoverde – Presidente – DOU de 20.12.2011 – Retificação DOU de 16.1.2012*

## RESOLUÇÃO CONTRAN Nº 397, DE 13 DE DEZEMBRO DE 2011

• *Altera a Resolução CONTRAN nº 292, de 29 de agosto de 2008, que dispõe sobre modificações de veículos previstas nos arts. 98 e 106 da Lei nº 9.503, de 23 de setembro de 1997, que instituiu o Código de Trânsito Brasileiro e dá outras providências.*

O Conselho Nacional de Trânsito – CONTRAN, no uso das atribuições que lhe são conferidas pelo art. 12 da Lei nº 9.503, de 23 de setembro de 1997, que instituiu o Código de Trânsito Brasileiro – CTB, e conforme o Decreto nº 4.711, de 29 de maio de 2003, que trata da coordenação do Sistema Nacional de Trânsito – SNT; e,

Considerando o que consta no Processo Administrativo nº 80000.045785/2011-40; resolve:

**Art. 1º.** Alterar o parágrafo único do art. 1º, o *caput* e o parágrafo único do art. 2º e os arts. 4º, 11 e 16 da Resolução CONTRAN nº 292, de 29 de agosto de 2008, que passam a vigorar com a seguinte redação:

• *Alterações já efetuadas no corpo da Resolução.*

**Art. 2º.** Com a publicação da Portaria editada pelo órgão máximo executivo de trânsito da União, estabelecendo a Tabela de Modificações permitidas em veículos, o Anexo da Resolução CONTRAN nº 292/2008 ficará revogado.

**Art. 3º.** Esta Resolução entra em vigor na data de sua publicação.

Brasília/DF, 13 de dezembro de 2011.

*Júlio Ferraz Arcoverde – Presidente – DOU de 20.12.2011*

## RESOLUÇÃO CONTRAN Nº 398, DE 13 DE DEZEMBRO DE 2011

• *Estabelece orientações e procedimentos a serem adotados para a comunicação de venda de veículos, no intuito de organizar e manter o Registro Nacional de Veículos Automotores – RENAVAM, garantindo a atualização e o fluxo permanente de informações entre os órgãos e entidades do Sistema Nacional de Trânsito.*

O Conselho Nacional de Trânsito – CONTRAN, no uso das competências que lhe confere o art. 12, incisos I, II, VII e X, da Lei nº 9.503, de 23 de setembro de 1997, que instituiu o Código de Trânsito Brasileiro – CTB, e conforme o Decreto nº 4.711, de 29 de maio de 2003, que dispõe sobre a coordenação do Sistema Nacional de Trânsito – SNT; e,

Considerando a necessidade de aperfeiçoar a integração do Sistema Nacional de Trânsito e aprimorar o fluxo de informações entre seus órgãos, possibilitando melhoria na verificação e fiscalização das irregularidades de ordem administrativa, fiscal e criminal, que possam resultar em prejuízos ao Estado e aos proprietários vendedores de veículos, em decorrência da desatualização cadastral do sistema RENAVAM;

Considerando a necessidade de dotar o DENATRAN de instrumentos de verificação e correição dos Registros de Comunicação de Venda eletrônica e documental.

Considerando o disposto no art. 134 do CTB, bem como a necessidade de assegurar ao proprietário vendedor o direito ali estabelecido, eximindo-o de penalização imprópria, provocada exclusivamente, por força da ausência de integração das informações entre os órgãos e entidades do Sistema Nacional de Trânsito;

Considerando, por fim, a necessidade de manter atualizadas as Bases Estaduais e a Base de Índice Nacional – BIN do Sistema de Registro Nacional de Veículos Automotores – RENAVAM e de padronizar os procedimentos de comunicação de venda de veículos; resolve:

**Art. 1º.** A comunicação de venda de veículo, obrigatória para o antigo proprietário nos termos do art. 134 do CTB, poderá ser realizada de forma documental, no Órgão Executivo de Trânsito de registro do veículo, ou processada, em meio eletrônico, exclusivamente, por meio do sistema eletrônico de comunicação de venda implantado pelo DENATRAN na Base Nacional do Sistema RENAVAM.

**Art. 2º.** A comunicação de venda documental será protocolada no órgão ou entidade executiva de trânsito do Estado ou do Distrito Federal em que o veículo estiver registrado, por intermédio de cópia autenticada da Autorização para Transferência de Propriedade de Veículo – ATPV, que consta do verso do Certificado de Registro de Veículos – CRV, devidamente preenchida.

Parágrafo único. Protocolada a comunicação de venda na forma do disposto no *caput* do presente artigo, o órgão ou entidade executivo de trânsito do Estado ou do Distrito Federal deverá atualizar imediatamente a Base Nacional do Sistema RENAVAM.

**Art. 3º.** A comunicação de venda processada pelo sistema eletrônico de comunicação de venda implantado pelo DENATRAN na Base Nacional do Sistema RENAVAM deverá conter os seguintes dados a serem fornecidos pelo antigo proprietário:

I – identificação do comprador com nome ou razão social, RG, CPF ou CNPJ, endereço completo e data;

II – identificação do veículo por meio da Placa e CPF ou CNPJ do antigo proprietário.

Parágrafo único. Registrada a comunicação de venda eletrônica na Base Nacional do Sistema RENAVAM, o DENATRAN repassará tal informação, por meio eletrônico e em tempo real, ao órgão ou entidade executiva de trânsito de registro do veículo, que deverá atualizar sua base local de registro de veículos em tempo real, de forma a garantir ao antigo proprietário a isenção de toda e qualquer responsabilidade por infrações e reincidências, de qualquer natureza, praticadas a partir da data da tradição do veículo.

**Art. 4º.** Os órgãos ou entidades executivos de trânsito da União, dos Estados e do Distrito Federal, após registrarem a comunicação de venda nas formas previstas nesta Resolução, farão constar obrigatoriamente em seus sistemas com acesso público a informação de 'comunicação de venda ativa'.

**Art. 5º.** O registro da comunicação de venda, assim como seu cancelamento, deverá obedecer às definições e procedimentos contidos no extrato da última versão do '*Manual de Usuário RENAVAM MANUAL DETRAN*' e pelas demais formas de orientação adotadas pelo DENATRAN.

**Art. 6º.** O novo proprietário adotará as providências necessárias à efetivação da expedição do novo Certificado de Registro de Veículo – CRV no prazo máximo de trinta dias e atualizará seu endereço.

**Art. 7º.** Os órgãos e entidades executivos de trânsito dos Estados e do Distrito Federal deverão tomar todas as medidas necessárias, no âmbito de suas competências, para viabilizar o cumprimento do disposto na presente Resolução.

**Art. 8º.** Em caso de descumprimento de qualquer das disposições estabelecidas na presente Resolução, o órgão ou entidade executivo de trânsito do Estado ou do Distrito Federal será considerado em situação de irregularidade perante o Sistema Nacional de Trânsito e ficará impedido de obter o código numérico de segurança de que trata a Resolução CONTRAN nº 209, de 26 de outubro de 2006, até que sane a irregularidade e passe a cumprir, rigorosamente, com os deveres e obrigações estipulados na presente Resolução.

**Art. 9º.** O descumprimento do prazo disposto no art. 6º desta Resolução configura infração prevista no art. 233 do CTB.

**Art. 10.** Esta Resolução entra em vigor 30 dias após sua publicação.

Brasília/DF, 13 de dezembro de 2011.

*Júlio Ferraz Arcoverde – Presidente – DOU de 20.12.2011*

## RESOLUÇÃO CONTRAN Nº 399, DE 8 DE FEVEREIRO DE 2012

- *Acrescenta parágrafo único ao art. 1º da Resolução CONTRAN nº 341, de 25 de fevereiro de 2010, do Conselho Nacional de Trânsito, para prorrogar, até o sucateamento dos respectivos veículos, o prazo de validade das Autorizações Específicas (AE) emitidas antes da Vigência da Resolução CONTRAN nº 388/2011.*

O Conselho Nacional de Trânsito – CONTRAN, no uso das atribuições que lhe são conferidas pelo art. 12 da Lei nº 9.503, de 23 de setembro de 1997, que instituiu o Código de Trânsito Brasileiro – CTB, e conforme o disposto no Decreto nº 4.711, de 29 de maio de 2003, que trata da coordenação do Sistema Nacional de Trânsito – SNT; e,

Considerando o que consta do Processo Administrativo nº 80000.055295/2011-51;

Considerando o que consta na Ata 100ª, da Reunião do CONTRAN de 14 de julho de 2011; resolve:

**Art. 1º.** O art. 1º da Resolução nº 341/2010 passa a vigorar acrescido do seguinte parágrafo:

- *Alteração já efetuada no corpo da Resolução.*

**Art. 2º.** Esta Resolução entra em vigor na data de sua publicação.

Brasília/DF, 8 de fevereiro de 2012.

*Júlio Ferraz Arcoverde – Presidente – DOU de 9.2.2012*

## RESOLUÇÃO CONTRAN Nº 400, DE 15 DE MARÇO DE 2012

- *Referenda a Deliberação nº 119, de 19 de dezembro de 2011, que define a cor predominante dos caminhões, caminhões tratores, reboques e semirreboques.*

O Conselho Nacional de Trânsito – CONTRAN, no uso das atribuições que lhe são conferidas pelo art. 12 da Lei nº 9.503, de 23 de setembro de 1997, que instituiu o Código de Trânsito Brasileiro – CTB, e conforme o Decreto nº 4.711, de 29 de maio de 2003, que trata da coordenação do Sistema Nacional de Trânsito – SNT; e,

Considerando a necessidade de definir a cor predominante dos *caminhões, caminhões tratores, reboques e semirreboques; resolve:*

**Art. 1º.** Referendar a Deliberação nº 119, de 19 de dezembro de 2011, do Presidente do Conselho Nacional de Trânsito – CONTRAN, publicada no *Diário Oficial da União – DOU* de 22 de dezembro de 2011.

**Art. 2º.** Considera-se cor predominante dos *caminhões, caminhões tratores, reboques e semirreboques* aquela que constar no cadastro do Registro Nacional de Veículos Automotores e no respectivo Certificado de Registro e Licenciamento de Veículo – CRLV.

**Art. 3º.** Para os caminhões e caminhões tratores, considera-se cor predominante aquela vinculada à cabine, conforme exemplificado no Anexo desta Resolução.

**Art. 4º.** Para os reboques e semirreboques, a cor predominante é aquela vinculada à estrutura fixa (chassi), conforme exemplificado no Anexo desta Resolução.

**Art. 5º.** Os preceitos desta Resolução aplicam-se aos veículos fabricados a partir de 1º de janeiro de 2013.

Parágrafo único. Para os reboques e semirreboques fabricados até 31 de dezembro de 2012 será considerada, para fins de fiscalização, a cor predominante da carroceria ou do chassi.

**Art. 6º.** Esta Resolução entra em vigor na data de sua publicação ficando revogada a Resolução CONTRAN nº 355/2010.

Brasília/DF, 15 de março de 2012.

*Júlio Ferraz Arcoverde – Presidente – DOU de 3.4.2012*

**Anexo**

♦ *O Anexo encontra-se disponível no site: http://www.denatran.gov.br/resolucoes.htm*

## RESOLUÇÃO CONTRAN Nº 401, DE 15 DE MARÇO DE 2012

• *Altera o prazo estipulado no art. 3º da Resolução CONTRAN nº 371, de 10 de dezembro de 2010, com alteração dada pela Resolução CONTRAN nº 389/2011, que aprova o Manual Brasileiro de Fiscalização de Trânsito – Volume I – Infrações de competência municipal, incluindo as concorrentes dos órgãos e entidades estaduais de trânsito e rodoviários.*

O Conselho Nacional de Trânsito – CONTRAN, no uso das atribuições que lhe são conferidas pelo art. 12 da Lei nº 9.503, de 23 de setembro de 1997, que instituiu o Código de Trânsito Brasileiro – CTB, e conforme o Decreto nº 4.711, de 29 de maio de 2003, que trata da coordenação do Sistema Nacional de Trânsito – SNT; e

Considerando a revisão que está sendo efetuada nas fichas com os Códigos de Enquadramento anexas à Resolução nº 371/2010 – CONTRAN,

Considerando que o prazo estipulado no art. 3º para a adequação dos órgãos e entidades de trânsito, tornou-se insuficiente, em vista das adequações que deverão sofrer o sistema informatizado e a Portaria nº 59/2007 – DENATRAN,

Considerando o que consta do Processo nº 80000.026293/2011-55; resolve:

**Art. 1º.** Referendar a Deliberação nº 120, de 20 de dezembro de 2011, do Presidente do Conselho Nacional de Trânsito – CONTRAN, publicada no *Diário Oficial da União – DOU* de 22 de dezembro de 2011.

**Art. 2º.** O art. 3º da Resolução nº 371/2010, com alteração dada pela Resolução CONTRAN nº 389/2011, passa a vigorar com a seguinte redação:

• *Alteração já efetuada no corpo da Resolução.*

**Art. 3º.** Esta Resolução entra em vigor na data de sua publicação.

Brasília/DF, 15 de março de 2012.

*Júlio Ferraz Arcoverde – Presidente – DOU de 3.4.2012*

## RESOLUÇÃO CONTRAN Nº 402, DE 26 DE ABRIL DE 2012

• *Estabelece requisitos técnicos e procedimentos para a indicação no CRV/CRLV das características de acessibilidade para os veículos de transporte coletivos de passageiros e dá outras providências.*

• *Com redação dada pela Deliberação CONTRAN nº 132, de 19.12.2012.*

O Conselho Nacional de Trânsito – CONTRAN, usando da competência que lhe confere o art. 12, inciso I, da Lei nº 9.503, de 23 de setembro de 1997, que instituiu o Código de Trânsito Brasileiro, e conforme Decreto nº 4.711, de 29 de maio de 2003, que dispõe sobre a coordenação do Sistema Nacional de Trânsito – SNT;

Considerando a necessidade de padronização dos procedimentos para registro das características ou tipos de acessibilidade dos veículos de transporte coletivo de passageiros nos órgãos ou entidades executivos de trânsito dos Estados e do Distrito Federal, bem como os requisitos para vistoria e fiscalização;

Considerando o disposto nas Leis nº 10.048, de 8 de novembro de 2000, e nº 10.098, de 18 de dezembro de 2000, e no Decreto nº 5.296, de 2 de dezembro de 2004;

Considerando o contido nos arts. 98 e 105 do Código de Trânsito Brasileiro;

Considerando o disposto nas normas ABNT NBR nº 14022, NBR nº 15320 e NBR nº 15570, e nas Portarias INMETRO nº 260/2007, 168/2008, 158/2009, 358/2009, 36/2010, 292/2010, 364/2010 e 27/2011; e

Considerando o que consta nos Processos Administrativos nº 80000.056853/2010-15 e 80000.033846/2010-45; resolve:

**Art. 1º.** Os veículos destinados ao transporte coletivo de passageiros, de aplicação rodoviária, urbana ou seletiva, fabricados ou adaptados com características de acessibilidade para pessoas com deficiência ou mobilidade reduzida, deverão apresentar essa informação, no CRV e no CRLV, conforme Anexo I, atendendo aos requisitos estabelecidos nesta Resolução e na legislação metrológica.

**Art. 2º.** Para fins desta Resolução, serão aplicadas as seguintes definições:

I – Deficiência: Toda perda ou anomalia de uma estrutura ou função psicológica, fisiológica ou anatômica que gere incapacidade para o desenvolvimento de atividades, dentro do padrão considerado normal, para o ser humano.

II – Mobilidade Reduzida: Dificuldade de movimentação permanente ou temporária, gerando redução efetiva de mobilidade, flexibilidade, coordenação motora e percepção. Esse conceito aplica-se a pessoas idosas, gestantes, obesas e com crianças de colo.

**Art. 3º.** Para cumprimento do disposto no art. 1º desta Resolução, os órgãos ou entidades executivos de trânsito dos Estados e do Distrito Federal devem exigir do proprietário do veículo acessível, sem prejuízo da obrigatoriedade de cumprimento dos demais requisitos previstos nesta Resolução e na legislação metrológica, a apresentação dos seguintes documentos:

I – Veículos cujos requisitos de acessibilidade que tenham sido conferidos pelo encarroçador, apresentação de pelo menos um dos seguintes documentos:

a) Documento fiscal de aquisição do veículo de característica urbana para transporte coletivo de passageiros fabricado a partir de 16.10.2008, contendo a inscrição referente ao atendimento à norma ABNT NBR nº 14022;

b) Documento fiscal de aquisição do veículo de característica urbana para transporte coletivo de passageiros fabricado a partir de 1º.3.2009, contendo a inscrição de atendimento às normas ABNT NBR nº 14022 e 15570;

c) Documento fiscal de aquisição do veículo de característica rodoviária para transporte coletivo de passageiros fabricado a partir de 1º.1.2008, contendo a inscrição de atendimento à norma ABNT NBR nº 15320;

d) Documento fiscal de aquisição do veículo de característica rodoviária que trafega em vias urbanas, utilizado no serviço seletivo para transporte coletivo de passageiros, fabricado a partir de 1º.1.2008, contendo a inscrição de atendimento à norma ABNT NBR nº 15320;

e) Documento fiscal de aquisição do veículo de característica rodoviária que trafegam em vias urbanas, utilizados no serviço seletivo para transporte coletivo de passageiros, fabricado a partir de 18.12.2010, contendo a inscrição de atendimento à norma ABNT NBR nº 15320 complementados pelos requisitos de comunicação visual e de segurança estabelecidos pela Portaria nº 364/2010, do Instituto Nacional de Metrologia, Normalização e Qualidade Industrial – INMETRO;

f) Declaração do encarroçador com firma reconhecida por autenticidade, evidenciando que os veículos foram fabricados com as "características" de acessibilidade previstas nas normas citadas nos incisos anteriores ou outras normas que as substituam.

II – Veículos cujos requisitos de acessibilidade que tenham sido conferidos mediante adaptação:

a) Certificado de Segurança Veicular – CSV, fornecido pela Instituição Técnica Licenciada – ITL, que efetuou a inspeção de segurança veicular, contendo o "tipo" de acessibilidade do veículo.

**Art. 4º.** Os veículos acessíveis, sem prejuízo do cumprimento da legislação metrológica, deverão estar devidamente identificados por meio das informações visuais internas e externas, na forma do Anexo II e atender, no mínimo, aos seguintes requisitos:

I – os veículos equipados com plataforma elevatória veicular ou que possibilitem o embarque de pessoas com deficiência em cadeira de transbordo ou rampa de acesso deverão possuir o Símbolo Internacional de Acesso – SIA, afixados na forma das figuras 1 a 4 do anexo II;

II – no caso dos veículos com característica de acessibilidade tipos 1, 1A e 4 (Anexo I), o letreiro que indica o destino e o número da linha, aplicado na parte frontal superior do veículo, deve ter caracteres na cor amarelo-limão ou verde-limão, fundo preto, podendo ser utilizado letreiro luminoso, garantindo visibilidade e legibilidade a determinada distância para os usuários, em especial as pessoas com baixa acuidade visual (figura 5 do Anexo II);

III – os equipamentos destinados à acessibilidade, como plataforma elevatória veicular, rampa de acesso e cadeira de transbordo, bem como o sistema de ancoragem e cintos de segurança, quando aplicáveis, deverão estar em perfeito estado de conservação e funcionamento;

IV – junto aos assentos preferenciais ou de uso reservado deve ser afixado um adesivo utilizando símbolos específicos, conforme figuras 6 e 7 do anexo II, indicando quais são as pessoas que possuem o direito legal de uso desses assentos;

V – os degraus de acesso dos veículos com acessibilidade devem possuir sinalização na cor amarela, facultada a utilização, em conjunto, de película refletiva para promover melhor condição de visibilidade, conforme figura 8 do anexo II;

VI – no salão de passageiros deve haver uma área reservada para a acomodação de forma segura de pelo menos uma cadeira de rodas ou para um cão-guia que acompanha a pessoa com deficiência visual, conforme figuras 9 e 10 do anexo II, observados os requisitos de segurança das normas técnicas ABNT NBR nº 14022, NBR nº 7337 e NBR nº 6091.

**Art. 5º.** Para atendimento do disposto no art. 1º desta Resolução, o proprietário do veículo deverá providenciar as informações no CRV e no CRLV, quando do licenciamento anual referente ao exercício 2014, observado o calendário nacional estabelecido na Resolução CONTRAN nº 110/2000. (Art. 5º c*om da redação dada pela Deliberação CONTRAN nº 132, de 19.12.2012)*

**Art. 6º.** O descumprimento das disposições estabelecidas nesta Resolução, sujeita o infrator às penalidades e medidas administrativas previstas Código de Trânsito Brasileiro – CTB, da seguinte forma:

I – Falta da informação do tipo de acessibilidade no CRV/CRLV:

Infração: art. 230, inciso VII, do CTB;

II – Informações visuais internas ou externas do veículo acessível, sem visibilidade, com caracteres apagados, danificadas, instaladas em desacordo com o anexo II desta Resolução, ou ainda, na sua falta;

Infração: art. 237 do CTB;

III – Falta ou defeito nos equipamentos instalados para acessibilidade:

Infração: art. 230, inciso IX, do CTB.

IV – Equipamentos para acessibilidade instalados em desacordo com os requisitos desta Resolução:

Infração: art. 230, inciso X, do CTB.

**Art. 7º.** Ficam convalidados os atos praticados decorrentes da Deliberação nº 104, de 24 de dezembro de 2010, do Presidente do Conselho Nacional de Trânsito – CONTRAN, publicada no *Diário Oficial da União – DOU* de 27 de dezembro de 2010.

**Art. 8º.** O Anexo desta Resolução encontram-se disponíveis no sítio eletrônico *www.denatran.gov.br.*

**Art. 9º.** Esta Resolução entra em vigor na data de sua publicação.

Brasília/DF, 26 de abril de 2012.

*Júlio Ferraz Arcoverde – Presidente – DOU de 7.5.2012*

**Anexos**

♦ *Os Anexos encontram-se disponíveis no site: http://www.denatran.gov.br/resolucoes.htm*

## RESOLUÇÃO CONTRAN Nº 403, DE 26 DE ABRIL DE 2012

- *Altera o prazo previsto no art. 17 da Resolução CONTRAN nº 258/2007, com redação dada pela Resolução CONTRAN nº 365/2010, que regulamenta os arts. 231, X, e 323 do Código de Trânsito Brasileiro, fixa metodologia de aferição de peso de veículos, estabelece percentuais de tolerância e dá outras providências.*

O Conselho Nacional de Trânsito – CONTRAN, no uso das atribuições que lhe são conferidas pelo art. 12 da Lei nº 9.503, de 23 de setembro de 1997, que instituiu o Código de Trânsito Brasileiro – CTB, e conforme o Decreto nº 4.711, de 29 de maio de 2003, que trata da coordenação do Sistema Nacional de Trânsito – SNT; e

Considerando o que consta do Processo Administrativo nº 80000.021813/2009-19; resolve:

**Art. 1º.** Referendar a Deliberação nº 117, de 19 de dezembro de 2011, do Presidente do Conselho Nacional de Trânsito – CONTRAN, publicada no *Diário Oficial da União – DOU* de 21 de dezembro de 2011.

**Art. 2º.** Alterar o art. 17 da Resolução CONTRAN nº 258/2007, com redação dada pela Resolução nº 365/2010, que passa a vigorar com a seguinte redação:

- *Alteração já efetuada no corpo da Resolução.*

**Art. 3º.** Esta Resolução entra em vigor na data de sua publicação.

Brasília/DF, 26 de abril de 2012.

*Júlio Ferraz Arcoverde – Presidente – DOU de 7.5.2012*

## RESOLUÇÃO CONTRAN Nº 404, DE 12 DE JUNHO DE 2012

- *Dispõe sobre padronização dos procedimentos administrativos na lavratura de Auto de Infração, na expedição de notificação de autuação e de notificação de penalidade de multa e de advertência, por infração de responsabilidade de proprietário e de condutor de veículo e da identificação de condutor infrator e dá outras providências.*
- *Com a redação dada pela Resolução CONTRAN nº 424, de 27.11.2012.*

O Conselho Nacional de Trânsito – CONTRAN, usando da competência que lhe confere o inciso I do art. 12 da Lei nº 9.503, de 23 de setembro de 1997, que instituiu o Código de Trânsito Brasileiro – CTB, e conforme o Decreto nº 4.711, de 29 de maio de 2003, que dispõe sobre a coordenação do Sistema Nacional de Trânsito – SNT; e,

Considerando a necessidade de adoção de normas complementares de uniformização do procedimento administrativo utilizado pelos órgãos e entidades de trânsito de um sistema integrado;

Considerando a necessidade de uniformizar e aperfeiçoar os procedimentos relativos à lavratura do Auto de Infração, expedição da notificação da autuação, identificação do condutor infrator e aplicação das penalidades de advertência por escrito e de multa, pelo cometimento de infrações de responsabilidade do proprietário ou do condutor do veículo, com vistas a garantir maior eficácia, segurança e transparência dos atos administrativos;

Considerando o que consta do Processo nº 80001.002866/2003-35; resolve:

**I – Das Disposições Preliminares**

**Art. 1º.** Estabelecer os procedimentos administrativos para expedição da notificação da autuação, indicação de condutor infrator e aplicação das penalidades de advertência por escrito e de multa, pelo cometimento de infrações de responsabilidade do proprietário ou do condutor de veículo registrado em território nacional.

**Art. 2º.** Constatada a infração pela autoridade de trânsito ou por seu agente, ou ainda comprovada sua ocorrência por aparelho eletrônico ou por equipamento audiovisual, reações químicas ou qualquer outro meio tecnologicamente disponível, previamente regulamentado pelo CONTRAN, será lavrado o Auto de Infração que deverá conter os dados mínimos definidos pelo art. 280 do CTB e em regulamentação específica.

§ 1º. O Auto de Infração de que trata o *caput* deste artigo poderá ser lavrado pela autoridade de trânsito ou por seu agente:

I – por anotação em documento próprio;

II – por registro em talão eletrônico isolado ou acoplado a equipamento de detecção de infração regulamentado pelo CONTRAN, atendido o procedimento definido pelo órgão máximo executivo de trânsito da União; ou

III – por registro em sistema eletrônico de processamento de dados quando a infração for comprovada por equipamento de detecção provido de registrador de imagem, regulamentado pelo CONTRAN.

§ 2º. O órgão ou entidade de trânsito não necessita imprimir o Auto de Infração elaborado nas formas previstas nos incisos II e III do parágrafo anterior para início do processo administrativo previsto no Capítulo XVIII do CTB, porém, quando impresso, será dispensada a assinatura da Autoridade ou de seu agente.

§ 3º. O registro da infração, referido no inciso III do § 1º deste artigo, será referendado por autoridade de trânsito, ou seu agente, que será identificado no Auto de Infração.

§ 4º. Sempre que possível o condutor será identificado no momento da lavratura do Auto de Infração.

§ 5º. O Auto de Infração valerá como notificação da autuação quando for assinado pelo condutor e este for o proprietário do veículo.

§ 6º. Para que a notificação da autuação se dê na forma do § 5º, o Auto de Infração deverá conter o prazo para apresentação da defesa da autuação, conforme § 3º do art. 3º.

§ 7º. O talão eletrônico previsto no inciso II do § 1º trata-se de sistema informatizado (*software*) instalado em equipamentos preparados para este fim ou no próprio sistema de registro de infrações dos órgãos ou entidades de trânsito, na forma disciplinada pelo órgão máximo executivo de trânsito da União.

## II – Da Notificação da Autuação

**Art. 3º.** À exceção do disposto no § 5º do artigo anterior, após a verificação da regularidade e da consistência do Auto de Infração, a autoridade de trânsito expedirá, no prazo máximo de 30 (trinta) dias contados da data do cometimento da infração, a Notificação da Autuação dirigida ao proprietário do veículo, na qual deverão constar os dados mínimos definidos no art. 280 do CTB e em regulamentação específica.

§ 1º. Quando utilizada a remessa postal, a expedição se caracterizará pela entrega da notificação da autuação pelo órgão ou entidade de trânsito à empresa responsável por seu envio.

§ 2º. A não expedição da notificação da autuação no prazo previsto no *caput* deste artigo ensejará o arquivamento do Auto de Infração.

§ 3º. Da Notificação da Autuação constará a data do término do prazo para a apresentação da Defesa da Autuação pelo proprietário do veículo ou pelo condutor infrator devidamente identificado, que não será inferior a 15 (quinze) dias, contados da data da notificação da autuação ou publicação por edital, observado o disposto no art. 12 desta Resolução.

§ 4º. A autoridade de trânsito poderá socorrer-se de meios tecnológicos para verificação da regularidade e da consistência do Auto de Infração.

§ 5º. Os dados do condutor identificado no Auto de Infração deverão constar na Notificação da Autuação, observada a regulamentação específica.

## III – Da Identificação do Condutor Infrator

**Art. 4º.** Sendo a infração de responsabilidade do condutor, e este não for identificado no ato do cometimento da infração, a Notificação da Autuação deverá ser acompanhada do Formulário de Identificação do Condutor Infrator, que deverá conter, no mínimo:

I – identificação do órgão ou entidade de trânsito responsável pela autuação;

II – campos para o preenchimento da identificação do condutor infrator: nome e números de registro dos documentos de habilitação, identificação e CPF;

III – campo para a assinatura do proprietário do veículo;

IV – campo para a assinatura do condutor infrator;

V – placa do veículo e número do Auto de Infração;

VI – data do término do prazo para a identificação do condutor infrator e interposição da defesa da autuação;

VII – esclarecimento das consequências da não identificação do condutor infrator, nos termos dos §§ 7º e 8º do art. 257 do CTB;

VIII – instrução para que o Formulário de Identificação do Condutor Infrator seja acompanhado de cópia reprográfica legível do documento de habilitação do condutor infrator e do documento de identificação do proprietário do veículo ou seu representante legal, o qual, neste caso, deverá juntar documento que comprove a representação;

IX – esclarecimento de que a indicação do condutor infrator somente será acatada e produzirá efeitos legais se o formulário de identificação do condutor estiver corretamente preenchido, sem rasuras, com assinaturas originais do condutor e do proprietário do veículo e acompanhado de cópia reprográfica legível dos documentos relacionados no inciso anterior;

X – endereço para entrega do Formulário de Identificação do Condutor Infrator; e

XI – esclarecimento sobre a responsabilidade nas esferas penal, cível e administrativa, pela veracidade das informações e dos documentos fornecidos.

§ 1º. Na impossibilidade da coleta da assinatura do condutor infrator, além dos documentos previstos nos incisos deste artigo, deverá ser anexado ao Formulário de Identificação do Condutor Infrator:

I – ofício do representante legal do Órgão ou Entidade identificando o condutor infrator, acompanhado de cópia de documento que comprove a condução do veículo no momento do cometimento da infração, para veículo registrado em nome dos Órgãos ou Entidades da Administração Pública direta ou indireta da União, dos Estados, do Distrito Federal ou dos Municípios; ou

II – cópia de documento onde conste cláusula de responsabilidade por infrações cometidas pelo condutor e comprove a posse do veículo no momento do cometimento da infração, para veículos registrados em nome das demais pessoas jurídicas.

§ 2º. No caso de identificação de condutor infrator em que a situação se enquadre nas condutas previstas nos incisos do art. 162 do CTB, serão lavrados, sem prejuízo das demais sanções administrativas e criminais previstas no CTB, os respectivos Autos de Infração:

I – ao proprietário do veículo, por infração ao art. 163 do CTB, exceto se o condutor for o proprietário; e

II – ao condutor indicado, ou ao proprietário que não indicá-lo no prazo estabelecido, pela infração cometida de acordo com as condutas previstas nos incisos do art. 162 do CTB.

§ 3º. Ocorrendo a situação prevista no parágrafo anterior, o prazo para expedição da notificação da autuação de que trata o inciso II, parágrafo único, do art. 281 do CTB, será contado a partir da data do protocolo do Formulário de Identificação do Condutor Infrator junto ao órgão autuador ou do prazo final para indicação.

§ 4º. Em se tratando de condutor estrangeiro, além do atendimento às demais disposições deste artigo, deverão ser apresentadas cópias dos documentos previstos em legislação específica.

§ 5º. O formulário de identificação do condutor infrator poderá ser substituído por outro documento, desde que contenha as informações mínimas exigidas neste artigo.

§ 6º. Os órgãos e entidades de trânsito deverão registrar as indicações de condutor em base nacional de informações administrada pelo órgão máximo executivo de trânsito da União, o qual disponibilizará os registros de indicações de condutor de forma a possibilitar o acompanhamento e averiguações das reincidências e irregularidades nas indicações de condutor infrator, articulando-se, para este fim, com outros órgãos da Administração Pública.

§ 7º. Constatada irregularidade na indicação do condutor infrator, capaz de configurar ilícito penal, a Autoridade de Trânsito deverá comunicar o fato à autoridade competente.

§ 8º. O documento referido no inciso II do § 1º deverá conter, no mínimo, identificação do veículo, do proprietário e do condutor, cláusula de responsabilidade pelas infrações e período em que o veículo esteve na posse do condutor apresentado, podendo esta última informação constar de documento em separado assinado pelo condutor.

### IV – Da Responsabilidade do Proprietário

**Art. 5º.** Não havendo a identificação do condutor infrator até o término do prazo fixado na Notificação da Autuação ou se a identificação for feita em desacordo com o estabelecido no artigo anterior, o proprietário do veículo será considerado responsável pela infração cometida, respeitado o disposto no § 2º do art. 4º.

**Art. 6º.** Ocorrendo a hipótese prevista no artigo anterior e sendo o proprietário do veículo pessoa jurídica, será imposta multa, nos termos do § 8º do art. 257 do CTB, expedindo-se a notificação desta ao proprietário do veículo, nos termos de regulamentação específica.

**Art. 7º.** Para fins de cumprimento desta Resolução, no caso de veículo objeto de penhor ou de contrato de arrendamento mercantil, comodato, aluguel ou arrendamento não vinculado ao financiamento do veículo, o possuidor, regularmente constituído e devidamente registrado no órgão executivo de trânsito do Estado ou Distrito Federal, nos termos de regulamentação específica, equipara-se ao proprietário do veículo.

Parágrafo único. As notificações de que trata esta Resolução somente deverão ser enviadas ao possuidor previsto neste artigo no caso de contrato com vigência igual ou superior a 180 (cento e oitenta) dias.

## V – Da Defesa da Autuação

**Art. 8º.** Interposta a Defesa da Autuação, nos termos do § 3º do art. 3º desta Resolução, caberá à autoridade competente apreciá-la, inclusive quanto ao mérito.

§ 1º. Acolhida a Defesa da Autuação, o Auto de Infração será cancelado, seu registro será arquivado e a autoridade de trânsito comunicará o fato ao proprietário do veículo.

§ 2º. Não sendo interposta Defesa da Autuação no prazo previsto ou não acolhida, a autoridade de trânsito aplicará a penalidade correspondente, nos termos desta Resolução.

## VI – Da Penalidade de Advertência por Escrito

**Art. 9º.** Em se tratando de infrações de natureza leve ou média, a autoridade de trânsito, nos termos do art. 267 do CTB, poderá, de ofício ou por solicitação do interessado, aplicar a Penalidade de Advertência por Escrito, na qual deverão constar os dados mínimos definidos no art. 280 do CTB e em regulamentação específica.

§ 1º. Até a data do término do prazo para a apresentação da defesa da autuação, o proprietário do veículo, ou o condutor infrator, poderá requerer à autoridade de trânsito a aplicação da Penalidade de Advertência por Escrito de que trata o *caput* deste artigo.

§ 2º. Não cabe recurso à Junta Administrativa de Recursos de Infrações – JARI da decisão da autoridade que aplicar a Penalidade de Advertência por Escrito solicitada com base no § 1º, exceto se essa solicitação for concomitante à apresentação de defesa da autuação.

§ 3º. Para fins de análise da reincidência de que trata o *caput* do art. 267 do CTB, deverá ser considerada apenas a infração referente à qual foi encerrada a instância administrativa de julgamento de infrações e penalidades.

§ 4º. A aplicação da Penalidade de Advertência por Escrito deverá ser registrada no prontuário do infrator depois de encerrada a instância administrativa de julgamento de infrações e penalidades.

§ 5º. Para fins de cumprimento do disposto neste artigo, o órgão máximo executivo de trânsito da União deverá disponibilizar transação específica para registro da Penalidade de Advertência por Escrito no Registro Nacional de Carteira de Habilitação – RENACH e Registro Nacional de Veículos Automotores – RENAVAM, bem como, acesso às informações contidas no prontuário dos condutores e veículos para consulta dos órgãos do SNT.

§ 6º. A Penalidade de Advertência por Escrito deverá ser enviada ao infrator, no endereço constante em seu prontuário.

§ 7º. A aplicação da Penalidade de Advertência por Escrito não implicará em registro de pontuação no prontuário do infrator.

§ 8º. Caso a autoridade de trânsito não entenda como medida mais educativa a aplicação da Penalidade de Advertência por Escrito, aplicará a Penalidade de Multa.

§ 9º. A notificação devolvida por desatualização do endereço do infrator junto ao órgão ou entidade executivos de trânsito responsável pelo seu prontuário será considerada válida para todos os efeitos.

§ 10. O órgão máximo executivo da União deverá disponibilizar o endereço dos infratores aos órgãos e entidades de trânsito responsáveis pela aplicação da penalidade de advertência por escrito.

§ 11. Para cumprimento do disposto no § 1º, o infrator deverá apresentar ao órgão ou entidade responsável pela aplicação da penalidade documento, emitido pelo órgão ou entidade executivo de trânsito responsável pelo seu prontuário, que demonstre a situação de seu prontuário, referente aos últimos 12 (doze) meses anteriores à data da infração.

§ 12. Até que as providências previstas no § 5º sejam disponibilizadas aos órgãos autuadores, a Penalidade de Advertência por Escrito poderá ser aplicada por solicitação da parte interessada.

§ 13. Para atendimento do disposto nos §§ 5º e 10, os órgãos e entidades executivos de trânsito dos Estados e do Distrito Federal deverão registrar e atualizar os registros de infrações e os dados dos condutores por eles administrados nas bases de informações do órgão máximo executivo de trânsito da União.

## VII – Da Penalidade de Multa

**Art. 10.** A Notificação da Penalidade de Multa deverá conter:

I – os dados mínimos definidos no art. 280 do CTB e em regulamentação específica;

II – a comunicação do não acolhimento da Defesa da Autuação ou da solicitação de aplicação da Penalidade de Advertência por Escrito;

III – o valor da multa e a informação quanto ao desconto previsto no *caput* do art. 284 do CTB;

IV – data do término para apresentação de recurso, que será a mesma data para pagamento da multa, conforme §§ 4º e 5º do art. 282 do CTB;

V – campo para a autenticação eletrônica, regulamentado pelo órgão máximo executivo de trânsito da União; e

VI – instruções para apresentação de recurso, nos termos dos arts. 286 e 287 do CTB.

**Art. 11.** Até a data de vencimento expressa na Notificação da Penalidade de Multa ou enquanto permanecer o efeito suspensivo sobre o Auto de Infração, não incidirá qualquer restrição, inclusive para fins de licenciamento e transferência, nos arquivos do órgão ou entidade executivo de trânsito responsável pelo registro do veículo.

### VIII – Da Notificação por Edital

**Art. 12.** Esgotadas as tentativas para notificar o infrator ou o proprietário do veículo por meio postal ou pessoal, as notificações de que trata esta Resolução serão realizadas por edital publicado em diário oficial, na forma da lei, respeitados o disposto no § 1º do art. 282 do CTB e os prazos prescricionais previstos na Lei nº 9.873, de 23 de novembro de 1999, que estabelece prazo de prescrição para o exercício de ação punitiva.

§ 1º. Os editais de que trata o *caput* deste artigo, de acordo com sua natureza, deverão conter, no mínimo, as seguintes informações:

I – Edital da Notificação da Autuação:

a) cabeçalho com identificação do órgão autuador e do tipo de notificação;

b) instruções e prazo para apresentação de defesa da autuação;

c) lista com a placa do veículo, nº do Auto de Infração, data da infração e código da infração com desdobramento.

II – Edital da Notificação da Penalidade de Advertência por Escrito:

a) cabeçalho com identificação do órgão autuador e do tipo de notificação;

b) instruções e prazo para interposição de recurso, observado o disposto no § 2º do art. 9º;

c) lista com a placa do veículo, nº do Auto de Infração, data da infração, código da infração com desdobramento e nº de registro do documento de habilitação do infrator.

III – Edital da Notificação da Penalidade de Multa:

a) cabeçalho com identificação do órgão autuador e do tipo de notificação;

b) instruções e prazo para interposição de recurso e pagamento;

c) lista com a placa do veículo, nº do Auto de Infração, data da infração, código da infração com desdobramento e valor da multa.

§ 2º. É facultado ao órgão autuador disponibilizar as informações das publicações em seu sítio na rede mundial de computadores (Internet).

§ 3º. As publicações de que trata este artigo serão válidas para todos os efeitos, não isentando o órgão de trânsito de disponibilizar as informações das notificações, quando solicitado.

### IX – Dos Recursos Administrativos

**Art. 13.** Aplicadas as penalidades de que trata esta Resolução, caberá recurso em primeira instância na forma dos arts. 285, 286 e 287 do CTB, que serão julgados pelas JARI que funcionam junto ao órgão de trânsito que aplicou a penalidade, respeitado o disposto no § 2º do art. 9º desta Resolução.

**Art. 14.** Das decisões da JARI caberá recurso em segunda instância na forma dos arts. 288 e 289 do CTB.

**Art. 15.** O recorrente deverá ser informado das decisões dos recursos de que tratam os arts. 13 e 14.

Parágrafo único. No caso de deferimento do recurso de que trata o art. 13, o recorrente deverá ser informado se a autoridade recorrer da decisão.

**Art. 16.** Somente depois de esgotados os recursos, as penalidades aplicadas poderão ser cadastradas no RENACH.

### XI – Das Disposições Gerais

**Art. 17.** Nos casos dos veículos registrados em nome de missões diplomáticas, repartições consulares de carreira ou representações de organismos internacionais e de seus integrantes, as notificações de que trata esta Resolução, respeitado o disposto no § 6º do art. 9º, deverão ser enviadas ao endereço constante no registro do veículo junto ao órgão executivo de trânsito do Estado ou Distrito Federal e comunicadas ao Ministério das Relações Exteriores para as providências cabíveis.

Parágrafo único. O órgão máximo executivo de trânsito da União definirá os procedimentos para envio da comunicação de que trata o *caput*.

**Art. 18.** A contagem dos prazos para apresentação de condutor e interposição da Defesa da Autuação e dos recursos de que trata esta Resolução será em dias consecutivos, excluindo-se o dia da notificação ou publicação por meio de edital, e incluindo-se o dia do vencimento.

Parágrafo Único. Considera-se prorrogado o prazo até o primeiro dia útil se o vencimento cair em feriado, sábado, domingo, em dia que não houver expediente ou este for encerrado antes da hora normal.

**Art. 19.** No caso de falha nas notificações previstas nesta Resolução, a autoridade de trânsito poderá refazer o ato, observados os prazos prescricionais.

**Art. 20.** A notificação da autuação e a notificação da penalidade de multa deverão ser encaminhadas à pessoa física ou jurídica que conste como proprietária do veículo na data da infração, respeitado o disposto no § 6º do art. 9º.

§ 1º. Caso o Auto de Infração não conste no prontuário do veículo na data do registro da transferência de propriedade, o proprietário atual será considerado comunicado quando do envio, pelo órgão ou entidade executivos de trânsito, do extrato para pagamento do IPVA e demais débitos vinculados ao veículo, ou quando do vencimento do prazo de licenciamento anual.

§ 2º. O órgão máximo executivo de trânsito da União deverá adotar as providências necessárias para fornecer aos órgãos de trânsito responsáveis pela expedição das notificações os dados da pessoa física ou jurídica que constava como proprietário do veículo na data da infração.

§ 3º. Até que sejam disponibilizadas as informações de que trata o § 2º, as notificações enviadas ao proprietário atual serão consideradas válidas para todos os efeitos, podendo este informar ao órgão autuador os dados do proprietário anterior para continuidade do processo de notificação.

§ 4º. Após efetuar a venda do veículo, caso haja Auto de Infração em seu nome, a pessoa física ou jurídica que constar como proprietária do veículo na data da infração deverá providenciar atualização de seu endereço junto ao órgão autuador.

§ 5º. Caso não seja providenciada a atualização do endereço prevista no § 4º, a notificação devolvida por esse motivo será considerada válida para todos os efeitos.

**Art. 21.** É facultado ao cidadão antecipar o pagamento do valor correspondente à multa, junto ao órgão ou entidade de trânsito responsável pela aplicação dessa penalidade, em qualquer fase do processo administrativo, sem prejuízo da continuidade dos procedimentos previstos nesta Resolução para expedição das notificações, apresentação da defesa da autuação e dos respectivos recursos.

**Art. 22.** Os procedimentos para apresentação de defesa de autuação e recursos, previstos nesta Resolução, atenderão ao disposto em regulamentação específica.

**Art. 23.** Aplica-se o disposto nesta Resolução, no que couber, às autuações em que a responsabilidade pelas infrações não sejam do proprietário ou condutor do veículo, até que os procedimentos sejam definidos por regulamentação específica.

**Art. 24.** Aplicam-se a esta Resolução os prazos prescricionais previstos na Lei nº 9.873, de 23 de novembro de 1999, que estabelece prazo de prescrição para o exercício de ação punitiva.

Parágrafo único. O órgão máximo executivo de trânsito da União definirá os procedimentos para aplicação uniforme dos preceitos da lei de que trata o *caput* pelos demais órgãos e entidades do SNT.

**Art. 25.** Os órgãos e entidades do Sistema Nacional de Trânsito deverão adequar seus procedimentos até a data de entrada em vigor desta Resolução.

**Art. 26.** Fica o órgão máximo executivo de trânsito da União autorizado a expedir normas complementares para o fiel cumprimento das disposições contidas na presente Resolução.

**Art. 27.** Esta Resolução entrará em vigor no dia 1º de julho de 2013, quando ficará revogada a Resolução nº 149/2003 do CONTRAN. *(Art. 27 com redação dada pela Resolução nº 424/2012).*

**Art. 28.** Fica revogada, a partir da publicação da presente Resolução, a Resolução nº 363/2010 do CONTRAN.

Brasília/DF, 12 de junho de 2012.

*Julio Ferraz Arcoverde – Presidente – DOU de 14.6.2012 – Retificação 25.6.2012*

## RESOLUÇÃO CONTRAN Nº 405, DE 12 DE JUNHO DE 2012

- *Dispõe sobre a fiscalização do tempo de direção do motorista profissional de que trata o art. 67-A, incluído no Código de Trânsito Brasileiro – CTB, pela Lei nº 12.619, de 30 de abril de 2012 e dá outras providências.*
- *Com as alterações das Resoluções CONTRAN nº 408, de 2.8.2012 e nº 417, de 12.9.2012.*

O Conselho Nacional de Trânsito – CONTRAN, usando da competência que lhe confere o inciso I do art. 12 da Lei nº 9.503, de 23 de setembro de 1997, que instituiu o Código de Trânsito Brasileiro – CTB, e conforme o Decreto nº 4.711, de 29 de maio de 2003, que dispõe sobre a coordenação do Sistema Nacional de Trânsito – SNT; e,

Considerando a publicação da Lei nº 12.619, de 30 de abril de 2012, que dispõe sobre o exercício da profissão de motorista profissional; altera a Consolidação das Leis do Trabalho – CLT, aprovada pelo Decreto-Lei nº 5.452, de 1º de maio de 1943, e as Leis nºs 9.503, de 23 de setembro de 1997, 10.233, de 5 de junho de 2001, 11.079, de 30 de dezembro de 2004, e 12.023, de 27 de agosto de 2009, para regular e disciplinar a jornada de trabalho e o tempo de direção do motorista profissional; e dá outras providências;

Considerando o disposto na Lei nº 10.350, de 21 de dezembro de 2001, que definiu motorista profissional como o condutor que exerce atividade remunerada ao veículo;

Considerando o disposto na Lei nº 7.290, de 19 de dezembro de 1984, que define a atividade do Transportador Rodoviário Autônomo de Bens e dá outras providências;

Considerando o disposto na Lei nº 11.442, de 5 de janeiro de 2007, que define o Transportador Autônomo de Cargas – TAC como a pessoa física que exerce sua atividade profissional mediante remuneração;

Considerando que o registrador instantâneo e inalterável de velocidade e tempo é obrigatório em todos os veículos mencionados no inciso II do art. 105 do CTB;

Considerando a necessidade de redução da ocorrência de acidentes de trânsito e de vítimas fatais nas vias públicas envolvendo veículos de transporte de escolares, de passageiros e de cargas;

Considerando a necessidade de regulamentação dos meios a serem utilizados para a comprovação do tempo de direção e repouso nos termos da Lei nº 12.619/2012;

Considerando o disposto no art. 8º da Lei Complementar nº 121, de 9 de fevereiro de 2006, que cria o Sistema Nacional de Prevenção, Fiscalização e Repressão ao Furto e Roubo de Veículos e dá outras providências; resolve:

**Art. 1º.** Estabelecer os procedimentos para fiscalização do tempo de direção e descanso do motorista profissional na condução dos veículos de transporte e de condução de escolares, de transporte de passageiros com mais de 10 (dez lugares) e de carga com peso bruto total superior a 4.536 (quatro mil e quinhentos e trinta e seis) quilogramas, para cumprimento do disposto no art. 67-A, incluído no Código de Trânsito Brasileiro – CTB, pela Lei nº 12.619, de 30 de abril de 2012.

Parágrafo único. Para efeito desta Resolução, serão adotadas as seguintes definições:

I – motorista profissional: condutor que exerce atividade remunerada ao veículo;

II – tempo de direção: período em que o condutor estiver efetivamente ao volante de um veículo em movimento;

III – intervalo de descanso: período de tempo em que o condutor estiver efetivamente cumprindo o descanso estabelecido nesta Resolução, comprovado por meio dos documentos previstos no art. 2º, não computadas as interrupções involuntárias, tais como as decorrentes de engarrafamentos, semáforo e sinalização de trânsito;

IV – ficha de trabalho do autônomo: ficha de controle do tempo de direção e do intervalo de descanso do motorista profissional autônomo, que deverá sempre acompanhá-lo no exercício de sua profissão.

**Art. 2º.** A fiscalização do tempo de direção e do intervalo de descanso do motorista profissional dar-se-á por meio de:

I – Análise do disco ou fita diagrama do registrador instantâneo e inalterável de velocidade e tempo ou de outros meios eletrônicos idôneos instalados no veículo, na forma regulamentada pelo CONTRAN; ou

II – Verificação do diário de bordo, papeleta ou ficha de trabalho externo, fornecida pelo empregador; ou

III – Verificação da ficha de trabalho do autônomo, conforme Anexo desta Resolução.

§ 1º. A fiscalização por meio dos documentos previstos nos incisos II e III somente será feita quando da impossibilidade da comprovação por meio do disco ou fita diagrama do registrador instantâneo e inalterável de velocidade e tempo do próprio veículo fiscalizado.

§ 2º. O motorista profissional autônomo deverá portar a ficha de trabalho das últimas 24 (vinte quatro) horas.

§ 3º. Os documentos previstos nos incisos II e III deverão possuir espaço, no verso ou anverso, para que o agente de trânsito possa registrar, no ato da fiscalização, seu nome e matrícula, data, hora e local da fiscalização, e, quando for o caso, o número do auto de infração.

§ 4º. Para controle do tempo de direção e do intervalo de descanso, quando a fiscalização for efetuada de acordo com o inciso I, deverá ser descontado da medição realizada o erro máximo admitido de 2 (dois) minutos a cada 24 (vinte e quatro) horas e 10 (dez) minutos a cada 7 (sete) dias.

§ 5º. Os documentos previstos nos incisos II e III servirão como autorização de transporte prevista no art. 8º da Lei Complementar nº 121, de 9 de fevereiro de 2006, desde que contenham o carimbo e assinatura do representante legal da empresa.

**Art. 3º.** O motorista profissional, no exercício de sua profissão e na condução de veículos mencionados no caput do art. 1º, fica submetido às seguintes condições, conforme determinação da Lei nº 12.619, de 2012.

I – Observar intervalo mínimo de 30 (trinta) minutos para descanso a cada 4 (quatro) horas ininterruptas na condução de veículo;

II – Observar, dentro do período de 24 (vinte e quatro) horas, intervalo de, no mínimo, 11 (onze) horas de descanso, podendo ser fracionado em 9 (nove) horas mais 2 (duas), no mesmo dia;

III – Somente iniciar viagem com duração maior que 24 (vinte e quatro) horas, após o cumprimento integral do intervalo de descanso regulamentar previsto no inciso II;

IV – Comprovar, mediante os meios previstos no art. 2º, o tempo de descanso regulamentar.

§ 1º. O tempo de direção e o intervalo de descanso referidos no inciso I, desde que não completadas 4 (quatro) horas contínuas no exercício da condução, poderão ser fracionados, restringindo-se o fracionamento do intervalo de descanso a, no máximo, três períodos de 10 (dez) minutos.

§ 2º. Em relação ao transporte de passageiro de característica urbana, o fracionamento do intervalo de descanso poderá ser superior a três períodos, devendo ser observado o período mínimo de cinco minutos para cada intervalo.

§ 3º. Em situações excepcionais de inobservância justificada do tempo de direção referido no inciso I, desde que não comprometa a segurança rodoviária, o tempo de direção poderá ser prorrogado por até 1 (uma) hora, de modo a permitir que o condutor, o veículo e sua carga cheguem a lugar que ofereça a segurança e o atendimento demandados;

§ 4º. Entende-se como início da viagem, para fins de disposto no inciso III, a partida do condutor logo após o carregamento do veículo, considerando-se como continuação da viagem as partidas nos dias subsequentes até o destino.

§ 5º. O descanso de que tratam os incisos I e II deste artigo poderá ocorrer em cabine leito do veículo ou em poltrona correspondente ao serviço de leito, no caso de transporte de passageiros, devendo o descanso do inciso II ser realizado com o veículo estacionado, ressalvado o disposto no § 6º.

§ 6º. Para cumprimento do disposto no § 5º, nos casos em que os motoristas trabalhem em regime de revezamento, exige-se que, pelo menos 6 (horas) do período de descanso previsto no inciso II, o veículo esteja estacionado, nos termos dos §§ 6º e 7º art. 235-E da Consolidação das Leis Trabalhistas – CLT.

§ 7º. É responsabilidade do motorista profissional o controle do tempo de direção estipulado neste artigo.

**Art. 4º.** Nenhum transportador de cargas ou passageiros, embarcador, consignatário de cargas, operador de terminais de carga, operador de transporte multimodal de cargas ou agente de cargas permitirá ou ordenará a qualquer motorista a seu serviço, ainda que subcontratado, que conduza veículo sem observar as regras de tempo de direção e descanso contidos nesta Resolução.

**Art. 5º.** Compete ao órgão ou entidade de trânsito com circunscrição sobre a via em que ocorrer a abordagem do veículo a fiscalização das condutas previstas nesta Resolução.

**Art. 6º.** O descumprimento dos tempos de direção e descanso previstos nesta Resolução sujeitará o infrator à aplicação das penalidades e medidas administrativas previstas no inciso XXIII art. 230 do CTB.

§ 1º. A medida administrativa de retenção do veículo será aplicada:
I – por desrespeito ao inciso I do art. 3º, pelo período de 30 minutos;
II – por desrespeito aos incisos II e III do art. 3º, pelo período de 11 horas.

§ 2º. No caso do inciso II, a retenção poderá ser realizada em depósito do órgão ou entidade de trânsito responsável pela fiscalização, com fundamento no § 4 do art. 270 do CTB.

§ 3º. Não se aplicarão os procedimentos previstos nos §§ 1º e 2º, caso se apresente outro condutor habilitado que tenha observado o tempo de direção e descanso para dar continuidade à viagem.

§ 4º. Caso haja local apropriado para descanso nas proximidades o agente de trânsito poderá liberar o veículo para cumprimento do intervalo de descanso nesse local, mediante recolhimento do CRLV (CLA), o qual será devolvido somente depois de decorrido o respectivo período de descanso.

§ 5º. Incide nas mesmas penas previstas neste artigo o condutor que deixar de apresentar ao agente de trânsito qualquer um dos meios de fiscalização previstos no art. 2º.

§ 6º. A critério do agente no caso do inciso I § 1º, não se dará a retenção imediata de veículos de transporte coletivo de passageiros, carga perecível e produtos perigosos, nos termos do § 4º do art. 270 do CTB.

§ 7º. *(§ 7º acrescido pela Resolução CONTRAN nº 417/2012 e suspenso pela Deliberação CONTRAN nº 134, de 16.1.2013)*

§ 8º. *(§ 8º acrescido pela Resolução CONTRAN nº 417/2012 e suspenso pela Deliberação CONTRAN nº 134, de 16.1.2013)*

**Art. 7º.** As exigências estabelecidas nesta Resolução, referentes ao transporte coletivo de passageiros não exclui outras definidas pelo poder concedente.

**Art. 8º.** Até onze de setembro de 2012, os órgãos de trânsito com circunscrição sobre a via deverão realizar somente fiscalização educativa quanto ao tempo de direção e descanso de que trata o art. 67-A do CTB, acrescido pela Lei nº 12.619/2012. *(Art. 8º com redação dada pela Resolução CONTRAN nº 408, de 2.8.2012)*

**Art. 9º.** Esta Resolução entrará em vigor depois de decorridos 45 (quarenta e cinco) dias da data de sua publicação.

Brasília/DF, 12 de junho de 2012.

*Julio Ferraz Arcoverde – Presidente – DOU de 14.6.2012*

**Anexo**

♦ *O Anexo encontra-se disponível no site: http://www.denatran.gov.br/resolucoes.htm*

## RESOLUÇÃO CONTRAN Nº 406, DE 12 DE JUNHO DE 2012

• *Altera a Resolução CONTRAN nº 092, de 4 de maio de 1999, que dispõe sobre requisitos técnicos mínimos do registrador instantâneo e inalterável de velocidade e tempo, conforme o Código de Trânsito Brasileiro.*

O Conselho Nacional de Trânsito – CONTRAN, usando da competência que lhe confere os incisos I e IX do art. 12 da Lei nº 9.503, de 23 de setembro de 1997, que instituiu o Código de Trânsito Brasileiro – CTB, e conforme o Decreto nº 4.711, de 29 de maio de 2003, que dispõe sobre a coordenação do Sistema Nacional de Trânsito – SNT; e,

Considerando a publicação da Lei nº 12.619, de 30 de abril de 2012, que dispõe sobre o exercício da profissão de motorista profissional; altera a Consolidação das Leis do Trabalho – CLT, aprovada pelo Decreto-Lei nº 5.452, de 1º de maio de 1943, e as Leis nºs 9.503, de 23 de setembro de 1997, 10.233, de 5 de junho de 2001, 11.079, de 30 de dezembro de 2004, e 12.023, de 27 de agosto de 2009, para regular e disciplinar a jornada de trabalho e o tempo de direção do motorista profissional; e dá outras providências;

Considerando que a fiscalização do tempo de direção do motorista profissional poderá ser realizada por meio dos registros obtidos do registrador instantâneo inalterável de velocidade de tempo dos veículos em que esse equipamento seja obrigatório; resolve:

**Art. 1º.** O art. 3º da Resolução CONTRAN nº 92, de 4 de maio de 1999, passa a vigorar com a seguinte redação:

• *Alteração já efetuada no corpo da Resolução.*

**Art. 2º.** O item "I. DEFINIÇÃO" do Anexo I da Resolução CONTRAN nº 92, de 4 de maio de 1999, passa a vigorar com a seguinte redação:

• *Alteração já efetuada no corpo da Resolução.*

**Art. 3º.** Esta Resolução entra em vigor na data de sua publicação.

Brasília/DF, 12 de junho de 2012.

*Julio Ferraz Arcoverde – Presidente – DOU de 14.6.2012*

# RESOLUÇÃO CONTRAN Nº 407, DE 12 DE JUNHO DE 2012

- *Autoriza a utilização temporária de sinalização de orientação de destino específica para a "Copa do Mundo da FIFA Brasil 2014" e para a "Copa das Confederações da FIFA Brasil 2013", de acordo com os padrões estabelecidos nesta Resolução.*

O Conselho Nacional de Trânsito – CONTRAN, usando das competências que lhe conferem os incisos I e XI do art. 12 da Lei nº 9.503 de 23 de setembro de 1997, que instituiu o Código de Trânsito Brasileiro – CTB, e conforme o Decreto nº 4.711, de 29 de maio de 2003, que trata da coordenação do Sistema Nacional de Trânsito – SNT; e,

Considerando solicitação do Comitê Organizador da Copa do Mundo da FIFA Brasil 2014;

Considerando a expectativa de que o evento "Copa do Mundo" venha a atrair um grande número de turistas estrangeiros às Cidades Sede e Municípios vizinhos;

Considerando que o público desse evento tenha destinos de interesses específicos e por prazo determinado; e

Considerando o que consta do Processo nº 80000.010027/2012-91; resolve:

**Art. 1º.** A sinalização indicativa, executada de acordo com as normas do CONTRAN, poderá ser complementada por sinalização de orientação de destino, específica para os eventos "Copa do Mundo da FIFA Brasil 2014" e "Copa das Confederações da FIFA Brasil 2013", seguindo os critérios estabelecidos nesta Resolução.

§ 1º. A sinalização de que trata o *caput* deste artigo deverá ser utilizada para orientar condutores e pedestres a destinos de especial interesse para o público do evento, como aeroportos e estádios em que sejam realizados jogos e, também, para orientar o acesso a estacionamentos ou a eventos paralelos, diretamente relacionados aos jogos.

§ 2º. A sinalização específica para a "Copa do Mundo da FIFA Brasil 2014" deverá ser implantada e permanecer em vias públicas no período compreendido entre 12 de maio de 2014 e 31 de julho de 2014 e, em qualquer caso, não poderá conflitar com o restante da sinalização viária implantada no mesmo local ou trecho de via.

§ 3º. A sinalização específica para a "Copa das Confederações da FIFA Brasil 2013" deverá ser implantada e permanecer em vias públicas no período entre 15 de maio de 2013 e 15 de julho de 2013 e não poderá conflitar com o restante da sinalização viária implantada no mesmo local ou trecho de via.

**Art. 2º.** A sinalização específica de que trata esta Resolução deverá:

I – ter legendas, setas, pictogramas, orlas e tarjas inscritos na cor preta sobre fundo branco;

II – ter legendas escritas em português, seguindo os padrões de tipos, dimensões e espaçamentos de letras e algarismos estabelecidos pelo CONTRAN para a sinalização de orientação de destino;

III – conter, no máximo, três legendas no mesmo sentido ou quatro legendas com dois ou três sentidos por placa;

IV – utilizar os pictogramas estabelecidos pelo CONTRAN ou, na inexistência destes, aqueles constantes no Guia Brasileiro de Sinalização Turística, exceto nos casos expressamente estabelecidos nesta Resolução;

V – utilizar os padrões de setas estabelecidos pelo CONTRAN para a sinalização de orientação de destino;

VI – ter orlas e tarjas, quando utilizadas, dimensionadas de acordo com os padrões estabelecidos pelo CONTRAN para a sinalização de orientação de destino;

VII – obedecer aos padrões de diagramação estabelecidos pelo CONTRAN para a sinalização de orientação de destino, exceto nos casos expressamente estabelecidos nesta Resolução.

§ 1º. A sinalização específica de que trata o caput deste artigo deverá conter a identidade visual do evento "Copa do Mundo da FIFA Brasil 2014", conforme especificação fornecida pelo Comitê Organizador da Copa do Mundo da FIFA Brasil 2014 no "Manual de Aplicação" anexo a esta Resolução.

§ 2º. As legendas serão repetidas em inglês, abaixo das legendas em português, com a utilização do mesmo tipo, dimensões e espaçamento de letras e algarismos, porém em itálico, exceto quando não houver tradução para a mensagem da sinalização, nomes próprios e localidades.

**Art. 3º.** As placas destinadas a orientar acessos a estacionamentos específicos, dentro da área restrita no entorno dos estádios, identificados por cores ou por números, contarão com pictogramas diferenciados em relação àquele estabelecido pela Resolução CONTRAN nº 160/2004 para áreas de estacionamento, bem como, posicionamento diferenciado dos elementos das placas, conforme exemplos apresentados no Anexo desta Resolução.

**Art. 4º.** Nas placas de orientação com a legenda "FIFA FAN FEST", não haverá tradução dessa legenda que será acompanhada por pictograma constante do primeiro exemplo do Anexo desta Resolução, conforme especificação fornecida pelo Comitê Organizador da Copa do Mundo da FIFA Brasil 2014 no "Manual de Aplicação" anexo a esta Resolução.

Parágrafo único. Nos demais casos em que não existam pictogramas padronizados pelo CONTRAN ou constantes do Guia Brasileiro de Sinalização Turística para as mensagens específicas da sinalização, pictogramas específicos para o evento poderão ser definidos pelo Conselho Nacional de Trânsito, em comum acordo com o Comitê Organizador da Copa do Mundo da FIFA Brasil 2014.

**Art. 5º.** A sinalização de que trata a presente Resolução poderá ser implantada em placas fixas convencionais, placas móveis, painéis de mensagens variáveis e/ou faixas, cujo posicionamento na via deve obedecer às normas do CONTRAN, à Norma ABNT NBR9050 e, no que couber, à legislação de posturas específica de cada Município.

**Art. 6º.** Esta Resolução entrará em vigor na data de sua publicação.

Brasília/DF, 12 de junho de 2012.

*Julio Ferraz Arcoverde – Presidente – DOU de 15.6.2012*

**Anexo**

♦ *O Anexo encontra-se disponível no site: http://www.denatran.gov.br/resolucoes.htm*

## RESOLUÇÃO CONTRAN Nº 408, DE 2 DE AGOSTO DE 2012

- *Altera o art. 8º da Resolução CONTRAN nº 405, de 12 de junho de 2012, que dispõe sobre a fiscalização do tempo de direção do motorista profissional de que trata o art. 67-A, incluído no Código de Trânsito Brasileiro – CTB, pela Lei nº 12.619, de 30 de abril de 2012 e dá outras providências.*

O Conselho Nacional de Trânsito – CONTRAN, usando da competência que lhe confere os incisos I e IX do art. 12 da Lei nº 9.503, de 23 de setembro de 1997, que instituiu o Código de Trânsito Brasileiro – CTB, e conforme o Decreto nº 4.711, de 29 de maio de 2003, que dispõe sobre a coordenação do Sistema Nacional de Trânsito – SNT; e,

Considerando a publicação da Lei nº 12.619, de 30 de abril de 2012, que dispõe sobre o exercício da profissão de motorista profissional, altera a Consolidação das Leis do Trabalho – CLT, aprovada pelo Decreto-Lei nº 5.452, de 1º de maio de 1943, e as Leis nos 9.503, de 23 de setembro de 1997, 10.233, de 5 de junho de 2001, 11.079, de 30 de dezembro de 2004, e 12.023, de 27 de agosto de 2009, para regular e disciplinar a jornada de trabalho e o tempo de direção do motorista profissional; e dá outras providências;

Considerando a necessidade de se viabilizar o cumprimento do tempo de direção e descanso;

Considerando a reunião ocorrida no Ministério dos Transportes em 31.7.2012 e a negociação do Governo Federal com a classe de caminhoneiros; resolve:

**Art. 1º.** O art. 8º da Resolução CONTRAN nº 405, de 12 de junho de 2012, passa a vigorar com a seguinte redação:

• *Alteração já efetuada no corpo da Resolução.*

**Art. 2º.** Esta Resolução entra em vigor na data de sua publicação.

Brasília/DF, 2 de agosto de 2012.

*Julio Ferraz Arcoverde – Presidente – DOU de 3.8.2012*

## RESOLUÇÃO CONTRAN Nº 409, DE 2 DE AGOSTO DE 2012

- *Altera dispositivos da Resolução CONTRAN nº 168, de 14 de dezembro de 2004 que estabelece normas e procedimentos para a formação de condutores de veículos automotores e elétricos, a realização dos exames, a expedição de documentos de habilitação, os cursos de formação, especializados, de reciclagem e dá outras providências.*

O Conselho Nacional de Trânsito – CONTRAN, usando da competência que lhe confere o art. 12, inciso I, e o art. 141 da Lei n. 9.503, de 23 de Setembro de 1997, que instituiu o Código de Trânsito Brasileiro – CTB, e conforme o Decreto nº 4.711, de 29 de maio de 2003, que trata da coordenação do Sistema Nacional de Trânsito – SNT; e,

Considerando o inciso III do art. 2º da Lei nº 12.009, de 29 de julho de 2009;

Considerando a importância de garantir aos motociclistas profissionais a aquisição de conhecimentos, a padronização de ações e, consequentemente, atitudes de segurança no trânsito; resolve:

**Art 1º.** Altera o *caput* do art. 33 da Resolução CONTRAN nº 168/2004, que passa a vigorar com a seguinte redação:

• *Alteração já efetuada no corpo da Resolução.*

**Art. 2º.** Inclui os §§ 6º, 7º e 8º ao art. 33 da Resolução CONTRAN nº 168/2004.

• *Alterações já efetuadas no corpo da Resolução.*

**Art. 3º.** Esta Resolução entrará em vigor na data de sua publicação.

Brasília/DF, 2 de agosto de 2012.

*Julio Ferraz Arcoverde – Presidente – DOU de 3.8.2012*

## RESOLUÇÃO CONTRAN Nº 410, DE 2 DE AGOSTO DE 2012

• *Regulamenta os cursos especializados obrigatórios destinados a profissionais em transporte de passageiros (mototaxista) e em entrega de mercadorias (motofretista) que exerçam atividades remuneradas na condução de motocicletas e motonetas.*

• *Com as alterações dadas pela Resolução CONTRAN nº 414, de 9.8.2012.*

O Conselho Nacional de Trânsito – CONTRAN, usando da competência que lhe confere o art. 12, inciso I, e o art. 141, da Lei nº 9.503, de 23 de Setembro de 1997, que instituiu o Código de Trânsito Brasileiro – CTB, e conforme o Decreto nº 4.711, de 29 de maio de 2003, que trata da coordenação do Sistema Nacional de Trânsito – SNT; e,

Considerando o inciso III do art. 2º da Lei nº 12.009, de 29 de julho de 2009;

Considerando a importância de garantir aos motociclistas profissionais a aquisição de conhecimentos, a padronização de ações e, consequentemente, atitudes de segurança no trânsito; resolve:

**Art. 1º.** Instituir curso especializado obrigatório destinado a profissionais em transporte de passageiro (mototaxista) e em entrega de mercadorias (motofretista), que exerçam atividades remuneradas na condução de motocicletas e motonetas.

Parágrafo único. O curso de que trata o *caput* deste art. será válido em todo o território nacional.

**Art. 2º.** O curso, na forma desta Resolução, será ministrado pelo órgão executivo de trânsito do Estado ou do Distrito Federal ou por órgãos, entidades e instituições por ele autorizados.

**Art. 3º.** A grade curricular e as disposições gerais do curso especializado a que se refere esta Resolução constam do Anexo I.

**Art. 4º.** Ficam reconhecidos os cursos específicos, destinados a motofretistas e a mototaxistas, que tenham sido ministrados por órgãos ou entidades do Sistema Nacional de Trânsito – SNT, por entidades por eles credenciadas e pelas instituições vinculadas ao Sistema S, concluídos até a data de entrada em vigor desta Resolução, respeitando-se a periodicidade para o curso de atualização previsto no seu anexo I. *(Art. 4º com redação dada pela Resolução CONTRAN nº 414/2012)*

**Art. 5º.** Ficam convalidados os cursos especializados realizados durante a vigência da Resolução CONTRAN nº 350/2010.

**Art. 6º.** Os cursos previstos nesta Resolução serão exigidos, para fins de fiscalização, a partir de 2 de Fevereiro de 2013.

**Art. 7º.** Esta Resolução entra em vigor na data de sua publicação, revogando-se a Resolução CONTRAN nº 350/2010.

Brasília/DF, 2 de agosto de 2012.

*Julio Ferraz Arcoverde – Presidente – DOU de 3.8.2012*

**Anexos**

♦ *Os Anexos encontram-se disponíveis no site: http://www.denatran.gov.br/resolucoes.htm*

## RESOLUÇÃO CONTRAN Nº 411, DE 2 DE AGOSTO DE 2012

• *Altera dispositivos da Resolução CONTRAN nº 358, de 13 de agosto de 2010, que Regulamenta o credenciamento de instituições ou entidades públicas ou privadas para o processo de capacitação, qualificação e atualização de profissionais, e de formação, qualificação, atualização e reciclagem de candidatos e condutores e dá outras providências.*

O Conselho Nacional de Trânsito – CONTRAN, usando da atribuição que lhe confere o art. 12 da Lei nº 9.503, de 23 de setembro de 1997, que instituiu o Código de Trânsito Brasileiro – CTB, e conforme o Decreto nº 4.711, de 29 de maio de 2003, que dispõe sobre a coordenação do Sistema Nacional de Trânsito – SNT; e

Considerando a necessidade de atender à demanda por cursos para acolher a crescente demanda de profissionais que atuam na atividade remunerada ao volante;

Considerando o inciso III do art. 2º da Lei nº 12.009, de 29 de julho de 2009;

Considerando o que consta do Processo nº (*omissis*); resolve:

**Art. 1º.** Alterar o § 1º, e seus incisos III e IV, do art. 1º da Resolução CONTRAN nº 358, de 13 de agosto de 2010, que passam a vigorar com a seguinte redação:

• *Alterações já efetuadas no corpo da Resolução.*

**Art. 2º.** Esta Resolução entrará em vigor na data de sua publicação.

Brasília/DF, 2 de agosto de 2012.

*Julio Ferraz Arcoverde – Presidente – DOU de 3.8.2012*

## RESOLUÇÃO CONTRAN Nº 412, DE 9 DE AGOSTO DE 2012

• *Dispõe sobre a implantação do Sistema Nacional de Identificação Automática de Veículos – SINIAV em todo o território nacional.*

• *Com redação dada pela Resolução CONTRAN nº 433, de 23.1.2013.*

O Conselho Nacional de Trânsito, no uso das atribuições que lhe são conferidas pelo art. 12 da Lei nº 9.503, de 23 de setembro de 1997, que instituiu o Código de Trânsito Brasileiro – CTB, e nos termos do disposto no Decreto nº 4.711, de 29 de maio de 2003, que trata da coordenação do Sistema Nacional de Trânsito – SNT; e;

Considerando o que consta do Processo nº 80000.038562/2009-10;

Considerando a necessidade de participação de todos os órgãos do Sistema Nacional de Trânsito no processo de implantação do Sistema Nacional de Identificação Automática de Veículos;

Considerando a necessidade de prévia homologação dos equipamentos que irão operar no SINIAV e adequação dos sistemas informatizados do DENATRAN, o que exigirá ajuste no prazo para a implantação do Sistema Nacional de Identificação Automática de Veículos nas Unidades da Federação; resolve:

**Art. 1º.** Fica instituído em todo o território Nacional o Sistema Nacional de Identificação Automática de Veículos – SINIAV, baseado em tecnologia de identificação por radiofrequência, cujas características estão definidas no anexo II desta Resolução.

Parágrafo único. O SINIAV é composto por dispositivo de identificação eletrônico denominado "placa eletrônica" instalado no veículo, antenas leitoras, centrais de processamento e sistemas informatizados.

**Art. 2º.** Nenhum veículo automotor, elétrico, reboque e semirreboque poderá ser licenciado e transitar pelas vias terrestres abertas à circulação sem estar equipado com a placa eletrônica de que trata esta Resolução.

§ 1º. A placa eletrônica será individualizada e terá um número de série único e inalterável para cada veículo.

§ 2º. Os veículos de uso bélico estão isentos desta obrigatoriedade.

**Art. 3º.** Cada placa eletrônica terá que conter, obrigatoriamente, as seguintes informações que, uma vez gravadas, não poderão ser alteradas:

I – número serial único;

II – número da placa do veículo;

III – categoria do veículo;

IV – espécie do veículo;

V – tipo do veículo;

VI – veículo de frota estrangeira

Parágrafo único. A placa eletrônica de que trata este artigo terá que obedecer também ao mapa de alocação de memória constante do Anexo II desta Resolução.

**Art. 4º.** O SINIAV terá que estar implantado em todo o território nacional conforme o cronograma constante do Anexo I desta Resolução.

**Art. 5º.** Cabe aos órgãos ou entidades integrantes do Sistema Nacional de Trânsito – SNT a responsabilidade pela implantação e operação do SINIAV, nos limites das competências a eles atribuídas.

§ 1º. Cabe ao órgão máximo executivo de trânsito da União, o desenvolvimento, implantação e operação do sistema informatizado e base de dados nacionais, aos quais se integram os sistemas informatizados e bases de dados locais, bem como, a especificação dos requisitos técnicos do sistema, do armazenamento e transmissão de informações, da periodicidade das atualizações das bases de dados e envio das informações, em especial os afetos à segurança.

§ 2º. Cabe aos órgãos ou entidades executivos de trânsito dos Estados e do Distrito Federal, a instalação da placa eletrônica nos veículos e seu registro na base de dados nacional do SINIAV e RENAVAM.

§ 3º. Os órgãos e entidades integrantes do SNT deverão integrar-se à base de dados nacional do SINIAV, diretamente ou por meio de convênios com outros órgãos ou entidades integrantes do SNT.

§ 4º. Os órgãos e entidades públicos não integrantes do SNT, dentro de suas atribuições, poderão integrar-se ao SINIAV, por meio de convênio com órgão ou entidade público integrante do SNT.

§ 5º. As empresas privadas, cujo ramo de atividade esteja definido pelo órgão máximo executivo de trânsito da União como de interesse do SINIAV, poderão integrar-se ao Sistema por meio de órgão ou entidade integrante do SNT.

§ 6º. A empresa privada que se integrar ao SINIAV somente poderá ter acesso às informações de identificação de veículos de sua propriedade ou cujos proprietários tenham autorizado o referido acesso.

**Art. 6º.** Os equipamentos de que trata o parágrafo único do art. 1º desta Resolução deverão ser homologados pelo órgão máximo executivo de trânsito da União, de acordo com as características técnicas especificadas no Anexo II desta Resolução e em Portaria específica do órgão máximo executivo de trânsito da União, com anuência do CONTRAN.

**Art. 7º.** As informações obtidas através do SINIAV são de uso dos órgãos e entidades públicos que o integram, para as finalidades e competências a eles atribuídas, devendo ser observado o sigilo das informações, nos termos da Constituição Federal e das leis que regulamentam a matéria.

**Art. 8º.** A falta da placa eletrônica no veículo ou estando ela em desacordo com as especificações estabelecidas nessa resolução, implicará na penalidade e medida administrativa prevista no art. 237 do CTB.

Parágrafo único. O descumprimento ao disposto nesta Resolução, por parte dos órgãos ou entidades, públicas ou privadas, ou o não atendimento aos requisitos técnicos estabelecidos para o SINIAV, implicará na imediata suspensão do acesso ao sistema, até a regularização de sua situação, sem prejuízo das demais sanções legais cabíveis.

**Art. 9º.** Esta Resolução entra em vigor na data de sua publicação, ficando revogadas as Resoluções CONTRAN Nº 212/2006 e a nº 338/2009.

Brasília/DF, 9 de agosto de 2012.

*Julio Ferraz Arcoverde – Presidente – DOU de 10.8.2012*

**Anexos**

♦ *Os Anexos encontram-se disponíveis no site: http://www.denatran.gov.br/resolucoes.htm*

• *Anexo I com a redação dada pela Resolução CONTRAN nº 433, de 23.1.2013.*

# RESOLUÇÃO CONTRAN Nº 413, DE 9 DE AGOSTO DE 2012

• *Altera a Resolução CONTRAN nº 168, de 14 de dezembro de 2004, que estabelece normas e procedimentos para a formação de condutores de veículos automotores e elétricos, a realização dos exames, a expedição de documentos de habilitação, os cursos de formação, especializados, de reciclagem e dá outras providências.*

O Conselho Nacional de Trânsito – CONTRAN, usando da competência que lhe confere o art. 12, inciso I, e art. 141 da Lei nº 9.503, de 23 de setembro de 1997, que instituiu o Código de Trânsito Brasileiro – CTB, e conforme o Decreto nº 4.711, de 29 de maio de 2003, que trata da coordenação do Sistema Nacional de Trânsito – SNT; resolve:

**Art. 1º.** Alterar o *caput* do art. 33 da Resolução CONTRAN nº 168/2004, com alteração dada pela Resolução CONTRAN nº 409/2012, bem como dos seus §§ 7º e 8º e, ainda, acrescenta o § 9º que passam a vigorar com a seguinte redação.

• *Alterações já efetuadas no corpo da Resolução.*

**Art. 2º.** O Anexo III da Resolução CONTRAN nº 168/2004 passa a vigorar com a seguinte redação:

- *Alterações já efetuadas no corpo da Resolução.*

**Art. 3º.** Fica revogado o Anexo IV da Resolução nº 168/2004.

**Art. 4º.** Esta Resolução entra em vigor na data de sua publicação.

Brasília/DF, 9 de agosto de 2012.

*Julio Ferraz Arcoverde – Presidente – DOU de 20.8.2012*

## RESOLUÇÃO CONTRAN Nº 414, DE 9 DE AGOSTO DE 2012

- *Altera a Resolução CONTRAN nº 410, de 2 de agosto de 2012, que regulamenta os cursos especializados obrigatórios destinados a profissionais em transporte de passageiros (mototaxista) e em entrega de mercadorias (motofretista) que exerçam atividades remuneradas na condução de motocicletas e motonetas.*

O Conselho Nacional de Trânsito – CONTRAN, usando da competência que lhe confere o art. 12, inciso I, e art. 141 da Lei nº 9.503, de 23 de Setembro de 1997, que instituiu o Código de Trânsito Brasileiro – CTB, e conforme o Decreto nº 4.711, de 29 de maio de 2003, que trata da coordenação do Sistema Nacional de Trânsito – SNT; resolve:

**Art. 1º.** Alterar o art. 4º da Resolução CONTRAN nº 410/2012, que passa a vigorar com a seguinte redação:

- *Alteração já efetuada no corpo da Resolução.*

**Art. 2º.** O item 4 do Anexo I da Resolução CONTRAN nº 410/2012 passa a vigorar com a seguinte redação:

- *Alteração já efetuada no corpo da Resolução.*

**Art. 3º.** O inciso XIV do item 5 do Anexo I da Resolução CONTRAN nº 410/2012 passa a vigorar com a seguinte redação:

- *Alteração já efetuada no corpo da Resolução.*

**Art. 4º.** Esta Resolução entra em vigor na data de sua publicação.

Brasília/DF, 9 de agosto de 2012.

*Julio Ferraz Arcoverde – Presidente – DOU de 20.8.2012*

## RESOLUÇÃO CONTRAN Nº 415, DE 9 DE AGOSTO DE 2012

- *Altera a Resolução CONTRAN nº 358, de 13 de agosto de 2012 (com as alterações dadas pela Resolução CONTRAN nº 411/2012), que regulamenta o credenciamento de instituições ou entidades públicas ou privadas para o processo de capacitação, qualificação e atualização de profissionais, e de formação, qualificação, atualização e reciclagem de candidatos e condutores e dá outras providências.*

O Conselho Nacional de Trânsito – CONTRAN, usando da competência que lhe confere o art. 12, inciso I, e art. 141, da Lei nº 9.503, de 23 de setembro de 1997, que instituiu o Código de Trânsito Brasileiro – CTB, conforme o Decreto nº 4.711, de 29 de maio de 2003, que trata da coordenação do Sistema Nacional de Trânsito – SNT; e,

Considerando o que consta do Processo nº 80000.030947/2012-26; resolve:

**Art. 1º.** Alterar o inciso IV e acrescentar o inciso V ao art. 1º da Resolução CONTRAN nº 358/2010, que passa a vigorar com a seguinte redação:

- *Alterações já efetuadas no corpo da Resolução.*
- *O art. 2º não foi publicado na referida Resolução.*

**Art. 3º.** Esta Resolução entra em vigor na data de sua publicação.

Brasília/DF, 9 de agosto de 2012.

*Julio Ferraz Arcoverde – Presidente – DOU de 20.8.2012*

## RESOLUÇÃO CONTRAN Nº 416, DE 9 DE AGOSTO DE 2012

- *Estabelece os requisitos de segurança para veículos de transporte de passageiros tipo micro-ônibus, categoria M2 de fabricação nacional e importado.*

O Conselho Nacional de Trânsito – CONTRAN, no uso das atribuições legais que lhe confere o art. 12, inciso I, da Lei nº 9.503, de 23 de Setembro de 1997, que instituiu o Código de Trânsito Brasileiro – CTB, e conforme o Decreto nº 4.711, de 29 de maio de 2003, que trata da coordenação do Sistema Nacional de Trânsito – SNT; e,

Considerando a melhor adequação do veículo de transporte de passageiros à sua função, ao meio ambiente e ao trânsito;

Considerando a relevância do conforto e da integridade de seus passageiros a serem transportados e o melhor gerenciamento do sistema de transporte;

Considerando a necessidade de harmonização dos requisitos nacionais de segurança veicular com requisitos internacionais equivalentes, conforme previsto pela Política Nacional de Trânsito;

Considerando os procedimentos adotados pelo Departamento Nacional de Trânsito – DENATRAN, para homologação de veículos junto ao Registro Nacional de Veículos Automotores – RENAVAM;

Considerando o que consta no Processo nº 80000.052085/2011-10; resolve:

**Art. 1º.** Os veículos de transporte de passageiros, tipo micro-ônibus, categoria M2, de fabricação nacional e importados, fabricados a partir de 1º de janeiro de 2014, deverão atender aos requisitos da presente Resolução.

§ 1º. As novas solicitações para obtenção do Certificado de Adequação à Legislação de Trânsito – CAT, para os veículos tipo micro-ônibus, da categoria M2 destinados ao transporte de passageiros, deverão atender às exigências constantes na presente Resolução, facultado antecipar a sua adoção total ou parcial.

§ 2º. Para fins de entendimento desta Resolução, considera-se:

I – Veículo para transporte público coletivo de passageiros: Veículo utilizado no transporte remunerado de passageiros e com caráter de linha (definida no inciso XV do art. 3º do Decreto nº 2.521 de 1998), operado por pessoa jurídica, concessionárias e/ou permissionárias de serviço público ou privado.

II – Veículo para Transporte de passageiros: Veículo utilizado no transporte de passageiros e que não possui caráter de linha, operado por pessoa jurídica ou física, de caráter público ou privado.

§ 3º. Os requisitos de segurança obrigatórios para os veículos de que trata esta Resolução estão apresentados nos Anexos a seguir relacionados e serão complementados por outras Resoluções do CONTRAN, quando necessário:

Anexo I: Classificação dos veículos para o transporte de passageiros, tipo Micro-ônibus, categoria M2

Anexo II: Ensaio de estabilidade em veículos da categoria M2;

Anexo III: Procedimento para avaliação estrutural de carroçarias de veículos da categoria M2

Anexo IV: Prescrições relativas aos bancos dos veículos tipo micro-ônibus, da categoria M2 no que se refere às suas ancoragens;

Anexo V: Prescrições referentes à instalação de cintos de segurança em veículos tipo micro-ônibus, da categoria M2 de transporte de passageiros

Anexo VI: Estabilidade e sistema de retenção da cadeira de rodas e seu usuário para veículos das categorias M2 (opcional para os veículos tipo micro-ônibus, categoria M2).

Anexo VII: Sistema tridimensional de planos de referência em veículos da categoria M2.

Anexo VIII: Dispositivo para destruição dos vidros em janelas de emergência de veículos da categoria M2.

Anexo IX: Utilização de dispositivo refletivo em veículos da categoria M2 novos e em circulação.

Anexo X: Identificação da carroceria de veículos da categoria M2 (somente para veículos encarroçados).

**Art. 2º.** Fica a critério do DENATRAN admitir, exclusivamente para os requisitos especificados no § 3º do art. 1º, para efeito de comprovação do atendimento às exigências desta Resolução, os resultados dos ensaios no exterior obtidos por procedimentos equivalentes, realizados por organismos internacionais, reconhecidos pela Comunidade Europeia ou pelos Estados Unidos da América.

**Art. 3º.** Além do disposto no § 3º do art. 1º, os veículos tipo micro-ônibus, da categoria M2, deverão atender aos seguintes requisitos de segurança:

I – Independentemente do seu Peso Bruto Total, os materiais de revestimento interno do seu habitáculo deverão estar de acordo com a Resolução CONTRAN nº 675/1986 ou outra que vier a substituí-la;

II – Ser dotados de corredor ou área de acesso dos passageiros a todas as filas de bancos disponíveis e também às portas e às saídas de emergência, atendendo às dimensões mínimas estabelecidas no Apêndice do Anexo I, livres de qualquer obstáculo permanente ou não;

III – Ser equipados com janelas de emergência dotadas de mecanismo de abertura, sendo admitida a utilização de dispositivo tipo martelo, conforme as características construtivas e de funcionamento exemplificadas no Anexo VIII, ou ainda o uso de outros dispositivos equivalentes de comprovada eficiência;

IV – Ser equipado, no teto, de saídas de emergência do tipo basculante, ou dispor de vidro temperado destrutível com martelo de segurança ou dispositivo equivalente;

V – Atender integralmente os requisitos da relação potência-peso estabelecidos pelo INMETRO;

VI – Possuir isolamento termo/acústico no compartimento do sistema de propulsão, independentemente de sua localização;

VII – Ser dotado de dispositivo refletivo afixado de acordo com as disposições constantes do Apêndice do Anexo IX.

§ 1º. A quantidade de dispositivos tipo martelo ou equivalente de que trata o inciso III será em número de 4 (quatro), mantidos em caixa violável devidamente sinalizada e com indicações claras quanto ao seu uso.

§ 2º. As saídas de emergências de que trata o inciso III, identificadas no veículo por meio de cortinas ou displays indicativos previstos nas Resoluções da ANTT nº 643/2004 e nº 791/2004, poderão ser inferiores ao número de martelos indicados no § 1º deste artigo, desde que o número mínimo de janelas de emergência seja obedecido.

§ 3º. Para cumprimento do disposto no inciso IV, os veículos com comprimento menor ou igual a 7.400 mm devem possuir pelo menos uma das características abaixo:

a) uma abertura no teto cujas dimensões resultem em uma área mínima correspondente de 0,20 m², com dimensão mínima de 430 mm em seu menor lado; ou

b) ou um vidro traseiro (vigia) com dimensões mínimas de 450 mm por 750 mm; ou

c) dois vidros de 450 mm por 500 mm que podem ser acionados por sistema ejetável ou dispor de vidro temperado, destrutível com martelo de segurança.

§ 4º. Os veículos com comprimento maior que 7.400 mm devem possuir pelo menos duas aberturas no teto, conforme § 3º, exceto quando estiverem equipados com ar condicionado, permitindo-se, neste caso, apenas uma abertura no teto para saída de emergência.

§ 5º. A comprovação da eficiência de outros dispositivos equivalentes aos citados nos incisos III e IV deste artigo e no Anexo VIII se dará mediante a apresentação dos resultados de ensaios, condicionada à aprovação do DENATRAN.

**Art. 4º.** Fica proibida a utilização de pneus reformados, quer seja pelo processo de recapagem, recauchutagem ou remoldagem, no eixo dianteiro, bem como rodas que apresentem quebras, trincas, deformações ou consertos, em qualquer dos eixos dos veículos novos ou em circulação.

**Art. 5º.** Para registro e licenciamento dos veículos M2, os órgãos executivos de trânsito dos Estados e do Distrito Federal, deverão verificar o fiel cumprimento do disposto nesta Resolução.

**Art. 6º.** Os veículos em circulação, fabricados até a data da entrada em vigor desta Resolução, somente poderão obter ou ter renovada a licença anual, ou circular em via pública, quando possuírem dispositivo reflexivo afixado de acordo com as disposições constantes do Apêndice do Anexo IX e obedecer ao disposto no item 5.3 do anexo I.

**Art. 7º.** Aos proprietários dos veículos de que trata esta Resolução que forem encontrados em circulação descumprindo as disposições desta Resolução serão aplicadas as penalidades e medidas administrativas previstas nos incisos IX e X do art. 230 do Código de Trânsito Brasileiro – CTB, conforme o caso.

§ 1º. Independente da infração prevista no *caput*, o condutor que transitar com o veículo com com qualquer uma das protas abertas estará sujeito à penalidade prevista no art. 169 do CTB.

**Art. 8º.** Passará a fazer parte das inspeções previstas nos arts. 104 e 106 do CTB a verificação dos seguintes requisitos:

I – dispositivo para destruição dos vidros ou sistema equivalente conforme Anexo VIII;

II – dispositivo reflexivo conforme Anexo IX;

**Art. 9º.** Ficam convalidadas as características dos veículos em fabricação, até a data de 31.12.2013, de acordo com as Resoluções CONTRAN nº 811/1996 e 316/2009, detentores do Certificado de Adequação a Legislação de Trânsito – CAT, concedido pelo DENATRAN, respeitadas as disposições em contrário previstas nesta Resolução.

**Art. 10.** Ficam revogadas, a partir de 1º de janeiro de 2014, as Resoluções CONTRAN nº 811/1996 e 316/2009.

**Art. 11.** Os Anexos desta Resolução encontram-se disponíveis no sítio eletrônico www.denatran.gov.br.

**Art. 12.** Esta Resolução entra em vigor na data de sua publicação.

Brasília/DF, 9 de agosto de 2012.

*Julio Ferraz Arcoverde – Presidente – DOU de 27.8.2012*

**Anexos**

♦ *Os Anexos encontram-se disponíveis no site: http://www.denatran.gov.br/resolucoes.htm*

## RESOLUÇÃO CONTRAN Nº 419, DE 17 DE OUTUBRO DE 2012

- *Acrescenta inciso VI ao art. 8º da Resolução CONTRAN nº 292/2008, de forma a proibir a inclusão de terceiro eixo em semirreboque com comprimento igual ou inferior a 10,50 metros.*

O Conselho Nacional de Trânsito – CONTRAN, usando da competência que lhe confere o art. 12, inciso I, da Lei nº 9.503, de 23 de setembro de 1997, que instituiu o Código de Trânsito Brasileiro – CTB, e conforme o Decreto nº 2.327, de 23 de setembro de 1997, que trata da coordenação do Sistema Nacional de Trânsito – SNT; e,

Considerando o disposto no art. 99 do Código de Trânsito Brasileiro, que estabelece regras sobre peso e dimensões a serem observados pelos veículos quando transitarem pelas vias terrestres;

Considerando a necessidade de se coibir práticas irregulares, relativas ao art. 7º da Resolução CONTRAN nº 211/2006; e

Considerando o que consta do Processo no 80000.044413/2-2010-15; resolve:

**Art. 1º.** Referendar a Deliberação nº 129, de 27 de setembro de 2012.

**Art. 2º.** Acrescentar o inciso VI ao art. 8º da Resolução CONTRAN nº 292/2008:

- *Alteração já efetuada no corpo da Resolução.*

**Art. 3º.** Fica revogada a Resolução CONTRAN nº 418/2012.

**Art. 4º.** Esta Resolução entra em vigor na data da sua publicação.

Brasília/DF, 17 de outubro de 2012.

*Julio Ferraz Arcoverde – Presidente – DOU de 19.10.2012*

## RESOLUÇÃO CONTRAN Nº 422, DE 27 DE NOVEMBRO DE 2012

- *Altera dispositivos da Resolução CONTRAN nº 168, de 14 de dezembro de 2004, que trata das normas e procedimentos para a formação de condutores de veículos automotores e elétricos.*

O Conselho Nacional de Trânsito – CONTRAN, usando da competência que lhe confere o art. 12 da Lei nº 9.503, de 23 de setembro de 1997, que instituiu o Código de Trânsito Brasileiro – CTB, e conforme o Decreto nº 4.711, de 29 de maio de 2003, que dispõe sobre a coordenação do Sistema Nacional de Trânsito – SNT; e,

Considerando as normas e procedimentos para a formação de condutores de veículos automotores e elétricos, constantes da Resolução CONTRAN nº 168, de 14 de dezembro de 2004;

Considerando as disposições da Resolução CONTRAN nº 358, de 13 de agosto de 2010, que regulamenta o credenciamento de instituições ou entidades públicas ou privadas para o processo de formação de candidatos e condutores;

Considerando o interesse no aperfeiçoamento e modernização do processo de formação de condutores de veículos automotores e elétricos, priorizando a defesa da vida e a segurança de todos os usuários do trânsito, com a utilização de novas tecnologias desenvolvidas para essa finalidade;

Considerando o disposto nos processos administrativos nºs 80000.042997/2009-51; 80000.050974/2010-53, e 80000.037261/2012-85; resolve:

**Art. 1º.** Disciplinar a nova estrutura curricular básica do curso teórico-técnico de formação de condutores para obtenção da Permissão para Dirigir na categoria "B", prevista na Resolução CONTRAN nº 168, de 14 de dezembro de 2004, e regras complementares relativas ao credenciamento e funcionamento dos Centros de Formação de Condutores, nos termos da Resolução CONTRAN nº 358, de 13 de agosto de 2010.

**Art. 2º.** Alterar o item 1.1.1 do Anexo II da Resolução CONTRAN nº 168, de 14 de dezembro de 2004, que passa a vigorar com a seguinte redação:

- *Alteração já efetuada no corpo da Resolução.*

**Art. 3º.** Ficam incluídos os itens 1.1.2.6 a 1.1.2.8 no Anexo II da Resolução CONTRAN nº 168, de 14 de dezembro de 2004, com a seguinte redação:

• *Alterações já efetuadas no corpo da Resolução.*

**Art. 4º.** Tornar insubsistente a Resolução CONTRAN nº 420, de 31 de outubro de 2012.

**Art. 5º.** Esta Resolução entrará em vigor na data de sua publicação, devendo a implantação da nova estrutura curricular básica do curso teórico-técnico de formação de condutores ocorrer até o dia 30 de junho de 2013.

Brasília/DF, 27 de novembro de 2012.

*Julio Ferraz Arcoverde – Presidente do Conselho – DOU de 29.11.2012*

## RESOLUÇÃO CONTRAN Nº 423, DE 27 DE NOVEMBRO DE 2012

• *Altera dispositivos da Resolução CONTRAN nº 358, de 13 de agosto de 2010, que trata de procedimentos de credenciamento de instituições ou entidades públicas ou privadas voltadas ao aprendizado de candidatos e condutores e dá outras providências.*

O Conselho Nacional de Trânsito – CONTRAN, usando da competência que lhe confere o art. 12 da Lei nº 9.503, de 23 de setembro de 1997, que instituiu o Código de Trânsito Brasileiro – CTB, e conforme o Decreto nº 4.711, de 29 de maio de 2003, que dispõe sobre a coordenação do Sistema Nacional de Trânsito – SNT;

Considerando as disposições da Resolução CONTRAN nº 358, de 13 de agosto de 2010, que regulamenta o credenciamento de instituições ou entidades públicas ou privadas para o processo de formação de candidatos e condutores;

Considerando o interesse no aperfeiçoamento e modernização do processo de formação de condutores de veículos automotores e elétricos, priorizando a defesa da vida e a segurança de todos os usuários do trânsito;

Considerando o disposto nos Processos nº 80000.042997/2009-51; nº 80000.050974/2010-53 e nº 80000.037261/2012- 85; resolve:

**Art. 1º.** O inciso II do art. 5º da Resolução CONTRAN nº 358, de 13 de agosto de 2010 passa a vigorar com a seguinte redação:

**Art. 2º.** A alínea "b" do inciso I e o inciso V, todos do art. 8º da Resolução CONTRAN 358, de 13 de agosto de 2010, passam a vigorar com seguinte redação:

• *Alteração já efetuada no corpo da Resolução.*

**Art. 3º.** Acrescentar o § 11 ao art. 8º da Resolução CONTRAN 358, de 13 de agosto de 2010:

• *Alteração já efetuada no corpo da Resolução.*

**Art. 4º.** O art. 43 da Resolução CONTRAN 358, de 13 de agosto de 2010, passa a vigorar com a seguinte redação:

• *Alteração já efetuada no corpo da Resolução.*

**Art. 5º.** Fica revogada a alínea "f" do inciso III do art. 8º da Resolução CONTRAN nº 358 de 13 de agosto de 2010.

• *Alteração já efetuada no corpo da Resolução.*

**Art. 6º.** Tornar insubsistente a Resolução CONTRAN nº 421, de 31 de outubro de 2012.

**Art. 7º.** Esta Resolução entrará em vigor na data de sua publicação, devendo a implantação da nova estrutura curricular básica do curso teórico-técnico de formação de condutores ocorrer até o dia 30 de junho de 2013.

Brasília/DF, 27 de novembro de 2012.

*Julio Ferraz Arcoverde – Presidente do Conselho – DOU de 29.11.2012*

## RESOLUÇÃO CONTRAN Nº 424, DE 27 DE NOVEMBRO DE 2012

• *Altera o prazo previsto no art. 27 Resolução CONTRAN nº 404/2012 que dispõe sobre padronização dos procedimentos administrativos na lavratura de Auto de Infração, na expedição de notificação de autuação e de notificação de penalidade de multa e de advertência, por infração de responsabilidade de proprietário e de condutor de veículo e da identificação de condutor infrator e dá outras providências.*

O Conselho Nacional de Trânsito – CONTRAN, no uso das atribuições que lhe são conferidas pelo art. 12 da Lei nº 9.503, de 23 de setembro de 1997, que instituiu o Código de Trânsito Brasileiro – CTB, e conforme o Decreto nº 4.711, de 29 de maio de 2003, que trata da coordenação do Sistema Nacional de Trânsito – SNT; e,

Considerando o que consta do Processo Administrativo nº 80001.002866/2003-35; resolve:

**Art. 1º.** Alterar o art. 27 da Resolução CONTRAN nº 404/2012, que passa a vigorar com a seguinte redação:

• *Alteração já efetuada no corpo da Resolução.*

**Art. 2º.** Esta Resolução entra em vigor na data de sua publicação.

Brasília/DF, 27 de novembro de 2012.

*Julio Ferraz Arcoverde – Presidente do Conselho – DOU de 29.11.2012*

## RESOLUÇÃO CONTRAN Nº 425, DE 27 DE NOVEMBRO DE 2012

• *Dispõe sobre o exame de aptidão física e mental, a avaliação psicológica e o credenciamento das entidades públicas e privadas de que tratam o art. 147, I e §§ 1º a 4º, e o art. 148 do Código de Trânsito Brasileiro.*

O Conselho Nacional de Trânsito – CONTRAN, no uso das atribuições legais que lhe confere o art. 12, inciso I, e art. 141, da Lei nº 9.503, de 23 de setembro de 1997, que instituiu o Código de Trânsito Brasileiro – CTB, e conforme o Decreto nº 4.711, de 29 de maio de 2003, que dispõe sobre a coordenação do Sistema Nacional de Trânsito – SNT; e,

Considerando a necessidade de adequação da legislação para conferir o direito de recurso aos condutores e candidatos à habilitação para conduzir veículos automotores, referentes ao exame de aptidão física e mental e à avaliação psicológica;

Considerando o conteúdo dos Processos nºs 80000017956/2011-41; 80000.015606/2011-40; 80000.023545/2012-75; 80000.036482/2012-17; Resolve:

**Art. 1º.** O exame de aptidão física e mental, a avaliação psicológica e o credenciamento das entidades públicas e privadas para realização destes, de que tratam o art. 147, I e §§ 1º a 4º, e o art. 148 do Código de Trânsito Brasileiro, bem como os respectivos procedimentos, obedecerão ao disposto nesta Resolução.

**Art. 2º.** Caberá ao Departamento Nacional de Trânsito – DENATRAN, criar e disciplinar o uso do formulário Registro Nacional de Condutores Habilitados – RENACH, destinado à coleta de dados dos candidatos à obtenção da Autorização para Conduzir Ciclomotor – ACC, da Carteira Nacional de Habilitação – CNH, renovação, adição e mudança de categoria, bem como determinar aos órgãos ou entidades executivos de trânsito dos Estados e do Distrito Federal, no âmbito de suas circunscrições, a sua utilização.

§ 1º. O preenchimento dos formulários com o resultado do exame de aptidão física e mental e da avaliação psicológica é de responsabilidade das entidades credenciadas pelos órgãos ou entidades executivos de trânsito dos Estados e do Distrito Federal.

§ 2º. As informações prestadas pelo candidato são de sua responsabilidade.

**Art. 3º.** Para fins desta Resolução considera-se candidato a pessoa que se submete ao exame de aptidão física e mental e/ou à avaliação psicológica para a obtenção da ACC, da CNH, renovação, adição ou mudança de categoria.

Parágrafo único. Ficam dispensados da realização dos exames previstos no *caput* deste artigo, os candidatos que se enquadrem no § 5º do art. 148 do CTB.

**Capítulo I – Do Exame de Aptidão Física e Mental e da Avaliação Psicológica**

**Art. 4º.** No exame de aptidão física e mental são exigidos os seguintes procedimentos médicos:

I – anamnese:

a) questionário (Anexo I);

b) interrogatório complementar;

II – exame físico geral, no qual o médico perito examinador deverá observar:

a) tipo morfológico;

b) comportamento e atitude frente ao examinador, humor, aparência, fala, contactuação e compreensão, perturbações da percepção e atenção, orientação, memória e concentração, controle de impulsos e indícios do uso de substâncias psicoativas;

c) estado geral, fácies, trofismo, nutrição, hidratação, coloração da pele e mucosas, deformidades e cicatrizes, visando à detecção de enfermidades que possam constituir risco para a direção veicular;

III – exames específicos:

a) avaliação oftalmológica (Anexo II);

b) avaliação otorrinolaringológica (Anexos III e IV);

c) avaliação cardiorrespiratória (Anexos V, VI e VII);

d) avaliação neurológica (Anexos VIII e IX);

e) avaliação do aparelho locomotor, onde serão exploradas a integridade e funcionalidade de cada membro e coluna vertebral, buscando-se constatar a existência de malformações, agenesias ou amputações, assim como o grau de amplitude articular dos movimentos;

f) avaliação dos distúrbios do sono, exigida quando da renovação, adição e mudança para as categorias C, D e E (Anexos X, XI e XII);

IV – exames complementares ou especializados, solicitados a critério médico.

§.1º. O exame de aptidão física e mental do candidato portador de deficiência física será realizado por Junta Médica Especial designada pelo Diretor do órgão ou entidade executivo de trânsito do Estado ou do Distrito Federal.

§ 2º. As Juntas Médicas Especiais ao examinarem os candidatos portadores de deficiência física seguirão o determinado na NBR 14970 da ABNT.

**Art. 5º.** Na avaliação psicológica deverão ser aferidos, por métodos e técnicas psicológicas, os seguintes processos psíquicos (Anexo XIII):

I – tomada de informação;

II – processamento de informação;

III – tomada de decisão;

IV – comportamento;

V – autoavaliação do comportamento;

VI – traços de personalidade.

**Art. 6º.** Na avaliação psicológica serão utilizados as seguintes técnicas e instrumentos:

I – entrevistas diretas e individuais (Anexo XIV);

II – testes psicológicos, que deverão estar de acordo com resoluções vigentes do Conselho Federal de Psicologia – CFP, que definam e regulamentem o uso de testes psicológicos;

III – dinâmicas de grupo;

IV – escuta e intervenções verbais.

Parágrafo único. Para realização da avaliação psicológica, o psicólogo responsável deverá se reportar às Resoluções do Conselho Federal de Psicologia que instituem normas e procedimentos no contexto do Trânsito e afins.

**Art. 7º.** A avaliação psicológica do candidato portador de deficiência física deverá ser realizada de acordo com as suas condições físicas.

**Capítulo II – Do Resultado dos Exames**

**Art. 8º.** No exame de aptidão física e mental o candidato será considerado pelo médico perito examinador de trânsito como:

I – apto – quando não houver contraindicação para a condução de veículo automotor na categoria pretendida;

II – apto com restrições – quando houver necessidade de registro na CNH de qualquer restrição referente ao condutor ou adaptação veicular;

III – inapto temporário – quando o motivo da reprovação para a condução de veículo automotor na categoria pretendida for passível de tratamento ou correção;

IV – inapto – quando o motivo da reprovação para a condução de veículo automotor na categoria pretendida for irreversível, não havendo possibilidade de tratamento ou correção.

Parágrafo único. No resultado "apto com restrições" constarão da CNH as observações codificadas no Anexo XV.

**Art. 9º.** Na avaliação psicológica o candidato será considerado pelo psicólogo perito examinador de trânsito como:

I – apto – quando apresentar desempenho condizente para a condução de veículo automotor;

II – inapto temporário – quando não apresentar desempenho condizente para a condução de veículo automotor, porém passível de adequação;

III – inapto – quando não apresentar desempenho condizente para a condução de veículo automotor.

§ 1º. O resultado inapto temporário constará na planilha RENACH e consignará prazo de inaptidão, findo o qual, deverá o candidato ser submetido a uma nova avaliação psicológica.

§ 2º. Quando apresentar distúrbios ou comprometimentos psicológicos que estejam temporariamente sob controle, o candidato será considerado apto, com diminuição do prazo de validade da avaliação, que constará na planilha RENACH.

§ 3º. O resultado da avaliação psicológica deverá ser disponibilizado pelo psicólogo no prazo de dois dias úteis.

**Art. 10.** A realização e o resultado do exame de aptidão física e mental e da avaliação psicológica são, respectivamente, de exclusiva responsabilidade do médico perito examinador de trânsito e do psicólogo perito examinador de trânsito.

§ 1º. Todos os documentos utilizados no exame de aptidão física e mental e na avaliação psicológica deverão ser arquivados conforme determinação dos Conselhos Federais de Medicina e Psicologia.

§ 2º. Na hipótese de inaptidão temporária ou inaptidão, o perito examinador de trânsito deverá comunicar este resultado aos Setores Médicos e Psicológicos do órgão ou entidade executivo de trânsito do Estado ou do Distrito Federal, ou à circunscrição de trânsito do local de credenciamento, para imediato bloqueio do cadastro nacional, competindo a esse órgão o devido desbloqueio no vencimento do prazo.

## Capítulo III – Da Instauração de Junta Médica e Psicológica e do Recurso Dirigido ao CETRAN/CONTRANDIFE

**Art. 11.** Independente do resultado do exame de aptidão física e mental e da avaliação psicológica, o candidato poderá requerer, no prazo de trinta dias, contados do seu conhecimento, a instauração de Junta Médica e/ou Psicológica ao órgão ou entidade executivo de trânsito do Estado ou do Distrito Federal, para reavaliação do resultado.

§ 1º. A revisão do exame de aptidão física e mental ocorrerá por meio de instauração de Junta Médica, pelo órgão ou entidade executivo de trânsito do Estado ou do Distrito Federal, e será constituída por três profissionais médicos peritos examinadores de trânsito ou especialistas em medicina de tráfego.

§ 2º. A revisão da avaliação psicológica ocorrerá por meio de instauração de Junta Psicológica, pelo órgão ou entidade executivo de trânsito do Estado ou do Distrito Federal, e será constituída por três psicólogos peritos examinadores de trânsito ou especialistas em psicologia do trânsito.

**Art. 12.** Mantido o resultado de inaptidão permanente pela Junta Médica ou Psicológica caberá, no prazo de trinta dias, contados a partir do conhecimento do resultado da revisão, recurso ao Conselho Estadual de Trânsito – CETRAN ou ao Conselho de Trânsito do Distrito Federal – CONTRANDIFE.

**Art. 13.** O requerimento de instauração de Junta Médica ou Psicológica e o recurso dirigido ao CETRAN ou CONTRANDIFE deverão ser apresentados no órgão ou entidade executivo de trânsito do Estado ou do Distrito Federal onde residir ou estiver domiciliado o interessado.

§ 1º. O órgão ou entidade executivo de trânsito do Estado ou do Distrito Federal deverá, no prazo de quinze dias úteis, contados do recebimento do requerimento, designar Junta Médica ou Psicológica.

§ 2º. Em se tratando de recurso, o prazo para remessa dos documentos ao CETRAN ou CONTRANDIFE é de vinte dias úteis, contados da data do seu recebimento.

§ 3º. As Juntas Médicas ou Psicológicas deverão proferir o resultado no prazo de trinta dias, contados da data de sua designação.

**Art. 14.** Para o julgamento de recurso, o Conselho de Trânsito do Estado ou do Distrito Federal deverá designar Junta Especial de Saúde.

Parágrafo único. "A Junta Especial de Saúde" deverá ser constituída por, no mínimo, três médicos, sendo dois especialistas em Medicina de Tráfego, ou, no mínimo, três psicólogos, sendo dois especialistas em psicologia do trânsito, quando for o caso.

## Capítulo IV – Do Credenciamento e das Instalações

**Art. 15.** As entidades, públicas ou privadas, serão credenciadas pelo órgão ou entidade executivo de trânsito do Estado ou do Distrito Federal, de acordo com a sua localização e em conformidade com os critérios aqui estabelecidos.

§ 1º. As entidades credenciadas deverão manter o seu quadro de peritos examinadores atualizado junto ao órgão que a credenciou.

§ 2º. O prazo de vigência do credenciamento será de um ano, podendo ser renovado sucessivamente desde que observadas às exigências desta Resolução.

§ 3º. A cada dois anos as entidades, públicas ou privadas, credenciadas deverão comprovar o cumprimento do disposto nos arts. 16 a 23, junto aos órgãos ou entidades executivas de trânsito do respectivo Estado ou do Distrito Federal onde estiverem credenciadas.

**Art. 16.** Para a obtenção do credenciamento as entidades deverão dispor de instalações que atendam às seguintes exigências:

I – exigências comuns às entidades médicas e psicológicas:

a) cumprir o Código de Postura Municipal;

b) possuir licença de funcionamento/licença sanitária/alvará sanitário, emitido pela vigilância sanitária local e cumprir a legislação sanitária vigente;

c) cumprir a NBR 9050 da ABNT;

d) ter recursos de informática com acesso à Internet.

II – exigências relativas às entidades médicas:

a) a sala de exame médico deverá ter dimensões mínimas de 4,5 m x 3,0 m (quatro metros e meio por três metros) com auxilio de espelhos, obedecendo aos critérios de acessibilidade;

b) tabela de Snellen ou projetor de optotipos;

c) equipamento refrativo de mesa (facultativo);

d) divã para exame clínico;

e) cadeira e mesa para o médico;

f) cadeira para o candidato;

g) estetoscópio;

h) esfigmomanômetro;

i) martelo de Babinsky;

j) dinamômetro para força manual;

k) equipamento para avaliação do campo visual, da estereopsia, do ofuscamento e da visão noturna;

l) foco luminoso;

m) lanterna;

n) fita métrica;

o) balança antropométrica;

p) material para identificação das cores verde, vermelha e amarela.

III – exigências relativas às entidades psicológicas:

a) sala de atendimento individual com dimensões mínimas de 2,0 m x 2,0 m (dois metros por dois metros);

b) sala de atendimento coletivo com dimensões mínimas de 1,20 m x 1,00 m (um metro e vinte centímetros por um metro) por candidato;

c) ambiente bem iluminado por luz natural ou artificial fria, evitando-se sombras ou ofuscamentos;

d) condições de ventilação adequadas à situação de teste;

e) salas de teste indevassáveis, de forma a evitar interferência ou interrupção na execução das tarefas dos candidatos.

§ 1º. As entidades deverão realizar o exame e a avaliação em local fixo.

§ 2º. As instalações físicas e os equipamentos técnicos das entidades médicas e psicológicas deverão ser previamente vistoriados pela autoridade de trânsito competente e por ela considerados em conformidade com os itens I e II ou I e III, respectivamente.

§ 3º. As salas e o espaço físico de atendimento das entidades credenciadas para a realização da avaliação psicológica deverão obedecer às normas estabelecidas nos manuais dos testes psicológicos, inclusive no tocante à aplicação individual dos testes.

**Art. 17.** Nos municípios em que não houver entidade credenciada, será permitida a realização do exame de aptidão física e mental e/ou da avaliação psicológica por entidades credenciadas em outras localidades, autorizadas pelo órgão ou entidade executivo de trânsito do Estado.

**Art. 18.** O credenciamento de médicos e psicólogos peritos examinadores será realizado pelo órgão ou entidade executivo de trânsito do Estado ou do Distrito Federal, observados os seguintes critérios:

I – médicos e psicólogos deverão ter, no mínimo, dois anos de formados e estar regularmente inscritos no respectivo Conselho Regional;

II – o médico deve ter Título de Especialista em Medicina de Tráfego, expedido de acordo com as normas da Associação Médica Brasileira – AMB e do Conselho Federal de Medicina – CFM ou Capacitação de acordo com o programa aprovado pela Comissão Nacional de Residência Médica – CNRM (Anexo XVI);

III – o psicólogo deve ter Título de Especialista em Psicologia do Trânsito reconhecido pelo CFP ou ter concluído com aproveitamento o curso "Capacitação Para Psicólogo Perito Examinador de Trânsito" (Anexo XVII).

§ 1º. Será assegurado ao médico credenciado que até a data da publicação desta Resolução tenha concluído e sido aprovado no "Curso de Capacitação para Médico Perito Examinador Responsável pelo Exame de Aptidão Física e Mental para Condutores de Veículos Automotores" o direito de continuar a exercer a função de perito examinador.

§ 2º. Até 14 de fevereiro de 2015, será assegurado ao psicólogo que tenha concluído e sido aprovado no curso de "Capacitação para Psicólogo Perito Examinador de Trânsito", de 180 (cento e oitenta) horas ou curso de "Especialista em Psicologia do Trânsito", o direito de solicitar credenciamento ou de continuar a exercer a função de perito examinador.

§ 3º. A partir de 15 de fevereiro de 2015, a solicitação para o credenciamento só será permitida aos psicólogos portadores de Título de Especialista em Psicologia do Trânsito reconhecido pelo CFP.

§ 4º. Os Cursos de Capacitação para Psicólogo Perito Examinador serão ministrados por Instituições de Ensino Superior que ofereçam o curso de Psicologia, reconhecido pelo Ministério da Educação.

§ 5º. Os órgãos ou entidades executivos de trânsito dos Estados e do Distrito Federal deverão remeter ao DENATRAN, anualmente, a relação dos profissionais médicos e psicólogos credenciados com seus respectivos certificados de conclusão dos cursos exigidos por esta Resolução.

**Art. 19.** Os psicólogos credenciados deverão atender, no máximo, ao número de perícias/dia por profissional em conformidade com as determinações vigentes do CFP.

**Art. 20.** O perito examinador de trânsito manterá registro de exames oficiais, numerados, onde anotará os exames realizados, contendo data, número de documento oficial de identificação, nome e assinatura do periciando, categoria pretendida, resultado do exame, tempo de validade do exame, restrições, se houverem, e observação, quando se fizer necessária.

**Art. 21.** Os honorários decorrentes da realização do exame de aptidão física e mental e da avaliação psicológica serão fixados pelos órgãos executivos de trânsito dos Estados e do Distrito Federal e terão como referência, respectivamente, a Classificação Brasileira Hierarquizada de Procedimentos Médicos e a Tabela Referencial de Honorários da Federação Nacional de Psicólogos e Conselho Federal de Psicologia – CFP.

**Art. 22.** As entidades credenciadas remeterão ao órgão ou entidade executivo de trânsito do Estado ou do Distrito Federal, até o vigésimo dia do mês subseqüente, a estatística relativa ao mês anterior, conforme modelo nos Anexos XVIII, XIX, XX e XXI.

**Art. 23.** Os órgãos ou entidades executivos de trânsito dos Estados e do Distrito Federal remeterão ao DENATRAN, até o último dia do mês de fevereiro, a estatística anual dos exames de aptidão física e mental e da avaliação psicológica.

## Capítulo V – Da Fiscalização e do Controle

**Art. 24.** A fiscalização das entidades e profissionais credenciados será realizada pelos órgãos ou entidades executivos de trânsito dos Estados e do Distrito Federal com a colaboração dos Conselhos Regionais de Medicina e de Psicologia, no mínimo uma vez por ano ou quando for necessário.

**Art. 25.** O descumprimento das regras previstas nesta Resolução sujeitará o infrator às penalidades abaixo descritas, a serem apuradas em processo administrativo, assegurados o contraditório e a ampla defesa, formalizado pelos órgãos ou entidades executivos de trânsito dos Estados e do Distrito Federal:

I – advertência;

II – suspensão das atividades até trinta dias;

III – cassação do credenciamento.

Parágrafo único. Os relatórios conclusivos de sindicância administrativa serão encaminhados aos respectivos Conselhos Regionais de Psicologia e de Medicina e ao DENATRAN.

## Capítulo VI – Das Disposições Complementares

**Art. 26.** Eventual necessidade de paralisação das atividades das entidades credenciadas, por comprovada motivação, julgada a critério do órgão ou entidade executivo de trânsito dos Estados e do Distrito Federal, poderá não acarretar perda do credenciamento.

**Art. 27.** Caberá ao DENATRAN criar e disciplinar o registro das entidades credenciadas objetivando o aperfeiçoamento e qualificação do processo de formação dos condutores, bem como a verificação da qualidade dos serviços prestados, que conterá anotações das ocorrências de condutores envolvidos em acidentes de trânsito, infratores contumazes e os que tiverem sua CNH cassada.

**Art. 28.** Os órgãos ou entidades executivos de trânsito dos Estados e do Distrito Federal deverão ter disponível em seu sítio na Internet a relação das entidades credenciadas para a realização do exame e da avaliação de que trata esta Resolução.

**Art. 29.** Esta Resolução entra em vigor na data de sua publicação, ficando revogadas as disposições em contrário e as Resoluções nº 267/2008, nº 283/2008 e nº 327/2009 do CONTRAN.

Brasília/DF, 27 de novembro de 2012.

*Julio Ferraz Arcoverde – Presidente – DOU de 10.12.2012*

**Anexos**

♦ Os Anexos encontram-se disponíveis no site: *http://www.denatran.gov.br/resolucoes.htm*

## RESOLUÇÃO CONTRAN Nº 426, DE 5 DE DEZEMBRO DE 2012

• *Dispõe sobre o sistema de travamento do capuz e rodas dos veículos automotores, e seus elementos de fixação e enfeites.*

O Conselho Nacional de Trânsito – CONTRAN, no uso das atribuições que lhe são conferidas pelo art. 12 da Lei nº 9.503, de 23 de setembro de 1997, que instituiu o Código de Trânsito Brasileiro – CTB, e conforme o disposto no Decreto nº 4.711, de 29 de maio de 2003, que trata da coordenação do Sistema Nacional de Trânsito – SNT; e,

Considerando a necessidade de aperfeiçoar e atualizar os requisitos de segurança para os veículos automotores nacionais e importados;

Considerando a necessidade de garantir a segurança dos condutores e passageiros dos veículos;

Considerando que há a necessidade de manter os requisitos para o sistema de travamento do capuz;

Considerando que há a necessidade de manter os requisitos para rodas, elementos de fixação e seus enfeites;

Considerando o que consta nos processos nº 80000.016490/2011-66 e 80000.016491/2011-19; resolve:

**Art. 1º.** O capuz que se abre pela frente, e que em qualquer posição aberta encobre parcial ou completamente a visão do condutor através do para-brisa, deve ser provido de um sistema de travamento de dois estágios ou uma segunda trava.

Parágrafo único. O requisito estabelecido neste artigo se aplica a automóveis, camionetas, caminhonetes, caminhões, utilitários, ônibus e micro-ônibus.

**Art. 2º.** Rodas, seus elementos de fixação e seus enfeites, não devem ter partes cortantes ou elementos protuberantes.

Parágrafo único. O requisito estabelecido neste artigo se aplica a automóveis, camionetas, caminhonetes, caminhões, utilitários, ônibus, micro-ônibus e veículos de duas ou três rodas.

**Art. 3º.** Esta Resolução entra em vigor na data de sua publicação e ficam revogadas as Resoluções CONTRAN nº 461/1972 e nº 636/1984.

Brasília/DF, 5 de dezembro de 2012.

*Julio Ferraz Arcoverde – Presidente – DOU de 10.12.2012*

## RESOLUÇÃO CONTRAN Nº 427, DE 5 DE DEZEMBRO DE 2012

• *Estabelece condições para fiscalização pelas autoridades de trânsito, em vias públicas, das emissões de gases de escapamento de veículos automotores de que trata o art. 231, inciso III, do CTB.*

O Conselho Nacional de Trânsito – CONTRAN, no uso da atribuição que lhe confere o inciso I do art. 12 da Lei nº 9.503, de 23 de setembro de 1997, que instituiu o Código de Trânsito Brasileiro – CTB, e tendo em vista o disposto no Decreto nº 4.711, de 29 de maio de 2003, que dispõe sobre a coordenação do Sistema Nacional de Trânsito – SNT; e,

Considerando a necessidade de regulamentar o inciso III do art. 231 do CTB que classifica como infração grave "transitar com o veículo produzindo fumaça, gases ou partículas em níveis superiores aos fixados pelo CONTRAN";

Considerando o disposto no § 2º do art. 280 do CTB, que estabelece a obrigatoriedade de regulamentação prévia de instrumento utilizado para comprovação de cometimento de infração;

Considerando o disposto no inciso V do art. 105 do CTB, que atribui ao CONTRAN o estabelecimento de norma para definição de equipamento obrigatório destinado ao controle de emissão de gases poluentes e de ruído;

Considerando o estabelecido na Lei nº 8.723, de 28 de outubro de 1993, art. 3º; resolve:

**Art. 1º.** Para fins de comprovação da ocorrência da infração de trânsito prevista no inciso III do art. 231 do CTB serão observados os índices estabelecidos pela Resolução CONAMA nº 418, de 25 de novembro de 2009, e suas sucedâneas.

**Art. 2º.** Os equipamentos utilizados para aferir os índices previstos no art. 1º desta Resolução, devem atender às especificações estabelecidas pelo CONAMA, e à regulamentação metrológica do Instituto Nacional de Metrologia, Qualidade e Tecnologia – INMETRO.

**Art. 3º.** Para efeito de fiscalização pelas autoridades de trânsito da emissão de gases de escapamentos nas vias públicas, o Órgão Máximo Executivo de Trânsito da União divulgará a relação dos equipamentos aprovados pelo Instituto Nacional de Metrologia, Qualidade e Tecnologia – INMETRO.

**Art. 4º.** Constarão nas notificações de autuação e de penalidade os seguintes dados, além dos já previstos:

I – Índices de emissão de gases poluentes registrados no momento do cometimento da infração de trânsito;

II – Limites máximos toleráveis de emissão de gases e poluentes segundo estabelecidos pelo CONAMA;

III – Data da última verificação do equipamento utilizado na fiscalização de trânsito, conforme regulamentado pelo INMETRO.

**Art. 5º.** Será aplicada a penalidade disposta no art. 231 do CTB, inciso III, aos veículos cujos índices ultrapassarem os limites máximos toleráveis de emissões de gases e poluentes estabelecidos pelo CONAMA.

**Art. 6º.** Nos casos de existência de irregularidades no veículo que impeçam a medição da emissão dos gases de escapamento e poluentes na forma determinada pelo CONAMA, a autuação será feita com base nos dispositivos aplicáveis do CTB.

**Art. 7º.** Esta Resolução entrará em vigor 180 dias após a data de sua publicação, quando será revogada a Resolução CONTRAN nº 510/1977.

Brasília/DF, 5 de dezembro de 2012.

*Julio Ferraz Arcoverde – Presidente – DOU de 10.12.2012*

## RESOLUÇÃO CONTRAN Nº 428, DE 5 DE DEZEMBRO DE 2012

- *Altera o prazo estipulado no art. 3º da Resolução nº 371, de 10 de dezembro de 2010 – CONTRAN, com alteração dada pela Resolução nº 401, de 15 de março de 2012, que aprova o Manual Brasileiro de Fiscalização de Trânsito – Volume I – Infrações de competência municipal, incluindo as concorrentes dos órgãos e entidades estaduais de trânsito e rodoviários.*

O Presidente do Conselho Nacional de Trânsito – CONTRAN, no uso das atribuições legais conferidas pelo inciso I do art. 12 da Lei nº 9.503, de 23 de setembro de 1997, que institui o Código de Trânsito Brasileiro – CTB, e conforme o Decreto nº 4.711, de 29 de maio de 2003, que dispõe sobre a coordenação do Sistema Nacional de Trânsito – SNT; e,

Considerando que dos estudos que estão sendo realizados para a elaboração do "Manual Brasileiro de Fiscalização de Trânsito – Volume II – Infrações de competência dos Estados", podem ensejar em revisão de algumas fichas de enquadramentos referentes ao "Manual Brasileiro de Fiscalização de Trânsito – Volume I – Infrações de competência Municipal, incluindo as concorrentes dos órgãos e entidades estaduais de trânsito e rodoviários",

Considerando o que consta dos Processos nºs 80000.051080/2010-81, 80000.026293/2011-55 e 80000.002515/2012-25; resolve:

**Art. 1º.** O art. 3º da Resolução nº 371, de 10 de dezembro de 2010 – CONTRAN, com alteração dada pela Resolução nº 401, de 15 de março de 2012, passa a vigorar com a seguinte redação:
- *Alteração já efetuada no corpo da Resolução.*

**Art. 2º.** Esta Resolução entra em vigor na data de sua publicação.
Brasília/DF, 5 de dezembro de 2012.
*Julio Ferraz Arcoverde – Presidente – DOU de 10.12.2012*

## RESOLUÇÃO CONTRAN Nº 429, DE 5 DE DEZEMBRO DE 2012

- *Estabelece critérios para o registro de tratores destinados a puxar ou arrastar maquinaria de qualquer natureza ou a executar trabalhos agrícolas e de construção, de pavimentação ou guindastes (máquinas de elevação).*
- **Com redação dada pela Resolução CONTRAN nº 434, de 23.1.2013.**

O Conselho Nacional de Trânsito – CONTRAN, no uso das atribuições que lhe conferem os incisos I e X do art. 12 da Lei nº 9.503, de 23 de setembro de 1997, que instituiu o Código de Trânsito Brasileiro – CTB, e conforme o Decreto nº 4.711, de 29 de maio de 2003, que dispõe sobre a coordenação do Sistema Nacional de Trânsito – SNT; e,

Considerando o constante do Anexo I do CTB, que define trator como: veículo automotor construído para realizar trabalho agrícola de construção e pavimentação e tracionar outros veículos e equipamentos.

Considerando o contido no Processo nº 80000.017052/2010-34; resolve:

**Art. 1º.** Dispor sobre o registro de tratores destinados a puxar ou arrastar maquinaria de qualquer natureza ou a executar trabalhos agrícolas e de construção, de pavimentação ou guindastes no Sistema do Registro Nacional de Veículos Automotores – RENAVAM.

§ 1º. O registro terá início a partir de 1º de junho de 2013, sendo aplicado aos veículos fabricados a partir de 1º de janeiro de 2013.

§ 2º. Para os tratores fabricados até 1º de junho de 2013 o registro, quando necessário, poderá ser feito sem necessidade de pré-cadastramento. *(§ 2º com redação dada pela Resolução CONTRAN nº 434/2013)*

**Art. 2º.** Para o registro dos veículos referidos nesta Resolução facultados a transitar em via pública será exigido:

I – Certificado de Adequação à Legislação de Trânsito – CAT;

II – Código de marca/modelo/versão específico; e

III – Realização de pré-cadastro pelo fabricante ou montadora, órgão alfandegário ou importador.

**Art. 3º.** Para o registro dos veículos referidos nesta Resolução não facultados a transitar em via pública, será exigido:

I – Ofício de marca/modelo/versão emitido pelo DENATRAN;

II – Realização de pré-cadastro pelo fabricante ou montadora, órgão alfandegário ou importador.

§ 1º. O sistema RENAVAM deverá ser ajustado para não exigir o lançamento da placa, a qual não deverá ser atribuída, quando do registro do veículo.

§ 2º. Nesta situação será emitido apenas o CRV, de forma a certificar o registro do veículo.

**Art. 4º.** Antes da comercialização, as informações sobre as características dos veículos referidos nesta Resolução deverão ser prestadas ao DENATRAN pelo fabricante, montadora ou importador, por meio de requerimento.

**Art. 5º.** A identificação do veículo se dará através da gravação do Número de Identificação do Produto (PIN) no chassi ou na estrutura de operação que o compõe, e deverá ser feita de acordo com as especificações vigentes e formatos estabelecidos pela NBR NM ISO 10261:2006 da Associação Brasileira de Normas Técnicas – ABNT.

§ 1º. Além da gravação especificada no *caput*, os veículos referidos nesta Resolução devem ser identificados por gravação em etiqueta ou plaqueta, destrutível no caso de tentativa de sua remoção, em pelo menos um dos seguintes pontos:

I – no conjunto motor/transmissão, quando estes formarem o conjunto estrutural de veículo referido nesta Resolução, e;

II – outro local a ser informado pelo fabricante, montadora ou importador.

§ 2º. Tratores inacabados devem possuir as mesmas identificações, as quais serão aplicadas pelo montador final antes da venda ao consumidor.

§ 3º. É obrigatória a gravação do ano de fabricação de veículo referido nesta Resolução quando não constante dos caracteres do número PIN, de forma a atender o estabelecido no § 1º do art. 114 do Código de Trânsito Brasileiro.

§ 4º. O fabricante, montadora ou importador deve realizar uma gravação em local oculto que será apenas de seu conhecimento, para fins de identificação em perícia policial quando a marcação principal estiver destruída ou ilegível, que fica conhecida como: "Marcação Oculta".

**Art. 6º.** Sempre que houver alteração de modelo, o fabricante encaminhará comunicação ao DENATRAN, com antecedência de 30 (trinta) dias, a nova localização das gravações.

**Art. 7º.** A regravação e eventual substituição ou reposição de etiquetas ou plaquetas, quando necessárias, ficam sujeitas à prévia autorização da autoridade de trânsito competente, mediante comprovação da propriedade, e só será processada por empresa credenciada pelo órgão executivo de trânsito do Estado ou do Distrito Federal.

Parágrafo único. As etiquetas ou plaquetas referidas no *caput* devem ser fornecidas pelo fabricante, montadora ou importador do equipamento.

**Art. 8º.** Para fins de transferência, de regravação da identificação, ou de reposição de plaqueta de identificação, a comprovação da propriedade dos veículos de que trata esta Resolução, se dará por meio do Certificado de Registro de Veículo (CRV) expedido pelo órgão ou entidade executivo de trânsito do Estado ou do Distrito Federal. *(Art. 8º com redação dada pela Resolução CONTRAN nº 434/2013)*

**Art. 9º.** O não cumprimento ao disposto no art. 2º, sujeita o infrator às penalidades e medidas administrativas previstas no CTB, constituindo-se em infração gravíssima sujeita às penalidades de multa e apreensão do veículo e a medida administrativa de remoção do veículo.

**Art. 10.** Ao veículo referido nesta Resolução, facultado a transitar em via pública, e portador do Certificado de Registro e Licenciamento de Veículo (CRLV), é obrigatório o uso de placa traseira de identificação lacrada ao veículo, juntamente com a tarjeta, em local de visualização integral.

Parágrafo único. Os veículos de que trata este artigo ficam dispensados da instalação de placa dianteira.

**Art. 11.** O DENATRAN estabelecerá os procedimentos para concessão do código marca/modelo/versão aos tratores.

**Art. 12.** Esta Resolução entrará em vigor a partir de 1º de Janeiro de 2013.

**Art. 13.** Fica revogada a Resolução CONTRAN nº 281/2008.

Brasília/DF, 5 de dezembro de 2012.

*Julio Ferraz Arcoverde – Presidente – DOU de 10.12.2012*

## RESOLUÇÃO CONTRAN Nº 430, DE 23 DE JANEIRO DE 2013

- *Altera o prazo previsto no art. 17 da Resolução CONTRAN nº 258/2007, com redação dada pelas Resoluções CONTRAN nº 365/2010 e 403/2012, que regulamenta os arts. 231, X e 323 do Código de Trânsito Brasileiro, fixa metodologia de aferição de peso de veículos, estabelece percentuais de tolerância e dá outras providências.*

O Conselho Nacional de Trânsito – CONTRAN, no uso das atribuições que lhe são conferidas pelo art. 12, da Lei nº 9.503, de 23 de setembro de 1997, que instituiu o Código de Trânsito Brasileiro – CTB, e conforme o Decreto nº 4.711, de 29 de maio de 2003, que trata da coordenação do Sistema Nacional de Trânsito – SNT; e,

Considerando o que consta do Processo Administrativo nº 80000.021813/2009-19; resolve:

**Art. 1º.** Alterar o art. 17 da Resolução CONTRAN nº 258/2007, com redação dada pelas Resoluções CONTRAN nºs 365/2010 e 403/2012, que passa a vigorar com a seguinte redação:

- *Alteração já efetuada no corpo da Resolução.*

**Art. 2º.** Esta Resolução entra em vigor na data de sua publicação.

*Morvam Cotrim Duarte – Presidente do Conselho – Em exercício DOU de 29.1.2013*

## RESOLUÇÃO CONTRAN Nº 431, DE 23 DE JANEIRO DE 2013

- *Referenda a Deliberação CONTRAN nº 134, de 16 de janeiro de 2012, que suspende os efeitos da Resolução nº 417/2012, do Conselho Nacional de Trânsito – CONTRAN, que altera o art. 6º da Resolução CONTRAN nº 405, de 12 de junho de 2012, que dispõe sobre a fiscalização do tempo de direção do motorista pro-*

*fissional de que trata o art. 67-A, incluído no Código de Trânsito Brasileiro – CTB, pela Lei nº 12.619, de 30 de abril de 2012, e dá outras providências.*

O Conselho Nacional de Trânsito, no uso das atribuições que lhe são conferidas pelo art.12, da Lei nº 9.503, de 23 de setembro de 1997, que instituiu o Código de Trânsito Brasileiro, e nos termos do disposto no Decreto nº 4.711, de 29 de maio de 2003, que trata da coordenação do Sistema Nacional de Trânsito e;

Considerando a liminar concedida em sede de Ação Civil Pública pela 21ª Vara do Trabalho de Brasília – Processo nº 0002295-26.2012.5.10.0021; resolve:

**Art. 1º.** Referendar a Deliberação nº 134, de 16 de janeiro de 2013, do Presidente Substituto do Conselho Nacional de Trânsito – CONTRAN, publicada no *Diário Oficial da União – DOU* de 21 de janeiro de 2013.

**Art. 2º.** Suspender os efeitos da Resolução CONTRAN nº 417/2012.

**Art. 3º.** Esta Resolução entra em vigor na data de sua publicação.

*Morvam Cotrim Duarte – Presidente do Conselho – Em exercício DOU de 29.1.2013*

## RESOLUÇÃO CONTRAN Nº 432, DE 23 DE JANEIRO DE 2013

- *Dispõe sobre os procedimentos a serem adotados pelas autoridades de trânsito e seus agentes na fiscalização do consumo de álcool ou de outra substância psicoativa que determine dependência, para aplicação do disposto nos arts. 165, 276, 277 e 306 da Lei nº 9.503, de 23 de setembro de 1997 – Código de Trânsito Brasileiro (CTB).*

O Conselho Nacional de Trânsito, no uso das atribuições que lhe confere o art. 12, inciso I, da Lei nº 9.503, de 23 de setembro de 1997, que instituí o Código de Trânsito Brasileiro – CTB, e nos termos do disposto no Decreto nº 4.711, de 29 de maio de 2003, que trata da coordenação do Sistema Nacional de Trânsito – SNT; e,

Considerando a nova redação dos arts. 165, 276, 277 e 302, da Lei nº 9.503, de 23 de setembro de 1997, dada pela Lei nº 12.760, de 20 de dezembro de 2012;

Considerando o estudo da Associação Brasileira de Medicina de Tráfego, ABRAMET, acerca dos procedimentos médicos para fiscalização do consumo de álcool ou de outra substância psicoativa que determine dependência pelos condutores; e

Considerando o disposto nos Processos nºs 80001.005410/2006-70, 80001.002634/2006-20 e 80000.000042/2013-11; resolve:

**Art. 1º.** Definir os procedimentos a serem adotados pelas autoridades de trânsito e seus agentes na fiscalização do consumo de álcool ou de outra substância psicoativa que determine dependência, para aplicação do disposto nos arts. 165, 276, 277 e 306 da Lei nº 9.503, de 23 de setembro de 1997 – Código de Trânsito Brasileiro – CTB.

**Art. 2º.** A fiscalização do consumo, pelos condutores de veículos automotores, de bebidas alcoólicas e de outras substâncias psicoativas que determinem dependência deve ser procedimento operacional rotineiro dos órgãos de trânsito.

**Art. 3º.** A confirmação da alteração da capacidade psicomotora em razão da influência de álcool ou de outra substância psicoativa que determine dependência dar-se-á por meio de, pelo menos, um dos seguintes procedimentos a serem realizados no condutor de veículo automotor:

I – exame de sangue;

II – exames realizados por laboratórios especializados, indicados pelo órgão ou entidade de trânsito competente ou pela Polícia Judiciária, em caso de consumo de outras substâncias psicoativas que determinem dependência;

III – teste em aparelho destinado à medição do teor alcoólico no ar alveolar (etilômetro);

IV – verificação dos sinais que indiquem a alteração da capacidade psicomotora do condutor.

§ 1º. Além do disposto nos incisos deste artigo, também poderão ser utilizados prova testemunhal, imagem, vídeo ou qualquer outro meio de prova em direito admitido.

§ 2º. Nos procedimentos de fiscalização deve-se priorizar a utilização do teste com etilômetro.

§ 3º. Se o condutor apresentar sinais de alteração da capacidade psicomotora na forma do art. 5º ou haja comprovação dessa situação por meio do teste de etilômetro e houver encaminhamento do condutor para a realização do exame de sangue ou exame clínico, não será necessário aguardar o resultado desses exames para fins de autuação administrativa.

## DO TESTE DE ETILÔMETRO

**Art. 4º.** O etilômetro deve atender aos seguintes requisitos:

I – ter seu modelo aprovado pelo INMETRO;

II – ser aprovado na verificação metrológica inicial, eventual, em serviço e anual realizadas pelo Instituto Nacional de Metrologia, Qualidade e Tecnologia – INMETRO ou por órgão da Rede Brasileira de Metrologia Legal e Qualidade – RBMLQ;

Parágrafo único. Do resultado do etilômetro (medição realizada) deverá ser descontada margem de tolerância, que será o erro máximo admissível, conforme legislação metrológica, de acordo com a "Tabela de Valores Referenciais para Etilômetro" constante no Anexo I.

## DOS SINAIS DE ALTERAÇÃO DA CAPACIDADE PSICOMOTORA

**Art. 5º.** Os sinais de alteração da capacidade psicomotora poderão ser verificados por:

I – exame clínico com laudo conclusivo e firmado por médico perito; ou

II – constatação, pelo agente da Autoridade de Trânsito, dos sinais de alteração da capacidade psicomotora nos termos do Anexo II.

§ 1º. Para confirmação da alteração da capacidade psicomotora pelo agente da Autoridade de Trânsito, deverá ser considerado não somente um sinal, mas um conjunto de sinais que comprovem a situação do condutor.

§ 2º. Os sinais de alteração da capacidade psicomotora de que trata o inciso II deverão ser descritos no auto de infração ou em termo específico que contenha as informações mínimas indicadas no Anexo II, o qual deverá acompanhar o auto de infração.

## DA INFRAÇÃO ADMINISTRATIVA

**Art. 6º.** A infração prevista no art. 165 do CTB será caracterizada por:

I – exame de sangue que apresente qualquer concentração de álcool por litro de sangue;

II – teste de etilômetro com medição realizada igual ou superior a 0,05 miligrama de álcool por litro de ar alveolar expirado (0,05 mg/L), descontado o erro máximo admissível nos termos da "Tabela de Valores Referenciais para Etilômetro" constante no Anexo I;

III – sinais de alteração da capacidade psicomotora obtidos na forma do art. 5º.

Parágrafo único. Serão aplicadas as penalidades e medidas administrativas previstas no art. 165 do CTB ao condutor que recusar a se submeter a qualquer um dos procedimentos previstos no art. 3º, sem prejuízo da incidência do crime previsto no art. 306 do CTB caso o condutor apresente os sinais de alteração da capacidade psicomotora.

## DO CRIME

**Art. 7º.** O crime previsto no art. 306 do CTB será caracterizado por qualquer um dos procedimentos abaixo:

I – exame de sangue que apresente resultado igual ou superior a 6 (seis) decigramas de álcool por litro de sangue (6 dg/L);

II – teste de etilômetro com medição realizada igual ou superior a 0,34 miligrama de álcool por litro de ar alveolar expirado (0,34 mg/L), descontado o erro máximo admissível nos termos da "Tabela de Valores Referenciais para Etilômetro" constante no Anexo I;

III – exames realizados por laboratórios especializados, indicados pelo órgão ou entidade de trânsito competente ou pela Polícia Judiciária, em caso de consumo de outras substâncias psicoativas que determinem dependência;

IV – sinais de alteração da capacidade psicomotora obtido na forma do art. 5º.

§ 1º. A ocorrência do crime de que trata o *caput* não elide a aplicação do disposto no art. 165 do CTB.

§ 2º. Configurado o crime de que trata este artigo, o condutor e as testemunhas, se houver, serão encaminhados à Polícia Judiciária, devendo ser acompanhados dos elementos probatórios.

## DO AUTO DE INFRAÇÃO

**Art. 8º.** Além das exigências estabelecidas em regulamentação específica, o auto de infração lavrado em decorrência da infração prevista no art. 165 do CTB deverá conter:

I – no caso de encaminhamento do condutor para exame de sangue, exame clínico ou exame em laboratório especializado, a referência a esse procedimento;

II – no caso do art. 5º, os sinais de alteração da capacidade psicomotora de que trata o Anexo II ou a referência ao preenchimento do termo específico de que trata o § 2º do art. 5º;

III – no caso de teste de etilômetro, a marca, modelo e nº de série do aparelho, nº do teste, a medição realizada, o valor considerado e o limite regulamentado em mg/L;

IV – conforme o caso, a identificação da (s) testemunha (s), se houve fotos, vídeos ou outro meio de prova complementar, se houve recusa do condutor, entre outras informações disponíveis.

§ 1º. Os documentos gerados e o resultado dos exames de que trata o inciso I deverão ser anexados ao auto de infração.

§ 2º. No caso do teste de etilômetro, para preenchimento do campo "Valor Considerado" do auto de infração, deve-se observar as margens de erro admissíveis, nos termos da "Tabela de Valores Referenciais para Etilômetro" constante no Anexo I.

## DAS MEDIDAS ADMINISTRATIVAS

**Art. 9º.** O veículo será retido até a apresentação de condutor habilitado, que também será submetido à fiscalização.

Parágrafo único. Caso não se apresente condutor habilitado ou o agente verifique que ele não está em condições de dirigir, o veículo será recolhido ao depósito do órgão ou entidade responsável pela fiscalização, mediante recibo.

**Art. 10.** O documento de habilitação será recolhido pelo agente, mediante recibo, e ficará sob custódia do órgão ou entidade de trânsito responsável pela autuação até que o condutor comprove que não está com a capacidade psicomotora alterada, nos termos desta Resolução.

§ 1º. Caso o condutor não compareça ao órgão ou entidade de trânsito responsável pela autuação no prazo de 5 (cinco) dias da data do cometimento da infração, o documento será encaminhado ao órgão executivo de trânsito responsável pelo seu registro, onde o condutor deverá buscar seu documento.

§ 2º. A informação de que trata o § 1º deverá constar no recibo de recolhimento do documento de habilitação.

## DISPOSIÇÕES GERAIS

**Art. 11.** É obrigatória a realização do exame de alcoolemia para as vítimas fatais de acidentes de trânsito.

**Art. 12.** Ficam convalidados os atos praticados na vigência da Deliberação CONTRAN nº 133, de 21 de dezembro de 2012, com o reconhecimento da margem de tolerância de que trata o art. 1º da Deliberação CONTRAN referida no *caput* (0,10 mg/L) como limite regulamentar.

**Art. 13.** Ficam revogadas as Resoluções CONTRAN nº 109, de 21 de novembro de 1999, e nº 206, de 20 de outubro de 2006, e a Deliberação CONTRAN nº 133, de 21 de dezembro de 2012.

**Art. 14.** Esta Resolução entra em vigor na data de sua publicação.

*Morvam Cotrim Duarte – Presidente do Conselho – Em exercício DOU de 29.1.2013*

## ANEXO I
### TABELA DE VALORES REFERENCIAIS PARA ETILÔMETRO

[INFRAÇÃO DO ART. 165 CTB]

| MR mg/L | VC* mg/L | MR mg/L | VC* mg/L | MR mg/L | VC* mg/L | MR mg/L | VC* mg/L |
|---|---|---|---|---|---|---|---|
| 0,05 | 0,01 | 0,13 | 0,09 | 0,21 | 0,17 | 0,29 | 0,25 |
| 0,06 | 0,02 | 0,14 | 0,10 | 0,22 | 0,18 | 0,30 | 0,26 |
| 0,07 | 0,03 | 0,15 | 0,11 | 0,23 | 0,19 | 0,31 | 0,27 |
| 0,08 | 0,04 | 0,16 | 0,12 | 0,24 | 0,20 | 0,32 | 0,28 |
| 0,09 | 0,05 | 0,17 | 0,13 | 0,25 | 0,21 | 0,33 | 0,29 |
| 0,10 | 0,06 | 0,18 | 0,14 | 0,26 | 0,22 | | |
| 0,11 | 0,07 | 0,19 | 0,15 | 0,27 | 0,23 | | |
| 0,12 | 0,08 | 0,20 | 0,16 | 0,28 | 0,24 | | |

[INFRAÇÃO DO ART. 165 CTB – CRIME DO ART. 306 CTB]

| MR mg/L | VC* mg/L | MR mg/L | VC* mg/L | MR mg/L | VC* mg/L | MR mg/L | VC* mg/L |
|---|---|---|---|---|---|---|---|
| 0,34 | 0,30 | 0,76 | 0,69 | 1,18 | 1,08 | 1,60 | 1,47 |
| 0,35 | 0,31 | 0,77 | 0,70 | 1,19 | 1,09 | 1,61 | 1,48 |
| 0,36 | 0,32 | 0,78 | 0,71 | 1,20 | 1,10 | 1,62 | 1,49 |
| 0,37 | 0,33 | 0,79 | 0,72 | 1,21 | 1,11 | 1,63 | 1,50 |
| 0,38 | 0,34 | 0,80 | 0,73 | 1,22 | 1,12 | 1,64 | 1,50 |
| 0,39 | 0,35 | 0,81 | 0,74 | 1,23 | 1,13 | 1,65 | 1,51 |
| 0,40 | 0,36 | 0,82 | 0,75 | 1,24 | 1,14 | 1,66 | 1,52 |
| 0,41 | 0,37 | 0,83 | 0,76 | 1,25 | 1,15 | 1,67 | 1,53 |
| 0,42 | 0,38 | 0,84 | 0,77 | 1,26 | 1,15 | 1,68 | 1,54 |
| 0,43 | 0,39 | 0,85 | 0,78 | 1,27 | 1,16 | 1,69 | 1,55 |
| 0,44 | 0,40 | 0,86 | 0,79 | 1,28 | 1,17 | 1,70 | 1,56 |
| 0,45 | 0,41 | 0,87 | 0,80 | 1,29 | 1,18 | 1,71 | 1,57 |
| 0,46 | 0,42 | 0,88 | 0,81 | 1,30 | 1,19 | 1,72 | 1,58 |
| 0,47 | 0,43 | 0,89 | 0,81 | 1,31 | 1,20 | 1,73 | 1,59 |
| 0,48 | 0,44 | 0,90 | 0,82 | 1,32 | 1,21 | 1,74 | 1,60 |
| 0,49 | 0,45 | 0,91 | 0,83 | 1,33 | 1,22 | 1,75 | 1,61 |
| 0,50 | 0,46 | 0,92 | 0,84 | 1,34 | 1,23 | 1,76 | 1,61 |
| 0,51 | 0,46 | 0,93 | 0,85 | 1,35 | 1,24 | 1,77 | 1,62 |
| 0,52 | 0,47 | 0,94 | 0,86 | 1,36 | 1,25 | 1,78 | 1,63 |
| 0,53 | 0,48 | 0,95 | 0,87 | 1,37 | 1,26 | 1,79 | 1,64 |
| 0,54 | 0,49 | 0,96 | 0,88 | 1,38 | 1,27 | 1,80 | 1,65 |
| 0,55 | 0,50 | 0,97 | 0,89 | 1,39 | 1,27 | 1,81 | 1,66 |
| 0,56 | 0,51 | 0,98 | 0,90 | 1,40 | 1,28 | 1,82 | 1,67 |
| 0,57 | 0,52 | 0,99 | 0,91 | 1,41 | 1,29 | 1,83 | 1,68 |
| 0,58 | 0,53 | 1,00 | 0,92 | 1,42 | 1,30 | 1,84 | 1,69 |
| 0,59 | 0,54 | 1,01 | 0,92 | 1,43 | 1,31 | 1,85 | 1,70 |
| 0,60 | 0,55 | 1,02 | 0,93 | 1,44 | 1,32 | 1,86 | 1,71 |
| 0,61 | 0,56 | 1,03 | 0,94 | 1,45 | 1,33 | 1,87 | 1,72 |
| 0,62 | 0,57 | 1,04 | 0,95 | 1,46 | 1,34 | 1,88 | 1,73 |
| 0,63 | 0,58 | 1,05 | 0,96 | 1,47 | 1,35 | 1,89 | 1,73 |
| 0,64 | 0,58 | 1,06 | 0,97 | 1,48 | 1,36 | 1,90 | 1,74 |
| 0,65 | 0,59 | 1,07 | 0,98 | 1,49 | 1,37 | 1,91 | 1,75 |
| 0,66 | 0,60 | 1,08 | 0,99 | 1,50 | 1,38 | 1,92 | 1,76 |
| 0,67 | 0,61 | 1,09 | 1,00 | 1,51 | 1,38 | 1,93 | 1,77 |
| 0,68 | 0,62 | 1,10 | 1,01 | 1,52 | 1,39 | 1,94 | 1,78 |
| 0,69 | 0,63 | 1,11 | 1,02 | 1,53 | 1,40 | 1,95 | 1,79 |
| 0,70 | 0,64 | 1,12 | 1,03 | 1,54 | 1,41 | 1,96 | 1,80 |
| 0,71 | 0,65 | 1,13 | 1,04 | 1,55 | 1,42 | 1,97 | 1,81 |
| 0,72 | 0,66 | 1,14 | 1,04 | 1,56 | 1,43 | 1,98 | 1,82 |
| 0,73 | 0,67 | 1,15 | 1,05 | 1,57 | 1,44 | 1,99 | 1,83 |
| 0,74 | 0,68 | 1,16 | 1,06 | 1,58 | 1,45 | 2,00 | 1,84 |
| 0,75 | 0,69 | 1,17 | 1,07 | 1,59 | 1,46 | | |

MR = Medição realizada pelo etilômetro
VC = Valor considerado para autuação
EM = Erro máximo admissível
* Para definição do VC, foi deduzido da MR o EM (VC = MR - EM). No resultado do VC foram consideradas apenas duas casas decimais, desprezando-se as demais, sem arredondamento, observados os itens 4.1.2 e 5.3.1 do Regulamento Técnico Metrológico (Portaria nº 06/2002 do INMETRO), visto que o etilômetro apresenta MR com apenas duas casas decimais.

Erro máximo admissível (EM):
1. MR inferior a 0,40mg/L: ............................... 0,032 mg/L
2. MR acima de 0,40mg/L até 2,00mg/L: ........... 8%
3. MR acima de 2,00mg/L: ............................... 30%

## ANEXO II – SINAIS DE ALTERAÇÃO DA CAPACIDADE PSICOMOTORA

Informações mínimas que deverão constar no termo mencionado no art. 6º desta Resolução, para constatação dos sinais de alteração da capacidade psicomotora pelo agente da Autoridade de Trânsito:

I. Identificação do órgão ou entidade de trânsito fiscalizador;

II. Dados do condutor:

a. Nome;

b. Número do Prontuário da CNH e/ou do documento de identificação;

c. Endereço, sempre que possível.

III. Dados do veículo:

a. Placa/UF;

b. Marca;

IV. Dados da abordagem:

a. Data;

b. Hora;

c. Local;

d. Número do auto de infração.

V. Relato do condutor:

a. Envolveu-se em acidente de trânsito;

b. Declara ter ingerido bebida alcoólica, sim ou não (Em caso positivo, quando);

c. Declara ter feito uso de substância psicoativa que determine dependência, sim ou não (Em caso positivo, quando).

VI. Sinais observados pelo agente fiscalizador:

a. Quanto à aparência, se o condutor apresenta:

i. Sonolência;

ii. Olhos vermelhos;

iii. Vômito;

iv. Soluços;

v. Desordem nas vestes;

vi. Odor de álcool no hálito.

b. Quanto à atitude, se o condutor apresenta:

i. Agressividade;

ii. Arrogância;

iii. Exaltação;

iv. Ironia;

v. Falante;

vi. Dispersão.

c. Quanto à orientação, se o condutor:

i. sabe onde está;

ii. sabe a data e a hora.

d. Quanto à memória, se o condutor:

i. sabe seu endereço;

ii. lembra dos atos cometidos.

e. Quanto à capacidade motora e verbal, se o condutor apresenta:

i. Dificuldade no equilíbrio;

ii. Fala alterada.

VII. Afirmação expressa, pelo agente fiscalizador:

a. De acordo com as características acima descritas, constatei que o condutor acima qualificado, está (__) sob influência de álcool (__) sob influência de substância psicoativa.

b. O condutor (__) se recusou (__) não se recusou a realizar os testes, exames ou perícia que permitiriam certificar o seu estado quanto à alteração da capacidade psicomotora.

VIII. Quando houver testemunha(s), a identificação:

a. nome;

b. documento de identificação;

c. endereço;

d. assinatura.

IX. Dados do Policial ou do Agente da Autoridade de Trânsito:

a. Nome;

b. Matrícula;

c. Assinatura.

## RESOLUÇÃO CONTRAN Nº 433, DE 23 DE JANEIRO DE 2013

• *Referenda a Deliberação nº 131 de 19 de dezembro de 2012 do Presidente do Conselho Nacional de Trânsito que altera a Resolução nº 412, de 9 de agosto de 2012, que dispõe sobre a implantação do Sistema Nacional de Identificação Automática de Veículos – SINIAV.*

O Conselho Nacional de Trânsito, no uso das atribuições que lhe são conferidas pelo art. 12 da Lei nº 9.503, de 23 de setembro de 1997, que instituiu o Código de Trânsito Brasileiro – CTB, e nos termos do disposto no Decreto nº 4.711, de 29 de maio de 2003, que trata da coordenação do Sistema Nacional de Trânsito – SNT; e,

Considerando o que consta do Processo nº 80000.038562/2009-10;

Considerando a necessidade de participação de todos os órgãos do Sistema Nacional de Trânsito no processo de implantação do Sistema Nacional de Identificação Automática de Veículos;

Considerando a necessidade de prévia homologação dos equipamentos que irão operar no SINIAV e adequação dos sistemas informatizados do DENATRAN, o que exigirá ajuste no prazo para a implantação do Sistema Nacional de Identificação Automática de Veículos nas Unidades da Federação; resolve:

**Art. 1º.** Referendar a Deliberação nº 131, de 19 de dezembro de 2012, do Presidente do Conselho Nacional de Trânsito – CONTRAN, publicada no *Diário Oficial da União – DOU* de 20 de dezembro de 2012.

**Art. 2º.** Alterar o item 1 do ANEXO I – Cronograma de implantação do SINIAV, que passa a vigorar com a seguinte redação:

• *Alteração já efetuada no corpo da Resolução.*

**Art. 3º.** Esta Resolução entra em vigor na data de sua publicação.

*Morvam Cotrim Duarte – Presidente do Conselho – Em exercício DOU de 29.1.2013*

## RESOLUÇÃO CONTRAN Nº 434, DE 23 DE JANEIRO DE 2013

• *Altera a redação do § 2º do art. 1º e do art. 8º da Resolução CONTRAN nº 429, de 5 de dezembro de 2012, que estabelece critérios para o registro de tratores destinados a puxar ou arrastar maquinaria de qualquer natureza ou a executar trabalhos agrícolas e de construção, de pavimentação ou guindastes (máquinas de elevação).*

O Conselho Nacional de Trânsito, no uso das atribuições que lhe confere o art. 12, inciso I, da Lei nº 9.503, de 23 de setembro de 1997, que institui o Código de Trânsito Brasileiro – CTB, e nos termos do disposto no Decreto nº 4.711, de 29 de maio de 2003, que trata da coordenação do Sistema Nacional de Trânsito – SNT; e,

Considerando a necessidade de compatibilizar os prazos para registro, sem necessidade de pré-cadastramento de tratores, previstos na Resolução CONTRAN nº 429/12 com o desenvolvimento de funcionalidade específica no sistema RENAVAM;

Considerando que os veículos de que trata a Resolução nº 429/2013, uma vez registrados junto ao órgão de trânsito, para fins de transferência, de regravação da identificação, ou de reposição de plaqueta de identificação, deverão comprovar a propriedade por meio do Certificado de Registro e Licenciamento expedido pelo órgão de trânsito do Estado ou do Distrito Federal.

Considerando o que consta do Processo nº 80000.017052/2012-64; resolve:

**Art. 1º.** Alterar a redação do § 2º do art. 1º da Resolução CONTRAN nº 429/2012, que passa a vigorar com a seguinte redação:
- *Alteração já efetuada no corpo da Resolução.*

**Art. 2º.** Alterar a redação do art. 8º da Resolução nº 429/2012, que passa a vigorar com a seguinte redação:
- *Alteração já efetuada no corpo da Resolução.*

**Art. 3º.** Esta Resolução entra em vigor na data da sua publicação.

*Morvam Cotrim Duarte – Presidente do Conselho – Em exercício DOU de 29.1.2013*

# ÍNDICE ALFABÉTICO-REMISSIVO CTB E RESOLUÇÕES

> *Os números referem-se aos artigos do Código de Trânsito Brasileiro ou às Resoluções (Res.).*

**ABALROAMENTO**
— Conceito: Anexo I

**ACESSIBILIDADE**
— Requisitos técnicos e procedimentos para a indicação no CRV/CRLV das características de (...) para os veículos de transporte coletivos de passageiros: Res. 402/2012

**ACESSÓRIOS DE SEGURANÇA**
— Normas de utilização – Res. 37/1998

**ACIDENTE GRAVE**
— Procedimento administrativo para submissão do condutor a novos exames para que possa voltar a dirigir quando condenado por crime de trânsito, ou quando envolvido em: Res. 300/2008

**ACIDENTE**
— Classificação de danos em veículos decorrentes de (...) e os procedimentos para a regularização ou baixa dos veículos envolvidos: Res. 362/2010
— Com vítima: 176; 279; 304; 312
— Conceitos: Anexo I
— De trânsito: 21, IV; 160, § 1º; 277
— Ocorrência de: 19, XI

**ACOSTAMENTO** – 37; 68
— Conceito: Anexo I

**AGENTE DA AUTORIDADE DE TRÂNSITO**
— Conceito: Anexo I

**AGENTES CONSULARES DE CARREIRA**
— Placa de identificação e define procedimentos para o registro, emplacamento e licenciamento: Res. 286/2008

**AGENTES DIPLOMÁTICOS**
— Placa de identificação e define procedimentos para o registro, emplacamento e licenciamento: Res. 286/2008

*AIR BAG*
— Obrigatoriedade do uso do equipamento suplementar de segurança passiva: Res. 311/2009

**ALARME SONORO — 29**
— Normas de utilização – Res. 37/1998
— Prorroga prazo estabelecido no art. 6º da Res. 81/1998 – Res. 100/1999

**ALARMES SONOROS**

**ÁLCOOL**
— Concentração no sangue: 165; 269, IX; 276; 277; 291
— Homologação dos equipamentos, aparelhos ou dispositivos para exames de alcoolemia (etilômetros, etilotestes ou bafômetros) – Res. 109/1999
— Medidores de alcoolemia – Res. 81/1998
— Requisitos necessários para constatar o consumo de: Res. 206/2006

**ALCOOLEMIA**
— Homologação dos equipamentos, aparelhos ou dispositivos para exames de (etilômetros, etilotestes ou bafômetros): Res. 109/1999

**ALFÂNDEGA**
— 19, XX; 125, II

**ALIENAÇÃO FIDUCIÁRIA**
— Registro de contratos de financiamento de veículos com cláusula de (...) nos órgãos ou entidades executivos de trânsito dos Estados e do Distrito Federal e para lançamento do gravame correspondente no Certificado de Registro de Veículos – CRV: Res. 320/2009

**ALUGUEL**
— Permite a anotação dos contratos de comodato e de (...) ou arrendamento não vinculado ao financiamento do veículo, junto ao Registro Nacional de Veículos Automotores: Res. 339/2010

**AMAZÔNIA OCIDENTAL**
— Registro e a Alienação de veículos e automotores, fabricação nacional, desinternados da: Res. 714/1988

## ANCORAGEM DOS BANCOS
— Requisitos para ensaios de resistência e, e apoios de cabeça: Res. 220/2007

## ANEXOS DO CTB
— Anexo II do Código de Trânsito Brasileiro: Res. 160/2004

## ANIMAL(IS)
— Apreendidos, leilão de: 328
— Tração, norma de circulação: 52
— Tração, registro: 129
— Trânsito de: 21, II; 24, II; 26; 235; 252, II; 269, X e § 4º; 328

## ANTIFURTO
— Cronograma para a instalação do equipamento obrigatório definido na Resolução nº 245/2007, denominado (...), nos veículos novos, nacionais e importados: Res. 330/2009
— Instalação de equipamento obrigatório, denominado, nos veículos novos saídos de fábrica, nacionais e estrangeiro: Res. 245/2007

## ANTITRAVAMENTO
— Obrigatoriedade do uso do sistema (...) das rodas – ABS: Res. 380/2011

## APARELHO DE AUDIÇÃO – 162, VI

## APITO – Sons por, conceito: Anexo I

## APOIOS DE CABEÇA
— Requisitos para ensaios de resistência e ancoragem dos bancos e: Res. 220/2007

## APREENSÃO
— De veículos e recolhimento aos depósitos: Res. 53/1998

## APRENDIZAGEM
— Condições de: 158
— Licença de: 22, II
— Normas relativas – Res. 50/1998

## APTIDÃO FÍSICA E MENTAL
— Exame de (...), a avaliação psicológica e o credenciamento das entidades públicas e privadas: Res. 425/2012

## AR ALVEOLAR
— Conceito: Anexo I

## ÁREAS DE SEGURANÇA
— Regulamenta as (...) e de estacionamentos específicos de veículos: Res. 302/2008

## ARRENDAMENTO
— Permite a anotação dos contratos de comodato e de aluguel ou (...) não vinculado ao financiamento do veículo, junto ao Registro Nacional de Veículos Automotores: Res. 339/2010
— Mercantil – Registro de contratos de financiamento de veículos com cláusula de (...) nos órgãos ou entidades executivos de trânsito dos Estados e do Distrito Federal e para lançamento do gravame correspondente no Certificado de Registro de Veículos – CRV: Res. 320/2009

## ARTESANAL
— Veículos de fabricação, registro e licenciamento de: Res. 63/1998

## ATROPELAMENTO
— Conceito: Anexo I

## AUDIÇÃO
— Aparelho de: 162, VI

## AUTO DE INFRAÇÃO
— Competência ao órgão máximo executivo de trânsito da União para estabelecer os campos de preenchimento das informações que devem constar do: Res. 217/2006
— Informações mínimas – Port. 59/2007
— Notificação: 282
— Padronização dos procedimentos administrativos na lavratura de (...), na expedição de notificação de autuação e de notificação de penalidades por infrações de responsabilidade de pessoas físicas ou jurídicas: Res. 390/2011
— Padronização dos procedimentos administrativos na lavratura de, na expedição de notificação de autuação e de notificação de penalidade de multa e de advertência, por infração de responsabilidade de proprietário e de condutor de veículo e da identificação de condutor infrator: Res. 404/2012
— Requisitos: 280; 281

## AUTOESCOLA
— Credenciamento: 156
— Veículo de: 154

## AUTOMÓVEL
— Conceito: Anexo I
— Vide *Veículo*

## AUTORIDADE DE TRÂNSITO
— Conceito: Anexo I

## AUTORIZAÇÃO ESPECÍFICA (AE)
— Para os veículos e/ou combinações de veículos equipados com tanques que apresentem excesso de até 5% (cinco por cento) nos limites de peso bruto total ou peso bruto total combinado: Res. 341/2010

## AUTORIZAÇÃO
— Conduzir veículos: 148, § 2º
— Especial de trânsito: 101; 231, VI

## AUTUAÇÃO
— Julgamento: 281
— Responsabilidade: 21, VIII; 22,V; 24, VIII

## AVALIAÇÃO PSICOLÓGICA
— Exame de aptidão física e mental, a (...) e o credenciamento das entidades públicas e privadas: Res. 425/2012

## AVENIDA
— Conceito: Anexo I

## BAFÔMETRO
— Vide *Álcool*

## BAFÔMETROS
— homologação dos equipamentos, aparelhos ou dispositivos para exames de alcoolemia: Res. 109/1999

## BAIXA DE REGISTRO DE VEÍCULO
— 126; 127; 240

ÍNDICE ALFABÉTICO-REMISSIVO • 533

**BAIXA DOS VEÍCULOS**
— Classificação de danos em veículos decorrentes de acidentes e os procedimentos para a regularização ou (...) envolvidos: Res. 362/2010
— De registro de veículos: Res. 11/1998
— Revisão de procedimentos para a, de veículos: Res. 179/2005

**BALANÇA**
— 99, § 3º

**BARREIRA ELETRÔNICA**
— Res. 795/1995 e 801/1995

**BEBIDA ALCOÓLICA**
— Concentração no sangue: 165; 269, IX; 276; 277; 291

**BICICLETA**
— Circulação: 58, 59
— Conceito: Anexo I
— Equipamentos de segurança obrigatórios para as: Res. 46/1998
— Equipamentos obrigatórios – Res. 46/1998
— Equipamentos obrigatórios nas: 105, VI
— Proibição: 255
— Registro: 129
— Vide também *Ciclista*

**BICICLETÁRIO**
— Conceito: Anexo I

**BLINDANDOS**
— Veículos e veículos de segurança e critérios para aplicação de inscrição, pictogramas e películas nas áreas envidraçadas: Res. 334/2009

**BLOQUEIO VIÁRIO**
— 210; 211

**BONDE**
— Conceito: Anexo I

**BORDO DA PISTA**
— Conceito: Anexo I

**BUZINA**
— Situações de uso: 41, 227
— Medição de pressão sonora – Res. 35/1998

**CALÇADA**
— Conceito: Anexo I
— Trânsito e parada: 29, V; 59; 68; 182, VI; 193; 255

**CÂMARAS TEMÁTICAS DO CONTRAN**
— Constituição: 13
— Criação: 12, IV
— Regimento Interno: 13, § 3º
— Regimento Interno das: Res. 218/2006

**CAMINHÃO TRATOR**
— Conceito: Anexo I

**CAMINHÃO**
— Conceito: Anexo I

**CAMINHONETE/CAMIONETA**
— Conceito: Anexo I
— Classificação de (...) de uso misto,: Res. 822/1996

**CAMIONETA**
— Conceito: Anexo I

**CAMPANHA EDUCATIVA DE TRÂNSITO**
— 75, 77-A a 77-E
— Permanentes de segurança no trânsito: Res. 30/1998
— Procedimentos para a execução das (...) a serem promovidas pelos órgãos e entidades do Sistema Nacional de Trânsito: Res. 314/2009

**CAMPER**
— Carroçaria intercambiável: Res. 346/2010

**CANDIDATO À HABILITAÇÃO**
— Exames: 147

**CANTEIRO CENTRAL**
— Conceito: Anexo I

**CAPACETE DE SEGURANÇA**
— 54, I; 55, I
— Para o condutor e passageiros do triciclo: Res. 129/2001
— Uso de, para condutor e passageiro de motocicleta, motoneta, ciclomotor, triciclo motorizados e quadriciclo motorizado: Res. 203/2006
— Uso pelo condutor e passageiros – Res. 20/1998

**CAPACIDADE MÁXIMA DE TRAÇÃO**
— Conceito: Anexo I

**CAPOTAMENTO**
— Conceito: Anexo I

**CARGA PERIGOSA**
— Res. 404/68

**CARGA**
— E descarga: 47; 48
— Excesso de peso e dimensões, autorização especial de circulação: 101
— Obrigatoriedade de utilização de dispositivo de segurança para prover melhores condições de visibilidade diurna e noturna em veículos de transporte de: Res. 128/2001
— Operação de, conceito: Anexo I
— Película refletiva em transporte de: Res. 132/2002
— Transporte de, em veículos destinados ao transporte de passageiros: Res. 26/1998
— Transporte de: 101; 102; 109; 231, IV; 257, §§ 4º e 6º; 269, VIII, 275
— Utilização de chassi de ônibus para transformação em veículos de: Res. 115/2000

**CARREATA**
— Conceito: Anexo I

**CARROÇA**
— Conceito: Anexo I

**CARROÇARIA INTERCAMBIÁVEL**
— Camper: Res. 346/2010

**CARRO-DE-MÃO**
— Conceito: Anexo I

**CARTEIRA INTERNACIONAL**
— 19, XX; 142

## CARTEIRA NACIONAL DE HABILITAÇÃO – CNH

— Apreensão: 160, § 2º; 256, V; 263; 269, III; 272; 291; 292; 293
— Autorização provisória: 148, § 2º
— Características: 159
— Cassação e reabilitação: 263, § 2º
— Cassação: 263
— Categorias: 143
— Condições para obtenção: 148, § 3º
— Definição: 269, § 3º
— Estrangeiro: 142
— Expedição definitiva: 148, § 3º
— Expedição do documento único da: Res. 192/2006
— Expedição e cassação, responsabilidade de: 22, II
— Modelo: 159, § 5º
— Novo modelo, especificações técnicas, instruções – Res. 71/1998
— Obrigatoriedade de porte: 159, § 1º
— Permissão para conduzir: 148, § 2º
— Procedimento de coleta e armazenamento de impressão digital nos processos de habilitação, mudança ou adição de categoria e renovação da: Res. 287/2008
— Recolhimento, situações de: 269, III; 272
— Renovação, exigências: 150; 159, § 8º
— Suspensão e proibição: 261; 292; 293; 294; 295; 296
— Uniformização do procedimento administrativo para imposição das penalidades de suspensão do direito de dirigir e de cassação da: Res. 182/2005

## CATADIÓPTRICO
— Conceito: Anexo I

## CERTIDÃO NEGATIVA
— 124, VII

## CERTIFICADO DE INSPEÇÃO TÉCNICA VEICULAR
— Prazo de vigência do: Res. 247/2007

## CERTIFICADO DE LICENCIAMENTO – CRLV
— Anual: 123, § 2º; 124, II; 133; 262, § 1º; 269, VI; 270, § § 2º e 3º; 274
— Normas para expedição: 131
— Obrigatoriedade de porte: 133
— Recolhimento e devolução: 270, § § 2º e 3º; 274
— Modelos e especificações – Res. 16/1998
— Esclarece os arts. 131 e 133 do CTB – Res. 61/1998
— Res. 61/1998

## CERTIFICADO DE REGISTRO DE VEÍCULO (CRV)
— Código numérico de segurança para o: Res. 209/2006
— Código numérico de segurança para: Res. 306/2009
— Disposições: 19, VII; 22, III; 121; 123; 124; 128; 269, V; 273
— Documentos necessários: 122
— Modelos e especificações – Res. 16/1998
— Novo certificado: 123; 124
— Recolhimento, situações de: 269, V; 273
— Registro de contratos de financiamento de veículos com cláusula de alienação fiduciária, arrendamento mercantil, reserva de domínio ou penhor nos órgãos ou entidades executivos de trânsito dos Estados e do Distrito Federal e para lançamento do gravame correspondente no: Res. 320/2009
— Res. 130/2002
— Responsabilidade pela expedição: 22, III; 123; 124

## CERTIFICADO DE SEGURANÇA
— Necessidade de: 103

## CERTIFICADO PROVISÓRIO DE REGISTRO E LICENCIAMENTO DE VEÍCULOS
— Expedição de: Res. 324/2009

## CETRAN
— Competência: 14; 289, II
— Conselhos Estaduais de Trânsito: 7º, II; 12, V; 14; 15; 332; 337
— Membros, mandato: 15, § 3º
— Membros, nomeação: 15, § 1º
— Presidência, nomeação: 15
— Suporte técnico: 337
— Regimento Interno, diretrizes para elaboração: 15, § 3º
— Regimento Interno dos Conselhos Estaduais de Trânsito, diretrizes para a elaboração: Res. 244/2007
— Altera a composição – Res. 64/1998

## CHARRETE
— Conceito: Anexo I

## CHASSI DE ÔNIBUS
— Utilização de, para transformação em veículos de carga: Res. 115/2000

## CHASSI
— Identificação: 114; 125; 230, I
— Regravação: 114, § 2º

## CHOQUE
— Conceito: Anexo I

## CICLISTA
— 24, II; 38, parágrafo único; 58; 59; 68, § 1º; 201; 255
— Equipamento obrigatório: 105, VI; 244, § 1º
— Vide também *Bicicleta*

## CICLO-ELÉTRICOS
— Equiparação dos veículos, aos ciclomotores e os equipamentos obrigatórios para condução nas vias públicas abertas à circulação: Res. 315/2009

## CICLOFAIXA
— Conceito: Anexo I

## CICLOMOTOR(ES)
— 54; 55; 57; 105, VI; 244, § 1º
— Autorização para conduzir referido veículo – Res. 50/1998

ÍNDICE ALFABÉTICO-REMISSIVO • 535

— Circulação – Res. 98/1999
— Circulação, regras de: 57; 244, § 1º
— Conceito: Anexo I
— Condutor: 54
— Equiparação dos veículos ciclo-elétricos, aos (...) e os equipamentos obrigatórios para condução nas vias públicas abertas à circulação: Res. 315/2009
— Passageiro: 55
— Registro e licenciamento, responsabilidade: 24, XVII
— Registro: 129

**CICLOVIA**
— Conceito: Anexo I

**CIDADÃO**
— Direitos e deveres: 72; 73

**CINTO DE SEGURANÇA**
— Equipamento obrigatório: 105, I
— Requisitos de instalação e procedimentos para ensaios de: Res. 48/1998
— Uso obrigatório: 65; 167
— Utilização de dispositivos que travem, afrouxem ou modifiquem o funcionamento dos: Res. 278/2008

**CIRCULAÇÃO E CONDUTA**
— Normas de: 26 a 67; 252

**CIRCUNSCRIÇÕES REGIONAIS DE TRÂNSITO**
— Res. 379/1967
— Res. 738/1989

**CÓDIGO PENAL**
— Decreto-Lei nº 2.848/40: 297, § 3º

**CÓDIGO**
— Concessão de (...) de marca/modelo/versão para veículos e dá outras providências: Res. 291/2008
— Numérico de segurança para o Certificado de Registro e Licenciamento de Veículo – CRLV: Res. 306/2009

**COLEÇÃO**
— Veículos de, identificação e emplacamento dos: Res. 56/1998

**COLETIVO**
— Inscrição de pesos e capacidades em veículos de tração, de carga e de transporte (...) de passageiros: Res. 290/2008

**COLISÃO**
— Conceito: Anexo I

**COMBINAÇÕES DE TRANSPORTE DE VEÍCULOS E CARGAS PALETIZADAS**
— CTVP, requisitos de segurança necessários à circulação de: Res. 305/2009

**COMBINAÇÕES DE VEÍCULOS DE CARGA – CVC**
— Requisitos de segurança – Res. 68/1998
— Requisitos necessários à circulação de: Res. 211/2006

**COMBINAÇÕES PARA TRANSPORTE DE VEÍCULOS – CTV**
— CTV, requisitos de segurança necessários à circulação de: Res. 305/2009
— Requisitos de segurança – Res. 75/1998

**COMBUSTÍVEL**
— Falta de: 180
— Verificar a existência de: 27

**COMODATO**
— Permite a anotação dos contratos de (...) e de aluguel ou arrendamento não vinculado ao financiamento do veículo, junto ao Registro Nacional de Veículos Automotores: Res. 339/2010

**COMPETÊNCIA**
— Conflito de: 12, XIII e XIV; 14, IX

**COMPETIÇÃO DESPORTIVA**
— Permissão: 67; 110

**COMUNICAÇÃO**
— Orientações e procedimentos a serem adotados para a (...) de venda de veículos: Res. 398/2011

**CONCESSÃO**
— De código de marca/modelo/versão para veículos e dá outras providências: Res. 291/2008

**CONDOMÍNIO**
— Sinalização no: 51
— Vias do: 2º, parágrafo único

**CONDUÇÃO DE ESCOLARES**
— Autorização, exigências: 136; 137
— Requisitos para o condutor: 138

**CONDUTOR(ES)**
— Condenação de: 160
— De escolares: 138
— Deveres: 27; 28
— Evasão da fiscalização: 278
— Exames clínicos, perícia médica e testes: 277
— Formação – Res. 74/1998
— Gestos do, conceito: Anexo I
— Impedimento de dirigir: 276
— Não habilitado: 309; 310
— Normas e Procedimentos para a formação de, de veículos automotores e elétricos: Res. 168/2004
— Normas: 30 a 38
— Padronização dos procedimentos administrativos na lavratura de Auto de Infração, na expedição de notificação de autuação e de notificação de penalidade de multa e de advertência, por infração de responsabilidade de proprietário e de condutor de veículo e da identificação de (...) infrator: Res. 404/2012

**CONFLITO DE COMPETÊNCIA**
— 12, XIII e XIV; 14, IX

**CONSELHO DE REITORES DAS UNIVERSIDADES BRASILEIRAS**
— Na educação para o trânsito: 76

**CONTÊINERES**
— Requisitos para a circulação de veículos transportadores de: Res. 213/2006

**CONTRAN**
— Competência: 12
— Composição: 10 e Dec. nº 2.327/1997

- Conselho Nacional de Trânsito: 7º, I; 10; 12; 19, I; 103; 105; 108; 141; 156; 159; 295; 314; 314; 323; 332; 333
- Ministério ou órgão responsável: 9º
- Regimento Interno: 12, III
- União, competências: 19

## CONTRANDIFE
- Altera a composição – Res. 64/1998
- Competência: 14
- Conselho de Trânsito do Distrito Federal: 7º, II; 12, V; 14; 15; 332; 337
- Membros, mandato: 15, § 3º
- Membros, nomeação: 15, § 1º
- Presidência, nomeação: 15
- Regimento Interno do Conselho de Trânsito do Distrito Federal, diretrizes para a elaboração: Res. 244/2007
- Regimento Interno, Diretrizes para elaboração: 15, § 3º

## CONTROLE ELETRÔNICO
- Para o registro do movimento de entrada e saída e de uso de placas de experiência pelos estabelecimentos, permissão de utilização de: Res. 60/1998

## CONTROLES
- Requisitos de localização, identificação e iluminação dos, indicadores e lâmpadas piloto: Res. 225/2007

## CONVÊNIOS
- Sistema Nacional de Trânsito: 25

## CONVERSÃO
- Conceito: Anexo I

## COORDENADORES
- RENAVAM e do RENACH nomeação e homologação dos: Res. 19/1998

## COPA DAS CONFEDERAÇÕES DA FIFA BRASIL 2013
- utilização temporária de sinalização de orientação de destino específica para a: Res. 407/2012

## COPA DO MUNDO DA FIFA BRASIL 2014
- utilização temporária de sinalização de orientação de destino específica para a: Res. 407/2012

## CORTINAS
- Proibição de uso: 111, II

## CREDENCIAMENTO(S)
- De instituições ou entidades públicas ou privadas para o processo de capacitação, qualificação e atualização de profissionais, e de formação, qualificação, atualização e reciclagem de candidatos e condutores: Res. 358/2010
- Exame de aptidão física e mental, a avaliação psicológica e o (...) das entidades públicas e privadas: Res. 425/2012
- Pelo CONTRAN e CONTRANDIFE: 22, X

## CRIANÇAS
- Transporte de menores de 10 anos e a utilização do dispositivo de retenção para o transporte de (...) em veículos: Res. 277/2008
- Transporte: 64; 168; 244, V
- Transporte: Res. 15/1998
- Vide *Menores*

## CRIME DE TRÂNSITO
- Acidente que resulte vítima: 301
- Agravantes: 298
- Aplicação: 291
- Delitos: 160
- Dispensa de fiança: 301
- Disposições gerais: 291 a 301
- Espécie: 302
- Procedimento administrativo para submissão do condutor a novos exames para que possa voltar a dirigir quando condenado por, ou quando envolvido em acidente grave: Res. 300/2008

## CRIMES EM ESPÉCIE
- Penalidades: 302 a 312

## CRUZAMENTO
- Conceito: Anexo I
- Deveres do condutor: 45

## CTV
- Combinações para Transporte de Veículos, requisitos de segurança necessários à circulação de: Res. 305/2009

## CTVP
- Combinações de Transporte de Veículos e Cargas Paletizadas, requisitos de segurança necessários à circulação de: Res. 305/2009

## CURSO DE FORMAÇÃO DE CONDUTORES EM TRANSPORTES ESCOLARES
- Acresce a disciplina de Meio Ambiente e Cidadania – Res. 55/1998

## CURSO DE RECICLAGEM
- Para infratores – Res. 58/1998

## CURSOS ESPECIALIZADOS
- Obrigatórios destinados a profissionais em transporte de passageiros (mototaxista) e em entrega de mercadorias (motofretista) que exerçam atividades remuneradas na condução de motocicletas e motonetas: Res. 410/2012

## CURSOS
- De direção defensiva: 150
- De primeiros socorros: 150
- De reciclagem: 268

## DANOS
- Classificação de (...) em veículos decorrentes de acidentes e os procedimentos para a regularização ou baixa dos veículos envolvidos: Res. 362/2010

## DECRETO-LEI
- Nº 2.848/1940, Código Penal: 297, § 3º

## DEFENSIVAMENTE
- Dirigir, conceito: 148, § 1º

## DEFESA
- Padronização dos procedimentos para apresentação de (...) de autuação e recurso, em 1ª e 2ª instâncias, contra a imposição de penalidade de multa de trânsito: Res. 299/2008

## ÍNDICE ALFABÉTICO-REMISSIVO

**DEFICIENTE FÍSICO**
— Habilitação de: 14, VI

**DELEGAÇÕES ESPECIAIS**
— Placa de identificação e define procedimentos para o registro, emplacamento e licenciamento: Res. 286/2008

**DELIBERAÇÕES**
— Vide *Relação no Sumário*

**DEPARTAMENTO DE POLÍCIA RODOVIÁRIA FEDERAL**
— DPRF, normas de atuação a serem adotadas pelo (...) na fiscalização do trânsito nas rodovias federais: Res. 289/2008

**DEPARTAMENTO NACIONAL DE INFRAESTRUTURA DE TRANSPORTES**
— DNIT, normas de atuação a serem adotadas pelo (...) na fiscalização do trânsito nas rodovias federais: Res. 289/2008

**DESMANCHE DE VEÍCULO**
— Obrigações: 126; 330
— Oficinas de: 330

**DESMONTAGEM DE VEÍCULO**
— Obrigações: 126; 330

**DIMENSÕES**
— Limites de peso e, para veículos que transitem por vias terrestres: Res. 210/2006

**DIREÇÃO DEFENSIVA**
— Curso de: 150

**DIREITO DE DIRIGIR**
— Suspensão do: 292 a 296

**DIREITOS DO CIDADÃO**
— Quais são: 72

**DISPUTA E "RACHA"**
— Proibição de: 173; 174; 175; 308

**DNER**
— Órgão Executivo Rodoviário da União – Res. 83/1998

**DNIT**
— Departamento Nacional de Infraestrutura de Transportes, normas de atuação a serem adotadas pelo (...) na fiscalização do trânsito nas rodovias federais: Res. 289/2008

**DOCUMENTAÇÃO DE CONDUTORES DE VEÍCULOS**
— Controle, guarda e fiscalização dos formulários – Res. 21/1998

**DOCUMENTAÇÃO**
— Controle, guarda e fiscalização dos formulários destinados à, de condutores e de veículos: Res. 21/1998

**DOCUMENTOS**
— De porte obrigatório: 133; 159, § 1º; 151
— De porte obrigatório: Res. 13/1998
— De porte obrigatório: Res. 205/2006
— Falsificação de: 234

**DOMICÍLIO**
— Mudança de: 123, II

**DPRF**
— Departamento de Polícia Rodoviária Federal, normas de atuação a serem adotadas pelo (...) na fiscalização do trânsito nas rodovias federais: Res. 289/2008

**DPVAT**
— Percentual dos recursos destinados ao órgão coordenador – Res. 97/1999
— Seguro Obrigatório de Danos Pessoais Causados por Veículos Automotores de Vias Terrestres, destinados ao órgão Coordenador do Sistema Nacional de Trânsito: Res. 143/2003

**EDUCAÇÃO**
— Para o trânsito: 74 a 79

**EMBARQUE E DESEMBARQUE**
— Normas: 47; 49; 220, XIV; 249

**EMBRIAGUEZ**
— Concentração de álcool no sangue: 165; 269, IX; 276; 277; 291

**EMERGÊNCIA**
— Forma de sinalização de advertência para os veículos que, em situação de, estiverem imobilizados no leito viário: Res. 36/1998

**ENCOSTO DE CABEÇA**
— Requisitos técnicos para o: Res. 44/1998

**ENGATE**
— Dispositivo de acoplamento mecânico para reboque: Res. 197/2006

**ENGENHARIA DE TRÁFEGO**
— Normas: 91 a 95

**ENTIDADE TÉCNICA PÚBLICA OU PARAESTATAL (ETP)**
— Emissão do Certificado de Segurança Veicular (CSV): Res. 232/2007

**ENTORPECENTE**
— Requisitos necessários para constatar o consumo de: Res. 206/2006
— Uso de: 165

**ENTRADA(S)**
— Controle eletrônico para o registro do movimento de (...) e saída e de uso de placas de experiência pelos estabelecimentos, permissão de utilização de: Res. 60/1998
— Identificação das (...) e saídas de postos de gasolina e de abastecimento de combustíveis, oficinas, estacionamentos e/ou garagens de uso coletivo: Res. 38/1998

**EQUIPAMENTOS DE SINALIZAÇÃO**
— Procedimento e os requisitos para apreciação dos equipamentos de trânsito e de (...) não previstos no Código de Trânsito Brasileiro – CTB: Res. 348/2010

**EQUIPAMENTOS DE TRÂNSITO**
— Procedimento e os requisitos para apreciação dos (...) e de sinalização não previstos no Código de Trânsito Brasileiro – CTB: Res. 348/2010

**EQUIPAMENTOS OBRIGATÓRIOS**
— Cintos de segurança, requisitos de instalação e procedimentos – Res. 48/1998

- De uso obrigatório nos veículos automotores: Res. 43/1998
- Encosto de cabeça – Res. 44/1998
- Escolar: 136
- Espelho retrovisor interno (facultativo) para caminhões, ônibus e micro-ônibus – Res. 43/1998
- Normas gerais: 105; 105 (Res. 14/1998); 111; 244
- Obrigatórios para a frota de veículos em circulação: Res. 87/1999
- Obrigatórios para os veículos automotores: Res. 34/1998
- Obrigatórios: Res. 14/1998
- Para a frota de veículos em circulação – Res. 14/1998, 87/1999 e 103/1999
- Para as bicicletas – Res. 46/1998
- Para os tratores de roda, dos reboques e uso agrícola tracionados por trator de roda e dos implementos agrícolas – Res. 34/1998
- Proibições: 111
- Responsabilidade civil: 113
- Som e alarme: 228; 229

**ESCAPAMENTO**
- Condições para fiscalização pelas autoridades de trânsito, em vias públicas, das emissões de gases de (...) de veículos automotores: Res. 427/2012

**ESCOLARES**
- Condução de, autorização, exigências: 136; 137
- Condução de, requisitos para o condutor: 138

**ESCOLAS PÚBLICAS DE TRÂNSITO**
- Funcionamento das: Res. 207/2006

**ESCOLAS**
- Educação para o trânsito nas: 76
- Formação teórico-técnica do processo de habilitação de condutores de veículos automotores elétricos como atividade extracurricular no ensino médio e define os procedimentos para implementação nas (...) interessadas: Res. 265/2007

**ESCOLTA**
- Credenciamento de: 20, V; 21, VII; 24, XII

**ESPELHOS RETROVISORES**
- Requisitos para o desempenho e a fixação de: Res. 226/2007

**ESTACIONAMENTO E PARADA**
- Conceito: Anexo I
- E/ou garagens de uso coletivo – Identificação das entradas e saídas – Res. 38/1998
- Identificação das entradas e saídas de: Res. 38/1998
- Irregular: 181; 182
- Normas: 46 a 49
- Regulamenta as áreas de segurança e de (...) específicos de veículos: Res. 302/2008
- Rotativo: 24, X
- Vagas de (...) de veículos destinadas exclusivamente às pessoas idosas: Res. 303/2008
- Vagas de (...) destinadas exclusivamente a veículos que transportem pessoas portadoras de deficiência e com dificuldade de locomoção: Res. 304/2008

**ESTRADA**
- Conceito: Anexo I

**ESTRANGEIRO**
- Autuação e o recolhimento de multas aplicadas a veículos licenciados em outros países: Res. 671/1986
- Habilitação do candidato ou condutor (...) para direção de veículos em território nacional: Res. 360/2010
- Veículo – notificação e cobrança de multa por infração de trânsito praticada com veículo licenciado no exterior em trânsito no território nacional: Res. 382/2011

**ETILÔMETRO**
- Conceito: Anexo I
- Homologação dos equipamentos, aparelhos ou dispositivos para exames de alcoolemia: Res. 109/1999

**ETILOTESTES**
- homologação dos equipamentos, aparelhos ou dispositivos para exames de alcoolemia: Res. 109/1999

**EVENTOS**
- Nas vias: 95

**EXAME DE INSPEÇÃO VEICULAR**
- Forma para comprovação do: Res. 22/1998

**EXAMES**
- De aptidão física e mental: 14, V; 147, I e § 2º
- Direção veicular: 147, V; 152
- Inspeção veicular: 124 (Res. 22/1998)
- Mudança de categoria: 146
- Para habilitação: 147; 148
- Reprovação nos: 148, § 4º; 151
- De aptidão física, mental e de avaliação psicológica – Res. 51 e 80/1998
- Procedimento administrativo para submissão do condutor a novos (...) para que possa voltar a dirigir quando condenado por crime de trânsito, ou quando envolvido em acidente grave: Res. 300/2008
- De sanidade física e mental: 141 (Res. 7/1998)

**EXAMINADORES**
- Exame obrigatório para avaliação de instrutores e (...) de trânsito no exercício da função em todo o território nacional: Res. 321/2009

**EXCESSO**
- Autorização Específica (AE) para os veículos e/ou combinações de veículos equipados com tanques que apresentem (...) de até 5% (cinco por cento) nos limites de peso bruto total ou peso bruto total combinado: Res. 341/2010
- De lotação: 21, VIII; 24, VIII; 231, VII
- De medidas: 21, VIII; 24, VIII; 231, VII
- De peso: 21, VIII; 24, VIII; 231, VII

ÍNDICE ALFABÉTICO-REMISSIVO • 539

**EXTERIOR**
— Notificação e cobrança de multa por infração de trânsito praticada com veículo licenciado no (...) em trânsito no território nacional: Res. 382/2011

**EXTINTOR DE INCÊNDIO**
— Especificações para os: Res. 14/1998 e 157/2004
— Obrigatoriedade: 105

**FABRICAÇÃO, MONTAGEM E TRANSFORMAÇÃO DE VEÍCULOS**
— Normas e requisitos de segurança – Res. 78/1998

**FABRICANTE DE CHASSI**
— Circulação de veículos nas rodovias nos trajetos entre o, plataforma, montadora, encarroçadora ou implementador final até o município de destino: Res. 28/1998

**FABRICANTE**
— Uso de placa de (...): Res. 793/1994

**FAIXA ESPECIAL**
— Bicicletas: 58
— Ciclomotores: 57
— Parar veículo na: 181
— Pedestres: 69 a 71; 85
— Veículos de tração animal: 52

**FAIXAS DE DOMÍNIO**
— Conceito: Anexo I

**FAIXAS DE TRÂNSITO**
— Conceito: Anexo I

**FAIXAS REVERSÍVEIS**
— Conceito: Anexo I

**FAIXAS**
— Transposição de, conceito: Anexo I

**FAROL BAIXO**
— Uso, nas rodovias, de: Res. 18/1998
— Baixo, aceso, durante o dia – Res. 18/1998

**FISCALIZAÇÃO DE TRÂNSITO**
— Competência da PM dos Estados e do DF: 23, III
— Conceito: Anexo I
— De poluentes e ruídos: 21, XIII; 22, XV; 24, XX
— Estados e Distrito Federal: 22
— Geral: 21
— Municípios: 24
— Normas: 91 a 95
— Órgão máximo executivo: 19
— Requisitos técnicos mínimos para a (...) da velocidade de veículos automotores, reboques e semirreboques: Res. 396/2011
— Responsabilidades: 21, VIII; 22, V; 24, VIII
— Utilização de sistemas automáticos não metrológicos de: Res. 165/2004

**FÍSICAS, PESSOAS**
— Padronização dos procedimentos administrativos na lavratura de auto de infração, na expedição de notificação de autuação e de notificação de penalidades por infrações de responsabilidade de pessoas (...) ou jurídicas: Res. 390/2011

**FORMAÇÃO DE CONDUTORES**
— Normas e Procedimentos para a, de veículos automotores e elétricos: Res. 168/2004
— Regulamenta o credenciamento dos serviços – Res. 74/1998

**FORMAÇÃO TEÓRICO-TÉCNICA**
— Do processo de habilitação de condutores de veículos automotores elétricos como atividade extracurricular no ensino médio e define os procedimentos para implementação nas escolas interessadas: Res. 265/2007

**FREIO**
— De estacionamento, conceito: Anexo I
— Segurança do motor, conceito: Anexo I
— Serviço (de), conceito: Anexo I

**FRENAGEM**
— Normas: 42

**FUNCIONÁRIOS ESTRANGEIROS ADMINISTRATIVOS**
— Placa de identificação e define procedimentos para o registro, emplacamento e licenciamento: Res. 286/2008

**FUNDO NACIONAL DE SEGURANÇA E EDUCAÇÃO DE TRÂNSITO**
— Percentual sobre as multas para o: 320; 320 (Lei nº 9.602/1998)
— FUNSET requisitos necessários à coordenação do sistema de arrecadação de multas de trânsito e a implantação do sistema informatizado de controle da arrecadação dos recursos do: Res. 335/2009

**FUNSET**
— Fundo Nacional de Segurança e Educação de Trânsito – requisitos necessários à coordenação do sistema de arrecadação de multas de trânsito e a implantação do sistema informatizado de controle da arrecadação dos recursos do: Res. 335/2009

**GALERIAS SUBTERRÂNEAS**
— Tampas de poços de visita de, sinalização de identificação para: Res. 31/1998

**GARAGENS**
— De uso coletivo, identificação das entradas e saídas de: Res. 38/1998

**GÁS NATURAL**
— Inspeção periódica do Sistema de, instalado originalmente de fábrica, em veículo automotor: Res. 280/2008

**GASES**
— Condições para fiscalização pelas autoridades de trânsito, em vias públicas, das emissões de (...) de escapamento de veículos automotores: Res. 427/2012

**GESTOS DE CONDUTORES**
— Conceito: Anexo I

**GRANEL**
— Transporte de cargas de sólidos à (...) nas vias abertas à circulação pública em todo o território nacional: Res. 732/1989

**GRAVAÇÃO**
— Em caráter opcional, dos caracteres alfanuméricos da placa de identificação, nos vidros do veículo: Res. 836/1997

## GUINDASTES
— Circulação e transporte de: 101, § 3º
— Critérios para o registro de tratores destinados a puxar ou arrastar maquinaria de qualquer natureza ou a executar trabalhos agrícolas e de construção, de pavimentação ou (...) (máquinas de elevação): Res. 429/2012

## HABILITAÇÃO
— Candidato à, exames: 147
— Categorias: 143
— Estrangeiro: 142
— Exames de aptidão física e mental – Res. 51/1998 (anexos alterados pela Res. 80/1998)
— Exames de avaliação psicológica – Res. 51/1998 (anexos alterados pela Res. 80/1998)
— Exames de direção veicular – Res. 50/1998
— Falsificação de documento: 234
— Formação teórico-técnica do processo de (...) de condutores de veículos automotores elétricos como atividade extracurricular no ensino médio e define os procedimentos para implementação nas escolas interessadas: Res. 265/2007
— Normas gerais para a: 140 a 160
— Procedimentos – Res. 7/1998
— Procedimentos necessários para o processo – Res. 50/1998
— Regularização dos condutores de trator: 144 – Res. 67/1998
— Requisitos: 140
— Suspensão: 294; 306; 307

## HASTA PÚBLICA
— Uniformização do procedimento para realização de (...) dos veículos retidos, removidos e apreendidos, a qualquer título, por Órgãos e Entidades componentes do Sistema Nacional de Trânsito: Res. 331/2009

## HIDRANTES
— sinalização de identificação para: Res. 31/1998

## HOMICÍDIO CULPOSO
— No trânsito: 302

## IDENTIFICAÇÃO
— Critério de, de veículos: Res. 24/1998
— Padronização dos procedimentos administrativos na lavratura de Auto de Infração, na expedição de notificação de autuação e de notificação de penalidade de multa e de advertência, por infração de responsabilidade de proprietário e de condutor de veículo e da (...) de condutor infrator: Res. 404/2012

## IDOSOS
— Vagas de estacionamento de veículos destinados exclusivamente às pessoas: Res. 303/2008

## ILHA
— Conceito: Anexo I

## ILUMINAÇÃO
— Requisitos de localização, identificação e, dos controles, indicadores e lâmpadas piloto: Res. 225/2007
— Requisitos referentes aos sistemas de, e sinalização de veículos: Res. 227/2007

## IMAGENS
— Instalação e utilização de equipamentos geradores de, nos veículos automotores: Res. 242/2007

## IMPORTADOS
— Identificações de veículos (...) por detentores de privilégios e imunidades em todo o território nacional: Res. 332/2009

## IMPRESSÃO DIGITAL
— Procedimento de coleta e armazenamento de (...) nos processos de habilitação, mudança ou adição de categoria e renovação da Carteira Nacional de Habilitação – CNH: Res. 287/2008

## IMUNIDADES
— Identificações de veículos importados por detentores de privilégios e (...) em todo o território nacional: Res. 332/2009

## INACABADO
— Veículo (...) ou incompleto, para efeito de trânsito nas vias públicas: Res. 724/1988

## INFRAÇÕES
— Auto de: 280; 281
— Classificação: 258; 259
— Conceito e definição: Anexo I
— Espécies: 161 a 255
— Penalidades: 256 a 268
— Pontuação: 259
— Valor em UFIR: 258
— Informação sobre o condutor do veículo – Res. 17 e 72/1998

## INSCRIÇÕES
— Requisitos para os vidros de segurança e critérios para aplicação de, pictogramas e películas nas áreas envidraçadas: Res. 254/2007

## INSPEÇÃO DE SEGURANÇA VEICULAR
— Início – Res. 27/1998

## INSPEÇÃO TÉCNICA DE VEÍCULOS – ITV
— Normas – Res. 84/1998
— Suspensão da vigência da Res. 84/1998 – Res. 101/1999
— Suspensa a vigência da Res. 84/1999, pela Res. 107/1999

## INSPEÇÃO TÉCNICA
— Atribuição de competência para a realização da (...) nos veículos utilizados no transporte rodoviário internacional de cargas e passageiros: Res. 359/2010

## INSPEÇÃO VEICULAR
— Definição: 104
— Exame de, forma para comprovação do: Res. 22/1998
— Forma para comprovação do exame – Res. 22/1998

## INSTITUIÇÃO TÉCNICA LICENCIADA (ITL)
— Emissão do Certificado de Segurança Veicular (CSV): Res. 232/2007

## INSTRUMENTOS DE MEDIÇÃO DE VELOCIDADE DE OPERAÇÃO AUTÔNOMA
— Requisitos mínimos – Res. 23/1998

## INSTRUTOR DE AUTOESCOLA
— Identificação do, no prontuário do candidato habilitado: 153

## INSTRUTORES
— Exame obrigatório para avaliação de (...) e examinadores de trânsito no exercício da função em todo o território nacional: Res. 321/2009

## INTERNACIONAL
— Limites de pesos e dimensões para circulação de veículos de transporte de carga e de transporte coletivo de passageiros em viagem (...) pelo território nacional: Res. 318/2009

## INTERSEÇÃO
— Conceito: Anexo I

## JARI
— Competência: 17
— Juntas Administrativas de Infrações: 7º, VII; 12, VI; 14, V; 16; 17; 285; 288; 289
— Regimento Interno: 17, III
— Altera a composição – Res. 64/1998
— Altera itens das Diretrizes – Res. 96/1999
— Regimento Interno das Juntas Administrativas de Recursos de Infrações, diretrizes para a elaboração do: Res. 357/2010
— Criação: Portaria MJ nº 119, de 19.3.1997

## JURÍDICAS, PESSOAS
— Padronização dos procedimentos administrativos na lavratura de auto de infração, na expedição de notificação de autuação e de notificação de penalidades por infrações de responsabilidade de pessoas físicas ou (...): Res. 390/2011

## LÂMPADAS PILOTO
— Requisitos de localização, identificação e iluminação dos controles, indicadores e: Res. 225/2007

## LEI
— Vide Relação no Sumário

## LEILÃO
— Uniformização do procedimento para realização de (...) dos veículos retidos, removidos e apreendidos, a qualquer título, por Órgãos e Entidades componentes do Sistema Nacional de Trânsito: Res. 331/2009
— Veículos e animais apreendidos: 328

## LENTES E ÓCULOS
— Uso de: 162, VI

## LICENCIAMENTO ANUAL DE VEÍCULOS
— Calendário para renovação do: Res. 110/2000
— Competência: 22, III
— Conceito: Anexo I
— E registro de veículos de fabricação artesanal – Res. 63/1998
— Modelos e especificações dos: Res. 16/1998
— Normas: 130 a 135
— Obrigatoriedade: 130
— Trânsito de veículos novos nacionais ou importados antes do licenciamento – Res. 4/1998

## LIXO
— Jogar ou abandonar: 172

## LOGRADOURO PÚBLICO
— Conceito: Anexo I

## LOMBADA
— Homologação: 334
— Proibição: 94, § único
— Critérios para instalação – Res. 39/1998

## LOTAÇÃO
— Conceito: Anexo I

## LOTE LINDEIRO
— Acesso a: 36; 38; 216
— Conceito: Anexo I

## LUZ ALTA
— Conceito: Anexo I

## LUZ BAIXA
— Conceito: Anexo I

## LUZ DE FREIO
— Conceito: Anexo I

## LUZ DE MARCHA À RÉ
— Conceito: Anexo I

## LUZ DE NEBLINA
— Conceito: Anexo I

## LUZ DE POSIÇÃO
— Conceito: Anexo I

## LUZ INDICADORA DE DIREÇÃO (PISCA-PISCA)
— Conceito: Anexo I

## LUZES
— E setas: 40; 249; 250; 251
— Normas: 40
— Uso de, intermitentes ou rotativas em veículos: Res. 268/2008

## MADEIRA BRUTA
— Requisitos técnicos de segurança para o transporte de toras e de: Res. 196/2006

## MANOBRA
— Conceito: Anexo I
— Execução de: 34; 35; 37

## MANUAL BRASILEIRO DE FISCALIZAÇÃO DE TRÂNSITO
— Volume I – Infrações de competência municipal, incluindo as concorrentes dos órgãos e entidades estaduais de trânsito e rodoviários: Res. 371/2010
— Volume I – Sinalização Vertical de Regulamentação: Res. 180/2005
— Volume II – Sinalização Vertical de Advertência: Res. 243/2007
— Volume IV – Sinalização Horizontal: Res. 236/2007

**MÁQUINA AGRÍCOLA**
— Condução de: 144

**MEDIDA ADMINISTRATIVA**
— Aplicação; responsabilidade: 21, VIII; 22, V; 24, VIII
— Tipos: 269

**MEIO AMBIENTE**
— Defesa do: 1º, § 5º; 6º, I, 9º (Decreto nº 2.327/1997); 10; 12; 15; 20; 104; 148

**MEIO-FIO**
— Estacionamento no: 48; 181, II

**MENOR DE IDADE**
— Transporte: 64; 64; 168; 244, V
— Transporte de – Res. 15/1998
— Vide *Criança*

**MICROFILMES**
— CNH e CRV: 325

**MICRO-ÔNIBUS**
— Conceito: Anexo I
— Requisitos de segurança para veículos de transporte de passageiros tipo, categoria M2 de fabricação nacional e importado: Res. 416/2012
— Requisitos de segurança para veículos de transporte coletivo de passageiros M2 e M3, (...) e ônibus: Res. 316/2009

**MINISTÉRIO**
— Ver Decreto nº 2.327/1997: 9º
— Da Ciência e Tecnologia: 10, III
— Da Educação e do Desporto: 10, IV; 19, XV; 76; 78
— Da Justiça: 78
— Da Saúde: 10, XXII; 77; 78
— Das Relações Exteriores: 122, II; 124, VI
— Do Exército: 10, V
— Do Meio Ambiente e Amazônia Legal: 10, VI
— Do Trabalho: 78
— Dos Transportes: 10, VII; 78
— Público: 115, § 3º; 294
— Competências: 9º (Decreto nº 2.327/1997); 12; 17, III; 19; 76; 77; 78; 115; 294

**MISSÕES DIPLOMÁTICAS**
— Placa de identificação e define procedimentos para o registro, emplacamento e licenciamento: Res. 286/2008

**MODELOS E ESPECIFICAÇÕES**
— Licenciamento de Veículos (CRVL): Res. 16/1998

**MODELOS**
— De placas para veículos de representação: Res. 32/1998, 88/1999 e 275/2008

**MODIFICAÇÕES**
— De veículos: Res. 292/2008

**MONTAGEM**
— Normas e requisitos de segurança para a, de veículos: Res. 78/1998

**MOTOCICLETA**
— Conceito: Anexo I
— Condutor: 54
— Passageiro: 55
— Reboque de carretas – Res. 69/1998
— Utilização de semirreboques por (...) e motonetas: Res. 273/2008

**MOTOFRETE**
— 139-A e 139-B

**MOTOFRETE**
— Requisitos mínimos de segurança para o transporte remunerado de passageiros (mototáxi) e de cargas (...) em motocicleta e motoneta e dá outras providências: Res. 356/2010

**MOTOFRETISTA**
— Cursos especializados obrigatórios destinados a profissionais em transporte de passageiros (mototaxista) e em entrega de mercadorias (...) que exerçam atividades remuneradas na condução de motocicletas e motonetas: Res. 410/2012

**MOTONETA**
— Conceito: Anexo I
— Condutor: 54
— Passageiro: 55
— Utilização de semirreboques por motocicletas e: Res. 273/2008

**MOTOR CASA**
— Licenciamento do veículo tipo (...) – categoria dos seus condutores: Res. 538/1978

**MOTORES**
— Critérios para a regularização da numeração de (...) dos veículos registrados ou a serem registrados no País: Res. 282/2008

**MOTORISTA PROFISSIONAL**
— Fiscalização do tempo de direção do: Res. 405/2012

**MOTOTAXISTA**
— Cursos especializados obrigatórios destinados a profissionais em transporte de passageiros (...) e em entrega de mercadorias (motofretista) que exerçam atividades remuneradas na condução de motocicletas e motonetas: Res. 410/2012
— Requisitos mínimos de segurança para o transporte remunerado de passageiros (...) e de cargas (motofrete) em motocicleta e motoneta e dá outras providências: Res. 356/2010

**MUDANÇA DE CARACTERÍSTICAS**
— Do veículo: 98; 114, § 3º; 123, III

**MUDANÇA**
— De domicílio: 123, II

**MULTAS**
— A pessoa jurídica proprietária de veículos por não identificação de condutor infrator: Res. 151/2003
— Aplicação da receita arrecadada com a cobrança das, de trânsito: Res. 191/2006
— Aplicação: 260
— Autuação e o recolhimento de (...) aplicadas a veículos licenciados em outros países: Res. 671/1986
— Autuação: 280

ÍNDICE ALFABÉTICO-REMISSIVO • 543

— Classificação: 258
— Estrangeiros: 260, § 4º
— Notificação e cobrança de (...) por infração de trânsito praticada com veículo licenciado no exterior em trânsito no território nacional: Res. 382/2011
— Notificação: 282
— Pontuação: 259
— Prazo de pagamento: 284
— Prescrição: 290
— Recurso: 285 a 290; 285 (Modelos)
— Reparatória: 297
— Responsabilidade de aplicação e notificação: 21, VI; 22, VI; 24, VII
— Responsabilidade pelo pagamento – Res. 108/1999
— Responsabilidade pelo pagamento de: Res. 108/1999
— Sistema de arrecadação, requisitos necessários – Res. 10/1998
— Valores das, de infração de trânsito: Res. 136/2002
— Vide: *Recurso*

**NORMAS**
— De trânsito: 29

**NOTIFICAÇÃO**
— Penalidades: 282

**NUMERAÇÃO**
— Critérios para a regularização da (...) de motores dos veículos registrados ou a serem registrados no País: Res. 282/2008

**OBRAS**
— Nas vias: 95
— Sinalização complementar de (...) nas vias públicas: Res. 561/1980

**OBRIGATÓRIOS**
— Equipamentos: Res. 14/1998

**OCORRÊNCIA**
— De acidentes: 19, XI

**ÓCULOS E LENTES**
— Uso de: 162, VI

**OFICINAS**
— De reparos e desmanches: 330
— Identificação das entradas e saídas de: Res. 38/1998
— Identificação de entradas e saídas – Res. 38/1998

**ONDULAÇÕES**
— Proibição: 94
— Transversais – Instalação de, e sonorizadores nas vias públicas: Res. 39/1998
— Transversais, homologação: 334

**ÔNIBUS**
— Conceito: Anexo I
— Requisitos de segurança para veículos de transporte coletivo de passageiros M2 e M3, micro-ônibus e (...): Res. 316/2009

**OPERAÇÃO DE CARGA E DESCARGA**
— Conceito: Anexo I

**OPERAÇÃO DE RETORNO**
— Nas vias urbanas: 39

**OPERAÇÃO DE TRÂNSITO**
— Conceito: Anexo I
— Normas: 91 a 95

**ORGANISMOS INTERNACIONAIS**
— Placa de identificação e define procedimentos para o registro, emplacamento e licenciamento: Res. 286/2008

**ÓRGÃOS EXECUTIVOS DE TRÂNSITO**
— E entidades executivos de trânsito: 7º, III; 8º; 14, V, b; 19, § 3º;21; 22; 24; 25
— Máximo executivo de trânsito, DENATRAN: 19, XXVIII

**PAINÉIS DECORATIVOS E PELÍCULAS REFLETIVAS NAS ÁREAS ENVIDRAÇADAS**
— Critérios para oposição – Res. 73/1998

**PARA-BRISA**
— Exigências sobre condições de segurança e visibilidade dos condutores: Res. 216/2006
— Requisitos de desempenho dos sistemas limpador e lavador do, para fins de homologação de veículos automotores: Res. 224/2006

**PARA-CHOQUE**
— Requisitos técnicos de fabricação e instalação de, traseiro para veículos de carga: Res. 152/2003

**PARADA**
— Conceito: Anexo I

**PASSAGEIROS**
— Inscrição de pesos e capacidades em veículos de tração, de carga e de transporte coletivo de: Res. 290/2008

**PASSAGEM DE NÍVEL**
— Conceito: Anexo I

**PASSAGEM**
— Por outro veículo, conceito: Anexo I

**PASSEIO**
— Assegurado ao pedestres: 68
— Conceito: Anexo I
— Trânsito de bicicletas no: 59; 255
— Trânsito e parada no: 29, V; 68; 182, VI; 193

**PATRULHAMENTO**
— Conceito: Anexo I

**PEDÁGIO**
— Não pagamento de: 209

**PEDESTRES**
— Direitos e deveres: 68 a 71
— Proibições: 254

**PELÍCULA REFLETIVA**
— Em transporte de carga: Res. 132/2002
— Proibição de uso: 111, III; 230, XVI
— Requisitos para os vidros de segurança e critérios para aplicação de inscrições, pictogramas e, nas áreas envidraçadas: Res. 254/2007

**PENALIDADES**
— Julgamento das autuações: 281 a 290
— Julgamento, notificação: 282

— Recursos: 285 a 290; 285 (Modelos)
— Tipos: 256 a 268

**PENHOR**

— Registro de contratos de financiamento de veículos com cláusula de (...) nos órgãos ou entidades executivos de trânsito dos Estados e do Distrito Federal e para lançamento do gravame correspondente no Certificado de Registro de Veículos – CRV: Res. 320/2009

**PEQUENAS CAUSAS**

— Lei dos Juizados Especiais: 291; 291

**PERÍCIA**

— Atrapalhar a: 176, III; 312
— Competência: 279

**PERITOS ESTRANGEIROS DE COOPERAÇÃO INTERNACIONAL**

— Placa de identificação e define procedimentos para o registro, emplacamento e licenciamento: Res. 286/2008

**PERMISSÃO PARA DIRIGIR**

— Cassação: 263
— Definição: 140 a 149
— Expedição, competência: 19, VII
— Obrigatoriedade de porte: 159, § 1º
— Obtenção: 148, § 2º
— Suspensão ou proibição: 292 a 296
— Validade: 159, § 5º

**PERSIANAS**

— Proibição de uso: 111, II

**PESAGEM**

— Não permitir efetuar a: 209; 278

**PESO**

— Autorização Específica (AE) para os veículos e/ou combinações de veículos equipados com tanques que apresentem excesso de até 5% (cinco por cento) nos limites de (...) bruto total ou peso bruto total combinado: Res. 341/2010
— Bruto total combinado, conceito: Anexo I
— Bruto total, conceito: Anexo I
— Bruto total: 100; 117
— E dimensão: 99; 231, V
— Limites de, e dimensões para veículos que transitem por vias terrestres: Res. 210/2006
— Metodologia de aferição de, de veículos: Res. 258/2007
— Responsabilidade objetiva: 257, § 4º

**PESSOAS FÍSICAS**

— Padronização dos procedimentos administrativos na lavratura de auto de infração, na expedição de notificação de autuação e de notificação de penalidades por infrações de responsabilidade de (...) ou jurídicas: Res. 390/2011

**PESSOAS JURÍDICAS**

— Padronização dos procedimentos administrativos na lavratura de auto de infração, na expedição de notificação de autuação e de notificação de penalidades por infrações de responsabilidade de pessoas físicas ou (...): Res. 390/2011

**PICTOGRAMAS**

— Requisitos para os vidros de segurança e critérios para aplicação de inscrições, (...) e películas nas áreas envidraçadas: Res. 254/2007

**PISCA ALERTA**

— Conceito: Anexo I
— Uso de: 40, V

**PISTA**

— Conceito: Anexo I
— De mão dupla, conceito: Anexo I
— De mão única, conceito: Anexo I

**PLACA**

— Uso de (...) de "fabricante": Res. 793/1994

**PLACAS DE EXPERIÊNCIA**

— Controle eletrônico para o registro do movimento de entrada e saída e de uso de (...) pelos estabelecimentos, permissão de utilização de: Res. 60/1998

**PLACAS**

— Características: 115
— De experiência – Res. 60/1998
— De identificação de veículos – Res. 45/1998
— De identificação: 115; 221; 230, IV e VI
— De sinalização: Anexo II
— Do veículo adulteradas: 298, II
— Emplacamento dos veículos de coleção – Res. 56/1998
— Falsas: 298, II
— Modelo para os veículos de representação (Comandantes Ex., Mar. e Aer.) – Res. 94/1999
— Modelos de, para veículos de representação: Res. 32/1998, 88/1999 e 275/2008
— Modelos para veículos de representação – Res. 32/1998
— Prorrogação de prazo de substituição – Res. 99/1999
— Sistema de, de Identificação de Veículos: Res. 231/2007
— Transitar sem: 298, II

**PNEUS EXTRALARGOS**

— Uso de, e define seus limites de peso: Res. 62/1998

**PNEUS**

— Extralargos, uso, limites de peso – Res. 62/1998
— Reformados em ciclomotores, motonetas, motocicletas e triciclos: Res. 158/2004

**POLÍCIA MILITAR**

— Competência: 7º, VI

**POLÍCIA RODOVIÁRIA FEDERAL**

— Competência: 20
— Superintendências Regionais: 20, XI (Portaria nº 122/1997)

**POLICIAMENTO OSTENSIVO DE TRÂNSITO**

— Conceito: Anexo I

**POLÍTICA NACIONAL DE TRÂNSITO**

— Res. 166/2004

## PONTE
— Conceito: Anexo I

## PORTADORES DE DEFICIÊNCIA
— Vagas de estacionamento destinadas exclusivamente a veículos que transportem pessoas (...) e com dificuldade de locomoção: Res. 304/2008

## PORTOS
— Concessão: 7º-A

## POSTOS DE GASOLINA E DE ABASTECIMENTO DE COMBUSTÍVEIS
— De serviço: 86
— Identificação das entradas e saídas – Res. 38/1998

## PRIMEIROS SOCORROS
— Curso de: 150
— Equipamentos e materiais de porte obrigatório – Res. 42/1998
— Noções para a habilitação: 147, IV

## PRIVILÉGIOS
— Identificações de veículos importados por detentores de (...) e imunidades em todo o território nacional: Res. 332/2009

## PROCESSO ADMINISTRATIVO
— Autuação: 280
— Julgamento das autuações: 281 a 290

## PRODUTOS PERIGOSOS
— Curso de treinamento para condutores de veículos – Res. 70/1998

## PRODUTOS SIDERÚRGICOS
— Requisitos de segurança para circulação de veículos que transportem: Res. 293/2008

## PROFISSIONAL
— Fiscalização do tempo de direção do motorista: Res. 405/2012

## PROTEÇÃO
— Requisitos de, aos ocupantes e integridade do sistema de combustível decorrente de impacto nos veículos: Res. 221/2007

## PROTETOR LATERAL
— Requisitos técnicos de fabricação e instalação de, para veículos de carga: Res. 323/2009

## PUBLICIDADE
— Normas: 83
— Proibições: 81; 82; 111, § único
— Procedimentos para veiculação de mensagens educativas de trânsito em toda peça publicitária destinada à divulgação ou promoção, nos meios de comunicação social, de produtos oriundos da indústria automobilística ou afins: Res. 351/2010

## QUADRICICLO
— Equipamentos: 105, § 4º (Res. 14/1998)

## QUEBRA-MATO
— Fabricação, instalação e uso de dispositivo denominado: Res. 215/2006

## "RACHA" E DISPUTA
— Proibição de: 173; 174; 175; 308

## RADAR
— Aparelho detector: 230, III

## REBOQUE
— Conceito: Anexo I
— Dispositivo de acoplamento mecânico para (engate): Res. 197/2006

## RECICLAGEM
— Credenciamento de instituições ou entidades públicas ou privadas para o processo de capacitação, qualificação e atualização de profissionais, e de formação, qualificação, atualização e (...) de candidatos e condutores: Res. 358/2010

## RECICLAGEM
— Curso de: 268

## RECURSO
— Efeitos: 285, § 1º; 286; 289; 290
— Modelos para: 285
— Padronização dos procedimentos para apresentação de defesa de autuação e, em 1ª e 2ª instâncias, contra a imposição de penalidade de multa de trânsito: Res. 299/2008

## REFLETORA
— Dispositivo de sinalização (...) de emergência: Res. 827/1996

## REGIMENTO INTERNO DAS JUNTAS ADMINISTRATIVAS DE RECURSOS DE INFRAÇÕES
— Conselho de Trânsito do Distrito Federal – CONTRANDIFE, diretrizes para a elaboração: Res. 244/2007
— Conselhos Estaduais de Trânsito – CETRAN, diretrizes para a elaboração: Res. 244/2007
— Das Câmaras Temáticas do CONTRAN: Res. 218/2006
— JARI, diretrizes para a elaboração do: Res. 357/2010

## REGISTRADOR
— Instantâneo e inalterável de velocidade e tempo, requisitos técnicos mínimos do: Res. 92/1999

## REGISTRO E LICENCIAMENTO DE VEÍCULOS
— Modelos dos documentos de: Res. 664/1986

## REGISTRO E LICENCIAMENTO
— Trânsito de veículos antes do: Res. 4/1998

## REGISTRO NACIONAL DE ACIDENTES E ESTATÍSTICAS DE TRÂNSITO
— RENAEST, bases para a organização e o funcionamento do: Res. 208/2006

## REGISTRO NACIONAL DE INFRAÇÕES DE TRÂNSITO
— RENAINF: Res. 155/2004

## REGISTRO NACIONAL DE VEÍCULOS AUTOMOTORES
— Permite a anotação dos contratos de comodato e de aluguel ou arrendamento não vinculado ao financiamento do veículo, junto ao: Res. 339/2010

## REGISTRO
— Baixa – Res. 11/1998
— Baixa de (...) de veículos: Res. 11/1998
— De água, sinalização de identificação para: Res. 31/1998
— De veículo, exigências: 120
— De veículo, prazo: 233
— Prazos para sua efetivação – Res. 11/1998.
— Revisão de procedimentos para a baixa de, de veículos: Res. 179/2005
— Trânsito de veículos novos e nacionais ou importados antes do Registro – Res. 4/1998

## REGULAMENTAÇÃO DA VIA
— Conceito: Anexo I

## RENACH
— Anotação cadastral: 140, § único; 159, § 6º; 290, § único
— Competência para nomeação e homologação dos coordenadores – Res. 19/1998
— Coordenadores do, nomeação e homologação dos: Res. 19/1998
— Identificação de examinadores: 147, § 1º
— Registro Nacional de Carteira de Habilitação: 19, VIII; 140, § único
— Registro Nacional de Condutores Habilitados – procedimentos necessários ao recadastramento dos registros de prontuários de condutores, anteriores ao: Res. 276/2008

## RENAEST
— Registro Nacional de Acidentes e Estatísticas de Trânsito, bases para a organização e o funcionamento do: Res. 208/2006

## RENAINF
— Registro Nacional de Infrações de Trânsito: Res. 155/2004

## RENAVAM
— Competência para nomeação e homologação dos coordenadores – Res. 19/1998
— Coordenadores do, nomeação e homologação dos: Res. 19/1998
— Procedimentos para o cadastramento de veículos e emissão do Certificado de Segurança – Res. 41 e 77/1998
— Registro Nacional de Veículos Automotores: 19, IX; 122; 123, § 3º; 124, VII; 125; 127

## REPAROS E DESMANCHES
— Oficinas de: 330

## REPARTIÇÕES CONSULARES DE CARREIRA
— Placa de identificação e define procedimentos para o registro, emplacamento e licenciamento: Res. 286/2008

## REPRESENTAÇÃO
— Veículos de, modelos de placas para: Res. 32/1998, 88/1999 e 275/2008

## RESERVA DE DOMÍNIO
— Registro de contratos de financiamento de veículos com cláusula de (...) nos órgãos ou entidades executivos de trânsito dos Estados e do Distrito Federal e para lançamento do gravame correspondente no Certificado de Registro de Veículos – CRV: Res. 320/2009

## RESPONSABILIDADE
— Civil e penal: 113
— Padronização dos procedimentos administrativos na lavratura de auto de infração, na expedição de notificação de autuação e de notificação de penalidades por infrações de (...) de pessoas físicas ou jurídicas: Res. 390/2011
— Padronização dos procedimentos administrativos na lavratura de Auto de Infração, na expedição de notificação de autuação e de notificação de penalidade de multa e de advertência, por infração de (...) de proprietário e de condutor de veículo e da identificação de condutor infrator: Res. 404/2012

## RETENÇÃO
— De veículo: 270

## RETORNO
— Conceito: Anexo I
— Operação de, nas vias urbanas: 39; 206

## RETRORREFLETIVOS
— Uso de dispositivos (...) de segurança nos veículos de transporte de cargas e de transporte coletivo de passageiros em trânsito internacional no território nacional: Res. 317/2009

## ROCHAS ORNAMENTAIS
— Requisitos de segurança para o transporte de blocos e chapas serradas de: Res. 354/2010

## RODAS
— Substituição de (...) de veículos automotores: Res. 533/1978

## RODOVIA
— Conceito: Anexo I

## SAÍDAS
— Controle eletrônico para o registro do movimento de entrada e (...) e de uso de placas de experiência pelos estabelecimentos, permissão de utilização de: Res. 60/1998
— Identificação das entradas e (...) de postos de gasolina e de abastecimento de combustíveis, oficinas, estacionamentos e/ou garagens de uso coletivo: Res. 38/1998

## SAÚDE
— Sistema Único de: 77, § único

## SEGURANÇA
— Campanhas permanentes – Res. 30/1998
— Dirigir com, conceito: Anexo I
— Normas e requisitos de, para a fabricação, montagem e transformação de veículos: Res. 78/1998
— Obrigatoriedade de utilização de dispositivo de, para prover melhores condições de visibilidade diurna e noturna em veículos de transporte de carga: Res. 128/2001
— Requisitos de (...) para veículos automotores de fabricação nacional: Res. 463/1973

ÍNDICE ALFABÉTICO-REMISSIVO • 547

— Veículos blindados e veículos de (...) e critérios para aplicação de inscrição, pictogramas e películas nas áreas envidraçadas: Res. 334/2009

## SEGURO OBRIGATÓRIO

— De Danos Pessoais Causados por Veículos Automotores de Vias Terrestres (DPVAT), destinados ao órgão Coordenador do Sistema Nacional de Trânsito: Res. 143/2003

— Porte obrigatório do Certificado de Apólice Única do, de Responsabilidade Civil: Res. 238/2007

## SELO

— De Inspeção veicular: 124, IX (Res. 22/1998)

## SEMANA

— Nacional de Trânsito: 326

## SEMIRREBOQUES

— Utilização de, por motocicletas e motonetas: Res. 273/2008

## SIDERÚRGICOS

— Requisitos de segurança para circulação de veículos que transportem produtos: Res. 293/2008

## SINALIZAÇÃO DE TRÂNSITO

— Classificação: 87

— Complementar de obras nas vias públicas: Res. 561/1980

— Conceito: Anexo I

— De advertência – Determinações e normas: 80 a 90

— De advertência – Obrigatoriedade: 46

— De advertência – Ordem de prevalência: 89

— De advertência – Retrorrefletiva e Não-Retrorrefletiva, conceito: Anexo I

— De advertência para os veículos em situação de emergência, imobilizados no leito viário – Res. 36/1998

— De identificação para hidrante, registro de água, tampas de poços de visita de galerias subterrâneas – Res. 31/1998

— Dispositivo de (...) refletora de emergência: Res. 827/1996

— Edição de normas complementares de interpretação, colocação e uso de marcas viárias e dispositivos auxiliares a (...) de trânsito: Res. 666/1986

— Horizontal e vertical: Anexo II

— Indicativa de fiscalização mecânica, elétrica, eletrônica ou fotográfica – Res. 79/1998

— Insuficiente ou incorreta: 90

— Procedimento e os requisitos para apreciação dos equipamentos de trânsito e de (...) não previstos no Código de Trânsito Brasileiro – CTB: Res. 348/2010

— Prorroga o prazo do art. 3º da Res. 79/1998 – Res. 100/1999

— Requisitos referentes aos sistemas de iluminação e, de veículos: Res. 227/2007

— Uso e a colocação da (...) vertical de trânsito, nas vias públicas: Res. 599/1982

— Utilização: 80 a 90

— Volume I – Vertical de Regulamentação, do Manual Brasileiro de Sinalização de Trânsito: Res. 180/2005

## SINIAV

— Sistema Nacional de Identificação Automática de Veículos – implantação do (...) em todo o território nacional: Res. 412/2012

## SISTEMA DE COMBUSTÍVEL

— Requisitos de proteção aos ocupantes e integridade do, decorrente de impacto nos veículos: Res. 221/2007

## SISTEMA NACIONAL DE IDENTIFICAÇÃO AUTOMÁTICA DE VEÍCULOS

— SINIAV implantação do (...) em todo o território nacional: Res. 412/2012

## SISTEMA NACIONAL DE TRÂNSITO (SNT)

— Competência: 5º

— Composição: 7º

— Definição: 5º

— Disposições gerais: 5º ao 25

— Integração dos órgãos e entidades executivos de trânsito – Res. 29 e 65/1998

— Integração dos órgãos e entidades executivos de trânsito e rodoviários municipais ao: Res. 296/2008

— Intercâmbio de informações: Res. 145/2003

— Objetivos: 6º

— Procedimentos para a execução das campanhas educativas de trânsito a serem promovidas pelos órgãos e entidades do: Res. 314/2009

— Regulamentação: 9º (Decreto nº 2.327/1997)

— Res. 142/2003

## SOCORRO

— À vítima: 176; 177

## SÓLIDOS

— Transporte de cargas de (...) à granel nas vias abertas à circulação pública em todo o território nacional: Res. 732/1989

## SONORIZADOR

— Critérios para instalação – Res. 39/1998

— Homologação: 334

— Instalação de ondulações transversais e, nas vias públicas: Res. 39/1998

— Proibição: 94

## SONS POR APITO

— Conceito: Anexo I

## SONS

— Volume e a frequência dos, produzidos por equipamentos utilizados em veículos: Res. 204/2006

## SUSPENSÃO DO DIREITO DE DIRIGIR

— Aplicação: 265

— Validade: 261

— Penalidade – Res. 54/1998

## TACÓGRAFO

— Uso de: 105, II

**TAMPAS DE POÇOS**
— De visita de galerias subterrâneas, sinalização de identificação para: Res. 31/1998

**TANQUES**
— Instalação de múltiplos, suplementar e a alteração da: Res. 181/2005

**TARA**
— Conceito: Anexo I

**TÁXI**
— Registro e licenciamento: 135

**TÉCNICOS DAS MISSÕES DIPLOMÁTICAS**
— Placa de identificação e define procedimentos para o registro, emplacamento e licenciamento: Res. 286/2008

**TEMPO DE DIREÇÃO**
— Fiscalização do (...) do motorista profissional: Res. 405/2012

**TORAS**
— Requisitos técnicos de segurança para o transporte de, e de madeira bruta: Res. 196/2006

**TÓXICO**
— Requisitos necessários para constatar o consumo de: Res. 206/2006

**TRAÇÃO ANIMAL**
— Norma de circulação: 52
— Registro: 129

*TRAILER*
— Conceito: Anexo I
— Condução de: 143, V

**TRANSFERÊNCIA DE VEÍCULO**
— Normas: 124, III; 134

**TRANSFORMAÇÃO**
— Normas e requisitos de segurança para a, de veículos: Res. 78/1998

**TRÂNSITO**
— Acidente de, conceito: Anexo I
— Autoridade de, conceito: Anexo I
— Campanha Educativa de: 75
— Definição: 1º, §§ 1º e 5º
— Educação para o: 74 a 79
— Fiscalização: 22, II; 23, III; 24, VI
— Interestadual: 19, XXIV
— Internacional: 19, XXIV; 119; 260, § 4º
— Operação de, normas: 91 a 95
— Policiamento ostensivo de: 91 a 95
— Sinalização de: 80 a 90
— Regras de: 29

**TRANSMITÂNCIA LUMINOSA**
— Uso de medidores de: Res. 253/2007

**TRANSPORTE COLETIVOS**
— Requisitos técnicos e procedimentos para a indicação no CRV/CRLV das características de acessibilidade para os veículos de (...) de passageiros: Res. 402/2012

**TRANSPORTE EVENTUAL**
— De cargas ou de bicicletas nos veículos classificados nas espécies automóvel, caminhonete, camioneta e utilitário: Res. 349/2010

**TRANSPORTE**
— Autorização, a título precário, para o, de passageiros em veículos de carga: Res. 82/1998
— Coletivo: 107; 117
— De carga – Condições de visibilidade diurna e noturna – Obrigatoriedade de utilização de dispositivos de segurança para prover melhores – Res. 105/1999
— De carga – Inscrição de dados técnicos em veículos de carga – Res. 49/1998
— De carga em veículos destinados ao transporte de passageiros – Res. 26/1998
— De criança: 64
— De passageiros – Em veículos de carga – Res. 82/1998
— De passageiros – Inscrição de dados técnicos – Res. 49/1998
— De passageiros – Normas gerais para curso de capacitação de condutores – Res. 57/1998
— De passageiros em veículo de carga: 108; 109
— De produtos perigosos: Res. 404/68
— Escolar – Curso de formação de condutores, acresce disciplina de Meio Ambiente e Cidadania (ensino à distância) – Res. 55/1998
— Escolar: 136 a 139

**TRATOR(ES)**
— Conceito: Anexo I
— Condução de: 144
— Critérios para o registro de (...) destinados a puxar ou arrastar maquinaria de qualquer natureza ou a executar trabalhos agrícolas e de construção, de pavimentação ou guindastes (máquinas de elevação): Res. 429/2012

**TRAVAMENTO DE RODAS**
— Sistema de travamento do capuz e (...) dos veículos automotores, e seus elementos de fixação e enfeites: Res. 426/2012

**TRAVAMENTO DO CAPUZ**
— Sistema de (...) e rodas dos veículos automotores, e seus elementos de fixação e enfeites: Res. 426/2012

**TRICICLO**
— Capacete para o condutor e passageiros do: Res. 129/2001

**UFIR**
— Congelamento: 162, 258
— Valores: 162, 258

**ULTRAPASSAGEM**
— Normas de: 29, IX e XI; 30; 31; 32; 33; 199; 200; 202; 203

**USO OBRIGATÓRIO**
— Equipamentos de, nos veículos automotores: Res. 43/1998

**UTILITÁRIO**
— Conceito: Anexo I

**VALORES**
— Das multas de infração de trânsito: Res. 136/2002

## VEÍCULO
— Adaptação e modificação: 98; 106; 110; 114, § 3º; 123, III; 230, VII
— Aluguel: 107; 135
— Apreendido, leilão de: 328
— Apreensão: 262
— Articulado, conceito: Anexo I
— Automotor, conceito: Anexo I
— Automotor: 96, I
— Autuação e o recolhimento de multas aplicadas a (...) licenciados em outros países: Res. 671/1986
— Baixa de registro de: Res. 11/1998
— Baixa de registro: 126; 127; 240
— Bélico: 115, § 5º; 120, § 2º
— Blindados – veículos de segurança e critérios para aplicação de inscrição, pictogramas e películas nas áreas envidraçadas: Res. 334/2009
— Carga, conceito: Anexo I
— Carga: 96, II, b; 102; 108; 109; 117; 143, II e III; 257, § § 4º a 6º
— Certificado de: 122; 123; 124; 128
— Circulação de, nas rodovias nos trajetos entre o fabricante de chassi, plataforma, montadora, encarroçadora ou implementador final até o município de destino: Res. 28/1998
— Circulação internacional: 118
— Circulação nas rodovias, trajetos entre fabricante de chassi, plataforma, montadora, encarroçadora – Res. 28/1998
— Classificação: 96
— Coleção, conceito: Anexo I
— Competição: 110
— Conjugado, conceito: Anexo I
— Critério de identificação de: Res. 24/1998
— De aprendizagem: 96, III; 154
— De coleção, identificação e emplacamento dos: Res. 56/1998
— de fabricação artesanal, registro e licenciamento de: Res. 63/1998
— De passageiro, a título precário: 108; 143, IV
— De passageiro, conceito: Anexo I
— De passageiro: 96, II; 105, I; 108; 109; 117; 136; 145; 200; 248
— De representação modelos de placas para: Res. 32/1998, 88/1999 e 275/2008
— De segurança e critérios para aplicação de inscrição, pictogramas e películas nas áreas envidraçadas: Res. 334/2009
— Desmanche de: 330
— Dimensões – Res. 12/1998
— Disposições gerais: 96 a 117
— Equipamentos obrigatórios: 105; 105 (Res. 14, de 1998); 112; 244; 319
— Escolar: 136 a 139; 145; 200
— Estrangeiro – notificação e cobrança de multa por infração de trânsito praticada com veículo licenciado no exterior em trânsito no território nacional: Res. 382/2011
— Fabricação própria: 106
— Grande porte, conceito: Anexo I
— Identificação – Res. 24/1998
— Identificação: 114 a 117
— Inacabado ou incompleto, para efeito de trânsito nas vias públicas: Res. 724/1988
— Licenciamento: 130 a 135
— Misto, conceito: Anexo I
— Misto: 108
— Modificações – Res. 25/1998
— Mudança de características do: 98; 106; 114, § 3º; 123, III; 230, VII
— Nacional e estrangeiro: 3º
— Normas e requisitos de segurança para a fabricação, montagem e transformação de: Res. 78/1998
— Normas: 96 a 117
— Oficial: 96, III, a; 115, § § 2º e 3º; 116
— Particular: 96, III, c
— Peso – Res. 12/1998
— Prestador de serviços: 29, VIII
— Propulsão humana ou animal: 24, XVIII; 52; 247
— Propulsão humana: 96, I; 129; 247
— Reboque e semirreboque: 96, I
— Registro: 120
— Remoção: 271
— Representação: 96, III; 122, II
— Retenção: 270
— Segurança: 103 a 113
— Sobre trilho: 29, XII
— Tração animal: 96, I
— Transferência de, normas: 20, X; 123, I; 124, III; 134
— Trânsito de, antes do registro e licenciamento: Res. 4/1998
— Transporte de escolares: 136 a 139
— Vistoria de: Res. 5/1998

## VELOCIDADE
— Máxima: 61
— Mínima: 62
— Normas: 61, § § 1º e 2º
— Registrador instantâneo e inalterável de (...) e tempo, requisitos técnicos mínimos do: Res. 92/1999
— Requisitos técnicos mínimos para a fiscalização da (...) de veículos automotores, reboques e semirreboques: Res. 396/2011

## VENDA
— Orientações e procedimentos a serem adotados para a comunicação de (...) de veículos: Res. 398/2011

## VIA
— Arterial, conceito: Anexo I
— Classificação: 60
— Coletora, conceito: Anexo I
— Conceito: Anexo I
— De trânsito rápido, conceito: Anexo I
— Interna: 2º; 51

- Local, conceito: Anexo I
- Regulamentação da, conceito: Anexo I
- Rural: 2º; 50; 60, II
- Urbana, conceito: Anexo I
- Urbana: 2º; 58

**VIAGEM INTERNACIONAL**
- Limites de pesos e dimensões para circulação de veículos de transporte de carga e de transporte coletivo de passageiros em (...) pelo território nacional: Res. 318/2009

**VIATURA MILITAR**
- Abrangência do termo (...) para o Sistema Nacional de Trânsito: Res. 797/1995

**VIDROS DE SEGURANÇA**
- Requisitos para os, e critérios para aplicação de inscrições, pictogramas e películas nas áreas envidraçadas: Res. 254/2007

**VIDROS**
- Gravação, em caráter opcional, dos caracteres alfanuméricos da placa de identificação, nos (...) do veículo: Res. 836/1997

**VISTORIA**
- De veículos: Res. 5/1998
- Responsabilidade, normas e especial: 21, XIV; 22, III; 24, XXI

**VÍTIMA**
- Socorro à: 176; 177

**VOLUME I**
- Infrações de competência municipal, incluindo as concorrentes dos órgãos e entidades estaduais de trânsito e rodoviários, do Manual Brasileiro de Fiscalização de Trânsito: Res. 371/2010
- Sinalização Vertical de Regulamentação, do Manual Brasileiro de Sinalização de Trânsito: Res. 180/2005

**VOLUME II**
- Sinalização Vertical de Advertência, do Manual Brasileiro de Sinalização de Trânsito: Res. 243/2007

**VOLUME IV**
- Sinalização Horizontal, do Manual Brasileiro de Sinalização de Trânsito: Res. 236/2007

**markpress**
BRASIL

Tel.: (11) 2225-8383
WWW.MARKPRESS.COM.BR